城乡统筹　富民惠民　文明和谐

CHUXIONG ALMANAC

第一产业投资：17.41 亿元
第二产业投资：125.41 亿元
第三产业投资：211.72 亿元
全年新增固定资产投资：140.15 亿元
房地产开发投资：52.46 亿元
商品房竣工面积：44.41 万平方米
商品房销售额：61.51 亿元

社会消费品零售总额：158.32 亿元
外贸进出口总额：15089 万美元
实际利用外资：2505 万美元

公路通车里程：17251.17 千米
年末机动车拥有量：468895 辆
客运量：2810 万人
货运量：1501 万吨
邮电业务总量：11.53 亿元
电话普及率：51.76 部/百人
旅游业总收入：40.33 亿元

财政总收入：103.15 亿元
地方财政一般预算收入：37.58 亿元
地方财政一般预算支出：126.76 亿元
金融机构年末人民币存款余额：504.79 亿元
城乡居民储蓄存款：275.69 亿元
金融机构年末人民币贷款余额：301.48 亿元

普通高校：2 所
普通中专学校：28 所
科技对国民经济增长贡献率：48.7%
电视覆盖率：97.5%
广播覆盖率：97.2%
卫生机构：609 个
专业卫生技术人员：9987 人
医疗卫生机构床位：11437 张

农村居民人均纯收入：4627 元
城镇居民人均可支配收入：17785 元
农村居民人均住房使用面积：35.99 平方米
城镇居民人均住房总建筑面积：35.63 平方米

[主要资料来源：《楚雄州 2011 年国民经济和社会发展统计公报》]

（本版摄影：朱卫明）

2012年3月23日，中共云南省委书记、省人大常委会主任秦光荣到楚雄州开展抗大旱保春耕促发展专题调研
（马　骏/摄影）

2012年4月14日，中共云南省委副书记、省长李纪恒等省、州领导在禄丰工业园区调研企业生产运营情况
（马　骏/摄影）

2012 年 4 月 22 日，国家烟草专卖局局长姜成康，省委副书记、省长李纪恒到楚雄州开展优质烟叶生产抗旱工作调研　　　　（马　骏/摄影）

2012 年 3 月 26 日，国家水利部副部长李国英一行在牟定县戌街乡察看旱情　（高建波/摄影）

2012 年 2 月 24 日，国家民政部副部长姜力深入楚雄市调研社会福利事业和社区建设工作　　（高建波/摄影）

2012年1月5日，中共楚雄州委八届二次全体会议在州会务中心举行　　（马　骏/摄影）

2012年3月5日上午，楚雄州第十一届人民代表大会第一次会议在州会务中心民族会堂开幕　　（马　骏/摄影）

2012年3月4日下午，政协楚雄州九届一次会议在州会务中心民族会堂开幕　　（王　明/摄影）

在楚雄州第十一届人民代表大会第一次会议上，州委书记张太原向新当选的州人大常委会主任卢显林颁发当选通知书 （马 骏/摄影）

在楚雄州第十一届人民代表大会第一次会议上，州委书记张太原向新当选的州人民政府州长李红民颁发当选通知书 （马 骏/摄影）

2011 年 12 月 28 日，省、州领导出席牟定凤屯风电场并网发电暨大尖峰风电场开工仪式

（高建波/摄影）

2011 年 11 月 1 日，元谋至双柏二级公路通车典礼在楚雄市举行　（马　骏/摄影）

2011年9月6日上午，楚雄州人民政府与云南煤化工集团有限公司签订铝材深加工基地合作意向书 （高建波/摄影）

2012年5月2日上午，楚雄州人民政府与云南物流产业集团有限公司签订战略合作协议 （高建波/摄影）

2012年5月10日，云南彝州酒业股份有限公司"30万吨木瓜酒品饮料项目"一期在禄丰土官开工 （高建波/摄影）

云南钛业股份有限公司年产2万吨钛材精深加工生产线　（马　骏/摄影）

云南广泰生物科技开发有限公司功能性饮料生产线　（马　骏/摄影）

野生食用菌加工　（马　骏/摄影）

生物制药企业药品生产线　　　　　　　（马　骏/摄影）

楚雄卷烟厂新厂区卷包设备调试　（马　骏/摄影）

建材企业生产车间　　　　　　　　　　（马　骏/摄影）

2012 年 2 月 6 日上午，中国·楚雄 2012 国际茶花大会暨第八届中国茶花博览会在彝人古镇开幕
（马　骏/摄影）

2011 年 11 月 18 日，楚雄技师学院举行揭牌仪式
（刘　伟/摄影）

2011 年 12 月 9 日晚，第四届云南民族服装服饰文化节暨中国彝族赛装节开幕式在永仁县开幕
（马　骏/摄影）

2011 年 12 月 19 日晚，“电信天翼”杯楚雄州第二届“感动彝州十大人物”颁奖晚会举行

（州文明办提供）

2011 年 7 月 29 日，“‘绿色’电脑进西部活动”云南省赠送启动仪式在双柏县举行

（双柏县志办提供）

2011 年 11 月 8 日，楚雄州 2012 年文化、科技、卫生“三下乡”集中示范活动暨启动仪式在大姚县举行

（马　骏/摄影）

楚雄州职教中心一角　　（马　骏/摄影）

楚雄州人民医院新区　　（马　骏/摄影）

楚雄州文化活动中心　　（马　骏/摄影）

楚雄州年鉴

CHUXIONG ALMANAC

2012

楚雄彝族自治州人民政府 主办
楚雄州地方志办公室 编纂

云南出版集团公司
云南科技出版社
·昆明·

图书在版编目（CIP）数据

楚雄州年鉴. 2012/楚雄州地方志办公室编. —昆明：
云南科技出版社，2012.8

ISBN 978-7-5416-6426-7

Ⅰ. ①楚…　Ⅱ. ①楚…　Ⅲ. ①楚雄彝族自治州-2012-年鉴
Ⅳ. ①Z527.42

中国版本图书馆 CIP 数据核字（2012）第 186748 号

楚雄州年鉴(2012)

楚雄彝族自治州人民政府　主办
楚 雄 州 地 方 志 办 公 室　编纂
地　　址　云南省楚雄市阳光大道 283 号一公司两市场办公区
邮　　编　675000
电　　话　(0878)3389345
传　　真　(0878)3389348
邮　　箱　cxznj@tom.com

出版发行　云南出版集团公司
　　　　　云南科技出版社
地　　址　昆明市环城西路 609 号云南新闻出版大楼
邮　　编　650034
电　　话　(0871)4192752
网　　址　www.ynkjph.com
责任编辑　李永丽
责任校对　叶水金
印　　刷　楚雄师范学院印刷厂

开　　本　889×1194mm　1/16
印　　张　30.25
字　　数　950 千字
版　　次　2012 年 9 月第 1 版
印　　次　2012 年 9 月第 1 次
插　　页　54
印　　数　1500 册

ISBN 978-7-5416-6426-7
定价：180.00 元

编 辑 说 明

一、《楚雄州年鉴》是云南省楚雄彝族自治州人民政府主办、州地方志办公室编纂的地方综合年鉴。全面记录楚雄州经济和社会发展基本情况，突出时代特色和地方民族特色，坚持常编常新，旨在为领导决策、部门开展工作和社会各界了解楚雄、研究楚雄、建设楚雄提供系统的州情资料。

二、《楚雄州年鉴》创刊于1989年，每年赓续出版。2012年卷反映楚雄州2011年各项事业发展状况、重大事件和新的成就及经验。为增强时效性，部分图片、文稿收录了2012年的重要内容。

三、《楚雄州年鉴》(2012) 以条目体为主，按类目、分目、条目三级编排，设特载、大事·要闻、年鉴论坛、综述、政治、军事、法制、经济管理、农业、工业、烟草业、医药业、商贸业、交通运输业、旅游业、信息产业、城建·环保、财政·税务、金融·保险、科学技术、社会科学、教育、文化、卫生、体育、民族、社会、县（市）概况、人物、附录、统计资料31个类目。类目下设分目226个，约有条目1500个。

四、《楚雄州年鉴》(2012) 框架设置在上年版基础上有所调整，类目保持不变，对部分分目作了适当调整，精简条目数量，提高设目的科学性。相关部类下为突出部门职能工作，以事归类，事以类聚，增强部门工作的全局性、系统性、综合性；加大各分目下“概况”条目的设置，全面反映各行业年度工作的整体发展状况。开设“富民强州·科学发展”等主题宣传专版，以图文并茂的形式重点展示楚雄州“十二五”开局国民经济和社会发展的新面貌、新成就，用图片真实记录彝州科学发展、和谐发展、跨越发展的历史进程。

五、《楚雄州年鉴》(2012) 卷首设目录和英文要目，卷末配有索引。具有完备的图书检索系统。

六、《楚雄州年鉴》(2012) 采用文稿，均由州属各部门和各县（市）指定专人撰稿，并经部门领导审定。“县（市）概况”、“统计资料”的数据由州、县（市）统计局提供并负责审核，涉密内容由州国家保密局负责审定。编辑结束，经楚雄州年鉴编辑委员会审定后交付出版。

楚雄州地方志办公室

2012年9月

楚雄州年鉴编辑委员会

《楚雄州年鉴》编辑人员

顾　　　问　何　宣（云南年鉴研究会会长）

　　　　　　张淑静（云南年鉴研究会名誉会长）

主　　　编　郭孟贤

执行主编　白云鹏

副　主　编　朱卫明

编　　　辑　朱卫明　者宗菊　周能汉　安孟勤

　　　　　　王艳萍　罗相海

校　　　对　朱卫明　者宗菊　周能汉　安孟勤

　　　　　　王艳萍　罗相海

数据审核　楚雄州统计局

保密审查　楚雄州国家保密局

英文目录翻译　杞华仙

《楚雄州年鉴》审稿人员

（按姓名笔划排序）

刁晋光　夭建国　尹　睿　王　平　王　旭　王　森　王　琼　王学军　王定梁
王建新　王若舟　王耀秋　代丽菊　冉江明　卢显亮　叶松福　永培映　田映昌
田裕明　白忠华　刘　平　刘　安　刘　祥　刘予敏　刘江云　刘江华　刘应文
刘燕林　朱国良　朱啸咏　许华荣　何　勇　何兆发　何学明　何建勋　何晓帆
何锡英　余文乾　余美蓉　余琼芬　吴双华　吴启荣　吴秉勤　应江明　张　明
张文学　张文林　张发润　张利生　张林敏　张炳华　张祖武　张朝斌　张鹤雁
李　文　李　能　李　梅　李　跃　李　靖　李开传　李仕江　李玉林　李兆友
李兴国　李自荣　李志勇　李明祥　李松禄　李素平　李彩林　李富才　李德胜
杜　鹏　杨　龙　杨　凯　杨　杰　杨　林　杨发荣　杨永昌　杨玉江　杨玉泉
杨迎春　杨树荣　杨梦婷　沙毅强　肖惠华　苏　艳　苏玉坤　苏光祖　邱文华
陆绍林　周　雷　周正芬　周有奇　罗永恒　罗金林　侯志荣　思显龙　施克沛
施剑波　段玉林　段绍东　段彦溪　段福君　胡显文　胡智文　贺　伟　赵廷龙
钟仕民　夏　军　姬冠群　徐高亮　耿军华　聂宗林　郭　骏　郭孟贤　高建祥
商雁鸿　崔学政　曹正康　黄丕刚　黄正山　黄茂林　喻胜芳　普学芬　董　兵
谢国民　韩仕新　蒲　涌　靳　昌　谭秀元　谭锐冬　黎思栋　戴凤玲　戴家才

目　录

特　载

大事·要闻

年鉴论坛

综　述

政　治

法　　制

经济管理

农　　业

工 业

烟草业

医药业

商贸业

交通运输业

旅游业

信息产业

城建·环保

财政·税务

金融·保险

科学技术

社会科学

教　育

体　　育

民　　族

社　　会

县（市）概况

人　　物

附　　录

统计资料

索　　引

Main Contents

特 载

真抓实干 加速发展 全力开创富民强州新局面

——在中共楚雄州委八届二次全体会议上的报告

张太原

（2012 年 1 月 5 日）

同志们：

这次全委会的主要任务是：深入学习贯彻党的十七大、十七届三中四中五中六中全会、中央经济工作会、中央农村工作会、中央扶贫开发工作会、省第九次党代会、省委九届二次全会和州第八次党代会精神，总结 2011 年工作，部署 2012 年任务，审议通过《中共楚雄州委关于贯彻落实党的十七届六中全会精神加快推进民族文化强州建设的实施意见》，酝酿通过楚雄州推荐提名的云南省出席党的十八大代表初步人选名单，动员全州各级党组织和广大党员干部，统一思想、凝心聚力，真抓实干、加速发展，全力开创富民强州新局面。

下面，我受州委常委会的委托，向全委会作工作报告。

一、凝心聚力、克难奋进，顺利实现“十二五”良好开局

2011 年是楚雄州极不平凡的一年。一年来，我们认真贯彻落实中央和省委的重大决策部署，深入贯彻落实科学发展观，紧紧围绕富民强州宏伟目标，科学谋划发展思路，抓经济促发展，抓民生保稳定，扎实做好姚安“7·09”地震恢复重建统建房质量问题整改和有关违纪违法案件查处工作，顺利完成州、县（市）、乡（镇）党委换届，切实加强新形势下党的建设，全力推进经济社会持续健康发展，实现了“十二五”良好开局。一是经济发展保持良好态势。农村经济较快增长，粮烟生产再创历史新高。工业经济平稳增长，质量效益明显提升。文化旅游、商贸物流、金融保险等第三产业加快发展。预计全年生产总值可完成 470 亿元，同比增长 12%；地方财政总收入和地方财政一般预算收入完成 103.2 亿元和 37.6 亿元，分别增长 19.3% 和 22.4%，地方财政总收入迈上 100 亿元新台阶。二是基础设施明显改善。积极向上争取支持，努力拓宽投融资渠道，狠抓项目实施，一批重点水利、交通、能源项目扎实推进，城乡基础设施建设步伐加快，退耕还林等生态环境保护工程建设成效明显。全社会固定资产投资可达 351 亿元，增长 25%。三是改革开放更加深入。乡（镇）机构、集体林权制度、水务管理体制、医药卫生体制等改革全面深化，基本公共服务均等化稳步推进，州县两级政务服务中心和州公共资源交易中心建成运行。对外开放步伐加快，区域合作不断加强，对外贸易快速增长，招商引资成效显著，实际引进州外到位资金 155.8 亿元，增长 40.4%。四是保障和改善民生成效显著。“富民优先”战略深入实施，城镇居民人均可支配收入达到17700元，农民人均纯收入达到4500元，分别增长9%。义务教育“两免一补”和基本医疗保险等政策得到有效落实，新型农村社会养老保险和城镇居民养老保险试点工作有序推进，城乡最低生活保障水平不断提高，保障性住房建设力度加大。扶贫工作扎实有效，贫困地区群众生产生活条件不断改善。五是精神文明和民主法治建设取得新成绩。宣传思想工作明显加强，文化惠民工程深入实施。各级人大、政协的职能作用充分发挥，统战、民族、宗教、侨务工作不断加强，工青妇等群众团体的桥梁纽带作用不断强化，更加重视党管武装工作，依法治州进程步伐加快。“平安楚雄”创建活动深入开展，新形势下群众工作和社会管理创新试点扎实推进，安全生产和食品药品监管力度进一步加大，禁毒防艾工作成效明显。六是党的建设全面加强。举办了庆祝建党90周年系列活动，创先争优和学习杨善洲先进事迹活动深入开展，学习型党组织建设扎实推进，基层党组织建设不断加强，竞争性选拔干部工作全面开展，严肃查处了一批违纪违法案件，狠抓干部作风集中整顿和建设，各级党组织的凝聚力、战斗力和创造力进一步增强。

极不平凡的实践，非比寻常的考验，一年来全州各项工作在极其困难的条件下取得了令人振奋的好成绩。这是省委省政府正确领导的结果，是全州上下共同努力的结果，是社会各界关心支持的结果。这也充分说明全州广大党员干部是一支团结向上、奋发有为、敢于担当、值得信赖的队伍，是我们加快富民强州前进步伐的脊梁和中坚力量。实践证明，只要我们始终与党中央保持高度一致，坚决贯彻落实省委省政府的决策部署，团结带领全州各族人民，凝心聚力、开拓进取，就一定能够战胜前进道路上的各种困难和挑战，不断创造富民强州新业绩！

二、把握方向、突出特色，加快推进民族文化强州建设

加快推进民族文化强州建设，是深入学习贯彻十七届六中全会精神的重要举措，是省委省政府建设民族文化强省在楚雄州的具体实践，也是实现富民强州宏伟目标的重要保障。我们在深入调研、广泛征求意见的基础上，起草了《中共楚雄州委关于贯彻落实党的十七届六中全会精神加快推进民族文化强州建设的实施意见》，提交这次全委会审议通过，请大家深入思考，多提宝贵意见。这里，我强调六个方面的问题。

第一，必须坚持融入贯穿，切实发挥社会主义核心价值体系的引领作用。社会主义核心价值体系是社会主义先进文化的精髓，决定着民族文化强州建设的方向。要正确处理好社会主义核心价值体系先进性与民族文化广泛性的关系，推动民族文化与主流文化相互借鉴、加强交流、和谐发展。以坚持中国特色社会主义共同理想为先导，充分发掘各民族文化所蕴含的主流价值，积极树立和弘扬社会主义核心价值观，形成强大的民族文化感召力和凝聚力。把广泛开展中国特色社会主义理论体系宣传普及与充分展现各民族优秀文化成果紧密结合，积极弘扬以爱国主义为核心的民族精神和以改革创新为核心的时代精神，为实现加速发展提供强大的精神动力。

第二，必须坚持正确引导，不断为人民群众提供更加丰富的文化产品。创作更多人民群众喜闻乐见的优秀作品，是推进民族文化强州建设的重要任务。要按照社会主义核心价值体系建设的要求，全面贯彻“二为”方向和“双百”方针，大力发展先进文化，坚决抵制腐朽文化。把发展民族特色文化与集中打造文化品牌有机结合起来，坚持贴近实际、贴近生活、贴近群众，推出一批思想性、艺术性、观赏性相统一的精品力作，为人民群众提供更多更好的精神食粮。

第三，必须坚持均等服务，加快建设惠及全民的公共文化服务体系。满足人民群众基本文化需求，是民族文化强州建设的重要内容。要以文化惠民工程为抓手，进一步加大对公益性文化事业的投入力度，加强文化基础设施建设，拓宽服务渠道，健全服务网络，不断提高公共文化服务供给能力。切实加强对重点文物、非物质文化遗产、古籍、历史文化名镇的保护和开发利用，深入挖掘节日文化、民俗文化资源，丰富公共文化服务提供方式，更好地满足人民群众日益增长的文化需求。

第四，必须坚持选优培强，努力使文化产业成为新的经济增长点。加快发展文化产业，是推进民族文化强州建设的重要途径。要深入挖掘文化资源的底蕴内涵，加强项目策划、品牌培育、市场开发，大力发展特色突出、优势明显的文化产业，努力实现资源优势向产业优势转化。加强文化研究与旅游项目开发的结合，优化全州文化旅游产业布局，发展文化旅游产业集群，继续推进彝人古镇、禄丰世界恐龙谷等重点项目建设，加快打造环州精品旅游线路，发展乡村生态文化旅游，把楚雄州打造成为滇西黄金旅游线上的重要节点和云南重要的民族文化旅游基地。

第五，必须坚持改革创新，建立健全有利于文化繁荣发展的体制机制。改革创新是推进民族文化强州建设的强大动力。要深化文化管理体制改革，进一步理顺文化行政管理部门与所属企事业单位、中介组织的关系。深化公益性文化事业单位改革，强化服务功能。扎实推进经营性文化事业单位改革，使其成为自主经营的市场主体。着力深化投融资体制改革，鼓励吸引民间资本和国内外知名品牌企业参与文化产业发展。加强文化市场监管，规范市场秩序，构建公平有序的文化发展环境。

第六，必须坚持培引结合，着力打造一支高素质的文化人才队伍。人才队伍是加快民族文化强州建设的关键。要加大本土文化人才的培养力度，提升创作精品、打造品牌、运作产业的能力。加强基层文化人才队伍建设，稳定和发展专职文化人才队伍。大力引进文化新人、名人和经营管理人才，吸引更多优秀人才参与楚雄州文化建设，造就一支扎根楚雄文化土壤、具有较强创造、策划、运作和经营管理能力的人才队伍，努力以人才队伍建设推动文化繁荣发展。

三、认清形势、明确目标，推动经济社会发展跃上新台阶

上年楚雄州经济增速低于全省平均水平，在滇中4州（市）中也明显偏低，发展差距进一步拉大。2012年楚雄州加速发展的任务十分艰巨，面临的形势更加严峻。一是产业层次低。产业发展仍处于资源型初加工为主的阶段，特色产业竞争优势不明显，重点产业支撑力不强，产业散小弱、发展后劲不足等问题仍然较为突出。二是重大项目少。项目前期投入不足、论证不充分，符合国家投资导向和产业政策，切合州内实际，覆盖面广、关联度大、带动力强的大项目、好项目不多。三是要素制约多。土地、水、能源和资金等要素制约日益突出，工业用地基础设施配套滞后，全州库塘蓄水量为近20年最低，电、油供给紧张，融资渠道单一、投资领域开放不够、民间资本启动困难等问题尚未得到根本解决。

同时，我们更要看到，楚雄州正处于加速发展的重大机遇期。国家深入实施新一轮西部大开发、支持云南加快建设面向西南开放重要桥头堡，省第九次党代会提出了奋力推进科学发展和谐发展跨越发展，把滇中培育成全省跨越发展的重要引擎，为我们加速发展创造了良好环境。国家继续实施积极的财政政策和稳健的货币政策，"十二五"规划实施进入项目投资密集期，省委省政府制定了城镇上山、工业上山等一系列重大政策措施，为我们加速发展提供了有利条件。我们积极谋划、科学论证、争取支持，有一批列入国家和省重大规划盘子的项目启动实施，为我们加速发展打下了坚实基础。更为重要的是，随着富民强州事业的深入推进，全州各族人民和广大党员干部奋力赶超的愿望更加迫切、团结拼搏的氛围更加浓厚、干事创业的热情更加高涨，为我们加速发展汇聚了强大合力。

做好2012年工作，必须以邓小平理论和"三个代表"重要思想为指导，深入贯彻落实科学发展观，全面贯彻党的十七届六中全会、中央经济工作会和省第九次党代会、省委九届二次全会精神，紧紧围绕富民强州这一宏伟目标，以加快转变经济发展方式为主线，以深化改革开放为动力，以加速发展为基调，以产业发展和城镇化为突破，调结构、兴实体、强基础、重招商、惠民生、促和谐，稳中求进、好中求快、变中求新，确保全年主要经济指标增速达到或超过全省平均水平，奋力推动经济社会发展跃上新台阶。

主要预期目标是：生产总值增长12%以上，地方财政总收入和地方财政一般预算收入分别增长17%以上，固定资产投资增长20%以上，城镇居民人均可支配收入和农民人均纯收入分别增长12%和13%以上，居民消费价格总水平控制在4%左右，城镇登记失业率控制在4.6%以内，城镇化率提高1.6个百分点，单位生产总值能耗完成省下达的目标任务。

实现上述目标，要统筹兼顾、突出重点，着力抓好6个方面的主要工作：

（一）*加快发展实体经济，不断提升综合实力*。实体经济是人民生活不断改善的物质基础，是加速发展的重要支撑。必须按照新型工业化的思路，坚持把加快发展实体经济与推进产业升级、提升企业核心竞争力紧密结合，做大做强特色优势产业，切实提高楚雄州经济发展的自主增长能力。一是加快推动产业升级。以六大重点产业建设为抓手，按照"兴特色、建基地、扶龙头"的思路，努力做优一产、培强二产、调快三产。加快发展蔬菜、畜牧、制繁种、中药种植等特色农业，做特做大核桃、食用菌等林产业。加快建设农产品精深加工园区，全面提升绿色食品产业竞争能力。不断巩固和发展壮大烟草产业，尽快形成年产60万箱卷烟生产能力，确保完成200万担烤烟生产任务。着力培强做大冶金化工业，确保云南工投公司炭质还原剂、云南新立公司钛白粉等一批重点工业项目尽快竣工投产。加快发展生物医药产业，全力打造彝药品牌，引导医药企业整合。积极培育以钛为重点的新材料产业和风能、太阳能、生物质能等新能源产业。加快发展文化旅游产业，大力发展商贸物流、金融保险、信息中介等服务业。二是大力发展园区经济。围绕打造全省重要的绿色产业基地、冶金化工基地、民族文化旅游基地、生物医药产业基地和钛产业基地的目标，以楚雄、禄丰、武定、永仁4个工业发展规划区为重点，加强规划引导，完善配套政策，强化服务保障，健全考核机制，创新建设开发模式，加大基础设施建设力度，促进产业集聚，尽快形成一批布局合理、特色鲜明、功能配套、效益良好的产业园区。正确处理产业发展和生态环境保护的关系，坚持节能节水节地，鼓励发展低碳经济和循环经济，推动绿色制造和清洁生产。新建标准厂房30万平方米，园区基础设施建设投资增长保持在35%以上，确保全州新入园企业达到50户以上。三是不断提升企业核心竞争力。加快产业重组步伐，加大对重点企业扶持力度，形成一批带动能力强、富有竞争力的骨干企业，力争规模以上工业企业新增20户以上。鼓励企业使用先进技术设备，加强与科研院所合作，不断提高技术创新能力，争取3户企业进入省级以上技术中心行列，5个技改项目纳入省级扶持。引导企业树立品牌意识，支持有条件的企业争创名牌和著名商标，争取2个以上产品进入云南名牌。继续选派优秀企业管理人员到发达地区、大企业集团学习交流，不断提高企业人才素质和管理水平。四是加大督查考核力度。制定全州实体经济发展工作目标责任制度，建立重奖重罚的考评机制，落实州级领导联系督导六大重点产业制度，把抓实体经济的各项目标任务分解落实到各县（市）、各部门和具体责任人。坚持把考评结果作为各级领导干部绩效考核的重要内容，作为班子调整和干部任用的重要依据。对完成和超额完成各项目标任务的给予重奖，对推进不力和出现重大失误的进行问责和重罚。

（二）*积极扩大投资和消费需求，增强加速发展的内生动力*。实现加速发展，消费是基础，投资是关键。必须紧紧抓住国家实施扩大内需战略的机遇，全力扩大投资规模，进一步释放城乡居民消费潜力，促进投资和消费良性互动，为经济社会发展提供强大支撑。一是进一步强化项目前期工作。牢固树立发展靠投资、投资靠项目的理念，始终把加快项目建设作为头等大事来抓。按照论证一批、储备一批、上报一批、争取一批、开工一批、补充一批的要求，大幅增加前期经费投入，科学谋划、扎实推进重大基础设施和产业建设项目前期工作。强化项目申报，加大向上争取工作力度，最大限度地争取国家和省的支持。二是全力推进重点项目建设。结合国家的投资方向，围绕六大重点产业发展，推进一批产业建设重点项目，明显提高产业投资占固定资产投资的比重。加快推进以烟草水源工程为主的重点水利工程建设，实施中小型病险水库除险加固、农村饮水安全和中小河流治理等工程，抓好中低产田地改造。继续实施县县二级路、县乡柏油路、村村硬化路工程，加快推进楚广等高速公路开工建设和州内国道提升改造。加快推进一批民生领域的重点项目建设。年内至少开工1000个投资规模500万元以上的项目。三是健全重点项目建设推进机制。建立州级领导牵头、部门负责、县（市）主抓的工作机制，完善重大投资项目绩效评价办法，筛选30个重大在建项目和30个前期项目定期督查推进。建立重大项目推进联席会议制度，加强项目衔接和通报，及时研究和解决项目推进中的困难和问题。加强和改进对政府投资项目的全过程监督管理，确保项目质量合格、建设生产安全和资金管理安全。四是积极扩大消费需求。采取增加就业、健全社会保障体系、扩大消费信贷等措施，不断改善城乡居民消费预期，增强消费能力。积极发展网络购物等新型消费业态，努力培育消费热点。深入推进“万村千乡市场工程”，规范市场秩序，不断改善消费环境。

（三）稳步推进城镇化，促进城乡协调发展。推进城镇化是统筹城乡发展的重要途径，也是扩大投资、拉动消费的重要载体。必须牢牢把握统筹城乡这个基本方略，坚持新型工业化、城镇化、农业现代化“三化”互动，充分考虑城镇综合承载能力，因地制宜，遵循规律，稳步推进城镇化健康发展。一是大力发展县域经济。县域经济就是本县区域内的优势和特色经济，其一、二、三产业都涉及。要坚持分类施策、重点突破、全面推进，推动县域经济跨越式发展。加大产业布局的州级统筹力度，设立县域主导产业发展引导基金，大力培育龙头企业发展，支持每个县（市）因地制宜培育2～3个主导产业，培育新的特色优势产业，培育品牌名牌，培育新的财源，打造各具特色的立县支柱产业。改善县域经济发展软硬环境，加强公共基础设施建设，完善配套政策措施，增强承载和集聚能力，最大限度地激发县域经济发展的潜力。建立健全激励县域经济加快发展的考核体系，强化考核结果应用，进一步形成争先进位、赶超发展的好势头。二是稳步推进农民进城。坚持统筹兼顾、分类指导、试点先行、有序推进的原则，充分尊重农民意愿，放宽城镇落户条件，鼓励和引导农民自愿进城。落实“盖两床被子、穿十件衣服”的优惠政策，着力解决好进城农民的就业、教育、医疗、养老、住房等相关配套保障问题，切实保护好进城农民承包土地、林地、宅基地等合法权益，真正使进城农民能够进得来、住得下、过得好。三是加强城镇规划、建设和管理。按照城镇上山的要求，围绕山水田园一幅画、城镇村落一体化的目标，坚持以人为本、节约土地、生态环保、安全实用、突出特色的原则，抓紧制定城镇近期建设规划和山地综合开发利用规划。继续抓好楚雄区域性中心城市建设，加强县城和重点集镇、特色旅游小镇建设，着力打造一批彰显民族文化特色的重点集镇和辐射带动能力强的中心集镇。探索建立政府主导、市场运作的城镇建设模式，加强城镇基础设施建设，加快完善城镇功能，提升城市管理和服务水平，不断改善人居环境。四是加快新农村建设。全面开展村镇规划工作，确保完成全州村庄规划编制任务。加强对村庄建设的指导，结合扶贫整村推进、地震安居工程、危旧房改造和新农村省级重点村建设，打造一批特色民居、特色村庄。启动实施以水电路气房为重点的乡村改造工程，推动农村民居配套化、管理社区化。强化农村公共服务，推进农村环境综合整治。加强乡风文明建设，提高农民素质，培养新型农民。

（四）切实保障和改善民生，推动社会事业全面进步。发展社会事业、保障和改善民生，是实现富民强州宏伟目标的必然要求。必须始终把保障和改善民生作为一切工作的出发点和落脚点，着力解决好关系人民群众切身利益的突出问题，不断增强各族人民的幸福感。一是千方百计增加城乡居民收入。启动实施居民收入倍增计划，推动城乡居民收入普遍较快增长。认真落实企业工资增长指导线制度，促进企业职工工资稳步增长。进一步完善事业单位收入分配制度，逐步规范和提高机关事业单位人员的工资和津补贴标准。积极推动农村富余劳动力转移，充分发挥农民土地、林地、房屋等资产价值作用，认真落实粮食直补、重点公益林生态效益补偿、草原生态保护等各项惠农措施，大幅增加农民收入。二是加快社会事业发展。加强就业服务体系建设，增加公益性就业岗位，统筹做好重点群体就业工作，保持“零就业家庭”动态清零。坚持教育优先发展，不断改善办学条件，全面提高教学质量，抓好校安工程建设，做好农村义务教育学生营养改善和提高补助标准工作，统筹解决好农村中小学集中办学后学校安全保障及学生吃、住、行等问题，坚决避免出现因管理不善造成的安全事故。加强医疗卫生体系建设，积极推动以公立医院为重点的医药卫生体制改革，进一步加强和改善新农合管理，实现全部定点医疗机构新农合住院费用现场减免，不断提高广大农村群众的医疗保障水平。加大科技创新投入，加快科技事业发展步伐。广泛开展全民健身运动，认真做好人口计生、妇女儿童和老龄工作。三是进一步健全社会保障体系。努力扩大社会保险覆盖面，实现新型农村社会养老保险和城镇居民养老保险制度全覆盖，推进社会保障“一卡通”。逐步完善工伤预防、工伤康复和工伤补偿制度。探索医疗综合救助模式，建立健全城市特困居民临时救助制度，对边缘群体和低收入群体实施临时救助。大力发展社会福利、慈善和残疾人事业。扎实推进保障性安居工程建设，扩大建设规模，拓宽融资渠道，健全分配管理制度，确保新开工建设2万套保障性住房。四是加快推进新一轮扶贫攻坚。认真落实中央扶贫开发工作会议精神，加快重点片区区域发展和扶贫攻坚规划编制工作。加强项目对接，加大资金投入，集中实施一批基础设施建设、产业发展和民生工程，促进基本公共服务均等化，大力改善贫困地区生产生活条件。年内使不少于10万贫困人口实现“两不愁、三保障、一高于、一接近”的目标。五是加强防灾减灾工作。完善防灾救灾体系，健全社会动员机制，努力提高灾害应急能力，保障人民群众生命财产安全。当前，要针对库塘蓄水严重不足问题，提前做好抗旱应急准备，确保广大人民群众生活生产用水的供给。

（五）不断深化改革开放，激发加速发展活力。改革开放是确保楚雄州经济社会持续快速发展的强大动力。必须以更强烈的改革意识，更宽广的开放姿态，更大的决心和勇气，破除各种思想和体制机制障碍。一是继续深化重点领域和关键环节改革。加快发展村镇银行、小额贷款公司、互助基金组织等面向小微型企业和“三农”的地方金融机构。健全公共财政体系，加大均衡性转移支付力度，强化县级基本财力保障。深化国有资产监管体制改革，确保国有资产监管实现全覆盖。积极配合省委省政府开展电网输配电电价改革试点。切实抓好事业单位分类改革，努力促进政事分开、事企分开和管办分离。继续深化行政审批制度改革，深入推进法治、责任、阳光和效能政府建设，努力提高政府执行力和公信力。二是大力发展民营经济。进一步放宽产业准入限制，全面落实和创新促进民营经济发展的政策措施，积极引导更多的民间资本投资楚雄。整合各类资源，改进服务方式，大胆走到民营企业中去，大胆与民营企业家交朋友，切实帮助民营企业解决生产经营中存在的实际困难和问题。大力推进全民创业，培育创业带头人，实施“中小企业成长工程”，重点扶持一批民营企业做强做大，力争非公经济占生产总值的比重提高到43%以上。三是加强区域经济合作。用足用好相关政策，扎实推进一批桥头堡建设重点项目。立足资源禀赋，坚持优势互补，强化分工合作，加快承接产业转移，积极参与推进滇中城市经济圈建设，主动融入攀西经济区。努力提升对外经贸水平，继续支持特色优势农产品出口，大力发展以劳务输出为主的服务贸易，鼓励有条件的企业“走出去”。四是进一步加大招商引资力度。把招商引资作为推动经济发展的主抓手，作为各级干部建功立业的主战场，以优势资源招商、以成熟项目招商、以优质服务招商、以优惠政策招商，积极构建全民招商大格局。进一步完善和落实招商引资优惠政策，建立快速高效的招商引资项目审批绿色通道，实行重大招商引资项目全程跟踪服务。精心策划包装一批带动力强、成长性好的项目，有针对性的组织几场境内外重大招商活动，着力引进一批技术含量高、支撑作用大、产业链条长的项目。实行招商引资“一把手”工程，加大招商引资考核力度，想尽一切办法，动用一切力量，施展一切才能，确保全州招商引资工作取得新突破。

（六）努力营造和谐环境，打牢加速发展社会基础。和谐稳定的社会环境，是实现加速发展的重要前提。必须充分调动一切积极因素，把各方面的智慧和力量汇聚到推动加速发展上来。一是着力加强民主政治建设。进一步加强和改善党对人大、政协工作的领导，支持人大及其常委会依法履行职能，充分发挥政协政治协商、民主监督、参政议政的职能作用。全面做好统战、侨务、对台、外事等工作，支持各民主党派、工商联发挥独特作用。充分发挥工青妇等人民团体的重要作用。重视国防后备力量建设。加快推进依法治州进程，支持法院、检察院依法行使职权，深化司法体制和工作机制改革，认真做好“六五”普法工作。二是积极促进民族团结进步。抓紧编制实施加快少数民族和民族聚居区经济社会发展规划，深入开展全国民族团结进步示范区创建活动，加强领导、创新机制、强化保障，推动民族地区经济社会加快发展。认真贯彻执行党的宗教政策，积极引导宗教与社会主义相适应，保持宗教领域的稳定有序。三是进一步加强和创新社会管理。完善社区治理结构，健全社区管理和服务体系，推进和谐社区建设。严格落实领导干部接访、下访制度，畅通民意渠道，切实解决好违法违规征地拆迁、企业改制等损害群众切身利益的突出问题。加大社会矛盾纠纷排查调处力度，建立完善突发事件和群体性事件应急机制。深入开展食品药品安全专项整治和安全生产治理整顿，坚决遏制重特大安全事故的发生。深化平安创建活动，扎实推进社会治安综合治理，依法惩处各种违法犯罪行为。继续打好禁毒防艾人民战争。

四、加强和改进党的建设，为完成全年目标任务提供坚强保证

推进工作落实，完成2012年任务，关键在党，关键在干部。必须全面推进党的思想、组织、作风、制度和反腐倡廉建设，提高党的建设科学化水平，为完成全年各项目标任务提供坚强保证。

（一）提高党员干部的开拓创新能力。实践证明，思想解放一步，发展向前一步；思想超前一步，发展领先一步。面对新形势、新任务，必须消除一切思想障碍，在解放思想中统一思想，在统一思想中推动发展。要继续推进学习型党组织建设，加强理论武装工作，加大干部培训力度，提高党员干部的思想政治素质。各级党员干部要紧紧围绕实现富民强州宏伟目标，努力培养开拓创新、敢做敢为、迎难而上、愈挫愈勇的意志品格，善于在用活政策中抢占先机，勇于在突破常规中拓展空间，敢于在大胆实践中闯出新路。州委旗帜鲜明地鼓励创新者、保护改革者、善待挫折者、宽容失败者，凡不违反国家法律政策的都可先试，凡外地的成功经验和做法都可借鉴，凡有碍科学发展的条条框框都可打破。

（二）锻造一支德才兼备的干部队伍。事业兴衰，唯在用人；用人之要，重在导向。州委的用人导向十分明确，就是要紧紧围绕实现富民强州这一宏伟目标来培养和使用干部，坚持用那些想干事、敢干事、会干事、能干成事又不惹事的人，坚决不用那些不干事、怕干事、乱干事、干不成事又会惹事的人。凭实绩论英雄、以发展用干部，真正把合适的人放在最合适的岗位上，把最优秀的干部选进班子中来。研究制定解决干部职级待遇、畅通干部出口渠道、合理使用各年龄段干部的政策措施，进一步调动干部的积极性。加大竞争性选拔干部工作力度，继续完善和推行竞争上岗、公开选拔等选人用人方式。加大干部交流力度，有针对性地进行地区间、部门间、岗位间交流，选派一批优秀后备干部到发达地区学习提高、到基层困难艰苦环境中摔打磨练。特别是要加强年轻干部的培养和锻炼，大胆培养和破格提拔一批素质好、能力强、有前途的年轻干部，进一步增强干部队伍的生机与活力。

（三）筑牢富民强州的战斗堡垒。党的执政基础在基层，科学发展的活力源泉也在基层。要认真组织实施“跨越发展先锋行动”，深化“云岭先锋”工程和“边疆党建长廊”建设，继续开展创先争优和学习杨善洲先进事迹活动。全面落实各级党委

（党组）抓基层党建工作责任制，认真整治软弱涣散基层党组织。继续选派新农村建设工作队，加大大学生村官选拔工作力度。实施党员素质教育工程，开展创建“带领致富党支部”和培养“脱贫致富带头人”活动，增强农村党员“双带”能力。创新载体，丰富内容，努力拓展基层党建工作的深度和广度。

（四）弘扬真抓实干的工作作风。干部作风关系党的事业成败。广大党员干部要牢固树立责任意识、公仆意识，切实增强工作责任感和使命感，始终保持昂扬向上、奋发有为的精神状态，大兴真抓实干之风，努力把各项工作落到实处。认真落实工作目标考核责任制，加大督促检查力度，严惩工作落实不力甚至不落实的行为，切实解决干与不干一个样、干好干坏一个样的问题，努力在全州上下形成政令畅通、雷厉风行、一抓到底的工作局面。深入开展“四群教育”活动，认真实施干部直接联系群众制度，切实转变干部工作作风，扎扎实实为群众办实事解难事，进一步密切党群干群关系。

（五）营造风清气正的干事创业环境。坚决惩治和预防腐败，关系人心向背和党的生死存亡。必须全面落实党风廉政建设责任制，切实把党风廉政建设和反腐败斗争引向深入。坚持把科学发展观教育与反腐倡廉教育统一起来，树牢广大党员干部科学、民主、依法执政理念。进一步完善从源头上防治腐败的有效机制，加强对各级领导班子和党员干部，特别是主要领导干部的监督，及时发现和解决苗头性、倾向性问题，铲除滋生腐败的土壤。加强对重点领域不正之风的专项治理，对违纪违法和严重侵害群众利益案件，必须坚持有案必查、一查到底、决不姑息，以反腐倡廉的实际成效取信于民。

同志们，事业催人奋进，发展任重道远。各级党组织和广大党员干部，一定要在中央和省委的正确领导下，以更加饱满的热情和昂扬的斗志，坚定不移地奏响加速发展的主旋律，不断开创各项工作新局面，全力推动富民强州迈出坚实步伐，以优异的成绩迎接党的十八大胜利召开！

政府工作报告

——在楚雄彝族自治州第十一届人民代表大会第一次会议上

李红民

（2012 年 3 月 5 日）

各位代表：

我代表州人民政府，向大会报告工作，请予审议，并请州政协委员和列席人员提出意见。

一、过去 5 年的工作回顾

过去的 5 年，在省委、省政府和州委的正确领导下，第十届州人民政府坚持以邓小平理论和“三个代表”重要思想为指导，深入贯彻落实科学发展观，团结带领全州各族人民，深化改革、扩大开放，加快发展、改善民生，保持稳定、促进和谐，排除干扰、克难奋进，完成了州第十届人大一次会议以来确定的主要目标任务。

——综合实力不断提升。2011 年与 2006 年相比，全州生产总值（GDP）由 217.4 亿元增加到 482.5 亿元，年均增长 11.9%（按可比价计算，下同）；全社会固定资产投资由 93.3 亿元增加到 354.5 亿元，增长了 2.8 倍；社会消费品零售总额由 63.6 亿元增加到 158.3 亿元，年均增长 20%；外贸进出口总额由 0.5 亿美元增加到 1.5 亿美元，年均增长 23.6%；地方财政总收入、地方财政一般预算收入分别由 43.4 亿元、14.3 亿元增加到 103.2 亿元、37.6 亿元，年均分别增长 18.9%、21.3%。城镇化率提高 6.6 个百分点。经济结构进一步优化，五大重点产业增加值占全州生产总值的比重达 46.3%。

——基础设施不断夯实。实施了一批重大建设项目，累计完成全社会固定资产投资1104亿元。完成水利固定资产投资57.6亿元，青山嘴水库等骨干水源工程如期建成。完成交通投资108.9亿元，永武等一批高等级公路建成通车，州域高等级公路主骨架网基本建成，农村交通状况得到改善。城镇、民生等基础设施建设得到加强，新增电力装机容量26.7万千瓦，农村电网改造达95%以上。

——人民生活不断改善。加大保障和改善民生力度，全州74%的财政支出投向民生领域。采取各种措施促进增收，城镇居民人均可支配收入由10611元增加到17785元，年均实际增长7%；农民人均纯收入由2385元增加到4627元，年均实际增长10.1%。社会保障体系不断完善，各项社会事业全面发展，人民生活水平进一步提高。

——生态建设不断加强。深入开展“保护七彩云南·构建和谐彝州”行动，完成人工造林251万亩，封山育林104万亩，森林覆盖率达62.5%。治理水土流失面积2500平方千米。淘汰落后产能70万吨，单位生产总值能耗累计下降16.23%；“两污”项目建设扎实推进，节能减排目标全面完成。

——和谐稳定不断巩固。全面贯彻党的民族政策，民族团结进步事业受到中央和省的表彰。深入推进平安楚雄建设，维护了社会和谐稳定。广泛开展群众性精神文明创建活动，城乡文明程度进一步提高。加强食品安全监管，强化应急处置能力建设，落实安全生产责任制，社会关注的热点难点问题进一步得到解决。加强民主法治建设，重视人大代表议案、建议和政协提案办理工作，累计办理议案13件、建议1007件、提案1335件，办复率达100%，满意率达99%以上。

刚刚过去的2011年，是楚雄州发展进程中极不寻常、困难较大、经受各种考验较多的一年。特别是州内极少数领导干部违背科学发展观和严重违纪违法问题，使全州面临前所未有的困难和挑战：一是由于政府形象受到严重影响和损坏，推进各项工作困难增多，楚雄州面临重塑政府形象、提高政府公信力、再鼓发展信心和勇气的巨大压力。二是对违反科学发展观和科学民主决策、严重违纪违法的问题，面临既要严肃查处、认真整改，又要减少损失、促进发展的双重任务。特别是因违法用地等问题被查处，全州67个项目停工停产，固定资产投资和产业发展等方面都受到严重影响；一些招商引资项目也因违纪违法或缺乏科学论证，难以继续推进实施。三是由于多年积欠和投入违规项目的资金，造成债务负担沉重，资金筹集十分困难，偿还到期债务压力巨大。由于各种矛盾和困难叠加，加之国家为管理好通胀预期，加大了宏观政策调控力度，进一步收紧信贷和土地闸门，更增加了保持全州经济社会平稳较快发展的压力和困难。

面对重重困难和极为复杂的形势，在中央和有关部委、省委、省政府及有关部门的帮助支持下，在州委的坚强领导下，全州上下坚定信心、克难奋进，做到“思想不散、秩序不乱、工作不断”，扎实做好“抓项目、促整改、保增长、保民生、保稳定”各项工作，有力促进了经济社会平稳较快发展，全面完成了州第十届人大六次会议确定的预期目标，奋力实现了“十二五”的良好开局。与上年相比，全州生产总值增长12.4%，超目标0.4个百分点，为5年来最高增速。全社会固定资产投资增长26.3%，高于目标1.3个百分点。社会消费品零售总额增长20%。外贸进出口总额增长39.2%。地方财政总收入突破100亿元大关，增长19.3%；地方财政一般预算收入增长22.4%，超目标任务7.4个百分点。城镇居民人均可支配收入和农民人均纯收入分别增加2162元、731元，实际分别增长9.1%和13.8%，农民人均纯收入增幅再创新高。居民消费价格总水平上涨4.5%。城镇登记失业率为3.3%，低于预期目标1.3个百分点。人口自然增长率为4.6‰。城镇化率达33.8%。单位生产总值能耗下降4.17%。总之，过去的一年，是攻坚克难、加快发展的一年，是解套脱困、破解难题的一年，是抢抓机遇、加大投入的一年，是创新思路、真抓实干的一年，是与时俱进、锐意改革的一年，是统筹兼顾、和谐发展的一年，是民族团结、社会稳定的一年。这些成绩来之不易！这是州委、州政府团结带领全州人民在极为复杂、极其困难的情况下取得的，充分体现了全州各族干部群众在困难和挑战面前讲团结、思改革、谋发展的高度政治责任感和历史使命感，同时也充分证明各级干部、各族群众完全有能力应对各种困难和挑战，有能力迎难而上推动全州科学发展和谐发展跨越发展。

（一）攻坚克难，三次产业快速发展。加快培育重点产业，强化经济运行调节，保增长成效明显。一是农业农村经济迈上新台阶。各级财政投入支农资金56.6亿元，增长36%，农业生产实现恢复性增长，农林牧渔业总产值增长8.5%，增幅比上年提高4.9个百分点，是近5年来的最高增速。加快发展现代农业，产值100万元以上的龙头企业新增31户。实施“五小水利”工程3万件，改造中低产田地24万亩。巩固解决了10万贫困人口的温饱问题。高度重视抗旱蓄水工作，采取应急措施，增加蓄水1.8亿立方米。二是工业经济保持较快增长。着力推进50个重点工业项目实施，加强煤电油运水的协调保供，采取“一对一”措施加强对重点企业帮扶，全年实现工业增加值171.4亿元，增长16.5%，占生产总值的比重提高0.8个百分点。重点企业培育成效明显，产值超亿元的企业达49户，新增13户。认真落实“工业上山”要求，抓好规划调整，工业园区规划总面积343平方千米，新增保护坝区基本农田和林地117平方千米，调增荒山荒坡222平方千米。投入5亿元资金加快园区基础设施建设，园区产值达239亿元，增长45%。品牌创建取得成效，“老拨云堂”商标被公告为“中国驰名商标”，实现了楚雄州“中国驰名商标”零的突破。三是现代服务业快速发展。着力改造传统服务业，积极培育现代服务业，第三产业实现增加值165.8亿元，增长11.2%。文化旅游业加快发展，实现增加值30.4亿元，增长9%。四是财税金融工作取得明显成效。积极组织财税收入，加大项目资金争取力度，适时妥善处置州属国有部分闲置资产，同时科学合理安排支出，确保了财政收支平衡、民生保障、重点项目推进和债务偿还。经多方努力，争取到国家烟草专卖局给予楚雄州单列两万大箱卷烟生产指标的支持，每年可增加近2亿元的税收，同时扩大了总量，增加了配额，为今后财税收入持续增长奠定了良好基础。州财政在极为困难的情况下，千方百计筹集7亿多元资金偿还政府债务，规避了金融风险，维护了诚信政府的良好形象。金融生态环境进一步优化，金融机构各项存贷款余额分别增长15.3%和13.7%。

（二）狠抓落实，项目争取和实施成效明显。千方百计挖掘潜力，狠抓项目落地，认真抓好融资、土地、环评等关键环节，固定资产投资在制约因素较多的情况下仍然实现较快增长。项目前期工作成效明显。加大项目前期经费投入，州级财政安排的项目前期费达7854万元，增长73%；加强项目编报论证工作，以桥头堡建设为契机，完成19类1204个总投资超过5000亿元的项目规划。项目资金争取成效显著。全年共上报项目5645个，总投资852亿元；实际争取项目3773个，争取项目资金62.7亿元，增长13.1%，达到历史最高水平。通过多方协调努力，争取国家烟草专卖局支持楚雄州建设7件烟草水源工程，总投资达7.6亿元。重点在建项目加快推进。按照“目标时间倒逼、责任主体明确、措施具体有力”的办法，着力推进重点建设项目实施。全年实施项目1589个，新开工项目1078个，元双公路建成通车，姚安下口坝水库、红塔集团楚雄卷烟厂异地搬迁等一批重点项目推进迅速。投资结构进一步优化，固定资产投资拉动经济增长约6个百分点，工业投资达112.9亿元，占全社会固定资产投资的31%；民间投资比重达46%以上。

（三）统筹协调，社会事业全面发展。教育事业得到优先发展，新增幼儿园35所，学前3年儿童入园率达60%，提高5.5个百分点；高中阶段教育毛入学率达71.2%，高于全省5.4个百分点；校安工程扎实推进；州属5所中专学校整体搬迁到职教园区办学，园区在校生达到1.8万人，被教育部确定为部级直抓的5个试点之一。科技进步与创新对经济增长的贡献率提高1个百分点，禄丰土官钛产业科技创新项目被列为科技部与云南省部省科技合作项目；爱尔发科技公司产业化科技项目列入国家重大专项火炬计划。医改工作稳步推进，新农合参合率达96.5%，新农合大病补充保险参合率达70%以上；全面完成医改卫生基础设施建设任务，州医院新区建成并投入使用。继续推进乡（镇）文化站等文化惠民工程建设，州文化活动中心建设全面完工。人口计生、体育、统计、外事、侨务、气象、地震等工作得到加强，工青妇、儿童、老龄、红十字、慈善、残疾人、档案、史志等事业得到全面发展。

（四）加大投入，人民生活进一步改善。完成民生支出95.6亿元，占地方财政一般预算支出的75.4%。就业工作稳步推进，城镇新增就业2.1万人。社保覆盖面不断扩大，企业退休人员养老金、城乡最低生活保障标准稳步提高，新农保和城镇居民养老保险试点扩大到7个县（市），各类社会保险参保达176.9万人次。实施5500套城镇保障性安居工程，完成林区、煤矿、工矿棚户区改造826套。争取救灾资金3073万元，解决了受灾群众基本生活困难问题。高龄津贴和养老服务补贴得到落实。加强价格监管，建立社会救助保障标准与物价上涨联动机制，城乡低保对象补助金每月分别提高15元和12元。安全生产和食品药品监管工作得到加强。

（五）创新举措，改革开放扎实推进。农村综合改革深入开展，集体林权制度改革继续推进，林业保险工作取得进展。积极稳妥推进事业单位分类改革。教育改革和发展规划全面实施，公益性文化事业单位改革和经营性文化单位转企改制工作扎实推进，医药卫生体制五项重点改革进一步深化，禄丰县公立医院改革试点得到卫生部和省的充分肯定。财税、投融资体制改革继续推进。加强与滇中、攀西经济区及金沙江流域地区的交流合作，区域合作不断加强。投入财政资金952万元奖补业绩突出的出口企业，外贸进出口保持快速增长，全年实现外贸进出口总额1.5亿美元。加大招商引资力度，实际引进州外到位资金155.8亿元，增长40.4%。

（六）强化责任，和谐楚雄建设进一步巩固。抓好社会治安防控体系建设，严厉打击违法犯罪活动，人民群众的安全感和满意度不断提升。加强社会建设，强化维稳责任，社会稳定的基础更加牢固。社会主义民主法治建设扎实推进。和谐社区建设力度加大，民族团结进一步巩固，宗教和谐得到加强。加强生态建设，人工造林73万亩，全面完成20万亩退耕还林任务，治理水土流失面积561平方千米。强化责任考核，节能减排目标任务如期完成。

（七）正视问题，各项整改工作有力推进。面对存在的问题，我们不回避矛盾、不推卸责任，深刻反思，切实抓好对违反科学民主决策、不符合法律法规规定的有关问题的整改工作。在上级领导和各有关部门的大力指导和帮助下，整改工作取得阶段性成果。一是姚安地震灾区恢复重建民房质量问题整改工作顺利完成；二是违法用地整改通过验收，80%以上的违法用地项目得到妥善处理；三是对“4·12”专案查处后所暴露出的缺乏科学论证、无法推进实施的项目进行了认真清理，并积极研究对策，多方寻找出路，力求解套脱困。通过积极主动的整改工作，赢得了上级领导和有关部门对楚雄州最大限度的理解和支持，把负面影响和各种损失降到了最低程度，维护了国家和人民利益，迅速扭转了各项工作被动的局面，促进了彝州和谐稳定、持续发展。

（八）完善制度，政府自身建设得到加强。认真学习中央和省委领导对楚雄州极少数领导干部违法违纪案件的重要批示精神，总结教训，加强政府自身建设，推进依法行政。及时修订出台了《楚雄彝族自治州人民政府工作规则（试行）》，制定和完善了楚雄州人民政府"三重一大"议事规则（试行）等7个配套文件，实现了"定规矩、讲程序、重规范"的目标，并以严明的纪律保证科学发展观的贯彻落实，为推进科学民主决策和依法行政提供了制度保障。加强行政行为监督，处分、问责了一批干部。建立健全了州、县两级政务服务中心和州公共资源交易中心。

各位代表，通过5年尤其是过去一年的努力，我们在富民强州的征程上又迈出了坚实的一步。这是省委、省政府和州委正确领导、科学决策，州人大、州政协全力支持、有效监督，全州各族干部群众和社会各界团结奋斗、开拓进取的结果，同时也得益于历届州委、州人民政府打下的坚实基础。在此，我代表州人民政府，向全州各族人民致以崇高的敬意和衷心的感谢！向给予政府工作大力支持的人大代表和政协委员，向各民主党派、工商联、各人民团体和社会各界人士，向中央、省属驻楚单位和驻楚部队官兵，向所有关心、支持楚雄发展的朋友们，致以崇高的敬意和衷心的感谢！

回顾5年来楚雄州经济社会发展的历程，经验弥足珍贵，教训极其深刻，通过认真反思和总结，我们更清醒地认识到，要实现富民强州，必须始终坚定不移地贯彻落实科学发展观，把加快发展作为第一要务，把加快产业培育作为经济工作的第一支点，把改革开放作为推进发展的第一动力，推动经济社会发展不断迈上新台阶；必须始终坚定不移地把保障和改善民生作为政府一切工作的出发点和落脚点，顺应各族人民共享改革发展成果的新期待，着力解决好群众关心的切身利益问题；必须始终坚定不移地破解制约发展的思想束缚和体制机制障碍，不断增强内生动力，抢抓机遇加快发展；必须始终注意处理好改革发展稳定的关系，不断巩固各民族共同团结奋斗、共同繁荣发展的大好局面，确保社会和谐稳定；必须始终坚持党的领导、坚持科学民主决策，重大事项、重要工作提请州委审定，同时更加自觉地接受州人大及其常委会的法律监督、工作监督和州政协的民主监督，加强政府自身建设，不断提高依法行政的能力和水平。这些得来不易的经验，是我们做好政府工作的宝贵财富，必须长期坚持好、运用好。

与此同时，我们也清醒地认识到：楚雄仍然是一个欠发达的民族贫困地区，主要经济指标增幅低于全省平均水平，我们的工作与上级的要求和人民群众的期盼还有很大差距，前进的道路上还面临着诸多难题，主要是：经济总量小，基础设施薄弱，支柱产业单一，财政收支矛盾突出，县域经济实力弱，实现富民强州任务艰巨；发展方式粗放，自主创新能力不强，调结构、转方式任务艰巨；贫困人口多，城乡、区域发展差距大，统筹发展任务艰巨；社会事业发展滞后，居民收入增长缓慢，加强和改善民生任务艰巨；节能减排压力大，实现人口、资源、环境协调发展任务艰巨；历史遗留问题多，维稳压力大，解套脱困任务艰巨；各级政府行政能力和行政效率需要进一步提升，作风需要进一步转变。特别是上年发生的极少数领导干部违法违纪问题，其负面影响短期内难以消除。我们将高度重视和解决好这些问题，树立高远、开放、包容的高原情怀，倡导坚定、担当、务实的大山精神，着眼发展，扎实认真做好政府各项工作，推动全州经济社会发展不断迈上新台阶。

二、今后5年的工作建议

今后5年是楚雄州推进科学发展和谐发展跨越发展、实现富民强州宏伟目标的改革攻坚期，是加快建设滇中城市经济圈新的增长极的黄金机遇期，是建设开放富裕文明幸福新彝州、全面实现小康目标的关键期，同时也是各种深层次矛盾的凸显期，机遇和挑战并存、希望与压力同在，但总体来看，机遇大于挑战，希望大于压力，发展环境总体有利。做好今后的工作，必须全面把握形势的新变化，抢抓面临的新机遇，适应发展的新趋势，增强机遇意识、忧患意识和责任意识，把困难估计得更充分一些，把应对措施考虑得更周全一些，把推动发展的作风转变得更扎实一些，努力保持经济社会平稳较快发展的良好势头，不断开创富民强州新局面。

省第九次党代会吹响了科学发展和谐发展跨越发展的号角，州第八次党代会和"十二五"规划，明确了"十二五"期间全州经济社会发展的指导思想、基本思路和目标任务。今后5年政府工作的重点，就是要确保州第八次党代会和"十二五"规划目标任务的圆满完成，并谋划好新一轮的发展。今后5年政府工作的总体要求建议为：认真贯彻落实中央各项方针政策和省委、省政府及州委的决策部署，团结带领全州人民，紧紧围绕富民强州宏伟目标，牢牢把握历史机遇，以科学发展为主题，以加速发展为关键，以加快转变经济发展方式为主线，以保增长、保民生、保稳定、保持和扩大经济社会平稳较快发展的良好势头为根本要求，以实施产业发展、基础设施、开放合作、城乡统筹、富民惠民、文明和谐六大重点工程为主要着力点，加快推进农业现代化、新型工业化和城镇化，全面融入滇中城市经济圈，努力建设开放富裕文明幸福新彝州。

按照省第九次党代会提出的"四翻番、两倍增"的要求和州第八次党代会确定的富民强州宏伟目标，今后5年全州主要经济社会发展目标建议为：生产总值年均增长12%以上，总量突破1000亿元，人均达3.6万元以上，经济总量在滇中四州（市）中的比重逐步提高；地方财政总收入和地方公共财政预算收入年均分别增长17%以上；规模以上固定资产投资年均增长20%以上；社会消费品零售总额和外贸进出口总额年均分别增长18%；城镇化率提高8个百分点以上，2016年达40%以上；城镇居民人均可支配收入和农民人均纯收入年均实际分别增长12%以上和13%以上，到2016年分别突破3万元和1万元；城镇登记失业率控制在4.6%以内；价格总水平保持基本稳定；单位生产总值能耗下降15%左右，森林覆盖率达63.5%以上，全面完成节能减排任务；人口自然增长率控制在6.35‰以内。确定上述目标，体现了立足跨越、自我加压的要求。在各地竞相发展、你追我赶的形势下，我们不能有丝毫懈怠，必须凝神聚力谋发展，心无旁骛抓落实，迈开大步往前赶。围绕上述总体要求和目标任务，在全面推进各项工作的同时，今后5年要认真实施好六大重点工程：

（一）实施产业发展工程。以产业园区为阵地，以招商引资为抓手，以民营经济发展为动力，集中力量建设烟草、冶金化工、生物医药、绿色食品、文化旅游、新能源新材料六大重点产业，力争六大重点产业增加值占生产总值的比重达60%以上。调快调优一产，大力发展特色农业，确保一产增加值年均增长6%以上。实施农业发展百亿元计划，以农业产业化推动农业现代化，为烟草加工、生物医药、绿色食品等重点产业提供坚实支撑。调快调强二产，加速新型工业化，确保二产增加值年均增长16%以上。坚定不移地实施工业强州战略，按照“一年打基础、三年见成效、五年上台阶”的要求，集中力量培优做强烟草加工、冶金化工、生物医药、绿色食品加工、机电装备制造、新能源新材料6个重点工业产业。按照规模化、集约化、实体化的要求，全面启动10县（市）工业园区建设，突出重点，实施工业“千亿元园区”、“百亿元企业”培育工程和工业发展3年倍增计划，带动和支撑工业经济跨越发展。调快调特三产，加快发展现代服务业，确保三产增加值年均增长11%以上。大力发展文化旅游业，力争增加值突破100亿元。加快发展生产性服务业，提升发展消费性服务业。加快中小微型企业发展，大力发展非公有制经济，其增加值占生产总值的比重力争达到50%以上。强化产业保障，鼓励和调动更多资金投向产业，力争产业投资占固定资产投资的比重达50%以上。

（二）实施基础设施工程。加快构筑支撑经济社会发展的现代基础设施体系。力争5年固定资产投资突破3000亿元。加快骨干水源、灌区节水改造、中小河流治理等水利项目建设，全面完成病险水库除险加固任务，解决城乡饮水安全问题，配合做好滇中引水前期工作和州内受水区配套工程规划建设，完成水利固定资产投资100亿元以上；改造中低产田地100万亩以上，建成200万亩高标准基本农田。完善综合交通运输体系，努力把楚雄建设成为连接滇川、东南亚、南亚快速便捷陆路大通道的重要枢纽，着力推进“四纵四横”主骨架公路网建设，努力实现“县县二级路、乡乡柏油路、村村硬化路”，积极支持铁路建设；完成交通固定资产投资120亿元以上。加强能源建设，完成电力建设投资800亿元以上。加快城镇、通信、民生等基础设施建设。

（三）实施开放合作工程。坚持以开放促改革、以改革促创新、以创新促发展，加快推进与滇中、攀西、金沙江流域及滇西等区域的交流合作，积极推动成昆经济带云南北大门建设，构建全方位开放合作发展新格局，加快建设桥头堡战略大通道的重要枢纽、外向型优势特色产业基地、金沙江流域经济合作区的重要节点。牢固树立招商引资是加快发展第一要事的理念，实现招商引资跨越发展，累计引进州外到位资金力争突破1000亿元。加快外贸发展，力争净出口对生产总值的贡献率达10%左右。重视人才引进和交流。

（四）实施城乡统筹工程。落实“守住红线、统筹城乡、城镇上山、农民进城”的要求，走特色城镇化道路，推进城乡一体化发展。按照州域城镇体系的总体规划布局，积极构建“一核两支点，两轴两圈层”区域城镇空间格局，做优州域中心城市、做强县城、做特集镇、做富乡村。围绕建设“宜居、宜业、宜旅的民族生态文化区域性中心城市”目标，支持楚雄市加快发展，努力形成以市区为中心的半小时经济圈；借势昆攀两大经济体，加快州域次级中心城市建设，促进其他县城和重点集镇建设；引导农村人口有序向城镇转移。大力发展县域经济，支持每个县（市）因地制宜培育2～3个主导产业，促进一类县领跑发展、二类县加快发展、三类县跨越发展，形成争先进位、奋发有为的良好氛围。坚持以工哺农、以城带乡，在工业化、城镇化深入发展中同步推进农业现代化，加快社会主义新农村建设步伐，建设农民幸福生活的美好家园。

（五）实施富民惠民工程。以增加城乡居民收入为核心，以增强基本公共服务为突破，以增进人民福祉为根本，进一步保障和改善民生，使全州人民成为富民强州的积极参与者和发展成果的共同受益者。把扶贫开发作为农村富民惠民的重要工作，把连片特困地区作为扶贫的主战场，以扶贫开发的新突破促进富民强州取得新进展，力争到2016年贫困人口数量减半，基本消除绝对贫困现象，初步形成有利于发展、生态与人口相协调的运行机制。落实强农惠农政策，促进农民增收。加快产业发展，积极促进就业，深化收入分配制度改革，大幅度提高城乡居民收入特别是中低收入群体收入。按照“学有所教、劳有所得、病有所医、老有所养、住有所居”的要求，全面发展各项社会事业，加快建设覆盖城乡、可持续的社会保障体系。加快保障性住房建设，确保完成8.9万套建设任务。加强调控，保障供给，确保物价涨幅控制在合理范围内。

（六）实施文明和谐工程。坚持以党的领导为核心，依靠各级组织和社会各界的力量，推进社会主义民主政治和精神文明建设。加强文化建设，坚持用社会主义核心价值体系引领社会思潮，为实现富民强州宏伟目标提供坚强的思想保证、有力的舆论支持、健康的文化氛围和正确的价值导向。深入开展“和谐彝州”建设活动，加快建设全国民族团结进步示范区。创新社会管理，深化综合治理，确保社会和谐稳定。强化安全生产监管，健全防灾减灾体系，更好地保障人民群众生命财产安全。坚持生态立州、环境优先，全面推进生态文明建设，把青山碧水、蓝天白云留给子孙后代。

各位代表，实施六大重点工程，是州人民政府贯彻落实州第八次党代会精神、实现富民强州宏伟目标的具体行动，是筑牢发展基础、突破发展瓶颈、提升发展层次、成果全民共享的生动实践。实施六大重点工程，产业发展是重点，基础设施是支撑，开放合作是动力，城乡统筹是导向，富民惠民是目的，文明和谐是保障。我们必须振奋精神、团结进取，采取创新举措，务实推进发展，努力走出一条具有彝州特色的富民强州之路。

三、2012 年的工作安排

2012 年既是实施“十二五”规划的关键之年，也是第十一届州人民政府的开局之年，同时也是抗旱形势十分严峻、发展任务极为繁重的一年，做好当年各项工作，意义重大、责任重大。根据州委八届二次全会对 2012 年经济社会发展的总体部署，当年宏观调控主要预期目标建议为：生产总值增长 12% 以上，其中三次产业分别增长 7%、16%、11% 以上；规模以上固定资产投资增长 25% 以上；地方财政总收入和地方公共财政预算收入分别增长 17% 以上；社会消费品零售总额和外贸进出口总额分别增长 18%；城镇居民人均可支配收入和农民人均纯收入实际分别增长 12% 以上和 13% 以上；居民消费价格总水平涨幅控制在 4% 左右；单位生产总值能耗完成省下达目标；城镇登记失业率控制在 4.6% 以内；人口自然增长率控制在 6‰以内；城镇化率提高 1.6 个百分点。实现上述目标，必须牢牢把握加速发展的主基调，稳中求进、好中求快、变中求新，围绕推进六大重点工程，扎实抓好以下 10 个方面的工作：

（一）着力抓项目促投资，推动扩大内需取得新突破。认真落实国家宏观调控政策，积极争取国家和省的支持，同时引进更多民间资金，着力抓好项目和投资工作，增投资、促消费，努力扩大内需，拉动经济平稳较快增长。

突出抓好固定资产投资。集中精力抓项目，千方百计增投资，围绕推进 1020 个 500 万元以上的投资项目，狠抓项目推进，确保规模以上固定资产投资达 330 亿元以上。抓好在建和新开工项目。加快大姚红豆树、禄丰西河等重点水源工程项目建设，完成 161 件中小型病险水库除险加固工程建设任务，争取新开工建设 180 件小（二）型病险水库除险加固工程，完成水利固定资产投资 20 亿元。做好南永、元双二级公路债务锁定等工作，力争楚广和武禄高速公路、320 国道楚雄至南华一级公路、108 国道永仁至武定和双柏至新平（三江口）二级公路项目早日推进实施，加快农村公路建设；加大协调配合力度，力争广大铁路扩能改造工程上半年开工建设；加快推进城镇、通信、能源、民生等重点基础设施项目建设。加强项目前期工作。加大投入和考核力度，确保项目前期费持续增长。结合桥头堡建设、滇中城市经济圈和新一轮扶贫攻坚等重大发展规划，瞄准国家产业政策和投资导向，重点推进纳入省“三个一百”前期项目和全州 30 个重大前期项目。加强和改进对政府投资项目的监管，确保工程质量和资金安全。

强化要素保障。盘活存量，扩大增量，保障建设项目用地需要。积极争取信贷支持，确保重点项目建设资金需求。加强银政、银企合作，多渠道增加对实体经济特别是中小微型企业的有效信贷投放，力争新增信贷 50 亿元。积极引进金融机构到州内设立分支机构，支持有条件的县开办村镇银行，支持微型金融机构发展，力争农村资金互助社发展取得突破，稳步推进小额贷款公司发展。进一步加大直接融资工作力度，探索发展股权投资基金。进一步加强企业上市推荐培育工作。

扩大消费需求。完善促进城乡消费持续增长的政策，努力构建扩大消费的长效机制。加快禄丰世界恐龙谷、彝人古镇等景区和旅游小镇开发建设，发展乡村旅游，继续打造环州精品旅游线路，实现旅游业总收入 46 亿元。拓宽消费领域，促进旅游休闲、文化娱乐、体育健身、家政养老等消费。加快商贸流通基础设施、流通平台和流通网络建设。加快现代服务业发展，促进服务业提质增效。

（二）着力发展现代农业，推动“三农”工作再创新业绩。认真贯彻落实中央 1 号文件精神，持续加大“三农”财政投入，加大农业科技创新力度，稳定粮烟生产，大力发展特色产业，拓宽农民增收渠道。全年粮食总产量稳定在 110 万吨左右，实现农林牧渔业总产值增长 8% 以上。

加大扶贫开发力度。按照“两不愁、三保障、一高于、一接近、一扭转”的要求，推进扶贫开发工作取得新进展。切实抓好乌蒙山区、滇西边境地区涉及楚雄州 7 个县的区域发展与扶贫攻坚规划编制和项目启动实施工作。实施 600 个扶贫整村推进项目，建设 400 个产业扶贫示范村，继续抓好 2 个扶贫整乡推进试点项目，扶持 20 个扶贫龙头企业，发放扶贫到户贷款 3 亿元，加快贫困地区发展。

认真抓好农业科技进步。加强与科研院所合作，重视农业新品种、新技术研发和推广。健全乡（镇）和区域性农技推广、动植物疫病防控等公共服务机构，高度重视农产品质量安全监管工作，进一步提升农业机械化水平。重视农业科技创新人才培养、使用。

推进农业基础设施建设。加强农田水利建设，新增、恢复和改善灌溉面积 45 万亩，新增节水灌溉面积 6 万亩，改造中低产田地 29 万亩，建设“五小水利”工程 3 万件，积极开展高标准农田建设，不断提高农业综合生产能力。

提高农业产业化水平。落实烟草种植面积 70 万亩，确保完成 200 万担烤烟收购任务，打造楚雄烟叶品牌。着力抓好元谋龙川江西岸、双柏绿汁江低热河谷地区土地开发整理和项目策划招商工作；加快培育绿色蔬菜、蚕桑和现代种业等特色农业产业。加快猪牛羊等畜牧业基地建设，力争畜牧业总产值达到 80 亿元。大力推进以核桃为主的木本油料基地建设，种植核桃 50 万亩，实施中低产林改造 30 万亩，确保林业总产值达 80 亿元以上。鼓励发展农民专业合作组织，大力培育和扶持农业龙头企业，力争产值 100 万元以上的农业龙头企业突破 200 户，新增 20 户以上。加强农业招商引资工作，支持各类市场主体参与农业开发，加快发展现代农业。

多渠道促进农民增收。落实好各项强农惠农政策，增加农民政策转移性收入。鼓励开展特色经营，充分发挥供销合作社在农产品流通中的重要作用，支持农民搞好种植、养殖和农产品外销工作，增加农民家庭经营收入。有针对性地开展农村劳动力转移就业培训和新型农民科技培训，加大农村富余劳动力转移力度，提高农民工资性收入。积极推进土地承包经营权流转、林权和农村住宅抵押融资等工作，加大信贷投入，增加农民财产性收入。充分发挥“四群”教育工作和新农村建设指导员在促农增收中的重要作用。完善农民增收考核机制，确保实现增收目标。

高度重视抗旱和饮用水安全问题。算好水账，节约用水，精心安排，科学调度，千方百计保证城乡居民用水基本需求，确保干旱缺水地区困难群众的“粮袋子”、“水缸子”安全，最大限度减少干旱造成的损失。

（三）着力加快新型工业化步伐，推动实体经济发展跃上新台阶。紧紧抓住工业上山、园区建设、标准厂房建设、传统产业改造提升、培育壮大新兴产业、央企省企民企入楚、发展中小微型企业、招商引资等工作重点，采取有力措施推进工业经济加速发展。强化工业经济运行调节，全力做好融资、电力、运输、土地、供水等方面的协调保障工作，落实州级领导干部挂点联系县域经济和重点产业、重点企业制度，力争工业增加值增长16%以上。

培强壮大重点工业企业。支持楚雄卷烟厂完成整体搬迁工作并全面投产，推进卷烟辅料企业整合，提升配套发展能力，实现烟草产业发展的新跨越。确保云南工投公司炭质还原剂、云南钛业股份有限公司钛材加工、新立公司钛白粉、海绵钛等重点工业项目尽快投产，做好滇中有色公司10万吨粗铜、云冶集团8万吨高钛渣等项目投产后的协调服务工作，力争尽快达产；继续协调处理好德钢技改项目有关工作。加大研发力度，打造品牌，整合资源，实现医药产业发展的新突破。加大对绿色食品龙头企业的扶持力度，加快绿色产业基地建设。加强与大企业大集团的合作，改造提升传统机械制造业。依托资源优势，推进风能、太阳能等新能源项目开发，延伸以钛材精深加工为重点的产业链，力争新能源新材料产业产值突破5亿元。加快培育一批带动能力强、富有竞争力的骨干企业，新增规模以上工业企业20户以上。支持企业不断提高技术创新能力，争取3户企业进入省级以上技术中心行列，5个技改项目纳入省级扶持。支持有条件的企业争创名牌和著名商标，争取2个以上产品进入云南名牌。高度重视企业人才队伍建设。

大力发展园区经济。按照“统一规划、分批实施、滚动发展”的要求，以楚雄、禄丰、武定、永仁四个工业园区为重点，以楚雄工业园区云甸片区、禄丰工业园区土官片区为示范，加强规划引导，促进产业集聚，改进考核办法，创新管理体制机制，推进园区建设和管理取得新突破。园区基础设施建设投资增长35%以上，新建标准厂房30万平方米。做好调整后新老园区过渡的协调工作。加大招商力度，确保新入园企业达到50户以上。力争在“央企省企入楚”、“民企入楚”上取得突破。

大力发展县域经济。把培育壮大实体经济作为发展县域经济的重要内容，推动县域经济跨越式发展。加大产业布局的州级统筹力度，认真落实“园区共建、资源整合、利益分享”的政策，高起点规划，差别化发展，设立县域主导产业发展引导资金，支持各县（市）突出特色培育主导产业。进一步下放经济领域、社会事务管理权限，赋予县（市）更大的发展自主权，促进县域经济加速发展。

促进非公有制经济发展。全面落实和创新促进非公有制经济发展的政策措施，切实帮助企业解决各种困难和问题，引导更多的民间资本投资楚雄。实施中小企业成长工程，重点扶持一批民营企业做强做大，力争非公有制经济占生产总值的比重提高1个百分点。

（四）着力统筹城乡发展，推动城乡一体化取得新进展。认真贯彻落实省委、省政府关于统筹城乡发展的决策部署，加快推进城镇化，稳步推进农民转户进城。确保全州城镇化率达35%以上。

加强城镇规划、建设和管理。按照城镇上山的要求，引导城镇、村庄、工业向适建山地发展。继续抓好楚雄区域性中心城市建设，加强县城和重点集镇建设，积极支持省确定的12个特色小镇加快发展。以供排水、“两污”建设、城镇绿化亮化等为重点，加强城镇基础设施建设，完善城镇功能。

鼓励引导农民进城。分层次逐步放宽、放开户籍限制，引导符合条件的农民自愿有序转变为城镇居民。落实好各项优惠政策，切实保护好农民合法权益，确保农民进得来、留得住、能发展。

推进新农村建设。全面完成村庄规划编制任务，探索撤村并居和迁村并点工作。积极推进产业连片开发、基础设施连片建设、村庄连片整治，改善农村生产生活条件。启动实施以水电路气房为重点的乡村改造工程，推动农村民居配套化、管理社区化。实施100个新农村重点村建设项目，继续推进实施一批财政奖补试点，完成1000户农村安居工程。新建沼气池1.1万户，推广太阳能热水器1.5万套。改造、新建农村公路548千米，其中建设通乡油路120千米，完成行政村公路路面硬化428千米。加快农网改造升级。加强乡风文明建设，提高农民素质，培养新型农民。

（五）着力抓好重点领域改革，推动对外开放迈出新步伐。加快投融资体制改革，促进融资平台健康发展，逐步化解债务风险。深化财政管理体制改革，健全县级基本财力保障机制。深化行政管理体制改革，稳步推进事业单位分类改革。推进资源性产品价格改革，加快污水和垃圾处理价格改革。

加大招商引资力度。精心策划包装一批带动力强、成长性好的项目，有针对性地组织几场境内外重大招商活动。充分发挥商会的作用，制定以商招商奖励政策，推进招商工作取得新突破。实行招商引资一把手负责制，落实招商责任，加强跟踪协调服务，切实帮助解决问题。完善招商引资工作机制和激励机制，调动各级各部门积极性，力争招商引资实际州外到位资金突破200亿元。加快发展对外贸易，力争外贸进出口总额达到2亿美元。

积极推动桥头堡和滇中城市经济圈建设。加强政策研究，力争在差别化产业政策、电价改革试点、土地和金融政策、财税优惠等方面先行先试。加强前期工作，力争有更多的项目进入桥头堡专项规划盘子，争取启动一批桥头堡建设重点项目。加强对接，积极推动滇中城市经济圈建设，推动昆楚一体化取得更多实质性进展。

（六）着力加强文化建设，推动文化繁荣发展取得新进步。认真落实州委《关于贯彻落实党的十七届六中全会精神加快推进民族文化强州建设的实施意见》，推动民族文化大发展大繁荣。加强精神文明建设，筑牢彝州各族人民团结奋斗的共同思想道德基础。进一步完善覆盖城乡、结构合理、功能健全、实用高效的公共文化服务体系，突出文化惠民，加强县乡村文化基础设施建设，推进州“三馆”、县“两馆”、乡（镇）综合文化站、村文化室建设，力争全面完成广播电视“村村通”工程。加快公益性文化事业单位改革，推动文化产业发展。繁荣发展哲学社会科学，加强决策咨询和重大现实问题研究。力争全州文化产业增加值占生产总值比重达5%左右。

（七）着力保障和改善民生，推动社会事业有新发展。认真落实“居民收入倍增计划”，推动城乡居民特别是中低收入群体收入实现较快增长。力争企业职工基本养老金、城乡低保标准、重点优抚对象抚恤标准、最低工资标准、失业金增长15%以上，适度提高城乡居民基础养老金标准。扩大低保范围，力争享受城乡低保人数占全州总人口的10%以上。建立健全职工工资正常调整机制，促进企业职工工资稳步增长。强化农民工工资支付保障。继续完善机关事业单位工资收入分配制度。认真落实各项惠农措施，大幅增加农民收入。适当增加村（社）干部报酬。加强物价监测调控，建立健全社会保障标准与物价上涨挂钩的联动机制，保障困难群众基本生活。

加强社会保障体系建设。做好重点群体就业工作，帮助有就业能力的家庭至少有1人就业，突出抓好高校毕业生就业工作，落实“贷免扶补”等政策，推进就业工作，确保城镇新增就业2.1万人。健全社会保障制度，确保新农保和城镇居民养老保险实现全覆盖。关爱农村留守儿童和空巢老人的生活。继续做好移民安置工作。

加大保障性住房建设力度。确保上半年完成5500套保障房续建任务，新开工建设2万套保障性住房，发放租赁补贴5000户，加快林区、煤矿、工矿棚户区改造，抓好国有改制企业困难职工保障房建设工作。完成农村危房改造及地震安居工程建设任务。

优先发展教育。加快发展学前教育，全面提高教学质量。开展中小学标准化建设，继续抓好校安工程。统筹解决好集中办学后学校安全保障及学生的食、住、行等问题。认真落实财政教育支出占到公共财政支出14%的要求，实施农村中小学寄宿制学生生活补助全覆盖计划，补助标准提高到小学生每生每年1000元、初中生1250元。确保义务教育阶段农村中小学生都能免费享受健康的营养餐。

提高医疗卫生服务水平。推进医药卫生体制改革，加强和改善新农合管理，人均筹资标准提高到290元，进一步提高住院报销比例。确保新农合参保率保持在96%以上，大病补充保险保持在70%以上。继续推进公共卫生服务项目建设；加强基层医疗卫生服务体系建设。加强计划生育工作。加大食品药品监管力度。

加强科技工作。加大科技创新力度，支撑实体经济发展，力争楚雄国家级钛深加工高新技术产业化基地项目得到科技部支持。

（八）着力抓好生态文明建设，推动可持续发展能力有新提高。人工造林53万亩，治理水土流失面积440平方千米。加强饮用水源地保护。集约节约用地，提高土地资源综合利用效益。继续实施天保和植树造林等工作，完善森林生态效益补偿机制。落实“以奖促治”政策，深入开展农村环境综合整治。抓好节能减排，确保完成主要污染物削减目标任务。营造低碳生活环境，倡导绿色消费。

（九）着力推进平安和谐楚雄建设，推动社会管理创新取得新成效。坚持以群众工作统揽信访工作，加大矛盾纠纷排查调处力度，妥善处理好征地、拆迁安置、工程移民、企业改制遗留、劳资纠纷等矛盾和问题。健全重大突发事件预警及应急处置机制。抓好基层基础工作，充分发挥各级各类组织在社会管理中的作用。

深化平安创建活动。加强社会治安综合治理，依法打击各类违法犯罪活动，维护公平正义，提升人民群众的安全感和满意度。继续实施新一轮禁毒防艾人民战争。加强流动人口和特殊人群的服务、管理工作。

进一步强化安全生产。全面落实安全生产责任制，深入开展安全隐患排查和专项整治工作，保障人民群众生命财产安全。加强防灾减灾体系建设，变被动救灾为主动防灾减灾。进一步完善地震、防汛抗旱、防火等灾害紧急救援和灾民救助服务体系。

（十）着力加强民主法治建设，推动各项工作上新水平。发展社会主义民主政治，自觉接受州人大及其常委会的法律监督、工作监督和州政协的民主监督，主动接受社会公众监督和新闻舆论监督。加强和改进政府法制工作，支持法院、检察院依法独立公正行使职权。优质高效办理人大代表议案、建议和政协提案。广泛听取各民主党派、工商联、无党派人士的意见和建议，支持工、青、妇等社会团体的工作。贯彻落实好全国民族工作会议精神，巩固各民族和睦相处、和衷共济、和谐发展的良好局面。全面落实党的宗教政策，引导宗教与社会主义社会相适应，促进宗教和顺有序、和谐稳定。

加强人民武装及国防动员、后备力量建设，做好双拥工作，不断巩固军政、军民团结的良好局面。

四、加强政府自身建设，努力建设人民满意的服务型政府

实现富民强州宏伟目标，人民寄予厚望，政府责任重大。必须始终保持昂扬向上的锐气、敢于超越的勇气、开拓奋进的志气和秉公为民的正气，扎实推进法治政府、责任政府、阳光政府、效能政府、廉洁政府建设，努力建设人民满意的服务型政府。

（一）加强法治政府建设。强化法治理念，严格依法行政。完善重大决策程序和听证、风险评估及责任追究机制，努力做到政府决策与群众“面对面”、为民办事“实打实”、有错必纠“硬碰硬”。

（二）加强责任政府建设。积极推动政府职能向创造良好发展环境、提供公共服务、保障改善民生和维护社会公平正义方向转变，进一步精简审批事项，减少对微观经济活动的干预，努力为投资者提供公平、稳定、透明的投资环境。强化政治意识、宗旨意识、大局意识和责任意识，弘扬求真务实的作风，用心、用情、用力工作，力戒浮躁、浮夸、冷漠、折腾。认真落实干部直接联系群众制度，深入调查研究，加强统计监测预警分析，及时协调解决突出矛盾和问题。完善社会征信系统，开展诚信政府建设，增强政府公信力。

（三）加强阳光政府建设。切实做好政务信息公开工作，凡涉及群众切身利益的重大事项都要向社会公开，保障人民群众的知情权、参与权、表达权和监督权。重视新闻媒体和网络的作用，改进网络管理方式，畅通联系群众的渠道。

（四）加强效能政府建设。全面完成县级公共资源交易中心和乡（镇）为民服务中心、村级为民服务站建设任务。全面推行并联并行审批、限时办结、审批通报等制度，优化服务环境。建立综合绩效考核评价机制，确保目标任务完成，并将考核结果作为对各级各部门绩效评价和干部选拔任用的重要依据。加大行政问责力度，促使政府工作人员勤勉尽责、奋发有为。加强督查工作，充分激发和调动各县（市）、各部门工作的积极性、主动性和创造性，真正形成“工作争着干、困难争着上、奖惩凭考量”的良好氛围。

（五）加强廉洁政府建设。坚持把廉政建设作为政府自身建设的重要内容，落实廉洁自律各项规定。扎实推进惩治和预防腐败体系建设，健全风险预警和权力运行监控机制，严格按照“一岗双责”的要求，加强对重点领域和关键环节的监督。政府工作人员特别是领导干部要始终牢记“两个务必”，带头落实廉政准则，清正廉洁，艰苦奋斗，既要干事，又要干净，树立为民、务实、清廉的良好形象。严格实行重大项目行政审批、资金运作、施工操作相互隔离，从源头上防治腐败。

各位代表，团结凝聚力量，奋斗成就伟业，实干铸就辉煌！历史是人民创造的，任何困难都不能改变彝州人民创造幸福生活的美好愿望，任何挑战都无法阻挡我们全面建设小康社会的前进步伐！让我们更加紧密地团结在以胡锦涛同志为总书记的党中央周围，在州委的坚强领导下，在州人大、州政协的监督和支持下，紧紧依靠全州各族人民，坚定信心，团结奋进，开拓进取，为实现富民强州宏伟目标，全面融入滇中城市经济圈，加快建设开放富裕文明幸福新彝州而努力奋斗！

（责任编辑：白云鹏）

大事·要闻

2011年大事记

1月

1日　“体育彩票杯”楚雄城区迎新年元旦穿城赛跑活动在楚雄城区举行。

5~7日　省委学习型党组织建设工作调研组到楚雄州调研。

6日　楚雄州党政领导与中石化勘探南方公司党委书记麻建明等领导在楚雄州公务中心座谈。

7日　州科协五届五次全体（扩大）会议在楚雄召开。

9日　楚雄州2011年度文化科技卫生“三下乡”活动启动仪式在元谋县举行。

10日　楚雄州深化医药卫生体制改革工作电视电话会议召开。

同日　州人大常委会召开2010年下半年政情通报会，州长向驻楚城区部分全国、省、州人大代表通报全州2010年经济社会发展情况和《“十二五”规划纲要》（草案）主要内容。

10~12日　中共楚雄州委、州人民政府召开几个座谈会，征求、讨论《政府工作报告（征求意见稿）》和《“十二五”规划纲要（草案）》的意见、建议。

11日　上午8时52分，K9638次昆明至楚雄城际列车正式开通，每天开通2对，全程运行时间需要2小时17分。

13日　州委、州人民政府以视频会议的形式召开全州人才工作会议。

同日　州委、州人民政府举行春节慰问大会，集中慰问原州属16户困难企业部分职工和生活困难的劳动模范。

13~14日　州级领导分头走访慰问困难职工代表和部分劳动模范。

17日　州委召开全州领导干部大会，宣布省委重要决定，张太原担任中共楚雄州委委员、常委、书记。

22日　中共楚雄州委、州人民政府在昆明楚雄大厦举行春节团拜会。

23日　楚雄州首条韩国街—彝人古镇德江城韩国街随着13家韩国商家入驻，开街营业。

26日　楚雄州举行首批灵活旅游业人员社会保险补贴发放仪式，78人领到社保补贴28万元。

27日　州纪委七届六次全体会议在楚雄举行。

同日　州政协举行2011年新春茶话会。

同日　州委、州人民政府在州会务中心召开州属单位老干部政情通报会。

同日　世界园艺生产者协会主席杜克·法博博士一行到楚雄州考察茶花产业发展情况，州委书记张太原会见了杜克·法博一行。

29日　州委、州人民政府召开春节双拥座谈会。

30日　“福满人间”——楚雄福塔摄影艺术展开展，展出作品800多件。

2月

9~10日　来自缅甸、泰国、柬埔寨、老挝、越南的青年组织官员和社会各界杰出青年代表66人，同我国青年代表团欢聚彝州，参加第七届“澜沧江—湄公河青年友好交流”活动。

13~15日　云南省人民政府第二督查组到楚雄州专项督查法治政府、责任政府、阳光政府、效能政府四项制度实施工作进展。

13~14日　总参作战部副部长、国家人防办副主任王克斌一行到楚雄调研。

15日　全州第五批新农村建设指导员1071名奔赴楚雄州农村开展新农村建设工作。

同日　中国直苴彝族赛装节在永仁县中和镇直苴村委会举行。

17日　楚雄医药高等专科学校建校60周年庆典大会在学校运动场举行。

20~23日　政协楚雄州八届五次会议在楚雄州会务中心举行。

22日　最高人民法院在北京召开的全国优秀法院、优秀法官、全国法院办案标兵表彰大会上，楚雄市人民法院一级法官邱德英作为全省9名受到表彰的优秀法官之一受到表彰。

22~26日　州十届六次人代会在楚雄州会务中心举行，州长作《政府工作报告》，大会通过了关于政府工作报告的决议，关于楚雄州第十二个五年规划纲要的决议等报告和决议，关于人大常务会工作报告的决议等报告和决议。

22~24日　武警云南总队总队长王诚一行深入武警楚雄支队和南华县中队、禄丰县中队检查指导工作。

23日　全州人口和计划生育工作座谈会在楚雄召开，州政府与10县（市）政府签订2011年度《人口和计划生育目标管理责任书》。

26日　州委议军会暨州国防动员委员会第六次会议在楚雄召开。

27日　楚雄州与昆明钢铁控股有限公司深化战略合作座谈会在州政务中心召开。

同日　楚雄州首个开工建设的光伏发电项目——国家级示范项目“金太阳”光伏发电站暨光电建筑一体化项目在州职教中心开工建设。

3 月

3 日　州工会第八次代表大会在楚雄召开。

4 日　全州农村工作会议在州会务中心召开。

7～8 日　州妇女第九次代表大会在州会务中心举行。

8 日　全省国资监管工作培训会在楚雄召开。

同日　云南新丝路茧丝绸有限公司等 7 个工业项目在大姚竣工投产。

11 日　楚雄州 2011 年“庆三八·争先进·展风采”千名妇女登山活动在楚雄市峨碌公园举行。

同日　全州深入学习杨善洲先进事迹座谈会在楚雄召开。

12 日　州妇联、州文体局联合举办全州第十五届庆“三八”女子健身运动会。

同日　楚雄市彝族同胞身穿艳丽的彝族服饰相聚在紫溪山风景区，欢度马樱花节。

同日　大姚县“2011·中国·大姚彝族插花节”在昙华山举行。

12～13 日　以“弘扬虎文化　展现新活力”为主题的 2011 中国双柏彝族虎文化节在双柏县城妥甸举行。

14～15 日　全省动物卫生监督工作会在楚雄召开。

15 日　国家土地督察成都局对楚雄州进行 2011 年土地例行督察，并在州会务中心召开督察动员会。

同日　州食品安全委员会办公室组织州农业、畜牧、质监、工商、卫生、商务、粮食、教育、食品药品监管 9 个部门联合行动，在楚雄城区开展“3·15”食品市场联合检查。

同日　全州统筹城乡基层党建工作座谈会在南华县五街镇举行。

同日　川滇两省三州（市）（攀枝花市、凉山州、楚雄州）警务协作会议在楚雄召开。

15 日　武定县第二十届牡丹文化旅游节开幕。

18 日　楚雄州人民政府与中国医药工业研究总院在州公务中心举行战略合作协议签字仪式。

同日　重庆市渝北区政府考察团到楚雄州考察人力资源和社会保障工作。

同日　州委、州人民政府发起全州向盈江地震灾区捐款活动。

21 日　州委创先争优活动领导小组办公室和州委学习型党组织建设领导小组办公室召开“学习杨善洲精神，争做优秀共产党员”座谈会。

22 日　由乔安娜·玛斯可带队的亚洲开发银行代表团一行 8 人到楚雄，对楚雄城市基础设施建设贷款项目进行预鉴别，并就涉及楚雄州申请亚行贷款的城市基础设施建设项目相关问题进行座谈。

同日　昆明市、楚雄州《推进滇中城市群昆明—楚雄一体化发展合作框架协议》签字仪式在州会务中心举行。

同日　楚雄州人民医院与上海市东方医院在州会务中心签订合作协议，成为合作伙伴。

23 日　省委常委、常务副省长罗正富率省公立医院改革专题调研组到楚雄州调研。

25 日　省政协主席王学仁到武定县视察调研旅游业发展情况。

28 日　州委以视频会议的形式召开全州县（市）委领导班子换届工作会议。

29 日　楚雄州见义勇为基金会第三次理事会暨捐款启动仪式在州会务中心举行。

同日　《亚行贷款楚雄州城市基础设施建设项目预鉴别谅解备忘录》在昆明签订，亚行贷款楚雄州城市基础设施建设项目正式启动。

同日　全州工业园区工作座谈会在禄丰召开。

同日　全州民族团结教育校长专题培训班在州委党校开班。

同日　州委政法委在州会务中心举行“全国先进基层检察院”楚雄州授牌仪式，楚雄市人民检察院于 2 月被最高人民检察院授予第四届“全国先进基层检察院”称号。

30 日　全省残联宣传文化体育工作会在楚雄州召开。

同日　全州深化政务公开推进政务服务工作会议在州会务中心召开。

4 月

1 日　云南电网公司 500 千伏高海拔紧凑型输电线路直升机带电作业首飞仪式在楚雄市举行。

1～2 日　州党政领导到楚雄市西山爱国主义教育基地开展祭奠革命烈士活动。

1～2 日　楚雄市永安小学全体师生与进驻州职教园区的州工业学校、技校、农校等 5 家学校的 1 万多名团员青年，举行“弘扬正气，构建和谐”见义勇为基金募捐活动。

4 日　国务院发展研究中心主任韩俊和国家烟草专卖局纪检组组长潘家华到楚雄州开展现代烟草农业农民专业合作社建设调研。

8 日　水利部部长陈雷到楚雄州检查指导水务发展改革工作。

11 日到年底　楚雄州深入广泛地开展“学习杨善洲、为民办实事、发展见实效”主题实践活动。

11～12 日　州人大常委会组织部分驻楚省、州人大代表视察全州廉租房建设情况。

11～13 日　省政府第八督查组到楚雄州督查中低产田地改造工作。

12 日　湖北省荆州博物馆和楚雄州博物馆联合举办的“丹青神韵—荆州博物馆馆藏名家书画展”在州博物馆开展。

13 日　彝州机关先锋讲堂第七讲在州会务中心举行。

14 日　楚雄州电网工作会议在州会务中心召开，“十一五”时期全州累计完成电网投资 97 亿元。

15～17 日　《中国彝族通史》编纂委员会第五次会议在楚雄举行。

20 日　文化部及参加全国文化资源共享工程农村实用人才培训工作经验交流会的各省、自治区文化部门领导到楚雄州考察农村人才培训工作。

同日　“4·11”绑架案侦破表彰大会在州会务中心举行。

21～22 日　省人大常委会调研组到楚雄州调研侨资企业权益保护工作。

22 日　全州集中销毁盗版、非法出版物 21809 件。

23 日至 5 月 8 日　楚雄市紫溪山樱桃节举行。

25 日　比利时为国服务专家代表团到楚雄州考察。

26～28 日　省总工会调研督查组到楚雄州开展工会重点工作调研督查。

27 日　副省长和段琪到楚雄州开展工业经济发展情况调研。

28～29 日　省人大常委会副主任程映萱率视察组对楚雄州 2010 年地方政府债券资金安排使用情况进行视察。

29 日　中共楚雄州委召开副州以上领导干部会议，省委组织部常务副部长张百如代表省委宣布干部免职决定，免去杨红卫中共楚雄州委副书记、常委、委员职务；免去杨红卫楚雄州人民政府州长职务，免去吕琳麟楚雄州人民政府副州长职务；要求楚雄州委按法定程序提交审议决定；根据工作需要，省委决定由州委常委、副州长李红民主持州人民政府工作。

同日　全州第五批新农村建设工作队第一次总队长会议在楚雄召开。

同日　中国·牟定彝族左脚舞文化节 2011“左脚狂欢、激情三月”活动在牟定县化佛广场拉开帷幕，“万人同跳左脚舞”申报吉尼斯世界纪录成功并代颁发证书。

30 日　大姚县三台赛装节暨核桃文化节在三台乡人民政府所在地举行。

5 月

4 日　楚雄州创先争优青年创业先锋模范暨首届“楚雄青年创业奖”表彰大会在州会务中心举行。

5 日　州委七届九次全体会议在州会务中心召开，州委书记张太原作了《凝心聚力，振奋精神，努力开创全州科学发展新局面》的讲话。审议并通过《关于召开中国共产党楚雄彝族自治州第八次代表大会的决议》。

6～7 日　人民政协报社社长赵珩到楚雄州调研。

9 日　楚雄州下达专项经费 155.32 万元，补助全州 2157 名新中国成立以来水利水电建设伤残民工和企业回乡水利民工的生活补助。

10 日　西南片区高师院校学生工作研究会第十九次年会在楚雄师范学院举行。

同日　全国中西部地区县级综合档案馆建设座谈会楚雄现场会在楚雄市召开。

10 日至 6 月 5 日　楚雄州博物馆和广西桂林市博物馆共同主办的中国彝族传统服饰精品展在桂林博物馆展出。

11～13 日　由省监察厅副厅长赵志彬为组长的省政府第三督查组到楚雄州专项督查政府自身建设 2011 年工作目标任务落实情况。

12～13 日　云南省滇中引水工程输水干渠线路考察调研组到楚雄州调研。

16 日　州委、州人民政府在州会务中心召开部分工业企业负责人座谈会。

18 日　昆明、楚雄、大理、丽江、迪庆 5 州（市）在丽江召开区域旅游合作座谈会。

18～19 日　云南省治污项目督查组到楚雄州开展专项督查。

19 日　全国政协委员、水利部原副部长翟浩辉到楚雄州视察指导水利工作。

20 日　楚雄州家电“以旧换新”启动仪式在楚雄鹿城大厦举行。

23 日　全州党风建设纪检监察宣传教育暨深入推进学习杨善洲同志先进事迹工作会议在州会务中心召开。

24 日　州委召开人大、政协工作督查调研情况汇报会。

25 日　州文明委召开 2011 年第一次全体会议，讨论申报第三批全国文明村镇、文明单位名单，讨论审定《楚雄州精神文明创建先进单位动态管理办法（试行）》和《关于在全州深入开展城乡环境综合治理、文明卫生大行动的实施意见》。

26 日　继全省防汛抗旱工作电视电话会议后，楚雄州及时召开贯彻会议，部署防汛抗旱工作。

同日　州委老干局召开州属单位离退休干部情况通报会。

26～27 日　中智公司和日本扶轮社代表团到楚雄州考察，日本扶轮社向楚雄高级技校捐赠教学实训发动机。

26～28 日　省委调研督查组到楚雄州集中检查贯彻落实党的十七届四中全会精神情况。

28～29 日　全国政协委员、教科文卫体委员会副主任、国家新闻出版总署原副署长、党组成员于永湛率全国政协教科文卫体委员会“推进基本公共服务均等化”专题调研组到楚雄州调研。

31 日　州委召开常委（扩大）会议，专题学习《国务院关于支持云南省加快建设面向西南开放重要桥头堡的意见》。

同日　州人民政府在州会务中心民族会堂召开 2011 年安全生产月活动动员暨警示教育大会。

同日　楚雄州林业调查规划院挂牌成立。

6 月

1 日　全州双拥工作领导小组会议在州会务中心召开。

6～8 日　省委副书记李纪恒深入楚雄州武定、元谋、永仁、大姚、姚安、南华和楚雄 7 县（市）调研和检查指导工作。

7～9 日　楚雄州 12241 名考生在全州 12 个考场参加高等教育招生考试。

8 日　中共云南省委在楚雄召开全州领导干部大会，省委副书记李纪恒作重要讲话，李红民任州委副书记。

8～12 日　全国文明单位、文明村镇考评组到楚雄州开展申报创建全国文明单位、文明村镇工作情况进行复查考评。

11 日　楚雄阿乖佬彝歌组合在中国非物质文化遗产保护中心和澳门特区政府文化局共同主办的“根与魂·中国非物质文化遗产展演”大型综合性文化活动在澳门综艺馆演出。

13 日　省委督查组到楚雄州督查省委政协工作会议和文件精神落实情况。

13～14 日　省政府安全生产督查组

到楚雄州督查安全生产工作。

13～14 日　省发改委调研工作组到楚雄州调研滇中城市经济圈建设、经济布局、经济开发区和特色产业发展等情况。

14～23 日　省政府督导组在楚雄督导检查全州发展非公有制经济工作情况。

15 日　楚雄州“节能我行动、低碳新生活”万人签名活动在楚雄市桃源湖畔举行。

同日　楚雄州党政领导开展大接访活动。

16 日　省劳动模范先进事迹巡回报告会在州会务中心民族会堂举行。

同日　楚雄州召开非公有制经济工作情况汇报会，向省政府加快发展非公有制经济工作督导组汇报相关情况。

同日　中国储备粮管理总公司总经理包克辛率考察调研组到楚雄州考察调研粮食储备加工、基础设施建设工作及核桃生产加工情况。

17 日　州人民政府发布公告，《楚雄彝族自治州地方志工作规定》自2011年7月1日起施行。

同日　楚雄州营建“杨善洲纪念林”暨义务植树活动在楚雄市东瓜镇青山嘴水库环湖公路两旁启动。

同日　全州共产党员重温入党誓词活动启动仪式在州会务中心民族会堂举行。

18 日　省委常委、省纪委书记李汉柏率省委、省政府检查组，深入姚安县“7·09”地震恢复重建统建房质量问题整改现场检查。

同日　2011年度第四期“楚雄青年论坛”在楚雄师院雁塔校区举行。

20 日　楚雄州第二届老干部摄影、书法、国画作品展在州老干部活动中心开展，参展作品200余件。

同日　“楚雄州优秀法官先进事迹巡回报告团”首场报告会在楚雄市举行。

同日　州委召开常委领导班子“学习杨善洲精神做人民满意的好党员好干部”主题学习生活会。

21 日　全州对外开放暨招商引资工作会议在州会务中心召开。

22 日　楚雄师范学院纪念建党90周年艺术作品展开幕式在学生会堂举行。

同日　楚雄州第一批中共党史教育基地举行挂牌仪式。

同日晚　楚雄州“颂歌献给党”，州直机关千名党员红歌演唱会在楚雄市桃源湖茶花民族大舞台举行。

22～24 日　州党政领导分别到各地看望慰问老党员。

23 日　楚雄州举行统一战线纪念中国共产党建党90周年座谈会。

同日　州委主办的《“云岭楷模”楚雄风采录》大型图片展开展仪式在州公务中心举行。

同日　楚雄州在州会务中心举行老同志庆祝中国共产党成立90周年座谈会。

24 日　楚雄州在州会务中心开展“同在阳光下、携手共成长——云南共青团倾听日”活动。

同日　州人民政府在州政务中心召开500千伏电网建设项目开工协调会。

同日晚　州政法系统以“党在我心中——维护稳定共创和谐”为主题的庆祝建党90周年文艺晚会，在州电视台演播大厅举行。

25 日　国土资源部汛期地质灾害防治检查组到楚雄州，检查汛期地质灾害防治及2010年抗旱打井使用和管护情况。

25～26 日　国家水利部、发改委、财政部移民工作联合调研组到楚雄州调研青山嘴水库移民搬迁安置工作。

26 日　州民族艺术剧院在州会务中心举行大型彝剧《杨善洲》首演新闻发布会。

同日　州人民政府发布公告，州人民政府政务服务中心和公共资源交易中心于7月1日试运行，7月15日正式运行。

同日　州委、州人民政府在州职教园区举行公开销毁毒品及万人签名拒绝毒品系列活动启动仪式。

27 日　“保护母亲河——青年长征纪念林”建设启动仪式在永仁县永定林场麦拉林区小哨举行。

28 日　州十届人大常委会第三十二次会议召开，会议决定批准《楚雄彝族自治州2011～2015年依法治州规划》。

同日　楚雄州在州会务中心召开全州第四届廉政勤政先进个人表彰大会。

同日晚　州委主办的楚雄城区庆祝建党90周年优秀文艺节目汇演“红心向党”文艺晚会，在州广电中心演播大厅举行。

29 日　州委、州人民政府表彰奖励2010年度优秀村（社区）党支部（总支、党委）书记（主任）100名。

同日　州委命名表彰基层党组织建设先进县（市）7个、基层党建工作示范点96个、优秀共产党员99名、优秀党务工作者85名、2010年度“农村党员致富先锋”100名。

同日晚　楚雄州庆祝中国共产党成立90周年大会暨文艺晚会“彝州大地党旗红”在州体育馆举行，州委书记张太原发表讲话。

30 日　中国烟草水源工程调研组到楚雄州走访调研烟草水源工程规划建设工作。

7 月

1 日　楚雄州组织广大党员干部集体收听收看中央庆祝中国共产党成立90周年大会实况转播，聆听中共中央总书记胡锦涛在大会上发表的重要讲话。

同日　大理州政府考察团到楚雄州考察钛产业发展情况。

3 日　全国双拥模范城检查考核组到楚雄市检查考核双拥工作和创建全国双拥模范城工作。

5 日　省政协“加快推进滇中经济区建设”专题调研组到楚雄州专题调研“在实施西部大开发和桥头堡战略中加快推进滇中经济区建设”开展情况。

7 日　国家发改委副主任徐宪平到楚雄州调研社会保障和劳动就业、交通等基础设施建设情况。

9 日　全州大中专毕业生供需见面暨州属事业单位招聘人员报名现场会在楚雄市北浦中学举行。

同日晚　民进云南省委庆祝中国共产党成立90周年“同心同行共铸辉煌”

大型文艺晚会在楚雄举行，省政协副主席、民进云南省委主委罗黎辉出席。

9～11日 15名大理学院一年级硕士研究生组成的志愿者服务队到紫溪镇开展义诊及一系列暑期社会实践活动。

11日 省纪委、省国土资源厅调研组到楚雄州检查指导国土资源管理工作。

同日 上海赴滇挂职高校团干部座谈会在州会务中心举行。

11日至8月10日 全州第八期科级少数民族中青年干部暨第二批选派到乡（镇）挂职锻炼干部培训班在州委党校举办。

12日 全州土地管理工作座谈会在州政府公务中心召开。

12～13日 全省法院刑事审判工作会议在楚雄召开。

13日 楚雄市委、市人民政府在天人中学举行“楚雄市民办教育成果奖颁奖典礼”，向天人中学颁发奖牌和奖金50万元。

13～15日 省委常委、省委统战部部长黄毅到楚雄州调研。

13～20日 楚雄州“中国人寿杯”第五届中学生运动会在楚雄一中体育馆举行。

15日 《楚雄日报》报道，楚雄州中医院主任医师王敏、楚雄州高级技校高级技师张彦青获得2010年度国务院政府特殊津贴。

15～26日 中国楚雄彝族火把节在楚雄市举行。

16日 楚雄州92名农村优秀青年启程赴日本（加特可公司）从事尼桑汽车变速箱生产工作。

18日 全州金融工作座谈会在州会务中心召开。

同日 州安全生产委员会办公室在州政务中心举办预防渎职侵权和职务犯罪专题讲座。

20日 楚雄州生命生存生活教育（即“三生教育”）促进会成立暨第一次会员代表大会召开。

21日 全州上半年经济运行分析会议在州会务中心召开。

22日 全州第三轮禁毒防艾人民战争电视电话会议召开。

同日 州人大常委会在州会务中心召开楚雄州2011年上半年政情通报会。

23日 “进漓江——桂林山水花鸟画楚雄展”开展暨州博物馆AAAA级旅游景区揭牌仪式在州博物馆举行。

23日至8月2日 “2011年中国楚雄彝族火把节商品交易会”在楚雄市鹿城东路延长线青龙河东岸至楚风苑段举行。

24日晚 中国楚雄彝族火把节祭火盛典在楚雄市东南新城州文化中心举行，省委常委、常务副省长罗正富，省委常委、省委秘书长杨应楠，省人大常委会副主任程映萱，省高级人民法院原院长赵仕杰等领导出席。

同日 中国楚雄彝族火把节开幕式在州体育馆举行，省委常委、省委秘书长杨应楠，省人大常委会副主任程映萱等领导出席。

同日 中国楚雄彝族火把节招商引资推介签约会在州会务中心举行。

28日 中共楚雄州纪委七届八次全体会议在楚雄召开，审议州第七届纪委会向州第八次党代会的《工作报告》（草案）及其他事项。

同日 楚雄州召开纪念建军84周年座谈会暨军事日活动。

同日 州委群众工作领导小组召开第一次（扩大）会议，宣布成立州委群众工作局。

同日 楚雄州人民政府与云南煤化工集团有限公司项目合作座谈会在州会务中心举行。

28～29日 德宏州考察团到楚雄州考察地震恢复重建工作。

29日 州委七届十一次全体会议于在州会务中心举行，州委书记张太原作重要讲话。

28～30日 省监督检查组到楚雄州检查保障性安居工程建设情况。

29日 “绿色电脑进西部活动”云南省赠送仪式在楚雄州双柏县启动。

30日 楚雄州第一个风电项目牟定飒马场风电场110千伏送出工程开工建设。

31日至8月1日 国家环保部总工程师万本太到楚雄州元谋县调研。

8月

3～4日 省委书记、省人大常委会主任白恩培和省委常委、省委秘书长杨应楠深入楚雄州禄丰、楚雄、牟定、元谋和武定5县（市）村寨农家、田间地头、企业车间，调研经济社会发展情况。

5日 副省长顾朝曦在州委书记张太原、州政府副州长杨元茂陪同下，深入大姚县石羊古镇和三潭瀑布景区调研文化旅游工作。

同日 楚雄州核桃产业协会在州宾馆召开年会，探讨核桃产业发展和品牌建设。

同日 省委宣讲团成员、云南民族大学马列部主任张建国教授应邀到楚雄州宣讲学习贯彻胡锦涛总书记“七一”重要讲话精神。

同日 云南省州（市）级首家金融商会——楚雄州金融商会在楚雄举行成立大会。

5～6日 由省政协办公厅牵头组织省科协、省红十字会到禄丰县中村乡开展送科技、送医送药下乡进村帮扶活动。

8日 中国传统立秋日，姚安县第四届彝族葫芦笙文化节在左门乡干海子举行。

9～15日 第八届中国·南华野生食用菌美食文化节在南华举行。

10～12日 全国质检系统执法打假工作座谈会在楚雄召开。

11日 农工党云南省委专题调研组到楚雄州调研城市水源地生态补偿机制建立情况。

12～15日 中共楚雄州第八次代表大会在楚雄举行，张太原代表七届州委向大会作报告，会议通过了《中国共产党楚雄州第八次代表大会关于中国共产党楚雄州第七届委员会工作报告的决议》和《中国共产党楚雄州第八次代表大会关于中国共产党楚雄州第七届纪律检查委员会工作报告的决议》，选举产生了第八届州委和州纪委成员。15日下午，州委召开八届一次全会，选举产生了州委常委、书记、副书记；州纪委召开一次全会，选举产生了州纪委常委、书记、副书记。

13日 卫生部副部长、国家中医药管理局局长王国强到楚雄州中医院调研彝族医药发展情况。

16~17日 省政协视察组到楚雄州视察《劳动法》和《劳动合同法》实施情况。

16~18日 省纪委检查调研组到南华县和双柏县，检查调研党风建设和“小金库”治理、“村务公开”、“农村三资”监管工作。

18日 省政府耕地保护工作考核组到楚雄州检查指导耕地保护及耕地保有量工作。

18~19日 中国彝族文化国际学术研讨会在楚雄师范学院举行。

18~22日 楚雄州第十二届运动会在楚雄举行。

19日 全国人大常委会内务司法委员会副主任姜兴长到楚雄州调研法院、检察院系统基层建设推进情况。

同日 楚雄州公共资源交易中心举行揭牌仪式。

23日 省委常委、省委组织部部长刘维佳到楚雄州调研基层党建工作。

24日 全省深化政务公开加强政务服务工作会议在楚雄召开，省委常委、副省长李江在会上讲话。

24~25日 十七届中央委员、全国政协经济委副主任、工业和信息化部原部长李毅中率考察组到楚雄州考察工业和信息化建设、经济结构调整、产业布局发展等工作。

27日 楚雄开发区实验小学举行10周年校庆暨教师节庆祝活动。

29~31日 省委创先争优活动领导小组办公室党群共建督查组到楚雄州调研督查开展党群共建创先争优进展情况。

30日 云南日报社楚雄分社揭牌暨云南省政务信息岛楚雄终端开通仪式在州公务中心举行。

31日至9月2日 省人大常委会副主任杨建甲带领省人大常委会视察组到楚雄州视察农产品加工业发展情况。

9月

1日 全州省级基层党建工作示范点创建工作会议在州委党校召开。

2日 楚雄市首届哀牢山核桃文化节在西舍路乡开幕。

同日 省委政法委检查组到楚雄州检查政法系统开展“发扬传统、坚定信念、执法为民”主题教育实践活动。

3日 州人民政府在州水务局召开紧急会议，针对主汛期以来，全州降水偏少，部分地区旱情持续发展的现状，安排部署抗旱工作。

5日 州委组织部在州委党校举行中秋节座谈会，向全州挂职干部致以节日的问候。

同日 全州警示教育电视电话会议在州会务中心民族会堂举行。

6日 州文明委召开2011年第二次全体会议，研究讨论《全州精神文明建设工作暨第九次表彰大会筹备工作方案》和《楚雄州精神文明创建拟表彰先进集体和先进个人建议名单》。

同日 楚雄州人民政府、云南煤化工集团有限公司楚雄铝材深加工基地合作意向书签字仪式在州会务中心举行。

7日 楚雄城区各族各界代表人士中秋茶话会在州公务中心举行。

7~9日 部分驻楚雄的全国、省、州人大代表到楚雄州工业园区开展专题视察。

8日 文化部检查组到楚雄州检查指导文化市场管理工作。

9日至11月5日 “招银杯”中国彝族“彝人风采”摄影大赛在永仁县城举行。

14日 省人大常委会立法调研组到楚雄召开座谈会，征求《云南省节约用水条例（征求意见稿）》修改意见、建议。

18日 楚雄州统一开展防空警报试鸣活动。

15~16日 省政府督查组到楚雄州督查防治艾滋病责任目标开展情况。

15日至11月5日 中国彝族现代服装服饰设计大赛在永仁县城举行。

16日 全州文化建设大会以视频会议的形式在州会务中心民族会堂召开。

同日 省政协副主席、九三学社云南省委主委曾华到楚雄州调研九三学社楚雄市委工作情况。

17~18日 由住房和城乡建设部副部长齐骥任组长的中央加快转变经济发展方式第九检查组到楚雄州检查指导贯彻落实中央关于加快转变发展方式、加快水利改革发展和落实保障性安居工程建设政策情况。

19~20日 省政府督查组到楚雄州督查食品安全工作。

20日 山西省政协原副主席、山西省改革创新研究会会长吕日周率“百名晋商赴云南考察团”到楚雄州考察。

同日 省打击传销工作调研督查组到楚雄州调研督查严厉打击传销行为，有效维护正常社会生活秩序工作。

20~26日 楚雄城区第二届老同志“敬老节”体育运动会在州老干部活动中心举行。

21日 楚雄州首批“中国绿色饭店”集中授牌仪式在雄宝酒店举行。

21~22日 副省长孔垂柱率省直相关部门负责人到楚雄州检查指导抗旱救灾工作。

21~24日 省政府治大隐患防大事故安全隐患排查治理专项行动督查组到楚雄州督查。

21~25日 第七届泛珠三角区域合作经贸洽谈会在江西南昌举行，楚雄州组建代表团参加展洽活动。

22日 以农业部副部长、九三学社中央副主席张桃林为组长的考察调研组，在云南省副省长孔垂柱，省政协副主席、九三学社云南省委主委曾华陪同下到楚雄州考察调研农业农村经济发展、农业科技推广应用、“九校楚”合作项目。

22~23日 全国人大教科文卫委员会副主任委员、国家体育总局原党组书记李志坚，全国人大教科文卫委员会委员、国防大学原副校长王文荣中将到楚雄州开展《精神卫生法（草案）》立法调研。

23日 楚雄州庆祝第二十四届敬老节文艺晚会在州广电中心演播大厅举行。

26日 省政府节能减排专项督查组到楚雄州专项督促检查年度节能减排目标任务完成情况、目标责任制落实情况和重点项目建设情况。

27 日 楚雄州预防青少年违法犯罪工作联席会暨重点青少年群体服务管理和预防犯罪（全国）试点工作研讨会在州会务中心召开。

同日 州人民政府发布《关于整治私挖滥采煤炭资源行为的通告》。

30 日至 10 月 10 日 楚雄州民族艺术剧院为主体的中国少数民族艺术团，参加韩国安东市第 14 届国际假面舞艺术节，成功开展“七彩云南·魅力楚雄韩国行”系列文化宣传活动。

30 日至 10 月 25 日 禄丰县第十三届恐龙文化旅游节在禄丰县举行。

10 月

1 日 大姚县举行 2011 石羊祭孔大典暨核桃美食节，传承儒家文化，共庆国庆佳节。

8 日 2011Kappa－CRT 中网级别联赛年终总决赛在北京国家网球中心落幕，楚雄州选手刘萍获 4.0 级别亚军。

10 日 州政协在州政务中心举行纪念辛亥革命 100 周年座谈会。

11 日 中央人民政府驻香港特别行政区联络办公室副主任郭莉、香港中国企业协会总裁冯洪章率领中联办相关领导和香港中资企业代表到楚雄州考察。

11 日至 12 月 11 日 楚雄州举行旅游商品大赛。

13 日 中国少年先锋队楚雄州第一次代表大会在州会务中心视频会议室举行。

13～14 日 滇中经济区四州（市）（昆明、曲靖、玉溪、楚雄）政协合作机制第二次会议在曲靖举行，楚雄州政协主席在会上作主题发言。

14 日 楚雄州召开电视电话会议，通报州农业局农业行政综合执法支队原队长赵朝魏私自驾驶公车出国违纪违规问题调查处理情况。

同日 楚雄东兴中学 10 名学生代表启程参加全国赴日本交流团访问日本。

15 日 康恩贝集团有限公司董事长胡季强到楚雄市和南华县考察。

15～17 日 楚雄州党外知识分子培训班在州社会主义学院开班。

16～19 日 “劳动杯”全国老干部象棋邀请赛在楚雄州开赛。

17 日 楚雄州中小学生心理知识专题讲座在楚雄市北浦中学报告厅举行。

17～19 日 国家土地督察成都局副专员刘建伟率督察预验收组到楚雄州督察验收土地整改情况开展例行。

19 日 云南省检查组到楚雄州检查贯彻落实中央和省水利发展改革重大决策部署情况。

20 日 中央综治办、团中央考评组到楚雄州进行重点青少年群体服务管理和预防犯罪全国试点工作中期评估考核。

同日 西南成品油管道楚雄段安全保护工作会议在州会务中心召开，楚雄州政府要求确保楚雄段安全运行。

20～21 日 山西省汾阳市委考察团在市委书记王志强率领下到楚雄州参观考察。

22～24 日 人力资源和社会保障部检查组到楚雄州检查医疗保险基金管理使用情况。

25 日 云南省中小企业工业产品质量及标准化工作推进会在楚雄召开。

26 日 副省长高峰到禄丰县调研医改和食品安全工作。

26～27 日 省政协副主席王学智率省政协调研组到楚雄州专题调研水资源暨抗旱保民生工作。

27 日 全省冬季农业开发现场会议在楚雄州元谋县召开。

同日 省人大常委会调研组到楚雄州开展《云南省森林防火条例（草案）》立法调研。

同日 楚雄州参展团以“中国彝乡魅力楚雄”为主题，在昆明国际会展中心开幕的中国国际旅游交易会上展示独特民族风情。

27～28 日 云南省治大隐患防大事故安全隐患排查治理专项行动督查组到楚雄州督查。

28 日 省政府在元谋县紧急召开抗旱增水源饮水保安全工作座谈会，副省长孔垂柱出席会议并讲话。

同日 国家电子政务外网管理中心副主任沈解伍到楚雄州调研指导电子政务工作。

31 日 省政府督查组到楚雄州开展林区、煤矿、工矿棚户区改造工作专项督查。

11 月

1 日 云南元谋至双柏二级公路通车典礼在楚雄市举行。

11 月初至 12 月底 楚雄州组织开展以“转变作风抓落实、服务群众聚民心、创先争优促发展”为主题的干部作风集中整顿和建设活动。

3 日 云南省人民政府在楚雄州会务中心召开楚雄市社会管理创新综合试点工作推进会议，副省长曹建方到会讲话。

同日 副省长曹建方到楚雄州看望慰问各族干部群众，调研经济社会发展情况，召开楚雄州经济社会发展形势分析汇报会。

3～5 日 第四届云南民族服装服饰文化节暨中国彝族赛装节在永仁县城举办。

5～9 日 云南省首届花灯灯谜大奖赛楚雄赛区比赛在姚安县光禄古镇举行。

7 日 云南省非公有制经济组织深入开展创先争优活动指导小组组长到楚雄州检查指导。

10 日 全州精神文明建设工作暨第九次表彰大会在州会务中心二楼民族会堂举行。

同日 省委宣讲团党的十七届六中全会精神报告会以视频会议形式在州会务中心举行。

11 日 州委、州人民政府在楚雄召开扶贫开发现场会议。

同日 州文体局发布公告，全州公共图书馆、文化馆、文化站全部实行免费开放。

19 日 省政协主席王学仁、省人大常委会副主任杨保健到楚雄师范学院调研。

同日 楚雄城区彝族同胞在彝人古镇欢度彝族年。

21 日 工信部副部长苏波到楚雄州调研钛产业发展情况。

23 日 全州冬春农田水利建设暨中

低产田地改造工作会议在州会务中心召开。

同日 楚雄州在州宗教事务局举行伊斯兰教协会成立20周年庆祝大会，省政协副主席、省伊协会长马开贤到会祝贺。

23～24日 中央党校、中央直属机关分校调研组到楚雄市考察调研基层党建工作。

25～29日 楚雄州代表团34名代表在昆明参加云南省第九次党代会。

26～27日 湖南省常德市政府考察团到楚雄州考察文化旅游产业发展情况。

12月

1日 楚雄州传达学习省第九次党代会精神大会在州公务中心召开。

同日 州党政领导看望慰问艾滋病患者和防艾工作者，发放慰问金。

6日 楚雄州人民政府与云南电网公司在昆明签订电网规划建设可持续发展合作框架协议。

同日 省道218线双柏段发生一起道路交通事故，造成2人死亡、38人受伤，其中重伤12人。

9～11日 中国云南民族服饰文化节暨中国彝族赛装节在姚安、永仁举行。

同日 全州加强和改进工商联工作会议在州会务中心民族会堂举行。

13日 全国政协常委、上海科普教育发展基金会理事长、上海科技馆理事长左焕琛到楚雄州，向州科技馆赠送“赛复流动科技馆”。

14日 云南省人民政府驻上海办事处调研组到楚雄州调研，在州政务中心召开调研工作座谈会。

16日 中共楚雄州委、州人民政府和北京东王文化发展有限公司、美天美娱文化传播（北京）有限公司、广州千禧影视文化有限公司联合拍摄的30集家庭情景喜剧《重返大福村》新闻发布会在彝人古镇大酒店举行。

19日晚 “电信天翼”杯楚雄州第二届“感动彝州十大人物”颁奖晚会在州广电中心举行。

20日 州委、州人民政府在州会务中心召开全州开展“四群”教育实行干部直接联系群众制度动员大会。

同日 人力资源和社会保障部副部长杨志明到楚雄州调研。

25日 楚雄州委、州人民政府在昆明市楚雄大厦举行春节团拜会，省委原副书记、《求是》杂志社原总编辑王天玺，省委常委、省委宣传部部长赵金，省人大常委会副主任程映萱，省政协副主席罗黎辉，省政协原副主席和占钧、苏正国等领导应邀出席团拜会和新春晚宴。

28日 牟定风屯风电场建成投产，省政府常务副省长罗正富出席投产仪式。

29日 德宏州政府考察团到楚雄州考察烟草产业及与烟草产业相关的国土、气象等部门工作。

［周能汉］

领导视察

【白恩培到楚雄州调研】 2011年8月3～4日，中共云南省委书记、省人大常委会主任白恩培在省委常委、省委秘书长杨应楠和省级部门有关领导及州党政领导陪同下，深入禄丰、楚雄、牟定、元谋和武定5县（市）村寨农家、田间地头、企业车间，对楚雄州经济社会发展情况进行调研。白恩培指出，楚雄州各级党委、政府要按照省委、省政府的决策部署，紧紧抓住国家深入实施西部大开发战略和支持云南加快建设面向西南开放重要桥头堡以及滇中经济圈建设的重大历史机遇，凝聚力量，开拓进取，团结干事，努力开创彝州经济社会发展新局面。

【陈雷出席楚雄州水务局成立揭牌仪式】 2011年4月8日，国家水利部部长陈雷在云南省委副书记李纪恒、副省长孔垂柱等陪同下，为楚雄州及10县（市）水务局的成立揭牌并讲话。在听取工作汇报后，陈雷对楚雄州水利建设、水利改革和水利管理给予了肯定。陈雷指出，要加快实施骨干水源工程和农村饮水安全工程建设，着力提高城乡供水保障能力；要加大灌区续建配套与节水改造力度，抓好小型农田水利重点县建设；要抓紧实施中小河流治理、小型病险水库除险加固、山洪灾害防治，加强防洪重点薄弱环节建设，确保人民群众生命安全；要加强水土流失综合治理，建设秀美山川；要落实最严格的水资源管理制度，全面推进节水防污型社会建设；要深化水利改革，加大水价改革力度，建立良性运行机制；要大力推进依法治水管水，建立健全水利规划体系，加强水务执法监督；要加强机构与能力建设，完善基层水务服务体系；要加快构建水利基础设施保障体系，以水资源的可持续利用保障楚雄经济社会的可持续发展。

【李毅中到楚雄州考察】 2011年8月24～25日，十七届中央委员、全国政协经济委副主任、工业和信息化部原部长李毅中率考察组到楚雄州，州委书记张太原，州政协主席延荣科，州委常委、州人民政府常务副州长杨亚林，州委常委、楚雄市委书记、市长袁鹏等领导陪同考察。考察组一行先后考察了禄丰云南钛业股份有限公司、楚雄市老拨云堂药厂、云南广泰生物科技开发有限公司和万裕药业。

【李纪恒到楚雄州调研】 2011年4月8日，中共云南省委副书记李纪恒出席楚雄州及10县（市）水务局揭牌仪式并讲话。李纪恒要求楚雄州以实行水务一体化为新起点，全面贯彻落实好中央一号文件和省委、省政府加快实施兴水强滇战略的决定，抓好部省共建山区水利发展与改革示范区各项工作，争当全省加快实施兴水强滇战略的示范区。要抓住水务一体化管理的契机，抓紧建立完善水价形成机制，加快水利投融资体制和水管体制改革步伐，着力构建水利科学发展的体制和机制。

6月6～8日，省委副书记李纪恒在省级有关部门负责人和州党政领导陪同下，先后深入州内武定、元谋、永仁、大姚、姚安、南华和楚雄7县（市）进行调研和检查指导工作。通过调研和听取汇报，李纪恒要求，楚雄州各级领导班子和党员干部要进一步加快转变经济发展方式，确保经济社会又好又快发展。要大力发展优势特色产业，加强基础设施建设，切实保障和改善民生，建设平安和谐楚雄，推动楚雄州“十二五”时期科学发展、转型发展、跨越发展、可持续发展。要集中精力、理直气壮地抓好党的建设和干部队伍建设，为经济社会又好又快发展提供坚强的组织保证。强调要找准楚雄在西部大开发和桥头堡建设中的战略定位，及时编制全州推进桥头堡建设的具体规划，用足用好政策，把项目作为重要抓手，加强项目前期工作，做到经济社会建设项目化、项目责任化、责任具体化，确保工作落到实处。

6月8日，中共云南省委在楚雄召开全州领导干部大会，省委副书记李纪恒代表省委出席会议并作重要讲话。李纪恒指出，楚雄州各级党委要以民主集中制建设为重点，进一步加强领导班子思想政治建设。要加强理想信念教育、抓好民主集中制建设，规范党员干部的从政行为。要加强反腐倡廉教育，在党员干部中深入开展从政道德教育、党纪国法教育。要警钟长鸣、防微杜渐，筑牢拒腐防变的思想道德防线。李纪恒强调，楚雄州广大党员干部要自觉服从省委、州委的决定，同省委、州委保持一致，踏踏实实干事，兢兢业业工作，按照省委、省政府的决策部署，坚持团结稳定鼓劲，进一步解放思想，凝聚力量，开拓进取，团结干事，努力开创彝州经济社会发展新局面。

【李汉柏到楚雄州检查指导工作】 2011年2月19日，中共云南省委常委、省纪委书记李汉柏率省级有关部门负责人到楚雄州检查指导工作。李汉柏强调，各级党委、政府要牢记党的性质和宗旨，从提高党的领导水平和执政能力的高度，高度重视和切实做好灾区民房恢复重建工作，坚决贯彻落实党中央、国务院和省委、省政府的决策部署，严格按照中央和省的有关规定，强化对抗震救灾资金、物资的监管，确保灾区恢复重建顺利进行，切实保障灾区群众的基本生活，维护社会和谐稳定。民政、财政、建设、审计等部门要充分发挥自身优势，进一步加强对抗震救灾资金、物资管理使用各个方面、各个环节的监督检查，形成监督合力，提高监督实效。各级纪检监察机关要认真履行职责，加强监督检查，严格执行中央纪委和省纪委关于抗震救灾款物管理使用违法违纪行为处分的有关规定，严肃惩处违纪违法行为，为灾区恢复重建工作顺利进行提供坚强有力的政治和纪律保证。

6月18日，省委常委、省纪委书记李汉柏率省委、省政府检查组，在州党政领导的陪同下，深入姚安县“7·09”地震恢复重建统建房质量问题整改现场，对4个月来的整改落实情况进行检查后，出席在官屯村委会召开的姚安县“7·09”地震恢复重建统建房质量问题整改工作总结会并发表重要讲话。李汉柏强调，各级各部门要始终坚持把以人为本、执政为民作为一切工作的根本出发点和落脚点，真正做到发展为了人民、发展依靠人民、发展成果由人民共享，确保桥头堡建设成果真正惠及广大群众。

8月24日，省委常委、省纪委书记李汉柏在楚雄出席云南省县级以上政务服务中心建成运行仪式并讲话。楚雄州党政领导张太原、李红民等出席仪式。李汉柏指出，深化政务公开、加强政务服务，是党中央、国务院和省委、省政府作出的重大决策部署，有利于转变政府职能，提高政府工作透明度和公信力，从源头上预防和遏制腐败现象和不正之风，进一步增强责任感和使命感，把政务公开和政务服务工作不断引向深入。仪式上，李汉柏、李江共同启动云南省县级以上政务服务中心建成运行启动按钮，标志着全省政务服务平台已经在州、市、县（市、区）级实现了全覆盖。随后，李汉柏、李江前往州政务服务中心、州公共资源交易中心、市政府政务服务中心调研。

【罗正富到楚雄州视察】 2011年4月16日，中共云南省委常委、常务副省长罗正富出席在楚雄举行的《中国彝族通史》编纂委员会第五次会议并讲话。罗正富指出，在楚雄州建州53周年之际，滇、川、黔、桂和北京专家学者及四省区彝族同胞、老领导共聚一堂，共同审定《中国彝族通史》，对丰富中华民族发展史，促进彝族历史文化研究和对彝族文化的保护、传承、发展意义非凡。该书的出版，将成为中华民族发展史的有益补充，对全面了解掌握彝族历史文化，对经济繁荣、民族团结、边疆稳定和社会和谐都具有重要意义。希望编委会及相关工作人员继续勤奋努力、认真工作、严谨治学，以高度的政治责任感，善始善终，竭尽全力地做好后续工作，保障《中国彝族通史》的顺利出版发行。

7月24日，省委常委、常务副省长罗正富出席2011年中国楚雄彝族火把节祭火盛典，省委常委、省委秘书长杨应楠，省人大常委会副主任程映萱，省高级人民法院原院长赵仕杰，省科协党组书记唐兵，以及州党政军领导陪同。

8月14日，省委常委、常务副省长罗正富率领省级相关部门领导到楚雄市吕合镇调研小集镇综合开发建设情况，并深入吕合镇小集镇建设点、石人坡煤层自燃区、吕合民族历史文化园等地进行实地调研指导。

【李江到楚雄州检查指导工作】 2011年8月24日，中共云南省委常委、副省长李江在楚雄出席云南省县级以上政务服务中心建成运行仪式，为楚雄州政务服务中心揭牌，并出席在楚雄召开的全省深化政务公开加强政务服务工作会议。李江要求，要进一步深化政务公开，加强政务服务，营造云南省经济社会发展的良好政务环境，为促进全省经济社会又好又快发展和社会和谐稳定作出新的更大贡献。

【杨应楠出席2011年中国楚雄彝族火把节开幕式】 2011年7月24日，中共云南省委常委、省委秘书长杨应楠在州党政领导张太原、李红民、李兴顺、卢显林、延荣科陪同下，出席2011年中国楚雄彝族火把节开幕式并讲话。

【仇和出席昆明—楚雄一体化发展合作框架协议签字仪式】 2011年3月22日，中共云南省委常委、昆明市委书记仇和到楚雄州出席《推进滇中城市群昆明—楚雄一体化发展合作框架协议》签字仪式。仇和指出，签署《推进滇中城市群昆明—楚雄一体化发展合作框架协议》，既是适应区域经济社会发展规律的必然选择，也是对党中央、国务院和省委、省政府桥头堡战略的响应、呼应、策应和接应，更是昆楚两地加快自身发展的现实需要。签字仪式的举行，既标志着昆楚一体化合作迈出了最重要、最关键的一步，也标志着昆楚两地的交流与友谊迈上了更高层次、更宽领域。仇和表示，昆明将认真落实达成的共识和协议，主动对接、加强沟通、携手并肩，坚持规划共绘、交通共联、产业共兴、市场共构、环境共建、人才共享，致力推动区域规划、基础设施、产业发展、要素市场、生态建设、社会事业6个方面的一体化，努力与楚雄等兄弟城市一起，共同将滇中地区培育成为我国面向西南开放桥头堡的核心区、支撑全省经济社会发展的重要增长极。

【黄毅到楚雄州调研】 2011年7月13～15日，中共云南省委常委、省委统战部部长黄毅在州党政领导的陪同下，到楚雄州调研统战工作。通过实地调研和听取情况介绍，黄毅要求，各级统战部门和广大统一战线成员要切实担负起服务桥头堡建设的历史使命，多献对路之言，多献务实之策。各级工商联要发挥职能作用，加强与非公有制企业的沟通、联系，做好服务工作，为企业家搭建建言献策的平台，引导和支持广大民营企业家积极投身到桥头堡建设中来，引导更多民营资本投入到桥头堡建设中来，依托科技力量支撑农产品加工生产，帮助企业开拓市场，更好地为解决就业、促进农民增收、促进财政增收贡献力量。要认真贯彻落实党的民族和宗教工作方针政策，加强和创新社会管理，促进各民族交往、交流、交融，实现共同繁荣发展。要依法管理宗教事务，加强宗教活动场所管理，着力培养爱国爱教宗教人士，积极引导宗教与社会主义社会相适应，为全省“两强一堡”建设作出积极贡献。

【刘维佳到楚雄州调研】 2011年8月23日，中共云南省委常委、省委组织部部长刘维佳到楚雄州调研基层党建工作，在州党政领导张太原、李兴顺、徐昕、赵克义陪同下，先后深入云南钛业股份有限公司，楚雄市苍岭镇李家村委会马石铺村民小组、鹿城镇学桥街社区以及南华县龙川镇火星村委会张合屯村，与基层干部群众面对面交流，问民生、话党建，对企业、农村、社区党建工作进行实地调研。

［李念锋］

【王学仁到楚雄州调研】 2011年3月25日，云南省政协主席王学仁在省政协秘书长车志敏，楚雄州政协主席延荣科、秘书长李光彪等陪同下到武定县开展旅游业发展情况调研。王学仁希望武定县利用好区位优势，着力整合“五个文化”，为发展旅游业注入新的活力。指出要重点挖掘与明代建文帝、彝族罗婺部落、那氏土司、红军长征过武定等有关的历史文化；要着力运用以狮子山正续禅寺为代表的“儒、道、释”合一的宗教文化中的积极因素，充分发挥其在促进社会和谐稳定方面的积极作用；要大力传承和弘扬当地多姿多彩、浓郁独特的民族文化；要依托武定壮鸡品牌，积极打造具有地方特色和保健功能的饮食文化；要依托狮子山、己衣大裂谷、插甸水城河等风景区的自然山水、森林植被特别是狮子山牡丹花，打造天人合一、人与自然和谐的生态文化。

11月19日，省政协主席王学仁、省人大常委会副主任杨保健在州党政领导张太原、卢显林、延荣科、姜扬陪同下，到楚雄师范学院对学院建设发展情况进行调研，探讨人才培养与经济社会发展有机结合的有效途径，并对该校的小区规划、学生毕业就业等问题提出建议。王学仁一行还实地察看了学生食堂、教学楼、校情展示厅等，详细了解各方面情况。

［白建文］

【张桃林到楚雄州调研】 2011年9月22日，以国家农业部副部长、九三学社中央副主席张桃林为组长的考察调研组一行，在省政府、省政协及楚雄州有关领导陪同下深入楚雄就“九校楚合作”项目基地考察调研。调研组认为，以楚雄明宏科技生态有限公司为主体的“九校楚合作”项目——楚雄州绿色环保循环经济畜牧产业集群示范园区建设，是民主党派服务社会工作的创新模式，该项目集绿色环保、循环经济、低碳经济于一体，符合国家产业发展导向，发展前景好。调研组要求，企业要进一步解放思想，树立合作意识，壮大企业实力，建成现代化的农业企业，建成现代畜牧业发展的示范园，扩大规模，提升示范和带动效应，促进农民增收。

【徐宪平到楚雄州调研】 2011年7月7日，国家发改委副主任徐宪平一行在省委常委、省人民政府副省长李江及省政府办公厅、省发改委、省人社厅领导的陪同下到楚雄州调研。徐宪平一行在深入南华县视察了县乡公路建设、基层就业和社会保障、县级政务服务中心运行等情况后，召开了汇报会，州委副书记、代理州长李红民代表州人民政府向调研组作了工作情况汇报。

【王国强到楚雄州调研】 2011年8月13日，国家卫生部副部长、中医药管理局局长王国强一行，在云南省卫生厅厅长陈觉民、副厅长杨鸿森的陪同下，到州内调研中（彝）医药发展工作。副州长赵祖莹等领导陪同调研。

【齐骥到楚雄州检查指导工作】 2011年9月17～18日，由国家住房和城乡建设部副部长齐骥任组长的中央加快转变经济发展方式第九检查组，在省监察厅副厅长杨慧琼，省住房和城乡建设厅厅长罗应光，省水利厅副厅长陈坚陪同下到楚雄州就贯彻落实中央关于加快转变发展方式、加快水利改革发展和落实保障性安居工程建设政策情况进行检查指导，并召开汇报会。州委书记张太原，州委副书记、州人民政府代理州长李红民，州委常委、州人民政府副州长任锦云，州委常委、楚雄市委书记、市人民政府市长袁鹏陪同检查并出席汇报会。

［罗如贵　肖天平　丘锰］

【姜兴长到楚雄州调研】 2011年8月18～19日，全国人大内务司法委员会副主任姜兴长一行到楚雄调研并召开座谈会，听取了楚雄州“两院”基层建设情况汇报。

【李志坚到楚雄州调研】 2011年9月22日，由全国人大教科文卫委员会副主任委员、国家体育总局原党组书记李志坚率领的全国人大教科文卫委员会精神卫生立法调研组到楚雄州调研。副州长赵祖莹等领导陪同调研。

［周晓宇］

【苏波到楚雄州调研】 2011年11月21日，国家工业与信息化部副部长苏波到楚雄州调研钛产业发展情况。省工信委主任刘绍忠、副主任曹钢，州党政领导张太原、李红民、杨亚林等领导陪同调研。在深入禄丰钛产业基地实地了解州内钛产业发展情况后，苏波强调，楚雄州要抢抓桥头堡建设的重大机遇，全面优化钛产业发展的技术结构、组织结构、布局结构和行业结构，不断增强钛产业核心竞争力和可持续发展能力，使之成为桥头堡建设的亮点，为楚雄经济社会发展作出更大的贡献。

【杨志明到楚雄州督查调研】 2011年12月21日，国家人力资源和社会保障部副部长杨志明一行在省人力资源和社会保障厅副厅长谢群的陪同下，到楚雄州督查调研保障农民工工资支付工作。州党政领导张太原、李红民、朱非陪同调研。调研中，杨志明深入到楚雄市“世纪花园龙川苑”项目施工现场，与一线农民工亲切交谈，了解农民工工作、生活及工资待遇发放情况，并到州人社局看望基层人社干部。通过调研，杨志明对州委、州政府高度重视人力资源和社会保障工作，以及保障农民工工资支付工作给予了充分肯定。

［罗如贵　肖天平　丘锰］

【程映萱到楚雄州视察】 2011年4月28～29日，云南省人大常委会副主任程映萱带领视察组对楚雄州2010年地方政府债券资金安排使用情况进行视察。州委书记张太原出席29日下午召开的汇报会；州党政领导李兴顺、卢显林、左荣贵以及州属相关部门负责人陪同视察。视察组一行实地察看了楚雄市子午镇小型农田水利建设、楚雄市第二水厂及配套管网工程、楚雄市职业高级中学综合实训楼，南华县沙桥中心卫生院、滨河园小区廉租房建设和县民族中学校安工程建设项目。重点视察了用地方政府债券资金安排的廉租住房、农村医疗卫生、饮水安全、生态建设、小型农田水利建设、校安工程等民生项目的实施情况。汇报会上，程映萱作了重要讲话并代表视察组进行视察情况反馈。

【杨建甲到楚雄州视察】 2011年8月31日至9月2日，由云南省人大常委会副主任杨建甲带队，省人大常委会委员、农工委副主任张耀武任组长，省人大常委会委员、州人大常委会主任卢显林等组成的省人大常委会视察组一行，就州内农产品加工业发展情况前往楚雄市、南华县、大姚县进行实地视察。州委副书记、代理州长李红民，州委副书记李兴顺出席了31日上午召开的楚雄州农产品加工业情况汇报会。州党政领导张太原、李兴顺、任锦云、袁鹏、杨应旭及相关部门负责人陪同视察。视察组先后前往云南广泰生物科技开发有限公司、楚雄州森桂食用菌发展有限公司、云南澜沧江啤酒企业（集团）楚雄有限公司、楚雄安友畜牧业有限公司、大姚县利英特色食品有限公司、云南新丝路茧丝绸有限公司等10家企业进行了实地察看，听取了楚雄、南华、大姚3县（市）人民政府汇报和企业的意见、建议。在9月2日下午召开的省人大常委会视察楚雄州农产品加工情况反馈会上，视察组就继续做好下步工作提出了建议。

［周晓宇］

【孔垂柱到楚雄州检查指导工作】 2011年9月21～22日，云南省人民政府副省长孔垂柱率省农业厅副厅长魏民、省防汛抗旱指挥部副指挥长谢雁崎及省级有关部门领导，在州委书记张太原，州委常委、州人民政府副州长任锦云的陪同下，先后深入楚雄市青山嘴水库、西静河水库，双柏县新华水库、栗树埂水库查看蓄水和应急供水情况，了解两县（市）受灾情况及抗旱工作措施并看望慰问灾区干部群众，研究部署抗旱救灾工作。

【高峰到楚雄州检查指导工作】 2011年10月26日，云南省人民政府副省长高峰率省卫生厅、省发改委、省财政厅、省人社厅等部门负责人到禄丰县调研医药卫生体制改革和食品安全监管工作。州委副书记、代理州长李红民，副州长赵祖莹及州级有关部门领导陪同调研。调研组实地查看了禄丰县金山卫生院、禄丰县人民医院、禄丰县香醋厂，并召开了调研座谈会，对州内医药卫生体制改革和食品安全监管工作提出了具有针对性的指导意见。

【曹建方到楚雄州调研】 2011年11月3日，云南省人民政府副省长曹建方率省级有关部门负责人到楚雄州调研，先后召开了楚雄市社会管理创新综合试点工作推进会议和楚雄州经济社会发展形势分析汇报会议。州委书记张太原，州委副书记、代理州长李红民等有关领导陪同调研。调研中，曹建方对全州经济社会发展所取得的成绩给予了充分肯定，并对下一步的发展提出了指导意见。

［罗如贵　肖天平　丘锰］

【王学智到楚雄州调研】 2011年10月26～27日，云南省政协副主席王学智到楚雄州调研水资源利用和抗旱保民生工作。调研组一行在州政协主席延荣科，副州长岳修虎，州政协副主席王定梁等领导的陪同下，先后深入到姚安县下口坝水库、黄龙水库、洋派水库，楚雄市西静河水库、青山嘴水库，双柏县新华水库、妥甸镇瓦玻璃村，详细了解水库建设和蓄水、城市供水及应急保障、抗旱物资筹备等情况，并就确保群众生产生活用水等提出了建议。

【罗黎辉到楚雄师范学院调研】 2011年12月13日，云南省政协副主席、民进省委主委罗黎辉到楚雄师范学院调研。罗黎辉提出，楚雄师院要更加注重培养民主党派干部，给民主党派一定的位置，体现中共与各民主党派荣辱与共的亲密友党关系；楚雄师院在发展中有什么需要民进呼吁的问题，及时与民进组织反映，民进组织将尽全力为楚雄师院的发展作出努力。

［白建文］

年度关注

【2011年州人民政府重点督查的重大建设项目完成情况】 一、公路建设项目。（一）元双二级公路建设项目。元双二级公路于2011年6月完工，2011年11月1日举行通车典礼后正式通车试运营。（二）武昆高速公路建设项目。武定至昆明高速公路全长64.58千米，其中楚雄州境内长14.645千米。截至2011年12月31日完成路基土石方475万立方米，占年度计划的107 %；桩基完成1500棵，占年度计划的93.2%；承台完成443个，占年度计划的85%；墩柱完成1539根，占年度计划的84%；盖梁完成861个，占年度计划的60%，梁板预制完成2181片，占年度计划的28.6%；防护工程完成11.95万立方米，占年度计划的90.6%，边坡防护完成13.3万平方米，占年度计划44.2%；隧道掘进4700米，占年度计划的98.7%，二次衬砌完成4600米，占年度计划的96.5%。工程累计完成投资38.46亿元，占概算总额51.42亿元的74.8%。年内累计完成投资17.13亿元，占年度计划17亿元的100.8%。年末，征地拆迁工作正在扫尾。（三）楚广高速公路建设项目。楚广高速公路全长20.28千米，总投资12.08亿元。该项目建设资金由省公投公司和楚雄州人民政府按7:3的比例筹措承担，省公投公司组建项目业主，负责项目的组织实施，楚雄州人民政府负责该项目的征地拆迁工作。年内，省公投公司已成立了工程建设指挥部，楚雄州也成立公路建设协调领导小组及办公室，开展了相关前期工作。楚雄州已筹集建设资金1亿元打入省公投公司账户，同时取得省政府预收费许可批复。10月楚广高速公路初步设计通过省发改项目评审。招标文件已编制完成，可进入施工招标程序，指挥部已随即开始了项目招投标工作，但由于资金未全面落实，项目未能在2011年内开工建设。（四）武禄高速公路建设项目。武禄高速公路全长61.75千米，项目总投资45.09亿元，该项目由云南和富投资有限公司以BOT模式融资建设。2010年12月由云南和富投资有限公司出资，通过全国公开招标确定云南省交通规划设计研究院为工程勘察设计单位，开展初步设计工作。2011年7月26日省发改委对初步设计进行了批复。至年末，云南和富投资有限公司经过多方努力，贷款一直没有落实，加之土地政策发生变化，原签订的土地补偿相关条款暂无法完全履行，项目难以推进。

二、铁路建设项目。（一）广大铁路扩能改造工程建设项目。广通北至大理东全长173千米，其中楚雄州境内里程约95千米，年内计划完成投资约5亿元。年末，正在开展相关工作。（二）广昆铁路复线工程建设项目。建设Ⅰ级电气化铁路复线106.3千米，2011年计划完成投资10亿元，其中楚雄州境内计划完成投资约4亿元。年内完成投资5.93亿元，已完成路基土石方553.32万立方米，为设计数量的82.6%；桥梁11128延长米，为设计数量的90.14%；涵洞2928横延米，为设计数量的74.94%；隧道56497成洞米，为设计数量的89.98%。年末，因资金短缺全线停工。

三、重点水源工程建设项目。（一）双柏河口河水库建设项目。全年计划完成投资3500万元（省下达任务3000万元）。至12月底大坝已砌筑至1013米高程（相应坝高32.1米），距坝顶高程13米，面板已浇筑至1012米高程，左、右岸灌浆平洞开挖已完成，待大坝砌筑至坝顶高程后进行洞内灌浆，冲沙孔洞身浇筑及喷支护已完成，坝基固结灌浆与帷幕灌浆已完成；长14.3千米灌溉渠道工程现已全部完工。年内争取到省级补助资金4319万元，至12月底完成投资3567万元，占101.9%。（二）姚安下口坝水库扩建项目。2011年计划完成投资2300万元（省下达任务）。现大坝培厚加高至1969米高程，填筑高度以下上游坝坡混凝土块护坡已完成，左右坝肩灌浆工程已完成；全长496米溢洪道开挖已完成并衬砌306米。原溢洪道和底涵封堵已完成。移民安置土地恢复项目已完成。省级补助资金2775万元已足额到位。2011年完成投资2322万元，占101%。（三）大姚红豆树水库建设项目。已全面完成了项目建议书、可行性研究报告、初步设计报告编制、审查、审批等工作上报国家烟草专卖局，列入了2011年烟草水源工程建设计划。年内，水库项目法人已组建，人员已就位，进库公路和工程建设监理招标工作已完成，导流输水隧洞工程技施设计已完成并经州审查。年末正按照烟草部门要求开展相关开工前准备工作。

四、中低产田地改造项目。（一）抓好2010年冬2011年春项目实施。省下达楚雄州投资计划为25130.64万元，改造面积22.21万亩。至2011年5月31日，全州实际实施中低产田地改造项目55个，项目覆盖面积36.32万亩，完成中低产田地改造即建成高稳产农田地24.14万亩，完成投资46348万元。通过项目实施，共完成农村小型水利工程2372件，沟渠1277.9千米，管网长度为64.82千米，田间机耕路515.67千米，坡改梯2.46万亩，土地平整7.29万亩，实施生物农艺措施4.31万亩，新增耕地2.79万亩。州中低改办于2011年6月25日至7月5日组成四个考核组进行了考核。（二）启动实施2011年冬2012年春项目。省下达楚雄州投资计划为

21629.31万元，计划改造中低产田地面积18.96万亩。全州已经落实项目68个，项目受益面积为29.02万亩，投资37421.51万元。

五、楚雄卷烟厂异地搬迁技改和楚雄复烤厂改扩建项目。（一）楚雄卷烟厂异地搬迁技改项目。烟厂技改搬迁后形成年产60万箱卷烟生产规模，2011年计划完成投资16.7亿元。至12月底，一是完成了综合办公楼、原烟分选车间、露天堆烟场、消防经警楼、动力中心、110千伏电站等工程土建与内外部装修工程，联合工房、打叶复烤车间、烟叶醇化库已经完成土建工程，正在进行内外部装修施工。二是完成了动力中心2台锅炉、中水处理站等设备安装、调试和试运行，原烟分选车间、露天堆烟场、消防经警楼已经完成所属设备安装并投入使用。联合工房卷包、制丝生产用专卖设备已完成采购，正陆续到场安装。打叶复烤生产线专卖设备已经采购完成。2011年支付资金46608万元，项目累计完成投资合同金额194231.8万元。实际支付139622.9万元。（二）楚雄复烤厂改扩建项目。扩能改建12000千克/小时打叶复烤生产线，计划年内完成投资1亿元。初步设计已通过云南省住建厅审查，项目工艺方案初步设计优化工作已形成，建设场地平整工作正在实施。

六、云南工投集团炭质还原剂项目。10万吨炭质还原剂项目2011年计划完成投资3.5亿元，1~12月完成投资19629万元，占56%。

七、德钢搬迁节能减排项目。因土地问题，该项目于3月份停工。

八、禄丰县土官、勤丰工业园区在建项目。（一）昆钢重型装备制造集团有限公司年产20万吨民用住宅钢结构及配套产品生产线建设项目。2011年计划投资20000万元。至2011年末累计完成投资38095万元，其中2011年完成投资22508万元。一期项目已完工，年末正在试生产。二期特色民居基础完工；钢结构示范广场正在基础施工；装饰墙板厂项目正在研究论证阶段；倒班房正在进行基础施工。（二）禄丰天宝磷化工有限公司年产30万吨饲料磷酸盐项目。该项目总投资3.5亿元，计划年内完成投资1.9亿元。项目于2010年8月开工，至2011年末累计完成投资10335万元，其中2011年完成投资5491万元。大型机器设备已订购完毕，运至工地现场达90%。萃取槽防腐工程及罐体制作已完成，安装进行至95%。各工程正在抓紧施工中。（三）新立公司年产6万吨氯化法钛白粉生产线建设项目。该项目计划总投资18.7亿元，计划年内完成投资6.5亿元。至2011年末累计完成投资140543万元，其中2011年完成投资47229万元。钛白粉项目5个标段共51个单体工程，工程建筑部分大部分完工，进入收尾阶段。（四）新立公司年产1万吨海绵钛生产线建设项目。该项目计划总投资19.97亿元，计划年内完成投资7.5亿元。至2011年末累计完成投资153927万元，其中2011年完成投资44998万元。海绵钛项目4个标段共44个单体工程，累计完成建筑工程投资39852万元，完成建筑工程计划投资56626万元的70.38%，工程建筑部分基本完工，进入收尾阶段。累计完成安装工程投资15800万元，完成安装工程计划投资20561万元的76.84%。现工程全面进入设备安装后期阶段，设备主体均已就位，正在配置工艺管道和控制仪表。同时进行岗位培训、操作演练、生产组织等试生产准备工作。（五）云南钛业有限公司年产2万吨钛材二期建设项目。年内计划完成投资4.1亿元。该项目2010年11月开工，至2011年末累计完成投资39000万元，其中2011年完成投资38300万元，占92.7%。EB炉设备安装完成，现进行联动调试。其他辅助工艺设备如压块机、翻锭机、带锯、超声波检测仪等设备已安装完成，正在调试中。化验楼土建、装修完成。

九、岭东纸业厂区搬迁技改扩建项目。总投资2.2亿元，计划年内完成投资1亿元。至2011年末累计完成投资20237.6万元，其中2011年完成投资11887.6万元。项目各分部工程已全面进入收尾阶段。

十、云铜集团在楚发展项目。（一）楚雄矿冶年产有色金属总量5万吨（铜金属矿3万吨）技改项目。该项目总投资8.8亿元，计划年内完成投资1.37亿元。分为四个子项目：一是“六苴矿床‘刀把’Ⅳ期工程”项目，2011年完成投资2799.83万元，完成工程量2592米/20042立方米；二是“小河—石门坎1~3号探矿竖井措施工程”项目，2011年完成投资4861.58万元；三是桂花公司5000吨铜金属技改扩建项目，2011年完成投资3002万元，完成工程量23208米/182969立方米；四是桂花公司尾矿库建设项目，2011年上报计划投资2000万元，云铜集团还未批复。（二）云南星焰有限公司年产原铜矿石12万吨郝家河铜矿深度开发项目。总投资2.9亿元，计划年内完成投资1亿元。截至2011年底完成投资5360万元，累计完成投资额12709万元。

十一、风电项目。（一）牟定风屯风电场项目。建设装机4.95万千瓦风电场，总投资4.83亿元，2011年建成并投产。该项目于2010年9月30日开工建设，至12月28日已全部完工并投产发电。（二）元谋县雷应山风电项目。建设装机4.95万千瓦的风电场，总投资5.31亿元，2011年建成并投产。该项目已于2011年1月开工建设。年内，完成20台风机吊装，升压站职工宿舍、办公室土体工程完工。截至年末，累计完成投资4.84亿元。存在问题：送出线路工程与风电场建设不配套，在一定程度上影响了风电场按期投运。请求协调云南电网公司统筹考虑新能源送出问题，确保项目早日投产。

十二、市政设施建设项目。（一）武定县狮山大道建设项目。一期工程的拆迁安置工作已全部完成；公建部分有序推进；地产部分建设加速推进。二期工程进展情况：共完成正式协议签订321户（占72.13%），选择了西北片区异地安置区地块109宗，认购回迁房189套，协议支付拆迁补偿款1933.71万元（不含单位房）；完成房屋腾空225户，占50.56%，于12月24日举行了拆迁仪式。回迁安置房地勘、初设及基础浇筑工程已完成，正在进行主体工程施工。（二）楚雄市第二水厂及配套管网建设项目。水厂前期手续基本办完，正在准备厂区土建施工的招投标工作。输水工程完成11个标段的管道施工安装和试压，6月28日实现与西静河管道并口通水至观音山水厂投入试运行。（三）城镇污水和生活垃圾处理设施建设项目。至2011年12月底，有17个项目已建成（其中15个项目投入试运营，2个项目已建成待验收），有2个项目即将建成；项目累计到位资金79099万元，累计完成投资72562万元，其中2011年完成投资25201.72万元。

十三、市场建设项目。（一）楚雄农产品中心批发市场。项目占地247.9亩，总投资9215万元。至2011年12月底，完成了规划设计和地质勘探，正在进行土地平整，完成投资2550万元。（二）大姚县核桃批发交易市场。至2011年12月底，完成了地质勘探、土地平整，正在实施主体工程建设，完成投资5000万元。（三）中国云南南华野生菌现代物流加工出口基地。项目开发用地520亩，总投资6.57亿元。至2011年12月底，完成了办公楼、接待中心、冷库、加工车间主体工程建设，完成投资4000万元。（四）永仁县农产品批发市场。项目占地32490平方米，预计投资5250万元。至2011年12月底，架设了交易大棚，冷库房、加工车间主体建成，冷库设备、信息系统设备、农产品检验检测系统相关设备已购置待安装，完成投资3220万元。（五）滇中楚雄大商汇建设项目。项目计划总投资28.56亿元，总用地面积3389亩。完成了滇中大商汇总体规划评审和登记备案，完成一期93.44亩土地土方开挖及土地平整。至2011年12月底，完成投资4203万元。

十四、扶贫项目。至2011年12月底，实施扶贫整村推进项目632个，完成任务的105%；扶持发展产业扶贫项目24个，培植发展产业示范村686个，完成任务的196%；实施546户2170人的易地搬迁项目，完成任务的103%；举办劳务输出洽谈会18场次，实施规模批量输出3批，累计举办各类培训班293期，培训贫困地区劳动力2万人次，转移就业贫困地区劳动力3.2万人，完成任务的106%；争取发放扶贫到户贷款（小额信贷）资金2.5亿元，项目覆盖10县（市）92个乡（镇）891个村委会，扶持了386个产业示范村，扶持农户19316户；争取资金1239万元，整合资金2478万元，发动群众筹资及以劳折资1858.5万元，实施1239户特困户、零星、分散户的土掌房、石头房、茅草房等危房改建工程，完成任务500户的247.8%。

十五、文化旅游产业建设项目。（一）彝人古镇建设项目。完成了六期阳光闲庭五号院、职工宿舍及职工住宅、星宿家园二期、报业苑、滇菌王大酒店，八期A地块、B地块建设。至2011年12月底，已完成投资4.7亿元。（二）中国彝族十月太阳历文化园提升改造工程。2011年计划完成投资0.5亿元。至年底仅完成投资400万元。仅完成太阳历提升改造项目场地表层腐殖土清理和场地内土方调运。（三）中国禄丰世界恐龙谷建设项目（二期）。2011年计划完成投资0.5亿元。年内，主要是进行地热温泉钻探，计划钻探2850米，已完成2700多米，完成投资7228万元，占140%。（四）牟定县彝和园文化旅游项目。总投资25亿元，规划用地1327亩。第一期土地112亩已挂牌供地到位，前期土地平整的土石方回填工程已基本完成，回填土石方量近15万立方米；东片区控规专家评审已通过，现正在办相关批文。项目于2011年10月30日正式开工建设，年内完成投资5480万元。

十六、州职教园区二期工程建设项目。二期概算投资4.29亿元，实施时间2009～2011年，累计完成投资3.61亿元，2011年完成投资0.85亿元。年末正在进行园区附属设施的完善工作和设施设备采购。

十七、高等院校扩建项目。（一）楚雄师范学院校园扩建项目。年内正在争取建设资金，项目尚未启动。（二）楚雄医药高等专科学校扩建工程。楚雄医专扩建工程一期项目投资估算为1.68亿元，2011年计划完成0.6亿元。项目进展：教学楼建设项目于10月15日启动，148个基础孔桩已开挖浇灌完成，年末正在实施地梁浇筑；餐饮中心、学生公寓等项目已完成施工图纸设计，正在进入招标程序；校园主干道路基平整夯压基本完成，管网线路开挖基本完成，管道铺设已完成约20%；实验室设备购置已于8月采购安装，9月投入使用。

十八、州、县级医院建设项目。（一）州第二人民医院扩建项目。该项目总投资2500万元，项目于2010年7月开工建设，现已竣工。（二）楚雄市、双柏县、大姚县、元谋县4个县（市）人民医院建设项目。年内，除楚雄市人民医院外其余3个县的项目均已完工。

十九、城镇保障性住房建设项目。（一）全面完成2010年下达的廉租住房任务。2010年廉租房建设项目已全部完工，除大姚县、禄丰县尚未分配入住外其余8县（市）已投入使用。（二）确保2011年新下达的廉租房和公租房项目年内开工建设。全年楚雄州计划建设廉租房1977套、9.89万平方米，计划建设公共租赁住房3500套、21万平方米。截至2011年9月30日，14个点已全部开工建设，开工率为100%，至12月30日完成投资8511.34万元，占总投资68.32%，廉租房项目所有县（市）均完成当年目标任务；公租房建设项目28个点已全部开工建设，开工率为100%，完成投资17453.73万元，占总投资50.52%，除楚雄市属高层建筑，按定额工期无法克期完成和禄丰县因前期工作滞后无法完成当年目标任务外，其余8县公租房项目均完成当年目标任务。

二十、州级政法部门搬迁建设项目。公、检、法、司4家单位建设用地已落实，年末正在做开工前相关准备工作。

【2011年州人民政府重点推进实施的重大前期项目进展情况】 一、公路建设项目。（一）双柏至新平二级公路建设项目。将双柏至新平二级公路建设项目原工可方案调整拆分为两个项目重新编制：双柏至碍嘉至新平二级公路，全长约179千米（南部规划方案）；双柏至新平二级公路，全长约97千米（南下大通道方案），以满足楚雄州南部片区发

展需要。年内，两个项目《工可报告》已编制完成。（二）楚雄（连汪坝）至南华（沙桥）一级公路建设项目。楚雄连汪坝至南华县沙桥段一级公路全长55.24千米，由于国家出台新的“工可报告”编制规定，年内已按新规基本编制完成《工可报告》，并报省国土资源厅审批。南华县城至沙桥段全长19千米可行性研究报告已基本编制完成。（三）安丰营至禄丰县碧城镇东邑村高速公路建设项目。全长33.995千米，总投资25.5亿元。已按高速公路建设标准开展了该项目的各项前期工作，并已完成了工可编制和相关报件编制工作，部分报件已取得了省级批文，按已决定的一级公路标准，工可及相关报件都必须重新编制并重新报批，州交通运输局已经同昆明市交通运输局进行了对接，下步将按一级公路标准开展项目前期工作。（四）禄丰长田至县城高速公路建设项目。全长22.6千米，总投资18.7亿元。由于公路等级有变动，已通过省交通运输厅行业审查取得批复的工程可行性研究报告需重新编制。待确定该项目建设标准后，才能开展各项前期工作。

二、禄丰工业园区金山片区棠海物流、建材加工区。2011年5月，省工信委正式批准将棠海20平方千米纳入禄丰工业园区总体规划。年内，正按“工业上山”要求进行规划调整，有关项目在规划调整结束后即可确定实施。

三、楚雄机场建设项目。项目已纳入云南省“十二五”民航建设规划。年内，该项目选址报告编制已完成，将按程序上报省发改委评审。

四、重点水利项目。（一）禄丰西河水库建设项目。已列入了2011年烟草水源工程建设计划。年内，水库项目法人已组建，人员已就位，导流洞、大坝等主体工程技施设计已完成，按照烟草部门要求抓紧开工前准备工作。（二）楚雄中石坝小（一）型水库扩建为中型水库建设项目。项目建议书已编制完成，现按照审查意见正在补充修改完善。（三）元谋坛罐窑水库建设项目。项目建议书已经省审查并通过水利部长江水利委员会复核，省水利厅已将审批该工程项目建议书的函报送发改委。可行性研究报告已通过省水利水电工程技术评审中心审查，初步设计工作正在抓紧开展。（四）全州200件小（二）型水库除险加固建设项目。至2011年底全州共有271件小（二）型水库完成安全鉴定并通过州审查；241件水库完成了除险加固初步设计，其中215件已通过州审查，年内下达投资计划的120件水库中央及省补助资金1.83亿元已到位，已开工建设。2012年第一批68座重点小（二）型水库中央补助资金已到位，初步设计已完成上报省申请复核，待省复核后州批复，计划2012年2月开工建设。

五、县城基础设施建设项目。（一）元谋人博物馆和元谋体育馆至能禹城市道路工程建设项目。2011年11月，项目初设通过批复，项目概算投资30353.50万元。于12月27日完成招投标，31日正式开工建设。（二）元谋人博物馆和元谋体育馆片区基础设施建设项目。一是完成立项、可研、环评、土地用地预审、选址意见书批复；二是8片区规划设计通过州级评审；三是开发商通过招拍挂取得了第一批开发用地168.31亩；四是已完成4000平方米滨河小区小广场建设和1500平方米的景观办公楼建设，完成投资2126万元。（三）牟定县东片区市政基础设施建设项目。2011年10月26日拿到了省发改委的项目建议书，正抓紧编制可行性研究报告和完善相关报件项目。（四）永仁县县城及道路绿色照明工程建设项目。该项目由云南千林建筑工程有限公司作为项目业主，可行性研究报告于2011年8月11日顺利通过省级专家审查，现正积极向国家申请争取项目资金扶持。（五）姚安县东南新区建设项目。根据《姚安县城总体规划》，完成了东片区控制性详细规划和部分开发地块修建性详细规划。完成土地征用914.167亩。南片区市政基础设施建设一期工程40米大街已完成路基铺筑、油路面铺筑和给排水建设，完成投资650万元，现正在进行人行道绿化、路灯等工程项目的实施。

六、云南茅粮酒业集团建设项目。由于项目用地手续尚未完备，暂未开工。

七、云铜集团在楚项目。（一）云南铜业股份有限公司冶炼加工总厂60万吨/年电解铜生产线搬迁技改项目。年末，正积极与云南铜业股份有限公司协调该项目的前期工作。（二）楚雄矿冶股份公司六苴矿床“刀把”三、四期找探矿及设备更新项目。截至2011年12月底累计完成投资12997.87万元，2011年内完成投资2799.83万元，完成工程量2592米/20042立方米，累计完成19177米/140725立方米。

八、楚雄滇中铝业公司建设新型铝合金深加工系列产品生产基地项目。由于国家电力政策变化，电价上涨，年内企业已经停产，该项目是否实施需视铝市场价格变化情况而定。

九、姚安草海工业园区建设项目。因园区规划调整，原所确定项目已停止。

十、云南玉飞达钛业有限公司年产1万吨食用钛白粉技改项目。已累计完成技改投资1350万元，正在做收尾工作。

十一、武汉凯迪公司年产10万吨有机复合肥建设项目。该项目位于大姚县新街乡，分别是投资3亿元建设年发电2亿度生物质能发电厂一座和投资3亿元建设年产10万吨有机复合肥建设项目。年内，生物质能发电项目已完成可研、规划，待省发改委正式批复后开始建设。

十二、云南奕标水泥集团建设项目。已和云南昆钢水泥建材集团建立了战略发展合作关系，并确定了战略发展目标，把技改搬迁项目拆分为两大项目实施：（一）在恐龙山镇小江口投资约4.87亿元，建设日产3000吨新型干法熟料生产线项目，并配6米千瓦低温余热发电项目。已完成地形测绘、可研报告、矿山初步整合等前期工作，项目的环评、节能、压矿、地灾、水保、职卫等前期工作，现已确定了矿山地质详勘设计单位并签订合同，正办理矿山相关手续。（二）在以棠海为主的禄丰境内配套投资2.05亿元建设100万吨粉体工业废渣资源综合利用及30万立方米商品混凝土项目。由于德钢技改项目停工，以及工业园区规划调整，该项目的有关工作已基本停止。

十三、水电、风电建设项目。（一）中水顾问集团双柏开发有限公司大湾水电站项目。2011年12月8日省发改委发文对项目进行了核准。州发改委多次召集楚雄市、双柏县人民政府及相关部门召开了项目推进工作协调会。因相关工作有待进一步落实，项目还未实施。（二）华能新能源公司南华云台山风电场建设项目。完成云台山区域风资源报告，通过省气象局评审，项目预可研报省发改委待批。（三）国电云南公司元谋黑马井风电场建设项目。12月16日省能源局发文核准开展设备采购及进场道路修建。

十四、楚雄盆地石油天然气勘探项目。（一）9月27日省能源局、州发改委、州能源局到中石化勘探南方分公司进行汇报、对接。（二）为进一步落实大姚、东山地腹地质结构和地层展布情况，完成大姚—东山区块地震资料采集、处理及解释，利用新老资料开展勘探潜力研究及目标评价，中石化勘探南方分公司于12月再次到州内进行二维地震勘探，计划2012年4月完成勘探工作。

十五、市场建设项目。（一）中国石油云南楚雄销售公司南华油库扩建项目。正在编制项目可行性研究报告和做前期准备工作。（二）永仁农资物流配送中心建设项目。完成了环评报告和修建性详细规划初稿。正在实施三通一平及土地平整，完成投资500万元。

十六、天然林资源管护二期工程项目。截至12月底，全州完成了天保二期工程县级实施方案编制和公益林修编。已下达楚雄州2011年第一批天然林保护工程经费3757.58万元，下达2011年度中央预算内投资计划人工造林2万亩、封山育林10.3万亩，合计投资1321万元，现资金已全部分解下达到实施单位。

十七、卫生基础设施建设项目。（一）州医院全科医生临床基地建设项目。完成项目调查和规划申报。（二）11个卫生监督服务体系建设项目。各项目单位已完成可研编制并通过评审。（三）9个县级急救体系建设项目。2011年9月争取到了4个县急救中心建设项目，总投资510万元，其他县项目调查和规划申报已经全部完成。（四）36个村卫生所建设项目。2011年9月争取到了38个村卫生室建设项目，总投资228万元。

十八、中小学校舍安全工程及学前教育建设项目。（一）中小学校舍安全工程。在2011年全省中小学校舍安全工程会议上，省政府与州政府签订了2011年中小学校舍安全工程目标责任书。明确楚雄州中小学校舍安全工程建设任务是重建中小学校舍115260平方米（其中钢结构校舍建设任务要占拆除重建任务的15%），加固改造不安全校舍385660平方米。省级按重建补助每平方米1000元，加固改造补助每平方米150元，共安排楚雄州中央、省级专项补助资金17311万元，其中重建资金11526万元，加固资金5785万元。资金下达情况：年内，已下达全州2011年第一批校安工程资金2619万元，2011年第二批中小学校舍安全工程省级专项资金3920万元，2011年发改委中央专项资金2226万元，中央财政专项资金2458万元，加固改造资金5785万元，2011年第三批中小学校舍安全工程省级资金303万元，合计下达资金17311万元。任务完成情况：开工202664平方米，占2011年任务的40%，竣工131307平方米，占2011任务的26%。累计完成投资6011万元，完成投资总额的35%。进度缓慢的主要原因：一是州县（市）无配套资金，仅靠中央、省级专项补助资金难以按时完成建设任务，工程资金缺口大。二是钢结构校舍建设没有取得实质性进展。昆钢报出钢结构建设造价过高，难以接受，多数中小学改造项目地处边远山区，材料运输成本大，大型机械无法进场，难于组织施工。（二）学前教育建设项目。一是完成了《楚雄州学前教育三年行动计划工程项目规划》、《楚雄州“十二五”农村学前教育推进工程建设项目规划方案》，双柏县获得国家农村学前教育推进工程项目立项，将投入700万元新建5所农村幼儿园。二是引进国内优质幼教资源支持楚雄州学前教育发展，与乐嘟嘟幼教集团初步形成了投入500万元、支持6所公办幼儿园的合作办学意向。三是创办了一批高标准、高起点、高质量的幼儿园，极大缓解了城区“入园难”问题。四是州幼儿园与楚雄汇通古镇文化旅游开发有限公司合作举办的彝人古镇分园项目已进入审批阶段。

【2011年州人民政府重点督查的重要工作落实情况】 一、推进现代农业产业化建设。（一）继续推进重点水利工程建设，力争完成水利投资15亿元。全州继续推进的骨干水源工程、农村“五小水利”、农村饮水安全工程、病险水库除险加固等重点水利工程，2011年全州累计完成水利固定资产投资15.7亿元，较上年同期完成投资11.51亿元增加4.19亿元，增长36.4%，占年度计划完成投资15亿元的104.67%。（二）改造、新建农村公路1180千米。（1）通乡油路进展情况。2011年上级下达通乡油路建设项目4项，计划建设里程86千米，总投资6855万元，其中省级以上补助资金5166万元。现已全部开工建设。全年完成2010年跨年度通乡项目212千米。（2）通村路面硬化进展情况。2011年上级下达楚雄州通村路面硬化建设项目54项，计划建设里程543.3千米，总投资27165万元，交通运输部补助资金19000万元。现项目已全部开工建设。（3）通达工程进展情况。进入“十二五”，国家农村公路投资方向做了调整，未安排农村公路通达工程计划。全年完成2010年跨年度通达工程项目431千米。（4）20户以上自然村通公路工作进展情况。2011年，共有69个20户以上自然村。完成通自然村公路309千米。（三）改造中低产林40万亩，力争种植核桃50万亩，油茶2万亩。全州中低产林改造任务40万亩已完成，完成投资3280万元；完成核桃种植61.48万亩，完成油茶种植2.5万亩，完成投资4191.1万元。（四）抓好省级新农村重点村和“彝州乡风文明示范带”建设。省下达的101个省级重点建设村建设任务，已完成60%。“彝州乡风文明示范带”建设，已下达150万元项目专项补

助资金和项目批复。年末，已完成规划建设任务的 60%，其余的正在推进。(五) 加快山区综合开发和农村劳动力转移，加强农民工职业技能培训。(1) 加快山区综合开发。2011 年共争取中央和省级扶贫资金 5.5 亿元，扶贫整村推进资金 5520 万元，整乡推进扶贫资金 2000 万元，贫困地区劳动力培训转移资金 950 万元，易地搬迁 1050 万元，安居工程资金 1239 万元，产业扶贫资金 1310 万元，贫困村互助资金 330 万元，到户扶贫贷款 2.5 亿元，项目贴息贷款 6700 万元，财政贴息资金 1666.58 万元，到户贷款财政奖补资金 160 万元，革命老区建设资金 200 万元，社会帮扶资金 8065.8 万元，外资扶贫资金 660.62 万元，扶贫救灾资金 100 万元，财政扶贫奖补资金 200 万元，科技扶贫资金 100 万元，项目管理工作经费 454.5 万元。为顺利完成年度扶贫工作提供了有力的资金保障。(2) 加快农村劳动力转移。全州组织农业富余劳动力技能培训 2 万人，占目标任务的 100%。共组织农业富余劳动力转移就业 15.16 万人，占目标任务 14.5 万人的 104.6%，其中新增农业富余劳动力转移就业 45047 人，占目标任务的 100.1%。(六) 着力引导农民调整农业和农村经济结构，培植烟草、中草药、蔬菜、特种畜禽养殖等优势特色产业。全州已规范化种植中药材 49710 亩，发展蔬菜面积 94.4 万亩，农业产值达 21 亿元，较上年增加 0.8 亿元；烟叶生产基础设施建设烟水、烟路及中低产田地改造任务圆满完成，投入烟草补贴资金 8587.86 万元，建成项目 781 件，建成受益基本烟田及中低产田地改造面积 10.81 万亩；共发展特色养殖户 64 户，产值达 1200 多万元。

二、加快构建新型工业产业体系建设。(一) 做好“央企入楚”、“省企入楚”、“民企入楚”工作。2011 年向银行业金融机构推介 68 个贷款项目，年内新增信贷 8.9 亿元。2011 年，通过贷款担保融资公司担保贷款 7.45 亿元，涉及项目 160 多个，担保贷款金额和项目数量均比上年增长 1 倍。为解决土地制约瓶颈，按照“工业上山”安排部署，各县正在对工业园区规划进行调整，调整后的工业园区控制面积约为 343.13 平方千米，具体规划正在编制之中。与大企业集团合作方面：与中国医药工业研究总院战略合作框架协议签订；双柏县人民政府与中国华能云南滇东能源有限责任公司签订风能资源开发合作框架协议；5 月，禄丰县人民政府与中国华能集团公司签订风电投资协议；9 月，州人民政府与东源煤电股份有限公司签订合作协议；12 月，州人民政府与中国移动云南公司签订了“无线城市”建设合作协议。与云南红塔集团加强联系，并争取到了 2 万箱卷烟的生产指标。同时，积极为云铜、云冶、云天化、云白药、云南工投等大企业集团在楚企业的生产经营搞好服务，积极为企业发展创造条件。(二) 抓好工业园区建设。(1) 两个省级工业园区建设：楚雄工业园区富民片区，累计完成基础设施建设投资 3.32 亿元，2011 年完成基础设施建设投资 7600 万元，修建了跨青龙河的桥梁 3 座，完成了园区主干道和 6 条次干道的路面、给水、排水、路灯、绿化等工程。禄丰工业园区重点抓了禄丰土官片区主干道路“云钛路”及主供水管线等基础设施建设项目验收结算和移交昆钢工作，以及土官片区老鸦关水库扩容建设项目、金山片区棠海物流建材加工区工业大道项目和禄丰火车站物料场搬迁至棠海新建项目可行性研究报告编制和项目立项审批前期工作。(2) 其他工业园区建设：园区 4 大类 10 项建设指标均在上年基础上增加 5% 以上。永仁工业园区：循环经济示范片区完成投资 850 万元，进一步完善永仁工业基础设施；生物产业示范片区实现了水、电、路、通信四通，投资 200 万元，完善了生物产业示范片区的污水管网建设工程。武定工业园区累计投资 5651 万元进行园区水、电、路等基础设施建设。禄丰勤丰片区钛产业基地南、北进场道路后续工作等正在推进。其他园区基础设施建设稳步推进。(三) 以土官楚雄昆钢工业园区、棠海片区昆钢新型建材园区、姚安草海工业园区为重点，引进和支持有实力的大企业集团参与规划、开发园区，吸引更多大项目入驻发展。加快标准厂房建设。工业园区增加值增长 30% 以上。禄丰工业园区管委会成功与重庆亚派实业有限公司、北京航天奥克投资管理有限公司、玉溪市汇溪建筑工程有限公司达成建设协议，采取 BT 模式建设棠海工业大道；姚安草海工业园由于园区规划调整，年内无新进展。全州预计建成标准厂房 31 万平方米，兑现州级标准厂房补助资金 1700 万元，争取省级标准厂房建设补助资金 820 万元。全州工业园区预计实现总产值 231 亿元，同比增长 40%；实现工业增加值 57.5 亿元，同比增长 15%，实现税收 7.4 亿元，同比增长 19%。(四) 加强工业经济运行的分析和调节，抓好电力、运力等协调工作。2011 年，全州规模以上工业完成产值 330 亿元；实现增加值 126 亿元，比上年增长 16.2%，完成年度任务 120 亿元的 101.7%；全州单位 GDP 能耗下降 4.17%。预计全州非公经济上缴税金 16 亿元，比上年同期增长 11.89%，非公经济从业人员达 26 万人，同比增长 9.24%。(五) 做好企业债券发行、股权融资和企业上市培育工作。(1) 企业债券发行、股权融资工作：加大金融证券法律知识的宣传教育培训工作力度，明确企业改制上市工作目标，促进优强企业走上市发展之路。加强与证券交易机构、券商以及有证券资质的律师及会计师事务所等中介服务机构的沟通、联系，建立州企业上市培育中介服务体系平台，促成了申银万国证券、红塔证券、太平洋证券、东兴证券、厦门同邦资产管理有限公司等券商以及会计师、律师事务所与楚雄州上市培育企业签订了上市战略合作协议。先后组织筛选上报了 8 户企业参与云南省首批中小企业发行企业集合债券及票据，经省工信委筛选确定了 3 户企业纳入发行省中小企业集合债券和票据名单，探索开展了“中小企业集合贷款”的试点前期工作。(2) 企业上市培育工作。通过争取，楚雄老拨云堂药业有限公司和南华云华绿色食品开发有限责任公司被省工信委列入云南省第二批上市培育企业扶持，云南路桥股份公司已通过省证监局初审受理进入上市辅导期；全州3户企业被列入省级重点上市培育名单，争取省财政扶持资金130万元；5户州级重点上市培育企业争取州财政扶持资金150万元。年内，云南宏源农化股份有限公司、云南岭东印刷包装有限公司、楚雄汇通古镇文化旅游开发有限公司等企业已完成了清产核资、引进战略合作伙伴、资产重组、股份制改造等工作，注册为股份有限公司，正式进入了上市培育阶段；楚雄老拨云堂药业有限公司、楚雄明宏生态科技工贸有限公司、楚雄宏桂绿色食品有限公司、云南广泰生物科技开发有限公司等企业已进入股份制改造阶段；云南路桥股份有限公司已进入上市辅导验收及申报材料阶段；云开电气制造股份有限公司已与1家中介机构签订上市培育相关协议，南华云华绿色食品有限公司1月份已经在楚雄市注册成立云南彩云朝野生菌股份有限公司，并与3家中介机构签订上市培育相关协议。

三、把楚雄市建设成为滇中城市群特色鲜明、竞争力较强的区域性中心城市建设工作。（一）认真落实州八次党代会精神，扎实推进楚雄市区域性中心城市建设重点项目实施。一是编制完成了《楚雄城市发展战略规划》。二是根据城市经济社会发展需求，及时对2004年修编的《楚雄市城市总体规划（2004～2020）》进行了调整和修订。三是编制了东南新城、万家坝、茶花谷（西片区）、富民工业区、机械机电园区等5个片区控制性详细规划，使楚雄市城市片区控制性详细规划覆盖率达到了城市规划区面积的90.5%。四是编制了城市园林绿地与水体景观、城市人防、给水、防洪排水、抗震防灾、电信、地下综合管网等10个城市专项规划。五是对楚雄市老城区大西门、桃源湖、府后街、烟厂老厂区等11个片区1.84平方千米的区域，进行旧城提升改造规划设计。六是紧紧围绕统筹城乡协调发展的要求，完成了除鹿城、东瓜外13个乡（镇）的总体规划编制，开展了紫溪、子午、中山、三街等7个乡（镇）的第一轮总体规划修编工作，全市乡（镇）总体规划覆盖率达100%，城镇规划控制区面积达16.85平方千米。同时全面开展了全市3812个村庄建设规划的编制工作。2011年共实施了32个市政道路及基础设施建设项目，其中续建项目26个，新建项目6个，完成投资25875万元。（二）加强旧城提升改造和城镇管理工作。加快双柏、南华、牟定、禄丰广通等辅城建设，推动3县1镇加快融入滇中楚雄特色大城市。双柏县：以县城查姆湖综合整治项目为基础，加快旧城改造，预计总投资约2.22亿元，总用地面积约8.22万平方米，累计完成投资8495万元。双柏县城杞龙片区综合开发暨查姆大酒店建设、西北片区开发建设、东兴湖片区开发等建设项目稳步推进。南华县：抓紧编制总体规划区域内未编制的4平方千米控制性详细规划，加快推进村庄规划编制工作。牟定县：加快县城建设，完善城市功能；禄丰县：广通镇城镇规划区面积8平方千米，年末建成区面积3平方千米。3县1镇重点融入滇中城市群特色鲜明、竞争力较强的区域性中心城市建设工作正在推进。

四、2012年世界茶花大会和第七届世界云南同乡联谊大会筹备工作。（一）2012年世界茶花大会筹备工作。年末，各项准备工作已就绪。（二）2012年第七届世界云南同乡联谊大会筹备工作。就承办第七届世界云南同乡联谊大会相关情况和问题向省人民政府侨务办公室进行了汇报。拟组4个团组出国（境）邀商、招商。年末，组团计划已经省侨务办公室同意，并报省外事办公室。

五、加快内外贸易流通工作。（一）加快推进"万村千乡市场工程"、"乡村流通工程"和"家电下乡"工作。（1）"万村千乡市场工程"。省下达楚雄州"万村千乡市场工程"农家店指标200个，配送中心项目4个，已建成待验收。（2）"乡村流通工程"。2011年全州已建设发展各类农民专业合作社174个，新建农村综合服务社103个，改造提升乡（镇）农村综合服务中心社（乡镇中心超市）22个，新建和规范提升工业品配送中心15个，新建续建乡（镇）集贸市场19个，已完成全年任务。（3）"家电下乡工程"。至2011年11月底，全州累计销售家电下乡产品290204台，累计销售金额66099.4万元，兑补家电278721台（件），兑补资金7874.1万元。累计销售摩托车下乡补贴车辆107227辆，累计实现销售金额45148.8万元；累计兑补车辆107227辆，兑付补贴资金5663.9万元，兑补率达100%。（二）确保外贸进出口稳步增长。全州累计完成进出口总额1.58亿美元，较上年同期相比（下同）增长64.3%，其中出口12470万美元，增长56.1%；进口1336万美元，增长221.2%。完成省政府考核楚雄州外贸进出口目标任务12144万美元（增长12%）的113.7%，完成州人代会确定的目标12470万美元（增长15%）的110.7%。

六、发展文化旅游业。（一）抓好大姚核桃文化产业园、双柏查姆湖和姚安马游梅葛文化生态区等项目建设工作。（1）大姚核桃文化产业园：2011年完成投资6200万元，完成了白塔湖广场、白塔天梯、核桃文化生态休闲区、商住楼、核桃文化广场土石方回填等项目建设。（2）双柏查姆湖文化旅游区：已完成投资3500万元。编制了《双柏县查姆湖保护开发工程修建性详细规划》，现已完成一期工程，开始对查姆广场进行招投标。（3）姚安马游梅葛文化生态区：进行了特色民居统建、特色民居风貌改造、路灯安置、官屯至马游旅游公路建设等项目建设。正在拟定特色村建设方案。但仍存在缺少旅游开发专项规划、招商困难，开发业主不明确，投资主体无着落、开发建设资金短缺等诸多困难。（二）加快实施餐饮品牌工程，加快高星级休闲度假酒店建设。发展乡村旅游，提升黑井、石羊和光禄等旅游小镇的品质。全年接待海外旅游者21900人次，接待国内旅游者1130万人次，实现旅游业总收入37亿元人民币，同比分别增长10%、15%和19%。旅游各项经济指标保持平稳增长的趋势。

七、招商引资工作。截至2011年底，全州共实施州外国内招商引资项目403项，实际引进州外到位资金155.8亿元，完成目标任务140亿元的113%，同比增长40.4%。

八、推进扶贫开发和移民安置工作。（一）做好全州农村贫困人口2600人的扶贫移民搬迁安置工作，全年完成投资0.13亿元。2011年争取资金1050万元，地方配套48.92万元，整合资金726.28万元，发动群众自筹及以劳折资2619.96万元，对丧失生产生活条件的自然村组，实施了546户2170人的易地搬迁项目。（二）抓好青山嘴水库移民扫尾工作，加快观音岩水电站移民工程项目建设。（1）青山嘴水库移民扫尾工作。一是省人民政府审批了《青山嘴水库移民安置实施规划报告》，为此后移民安置审计验收和解决资金缺口问题提供了依据和合法性；二是继续加大移民的教育和就业培训工作力度，加快“农民”变“市民”的转化进程，全年实现移民就业3726人，劳动力就业率达96.9%，消除了“零”就业家庭。及时核拨2011年栗子园移民长期生活补助费2004.6万元，青山嘴水库移民人均纯收入达9032元，比上年人均增加821元，移民生活水平得到了逐年提高；三是鼓励支持栗子园移民小区创新社区管理，广泛开展创建移民和谐社区活动，以高度的责任感认真做好移民的信访调解工作，及时解决移民的合理诉求，同时通过多方努力，拨付栗子园小区建设工程差欠款1800万元，缓解了社会矛盾，确保了移民安置区社会稳定。（2）观音岩水电站移民工程建设项目。至2011年12月底，观音岩水电站移民安置累计完成投资1.68亿元，其中2011年完成投资8916万元。大姚县：一是做好咖啡厂移民集中安置点道路及场地平整工程。二是推进库区四级公路改复建工程建设。三是启动了咖啡厂安置点机关单位房屋重建，乡卫生院职工宿舍楼、文化站、移民办办公用房及住宿楼主体工程已完工；湾碧乡完小教学楼施工图已通过审查、招投标工作顺利完成；湾碧乡政府搬迁和民族广场场地平整工程项目开始实施。四是完成了赵家店小双沟、丙海移民集中安置点基础设施施工图审查和四级公路五座桥梁优化施工图审查工作。永仁县：一是完成了小汉坝、猛虎、下拉姑、秧田箐4个移民安置点的土地调整工作和安置点基础设施施工图设计、审查、招标工作，全面启动了四个移民安置点村内基础设施建设和安置点村外水、电、路项目建设。二是万马河段四级公路改（复）建项目已完成路基开挖；万马河大桥完成施工图设计审查，并开展了招标各项准备工作。三是观音岩水电站围堰截流淹没影响范围涉及村委会、村民小组签订了补偿协议、进行了资金兑补，完成了围堰截流建设征地移民安置工作。

九、推进重点领域改革。（一）重点推进基本医疗保障制度、国家基本药物制度、基层医疗卫生服务体系、基本公共卫生服务、公立医院改革试点等5项改革。（1）新型农村合作医疗制度不断完善。2011年新农合参合农民210.53万人，参合率95.97%，在全省率先完成筹资任务。2011年6月1日起，全州统一调整了新农合的报销比例及封顶线，新农合统筹基金个人支付限额调高到5万元，新农合政策范围内住院费用报销比例达到70%左右，基层医疗机构门诊费用报销比例达到了40%。（2）国家基本药物制度顺利实施。从基本药物实行零差率以来，至2011年10月，全州医疗卫生单位采购药品3.54亿元，其中基本药物1.56亿元，占总金额的44%；采购品种8673种；其中基本药物3153种，占总采购品种的36%。（3）健全基层医疗卫生服务体系。2011年实施2010年下达的卫生基础设施建设项目61个，总投资19780万元，至11月底，已投入使用57个，主体工程完工3个，在建1个。2011年新争取卫生基础设施建设项目55个，总投资3338万元。至12月底，已开工6个。在全省率先完成医改卫生基础设施建设任务。（4）促进基本公共卫生服务均等化。至2011年11月底，全州居民累计建档1757061人份，建档率达65.05%，超额完成了任务。建设农村无害化卫生厕所18000座，全州卫生厕所普及率达71.6%；开展健康知识讲座11131次，公众健康咨询活动7410次。（5）推进公立医院改革。出台了《楚雄州公立医院重点改革实施意见（试行）》和《楚雄州县级公立医院改革试点实施意见》，确定州人民医院、禄丰县、大姚县为公立医院改革试点单位和试点县。开展了228个病种的临床路径管理，规范公立医院临床检查、诊断、治疗、用药行为，实施门诊病历“一本通”、同级医院检查结果互认、下级医院认可上级医院检查结果、分级诊疗制度和门诊预约诊疗服务试点，积极开展远程可视医疗会诊，为患者提供优质医疗服务。（二）继续推进集体林权制度配套改革。至2011年12月底，林权管理信息系统升级数据收集整理、设备购置、调试、信息系统应用培训已全部完成；林权抵押贷款余额达2.17亿元，超额完成任务；全州各类林农专业合作组织达1501个（含水“三防”协会）。（三）稳步实施州县（市）政府机构改革。州、县（市）政府机构改革工作已全面完成。

十、推进投融资平台建设。（一）加强与各金融机构的沟通协调，进一步增强融资能力。进一步加强与各金融机构的沟通协调，充分利用现有存量资产，增强间接融资能力；积极拓宽直接融资渠道，探索扩大股权和债券融资途径，从理念、方法上进行创新和突破；从深化政府投融资体制改革大局目标出发，对企业债券融资中出现的新情况和新问题进行专门研究，不断提高企业债券融资在整体融资中的比重，着力破解楚雄州当前资金短缺的难题。（二）规范政府投融资平台运作，大力培育资本市场，拓宽直接融资渠道。从2011年1月起，分别向国家开发银行、招商银行等14家金融机构推荐2011年融资项目63项，计划融资额度87.86亿元，涉及水利、交通、教育和城建4个行业。（三）建立健全国有及国有控股企业、行政事业单位资产评估、登记、抵押等相关制度，改善融资条件。下发了《楚雄州国有产权交易规则（试行）》和《楚雄州国有资产交易流程》文件，进一步规范了国有资产交易行为。

十一、发展教育事业。（一）加快发展学前教育，适度扩大普通高中招生规模和优质高中在校生比例。各县（市）认真做好学前教育3年行动计划并认真实施，2011 年，全州有幼儿园 235 所，比上年增加 35 所。学前 3 年儿童入园率达 59.49%，比上年提高 5.45 个百分点；积极做好普通高中招生考试等工作，2011 年全州高考 600 分以上 12 人，总上线率 98.8%，下达了年内定向择优招生计划，据初步统计，2011 年普通高中招生 14208 人；按照《中小学聚焦课堂“五项制度”实施意见》，继续实施好云南现代教育示范学校建设工程。（二）推进中等职业教育创新发展。大力发展高等职业教育。一是州职教园区建设发展稳步推进。至 2011 年末累计完成投资 9.85 亿元，到位资金 9.16 亿元。园区在校生总规模达到 18180 人。园区被教育部确定为全国 5 个试点之一；二是中等职业教育办学规模不断扩大。全州各级各类全日制中等职业教育招生 9666 人，在校生人数达到 30079 人。（三）重视发展民族教育和特殊教育。（1）认真落实发展民族教育的政策措施，坚持政策保障优先、经费投入优先、补助救助优先、教师队伍配备优先，民族教育的发展水平不断提高，民族教育体系进一步完善。（2）关心特殊教育，实施中央预算内资金中西部特殊教育学校建设项目 2 个（楚雄州特殊教育学校和禄丰县特殊教育学校）。年内，2 个中西部特殊教育学校建设项目主体建筑均已封顶，全部进入装修阶段，完成建筑面积 10555 平方米，完成投资 1263 万元。（四）合理调整中小学区域布局，推进义务教育学校标准化建设。2011 年末，全州有教学点 153 个（其中一师一校校点 15 个），小学 841 所（其中完全小学 607 所），九年一贯制学校 6 所，普通初中 115 所，普通高中 21 所。上级还未下达专项资金，推进义务教育学校标准化建设工作拟在推进校安工程中逐步实现。

十二、继续提高科技创新对经济社会发展的贡献率。（一）进一步加强科技项目工作。依托大企业，加快技术创新成果产业化。一是围绕国家和省科技计划选题要求，上报科技项目 41 项，通过省级专家评审 33 项，申请科技经费 3750 万元，到位科技经费达到 1800 万元。二是有 2 家企业认定为高新技术企业，有 1 家企业认定为创新型试点企业。通过重点新产品认定 2 个。通过省级技术中心认定 2 家。楚雄开发区绿色食品加工园被认定为省云南省农业科技示范园。同时，探索培养科技人才的路子，组织开展云南本草精素生物科技有限公司和楚雄广泰生物科技有限公司建立院士工作站的申报工作，已建立院士工作站 1 个。组织楚雄市、大姚县申报“云药之乡”省级认定，争取项目支持。大姚亿利丰等企业申报了省级农产品深加工科技型示范企业认定。（二）加强知识产权创造、保护、运用和管理工作。扎实开展科技普及工作，营造科技创新良好氛围。全州新增专利申请 216 件，新增专利授权 96 件。组织开展和参与了省、州文化科技卫生“三下乡”活动和楚雄州 2011 年科技活动周 2 个大型科技宣传活动。

十三、推进公共文化服务体系建设。（一）加强文化信息资源共享工程、“非遗”传承、农民网培学校、村文化室和农家书屋等城乡文化基础设施建设。至 2011 年 12 月底，完成文化信息资源共享工程建设点 19 个、社区文化活动室 13 个、村级服务点 960 个的建设任务；2010 年省下达楚雄州的 21 个乡（镇）综合文化站建设项目，至 2011 年 12 月底，已全部竣工交付使用；认真落实 341 个农家书屋建设任务，抓好 2012 年“农家书屋”建设申报，实现了全州行政村“农家书屋”的全覆盖。（二）继续实施文化惠民工程，加快建立覆盖城乡的公共文化服务体系。加强文艺创作，争取有一批艺术精品获得上级奖励。完成第三次全国文物普查工作。继续推进非物质文化遗产保护工作。公共文化服务体系建设：大力推进国家公共文化服务体系示范项目建设，认真筹备组织开展全国第三次文化馆（站）评估定级，楚雄州文化馆达标率为 90.9%，乡（镇）文化站达标率为 78.64%。组织开展全国文化艺术之乡的申报工作，牟定县彝族左脚舞和双柏县彝族老虎笙被国家文化部命名为中国民间文化艺术之乡。在全省文化惠民示范村、示范社区的申报和创建中，楚雄州有 3 个项目入选。州县图书馆、文化馆和乡（镇）文化站从 2011 年 11 月起全部实行免费开放。文艺创作工作：大型滇剧《跑官剧》和彝剧《彝人三色》获全省新剧节目展演银奖，《彝人三色》和《姑娘小伙》参加第八届中国舞蹈荷花奖比赛分获综合银奖和优秀节目奖。大型彝剧《杨善洲》公演 40 余场，观众近 10 万人次。认真做好送戏下乡工作，州、县（市）文艺院团送戏下乡 1620 场，观众近百万人次。第三次全国文物普查工作：完成楚雄州第三次全国文物普查的后续工作，建立了不可移动文物数据库，编辑出版《楚雄州第三次全国文物普查纪实》。非物质文化遗产保护工作：加强非物质文化遗产保护工作，争取上级补助经费 340 万元，落实了国家级、省级、州级传承人补助经费。开展“彝族火把节”申报世界非物质文化遗产工作。组织开展第四批国家级非物质文化遗产传承人申报工作。（三）全面推进广播电视“村村通”工程建设。全州列入“十二五”建设规划的 20 户以下已通电自然村及 20 户以上新通电自然村共计 3142 个。年末，州级财政资金到位 200 万元，按照分级负担的原则，受益农户集资款各县正在收取当中。

十四、推进城乡保障体系建设。实施更加积极的就业政策。2011 年为 2112 人发放小额担保贷款 1.03 亿元，完成目标任务 2000 人的 103.4%，带动就业 4608 人；为 4029 人发放“贷免扶补”贷款 2.47 亿元，完成目标任务 3850 人的 104.65%，带动就业 10167 人。全州城镇新增就业 2.98 万人，完成目标任务 1.95 万人的 152.8%，城镇登记失业率为 3.3%，控制在 3.5% 的目标以内。做好社会保险扩面，提高保障待遇工作。一是全州参加企业职工基本养老保险、基本医疗保险、失业保险、工伤保险和生育保险人数为 12.57 万人、41.91 万人、11 万人、16.09 万人、12.6 万人，分别完成目标任务的 105.01%，108.38%、100%、107.08%、103.04%。新型农村社会养老保险参保人数达 82.7 万人，完成目标任务 33.54 万人的

246.6%。二是继续提高企业退休人员基本养老金待遇，月人均增加146.7元。城镇居民医保政策范围内住院费用平均报销比例为68.9%，切实减轻了个人负担。继续完善城乡低保制度。至2011年12月底，共发放城市低保资金17168万元（不含临时补贴和慰问金），发放农村低保资金14311.8万元（不含一次性补贴和慰问金），较好地落实了城乡低保政策，有效地保障了他们的基本生活。抓好城乡医疗救助。全州共救助城市困难群众3476人，支出资金380.3万元；救助农村困难群众14086人，支出资金932.6万元。此外，还及时下拨资金466万元资助城市困难群众缴纳参保资金，资助参保85314人；帮助农村低保对象、五保对象168496人，缴纳参合资金842.48万元。

十五、切实加强节能减排、生态建设和环境保护工作。（一）大力推进企业节能技术改造，积极推广运用高效节能技术和产品。健全长效机制，推进节能减排，确保完成省下达的任务。围绕“十二五”及2011年节能目标，细化分解目标责任到10县（市）、7个行业主管部门和47户重点耗能企业，完成了淘汰滇中有色金属有限公司年产3万吨粗铜生产线，一平浪星宿江煤矸石2×3000千瓦发电机组工作任务，争取淘汰落后产能补助资金707万元，办理报废汽车手续1018辆。2011年，预计全州单位GDP能耗下降3.2%。（二）落实“以奖促治”政策，深入开展农村环境综合整治。一是与10县（市）人民政府、州七彩办签订了《七彩云南保护行动2011年工作目标考核责任书》和《2011年主要污染总量减排目标责任书》。二是对被列为国控的企业7家，州控企业10家，省级污染减排重点项目8个，州级污染减排重点项目9个，建立了污染减排环境监察、环境监测、污染源在线监控、项目建设进度调度制度。将39家企业作为重金属污染防治环保监管重点对象，12个项目作为“十二五”期间重金属污染防治项目着力推进。三是严格执法，深入开展环保专项行动。四是落实“以奖促治”政策，推进了农村环境综合整治项目。编制了楚雄市九龙甸饮用水源地污染防治项目上报财政部和环保部，年内，该项目争取到中央环保专项资金2575万元。（三）加强林业重点生态建设，力争完成人工造林55万亩，完成封山育林13.5万亩。2011年全州共完成人工造林72.65万亩，为计划55万亩的132%；完成封山育林13.5万亩，为计划的100%；到位和完成项目资金6063.4万元，2244万亩森林得到有效保护。

十六、安全生产工作。（一）着力构建安全生产长效机制，提高安全生产应急能力。一是安全生产主体责任得到落实。二是开展重点行业领域安全生产专项整治工作。三是安全生产长效机制建设逐步完善。下发了《楚雄州人民政府贯彻省人民政府关于进一步加强安全生产工作的实施意见》，制定完善并落实安全生产隐患排查治理、挂牌督办制度，安全生产例会制度、安全生产投诉举报与奖励制度、重大危险源监控管理制度、安全生产“一岗双责”等制度。四是推进安全生产监管体系建设。五是加强安全生产监管能力。依托有一定规模的企业建立了应急专（兼）职队伍，企业与救援队伍签订救援协议73份。六是加大安全生产执法力度。（二）努力遏制重特大事故的发生。2011年，全州共发生各类生产安全事故443起、死亡122人（已扣除火灾死亡1人）、受伤520人、直接经济损失1426.2万元；较上年同期相比事故起数减少9起，死亡人数减少6人，受伤增加82人，直接经济损失增加272.53万元。

十七、稳定物价工作。（一）高度重视物价问题，加强物价监测调控，强化价格执法。加强猪肉、成品油等重要商品基地的建设，认真落实粮食行政首长负责制，全面完成粮油储备计划。加大对重要商品供应市场的监测预警力度，加强对粮食、肉蛋奶、蔬菜、白糖、成品油等重要商品和重要生产资料的实时监测和预测预警，及时准确掌握重要商品的购销、库存和价格动态，并建立主要生产必需品市场供应情况日报、周报制度，及时发布市场监测、预警信息，为保证市场供应提供保障。（二）完善补贴制度，建立健全社会保障标准与物价上涨挂钩的联动机制，保障困难群众基本生活。一是提高养老保险待遇。1月1日起为全州33879名退休人员调整了养老保险待遇，人均增加退休养老金146.7元，企业退休人员人均月基本养老金达1299.92元。二是提高了基本医疗保险最高支付限额，包括大病补充保险，较大幅度的减轻了个人负担。三是提高企业职工工伤保险待遇。四是积极向省里争取各项社会保险转移支付资金2.13亿元，按时足额支付各项社会保险待遇累计达6.48亿元，无一拖欠。五是认真落实低保政策。六是城乡医疗救助工作稳步推进。

十八、维护社会稳定工作。（一）全面开展“六五”普法教育。制定下发了《楚雄州关于在全州公民中开展法制宣传教育的第六个五年规划》；认真组织开展好“12·4”全国法制宣传日暨云南省宪法宣传周系列宣传活动。各级司法行政部门深入开展送法律进机关、进乡村、进社区、进学校、进企业、进单位的活动。（二）深入推进社会矛盾化解、社会管理创新和公正廉洁执法3项重点工作，强化社会治安综合治理。2011年全州10县（市）都成立了群众工作局，132个乡（镇）成立了群众工作站，886个村委会（社区）成立了群众工作室。全年共排查出矛盾纠纷1335件，落实领导包案846件，落实责任单位及责任人1171个，已化解848件。其中，州信访联席会议排查交办重大信访问题5次102件，已办结78件；县（市）每月进行排查，共排查交办1233件，已办结746件。（三）推进新一轮禁毒防艾人民战争，巩固“长安杯”创建成果。(1)禁毒工作。一是深入开展禁毒宣传和毒品预防教育，全州毒品预防知晓率达到95%以上，在校学生毒品预防知识知晓率达到100%，继续巩固了在校学生零吸毒成果。二是始终保持对毒品违法犯罪的高压态势，加大禁毒执法工作力度，认真组织开展好公开查缉，严厉打击毒品违法犯罪，全员收戒吸毒人员。三是强化禁种铲毒工作，严格落实禁种铲毒责任制，切实加大检查力度，没有发现私种罂粟的情况。四是坚持管理与打击并重，健全工作机制，落实管理责任，强化监管措施，严格对全州易制毒化学物品、麻醉药品和精神药品生产、销售、运输、使用、进出口等环节的监管。(2)防艾工作。对33923名婚前保健人群和33185名孕产妇进行了HIV免费检测，母婴传播阻断率100%；全州艾滋病防治知识知晓率城乡居民分别达97%以上和95%，娱乐场所高危人群干预覆盖率达95%以上。较好完成了目标任务。

十九、政府自身建设。（一）继续推进政府自身建设，不断提高政府创新力、执行公信力。（1）提升依法行政能力。一是深入推进第五轮行政审批制度改革，规范行政执法行为；二是制订出台了《楚雄州人民政府工作规则》（试行），修订完善了州人民政府“三重一大”民主决策制度。(2）加大政务公开力度。一是加强重大决策听证、重要事项公示和重点工作通报。2011年以来，全州实施并发布重大决策听证事项28项，发布重要事项公示2012项，发布重点工作通报事项4226项。二是做好96128政务信息查询专线电话延伸、整合、转接及网络查询工作。2011年，接听96128群众来电2880人次，专线答复1124人次，专线转接1756人次，转接成功率为93.09%。政务服务信息查询464130次。全州政务服务中心网络平台受理事项112224件，办结110269件，办结率达98.25%。8月30日，云南省政务信息岛楚雄终端正式开通运行。年内，州内已在楚雄市区建设了10个政务信息岛查询点，完成了州政务服务中心等公共场所政务信息岛触摸屏的安装，方便了广大人民群众查询政务信息。(3）扩大行政绩效管理覆盖范围，加强重大投资项目跟踪稽查和审计，强化行政绩效管理。(4）做好“五控”和公务卡结算工作。强化预算管理，严格控制会议、文件、庆典、论坛、考察数量和规模。2011年，经批准以州人民政府名义召开的全州性会议69个，与上年度持平。至12月底，州本级162个独立核算预算单位已有161个实行公务卡结算制度，结算比例为99%。全州901个县级独立核算预算单位已有889个实行公务卡结算制度，结算比例为99%。全州公务卡结算商家已有3463家，配置POS刷卡机4903台。1～12月，全州通过公务卡结算的资金达15551万元。(5）强化行政行为监督管理。在州政务服务中心、州公共资源交易中心和10县（市）政务服务中心推行电子监察系统建设，进一步加大对行政审批关键岗位和重点环节的有效监督。对44个州级行政机关报送的184个关键岗位、300个重点环节、596个风险主要表现形式和制定的647条防范措施登记表汇总，印制《楚雄州州级行政机关关键岗位、重点环节行政行为监督登记表汇编》，公开接受社会监督。（6）深入推进目标倒逼管理。2011年全州共确定上报学习培训专题1625项，重点工作1713项，目标倒逼管理重点工作677项。一年来，共完成学习培训专题和重点工作3338项，完成一线工作事项263858件。(7）严格落实服务承诺，继续强化行政问责。2011年，56个州属部门共上报受理涉及服务承诺事项报件数261398件，已全部办结。有18个部门收到投诉42件，其中涉及服务态度差的12件，其他投诉30件，投诉回复率为100%。（8）认真抓好政务服务中心和公共资源交易中心建设工作，不断提高政务服务水平。州政务服务中心、州公共资源交易中心和10县（市）人民政府政务服务中心已于6月30日全部建成运行。全州已建成乡（镇）为民服务中心54个，建成村级为民服务站427个。年内，共有47个涉及行政许可审批的州级部门进驻州政务服务中心。至12月28日，州政务服务中心共受理行政审批及服务事项63105件，办结62747件，累计办结率98.6%，取件（发证）39942件。至12月31日，州公共资源交易中心共组织建设工程招投标、政府采购、医疗器材、土地交易等招投标项目923个，实现交易总额达46.58亿元，工程及政府采购类31.6亿元，通过招标节约资金1.59亿元，土地拍卖14.98亿元，通过竞争增加土地收益金6.02亿元。州公共资源交易中心平均每个工作日组织招投标7个，交易额3555.73万元。（二）按照“一岗双责”的要求，切实抓好政府廉政建设和反腐败工作。一是制定《楚雄州贯彻落实〈关于解决当前政府投资工程建设中带有普遍性问题的意见〉的通知》和《楚雄州2011年工程建设领域突出问题专项治理工作要点及工作任务分解方案》，继续深化工程专项治理；制定下发《州属部门贯彻落实2011年反腐倡廉工作任务的分工意见》，将任务分解到相关职能部门抓落实。二是根据州政府自身建设2011年工作要点，围绕“权、钱、事、人”等重点领域和关键环节，认真开展廉政风险排查。三是加强对中央和省扩大内需促进经济增长等重大决策部署落实情况的监督检查。四是对全州重大建设项目、重要工作和重大前期项目落实情况开展专项执法监察。五是加强对深化政务公开推进政务服务工作的监督检查。六是针对全州2011年干部作风方面暴露出来的“庸、懒、散、软”等问题，认真开展干部作风集中整顿和建设活动作出了《关于进一步加强干部作风建设的决定》，出台了《关于开展以“转变作风抓落实、服务群众聚民心、创先争优促发展”为主题的干部作风集中整顿和建设活动的实施意见》，着力解决全州各级干部在思想作风、学风、工作作风、领导作风、生活作风等方面存在的突出问题。结合楚雄州“4·12”严重违纪违法案件，全州扎实开展岗位廉政教育，深入推进廉政文化“七进”活动。七是及时制定下发《2011年楚雄州纠风工作实施意见》，抓好“政风行风热线”、涉农收费监测和纠风专项治理工作。八是进一步加大查办违纪违法案件的力度。

【2011年抗旱救灾工作】 2011年，楚雄州气候异常，降雨持续偏少，主汛期发生了罕见的夏伏旱。3年连续干旱叠加效应突显，出现了自1990年来的“三个最少”现象，即降雨最少、地表径流最少、蓄水最少。2011年全州平均降雨量614毫米，与2009年持平，比2010

年的682毫米少68毫米，比多年平均850毫米少236毫米，是1960年以来降雨量最少的一年。库塘蓄水5.32亿立方米，仅为省下达计划蓄水9.2亿立方米的57.8%，比2009年的6.27亿立方米少0.95亿立方米，比2010年的7.52亿立方米少2.2亿立方米，比历年的8.02亿立方米少2.7亿立方米，是1990年以来蓄水量最少的一年。截至12月31日，全州农作物受旱面积10.15万亩，双柏县城缺水严重，楚雄城区和大姚县城供水不足，9个集镇所在地、70个乡（镇）的342个村委会879个自然村因旱饮水困难，饮水困难人口24万人。面对连续3年的干旱，在州委、州人民政府的坚强领导下，各级各部门积极应对，千方百计采取各种措施，全力做好抗旱减灾工作，取得了阶段性成效。截至12月31日，全州共投入抗旱人数51.45万人次，机电井420眼，泵站565处，机动抗旱设备1.55万台套，机动运水车辆4950辆次。投入抗旱资金6317.6万元，投入抗旱用电184.76万度，抗旱用油339.1吨，抗旱浇灌面积93.26万亩，累计临时解决了30.55万人、12.89万头大牲畜饮水困难。全州库塘蓄水从8月底的3.48亿立方米增加到12月底的5.32亿立方米，增加蓄水量1.83亿立方米，其中采取措施增蓄水量0.62亿立方米，占同阶段增加蓄水量的34%；可利用的31.17万个水池（窖）已全部蓄满，满蓄件数由8月底9.52万件净增加21.65万件，楚雄州库塘增蓄工作名列全省前茅。2011年，全州未发生一人因旱无水喝的情况，未发生因缺水引发的群体性纠纷，受旱地区人心安定，社会稳定。

【2011年农村危房改造及地震安居工程工作】 2011年，云南省下达楚雄州2011年农村危房改造及地震安居工程任务共计16400户，其中下达中央和省级补助资金7400万元，实施拆除重建7400户，下达州、县（市）自筹补助资金1800万元，实施修缮加固9000户。截至年底，全州农村危房改造及地震安居工程已经开工15100户，占总任务户数的92%，已经竣工14845户，占总任务户数的91%。

【元双二级公路通车典礼举行】 2011年11月1日上午，元（谋）双（柏）二级公路通车典礼在楚雄市举行。云南省交通运输厅厅长杨光成，省公路开发投资公司董事长郝蜀东，省发改委副主任董继理，省交通运输厅副厅长郭大进、张晓冰，省公路局局长吕云锋，农发行云南省分行副行长赵张贵，以及楚雄州党政领导张太原、李红民、卢显林、延荣科、杨亚林、赵克义、孙赟等出席通车典礼。

元双二级公路位于楚雄州腹地，贯穿元谋、牟定、楚雄、双柏4县（市），全线建设里程163.5千米，项目概算总投资40.4亿元，是全州重要的经济干线。元双公路是云南省2009年开工建设的52条二级公路建设项目之一。公路建设中，省交通运输厅相关处室加强检查和指导，创新管理理念，切实帮助协调解决了工程建设中的困难和问题；省公路开发投资公司加强现场管理，确保了工程质量、工程安全的投资控制；楚雄州党委、政府密切配合和大力支持，全力做好项目管理和征地拆迁工作，为项目的顺利实施营造了良好的建设环境；元双公路建设指挥部和全体参建者团结拼搏、真抓实干，优质高效完成了建设任务。该公路作为云南公路网规划中的一条重要通道。公路建成通车后，把国道108线、320线和昆曼国际大通道纵向连接起来，成为滇中地区北上四川、南下玉溪、普洱、景洪最为便捷的陆路通道之一。元双公路的开通对于进一步推动楚雄州乃至整个滇中地区的经济社会发展、服务人民群众便捷出行具有重要的意义。

【《中国彝族通史》编纂委员会第五次会议在楚雄举行】 2011年4月15～17日，《中国彝族通史》编纂委员会第五次会议在楚雄举行。会议就《中国彝族通史》编纂出版的有关问题进行研讨。中共云南省委常委、常务副省长罗正富出席会议并讲话。四川省副省长张作哈、贵州省副省长禄智明出席会议。《中国彝族通史》编纂委员会主任王天玺，副主任冯元蔚、龙志毅、史志义、孙自强、禄文斌，编纂委员会委员，以及滇、川、黔、桂四省区和北京有关专家、学者参加会议。州委书记张太原在会上致辞，州党政领导李兴顺、卢显林、延荣科、杨静、李佳、杨元茂等出席会议。会上，编纂委员会就《中国彝族通史》的编写情况、财务支出情况、规范彝文情况等作了汇报，并将《中国彝族通史》编纂工作中的原始资料移交给楚雄彝族文化研究院留存。会议期间，与会人员还就楚雄州旅游文化产业项目的发展到彝人古镇、州博物馆、禄丰世界恐龙谷等地进行调研。

【第四届云南民族服装服饰文化节暨中国彝族赛装节开幕式在永仁县举行】 2011年12月9日晚，第四届云南民族服装服饰文化节暨中国彝族赛装节开幕式在永仁县民族文化广场举行。中国文联副主席、省委原副书记丹增，省委宣传部常务副部长、省文产办主任尹欣等省级有关部门领导，以及楚雄州党政领导张太原、李红民、岑化虎、姜扬、赵克义、何根源、朱非等出席开幕式。当晚开幕式上，丹增宣布第四届云南民族服装服饰文化节暨中国彝族赛装节开幕，省委宣传部常务副部长、省文产办主任尹欣讲话，州委书记张太原致词。活动分别举办中国彝族服装服饰展演大赛和原生态彝歌大赛、彝族现代服装服饰设计楚雄邀请赛、中国彝族服装服饰和彝族刺绣精品展、中国彝族“彝人风采”摄影大赛、中国彝族服装服饰传承和发展研讨会、第二届中国苴却砚精品鉴赏博览会、招商引资项目推介会、彝族服装服饰展销会等。

［罗如贵　肖天平　丘锰］

（责任编辑：白云鹏）

年鉴论坛

楚雄州建设滇中城市经济圈新的增长极思路研究

周兴国　王文书

国家在《“十二五”规划纲要》和支持云南加快建设面向西南开放重要桥头堡《意见》、省第九次党代会都高度重视滇中地区的发展，提出要将滇中城市经济圈建成国家级的重要增长极，并且加快一体化发展步伐。在此前的2007年11月，省委、省人民政府就对楚雄州在滇中的发展作出了明确的定位，就是要把楚雄州建设成为滇中城市经济圈新的增长极。州第八次党代会站在楚雄州发展新的历史起点上，围绕国家和省的重大战略部署，提出要把建设滇中城市经济圈新的增长极作为楚雄州参与桥头堡建设的首要目标。但从当前滇中城市经济圈四成员的经济总量、发展质量、竞争能力来看，楚雄州都是一块“短板”。楚雄州如何抢抓重大发展机遇，加快新增长极的培育进程，是全州上下必须共同面对的一个重大课题。对此，作者有如下的研究和思考。

一、楚雄州在滇中发展极中的方位

（一）增长极的基本理论及实践

1. 基本理论。增长极理论是现代区域经济学的重要组成部分，增长极与点轴、网络、梯度共同构成区域空间开发的四种基本模式。该理论基本思想是：一个区域的所有地域并不是以同样的速度增长的，政府在一个区域内的所有地区平均用力的做法也是不可思议的，而往往是在某一点或几点上发展最快，来带动其他区域的整体发展。这些点就是增长极极点而且是城市，它在整个区域发展中起着支配作用。增长极本身的发展会产生两种效应：极化效应与扩散效应。这二者的运行轨迹是：首先通过培育推进型产业，使其带动周边相关产业的发展和劳动就业的增加，并产生乘数效应，使经济在空间上的聚集度越来越大，这就是所谓的极化效应。当极化效应达到一定程度后，就会出现扩散效应，就是增长极推进型产业进一步带动其他产业的发展，使增长极的空间范围进一步扩大，如同宣纸上泼墨汁一样向外延展，这是连贯性的扩散。还有一种扩散是跳跃式的，即在极化效应达到一定的程度后，增长中心直接跳到离增长较远的第二关键产业所在地区，使区域出现多个增长极。扩散效应的强度随着离增长中心的距离增加而减少，即所谓的距离衰减理论。一个区域的扩散效应减去极化效应等于溢出效应，如果是负值，说明区域经济趋于集中，区域空间结构处于非均衡状态；反之，说明区域经济趋于分散，区域空间结构趋于均衡。总之，增长极是一个区域崛起的引擎，是一个区域从非均衡发展走向均衡发展的必由阶段。

2. 实践例证。经过改革开放30多年的发展，我国已形成引领全国现代化发展的长三角、珠三角和环渤海三大经济区域，占全国GDP60%以上。环渤海的京津冀区域（由北京、天津两个直辖市和河北的石家庄、保定、唐山、秦皇岛、沧州、张家口、承德8市组成）按照中央“东部率先发展”总原则，通过重新划分京津冀城市功能定位，将天津滨海新区开发开放划入国家战略等新举措，促进京津冀区域“十一五”期间的新发展。到2010年，京津冀区域生产总值占全国10%以上，初步展现了“新增长极”的发展特征。长三角地理位置居中，是我国沿海经济发展的中心地带，它以占全国1.2%的国土面积、6.3%的人口、创造了全国21%的GDP、20.4%的财政收入、40%的外商投资、35%的进出口总额，人均GDP为全国的3倍多，是全国经济发展速度最快、经济总量最大的区域。珠三角是我国改革开放的先发区，历经30多年的发展历程，经济结构的战略性调整和发展方式的转变都走在全国前列。“十一五”期间GDP年均增长达14.68%，总量占全国的10.25%。按照区域增长理论，以长三角区域为例，它首先以上海、杭州、温州、苏州、无锡、常州这些中心增长极带动浦东新区、宁波、嘉兴、江阴、昆山、张家港、吴江、常熟、宜兴、溧阳、金坛等次级中心增长极的发展，最终推动整个长三角地区走向均衡发展。

（二）楚雄州在滇中发展极中的方位

1. 楚雄州在滇中城市经济圈的综合竞争实力比较。楚雄州国土面积为29258平方千米，占滇中94458平方千米的30.97%；人口268.4万人，占滇中地区1727.5万人的15.54%。但从综合竞争实力看，均为滇中城市经济圈的“短板”。一是经济总量。到2010年，楚雄州GDP占滇中4266.81亿元的9.5%，远低昆明的50%、曲靖的24%、玉溪的17%。在全省，楚雄GDP仅全省7220.14亿元的5.6%，是滇中4州

（市）唯一的比重不到10%的州（市）（昆明29.37%、曲靖13.93%、玉溪10.2%）。二是人均水平低。楚雄州人均GDP14749元，占全省平均15749元的94.9%，占滇中的60.52%，而昆明是全省的2.13倍、是滇中的1.35倍，曲靖是全省的1.08倍、占滇中的68.83%，玉溪是全省的2.03倍、是滇中的1.3倍。三是发展质量。楚雄州地方财政一般预算收入30.7亿元，占全省871.19亿元的3.52%、占滇中421.63亿元的7.28%，而昆明则为29.14%、60.2%，曲靖为8.3%、17.17%，玉溪为7.43%、15.35%；城镇居民可支配收入楚雄州15624元，比全省16065元低441元，而昆明高于全省2811元、玉溪高于全省406元，曲靖仅低于全省125元；农民人均纯收入，楚雄州3896元，比全省3952元低56元，而昆明高于全省1858元、玉溪高于全省1795元、曲靖高于全省78元。此外，楚雄州城镇化率32.2%，比全省36%低3.8个百分点、昆明高于全省27个百分点、曲靖高于全省1个百分点，楚雄州仅高于玉溪0.1个百分点。

2. 国家和省对楚雄州在“一堡一区”中的发展方位。楚雄州在国家桥头堡战略和云南在滇中城市经济圈一体化发展都给予了很高的发展定位。在国家支持云南省加快建设面向西南开放重要桥头堡《意见》中提出“将滇中地区建设成为云南省经济发展的重要增长极”，其定位是“加快楚雄州绿色产业基地、冶金化工基地、民族文化产业基地建设”；正在编制中的《云南省加快建设面向西南开放重要桥头堡总体规划》在重大生产力布局中给予了特别的重视。正在编制中的《滇中经济区一体化发展总体规划》，将楚雄定位为“滇中城市经济圈西部和北部（含昆明禄劝县）两个增长极”。

二、楚雄州建设滇中新增长极的优势和挑战

（一）主要优势

1. 资源优势。楚雄州特殊的地质、地理和气候，造就了丰富的自然资源。光热资源潜力巨大，年均日照最长的永仁达2836.4小时，仅次于拉萨，可开发太阳能发电总装机540万千瓦；风能资源富集可开发风能发电总装机达420万千瓦；立体气候孕育了州境的生物多样性特征，已发现的植物种类有6000多种，陆生脊椎动物546种，有珍稀野生动物50种；矿产资源丰富，种类涉及41个矿种，其中铁矿石储量2.7亿吨、煤10亿吨、铜130万吨、盐11亿吨，据统计，矿产潜在经济价值达3762亿元，占全省矿产潜在经济价值的13%，人均占有量近16万元，是全省平均水平的2倍；州内水资源总量为84.9亿立方米，地面河流分属金沙江和元江两大水系，水能理论蕴藏量约为340万千瓦，除金沙江干流外，地面河流宜开发的水能资源量为106.3万千瓦；楚雄盆地经过50多年的油气勘探，证实了楚雄盆地具备良好的油气地质条件，楚雄盆地预计石油储量为24.75亿吨，天然气资源量为7963×108立方米（全国第三次资源评价结果），有较好的生油物质基础和存在较大的资源潜力。

2. 产业优势。“十一五”期间，楚雄州的经济综合实力跃上了一个新台阶，产业结构进一步优化。2010年全州生产总值达404.4亿元，年均增长11.6%，三次产业的比重从2005年的26.3:40.6:33.1调整为22.4:42.5:35.1。第一产业稳步发展，实现增加值90.5亿元，年均增长5.5%；第二产业加快发展，实现增加值171.8亿元，年均增长13.9%；第三产业快速发展，实现增加值142.1亿元，年均增长13.1%。外贸呈快速发展态势，实现进出口总额1.08亿美元，比2005年增长3.27倍。举全州之力重点培育的烟草、天然药业、绿色食品、冶金化工、文化旅游五大重点产业的自主发展能力和对全州国民经济的支撑力明显提高，2010年全州五大重点产业实现增加值192.8亿元，占全州GDP的比重达47.7%。

3. 区位优势。楚雄是云南建设通往周边省区市和东南亚、南亚国际大通道的重点交通节点，在昆明—成都、昆明—重庆、昆明—贵阳、昆明—南宁、昆明—拉萨五条经济带和昆明—河内、昆明—曼谷、昆明—仰光、昆明—南亚4条经济走廊中居于核心地位。当前，楚雄是全省交通和物流的次级重要枢纽，是滇中地区北上四川和西进滇西的咽喉要冲，东距昆明160余千米、北距川南经济中心攀枝花不到300千米，320、108两条国道公路、成昆、广大铁路分别联系滇中、滇西和四川。随着未来南下玉溪、普洱干线公路升级和中老（永仁—元江）铁路联络线的修建，州内外交通条件将进一步改善，其区位优势将更加明显，有条件发展成为滇中仅次于昆明的重要交通枢纽。

4. 生态优势。“十一五”以来，全州通过坚持走生态建设产业化、产业发展生态化之路，生态环境持续改善，生态文明建设取得显著成效。全面实施天然林保护、退耕还林、小流域治理、农村能源、水土保持等重点生态工程，5年累计完成人工造林255万亩，治理水土流失面积2391平方千米，森林覆盖率达62.48%。切实加强环境保护工作，加大矿产资源整合力度，实施城市环境综合整治，强化工业污染源防治，自然生态、农村环境保护和治理工作取得新进展。推进节能减排，坚决淘汰落后产能，大力扶持循环经济发展，5年万元生产总值能耗累计下降15%以上；2010年，工业固体废物综合利用率为76%。

5. 文化优势。楚雄州历史悠久，民族文化资源丰富，被誉为世界恐龙之乡、东方人类故乡、亚洲铜鼓之乡、彝族文化大观园。楚雄州境内居住着汉、彝、傈僳、苗、傣、回等26个民族，是彝族文化最为集中的地区之一。彝族6大方言、12支系均有分布，以“十月太阳历”和彝族叙事史诗《梅葛》为代表的古老神奇的彝族文化源远流长。近年来，楚雄州加快发展文化产业，涌现了一批文化精品项目，成为州内文化产业发展的新亮点。其中，彝族大型风情歌舞《太阳女》已成为彝族歌舞文化的经典性节目；中国禄丰世界恐龙谷荣膺国家AAAA级旅游景区；彝人古镇以其丰富的文化底蕴及浓郁的彝族特色成为彝州文化旅游业发展新名片。

（二）主要挑战

1. 极化效应较弱，带动能力不强。由于楚雄州经济总量小，没有形成多个强有力的推进型产业聚集区。更为严峻的是，楚雄州处于几大正处于极化阶段的经济体中间，面临着区域经济学上的三个方面不利因素：一是面临被周边所极化的挑战。极化效应好比是磁铁，它的磁力越强，就越能吸附能力。而楚雄州在滇中乃至较大区域内，当前并非是唯一块磁铁，而且有比楚雄更大的，东有昆明、北有攀西，还有大理、玉溪等。如果我们不能吸附以上区域和更远区域的生产要素，就连我们的生产要素在市场作用下，反而会被吸走。二是面临着区域发展“二元化”困境。楚雄州区域内有一定极化和扩散效应的经济体只有楚雄市和禄丰县，但从实际情况看，楚雄市对南华、牟定、双柏等县，无论是极化效应还是溢出效应都十分有限。禄丰对武定、元谋、牟定也是一样。不仅如此，由于昆明和攀西两大经济体都处在极化阶段，它们对周边要素的吸附效应大于扩散效应。因此，我们就处于区域经济学上“落后地区典型的二元结构形成期”。三是面临着累积因果下降循环的压力。由于市场力量的作用是倾向于扩大而不是缩小区域间差距，按照累积因果理论，一个区域的发展速度一旦不能超过平均发展速度，就会引起一个地区发展下降循环。近年来，楚雄州经济增速只能与滇中区域平均增速勉强持平，如果不能保持高于平均水平增速，就面临不仅难以缩小同其他州（市）的发展差距，而且有进一步扩大可能。

2. 发展基础薄弱，瓶颈约束明显。一是水资源供需矛盾尖锐，水源工程严重不足。到2010年底，全州已建成大型水库1座、中型水库22座、小型水库1035座，总蓄水库容达到12.43亿立方米，实际现状年可供水量约11亿立方米，而需水约14.56亿立方米，缺水约3.56亿立方米，预计到2015年和2020年需水量与现状可供水量相比缺口将分别达到5.25亿和6.08亿立方米。二是交通“黄金大三角”格局基本建成，但总体上与全州经济社会发展需要仍不相适应。以楚雄州府为中心，北上四川仅有南永和元双（2011年6月底建成）二级路相连，南下玉溪、普洱的高等级公路主通道尚未贯通，滇中城市经济圈纵轴中段的武禄高速公路还未开工，阻碍了楚雄州滇中交通枢纽地位的形成。三是城镇化水平低，2010年全州城镇化率为32.2%，比全省36%低3.8个百分点，比全国（47.5%）低15.3个百分点。同时，城镇规模偏小，功能不完善，辐射带动能力较弱，导致城市聚集效应不强，对产业和人口的承载能力不够。四是产业园区建设滞后，园区的水、电、路等基础设施配套不够完善，建设和运营管理体制创新不够，企业集聚发展程度低、入园成本高。

3. 产业结构不合理，支柱产业单一。从三次产业占GDP总量的比重看，昆明为5.8∶45.2∶49，玉溪为9.1∶60.9∶30，曲靖为18.2∶54.4∶29.4，楚雄为22.4∶42.15∶35.1。4州（市）比较，楚雄第一产业比重偏高，第二产业发展不足的状况比较明显，第三产业比重虽与玉溪、曲靖相近，但和昆明相比仍有较大差距。财政实力弱。从地方财政一般预算收入看，楚雄30.7亿元，占全省比重仅为3.52%，远低于昆明253.8亿元占29.1%、曲靖72.4亿元占8.31%、玉溪64.7亿元占7.43%。从重点产业看，2010年，虽然五大重点产业占全州GDP的47.7%，但分开看，增加值占全州GDP超过10%的只有烟草和绿色食品业，分别占15.8%、15.3%，其余三个产业：冶金化工仅占9.3%、文化旅游业占6.5%，天然药业仅占0.79%。从重点产业对地方财政的支撑看，2010年“两烟”税收达50.9亿元，占地方财政总收入的58.9%，仍然是烟草一产独大的格局中。

4. 发展方式粗放，经济外向度低。开放型经济发展缓慢，经济的外向度低。全州经济外向度达到7.3%，外贸依存度仅为1.35%，工业外向度达到36%，产品国际市场依存度41%，均低于全国、全省平均水平。楚雄州重点产业属资源加工型产业，产品市场主要在区外，国际市场需求大，但外贸发展滞后，国际市场开拓不够，形成了产品国际市场依存度高与产业外向度低、外贸依存度更低“一高两低”的矛盾和自营进出口占国际市场购销总额比重小的现状。承接发达地区产业转移的基础还很薄弱，引入大企业、大集团和外来资本、技术的难度较大；进出口加工和现代物流基地建设滞后，出口产品单一、量小的格局难以在短期内扭转。

三、楚雄州建设滇中新增长极的主要思路、目标和重大举措

（一）主要思路

以邓小平理论和“三个代表”重要思想为指导，深入贯彻落实科学发展观，紧紧抓住国家实施新一轮西部大开发、支持云南加快建设面向西南开放重要桥头堡重大发展机遇，以主动参与推动滇中城市经济圈一体化发展为战略取向，以转变发展方式为主线，以重大基础设施和产业园区建设为载体，以优化楚中、楚北、楚南三个区域和昆楚、南永、永武、元双、武禄五条经济带生产力空间布局为抓手，以建立多元的区域开放合作平台为推动，以加快培育烟草、冶金化工、生物医药、绿色食品、文化旅游、新能源新材料六大产业为支撑，将楚雄州建设成为滇中城市经济圈新的增长极。

（二）目标

到2015年，经济结构战略性调整取得重大进展，重点产业支撑能力明显增强，农业产业化、新型工业化、城镇化水平明显提高，第三产业发展明显加快，发展的协调性明显改善。经济实力有较大提高，全州生产总值年均增长12%以上；全社会固定资产投资年均增长25%以上，5年累计突破2800亿元；社会消费品零售总额年均增长18%；外贸进出口总额年均增长18%；地方财政总收入年均增长15%以上，2015年达174亿元；地方财政一般预算收入年均增长15%以上，2015年达62亿元；地方财政一般预算支出年均增长15%，2015年达218亿元，力争全州生产总值和地方财政一般预算收入实现翻番。价格总水平保持基本稳定，经济增长的质量和效益明显提高。产业结构进一步优化，二产增加值占GDP比重提高2个百分点以上，三产增加值占GDP比重提高2个百分点；六大重点产业增加值占生产总值的比重在2011年的基础上显著提高；城镇化率达40%以上。

到2020年基本建成国际大通道上联结东西、贯通南北的

重要交通枢纽，基础设施的支撑和保障能力进一步强化，承东启西、北上南跨的对外开放窗口的桥梁和纽带作用更加突出；以绿色、冶金化工、民族文化三大外向型特色产业基地承载能力显著增强，六大重点产业的结构进一步增强壮大，经济总量占滇中经济圈比重达到10%左右，成为滇中经济圈名符其实的新增长极；滇中城市群楚雄区域中心城市框架基本形成，城镇化水平接近50%，城乡一体化、滇中城市经济圈一体化发展深入推进；实现基本公共服务均等化，城乡居民收入大幅度增加，农村新型社会养老保险全覆盖；金沙江、红河等重点流域生态建设和环境保护取得新进展，森林覆盖率65%以上，与全省同步实现全面建设小康社会目标。

（三）重大举措

1. 夯实建设增长极必备的发展基础。区域经济学中的“大推进理论”认为，落后地区收入水平低、市场狭小，对投资者缺乏吸引力。若要改变这种局面，就要建立各产业的互补系统。要使企业家产生向区域投资的意愿，必须有适当的区域社会固定资产来配合。楚雄州有着参与桥头堡建设的资源、环境、区位明显优势，但这些优势并未有效转化为产业优势，进而形成增长极的竞争优势。其根本原因是基础设施建设还未达到“最低投资水平”。因此，要把完善重大基础设施建设放在重要位置。

（1）交通基础。“构建中心、南下北上、西联东进、四通八达”的“四纵四横”主干公路网（四纵：攀枝花—景东、元谋—双柏、永仁—河口、武定—峨山；四横：昆明—大理、禄劝—大姚、禄丰—姚安、弥渡—新平）和“两纵一横”（两纵：成昆、永〈仁〉元〈江〉、一横：昆大）的铁路网，加上楚雄机场、金沙江和红河等水运码头、中缅石油天然气管道运输，基本形成公路、铁路、水运、航空、管道五种交通运输方式协调发展的滇中交通枢纽。

（2）水利基础。紧紧抓住国家突出加强农田水利等薄弱环节建设、大力发展民生水利和全省投资1000亿元开工建设100件以上骨干水源、200万件以上“五小水利”工程的机遇，推进续建的禄丰沙龙、姚安下口坝、大姚红豆树3座中型水源工程和双柏木老虎、河口河和新华等9座小（一）型共12件水源工程建设任务；新建禄丰西河、元谋坛罐窑和龙街河等6件中型水库，扩建楚雄中石坝小（一）型水库为中型水库；新建永仁阿朵所、姚安大麦地等5件小（一）型水库，扩建楚雄罗其美、禄丰梅域村2座小（二）型水库为小（一）型水库。力争“十二五”期间完成水利固定资产投资100亿元以上，新增蓄水总库容2.86亿立方米，新增供水能力2.32亿立方米，新增、恢复和改善灌溉面积170.59万亩，新增节水灌溉面积30万亩，解决农村67.13万人口饮水安全问题，治理水土流失面积2100平方千米。

（3）城镇基础。按照“十二五”构建楚雄州“一核”（滇中楚雄城市群楚雄区域中心城市）、“二次”（禄丰、武定和元谋、永仁次级中心城市）、多中心（50个重点城镇）、“两支点”（东西向和南北向）、“两圈层”（内外圈层）的城镇体系空间构架，围绕到2015年全州城镇人口达108万人、县城建成区达100平方千米以上、全州城镇化率达40%以上的目标，实施好10县（市）县城供水管网改造、污水处理厂建设及排污管网配套，启动中心镇、重点镇污水处理设施建设，加快城市之间公路交通和城市路网的全面对接，完善城镇路网、城镇集贸市场等其他城镇基础设施建设，有效提升城镇的功能配套。

（4）能源基础。以建设重大能源项目为重点，多渠道开发利用能源资源，统筹区域内能源基础设施建设，构建开放、多元、清洁、安全、经济的能源保障体系。以优化电力配置为重点，逐步完善区域性电网，继续实施农网改造升级工程，全面解决无电村组的通电问题，提高城乡供电质量和安全，为全州经济社会发展提供有力的电力保障。加快水电开发建设，加快推进州境内主要流域在建和拟建水电项目建设；以太阳能利用、太阳能光伏（热）发电为主，推广太阳能的开发利用，有序推进风能开发；做好生物柴油开发试验示范和省级燃料乙醇试验示范，积极探索生物质能发电；加快推进能源输送存储设施建设，重点做好电力输送通道、油气输送通道和主要运煤通道建设，做好能源储备设施及应急能力建设；加强能源民生保障工程建设，积极推进国家能源示范县建设。到2015年，全州电力总装机达到349.48万千瓦以上，原煤年产量达到780万吨以上。

（5）信息基础。围绕构建“数字楚雄”总体目标，加快部署TD－SCDMA等新一代移动通信网络建设，构建宽带、融合、安全的下一代信息基础设施建设。推进电信网、互联网和有线电视网的“三网融合”，建成有线、地面和卫星三位一体的信息传输网络，促进网络资源共享和互联互通。全面推进广播电视村村通和“数字乡村”工程实施，逐步构建覆盖全州、连接城乡的现代信息网络。

（6）社会事业基础设施。按照教育优先、科技支撑、文化繁荣、卫生覆盖、体育普及、稳定低生、扶残助残、完善救助、新型养老等发展要求，加大社会事业基础设施投资建设力度，加快公共服务均等化进程。

2. 加快“推进型产业”建设步伐。（1）巩固提升烟草产业。积极发展现代烟草农业，转变烟叶发展方式，打造楚雄烟叶品牌，全面提高烟草产业发展水平。以加快推进现代烟草农业建设、提升烟叶复烤加工产能、提升红塔集团楚雄卷烟厂产能、整合培强卷烟配套产业四个战略重点，以科技创新、品牌打造、市场拓展为战略措施，以同红塔集团建立更加紧密的合作关系为战略保障，形成以烟叶种植和加工、卷烟生产和销售、相关生产服务配套产业为一体的产业集群，力争经过“十二五”的突破性推进，使楚雄州成为云南乃至全国“两烟”行业中具有核心竞争实力的重要基地之一。稳定烟叶种植面积，保持烟叶产值稳步增长，质量逐步提高，同时提高烟农收入在烟叶产值中的比重，完成楚雄卷烟厂技改搬迁。力争烟草产业增加值占全州生产总值比重达16%左右。

（2）培强壮大冶金化工业。抓住新一轮产业转移、国家支持西部地区资源就近加工转化的机遇和楚雄州处于西南地区电力输变枢纽的有利条件，用足用好产业政策，加快工业园区建设，以工业园区为载体，主动承接发达地区的产业转移，充分发挥水电、煤炭等能源优势，依靠科技创新，推动和支持冶金化工企业实施提升改造，不断发展壮大以有色金属、钢铁和石油化工等为主的冶金化工产业发展，努力争取中缅石油炼化衍生产品在楚雄州布局。同时，重点做好矿电结合、能化结合、传统工业转型升级和新型载能工业规划布局。建设与电力能源发展相匹配的冶金化工产业体系，着力壮大产业集群，培育一批以钛合金、铁合金、有色金属、非金属、化工等为主的冶金化工产品。推动结构调整和产业升级，淘汰落后产能，置换新型产业发展空间，延长产业链，提升传统载能产业的科技含量，实施技术改造，加快设备转型升级，促进传统产业向新型产业转变。继续加强与各类企业集团的合作，重点培育一批产值上百亿元的骨干企业，集中力量建设好楚雄、禄丰、武定、永仁四个工业发展重点规划区，全力打造昆楚、南永、元双、武禄、永武五条工业走廊，力争冶金化工业增加值占全州生产总值比重达16%左右。

（3）发展壮大生物医药业。紧紧围绕“把药业建设成为全州支柱产业，把彝药打造成全国知名品牌”总体要求，建立研发、生产、营销联动机制，以“强招商、调结构、重整合、树品牌”为主线。更加注重招商引资，加快楚雄医药园区建设，做大经济总量；更加注重产业结构调整，以中药、民族药、天然药为重点，延伸产业链，构筑包括天然药物、植物原料药、天然保健品、医疗器械及医用材料、生物医药等药业加工，以及中药材种植、研发、医药营销等在内的大医药产业体系；更加注重科技创新和中药材基地建设，加强彝族医药体系建设，打牢产业基础；更加注重打造彝药品牌，支持盘龙云海、龙发制药、太阳药业、金碧制药、老拨云堂等医药企业发展壮大。继续扩大排毒养颜胶囊等品牌产品的市场占有率，支持企业开发和引进附加值高、市场潜力大的产品，全面推进彝药新产品开发。加大市场开拓力度，做大做强优势企业，努力把楚雄建成省内重要的天然药物和保健品生产基地，推动全州生物医药业发展跃上新台阶。力争生物医药业增加值占全州生产总值比重达2%以上。

（4）做特做优绿色食品业。围绕把楚雄州建设成云南省重要的啤酒、野生食用菌、核桃、油茶、无公害蔬菜等绿色食品加工生产基地的目标，依托优势资源、优势企业、巩固和加强产业基地建设，努力提高绿色食品资源的开发和综合利用水平。充分发挥不同区域的比较优势，发展以无公害蔬菜、食用菌、核桃、畜产品、薯类精深加工和饮料制造、调味品制造的绿色食品加工企业；以建设农产品加工园区为抓手，重点抓好元谋无公害特色农产品加工园区、楚雄绿色食品加工园区建设，形成特色食品加工产业区，推进产业集群发展；同时积极引进国内外高新技术企业进驻楚雄，支持有实力的企业通过联合做大做强；坚持以效益为中心，走工农联动、点面结合、重点突破、特色取胜的发展之路，加快建设以国内外市场需求为导向，以绿色食品加工企业为龙头的“市场营销—食品加工—农产品生产”的产供销一条龙体系；大力实施品牌战略，培育名优品牌，努力打造绿色食品知名商标，全面提升绿色食品加工业产品的市场竞争能力，争取建成全省重要的绿色食品加工中心。力争绿色食品产业增加值占全州生产总值的比重达12%左右。

（5）做特做强文化旅游业。打造彝族文化、恐龙文化、元谋人文化、铜鼓文化、古镇文化、名人文化、生态文化和美食文化八大品牌，积极发展新闻出版、广播影视服务、文化会展、演艺、民族民间工艺品、文体休闲娱乐等主导产业，增强文化创新能力和传播能力，形成有竞争力的文化品牌，努力使文化产业成为楚雄州新兴产业。深入打造文化精品，不断完善旅游产品体系，拓展旅游客源市场，夯实旅游公共服务设施，加快文化旅游业发展。争取到“十二五”末，把风情彝州之旅—环州旅游线打造成为云南精品旅游线路，有机融入滇西、滇西北黄金旅游线，把楚雄建设成为具有较高知名度和影响力，能够吸引中远程目标客源的市场，产业体系健全，经济效益显著的云南新兴旅游目的地，旅游发展综合实力进入全省中等水平。力争文化旅游业增加值占全州生产总值的比重达10%左右。

（6）加快以培育战略性新兴产业。按照“市场主导、创新驱动、引领发展、重点突破”的要求，把加快培育和发展新能源新材料放在推进产业结构升级和经济发展方式转变的突出位置。加快太阳能光伏、风能和生物质能等新能源开发利用，推动新能源产业化发展。着力打造钛产业基地，加大铝合金、铂钯镍、稀土、钪等新材料开发力度，加快推进新能源材料和化工新材料研发利用，积极融入战略性新兴产业发展大潮，把新能源新材料产业培育成为新的经济增长点。

3. 加大合作推动昆明楚雄一体化进程。按照基础设施规划建设一体化是先导、产业分工布局一体化是核心、城乡统筹一体化是动力、市场体系一体化是活力、社会管理和公共服务一体化是支撑、生态建设和环境保护一体化是保障的总体设想，全面落实《推进滇中城市群昆明—楚雄一体化发展合作框架协议》，共同推动滇中城市经济圈一体化发展进程。

（1）建立机构、高效运作。实现滇中城市经济圈四个州（市）的一体化发展，需要有组织的保障，即机构的设立和政策的落实。一体化框架协议提出要“突破行政区划界限，革除体制机制障碍”，并确定“成立由两州（市）长任组长的领导小组，负责重大事项的决策和协调，成立专门的办事机构、制定年度工作方案和重大议题”和定期或不定期召开联席会议的机制。这一问题要作为当务之急抓紧落实，否则框架协议所确定的发展合作事项就很难启动和落实。即使推进了昆楚一体化，也只解决了纵向一体化的问题，而横向一体化问题还是空缺，如楚雄与玉溪、玉溪与曲靖之间，也需要推进一体化，因此，建议把推动滇中一体化发展领导协调机构上升为省级，形成权威高效的运作机构。这一点省政协十分重视，在2011年8月提出的《关于加快滇中城市经济圈建设建议案》中强调“尽快成立由省政府主要领导为组长，省级相关部门，昆明、曲靖、玉溪、楚雄4州（市）政府主要领导为成员的滇中城市经济圈建设强有力的领导小组。”这一高层推进的做法，有利于形成纵横交叠、全方位、一盘棋推进新格局。

（2）深入研究、规划先行。形成一个科学、合理的滇中经济圈发展规划，首先要统一四州（市）的思想认识，规划做到不偏不倚、合作共赢，才能大大提高4州（市）参与滇中经济圈建设积极性。当前，行政区域与市场机制的要求仍然是一对矛盾，滇中城市经济圈的4个州（市）也不例外。由于一直以来的行政区划并不都按照经济规律、市场规律和区域经济发展规律来设定的，而主要是按照自然地理和行政管制的需要来划分的。4个州（市）要打破行政区划，实现产业的协同发展，对规划提出了新的要求。一个州（市）的规划是基于本州（市）已有的产业基础和发展潜力进行规划布局的，但在打破行政区划的框框后，情况就发生变化，可能一些在本州（市）原本具有优势的产业在放入整个大环境考虑时，并不具有比较的竞争优势，而需要与其他州（市）更为有利的产业进行整合。相反，其他州（市）原本的优势产业，放在大区域比较，其优势不明显，需由本州（市）来整合发展。因此，推进区域一体化发展，就是主动弱化行政体制对资源和生产要素的分割和垄断，充分发挥市场机制的作用，实现优势资源和生产要素向优势区域聚集，形成不同行政区域之间优势要素对流，达到最佳的整合与配置状态。如昆楚之间，由于存着较大的发展差异，我们有土地、矿产、劳动力等资源、环境容量大、交通区位好等优势，昆明有资金、技术、人才等优势，通过政府之间对产业的合作布局，可以形成二者的耦合发展新态势。而达到这一目标，首先要进行整体规划。建议下一步通过成立共同的研究机构，围绕框架协议提出的“七个同”的一体化内容，从一体化的思路、目标、模式、保障等方面进行深入研究，编制经济社会一体化发展的总体规划和重点专项规划，用规划来统领各项工作。正编制的《滇中城市经济圈一体化发展规划》只是宏观上对滇中城市经济区重大生产力进行了总体布局，是一个概念性规划，对于具体推进一体化建设，还需要作深入研究和总体规划，同时对基础设施、产业、市场、生态、社会建设等要编制重点专项规划，以专项规划的实施来推动一体化发展格局的形成。

（3）基础优先、产业跟进。发展基础的一体化是经济社会一体发展的前提，因此要将交通、水利、能源、市政等基础设施的互相配套放在优先合作共建的位置，加以推进。同时，重大产业合作项目也要协同跟进，力争在这两个方面率先取得突破。昆楚在基础设施一体化建设中，要把交通放在首位，通过修建楚广、武禄高速公路，推进昆广铁路复线、广大铁路扩能改造建设，建设环昆高铁，新建中老铁路联络线（永仁至元江），建设楚雄机场等，更加缩短4州（市）之间的空间距离。在产业建设方面，昆楚之间的合作领域十分广泛，现在央企、省企入楚工作已取得重大进展，但合作的空间很大，能源、冶金、化工、生物、旅游等领域有好多文章可作。

（4）前沿对接、纵深推进。在一体化发展的初始阶段，我们既要着眼长远，更要立足当前，本着先易后难，先前沿、后纵深的思路，循序渐进地稳步推进，让两地的干部群众感受得到看得见摸得着的实实在在的成果和实惠，以增强信心。在这方面，我们已经有了良好的开端。2011年2月26日，楚雄州与昆明市党政代表考察团就进一步加强两州（市）合作中涉及的具体问题进行了磋商，并达成多方面的共识并明确了事关两地民生和长远发展的11项合作事项，第一项签订一体化发展合作的框架协议已经得到圆满落实，其他10项工作，涉及到交通、水利、土地利用等领域，双方正在抓紧启动落实并已得到积极的推进。在工作的推进中，需要各方政府和各级部门要给予充分的重视，建立完善的奖惩考核机制，将其纳入领导干部政绩考核的内容中来，确保10个项目顺利推进。

4. 搭建多层次区域发展合作平台。立足楚雄州处于云南省北入四川、西进藏缅、面向东南亚和南亚重要交通枢纽的区位优势，以大开放促进大合作、大合作促进大发展为目标，以搭建不同层次、不同领域的合作平台为载体，以“引进来”、“走出去”并重和顺势、取势、蓄势、转势、借势、造势为手段，总体上构建从内到外三个开放合作的圈层：第一圈层是区域内的开放合作。遵循区域经济发展规律，通过实施《滇中城市群楚雄区域中心城市发展规划》、《楚雄州北部金沙江流域经济社会发展总体规划》、《楚雄州南部红河流域经济社会发展规划》，打破区域内县（市）与县（市）之间的行政区划，实现资源跨县域的优化配置，加快要素向区、带、点流动和集聚，以非均衡发展的方式推动区域经济走向均衡发展。第二圈层是与周边区域的开放合作。总体按照“东向融入、北向借势、西向拓展、南向造势”的取向推进。东向：积极参与桥头堡和滇中城市经济圈建设，加快融入滇中经济圈；北向：通过积极参与推动构建金沙江流域特色经济带建设，重点加强与攀西经济区的合作，形成借势发展的态势；西向：主动参与昆明—丽江—香格里拉—西藏昌都对内经济走廊和昆明—皎漂对外经济走廊建设，以参与建设滇西黄金旅游线路为切入点，并向商贸物流等实体经济的合作领域拓展；南向：以打通南下便捷通道为依托，与普洱、玉溪合作争取共建哀牢山国家公园为平台，加大对外宣传力度，形成造势发展态势。第三圈层是推进大尺度的开放合作。依托云南省搭建的对内、对外的开放合作平台，通过与滇中经济圈参与桥头堡建设和同川渝黔桂、泛珠三角、长三角地区展开基础设施建设、贸易投资、资源开发、产业培育、人才科技、生态环保、文化旅游等方面的互利合作，更多地承接发达地区产业转移发展，形成楚雄州全方位、多层次、宽领域的对外开放新格局，不断开拓东南亚、南亚市场，加强与环孟加拉湾国家的合作，努力把楚雄州建成面向西南开放重要桥头堡的出口加工基地、商贸物流基地和民族文化交流中心。

5. 积极实施以外经促外贸的“走出去”战略。抓桥头堡建设、中国—东盟自贸区建成等重大机遇，充分发挥内外两种资源、两个市场的优势，加快推进形成楚雄州以“外经促外贸”发展的新格局。围绕积极参与推动滇中经济圈实施“走出去”战略。根据《云南省滇中城市经济圈区域协调发展总体规划》框架下，下一步将分别编制一体化外经外贸的专项规划，要从规划开始积极参与到滇中城市经济圈“走出去”战略实施中，争取各项工作的主动。充分利用省政府建立的驻东南亚、南亚国家的代办平台，鼓励州内企业走出去参与开发合作，形成“外经进来、外贸出去”的发展格局。

（作者单位：楚雄州发展和改革委员会）

楚雄州农业产业化发展和农民增收问题研究

李继云　彭福亮

推进农业产业化发展是农业农村经济工作中带有全局性、方向性的大事，是坚持科学发展、加快转变发展方式的重要举措，也是推进农业现代化、统筹城乡发展、拉动财政增长、提高农民组织化经营程度的必然选择。促进农民增收是“三农”工作的中心任务，也是扩大内需的迫切要求，更是统筹城乡发展、全面建设小康社会的重大任务。为切实加快楚雄州农业产业化发展，持续促进农民增收，按照州政府办“政府工作报告调研专题”的任务分解，由州委政研室（州农办）牵头，涉农部门参与组成专题调研组，对全州农业产业化发展和农民增收问题进行调研，形成综合性研究报告，供参考。

一、楚雄州农业产业化发展和农民增收的基本情况

近年来，楚雄州始终把推进农业产业化发展作为落实科学发展观、加快转变农业发展方式和促进农民增收的重大举措，切实加强领导、强化措施，扎实推进各项工作，有力地促进了农业产业化发展和农民增收。

（一）多数农产品产量产值持续增长。“十一五”期间，全州大多数农产品的产量和产值不同程度实现了增长。2010年，受百年不遇的干旱影响，全州粮食总产量比上年有所下降，但仍达到96万吨；烤烟产量10.13万吨，“十一五”期间年均增长4.81%；蔬菜产量125.36万吨，年均增长3.91%；水果产量18.4万吨，年均增长13.88%；肉类产量33.28万吨，年均增长6.66%；禽蛋产量0.77万吨，年均增长6.23%；水产品产量1.7万吨，年均增长12.49%。2010年全州农业总产值达到152.5亿元，比上年增长3.6%。其中，农业产值79.6亿元，下降0.3%；林业产值14.42亿元，增长9.58%；畜牧业产值56.18亿元，增长7.99%；渔业产值2.3亿元，下降2.14%。

（二）农业农村基础设施逐步改善。“十一五”期间，全州紧紧抓住中央增加“三农”投入的机遇，从农业需求最急迫、农村覆盖面最大、农民受益最直接的项目入手，以农田水利、农村公路为重点，加快农村基础设施建设步伐，进一步改善农村生产生活条件。5年来，全州累计完成水利固定资产投资48.46亿元，建成各类水利工程40多万件，库塘蓄水总库容12.44亿立方米，有效灌溉面积177.87万亩，解决农村157.26万人的饮水困难和安全问题；新改建乡村公路4568千米，99.7%的行政村已通公路；新增农村沼气池2万个。

（三）龙头企业综合实力日益增强。“十一五”期间，全州上下认真贯彻落实中央、省农村工作会议精神，进一步加大对龙头企业的引导、扶持和服务工作力度，为龙头企业营造了加快发展的良好环境，全州龙头企业辐射带动作用不断增强，综合竞争力不断提高。2010年，全州有农业产业化省级重点龙头企业17家，有农业产业化州级重点龙头企业121家。年产值100万元以上龙头企业达143家，比2005年增加77家，年均增长16.7%；固定资产19.1亿元，比2005年增加12.1亿元，年均增长22.1%；销售收入37.6亿元，比2005年增加25.6亿元，年均增长27.5%；农产品直接出口7360万美元，比2005年增加4960亿元，年均增长25.1%；农民户均增收1105元，比2005年增加505元，年均增长12.9%。从产值规模看，年产值1亿元以上的龙头企业有8家，5000万元～1亿元的龙头企业有10家，1000～5000万元的龙头企业有61家，1000万元以下的龙头企业有64家。

*（四）优势农产品基地建设稳步推进。*多年来，楚雄州充分发挥资源优势，大力扶持发展特色产业，初步建立和形成了优质粮食、优质烤烟、以核桃为重点的木本油料、畜禽养殖、绿色蔬菜、优质蚕桑等一批区域化、规模化、专业化、品牌化的农产品基地，农产品的生产逐步由数量型向数量、质量型转变，农产品加工逐步由粗放型向精细型、深加工型发展，基本形成了“公司＋基地＋农户”的农业产业化经营模式。2010年，全州粮食种植面积346.48万亩、烤烟种植面积61.47万亩、核桃种植面积356万亩、膏桐种植面积40万亩、油茶种植面积0.53万亩、油橄榄种植面积0.25万亩、畜禽规模养殖户3471户、蔬菜种植面积78.17万亩、桑园面积12.23万亩。另外，全州种植啤酒大麦5.97万亩、种植马铃薯14.27万亩、种植人工食用菌248万平方米、种植优质水果8.59万亩、种植夏秋高山反季蔬菜7.72万亩、种植鲜切花卉3399亩、完成蔬菜制（繁）种面积2.66万亩、完成花卉繁种面积514亩。

（五）农民专业合作组织快速发展。“十一五”期间，全州大力发展农民专业合作组织，提高农民组织化程度，推进农业产业化经营，创造了“协会·公司·经纪人”这一农民专业合作发展的“楚雄模式”。5年来，全州新发展农民专业合作

组织1519个，新增成员18.12万人（户），新组建了“楚雄州精品果蔬产业协会”、“楚雄州养猪产业协会”、“楚雄州科技养蜂协会”、“楚雄州食用菌产业联系会”、“楚雄州蓖麻产业协会”、“楚雄州优质特色蔬菜产销协会”和“楚雄州核桃产业协会”7个州级农民专业协会。截至2010年底，全州各类农民专业合作组织累计达2351个、成员达28万人（户）。全州所有乡（镇）都组建了各种类型的合作组织，形成了纵横交织、上下贯通的组织网络体系，农民组织化程度得到较大提高。

元谋县优质葡萄基地　　(李建华/摄影)

（六）农产品质量和知名度不断提高。截至2010年底，全州累计已有110家企（事）业单位的201个农产品通过了国家质量认证，其中有机食品14个、绿色食品63个、无公害农产品124个，累计认定农产品原料种植基地面积62.97万亩，产品产量40.3万吨，产值10.5亿元，全州农产品质量安全体系进一步健全，主要农产品的质量和效益不断得到提高。楚雄州获“云南名牌”称号的农产品4个，获“云南名牌农产品”称号的农产品10个，获“云南省著名商标”称号的农产品11个，“大姚核桃”地理标志著名商标于2009年7月30日注册成功，通过打造农产品品牌，全州优势农产品的市场知名度、竞争力和占有率不断提高。

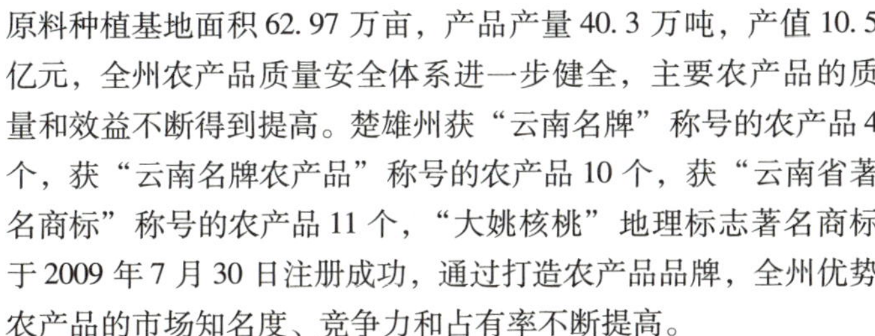

（七）农民人均纯收入明显提高。州委、州政府始终把促进农民增收作为“三农”工作的核心，在基础设施建设、特色优势产业发展、农村劳动力转移等方面采取了一系列重大措施，加大对“三农”的政策扶持和资金倾斜力度，农民增收的渠道不断拓宽、农民负担日益减轻、农民收入年均增长幅度在“十一五”时期达到8.3%，农民工资性收入年均增长23.4%，特别是2007年全州农民人均纯收入在全省16个州（市）中排名第3位。2010年全州农民人均纯收入持续增长，达到3896元，比上年增长7.0%，全州农民生活水平和质量明显提高。

2011年以来，在州委、州政府的正确领导下，全州按照“大兴水利强基础、狠抓生产保供给、力促增收惠民生、着眼统筹添活力”的基本要求，继续发扬农业抗大旱精神，着力突出稳定粮食生产和促进农民增收两大工作重心，加强示范项目和农业基础设施、装备建设，扶持壮大龙头企业，推进农业科技服务，建立健全目标责任体系建设，努力实现年初制定的各项目标任务，为“十二五”时期全州农业农村经济发展开好局、起好步奠定了基础。1～9月，全州农林牧渔业总产值达130.43亿元，比上年同期增长8.7%；粮食总产量达78.78万吨，比上年同期增长45.83%；猪牛羊禽肉产量达20.51万吨，比上年同期增长7.38%；实现农民人均现金收入3507.59元，比上年同期增长26.33%。

二、楚雄州农业产业化发展和农民增收的困难和问题

楚雄州农业产业化发展和农民增收工作虽然取得了一定成绩，但从总体来看，仍然存在着许多困难和问题，主要是：

（一）农业基础设施薄弱。通过“十一五”的努力，全州农业水利化程度有了大幅度提高，农业生产基础得到一定程度加强，但水利建设投入有限，基础设施老化严重，难以抵御大的自然灾害，加之全州自然条件差，地形多样，农田基本建设和水利设施的现状难以抗御极端气候对农业生产发展和农民增收造成的巨大影响，特别是始于2009年秋冬的百年不遇特大干旱，凸现楚雄州农业基础设施的脆弱性。

（二）农业龙头企业带动能力不强。近年来，楚雄州农业龙头企业虽然发展迅速，但就当前来讲，农业龙头企业的数量还不多，规模小，实力弱，全州年产值5000万元以上的农业龙头企业只占重点龙头企业的16.5%，而且农产品加工大多是粗加工产品，科技含量低，附加值低，产品市场竞争力弱，这在客观上严重制约和影响了全州的农业产业化发展。

（三）农民组织化程度较低。推进农业产业化，目的是推动农民进入市场，而农民的组织化、集约化是其进入市场的前提。近年来，楚雄州在提高农民的组织化程度方面取得了较大进步，但总体水平不高。主要表现在几个方面：一是专业合作组织数量相对较少。二是现有的专业合作社、协会等组织多为松散型，与农户的联结度不高。三是缺乏农户利益共同体性质的协会组织。专业合作社大多是由龙头企业发起成立的，在操作上是以企业利益为中心，难以代表广大农户。

（四）市场体系建设滞后。当前，全州缺乏大型的农产品批发市场，真正能够辐射全州乃至周边地区的农产品批发市场尚未建立，为数众多的小型市场的辐射和流通能力很弱。农产品市场与流通基础设施落后、功能不强，对农业产业化的推动作用较弱，市场建设及服务体系亟待进一步完善和健全。

（五）扶持政策落实不到位。各级党委、政府为推进农业产业化发展制定了一系列政策，但当前落实得不理想、不到位，如资金扶持比较分散、金融支持门坎较高、发展环境有待

改善等，为此，必须进一步解放思想，更新观念，切实加大对农业产业化经营的扶持力度。

（六）农民人均纯收入增幅下降。由于楚雄州除烤烟以外的种植产业规模小、产业化程度低导致农民家庭经营性收入增幅趋缓；农民总体素质偏低，城镇化、工业化水平低导致农民工资性收入低；州级财政配套不足导致农民转移性收入较少；农村土地、房产权能缺失和土地房产价值难以发挥导致农民财产性收入总量偏小等原因，楚雄州农民人均纯收入在全省16州（市）中的排位呈下降趋势，特别是2010年排在第7位，首次低于全省平均水平，农民人均纯收入增幅下降已成为政治经济生活中的突出问题。

三、推进农业产业化发展促进农民增收的总体要求

“十二五”期间，随着国家强农惠民政策力度不断加大，特别是新一轮西部大开发和云南“两强一堡”战略的深入实施，以及东部产业逐步向西部转移，楚雄州农业农村面临新的发展机遇，有利于楚雄州充分发挥生物资源优势、加快农业结构调整、推进农业产业化进程，促进农业农村经济社会发展和农民持续快速增收。

（一）指导思想。以邓小平理论和“三个代表”重要思想为指导，深入贯彻落实科学发展观，认真贯彻落实党的十七届五中全会、省第九次党代会和州第八次党代会精神，牢牢把握国家深入实施西部大开发战略和支持云南省加快建设面向西南开放重要桥头堡的重大历史机遇，围绕农业增效、农民增收的目标，以加快转变农业农村发展方式为主线，以发展现代农业为方向，以强化基础、夯实基地、做强龙头、培育组织、创新科技、打造品牌、拓展市场、完善机制、确保安全为重点，通过一系列政策措施，加大扶持力度，加快推进楚雄州传统农业向现代农业转变，全面提高农民组织化、农业现代化水平，促进农民增收。

（二）发展目标。农业增效。在稳步提高粮食产量、确保粮食安全的前提下，大力发展畜牧、木本油料、蔬菜、林产业、薯类、蚕桑、食用菌、生物药、花卉9类特色优势产业，培育和壮大农业龙头企业，推进全州农业产业化发展，努力实现农业增效。到“十二五”末，全州粮食总产量保持在100万吨以上；肉类产量达到40万吨。规模以上农业龙头企业农产品加工产值达到100亿元以上；培育年产值10亿元以上的农业龙头企业1~2户，1~10亿元的10户，5000万元~1亿元的15户以上，1000~5000万元的80户以上；力争培育国家级农业产业化龙头企业1~2户、省级农业龙头企业30户，州级200户。70%以上的农产品产地通过无公害农产品产地认证；80%以上菜篮子产品实现标准化生产；无公害农产品、绿色食品、有机农产品和农产品地理标志产品新增认证数量100个以上。形成一批规模较大、营销水平较高、辐射带动能力较强的农产品专业市场和批发市场，年交易额超1亿元的规模农产品专业市场达到3个；建立农民专业合作社示范社100个。农民增收。通过培育农业龙头企业，发展优势特色产业，不断提高农业产业化水平，努力实现农民增收。在“十二五”期间，力争全州农民人均纯收入年均递增10%以上，农民从农业产业化经营中获得收益占农民人均纯收入的70%以上。到2015年，农民人均纯收入达到7000元左右；到2020年，农民人均纯收入达到1万元左右，接近全国平均水平，全州城乡差距明显缩小，农民生活质量有较大提高，为实现全面小康社会奠定坚实基础。

（三）基本原则。坚持政府引导原则。在政府加大对农业产业化投入的同时，鼓励和引导社会资本投向农业和农村，促进投资主体多元化，同时加强政策扶持，推进农业产业化发展。坚持因地制宜原则。农业产业化发展要根据不同地区、不同产业的实际出发，实行分类指导，这样才能有旺盛的生命力，使之做大做强，否则将会劳民伤财，得不偿失。坚持科技创新原则。把科技创新作为推进农业产业化发展的重要内容，积极采用高新技术和先进适用技术，加大农产品开发力度，提高农业龙头企业的科技创新能力。坚持市场导向原则。必须按照市场经济规律来引导农业产业化健康发展，积极发展优质、安全、高效的农产品生产，提高农产品的产销率，不断增强企业实力和产品市场竞争能力，带动农民增收。坚持统筹兼顾原则。必须统筹协调好农业龙头企业与农户的利益关系，不断完善利益联结机制，使之结成利益共享、风险共担的利益共同体，促进企业发展与农民增收双赢。

四、推进农业产业化发展促进农民增收的工作重点

（一）强化农业产业化发展的基础。坚持把加快农田水利建设作为推进农业产业化发展的重要条件，根据产业布局稳步推进中低产田地改造和农田水利建设，努力做到农业产业化基地建设和农田水利设施相配套。到2015年，力争有效灌溉率提高到43%，中低产田地改造面积达到115万亩，中低产林改造达到200万亩以上。突出以骨干水源、农田排灌、土地整治、机耕道路、流通设施和通讯信息为重点的基础设施建设，不断提高农业综合生产能力，打牢农业产业化发展基础，为全州农民增收创造有利条件。

（二）立足优势加强农产品基地建设。围绕9类特色优势产业建设专业化、标准化、规模化的农产品生产基地，加快推进基地向适宜区集中，提高产业发展集中度。要把稳定粮食和烟叶生产作为“三农”工作的首要任务来抓，为粮食安全和农民增收奠定坚实基础。要着力实施“两个一”工程，即发展10000户养殖示范大户和一个规模化养殖加工示范园区建设。要以“两业（蔬菜和种子产业）三区（元谋龙川江以西示范区、禄丰彩云恐龙山示范区、双柏绿汁江太河江示范区）”为突破口，抓住国家实行标准菜园建设机遇，充分发挥楚雄州低热河谷气候优势，着力抓好蔬菜标准化、规模化种植基地建设。要加快以核桃、油茶、油橄榄为主的木本油料产业发展，积极稳妥开发松茸、松露和松脂等林下资源。力争到“十二五”末，猪牛羊驴禽生产基地发展到30个，木本油料种植面积发展到500万亩，蔬菜种植面积发展到100万亩，薯类发展到30万亩，蚕桑发展到20万亩，建设野生菌保育基地200万亩，人工食用菌500万平方米以上，花卉发展到4万亩，中草药种植达到15万亩，林产业基地形成规模。

（三）积极培育和扶持农业龙头企业。按照“扶优、扶强、扶重点”的原则，不断完善财政、税收、土地、金融等方面的扶持政策，进一步优化龙头企业发展环境，选择一批辐射带动力强、经济实力强的龙头企业，集中财力给予重点扶持。支持企业通过集中有效资产、重组低效资产、盘活呆滞资产，整合种植、加工和品牌资源，扩大企业生产经营规模。鼓励企业向农业产业化园区聚集，形成农业产业集群发展。大力扶持具有自主知识产权、自主创新能力的龙头企业，提高科技成果运用和转化率，增强企业的核心竞争力，将农业龙头企业打造成为引领楚雄州农业产业化发展的“火车头”。

（四）积极发展农民专业合作经济组织。大力培育农民专业合作组织，鼓励农村能人、农科人员、专业大户等兴办农民专业合作组织。已建立的要在巩固成果、完善章程、改造提升、开拓市场、优质服务上作文章，使其进一步向实体型方向发展，提高竞争力；规范农民专业合作社的发展，充分发挥合作社的辐射带动和典型示范作用，建设一批农民专业合作社示范社。着力增强农业产业化组织的带动能力，支持龙头企业、农民专业合作组织和农户之间建立自愿平等、利益共享、风险共担的利益机制，采取订单农业、入股分红、利润返还等方式，建立稳定的产销关系，降低农业风险，与农户形成紧密型经济利益共同体，不断提高农民组织化经营程度。力争到2015年，农民专业合作组织带动农户达55%以上。

（五）不断加强农业科技创新能力。积极构建农产品加工科技创新体系和推广应用平台，增强科技自主创新能力。鼓励龙头企业开展技术研发和技术创新，改进加工生产工艺，不断提高产品的科技含量和附加值。推进科技成果向现实生产力转化，不断提高农产品精深加工水平和产品档次。构建以龙头企业为主体、产学研相结合的农业科技创新体系，大力培育科技人才队伍。支持龙头企业与高等院校、科研院所合作共建研发机构，对关键技术开展联合攻关。扶持一批具有自主知识产权、自主研发能力，在生物技术、良种培育、丰产栽培、节水节能、冷链保鲜、疫病防控等领域取得创新成果的科技型龙头企业，提高科技对农业产业化发展的支撑能力。

（六）大力实施品牌发展战略。一要创建品牌。鼓励和支持企业、协会、合作社等农业经济组织，申报无公害农产品、绿色食品、有机食品、原产地认证和知名商标、著名商标、驰名商标；支持农产品出口龙头企业向出口国家或地区申请商标国际注册；引导企业采取联合、合作等方式，打造知名品牌，提升楚雄州农产品生态、健康的整体形象，扩大生产规模，不断增强市场竞争力。二要经营品牌。整合楚雄州现有品牌资源，改变品牌多而杂的现象，集中力量打造特色农业优势品牌；农业龙头企业要积极参加各种展销会，并通过电视、互联网、报纸、广播等媒体宣传推荐品牌，扩大特色农产品知名度和市场占有率。三要保护品牌。建立健全品牌保护体系，严厉打击假冒和伪劣产品，切实维护知名品牌良好信誉。

（七）健全农产品市场建设及服务体系。不断加强农产品市场与流通基础设施建设，完善农产品市场功能，构建辐射省内外的现代市场体系。规划和建设大型农产品综合批发市场、现代农产品交易公共信息平台、电子商务平台和区域性农产品物流中心，加快农贸市场的改造提升。2015年以前，新建和改造2家标准化、规模化的农副产品批发市场，基本形成以区域性农产品批发市场为龙头，城乡集贸市场为骨干的农产品市场流通体系。支持龙头企业完善仓储设施，鼓励农业物流企业发展，加快鲜活农产品储藏、加工、运输和配送等冷链设施建设，降低农产品物流成本。完善市场服务，放宽有信誉度的农业龙头企业市场准入。对已获得食品生产许可证的州级农业产业化龙头企业，前一获证周期内无不良记录的，可简化换证程序。支持农业产业化企业开展连锁经营。加强市场信息服务，开展市场动态监测，大力发展物流配送、连锁超市、电子商务等现代流通方式，支持商贸、邮政等企业向农村延伸服务。

（八）逐步完善农业生产利益联结机制。正确处理好龙头企业与农户的利益关系，政府和龙头企业的关系，农业产业化经营与提高社会化服务水平的关系。通过开展定向投入、定向服务、定向收购等方式，为农户提供种养技术、市场信息、生产资料和产品销售等多种服务，提高龙头企业的服务能力。大力发展订单农业，规范合同内容，明确权利责任，提高订单履约率。鼓励龙头企业设立风险资金，采取保护价收购、利润返还等多种形式，与农户建立紧密、合理的利益联结机制。引导农民以土地承包经营权、资金、技术、劳动力等生产要素入股，实行多种形式的联合与合作，与龙头企业结成利益共享、风险共担的利益共同体。

（九）建立健全农产品质量安全体系。加快优势特色农产品的标准体系建设，不断提高农产品的质量和效益。支持龙头企业开展国际质量体系和食品安全管理等质量管理体系认证。加强农产品质量安全监控，“十二五”期间，扩建州农产品质量检测中心，新建8个县（市）农产品质量检测站，建立农产品检测和质量可追溯制度，切实落实农产品生产、收购、储运、加工、销售各环节的质量安全监管，确保农产品质量安全。严格农产品质量安全市场准入制度，通过定量包装、标识标志、商品条码等手段，加快推行农产品流通领域的标准化管理。

（作者单位：中共楚雄州委政策研究室）

楚雄民族文化强州建设研究

李松禄　钟雪峰

面对当今世界各种思想文化相互激荡，面对经济社会发展和人民生活改善对文化发展的要求，面对社会文化生活多样活跃的态势，如何进一步繁荣发展社会主义文化，提高国家文化软实力——这是在全面建设小康社会关键时期和深化改革开放、加快转变经济发展方式攻坚时期，中国正在面临的崭新课题。

党的十七届六中全会站在社会主义现代化建设全局和战略的高度，对深化文化体制改革、推动社会主义文化大发展大繁荣作了全面部署。云南省第九次党代会对云南科学发展、和谐发展、跨越发展作出了重大决策和部署。楚雄彝族自治州如何抓住历史机遇，推动彝州文化大发展大繁荣，建设民族文化强州。这是摆在楚雄干部群众面前的一项重要而又紧迫的任务。本课题结合楚雄州文化建设专题调研，分析文化改革发展的形势背景，结合楚雄实际，研究提出加快楚雄民族文化强州建设的总体要求、战略目标、工作重点和保障措施，以期在全州正在兴起的学习贯彻党的十七届六中全会精神，兴起社会主义文化大发展大繁荣的热潮中供参考。

一、楚雄民族文化强州建设的重要性

国民之魂，文以化之；国家之神，文以铸之。一部人类发展史表明，文化是社会发展的重要内容，是人类进步的显著标志。一个民族的兴盛，必定是从文化的繁荣开始的；一个民族的发展，离不开文化的支撑。

党的十七届六中全会提出坚持中国特色社会主义文化发展道路，努力建设社会主义文化强国，这是建国 62 年来第一次提出建设社会主义文化强国的宏伟目标，是全会的一个重大贡献和突出亮点。“小河有水大河满”，楚雄提出建设民族文化强州的思路，完全符合建设社会主义文化强国的总体要求。建设民族文化强州，首先必须完整准确地把握文化建设的概念。文化建设就是发展教育、科学、文学艺术、新闻出版、广播电视、卫生体育、图书馆、博物馆等各项文化事业的活动。它既是建设物质文明的重要条件，也是提高人民思想觉悟和道德水平的重要条件。因此，要充分认识加快民族文化强州建设的重要性，才能进一步推动文化建设与经济建设、政治建设、社会建设以及生态文明建设协调发展，才能实现彝州科学发展、和谐发展、跨越发展。

（一）*加快民族文化强州建设是弘扬优秀文化，提高彝州文化软实力的必然要求*。岁月的长河造就了楚雄博大精深、源远流长、璀璨多姿的彝族文化、古生物文化、历史文化和地域文化。正如六中全会强调指出的物质贫乏不是社会主义，精神空虚也不是社会主义；没有社会主义文化繁荣发展，就没有社会主义现代化。州第八次党代会提出要实现富民强州的宏伟目标，富民，既涵盖经济之富，也涵盖文化之富；强州，既涵盖经济之强，也涵盖文化之强。文化具有引导社会、教育人民、推动发展的作用，随着经济文化化、文化经济化、经济文化一体化时代的到来，文化软实力的影响日益强大，文化“软实力”成为发展的“硬支撑”。只有加快民族文化强州建设，推进文化繁荣发展，才能继承和弘扬优秀文化，建设各民族共有精神家园，才能更好地凝聚全州各族人民智慧和力量，提升彝州文化软实力，实现富民强州、科学发展。

对于彝州楚雄这样一个民族地区而言，要推动民族文化强州建设，促进文化大发展大繁荣，离不开高度的文化自觉、文化自信和文化自强，就是要在中华民族主体文化的大背景下，对楚雄独特的民族文化和地域文化的觉悟和重新认识。文化自觉是指全社会在文化上的觉悟和觉醒，以及对文化在历史进步中地位作用的深刻认识，对文化发展规律的正确把握，对发展文化历史责任的主动担当。

（二）*加快民族文化强州建设是优化经济结构，转变经济发展方式的必然要求*。转变经济发展方式是推动科学发展的主线。文化产业资源消耗少，环境污染小，产业链长，关联度大，是典型的绿色经济、低碳经济，提供的是精神产品和精神服务，是知识密集型和技术密集型战略性产业，能有效扩大内需。发展文化产业，有利于推动产业技术升级和经济结构优化，促进经济发展方式从粗放型向集约型转变。楚雄要与发达地区在产业分工上参与同一水平竞争，就必须解放和发展文化生产力，立足比较优势，加强文化建设，发展文化产业，扩大文化产品的生产和供给，增加文化经济总量，培育新的经济增长点，占领文化发展高地，形成新的竞争优势。我们要按照党的十七届六中全会的要求，紧紧围绕云南省“两强一堡”战略目标和楚雄州第八次党代会提出的富民强州目标，在推进富民强州实践中进行文化创造，在转变经济增长方式中谋求文化发展。

（三）*加快民族文化强州建设是落实文化惠民，满足人民群众文化需求的必然要求*。不断满足人民群众日益增长的物质文化需要是社会主义现代化建设的根本目的。国际经验表明，人均 GDP 进入 3000 美元后，文化消费比重逐渐超过物质消费比重。现在，我国人均 GDP 超过 4000 美元，楚雄州已达 2400 美元，开始进入文化消费大幅提升阶段，社会消费重心开始从物质领域向精神领域转移，文化需求多方面、多层次、多样性日益显现，这既给文化发展注入了新的动力，也赋予文化发展新的任务。加快民族文化强州建设，就是必须发挥人民在文化建设中的主体地位，大力发展更多更好的文化产品，提供更多更好的文化服务，深入实施文化惠民工程，在保障人民群众在享受殷实物质生活的同时，也能享受丰富多彩的精神文化生活，改善生活质量，提高幸福指数。

（四）加快民族文化强州建设是推动彝州科学发展，构建和谐社会的必然要求。“治国必先得人心”，国家要长治久安，社会要和谐稳定，必须对人民进行思想感召和心灵滋润，进而为人民提供丰富多彩、昂扬向上的精神食粮。一个文明进步的社会必然是物质财富和精神文明共同进步的社会，一个现代化的强国也必定是经济、政治、文化、社会协调发展的国家。文化建设是中国特色社会主义事业“四位一体”总体布局的重要组成部分，要推动彝州科学发展，实现富民强州奋斗目标，必须正确处理经济建设、政治建设、社会建设、文化建设的关系，用社会主义先进文化占领文化阵地，用社会主义核心价值体系引领多样化的社会思想，发挥和谐文化的感召力、融汇力和凝聚力，破除不适应不符合科学发展的思想和做法，形成共同的理想信念、道德规范、价值取向，在增加物质财富的同时，大力营造公平、正义的和谐社会环境，确保各项建设相互促进、互为保障、协调持续，努力推动彝州经济社会又好又快发展。

二、加快民族文化强州建设的形势分析

文化是民族的血脉，是人民的精神家园。文化是民族凝聚力和创造力的重要源泉，是综合国力竞争的重要因素，是经济社会发展的重要支撑。物质贫乏不是社会主义，精神空虚也不是社会主义。当前，文化越来越成为民族凝聚力和创造力的重要源泉、越来越成为综合国力竞争的重要因素、越来越成为经济社会发展的重要支撑，丰富精神文化生活越来越成为全国人民的热切愿望。进入21世纪以来，世界各国都普遍把培育文化软实力提高到事关综合国力竞争、事关民族利益的高度予以重视。美国、日本等发达国家更是凭借其强大的经济实力和科技实力，大力实施文化扩张战略，文化输出已成为其输出价值观、意识形态和影响力的重要手段。

我国能否在激烈的国际竞争中立于不败之地，不仅取决于经济实力、科技实力和国防实力，也取决于文化软实力。2002年11月，党的十六大作出推进文化体制改革的战略部署。2005年，党中央、国务院出台《关于深化文化体制改革的若干意见》。2006年，《国家“十一五”时期文化发展规划纲要》公布。2007年，党的十七大从中国特色社会主义经济建设、政治建设、文化建设、社会建设四位一体总体布局的高度，提出深化文化体制改革，兴起社会主义文化建设新高潮，推动社会主义文化大发展大繁荣。2009年，《文化产业振兴规划》实施。2011年，党的十七届六中全会审议通过了《中共中央关于深化文化体制改革，推动社会主义文化大发展大繁荣若干重大问题的决定》，这一切使文化创造活力竞相迸发，让文化创造源泉充分涌流，极大地丰富了亿万人民的精神文化生活。从全国来看，我国文化建设呈现出方兴未艾之势。东部地区乘着率先发展的优势，大气魄、大手笔地制定文化产业发展规划，继续抢占文化发展制高点，中西部地区充分发挥资源比较优势，深入挖掘文化发展潜力，努力推进文化高速度、跨越式发展，千方百计争取后来居上。全国文化改革发展千帆竞发、百舸争流，不进则退，慢进也是退。请看这样一组数据：电影产量由2003年的不到100部上升到2010年的526部，中国已成为世界第三大电影生产国和第一大电视剧生产国；影视动画产量从2005年的4.2万分钟增加到2010年的22万分钟，增长4倍以上；“十一五”时期，新闻出版业总资产、总产出、总销售比“十五”时期翻了一番。2010年网络游戏市场实际销售收入323.7亿元，比上一年增长26.3%。这是我国文化产业发展的有力佐证。

从全省来看，云南省1996年就提出了建设民族文化大省的奋斗目标。省第八次党代会以来，省委、省政府及时提出了推进民族文化大省向民族文化强省迈进的战略思路，省委八届八次全委会正式把建设民族文化强省与建设绿色经济强省和中国面向西南开放重要桥头堡一起，确定为云南未来发展的三大战略目标。2010年底，省委、省政府召开全省文化建设大会，把文化工作摆上更加突出的位置来抓，掀起新一轮文化建设的热潮。

“十一五”以来，楚雄州文化建设取得显著成绩，社会主义核心价值体系建设取得明显成效、文化体制改革稳步推进、公共文化服务体系不断完善、文化旅游产业发展卓有成效、文学艺术创作成果丰硕、文化资源保护明显加强、楚雄文化的对外影响力不断扩大。“十一五”期间，全州共投入资金近7亿元，实施文化基础设施建设项目近300个；全州文化旅游业实现总收入90亿元，比“十五”期间增长104%；2010年，全州文化产业实现增加值17.87亿元，占全州GDP的4.58%；全州从事文化及相关产业的法人单位3500家，从业人员达1.4万人；建立非物质文化遗产保护名录733项，彝族火把节、牟定左脚舞等10多个项目入选国家级非物质文化遗产名录。

形势喜人，形势逼人。与党的十七届六中全会提出的建设社会主义文化强国、省委提出的建设民族文化强省、州第八次党代会提出的建设民族文化强州的新目标、新要求相比，楚雄州文化发展水平落后于经济社会发展水平，与全面建设小康社会的要求不相适应，与民族文化资源大州的地位不相适应，与各族群众日益增长的精神文化需求不相适应。楚雄民族文化强州建设还有很多差距：一是部分领导干部对文化建设认识不够，自觉性、主动性不强；二是舆论引导能力需要提高，网络管理亟待加强；三是公共文化服务体系不健全、不平衡；四是文化产业规模不大，竞争力不强，潜力有待挖掘。如2010年全省文化产业增加值达440亿元，占全省GDP色比重达6.1%，成为全国6个文化产业增加值占GDP比重超过5%的省市；而楚雄州文化产业增加值仅为17.87亿元，占全州GDP的比重为4.58%，与全省相比尚差1.52个百分点；五是文化外宣力度不够、影响力不大。如除《太阳女》外楚雄还有什么演艺精品可以代表彝州“走出去”等等；六是文艺精品力作不多，创新不够。如彝族题材的《末代女土司》等等是否能够策划创作为大型民族题材电视剧上央视和省级卫视，这些问题值得深思；七是文化人才队伍建设急需加强等等。

当前，楚雄州同全国一样进入了全面建设小康社会的关键时期和深化改革开放、加快转变经济发展方式的攻坚时期，这些，为楚雄民族文化强州建设提供了重要机遇。只有更加自觉地承担起推动先进文化发展的重任，更加自觉地承担起传承中华民族优秀文化的重任，更加自觉地承担起满足人民群众更高的精神文化需求的重任，更加自觉地承担起提高文化软实力的重任，才能为加快富民强州进程提供坚强思想保证、强大精神动力、有力舆论支持、良好文化条件。

三、加快民族文化强州建设的总体要求和战略目标

（一）总体要求

全面贯彻党的十七大和十七届六中全会精神，高举中国特色社会主义伟大旗帜，高举中国特色社会主义伟大旗帜，以马克思列宁主义、毛泽东思想、邓小平理论和“三个代表”重要思想为指导，深入贯彻落实科学发展观，坚持社会主义先进文化前进方向，以建设民族文化强州为目标，以改革创新为动力，着力推动社会主义核心价值体系建设，着力建设和谐文化，着力弘扬民族优秀文化，着力繁荣文化事业和大力发展文化产业，全面提升文化的引领能力、服务能力、竞争能力和创新能力，充分展示楚雄深厚的历史文化底蕴、独特的民族文化魅力，掀起社会主义文化建设新高潮，促进文化建设与经济建设、政治建设、社会建设和生态文明建设协调发展，更好地实现和保障人民群众基本文化权益，为推动楚雄科学发展、和谐发展、跨越发展，加快富民强州进程提供坚强思想保证、强大精神动力、有力舆论支持、良好文化条件。

（二）战略目标

要重点规划十二五，前瞻 2020 年，着力实施“六个一批”：培育一批文化骨干企业、建设一批文化旅游产业基地、汇聚一批文化优秀人才、创作一批文化精品力作、实施一批文化服务工程、打造一批文化特色品牌，文化旅游产业增加值占全州 GDP 比重，力争 2015 年达 8% 左右，2020 年达 10%。文化生产力得到极大解放和提高，建成比较完备的公共文化服务体系和健全的文化旅游产业体系，形成与经济社会发展相适应的文化优势，与楚雄州经济地位相适应的文化实力，与人民群众精神文化需求相适应的文化条件，把楚雄建设成为思想基础良好、服务体系健全、民族文化荟萃、产业优势突出、发展活力涌现的民族文化强州。打响“一彝三古”特色文化品牌，提升楚雄文化在省内外的影响力和竞争力，把楚雄建设成为全省新的民族文化旅游基地，民族文化强州建设取得阶段性成果。

需要指出的是，楚雄州当前的纯文化产业的产业门类不多，规模不大，纯文化产业占 GDP 的比重还不大，要真正建成支柱产业还需要下大功夫，当前文化旅游产业合起来作为楚雄州的六大重点产业之一，所以占 GDP 的比重还较高。

四、民族文化强州建设的重点

民族文化强州建设是一项复杂而艰巨的系统工程，要立足实际，明确任务，突出重点，整体推进，着力实施“十项工程”，增强全州文化软实力，推动彝州文化的繁荣发展。

（一）公民素质工程。一是加强社会主义核心价值体系建设。社会主义核心价值体系是兴国之魂，是社会主义先进文化的精髓。坚持把社会主义核心价值体系融入国民教育、精神文明建设和党的建设全过程，贯穿改革开放和社会主义现代化建设各领域，体现到精神文化产品创作生产传播各个方面，坚持用中国特色社会主义理论体系武装全党、教育人民，坚持用社会主义核心价值体系引导社会思潮和文化发展，在全社会形成统一的指导思想、共同的理想信念、强大的精神支柱和基本的道德规范。二是大力培育楚雄人文精神。大力培育以社会主义核心价值体系为灵魂、以楚雄优秀传统民族历史文化为底蕴、以现代文明素质为特征的新时期楚雄人文精神，大力开展“彝州道德模范”、“感动彝州人物”、“诚信企业”、“优秀外来投资商”、“讲文明树新风”等体现新时期楚雄人文精神的活动。三是加强哲学社会科学研究和普及。围绕楚雄州国民经济和社会发展“十二五”规划，加强和改进应用对策研究，不断推出有价值的研究成果。四是建设学习型社会。大力开展学习型党组织、学习型机关、学习型社区、学习型企业、学习型城市、学习型农村建设。

（二）文明创建工程。一是广泛开展精神文明创建活动。继续在全州深化以文明单位、文明行业、文明乡（镇）、文明村（组）、文明社区、文明风景旅游区和“群星文明工程”、“五好文明家庭”、“文明市民”等为主要载体的创建活动，巩固提升文明楚雄的创建水平。二是提升文明城市创建水平。以建立长效创建机制、形成创建常态为重点，深入推动楚雄市和其他 9 个县城文明城市（县城）创建活动，争取早日把楚雄市创建成全国文明城市，更多的县城创建成省级文明县城，塑造楚雄文明新形象。三是建设文明和谐家园。深入推进未成年人思想道德建设，在全社会倡导讲文明，树新风，倡导绿色环保生产生活方式，建设和谐文化、美好家园。

（三）公共文化工程。一是完善城乡公共文化设施。坚持政府主导，以公共财政为支撑，重心下移，大力推进公共文化服务体系建设。继续实施图书馆、文化馆、博物馆、美术馆、体育馆、文化站、文化室、农家书屋、“非遗”传习所、篮球场建设工程。到 2015 年，实现县县有达到国家部颁标准的图书馆、文化馆、博物馆，乡乡有多功能综合文化站，村村有多用途文化活动室。二是推进标志性文化工程建设。抓好已确定的重点文化设施项目建设，把州文化活动中心打造为“文化超市”，把州博物馆建成国家一级博物馆，推进中国楚雄彝族图书馆建设。支持和鼓励各地规划建设一批具有地方特色的标志性文化设施，增强公共文化实力，提升城市文化形象，提高公共文化服务能力。三是打造城镇特色文化。大力推进民族文化、历史文化、地域文化与城镇规划建设的融合，各地要根据地域和民族文化特色，打造一批文化特色城镇。四是推进文化惠民工程。深入实施文化惠民工程，大力推进文化信息资源共享、农家书屋、广播电视村村通、农村电影放映、“三下乡”、

"七彩云南"全民健身、广场文化等重点文化惠民工程，全面推进"县有两馆、乡有站、村有室"的目标，切实解决好农民群众文化"五难"问题。五是改善公共文化服务。改善服务，提高效率，加大公共文化产品和服务的供给力度，完善公共文化服务网络，构建比较完善的公共文化服务体系，实现文化惠民、文化乐民、文化育民、文化富民，统筹城乡发展。

（四）民族文化传承工程。一是加强优秀民族文化保护和开发。坚持保护利用、普及弘扬并重，建设优秀传统文化传承体系。加强对重点文物、非物质文化遗产、古籍、历史文化名镇名村保护和开发。加强文化遗产普查登记，建立保护体系。抓好少数民族语言文字科学保护、使用和传承工作。大力建设各类民族文化传习馆（所），扶持建设一批体现楚雄特色的专业博物馆。在学生和干部群众中，开展优秀民族文化的教育普及工作。做好"彝族火把节"世界非物质文化遗产申报工作。到2020年，建成省级彝族文化生态保护区10个，新增国家级民族民间文化艺术之乡5个，省级民族民间文化艺术之乡10个，培养国家级民族民间文化传承人10名、省级民族民间文化传承人120名、州级民族民间文化传承人300名。二是开展优秀民族文化研究。加强民族文化应用性研究，开展历史、传说、建筑、美食、歌舞、服饰、节庆、民俗、风情、文学等民族文化研究，把民族文化资源优势转化为品牌优势、产业优势和经济优势。特别要结合楚雄州文化旅游产业，注重实用型、转化型民族文化课题研究，丰富旅游产业的文化内涵，增强吸引力和竞争力。要更加自觉地用好用活彝州宝贵的历史文化、民族文化和地域文化资源，使之转化为促进楚雄发展的经济要素和生产力，成为文化产业、旅游产业及其他相关产业发展的重要支撑和强大推动力。三是彰显彝族文化特色。特色是文化的生命。文化建设必须始终突出特色，彝族文化是楚雄文化的最大特色，特色就是优势就是竞争力。要全面抓好彝族文化的抢救、保护和展示工作，促进彝族文化与旅游、科技、企业、资本、城镇建设等的结合，使楚雄彰显浓郁的彝风彝韵，打造一批彝族文化品牌，形成彝族文化特色，凸显彝州楚雄的独特魅力。按照"总体规划，分步实施"的原则，逐步实施彝族文化研究"三个一百"工程，即继续抓好100部《彝族毕摩经典译注》编译出版、编辑出版100部《中华彝族文化研究文库》、策划摄制100集《中国彝族》人文电视系列丛片。要首先从彝族文化常识和彝族歌舞普及等基础性、群众性的工作抓起，促进彝族文化的现代化、生活化和产业化。

（五）文化精品工程。一是培育理论学术精品。健全哲学社会科学研究、组织和管理体制，完善优秀成果评奖机制、哲学社会科学规划机制，积极培育理论学术精品，争取每年推出一批在全国全省具有重大影响的标志性成果。二是推进文艺精品创作。强化精品意识，实施精品战略，稳步推进文学、戏剧、美术、音乐、舞蹈等艺术门类全面繁荣，筛选提炼一批可以创作为小说、诗歌、散文、戏剧、电影电视、歌曲、动漫的文化资源，组织精干力量进行攻关，推出一批"既叫好又叫座"的文艺精品佳作。三是创新艺术生产模式。重视前期策划创意，采取政府资金优先扶持，政府定制采购、项目招标、成果引入等形式推进文艺精品创作。

（六）文化产业工程。一是培育一批骨干文化企业。以文化旅游、印刷复制、广电、报业、演艺、动漫、影视制作、广告、休闲娱乐为重点，大力培育骨干文化企业，建设一批实力强、品牌响、带动大的文化企业集群。以发展民营文化企业为主线，鼓励社会资本和其他国有资本进入文化产业领域，培育中小文化企业群体。重点支持世界恐龙谷、彝人古镇、楚雄日报传媒有限公司、楚视传媒有限公司等文化企业发展壮大，推动文化旅游、报业、民族演艺、广电传媒、印刷包装、彝族刺绣等企业发展。积极引进有实力、讲诚信、善经营的到楚雄州兴办文化企业，培育一批资产和产值超亿元的骨干文化企业。二是规划建设一批文化产业园区。积极规划建设楚雄彝族文化产业园、楚雄高原体育运动文化园区、楚雄印刷包装产业园、禄丰世界恐龙谷恐龙文化产业园、永仁苴却石艺文化产业园等一批州级文化产业园区，打造一批文化产业示范基地，形成规模化、集约化、专业化发展。到2015年，争创1～2个省级文化产业示范基地，到2020年，争创1个国家级文化产业示范基地。三是发展特色文化产业。以旅游产业为平台，采取"公司＋经济人＋协会＋农户"的模式，大力发展彝族刺绣、苴却砚等特色优势产业。四是培育现代文化市场体系。加快构建现代文化市场体系，健全文化产品、服务和要素市场，加强书报刊、电影、民族民间工艺品、文化旅游演艺等文化产品市场建设，发展版权代理、文化资产评估、演艺经纪、工艺美术品拍卖、信息服务等文化中介行业，努力扩大文化消费，不断提升文化产业在全州GDP中的比重，把文化产业培育成为全州新的经济增长点和重点产业。

（七）文化旅游工程。一是打造文化旅游特色品牌。坚持重点项目带动，继续推进世界恐龙谷二期、彝人古镇等重点项目，以及石羊古镇、光禄古镇、黑井古镇等项目建设。大力发展彝绣、苴却砚、地方土特产等特色突出、市场竞争力明显的优势产业。二是打造文化旅游组团 。加快引进一批重大文化旅游项目，培育一批重点旅游企业，积极发展一批中小旅游企业，统筹环州旅游线路开发，把风情彝州之旅—环州旅游线打造成为云南精品旅游线路，有机融入昆明—大理—丽江—香格里拉黄金旅游线，把楚雄建设成为云南新兴旅游目的地。三是发展乡村生态文化旅游。结合社会主义新农村建设，积极发展以永仁方山诸葛营村、南华咪依噜风情谷为代表的面向城市、背靠景区、沿交通线的"城市近郊型、景区依托型、交通沿线型、特色农业型、民族文化型、旅游小镇型"乡村生态旅游产品，不断壮大产业规模。

（八）现代传播工程。一是加强舆论引导能力。坚持党管媒体，始终把坚持正确舆论导向放在首位，弘扬健康向上的主流舆论。建立健全新闻发布制度、完善突发事件新闻应急报道机制和舆论引导机制，加快楚雄门户网站建设，构建定位明确、特色鲜明、功能互补、覆盖广泛的舆论引导新格局，以楚雄日报、楚雄电视台、州人民广播电台为基础，加强与中央、省级媒体的合作，整合都市类媒体、网络媒体及各县（市）的宣传资源，唱响主旋律，占领主阵地。二是加强对外文化交流。要把建设民族文化强州与实施桥头堡战略紧密结合起来，实施文化“走出去”战略，策划推出一批代表彝州楚雄的民族演艺精品、影视精品，大力开展面向东南亚、南亚国家和地区的特色文化交流活动。三是加强对外形象宣传。围绕州情特点和“经济增长级、战略大通道、外向型产业基地、金沙江流域经济区重要节点、全国民族团结进步示范区”的目标定位，开展好对外文化形象宣传。继续做好“魅力楚雄”系列外宣活动，加大世界恐龙谷、彝人古镇、元谋土林等景区的宣传推介力度。

（九）文化改革工程。一是深化文化行政管理体制改革。健全党委领导、政府管理、行业自律、企事业单位依法运营的文化管理体制和富有活力的文化产品生产经营机制，做到政事分开、政企分开、事企分开、政府和中介组织分开、管办分离。加快推进文化市场综合执法改革，健全文化市场监督管理体系。二是深化文化单位体制机制改革。积极稳妥推进全州文化体制改革，与国家事业单位改革相衔接，文化馆（站）、图书馆、博物馆、楚雄彝族文化研究院等公益性文化事业单位和楚雄日报社、楚雄电视台、州广播电台、州民族艺术剧院的公益性部分，要推进人事制度、收入分配制度和社会保障制度“三项制度”改革。剥离出来的经营性部分要加快建立现代企业制度，完善法人治理结构，不断发展壮大。三是深化文化领域投融资改革。发挥市场在文化资源配置中的积极作用，支持非公有资本进入政策许可的文化产业领域，把丰富的文化资源转变为文化资本。

（十）文化人才工程。一是培育优秀文化人才。牢固树立人才是第一资源思想，重点抓好文化经营管理人才、文艺创作人才、公共文化服务人才、民族民间文化人才建设，着力培养一批既善经营又懂文化的复合型人才，打造一支高层次高素质有影响力的文化创作领军队伍，加强基层文化人才队伍建设。二是引进优秀文化人才。主要是面向省内外重点文化领军人物及其团队。同时，按照“不求所有、但求所用”的理念，发挥各种文化人才作用。

四、民族文化强州建设的保障机制

各级党委政府要切实增强推动文化大发展大繁荣的使命感和紧迫感，把思想和行动统一到党的十七届六中全会关于文化建设的重大部署和各项要求上来，树立和落实新的文化发展观，进一步加强组织领导，完善政策措施，思想上高度重视，工作上积极推进，措施上全力保障，推动文化建设不断取得新进展新成效。

（一）强化政治责任保障。各级党委、政府要从中国特色社会主义事业总体布局的战略高度，把思想和行动统一到中央和省委的决策部署上来，加强和改进党对文化工作的领导，切实担负起推进文化改革发展的政治责任，把文化建设纳入重要议事日程、纳入经济社会发展规划、纳入财政预算盘子、纳入科学发展的考核评价体系、纳入年度重点督查事项，作为衡量领导班子和领导干部工作业绩的重要依据，拿出抓经济工作的魄力和举措抓好抓实民族文化强州建设。

（二）完善工作机制保障。要建立健全党委统一领导、党政齐抓共管、宣传部门组织协调、政府有关部门分工负责、社会力量积极参与的工作机制和工作格局。宣传思想文化部门要在党委统一领导下，切实履行职责，发挥主力军作用，同时主动加强与各有关方面的联系，争取各方面的配合与支持。发展改革、财政、社保、税务、工商、国土资源、统计、法制等与加快文化建设密切相关的部门，要切实履行职责，加大政策扶持，完善配套措施，为推动文化改革发展提供有力保障。成立民族文化强州建设领导小组，对民族文化强州建设进行统一领导、组织和协调，各县（市）也要成立相应的领导和工作机构。各级人大、政协要加强对民族文化强州建设工作的督促检查。

（三）完善文化政策保障。要认真落实国家、省、州出台的一系列文化经济政策，完善落实以税收优惠、市场准入、金融支持、土地倾斜、人才激励等为重点的配套政策，支持文化事业和文化产业发展。

（四）加强经费投入保障。加强文化建设财政投入力度，认真落实中央关于公共财政对文化投入的增长幅度高于财政经常性收入增幅的要求，切实加强财政投入性保障。争取州、县（市）从2012年起设立文化产业专项资金和文化事业发展专项资金，文艺精品创作扶持资金和农村文化建设专项资金。积极倡导社会捐赠兴办公益性文化事业的政策等。推行公共文化产品政府采购制，采取政府采购、项目补助、定向资助等方式采购公共文化产品、重大公共文化服务项目、公益性文化活动。

（作者单位：楚雄州文化体制改革和文化产业发展办公室）

（责任编辑：白云鹏）

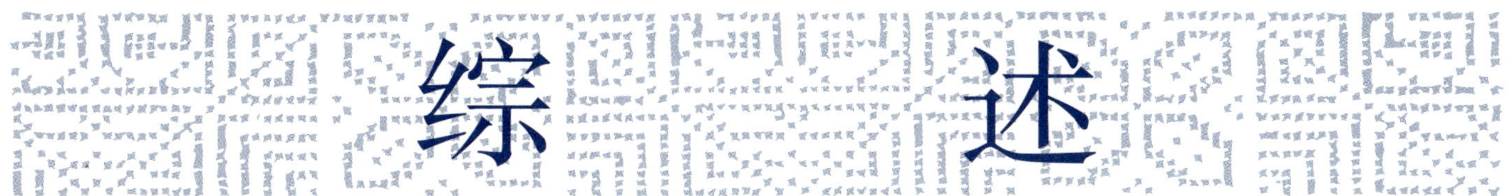

综　述

楚雄彝族自治州概貌

【地理位置】　楚雄彝族自治州位于云南省中部偏北，地跨北纬24°13′~26°30′、东经100°43′~102°30′之间，属云贵高原西部、滇中高原的主体部位，自古为“省垣屏障、滇中走廊、川滇通道”。楚雄州东靠昆明市，西接大理白族自治州，南连普洱市和玉溪市，北临四川省攀枝花市和凉山彝族自治州，西北隔金沙江与丽江市相望，是省会昆明市西出滇西7州（市）及缅甸的必经之地，故有“迤西咽喉”之称。全州行政区域总面积29258平方千米。州府驻楚雄市城区，海拔1773米，东距省会昆明165千米。

【历史沿革】　楚雄州境是人类发祥地之一，有着悠久的历史和灿烂的文化。早在170万年前，生活在龙川江两岸的元谋人就已进入了旧石器时代，掌握了用火技术。距今4000年以前，以元谋大墩子和永仁菜园子为代表，楚雄州境各地已先后进入了新石器时代。在2500年前的春秋时期，州境先民创造了以铜鼓为特征的青铜文化，步入了奴隶社会。先秦时期，楚雄州境主要分布着氐羌、百越、百濮三大族群。

西汉中期楚雄州境被纳入中原王朝的版图，分别隶属于越巂、益州二郡；蜀汉时期，分属建宁郡、越巂郡和云南郡；西晋时分属云南、建宁二郡；东晋咸康八年（公元342年），有“爨酋威楚筑城硪碌赕居之”，故有威楚之称；南北朝时分属晋宁郡、兴宁郡和建宁郡；唐初属戎州都督府和姚州都督府，南诏时属拓东节度和弄栋节度；宋属弄栋府、鄯阐府和威楚府；元初分属威楚万户、罗婺万户和大理下万户，后改设路、府、州、县，分属中庆路、威楚开南路、武定路和大理路；明代分属云南府、楚雄府、姚安军民府和武定府；清代分属云南府、武定直隶州、楚雄府。民国年间，裁府、州，设道、县，设楚雄、双柏、广通、盐兴、牟定、镇南、姚安、盐丰、大姚、永仁、元谋、武定、罗次、禄丰共15个县。

中华人民共和国成立后，分设楚雄、武定两专区。1953年，两专区合并为楚雄专区，辖楚雄、镇南、牟定、姚安、大姚、盐丰、永仁、元谋、武定、罗次、禄丰、广通、盐兴、双柏、禄劝、富民、安宁17县。1954年改镇南县为南华县。1957年划安宁县归昆明市。

1958年4月15日，楚雄彝族自治州正式成立。建州前夕并盐兴县入广通县。同年又合并楚雄、南华、牟定、双柏4县为楚雄县，合并姚安、大姚、盐丰、永仁4县为大姚县，合并罗次、禄丰、广通3县为禄丰县，合并武定、元谋2县为武定县，划富民县归昆明市。

1959~1961年间，先后恢复永仁、姚安、南华、双柏、牟定、元谋6县。1983年9月改楚雄县为楚雄市，10月划禄劝县归昆明市。至此，楚雄州形成辖楚雄市和双柏、牟定、南华、姚安、大姚、永仁、元谋、武定、禄丰共9县1市的格局至今。

【行政区划】　2011年末，楚雄州共辖9县1市103个乡（镇），其中乡50个（含民族乡4个）、镇53个，1097个村（居）委会，其中社区居委会60个，村委会1037个。

【人口民族】　2011年末，全州常住人口270.43万人，出生率11.36‰，死亡率6.82‰，自然增长率4.54‰。按公安户籍人口统计，年末全州总人口262.49万人，比上年末增加9803人。其中农业人口223.26万人，非农业人口39.23万人。在总人口中，少数民族人口91.20万人，占总人口的34.7%，其中彝族人口73.76万人。万人以上少数民族有彝族（737574人）、傈僳族（56389人）、苗族（45650人）、傣族（22560人）、回族（21204人）和白族（16765人）。全年出生人口22619人，死亡人口14973人。男女性别比（以女性为100计算）为104.4。

【自然概貌】　州境地势大致由西北向东南倾斜，从南北展布看，具有中部高、南北低、北部比南部稍高的特点；从东西展布看，东西稍高、中部低缓。最高点为大姚县百草岭的主峰帽台山，海拔3657米；最低点是双柏县与玉溪市新平县交界的三江口，海拔556米。

境内地层发育完全，褶皱、断裂发育，山高谷深，地形复杂。境内多山，山地面积占全州总面积的90%以上，盆地及江河沿岸的平坝所占面积不到10%，是一个以高中山和低山丘陵为主的地区，素有“九分山水一分坝”之称。主要山脉有东部的乌蒙山、西南的哀牢山、西北的百草岭，形成三山鼎立之势。

楚雄州地跨金沙江、元江两大水系，其分水岭自东向西从州境中部蜿蜒而过，构成南北分流之态。其中金沙江在州境段全长137千米，水系流域面积1.7万平方千米，涉及除双柏县以外的8县1市，占全州面积的60.1%，主要支流自西向东有一泡江、多底河、湾碧河、万马河、蜻蛉河、龙川江、勐果河、黑鲁拉河等河流，流向均由南向北；元江水系流域面积1.13万平方千米，涉及双柏全县及南华、楚雄、禄丰3县（市）的大部分地区，占全州面积的39.9%，主要支流有礼社江、马龙河、绿汁江及14条小支流，均系从北向南流。

【气候环境】 楚雄州境气候宜人，属亚热带亚湿润高原季风气候，由于山高谷深，气候垂直变化明显。全州总的气候特征是冬夏季短，春秋季长；日温差大，年温差小；冬无严寒，夏无酷暑；干湿分明，雨热同季；日照充足，霜期较短；蒸发旺盛，降水偏少；冬春少雨，夏旱偏重。因各地地形和海拔的差异，有明显的立体气候和小气候特征，呈“一山分四季，谷坡两重天”的特点。2011年，全州年平均降雨量614毫米，年平均气温16.5℃，年日照2371小时。县（市）政府驻地，双柏县的空气质量达到一级标准，其他9个县（市）达二级标准。

【资源特产】 楚雄州地带性土壤有暗棕壤、棕壤、黄棕壤、红壤，非地带性土壤有紫色土、水稻土、燥红土、石灰土、冲积土、盐土，计10个土类、18个亚类、57个土属、145个土种，酸碱性适中，宜种范围广，其中紫色土占总面积的65.16%，是烤烟等经济作物优质高产的土壤类型。2011年末，全州耕地面积234.65万亩，年内增加0.97万亩，减少0.75万亩。全州有中小型水库1071座，总库容11.04亿立方米。全年人工造林73.20万亩，退耕还林面积18.45万亩，天保工程管护面积2233.0万亩。有自然保护区19个，保护区面积284.96万亩，其中国家级保护区面积47.91万亩。全州有林地面积177.83万公顷，活立木蓄积量8008.63万立方米，森林覆盖率62.5%。

州境地质构造复杂，矿产资源丰富，种类涉及11大类73种。优势矿种有铁、铜、钛、煤、砷、石盐、石膏、芒硝等，储量比较丰富的矿产还有铅、铂、银、铌、硒、碲、氟、钒、硅石、石墨等，金、大理石、石棉、磷等矿藏也有分布。历史上，铜、铁、盐、煤等矿产曾对楚雄州乃至云南省的经济发展起过举足轻重的作用。据初步探测，楚雄州境还有丰富的石油和天然气资源，预计天然气的资源量十分可观。

楚雄州地处金沙江、元江两大水系的分水岭地带，境内无天然湖泊，也无入境暗河，水资源均由大气降水形成。

州境生物资源丰富。植物资源有6000余种，主要是森林、中草药、野生食用菌等。其中，珍稀植物27种，国家一级保护植物8种、二级保护植物19种，经济林127种。野生哺乳动物种类110多种、鸟类390多种、爬行类66种、两栖类34种、鱼类85种，其中长臂猿、懒猴、云豹、绿孔雀等为国家重点保护的珍稀动物。发现有药用植物资源1770种，药用动物77种，药用矿物13种。为保护生物资源及生物多样性生态环境，设有哀牢山、雕林山、紫溪山、化佛山、狮山、方山、昙华山、白竹山、老黑山等19个自然保护区，保护区面积284.96万亩，其中国家级保护区面积47.91万亩。楚雄州地处滇中腹地，是云南省重点林区之一。

楚雄州旅游资源以“恐龙之乡”、“腊玛古猿”、“元谋猿人”、元谋土林、狮山牡丹、紫溪山茶、彝族十月太阳历、古镇文化、彝族风情和冬暖夏凉的宜人气候而著称。以彝族文化为代表的民族节日、民族服饰、民族歌舞绚丽多彩、风韵独特。各种民族服饰多达400余种，传统的民族节日和集会多达57个，影响深远广泛的有“火把节”、牟定“三月会”、大姚“插花节”、永仁“赛装节”、姚安“龙华会”、禄丰“花会”、武定“花山节”、双柏“虎笙节”等。主要景区（点）有武定狮子山、元谋土林、彝人古镇、禄丰世界恐龙谷、楚雄州博物馆、黑井古镇、南华咪依噜风情谷、楚雄紫溪山、大姚石羊古镇、永仁方山、中国彝族十月太阳历文化园、牟定化佛山、大姚三潭景区、姚安光禄古镇、武定罗婺彝寨等。

楚雄州不仅资源丰富，地方产品也独具特色。久负盛名的有楚雄云泉豆瓣酱，禄丰香醋、黑井石榴，南华野生食用菌、大白芸豆、沙桥豆腐、月琴，大姚薄壳核桃、果脯、小把粉丝、野坝子蜂蜜，姚安三角糯米、茯苓、菖河蜂蜜、荞酒、山药，永仁苴却砚、永兴花椒、永桥酒，牟定油卤腐、喜鹊窝酒、铜炊具、化佛茶，双柏妥甸酱油、白竹山茶，元谋热带水果、冬早蔬菜，武定壮鸡、木纹石等。楚雄市、大姚县、南华县被授予“全国核桃之乡”称号。姚安蛉河藕粉、大姚薄壳核桃、元谋蔬菜、武定壮鸡已成产业化发展趋势。此外，遍布全州的虎掌菌、松茸、牛肝菌、黑木耳、香蕈等野生食用菌畅销欧洲及日本；元谋冬早蔬菜远销全国各大中城市，是全国十大蔬菜基地之一；柠檬酸、高低压开关柜等工业产品畅销全国；“排毒养颜胶囊”等民族药享誉海内外。近年来，以“三区八大基地”（天然药物产业园区、特色蔬菜种植园区、绿色食品加工园区和优质烟、优质米、中药材、畜禽、林果、茶桑、魔芋、水产基地）建设为标志的楚雄州生物资源开发创新产业成效显著。

【经济状况】 2011年，全州生产总值（GDP）482.50亿元，按可比价计算，比上年增长12.4%。其中，第一产业增加值108.32亿元，增长8.1%，拉动经济增长1.8个百分点；第二产业增加值208.43亿元，增长15.6%，拉动经济增长6.7个百分点；第三产业增加值165.75亿元，增长11.2%，拉动经济增长3.9个百分点。第一、第二、第三产业对生产总值增长的贡献率分别为14.7%、53.6%和31.7%，分别比上年提高0.1个百分点、下降1.3个百分点和提高1.2个百分点。第一、二、三产业增加值占生产总值的比重为22.4∶43.2∶34.4。全社会劳动生产率（即按从业人员计算的人均GDP）为28461元/人。按常住人口计算的人均GDP为17899元，按公安户籍人口计算的人均GDP为18416元。非公有制经济增加值208.0亿元，占GDP的比重为43.1%，比上年上升0.9个百分点（按可比口径计算)。

全州居民消费价格总水平比上年上涨4.3%，其中城市上涨3.8%，农村上涨4.5%。居民消费价格中，食品价格上涨10.3%，其中粮食价格上涨8.9%；烟酒价格上涨2.0%；衣着价格下降1.6%；家庭设备用品及维修服务价格下降0.3%；医疗保健和个人用品价格上涨2.5%；交通和通信价格上涨0.6%；娱乐教育文化用品及服务价格上涨0.5%；居住价格上涨4.7%；服务项目价格上涨2.1%。商品零售价格总水平上涨4.2%。农业生产资料价格总水平上涨11.6%。

年末全州从业人员169.53万人，比上年增加0.64万人。其中，从事农业产业的107.49万人，占63.4%，比上年下降1.4个百分点；从事非农产业的62.04万人，占36.6%，提高了1.4个百分点。年末城镇登记失业率为3.3%，与上年持平。城镇化水平（城镇化率）33.8%，比上年提高1.6个百分点。

全年实现农业总产值181.29亿元，按可比价计算，比上年增长8.5%。全年粮食种植面积330.87万亩，经济作物种植面积193.33万亩，其中烤烟种植面积63.94万亩，油料种植面积31.99万亩，蔬菜种植面积81.13万亩。全年粮食产量105.50万吨，比上年增长9.9%。其中，秋粮78.74万吨，夏粮26.76万吨。全年肉类总产量35.90万吨，增长7.9%；牛奶产量1128吨，下降65.0%；禽蛋产量9035吨，增长17.1%；蜂蜜产量839吨，下降1.1%；蚕茧产量2333吨，增长37.0%；水产品产量17026吨，下降0.1%。大牲畜年末存栏94.82万头，下降1.2%；生猪年末存栏210.93万头，增长2.6%；羊年末存栏130.99万只，增长0.1%；家禽年末存栏1017.41万只，增长11.9%。全州有效灌溉面积183.08万亩，节水灌溉面积91.25万亩。

全年规模以上工业完成产值353.31亿元，比上年增长22.5%（现价）；实现增加值125.97亿元，增长16.2%。烟草制品业、冶金化工业（规模以上）、医药制造业实现增加值93.48亿元，增长16.1%，占全部工业增加值的54.6%，占规模以上工业增加值的74.2%。其中，烟草制品业实现增加值53.81亿元，占规模以上工业增加值的42.7%；冶金化工业实现增加值37.22亿元，占规模以上工业增加值的29.5%；医药制造业实现增加值2.45亿元，占规模以上工业增加值的1.9%。全州规模以上工业企业实现利税总额79.33亿元，增长15.0%。其中，实现利润21.93亿元，增长11.8%；实现税金57.40亿元，增长16.3%。全州220个资质建筑企业，完成总产值70.07亿元，比上年增长9.1%；实现利润2.99亿元，增长35.3%；实现税金及附加2.0亿元，增长18.4%。全年实现建筑业增加值37.07亿元，比上年增长11.6%。

全年全社会固定资产投资354.54亿元，比上年增长26.3%。其中，城镇50万元以上投资264.77亿元，增长18.4%；农村投资89.77亿元，增长57.5%。在城镇50万元以上投资中，建筑工程投资155.78亿元，增长16.4%；安装工程投资13.45亿元，增长36.6%。在城镇投资中，国有单位投资133.98亿元，下降10.2%；非国有单位投资130.79亿元，增长75.7%。全年新增固定资产140.15亿元，增长1.9%。新开工项目1078个，下降13.2%。全年房地产开发投资52.46亿元，比上年增长37.2%。商品房竣工面积44.41万平方米，下降37.4%。商品房销售额61.51亿元，增长72.1%。

全年全社会消费品零售总额158.32亿元，比上年增长20.0%。按城乡分，城镇实现124.31亿元，增长21.0%；乡村实现34.01亿元，增长16.3%。按经济类型分，公有制经济实现35.97亿元，增长22.4%。其中，国有及国有控股经济实现30.80亿元，增长23.0%；非公有制经济实现122.35亿元，增长19.3%，其中个私经济实现116.65亿元，增长22.6%。非公有制经济实现的消费品零售额占零售总额的77.3%，比上年下降7.9个百分点。全年外贸进出口总额15089万美元，比上年增长39.2%。其中，出口额13755万美元，增长32.9%；进口额1334万美元，增长171.1%。全年实际利用外资2505万美元，增长88.2%。

年末州内公路通车里程17251.17千米（含村道）。其中，高速公路304.50千米，一级公路46.13千米。年末全州机动车拥有量468895辆，比上年增长14.7%。其中，汽车101930辆（个人80653辆），增长19.5%；拖拉机46734台，增长13.3%；摩托车319829辆（个人319484辆），增长13.4%。机动车驾驶员448832人。全年完成客运量2810.0万人（不含水运，下同），增长16.9%；旅客周转量184634万人千米，增长12.0%；货运量1501.0万吨，增长14.0%；货运周转量170947万吨千米，增长17.0%。全年完成邮电业务总量11.53亿元，比上年增长17.9%。年末固定电话用户25.41万户；移动电话用户125.15万户。电话普及率为57.35部/百人（按公安户籍人口计算），比上年增加5.59部/百人。年末互联网用户达204018户。全年共接待国内游客1165.06万人次，国际游客23837人次，分别比上年增长20.8%和19.8%。实现旅游总收入40.33亿元，增长29.8%。

全年完成财政总收入103.15亿元，比上年增长19.3%。其中，上划中央和省级所得税收入10.69亿元，增长29.5%；上划省级耕地占用税和卷烟教育费附加收入1.07亿元，增长37.6%；地方一般预算收入37.58亿元，增长22.4%。地方一般预算支出126.76亿元，增长16.7%。金融机构年末人民币存款余额504.79亿元，比上年末增长15.3%，其中城乡居民储蓄存款275.69亿元，增长20.6%。金融机构年末人民币贷款余额301.48亿元，比上年末增长14.8%。全年州内保险公司保费收入11.17亿元，比上年增长5.7%。其中，寿险业务保费收入6.65亿元，增长2.4%，赔款及给付1.52亿元；财产保险业务保费收入4.52亿元，增长11.0%，赔款及给付1.97亿元；健康和意外伤害业务保费收入1.60亿元，增长15.3%，赔款及给付7510.87万元。

【教科文卫】 2011年末，全州有普通高校2所，专任教师677人，招生4453人，在校生13669人，毕业生2953人；普通中专学校28所（含成人中专学校9所、中等职业技术学校8所、职业高级中学10所和技工学校1所），专任教师1142人，招生9666人，在校生30079人，毕业生6692人；高中21所，专任教师2884人，招生14208人，在校生38499人，毕业生11115人；初中115所，专任教师6813人，招生34576人，在校生102676人，毕业生34897人；小学841所，专任教师12838人，招生30111人，在校生199761人，毕业生35254人。特殊教育学校1所，专任教师48人，招生18人，在校生310人。幼儿园235所，专任教师1555人，在园幼儿50924人。全州学龄儿童净入学率99.85%。小学毕业生升学率98.07%，初中毕业生升学率68.41%，初中学龄人口净入学率98.49%，高中学龄人口毛入学率71.2%。教育部门主管录取的大学生10453人，比上年下降6.7%；残疾儿童入学率91.17%。小学、初中、高中专任教师学历达标率分别为98.75%、99.44%和97.47%。

全年列入州级以上科技计划项目83项。其中，国家5项，省级28项，州级50项。全年自然科学研究成果获省部级奖5项，获地厅级奖40项。科技对国民经济增长的贡献率48.7%，比上年提高1.1个百分点。全年组织科技培训20.1万人次。受理专利申请243件，批准专利113件。

年末共有专业艺术表演团体10个，公共图书馆11个，公共图书馆藏书116.38万册，文化馆11个（含群艺馆1个），博物馆4个，文管所10个，乡（镇）文化站103个。全州有电视台1座，广播电台1座，电视覆盖率97.5%，广播覆盖率97.2%。全年出版报纸312期，851万份。

年末有医院61所，妇幼保健院11所，卫生院114所，社区卫生服务中心（站）32个，卫生监督所11个，疾病预防控制中心11个，采供血机构1个，急救中心1个，诊所（卫生所、医务室）355个，门诊部11个，健康教育所1个。有专业卫生技术人员9987人。其中，执业医师3290人，执业助理医师687人，注册护士3424人。医疗卫生机构床位11437张，医院和卫生院床位10979张，其中医院床位8421张。

全年体育健儿参加省级及以上体育竞技比赛获得奖牌91枚。其中金牌34枚、银牌25枚、铜牌32枚。

【社会生活】 2011年，农村居民人均纯收入4627元，比上年增加731元，增长18.8%，扣除物价因素，实际增长13.9%；城镇居民人均可支配收入17785元，比上年增加2162元，增长13.8%，扣除物价因素，实际增长9.1%。农村居民家庭食品消费支出占家庭生活消费支出的比重为51.3%，城镇居民为40.2%。年末全州城镇居民人均住房总建筑面积35.63平方米，农村人均住房使用面积35.99平方米。全州1037个村委会，有1037个通电话，1035个通公路，1037个通电，1020个通自来水。全州参加基本养老保险126710人，比上年增加9920人。参加失业保险128500人，与上年持平。参加基本医疗保险419286人，增加19984人。参加工伤保险92485人，增加14329人。参加生育保险57749人，增加4086人。农村居民参加农村社会养老保险982745人，增加449356人。参加新型农村合作医疗2108697人，比上年减少2803人。年末全州领取失业保险金人数5997人。全年81705人城镇居民得到政府最低生活保障，156452人农村居民得到政府最低生活保障。全年民政优抚革命伤残军人1229人，在乡复员军人5439人。全州有敬老院102个，收养3521人；有福利院4个，收养47人。

［者宗菊］

经济建设

【经济运行情况】 2011年是楚雄州经济发展中困难较多和挑战较大的一年，全州上下紧紧围绕全年发展目标，深入贯彻落实科学发展观，突出“抓项目、抗通胀、稳物价、保增长、保民生、保稳定”等工作重点，奋力保持了经济平稳较快发展，完成或超额完成了年初人民代表大会确定的目标任务，顺利实现了“十二五”良好开局。全州生产总值完成482.5亿元，按可比价计算，同比（下同）增长12.4%；全社会固定资产投资完成354.5亿元，增长26.3%；地方财政总收入和地方财政一般预算收入分别完成103.2亿元、37.6亿元，分别增长19.3%、22.4%；社会消费品零售总额完成158.3亿元，增长20%；外贸进出口总额完成1.5亿美元，增长39.2%；城镇居民人均可支配收入和农民人均纯收入分别达17785元、4627元，实际分别增长9.1%、13.8%；居民消费价格总指数上涨4.5%，低于全省平均涨幅0.4个百分点；城镇登记失业率控制在3.3%；人口自然增长率4.6‰；城镇化率提高1.6个百分点；单位生产总值能耗下降4.17%。

【经济结构调整】 2011年，楚雄州立足科学发展，在加强对传统产业改造升级的同时，加大新兴产业和新的经济增长点的培育工作力度，有效促进发展方式的转变，三次产业结构得到进一步优化调整，第一产业实现增加值108.3亿元，增长8.1%，第二产业实现增加值208.4亿元，增长15.6%，第三产业实现增加值165.8亿元，增长11.2%，三次产业比重从上年的22.4∶42.5∶35.1进一步优化为22.4∶43.2∶34.4。

【重点产业建设】 2011年，楚雄州加大对“十二五”规划确定的烟草、冶金化工业、生物医药、绿色食品、文化旅游、新能源新材料6大重点产业的扶持培育，6大重点产业取得新成绩，实现增加值223.2亿元，增长9.1%，占GDP比重为47%。其中，烟草产业实现增加值78.5亿元，增长15.7%，占GDP比重为16.3%；规模以上冶金化工业实现增加值37.2亿元，增长13.2%，占GDP比重为7.7%；生物医药业实现增加值4亿元，增长4.9%，占GDP比重为

0.8%；绿色食品业实现增加值73.2亿元，增长10.6%，占GDP比重为15.2%；文化旅游业和新能源新材料产业发展也有了较大突破。

【固定资产投资】　2011年，按照云南省人民政府的统一部署和要求，相关部门协同配合编制了《楚雄州“十二五”项目集群规划》，共规划提出“十二五”要重点推进的项目4643个，总投资8265亿元。项目前期工作扎实推进，州人民政府安排7854万元作为项目前期费，列入省“三个一百”和州重点前期的元谋坛罐窑水库、禄丰西河水库，云铜集团在楚建设等一批重点前期项目进展顺利，部分可研已获批复；重点在建项目进展顺利。姚安下口坝水库、红塔集团楚雄卷烟厂易地搬迁建设项目等一批重大项目推进迅速。全州共实施项目1589个，年度新开工项目1078个。向上争取项目资金取得明显实效，全年共上报项目5645个，总投资852亿元；实际争取项目3773个，争取项目资金62.7亿元，增长13.1%，达到历史最高水平。全年实现全社会固定资产投资354.54亿元，增长26.3%。

【区域经济】　2011年，中共楚雄州委、州人民政府继续将县域经济发展放在全局工作重要位置加以推进，认真贯彻落实中央和省各项富民强县重大决策部署，加强分类指导、加大扶持力度，各县发展基础进一步夯实、支柱产业进一步培强、考核机制进一步完善，综合实力进一步增强，呈现出县域之间竞相发展新格局。10县（市）中楚雄、双柏、牟定、南华、永仁、武定6个县（市）生产总值增幅均超过全州增幅；地方财政总收入增幅高于30%有牟定、南华、姚安、大姚、永仁、武定6个县，最高增幅达43.9%，10县（市）共完成地方财政总收入46.5亿元，增长21.9%；地方财政一般预算收入增幅高于30%的有牟定、南华、姚安、大姚、武定5个县，最高增幅达52.9%，10县（市）共完成地方财政一般预算收入29.3亿元，增长24.9%；规模以上工业增加值增幅高于20%的有牟定、南华、姚安、永仁、元谋、武定6个县，最高增幅为41%；全社会固定资产投资高于40%的有双柏、牟定、南华、武定4个县，最高增幅达69.2%。

［张云徽］

政治建设

【领导班子和干部队伍建设】　2011年，中共楚雄州委组织部制定下发了《关于进一步规范〈县（市）和州级部门（单位）领导班子建设联系制度〉相关工作的通知》，对联系工作的主要任务、方法步骤、结果运用、工作要求等进行细化和规范，切实提高了工作的实效性；调整了部领导和各科室联系的单位，使部领导和各科室能够更全面地了解全州领导干部队伍的总体情况，为州委选好配强领导班子打好基础。根据县（市）、州级部门班子情况，做好县（市）、州属部门领导班子调整、配备和缺额补充工作，优化班子结构，激发班子活力。全年全州共调整干部16批涉及345人，其中实行常委会票决292人，采取全委会初始提名，差额推荐、差额考察、差额酝酿，常委会、全委会票决的方式产生了5名县（市）长。积极完善领导干部考核工作机制，加强领导干部的考核工作，共对全州388名县（市）班子成员、712名州级部门班子成员进行了全面考核。州级部门班子成员中，最后确定2010年度考核的优秀等次干部154人、称职551人、基本称职4人、不确定等次3人、不进行考核3人。10县（市）班子成员中，最终评定为“优秀”等次的地方干部64名，占16.7%；评定为“基本称职”等次3名，不确定等次干部5名。评定为“优秀”等次的挂职干部16名，占94.12%；不确定等次的挂职干部1名。着力加强优秀干部培养选拔工作，年初选派了36名年轻干部到乡（镇）挂职，努力为优秀年轻干部成长创造条件。切实加强乡（镇）党政正职的宏观管理，全年共对10县（市）上报调整变动的135名乡（镇）党政正职人选进行了审核把关，保证四项监督制度不折不扣地贯彻落实。

【干部人事制度改革】　2011年，中共楚雄州委组织部制定出台了《楚雄州竞争性选拔干部工作实施意见（试行）》及4个配套制度，即《楚雄州公开选拔科级以上领导干部工作实施办法（试行）》、《楚雄州党政机关内设机构领导干部竞争上岗工作实施办法（试行）》、《楚雄州差额选拔任用领导干部工作实施办法（试行）》、《楚雄州州、县（市）机关公开选调公务员工作实施办法（试行）》（统称楚雄州竞争性选拔干部1+4制度），建立了涵盖从乡（镇）机关到州级部门、从股所级干部到县处级领导的完整竞争性选拔体系。下发了《关于在政府机构改革中推行内设机构领导干部竞争上岗工作的通知》，大力推进竞争性选拔干部工作走向常态化，年内多家州级部门已开展了中层干部竞争上岗。切实加强县处级非领导职务干部的选拔管理，认真调研州属单位任正科、副处时间较长干部情况，积极为干部晋升非领导职务创造条件。

【党的基层组织建设】　2011年，楚雄州组织系统以加强基层组织建设、服务人民群众为出发点和落脚点，按照项目化管理、品牌化建设的思路，不断提升全州基层党建工作科学化水平。强力推进基层党建工作责任制落实，对10个县（市）、13个州属党（工）委、46个州级部门党组以及11个州委党建工作领导小组成员单位2011年抓基层党建工作责任制落实情况进行考核。开展县、乡、村三级书记述职抓基层党建工作制度。实施县委书记、组织部长抓基层党建工作创新项目制度，一批创新工作被列入全省网络评选项目。着力调整优化基层党组织设置，年内全面消除了“党员空白村民小组”。探索“村村联建”、“村企联建”、“村居联建”党组织等模式，全州建立合作社党支部35个、行业协会党支部73个，建立草畜、林果、药材等生产、购销、技术服务等“功能型”党小组370多个。健全基层党建工作经费投入保障机制，由县（市）财政为每个村级党组织解决2万元工作经费，为每个社区每年安排不少于5万元的社区工作经费。建立健全村干部激励保障机制，下拨300万元专项经费用于2011年度开展村（社区）干部绩效补贴补助。召开全州发展壮大村级集体经济暨基层党建示范点创建工作现场推进会。至年底，全州1097个村（社区）中，共有850个集体经济年收入超万元，占77.63%；有452个集体经济年收入超3万元，占41.28%。其中，年收入10万元以上的有45个，3～10万元的有407个，1～3万元的有398个，1万元以下的有344个，村集体经济空壳村（社区）有6个，楚雄市和双柏、牟定、南华、姚安、大姚、永仁、武定7县全面消除了集体经济“空壳村”。全面推行基层党务公开和“四议两公开”工作法，全州共有1089个村（社区）和14654个村（居）民小组推行“四议两公开”工作法。加强社区组织活动场所建设，年内完成了楚雄市9个社区活动场所建设任务，启动了其他6个县的建设工作。大力加强农村现代远程教育网络站点建设，建成了691个电信宽带网点，160个“卫星模式”站点、382个依托中小学远程教育站点和1个州级教学平台，覆盖103个乡（镇）、1097个村（社区）。做好第四批新农村建设指导员的总结表彰及第五批指导员选派工作，共表彰了52家先进指导员派出单位、6名优秀工作队总队长、10名优秀工作队长、114名优秀指导员，下派第五批新农村建设指导员1071名，选聘了179名大学生“村官”到村任职，实现了全覆盖。及时做好聘期已满的大学生“村官”续聘或解聘工作。

［黄　忠］

【行政许可监督管理】 开展第五轮行政审批制度改革工作。2011年，楚雄州人民政府法制部门为进一步全面推进全州行政审批制度改革工作，为第五轮行政审批制度改革工作打下基础，在对省内做得好的州（市）的行政审批制度改革工作进行学习研究的同时，及时下发了《楚雄州人民政府关于开展第五轮行政审批制度改革的通知》以及实施方案，对全州第五轮行政审批制度改革工作作出了安排，并于7月12～13日在楚雄市召开全州第五轮行政审批制度改革工作会议。会议传达贯彻国务院、省政府第五轮行政审批制度改革工作会议精神；安排部署州内第五轮行政审批制度改革的具体工作；对县（市）人民政府、州级行政执法部门开展第五轮行政审批制度改革工作的业务人员进行培训。对照国务院、省人民政府关于取消和调整部分行政审批项目的情况，截至11月底，已对州级部门上报的清理情况进行了认真梳理，已形成了初步意见待上报州人民政府审定后组织实施，拟第五轮行政审批清理工作在2009年的基础上取消和调整226项行政审批项目。其中，取消行政审批项目120项（许可事项45项，非许可事项75项）；调整行政审批项目106项（许可事项79项，非许可事项27项）。

加强对行政审批工作的监督。为严格依法行政，进一步加强全州政务服务中心建设，确保行政权力公开透明运行，确保推进政务公开深化政务服务工作取得实效，认真组织州级各部门梳理进驻政务服务中心窗口办理的政务服务事项。同时在全州2011年行政执法案卷评查的工作安排中，将行政审批行为列为重要内容，不断强化对实施行政审批的监督检查工作，确保行政审批行为规范。严格落实制度，规范许可管理。根据州人民政府加强政务中心建设的有关要求，积极配合政务中心筹建完善各项制度，不断加强对行政许可（审批）工作的指导和监督，大力推进和规范行政许可（审批）集中办理和公开制度，不断加大对行政审批“一站式服务”、“一个窗口对外”和重点领域、重点行业的指导监督，以此提升行政许可（审批）服务水平和服务质量。

【规范性文件制定、登记、审查、备案、清理】 2011年，楚雄州人民政府法制部门围绕全州各项工作重点，加强规范性文件制定工作。按照年初制定的规范性文件制定工作计划，围绕全州改革、发展、稳定工作的需要，努力适应社会主义市场经济法制体系的要求，从提高规范性文件质量入手，本着维护政府全局利益和群众利益的宗旨，不断改进审查方式，严格制定程序，已完成了部分立法项目。其中，《楚雄州木材经营加工管理办法》、《楚雄州电子政务协同办公系统管理办法》、《楚雄州人民政府关于废止部分规范性文件的决定》、《楚雄州人民政府关于修改部分规范性文件的决定》、《楚雄州人民政府关于公布继续有效规范性文件的决定》、《楚雄州地方志工作规定》《楚雄州州级行政事业单位非税收入统筹管理办法》经州人民政府发布后，已报请省人民政府备案。在制定规范性文件的过程中，每件规范性文件除以发文形式向县（市）政府、州级各部门征求意见外，还通过政府公众网站公开征求社会公众的意见，注意广泛听取各方面意见和建议，然后进行反复研究论证，确保规范性文件制定质量。年内，共组织召开规范性文件论证会2次、讨论会5次。

加强对县（市）人民政府和州级部门规范性文件备案工作的监督和指导力度，同时对州人民政府制定的规范性文件严格按照规定报送省政府法制办备案。截至12月30日止，共向省政府法制办报送备案的州人民政府已发布实施的规范性文件7件，经省政府法制办审查，没有一件规范性文件的内容与法律、法规、规章的规定相抵触；收到州级有关部门和县（市）政府报送登记备案的规范性文件74件，经审查，全部符合规范性文件制定的要求。认真做好县（市）政府、州级部门现行有效规范性文件清理工作及有关征地拆迁和有关行政强制规范性文件专项清理工作。根据省、州政府要求，全州各县（市）人民政府、州级部门、楚雄经济开发区管委会规范性文件清理工作从2010年7月开始至2011年3月底结束。按照要求，州人民政府认真组织，周密部署，及时对10县（市）人民政府、58个州级部门和楚雄经济开发区管委会规范性文件清理工作作了安排部署。

为做好县（市）规范性文件清理工作，州法制局代州人民政府起草了向省政府报告的《关于县（市）政府和州级部门现行规范性文件清理报告》，较好地完成了县（市）规范性文件清理工作任务。截至2011年3月31日止，共清理出县（市）政府、州级部门和开发区管委会2010年4月30日前现行的规范性文件共1025件。其中，清理出10县（市）人民政府和开发区管委会现行的规范性文件共955件，决定废止500件，修改（包括打包修改）51件，继续有效404件；清理出22个州级部门现行的规范性文件共70件，决定废止11件，修改（包括打包修改）7件，继续有效52件。

根据省人民政府法制办公室、省住房和城乡建设厅、省国土资源厅《关于做好有关征地拆迁规章和规范性文件专项清理工作文件的通知》要求，认真开展清理指导工作。按照“谁制定、谁清理”的原则，截至2011年10月1日止，各级各部门对州人民政府共111件规范性文件、县（市）政府和开发区管委会499件规范性文件进行了清理，经逐件审核，这些规范性文件没有与《国有土地上房屋征收与补偿条例》不一致的内容。根据省政府法制办《关于做好有关行政强制的规章和规范性文件专项清理工作的通知》要求，及时代州人民政府办公室起草了《楚雄州人民政府办公室关于做好有关行政强制的规范性文件专项清理工作的通知》，由州人民政府办公室下发各县（市）人民政府、州级各部门和开发区管委会。各级各部门按要求认真开展了清理工作，共对州人民政府111件规范性文件，县（市）政府和州级各部门551件规范性文件进行了清理。经过逐件审核，清理出不符合行政强制法要求的2件牟定县政府规范性文件，已决定废止。

继续参与《云南省云龙水库保护条例》起草工作。按照省、州人民政府的要求，继续派人参加了《云南省云龙水库保护条例》楚雄州起草工作领导小组。按省、州政府要求，审查了武定县关于云龙水库武定区域具体保护措施，向州人民政府提交了《楚雄州政府法制办关于楚雄州人民政府云龙水库水资源保护意见建议的报告》，供领导决策参考。为配合省人民政府办公厅开展的云龙水库库区管理体制调研，便于州人民政府领导了解掌握立法情况，还专门向州人民政府领导提交了《楚雄州政府法制办关于云南省云龙水库保护条例立法起草工作情况汇报》。

完成了《楚雄州人民政府工作规则》修改工作。根据州人民政府领导的安排，认真开展《楚雄州人民政府工作规则》修改工作，并于2011年6～9月，先后5次征求州政府领导以及相关部门的意见，六易其稿，最终完成了《规则》的修改，新的《楚雄州人民政府工作规则》年内已发布实施。

认真做好省发法规、规章的征求意见反馈工作。截至12月30日止，共收到省发法规、规章21件，按照规定进行认真细致地修改，并按时反馈修改意见。认真做好其他非规范性文件的法律审查工作。审查州政府和州政府办公室领导安排的非规范性文件28件，共计449页，出具法律审查意见书28份。审查州级有关部门报送审查的非规范性文件14件，共计236页，复函4份。

【重大决策听证】　2011年，楚雄州人民政府法制部门根据《云南省人民政府关于在全省县级以上行政机关推行重大决策听证、重要事项公示、重点工作通报、政务信息查询四项制度的决定》通知精神，按照州人民政府工作安排，认真负责重大决策听证相关工作的收集、上报和协调推进工作，每月按时收集和整理上报重大决策听证相关材料，向州政府督查室和省政府法制办上报全州重大决策听证情况和拟听证情况统计报表2次；全州共举行重大决策听证23项，其中州级部门1项，县（市）22项。同时，对落实好《云南省人民政府办公厅关于深入贯彻重大决策听证制度的通知》工作，进行了及时安排部署。

［武少林］

【政务公开】　2011年，楚雄州认真贯彻落实《中华人民共和国政府信息公开条例》，以“公开是原则，不公开是例外”为理念，不断健全组织机构，完善工作机制，落实工作责任，扎实开展政务公开工作。围绕“权、钱、事、人”等重点领域和关键环节，认真开展廉政风险排查，编制《楚雄州行政机关关键岗位、重点环节行政行为监督登记表汇编》，清理确定州级45家单位的关键岗位189个、重点环节302个、风险表现形式597条，制定防范措施651条。在不断深化行政体制、司法体制、财政管理体制、金融体制、干部人事制度等改革的基础上，把政务服务中心和公共资源交易中心建设作为“一把手”工程来抓。6月26日州政务服务中心建成，按照“应进必进、进必授权”的要求，45家部门进驻中心，设置窗口服务83个。6月28日州公共资源交易中心建成，州国土局等8家行业行政主管部门在州公共资源交易中心设立综合监管办公室，实现了各类公共资源交易依法、规范、透明交易的目标。全州10县（市）政务服务中心于6月30日前全部建成并启动运行。全州103个乡（镇）已有55个乡（镇）建立了为民服务中心、1097个村（居）委会已有300个建立了为民服务站。8月，全省深化政务公开加强政务服务工作会议在楚雄召开，楚雄州作了大会交流发言。

【党务公开】　2011年，楚雄州纪检机关认真落实中央《关于党的基层组织实行党务公开的意见》，州、县、乡及各有关部门成立党务公开工作领导小组和办事机构，形成了三级联动的党务公开工作网络和一系列党务公开的运行制度。全州5037个基层党组织，实行党务公开4463个，公开率为88.6%。

［李晓军］

【依法行政能力建设】　2011年，楚雄州人民政府加大提升依法行政能力建设，开展了大量富有成效的工作。

深入推进第五轮行政审批制度改革，规范行政执法行为。下发了《楚雄州人民政府关于开展第五轮行政审批制度改革的通知》，全面启动第五轮行政审批制度改革工作。7月12日召开全州第五轮行政审批制度改革工作会议，对全州第五轮行政审批制度改革各项工作进行安排部署，并分五期对全州行政执法部门的1000多名行政执法人员进行培训，全州行政审批事项清理工作正按照有关要求有序推进。

加强重大行政审批行为管理。一是抓好重大国有资产处置制度的实施。审批处置州属企业资产3项。审批处置州属楚雄交通运输集团有限公司南华分公司临街铺面资产1宗，总面积745.59平方米，评估价330.21万元，拍卖成交价545万元；审批处置楚雄交通运输集团有限公司大姚分公司国有建设用地使用权1宗，土地面积2993.50平方米，评估价187.34万元，挂牌成交价187.94万元，地上附着物面积1832.37平方米，评估价36.02万元，成交价100万元；转让云南路桥房地产开发有限公司所持有的云南路桥股份公司5%的国有股权，出让所得用于解决云南第四公路桥梁工程公司收购职工持股会持有云南路桥房地产开发有限公司股权时的欠款问题，账面值5489.4万元，评估值9078.31万元，拍卖程序正在进行中。为了规范国有资产交易行为，8月，制定了《楚雄州国有产权交易规则（试行）》、《楚雄州国有资产交易流程》，下发州属各企事业单位和各县（市）人民政府执行。此外，在13家省属企业推行公务卡结算制度。二是抓好重大资源开发利用审批制度的实施。实施建设项目用地预审24件，面积420.6614公顷；组织建设用地报件87件，用地面积861.9525公顷，已批准建设用地报件19件，总用地212.6653公顷；招拍挂出让国有建设用地使用权282宗，面积339.9866公顷，收取土地出让金189621.39万元，其中州国土资源局招拍挂出让国有建设用地使用权79宗，面积208.074483公顷，收取土地出让金138208.5693万元；协议出让国有建设用地使用权38宗，面积4.0503公顷，收取土地出让金501.2213万元；划拨国有土地使用权120宗，面积195.0759公顷。对州级审批权限内的3个矿山进行采矿权抵押备案；完成省级审批权限的复核工作27件；完成划定矿区范围5件，完成州级采矿许可证发证13个；完成85件建设项目压覆矿产的复核工作；按照矿业权年检规定，对21个探矿权和625个采矿权实施年检。2011年共上报省林业厅征占用林地90宗608.57公顷。通过对林地征占用的审核、审查，有效制止和减少了林地资源征占用上的不批就占和少批多占等违法行为。年内，全州环保部门共审批建设项目环境影响评价文件486个，涉及项目总投资46.399亿元，其中环保投资2.486亿元，建设单位向环保部门申报的建设项目环境影响评价执行率为100%。三是严格执行《楚雄州重大投资项目审批和核准制度》，抓好重大投资项目审批制度的实施，定期通报重大民生项目审批结果，完善重大投资项目管理，加强重大投资项目跟踪稽查和审计。积极开展以省“三个一百”重点项目、州“双20”重点项目的专项稽查；配合国家发改委检查组认真做好项目存在问题整改复查工作，对中央检查组下发整改通知的16个项目进行专项稽查；配合省稽查办对楚雄州1~4批扩大内需中央投资项目后续工作进行专项稽查，重点对项目的开工、进度和投产、达效情况进行专项稽查，其中对5个县20个项目进行重点检查，并认真抓好项目整改措施的落实，确保全州重点项目建设顺利实施。此外，对83个重大民生项目的审批情况进行了通报。四是抓好重大财政支出项目审批制度的实施。下发《关于深入推进全州财政追加支出预算审批制度建设的通知》等文件，全面开展追加支出预算项目绩效考评管理，不断完善财政追加预算支出审批制度，进一步加强财政追加预算支出的审批管理；重新修定了《楚雄州州级财政追加预算支出审批制度》，进一步完善州级财政资金审批程序，细化追加预算支出的金额设定；认真贯彻落实预算信息公开，进一步加大预算公开力度，自觉接受社会监督；继续强化行政问责制度。全年全州共问责120人（处级干部14人、科级干部68人、一般干部38人）。其中公开问责48人，问责公开率达40%。

【政务服务水平】 2011年，楚雄州人民政府加大政务服务工作力度，开展了大量富有成效的工作。

政务服务中心和公共资源交易中心顺利建成。认真贯彻落实《云南省人民政府关于加强和规范全省政务服务中心建设的意见》、《云南省人民政府关于公共资源交易中心建设的指导意见》等文件精神，在两个确保（确保质量和工期、确保生产安全）的基础上，采取工期倒排、目标倒逼等有效措施，狠抓四个落实（落实好人员、加班加点，落实好质量控制，落实好监理责任，落实好统筹协调），将筹建工作准备、实施、试运行、正式运行4个阶段的工作时限分别提前，全力推进州、县（市）两级政务服务中心建设和州级公共资源交易中心建设。州政务服务中心和州公共资源交易中心于7月1日建成并投入运行（州公共资源交易中心投入使用时间比预期时间提前了半年），“两个中心”硬件和软件建设不断规范完善，运行机制逐步建立健全。年内，共有47个涉及行政许可审批的州级部门进驻州政务服务中心；共有州本级保留的375项行政许可、非行政许可审批和公共服务事项进入中心集中办理。至12月28日，州政务服务中心共受理行政审批及服务事项63105件，办结62747件，累计办结率98.6%，取件（发证）39942件。10县（市）中，楚雄市、大姚县、牟定县、姚安县人民政府政务服务中心已完成提升改造工作，于6月30日前正式投入运行。新建的元谋、禄丰、双柏、南华、永仁、武定6县人民政府政务服务中心6月30日前已全部挂牌投入运行。全年州内已建成乡（镇）为民服务中心54个，建成村级为民服务站427个。州公共资源交易中心于7月15日正式运行以来至12月31日，共组织建设工程招投标、政府采购、医疗器材、土地交易等招投标项目923个，实现交易总额达46.58亿元，工程及政府采购类31.6亿元，通过招标节约资金1.59亿元，土地拍卖14.98亿元，通过竞争增加土地收益金6.02亿元。州公共资源交易中心平均每个工作日组织招投标7个，交易额3555.73万元。

严格落实服务承诺，定期通报服务承诺落实情况，接受社会监督。州、县（市）各级行政机关结合政府机构改革，及时调整部门职能职责，修订完善服务承诺的具体内容，扩大服务承诺范围，认真做好服务承诺兑现工作。年内，56个州属部门共上报受理涉及服务承诺事项报件数261398件，已全部办结，限时办结率达100%。有18个部门收到投诉42件，其中涉及服务态度差的12件，其他投诉30件，投诉回复率为100%。此外，按照责任政府“巩固、调整、拓展”的要求，积极推动教育、医疗等企事业单位的政务信息公开和办事公开工作。

【行政绩效管理】 2011年，楚雄州人民政府强化行政绩效管理，开展了大量富有成效的工作。

扩大行政绩效管理覆盖范围，加强重大投资项目跟踪稽查和审计。一是从州人民政府20项重大建设项目中选取重点水源工程建设等重大建设项目开展重大工程建设项目跟踪审计；从州人民政府20项重要工作中选取病险水库除险加固等涉及民生资金的项目开展绩效审计。并将选取的重大建设项目的跟踪审计和民生资金的绩效审计纳入州、县（市）统一组织审计项目计划进行统筹安排，落实行政绩效审计工作的责任部门和单位。二是出台《楚雄州2011年度县级以上行政机关行政绩效管理制度实施细则》和《2011年州级行政机关行政绩效管理重点事项》，进一步明确全州年内推行行政绩效管理工作重点、保障措施。本着目标明确、任务具体、便于量化考核的原则，确定了州级行政机关16项政府重大建设项目、23项政府重要工作、23项部门重要工作作为年内行政绩效管理的重点。承担2011年度重大建设项目和年度重要工作的40个州级部门紧紧围绕重点管理事项确定的年度目标任务，统筹安排，精心组织，狠抓落实，16项政府重大建设项目、46项重要工作稳步推进。10县（市）纳入行政绩效管理的110项重点项目、227项重点工作推进顺利。三是各县（市）对县（市）行政机关负责的本级政府重大建设项目、年度重要工作和部门重要工作组织实施及效益、效果情况实行行政绩效管理，进一步提高工作效率和财政资金的使用效益。

继续做好“五控”和公务卡结算工作。一是强化预算管理，严格控制会议、文件、庆典、论坛、考察数量和规模。严格执行会议审批制度，从严控制会议的数量、规模，着力提高电视电话会议比重。年内，经批准以州人民政府名义召开的全州性会议69个，与上年度持平。控制发文数量，着力提高电子文件比重。全年全州未举办庆典、论坛活动。二是做好公务卡结算工作。至年末，州本级162个独立核算预算单位已有161个实行公务卡结算制度，结算比例为99%。全州901个县级独立核算预算单位已有889个实行公务卡结算制度，结算比例为99%。全州公务卡结算商家已有3463家，配置POS刷卡机4903台。全年全州通过公务卡结算的资金达15551万元。楚雄州将进一步完善公务卡结算制度，改善用卡环境，分批公布强制使用公务卡结算目录，全面提高公务卡使用率。

积极推行政府购买公共服务。在楚雄市、永仁县等县（市）的街道绿化、公厕招租、公益性岗位等方面进行探索，并取得了一些成功经验，现正积极着手在有关领域开展试点工作。

深入推进目标倒逼管理。围绕政府重点督查的重大建设项目、重要工作和各县（市）人民政府重大建设项目、重要工作以及社会关注的热点事项开展目标倒逼管理，不断提升政府工作效能。年内全州共确定上报学习培训专题1625项，重点工作1713项，目标倒逼管理重点工作677项。全年共完成学习培训专题和重点工作3338项，完成一线工作事项263858件。

强化行政行为监督管理。在州政务服务中心、州公共资源交易中心和10县（市）政务服务中心推行电子监察系统建设，进一步加大对行政审批关键岗位和重点环节的有效监督。对44个州级行政机关报送的184个关键岗位、300个重点环节、596个风险主要表现形式和制定的647条防范措施登记表逐一进行登记、汇总、造册，印制《楚雄州州级行政机关关键岗位、重点环节行政行为监督登记表汇编》800册，登记表内容由各单位通过宣传栏、政府门户网站进行公示，公开接受社会监督。

【完善保障措施】 2011年，楚雄州人民政府完善各项保障措施，开展了大量富有成效的工作。建立推动制度落实的联动机制。为确保实施工作有序推进，按照省人民政府的要求，楚雄州进一步强化四项制度联席会议机制，明确实施四项制度州级牵头责任部门。各县（市）、各部门参照州级的做法，明确了四项制度的牵头责任部门。州、县（市）各牵头责任部门按照职责分工，切实做好各项制度的推进实施工作。强化政府自身建设各项制度宣传工作。通过网站、报纸、电视台、电台等新闻媒体抓好四项制度的宣传工作，为四项制度在全州的顺利实施营造良好氛围。加强制度实施的督促检查。各县（市）、州级各部门采取多种形式开展督促检查，并对实施情况定期进行通报。通过督促检查，有力地促进了全州四项制度工作的深入开展。开展建立健全深化政府自身建设长效机制的调研工作。为进一步推动制度落实的规范化、标准化、法制化，结合实际，一是开展了“楚雄州转变经济发展方式中推进政府职能转变研究”课题研究，提出了加快推进地方政府职能转变的对策措施，为加强政府自身建设工作提供理论参考；二是开展了“探索将政府自身建设工作纳入各级各部门（单位）的目标责任综合考核范畴”工作调研。

［罗如贵　肖天平　丘锰］

精神文明建设

【精神文明建设概况】 2011年，全州精神文明建设工作按照高举旗帜、围绕大局、服务人民、改革创新的总要求和贴近实际、贴近生活、贴近群众的“三贴近”原则，以促进人的全面发展、提高彝州全体公民文明素质和社会文明程度为目标，以建设社会主义核心价值体系为根本，不断创新工作方式和工作载体，切实加强公民思想道德建设，深入开展群众性精神文明创建活动，加快构建公共文化服务体系，培育文明道德风尚，创造良好社会环境，着力营造推动科学发展、促进社会和谐的浓厚氛围，全州精神文明建设工作取得了新成效，为彝州经济社会又好又快发展提供了坚强有力的思想保证、精神动力和智力支持。

【社会主义核心价值体系建设】 2011年，楚雄州切实把社会主义核心价值体系作为基础工程和灵魂工程，以有效的载体，生动的实践，使之深深植根广大人民群众、融入彝州改革发展。大力推进社会主义核心价值体系的宣传教育，通过舆论引导、文化传播、典型示范等方式，把社会主义核心价值体系体现到学校教育、公民道德教育、青少年思想道德建设和精神文明创建各个方面，把社会主义核心价值体系进校园、进机关、进社区、进农村、进企业工作落到实处，大力加强社会公德、职业道德、家庭美德和个人品德建设。以庆祝中国共产党成立90周年为契机，广泛开展“讲文明树新风”、“爱党爱国爱乡”和“学习杨善洲，为党旗添光彩”为主题的楚雄州“红土地之歌”演讲比赛等系列实践活动，在全社会倡导文明礼仪之风、读书学习之风、勤俭节约之风，为建党90周年和“十二五”开局营造昂扬向上的精神氛围和舆论氛围。

【理想信念教育活动】 2011年，楚雄州结合学习型党组织建设和创先争优活动，大力开展杨善洲先进事迹学习活动，深入推进“学习道德模范，争当文明使者”、“做一个有道德的人”、“讲道德、做好人”等主题实践活动，并与开展“身边的感动——身边人身边事”先进典型宣传活动结合起来，广泛开展爱国主义教育、民族团结教育、改革创新教育和时代精神教育，引导广大党员干部立足本职岗位创先进、围绕中心工作争优秀，在彝州全社会形成学习先进、争当先进的浓厚氛围。不断创新工作方式和工作方法，深入开展廉政文化教育进机关、进社区、进家庭、进学校、进企业、进农村、进医院活动，评选表彰廉政勤政先进个人，在彝州营造“以廉为荣、以贪为耻”的良好社会风尚。

【第二届“感动彝州十大人物”评选表彰活动】 2011年，楚雄州以弘扬中华民族优秀文化和传统美德为重点，精心策划，广泛发动，全州广大干部群众积极参与，认真开展第二届“感动彝州十大人物”评选表彰活动。12月19日举办盛大的颁奖晚会，对评选出的“感动彝州十大人物”和“感动彝州十大人物提名奖”获得者，进行大张旗鼓的表彰奖励，用评选表彰活动的生动形式，发现身边的先进事迹，树立身边的典型人物，使各族干部群众学有典型、赶有先进，引导人们见贤思齐、崇德向善、自觉践行社会主义核心价值体系。

【城乡精神文明创建活动】 2011年，楚雄州坚持城乡统筹、以城带乡、城乡共建，深入开展群众性精神文明创建活动，兴起新一轮城乡群众性精神文明创建热潮。制定出台了《楚雄州精神文明创建先进单位动态管理办法（试行)》，严格责任追究制度，有效解决精神文明创建中存在的“奖牌到手、创建到头”等问题，用长效机制管创建，形成创建活动的常态化、制度化，以制度机制的力量推进群众性精神文明创建活动向纵深发展。高标准、严要求地做好全国文明村镇、文明单位和全省文明城市创建工作，认真做好全州第三批全国文明村镇、全国文明单位和第二批云南省文明城市申报推荐、创建和迎接考评复查工作。通过扎实的工作，楚雄师院、禄丰县金山镇等8个单位顺利通过中央文明办派出考评组的考核，于12月21日被中央文明委授予和继续保留全国文明村镇、文明单位的荣誉称号；楚雄市争创第二批云南省文明城市工作取得阶段性成果，顺利通过省考评组的考评。国家级、省级精神文明创建先进典型的示范带动作用日益明显，成为彝州精神文明建设的排头兵。进一步提升“彝州乡风文明示范带”建设水平，不断深化农村精神文明建设，认真贯彻落实中央《关于进一步加强和改进新形势下农村精神文明建设工作的意见》，以“彝州乡风文明示范带”建设为基础，继续推进元双路“彝州乡风文明示范带”建设，进一步巩固和提升安楚路、南永路“彝州乡风文明示范带”建设水平，推动“彝州乡风文明示范带”向县乡纵深发展。年内，州精神文明建设系统按照州级精神文明创建先进单位管理办法的有关规定，及早谋划和部署，历时半年多时间，对437家新申报的新一届州级精神文明创建先进单位的创建工作进行严格认真的考评，并以州委、州人民政府的名义于11月10日召开全州精神文明建设工作暨第九次表彰大会，隆重命名表彰精神文明创建先进单位319个、先进个人49人。其中，第五批州级文明县城3个、第六批州级文明行业16个、第九批州级文明单位211个、第六批州级文明乡（镇）12个、第四批州级文明社区10个、第九批州级文明村60个和首批州级文明风景旅游区7个，进一步树立了彝州精神文明建设的典型，掀起了新一轮精神文明创建的热潮。

【利民惠民工程】 2011年，楚雄州把维护好、实现好、发展好最广大人民群众的根本利益，作为精神文明建设的出发点和落脚点，切实抓好各项惠民利民工程。大力开展群众喜闻乐见的公益性文化活动，满足群众日益增长的精神文化生活需求，把深入开展“我们的节日”主题活动，弘扬中华民族优秀传统文化，与群众性文化活动结合起来，积极组织开展健康向上、丰富多彩、具有彝州特色的节日活动，大力发展校园文化、企业文化、社区文化、广场文化、村镇文化、军营文化和新型家庭人口文化，使广大人民群众的基本文化权益得到更好维护，日益增长的精神文化生活需求得到了有效满足。

【实施楚雄州文明交通三年行动计划】 2011年，全州深入开展“做文明有礼的中国人”主题活动，按照全国、全省实施“文明交通行动计划”整体工作部署，认真落实《楚雄州文明交通三年行动计划实施方案》；尤其是立足“推进年”的实际，着力在抓推广、破难题上下功夫，全州各县（市）、各部门针对道路交通管理的体制性、机制性、瓶颈性难题，开拓创新，切实用改革的思维谋划工作、用创新的办法突破瓶颈，充分借鉴吸取各地创造的经验，不断探索实施“文明交通行动计划”的新思路新方法，切实加大文明交通公益广告宣传和文明交通劝导行动，“文明交通行动计划”取得了切实的效果，为广大人民群众营造了安全、文明、和谐的交通出行环境。

【城乡环境综合整治工作】 2011年，中共楚雄州文明委、州爱卫会联合下发《关于深入开展城乡环境卫生交通综合治理大行动的通知》，在全州深入开展“城乡环境卫生交通综合治理大行动”系列实践活动，认真落实《2010～2012年全国、全省城乡环境卫生整洁行动实施方案》，着力抓好“文明家庭妇女行动”、“文明厕所基层行动”等基础文明建设，着力解决楚雄市及9个县城的城中村、背街小巷、工地、乡（镇）、村组环境卫生“脏乱差”等问题，结合文明城市、文明县城创建工作，加强对群众反映强烈的“环境卫生脏乱差和各种车辆乱停乱放”等问题进行集中整治，市容市貌、路容路貌、站容站貌有了一定改善，清洁、有序的公路交通和城市交通运输形象进一步树立；广大干部群众对环境综合整治的认识在实践中不断提高，不良传统习惯在参与中不断改变，环境保护的意识在活动中不断增强，各种违背社会公德、污染环境卫生、危害公共秩序等不文明现象逐步减少，整洁优美的彝州城乡环境正在形成，广大人民群众的幸福指数不断提升。

【未成年人工程建设】 2011年，楚雄州精神文明建设部门贯彻落实《国家中长期教育改革和发展规划纲要（2010～2020年）》，着力推进未成年人思想道德教育培训工程建筑。按照全国、全省未成年人思想道德建设工作视讯会议部署，把社会主义核心价值体系学习教育作为根本任务，建立学校、家庭、社会“三位一体”的教育网络，进一步推进延安精神进校园工作，深化未成年人思想道德建设和大学生思想政治教育，加强中小学生爱国主义教育、中华民族传统美德教育、良好行为习惯教育、感恩教育和荣辱观教育。积极参加云南省“童心向党”歌咏比赛，师院附中和楚雄市鹿城小学获得三等奖，州文明办获优秀组织奖；深入开展以“做一个有道德的人”为主题的丰富多彩的课外校外道德实践活动，重视青少年心理健康教育，切实加强农村和特殊群体未成年人思想道德建设，推动全州未成年人思想道德建设工作经常化、规范化和科学化。

着力推进净化社会文化环境工程建设。年内，以贯彻执行《未成年人保护法》为基础，结合“扫黄打非”工作，着力解决网络网吧、荧屏声频、校园周边环境、非法出版物、手机低俗之风等方面存在的突出问题，坚决打击网络和手机淫秽色情等违法有害信息传播。同时，充分利用中宣部、中央文明办等部门赠送的“绿色电脑”推进文明办网、文明健康上网活动，为未成年人健康成长营造良好的社会文化环境。

着力推进未成年人阵地工程建设。年内，全州切实加强青少年活动中心的建设和管理使用，各县（市）结合实际，依托青少年综合性活动中心（场馆），积极开展教育、科技、文化、艺术、体育等未成年人喜闻乐见的活动，把社会主义核心价值观和公民基本道德规范融入其中，充分发挥对未成年人的教育引导功能；充分利用各类博物馆、纪念馆、展览馆等，开展多种形式的课外实践活动；利用各级爱国主义教育基地等红色资源，加强未成年人和大学生的思想道德教育；楚雄州首批“乡村学校少年宫”7个建设项目全面启动，乡（镇）宣传文化中心、文化站资源得到有效整合，搭建了更广阔的平台，不断提高了未成年人思想道德建设的覆盖面。

着力推进未成年人队伍素质工程建设。年内，楚雄找准当前影响未成年人素质建设的突出问题，认真开展以提高儿童道德素质为宗旨，以儿童自主参与道德实践为重点，以“我做合格小公民、我为彝州添光彩”、“讲道德、做好人”、“做一个有道德的人”为主题的小公民道德实践活动，将德育的内涵注入到儿童喜闻乐见的活动中，继续开展“雏鹰奖章”、“手拉手”、“少年军校”等主题实践活动，坚持抓好以“五老”为主体的工作队伍建设，组织开展“老少结对子”、“爱心助成长志愿服务”等有益青少年健康成长的各种教育活动，切实办好群众关注、影响大的事情，为未成年人健康成长营造了良好的舆论环境、校园环境和法制环境。

【精神文明建设宣传工作】 2011年，楚雄州精神文明建设部门制定下发《关于进一步加强精神文明建设宣传工作的通知》，进一步加大宣传工作力度。州内主流媒体加大了精神文明建设重点、成效、经验和典型的宣传；中央和省级主流媒体对精神文明建设的“楚雄成效”、“楚雄做法”和“楚雄经验”十分关注，也进一步加大了宣传力度；反映全州精神文明创建成效、做法和经验的信息，先后被中国文明网、云南文明网采编92篇（条）。通过广泛的宣传，切实为全州精神文明建设的深入推进营造了一个良好的舆论氛围。

［赵现培］

生态建设

【主要污染物减排】 2011年，为完成云南省人民政府下达楚雄州“十二五”和2011年污染减排目标，在全州环保工作会议上，州人民政府与10县（市）人民政府、州农业局、州水务局、州住建局、州交警支队、州财政局、州减排办等单位签订了2011年主要污染总量减排目标责任书，建立完善污染减排目标责任制。各级环保部门对重点减排项目加大了监察监测频次。州人民政府先后发出污染减排督查通报2期，督办通知3份；州环保局先后发出督办函5份，督办通知11份，环保整改通知9份。楚雄市污水处理二厂、南华县污水处理厂、双柏县污水处理厂已完成设施设备调试，进入正常运行状态；一平浪盐矿45吨锅炉烟气脱硫设施在线监测装置通过州环保局审核；一平浪煤矿发电厂、云南德胜钢铁有限公司200立方高炉、云南奕标水泥有限公司20万吨水泥旋窑按期关停。全年全州共实施污染减排项目18个，其中工程减排项目11个，结构减排项目6个，管理减排项目1个，圆满完成省人民政府下达的年度污染减排目标任务。

【生态保护和建设】 2011年，楚雄州环保部门编制完成《楚雄州环境保护“十二五”规划》，把生态文明建设纳入“十二五”规划，加快推进生态文明“十大工程”建设。积极开展生态县（市）、生态乡（镇）、生态村示范创建工作。制订了《楚雄州州级生态村创建管理办法（试行）》。楚雄市积极创建国家环保模范城市，按照“十一五”指标，编制实施了《楚雄市创建国家环境保护模范城市规划》，创建国家级生态示范区工作已通过省环保厅组织验收。完成大姚县昙华乡申报国家级生态乡（镇）验收初步审查工作。生态示范村建设稳步推进，编制完成《楚雄州生态创建工程实施方案》上报省环保厅，列入“十二五”环境保护规划实施。南华县五街镇、元谋县羊街镇被省政府命名为省级生态乡（镇），全州省级生态乡（镇）达14个。组织了13个乡（镇）申报第七批云南省生态乡（镇），省环保厅组织了评审。持续开展绿色学校、绿色社区、环境教育基地创建工作。组织开展第六批省级绿色学校、第五批州级绿色学校、第四批省级绿色社区、第二批省级环境教育基地创建工作。共筛选上报第六批省级绿色学校22所、优秀教师21名，第四批省级绿色社区7个、先进个人7名，第二批省级环境教育基地6个；组织相关单位人员共44人参加省级绿色学校、绿色社区和环境教育基地申报工作培训；组织楚雄市辖区内绿色学校申报“全国首批环境教育绿色小记者站”。至此，全州共创建各级绿色学校262所，其中创建省级绿色学校58所，国家级绿色学校2所，受表彰的绿色学校创建优秀教师和优秀工作者192名；全州共创建省级绿色社区12个；云南省环境教育基地5个。

【环保宣传】 2011年，楚雄州环保系统认真落实依法治州和普法宣传教育工作，积极推行环保行政执法责任制，规范简化行政审批流程，加强行政许可制度和执法能力建设，依法查处环境违法行为，州环保局被州委表彰为“三五”依法治州先进集体。认真组织开展生物多样性、“三下乡”、科技活动周、安全生产月、“六五”环境日、节能宣传周、世界水日、环保世纪行、科普日、地球日等形式多样、内容丰富的环境宣传教育活动，突出“保护七彩云南·构建和谐彝州”主题宣传。充分发挥媒体宣传主渠道作用，与楚雄州生态经济学会成功举办了年会，收集全州环保系统干部职工和州生态经济学会会员理论文章86篇，出版了《生态经济论文与经验选编（楚雄州生态经济学会2010年年会暨环境保护学术研讨专辑）》。年内，《楚雄日报》刊登环保系统人员撰写的环保新闻稿件152篇（条）；楚雄电视台播放环保相关新闻105条；《楚雄生态经济通讯》转载刊登生态经济前沿理论文章78篇，刊登结合彝州实际撰写当地有关环保调研理论文章76篇；州广播电台播出环保系统人员撰写环保新闻稿件206件。全年向省环保厅网站报送并采用政务信息800条，其中被国家环保部网站采用信息12条。州环保局政务信息工作连续4年受到州人民政府办公室表彰，上报省环保厅政务信息数量连续4年排名全省第一位。全州共制作安装有关七彩云南保护行动的户外公益广告牌21块。先后组织参与了“低碳45分钟绿色课堂讲义征集大赛”、“全国校园节能减排优秀案例征集评选活动”和全国环保系统书画展等活动。

［董廷伟］

【耕地保护】 2011年，楚雄州国土资源管理部门严格执行保护耕地各项制度和措施，全面落实耕地保护责任。全州耕地保有量、基本农田保护面积分别为547.80万亩和374.85万亩，高于438万亩和362万亩的省下达任务数。抓好土地整治项目实施管理。全州在建土地整治项目21个，其中国家级开发整理项目2个、省级中低产田地改造项目6个、省级耕地占补平衡项目7个、州县级耕地占补平衡项目6个，建设总规模为10.7万亩，预算总投资1.8亿元，预计新增耕地2.0万亩。通过省级验收项目9个，组织州级验收项目5个，完成工程量实地核查、复核项目7个，审查项目竣工资料25个。

【土地利用管理】 2011年，楚雄州国土资源管理系统在保障常规建设用地需求外，最大限度地做好土地例行督察违法用地补办完善手续工作，在面临用地报批巨大压力的情况下，按照“有保有压、突出重点、急用优先”的原则，通过积极主动与相关部门及拟用地单位沟通协调，采取召集会议、现场办公、发催办函、开辟绿色通道、并联审查审批等多项措施，在建设用地年度计划指标和耕地占补平衡指标缺口较大的情况下，想办法保障建设用地需求。年内，省、州共预审建设项目用地24件420.66公顷；核拨并经省级确认的新增建设用地447.71公顷，其中农用地361.79公顷；组织上报省级农用地转用及土地征收报件87件861.95公顷，获批18件206.00公顷。省、州共审批具体建设项目用地报件183件698.77公顷；全州共供应各类具体建设项目用地440宗539.11公顷，其中有偿方式供应320宗344.04公顷，合同收取土地出让金19.01亿元；划拨方式供应120宗195.08公顷，其中保障性住房用地46宗25.85公顷。

［王秋青］

【生态工程建设】　2011年，楚雄州各级林业部门在天然林资源保护、退耕还林、农村能源建设、生态效益补偿、野生动植物保护及自然保护区建设等重点工程建设中稳步推进，森林生态体系不断完备。年内，全州共完成人工造林73.2万亩，为计划55万亩的133.1%；完成封山育林13.5万亩，为计划的100%；2244万亩森林得到有效保护，为省下达天保工程森林管护计划1976.6万亩的114%；完成17.5万亩天然林资源保护工程公益林造林和19.38万亩退耕还林任务。新建农村沼气池4920户、太阳能3010户、节柴灶4570户，完成计划任务的100%。全面完成哀牢山国家级自然保护区南华管理局基础设施建设和州级陆生野生动物疫病监测中心站建设，野生动物的驯养繁殖和疫源、疫病监测防控等措施更加完善，生物多样性保护得到进一步加强。全州公益林补偿面积达963.13万亩，补偿资金5340.36万元，兑现森林生态效益补偿金5286.95万元，兑现率达99%。经省级检查考核，楚雄州生态效益补偿工作获得全省二等奖，在全省16个州（市）中排名第五。

【生态文化建设】　2011年，楚雄州加大生态文化宣传力度，积极开展生态文化教育，大力普及生态文化知识，促进人与自然和谐相处，加快构建繁荣的生态文化体系。州、县（市）林业部门充分利用各种新闻媒体以及“植树节”、“爱鸟周”、“全民义务植树”、“世界湿地日”和“六五世界环境日”等活动，大力开展生态文化知识的宣传，组织协调学校、林学会、生态经济学会、茶花协会、兰花协会和各种林业专业协会、合作社开展生态文化教育，把生态文化教育与爱国主义教育结合起来，依托林业生态建设重点工程和林业产业建设重点项目的宣传工作，以组织开展纪念中国共产党成立90周年歌咏比赛、编辑出版《楚雄州林业志》和《楚雄茶花》、编印下发林业信息等为主要形式，鼓励相关人员积极投身林业生态文化活动，鼓励文学爱好者积极创作林业文艺作品，着力打造生态文化产品，树立生态文化理念，取得明显成效。年内，利用各种新闻媒体宣传生态文化4453次，出动宣传车3600辆次，发放宣传材料20多万份，制作永久性宣传牌1495块，中、小学校共上生态文化知识课1.94万个课时，初步形成了尊重自然、热爱自然、善待自然和爱林护林的生态文化氛围。

［杨发民　董存丽］

深入开展创先争优活动

【创先争优活动概况】　根据中央和中共云南省委的部署，2011年楚雄州有10个县（市）委、15个州属党（工）委的10361个基层党组织145695名党员参加了创先争优活动。各级党组织紧扣活动主题和主线，围绕贯彻落实州第八次党代会精神，抢抓国家实施新一轮西部大开发和云南省实施“两强一堡”战略机遇，精心谋划，统筹兼顾，强力推进，在推动科学发展、构建和谐彝州、维护社会安宁、服务人民群众、加强基层组织上创先争优，加快了富民强州进程，构建了组织创先进、党员争优秀、干部作表率、群众得实惠的良好工作格局。

【主要经验和举措】　以创先争优为动力推动楚雄州科学发展。全州各级各部门把科学发展作为创先争优活动的主题，找准创先争优活动服务“十二五”发展目标任务的切入点和着力点，通过制定“十二五”发展规划，召开州第八次党代会，进一步调整完善了全州经济社会发展思路，形成了科学发展、富民强州的共识，统一了全州党员干部的思想和行动。通过全州上下的努力，圆满完成了2011年各项目标任务，顺利实现了“十二五”良好开局。同时，各级各部门把保障和改善民生作为创先争优活动的首要任务，努力解决好群众反映强烈的看病难、上学难、住房难、行路难、饮水难、文化难等民生问题。据统计，截至12月底，全州共争取卫生基础设施建设项目55个，已开工6个，新农合参合农民210.53万人，参合率95.97%，新农合累计减免2545.69万人次，减免金额104992.94万元；投入教育经费31014.24万元，下达项目资金17811万元，推动校舍安全工程项目816个，重建中小学校舍115260平方米，加固改造B、C级不安全校舍385660平方米，年内完成建筑面积3.74万平方米，受益学生人数达795026人次；继建或新建市政基础设施建设项目121项，改造各类棚户区1629户，完成农村危房改造及地震安居工程6675户，“7·09”地震恢复重建民房质量整改工程通过验收；元双二级公路建成通车，新开工农村通达公路工程89个，新增通乡油路86千米，通村路面硬化543.3千米；年内开工在建土地整治（中低产田地改造）项目28个，预计可新增耕地2853.34公顷；完成水利投资16亿元，年度新增有效灌溉面积5.5万亩，解决了18万农村人口和2.97万名师生的饮水安全问题；实施了21个乡（镇）文化站建设工程和8个乡（镇）87个村（社区）的“七彩云南全民健身工程”等民生工程，有效解决了群众关心关注的热点难点问题。

以创先争优为平台服务人民群众。围绕把创先争优活动办成群众满意工程的目标，全州各级各部门按照中央和省州党委的部署，突出重点，创新载体，搭建平台，推动创先争优活动见实效。一是全面实行干部直接联系群众制度。按照省委的部署要求，于12月20日召开了楚雄州开展群众观点群众路线群众利益群众工作教育、实行干部直接联系群众制度动员会，以一人一村、定向联系、全面服务为原则，推动机关干部深入实际、深入基层、深入群众践行“一线工作法”，扎实开展“四个一”（开展一次同吃同住同劳动活动，结对帮扶一户困难户，办理一件实事好事，撰写一篇调研报告）活动，畅通群众与干部、与各级党委政府的联系渠道，切实为群众办好事实事。至12月底，全州共有2453个机关（其中州级机关188个、县市级机关1067个、乡镇机关1198个）的14796名干部，挂钩联系1087个建制村、14072个村民小组、13936个自然村（其中20户以上自然村9941个），实现了机关干部联系服务自然村全覆盖，直接联系群众612516户2355814人（帮扶困难户57921户），干部进村入户工作35230次，为农户解决困难和问题20610个，撰写调研报告5966篇。二是抓实新一轮公开承诺活动。认真组织各级基层党组织和党员开展新一轮“党员亮身份、公开践承诺”和“学习杨善洲、为民办实事、发展见实效”承诺活动，在严把承诺公开关的同时，组织力量对履诺情况、点评情况、评议情况进行检查，促使基层党组织和广大党员在承诺践诺中解决问题、服务群众。至12月底，全州各级党组织和广大党员作出承诺事项567146件，兑现率90%以上；开展领导点评21080次，开展群众评议1191次，297366名群众参加群众评议，提出整改事项61318项，已整改落实55157项；实施民生工程2866项，为民办实事80655件，广大群众在党组织和党员的承诺践诺中得实惠。三是抓实窗口单位和服务行业“为民服务创先争优”活动。在工商、税务、国土、银行等10个窗口单位和服务行业试点“四亮四评”活动的基础上，以省委提出的“四亮四创四评”（“亮流程、亮身份、亮职责、亮承诺”，“创优质服务之星、创流动红旗标兵、创党员示范窗口、创人民满意支部”，“自己评、群众评、领导评、组织评”）活动为载体，全力推进窗口单位和服务行业“为民服务创先争优”活动。至12月底，全州窗口单位和服务行业亮流程15637个，党员亮身份23107人，亮职责21128人，党员亮承诺19554人，承诺事项40947件，已兑现承诺事项38465件，开展评授创优质服务之星888次3153人，评选创流动红旗标兵683次2683人，为推动科学发展擦亮了服务窗口。同时，全州民政、卫生、教育、农业等部门及工青妇组织以分月负责、定时定点志愿服务的方式，积极开展“深入推进创先争优·志愿服务人民群众”活动，全州8207人参加服务活动，受益群众多达15万人。四是扎实开展“三亮四进”社区活动。通过加强组织保障、注重抓好结合、解决实际问题、突出为民服务，在抓落实、出实效上下功夫，确保以“亮身份、亮职责、亮承诺”，机关单位进社区、党员干部进社区、代表委员进社区、志愿者进社区为主要内容的“三亮四进”社区活动取得实效。至12月底，机关单位进社区814个，帮扶社区61个，形成结对帮扶对子881个，26523名社区党员亮身份、亮职责、亮承诺，2213名代表委员亮身份、进社区，帮助群众解决困难2573个；建立志愿者队伍263支，志愿者人数12964人，开展志愿服务490次，服务群众56930人，帮助群众解决困难1791件，社区居民在服务中感受到活动带来的变化和好处。

以创先争优为载体加强党的基层组织建设。各级各部门坚持抓基层打基础的工作思路，以创先争优活动为载体，切实加强基层组织建设。一是大力实施“十大基层党建工程”。各级党组织按照项目化管理、品牌化建设、科学化推进的思路，大力实施书记管党、组织覆盖、经费保障、阵地延伸、三有一化、素质提升、致富先锋、互帮互助、党内民主、先锋示范十大基层党建工程，各级党委（党组）管党治党的科学化水平进一步提高。通过实施“书记管党”工程，健全完善县（市）、乡（镇）、村（社区）三级书记“双向述职”制度，抓实县（市）委书记、组织部长抓基层党建工作创新项目工作，《楚雄州构建县市委书记抓基层党建工作责任机制》等一批创新项目被列入全省网络评选项目并胜出；通过实施“组织覆盖”工程，不断调整优化村级党组织设置和创新基层党组织设置模式，扩大党组织在非公经济组织、新社会组织和居民楼院、行业协会的覆盖面，全面消除了“党员空白村民小组”；通过实施“经费保障”工程，健全完善基层党建工作经费投入保障机制和村干部激励保障机制，促进发展壮大村级集体经济跨越发展，农村党组织的创造力、凝聚力、战斗力得到增强；通过实施“阵地延伸”工程，建成村民小组党支部活动室4500个，占村民小组总数的30.61%，在不具备条件的自然村建立“党员活动中心户”7049户，占自然村总数的46.35%；通过实施“三有一化”工程，确保了社区党组织有人管事、有钱办事和有活动场所议事，构建了彝州社区区域化党建工作新格局；通过实施“素质提升”工程，强化村（社区）党组织书记、新党员、农村党员干部素质教育、大学生“村官”党员、党员致富创业技能等五项培训，广大党员及基层干部队伍的整体能力素质较大提升；通过实施“致富先锋”工程，深入开展创建“带领致富党支部”和培养“脱贫致富带头人”活动，培养农村党员致富先锋6249人，带领53699户、87628名党员群众实现创业致富；通过实施“互帮互助”工程，建立了机关—农村、机关—社区、机关—“两新”组织等互帮互助的社会管理新模式，构建了“共建堡垒、共享资源、共育人才、共同发展经济、共同维护稳定”的城乡统筹党建新格局；通过实施“党内民主”工程，实现基层党务公开和“四议两公开”工作法全覆盖，切实保障了党员群众民主权利；通过实施“先锋示范”工程，推进基层党建工作“三级示范”建设。“七一”期间，全州有9个省级、164个州级和784个县（市）级基层党建工作示范点得到省州县的命名表彰。二是全面推进党群共建创先争优。全州各级群团组织坚持以党建带工建、党建带团建、党建带妇建，结合自身特点，依托春节、妇女节、劳动节、青年节、国庆节等重大节庆活动，积极开展社会主义劳动竞赛“青春彩云南”系列活动和开展“双学双比”活动，在创建“工人先锋号”、“青年文明号”、“巾帼示范岗”中争当劳动模范、青年岗位能手、巾帼建功标兵，争做创业致富带头人，在建设“职工之家”、“青年之家”、“妇女之家”中推进组织共建、队伍共建、阵地共建，以党组织创先进带动所在单位创先进、以党员争优秀带动身边群众争优秀，形成以党建带群建、群建促党建、带动全社会齐争共创的良好局面，使创先争优成为全社会的价值取向。活动中，全州新建党组织235个，新增党员人数5036名，新建工会组织2761个，新建共青团组织405个，新建妇女组织67个。同时，各级群团组织按照“五好”、“五带头”的要求，深入开展“党员亮身份、公开践承诺”活动、“三进四亮”进社区活动、“四亮四创四评”活动、评星授旗活动和学习杨善洲进事迹活动等，扎实创建党群共建创先争优示范点。12月2日，经过检查考核，全州41个拟创建州级党群共建创先争优示范点（含4个拟创建省级示范点）全部通过了检查验收。三是全力打造基层党建工作示范点。按照中央和省委的要求，各级各部门以创建基层党组织建设先进县（市）和基层党建工作示范点为抓手，不断健全完善基层党建工作示范点动态管理机制，强力推进基层党建工作“三级示范”建设。在成功创建9个省级、164个州级和784个县（市）级基层党建工作示范点的基础上，先后召开全州省级基层党建工作示范点创建工作座谈会、全州发展壮大村级集体经济暨基层党建示范点创建工作现场推进会，着重在重要路线、重点区域和关键行业中巩固一批、提升一批、打造一批、整顿一批、带动一批基层党建工作示范点和村级集体经济示范点。活动中，全州先后培树了楚雄市马石铺村、南华县张合屯村、永仁县方山诸葛营村、武定县西和村等一批先进典型，推出了李开斌、聂开、李赞阳等一批先进个人，让全州各级党组织和广大党员学有榜样、赶有方向、超有标杆，在学先进争优秀中全面激发基层党组织和广大党员的创先争优内生动力，推动全州创科学发展之先、争和谐社会之优。

以创先争优为契机营造学比赶超氛围。全州各级党组织在深入推进创先争优活动中，创新工作方式方法，大力营造学比赶超氛围，进一步激发了广大党员干部的干事创业热情。一是扎实开展向杨善洲同志学习活动。以编排一部彝剧《杨善洲》、制作一幅杨善洲宣传画等“十五个一”活动和开展“学习杨善洲·为民办实事·发展见实效”活动为载体，制作发放杨善洲宣传画10万张，连片种植“杨善洲纪念林”50亩，绿化青山湖环湖公路7千米，创作演出大型彝剧《杨善洲》41场次，观众达6万余人。在“学习杨善洲·为民办实事·发展见实效”主题实践活动中，各县（市）委和州级各部门作出公开承诺事项785件，为民办实事375件。期间，还开展了向郭明义、邓前堆、李林森等先进典型的学习活动，在全州营造了学习先进、赶超先进的浓厚氛围。二是扎实开展建党90周年系列活动。根据中央和省州党委的部署要求，各级各部门把认真开展建党90周年活动作为年内创先争优活动的重要内容，精心组织开展了全州建党90周年系列活动。在“七一”期间，州委组织筹备了庆祝中国共产党成立90周年大会暨文艺晚会——彝州大地党旗红，组织拍摄展播了15部“彝州先锋、创先争优”为主题的专题片，组织《“云岭楷模”楚雄风采录》大型图片展和广泛开展创先争优理论研讨活动。在庆祝中国共产党成立90周年大会上，州委还对近5年来特别是在开展深入学习实践科学发展观活动和创先争优活动中涌现出的7个基层党组织建设先进县（市）、96个基层党建工作示范点、99名优秀共产党员、85名优秀党务工作者、100名“优秀村官”、100名“农村党员致富先锋”进行了命名表彰。并为28位担任过正厅级、副厅级实职的党员老领导和169位建国前入党的老党员颁发荣誉证书，增强了老党员、老领导的归属感和荣誉感。三是营造浓厚活动氛围。活动中，全州各级各部门在落实领导责任、强化督查指导、加强办公室自身建设，加强服务保障，建立齐抓共管机制，构建上下结合、条块联动工作格局的同时，按照“整体策划、板块推出、上下联动、内外感动”的要求，建立新闻媒体定期情况通报制度，做好州级11家宣传媒体的“彝州先锋·创先争优”专栏，认真编写创先争优活动简报和专报，全方位、立体式、多角度宣传全州开展创先争优活动的好做法、好经验，为深入开展创先争优活动营造了良好的氛围。据不完全统计，年内在《楚雄日报》等州内宣传媒体上共刊播新闻稿件6232件（条）次、图片215幅；在省级以上宣传媒体上刊播新闻稿件500件次；中央创先争优网采用10条，中央创先争优领导小组办公室简报采用1期。强有力的宣传引导，为深入开展创先争优活动营造了浓厚的舆论氛围，创先争优成为全州各级党组织和广大党员的自觉行动，成为全州社会生生不息的进步动力。

［黄　忠］

开展干部作风集中整顿和建设活动

【作风整顿和建设活动概况】 2011年，中共楚雄州委为全面加强新形势下干部作风建设，着力解决当前全州干部作风方面存在的突出问题，确保州第八次党代会提出的富民强州宏伟目标全面实现，作出了关于进一步加强干部作风建设的决定，并决定从11月开始，利用两个月的时间在全州在职干部、村委会（社区）干部中开展以“转变作风抓落实、服务群众聚民心、创先争优促发展”为主题的干部作风集中整顿和建设活动，分学习动员、查找问题、整改落实、巩固提高4个阶段进行，州、县、乡、村4级共有2975个单位168575名干部职工参加了活动。活动开展以来，干部广泛参与，群众积极拥护，活动深入人心，干部作风明显转变，有力地促进了各项工作落实。

【主要工作举措】 领导高度重视，精心安排部署。一是领导高度重视干部作风建设。成立了州委干部作风集中整顿和建设工作领导小组及办公室，于2011年10月31日召开了全州干部作风集中整顿和建设活动动员大会，州委副书记李兴顺作了动员讲话。各县（市）、各部门积极响应州委号召，专题研究，认真传达州委有关文件和会议精神，及时成立工作机构，抽调人员开展工作，迅速兴起了干部作风集中整顿和建设活动热潮。二是各级干部职工广泛参与。各级在职干部职工都参加了学习教育活动，一些企业也开展了作风建设学习教育活动。各级各部门认为，州委指出的3个反面典型案例具有很强的代表性和针对性，公车私用、上班纪律松散、工作不负责任等现象在各县（市）、各部门不同程度存在，反映出一些干部工作状态不好、责任意识不强，必须采取有力措施加以解决和纠正，营造风清气正、奋力拼搏、加快发展的工作氛围。据统计，州、县、乡、村（社区）4级共召开会议5965场（次）、109355名干部参加了学习动员。三是认真抓好学习教育。各级各部门切实把学习教育贯穿始终，坚持理论学习与实际工作相结合，不断加深对干部作风建设重要性的认识，做到开展学习教育与完成工作任务两手抓、两促进。各级干部共撰写心得体会68564篇。

广泛征求意见，认真查找问题。在查找问题阶段，各级领导干部带头征求意见、查摆问题、剖析根源及开展批评和自我批评，促进了活动开展。一是征求意见听民意。各县（市）、各部门结合实际，通过发放问卷调查、召开座谈会、上门听取意见等形式征求各方面意见，共召开座谈会2619场（次），征求到意见、建议43137条。二是找准问题促整改。在查找问题中，各级各部门正视存在问题，敢于深挖、揭短，围绕行业特点和工作职能查找，围绕热点、难点问题和3个典型案例查找，围绕“五风”（思想作风、学风、领导作风、工作作风、生活作风）、“五管”（人、事、钱、车、娱）、“五天”（节假日、乔迁日、生日、子女升学日、结婚日）、“五人”（本人、爱人、家人、亲人、旁人）、“五小”（小毛病、小爱好、小圈子、小失误、小动作）问题查找。全州各级干部共查找出14118个存在问题，写出24127份剖析材料，其中查找出反面典型案例229件，解决实际问题16964个。三是开展批评增活力。各级党组织把干部作风建设作为民主生活会的专题内容，要求开展批评只说问题、不谈成绩，民主生活会质量高、效果好。各县（市）和州级各部门共召开专题民主生活会2203场、42695名各级干部参加会议，撰写民主生活会发言提纲33455份，制定整改方案2793份，提出整改措施16497条。州委常委对各县（市）召开民主生活会进行了指导，州纪委、州委组织部按要求派人参加了各县（市）、州级各部门的民主生活会。

突出边整边改，建立长效机制。一是完善制度进行整改。针对查找出来的问题，各县（市）、各部门认真分析根源，研究制定切实可行的整改措施，对弹性大或不好执行的制度进一步修改完善，增强制度的针对性。二是建章立制进行整改。各县（市）、各部门以干部作风集中整顿和建设活动为契机，对干部职工比较关注、敏感的问题建章立制，进一步严格按规章办事、靠制度管人，增强制度的规范性。比如公车私用、私驾，工作纪律涣散等问题。三是重申纪律进行整改。各县（市）、各部门对现有的规章制度进行清理，对不符合要求的进行修改完善，对一些好的制度加大执行力度，增强制度的严肃性。州、县、乡在活动中共有2005个单位建立完善规章制度12491个，有的还专门对干部监督管理和作风建设制定了新的规章制度。

创新活动载体，丰富活动内容。各县（市）、各部门按照州委的统一安排部署，认真领会活动的主旨，结合实际和部门特点，创新活动载体，力求特色鲜明、务求实效。一是在学习形式上创新。在利用中心组、职工会、支部会、民主生活会加强学习的同时，进一步创新学习教育形式，用学习成果指导工作实践。姚安县统一制作《民情日记》本发给干部职工，要求认真撰写民情日记。楚雄市开展“学市情、找差距、谋发展、抓落实”活动，编印《市情读本》以便干部职工学习，进一步丰富学习内容，使学习教育更具有针对性。二是在思想教育上创新。各县（市）、各部门紧紧抓住思想教育这一源头，力求用好的思想作风带动学风、领导作风、工作作风和生活作风建设。大姚县开展“五抓五创五提升”主题活动，使干部作风集中整顿和建设活动做到集中整顿、全面建设和普遍提升有机结合。元谋县开展“三爱四守五整治”主题实践活动，增强干部职工爱家、爱岗、爱县的意识。三是在工作实践中创新。双柏县提出坚决不用“混混型”、“温吞型”、“滑头型”、“浮躁型”四类干部，使干部作风集中整顿和组织人事工作有机结合。州委办公室狠抓学风、文风、会风及机关服务工作，以作风的大转变促进了工作能力和水平的大提升。州水务局把干部作风建设与落实部门“十二五”规划相结合，积极争取中央和省级有关部门的支持。

加大督查力度，助推活动开展。一是州委全面督查。州委书记张太原，州委副书记、代州长李红民，州委副书记李兴顺，州委常委、组织部长徐昕，州委常委、纪委书记夏新建等州委领导先后到州级部门和县（市）指导检查干部作风集中整顿和建设活动工作。州委作风办成立了督查组，负责督查工作。州级部门由所联系的纪工委负责督查。同时，州委作风办加强指导调研和督促检查，适时到县（市）和州级部门开展座谈调研，及时召开了干部作风集中整顿和建设活动推进会，分析存在问题，提出工作意见。二是分级安排督查。各县（市）、各部门分别成立由纪检监察、组织人事等部门组成的督查组，强化对活动开展情况的督查，对一些苗头性、倾向性的问题，深入乡（镇）和部门对干部在岗情况、履职情况、八小时以外行为进行专项督查、明察暗访，确保活动健康有序开展。三是部门主动督查。各部门在认真抓好本单位干部职工监督管理的同时，加强对下属单位开展活动情况的督查。全州共有1095个部门开展监督检查、明察暗访活动1667次，解决难点、热点问题10572个，发出通报85期，通报单位366个，涉及1107名干部，对转变干部作风起到了积极的作用，一些不良风气得到有效遏制。

加强宣传引导，营造良好氛围。一是开设专栏集中宣传。州、县（市）新闻媒体开设专栏广泛深入宣传干部作风集中整顿和建设活动，各级干部、企事业单位人员、广大群众和社会各界普遍了解开展活动的目的、意义、内容和要求，便于接受群众监督，营造了良好的社会舆论氛围。有的老百姓说：“现在单位上的人办私事不准坐公车和用公款请吃了”。二是深入基层采访宣传。各宣传媒体分别深入县（市）、乡（镇）、村（社区）、企业充分挖掘特色亮点，大力宣传干部作风集中整顿和建设活动取得的成效，集中宣传了一批先进典型，交流好的经验和做法。活动开展以来，全州利用广播、电视宣传181条次，网络、报刊宣传914条。三是积极开展对外宣传。《云南日报》、云南电视台等省级媒体4次到楚雄州采访干部作风集中整顿和建设活动情况，进一步扩大了楚雄州干部作风建设的影响面。同时，共向上级报送信息46篇，被省级媒体和省委组织部、省委创先办简报采用8篇。

【取得的成效与存在的问题】 楚雄州各级各部门通过2个月的干部作风集中整顿和建设活动，干部思想觉悟不断提高，抓工作落实的干劲更足，干部遵章守纪的自觉性明显增强，一些不良风气明显好转。

思想认识更加统一。通过干部作风集中整顿和建设活动，各级各部门干部的思想认识进一步统一到了省、州党代会精神上来，统一到了实现富民强州宏伟目标任务的落实上来，统一到了完成当年各项工作目标任务上来，各级干部能够把更多的心思和精力放在工作上，增强了责任意识、纪律意识和创优意识，在各级各部门中形成了“比作风、谋发展、抓落实”的良好风气。

联系群众更加紧密。通过活动开展，各级各部门进一步深入基层、深入群众，实行工作任务在一线落实，疑难问题在一线解决，服务群众在一线体现，干部作风在一线锤炼，架起密切联系群众的“连心桥”。广大干部职工从思想上更加贴近群众、关注民生，制定政策措施更切合实际，做到“群众有困难，干部在身边；群众有困惑，干部帮解答；群众有要求，干部来行动”。一些县（市）和部门反映，开展干部作风集中整顿和建设活动以来，干部能把精力投入到项目上、工作做到农户家、任务落实到田块上，能盯着任务办、带着群众干、做给群众看。

规章制度更加健全。针对查找出来的问题，各县（市）、各部门认真分析研究，对原来制度中一些弹性较大、针对性不强、难以执行的条款进行修改完善，对新出现的问题作出补充规定，切实增强规章制度的严肃性和可操作性。一些领导干部认为，这次干部作风集中整顿活动为解决原来存在的人、事、钱、车、娱“五管”问题，以及“五人”、“五天”、“五小”等方面存在的一些问题，提供了契机、营造了氛围、创造了条件。

工作纪律更加严明。各县（市）、各部门狠抓热点、难点问题的解决，整治不正之风，建立健全了一批规范、统一、管用的制度。有的县针对领导干部公车私驾、私用的问题，一经发现并查实的一律免职；有的县对干部职工违纪、违规行为及时进行通报，进一步增强了纪律的约束力。另外，一些部门单位采取媒体曝光、明察暗访、上班签到、指纹识别等形式，加强对干部作风的监督检查。

不良风气更加好转。通过活动开展，各级各部门狠抓干部职工教育管理，广大干部职工的宗旨意识进一步增强，呈现出“三多三少”的良好现象。一是勤于学习、善于思考的人多了，不学无术、不思进取的人少了。二是勤奋敬业、求真务实的人多了，得过且过、推诿扯皮的人少了。三是遵章守纪、依法办事的人多了，我行我素、自由散漫的人少了。如学校门口公车接送孩子的情况明显减少了，乡（镇）干部“走读”情况明显减少了。

工作推动更加有力。通过活动开展，各级各部门切实把完成各项经济和社会发展目标任务作为衡量干部作风集中整顿和建设活动成效的重要标准，机关为基层、为群众的服务意识明显增强。一些基层干部反映，现在到机关办事比原来方便多了，机关找借口拖着不办、卡着不办的情况改进了。一些县（市）干部反映，年内各种评比考核比原来减少了，干部能够集中精力抓好工作落实；州、县干部听听汇报、看看表面的下乡调研、指导明显减少了；文风、会风转变较大，各级领导带头开短会、讲短话、行短文。州财政局、州人社局规定干部下乡定任务、定时间、定人数，下乡不准打扰基层正常工作。一些企业反映，原来到机关办事总是找不到人，有时找到人也办不成事，有的机关干部在办公室玩游戏、聊天，对来办事的人很冷漠，现在既找得到人，而且服务态度好，又办得成事。

通过两个月的干部作风集中整顿和建设活动，还存在以下几个方面问题。一是干部思想教育不够深入。一些县（市）和部门干部作风整顿的标准不高，停留在一些表象上，只注重对一些不良风气的扭转和整治，而忽视了从干部思想上找根源，对干部坚定理想信念、群众观点的学习教育不够；对干部增强法纪意识、责任意识的学习教育不够；对干部提高履职能力和道德修养的学习教育不够。二是制度建设还有差距。在这次活动中，虽然各县（市）、各部门针对干部监督管理、作风方面出台了一些措施和规定，但是号召性的、零散的、临时性的较多，较为系统、规范、统一的规定较少，在建立管用的长效机制方面还有较大差距。三是少数干部执行纪律的自觉性不强。有的干部对这次干部作风整顿的认识不到位，认为只是搞形式、走过场、一阵风，仍然我行我素。另外，干部思想不创新、工作不作为、作风不扎实的现象还一定程度存在。对以上存在的问题，下步将进一步完善干部日常监督管理的长效机制，从严管理干部，坚持不懈地抓好干部作风建设。

［黄　忠］

（责任编辑：白云鹏）

政　治

中国共产党楚雄彝族自治州委员会

重要会议

【中共楚雄州委全体委员会议】 2011年5月5日，中共楚雄州委常委会主持召开州委七届九次全体会议。州委委员38人、候补委员7人出席会议。州纪委委员，不是州委委员、候补委员、州纪委委员的州级党员领导干部、县委书记和县（市）长、州级各部门和中央省属驻楚单位党员主要负责人、县（市）纪委书记和州纪委派出的纪工委书记，原州级部分老领导列席了会议。全会认真学习和贯彻中央、省委重要战略部署和有关会议精神，审议决定召开州第八次党代会的相关事项，安排部署当前重点工作，审议并一致通过州委常委会所作的《凝心聚力，振奋精神，努力开创全州科学发展新局面》的工作报告；州委常委、州委组织部部长徐昕就《关于召开中国共产党楚雄州第八次代表大会的决议（草案）》进行了说明。

7月29日，州委常委会主持召开州委七届十一次全体会议。州委委员33人、候补委员8人出席了会议。州纪委委员，不是州委委员、候补委员、州纪委委员的州级党员领导干部、县委书记和县（市）长、州级各部门和中央省属驻楚单位党员主要负责人、县（市）纪委书记和州纪委派出的纪工委书记，原州级部分老领导列席了会议。全会听取了州委副书记李兴顺关于州第八次党代会筹备工作有关情况的报告，听取了州委常委、州委组织部部长徐昕关于州第八次党代会代表选举情况和新一届州委、州纪委人事安排指导思想及楚雄州出席省第九次党代会代表候选人预备人选建议名单的说明。会议讨论酝酿并表决通过了楚雄州出席省第九次党代会代表候选人预备人选名单，表决通过了州委七届十一次全体会议公报；审议了州第七届委员会工作报告（草案）和州第七届纪律检查委员会工作报告（草案），一致同意将这两个报告提请州第八次党代会审议。州委书记张太原在会议结束时作了讲话。

8月15日，州委第八届委员会第一次全体会议在楚雄召开。新当选的州委委员51人，州委候补委员9人出席会议；州纪委委员列席会议。张太原同志主持会议。会议选举产生了州第八届委员会常务委员会委员和书记、副书记；通过了州第八届纪律检查委员会第一次全体会议选举结果。新当选的州委书记张太原代表新一届州委常委班子作了讲话。

【中共楚雄州委常委会议】 2011年，中共楚雄州委共召开35次常委会议，对全州经济社会发展重大问题和重大事项作出研究。

1月10日召开会议，传达全省政法工作会议精神，研究楚雄州贯彻意见；研究干部人事问题。

1月12日召开会议，对楚雄军分区政委关于州委常委职务的任免、州人大常委会副主任补选候选人和州政协副主席补选候选人进行了专题研究。

1月26日召开会议，审定《2011年政府工作报告（送审稿）》、《楚雄州第十二个五年规划纲要（草案）（送审稿）》、《楚雄州2010年国民经济和社会发展计划执行情况与2011年计划草案的报告（送审稿）》、《楚雄州2010年地方财政预算执行情况和2011年地方财政预算草案的报告（送审稿）》、《楚雄州职工活动中心建筑设计方案》、楚雄州第二十届云南省劳动模范和先进工作者推荐人选名单；传达省纪委八届六次全会精神、全省宣传思想文化工作会议精神，研究州贯彻意见；听取楚雄市加快推进滇中楚雄特色大城市建设涉及征地拆迁安置有关工作情况汇报；传达全省组织部长会议精神，研究州贯彻意见；研究楚雄州第四批新农村建设工作队及指导员考核表彰事宜；传达姚安县“7·09”地震恢复重建联合调查反馈会会议精神；研究干部人事问题。

1月31日召开会议，专题研究姚安“7·09”地震恢复重建统建房建设工程质量整改工作。

2月28日召开会议，传达省委农村工作会议精神，研究州贯彻意见；审定全州财税会计工作先进集体和先进工作者名单；研究为姚安县公安消防大队集体记功事宜；通报省下派新农村建设指导员总队长职务任免情况；审定楚雄州推荐省委省政府表彰的“十一五”时期扶贫开发先进集体和先进个人名单。

3月7日召开会议，传达省委3月4日紧急会议精神，专题研究楚雄州维护社会稳定工作。

3月22日召开会议，传达省委“学习贯彻胡锦涛总书记重要批示精神，深入开展向杨善洲同志学习活动座谈会”

精神，研究州贯彻意见；审定《中共楚雄州委常委会2011年工作要点（送审稿）》、《楚雄州评比达标表彰活动管理实施细则（试行）（送审稿）》、《关于进一步加快"十二五"农村扶贫开发进程的决定（送审稿）》、《关于推进农业产业化发展扶持农业龙头企业的实施意见（送审稿）》、《关于加快水利发展改革的决定（送审稿）》、《楚雄州开展中国共产党成立90周年纪念活动总体方案（送审稿）》；传达学习全省统战部长会议精神，研究州贯彻意见；传达学习胡锦涛等中央领导同志在省部级主要领导干部社会管理及其创新专题研讨班上的讲话和省委相关会议精神，研究州贯彻意见；传达学习全国、全省防范处理邪教系统表彰大会暨工作会议精神，研究州贯彻意见；传达学习贺国强同志在云南的重要讲话精神，研究州贯彻意见；审定《中共楚雄州委、楚雄州人民政府关于贯彻落实中共中央、国务院〈关于实行党风廉政建设责任制的规定〉的实施细则（送审稿）》；研究楚雄州县（市）党委换届工作相关事宜；审定州厅级领导干部和新农村建设工作队总队长2010年年度考核等次确定建议；研究召开《中国彝族通史》编纂委员会第五次会议事宜；研究干部人事问题。

4月6日召开会议，传达全省学习型党组织建设汇报会精神，研究州贯彻意见；审定《楚雄州机关干部联系自然村制度（送审稿）》；学习《习近平同志在参加十一届全国人大四次会议云南代表团审议时的讲话》、《白恩培同志在学习贯彻胡锦涛总书记重要指示精神深入开展向杨善洲同志学习活动座谈会上的讲话》、《关于龙中泰诬告陷害案的通报》；研究姚安"7·09"地震恢复重建相关工作、德胜钢铁有限公司技改项目违法占地整改工作。

4月13日召开会议，研究楚雄州发行第二期企业债券有关问题、招商引资和发展工业经济考核奖惩问题；研究楚雄州推荐全国及全省先进基层党组织、优秀共产党员、优秀党务工作者有关事宜；听取州直机关党建工作情况汇报，研究承办全国少数民族地区机关党建研讨会议有关事宜；听取州总工会、团州委、州妇联工作情况汇报；传达全省高校党的建设工作会议精神，研究州贯彻意见；通报德钢技改项目违法占地问题国家土地督察成都局与省政府交换意见的情况；省纪委通报干部违法违纪情况。

4月26日召开会议，学习《中共云南省委关于坚持以人为本　执政为民　进一步加强新形势下群众工作的意见》，传达全省群众工作会议暨全省领导干部社会管理及其创新专题研讨班精神，研究州贯彻意见；研究召开州第八次党代会有关事宜；审定《州委七届九次全体会议方案（送审稿）》；传达全国"健全调整不适宜担任现职干部制度"试点工作协调会议精神，研究州贯彻意见；研究成立云南日报社楚雄分社相关问题；听取全州信访工作情况汇报，研究进一步加强信访工作的措施；传达中央开展清理和规范庆典、研讨会、论坛活动工作和党政机关公务用车问题专项治理工作电视电话会议精神，研究州贯彻意见；通报省纪委关于对楚雄州严重违纪干部立案查处的决定。

5月5日召开会议，听取州委七届九次全会分组讨论《关于召开中国共产党楚雄彝族自治州第八次代表大会的决议（草案）》的情况汇报；通报州人民政府领导成员工作分工调整的意见；研究干部人事问题。

5月18日召开会议，学习《〈中国共产党党员领导干部廉洁从政若干准则〉实施办法》；审定《国家土地督察成都局土地例行督察通报问题的整改意见（送审稿）》、《云南德胜钢铁有限公司违法用地问题的检查（送审稿）》、《楚雄州2010年与省财政结算情况的报告（送审稿）》；听取州人民政府政务服务中心和公共资源交易中心筹建情况汇报，研究相关工作；听取全州水利工作情况汇报，研究相关工作；审定楚雄州第九批有突出贡献优秀专业技术人才评审结果名单；听取当前州舆论引导工作基本情况汇报，研究下步工作；传达云南省妇联、省综治办深入推进社会管理创新工作会议精神，研究州贯彻意见；听取对各县（市）综治维稳等重点工作集中督查调研情况汇报。

5月23日召开会议，通报楚雄州到昆明向国家烟草专卖局姜成康局长等领导汇报工作、争取支持的情况；审定州人民政府党组《关于终止州公务中心大厅两侧壁画创作加工合同的报告》；研究干部人事问题。

5月25日召开会议，研究关于取消李平锋楚雄州第九批有突出贡献优秀专业技术人才资格的建议；审定关于调整楚雄州关心下一代工作委员会成员的建议；研究干部人事问题。

5月30日召开会议，通报州委常委班子成员和州人民政府领导班子成员排名意见；研究干部人事问题。

5月31日召开会议，专题学习《国务院关于支持云南省加快建设面向西南开放重要桥头堡的意见》，研究部署相关工作。

6月17日召开会议，通报州人民政府领导成员工作分工情况；审定召开全州教育工作会议的意见；审定楚雄州禁毒防艾工作新三年人民战争工作方案、对查获侦破2011年"3·18"、"4·13"特大运输毒品案件的单位和个人给予表彰奖励的意见；审定《楚雄州2011～2015年依法治州规划（送审稿）》和《楚雄州关于在全州公民中开展法制宣传教育的第六个五年规划（2011～2015）（送审稿）》；审定2011年中国楚雄彝族火把节活动方案；讨论2010年楚雄州党风廉政建设责任制考核提出问题整改措施；审定拟以中共楚雄州委命名的全州第一批中共党史教育基地名单；审定楚雄州庆祝建党90周年表彰工作方案；听取2010年度全州基层党建工作责任制考核情况汇报；听取建党90周年基层党组织建设先进县（市）、基层党建工作示范点、优秀共产党员、优秀党务工作者和"农村党员致富先锋"表彰对象推荐审核情况汇报；听取2010年度全州优秀村（社区）党支部（总支、党委）书记（主任）评选情况汇报；听取全州村级组织活动场所建设项目检查验收情况汇报；研究干部人事问题。

6月26日召开会议，传达省委群众工作领导小组会议精神、全省国有企业党建工作会议精神，研究州贯彻意见；研究部分州级机构设置问题；研究部分州级机构党组设置问题；研究干部人事及干部处分问题。

7月1日召开会议，省委组织部换届考察组就楚雄州委换届考察工作进行衔接部署；研究干部人事问题。

7月19日召开会议，审定楚雄州出席省第九次党代会代表候选人初步人选；审定州委七届十一次全体会议方案和州党外人士情况通报会方案；研究州第八次党代会筹备工作相关事宜；审定州第八次党代会州委工作报告（送审稿）、州第八次党代会州纪委工作报告（送审稿）、州纪委七届八次全会方案、州第十一届人大代表名额分配意见和州人大常委会组成人员名额安排意见；书面通报省高院党组书记、院长许前飞到楚雄检查指导工作有关情况。

8月1日召开会议，对州委、州纪委换届人事安排方案进行了专题研究。

8月8日召开会议，传达学习省委书记白恩培在楚雄调研时的重要讲话精神，研究州贯彻意见；审定州人大常委会党组关于召开州第十一届人民代表大会第一次会议有关问题的请示；研究州第八次党代会筹备工作相关事宜。

8月16日召开会议，州委书记张太原对新一届州委常委班子进行集体谈话；研究新一届州委常委领导班子成员工作分工；研究干部人事问题。

9月6日召开会议，审定拟推荐上报省委领导参阅的重大项目；审定楚雄州部分民生和重点项目资金安排意见；听取州级行政事业单位经营性资产清查情况的汇报，研究相关事宜；研究停止执行州委文件中有关土地出让金条款的问题；审定《中共楚雄州委、楚雄州人民政府关于表彰楚雄州“十一五”文化旅游产业先进集体和先进个人的决定（送审稿）》；审定《拟表彰的“十一五”期间全州安全生产工作县处级先进个人名单（送审稿）》；听取德胜钢铁有限公司生存发展有关问题的汇报，研究有关事项；审定关于调整州双拥工作领导小组成员的意见、《关于州委书记、副书记及州委常委工作分工的意见（送审稿）》、《中共楚雄州委常委挂钩联系县（市）工作方案（送审稿）》；研究召开全州文化建设大会有关事宜；研究为岑化虎同志申报记功有关事宜；审定《中共楚雄州委、楚雄州人民政府、楚雄军分区关于进一步加强国防教育工作的意见（送审稿）》、《关于进一步加强党管武装和国防后备力量建设的意见（送审稿）》、《楚雄州乡（镇）党委书记乡（镇）长选拔任用程序（试行）（送审稿）》；研究干部人事问题。

9月28日召开会议，听取全省保护坝区农田建设山地城镇工作会议相关情况汇报，研究有关问题；审定《中共楚雄州委、楚雄州人民政府关于贯彻落实〈党政主要领导干部和国有企业领导人员经济责任审计规定〉的实施意见（送审稿）》、《楚雄州“十一五”期间经济责任审计工作先进集体和先进个人名单（送审稿）》；听取中国·楚雄2012国际茶花大会暨第八届中国茶花博览会筹备工作情况汇报，研究有关问题；审定《楚雄州州、县（市）党代表大会代表任期制实施意见（试行）（送审稿）》；传达全省加强和改进工商联工作会议精神，研究州贯彻意见；研究关于贯彻落实《中共云南省委组织部、中共云南省委政法委关于解决我省“揭批查”运动和“两案”审理刑满释放人员生活困难问题的补充通知》的意见；传达学习省纪委《关于认真学习贯彻贺国强同志重要批示精神以严明的纪律贯彻落实科学发展观的通知》；研究干部处分及干部人事问题。

10月13日召开会议，审定《楚雄州中长期人才发展规划（2010～2020年）（送审稿）》、召开楚雄州依法治州和普法工作总结表彰暨“四五”依法治州和“六五”普法规划启动大会的意见、《关于构建土地管理共同责任机制的意见（送审稿）》、《中共楚雄州委、楚雄州人民政府关于认真学习贯彻中央和省委领导同志重要批示精神以严明的纪律确保科学发展观全面落实的意见（送审稿）》；听取州农业局行政综合执法支队支队长赵朝魏私驾公车出国违纪问题的调查情况汇报，研究相关问题；研究干部处分问题。

10月14日召开会议，对楚雄州推荐的省“两委”人选进行了专题研究。

10月21日召开会议，学习党的十七届六中全会精神，研究州贯彻意见；研究召开全州精神文明建设工作暨第九次表彰大会有关事项；听取第四届云南民族服装服饰文化节暨中国彝族赛装节（2011·永仁）筹备工作情况汇报，研究相关事项；研究干部人事问题。

10月29日召开会议，研究进一步加强干部作风建设和干部作风集中整顿有关问题。

11月11日召开会议，传达全国做好新形势下群众工作经验交流会议精神，研究州贯彻意见；审定《楚雄州竞争性选拔干部工作实施意见（试行）（送审稿）》及相关配套制度、州人民政府领导成员工作分工的意见；研究召开州社科联第五次代表大会有关事项；研究安全生产工作。

11月22日召开会议，审定《楚雄州州级财政预算资金审批管理办法（送审稿）》、《楚雄州2011年财政预算调整草案的报告（送审稿）》和《楚雄州2011年州对县财政转移支付办法（送审稿）》、楚雄州2012年国民经济和社会发展计划主要指标初步建议；审定拟表彰的“十一五”期间低碳节能减排工作先进个人中涉及的处级干部名单；听取军警机关搬迁建设项目进展情况汇报，研究有关问题。

11月23日召开会议，研究楚雄州8县公务员津贴补贴水平执行州级现行标准有关事宜。

12月14日召开会议，审议《州委八届二次全体会议方案（送审稿）》、《州委八届二次全体会议工作报告（送审稿）》、《中共楚雄州委关于贯彻落实党的十七届六中全会精神加快推进民族文化强州建设的实施意见（送审稿）》；研究干部处分问题。

12月20日召开会议，研究召开楚雄州第十一届人民代表大会第一次会议有关问题、召开政协楚雄州第九届委员会第一次会议有关问题；审定《楚雄州2012年春节慰问活动安排方案（送审稿）》；研究楚雄州开展“四群”教育、实行干部直接联系群众制度的意见；研究干部人事问题。

12月29日召开会议，传达全省加大城乡统筹力度促进农业转移人口转变为城镇居民工作会议精神，研究州贯彻意见；审定《楚雄州人民政府关于进一步促进农民持续增收的实施意见（送审稿）》、《楚雄州哲学社会科学“十二五”研究和发展规划（送审稿）》、《第七届社会科学优秀成果评选获奖名单（送审稿）》、《拟表彰的社科工作先进集体和先进个人名单（送审稿）》、《拟表彰的“十一五”全民科学素质工作先进集体和先进工作者名单（送审稿）》、《拟表彰的“十一五”期间森林防火工作先进单位和先进个人名单（送审稿）》；研究楚雄州贯彻落实中央和省委、省政府加强和创新社会管理工作有关文件精神的意见；研究召开州工商联第四次会员代表大会有关问题；审定《州委八届二次全体会议工作报告（送审稿）》和《中共楚雄州委关于贯彻落实党的十七届六中全会精神加快推进民族文化强州建设的实施意见（送审稿）》；研究干部人事问题。

【中共楚雄州委理论中心组学习会议】 2011年2月25日，中共楚雄州委召开理论中心组学习会议。会议主要任务是：学习孟连县认真总结“7·19”事件教训，加强群众工作的经验，深刻领会中央、省领导批示精神及省委相关工作部署要求，分析楚雄州群众工作情况，研究进一步加强新形势下群众工作的措施，更好地做好新形势下群众工作。州委书记张太原就如何加强新形势下的群众工作作了讲话。州级相关领导分别结合所分管的工作就做好新形势下的群众工作作了发言。州委理论学习中心组成员出席会议，各县（市）委书记、县（市）长，楚雄经济开发区党委书记，州级有关部门主要负责人参加会议。

10月31日，州委召开理论中心组学习会议。会议主要任务是：全面学习贯彻党的十七届六中全会精神，深入推进楚雄州文化建设；研究部署当前全州经济社会发展的各项任务，谋划好2012年的工作；积极转变作风、狠抓落实，扎实推进富民强州。张太原、李红民、李兴顺、卢显林、延荣科等州委理论学习中心组成员参加会议。州委副书记、州人民政府代理州长李红民通报了全州前三季度经济运行情况，徐昕、夏新建、姜扬、赵克义、袁鹏、何根源、朱非、李天云等围绕贯彻落实党的十七届六中全会精神，结合分管联系工作作了发言。各县（市）委书记、县（市）长，楚雄经济开发区党委书记，州级有关部门主要负责人参加会议。

12月12日，州委召开理论中心组学习会议。会议主要任务是：深入学习贯彻党的十七届六中全会、省第九次党代会、州第八次党代会精神，紧紧围绕集中力量建设烟草、冶金化工、生物医药、绿色食品、文化旅游、新能源新材料六大重点产业和推进城镇化的问题，分析发展现状、查找存在问题、研究对策措施、完善体制机制、强化工作落实，以进一步培强做大重点产业，加快城镇化科学发展，推进富民强州进程。部分州委理论学习中心组成员和相关职能部门负责人围绕六大重点产业和推进城镇化的问题，分为8个专题进行了发言。张太原、李红民、李兴顺、卢显林、延荣科等州委理论学习中心组成员；各县（市）委书记、县（市）长，楚雄经济开发区党委书记，州级有关部门主要负责人参加会议。

【中共楚雄州第八次代表大会】 2011年8月10～15日，中共楚雄州第八次代表大会在楚雄召开。州第八次党代会代表出席会议，不是代表的第七届州委委员、候补委员和州纪委委员；不是代表的在职副州级以上党员领导干部；不是代表的州委各部委办局、州级国家机关各委办局、州级各人民团体和州属事业单位的党员主要负责人，以及党组织关系在楚雄州的中央、省属驻楚有关单位的党员主要负责人列席会议。现任非中共党员的副州级以上领导干部；担任过副州级以上领导职务的离退休老同志；州（市）民主党派、州工商联主要负责人；州级国家机关各委办局、州级各人民团体和州属事业单位的非中共党员主要负责人；党组织关系不在楚雄州的中央、省属驻楚单位党员主要负责人；驻楚解放军、武警部队负责人特邀参加开幕大会。大会的主要任务是：高举中国特色社会主义伟大旗帜，以邓小平理论和“三个代表”重要思想为指导，深入贯彻落实科学发展观，总结过去5年的工作成绩，部署今后5年的目标任务，选举产生新一届州委、州纪委和出席省第九次党代会代表，团结动员全州各级党组织、广大党员和各族干部群众，抢抓历史机遇，坚持科学发展，为实现富民强州宏伟目标而努力奋斗。会议听取并审议通过了州委书记张太原代表中共楚雄州第七届委员会向大会所作的工作报告和州委常委、州纪委书记夏新建代表州纪委所作的工作报告，选举产生了51名八届州委委员、9名候补委员和35名州纪委委员。

［李念锋］

重要活动

【党建活动】 全州学习型党组织建设工作推进会。2011年1月19日，中共楚雄州委召开全州学习型党组织建设工作推进会。州委副书记、州委学习型党组织建设工作领导小组组长李兴顺出席会议并讲话。州委常委、州委组织部部长、州委学习型党组织建设工作领导小组副组长徐昕，州政协副主席李振华等领导在主会场出席会议。州委办公室机关党委、天人中学党支部、元谋县元马镇清和村委会党委、楚雄汇东实业有限责任公司党委分别作了会议交流发言。会议要求，全州各级党组织和广大共产党员一定要把思想和行动统一到中央和省、州党委的部署要求上来，明确学习目标，把握学习步骤，坚持学习原则，突出“学理论、学业务、学经验、学典型”4个方面的重点，丰富学习方法，完善学习制度，坚定不移地推进学习型党组织建设，并以党员学习带动干部群众学习，以学习型党组织建设带动学习型个人、学习型家庭、学习型机关、学习型团队建设，进而促进学习型社会建设。同时，要把学习型党组织建设与创先争优活动结合起来，切实加强组织领导，发挥各级领导干部的表率作用，注重分类指导和督促检查，加强舆论宣传，营造良好氛围，确保学习型党组织建设取得实效，推进学习型党组织建设，提高创先争优能力水平。

全州干部作风集中整顿和建设活动动员会议。10月31日，州委召开全州干部作风集中整顿和建设活动动员会议，对集中整顿和建设活动进行全面安排部署。州委副书记李兴顺出席会议并讲话。州委常委、州人民政府副州长任锦云，州委常委、州委组织部部长徐昕，州人大常委会副主任李佳，州政协副主席王定梁出席会议。会议指出，全州干部作风集中整顿和建设活动主题是转变作风抓落实、服务群众聚民心、创先争优促发展，范围是全州所有干部，分学习动员、查找问题、整改落实、巩固提高4个阶段进行，在活动中要坚持正面教育、联系实际、领导带头、注重实效4个原则。通过开展这次活动，达到狠抓学习强素质、匡正风气聚精神、注重落实促发展、严肃纪律塑形象的目标。

全州开展群众观点群众路线群众利益群众工作教育实行干部直接联系群众制度动员大会。12月20日，州委召开全州开展群众观点群众路线群众利益群众工作教育实行干部直接联系群众制度动员大会。州委书记张太原出席大会并作动员讲话。会议指出，开展“四群”教育、实行干部直接联系群众制度，事关党群干群关系、事关农村发展稳定，是省第九次党代会作出的一项重要部署。开展“四群”教育就是要继承和发扬党的优良传统和作风，提升党性修养，整治干部队伍，践行党的宗旨；密切联系服务群众，重在信念坚定，贵在持之以恒，要建立健全长效机制，使之常态化、规范化、制度化；要深入群众、深入基层，唯有立足基层，脚踏实地，才会有真实的效果。会议要求，要凝心聚力、千方百计推动经济发展；要着力解决群众切身利益问题；要深入基层、深入群众、现场办公；要主动引导社会思潮、社会舆论，占领好意识形态阵地；要加强政府自身建设，改进工作作风，健全完善制度；要加强组织领导，制定目标措施，创新方式方法，强化责任落实，完善考核体系，动员和调动全社会的力量，切实把群众工作做实、做好，确保干部直接联系群众取得成效。州委各部委办局、州级国家机关各委办局、州级各人民团体、各企事业单位、中央和省驻楚有关单位负责人等参加主会场会议，各县（市）设分会场参加会议。

【纪念活动】 “颂歌献给党”州直机关千名党员红歌演唱会。2011年6月22日晚，中共楚雄州委举办“颂歌献给党”州直机关千名党员红歌演唱会。来自州直机关各行各业的千名党员欢聚一堂，以激情飞扬的歌声歌唱难忘的岁月，热情讴歌党的丰功伟绩，把心底最美的颂歌献给伟大的党。州委副书记李兴顺观看演出并致辞。州委常委、州委组织部部长徐昕，州人大常委会副主任李佳，州人民政府副州长朱非，州政协副主席张万礼等领导共同观看演出。

楚雄州庆祝中国共产党成立90周年大会暨文艺晚会。6月29日晚，州委召开楚雄州庆祝中国共产党成立90周年大会暨文艺晚会，州委书记张太原出席庆祝大会暨文艺晚会并作重要讲话，州委副书记、代理州长李红民，州委副书记李兴顺，州人大常委会主任卢显林，州政协主席延荣科以及其他在职实职副厅级领导干部出席庆祝大会暨文艺晚会。张太原、李红民、李兴顺、卢显林、延荣科等领导为新中国成立前入党的老党员代表颁发荣誉证书，为基层党组织建设先进县（市）、基层党建工作示范点、优秀共产党员、优秀党务工作者和2010年度“农村党员致富先锋”代表颁奖。

【政务活动】 姚安县“7·09”地震恢复重建统建房质量问题整改工作总结会。2011年6月18日，中共楚雄州委、州人民政府在姚安召开姚安县“7·09”地震恢复重建统建房质量问题整改工作总结会。省委常委、省纪委书记李汉柏率省委、省政府检查组，深入姚安县“7·09”地震恢复重建统建房质量问题整改现场，对4个月来的整改落实情况进行检查后，出席姚安县“7·09”地震恢复重建统建房质量问题整改工作总结会并发表重要讲话。州委书记张太原陪同检查并出席汇报会，州党政领导李红民、李兴顺、卢显林、延荣科、徐昕、岑化虎、杨亚林、夏新建及州级有关部门负责人陪同检查。

全州集中检查考核工作动员会。12月6日，州委、州人民政府召开全州集中检查考核工作动员会，对开展2011年度工作目标责任制集中检查考核工作进行动员和部署安排。州党政领导李兴顺、岑化虎、任锦云、左荣贵、徐昕、夏新建、姜扬、赵克义、张启俊、杨静、卜德诚、王定梁、李天云出席会议。州级有关部门人员、集中检查考核项目牵头实施单位主要领导及参加集中检查考核工作的全体人员参加会议。

【州级部门工作会议】 全州人才工作会议。1月13日召开。会议贯彻落实全国、全省人才工作会议精神，安排部署全州人才工作。

全州宣传思想文化工作会议。2月16日召开。会议总结了全州2010年宣传思想文化工作，对县（市）宣传思想文化工作考核结果进行了通报。

州委议军会暨州国防动员委员会第六次会议。2月26日召开。会议认真传达学习省委议军会暨省国动委第八次会议精神，总结工作，述评点评，表彰先进，部署任务，进一步推进全州新形势下的国防动员和后备力量建设。与会人员在会上观看了全州“十一五”期间国防动员和后备力量建设情况汇报短片，并在会后观摩了楚雄市民兵预备役应急分队处突维稳演示。

全州组织工作会议。3月1日召开。会议以党的十七届四中、五中全会和省委八届十次全委会精神为指导，认真贯彻落实全国、全省组织部长会议精神，总结回顾2010年全州组织工作，研究部署2011年组织工作任务。

全州农村工作会议。3月4日召开。

会议认真贯彻落实党的十七届五中全会，中央、省委农村工作会议和州委七届八次全会精神，总结全州“十一五”期间特别是2010年“三农”工作，分析当前“三农”工作面临的形势，明确“十二五”时期农业农村工作的目标任务，安排部署2011年农业农村工作。

全州统筹城乡基层党建工作座谈会。3月15日召开。会议认真总结楚雄州统筹城乡基层党建工作取得的成绩经验，分析形势任务，交流经验做法，互相学习促进，研究安排下步工作。

全州党委系统办公室工作会议。3月25～26日召开。会议传达了全省党委系统秘书长、办公（厅）室主任会议精神，安排布置了全州党政内网建设工作，表彰了2010年度信息工作先进集体和先进个人、2010年度督查工作先进集体和先进个人。

全州县（市）委领导班子换届工作会议。3月28日召开。会议深入贯彻落实全国、全省换届工作座谈会议精神及省、州党委关于领导班子换届的有关要求，部署全州县（市）委领导班子换届工作。

全州统战工作会议。4月1日召开。会议认真学习贯彻党的十七届五中全会、全国及全省统战部长会议和州委七届八次全会精神，深入贯彻落实科学发展观，围绕科学发展主题和加快转变经济发展方式主线，着眼维护社会和谐稳定大局，整合资源，不断提高统一战线工作科学化水平。

全州人民防空会议。4月21日召开。会议深入贯彻全国第六次人防会议和全省人防会议精神，总结“十一五”时期全州人防工作，安排部署2011年和今后一段时期的工作任务。

全州教育工作会议。6月26日召开。会议传达学习了全国、全省教育工作会议精神，总结“十一五”教育工作，安排部署“十二五”及今后一段时期的教育改革发展工作；出台《中共楚雄州委、楚雄州人民政府关于贯彻落实国家和云南省中长期教育改革和发展规划纲要（2010～2020年）的实施意见》、《楚雄州学前教育三年行动计划（2011～2013年）》；讨论《楚雄州“十二五”教育发展规划》（讨论稿）；对全州“两基”工作和教育工作先进单位（集体）和先进个人代表以及捐资助学先进集体进行了表彰。

全州县（市）委领导班子换届工作总结会议。6月30日召开。州委副书记李兴顺出席会议并讲话，州委常委、州委组织部部长徐昕，州委常委、州纪委书记夏新建出席会议。会上，10县（市）委就换届工作情况作了汇报。

全州第三轮禁毒防艾人民战争电视电话会议。7月22日召开。会议认真贯彻落实全省第三轮禁毒防艾人民战争电视电话会议精神，总结全州第二轮禁毒防艾人民战争工作情况，分析研究当前禁毒防艾工作形势，安排部署第三轮禁毒防艾人民战争工作任务，组织和动员全州各族人民群众，继续打好禁毒防艾人民战争，确保全州经济社会又好又快发展。

学习贯彻胡锦涛总书记“七一”重要讲话精神宣讲报告会。8月5日举行。省委宣讲团成员、云南民族大学马列部主任张建国教授应邀到楚雄州，就学习贯彻胡锦涛总书记“七一”重要讲话精神作宣讲报告。州级部门副处以上领导及相关部门干部等500余人在楚雄主会场参加了报告会，各县（市）副科以上领导干部分别在各县（市）分会场听取报告。

全州第五批新农村建设指导员工作座谈会暨第二次总队长会议。9月6日召开。会议认真贯彻落实全省新农村建设指导员工作座谈会精神，总结交流州内第五批新农村建设指导员工作取得的成绩和经验，分析存在的问题和困难，研究安排下步工作。

全州社会主义新农村省级重点建设村工作会。9月6日召开。会议贯彻落实全省社会主义新农村省级重点建设村工作会议精神，总结交流全州2010年省级重点建设村工作取得的成绩和经验，分析存在的困难和问题，研究部署2011年工作任务。

全州文化建设大会。9月16日召开。会议贯彻落实全省文化建设工作会议精神，全面总结楚雄州“十一五”文化建设取得的成绩和经验，部署“十二五”文化建设工作，推动全州文化大发展大繁荣。

楚雄州依法治州和普法工作总结表彰暨“四五”依法治州和“六五”普法规划启动电视电话会议。10月28日召开。会议表彰了“三五”依法治州和“五五”普法先进集体和先进个人，安排部署了“四五”依法治州和“六五”普法工作。

全州精神文明建设工作暨第九次表彰大会。11月10日召开。会议总结了楚雄州2009年以来精神文明建设工作的成绩和经验，表彰奖励了一批精神文明建设先进单位和先进个人，安排部署今后3年全州精神文明建设工作任务。

学习贯彻党的十七届六中全会精神宣讲报告会。11月10日举行。邀请省委宣讲团成员、省新闻出版局党组书记、局长杨文虎宣讲党的十七届六中全会精神，州级部门副处以上领导及相关部门干部参加了报告会。

全州扶贫开发现场会议。11月11日召开。会议认真贯彻落实全省2011年扶贫开发工作会议精神，全面总结“十一五”期间全州扶贫开发所取得的成绩和经验，安排部署楚雄州“十二五”及未来10年扶贫开发工作。

全州加强和改进工商联工作会议。12月12日召开。会议认真学习贯彻省第九次党代会及全国、全省加强和改进工商联工作会议精神，积极支持工商联充分发挥职能作用，不断提高工商联工作科学化水平，促进楚雄州非公有制经济的快速发展。

全州党委系统办公室主任座谈会。12月12日召开。会议认真传达学习中央领导同志关于党委办公厅工作的重要批示和全国党委秘书长会议精神，深入学习贯彻省州党代会精神，进一步研究把握当前和今后一段时期党委办公室工作的思路和重点，统一思想，振奋精神，努力推动全州党委办公室工作更上新的台阶。

省第九次党代会精神宣讲报告会。12月16日举行。省委宣讲团成员、省社科院马列研究所所长黄小军研究员宣讲省第九次党代会精神，州级部门副处以上领导及相关部门干部等参加了报告会。

《中共楚雄州委年鉴》（2011）发行暨2012年征稿工作会议。12月19日召开。会议通报了2011版《中共楚雄州委年鉴》编撰工作情况，并对优秀撰稿人和组稿工作先进县（市）进行了表彰，对2012年的组稿工作作了安排部署。

全州学习型党组织建设工作汇报会。12月21日召开。会议交流总结楚雄州学习型党组织建设的情况和经验，研究分析存在问题，安排部署下步工作，推动全州学习型党组织建设深入开展。

【年度表彰奖励】 2011年1月19日，中共楚雄州委、州人民政府决定，对2010年度履行《综治维稳责任书》、《铁路护路责任书》和创建“先进平安县（市）”、“平安铁路示范县”达标县（市）、单位和个人给予表彰奖励。把州委、州人民政府推荐申报省委、省政府命名表彰的楚雄市、牟定县、禄丰县评为平安创建、综治维稳先进县（市），各奖励奖金6万元；武定县《综治维稳责任书》考核为一等奖，命名“平安杯”，奖励奖金6万元；元谋县《综治维稳责任书》考核为二等奖，奖励奖金3万元。对《综治维稳责任书》考核达标的南华县、大姚县、姚安县，各奖励奖金2万元；对创建“先进平安县（市）”达标的永仁县、双柏县，各奖励奖金6万元。对州委办公室等履行《综治维稳责任书》先进单位，各兑现奖金1万元；对州委政法委等履行《综治维稳责任书》达标单位，各兑现奖金0.5万元。授予元谋县、南华县为《铁路护路责任书》考核验收先进县，各奖励奖金2万元；对《铁路护路责任书》考核验收达标的禄丰县、楚雄市、姚安县、永仁县、牟定县，各奖励奖金1万元；对2010年度创建“平安铁路示范县（市）”达标的禄丰县、南华县进行命名表彰，各奖励奖金1万元。授予州综治维稳委、州综治维稳办和州铁路护路联防领导小组、州护路办组织奖，各兑现对应奖金总额的10%。州、县（市）130名综治维稳责任人党政领导干部综治维稳政绩考核均为优秀，各奖励奖金500元。2月15日，州委、州人民政府决定对一年来取得优异成绩的省纪委监察厅等52家新农村建设先进指导员派出单位，王建伟等6位优秀工作队总队长，李伟等10位优秀工作队长，邱莉等114位优秀指导员予以表彰并分别授予“楚雄州第四批新农村建设先进指导员派出单位”、“楚雄州第四批新农村建设优秀工作队总队长”、“楚雄州第四批新农村建设优秀工作队长”、“楚雄州第四批新农村建设优秀指导员”荣誉称号。2月28日，州委、州人民政府决定，授予楚雄州财政局等55个单位“楚雄州财税工作先进集体”荣誉称号，授予周有奇等120人“楚雄州财税工作先进工作者”荣誉称号。授予州人民政府办公室等25个单位“楚雄州会计工作先进集体”荣誉称号，授予李俊苹等50人“楚雄州会计工作先进工作者”荣誉称号。3月3日，州委决定，授予楚雄市总工会等26家单位“工会工作先进集体”、徐朝灿等50人“工会工作先进个人”荣誉称号。3月7日，州委、州人民政府决定，授予中共楚雄市委等10家单位“楚雄州关心重视妇女儿童工作先进集体”称号；授予楚雄市妇联等10家单位“楚雄州农村妇女‘双学双比’竞赛活动先进集体”称号；授予双柏县法脿镇党委等5家单位“楚雄州‘平安家庭’创建活动先进集体”称号；授予吴海芬等10人“楚雄州关心重视妇女儿童工作先进个人”称号；授予毕家芹等20人“楚雄州先进妇女工作者”称号；授予苏荣兰等20人“楚雄州农村妇女‘双学双比’竞赛活动先进个人”称号。6月14日，州委、州人民政府决定，授予阮文忠等57人“楚雄州有突出贡献的优秀专业技术人才”荣誉称号。6月26日，州委、州人民政府决定，对楚雄市教师培训中心等26个教育工作先进集体、万莉等50名先进教育工作者（关心支持教育工作先进个人）、姜云秋等52名优秀校长、徐向荣等100名优秀教师及红塔集团楚雄卷烟厂等16个捐资助学先进单位进行表彰。6月29日，州委决定，命名牟定县等7个县为基层党组织建设先进县（市）、鹿城镇党委等96个基层党组织为基层党建工作示范点，对彭媛翠等99名优秀共产党员、赵家德等85名优秀党务工作者以及段寿庭等100名2010年度“农村党员致富先锋”予以表彰奖励。6月29日，州委、州人民政府决定，对赵兴林等100名优秀村（社区）党支部（总支、党委）书记（主任）进行表彰奖励。7月22日，州委、州人民政府决定，对侦破“3·18”专案的州公安局禁毒支队等2个先进集体、周建忠等37名先进个人给予表彰奖励，奖励人民币15万元。对侦破“4·13”专案的姚安县公安局禁毒大队1个先进集体、王玉敏等3名先进个人给予表彰奖励，奖励人民币6万元。7月22日，州委、州人民政府决定，对州中级人民法院等50个禁毒先进集体、州防治艾滋病工作委员会办公室等25个防治艾滋病先进集体、申建林等99名禁毒先进个人、柯春丽等49名防治艾滋病先进个人予以表彰奖励。9月16日，州委、州人民政府决定，对“十一五”期间楚雄州文化建设方面有突出贡献的人物和荣获国家级大奖的作品项目予以表彰，授予那少承等2人“楚雄州文化功勋人物”荣誉称号；对荣获国家级大奖的《真爱长歌》等2个作品以及17个项目予以表彰奖励。10月28日，州委、州人民政府决定，对南华县等25个依法治州工作先进集体、李世伟等50名依法治州工作先进个人进行表彰奖励。11月9日，州委、州人民政府决定对中共楚雄市委、楚雄市人民政府等10个经济责任审计工作先进集体和杨仕坤等59名经济责任审计工作先进个人给予表彰奖励。11月10日，州委、州人民政府决定，命名牟定县城等3个县城为第五批州级文明县城；命名州中级人民法院等16个行业为第六批州级文明行业；命名州委办公室等211个单位为第九批州级文明单位；命名楚雄市紫溪镇等12个乡（镇）为第六批州级文明乡（镇）；命名楚雄市东瓜镇永安社区等10个社区为第四批州级文明社区；命名楚雄市鹿城镇新村村委会等60个村

（组）为第九批州级文明村；命名楚雄市紫溪山风景区等7个景区为首批州级文明风景旅游区；对王克文等49名精神文明建设先进个人予以表彰。

［李念锋］

重要决策

【政治建设】　2011年1月10日，中共楚雄州委制定下发了《中共楚雄州委关于制定楚雄州国民经济和社会发展第十二个五年规划的建议》。内容包括：牢牢把握科学发展主题，努力开创经济社会跨越式发展新局面；着力调整经济结构，推动经济更好更快发展；着力培强现代农业，加快社会主义新农村建设；全力振兴彝州工业，加速推进新型工业化进程；加快推进城镇化，统筹城乡协调发展；加快发展服务业，提升第三产业发展水平；加强基础设施建设，着力打牢发展基础；加快改革攻坚步伐，全面推进对外开放进程；认真实施科教人才战略，加快建设创新型楚雄；建设彝族文化名州，推动文化大发展大繁荣；着力保障和改善民生，努力维护社会和谐稳定；推进生态文明建设，增强可持续发展能力；凝聚全州各族人民的力量，为实现“十二五”规划而奋斗。

5月26日，州委制定下发了《中共楚雄州委关于进一步加强新形势下群众工作的实施意见》。内容包括：牢固树立群众观点，大力弘扬密切联系群众的作风；加强源头预防和治理，建立完善群众工作长效机制；切实维护群众利益，着力解决群众反映强烈的突出问题；进一步继承和创新群众工作方式方法，增强群众工作实效；加强和改善对群众工作的领导，努力提高做好群众工作的能力和水平。

8月30日，州委、州人民政府制定下发《中共楚雄州委、楚雄州人民政府关于深化乡（镇）机构改革的实施意见》。内容包括：指导思想和基本原则；主要任务；方法步骤；加强乡（镇）机构改革的组织领导。

10月20日，州委、州人民政府下发了《关于加强和改进新形势下工商联工作的实施意见》，《实施意见》明确了新形势下工商联工作的指导思想、基本要求及职能作用，在加强工商联组织自身建设和加强对工商联工作领导方面取得了重大突破，为实现彝州工商联事业的科学发展提供了政治保证、组织保证和制度保障。

12月30日，州委制定下发《中共楚雄州委关于开展群众观点群众路线群众利益群众工作教育实行干部直接联系群众制度的实施意见》。内容包括：充分认识开展“四群”教育、实行干部直接联系群众制度的重要意义；深入扎实开展“四群”教育，牢固树立党的宗旨意识；实行干部直接联系群众制度，推动干部深入实际、深入基层、深入群众解决实际问题；加强组织领导，确保“四群”教育和干部直接联系群众工作落到实处。

【经济建设】　2011年3月22日，中共楚雄州委、州人民政府制定下发了《中共楚雄州委、楚雄州人民政府关于加快水利发展改革的决定》。内容包括：加快水利发展改革的重大意义；加快水利发展改革的指导思想、基本原则、总体要求和目标任务；建立水利投入稳定增长机制；全力推进水利发展；创新水利发展体制机制；加强水利服务能力建设；加强对水利工作的领导。

4月20日，州委、州人民政府制定下发了《中共楚雄州委、楚雄州人民政府关于推进农业产业化发展扶持农业龙头企业的实施意见》。内容包括：推进农业产业化发展扶持农业龙头企业的指导思想、发展目标、基本原则、工作重点、优惠政策、保障措施。

［李念锋］

组织工作

【党组织情况】　2011年底，全州有基层党组织10605个。党委189个，其中乡（镇）党委103个、乡（镇）社区党委8个、建制村党委11个、其他党委6个、企事业单位党委34个、机关单位党委27个；党总支1252个，其中乡（镇）党总支1033个、企事业单位党总支95个、机关单位党总支124个；党支部9164个，其中乡（镇）及社区（含其他）党支部6069个、企事业党支部1726个、机关党支部1369个。在全州344个党组中有州级机关党组45个，县级机关党组269个，州级事业单位党组8个，县级事业单位党组21个，县级企业党组1个。在1037个建制村中有党委11个，党总支部976个，党支部50个；在61个乡（镇）社区（居委会）中，有党委8个，党总支部50个，党支部3个。

【党员队伍状况】　2011年底，全州有党员149733名，比上年增加4736名，增长3.27%，党员占全州总人口数的5.7%。其中，有女性党员33169名，占党员总数的22.16%，占全州女性人口数的2.58%；有少数民族党员49001名，占党员总数的32.73%，占全州少数民族人口数的5.37%。全州女性党员和少数民族党员占党员总数的比例与全州女性人口数和少数民族人口数的比例相适应。年龄在35岁以下的党员有34767名，占党员总数的23.22%；36～45岁的有40080名，占党员总数的26.77%；46～54岁的有28018名，占党员总数的18.71%；55～59岁的有12645名，占党员总数的8.45%；60岁以上的有34223名，占党员总数的22.86%。从文化程度看，有研究生党员604名，占党员总数的0.40%，比上年增长0.04%；大学本科17447名，占党员总数的11.65%，比上年增长0.73%；大学专科21053名，占党员总数的14.06%，比上年减少0.03%；高中、中专22951名，占党员总数的15.33%，比上年增加7.26%；初中及以下87678名，占党员总数的58.56%，比上年减少0.75%。从职业情况看，有农牧渔民党员83106名，占党员总数的55.5%；公有经济单位党员38146名，占党员总数的25.47%；非公有经济单位党员2027名，占党员总数的2.02%；工人党员4950名，占党员总数的3.3%；企事业单位管理人员、专业技术人员党员20003名，占党员总数的13.36%；党政机关工作人员党员16220名，占党员总数的10.83%；学生党员1638名，占党员总数的1.09%；离退休党员16287名，占党员总数的10.88%；其他党员7529名，占党员总数的5.29%。

【发展党员情况】 2011年，全州发展党员5150名。其中，公有经济单位发展党员716名，占发展总数的13.90%；非公有经济单位发展党员234名，占发展总数的4.54%；发展农牧渔民党员3041名，占发展总数的59.05%；发展党政机关工作人员党员222名，占发展总数的4.31%；发展学生党员881名，占发展总数的17.1%；发展其他党员278名，占发展总数的5.4%。发展35岁及以下党员3696名，占发展总数的71.77%；发展高中以上文化的党员2444名，占发展总数的47.46%（其中发展大学本科以上文化的党员463名、发展大学专科文化的党员585名，分别占发展总数的8.9%、11.36%）；发展妇女党员1849名、少数民族党员1916名，分别占发展总数的35.9%、37.2%；发展生产、工作一线党员4078名，占发展总数的79.18%。

【干部队伍状况】 2011年底，楚雄州有党政干部18546人，其中公务员机关工作人员17411人、参公管理群团机关工作人员434人、参公管理事业单位人员701人；有女性5407人，占总数的29.15%；少数民族6729人，占总数的36.28%；中共党员13870人，占总数的74.79%；大学本科及以上学历10455人（含研究生学历295人，其中博士11人、硕士65人），占总数的56.37%；大学专科学历6478人，占总数的34.93%；中专及以下学历1613人，占总数的8.70%；35岁及以下5993人，占总数的32.31%；36～40岁3431人，占总数的18.50%；41～45岁3411人，占总数的18.39%；46～50岁3703人，占总数的19.97%；51～54岁1232人，占总数的6.64%；55岁及以上776人，占总数的4.18%。从整体上看，全州干部总量持续稳定增长，干部队伍素质逐步提高。

【州县乡党委领导班子换届】 2011年，楚雄州组织系统按照中央、省、州党委安排部署，于当年一季度和二季度分别开展了乡（镇）、县（市）党委领导班子换届。在换届工作中，中共楚雄州委高度重视、周密部署、严密组织，坚持正确的用人标准和导向，做到五个“把握好”，即把握好时间要求、把握好重点任务、把握好政策界限、把握好换届纪律和把握好思想方向，换届工作呈现出思想不乱，工作不断，人心不散的良好局面。全州103个乡（镇）党委班子换届工作于3月23日圆满结束，李源潮部长对楚雄州“三个注重”配备乡（镇）班子的做法给予了充分肯定。通过换届，全州新当选的103名乡（镇）党委书记中，35岁以下的有38人，占36.9%；35以上的65人，占63.1%；少数民族39人，占36.9%；妇女10人，占9.7%。新当选的1085名党委委员中，少数民族510人，占47%；妇女241人，占22.2%。全州10县（市）委换届工作于6月20日圆满结束。通过开展换届，县（市）委领导班子得到了优化，整体功能得到了增强。年龄结构上，形成了以40～50岁干部为主体的梯次配备，保留了部分50岁以上有经验的骨干，并注重选拔40岁以下的优秀干部，每个县（市）至少配备了1名35岁以下年轻干部。10县（市）委常委班子成员中，最大年龄51岁，最小年龄33岁，平均年龄41.2岁。文化结构上，形成了以大学和研究生文化为主体。10县（市）委常委班子成员中，硕士研究生文化5名，占4.5%；党校研究生文化24名，占21.8%；大学文化76名，占69.1%；大专文化5名，占4.5%。专业结构上，既注重选拔熟悉党务、意识形态、纪检、政法等工作的干部，也注重选拔熟悉经济、社会管理、群众工作的干部，党委领导班子驾驭全局的能力进一步增强。注重配备女干部和少数民族干部，10县（市）委常委班子共配备女干部11名，其中女书记2名、女常委9名，每个县（市）均配备1名以上女干部。10县（市）委常委班子共配备少数民族干部40名，占10县（市）常委班子成员总数的36.4%，高于2010年统计的全州少数民族人口占总人口33.8%的比例，每个县（市）均配备有少数民族干部。大力推进干部交流，继续坚持县（市）委书记、县（市）长、纪委书记、组织部长异地交流任职，同时加大州与县（市）之间、县（市）与县（市）之间的干部交流。此次换届，全州共交流轮岗干部55人。其中，从州级部门交流进入县（市）党委班子14人，交流进入县（市）政府班子3人；从县（市）交流到州级部门24人，县（市）之间相互交流新进班子8人，从县（市）其他班子调整进入党委班子5人，从党委班子调整进入政府班子1人。县（市）党委换届工作结束后，按照省委的安排部署，于6月初启动了州委换届工作，并于8月25日全面完成州委换届各项任务，选举产生了新一届州委班子和州纪委班子。

【严肃换届工作纪律】 2011年，在州、县、乡党委领导班子换届工作中，中央和省委对换届纪律高度重视，多次召开会议和下发文件，对严肃换届纪律，保证风清气正的换届环境提出了严格的要求。中共楚雄州纪委、州委组织部畅通举报渠道，前移监督关口，州委巡回督查组加强巡视监督，及时反映情况，各县（市）委高度重视，抓好教育引导，全州广大党员领导干部始终把“5个严禁、17个不准和5个一律”的纪律要求作为“高压线”，有力地保证了此次县（市）、乡（镇）党委换届工作真正做到风清气正。换届期间，全州各级党组织共制发了9.6万张“5个严禁、17个不准和5个一律”纪律规定警示卡，印发了1500本《严肃换届纪律保证换届风清气正学习资料汇编》，开展了全州科级以上领导干部及组织人事、纪检干部共5954人参加的换届纪律知识测试，组织全州共5824名干部签订了遵守换届工作纪律承诺书。健全了电话、信访和网络

"三位一体"举报平台。换届期间，州、县（市）两级组织部门"12380"干部监督举报电话和举报网站24小时畅通，建立了违反换届纪律问题查核专办制度，凡是涉及换届问题的举报，明确办结时限，组织力量重点查办。建立了换届工作舆情突发事件应急处理机制，制定网络舆情应对预案，对媒体特别是互联网反映的违反换届纪律的问题，加强舆情实时监控，迅速采取应对措施，树立正确的舆论导向。在整个县（市）委换届工作中，未收到涉及换届问题的举报和反映，10县（市）换届工作满意度测评满意率均为100%，换届风气测评结果为99.97%。

【深入开展"健全调整不适宜担任现职干部制度"试点工作】　2011年，楚雄州南华县被中央组织部列为"健全调整不适宜担任现职干部制度"试点单位，中共楚雄州委、南华县委高度重视，多次召开专题会议进行研究。州委成立了由副书记任组长，州委常委、组织部长任副组长的"健全调整不适宜担任现职干部制度"试点工作指导组，帮助南华县研究解决试点工作中存在的困难和问题。南华县成立了由县委书记任组长，副书记和县委常委、组织部长任副组长的"健全调整不适宜担任现职干部制度"试点工作领导小组，并下设领导小组办公室，落实人员和经费专门抓好此项工作。同时，经过深入调研，制定了实施方案，决定利用2011年4～9月半年左右的时间，分"组建机构，制定方案；宣传发动，营造氛围；考核考察，掌握情况；分析认定、组织调整；完善制度、巩固成果"5个具体阶段集中进行探索实践。试点工作以"健全调整不适宜担任现职干部的办法措施，拓宽不适宜担任现职干部退出渠道，进一步合理配置干部资源，形成能进能出、能上能下、优胜劣汰、充满活力的选人用人机制"为指导思想。以"立体化考评、全方位认定、多渠道安置"为措施，即通过正反双向测评、网络评议测评、民意调查等方式"立体化"地考核评价干部；除将考核结果作为重要依据外，还通过专项调查核实、查处群众反映、征求执纪执法部门意见、运用经济责任审计结果等方法"全方位"地认定干部；对认定为不适宜担任现职的干部，通过免职、降职、辞职、离职培训、改任、平级调整等方式"多渠道"进行调整安置。通过此方法，南华县确定了20名科级领导干部作为全县不适宜担任现职初步人选，对照不适宜担任现职标准，认定其中的12名适宜继续担任现职，8名不适宜继续担任现职，并对照6项调整措施，对8名不适宜担任现职的干部相应进行了组织调整，其中免职1人、辞职3人、平级轮岗交流2人、改任非领导职务1人、离岗休养1人。对考核测评综合得分靠后、群众有一定意见的33名干部进行了诫勉谈话，帮助他们找准自身存在的问题，及时进行整改。在中央、省委组织部的精心指导下，试点工作取得了阶段性成果，实现了"四化三治三增强"的目标，即基本实现了调整不适宜担任现职干部认定标准科学化、调整方式多样化、任免程序规范化、跟踪管理常态化；治庸、治懒、治散工作取得明显成效；干部的责任感、紧迫感、危机感得到明显增强。最后，对整个试点工作进行了全面总结，代表中央起草了相关法规性文件初稿，并做好了迎接中央和省委组织部检查的相关准备工作。

【干部监督和管理】　2011年，全州组织部门继续坚持落实县处级领导班子定期分析制度和与干部谈心谈话制度，多渠道加强与干部的沟通和联系，对干部思想、作风、工作、生活方面的苗头性、倾向性问题，早发现早提醒早纠正，防止小毛病发展成大错误。组织28名厅级干部、1124名处级干部进行了个人有关重大事项报告工作；委托州审计局对18名领导干部进行了任期经济责任审计；开展了73人因公出国政审工作，办理了23人次特岗人员因私出国（出境）审查审批工作。健全了电话、信访和网络"三位一体"的举报平台，全面开通"12380"干部监督举报电话，受理党员干部和群众来信来访；做好干部任前公示、举报受理和查核督办工作，加大群众反映领导干部问题的查核力度。州委组织部"12380"全年共受理举报件29件，其中涉及选人用人1件、涉及廉洁自律7件，其他21件；州委组织部直接查核5件，转州纪委办理6件、转各县（市）办理15件，存查3件；经查核后暂缓任职1人。严格按照《信访条例》和中组部关于《党委组织部门信访工作暂行规定》，全年共受理群众书面信访24件，网络信访11件，接待群众来访30件（次），参与州委领导信访接待3次。受理的信访件都严格按照规定进行了转办、直接办理和答复。

【干部教育培训】　2011年，楚雄州组织部门制定了《楚雄州2011年干部教育培训计划》，全年干部教育培训工作围绕"十二五"发展主题主线，突出抓好以加快转变经济发展方式为重点的推动科学发展能力培训，以加强和创新社会管理为重点的促进社会和谐能力培训，以牢固树立群众观点、坚持群众路线、增进群众感情为重点的做好新形势下群众工作能力培训，以学习贯彻胡锦涛总书记"七一"重要讲话和党史党风党纪为重点的党性教育培训，以学习杨善洲先进事迹和崇高精神为重点的争做让党放心让人民满意的好党员好干部教育培训，以提高知识素养为重点的新理念、新理论和新知识培训。全年共举办州级主体班次17个，培训各类干部1973人次，其中厅级干部38人次、县处级领导干部1152人次、科级领导干部753人次、企业管理人员30人次，培训经济类干部812人次、党务干部310人次、政法干部205人次、审计干部150人次、团干部320人次，培训中青年后备干部250人次、妇女干部897人次、党外干部180人次、少数民族干部1087人次。完成上级下部调训任务63期，选调各类干部470人次参加了中央组织部、省委组织部的有关学习培训，其中厅级领导干部6人次、县处级领导干部171人次。选派了县（市）、乡（镇）分管农业农村工作的科级领导干部209人次、村"两委"负责人16人次、大学生"村官"17人次、农村致富能手51人次到云南农村干部学院学习培训。继续坚持每季度开办一期“彝州机关先锋讲堂”、“青年论坛”、“专家乡村讲堂”。全年共有6485人次参加各种讲座论坛学习，其中机关干部1076人次、知识青年学生1089人次、农村致富能手3804人次。抓好干部在线学习，全州共有5362人参加全省干部在线学习，新增参学人员4615人，县处级领导干部学习合格率达90%以上。认真组织317人进行了晋升副县处级领导职务资格基本知识考试工作。

【人才队伍建设】 2011年，楚雄州组织部门编制出台《楚雄州2010～2020年中长期人才发展规划纲要》。积极筹备召开全州第二次人才工作会议，对县（市）和州人才工作领导小组成员单位2011年度人才工作进行了考核。加大培养引进高层次创新创业人才力度，密切关注中央国家机关和省级有关部门人才支援项目，中央和省级机关共选派了2名干部到州内挂职帮助工作，州内选送了2名干部到省级机关和国有企事业单位挂职锻炼。同时，推荐8名高层次人才向省委组织部申报办理了高层次人才绿色通道服务证，推荐了1名学科带头人作为中组部“西部之光”访问学者赴广州开展学习研修活动。积极开展“云岭学者”岗位申报和专家服务团申报工作，全年共有7个“专家服务团”项目落户州内。积极推动有关部门与中智公司实施“央企入滇就业扶贫”战略，柔性引进了云南邦桥节能科技有限公司副总经理兼总工程师杨仲奎，云南本草精素生物科技有限公司副总经理楚世峰博士，研发负责人张东明博士、陈乃宏博士和张均田教授等8名高层次人才，其中引进海外高层次人才3名。加大各类优秀人才的选拔表彰力度，先后参与有关部门开展了第四批全省拔尖农村乡土人才工作和开展全州第三批拔尖农村乡土人才选拔表彰等。年内，州内一批人才获得了国家级、省部级等奖项，州中医院主任医师王敏、楚雄高级技工学校高级技师张彦青分别被国务院批准享受国务院政府特殊津贴，楚雄德尔思紫胶有限公司董事长和国荣被中央海外高层次人才引进工作小组批准入选第五批“千人计划”，楚雄农科所研究员李开斌等12名行业领军人才入选省委联系专家。

【集中整治后进党组织】 2011年，全州组织系统在城乡基层党组织和干部队伍中开展思想作风教育及后进村（社区）整顿建设活动，按照10%的比例倒排确定一批后进基层党组织集中治理整顿，并建立健全转化台账，对已转化的后进党组织加强跟踪管理和定期复查检查。年内全州确定了101个后进村（社区），并进行了通报，占全州村（社区）总数的9.24%，其中组织软弱涣散村（社区）15个、党务村务管理混乱村9个、经济社会发展滞后村60个、矛盾问题较为突出村17个。对矛盾特别多、群众意见大、长期处于瘫痪状态的村（社区）党组织，先后从州、县、乡机关优秀年轻干部中选派村党支部书记85名、党建工作指导员91名、“人民勤务员”206名驻村集中开展整顿，切实加强了村级党组织建设。

【纪念建党90周年活动】 2011年，楚雄州组织部门在“七一”期间，命名表彰了近5年来特别是在开展深入学习实践科学发展观活动和创先争优活动中涌现出的7个基层党组织建设先进县（市）、96个基层党建工作示范点，评比表彰了99名优秀共产党员、85名优秀党务工作者、100名“优秀村官”、100名“农村党员致富先锋”，兑现了2010年度基层党建工作责任制考核结果和村级组织活动场所建设责任状考核结果。组织受省委表彰的22个集体和个人参加全省庆祝中国共产党成立90周年大会。召开了由全州优秀共产党员和优秀党务工作者代表、优秀村（社区）党支部（总支）书记、村（居）委会主任代表和“农村党员致富先锋”代表参加的楚雄州庆祝中国共产党成立90周年座谈会。举办了庆祝中国共产党成立90周年大会暨文艺晚会。组织拍摄了15部“彝州先锋、创先争优”为主题的专题片在“七一”期间进行集中展播。组织开展纪念建党90周年党的建设和组织工作理论研讨会，全面总结建党90年来楚雄州党的建设和组织工作取得的成绩和经验，形成了一批理论研究成果。配合省委党刊——《党的生活》杂志社编辑出版了楚雄专刊。普遍开展了一次走访慰问老党员、老干部和生活困难党员活动。

【机关信息化建设】 2011年，全州组织系统抓好信息化建设工作的统筹、规划、培训、指导和督查。加大信息化工作服务组织工作和中心工作力度，做好“大组工网”畅通保障和安全保密督查工作。加强全州组工干部信息库、乡（镇）党委班子成员信息库、10县（市）委书记、州管干部信息库和州级党群部门科级及以下干部信息库建设，做好全州党员党组织信息数据库的规范、维护、管理工作。扎实做好全州干部档案管理和利用、年度公务员统计和党内统计业务培训、年报布置、数据审核汇总、上报等工作。2010年度党内统计、公务员统计工作均被省委组织部评为“全优报表单位”，州委组织部干部档案管理工作被省委组织部表彰为“先进工作单位”。

【调研和对外宣传工作】 2011年，楚雄州组织部门按照州委要求，组织力量开展了州第七次党代会以来全州党的建设专题调研，形成了高质量的专题调研报告。完成了省委组织部下达的《竞争性选拔干部质量比较研究》课题调研，代表云南参加了中组部在海口市举办的13个省（区、直辖市）的课题研究成果交流会，受到了中组部研究室（政策法规局）的高度评价。组织力量对2010年各科（室、中心）及县（市）委组织部上报的调研成果进行了评审。下达了2011年调研任务，并做好了这些课题的督促、收集及转化工作。加强调研成果转化，“健全调整不适宜担任现职干部制度”、机关干部轮岗交流、加强和完善竞争性选拔干部、统筹城乡基层党组织建设等一批调研成果得到有效转化，有的已用于指导实践，有的即将进入决策程序。认真做好《楚雄组工信息》的编报工作，继续保持了全省前列位次。按照增强刊物的指导性、针对性和权威性的要求，不断创新形式，改进方法，形成富有特色的办刊风格，完成了6期《楚雄组工》的编辑工作，为组织工作的改革创新营造了良好的舆论环境。全面完成了共约200万字，分州、县、乡三级党、政、军、统、群系统的《楚雄彝族自治州组织史资料》（续编三、2000.01～2006.12）的编纂工作，组织召开了发行会。做好《楚雄组工快讯》手机短信平台运行工作，全年共发布组织工作重要信息8期2.6万条，进行生日慰问1147人。

［黄　忠］

老干部工作

【老干部构成概况】 2011年末，楚雄州健在离休干部710人。其中，机关单位321人、事业单位195人、企业单位194人；抗日战争时期参加革命工作的31人，解放战争时期参加革命工作的679人；享受副部级医疗待遇1人，正厅级待遇3人，副厅级待遇14人，副厅级单项待遇16人，县处级待遇362人。全州有退休干部19200人，其中正厅级待遇11人、副厅级待遇16人、副厅三项待遇18人、县处级待遇823人。全州有省外易地安置离休干部19人，省内易地安置离休干部56人。有离休干部遗属499人，其中无固定收入遗属271人。

【州属单位老干部政情通报会】 2011年1月27日，中共楚雄州委、州人民政府召开州属单位老干部政情通报会。州委书记张太原在会上作了重要讲话，州人民政府主要领导通报了全州2010年经济社会发展情况和2011年工作计划，州委常委、州委组织部部长徐昕主持会议，州属单位正处级以上离退休干部190余人参会。5月26日，组织州属单位（含中央、省属驻楚单位）400余名离退休干部召开情况通报会。会上，州发改委副主任生国强就楚雄州“十二五”规划情况进行了解读。9月28日，召开州属单位老干部组织工作情况通报会，州委常委、州委组织部部长徐昕向与会的200多名州属单位离退休干部通报了组织工作、州县乡党委换届工作及党建工作情况。11月10日，州纪委副书记王志梅向350余名来自州属各单位副处级以上离退休干部和县（市）老干部代表通报了2011年以来省查处的“4·12”专案等州内部分领导干部违纪违规情况。

【全州老干部工作会议】 2011年3月14～15日，楚雄州召开全州老干部工作会议，及时传达贯彻全省老干部工作会议精神，总结回顾2010年工作和安排部署2011年工作。州委常委、州委组织部部长徐昕出席会议并作讲话，州人民政府副州长岑化虎主持会议，徐昕在讲话中提出6个方面的要求。会上，代表省委组织部、省委老干部局表彰了全省“做好新形势下老干部工作征文”和老干部工作政策业务知识竞赛先进个人，表彰了2010年度老干部工作先进单位和个人，签订了2011年度老干部工作目标管理责任书。

【全州老干部“四就近”工作推进暨中心组理论学习交流会】 2011年8月4～5日，全州老干部“四就近”工作推进暨中心组理论学习交流会在南华县召开。各县（市）委老干部局局长、州委老干部局机关正科以上领导干部、直属各单位领导共20余人参加会议。会上，各县（市）分别汇报了上半年工作情况和下步工作计划，并重点就推进利用社区资源做好让老干部就近学习、就近活动、就近得到关心照顾、就近发挥作用的“四就近”工作情况进行了经验交流。州委组织部副部长、州委老干部局局长施建波传达了全省“四就近”工作经验交流会议精神，并提出楚雄州下步做好“四就近”工作的相关要求。

【提高离休干部生活补贴标准】 2011年，根据云南省有关政策，在建党90周年来临之际，中共楚雄州委组织部、州委老干部局、州财政局、州人力资源和社会保障局联合发出通知，转发中央和省文件，提高离休干部生活补贴标准并扩大发放范围，此举惠及全州2010年底健在的760名离休干部，是自1982年以来又一次大范围提高离休干部生活补贴标准。调整后的生活补贴具体标准为：1937年7月7日到1942年12月31日参加革命工作的离休干部，每年增发两个半月的基本离休费，作为生活补贴；1943年1月1日到1945年9月2日参加革命工作的离休干部，每年增发两个月的基本离休费，作为生活补贴；1945年9月3日到1949年9月30日参加革命工作的离休干部，每年增发一个月的基本离休费，作为生活补贴。新标准自2011年1月1日起开始执行，由同级老干部局负责审批，所需经费按现行开支渠道由同级财政解决。

【庆祝中国共产党成立90周年系列活动】 落实离休干部生活补贴。按照中共楚雄州委组织部、州委老干部局等4部门文件，严格落实了中央关于扩大离休干部生活补贴发放范围和提高补贴标准的有关精神，增发补贴在“七一”前夕全部发放到位，惠及2010年年底健在的离休干部共760名。此外，2011年还按照省有关通知精神，提高了建国初期参加工作退休干部的生活补贴标准。走访慰问离退休干部。州财政安排专项资金，由州委、州人民政府主要领导带头，对州属单位全体离休干部、全州享受副厅级（含副厅单项待遇离休干部、副厅三项待遇退休干部）以上待遇离退休干部、全州抗日战争时期参加革命工作离休干部进行普遍走访慰问，各县（市）也对当地离休干部和部分退休干部进行了走访慰问。颁发荣誉证书和发放慰问金。州委在庆祝建党90周年大会上向全州成立前入党老党员颁发了荣誉证书和发放了1000元的慰问金。举办“颂歌献给党”演唱会。建党节当晚，联合州委组织部在东兴影剧院主办楚雄城区离退休老同志“颂歌献给党”演唱会，州党政领导徐昕、李佳、左荣贵等出席演唱会，来自州、市及部分省属驻楚单位的17支老年演唱团体共700名老同志以激情飞扬的歌声，向建党90周年献礼。组织专题讲座。州属单位离退休干部开展党史理论学习，邀请州级老领导普联和作了“党的历史”专题讲座。举办书画影展。6月，全州老干部摄影、书法、国画作品展展出书法作品125件，国画作品45件，摄影作品40件，老同志们以饱满的创作热情，挥毫泼墨，巧妙构思，创作出优秀作品，深切表达对党和祖国的热爱之情。组织主题征文活动。在全州广大老干部和老干部工作者中开展“与党同呼吸、共命运、心连心”主题征文活动，共征集到作品145篇，其中老干部作品104篇。召开座谈会。组织召开州属企业离休干部庆祝中国共产党成立90周年座谈会，州委组织部副部长、老干部局局长施剑波向38名与会离休干部转达了州委、州人民政府的慰问。

【州级单位离退休干部学习杨善洲事迹座谈会】 2011年3月25日下午，州级单位离退休干部学习杨善洲同志先进事迹座谈会召开。州级单位30余名离退休干部和州委老干部局全体干部职工参加会议。会上，普桂和、王应学、申海宗等9位离退休干部就学习杨善洲先进事迹的体会作了交流发言。大家纷纷表示，要认真学习好杨善洲同志的先进事迹，始终永葆革命本色，永远做一名坚定的共产主义战士，真正做到“政治坚定、思想常新、豪情满怀”，努力在构建社会主义和谐社会中发挥参谋作用；在大力弘扬党的优良传统中发挥示范作用；在老有所为上尽其所能，为彝州经济社会又好又快发展发一分光、出一份力。

【全州老干部政治理论培训班】 2011年11月8~10日，中共楚雄州委老干部局在州老干部活动中心举办全州老干部政治理论培训班，共有来自州属单位及各县（市）的350余名离休、副处级以上退休干部和老干部党支部负责人参加学习。州委常委、州委组织部部长徐昕在培训班作了动员讲话。期间，省委党校教授李卫宁、杜琼和州委党校副教授李志昌重点就学习胡锦涛总书记“七一”重要讲话精神、党的十七届六中全会精神和云南建设面向西南开放重要桥头堡等国家重大决策作了专题辅导，还书面征求了老干部们对州委、州人民政府和老干部局工作的意见建议并经州委领导批示后由州委督查室分解到相关单位落实。

【“敬老节”系列文体活动】 在2011年重阳节前夕，为进一步弘扬尊老敬老优良传统，营造爱老助老社会氛围，全州老干部工作系统围绕“敬老助老，从我做起”这一主题开展了形式多样的活动欢庆佳节。9月下旬联合州老龄委举办楚雄城区老同志“敬老节”体育运动会，来自楚雄城区的600余名离退休老年体育爱好者参与了乒乓球、羽毛球、网球、门球4个比赛项目的角逐。9月23日晚，州老龄委、州民政局、州委老干部局在州广电中心联合举办“庆祝第二十四届敬老节文艺晚会”，晚会展现了彝州广大老年人热爱生活、乐观向上的精神风貌。9月27日召开州干休所住所老干部敬老节座谈会，州委老干部局、州干休所领导与16位老干部座谈交流，并分别表达了对老同志的节日祝福；当天，组织32名州属企业离休干部召开敬老节座谈会，州委老干部局领导向老干部们表达了节日的祝福，并发放慰问金。会后，州委老干局工作人员还带着慰问金上门走访慰问了行动不便、生病住院的27名离休干部；9月29日，组织28名州属企业离休干部到紫溪山风景区参观游览。州委老干部局还举办州属单位老干部保健知识讲座，邀请州人民医院医生讲授“老年人代谢综合症”防治等方面的保健知识。

【组织地厅级老干部赴州外参观考察】 2011年7月12~15日，按照中共楚雄州委的安排，由州委组织部副部长、州委老干部局局长施剑波带队，组织了楚雄州居住在楚雄、昆明的24名厅级老领导先后考察了丽江市城市建设、大理学院建设等情况和世界文化遗产——丽江古城、大理古城旅游开发等，还观看了“印象丽江”、“丽水金沙”等民族民俗演出。

【老干部活动中心和老年大学工作】 2011年，楚雄州老干部工作部门认真贯彻落实省委办公厅、省人民政府办公厅《关于进一步加强新形势下老年大学工作的意见》精神，通过深入调研，结合州内实际，提出了贯彻意见。年内11所老年大学在校学员达4675人，11个老干部活动中心功能不断完善。按照规定，州县（市）落实老干部活动中心正式工作人员44名，保证了日常工作的正常开展。州、县（市）老干部活动中心接待老同志90多万人（次），举办各类培训班、报告会、书画展120多场（次）。各级认真解决了老干部活动无场地、难开展，老年大学无设备的实际问题，当年积极向省争取配套补助资金35万元、州补助资金17.5万元，解决了4个县（市）设施设备购置的问题。为离退休干部党支部开展活动，加强老干部思想政治建设，全面落实老干部政治待遇提供保障。

［习刚　何获］

【州干休所工作】 2011年，楚雄州干休所有健在老干部21人，另有离休身份的家属11名；住所老干部年龄最大的91周岁，最小的79周岁，80周岁以上的老干部18人，平均年龄84岁，全面进入了“双高期”。年内，州干休所继续深入开展“创先争优”活动、学习杨善洲先进事迹活动，结合实际，完善职工支委联系老干部党小组、职工党员联系老干部党员、所领导联系老干部遗属等3项制度，对老干部实行“亲情式服务”和“人性化管理”，以“老干部满意、上级领导放心”为工作目标，深化、细化老干部服务管理工作。落实好老干部的政治待遇，组织好政治理论学习，宣传贯彻党的各项方针政策，按规定组织老干部参加州委、州人民政府及有关部门组织的形势报告会、情况通报会、党课教育、老干部读书班及党支部组织的集体学习。全年发放《党建文汇》、《老同志之友》等党员学习资料600余册，自办干休所学习月刊10期，订阅老干部学习资料价值4000余元。出刊时事政治、党风廉政建设、党课知识、卫生防疫、保健知识、社会治安综合治理、精神文明建设等内容黑板报23期、橱窗报6期；密切联系老干部，坚持老干部走访联系制度，对生病、住院、常年出不了门的老干部进行家访看望和慰问。年内有老干部24人次生病住院，全部进行了多次看望慰问。工作人员日常上门服务、零星维修、送物到家、安全检查等200余户次；适时组织老干部到青山嘴水库、州人民医院新区、职教园区、元双公路及元谋、永仁县城参观考察，开阔视野，了解州内经济社会发展情况，共享改革发展成果。全年出动16个车次，有220人次参加。州委书记张太原到干休所召开建党90周年座谈会、看望慰问因病卧床在家的老干部。协助州委老干部局做好中国共产党成立90周年庆祝大会和老干部红歌演唱大会的安保工作；加强服务管理工作，在为全体住户进行了水电智能户表改造后，又进行数字电视改造；全体职工坚持每天清扫大院，坚持为老干部采购新茶、新米和酱油、香醋，并分发到户，背送到家。一年两次开展所内灭蝇、灭鼠、灭蚊、卫生防疫、花园修剪造型、绿化美化环境和进家入户检查水、电、气使用安全防范工作；服从服务于州委中心工作，参加州委、州人民政府安排的年终老干部工作、党建工作考核和“四群”工作。

［田怀忠］

宣传工作

【宣传工作概况】　2011年，楚雄州宣传思想文化系统认真贯彻落实全国宣传部长会议、全省宣传思想文化工作会议和全国文化体制改革工作会议、全省文化建设工作会议精神，紧紧围绕中共楚雄州委、州人民政府的决策部署，科学谋划，有序推进理论武装、舆论引导、内宣外宣、精神文明、文化产业发展、文化事业繁荣等工作，为彝州经济社会跨越式发展提供了精神动力和智力支持。

【理论武装工作】　2011年，全州宣传思想文化系统坚持不懈地用中国特色社会主义理论体系武装党员、教育人民，不断增强全州各族干部群众贯彻落实科学发展观的自觉性和坚定性。把学习型党组织建设与创先争优活动结合起来，坚持从领导班子学习、基层组织学习、全体党员学习和长效机制建设4个方面入手，制定下发了机关、企业、学校、卫生、社区、农村6大类基层党组织建设学习型党组织的分类实施意见和机关、农村、社区、医药卫生、教育、企业、学习型领导班子、学习型党员标兵8个分类考评细则。在重点培强3个省级示范点的同时，打造100个州级示范点的建设，为不同行业学习型党组织建设提供良好的示范带动作用，通过典型引路，推动彝州学习型社会建设。

以全州各级党委（党组）中心组学习为重点，县处级以上领导干部学习为龙头，组织广大党员干部深入学习党的十七大，十七届三中、四中、五中、六中全会精神和省第九次党代会、州第八次党代会精神，使科学发展观成为全州各级干部的自觉行动、价值追求和执政理念。

做好理论宣传和普及工作，积极组织有关领导、专家、学者及党务干部宣讲党的十七届五中、六中全会精神，宣讲中国共产党90年来的丰功伟绩。坚持举办“彝州科学发展大讲坛”，邀请名人名家到楚开讲，组织全州各级领导干部积极参加云南领导干部时代前沿知识讲座，组织好《理论热点面对面2011》、《新时期如何做好群众工作》等重点书籍的推荐学习工作，推动了党的最新理论成果在全州的普及。

围绕州委、州人民政府中心工作和滇中经济圈、“桥头堡”建设等课题，深入开展应用性、对策性、前瞻性理论研究，编辑出版了《楚雄州经济社会发展蓝皮书》、《彝族文化》等书籍。

【舆论引导工作】　2011年，全州宣传思想文化战线在新闻战线深入开展“走基层、转作风、改文风”活动，紧紧围绕贯彻落实科学发展观，围绕州委、州人民政府中心工作，坚持以科学发展为主题，以加快转变经济发展方式为主线，坚持团结、稳定、鼓劲、正面宣传为主，重策划，着力做好重大主题和重大活动的新闻宣传，着力提高舆论引导能力，为实现富民强州营造了良好的舆论氛围。

积极营造氛围，做好主题宣传。认真组织好庆祝建党90周年系列活动，唱响“共产党好、社会主义好、改革开放好、伟大祖国好、各族人民好”的时代主旋律；认真做好学习宣传贯彻十七届六中全会精神和省第九次党代会、州第八次党代会的系列宣传。深入宣传全州各级党组织加强党的执政能力建设和党的先进性建设的先进典型及取得的丰硕成果；加大对建设中国面向西南开放重要桥头堡的宣传力度，认真开展桥头堡建设重大意义和战略定位的宣传。结合楚雄州实际，全面系统地对相关政策进行解读，动员社会各界广泛参与，形成齐心协力加快建设桥头堡的舆论强势，营造浓厚的社会舆论氛围；突出抓好以改善民生为重点的社会事业建设的报道，注重宣传全州文化建设大发展大繁荣，兴起彝州文化建设新高潮；整合力量，使“两会”、创先争优活动、学习型党组织建设活动、机关作风集中整顿活动、抗旱救灾、禁毒防艾、第六次全国人口普查等重要会议和重大活动的宣传形成了强大的声势，产生了良好的宣传效果；加强党风廉政建设宣传工作，制定切实可行的宣传报道计划，推进反腐倡廉宣传工作扎实有效开展。各新闻媒体与纪检监察部门紧密配合，开办党风廉政建设宣传栏目，及时报道州内党风廉政建设相关新闻，播放各类公益节目，营造反腐倡廉氛围，促进了全州经济社会的稳步协调发展。

积极引导社会舆论。加强对彝州加快发展方式转变和经济结构调整等重点工作的宣传，及时报道六大重点产业的发展情况和重点工程的进展情况，进一步增强全州干部群众发展的信心和决心；注重热点问题的引导，围绕“大局、大事、大势”，密切关注社会思潮新动向和意识形态领域新情况，关注社会热点、难点问题和社会各阶层的思想状况，积极搜集分析各种舆情信息，通过分析研判并及时向各级党委报送，为领导决策提供参考。围绕人们普遍关心的热点难点问题，加强对政策的宣传解读，释疑解惑，引导人们正确认识现实困难，稳定社会心理预期。全年共向省委宣传部舆情信息中心上报舆情信息350多篇（条）；加强网络舆论引导，举办楚雄州网络宣传培训班，进一步完善网络管理工作机制，认真做好网络舆情监控、分析和研判工作，准确把握舆情，有针对性地开展网络舆论引导工作，积极应对处理了多起网络舆论事件。全年共编发《楚雄舆情》30多期。

不断加强和巩固宣传舆论主阵地，全面完成党报党刊订阅任务。进一步加强新闻媒体的监督和管理，认真抓好媒体广告的监管和无线电管理，保证播出安全。着力抓好互联网、手机短信等新兴媒体的管理，抢占舆论制高点，提高舆论引导水平。年内，州广电局在全省广电工作目标责任制综合考评中得分名列第一，州广播电台取得“云南省广播新闻宣传通联工作先进集体（一等奖）”十连冠的荣誉，楚雄电视台继续保持全省电视新闻宣传第二名的好成绩。

【对外宣传工作】 2011年，全州宣传文化系统以服务全州经济发展大局为重点，积极主动、创造性地开展对外宣传工作，为进一步提升外部形象，加快彝州经济社会全面发展营造了良好的外部舆论环境。

进一步加强与中央、省级主流媒体的合作，积极宣传楚雄州经济社会发展情况，营造有利于全州发展的舆论环境。央视《焦点访谈》播出了元谋县发展绿色无公害农业的节目，与央视四套和云南电视台合作，拍摄的专题节目《彝族赛装节》分别在央视四套“走遍中国”、“海峡两岸”和云南卫视播出，《人民日报》刊发了《赛装赛出山窝窝》、《合作社农民卖菜忙》，新华网、云南网播出了《彝山脊梁》、《马石铺的好日子》等6部创先争优专题片。据不完全统计，年内中央电视台相关新闻栏目播出宣传楚雄的稿件30条，《云南日报》刊发稿件300多篇（其中头版头条12篇）、云南电视台播出新闻稿件628条。楚雄州上中央电视台、《云南日报》、云南电视台的新闻稿件在全省16州（市）中名列前茅。

加强对外文化交流，实施文化“走出去”战略，成功组织开展了“魅力楚雄·韩国行”活动，通过文艺演出、彝绣展销、对外文化交流等活动全面展示了彝州的良好形象。韩国KBS对演出进行直播，几十家境外媒体对活动进行了报道；以“云南省第四届民族服装服饰文化节暨中国彝族赛装节”在楚雄州举办为契机，策划组织好对外宣传，邀请《人民日报》、新华社、中央人民广播电台、中央电视台、人民网、《云南日报》、云南人民广播电台、云南电视台、云南网等30多家媒体134名记者赴永仁对服装文化节进行采访报道，扩大彝州和彝族服饰的影响力和美誉度；以火把节为契机，营销楚雄的节庆文化和美食文化。火把节期间，共有CCTV“乐行天下”频道、上海电视台“天下美食”栏目、湖南卫视“X档案”等46家媒体共67名记者到楚雄采访。其中，央视“乐游天下”已在音乐频道播出了《马踏春雷》、《与神共舞》两期专题节目。以滇中一体化、同城发展和滇川黔区域合作为契机，拓宽外宣渠道，与昆明、玉溪、曲靖合作共同开办电视《滇中联播》栏目。

举办网络宣传培训班，建立健全突发公共事件的新闻报道应急机制，做好突发公共事件的舆论引导。从11月起，针对央视焦点访谈曝光武定木纹石开采、姚安地震统建房建筑质量、德钢技改土地违法、农业执法车私自出境等负面报道进行有效化解，最大限度化解舆论危机，基本保持了媒体舆论宣传的平稳有序。

【人才培养使用】 2011年，在全州宣传系统积极开展“创先争优”和“建设学习型党组织”活动，加强机关作风集中整顿建设，树立了宣传干部的良好形象。继续营造各级党委、政府和社会各界更加重视宣传思想文化工作的良好氛围，形成大宣传格局，充分调动社会各界力量，推动各项工作的落实。继续实施“四个一批”人才培养工程，采取“走出去、请进来”的办法，加强实践锻炼。在新闻战线深入开展“走基层、转作风、改文风”活动，要求各媒体领导、编辑记者深入基层、采访基层、报道基层，使新闻宣传工作真正体现出了“贴近实际、贴近生活、贴近群众”要求。认真抓好新闻工作者队伍的“三项教育”，建立《楚雄州新闻媒体学习日制度》，不断提高新闻从业工作者的思想政治素质和业务素质。进一步完善工作任务立项分解督查机制、评先选优机制、创新策划奖励机制、对外宣传激励机制、理论成果激励机制、文艺精品创作激励机制等，使宣传思想文化工作由软变硬、由虚变实，促进了全州宣传思想文化工作提质增效。用更加科学的思路、办法、手段鼓励干事创业，努力在全州宣传思想文化战线形成让想干事的有机会、会干事的有舞台、干成事的有地位的目标导向机制，形成人人想干事、人人能干事的良好态势。

［尹建荣］

文化体制改革和文化产业发展

【文化建设专题调研】 2011年，为认真贯彻落实党的十七届六中全会精神，中共楚雄州委第7次常委会要求：在深入调研的基础上，根据《中共中央关于深化文化体制改革推动社会主义文化大发展大繁荣若干重大问题的决定》，结合全州实际，研究出台《中共楚雄州委关于贯彻落实十七届六中全会精神推进民族文化强州建设的实施意见》，并在此基础上组织编制《楚雄民族文化强州建设规划纲要》。为起草好《实施意见》并编制好《规划纲要》，州委成立了此项工作的领导小组，并由州级有关领导牵头组成7个调研组，于11月15～30日开展全州文化建设专题调研活动。通过广泛深入的调查研究，进一步摸清全州文化建设的情况，找准存在的主要问题，研究提出贯彻落实党的十七届六中全会精神，推动民族文化强州建设的思路和举措。11 月 18 日，州委召开了全州文化建设专题调研动员会，州委副书记李兴顺作了动员讲话，确保了调研活动的顺利实施。

【文化体制改革】　2011 年，按照《中共楚雄州委、楚雄州人民政府关于全面推进文化体制改革的实施意见》，积极稳妥推进全州文化体制改革工作，州级文化事业单位改革任务基本完成，催生了一批新的文化企业，新组建了文化市场综合执法支队，转变了政府文化管理职能。州人民政府召开“州文化活动中心项目建设和管理工作专题办公会”，会议同意州编办关于州电影公司改制的人员分流意见，并对州电影公司历史遗留问题及改革成本等问题提出了明确处理意见。通过深化文化体制改革，进一步解放和发展了文化生产力，全州文化发展活力不断增强。

【文化产业发展】　2010 年全州文化产业实现增加值 17.87 亿元，占全州 GDP4.58%。禄丰世界恐龙谷和楚雄彝人古镇年接待游客超过 100 万人次，成为滇西黄金旅游线上的重要景点。全州从事文化及相关产业的法人单位达 3500 家，从业人员达 1.4 万人。同时，上报国家文化部 3 个文化产业项目争取资金支持。以禄丰世界恐龙谷、彝人古镇和乡村文化旅游为代表的文化旅游产业发展方兴未艾，产业规模不断壮大。由于工作扎实有效，楚雄州在全省文化改革发展工作综合评比中连续 4 年荣获一等奖。

【中国苴却砚精品博物馆开馆】　为了更好地开发、挖掘、保护和传承苴却砚这一古老而神奇的文化艺术品，大力宣传彝州楚雄。2011 年 4 月 25 日，面积近 500 平方米，珍藏精品数 10 件的中国苴却砚精品博物馆隆重开馆。中共云南省委原副书记、中国文联副主席、中国作协副主席丹增，全国政协委员、中国文联原副主席胡珍，全国政协委员、军事科学院原副院长钱海皓，全国政协委员、第二炮兵原副政委程宝山，全国政协委员、成都军区原副司令员桂全智，中国书法家协会党组书记、副主席赵长青出席揭牌仪式并为博物馆揭牌。

［钟雪锋］

统战工作

【统战工作概况】　2011 年，楚雄州统战工作坚持以邓小平理论和“三个代表”重要思想为指导，深入贯彻落实科学发展观，认真贯彻落实全国及全省统战部长会议、中共楚雄州委七届八次全会精神，围绕科学发展主题和加快经济发展方式转变主线，着眼服务改革、发展和稳定大局，彰显统战优势，突出工作重点，创新工作举措，破解工作难题，务求工作实效，着力提升统一战线工作科学化水平，为实现全州“十二五”规划的良好开局作出了贡献。经省委统战部工作目标责任制量化考核楚雄州获全省优秀奖，信息工作考核评比获二等奖，统战理论研究及调研工作再度获优秀组织奖，是全省唯一连续 9 年获此殊荣的州（市）。

【各民主党派、工商联和无党派代表人士座谈会】　2011 年 1 月 11 日，楚雄州召开各民主党派、工商联和无党派代表人士座谈会，听取对《楚雄州第十二个五年规划纲要（草案）》和《政府工作报告（征求意见稿）》说明，与会人士对《报告（征求意见稿）》和《纲要（草案）》中的发展教育、改善民生、民族文化建设等工作提出了意见建议。

12 月 15 日，中共楚雄州委召开党外人士座谈会，就州委八届二次全会报告（征求意见稿），征求各民主党派、工商联和无党派人士意见建议。州委常委、州委统战部部长左荣贵主持会议，州委常委、州委秘书长赵克义等州委领导和州级有关部门负责人听取意见建议。各民主党派、州工商联负责人和无党派人士先后发言。大家充分肯定了过去一年的工作，并结合各自工作实际，对报告的修改完善提出意见建议。

【民进中央及云南省委专家对楚雄州“十二五”规划纲要进行调研咨询】　2011 年 1 月 12 日，应中共楚雄州委、州人民政府、民进楚雄州委邀请，民进中央及民进云南省委专家对楚雄州“十二五”规划纲要进行调研咨询。中科院、中国林科院、中央教科所、云南大学、云南师范大学的 5 位专家在深入福塔公园、太阳历文化园、州职教园区等地进行考察调研的基础上，结合《楚雄州第十二个五年规划纲要（草案）》，围绕如何进一步做好民族文化产业、文化旅游产业、产业结构调整和生态环境保护等方面提出了意见建议。省政协副主席、民进云南省委主委罗黎辉出席咨询会。

【2011 年各民主党派工商联迎新春座谈会】　2011 年 1 月 26 日，中共楚雄州委统战部召开各民主党派、工商联、侨联和楚雄市委统战部迎新春座谈会，州委常委、州委统战部部长任锦云出席会议。在会上，任锦云肯定了过去一年各民主党派、工商联、侨联和楚雄市委统战部的工作，并就做好全年的工作提出了 3 点要求：要在服务“十二五”规划实施上有所作为；要在党外人才推荐上提前筹划；要在参政议政、民主监督上及早准备。刘子敏通报了 2010 年全州统战工作情况，传达学习了全省统战部长会议精神和 2011 年全省统战工作要点。

【庆祝中国共产党建党 90 周年活动】　2011 年 6 月 23 日，中共楚雄州委统战部举行统一战线纪念中国共产党建党 90 周年座谈会。州委副书记李兴顺出席会议并讲话。会议由州委常委、州委统战部部长任锦云主持；州人民政府副州长杨元茂，州政协副主席马旷源，州政协副主席、州工商联主席吴丽华，州政协副主席、农工民主党楚雄州委主委王定梁出席座谈会。会议强调，全州统一战线要学习领会胡锦涛总书记提出的“思想上同心同德、目标上同心同向、行动上同心同行”重要思想的精神实质，进一步强化政治共识，凝聚智慧力量，发挥独特作用，推动新形势下统一战线和多党合作事业健康持续发展。会议对“与党和人民同心”征文获奖单位和个人进行了表彰。农工民主党楚雄州委主委王定梁，民进楚雄州委主委蒲涌，州政协副主席、州工商联主席吴丽华，州伊斯兰教协会会长马辉，州民委原主任李联会等7位各族各界代表人士作了大会发言。

为庆祝中国共产党成立90周年，年内在全州统战系统开展“与党和人民同心”主题征文活动，活动共收到126篇征文，参赛作者有民主党派、无党派人士、工商联、民族、宗教、台侨代表人士，也有统战、民族、宗教干部，作品涉及诗词、散文、政论、随感等体裁。对126篇征文稿进行严格评审，评出一等奖3名、二等奖6名、三等奖9名、优秀奖12名，优秀组织奖单位6家，并对李云华等30名获奖作者和大姚县委统战部等6家获优秀组织奖的单位进行了表彰。

【向党外人士通报州第八次党代会筹备情况】 2011年8月8日，中共楚雄州委召开党外人士情况通报会议，州委书记张太原通报州第八次党代会的筹备情况，并听取民主党派人士、工商联负责人和无党派人士对州委及开好州第八次党代会的意见建议。州委副书记李兴顺，州政协主席延荣科，州委常委、州委组织部部长徐昕，州人大常委会副主任何根源，州政协副主席、州工商联主席吴丽华，州政协副主席、农工党楚雄州委主委王定梁出席会议。会议由州委常委、州委统战部部长任锦云主持。与会的民主党派人士、工商联负责人和无党派人士代表畅所欲言，对会议的筹备、工作报告、代表选举和人事安排方案表示拥护和赞同，并表示党代会后将认真组织传达学习和贯彻落实，始终保持与中共楚雄州委思想上同心同德、目标上同心同向、行动上同心同行，为实现富民强州宏伟目标贡献智慧和力量。

【楚雄城区各族各界代表人士中秋茶话会】 2011年9月7日，中共楚雄州委统战部举行2011年楚雄城区各族各界代表人士中秋茶话会。州级领导张太原、李红民、李兴顺、卢显林、张怀德、左荣贵、杨亚林、曹军、姜扬、赵克义、杨元茂、李振华、王定梁、张万礼，州政协秘书长李光彪出席茶话会。张太原要求，全州统一战线各族各界人士要一如既往地关心支持全州发展，认真履行政治协商、民主监督、参政议政职能，为实现富民强州宏伟目标贡献智慧和力量。州委副书记、代理州长李红民通报了上半年全州经济社会发展情况。州级相关部门、各民主党派、州工商联负责人及无党派人士、各族各界代表人士参加会议。

【党外知识分子培训班】 2011年10月15～17日，中共楚雄州委统战部、州社会主义学院举办党外知识分子培训班。全州10县（市）及州属单位的150余名在职副高职称以上党外知识分子参加培训。州委常委、州委统战部部长左荣贵作开班动员讲话。期间，省州有关专家教授及相关部门领导受邀讲授了“做好新世纪新阶段党外知识分子工作”、“如何提高党外知识分子的素质和能力”培训内容。

【组织各民主党派人士外出考察学习】 2011年10月19～27日，中共楚雄州委统战部组织州级民主党派主委、副主委、秘书长；市级民主党派主委、副主委、专干进行了为期9天的外出考察学习活动。考察团先后到了西安、延安、重庆等地，与中共陕西省委统战部、重庆市委统战部进行了交流座谈，参观了革命圣地延安杨家岭（中共七大会址）、枣园、延安革命纪念馆、陕甘宁边区政府和延安大礼堂旧址、西安事变遗址、八路军西安办事处及重庆中国统一战线教育基地、中央社会主义学院教育基地、中国民主党派历史陈列馆、国民党集中营——渣滓洞、白公馆等地。通过外出考察学习活动，使各民主党派成员进一步拓宽了视野、增长了见识，学到了外地开展党派工作的先进经验和做法，受到了革命传统教育，为推进树立和践行社会主义核心价值体系活动发挥了积极作用。

【省委统战部考核楚雄州统一战线目标管理工作】 2011年11月8日，中共云南省委统战部考核组对楚雄州统战工作进行检查考核。省委统战部副部长、省工商联党组书记张功祥为组长的考核组，到楚雄州检查考核统一战线目标管理工作。中共楚雄州委常委、州委统战部部长左荣贵，州政协副主席、州工商联主席吴丽华，州政协副主席张万礼及州委统战工作领导小组成员单位领导参加检查考核会议。左荣贵汇报了州统一战线目标管理工作情况。考核组认为，近年来，中共楚雄州委高度重视统一战线工作，调整充实了统一战线和民族、宗教、对台等工作领导小组，初步构建了党委统一领导、统战部门牵头协调、各有关单位各司其职的大统战工作格局；成立了民建、民进、农工3家州级组织，扎实做好民革、民盟、九三学社成立州级地方组织的准备工作，在全省率先搭建民主党派中央、省委和大专院校服务地方经济发展的“九校楚合作”平台，邀请民建、民进中央和省委的专家到楚雄为滇中经济圈楚雄发展及“十二五”规划编制把脉会诊，多党合作呈现新局面。认真总结和探索党外代表人士队伍培训的方法，健全完善政协委员协商推荐制度，做好党外代表人士的政治安排工作，党外代表人士工作扎实推进；深入开展民族团结示范县、示范乡、示范村和示范单位创建活动，实施散杂居少数民族发展项目187个和民族地区扶持项目1150个，创建民族团结示范村45个，投入资金1.5亿元，民族团结和谐局面进一步巩固；深入开展“和谐宗教场所”创建活动，非正常宗教综合治理的成功经验在全国、全省作交流和推广，得到各级领导、专家的充分肯定和高度赞誉；新的社会阶层人士统战工作及海外统战工作成绩显著。

【政协楚雄州第九届委员会委员协商推荐工作会议】 2011年12月26日，政协楚雄州第九届委员会委员协商推荐工作会议召开。会议认真贯彻中央和省、州党委关于政协换届有关问题的精神，并对政协楚雄州第九届委员会委员协商推荐考察有关工作任务进行安排部署。州委常委、州委统战部部长左荣贵，州政协副主席李天云，州政协秘书长李光彪出席会议。左荣贵要求，要把思想和行动统一到州委的决策部署上来，以高度的责任感和紧迫感做好州政协委员的提名、推荐、协商、考察工作，要严格按照州委要求，着力扩大民主、加强协商；要严把委员素质关；要按照既定的方法和步骤，准确把握委员产生程序。州委统战部常务副部长刘予敏对具体协商推荐考察工作作了安排。全州10县（市）委统战部部长、办公室主任、组织部副部长，中央省州属有关单位负责人以及第九届政协委员协商推荐工作领导小组成员参加会议。

【编印《宗教与和谐社会征文集》等文集】　为将创建和谐宗教工作进一步引向深入，2011年6～8月，中共楚雄州委统战部把“宗教与和谐社会”征文活动中评选出来的部分获奖征文及3篇特稿编印成共18万字的《楚雄州统战系统宗教与和谐社会优秀征文集》1000册，供全州统战系统广大宗教工作者和信教群众学习。该书收录了10县（市）委统战部、民族宗教局，州委统战部机关，州宗教局、州级各宗教团体等有关部门共38位作者的39篇征文稿。

为进一步扩大统战工作宣传，坚持和弘扬中国共产党领导的多党合作和政治协商制度，存统战系统与党和人民同心之史，资统战系统与党和人民同心之政，州委统战部组织人员，编印《和声律韵——统战系统与党和人民同心征文集》，该书共收录了61篇文稿，计23万余字，主要供各民主党派、工商联、无党派人士及统战干部、民族宗教干部学习。

［杨春华］

政策研究

【重要文稿起草】　2011年，中共楚雄州委政策研究室按照“想州委之所思、谋州委之所需”的要求，把中央和省委精神与当地实际紧密结合，把州委的工作意图贯穿到文稿起草的全过程，努力提高各类文稿的质量，发挥综合文稿为州委决策服务的作用。参与完成了《中国共产党楚雄州第八次代表大会工作报告》、《中共楚雄州委关于第十二个五年规划的建议》及州委一、二、三次全会《工作报告》的研究起草工作。承担完成州委向上级的重要综合汇报材料和部分州委领导讲话稿等重要综合文稿的起草任务。研究起草了全州农村工作会议、全州下派新农村建设工作队及指导员会、全州中低产田地改造工作会、全州新农村省级重点建设村工作会、新农村建设指导员座谈会，以及相关领导小组会议领导讲话稿。在深入调研的基础上，研究起草了州委、州人民政府《关于进一步促进农民持续增收的实施意见》、《关于加快低热河谷地区现代农业开发的实施意见》等一批重要政策性文件（草案）稿。抽调专人参与了全州深入开展创先争优活动、学习型党组织建设、干部作风集中整顿和建设、“四群”教育领导小组办公室及其文稿起草工作。

【调查研究】　2011年，中共楚雄州委政策研究室始终把调查研究作为“当参谋、献良策”的基础性工作来抓，组织开展楚雄州“十二五”经济社会发展环境、阶段性特征，楚雄州参与桥头堡建设、融入滇中城市经济圈发展，以及产业培植、基础夯实、工业发展、城乡统筹、民生改善、文化建设、社会管理、党的建设等重大问题专题调研，形成了《楚雄州生态文明建设问题研究》、《楚雄州建立农村特困居民最低生活保障制度调研报告》、《武定西和村基层党建及民族团结示范工作研究》、《楚雄州绿色食品产业发展问题研究》、《着力谋划城乡用地方式转变，探索符合彝州实际的山地城镇发展道路——楚雄州“城镇上山”问题简析》和《对禄丰、大姚县创新检查考核工作机制调研》等一批有质量、有深度、有可操作性的调研报告，有的受到州委领导批示肯定，有的在国家级刊物登载，较好地发挥了决策参谋作用。

【重点课题研究】　2011年，中共楚雄州委政策研究室围绕州委、州人民政府重大工作部署、围绕全州经济社会发展重大问题、围绕群众关心的热点难点问题和新情况，组织开展重点课题研究。

组织开展楚雄州农民进城需要重点研究解决的几个问题研究。研究报告在充分研究的基础上提出应认真研究解决好6个方面问题的建议：一是户籍问题。户籍制度是阻碍进城农民市民化的根本原因。建议以合法固定住所和稳定生活来源为基本落户条件，降低农民进城落户门槛，进一步放宽进城农民落户条件，在全州范围内逐步取消农业、非农业二元制户口管理制度，逐步实行城乡统一的户籍管理制度，使其在就业创业、劳动保障、子女就学等方面享有和当地居民平等的权利待遇，真正享受“同城待遇”。二是就业问题。解决就业是实现农民进城的关键所在。建议要以工业园区和城市新区为载体，积极承接食品、纺织、服装、轻工、电子、医药、机械和装备制造等劳动密集型产业，积极发展农产品加工业，推进农业产业化经营，稳定进城农民就业岗位。同时加强对进城务工农民就业服务，有关部门应及时向进城务工农民发布劳务信息、提供免费求职登记、职业介绍、就业指导、政策咨询等，全方位做好农民进城务工就业的服务工作。三是住房问题。进一步加大适用住房和公共租赁住房建设力度，盘活进城农民在农村的资产加快建设步伐，多渠道筹集资金解决农民工住房保障问题。四是子女教育问题。加强城镇中小学规划建设，确保进城落户农民子女接受义务教育，加强对进城落户农民子女的职业教育。五是社保问题。落实基本养老政策、社会救助政策，健全基本医疗保险政策，保障进城务工农民在农村的合法权益。六是生育问题。做好新落户居民计划生育信息接续工作，享受计划生育优惠政策。

组织开展楚雄州生物医药产业发展情况研究。经过多年的努力，全州生物医药产业体系基本建立，生物医药工业不断发展壮大，新药研发取得成效，企业市场开拓能力不断增强，中药材种植面积逐步发展，彝族医药体系建设有突破，为把生物医药产业建成全州六大重点产业之一奠定了基础。但也还存在认识不统一，政策落实和服务水平低，药企实力不强，产业集群效应及带动能力弱，创新能力不足，企业缺乏核心竞争产品，中药材种植规模小，规范化程度低等问题。要促进生物医药产业发展，要求要客观理性分析，全面加强领导，着力招商引资，打牢产业基础，引进培养人才，加强自主研发，发展药材种植，带动农民增收。

组织开展楚雄市推进全国社会管理创新试点工作研究。2010 年，楚雄市抓住被中央政法委、中央综治委和省委政法委、省综治维稳委列为“社会管理创新综合试点县（市）”的契机，着眼于解决当前社会管理与社会主义市场经济体制不相适应、影响社会稳定的突出问题，确定了加强社会管理基层基础建设、强化预防减少和化解社会矛盾工作体系建设、强化重点人群服务管理、增强社会治安防控能力、加强“两新组织”服务管理、加强互联网服务管理等社会管理创新工作 6 个方面的主要内容，形成“党委领导、政府负责、社会协同、公众参与”的“大社会”工作格局，搭建了“多兵种联合作战”的体制框架，社会管理创新试点工作取得了明显成效，为推进“平安和谐的楚雄”建设提供了借鉴经验和工作模式。

组织开展楚雄州绿色食品产业发展问题研究。研究报告通过从楚雄州绿色食品产业发展的现状分析入手，提出楚雄州绿色食品产业发展的思路及工作重点。一是主攻结构调整，全力推进高效农业特色化。重点将优质米、优质油、优质果、名特蔬菜和特种养殖产品开发成绿色食品。二是主攻农业招商引资，全力推进农业产业化。坚持运用现代工业的理念指导农业，做强市场主体，做大生产基地，做优产品质量，做活市场营销，做响产品品牌，提升农业产业化经营水平。三是主攻农产品质量安全，全力推进农业标准化。通过政策引导、市场运作的办法，鼓励专业基地、龙头企业和合作经济组织申报、争创农产品品牌，不断提升市场知名度和辐射力。四是主攻农业科技创新，全力推进农业科技化，不断提高农民科技文化素质和现代高效农业发展水平。五是主攻基地建设，夯实绿色食品产业发展基础。以控制农业面源污染为重点，大力推广综合配套生态技术，积极实施“清洁田园、清洁能源、清洁水源”的“三清”绿色食品基地工程建设，推广科学合理使用农药、化肥技术，降低农产品药物残留，实现农业生产安全和农产品消费安全的有机统一。同时要加强组织领导，形成推动绿色食品产业发展的合力；要完善扶持政策，建立绿色食品产业多元化投入机制；要制定发展规划，统筹推进绿色食品产业发展；要完善管理机制，形成绿色食品规范化管理。要紧紧抓住国家实施西部大开发和云南建设“两强一堡”的有利机遇，以生物资源为依托，以市场为导向，以企业为主体，以项目为龙头，建成一批覆盖面大、地域特色鲜明的绿色商品生产加工基地和龙头企业，尽快把楚雄建设成为中国西部地区的绿色产业基地。

组织开展武定西和村基层党建及民族团结示范工作研究。西和村是武定县、乡、村坚持从民族地区实际出发，以加强农村基层党建为基础，促进民族团结进步和经济快速发展、社会和谐安宁的成功典型。研究报告分析该村的成功经验，得到 4 点启示：一是加强各民族之间的团结进步，巩固和发展平等团结互助和谐的民族关系，是民族地区做好一切工作的前提和基础；二是实现民族地区跨越式发展，必须坚持以人为本，着力保障和改善民生；三是发展农业农村经济，要从当地实际出发，发挥优势，培育特色产业，整合生产、加工、流通各类要素，鼓励各族群众转变观念，扩大就业渠道，拓宽致富门路；四是农村基层党组织是党在农村全部工作和战斗力的基础。

组织开展楚雄州生态文明建设问题研究。生态优势是楚雄州持续发展的重要比较优势，也是参与未来竞争发展的重要制胜基础。研究报告全面总结过去 5 年全州生态文明建设的成就，研究分析存在的问题与面临的形势，并在此基础上提出今后 5 年全州推进生态文明建设需要重点突破的 7 项政策措施：一是建立和完善生态文明建设的政策保障体系，探索建立资源开发有偿使用和资源补偿机制，建立生态文明建设多元化投入机制。二是加快生态产业建设步伐，构建生态产业体系。三是大力发展循环经济，坚持开发节约并重、节约优先，按照减量化、再利用、资源化的原则，推进资源节约和合理利用，建设节约型社会，实现经济发展和环境保护双赢。四是强化环境治理和生态保护，把节能减排作为加强生态文明建设的重要抓手，坚决淘汰资源消耗高、严重污染环境的落后产能，建立健全环保日常监管与社会监督相结合的污染源长效管理机制，确保各项污染物做到长期稳定达标排放。五是以建设和谐社会为目标，加大对生物多样性和自然保护区的保护力度，积极构建生态保护屏障。六是建设生态文明道德文化体系，提升公众生态文化素质。七是持续加强林业生态建设，更加重视环境保护。

组织开展桥头堡建设背景下楚雄州商贸流通产业发展研究。2011 年，国务院支持云南省加快建设我国面向西南开放重要桥头堡，为楚雄州商贸流通产业发展带来千载难逢的战略机遇。研究报告认真分析如何以桥头堡建设为契机抢抓机遇，加快发展商贸流通产业，提出要依托良好的区位优势和交通枢纽地位，大力实施“流通活州”战略，通过“坚持一条主线，把握两个关键，围绕三大目标，突出四大重点，发展五大产业，实现六个突破”，把楚雄建设成为滇中面向滇西南和孟加拉湾、印度洋开放的商贸物流次中心。

【编辑《楚雄政研》等】 2011 年，中共楚雄州委政策研究室围绕“秉承传递决策信息、提供参谋咨询、搭建交流平台、服务彝州发展”的办刊宗旨，认真做好《楚雄政研》编辑工作。发挥州委政策研究室全体人员的积极性、主动性和创造性，总结办刊规律，在选稿、用稿方面严把关，充分发挥了服务彝州发展的作用。年内，州委政策研究室认真编印好《决策参考》、《调查研究》和《调研专报》，为州委、州人民政府提供决策参考。全年共编印《决策参考》14期、《调查研究》5期、《调研专报》2期。

［高琳燕］

农村工作

【统筹推进“三农”工作】 2011年，中共楚雄州委农村工作部门积极加强全州统筹推进“三农”，开展了富有成效的工作。筹办有关涉农工作会议，全面谋划“三农”工作。牵头筹办全州农村工作会议、全州下派新农村建设工作队及指导员会、全州中低产田地改造工作会、全州新农村省级重点建设村工作会、新农村建设指导员座谈会。认真贯彻落实中央和省委农村工作会议精神，结合楚雄州实际，提出年度“三农”工作目标、工作重点和政策措施。建立健全各项工作制度，建立各级党政领导责任制和部门分工负责制，努力形成统筹协调、明确任务，分级负责、分类指导，整合资源、合力推进的“三农”工作机制。加强“三农”工作督查，对州委、州人民政府“三农”工作重大部署，特别是全州粮烟生产、特色产业建设、重点基础设施建设项目、社会保障体系建设、强农惠农富农政策落实、农村改革等工作进展和落实情况进行跟踪督查，及时向领导反馈信息，提出意见建议，注重发现和总结推广“三农”工作中的好典型、新经验，促进“三农”各项工作如期完成，农村经济社会平稳较快发展。开展“三农”工作重大问题调研，为领导决策提供参考。

【新农村建设工作队及指导员工作】 2011年，楚雄州委农村工作部门按照省委、省人民政府的部署和要求，全州下派第五批新农村建设指导员1087名，其中正处级干部15名、副处级干部21名、正科级干部45名、副科级干部142名，后备干部205名；组成10支县（市）工作总队，103支乡（镇）工作队。年内，开展了一些富有成效的新农村建设工作队及指导员工作。

重视组织领导，加强管理服务。各级党委、政府按照“五个一”要求，健全完善新农村建设工作队及指导员管理工作机制。各级领导认真履职，加强统筹协调、管理服务、指导督查；努力创造工作条件；积极营造宣传舆论氛围。

重视落实责任，发挥派出单位后盾作用。持续推进各级派出单位挂钩帮扶承诺制落实，形成“指导员驻村、派出单位包村”的工作格局，为指导员开展驻村工作提供更加有力的支持。一年来，各派出单位按照与指导员所驻村委会签订挂钩帮扶承诺书，落实帮扶承诺责任；派出单位领导共看望慰问队员3068人（次），派出单位帮助研究解决工作中的困难和问题1723件、落实帮扶资金1114.8万元；州级派出单位按规定认真兑现指导员驻村生活补贴、报销车旅费，为每位指导员安排了不少于5000元工作经费。

重视履职到位，充分发挥总队长作用。州委及时讨论任命各位总队长为各县（市）委副书记，为其开展工作提供基本条件，全面履行工作队指导、教育、管理职责，“领头雁”作用明显；建立了总队长联谊会议制度，为其搭建一个互相学习借鉴的平台；各县（市）委在支持总队抓好指导员工作的基础上，还给其安排适当的工作，让其有职有权有具体分管工作，在实践中经受锻炼，积累经验，增长才干，提高驾驭全局能力。全体指导员紧紧围绕当好“六大员”，落实“十到户”的工作要求，做了大量好事、实事，有力地推动了全州社会主义新农村建设，自己在实践中得到锻炼提高，树立了“受欢迎、能干事、作用大”的良好形象。一是深入调查研究。广大指导员进村入户，体察民情，了解民意，共完成摸底调查1404份，提出合理化意见建议3680条，制定工作计划1335份，为开展工作积累了大量第一手资料，也为当地党委政府提供了决策参考。二是广泛宣传培训。全州指导员共走访农户194526户，宣讲政策法律28965场次，发放宣传资料80885份；协助村委会举办科技培训班2015期，发放科普、政策、法规等宣传资料118272份，培训农民1560期，组织群众参观学习488场次，有效地提高了广大农民群众的综合素质。三是多方协调联络。广大指导员始终把抗大旱、保民生、促春耕，促进农民持续增收作为中心工作，想方设法争项目、引资金，千方百计抓产业、促就业，共协调落实项目612项，争取资金9056.4万元，落实援建物资折合资金729.3万元，落实办公设施、教学设施及其他设施2219套，提供市场信息410条，帮助销售农产品6453吨，引进推广新品种和新技术286项，推广种植39851亩。同时，各工作队加强与州、县（市）人力资源与社会保障、农业、扶贫等部门的联系，着力抓好宣传动员、技能培训和与用工企业对接工作，努力增加所驻村劳动力转移人数，提高就业水平，增加农民非农收入。四是积极化解矛盾纠纷。广大指导员积极参与法治宣传、接待群众来访、排查矛盾、调解纠纷，推动平安创建和社会治安综合治理，共调处化解矛盾纠纷6747起，扶持困难家庭学生落实救助资金16542人283679元，促进农村社会稳定、文明和谐程度不断提高。五是督促制度建设。帮助制定新农村管理制度6434项，并认真督促执行，促进基层组织依法照章办事，切实保障农民的民主权利和合法权益。六是指导组织建设。各工作队围绕落实好“五个必须”、实现“五个突破”要求指导组织建设工作，即必须培养一批“双富”带头人，在促进农民增收上有新突破；必须消灭党员“空白村”，在扩大农村基层党组织覆盖面上有新突破；必须指导开展好“四议两公开”工作，在健全村民民主自治机制上有新突破；必须促进村级集体经济发展，在实现“有钱办事”上取得新突破；必须推动规章制度认真执行，在加强农村党风廉政建设上有新突破。广大指导员以开展创先争优、向杨善洲同志学习、向周晓东同志学习等活动为抓手，共召开农村党员会议、讲党课2179场次；召开群众会8654次，举办文艺演出628场；帮助发展党员1260人，慰问贫困老党员1597人，基层党组织的凝聚力和执行力明显增强。同时，广大指导员积极督查项目建设，积极参与农田水利、农村公路和扶贫整村推进、省级重点建设村、农村公益事业建设"一事一议"财政奖补试点及其他农村基础设施建设项目的督促检查，促进了各个项目工程的顺利推进。

【新农村省级重点建设村工作】 2011年，中共云南省委农村工作领导小组办公室正式批复楚雄州省级重点建设村101个自然村，分布在州内10个县（市）54个乡（镇）90个村（居）委会，受益6923户，27593人。项目规划总投资3968.46万元。其中，省级专项补助资金1515万元，整合部门资金913.55万元，县乡财政130万元，其他资金306.5万元，群众自筹及以劳折资961.01万元。10月，州农办和州财政局联合对各县（市）省级重点村建设项目规划进行了审查和批复，同时将1515万元补助资金下达10县（市），正式启动了省级重点建设村工程建设。

切实推进新农村工作。一是加强领导，强化服务。州委、州人民政府于9月6日召开了全州省级重点建设村推进会议，认真传达学习了全省省级重点建设村工作会议精神，州委副书记、州农村工作领导小组组长李兴顺在会上作了题为《明确任务，突出重点，全面提升省级重点村建设工作水平》的讲话，总结了2010年工作，对全州省级重点建设村工作进行了全面安排。州农办在认真总结省级重点建设村经验的基础上，重新修订下发了《楚雄州新农村省级重点建设村村庄规划办法》、《楚雄州新农村省级重点建设村项目管理办法》和《楚雄州新农村省级重点建设村考核验收办法》，明确提出省级重点建设村项目规划、建设管理和考核验收的指导思想、基本原则、目标任务、方法步骤、具体内容，做到了有规可依、按规督导，为扎实有序推进省级重点建设村工作打下了基础。二是竞争选点，科学规划。在认真执行省委农办《实施方案》中"选点要求"内容的基础上，楚雄州又提出了3个方面的要求：首先要体现相对集中，其次要坚持按"三个优先"竞争选点，再次是要充分考虑村组干部的组织协调能力。同时，认真组织编制村庄规划和项目投资计划。三是整合资源，集中投入 。坚持以省级重点建设村为平台，积极整合相关部门涉农项目资金，有效扩大了省级重点建设村的建设规模，提高了建设成效。四是严格管理监督，确保工程质量和资金安全。严格执行省州关于重点建设村项目资金管理的有关规定。项目工程建设期间，坚持乡（镇）农办每周督查、县（市）农办半月督查、州农办不定期抽查和年底全面检查验收制。五是广泛宣传动员，落实民主管理。各县（市）通过召开村民代表、党员、户长和村民会议，广泛宣传新农村省级重点建设村工作的政策措施和方法步骤；坚持在民主管理中推进省级重点村建设，引导农民群众按照公益事业建设"一事一议"制度的要求，在每个省级重点建设村成立规范的新农村建设理事会，认真执行村务公开制度，公布州、县（市）农办电话号码，并设立了重点村项目工程简介，做到阳光操作、公开透明，接受广大群众监督。六是政府主导，农民主体。明确规定购买建材支出，要求群众按"一事一议"要求投工投劳，在乡（镇）专业技术人员和村干部的指导下，由新农村建设理事会组织完成，充分发挥群众主体作用。七是建管并重，建立机制。在始终注重痕迹档案管理，所有的省级重点建设村都制定了《村规民约》、《村庄环境卫生管理制度》、《省级重点村建设工程保护管理制度》，加强项目工程建后运行和村庄环境保洁管理，确保工程长期管护，村庄环境整洁，让广大群众受益。

通过实施省级重点建设村建设，取得了明显成效。一是加强了村内基础设施建设，改善了村容村貌。在搞"三清"治"五乱"的基础上，全州省级重点村硬化道路95189米，修建排水沟8756米，新建公厕62间、建户厕502个、建垃圾房（池）81间，架设自来水管道68679米，建蓄水池45个，加固扩建村内消池32个，群众生活环境显著改善。二是加强了农村文化阵地建设，活跃了农村文化生活。全州重点村共建文化活动室9379平方米，文化活动场19609平方米，安装路灯225盏。保障了村组各种会议正常召开，各种培训正常进行，农民文艺演出等娱乐活动正常开展，加强了党在农村的文化阵地建设。三是扶持了特色产业发展。通过加强基础设施建设，扶持特色产业发展，为农民持续增收打牢了基础。四是改善了村民的居住条件，促进了农民安居乐业。在充分尊重农民意愿、完全自愿的前提下，扶持部分农户加固改造了住房，鼓励有条件的省级重点建设村群众自建特色民居，提升了农民的安居水平。五是整合资源，初步形成了合力建设的机制。全州省级重点建设村通过整合项目资金，展示了现阶段楚雄州社会主义新农村建设的水平和形象，成为引领新农村建设的一个有影响力的品牌，示范带动作用明显。六是调动了农民积极性，为做好新形式下的群众工作提供了载体。

【实施"农村劳动力转移就业特别行动计划"】 2011年，中共楚雄州委、州人民政府认真贯彻落实省委省政府的决策部署，由州农办负责统筹协调任务目标确定、分解、下达和督查，州人社局、州农业局、州扶贫办3个责任部门和10个县（市）负责各项措施及任务目标的落实。一是通过加强领导、统筹协调，明确目标、分解任务，突出重点、促进落实。主要是实施"五抓"即：抓农民工技能培训、抓农村劳动力转移就业示范县创建、抓组织转移、抓综合服务、抓宣传发动。二是完善机制，保障落实。主要是建立5个协调机制，即建立完善责任落实机制、投入保障机制、信息报送和检查督促机制、工作落实督查机制。全州共举办农民工供需见面会（现场招聘会）107场次，年内共转移农村劳动力25.1万人（转移到国外2973人、省外5.58万人），取得劳务经济收入

50.613 亿元；全州共发放鼓励创业促进就业小额担保贷款5930万元，发放贷免扶补贷款654人3270万元，并带动了4600余人就业。

【中低产田地改造工作】　2011年，云南省中低产田地改造工作领导小组下达楚雄州中低产田地改造投资计划为2.51亿元，改造面积22.21万亩。州委、州人民政府及时召开项目落实情况汇报会、中低产田地改造视频会议，全面部署中低产田地改造工作，明确目标任务，落实领导责任，强化工作措施，形成合力推进。全州实际共争取中低产田地项目资金4.63亿元，共实施中低产田地改造项目55个，项目覆盖面积36.32万亩，完成中低产田地改造24.14万亩。坚持突出部门主体、强化项目支撑，突出集中连片、强化项目整合，突出山区重点、强化水利建设，突出产业建设、强化规模经营，广泛宣传发动、突出群众参与，共建成小型水利工程2372件，沟渠1277.89千米，管网64.81千米，机耕路515.67千米，坡改梯2.45万亩，土地平整7.29万亩。完成中低产田地改造后建成的高稳产农田地，土地已经平整成形，灌排沟渠和机耕路基本配套，并采取了相应农艺措施，基本达到“能灌能排、旱涝保收”的标准。各县（市）在工作中注重示范片区建设，全州建成楚雄东华子午片区、南华龙川沙桥片区、姚安栋川龙岗片区、武定发窝东坡田心片区、双柏安龙堡青香树片区、牟定周山新甸片区、禄丰县一平浪片区、元谋县黄瓜园朱布水井田片区等示范片区。

［易安春］

保密工作

【保密工作概况】　2011年，楚雄州国家保密局在云南省国家保密局和中共楚雄州委、州人民政府的正确领导下，坚持以邓小平理论和“三个代表”重要思想为指导，深入贯彻科学发展观，认真贯彻落实胡锦涛等中央领导同志关于加强保密工作的指示精神，紧紧围绕州委、州人民政府的工作大局，紧密结合全州实际，深入学习贯彻保密法，加强教育培训，加强技术防范，强化领导责任，严格管理制度，加大查处力度，全面提升保密工作科学发展能力，确保了党和国家秘密在州内的安全，为全州经济社会又好又快发展提供了积极的服务保障。

新修订《保密法》实施一周年纪念活动。9月，组织全州保密专职干部参加“第三届全国保密法制论坛”论文征集活动，上报论文14篇；组织全州148个州属单位、888个县（市）属单位31136人参加了全省保密法规知识测试，均取得了较好成绩。全州在电台、电视台和公众电子屏播放新闻36篇，滚动播出宣传标语2928条次，在报刊发表文章10篇，在州县（市）党政办公大楼及主要街道悬挂布标117条幅，出黑板报120版次。

开展保密审查。年内，州国家保密局和10县（市）国家保密局积极为相关部门送审的66部（册）1188.4万字的稿件进行了保密审查，对16项涉密工程进行了保密审查，为相关单位提供了保密审查意见。

组织涉密文件清退和废旧文件资料收集销毁工作。州县（市）国家保密局按时完成了中央、省委和州委下发的涉密文件的清退销毁任务。全州累计收集销毁废旧文件资料83.7吨。

【全州保密局长会议】　2011年3月25日，楚雄州国家保密局召开全州保密局长会议。州委保密委员会专职副主任、保密局局长杨永昌主持会议并作了工作报告，会议传达了州委保密委员会2011年工作要点，总结了2010年的全州保密工作，安排布置了2011年的全州保密工作任务，表彰奖励了全州保密系统5个先进集体和14名优秀保密干部。

【国家统一考试保密管理】　2011年，楚雄州国家保密局积极主动地参与各类国家统一考试的保密管理工作。抓考前培训。3月8日，在全州招生考试工作会议上就做好各类教育招生考试的保密工作进行了专题培训。深入基层检查，组织招考人员培训。高考前，州保密局领导率队对全州11个试卷保密室进行了检查；中考期间，州保密局领导配合州教育局对3县11所中学的中考保密工作进行了突击抽查，督促全州完全中学全部重新配备了标准试卷保密柜。州县（市）保密局派人直接参加了各类教育统一考试试卷的保密监督管理和服务工作，试卷存放期间组织了多次抽查，保障了全州各类教育统一考试工作的顺利进行。州县（市）保密局认真组织其他各类统一考试的保密管理工作。全年保密系统派人参加统一考试工作111次，累计参加保密监督检查和保密服务543个工作日，其中州保密局参加16次，保密监督检查和保密服务96个工作日。

【保密宣传教育】　2011年，全州保密部门及时制定和启动实施“六五”保密法制宣传教育规划。8月31日，根据中央、省委保密委员会的要求，制定了《楚雄州“六五”保密法制宣传教育规划》。一是认真组织开展保密培训。加强对初任公务员保密培训，分别在1月14日、1月21日两期楚雄州初任公务员保密培训班上对405名初任公务员进行了保密知识培训。加强对新闻出版保密管理的培训，2月14日，在全州2011年内刊管理工作会上对120人进行了新闻出版保密知识培训。二是加强对全州招生考试涉密人员的教育培训。3月8日，在全州招生考试保密工作会议上对全州110名招生工作人员进行了保密培训。在楚雄州专项保密检查培训班上，对243名办公室主任及保密业务骨干进行了培训。加强了各机关、涉密企业和基层领导干部以及涉密人员的保密培训，全年分别到州人大机关、州政协机关、武警支队、楚雄州第八期少数民族中青干部培训班、云开集团、燃二化工厂、楚雄供电局、楚雄卷烟厂、楚雄市、禄丰县、牟定县、永仁县、南华县等单位组织培训14场次，共培训了1505人。普遍开展了信息化条件下保密技术防范工作的培训。全州共培训27场次1721人。三是认真组织开展保密警示教育活动。及时组织参观“全国窃密泄密案例警示教育展”，9月17日，州委常委、州委秘书长、保密委主任赵克义带领州县（市）分管保密工作的领导和保密专职干部等61人到昆明参观。及时转发了《云南省2011年泄密案情通报》，印发了《保密提醒》5期，向全州县以上机关干部进行传达学习。四是认真组织集中观看保密警示教育片活动。在州纪委、州公安局、团州委、工信委、人行、烟草专卖局等部门组织了集中观看警示教育片活动，累计观看443人次。全年累计开展警示教育活动349场次，参加学习教育26818人次，其中厅级88人次、处级1099人次、科级5556人次。

【专项保密检查】 2011年3月22日，楚雄州国家保密局印发了专项保密检查实施方案。召开全州专项保密检查动员培训会。4月11日，州属单位分管领导和计算机信息系统安全保密员243人参加了会议，会上，州保密局局长杨永昌要求各单位领导要高度重视，加强领导，克服等待观望、依赖思想的畏难情绪，努力提高发现和解决问题的能力，切实加强网络保密管理。认真做好专项保密检查的指导服务工作。向全州推荐购买了保密检查工具17套，数据销毁工具12套，单项导入U盘67个，涉密计算机及移动存储介质保密管理系统10套。年内，州保密局领导和技术人员到州委办公室、州政协机关、楚雄市、武警楚雄支队、州卫生局、州财政局、州人大等11个单位开展了保密培训，宣讲保密法规和专项检查要求，并对州县（市）39个单位进行了现场指导，为79个单位提供了保密问题解决方案，接受电话咨询147次。认真组织保密检查。全州有952个单位开展了自检自查，州县（市）保密局累计抽调43个单位的87名工作人员参加抽查，共抽查276个单位的计算机3344台，发现隐患169台，整改169台，抽查存储介质1067个，发现隐患114个，整改114个。

【保密管理】 2011年，楚雄州保密部门认真组织经常性的保密检查。全州共检查480个单位，发现隐患76件，督促整改76件。及时进行保密提醒。发出致全州厅级领导干部保密提醒信88封，致县处级领导1090封，致科级领导5556封；及时约见了州县（市）122个部门的负责人，对其进行保密提醒，帮助找准工作中存在的薄弱环节，指导采取必要措施加强保密防范。

［白宝珍］

机关党建

【州直机关党组织概况】 截至2011年12月31统计，中共楚雄州委州级直属机关工作委员会下辖基层党委23个、党总支12个、党支部244个（其中直属支部39个）。共有党员4239人。其中，正式党员4214人，预备党员79人；男性党员3173人，女性党员1120人；少数民族党员936人。党员年龄结构：35岁及以下党员831人，36～45岁党员1016人，46～54岁党员1057人，55～59岁党员350人，60岁及以上党员1039人。党员学历结构：研究生130人，大学本科生1885人，大学专科1080人，中专306人，高中、中技202人，初中及以下690人。年度内转入党员192人，转出258人，出党7人，死亡34人。按照发展党员“十六字”方针，共发展党员79人，办理预备党员转正64人。新发展党员中，少数民族10人，妇女30人，35岁及以下40人，大专以上文化程度53人。

【全州机关党建工作会议】 2011年3月7日，全州机关党建工作会议召开。会议由州委常委、州委组织部部长徐昕主持，州委副书记李兴顺到会作重要讲话，并对全面加强和推进全州机关党建工作提出要求。州委直属党委专职副书记、办公室主任，州直机关工委所属机关党委、党总支、直属党支部书记，州直机关工委委员，各县（市）委组织部部长、各县（市）直机关工委（党委）书记以及州直机关工委全体干部职工等130多人参加会议。州直机关工委书记王若舟对2011年机关党建工作作了具体安排。会上，兑现了2010年度机关党建工作目标管理责任制奖励10万元，签订了《2011年党建目标管理责任书》，还对年度“机关党建工作创新奖”和“机关好党课”竞赛获奖作品进行了表彰奖励。

12月20日，全州第十八次机关党建工作经验交流会暨2011年度州直机关党组织书记专项述职会召开。州直机关工委委员，州直各机关党委、党总支、直属党支部书记、党办主任，各县（市）直机关工委（党委）书记以及州直机关工委全体干部职工近100人参加会议。州直机关部分党组织负责人和党组织书记在会上分别作了交流发言和口头述职，其余机关党组织书记作了书面述职，并进行了综合民主测评。会上，州直机关工委书记王若舟进行现场点评，并对州直机关基层党建工作示范点进行了授牌。

【思想建设】 开展党员政治理论学习。认真落实理论学习中心组制度、基层党组织“三会一课”制度、党员干部定期学习制度，积极探索更加务实管用、灵活多样的学习教育方法。通过开办“彝州机关先锋讲堂”、建设“彝州机关先锋看台”、创办《楚雄机关党建》内部报刊、开辟网上学习专栏、开展党员电化教育等形式，建立机关党建学习教育体系，构筑机关党员学习、工作经验交流平台。州直机关各级党组织全年共组织上党课174场次，参加党员人数6600多人次，组织党员观看电教片167场次，参加党员5000多人次；为所属党组织党员订阅《党课》、《支部生活》、《党建文汇》等党报党刊及各类学习材料7000多册。

办好“彝州机关先锋讲堂”。高规格、高标准办好“彝州机关先锋讲堂”，全年共举办5期。邀请省州领导、专家及知名教授就贯彻十七届五中全会精神、党员干部廉政教育专题、“学习杨善洲典型在我身边”和省州党代会精神等作专题讲座，州直机关和10县（市）近3500名机关党员聆听了讲座。

创建“彝州机关先锋看台”。6月，

在州委领导的关心支持下，工委对州会务中心二楼走廊两侧候会厅进行设计改造，建成了“彝州机关先锋看台”，使其成为机关党建工作成果集中展示的窗口，机关党组织学习教育的阵地，党员干部学习交流的平台。当年“七一”前夕，州直机关工委依托“彝州机关先锋看台”举办了第一场大型展览——“走前头、当先锋、作表率”州直机关创先争优活动主题展，受到各级领导和广大机关党员的普遍好评。

创办《楚雄机关党建》内部报刊。以“传递党建信息、搭建交流平台、指导机关党建、服务彝州发展”为宗旨，升级改版《楚雄机关党建简讯》，创办了内部连续性报刊资料《楚雄机关党建》，全年共编发8期。

加强机关党建理论调研。成立了楚雄州机关党的建设研究会，加强机关党建研究队伍建设，努力形成党建研究的合力，不断提高机关党建研究工作的能力和水平，推动机关党建工作科学发展。认真落实省直机关工委和州委组织部安排的调研任务。年内，州直机关工委领导分别完成了《打造机关学习型党组织建设“三大平台”》等典型经验材料撰写，完成的《统筹城乡党建工作区域化问题研究》专题调研课题被评为全州组织工作调研成果三等奖。

【组织建设】　加强机关党组织建设和党员管理。重视基层党组织书记队伍建设，指导州直各机关党组织做好换届选举工作，选配补齐基层党组织班子。年内对40个所属党组织换届选举及班子成员调整进行指导。办理党员组织关系转接301个，规范管理党员。做好党费收缴、管理及使用工作，规范党旗、党徽管理使用，规范基层党组织党建工作痕迹。严把发展党员入口关，严格按要求发展党员，年内共发展党员79人，工委办理预备党员转正64人。认真做好流动党员管理服务工作，督促指导相关党组织按要求加强对流动党员的联系、沟通和管理，将外来流动党员编入所属党组织并按要求参加党的组织生活，建立流动党员台账，做好流动党员信息采集，《流动党员活动证》办证率达到100%。

推选州直机关出席州第八次党代会代表。按照州委的安排部署，严格按照组织程序，从代表候选人提名人选、初步人选、预备人选几个重要环节入手，做好州第八次党代会代表的推选工作，通过无记名投票的方式，从78名代表候选人中选出了62名州直机关出席州第八次党代会代表。

分组联系和分类指导机关党建工作。积极探索州直机关职能、业务相近的党组织分类管理的工作模式，制定下发了《关于进一步加强州直机关党建工作分类联系指导的意见》，建立健全工委分类指导和分组联系机关党建工作制度和工委委员分组联系指导基层党建示范点工作制度。工委领导、工委委员和工委干部职工定期深入到所联系党组织调研、指导、督查，了解掌握工作情况，帮助解决实际问题，增进交流与沟通。定期召开全州县（市）机关党建工作联系会，加强州直机关党组织和县（市）机关工委（党委）的沟通联系，推进机关党建工作学习交流。充分发挥工委对全州机关党建工作的牵头协调作用，促进机关党建工作的开展。

加强“两新”组织党建工作。认真贯彻落实省州党委关于加强“两新”组织党建工作有关精神，切实履行抓“两新”组织党建工作的职责。年内督促指导有条件的“两新”组织建立了2个“两新”党组织，并做好登记造册、建立相关台账工作。按照州委要求，选派工委两名工作经验丰富的老领导担任“两新”组织党建指导员，督促指导联系企业加强党的建设。同时，指导好所属“两新”组织选好配强党组织领导班子，选派党建指导员，建立相关工作制度，加强党员教育管理，充分发挥党组织和党员在“两新”组织中的作用。

党组织及党员信息化管理工作。举办《中国共产党基本信息管理系统》应用操作培训班，对州直各机关党组织负责党内信息管理、维护及统计的70多名党务干部进行了培训。按要求完成年度党内统计任务和党员信息数据库建设，加强信息库管理和维护，对州直机关党内统计和党员信息数据库基础软件进行升级更新，进一步实现了信息采集规范化、信息处理自动化和信息统计现代化。

加强党务干部队伍建设。注重研究和制定关爱党务干部政策和措施，结合实际，健全党务干部定期培训制度和联合学习培训制度，定期开展党务干部专门培训。与知名大学合作办班，强化机关党务干部的素质教育。年内组织了州直机关12名党务干部到北京大学等院校进行学习培训，组织了工委干部到玉溪等地学习考察机关党建工作经验，促进其知识更新、思路拓展和眼界开阔，提升党务干部做好机关党建工作的能力。

【制度建设】　推行机关党务公开。认真贯彻落实中共中央办公厅《关于党的基层组织实行党务公开的意见》，在制定下发《关于在州直机关党组织推行党务公开工作的实施意见（试行）》的基础上，加强督促检查，指导所属党组织成立党务公开领导小组和工作机构，制定党务公开实施方案，进一步明确党务公开的主要内容，公开的程序、形式、时效等，将党务公开工作通过《州直机关党组织党建目标责任制考核细则》进行量化分解，借助《楚雄机关党建》“阳光党务”专栏和单位设立公开栏等平台，对机关党建工作重大事项进行公示，将党务公开与政务公开结合起来，提高工作的透明度和公信力，切实保障党员知情权、参与权、选举权、监督权。州直各机关党组织年内公开事项450多项。

开展党员民主评议。坚持基层党组织民主评议党员制度，按照“云岭先锋”工程党员“五带头”要求，围绕巩固和发展保持共产党员先进性教育活动成果，以党员教育为重点对全体党员进行评议。及时妥善处置不合格党员，纯洁党员队伍。2011年，州直机关4253名党员参加评议，4177名党员评议为合格，864名党员受到所在党组织表彰。

推进城乡党建统筹工作。按照“八个一”的要求，认真组织开展城乡基层党组织互帮互助活动。组织党员深入基层，为基层广大农民群众办实事、做好事、解难题。开展以支部生活“联过”、活动阵地“联建”、发展思路“联谋”，推进城乡基层党建观念、资源、工作的“三联三推”活动，充分发挥机关党员干部在解决基层群众热点、难点问题中的先锋模范作用。全年州直机关党组织结成党员互帮互助对子1185对，帮扶困难党员投入资金近50多万元，帮助协调实施帮扶项目249个，投入资金累计达到2000多万元。

开好领导班子民主生活会。于10月27日召开了2011年度州直机关工委领导班子民主生活会。编印下发了《工委2010年度领导班子民主生活会学习材料汇编》手册，认真组织学习。研究制定了会议方案，广泛征求意见建议共计398条，认真开展交心谈心活动，突出“学习杨善洲，做人民满意的好党员好干部”、“转变作风抓落实、服务群众聚民心、创先争优促发展”等主题，扎实查找突出问题，深刻剖析问题根源，认真开展批评与自我批评，民主生活会找问题准，整改措施落实到位，会议收到较好效果。同时，工委认真指导好所属党组织开好民主生活会，工委领导亲自到会进行指导。

做好党员关爱工作。积极指导基层党组织建立生活困难党员和老党员关爱制度，坚持党员谈心谈话制度和走访慰问党员制度，对生活困难党员进行经常性的走访慰问，及时了解他们的生活，切实帮助解决实际困难。工委在“七一”前夕看望慰问了33名建国前入党的老党员和42名困难党员，发放慰问金4.56万元；春节前夕，对30名生活困难党员进行走访慰问，发放慰问金9000元。

深入实施“三提升”行动计划。结合开展工委创建学习型机关示范点活动，继续深入实施“三提升”行动计划。围绕干部提升素质，完善学习考勤制度，严肃学习纪律。围绕工作提升水平，开展“多读书、读好书、善读书”和“荐好书、荐好文、荐好句”活动，提升干部素质。结合工委“治庸懒、改作风、促提升”机关干部作风集中整顿和教育主题活动，开展党员干部“结对两找”评议活动，营造互相学习、取长补短、共同提高的和谐环境。开展“机关党建大家谈”和“我为工委献良策”活动和机关党建工作创新成果评比活动，形成善于贯彻落实、勇于开拓创新的良好氛围。围绕机关提升形象，开展工委“十星两优”评比表彰，推动工作创新发展。

【党建主题活动】 开展州直机关纪念建党90周年系列活动。2011年，以建党90周年为契机，加强对机关党员的党性锻炼和党史国情教育，精心策划各项纪念活动。按照州委主办、州直机关工委承办的工作部署，精心组织、周密安排，开展了“全州十万共产党员重温入党誓词活动启动仪式”，州直机关“走前头、当先锋、作表率”创先争优主题展，“颂歌献给党”楚雄州直机关千名党员红歌演唱会，“红心向党”楚雄城区庆祝建党90周年优秀节目文艺汇演等四大庆祝活动，同时还举办了第8期“彝州机关先锋讲堂”，组织开展了建党90周年“党在我心中”知识竞赛，开展了走访慰问老党员、困难党员活动。发行了《楚雄机关党建》“七一”专刊。组织工委所辖的70个州直机关党组织开展“唱红歌”、重温入党誓词、上党课、学习杨善洲座谈交流、歌咏比赛、演讲比赛、知识竞赛、义务植树、主题展览等丰富多彩的活动。系列活动创新方式、整合资源、主题突出、内容丰富、形式多样、寓教于乐，州委领导和各级党组织负责人带头参加，规格高、规模大、效果好。

推进学习型党组织建设工作。成立州直机关学习型党组织建设领导小组，明确职责分工，制定下发了《州直机关工委关于推进学习型机关党组织建设的实施意见》，健全集体学习、学习激励和考评等保障机制，打造《楚雄机关党建》报刊和网站、“彝州机关先锋讲堂”和“彝州机关先锋看台”三大学习平台，开设学习专栏，创新活动方式，大力开展学习培训、读书荐书、党课竞赛、学习征文评选等活动，激发学习型党组织建设的内在动力。召开学习型党组织建设推进会。召开了一次集中推进会和6次分片推进会，交流推广典型经验。在州直机关党组织中创建了7个州级学习型党组织建设工作示范点，有力地促进了州直机关学习型党组织建设。

深入开展创先争优活动。2011年，根据工委领导班子变动和工委委员变动情况，及时调整充实创先争优活动领导小组及办公室成员，完善工作机制，继续认真落实州委各项工作安排，认真履行牵头、协调、指导和服务职责，加强对州直各机关党组织创先争优活动的组织领导。工委领导班子成员和创先争优活动领导小组成员分别联系州直机关15家创建基层党建工作示范点的党组织，进一步明确了联系范围、联系方式及具体要求。认真开展窗口单位和服务行业创先争优活动、为民服务创先争优活动、“四亮四创四评”主题实践活动，设立党员责任区和“党员先锋岗”，坚持党员挂牌上岗，提高窗口单位和服务行业服务水平；扎实开展“党员亮身份、公开践承诺”，指导督促党组织和党员践行承诺，兑现承诺，建立相关台账。开展“学习杨善洲、为民办实事、发展见成效”主题实践活动，认真组织开展“五个一”和“十个一”学习活动，深化党群共建，指导工青妇等群团组织广泛开展创先争优活动，以创先争优活动的深入开展推进各部门各项工作任务的科学发展。

扎实开展干部作风集中整顿和建设活动。指导所属党组织开展好干部作风集中整顿和建设活动，刊发活动信息，营造活动氛围，加强督促指导，并于12月8日召开州直机关干部作风集中整顿和建设活动座谈交流会，推进活动深入扎实开展。

深入开展学习杨善洲活动。研究下发《州直机关深入开展“学习杨善洲先进事迹、争做优秀共产党员”活动方案》，加强领导，精心组织，深入开展向杨善洲同志学习活动，大力弘扬杨善洲同志的崇高品质，激发党员干部努力学习、勤奋工作的内在动力。在州直机关党组织中开展“学先进、办实事”专项承诺活动，引导州直机关广大党员干部为基层群众办实事、办好事；组织州直机关党员代表参加学习杨善洲植树造林活动；举办“深入学习杨善洲、典型就在我身边”先进事迹报告会，邀请州直机关5名党员代表讲身边人、身边事；召开学习杨善洲先进事迹视频报告会暨专题座谈会，掀起州直机关学习杨善洲先进事迹新高潮；开展“深入学习杨善洲、示范引领作表率”主题党课竞赛活动，收到党课参赛教案37篇，评选出优秀教案10篇；开展“深入学习杨善洲、立足岗位当先锋”主题征文网上竞赛活动，征集到征文106篇，评选出优秀征文33篇，同时选送州直机关党员学习征文参加省委宣传部开展的“三读”征文评选，有2篇征文获奖。

［郑曙霏］

企业党建

【企业党建工作概况】　2011年，楚雄州工业和信息化委员会党委直属38个基层党组织，其中党委13个、党总支5个、党支部20个；在38个基层党组织中，国有及国有控股企业党组织2个，股份合作制企业党组织1个，非公有制企业党组织20个，退离休人员管理工作站党组织5个，破产、停产、歇业企业党组织9个，机关党组织1个；包括党委、总支所属党支部在内共有基层党支部138个，党员总数3506人，其中在岗党员1647人、占47%，离退休党员1603人、占45.7%，其他256人、占7.3%。在党员总数中，女性党员716人，占20.4%。年内，企业党建工作紧紧围绕“工业强州”战略实施，确实抓好党的路线方针政策在直属基层党组织的贯彻落实，认真实施党建工作目标责任制，切实推进“创先争优”活动的开展，做好基层党建工作示范点创建工作，推进学习型党组织建设，加强党员的教育管理，做好发展党员、党员组织关系接转等工作，发挥基层党组织的政治核心作用和共产党员的先锋模范带头作用，为全州工业和信息化发展提供了坚强的政治和组织保障。

【政治理论业务学习】　2011年，楚雄州工业和信息化委员会党委狠抓政治理论学习，党员干部职工的政治理论素养有了较大提高。认真组织开展党委中心学习组学习活动，每一个专题都指定中心发言人，党委书记带头发言，以党委中心组的学习带动直属各党组织学习活动的深入开展。先后组织机关党员干部职工观看彝剧《杨善洲》和电影《杨善洲》，多次接受先进思想教育，有10位科长在学习杨善洲先进事迹专题研讨会上发言。举办了由各直属党委共同参与的纪念建党90周年暨文艺演出大会，通过纪念活动，进一步激发了党员干部职工爱党爱国热情。学习贯彻党的十七届六中全会精神，深入推进学习型党组织建设，直属交通运输集团公司党委、路桥四公司党委、汇东实业公司党委、吕合煤业公司党委列为州工信委党委学习型党组织示范点。开展宗旨意识教育，以“转变作风抓落实、服务群众聚民心、创先争优促发展”为主题，组织开展干部作风集中整顿和建设活动。年内，州工业和信息化委员会党委组织人员参加了省工信委在楚雄举办的工业和信息化前沿知识讲座；选派州工信委领导班子成员6人次到中国人民大学、清华大学、浙江大学、省委党校进行学习培训，选派24名机关科长、重点骨干企业负责人到浙江大学、中国人民大学、清华大学、北航大学进行学习培训；组织了全州分管工业和信息化工作的副县长、各县（市）经信局领导、部分骨干企业董事长（总经理）、州工信委科长68人到清华大学进行为期9天的领导力提升高级研修班学习培训，提高了全州工业干部的工作能力和素质。

【创先争优活动】　2011年，楚雄州工业和信息化委员会党委在直属党组织中继续深化创先争优活动，开展了一系列工作。

加强组织领导，健全工作机构。及时成立领导小组及办公室，州工信委党委书记任组长，党委副书记任副组长，党委班子成员任领导小组成员；领导小组下设办公室，抽调相关科室人员为工作力量，负责做好创先争优活动具体工作的落实。强化争创意识，深化创建活动。各基层党组织不断强化创先争优意识，紧紧围绕“推动科学发展、构建和谐企业、维护企业稳定、服务职工群众、加强基层组织”的总体要求，进一步强化创先进、争优秀的意识。

党员“公开承诺”活动。年内，州工信委党委直属38个党组织及全体党员进行了承诺，党组织作出承诺事项548项，至11月底兑现了526项；党员作出承诺事项4863项，至11月底兑现了4504项；“学习杨善洲、为民办实事、发展见成效”公开承诺270项，至11月底兑现248项；实施民生工程34个，投入资金581.4万元。党组织和党员对承诺事项张榜公示公开，接受群众监督。抽调人力组成3个督查组，对直属各党组织深入开展创先争优活动和推进学习型党组织建设工作进行督促、检查和指导；做好舆论宣传，营造活动氛围，充分发挥内部刊物、工作简报、宣传栏、墙报、黑板报、大型户外宣传标语以及党员电化教育、党建信息网等宣传平台的作用，及时宣传创先争优活动的典型经验和做法，营造创先争优活动浓厚舆论氛围。德胜钢铁公司、交通运输集团、汇东实业公司、吕合煤业有限公司等单位在显著位置制作了一批户外宣传标语，加大了宣传力度，增强了活动效果。

“四亮四创四评”活动。直属各窗口单位和企业在开展创先争优活动中，认真开展“亮流程、亮身份、亮职责、亮承诺”，“创优质服务之星、创流动红旗标兵、创党员示范窗口、创人民满意支部”、“自己评、群众评、领导评、组织评”为主要内容的“四亮四创四评”主题实践活动，收到较好效果。楚雄交通运输集团公司在楚雄西客运站、东客运站、程家坝汽车检测站、公司汽修厂、驾驶员培训站及各县汽车运输公司等向社会服务的窗口单位开展“四亮四创四评”活动，采取设置席位卡、佩戴党徽、胸卡、公示栏等方式，亮出党员身份、亮出工作职责、亮出承诺事项；把工作流程装框上墙，方便乘客查询了解，接受乘客监督；设置意见箱和发放征求意见表，接受乘客的批评意见和建议，不断改进服务工作，提高服务质量，赢得了更好的社会信誉和经济效益。楚雄州汽车运输公司在南客运站、北客运站、培训站开展“四亮四创四评”活动，设立党员先锋岗，把党员身份、照片、工作程序进行公开，让广大乘客了解窗口单位党员的工作流程，接受广大乘客监督。楚雄州医药公司在开展“四亮四创四评”活动中，党员和入党积极分子带头在营业网点开展文明窗口和文明柜台的创建活动，规范服务流程和行为，为顾客提供温馨周到的服务，对老年顾客主动搀扶，对电话购药送货上门，把好进货关，杜绝假冒伪劣药品，做到药品质量有保障，促进了公司的发展。

创建基层党建工作示范点。按照“五好”、“五带头”的创建标准，州工信委党委切实抓好所属基层党组织党建工作示范点的创建工作，认真开展考核，积极做好示范点创建工作事迹材料的上报。云南德胜钢铁公司党委、楚雄交通运输集团公司党委、楚雄州吕合煤业公司党委、楚雄汇东实业公司党委、云南奕标水泥集团公司党委、楚雄州汽车运输公司党委、楚雄州医药公司党委、禄丰县黄土坡工作站党总支8户基层党组织被考评为州工信委党委示范点，给予命名挂牌；楚雄汇东实业公司党委、楚雄州吕合煤业公司党委推荐为州级示范点，经州委党建工作领导小组考核，给予命名挂牌。

【党建工作目标责任制】 2011年，楚雄州工业和信息化委员会党委认真落实党建工作目标责任制，建立书记是党建工作第一责任人的工作机制。做好考核工作，对直属各党组织2010年党建工作目标责任制落实情况进行认真考核，有10户被考评为一等奖，12户考评为二等奖，7户考评为三等奖。继续抓好党建工作目标责任制的落实。修改完善了2011年度州工信委党委直属企业、离退休人员工作站党组织党建工作目标责任书，在党建工作会议上与直属各党组织签订，切实做好2011年党建工作目标责任制的落实。

【基层组织建设】 2011年，楚雄州工业和信息化委员会党委加强基层组织建设，及时做好党组织调整，进一步抓好发展党员和党组织管理工作。撤销楚雄昇源农机制造公司党支部，党支部党员关系划转到楚雄昇源实业公司党委管理；对云南德胜钢铁公司党委所属武定矿业公司党支部划转武定县委组织部管理事宜进行协调，及时划转；对原楚雄州糖酒公司党支部10名党员组织关系划转问题进行协调。年内，州工信委党委认真履行原州企业工作委员会的职能职责，加强发展党员和党组织管理，抓好企业党建工作，办好入党积极分子培训班，全年培训入党积极分子176名，发展新党员76名，有95名预备党员转为正式党员。做好党员组织关系的接转工作，全年为3554名党员办理了党员组织关系的接转手续。

【学习型党组织示范点建设】 2011年，为促进学习型党组织建设，楚雄州工业和信息化委员会党委把制定实施方案与创先争优活动紧密结合，采取集体学习和党员个人自学相结合的形式，分宣传发动、全面推进、巩固深化三个阶段做好学习型党组织示范点建设工作，州工信委党委系统全体党员认真开展学理论、学业务、学经验、学典型的学习活动，努力增强党员干部的政治理论素质和工作业务技能，建设一支体现时代先进性的党员干部队伍。楚雄交通运输集团公司党委、云南路桥四公司党委、楚雄汇东实业有限公司党委、楚雄州吕合煤业公司党委被州委学习型领导小组办公室列为州级学习型党组织示范点，并给予挂牌命名。

【党代表推选】 2011年，根据中共楚雄州委的安排，认真开展州工信委党委系统出席省第九次党代会代表的提名推荐工作，经过层层动员，基层党组织提名，州工信委党委遴选，党委会议讨论，向州委上报了39名楚雄州出席省第八次党代会代表候选人初步人选。认真做好州工信委党委系统出席州第八次党代会代表的推选工作。按照工作要求，做好工作部署，从基层广泛提名推荐，州工信委按照代表条件提出初步人选名单，与州委组织部沟通汇报，向基层党组织广泛征求意见，再确定候选人预备人选名单，经纪检、审计、检察院审核，党委会议讨论，确定23名预备人选名单报州委审批。7月28日，召开了州工信委党代表会议，会议差额选举产生了18名州工信委系统出席州第八次党代会代表。做好州工信委党委系统推荐提名云南省出席党的第十八次全国代表大会代表候选人初步人选工作。按照规定的程序，推出53名符合代表条件的初步人选名单上报州委。

【党风廉政教育】 2011年，楚雄州工业和信息化委员会党委开展党风廉政建设政策法规的学习，组织学习《警钟长鸣——楚雄州典型案例警示教育读本（续二）》，贯彻落实中纪委关于开展《中国共产党党员领导干部廉洁从政若干准则》、《楚雄州工信委党委系统党员领导干部廉洁从政及国有企业领导人员廉洁从业教育活动实施方案》以及《云南省工业和信息化委员会关于转发2011年工业和信息化部门和行业作风建设工作要点的通知》等一系列文件；学习中央和省、州党委关于《2008～2012年惩治和预防腐败体系工作规划实施纲要》，做好州工信委领导班子廉政档案的登记上报，开展机关党员干部岗位廉政教育，做好与州纪委签订的机关党风廉政建设责任书的贯彻执行，并把责任分解、签订到各科室，建立起党风廉政建设责任制网络，切实加强州工信委机关和直属国有控股企业的党风廉政建设，为机关和国有控股企业各项任务的完成提供强有力的保障。

［吴显坤］

党校教育

【干部教育培训】 2011年，中共楚雄州委党校紧紧围绕“十二五”主题主线和推进富民强州进程，立足服务全州经济社会发展大局，转变培训方式，创新培训思路，全面落实“大规模培训干部、大幅度提高干部素质”的目标任务，努力培养造就一支政治上靠得住、工作上有本事、作风上过得硬、人民群众信得过的高素质干部队伍，实现干部教育培训的规模和质量、效益的统一，充分发挥了干部教育培训“主阵地”、“主渠道”作用。全年举办楚雄州县处级领导干部学习“七一”讲话及州第八次党代会精神专题培训班、州级下派新农村建设指导员培训班、州民族团结教育校长培训班、州首届新闻骨干业务培训班、州共青团干部深入学习贯彻州第八次党代会精神培训班、州党外知识分子培训班、州乡（镇）党政主要领导培训班、州网络宣传培训班、州乡（镇）纪委书记、纪检专干培训班等各类培训班56期，培训轮训各级各类干部14024人次，其中州委干教计划内的主体班次13期，培训人数2360人；其他培训43期，培训人数11682人。

【政治理论研究】　2011年，中共楚雄州委党校始终坚持以改革开放和社会主义现代化建设中的实际问题为中心，紧密结合州情和国内外形势的发展变化，深入研究和准确把握改革和建设中带有全局性、战略性、前瞻性的重大问题，为建设高素质的领导干部队伍服务，为州委、州人民政府决策服务，为丰富和发展马克思主义理论服务；使理论研究工作紧贴实际，面向社会，取得了丰硕的成果，充分发挥了党校作为马克思主义理论阵地的作用。年内完成各类课题17个，在《人民日报》、《学习时报》、《中共云南省委党校学报》、《楚雄日报》等报纸期刊上刊发教职工撰写的理论文章180篇。《彝州论坛》共编发4期，发行4000册，刊登理论文章91篇。

【政治理论宣讲】　2011年，中共楚雄州委党校充分发挥政治理论宣讲“主阵地”作用，积极主动拓展延伸党校讲台，围绕州委、州人民政府中心工作和经济社会热点难点问题，组织骨干教师开展社会宣讲，为全州科学发展、和谐发展、跨越发展提供理论导向和智力支持。党校领导和广大教师积极走出校门，深入党政机关、企事业单位、社会团体对党的十七届四中、五中、六中全会精神和省第九次党代会精神、州第八次党代会精神等重点内容开展宣讲辅导。年内共开展理论宣讲辅导139场次，受众达1万余人次。

【学员管理】　2011年，中共楚雄州委党校进一步加强学员管理工作。在主体班学员管理中，始终坚持从严治校、从严施教、从严管理的“三从严”方针，实行“五严格三清查”考勤管理办法，严格学员考勤纪律制度，严格执行学员课前签到制度，严格实行座位落名制度，在座位上放置学员座牌，严格执行课中考核制度、班主任在课间随机抽查点名等办法，考核缺勤、迟到、早退的学员情况，严格实行考勤通报备案制度，坚持将每堂课的缺勤情况及时公布。对于半月以上的县处班和中青班，实行学分制管理。对于时间较短的培训班，用写学习体会文章的方式进行考核管理。

【廉政教育】　2011年，楚雄州纪委监察局、州委党校共同建立的“楚雄州廉政教育基地”自2011年5月23日完成改版投入使用。至年底，开展反腐倡廉警示教育共141场次，参训总人数达12384人，其中县处级领导干部1010人、科级干部5638人。

［起发明］

信访工作

【来信来访】　2011年，楚雄州办理群众来信来访17821件批次，与上年相比下降了10.6%。其中，办理群众来信4185件，与上年相比下降33.9%；办理网上信访3488件，与上年相比上升24.1%；接待群众集体访1385批22850人，与上年相比批次和人次分别下降3.7%和2.7%；接待群众个体访8763批13030人，与上年相比批次和人次分别下降14.4%和15.7%。全州信访部门共办理群众来信来访9131批次，占全州信访总量的51.2%，与上年同期相比下降了7.1%。其中，办理来信1435件，与上年同期相比下降68.8%；办理网上信访3488件，与上年相比上升24.1%；接待群众集体访761批12093人，与上年相比批次和人次分别下降17.2%和20.9%；接待群众个体访3447批5352人，与上年相比批次和人次分别下降12.5%和11.8%。

【大接访大下访】　2011年，楚雄州州级党政领导共接待群众来访259批654人，其中反映涉法涉诉问题64批85人、反映其他问题195批569人。州信访局对来访人反映的问题全部进行交办，至12月31日，共办结218件，办结率为84.17%。县级党政领导干部共接访1412批3705人，当场解决323件，涉及660人；领导包案处理329件，涉及888人；落实责任单位处理770件，涉及人数为2157人。至年底，共解决了985件，涉及人数为2795人，办结率为69.76%。

【源头预防】　2011年，全州各级党委、政府坚持科学、民主、依法决策，把解决信访问题与加强源头预防相结合，积极采取有效措施防范和解决当前影响社会稳定的信访突出问题和群体性事件，切实从源头上预防和减少信访问题的发生。进行矛盾纠纷大排查，把矛盾化解在源头，化解在萌芽阶段。全州共排查出矛盾纠纷1335件，落实领导包案846件，落实责任单位及责任人1171个，已化解848件，其中州信访联席会议排查交办重大信访问题102件，已办结78件。把抓基层打基础放在更加突出的位置，建立健全信访工作网络，充实一线工作力量，加大对信访工作的投入，切实提高“属地管理，分级负责”的水平。各级党委、政府在决策前都进行信访风险评估，对大多数群众不愿做或反对的项目和工程不做或缓做。

【处理信访突出问题】　2011年，楚雄州信访机关按照“属地管理、分级负责，谁主管、谁负责，依法、及时、就地解决问题与疏导教育相结合”的原则，带着责任和感情解决群众合理诉求，认真落实首问首办责任制，综合运用政策、法律、经济、行政等手段和教育、协商、调解、疏导、听证等办法，解决了大量信访问题。全年，州县（市）信访部门共办理群众来信来访9131批次，占全州信访总量的51.24%；办理中央、省委、省人民政府、州委、州人民政府领导交办的信访事项92件，州级领导接待群众来访交办259件，办结218件，办结率为84.17%；县（市）领导接待群众来访事项共办结985件，办结率为69.76%。积极向中央、省争取专项资金681万元，州财政配套217万元，集中解决了一批疑难复杂信访问题，有力地化解了信访积案，减少了信访“存量”。

【规范信访秩序】 2011年，楚雄州信访部门进一步依法规范各部门工作行为。政府各部门严格按照法定程序行使权力，履行职责，维护法律的严肃性、权威性，避免因行政不作为、乱作为引发信访问题。进一步依法规范信访秩序。按照省政法部门的文件精神和国家的有关法律、法规，州政法部门制定了相关意见，依法处置涉访违法行为，特别是对到北京重点地区、敏感部位非正常上访的，已经多次核查处理，仍坚持无理要求，缠访闹访、触犯法律的，依法予以处理。进一步强化劝返和稳控力度。在国家和省州重大活动期间，州县（市）均派专人驻京、驻昆开展劝返工作，加大了劝返力度，接到上级通知后第一时间组织力量赶赴北京，将上访人员劝返回本地，落实稳控措施，认真调查解决合理诉求，圆满完成了劝返任务。

【群众工作机制创新】 2011年，楚雄州信访部门加大群众工作力度，进一步创新群众工作机制。健全群众工作网络。按照中央和省委关于做好新形势下群众工作的决策部署，全州形成了以州县（市）群众工作局为龙头、乡（镇）群众工作站为纽带、村（社区）群众工作室为基础、村组民情联络员为前哨的州县乡村组“四级”群众工作网络，推动全州群众工作深入扎实开展并取得成效。完善群众工作制度。州委、州人民政府把群众工作摆到更加突出的位置，以“工作大推动、矛盾大排查、问题大解决、作风大转变、关系大改善”为目标，及时进行动员部署，结合州情研究制定了《中共楚雄州委关于进一步加强和改进新形势下群众工作的意见》、《关于进一步加强和改进新形势下群众工作切实维护社会和谐稳定的实施意见》、《楚雄州州级党政领导干部定期接访工作制度》，州委群众工作领导小组制定下发了《州委群众工作领导小组成员单位群众工作职责》。群众工作有效开展。州县乡三级建立了领导干部挂钩联系、驻村蹲点、服务承诺、结对帮扶等制度，开通了民情电话，采取民情座谈、走访调研等多种方式，由领导带头深入产业发展重点户、科技示范户、生活困难户以及矛盾比较集中的地区，对群众在生产生活、基础设施、事务管理等方面存在的困难和问题进行深入调查，帮助群众解决实际问题。加大群众工作和信访工作宣传力度。创办了《楚雄信访》季刊，让社会更多地了解群众工作和信访工作。

［李有清］

楚雄彝族自治州人民代表大会常务委员会

重要会议

【楚雄州第十届人民代表大会第六次会议】 2011年2月22～26日，楚雄州第十届人民代表大会第六次会议在楚雄召开。应出席会议代表336人，因事因病请假10人，实到会代表326人。大会主席团由54人组成；张太原、卢显林、杨应旭、张启俊、何根源、杨静、李佳、陈长来为主席团常务主席；杨应旭兼任秘书长。大会设经济审查委员会、财政审查委员会、议案审查委员会和秘书处等工作机构。会议法定列席23人，决定列席196人，邀请列席6人；批准苏琼等15位公民旁听会议。大会听取和审查了《楚雄州人民政府工作报告》、《楚雄州国民经济和社会发展“十二五”规划纲要》、《楚雄州2010年国民经济和社会发展计划执行情况与2011年国民经济和社会发展计划（草案）的报告》、《楚雄州2010年地方财政预算执行情况和2011年地方财政预算（草案）的报告》、《楚雄州人民代表大会常务委员会工作报告》、《楚雄州中级人民法院工作报告》、《楚雄州人民检察院工作报告》，并对以上6个工作报告作出了相关的决议。会议选举张太原为省第十一届人民代表大会代表；补选卜德诚为州第十届人民代表大会常务委员会副主任，王志梅为州第十届人民代表大会常务委员会委员，普建辉为州中级人民法院院长。大会共收到州十届人大代表10人以上联名提出的议案51件，决定将牟定县代表团王晓丽等12名州人大代表提出的《关于加大对乡村公路硬化改造投入力度的议案》（2号）、大姚县代表团王雪媛等12名州人大代表提出的《关于加大力度抓好学前教育的议案》（24号）2件议案列为此次大会的议案，其余49件议案转为建议、批评和意见办理。此次会议还收到人大代表建议、批评和意见75件。

【楚雄州十届人大常委会会议】 2011年2月15～16日，楚雄州十届人大常委会第二十八次会议在楚雄召开。州人大常委会主任卢显林主持会议，州人大常委会副主任杨应旭、张启俊、何根源、杨静、李佳和秘书长陈长来及其他组成人员出席会议。州人民政府副州长杨元茂，州中级人民法院代理院长普建辉，州人民检察院检察长李宏及州人民政府办公室、州发改委等部门负责人，州人大常委会机关科以上干部，县（市）人大常委会主要负责人等列席会议。会议邀请付永云等8名州十届人大代表列席会议；批准张智明等5名公民旁听会议。会议听取和审议了州人民政府《关于楚雄州民族工作情况的报告》、《关于楚雄州广播电视事业改革与发展情况的报告》；听取和审议了州人大常委会民工委对州人民政府《关于楚雄州民族工作情况的报告》的初审意见和教科文卫工委对州人民政府《关于楚雄州广播电视事业改革与发展情况的报告》的初审意见；听取和审议了州人大常委会代表资格审查委员会主任委员、州人大常委会副主任何根源《关于楚雄州第十届人民代表大会代表资格审查和代表变动情况的报告》。会议经过认真审议，表决通过了州人大常委会审议州人民政府《关于楚雄州民族工作情况的报告》的意见、《关于楚雄州广播电视事业改革与发展情况的报告》的意见；会议确认了张太原、王志梅当选州第十届人民代表大会代表的资格，李琳玻、法玉宾、闾柏、张卫民、许洋、黄柄笙和王强州十届人大代表资格依法终止。

4月26～27日，州十届人大常委会第二十九次会议在楚雄召开。州人大常委会主任卢显林主持会议，州人大常委会副主任杨应旭、张启俊、何根源、杨静、李佳、卜德诚和秘书长陈长来及其他组成人员出席会议。州人民政府副州长岑化虎，州中级人民法院院长普建辉，州人民检察院副检察长李光俊列席会议。州人大常委会办公室、各工委负责人以及机关科以上干部，州人大常委会法工委、财经工委委员，各县（市）人大常委会负责人以及与议题有关的州属相关部门负责人列席会议。会议邀请李从珍等8名州十届人大代表列席会议；批准马英等5名公民旁听会议。会议听取和审议了州中级人民法院所作的《关于楚雄州刑事审判工作情况的报告》、州人民政府《关于楚雄州供销工作情况的报告》；听取和审议了州人大常委会副主任、州十届人大常委会代表资格审查委员会主任委员何根源所作的《关于楚雄州第十届人民代表大会代表资格审查和代表变动情况的报告》；听取了州人大常委会法工委关于对州中级人民法院《关于楚雄州刑事审判工作情况的报告》的初审意见，州人大常委会财经工委关于对州人民政府《关于楚雄州供销工作情况的报告》的初审意见。书面审议了《关于组织部分驻楚省、州人大代表对楚雄州廉租住房建设情况进行专题视察的报告》。会议表决通过了州人大常委会审议州中级人民法院《关于楚雄州刑事审判工作情况的报告》的意见和审议州人民政府《关于楚雄州供销工作情况的报告》的意见；表决通过了《关于楚雄州第十届人民代表大会代表资格审查和代表变动情况的报告》。会议补选普艳喜为州第十届人民代表大会代表；会议确认了董继理、聂正荣2名州人大代表的代表资格终止。会议决定接受董继理辞去州人民政府副州长职务；表决通过了卜德诚、张万礼职务的免除和刘平、钱嘉慧、李晓波职务的任命。

5月4日下午，州第十届人大常委会第三十次会议在楚雄召开。州人大常委会主任卢显林主持会议，州人大常委会副主任杨应旭、张启俊、何根源、杨静、李佳、卜德诚和秘书长陈长来及其他组成人员出席会议。州委常委、州人民政府副州长李红民，州委常委、州委组织部部长徐昕，州中级人民法院院长普建辉，州人民检察院检察长李宏，州人大常委会机关科以上干部列席会议。会议决定接受杨红卫辞去州人民政府州长职务，吕琳麟辞去州人民政府副州长职务。表决通过了岳修虎职务的任命和王斌职务的免除。

6月3日，州十届人大常委会第三十一次会议在楚雄召开。州人大常委会主任卢显林主持会议，州人大常委会副主任杨应旭、张启俊、何根源、杨静、李佳、卜德诚和秘书长陈长来以及其他组成人员出席会议。州委副书记、州人民政府副州长李红民，州委常委、州委组织部部长徐昕，州中级人民法院副院长杨鹏、州人民检察院副检察长周道洪及州人大常委会机关科以上干部列席会议。会议听取和审议了州人大常委会副主任、州十届人大常委会代表资格审查委员会主任委员何根源所作的《关于楚雄州第十届人民代表大会代表资格审查和代表变动情况的报告》。会议表决通过了楚雄州人大常委会《关于确认许可对州十届人大代表吕琳麟采取强制措施的决定》、州十届人大常委会代表资格审查委员会《关于楚雄州第十届人民代表大会代表资格审查和代表变动情况的报告》。会议确认吕琳麟的州十届人大代表资格依法终止；决定任命李红民为州人民政府代理州长；会议接受李家龙辞去州人民政府副州长职务；表决通过了杨亚林、赵祖莹、祖俊、李祝宁、吴燕来的职务任命和马国雄、张瑞鹏、晁建伟职务的免除。

6月27～28日，州十届人大常委会第三十二次会议在楚雄召开。州人大常委会主任卢显林主持会议，州人大常委会副主任杨应旭、张启俊、何根源、杨静、李佳、卜德诚和秘书长陈长来以及其他组成人员出席会议。州委常委、州人民政府副州长岑化虎，州中级人民法院院长普建辉，州人民检察院检察长李宏，州人民政府办公室、州发改委等部门负责人，州人大常委会机关科以上干部，县（市）人大常委会主要负责人列席会议。会议邀请蔡琼华等8位州十届人大代表列席会议；批准马加芬等5名公民旁听会议。会议听取和审议了州人民政府《关于楚雄州文化旅游产业发展情况的报告》、《关于楚雄州畜牧业发展情况的报告》、《楚雄州2011～2015年依法治州规划（草案）》及说明、《楚雄州关于在全州公民中开展法制宣传教育第六个五年规划（草案）》及说明；听取州人大常委会教科文卫工委对州人民政府《关于楚雄州文化旅游产业发展情况的报告》的初审意见、州人大常委会农环资工委对州人民政府《关于楚雄州畜牧业发展情况的报告》的初审意见；听取州人大常委会法工委对州人民政府关于《楚雄州2011～2015年依法治州规划（草案）》和《楚雄州关于在全州公民中开展法制宣传教育第六个五年规划（草案）》的初审意见。表决通过了州人大常委会审议州人民政府《关于楚雄州文化旅游产业发展情况的报告》的意见、《关于楚雄州畜牧业发展情况的报告》的意见；表决通过了州人大常委会关于批准《楚雄州2011～2015年依法治州规划》的决议、《楚雄州关于在全州公民中开展法制宣传教育第六个五年规划》的决议；表决通过了州人大常委会《关于废止〈楚雄州检察机关人民监督员资格确认和解除暂行办法〉的决定》；表决通过了州人民检察院《关于提请解除22名人民监督员的议案》；表决通过了州人大常委会关于确认许可对州十届人大代表李绍龙采取强制措施并暂时停止其执行代表职务的决定。

8月30～31日，州十届人大常委会第三十三次会议在楚雄召开。会议分别由州人大常委会主任卢显林、副主任杨应旭主持，常委会副主任何根源、杨静、李佳、卜德诚和秘书长陈长来及其他组成人员出席会议。州委常委、常务副州长杨亚林，州中级人民法院院长普建辉，州人民检察院副检察长周道洪，州人民政府办公室、州发改委等州属有关部门负责人，州人大常委会财经工委、农环资工委委员，楚雄市、双柏县、禄丰县人大常委会主要负责人列席会议。会议邀请刘云等8名州十届人大代表列席会议；批准马青等5名公民旁听会议。会议听取和审议了州人民政府《关于楚雄州2010年州本级财政决算的报告》、《关于楚雄州2011年上半年财政预算执行情况的报告》、《关于楚雄州2011年上半年国民经济和社会发展计划执行情况的报告》、《关于楚雄州2010年度州级预算执行和其他财政收支的审计工作报告》；听取和审议了州十届人大常委会代表资格审查委员会《关于楚雄州第十届人民代表大会代表资格审查和代表变动情况的报告》；书面审议了州人大常委会关于楚雄州贯彻实施国务院《劳动保障监察条例》和《中华人民共和国防震减灾法》情况进行执法检查的报告；会议表决通过了州人大常委会关于批准楚雄州2010年州本级财政决算的决议和审议州人民政府《关于楚雄州2011年上半年财政预算执行情况的报告》、《关于楚雄州2011年上半年国民经济和社会发展计划执行情况的报告》、《关于楚雄州2010年度州级预算执行和其他财政收支的审计工作报告》的报告；听取了州十届人大常委会代表资格审查委员会所作的《关于楚雄州第十届人民代表大会代表资格审查和代表变动情况的报告》。听取了州人大常委会财经工委所作的关于楚雄州2010年州本级财政决算的审查报告和对州人民政府《关于楚雄州2011年上半年财政预算执行情况的报告》的初审意见；听取了州人大常委会农环资工委对州人民政府《关于楚雄州2011年上半年国民经济和社会发展计划执行情况的报告》的初审意见；听取了州人大常委会农环资工委对州人民政府《关于楚雄州2010年度州级预算执行和其他财政收支的审计工作报告》的初审意见；会议表决通过了州人大常委会《关于确认许可对州十届人大代表杨红卫采取强制措施并暂时停止其执行代表职务的决定》、州十届人大常委会代表资格审查委员会《关于楚雄州第十届人民代表大会代表资格审查和代表变动情况的报告》和《关于罢免杨红卫的云南省第十一届人大代表职务的决议》。会议确认张之政、杨正权、杨红卫的州十届人大代表资格依法终止；因工作变动，会议同意岑化虎、左荣贵辞去州人民政府副州长职务，周雷辞去州人大常委会委员职务。表决通过了任锦云、杨杰、罗秀娟、普学芬、李佳、郭孝益、刘文亮、孙明、李光炜、王艳丽的职务任命和孟树仙、何根源、黎从文、李玲燕的职务免除。

10月27～28日，州十届人大常委会第三十四次会议在楚雄召开。会议由州人大常委会主任卢显林主持，州人大常委会副主任杨应旭、张启俊、何根源、杨静、李佳、卜德诚以及其他组成人员出席会议。州人民政府副州长赵祖莹，州人民检察院检察长李宏，州中级人民法院副院长杨鹏，以及州人民政府办公室、州发改委等州属有关部门负责人，州人大常委会民工委、法工委、教科文卫工委委员，楚雄市、双柏县、牟定县、禄丰县人大常委会主要负责人等列席会议。会议邀请张志芬等8名州十届人大代表列席会议；批准张秀娟等5名公民旁听会议。会议听取和审议了州人民检察院《关于楚雄州反贪污贿赂工作情况的报告》和州人民政府《关于楚雄州扶贫开发工作情况的报告》、《关于楚雄州学前教育发展情况的报告》。听取了州人大常委会法工委对州人民检察院《关于楚雄州反贪污贿赂工作情况的报告》的初审意见；听取了州人大常委会民工委对州人民政府《关于楚雄州扶贫开发工作情况的报告》的初审意见；听取了州人大常委会教科文卫工委对州人民政府《关于楚雄州学前教育发展情况的报告》的初审意见；听取了州人大常委会副主任李佳作《关于楚雄州第十一届人民代表大会代表名额分配的说明》；书面审议了《关于组织部分驻楚全国、省、州人大代表对楚雄州工业园区规划建设情况进行视察的报告》和关于对楚雄州贯彻实施《云南省民族民间传统文化保护条例》、《中华人民共和国全国人民代表大会和地方各级人民代表大会代表法》、《粮食流通管理条例》情况进行执法检查的报告。会议表决通过了州人大常委会《关于州第十一届人大代表名额分配和选举的决定》；州人大常委会对《楚雄州人民政府关于提请审议州国民经济和社会发展第十二个五年规划纲要的议案》的决定。表决通过了孙赟、李德胜的职务任命和李德胜、李永坤的职务免除。

12月29～30日，州十届人大常委会第三十五次会议在楚雄召开。会议由州人大常委会主任卢显林主持。州人大常委会副主任杨应旭、张启俊、何根源、杨静、李佳、卜德诚，秘书长陈长来以及州十届人大常委会其他组成人员出席会议。州委常委、常务副州长杨亚林，州中级人民法院院长普建辉、州人民检察院副检察长周道洪以及州人民政府办公室、州发改委等州属有关部门负责人，州人大常委会财经工委、选联工委、农环资工委委员，楚雄市、双柏县、牟定县、禄丰县人大常委会主要负责人列席会议。会议邀请杨德忠等8位州十届人大代表列席会议；批准王国兴等5位公民旁听会议。会议听取和审议了州人民政府《关于楚雄州2011年州本级财政预算调整方案的报告》、《关于楚雄州2010年度州级预算执行和其他财政收支审计查出问题整改情况的报告》、《关于对州十届人大六次会议议案办理情况的报告》和《关于对州十届人大六次会议代表提出的建议、批评和意见办理情况的报告》；听取和审议了州人大常委会选举联络工作委员会《关于对州十届人大六次会议代表提出的建议、批评和意见办理情况的报告》；听取和审议了州人大常委会农环资工委《对州人民政府关于州十届人大六次会议第2号议案办理情况的报告》的初审意见；听取和审议了州人大常委会教科文卫工委《对州人民政府关于州十届人大六次会议第24号议案办理情况的报告》的初审意见；听取州十届人大常委会代表资格审查委员会《关于楚雄州第十届人民代表大会代表资格审查和代表变动情况的报告》；听取和审议了关于《楚雄州人民代表大会常务委员会工作报告》（讨论稿）的说明和关于楚雄州第十一届人民代表大会第一次会议筹备工作情况的报告；书面审议了关于对上年全州贯彻实施《云南省楚雄州公路条例》情况进行执法检查的报告。表决通过了《关于批准楚雄州2011年本级财政预算调整方案的决议》；表决通过了州人大常委会审议州人民政府《关于对州十届人大六次会议第2号议案办理情况的报告》的意见、州人大常委会审议州人民政府《关于对州十届人大六次会议第24号议案办理情况的报告》的意见；表决通过了《关于楚雄州人大常委会表彰州第十届人大代表优秀议案、建议的决定》；表决通过了州人大常委会2012年度工作要点、议题安排和代表视察、执法检查安排；表决通过了州人大常委会关于召开楚雄州第十一届人民代表大会第一次会议的决定；表决通过了州十届人大常委会代表资格审查委员会《关于楚雄州第十届人民代表大会代表资格审查和代表变动情况的报告》；审议通过《楚雄州人民代表大会常务委员会工作报告》（讨论稿）提交州十一届人大一次会议审查；表决通过了州人大常委会关于罢免任学全的云南省第十一届人大代表职务的决议，决定罢免任学全的省第十一届人民代表大会代表职务；补选李红民为省第十一届人民代表大会代表；会议确认姜进荣、赖朝元、任学全、李绍龙、刘志刚的州十届人大代表资格依法终止；表决通过了李孔俊、纪艳茜、冯艳、罗克贵、张燕芳、蔡建华、陈翠连、马春梅、李春年、何永丽、杨霞的职务任命和洪定、张俊华的职务免除。

［周晓宇］

重要活动

【省人大常委会调研活动】 2011年2月28日至3月4日，云南省人大常委会内务司法委员会主任委员李应科到州内元谋、永仁、大姚等县调研指导工作。在元谋县江边乡，李应科察看了基层人大开展创先争优的有关情况，听取了乡人大主席团对开展工作情况的介绍。在永仁、大姚两县，李应科听取了人大法制工作情况的汇报，查看了城市规划修编情况，并实地察看了扩城建设情况。4月21～22日，由省人大常委会外事华侨工作委员会副主任钟乔光、赵明刚率领的调研组一行到楚雄州调研侨资企业权益保护工作。州委常委、州人民政府副州长李红民，州人大常委会副主任杨静，州人大常委会民族工作委员会和州外侨办负责人等陪同调研。调研组在深入云南岭东印刷包装有限公司和云南仁恒化肥有限公司调研的基础上，听取了州人民政府的工作汇报。在充分肯定楚雄州依法维护侨资企业权益工作取得成效的同时，针对存在问题，调研组提出了建议。9月14日，省人大常委会环境与资源保护工作委员会主任冯志成、副主任李永华带领立法调研组到楚雄州召开座谈会，征求《云南省节约用水条例（征求意见稿）》修改意见、建议。州人大常委会副主任杨静，州人民政府副州长赵祖莹出席座谈会。州水务、农业、国土、环保、法制等相关职能部门负责人参加座谈会，并对《条例》修改提出了意见和建议。10月27日，省人大常委会农业工作委员会副主任陈云丽带领省人大常委会法制工作委员会、省林业厅、省森林防火指挥部相关负责人到楚雄州开展《云南省森林防火条例（草案）》立法调研。在州人大常委会农业与环境资源工作委员会、州林业局及禄丰县有关部门负责人的陪同下，陈云丽一行深入到禄丰县五台山实地察看了森林防火检查站、森林防火瞭望台、森林防火隔离带建设情况，与基层护林站（点）工作人员进行交谈，了解森林防火工作情况。调研期间，调研组在禄丰县召开了立法工作座谈会，广泛征求《云南省森林防火条例（草案）》修改意见和建议。州人大常委会副主任杨静参加立法调研座谈会。

【州人大常委会代表视察】 2011年4月11～12日，楚雄州人大常委会组织驻楚部分省、州人大代表对州内廉租住房建设情况进行了专题视察。州人大常委会主任卢显林，副主任杨应旭、张启俊、何根源、杨静、李佳、卜德诚和秘书长陈长来参加视察并出席汇报会和视察意见建议反馈会。11日，在听取州人民政府关于州内廉租住房建设情况汇报后，分为3个小组分别深入楚雄市、南华县和大姚县廉租住房项目建设现场进行视察。通过听取汇报、实地察看、走访座谈等形式，对3地廉租房建设进行全面了解，并提出意见建议。12日上午，州人大常委会召开视察反馈会，就视察情况向州人民政府作了意见建议反馈。卢显林主持视察汇报会和反馈会，并在结束时作了讲话。州委常委、州人民政府副州长李红民参加视察反馈会并作表态发言。9月7～9日，州人大常委会组织驻楚部分全国、省、州人大代表对州内工业园区规划建设情况进行专题视察。州人大常委会主任卢显林，副主任杨应旭、张启俊、何根源、杨静、李佳、卜德诚和秘书长陈长来参加视察；州委常委、常务副州长杨亚林，省人大代表、州委常委、州纪委书记夏新建，州人大代表、州委常委、楚雄市委书记、市长袁鹏参加视察。7 日上午，在听取常务副州长杨亚林汇报楚雄州工业园区规划建设情况的基础上，视察分为 3 个组，先后深入楚雄、南华、禄丰、武定、大姚、永仁 6 个县（市），了解企业产品开发、生产经营、在建工程进展等情况，与县（市）相关部门及企业负责人就园区的规划建设工作进展情况、存在的困难和问题及下步的工作意见展开座谈。在 9 日上午召开的视察情况意见反馈会上，州委副书记、州人民政府代理州长李红民作了表态发言。州人大常委会主任卢显林就进一步加快推进工业园区规划建设提出了要求。

【州人大常委会执法检查】 2011 年 7 月 18 日至 8 月 2 日，楚雄州人大常委会组织部分州人大代表对全州贯彻实施《中华人民共和国防震减灾法》的情况进行了执法检查。检查组由州人大常委会副主任何根源任组长，部分州人大代表共 7 人组成，先后深入州地震局、州民政局、州住建局、州消防支队和双柏、南华、禄丰 3 个县进行了检查，察看了部分地震监测设施设备，学校和医院等人员密集场所抗震设防，农村民居地震安居工程和恢复重建工程建设情况，召开了州属相关部门负责人参加的座谈会，听取了各方面的意见和建议。执法检查结束后，检查组进行了认真的分析总结，并将检查情况向州人民政府进行了反馈。8 月 5～12 日，由州人大常委会副主任卜德诚任组长，州人大常委会法制工作委员会及部分法工委委员、州人力资源和社会保障局等部门参加的州人大常委会执法检查组，对全州贯彻实施国务院《劳动保障监察条例》的情况进行了执法检查。检查组在听取州人民政府的工作情况汇报后，先后到楚雄、南华、姚安、大姚、禄丰 5 个县（市），采取听取县（市）人民政府及人力资源和社会保障局的工作情况汇报，到企业进行实地察看，与职工进行座谈，到乡（镇）察看人力资源和社会保障所，查阅县（市）、乡（镇）关于劳动保障监察工作的档案资料等形式进行执法检查。并就检查中发现的问题分别向县（市）人民政府反馈了意见。9 月 13～16 日，由州人大常委会副主任杨静任组长，州人大常委会民族工作委员会、州文化体育局、州民族事务委员会等有关部门组成的州人大常委会执法检查组，对全州贯彻实施《云南省民族民间传统文化保护条例》情况进行了执法检查。检查组先后深入双柏、牟定、姚安等县，采取召开座谈会，听取工作汇报，实地察看等形式，对贯彻实施《云南省民族民间传统文化保护条例》情况进行了执法检查。9 月 19～21 日，州人大常委会副主任李佳带领州人大常委会执法检查组对全州贯彻实施《中华人民共和国全国人民代表大会和地方各级人民代表大会代表法》进行执法检查。检查组先后到牟定、双柏、南华 3 个县人大常委会、6 个乡（镇）人大主席团就贯彻实施《中华人民共和国全国人民代表大会和地方各级人民代表大会代表法》情况进行了执法检查。9 月 29 日执法检查组在州文化体育局召开座谈会议，听取了副州长朱非代表州人民政府所作的工作情况汇报和相关部门的意见建议，并将检查情况向州人民政府进行了反馈。10 月 12～17 日，州人大常委会副主任张启俊带领州人大常委会执法检查组，对全州贯彻执行国务院《粮食流通管理条例》的情况进行了执法检查。检查组分别到姚安、南华、双柏 3 个县听取了县人民政府的情况汇报，并深入到 3 个县国有粮食收储公司和私营粮食购销大户采取听汇报、察看仓储、走访、与职工座谈等形式，详细了解粮食流通管理条例的实施情况。17 日下午，检查组在州粮食局听取了全州贯彻实施《粮食流通管理条例》的情况汇报，并就存在的问题提出了建议。11 月 7～10 日，由州人大常委会副主任杨应旭任组长，州人大常委会农业与环境资源工作委员会、州交通运输局等有关部门负责人和部分省、州人大代表为成员的州人大常委会执法检查组，对全州贯彻实施《云南省楚雄州公路条例》情况进行了执法检查。检查组在听取了州人民政府的情况汇报后，先后深入楚雄、牟定、元谋等县（市），分别听取了县（市）人民政府贯彻实施情况的汇报，实地察看了乡村公路硬化、乡（镇）客运站、通达工程建设等情况，听取了基层干部群众的意见和建议，并就贯彻实施条例取得的成绩、存在的问题及下步工作意见向州人民政府作了反馈。

【全州人大系统办公室工作会】 2011 年 4 月 2 日，全州人大系统 2010 年度办公室工作会议召开。会议认真总结了上年全州人大系统办公室的工作，安排部署了 2011 年办公室的各项工作，并专题研讨交流了做好新形势下地方人大新闻宣传工作的经验和做法。州人大常委会主任卢显林出席会议并作讲话，州人大常委会秘书长陈长来主持会议，副秘书长、办公室主任白忠华作 2010 年工作总结并安排 2011 年工作，州人大常委会办公室及全州 10 县（市）人大常委会负责人和办公室有关人员参加了会议；州委办公室、州人民政府办公室、州政协办公室、州纪委办公室、州委宣传部有关领导应邀到会指导。会议对获得第二十届中国人大新闻奖和评为《云南人大》杂志社优秀通讯员的同志代发了荣誉证书和奖金。会上，还对获得人大新闻宣传工作先进单位的楚雄电视台、楚雄市人大常委会、牟定县人大常委会和《又见官沟清水流》等 45 件楚雄州第 19 次宣传人民代表大会制度好作品进行了表彰奖励。楚雄市、牟定县人大常委会和周晓宇等部分优秀通讯员代表作了人大新闻宣传工作经验交流。

【州人大常委会各工委工作会】 2011 年 10 月 17 日，全州人大民族工作座谈会在楚雄召开。会议学习贯彻了胡锦涛总书记“七一”重要讲话精神和州第八次党代会精神，总结交流县（市）人大民工委工作经验，探讨新形势下人大民族、宗教、外事侨务和扶贫等工作。州人大常委会副主任杨静出席会议并讲话。会上，州民委、州宗教局、州扶贫办、州外侨办相关负责人作了交流发言；州、县（市）人大民工委作了书面交流。11月8日，全州人大法制工作座谈会在楚雄召开。州人大常委会法工委全体专兼职委员，10县（市）人大常委会分管法制工作的领导、法工委主任及工作人员共40余人参加会议。会议总结、交流了2011年以来州、县（市）人大法制工作经验，研究探讨了如何做好新形势下人大法制工作和规范性文件备案审查工作相关问题。州人大常委会副主任卜德诚主持会议，并在会议结束时讲话。在会上，州人大常委会法工委主任杨文昌和各县（市）人大常委会法工委主任作了发言交流。11月10日，全州人大教科文卫工作座谈会在楚雄召开。州人大常委会副主任何根源出席会议并讲话。全州10县（市）人大常委会教科文卫工作委员会总结回顾了2011年的工作，并就如何贯彻落实党的十七届六中全会精神等作了交流发言。11月11日下午，全州人大农业与环境资源工作座谈会在楚雄召开。州人大常委会副主任杨应旭出席座谈会并讲话。会上，与会人员认真学习了州第八次党代会精神及州十届人大六次会议通过的各项决议，对一年来全州人大农业与环境资源工作中的主要做法和经验进行了交流。11月14日，全州人大财经工作座谈会在楚雄召开。州人大常委会副主任张启俊出席会议并讲话。州人大常委会财经工委对过去5年的工作进行了全面总结，并提出了2012年的工作意见。10县（市）人大常委会财经工委在会上进行了发言交流。州人大常委会财经工委全体专兼职委员，10县（市）人大常委会分管财经工作的常委会副主任及财经工作委员会全体工作人员参加会议。11月22日下午，全州人大选举联络工作座谈会在楚雄召开。州人大常委会副主任李佳出席会议并讲话。会上，全州10县（市）人大常委会分别就组织开展人大代表小组活动情况进行了交流；州人大常委会选联工委负责人就州人大常委会选联工委一年来开展工作的情况作了交流发言。

【全州县（市）人大常委会主任座谈会】 2011年9月1日上午，楚雄州人大常委会以“学习杨善洲先进事迹，争做优秀共产党员，推动州第八次党代会精神的贯彻落实”为主题的全州县（市）人大常委会主任座谈会召开。州委副书记李兴顺，州人大常委会主任卢显林出席会议并作了讲话。州人大常委会副主任张启俊、何根源、李佳、卜德诚，秘书长陈长来，州人大常委会办公室和各工委负责人，全州10县（市）人大常委会主要负责人参加会议。楚雄、双柏、牟定、永仁、禄丰5个县（市）人大常委会的主要负责人和州人大常委会白云、杨文昌、李祝宁、付永新、郭孝益、李学安6位工委负责人分别作了交流发言。

【专项活动】 政情通报会。2011年1月11日上午，楚雄州人大常委会召开2010年下半年政情通报会。州长代表州人民政府，向驻楚雄城区部分全国、省、州人大代表通报了全州2010年经济社会发展情况和“十二五”规划纲要（草案）主要内容。会议由州人大常委会主任卢显林主持。州人大常委会副主任杨应旭、张启俊、何根源、李佳，秘书长陈长来出席会议。州人大常委会主任卢显林在会议结束时作了讲话。7月22日，州人大常委会召开楚雄州2011年上半年政情通报会。州人大常委会主任卢显林主持会议，州人大常委会副主任杨应旭、张启俊、何根源、杨静、李佳、卜德诚，秘书长陈长来出席会议。州委常委、常务副州长杨亚林代表州人民政府向驻楚雄城区的部分全国、省、州人大代表通报了2011年上半年全州经济社会发展情况及农业生产情况。州人大常委会主任卢显林在会议结束时作了讲话

全州人大系统第六届运动会。2011年3月13～17日，楚雄州人大系统第六届体育运动会在永仁县体育馆举行。此届运动会共有11支体育代表队参加，先后进行了篮球、拔河、同心协力3项集体项目和乒乓球、象棋、扑克3项个人项目的竞赛。经过激烈的角逐，篮球比赛项目的一、二、三等奖分别被武定县、楚雄市、牟定县人大等6支代表队获得；拔河比赛项目的一、二、三等奖分别被州人大和楚雄市、武定县、牟定县人大等8支代表队获得；同心协力比赛项目一、二、三等奖分别被州人大和元谋县、武定县、南华县、姚安县人大等12支代表队获得；白忠华等20人分获乒乓球比赛项目一、二、三等奖；张启俊等43人分获扑克比赛项目一、二、三等奖；孙景太等17人分获象棋比赛项目的一、二、三等奖；南华县人大代表队获得此届运动会体育道德风尚奖；永仁县、大姚县、双柏县、州人大代表队获得此届运动会比赛优秀组织奖。

楚雄环保世纪行。8月19日，2011年楚雄环保世纪行活动在州会务中心新闻发布厅正式启动，组委会主任、副主任和成员单位的领导及10县（市）相关部门的负责人60余人参加启动仪式大会。会议由州人大常委会农环资工委主任、组委会副主任李学安主持，州人大常委会副主任、州总工会主席、组委会主任杨静在会上发表了《加强水资源保护，推进节水型社会建设》的讲话。州人民政府副秘书长陈明贵作了《节水防污，让生活更美好》的讲话。当年活动的主题是“共享的水，共享的机遇——节水，防污”。9月26～29日，组委会组织州属新闻媒体记者深入牟定、大姚、元谋3个县采访。12月2日，召开表彰会议对评选出来的11件新闻作品和7个先进集体进行了表彰。

人大与发展主题宣传。在新中国成立62周年之际，楚雄州人大常委会办公室根据州人大常委会2011年度工作要点安排，精心策划组织了以“人大与发展”为主题的联合新闻宣传采访活动。9月13～30日，在为期3周的新闻宣传采访活动中，由楚雄日报社，楚雄州广播电台新闻频率、音乐频率，楚雄电视台3家州属主流媒体记者组成的联合新闻宣传采访团在州人大常委会办公室领导的带领下，先后深入楚雄、牟定、大姚、永仁、元谋、武定、禄丰7个县（市）就县（市）人大及其常委会、乡（镇）人大主席团和各级人大代表关注民生、关注经济社会发展大局，促进地方经济社会又好又快发展的情况进行了采访宣传。州人大常委会自2004年率先在全省人大系统组织开展年度人大工作主题宣传以来，

已分别组织了以“人大代表在基层”、“人大工作在彝州”、“人大与监督”、“人大与法制”、“人大与民生”、“我与人大”、“人大与发展”等为主题的8次联合新闻宣传采访活动，使全州人大新闻宣传工作收到了较好的效果。

［周晓宇］

决议决定

【专项工作决定】 2011年6月28日，楚雄州十届人大常委会第三十二次会议听取和审议了州司法局局长苏光祖受州人民政府委托所作的《楚雄州2011～2015年依法治州规划（草案）》的说明，决定批准该《规划》。听取和审议了州司法局局长苏光祖受州人民政府委托所作的《楚雄州关于在全州公民中开展法制宣传教育的第六个五年规划（草案）》的说明，决定批准该《规划》。审议通过州人民检察院关于提请废止《楚雄州检察机关人民监督员资格确认和解除暂行办法》的议案，决定废止该《暂行办法》。

8月31日，州十届人大常委会第三十三次会议听取了州财政局局长邓斯云受州人民政府委托所作的《关于楚雄州2010年财政决算的报告》，并结合州审计局局长刘平受州人民政府委托所作的《关于2010年度州级预算执行和其他财政收支的审计工作报告》，对2010年度州本级财政决算情况进行了审查，根据州人大常委会财政经济工作委员会的审查报告，会议决定，批准楚雄州2010年州本级财政决算和《关于楚雄州2010年财政决算的报告》。会议同意州人大常委会财政经济工作委员会的审查报告，对财政经济工作委员会在审查报告中提出的建议，州人民政府及其有关部门要高度重视，抓好落实。

10月14日，州十届人大常委会第93次主任会议听取和审议了《楚雄州人民政府关于提请审议州国民经济和社会发展第十二个五年规划纲要的议案》。会议认为，州人民政府根据《国务院关于支持云南省加快建设面向西南开放重要桥头堡的意见》、《云南省国民经济和社会发展第十二个五年规划纲要》和州第八次党代会精神，对州十届人大六次会议审查批准的《楚雄州国民经济和社会发展第十二个五年规划纲要》作相应调整和修改，符合中央和省的要求，符合州十届人大六次会议审查批准的规划纲要精神，更加符合全州实际。会议同意州人民政府提出的关于对《楚雄州国民经济和社会发展第十二个五年规划纲要》的修改意见，并由州人民政府公布施行。会议要求，州人民政府要加强领导，精心组织，扎实工作，努力完成《楚雄州国民经济和社会发展第十二个五年规划纲要》的各项目标和任务。

10月28日，州十届人大常委会第三十四次会议听取了州人大常委会副主任李佳受主任会议委托所作的《关于楚雄州第十一届人民代表大会代表名额分配和选举的说明》；审议了州第十一届人民代表大会代表名额分配方案。决定如下：（一）云南省人大常委会依法确定楚雄州第十一届人民代表大会代表名额341名。（二）会议批准州人大常委会主任会议提出的州第十一届人民代表大会代表名额分配方案，同意州人大常委会副主任李佳受主任会议委托所作的《关于楚雄州第十一届人民代表大会代表名额分配和选举的说明》。（三）各县（市）和楚雄军分区要按照《中华人民共和国全国人民代表大会和地方各级人民代表大会选举法》和《中国人民解放军选举全国人民代表大会和县级以上地方各级人民代表大会代表的办法》，加强领导，精心组织，充分发扬民主，严格依法办事，选好州第十一届人民代表大会代表。（四）各选举单位应在2012年2月20日前完成州第十一届人民代表大会代表的选举任务。

【人事变动决定】 楚雄州人民政府副州长董继理因工作变动，向州人大常委会提出了辞职请求。2011年4月27日，州第十届人大常委会第二十九次会议根据董继理副州长的辞职请求，决定接受其辞去州人民政府副州长职务，并报州第十一届人民代表大会第一次会议备案。

州长杨红卫因涉嫌严重违纪，正在接受组织调查，向州人大常委会提出了辞职请求。5月4日，州第十届人大常委会第三十次会议根据杨红卫州长的辞职请求，决定接受其辞去州人民政府州长职务，并报州第十一届人民代表大会第一次会议备案。

副州长吕琳麟因涉嫌严重违纪，正在接受组织调查，向州人大常委会提出了辞职请求。5月4日，州第十届人大常委会第三十次会议根据吕琳麟副州长的辞职请求，决定接受其辞去州人民政府副州长职务，并报州第十一届人民代表大会第一次会议备案。

6月3日，州十届人大常委会第三十一次会议根据州人大常委会主任会议的提请，决定李红民为州人民政府代理州长。

副州长李家龙因工作变动，向州人大常委会提出了辞职请求。6月3日，州第十届人大常委会第三十一次会议根据李家龙副州长的辞职请求，决定接受其辞去州人民政府副州长职务，并报州第十一届人民代表大会第一次会议备案。

6月3日，州十届人大常委会第三十一次会议根据州人民检察院的报告，州十届人大代表吕琳麟涉嫌违纪违法，州十届人大常委会第83次主任会议作出了同意许可州人民检察院对吕琳麟采取强制措施的决定。经州十届人大常委会第三十一次会议审议，确认州十届人大常委会第83次主任会议作出的关于许可对州十届人大代表吕琳麟采取强制措施的决定。

6月28日，州十届人大常委会第三十二次会议根据州人民检察院的报告，州十届人大代表李绍龙涉嫌受贿犯罪，州十届人大常委会第87次主任会议作出了同意许可州人民检察院对李绍龙采取强制措施并暂时停止其执行代表职务的决定。经州十届人大常委会第三十二次会议审议，确认州十届人大常委会第87次主任会议作出的关于许可对州十届人大代表李绍龙采取强制措施并暂时停止其执行代表职务的决定。

副州长岑化虎因工作变动，向州人大常委会提出了辞职请求，8月31日州十届人大常委会第三十三次会议根据岑化虎副州长的辞职请求，决定接受其辞去州人民政府副州长职务，并报州第十一届人民代表大会第一次会议备案。

副州长左荣贵因工作变动，向州人大常委会提出了辞职请求，8月31日州十届人大常委会第三十三次会议根据左荣贵副州长的辞职请求，决定接受其辞去州人民政府副州长职务，并报州第十一届人民代表大会第一次会议备案。

委员周雷因工作变动，向州人大常委会提出了辞职请求，8月31日州第十届人大常委会第三十三次会议根据周雷委员的辞职请求，决定接受其辞去州人大常委会委员职务，并报州第十一届人民代表大会第一次会议备案。

8月31日，州十届人大常委会第三十三次会议根据省人民检察院的报告，州十届人大代表杨红卫涉嫌受贿犯罪及其他重大犯罪，州十届人大常委会第90次主任会议作出了许可省人民检察院对杨红卫采取强制措施并暂时停止其执行代表职务的决定。经州十届人大常委会第三十三次会议审议，确认州十届人大常委会第90次主任会议作出的关于许可对州十届人大代表杨红卫采取强制措施并暂时停止其执行代表职务的决定。

8月31日，州十届人大常委会第三十三次会议审议了州十届人大常委会第91次主任会议提请审议的《关于提请罢免杨红卫的云南省第十一届人民代表大会代表职务的议案》，根据《中华人民共和国全国人民代表大会和地方各级人民代表大会选举法》的有关规定，决定罢免杨红卫的云南省第十一届人民代表大会代表职务，并报省人民代表大会常务委员会备案。

【人事任免决定】　楚雄州第十届人大常委会第二十九次会议任免。2011年4月27日，根据州人民政府州长的提请，决定任免：刘平任州审计局局长；卜德诚免去州人民政府国有资产监督管理委员会主任职务；张万礼免去州审计局局长职务。根据州人民检察院检察长李宏的提请，任命钱嘉慧、刘晓波为州人民检察院检察员。

州十届人大常委会第三十次会议任免。5月4日，根据州人大常委会主任会议提请，决定任免：岳修虎任州人民政府副州长、王斌免去州住房和城乡建设局局长职务。

州十届人大常委会第三十一次会议任免。6月3日，根据州人大常委会主任会议提请，决定任免：杨亚林任州人民政府副州长、赵祖莹任州人民政府副州长；马国雄免去州人民政府秘书长职务、张瑞鹏免去州科学技术局局长职务。祖俊任州人大常委会办公室副主任、李祝宁任州人大常委会财政经济工作委员会副主任；吴燕来任州人大常委会选举联络工作委员会副主任；晁建伟免去州人大常委会办公室副主任职务。

州十届人大常委会第三十三次会议任免。8月31日，根据州人民政府代理州长李红民的提请，决定任免：任锦云任州人民政府副州长、杨杰任州住房和城乡建设局局长、罗秀娟任州科学技术局局长、普学芬任州人口和计划生育委员会主任、孟树仙免去州人口和计划生育委员会主任职务。根据州人大常委会主任会议的提请，李佳任州人民代表大会常务委员会代表资格审查委员会主任委员、郭孝益任州人民代表大会常务委员会代表资格审查委员会副主任委员；何根源免去州人民代表大会常务委员会代表资格审查委员会主任委员职务。根据州中级人民法院院长普建辉的提请，刘文亮任州中级人民法院审判委员会专职委员；孙明任州中级人民法院审判委员会委员；李光炜任州中级人民法院审判员；黎从文免去州中级人民法院审判员、审判委员会委员职务；李玲燕免去州中级人民法院审判员职务。根据州人民检察院检察长李宏的提请，王艳丽任州人民检察院检察员。

州十届人大常委会第三十四次会议任免。10月28日，根据州人民政府代理州长李红民的提请，决定任免：孙赟任州人民政府副州长；李德胜任州人民政府秘书长，免去州民族事务委员会主任职务。根据州人民检察院检察长李宏的提请，李永坤免去州人民检察院检察员职务。

州十届人大常委会第三十五次会议任免。12月30日，根据州中级人民法院院长普建辉的提请，任免：李孔俊任州中级人民法院刑事审判第一庭副庭长；纪艳茜任州中级人民法院民事审判第三庭副庭长；冯艳任州中级人民法院审判监督庭副庭长；罗克贵、张燕芳、蔡建华、陈翠连、马春梅、李春年、何永丽、杨霞任州中级人民法院审判员；洪定免去州中级人民法院审判员、审判委员会委员职务。根据州人民检察院检察长李宏的提请，张俊华免去州人民检察院检察员职务。

［周晓宇］

议案和建议办理

【州十届人大六次会议议案和建议】　2011年2月22～26日召开的楚雄州十届人大六次会议期间，大会秘书处共收到10名以上代表联名提出的议案51件。代表提出的议案有以下特点：广泛调研，准备充分；围绕中心，主题突出；关注民生，内容集中。代表所提的51件议案中，涉及财政金融4件、城建环保3件、党群政法1件、工交商贸17件、教科文卫11件、劳动人事1件、民族宗教2件、农林水8件、其他4件。经大会议案审查委员会根据地方组织法的有关规定对所提议案进行了认真审查，并报大会主席团审议决定，将牟定县代表团王晓丽等12位州人大代表提出的《关于加大对乡村公路硬化改造投入力度的议案》（2号）、大姚县代表团王雪媛等12位州人大代表提出的《关于加大力度抓好学前教育的议案》（24号）列为此次大会的议案。除以上2件议案外，其余49件议案转为建议、批评和意见处理。此次会议共收到代表建议、批评和意见124件，会后由州人大常委会交由州人民政府及有关机关、组织研究处理。

【州十届人大六次会议第2号议案办理】　在2011年2月召开的楚雄州十届人大六次会议上，牟定县代表团王晓丽等12位州人大代表联名提出了《关于加大对乡村公路硬化改造投入力度的议案》（第2号）。建议州人民政府继续加大对乡村公路建设资金的倾斜力度，增加财政对乡村公路硬化改造的投入，切实改善群众出行难的问题。经大会主席团审查，决定列为议案，交由州人民政府办理。接到州人大常委会第2号议案交办通知后，州人民政府高度重视。一是加强组织领导，落实议案办理责任。在州人民政府第35次常务会议上对议案办理作了专题研究，成立了由州人民政府主要领导任组长、分管领导任副组长、相关部门领导为成员的议案办理工作领导小组，决定将议案交由州交通运输局具体负责办理。州交通运输局将议案办理工作作为年度工作重点，召开局党组会议具体研究，制定了议案办理工作方案，组建了工作班子，明确了方法步骤和工作要求。二是采取有效措施，抓好议案办理工作。州人民政府分管领导和州交通运输局多次深入全州10县（市），专门就农村公路路基、通乡油路和通村公路硬化情况进行了广泛调研。根据国家和省"十二五"农村公路发展相关政策，按照立足当前，谋划长远，体现时代特征，引领未来发展的原则，通过广泛调研、评审、论证，编制了《楚雄州"十二五"交通运输发展规划》，其中在规划中又专门制定了《楚雄州"十二五"农村公路发展规划》，计划在"十二五"期间，全州农村公路建设将实施通乡油路600千米、通达工程500千米，实现100%的乡（镇）通沥青（水泥）路，100%的建制村通公路；重点建设通建制村路面硬化3500千米，实现70%的建制村公路硬化；20户以上自然村通公路3000千米；争取实施县乡公路改造和乡际、村际间联网公路1000千米，进一步解决和改善全州广大农村地区的交通运输条件，规划的制定为乡村公路硬化改造有序推进提供了重要的保障。为认真落实《楚雄州"十二五"交通运输发展规划》和《楚雄州"十二五"农村公路发展规划》，结合交通运输部组织实施的以西部建制村通沥青（水泥）路为重点的全国农村公路通达、通畅工程的历史机遇和全省将实现"乡乡通柏油路、村村通硬化路"的目标，州交通运输局结合州内实际，依据相关法律、法规，起草了《楚雄州通村公路路面硬化改造工程建设实施细则》，使楚雄州农村公路建设管理走上了法制化、规范化的轨道。在配套全州公路建设资金方面，州人民政府认真贯彻落实《云南省楚雄州公路条例》中关于在本级财政一般预算收入增量中每年安排不少于2%的专项资金用于公路建设的规定。2011年，州人民政府在财政十分困难的情况下，州级财政按每千米1.5万元超额配套资金1016万元（含养护资金201万元），州级配套资金比例占当年州级财政一般预算增收8647万元的11.7%，远远超过《条例》规定2%的比例。年内，全州加大通村公路路面硬化改造工作力度，采取措施，认真落实议案所提建议，积极主动汇报衔接，及早将2011年楚雄州农村公路建设计划上报省交通运输厅，做好项目资金争取工作。同时加紧2011年预安排计划项目设计、筹资等相关工作。9月19日，建设计划已正式下达各县（市），总投资33608万元。其中，通乡油路建设计划4项，拟铺筑通乡油路86千米，计划投资6450万元；通村油路计划54项，拟铺筑通村油路543.2千米，计划投资27158万元，资金来源是：中央车购税投资19000万元，地方投资8158万元。在全州各级党委、政府的共同努力下，全州2011年实施的通村路面硬化工程54项，已开工建设23项（其中楚雄市5项，南华县4项，元谋县6项，大姚县8项），正在进行合同谈判22项，正在进行招投标9项。就现阶段情况看，2011年全州农村公路建设项目推进近期情况基本理想。预计2012年春节前可全部开工建设，5月30日以前可以完成建设任务。

【州十届人大六次会议第24号议案办理】 2011年2月在楚雄州十届人大六次会议上，大姚县代表团王雪媛、何菊兰等13位州人大代表提出了《关于加大力度抓好学前教育的议案》（第24号）。建议：加强对学前教育的领导，促进学前教育发展；按照"政府主导、社会参与、公办民办并举"的原则，积极发展学前教育；进一步明确相关部门的职责，形成齐抓共管的工作格局；规范学前教育机构管理；加大相关法规政策的宣传力度。经大会主席团审查列为议案，交由州人民政府办理。州人民政府高度重视议案的办理工作。一是加强领导，广泛调研。接到州人大常委会第24号议案交办通知后，在州人民政府第35次常务会议上对24号议案办理进行了专题研究，成立了由州人民政府主要领导任组长、分管领导任副组长、州属相关部门领导为成员的议案办理工作领导小组，明确了议案办理原则和要求，决定将24号议案交由州教育局主办，州发改委、州财政局、州卫生局、州人力资源和社会保障局协助办理。在议案办理过程中，州人民政府多次召开协调会，统筹研究解决议案办理过程中遇到的困难和问题。主办和协办单位根据州人民政府的要求，及时成立了办理工作小组，明确了责任领导和责任科室，拟定了工作方案，为议案办理工作提供了有力保障。州人民政府领导和相关部门多次深入全州10县（市）专门就学前教育发展进行调研。广泛听取了人大代表、政协委员、社会各界以及教育系统对发展学前教育的意见和建议。10月份专门组织由县（市）人民政府分管教育副县（市）长、教育局局长和楚雄经济开发区管委会相关领导组成的考察团，对成都市学前教育进行了专项学习、考察。在州人民政府召开的全州教育重点工作推进会上，对认真办理24号议案、加快全州学前教育改革与发展专门进行了安排部署。将全州2011年学前教育发展任务分解到10县（市）人民政府，要求各县（市）围绕"落实政策、多元发展、盘活资源、多方筹资、规范办园"等五方面进行积极探索、实践。同时，加强与提出议案的13名州人大代表进行座谈面商，通过沟通、交流，对议案办理达成了共识。二是制定规划，完善政策。州人民政府制定下发了《楚雄州学前教育3年行动计划（2011～2013年）》。明确提出：州级财政将每年投入500万元专项资金，以奖代补引导、支持各县（市）学前教育的发展，逐步提高财政性学前教育经费在同级财政性教育经费总额中的比例；各县（市）要将学前教育经费纳入年初财政预算，设立学前教育发展专项经费，确保学前教育财政拨款经费占同级财政性教育经费5%以上。各县（市）按照要求，结合实际，也先后制定出台了相关贯彻实施意见。积极争取上级项目资金的支持。计划在"十二五"期间，通过积极争取上级项目支持以及加大州、县财政投入，投资2.63亿元、实施121所公办幼儿园建设项目。三是狠抓落实，成效明显。根据州人民政府的安排部署和《行动计划》要求，州教育局在完善规划、加强督查、总结推广先进经验和做法的同时，成立了学前教育3年行动计划推进工作领导小组，明确了责任领导和相关科室的任务分工，及时制定下发了《楚雄州民办幼儿园办园水平综合评价方案》、《楚雄州教育局关于开展省一级示范性幼儿园对口帮扶薄弱幼儿园工作的通知》等文件；各县（市）人民政府积极行动，制定了学前教育3年行动计划和分步实施规划，并大胆创新、勇于实践，为加快全州学前教育改革和发展积累了许多好的经验和做法。州人民政府及其有关部门通过认真办理24号议案，对加快全州学前教育发展起到了明显的促进作用。据初步统计，2011年与2010年相比，全州幼儿园（含小学附属幼儿园）新增85所，达到285所（其中公办幼儿园91所）；学前班新增65个，达到784个；在园（班）幼儿新增4394人，达到50927人；学前3年幼儿毛入园（班）率提高了6.04个百分点，达到了60.08%；学前2年幼儿毛入园率提高了7.06个百分点，达到了69.48%；学前1年幼儿毛入园（班）率提高了0.88个百分点，达到91.01%，实现了预定的目标任务。

【州十届人大六次会议代表建议、批评和意见办理】　2011年2月在楚雄州十届人大六次会议期间，代表提出了124件建议、批评和意见（包括议案转为建议的49件）。代表们围绕全州经济社会发展和人民群众普遍关注的教育、卫生、交通、水利、失地农民生活保障等热点、难点问题，认真履行职责，在深入基层调查研究，广泛了解民意，听取群众意见的基础上，从不同角度、不同层面提出了这些建议。其中，涉及依法治州及公正司法7件，占总数的5.6%；财政金融8件，占总数的6.3%；城建环保12件，占总数的9.5%；工交商贸28件，占总数的22.2%；教科文卫27件，占总数的21.4%；农林水31件，占总数的24.6%；劳动人事7件，占总数的5.6%；民族宗教5件，占总数的3.9%；其他1件，占总数的0.8%。州人大代表提出的这些建议，内容丰富，涉及范围广，质量高，是关系全州经济和社会发展大局、关系广大人民群众根本利益的重要问题，具有广泛的代表性和较强的针对性。有的建议不仅提出了问题，而且还提出了解决问题的思路和具体措施，对促进全州经济社会又好又快发展具有重要的现实意义。按照《云南省县级以上地方各级人民代表大会代表议案、建议办理的规定》，交州人民政府办理113件，交党群部门办理7件，交州人大常委会各委（室）办理4件。截至2011年10月底，代表所提议案、建议已经在规定时限内全部办理完毕并答复了代表。从办理结果看，所提议案、建议已经得到解决和基本解决的有72件，占总数的57%，比上年上升5个百分点；正在解决或者已经列入计划逐步解决的有35件；因当前条件限制或其他原因暂时无法解决的有19件。从州人大常委会选联工委收到代表反馈的办理情况征询意见表来看，在办理过程中办理单位均与代表进行了面商和电话联系，代表对办理结果均表示满意和基本满意。

［周晓宇］

审议地方性法规

【规范性文件备案审查工作】　2011年3月1日，楚雄州人大常委会办公室和财政经济工作委员会对州人民政府报送的《关于〈楚雄州电子政务协同办公系统管理办法〉的备案报告》，进行了审查。审查认为，州人民政府报送的《楚雄州电子政务协同办公系统管理办法》符合备案范围，报送要件齐全，手续完备，制定程序合法，条款内容符合《中华人民共和国保守国家秘密法》、《中华人民共和国电子签名法》、《中华人民共和国计算机信息系统安全保护条例》等法律、法规的规定，未发现《楚雄州人民代表大会常务委员会规范性文件备案审查暂行规定》第八条所列情形。

3月7日，州人大常委会农业与环境资源工作委员会对州人民政府报送的《关于〈楚雄州木材经营加工管理办法〉备案审查报告》，进行了审查。审查认为，州人民政府报送的《楚雄州木材经营加工管理办法》符合备案范围，报送要件齐全，手续完备，制定程序合法，条款内容符合《中华人民共和国森林法》、《中华人民共和国森林法实施条例》和《云南省森林条例》等法律、法规的规定，未发现《楚雄州人民代表大会常务委员会规范性文件备案审查暂行规定》第八条所列情形。

7月14日，州人大常委会办公室对州人民政府报送的《关于〈楚雄州地方志工作规定〉的备案报告》，进行了审查。审查认为，州人民政府报送的《楚雄州地方志工作规定》符合备案范围，报送要件齐全，手续完备，制定程序合法，条款内容符合《地方志工作条例》、《云南省地方志工作规定》等法律、法规的规定，未发现《楚雄州人民代表大会常务委员会规范性文件备案审查暂行规定》第八条所列情形。

【修改完善《云南省楚雄州恐龙化石保护条例》（草案）】　2011年11月2日下午，《楚雄州恐龙化石保护条例》（草案）征求意见座谈会在州会务中心举行。州委常委、州人民政府常务副州长杨亚林，州人大常委会副主任杨静出席座谈会并作了讲话。为加强对恐龙化石资源的保护和管理，合理开发和利用恐龙化石资源，确保恐龙化石的统一性、排他性得到较好的保护，根据全州恐龙化石资源保护和管理现状，州国土资源局组织相关科室认真研究，并于8月下旬完成了《条例》（草案）的起草工作。座谈会上，与会人员对《条例》（草案）的必要性、可操作性达成共识，认为《条例》（草案）有利于规范恐龙化石资源管理工作中的各种行为，促进恐龙化石资源管理工作向制度化、规范化转变，进一步科学保护、合理开发、永续利用珍贵的、不可再生的恐龙化石资源；有效保护和合理开发利用恐龙化石资源，以及开发商、投资者的合法利益，促进科学考察、旅游业发展，提升楚雄州知名度。12 月 15 日，《云南省楚雄州恐龙化石保护条例》（草案）第二次修改工作会议在州国土资源局召开，州人大常委会副主任杨静，州人大常委会民族工作委员会、农业与环境资源工作委员会，州民委、州国土资源局有关负责人参加会议。会议结合条例涉及的有关工作，要求要与省有关单位部门加强工作对接，进一步修改完善条例的有关内容。

［周晓宇］

楚雄彝族自治州人民政府

重要会议

【楚雄州人民政府十届五次全体（扩大）会议暨第五次廉政工作会议】 2011 年 2 月 27 日上午，楚雄州人民政府十届五次全体（扩大）会议暨第五次廉政工作会议召开。会议主题是贯彻落实州委七届八次全会、州十届人大六次会议精神，安排部署 2011 年全州经济社会发展和政府廉政建设工作。州人民政府常务副州长董继理主持会议，州人民政府组成人员出席了会议。州人民政府副秘书长、办公室副主任、督查室主任、办公室调研员，州人民政府直属机构，州属事业单位，驻楚中央、省属单位，各县（市）人民政府县（市）长和监察局局长，武警楚雄支队、楚雄消防支队主要负责人，行政区域内大中型企业及其他相关单位主要负责人列席了会议。州人大常委会、州政协、州纪委，楚雄军分区，州法院、州检察院，州委各部委办局以及州属各人民团体的有关负责人应邀参加会议。会议安排部署了政府系统廉政建设工作。州人民政府各位副州长结合分管、联系的工作，对 2011 年的重点工作任务和要求作了安排；州纪委副书记、州监察局局长杨仕坤对全州政府系统廉政建设和反腐败工作进行了总结和部署。

【楚雄州人民政府常务会议】 2011 年，十届楚雄州人民政府共召开 12 次常务会议，会议就全州经济、文化、社会、生态建设等问题进行专题研究。

十届州人民政府第 34 次常务会议。1 月 26 日上午召开，会议审定 2011 年度《政府工作报告（送审稿）》、《楚雄州第十二个五年规划纲要（草案）》、《楚雄州 2010 年国民经济和社会发展计划执行情况与 2011 年计划（草案）的报告》、《楚雄州 2010 年地方财政预算执行情况和 2011 年财政预算（草案）的报告》、《楚广高速公路征地拆迁工作实施方案》，研究《禄丰县广通镇年产 25 万立方米优质均质刨花板、200 万平方米优质实木复合地板建设项目投资协议书》有关问题，审定《楚雄州职工活动中心建筑设计方案》、楚雄州第二十届云南省劳动模范和先进工作者推荐人选名单，研究编写《当代云南彝族简史》和《彝族历史文化指要》有关问题，研究表彰 2006～2010 年全州安全生产先进集体和先进个人的问题、“十一五”水利先进集体和先进个人的问题。

十届州人民政府第 35 次常务会议。3 月 18 日下午召开，会议审定《昆楚一体化合作框架协议》，研究 2011 年州人民政府及办公室承办议案、建议和提案有关问题，审定《关于在新农村建设中加强现代特色民居建设的意见（送审稿）》、《楚雄州评比达标表彰活动管理实施细则（试行）（送审稿）》，研究贯彻落实全国粮食生产电视电话会议及省人民政府常务会议精神，审定《关于进一步加快“十二五”农村扶贫开发进程的决定（送审稿）》、《关于推进农业产业化发展扶持农业龙头企业的实施意见（送审稿）》、《楚雄彝族自治州中低产林改造规划（2010～2020 年）》，研究州财政扣收县（市）2010 年度逾期贷款本息的问题，研究追加《彝族毕摩经典译注》编译出版工作经费的问题，审定《关于加快水利发展改革的决定（送审稿）》，研究聘请楚雄州彝族医药及酿酒葡萄产业发展顾问的问题。

十届州人民政府第 36 次常务会议。4 月 3 日上午召开，会议传达学习温家宝、回良玉同志在云南省盈江考察抗震救灾工作时的重要讲话精神，研究楚雄州贯彻意见，研究《推进滇中城市群昆楚一体化发展合作框架协议》任务分解有关工作的问题，研究发行第二期企业债券工作有关问题，审定《楚雄州人民政府关于进一步加强防震减灾工作的意见（送审稿）》、《楚雄州人民政府楚雄军分区关于进一步推进人民防空事业发展的实施意见（送审稿）》、《楚雄州县（市）党政主要领导工业经济发展目标责任考核奖惩实施办法（送审稿）》、《楚雄州各县（市）及楚雄开发区招商引资考核奖惩暂行办法（送审稿）》，研究将双柏县新华水库扩建工程占用林地范围调出白竹山州级自然保护区范围的问题，听取统计工作有关情况的汇报、研究相关问题，研究举办州第十二届运动会的有关问题、州食品药品检验所综合实验楼建设项目缺口资金的有关问题、核准 2009 年度科学技术奖励成果的有关问题、州麻风病医院资产划归楚雄市人民政府的有关事项。

十届州人民政府第 37 次常务会议。

4月29日下午召开，州委书记张太原到会作了重要讲话。会议传达学习了省委关于杨红卫、吕琳麟的免职决定，宣布了州委常委、副州长李红民主持州人民政府工作的决定。

十届州人民政府第38次常务会议。5月13日上午召开，会议传达学习《〈中国共产党党员领导干部廉洁从政若干准则〉实施办法》文件精神，审定《楚雄州2010年与省财政决算情况的报告（送审稿）》，研究2011年校舍安全工程资金筹措及分配的有关问题，听取贯彻落实国家水利部部长陈雷和省、州有关领导重要讲话、批示精神的汇报，研究州内小（二）型病险水库除险加固工作，听取州人民政府政务服务中心和公共资源交易中心筹建推进情况汇报，研究相关工作，研究解决州内保障性住房建设的有关问题，审定《楚雄州人民政府关于贯彻省农民工工资支付保障规定的实施意见（送审稿）》、州第四批中青年学术技术带头人培养人选、州第九批有突出贡献优秀专业技术人才评审结果，研究州属行政机关职工团购商品房项目建设指挥部工作经费的有关问题，研究公布实施《楚雄州地方志工作规定》的有关问题。

十届州人民政府第39次常务会议。6月14日下午召开，会议研究召开全州教育工作会议等相关问题、州职教园区与云南三鑫集团联合办学的问题、举办第五届全州中学生运动会的问题，审定州第三轮“禁毒防艾”人民战争方案的问题，研究安排农村公路养护管理配套资金、通村油路建设州级补助资金和108国道永仁至武定段提升改造工程项目前期工作经费的问题，研究安排全州学习型党组织建设示范点以奖代补工作经费的问题，研究给予查获侦破2011年“3·18”、“4·13”特大运输毒品案件的单位和个人表彰奖励的问题，审定《楚雄州2011～2015年依法治州规划（送审稿）》和《楚雄州关于在全州公民中开展法制宣传教育的第六个五年规划（送审稿）》的问题，研究利用国际金融组织贷款推进城市基础设施项目建设的问题、做好2011年中国楚雄彝族火把节筹备工作的问题、推进州政务服务中心和公共资源交易中心建设的问题，审定州2011年享受省人民政府特殊津贴推荐人选的问题，研究州博物馆州古生物化石研究中心与北京自然博物馆合作开展古生物古人类调查研究的问题，研究干部问责问题。

十届州人民政府第40次常务会议。8月6日上午召开，会议审定《中共楚雄州委楚雄州人民政府关于表彰楚雄州十一五文化旅游产业先进集体和先进个人的决定（送审稿）》的问题、召开州全民科学素质工作总结表彰会议的问题、《楚雄州城镇居民社会养老保险补贴办法（送审稿）》的问题、《楚雄州2011年深化经济体制改革工作意见（送审稿）》的问题、《楚雄州中缅油气管道项目征地拆迁实施方案》和《研究中缅油气管道项目征占用林地林木补偿及安置补助标准的问题、切实加快新能源开发建设的实施意见（送审稿）》的问题，研究停止执行楚发〔2002〕4号文件中有关土地出让金条款的问题、解决2010年度标准厂房补助缺口资金的问题、免除姚安县外贸公司欠原州外贸土畜产公司债务的问题，审定禄丰县高岭土矿产资源整合工作方案的问题、禄丰县延缴历年报批建设用地征转手续费用的问题、楚雄经济开发区申报国家级经济技术开发区的问题、青山嘴水库移民搬迁栗子园小区剩余住房处置的问题，审定拟推荐上报省委领导参阅的重大项目的问题、州部分民生和重点项目资金安排的问题，审定《楚雄州州级行政事业单位非税收入统筹管理暂行办法（送审稿）》的问题、州级行政事业单位经营性资产清查和《楚雄州人民政府关于推进州级行政事业单位经营性国有资产管理改革有关问题的通知（送审稿）》的问题，审定筹集州重点水利工程前期工作滚动经费本金和审定《楚雄州重点水利工程前期工作滚动经费使用管理暂行办法（送审稿）》的问题，研究解决云南路桥四公司职工持股会欠款的问题、安排州级财政扶贫资金实施200个整村推进项目的问题、建盖州老年公寓的问题，审定州机关事务管理局请求更新完善公务活动中心安防视频监控系统和提高聘用人员工资的问题，研究解除干部处分的问题。

十届州人民政府第41次常务会议。9月19日下午召开，会议研究稳定物价保障市场供应责任管理考核的问题，审定《楚雄州全民科学素质行动计划纲要实施方案暨科普工作规划（2011～2015年）（送审稿）》的问题，研究州政府债务到期本金偿还的问题，审定《中共楚雄州委楚雄州人民政府关于贯彻落实党政主要领导干部和国有企业领导人员经济责任审计规定实施意见（送审稿）》的问题，审定拟报州委、州政府表彰的楚雄州“十一五”期间经济责任审计工作先进集体和先进个人名单的问题，研究给予全州地方政府性债务审计经费补助的问题、停止执行《楚雄州人民政府关于做好全州铅锌矿资源整合开发工作的通知》文件的问题，传达研究全省保护坝区农田建设山地城镇工作会议精神的问题，研究楚雄市人民政府收储州林木种苗站国有土地的问题、审批《青山嘴水库工程移民白土塘安置点实施规划报告》的问题，研究举办中国·楚雄国际茶花大会暨第八届中国茶花博览会筹备工作的问题、解决制约全州信息化建设的问题、召开州依法治州和普法工作总结表彰暨四五依法治州和六五普法规划启动大会的问题。

十届州人民政府第42次常务会议。9月28日上午召开，会议修订《楚雄州国民经济和社会发展第十二个五年规划纲要》，审定《楚雄州人民政府工作规则（草案）》，传达贯彻省政府在大理州召开的保护坝区农田建设山地城镇工作会议精神，研究相关工作，研究抗旱蓄水工作的问题；传达学习2011年9月1日李纪恒代省长在省人民政府工作会议上的讲话精神。

十届州人民政府第43次常务会议。10月12日下午召开，会议研究州农业局农业行政综合执法支队支队长赵朝魏私驾公车出国违纪问题、《中共楚雄州委楚雄州人民政府关于构建土地管理共同责任机制的意见（送审稿）》、干部处分问题。

十届州人民政府第44次常务会议。

11月15日召开，会议审定《楚雄州级财政预算资金审批管理办法（草案）》的问题、《楚雄州州本级2011年财政预算调整（草案）》和《楚雄州2011年州对县财政转移支付办法（送审稿）》的问题，研究州国资委关于江南制丝公司违规处置企业资产处理意见的有关问题，传达全省加大城乡统筹力度促进农业转移人口转变为城镇居民工作会议精神和研究楚雄州贯彻意见的问题，听取军警机关搬迁建设项目进展情况汇报，研究武警支队教导队建设等有关问题；审定楚雄州2012年国民经济和社会发展主要指标初步建议的问题，研究省林业厅直属4户森工企业参加楚雄州天保二期工程森林管护的问题、牟定凤屯风电场建设项目占用化佛山州级自然保护区林地范围调整的问题，审定《楚雄州人民政府关于进一步促进农民持续增收的实施意见（送审稿）》的问题、《楚雄州森林防火责任追究办法（暂行）（送审稿）》的问题、《楚雄州重点水务前期工作经费滚动使用管理暂行办法（送审稿）》的问题；研究安排2011年度烟草水源工程建设州级配套资金的问题；审定《楚雄州人民政府政务服务中心管理暂行办法（送审稿）》和研究调整服务大厅窗口设置的问题；传达全省县乡村医疗机构一体化管理现场会议精神的问题；研究召开"十二五"期间低碳节能减排工作会议的有关问题、解决州电影公司改制历史遗留问题和人员分流问题事宜；审定《楚雄州哲学社会科学十二五研究和发展规划（送审稿）》和第七届社会科学优秀成果评选结果的问题；研究楚雄电视台请求解决购置数字转播车经费的问题；审定拟表彰的楚雄州"十一五"全民科学素质工作先进集体和先进工作者名单的问题；听取全州2011年人口和计划生育工作情况汇报和研究追加事业经费预算的问题；研究追加"4·12"专案工作经费的问题；审定《楚雄州水利发展"十二五"规划报告》等19个专项规划草案的问题；传达全省公路建设现场推进会议精神的问题。

十届州人民政府第45次常务会议。12月20日晚召开，会议审定《楚雄州2012年春节慰问活动安排方案》、《2012年政府工作报告提纲》、州级四所中专学校原校区国有资产处置建议方案，审定《楚雄州森林火灾保险实施意见（送审稿）》，研究森林防火有关工作；研究将云台山风电场建设项目所需林地调整出三峰山州级自然保护区的问题、2012年度全州性会议统筹的问题、23名老干部申请要求落实住房补助相关政策和医疗照顾的问题。

【政府部门工作会议】 全州公安交通管理工作暨表彰会议。2011年1月6日召开。会议全面总结了2010年全州公安交通管理工作，分析了2011年道路安全形势，安排部署了年度公安交通管理和春运道路交通安全工作，并对2010年全州道路交通安全管理工作夺标竞赛、工作目标考核、先进派出所以及优秀交通民警等进行了表彰奖励。

全州教育工作会议。1月16日召开。会议通报了2010年度普通高中教学质量考核表彰决定和2010年州属学校党建及党风廉政建设目标管理考评结果，签订了2011年州属学校党建和党风廉政建设目标管理责任书。州检察院领导作了廉政教育专题讲座。

全州发展改革暨固定资产投资工作会议。1月18日召开。会议传达学习了全省发展改革暨固定资产投资工作会议精神，总结了2010年全州发展改革和固定资产投资工作，安排部署了2011年全州发展改革暨固定资产投资工作任务，签订了2011年《固定资产投资目标责任书》。

全州安全生产工作会议。1月20日召开。会议传达学习了全国、全省安全生产工作会议、《国务院关于进一步加强企业安全生产工作的通知》及省人民政府实施意见精神，全面总结了2010年及"十一五"期间的安全生产工作，分析了安全生产面临的形势及存在问题，部署了2011年及"十二五"安全生产工作，安排了春节及两会期间的安全生产工作。会上，州人民政府与各县（市）人民政府、州级有关部门签订了2011年度安全生产责任状，与产煤县（市）人民政府签订2011年度煤矿安全生产责任状；州安监局与10县（市）安监局、14户重点企业签订了2011年度安全生产责任状。

全州交通运输工作会议。2月10日召开。会议传达学习了全省交通运输工作会议精神，回顾总结了楚雄州"十一五"交通工作取得的成绩，科学谋划"十二五"发展目标，分析研究了面临的形势和任务，安排部署了2011年全州交通运输工作。会议还对全州2010年度交通运输工作先进单位、农村公路养护管理先进集体和个人、道路运输管理工作先进单位以及全州"十一五"交通运输先进工作者代表进行了表彰；兑现了全州2010年度交通固定资产投资任务奖。

全州国土资源工作会议。2月11日召开。会议传达学习了全省国土资源工作会议精神，总结了全州2010年国土资源管理工作，安排部署了2011年国土资源管理工作任务。

全州道路交通安全工作会议。2月15日召开。会议认真总结了2010年全州道路交通安全工作，兑现了2010年道路交通安全目标考核结果，安排部署了2011年道路交通安全工作。

全州商务工作会议。2月28日召开。会议全面回顾了2010年及"十一五"期间的全州商务工作，对2011年的工作任务作了安排部署。会上，州人民政府与10县（市）签订了2011年流通服务业发展目标责任状，与楚雄等8县（市）签订了外贸进出口目标责任书。会议兑现了2010年全州流通服务业发展目标考核和外贸发展目标考核奖励。

全州财税工作会议。2月28日召开。会议传达学习了中央经济工作会议、全省财税工作会、州委七届八次全会精神；总结了2010年全州财税工作，研究部署了2011年全州财税工作任务；表彰了全州财税工作先进集体、先进工作者，会计工作先进集体、先进工作者。

全州卫生工作会议。3月2日召开。会议传达学习了全国、全省卫生工作会议精神，总结了"十一五"及2010年全州卫生工作，部署了"十二五"及

2011年卫生工作任务，签订了2011年卫生工作责任目标书、艾滋病防治工作责任目标书和深化医药卫生体制改革责任状。

全州档案工作会议。3月2日召开。会议传达学习了全国、全省档案工作会议精神，总结了楚雄州“十一五”期间档案工作，安排布置了2011年档案工作，研究讨论了全州档案工作“十二五”规划。

全州广播电视工作会议。3月9日召开。会议传达学习了全省宣传思想文化工作会、全省广播影视工作会精神，全面总结了“十一五”期间及2010年全州广播电视工作，安排部署了2011年工作；表彰了全州广播电视村村通工程先进集体和先进个人。

全州民政工作会议。3月9日召开。会议传达学习了全国、全省民政工作会议精神，总结了2010年全州民政工作，部署了2011年全州民政工作，兑现了2010年度民政工作目标管理责任奖，签订了2011年度工作目标管理责任书。

全州文化体育工作会议。3月9日召开。会议传达学习了全省文化、体育、新闻出版（版权）工作会议精神，总结了“十一五”及2010年全州文化体育、新闻出版（版权）工作，研究部署了“十二五”及2011年工作；代表省文化厅表彰了全省文化建设工作先进集体、先进个人，全省文化遗产保护工作先进集体、先进个人。

全州人力资源和社会保障暨机构编制工作会议。3月10日召开。会议传达学习了全省人力资源和社会保障工作会议及全省机构编制工作会议精神，回顾总结了楚雄州“十一五”期间人力资源和社会保障及机构编制工作取得的成绩，谋划了“十二五”规划发展目标，安排部署了2011年全州人力资源和社会保障及机构编制工作，兑现了2010年度劳动和社会保障管理目标责任奖励，签订了2011年度人力资源和社会保障管理目标责任书。

全州民族工作会议。3月16日召开。会议传达学习了全省民族工作会议精神，总结回顾了2010年和“十一五”时期的民族工作，研究部署了2011年民族工作。

全州政府法制工作会议。3月17日召开。会议总结了2010年政府法制工作，安排部署了2011年政府法制工作，兑现了2010年行政执法责任制考评奖惩，州人民政府与县（市）人民政府、州级行政执法部门签订了2011年行政执法责任书。

全州人口和计划生育工作会议。3月26日召开。会议总结了2010年工作，安排部署了2011年人口计生工作，签订了2011年度《人口和计划生育目标管理责任书》。会议还代表国家和省人口计生委对楚雄州获得2010年全国计划生育服务先进单位等称号的部门及个人进行了表彰；对10县（市）160名人口计生干部进行了业务培训。

全州工业和信息化工作会议。3月28日召开。会议传达学习了全省工业和信息化工作会议精神，总结了2010年全州工业和信息化工作，研究部署了2011年工业和信息化工作，签订了2011年工业经济、非公经济、乡镇企业、工业园区、天然药业发展、节能减排、固定资产投资、煤炭安全生产暨关闭非法煤矿和资源整合目标责任书，兑现了相关奖励。

全州深化政务公开推进政务服务工作会议。3月30日召开。会议传达学习了全省深化政务公开推进政务服务工作现场会议精神，对进一步深化楚雄州政务公开工作力度，加快推进政务服务中心和公共资源交易中心建设进行了安排部署。楚雄市、大姚县在会上作了交流发言。会议期间，与会人员参观了楚雄市便民服务中心。

全州统计和调查工作会议。3月31日召开。会议传达学习了全省统计和调查工作会议精神，总结了2010年全州统计和调查工作，安排部署了2011年统计和调查工作任务。

全州食品药品监督管理工作会议。3月31日召开。会议对如何抓好食品药品监督管理工作进行了强调和部署，对2010年食品药品监管工作中的先进集体进行了表彰，签订了2011年食品安全工作目标责任书。

全州审计工作会议。4月2日召开。会议传达学习了全国、全省审计工作会议精神，总结了2010年全州审计工作，安排部署了2011年的审计工作任务。

全州水利项目前期工作会议。4月2日召开。会议传达学习了中央1号文件和全省水利项目前期工作会议精神，围绕全州水利发展“十二五”规划，对全州水利项目前期工作存在的主要问题进行分析，安排部署了2011年及今后一个时期水利项目前期工作。会上，州人民政府与10县（市）签订了“十二五”期间重点水利工程前期工作责任书。

全州环境保护工作会议。4月8日召开。会议传达学习了2011年全省环保工作会议精神，总结了“十一五”和2010年全州环保工作，分析了全州环保工作形势，明确了“十二五”环保工作思路，安排部署了2011年环保工作。会上，州人民政府与10县（市）人民政府、州七彩办签订了2011年七彩云南保护行动目标责任书，与10县（市）人民政府、州级有关部门签订了2011年主要污染物减排目标责任书；兑现了相关考核奖励。

全州消防工作会议。4月12日召开。会议总结了2010年度工作，分析研究了2011年消防工作面临的形势和任务，安排部署了2011年消防工作。会上，州人民政府与各县（市）人民政府签订了2011年消防安全责任状，通报了2010年度全州消防安全责任制考核结果、表彰了消防安全工作先进县（市）和部门。

全州电网建设工作会议。4月14日召开。会议认真总结了“十一五”全州电网建设的成绩和经验，分析了楚雄州“十二五”电网建设面临的形势和任务，安排部署了2011年电网建设工作任务。

全州旅游工作会议。4月21日召开。会议认真总结了2010年全州旅游工作，安排部署了2011年旅游工作任务，兑现了各县（市）2010年旅游线路统筹开发目标责任制奖，签订了2011年旅游线路统筹开发目标任务责任书。

全州人民防空会议。4月21日召

开。会议传达学习了全国第六次人防会议和全省人防会议精神，总结了“十一五”时期全州人防工作，安排部署2011年和今后一段时期的工作任务。会议对“十一五”期间全州人民防空先进单位和先进个人进行了表彰。

全州严厉打击食品非法添加和滥用食品添加剂专项工作电视电话会。4月21日召开。会议要求，全州各级政府、各有关部门要充分认识专项整治工作的重要性、必要性，切实增强工作的责任感、紧迫感，进一步加大工作力度，严厉打击食品非法添加和滥用食品添加剂行为。

全州住房和城乡建设工作会议。4月29日召开。会议传达学习了全省住房和城乡建设工作会议和全省保障性安居工程工作会议精神，总结了“十一五”和2010年全州住房和城乡建设工作，安排部署了2011年全州住房和城乡建设工作，签订了2011年住房保障工作目标责任书。

楚雄州第六次全国人口普查领导小组会议。5月16日召开。会议通报了楚雄州第六次全国人口普查总人口为268.42万人，与2000年第五次全国人口普查相比，10年共增加14.17万人，增长5.57%。

春耕生产工作会。5月23日召开。会议针对当前楚雄州已进入春耕生产栽播种的关键时期，但还存在干部抓春耕生产精力不集中、农资价格大幅上涨导致生产成本增加、栽插进度不够理想等问题，对当前的春耕生产工作再次作了强调，要求各县（市）、州级各部门高度重视当前的“三农”工作，把春耕生产作为当前工作的重中之重来抓，加快春耕工作进度，加大各项支农惠农政策的落实力度，全面实施各项政策和科技措施，加强用种、用肥、用膜、用电、用油的调运、调配、保障工作，科学利用好现有库塘蓄水和沟河零散水资源，确保全州粮食增产、农民增收。

州文明委2011年第一次全体会议。5月25日召开。会议总结回顾了“十一五”时期全州精神文明建设的主要成绩和经验，安排部署了2011年的重点工作，审议通过了楚雄州推荐上报的第3批全国文明村镇、文明单位名单，讨论审定了《楚雄州精神文明创建先进单位创建动态管理办法（试行）》和《关于在全州深入开展城乡环境综合治理文明卫生大行动的实施意见》。

全州对外开放暨招商引资工作会议。6月21日召开。会议要求，全州各级各部门要紧紧抓住建设面向西南开放重要桥头堡等机遇，从全局和战略的高度，制定规划，创新思路，科学招商，切实推进对外开放和招商引资工作，全面提升全州开放型经济发展水平。

全州科技暨知识产权工作会议召开。6月21日召开。会议全面总结了楚雄州“十一五”科技工作，安排部署了全州当前和“十二五”时期的科技和知识产权工作。会议还向获得2009年度全州科学技术成果奖的单位和个人代表进行了颁奖。

全州金融工作座谈会议。7月18日召开。会议要求，全州各级各有关部门要高度重视金融工作，加强政府引导和服务，推进银企合作，为企业和银行搭建起优良的沟通平台，合理引导资金流向，聚集更多的资金服务全州经济加快发展。

上半年全州经济运行分析会议。7月21日召开。会上，州发改委、州财政局、州工信委等州级部门负责人作了专题发言；州人民政府各位副州长分别就所分管工作上半年的情况及下半年的安排部署作了发言；李红民代理州长在对全州上半年经济运行情况进行全面总结和分析的基础上，对做好下半年经济工作提出了具体要求；州委书记张太原作了重要讲话，要求各县（市）和州级各部门一定要按照年初既定的工作目标，进一步解放思想、创新方法，狠抓落实，确保全州经济社会平稳较快发展。

烟叶收购暨现代烟草农业建设现场会议。7月22日召开。会议传达学习了全国、全省烟叶收购暨现代烟草农业建设现场会议精神，总结了上半年烟叶生产工作，安排部署了下一步烟叶生产收购和现代烟草农业建设工作。

全州中小学校舍安全工程现场推进会。7月30日在禄丰县召开。会议要求，全州各县（市）各相关部门要全面完成2011年中小学校舍安全工程建设任务，进一步促进义务教育均衡发展，努力办好人民满意的教育。

州综治维稳委员会第三次全体会议。8月8日召开。会议传达了《中共中央国务院关于加强和创新社会管理的意见》和全国综治办主任座谈会精神；通报了上半年全州各县（市）开展综治维稳、社会管理创新试点等工作情况，并对进一步加强楚雄州综治维稳和社会管理工作作了安排部署。

2011年全州新型农村和城镇居民社会养老保险试点工作会议。8月18日下午召开。会议就楚雄州开展城镇居民社会养老保险和新农保试点工作作了安排部署。

全州集中开展“打四黑除四害”专项行动电视电话会议。9月1日召开。会议决定组织动员全州各级各部门力量，开展严厉打击整治制售假劣食品药品的“黑作坊”、制售假劣生产生活资料的“黑工厂”、收赃销赃的“黑市场”和涉黄涉赌涉毒的“黑窝点”专项行动。

全州抗旱蓄水工作动员电视电话会议。9月6日召开。会议针对2011年以来楚雄州旱情呈持续发展的严峻形势，要求全州各级各部门要进一步增强抗击旱灾的紧迫感和责任感，把抗旱蓄水工作作为当前各项工作的重中之重，强化工作措施，落实工作责任，确保蓄水抗旱工作扎实有效开展。

全州草原建设及天然林保护工程工作会议。9月20日召开。会议传达了全国天然林资源保护工程会议、全省草原建设及天然林资源保护工作会议精神，以及国务院关于建立草原生态保护补助奖励机制的决定和省人民政府关于加快推进草原家庭承包工作的意见精神，并就全州草原建设及天然林保护工作作了动员部署。

2011年征兵工作暨学生军训工作电视电话会议。10月12日召开。会议总结了2010年征兵工作，安排部署了2011年征兵暨学生军训工作。

全州政府工作电视电话会议。10月

12 日下午召开。会议传达了省纪委《关于认真学习贯彻贺国强同志重要批示精神以严明的纪律贯彻落实科学发展观的通知》精神，并结合最近修改完善的《楚雄州人民政府工作规则》，就进一步贯彻落实中央和省委、省人民政府领导的重要批示精神，深入推进反腐倡廉建设，全面贯彻落实科学发展观等工作提出了要求。

1～9 月经济运行分析座谈会议。10 月 25 日召开。会议着重分析把握全州当前经济运行情况，研究解决当前经济工作中的重点、难点问题。会议要求，全州各级各部门要强化责任意识，抢抓机遇，确保完成年初确定的各项目标任务，确保实现“十二五”良好开局。州发改委、州财政局、州统计局、州工信委等 11 家州级部门分别作了经济运行情况汇报。

全州安全生产和煤电油运保障专题工作会议。11 月 16 日召开。会议传达学习了全省安全生产和煤电油运专题工作会议精神，部署了楚雄州今冬明春安全生产和煤电油运保障等工作。

冬春农田水利建设暨中低产田地改造工作会议。11 月 23 日下午召开。会议要求，全州各级各有关部门进一步统一思想、提高认识、明确任务、狠抓落实，迅速掀起今冬明春农田水利建设和中低产田地改造的新高潮，不断提升农业综合生产能力和抗灾减灾能力，为农业稳定发展、农民持续增收打下坚实的基础。

2011 年度全州政府系统办公室工作会议。11 月 25 日召开。会议学习贯彻了党的十七届六中全会、州第八次党代会、州委关于进一步加强干部作风建设的决定精神，充分肯定了 2010 年度政府系统办公室工作取得的成绩，并对 2011 年政府系统办公室工作提出了要求。会议还对政府系统办公室工作经验进行总结交流，并对 2010 年政务督查工作、政务信息工作先进集体和先进个人进行了表彰奖励。

2011 年《楚雄州年鉴》工作会议。12 月 2 日上午召开。会议对 2010 年年鉴工作进行了总结，并就推进全州 2011 年年鉴工作提出了具体要求。

全州集中检查考核工作动员会议。12 月 6 日下午召开。会议对 2011 年的集中检查考核工作进行了全面动员部署。会议决定，2011 年全州将成立 5 个由州委常委担任组长的检查考核组，对全州 10 县（市）年度目标责任制完成情况进行集中检查考核。会议明确，此次对县（市）开展年终集中检查考核的项目有 47 项，涉及 26 个州属牵头考核部门，其中的 33 个项目、19 个部门的检查考核将即时展开，其余 14 个项目、7 个部门的检查考核将安排在 2012 年 2 月开展。

全州连片特困地区区域发展与扶贫攻坚规划编制会。12 月 16 日上午召开。会议要求，各成员单位要齐心协力，确保在 2012 年 1 月 15 日前完成有关规划编制工作。

全州农村公路建设推进会议。12 月 16 日召开。会议着重对楚雄州“十二五”期间的农村公路建设任务进行了安排部署。

楚雄州“十二五”低碳节能减排工作会议。12 月 19 日上午召开。会议要求，各级各有关部门要切实加强对低碳发展和节能减排的组织领导，加强目标责任考核，动员全社会力量共同参与，形成合力，努力推进全州低碳发展和节能减排工作。

第四次全州残疾人事业工作会议。12 月 20 日召开。会议要求，各级党委政府要进一步加强对残疾人工作的领导，加大人力物力财力投入，为加快推进楚雄州残疾人事业发展提供有力保障。

全州学校安全和食品安全工作电视电话会议。12 月 27 日下午召开。会议要求，在元旦、春节即将来临之际，全州各级各部门要以高度的政治责任感和历史使命感，齐心协力，扎实工作，按照省、州的要求把楚雄州的学校安全和食品安全工作做实做细，确保广大人民群众的生命安全和身体健康。

【在楚雄召开的全省政府系统工作会议】

2011 年 1 月 10～11 日，全省现代烟草农业专业合作社建设座谈会在楚雄召开。会议总结交流了近年来全省烟农专业合作社建设经验和做法，安排部署了相关工作。州委副书记李兴顺出席会议并致辞，省烟草专卖局（公司）局长、总经理余云东出席会议并讲话，州委常委、常务副州长董继理出席会议。来自全省 12 个州（市）政府分管烟叶生产的领导和烟草系统相关人员参加会议。期间，与会人员对牟定县烟农专业合作社进行了现场观摩，部分县（市）政府、烟草公司、烟农专业合作社作了经验交流。

3 月 30 日，2011 年全省残联宣传文化体育工作会在州宾馆召开。会议由省残联党组成员、副理事长樊兴宇主持，省残联党组书记、理事长李丕钧，州政府副州长左荣贵出席会议并讲话。

7 月 14 日，全省人力资源和社会保障信息化工作座谈会在楚雄召开。省人力资源和社会保障厅党组副书记、副厅长杨焰平出席会议。州委常委、州人民政府常务副州长杨亚林在会上致辞。

8 月 24 日，全省深化政务公开加强政务服务工作会议在州会务中心召开。省委常委、省人民政府副省长李江，省人民政府秘书长丁绍祥，省纪委副书记、监察厅厅长郭永东，州委副书记、州人民政府代理州长李红民等领导出席会议。李江在会上要求，要进一步深化政务公开，加强政务服务，营造全省经济社会发展的良好政务环境。会上，楚雄、昆明、临沧及富源、富宁 5 个州（市）、县作了交流发言。省政务公开领导小组成员，各州（市）人民政府分管领导，省直有关部门和单位负责人，各州（市）政务公开领导小组办公室，政务服务管理机构、部分县的负责人参加会议。

9 月 21 日，全省提升明德小学教育质量项目实验培训会议在楚雄召开。省教育厅副厅长罗嘉福出席会议，州人民政府副州长赵祖莹致辞。

10 月 26～27 日，全省冬季农业开发现场会在元谋召开。省人民政府副省长孔垂柱出席会议，并作了重要讲话。省委农办、省人民政府办公厅、省发改委、省科技厅、省财政厅、省农业厅、省水利厅等省级部门负责人和州党政领导张太原、李红民、任锦云参加了会议。

10月28日，全省加强蓄水暨保障供水安全工作会议在元谋召开。省人民政府副省长孔垂柱出席会议，并作了重要讲话。州委常委、州人民政府副州长任锦云参加会议。

［罗如贵　肖天平　丘锰］

重要活动

【经济活动】　美国州众议员及华人企业家到楚雄州进行投资考察。2011年1月14～15日，由美国纽约美中泰国际文化交流中心组织发起，以美国新泽西州众议会议员戈登·约翰逊率团的美国州众议员及华人企业家投资考察团一行到州内楚雄市、南华县进行投资考察。考察团一行在州招商局、团州委负责人的陪同下，前往州文化活动中心、州职教园区、州博物馆、彝人古镇、楚雄经济开发区盘龙云海药业有限公司、老拨云堂药业和南华县考察，并参加了楚雄州招商项目推介会。

州人民政府与中国医药工业研究总院签订战略合作协议。3月18日，州人民政府与中国医药工业研究总院战略合作协议签字仪式在州会务中心举行。中国工程院院士侯惠民，中国医药集团总公司副总经理、中国医药工业研究总院院长、党委书记周斌，中国医药集团总公司科技研发部主任陆伟根，州政府原副州长、上海经济和信息化委员会互联网经济咨询中心书记牛树国，上海医药工业研究院院长王浩应邀出席签字仪式。省工信委副主任曾桂林、省工信委央企入滇协调处副处长陈幸子应邀出席签字仪式。州党政领导张太原、李兴顺、李红民等出席签字仪式。签字仪式后，双方就进一步深化交流合作，全面落实战略合作协议确定的合作项目，努力实现合作的预期目标进行广泛深入交流座谈。

昆楚签署推进滇中城市群昆楚一体化发展合作框架协议。3月22日，昆明市、楚雄州《推进滇中城市群昆明—楚雄—体化发展合作框架协议》签字仪式在州会务中心举行。根据协议，昆明市与楚雄州将充分发挥各自比较优势，坚持规划共绘、交通共联、产业共兴、市场共构、环境共建、人才共享，致力推动区域规划、基础设施、产业发展、要素市场、生态建设、社会事业等方面的一体化，提升滇中城市经济圈的竞争力和辐射带动力。

亚行代表团与楚雄州磋商讨论楚雄城市基础设施建设贷款项目。3月22日，由乔安娜·玛斯可带队的亚洲开发银行代表团一行8人到楚雄州，对楚雄城市基础设施建设贷款项目进行预鉴别，并就涉及该州申请亚行贷款的城市基础设施建设项目相关问题进行座谈。代表团在座谈会上就亚行项目的准备、评估、审批和实施等政策进行了介绍，并就项目涉及地的自然、人文、政策等情况进行了解。省州外侨办、发改委以及环保、移民等相关部门负责人参加会议，并就项目可能产生的环境、社会等方面的影响进行了初步交流讨论。会后，代表团一行前往项目地进行了实地考察。

省发改委领导到南华县调研滇中引水工程情况。5月12日，省发改委副主任、滇中引水办主任董继理率领省滇中引水工程输水干渠线路考察调研组，在州委常委、州人民政府副州长李红民等领导的陪同下，深入南华县调研滇中引水工程前期工作开展情况。

中储粮木本油料仓储加工项目在楚雄选址调研。5月17～18日，中储粮总公司云南分公司党组书记、总经理张展在州人民政府副州长杨元茂的陪同下，深入楚雄市紫溪镇、鹿城镇和禄丰县广通镇，查看中储粮木本油料仓储加工项目选址情况。

国家林业局督查组到楚雄州调研。5月18日，州人民政府副州长左荣贵陪同国家林业局退耕办主任张鸿文率领的国家退耕还林阶段验收督查组到楚雄市检查退耕还林工作及阶段性验收小班核查。

翟浩辉一行到楚雄州调研。5月19～20日，全国政协委员、水利部原副部长翟浩辉一行到楚雄州调研青山嘴水库工程、龙川江城区段防洪工程和紫溪山节水灌溉示范点等工程建设情况。

家电以旧换新启动仪式。5月20日，全州家电以旧换新启动仪式在楚雄市举行。仪式的举行，标志着州内继家电、汽车、摩托车下乡以及汽车以旧换新之后，又一项惠民政策开始实施。

包克辛一行到楚雄州调研。6月16～17日，中国储备粮管理总公司总经理包克辛一行到州内大姚县考察了解大姚核桃产业发展情况；考察楚雄直属库扩建仓库及新建木本油料加工基地选址情况；考察楚雄开发区云南广泰生物科技开发有限公司核桃油生产加工情况，并与楚雄州领导座谈。

和军一行到楚雄州商谈项目合作有关事宜并召开座谈会。7月28日，云南煤化工集团有限公司总经理和军一行到楚雄州商谈项目合作有关事宜并召开座谈会。州级领导李红民、杨亚林、夏新建等参加了会议。

第八届中国·南华野生菌美食文化节开幕。8月9日晚，由州人民政府、省商务厅主办，州商务局和南华县委、县人民政府承办，云南省餐饮与美食行业协会协办的第八届中国·南华野生菌美食文化节，在南华县城龙泉广场开幕。省商务厅厅长熊清华、副厅长王开良，州政府领导李红民、杨元茂，省贸促会副会长黄姗等应邀出席了开幕式。

高远洋博士一行到楚雄调研。8月13～14日，北京航空航天大学通用航空产业发展与政策研究中心主任、陕西渭南市市长助理、卤阳湖开发区管委会主任高远洋博士一行在省工信委有关领导的陪同下，深入楚雄开发区苍岭工业片区对云南通用航空产业发展情况进行实地考察调研，并结合国家深化低空空域管理改革意见精神，对楚雄市发展通用航空产业给予了指导。

楚雄铝材深加工基地合作意向书签订。9月6日，州人民政府与云南煤化工集团有限公司签订楚雄铝材深加工基地合作意向书。州党政领导张太原、李红民、杨亚林、夏新建、袁鹏、张启俊；云南煤化工集团有限公司董事长赵孟云，总经理和军，副总经理李红、陈永刚，总经济师林力等出席签字仪式。按照合作意向书，云煤集团旗下的云南东源煤电股份有限公司将投资150亿元在楚雄工业园区建设铝材深加工基地，建设年产80万吨电解铝、50万吨铝材、40万吨碳素及其他铝材配套项目，投产后预计产值可达100亿元。

吕日周到楚雄考察。9月20日上午，山西省政协原副主席、山西省改革创新研究会会长吕日周率“百名晋商赴云南考察团”到楚雄州考察，并召开了座谈会。州党政领导张太原、李红民、李兴顺、卢显林、杨亚林、赵克义、袁鹏等领导出席座谈会。座谈会上，双方本着互惠互利、实现共赢的目标，就共同关注的项目、产业进行了洽谈交流。当日下午，吕日周以《科学发展七要点——浅谈楚雄州如何富民强州又好又快发展》为题，与州内干部群众共同畅谈科学发展。

刘建伟到楚雄检查指导工作。9月20~21日，国家土地督察成都局副专员刘建伟率国家土地督察成都局例行督察整改检查组到楚雄州开展土地例行督察检查验收工作。州人民政府副州长杨元茂陪同检查。

胡季强一行到楚雄州考察。10月15日，康恩贝集团有限公司董事长胡季强一行到楚雄州考察。州委常委、州人民政府常务副州长杨亚林及州工信委、州发改委等有关部门负责人陪同考察。考察组一行先后实地考察了楚雄市云南爱尔发生物技术有限公司和南华县龙川镇。通过考察，考察组希望在生物制药产业发展方面双方进一步加强沟通和交流，建立紧密的合作关系。

陈绍鹏等25名著名企业家到楚雄州参观考察。10月20~23日，联想集团高级副总裁陈绍鹏、步长投资集团董事长沙靖铁、广州爱联科技有限公司总裁李向龙、美国联洋公司（海洋运输）董事长蔡益泉、太平洋证券股份有限公司执行总监于素丽等25名著名企业家到楚雄州参观考察。州党政领导张太原、李红民、杨亚林、赵克义、袁鹏等陪同考察。

30余名海外买家赴楚雄州考察旅游线路和产品。10月25日，在2011中国国际旅游交易会来临之际，30余名来自欧洲、美洲和亚太地区的海外买家赴楚雄州考察旅游线路和产品。副州长朱非参加了州人民政府欢迎午宴并致辞。这30余名海外买家主要考察了州内彝人古镇和禄丰世界恐龙谷两个景区。经过考察和了解，许多海外买家对楚雄州彝族风情浓郁的旅游产品产生浓厚兴趣，并希望加强旅游合作。

30余家国际旅行社总经理到楚雄州考察精品旅游线路。10月30日至11月1日，由北京国际旅行社、西安国际旅行社、武汉国际旅行社、桂林国际旅行社等30余家国际旅行社总经理组成的考察团到楚雄州考察彝州精品旅游环线。考察团先后考察了武定狮子山、元谋土林、南华咪依噜风情谷、州博物馆、彝人古镇、世界恐龙谷等景区。

刘杰率中石油专家组一行到双柏调研。11月18日，中石油总公司副总经济师刘杰率中石油专家组一行，对双柏县神宇公司生物柴油加工厂及小桐子种植基地进行考察。中石油考察组此行的目的是在双柏县神宇公司生物质航油以50：50比例加入波音747型飞机试飞成功后，对航空生物燃料基地进行考察调研。

杨玉英到楚雄州调研烟草发展情况。12月6日，国家发改委产业经济研究所副所长、研究员杨玉英到楚雄州调研烟草产业发展情况。州委常委、州人民政府常务副州长杨亚林及州级有关部门领导陪同调研。

电网规划建设可持续发展合作框架协议在昆签订。12月6日上午，州人民政府与云南电网公司在昆明签订电网规划建设可持续发展合作框架协议。州党政领导张太原、李红民、杨亚林，云南电网公司总经理廖泽龙、副总经理王文、吴宝英等出席签字仪式。按照协议，双方将本着共赢发展的原则，就“十二五”期间云南电网公司进一步支持楚雄州经济社会建设、促进电网可持续发展、支持州内新能源开发等达成共识。

楚雄天然气热电联产项目新建工程环评技术评审会召开。12月12日，云南华能滇东能源楚雄天然气热电联产项目新建工程环境影响报告书技术评审会在省环境评估中心召开。云南华能滇东能源楚雄天然气热电联产项目总投资23亿元，拟建设2台30万千瓦燃气——蒸汽联合循环机组，厂址位于楚雄市苍岭工业园区，年用气量为6.4亿立方米。

州人民政府与中国移动云南公司签订《无线城市建设合作协议》。12月20日上午，州人民政府与中国移动云南公司签订《无线城市建设合作协议》。州政府领导李红民、杨亚林，州政府秘书长李德胜，中国移动云南公司、“无线城市”推进办公室及中国移动楚雄分公司负责人出席签字仪式。按照协议，双方将在推进国家自主知识产权TD-SCDMA（3G）网络建设和应用、无线宽带网络建设、信息基础设施建设、政务和民生信息服务、物联网应用、网络和信息安全建设等领域开展合作。

王长勇一行到南华调研。12月20日，省委“专家服务团”成员、昆钢集团党委书记、董事长王长勇一行到南华县调研。调研中，表示按照省委关于“专家服务团”的有关工作要求，及时帮助南华县开展项目规划、旅游资源开发、科研推广等相关工作。同时，双方就加快推进南华工业园区建设、毛板桥旅游景区开发、第二水厂建设、矿产资源勘探开采等初步达成合作意向。

牟定凤屯风电场建成投产。12月28日，总投资4.83亿元、装机规模4.95万千瓦的牟定凤屯风电场建成投产，填补了州内风力发电的空白。同时，总投资4.2亿元、新建装机规模4.95万千瓦的大尖峰风电场奠基开工。省人民政府常务副省长罗正富宣布牟定凤屯风电场正式建成投产、大尖峰风电场奠基开工，并为中广核牟定飒马场希望小学揭牌。中国广东核电集团公司副总经理谭建生，省人民政府副秘书长黄立新，省发改委副主任、省能源局局长马晓佳，省工信委副主任王兴宁，省林业厅副厅长冷华，省环保厅巡视员李永清，省气象局纪检组长郑建国，云南电网公司副总经理吴宝英，州党政领导张太原、李红民、李兴顺、卢显林、延荣科、杨亚林、姜扬、赵克义、孙赟及州级有关部门负责人出席了仪式。

【政务活动】 全国检察机关惩治和预防渎职侵权犯罪展览在楚雄巡展。2011年4月8日，“法治与责任”——全国检察机关惩治和预防渎职侵权犯罪展览楚雄巡展活动在州委党校拉开帷幕。州人大常委会副主任卜德诚、州人民政府副州长岑化虎等领导出席巡展开幕仪式。州检察院检察长李宏主持开幕式。此次展览以“法治与责任”为主题，共设6个专题展区，选用了近60个渎职侵权案例、300余幅图片，分为225块展板。运用文图形式，集中展示了检察机关深化司法体制和工作机制改革，强化执法办案，进一步做好惩治和预防渎职侵权犯罪工作的决心和行动。

州安全生产“十二五”规划通过专家评审。5月16日下午，州安监局组织召开了《楚雄州安全生产“十二五”规划》评审会。会议邀请了以省安监局总工程师蔡继发为组长的14名采（选）矿、质量、化学、安全等工程专家组成的专家组和州政府研究室、州发改委、州工信委、州住建局等部门领导参加规划评审。经评审，专家组一致赞同所提出的8项重点工作任务、17项重点工程、7项保障措施，同意楚雄州安全生产“十二五”规划通过评审。

国家水利部、发改委、财政部移民工作联合调研组到楚雄州调研。6月25～26日，由水利部水库移民开发局局长唐传利、副局长余扬举，国家发改委农经司水库移民政策协调处副调研员李珂等一行组成的国家水利部、发改委、财政部移民工作联合调研组，到楚雄州调研青山嘴水库移民搬迁安置工作，在听取了青山嘴水库移民搬迁安置工作情况汇报后，调研组肯定了青山嘴水库移民搬迁安置工作取得的成效，并对下一步该州的水库移民工作提出了要求。

国家林业局督查组第九检查组到楚雄州督查指导工作。6月26日，以国家林业局基金总站总站长孔明任组长的国家林业局督查组第九检查组一行，在省林业厅副厅长刘一丹，州人民政府副州长左荣贵等领导的陪同下，深入楚雄州南华县督导检查集体林权制度改革及林下经济发展情况。

省政协专题调研组到楚雄州调研。7月5日，由省政协经济委员会主任李元书带队的省政协“加快推进滇中经济区建设”专题调研组，到楚雄州就“在实施西部大开发和桥头堡战略中加快推进滇中经济区建设”开展专题调研。5日上午，州政府、州政协召开了汇报会，向调研组汇报相关情况。会上，州委常委、州人民政府常务副州长杨亚林就楚雄州在实施西部大开发和桥头堡战略中加快推进滇中经济区建设情况作了工作汇报。在听取了工作汇报后，调研组对楚雄州积极参与滇中经济区建设工作提出了意见和建议。

环保部国家减排第十九核查组到楚雄州检查指导。7月17日，环保部国家减排第十九核查组在省环保厅有关领导的陪同下，对楚雄州2011年上半年污染减排工作进行全面核查核算。经核查，检查组认为，楚雄州污染减排工作扎实，成效显著。

德宏州地震恢复重建考察团赴楚雄州考察。7月28～29日，中共德宏州委副书记唐文祥率领德宏州地震恢复重建考察团赴楚雄州考察，考察组分别到姚安县官屯乡大村和永仁县永定镇方山诸葛营村考察了“7·09”和“8·30”两个地震恢复重建项目情况。

普洱市人民政府考察团到楚雄州考察。8月2～3日，以中共普洱市委副书记、市人民政府市长李小平为团长的普洱市人民政府考察团一行前往楚雄州楚雄市、禄丰县考察学习楚雄州的城市规划建设和文化旅游产业发展情况。考察团先后参观考察了州文化活动中心、州人民医院新区、楚雄市栗子园社区和州职教园区并听取了楚雄市城市规划建设情况介绍。

全国质监系统执法打假工作座谈会在楚雄召开。8月11～12日，由国家质检总局主办、省质监局和州人民政府协办的全国质监系统执法打假工作座谈会在楚雄召开。副州长杨元茂代表州人民政府参加了会议开幕式并致辞。

省政协专题调研组到楚雄州视察工作。8月16日，省政协社会和法制委员会组织省政协委员和省总工会相关负责人到楚雄，就实施《中华人民共和国劳动法》和《中华人民共和国劳动合同法》的情况进行视察。副州长朱非代表州人民政府向视察组作了工作情况汇报，州政协副主席吴丽华、李天云出席汇报会。

云南省县级以上政务服务中心建成运行仪式在州政务服务中心举行。8月24日上午，云南省县级以上政务服务中心建成运行仪式在州政务服务中心举行。省委常委、省纪委书记李汉柏，省委常委、省人民政府副省长李江，省人民政府秘书长丁绍祥，省纪委副书记、监察厅厅长郭永东，州委书记张太原，州委副书记、州人民政府代理州长李红民等领导出席仪式。仪式上，李江副省长和张太原书记为州政务服务中心揭牌；李汉柏书记做了重要讲话；随后，李汉柏书记和李江副省长一起启动了云南省县级以上政务服务中心全面建成按钮。

郭莉率中联办有关领导和香港中资企业代表一行到楚雄州考察。10月11日下午，由中央人民政府驻香港特别行政区联络办公室副主任郭莉、香港中国企业协会总裁冯洪章率领的中联办有关领导和香港中资企业代表一行到楚雄州考察。州人民政府与代表团进行了恳谈。州党政领导张太原、李红民、李兴顺、卢显林、延荣科、任锦云、左荣贵、杨亚林、赵克义、岳修虎、吴丽华出席恳谈会。12日上午，代表团一行参观考察了禄丰世界恐龙谷。

中国少年先锋队楚雄州第一次代表大会召开。10月13日上午，中国少年先锋队楚雄州第一次代表大会召开。州委书记张太原，州委副书记、州人民政府代理州长李红民，州委副书记李兴顺，州委常委、州委秘书长赵克义，州人大常委会副主任何根源，州政协副主席吴丽华出席会议。团省委副书记景绚到会指导并讲话。

楚雄州代表团赴大理参加川滇黔10市地州合作与发展峰会。10月18日，川滇黔10市地州（四川省宜宾市、凉山州、攀枝花市，云南省昆明市、楚雄州、大理州、丽江市、昭通市，贵州省六盘水市、毕节地区）合作与发展峰会在大理举行。州委书记张太原，州委副书记、州人民政府代理州长李红民，州委常委、州委秘书长赵克义及州级有关部门负责人组成楚雄州代表团参加会议。会上，李红民代表楚雄州代表团作了题为“推进开放合作促进共同发展”的主题演讲，并与其他9个地州（市）进行了交流，共谈合作与发展。

国家土地督察南京局督察验收组到楚雄州例行督察。11月3～4日，国家土地督察南京局督察验收组到楚雄州进行土地例行督察验收，于11月4日上午召开了楚雄州土地例行督察整改工作验收情况汇报会议。州委常委、州人民政府常务副州长杨亚林出席汇报会。当天下午，督察验收组一行先后到楚雄市、南华县、禄丰县开展土地检查验收工作。

陈文浩率领常德市人民政府考察团到楚雄州考察。11月26～27日，由中共湖南省常德市委副书记、市长陈文浩率领的常德市人民政府考察团，到楚雄州考察文化旅游产业发展情况。州人民政府副州长孙赟、秘书长李德胜等领导陪同考察。考察团一行参观考察了彝人古镇，参加了祭火大典等民俗活动，充分领略了彝州多姿多彩的民族文化魅力。

省人民政府驻上海办事处调研组到楚雄州调研。12月14日，省人民政府驻上海办事处调研组到楚雄州调研，并于当天上午召开了楚雄调研工作座谈会。州委常委、州人民政府副州长任锦云出席座谈会。座谈会上，省人民政府驻上海办事处对楚雄州争取沪滇对口帮扶合作项目、吸引上海企业到楚雄州投资兴业等提出了宝贵建议。

省政协在楚雄举行全省政协经济委员会联系会议。12月20日，省政协在楚雄举行全省政协经济委员会联系会议。省政协副主席王学智，省政协经济委主任李元书出席会议。州委书记张太原，州政协主席延荣科，州人民政府副州长赵祖莹，州政协副主席马旷源、王定梁、李天云、张万礼，以及全省各州（市）政协分管经济委员会的副主席参加会议。

州委、州政府在昆明楚雄大厦举行春节团拜会。12月25日下午，州委、州人民政府在昆明楚雄大厦举行春节团拜会，邀请在昆的楚雄籍和在楚雄工作过的副厅级以上领导干部迎新春，畅谈彝州美好未来。省委原副书记、《求是》杂志社原总编辑王天玺，省委常委、省委宣传部部长赵金，省人大常委会副主任程映萱，省政协副主席罗黎辉，省政协原副主席和占钧、苏正国等领导应邀出席团拜会。州委书记张太原主持团拜会。州委副书记、州人民政府代理州长李红民向出席团拜会的各位领导通报了楚雄州2011年经济社会发展情况。州党政军领导李兴顺、卢显林、岑化虎、任锦云、左荣贵、杨亚林、徐昕、曹军、夏新建、姜扬、赵克义、袁鹏、李天云、范宏彬，州级有关部门负责人参加团拜会。

德宏州人民政府考察团到楚雄考察烟草产业建设。12月28～30日，德宏州人民政府副州长板岩过率德宏州人民政府考察团到楚雄考察烟草产业建设。楚雄州人民政府副州长孙赟陪同考察。考察团一行先后深入楚雄市子午镇二道班防雹点、东华烤烟育苗专业合作社、法邑专业烘烤合作社参观考察并听取情况介绍，并于29日下午与州人民政府召开了座谈会，就烟草产业建设和烟叶生产工作进行了深入交流。

【文化活动】　杜克·法博一行到楚雄州考察茶花产业。2011年1月27日，受中共楚雄州委、州人民政府邀请，世界园艺生产者协会主席杜克·法博博士一行到楚雄州考察茶花产业发展情况。考察团一行深入楚雄市峨碌公园茶花精品园和楚雄欣绿茶花园进行了实地考察。考察中，杜克·法博一行对楚雄丰富的茶花资源表示赞赏，并希望对具有历史价值和纪念意义的茶花进行登记、编号、造册，建立档案，加强茶花资源的保护与管理；强化市场运作，走茶花产业化道路，创新发展模式，在产销上实现统一种苗供应、统一培育技术、统一产品品牌、统一销售渠道，形成利益共享、风险共担的产业联合体，共同维护茶花产业持续健康发展。考察期间，双方还就举办2012年国际茶花大会和茶花产业发展情况的相关事宜进行了交流。

全国中西部地区县级综合档案馆建设座谈会楚雄现场会召开。5月10日，全国中西部地区县级综合档案馆建设座谈会楚雄现场会在楚雄召开。国家档案局局长、中央档案馆馆长杨冬权，省政府副秘书长白庚胜，省档案局（馆）长黄凤平以及来自新疆、内蒙古、辽宁、吉林、黑龙江、四川等25个省、市、区档案局的领导出席会议。

西南片区高师院校学生工作研究会在楚雄师院举行。5月10日，西南片区高师院校学生工作研究会第19次年会在楚雄师范学院举行。教育部思政司、省高校工委，西南大学、四川师范大学、重庆师范大学、云南师范大学等西南片区的26所高师院校领导、专家参加研讨。

数字电影《茶花彝女》在楚雄开机。7月23日，数字电影《茶花彝女》在楚雄经济开发区市民广场开机。影片通过讲述彝族青年爱花、护花的故事，反映楚雄的自然风光和人文风情，进一步提高楚雄“茶花之乡”的知名度，推动楚雄茶花产业发展。

举行2011年中国楚雄彝族火把节。7月24日上午，2011年中国楚雄彝族火把节开幕式在州体育馆举行。省委常委、省委秘书长杨应楠，省人大常委会副主任程映萱，省妇联主席胡有兰，省总工会党组书记、常务副主席王惠萍，省科协党组书记唐兵，省教育厅副厅长罗嘉福等领导出席开幕式。张太原、李红民、李兴顺、卢显林、延荣科等州党政军领导出席开幕式。下午，举行火把节招商引资推介签约会。州委副书记、州人民政府代理州长李红民，州委常委、州人民政府常务副州长杨亚林，州人大常委会副主任张启俊，州政协副主席吴丽华出席推介签约会。驻滇各地商会会长、副会长，来自全国各地的投资商和部分已在楚雄投资的企业界朋友应邀出席推介签约会。当晚，火把节祭火盛典在州文化中心举行。省委常委、常务副省长罗正富，省委常委、省委秘书长杨应楠，省人大常委会副主任程映萱，省高级人民法院原院长赵仕杰，省科协党组书记唐兵，州党政军领导张太原、李红民、李兴顺、卢显林、延荣科、曹军、杨亚林、徐昕、左荣贵、朱非、吴丽华，国务院发展研究中心资源与环境政策研究所副所长李佐军、研究员郭焦锋，来自国内部分省（区、市）、地（州、市）、县（市）的领导、企业家、专家学者、艺术家，部分省内外媒体记者以及应邀参加2011年中国楚雄彝族火把节的嘉宾出席祭火盛典。7月26日晚，2011年中国楚雄彝族火把节圆满完成各项活动后在州体育馆闭幕。州政协主席延荣科，州委常委、楚雄军分区政委曹军，州人大常委会副主任杨静，州人民政府副州长左荣贵，州政协副主席吴丽华以及楚雄市相关领导出席闭幕式。

“绿色电脑进西部活动”云南省赠送仪式在双柏县启动。7月29日，2011年“绿色电脑进西部活动”云南省赠送仪式在双柏县启动。省文明办专职副主任李联斌代表省委宣传部、省文明办向双柏县赠送安装绿色上网过滤软件的台式电脑，启动中宣部、中央文明办、教育部、工业和信息化部、文化部2011年为云南基层单位赠送6000台绿色电脑的活动。所赠送的6000台电脑陆续送达全省贫困县和边境县的有关受赠学校及单位。

刘强到楚雄州检查指导文化市场管理工作。9月8日，文化部文化市场司副司长刘强率文化部检查组到楚雄州检查指导文化市场管理工作，并召开了楚雄州文化市场管理工作汇报会。州委常委、州委宣传部部长、牟定县委书记姜扬出席汇报会。听取汇报后，检查组认为，楚雄州文化市场管理工作做到了依规依法管理，全州文化市场秩序良好，经营者守法经营的意识普遍增强，基本满足了人民群众对文化生活的需求。

参加第九届全国少数民族传统体育运动会。9月10日，第九届全国少数民族传统体育运动会在贵州省贵阳市召开。州人民政府副州长杨元茂随云南省观摩团参加了开幕式。楚雄州运动员参加了秋千、摔跤、陀螺等比赛，截至9月14日，共获得2银4铜6枚奖牌。

云南现代职业技术学院成立暨首届开学典礼举行。9月17日，云南现代职业技术学院成立暨首届开学典礼在州职教园区举行。州人民政府副州长赵祖莹等领导参加了典礼。该校的成立，填补了楚雄州民办高校的空白。

省明德小学校长联谊会成立大会举行。9月20日上午，省明德小学校长联谊会成立大会在楚雄举行。省教育厅副厅长罗嘉福出席会议，州政协副主席李振华致辞。据悉，2005年以来，全州共实施明德小学建设项目58个，总投资9500万元，建成校舍近9万平方米，有21334名小学生受益。

楚雄技师学院揭牌仪式。11月18日，楚雄技师学院揭牌仪式在州职教园区隆重举行，省人力资源和社会保障厅副厅长杨焰平及有关处室领导到会祝贺，州人大常委会副主任卜德诚出席仪式，州人民政府副州长朱非出席仪式并致辞。

左焕琛一行到楚雄州捐赠物品。12月13日，全国政协常委、上海科普教育发展基金会理事长、上海科技馆理事长左焕琛一行到楚雄州，向州科技馆赠送“赛复流动科技馆”。省政协副主席、农工民主党中央副主席、农工民主党云南省委主委陈勋儒，州委副书记、州人民政府代理州长李红民，州政协主席延荣科，州委常委、州人民政府副州长任锦云，州政协副主席王定梁，州人民政府秘书长李德胜等领导出席捐赠仪式。上海科普教育发展基金会此次向楚雄州捐赠的物品包括“赛复流动科技馆”展品30件，赛复DIV科普制作件10箱，《水中沉浮任我行走进科技馆》100册，《聪明格》趣味科普读物500册等。

蒋迎春一行到楚雄州调研。12月13～15日，保利文化集团总经理蒋迎春一行在州人民政府副州长朱非的陪同下，到禄丰县、楚雄市、姚安县、大姚县、元谋县，就文化产业发展、旅游资源情况等进行考察调研。

【社会活动】 云南省劳动模范先进事迹巡回报告团到楚雄州巡回报告。2011年6月15～16日，省总工会党组书记、常务副主席王惠萍率云南省劳动模范先进事迹巡回报告团到楚雄州作先进事迹巡回报告。

公开销毁毒品及万人签名拒绝毒品系列活动启动仪式。6月26日，在第25个国际禁毒日之际，州委、州人民政府在州职教园区举行了公开销毁毒品及万人签名拒绝毒品系列活动启动仪式。州委书记张太原，州委副书记、代理州长李红民等领导参加了活动。活动启动仪式上，当场销毁了由楚雄州公安机关缴获的260余千克毒品。

全国双拥模范城检查考核组到楚雄市检查指导工作。7月3日，全国双拥办副主任、民政部优抚安置局副局长杨国英，总装备部政治部副秘书长程万钧等一行组成的全国双拥模范城检查考核组在省军区、省民政厅、省双拥办有关领导的陪同下，到楚雄市对双拥工作和创建全国双拥模范城工作进行检查考核。检查考核组于当天下午召开了工作汇报会。在听取了工作汇报后，检查考核组充分肯定了楚雄市双拥工作所取得的成绩，并希望能够顺利实现双拥“四连冠”。

庆祝建军84周年双拥文艺晚会举行。7月28日晚，由州委、州人民政府、楚雄军分区共同主办的庆祝建军84周年双拥文艺晚会在州广电中心举行。军地双方以文艺演出的形式，共同唱响彝州大地拥军爱民的时代主旋律。张太原、李红民、李兴顺、卢显林、延荣科等州党政军领导出席晚会。

和占均等省政协老领导到楚雄州调研法律援助开展情况。8月16～17日，省政协原副主席和占钧，省政协原社法委主任杨铭玺，省政协办公厅原巡视员邓树斌，省司法厅巡视员郭华武等领导一行到楚雄州调研法律援助工作开展情况。期间，州党政领导张太原、李红民、赵祖莹、张万礼等与调研组进行座谈，并深入交换了工作意见。

黄仁跃一行到楚雄州革命老区调研。8月22～24日，云南省革命老区促进会副会长黄仁跃一行到楚雄州革命老区调研，了解掌握楚雄州革命老区经济社会发展情况和新农村建设情况，为全省加快革命老区新农村建设提供决策依据。

香港乐施会灾情考察小组到楚雄州考察。9月9日，香港乐施会灾情考察小组到州内对楚雄市大过口乡和紫溪镇、南华县雨露乡、双柏县安龙堡乡进行考察。经实地考察，考察组同意对4个乡（镇）受灾群众援助大米178吨、资金80万元。

汤晓莉到楚雄州检查指导工作。10月22～24日，国家人力资源和社会保障部基金监督司副司长汤晓莉率检查组到楚雄州检查医疗保险基金管理使用情况，于22日下午召开了楚雄州汇报会。州人民政府副州长岳修虎出席汇报会，并向检查组汇报了楚雄州医疗保险基金管理使用情况。

"生育关怀"公益宣传活动在楚雄市举行。11月15日，主题为"生育关怀·传承梦想"的2011年"生育关怀——彩云之南在行动楚雄行"公益宣传活动在楚雄市举行。省人口计生委副主任吴莉华出席启动仪式并讲话，州人民政府副州长赵祖莹宣布活动启动。

马开贤到楚雄出席伊斯兰教协会成立20周年庆祝大会。11月23日，省政协副主席马开贤一行莅临楚雄，在州党政领导左荣贵、杨元茂等的陪同下，出席了楚雄州伊斯兰教协会成立20周年庆祝大会。

农民工春节座谈会。12月30日下午，楚雄州召开2012年农民工春节座谈会。州人民政府副州长朱非，州政协副主席吴丽华出席会议。会上，朱非代表州委、州政府向广大农民工朋友致以诚挚的问候和良好的祝愿，并鼓励其通过多种形式实现就业或自主创业，为彝州经济社会发展和实现富民强州宏伟目标贡献力量。

【表彰奖励】　2011年1月14日，为表彰先进，弘扬正气，发挥先进典型的示范作用，楚雄州人民政府决定对罗忠才等22名先进个人予以表彰奖励，授予"见义勇为公民"称号。2月28日，为表彰先进，树立典型，进一步激发全州广大干部职工的积极性和创造性，加快推进全州水利事业改革发展，州人民政府决定授予楚雄市人民政府等3个县（市）为"十一五"全州水利工作先进县（市），楚雄市水利局等25个单位为"十一五"全州水利工作先进集体称号；授予姜进荣等50人"十一五"全州水利工作先进个人称号。6月26日，为认真总结"两基"工作经验，巩固和强化"两基"工作形成机制，保持和发扬"两基"工作营造的良好氛围，进一步凝结力量，乘势而上，全面推进义务教育均衡发展，促进楚雄州教育向新的更高目标迈进，州人民政府决定对"两基"工作中表现突出、成绩显著的州发展和改革委员会等46个先进单位和李荣华等148名先进个人进行表彰。6月28日，经州委批准，州纪委、州委组织部、州委宣传部、州监察局、州人力资源和社会保障局召开楚雄州第四届廉政勤政先进个人表彰大会，通过树立先进典型，弘扬时代正气，引导和激励全州广大党员干部牢记宗旨，深入贯彻落实科学发展观，求真务实，开拓进取，廉政勤政，加快推进全州经济社会跨越式发展，大会对李正华等40名廉政勤政先进个人进行了表彰。9月15日，为表彰在"十一五"期间为楚雄州安全生产作出突出贡献的先进集体和个人，州人民政府决定对楚雄市人民政府等24个先进集体和王浩忠等49名先进个人给予表彰。10月28日，为发扬成绩，鼓励先进，进一步推动楚雄州的"六五"普法工作，州委、州人民政府决定，对楚雄市等25个先进集体、孙锡祥等50名先进个人予以表彰奖励。12月16日，为表彰楚雄州参赛运动员在亚残运会及全国残运会上分别取得金牌4枚、银牌2枚、铜牌3枚和金牌3枚、银牌8枚、铜牌4枚的优异成绩，激励广大残疾人更加奋发进取、自立自强、勇攀高峰，州人民政府决定，对楚雄州参加亚残运会和全国残运会的晋晓琴等获奖运动员给予表彰奖励。12月19日，为鼓励先进，推动残疾人事业发展，州人民政府决定对大姚县等2个先进县、州残联等25个先进集体和陈林等50名先进个人进行表彰奖励。12月31日，为表彰先进，充分调动各级各有关部门的工作积极性，激励更多社会力量投入到全民科学素质工作中，推动《科学素质纲要》实施工作再上新台阶，州人民政府决定对楚雄州"十一五"期间在实施《科学素质纲要》工作中做出突出业绩和贡献的州委宣传部等18个单位、文成等49人予以表彰，分别授予楚雄州"十一五"全民科学素质工作先进集体和先进工作者荣誉称号。

［罗如贵　肖天平　丘锰］

重要决策和部署

【经济建设】　2011年1月6日，楚雄州人民政府发布公告，印发《楚雄彝族自治州木材经营加工管理办法》。主要内容：总则；木材经营加工管理；木材市场；法律责任；附则。该办法自发布之日起施行。

1月12日，州人民政府印发《楚雄州人民政府关于2011年烟叶工作的意见》。主要内容：指导思想和目标任务；主要政策；主要措施；统一思想，提高认识，加强领导。

4月2日，州人民政府发布《楚雄州人民政府关于2011年度畜牧业发展工作的意见》。主要内容：指导思想；总体目标；重点工作。

7月4日，州人民政府发布《楚雄州人民政府关于建立政银企合作协调机制的实施意见》。主要内容：成立楚雄州政银企合作协调领导小组；建立楚雄州政银企合作联席会议制度；搭建政银企信息发布、交流与共享平台；定期或不定期召开银企洽谈会、政银企座谈会。

10月14日，州人民政府发布《楚雄州人民政府关于构建土地管理共同责任机制的意见》。主要内容：构建土地管理宏观调控共同责任机制，严把土地"闸门"；构建耕地保护共同责任机制，严格保护耕地；构建土地整治共同责任机制，落实"占补"义务；构建维护群众合法权益共同责任机制，依法征收土地；构建土地资源市场配置共同责任机制，强化供应管理；构建土地权属管理共同责任机制，严格土地登记；构建土地执法共同责任机制，明确职责任务；构建部门联动协作机制，形成执法合力；构建执法责任追究机制，保障制度落实。

11月8日，州人民政府发布《楚雄

州人民政府关于加强气象灾害监测预警及信息发布工作的实施意见》。主要内容：总体要求和工作目标；提高监测预警能力；加强预警信息发布；强化预警信息传播；健全以气象预警信息为先导的部门应急联动机制，有效发挥预警信息作用；加强组织领导和支持保障。

12月8日，州人民政府发布《楚雄州人民政府关于继续推进天然林资源保护工程的实施意见》。主要内容：继续实施天保工程意义重大；指导思想、基本原则和建设目标；实施时间、范围和主要任务；主要政策；具体措施及要求。

12月20日，州人民政府发布《楚雄州人民政府贯彻落实省人民政府关于进一步加强安全生产工作的实施意见》。主要内容：深刻领会《决定》精神，切实抓好宣传贯彻落实工作；切实提高对安全生产工作极端重要性的认识，进一步增强做好安全生产工作的责任感、紧迫感和使命感；全面落实领导干部安全生产“一岗双责”责任制，强化对安全生产工作的组织领导；严格落实企业安全生产主体责任，确保安全生产各项制度措施落实到位；严格安全生产准入条件，提高企业安全水平；深化安全专项整治，坚决防范和有效遏制重特大事故；强化安全监管执法，严厉打击非法违法生产经营建设行为；严格安全生产监管制度，确保工作落实；严肃事故查处和责任追究。

【政治建设】 2011年1月16日，楚雄州人民政府发布公告，印发《楚雄彝族自治州电子政务协同办公系统管理办法》。主要内容：总则；职能职责；电子公文收发与协同管理；电子印章管理；安全与保密；应急处理；责任追究；附则。该办法自印发之日起施行。

1月27日，州人民政府发布《楚雄州人民政府关于进一步加强多种形式消防队伍建设的通知》，决定进一步加强多种形式消防队伍建设。

2月16日，州人民政府发布公告，印发《楚雄州人民政府关于公布继续有效规范性文件的决定》。主要内容：为了确保国家法制统一，规范行政行为，推进依法行政进程，按照省人民政府的统一部署，州人民政府对2010年4月30日之前现行的规范性文件进行了全面清理。经过清理，并经州人民政府第32次常务会议讨论，决定《关于对见义勇为受伤、致残、牺牲人员给予医疗、抚恤和生活困难补助的暂行规定》等64件规范性文件继续有效。

2月16日，州人民政府发布公告，印发《楚雄州人民政府关于修改部分规范性文件的决定》。主要内容：决定修改《楚雄州人民政府实施〈云南省楚雄州民族教育条例〉办法》等38件规范性文件。

2月16日，州人民政府发布公告，印发《楚雄州人民政府关于废止部分规范性文件的决定》。主要内容：决定废止《楚雄州人民政府关于严格保护野生动物资源的通告》等33件规范性文件。

4月6日，州人民政府发布《楚雄州人民政府关于贯彻温家宝和回良玉同志在云南省盈江考察抗震救灾工作时重要讲话精神的意见》。主要内容：充分认识学习贯彻中央领导讲话精神的重要意义；统一思想，提高认识，切实增强做好防灾救灾工作的紧迫感和责任感；总结教训，高度重视做好恢复重建工作；认真做好支援灾区的各项工作；切实做好社会稳定工作；高标准做好当前各项工作，推动彝州科学发展。

6月9日，州人民政府发布《楚雄州人民政府关于州级政务服务中心建设的实施意见（试行）》。主要内容：指导思想和总体目标；基本要求；主要职能；进驻范围；工作规范；工作措施；监管考核。

11月16日，州人民政府发布《楚雄州人民政府关于印发〈楚雄州人民政府工作规则（试行）〉的通知》，进一步对实行科学民主决策，坚持依法行政，推进政务公开，健全监督制度，加强廉政建设，加快建立“权责一致、分工合理、决策科学、执行顺畅、监督有力”的行政管理体制提出了更加明细的要求。

【社会建设】 2011年3月21日，州人民政府发布《楚雄州人民政府关于贯彻云南省流动人口服务和管理暂行办法的实施意见》。主要内容：充分认识《暂行办法》施行的重大意义；认真履行各部门的职能职责；进一步加大经费保障力度；建立健全各项工作制度；进一步加强对流动人口服务和管理工作的组织领导。

5月3日，州人民政府发布《楚雄州人民政府关于进一步加强防震减灾工作的意见》。主要内容：指导思想和工作目标；加快推进防震减灾事业发展的主要措施；切实保障防震减灾工作顺利开展。

5月27日，州人民政府发布《楚雄州人民政府关于加强肇事肇祸精神病人管理服务工作的意见》。主要内容：指导思想；工作目标；组织领导；职责分工；工作措施；工作要求。

6月10日，州人民政府发布《楚雄州人民政府关于贯彻云南省农民工工资支付保障规定的实施意见》。主要内容：充分认识贯彻《工资保障规定》的重大意义；高度重视农民工工作，建立健全农民工工作联席会议制度；加强劳动用工管理，完善劳动用工登记和劳动合同备案制度；建立健全农民工工资支付保障机制，完善“三金”制度；建立健全各部门协调配合的联动机制；加强依法行政强制力，确保《工资保障规定》的贯彻落实。

［罗如贵　肖天平　丘锰］

政务督查和建议提案办理

【政务督查】 2011年，楚雄州政务督查工作紧紧围绕省、州党委政府中心工作和各项重大决策部署、会议决定事项、领导批示件的贯彻落实，突出抓大事、抓难事、抓实事，牢固树立一盘棋的思想，团结协作，形成合力，强化责任，有力地推动了省、州党委政府重大决策、重要工作部署和阶段性中心工作的贯彻落实。一是坚持“围绕中心、突出重点、注重实效”的督查工作方针，结合实际，积极探索建立了领导督办、联合督查、实地查看、书面交办、电话催办、明查暗访、督查调研等行之有效的一些督查方式和方法，形成了各级政府领导亲自抓，督查室具体抓，部门配合抓，齐抓共管，层层抓落实的“大督查、大落实”的工作格局，确保了各项决策部署、领导批示和各项督查事项落到实处，提高了督查质量和效率。2011年，州人民政府督查室共发出《政务督查专报》23期、《政务督查》48期、督办通知13份、《督办情况》8期，做到了交必督，督必果、果必报，在有效时间内所督办事项均收到了明显成效，促进了各项工作的落实。二是认真做好省政府2011年重点督查的重大建设项目和重要工作涉及楚雄州相关任务的督促落实工作。及时将涉及楚雄州的润滇工程、中低产田（地）改造、城镇污水生活垃圾处理设施建设、城镇保障性住房建设、公路建设等14个重大建设项目的水库建设、优质农产品建设等33项具体任务，新农村建设、扶贫开发、城乡社会保障体系建设、安全生产等20项重要工作的农村饮水安全、扶贫整村推进、节能降耗等65项具体任务进行细化分解，明确责任到相关部门；采取有效措施，认真进行跟踪督办，深入了解，及时掌握项目进度、工作进展情况，并结合实际认真综合分析，形成书面材料按季度上报省人民政府督查室。三是认真做好州政府2011年重点督查的重大建设项目和重要工作的督查落实。紧紧围绕经济社会发展的主要目标和政府工作的主要任务，始终把督促落实《政府工作报告》部署的各项工作任务作为督查工作的重中之重，牢牢抓在手上，认真进行跟踪督办，并结合实际认真综合分析，形成书面材料按季度进行通报。四是认真做好州政府领导及上级机关和领导批示需要办理落实的事项的督查。2011年开展了“两中心”建设、城镇保障性住房建设、棚户区改造、农村危改及民居地震安居工程，城镇污水生活垃圾处理设施建设、抗旱蓄水、七件烟草水源工程项目建设前期工作、元双公路建设、三峡库区及其上游水污染防治规划楚雄州建设项目、主要污染物减排、部省共建楚雄州山区水利发展与改革示范区建设等重大项目和重要工作的专项督办，有力地推动了工作落实，确保了“两中心”建设于7月1日投入运行，保障性住房建设、棚户区改造项目按省政府规定时限全面开工，所督办的其他事项顺利推进。

【人大代表议案、建议和政协委员提案办理】　2011年，楚雄州人民政府办公室认真做好州政府系统承办的人大代表议案、建议和政协提案办理工作，认真做好州政府系统向州人大常委会会议报告工作和向州政协常委会会议通报工作，以及人大、政协组织的视察、检查的文稿组织、参会领导等事项的协调、衔接工作。州十届人大六次会议和州政协八届五次会议上，州人大代表、州政协委员共提出369件建议和提案，其中交由州政府系统办理的有349件，占承办总数的94.6%，州人民政府分别交由4县（市）人民政府和州级49个部门承办。截至2011年11月30日，所有建议、提案已办理完毕。具体落实情况如下：第一类（A类）：建议、提案所提问题已经解决或在该年度内能够解决，以及所提问题已有规定，承办单位明确说明了有关情况的有220件，占承办总数的63%，比上年提高3.2个百分点；第二类（B类）：建议、提案所提问题3年内能够基本解决，承办单位已制定解决措施或已列入计划，并明确答复代表、委员的有75件，占承办总数的21.5%，比上年减少6个百分点；第三类（C类）：建议、提案所提问题因当前条件限制或其他原因3年内难以解决的，以及所提问题留作参考的有54件，占承办总数的15.5%，比上年提高4个百分点。

［罗如贵　肖天平　丘锰］

联络交往

【楚雄州人民政府驻北京联络处】
2011年，楚雄州人民政府驻北京联络处在中共楚雄州委、州人民政府的正确领导下，在各有关部门的关心、支持、帮助下，以邓小平理论和“三个代表”重要思想为指导，深入贯彻落实科学发展观，认真学习贯彻落实党的十七届六中全会精神和省第七次、州第八次党代会精神，紧紧围绕富民强州宏伟目标，以奋力提升联络处服务全州科学发展的能力和水平为重点，认真履行职责，求真务实，开拓创新，各项工作取得显著成绩。驻京联络处年底有员工9人，其中公务员2人、合同制工人3人、聘用临时人员4人。一是开展理论学习活动。学习胡锦涛总书记“七一”重要讲话、党的十七届六中全会和省委常委扩大会议、州第八次党代会精神，学习杨善洲先进事迹，学习有关政策、法律、法规、条例、时事政治和州委、州政府文件精神。积极参加省驻京机构党委中心学习组学习。组织好党支部的各项学习，按省驻京机构党委要求开展丰富多彩的学习活动，看电影、观展览、听讲座，到革命圣地参观学习。通过形式多样的学习，切实增强廉洁从政意识，立党为公、执政为民，牢固树立共产主义理想和中国特色社会主义信念，加强党性修养，努力践行社会主义核心价值体系，树立全心全意为人民服务宗旨，遵守党纪国法，勤勉尽责，忠于职守，清正廉洁。二是加强联络沟通工作。紧紧抓住中央机关领导在楚雄州工作的重要机遇，拓展联络沟通渠道，与18个部委建立了良好的工作、人际关系。做好“中秋节”、“彝族年”、“春节”走访慰问工作，全年走访慰问各部委领导500多人次。三是抓好项目资金落实工作。联络处积极主动与各部委、有关部门联络协调沟通，做好项目争取的前期准备工作。年内，配合州委、州政府主要领导及有关职能部门领导多次到国家发改委、财政部、水利部、农业部、国家林业局、环保部、国土资源部、烟草总局等汇报工作。高规格、高质量、高水平、高效益的汇报、交流、沟通取得可喜成效，全年向国家部委办局争取项目325项，项目涉及水利、林业、农业、环保、卫生、烟草等行业，项目资金达7.56亿元。四是做好对外交流工作。联络处与国家民委多方联络、协调，争取楚雄州民族艺术剧院代表中国少数民族艺术团参加韩国东安假面舞艺术节，使彝族文化和艺术迈出国门。在韩国期间举行2011年中韩文化交流论坛和魅力楚雄文化展，多方位、多角度宣传彝州，展示楚雄州丰富多彩的彝族文化和艺术，中央电视台13频道、《中国民族报》专版宣传报道，国家信息中心从6个方面宣传报道楚雄代表团出访情况，省宣传单位、韩国多家媒体进行了报道宣传。楚雄“阿乖佬”彝歌队正月十五走进中南海怀仁堂为中央政治局常委表演正月十五赶猫街节目，彝族歌舞登上北京重要舞台，受到好评。五是搞好接待服务工作。联络处始终把制度建设作为单位内部管理工作的重要抓手，抓紧抓实抓好。坚持按制度办事，靠制度管理，用制度规范从政行为。在上年修改完善21个制度职责基础上，年内重点抓好收支两条线的财务管理制度。对5年以来的财务工作进行自检自查，写出自检自查报告，并向州有关部门提出检查审计的要求；按照州财政局发票管理使用规定，规范票据适用范围，严格做到收支两条线管理；向州财政写出《楚雄州政府驻京联络处关于收入经费账务管理情况》；制定后勤财务管理规定。通过制度建设促进单位工作全面扎实开展。全年接待服务各级各部门领导在京公务、学习培训、挂职锻炼、商务及送子女就学、观光旅游各级干部职工500多人（次）。接待上访人员44人（次），劝返5人，协助劝返39人次。全年共派出车辆765车（次），行程5.76万千米。接待住宿227多人（次），接待就餐255桌（其中自办宴席127桌），共计3060多人（次）。

［李志荣］

【楚雄州人民政府驻昆明办事处】 2011年，楚雄州人民政府驻昆明办事处始终把搞好州内领导机关服务工作、塑造办事处窗口形象，联络协调各部门、各县（市）和州内大型企业的关系，配合全州招商引资工作，做好内引外联和接待服务作为工作的主要内容。至年底，共向州内提供16973间公务用房，接待3.4万余人次，同时免费提供州内招商引资客商接待用房1000多间，接待2000多人次。年内虽然各种经营费用增长，但我们克服不利因素，保证了办事处向每位州内来昆公务人员提供优惠房价，节约了州财政支出，保障来昆公务活动的便利，取得了良好的社会效益。一是完成各项接待工作。一年来，驻昆办认真完成了国家部委、省级领导和省级部门的相关接待任务，协助州委、州人大、州政府、州政协和州属各相关职能部门完成了“昆交会”、“旅交会”、“农博会”、“彝族火把节”和国家发改委、国家能源局、环保部、工信委、国土资源部、水利部等部委领导及楚雄州重点招商引资活动的人员接送、食宿、接待服务等系列活动，做好州委、州政府2011年“楚雄籍和在楚雄工作过的在昆副厅以上领导新春座谈会”的筹备、会务工作及在昆老同志的春节团拜活动，做好楚雄州级领导和部分相关部门、县（市）领导到昆或经昆中转的接待服务工作，做好州委、州政府安排的与省级各相关部门的座谈会，做好中国彝族通史第五次编纂委员会会议、《中国彝族大百科全书》编委专家审稿会议、云南省民族学会第五届会员代表大会服务工作，协助办好州内各县（市）在昆举办的迎新春座谈会。与省民委、省彝学会共同举办了2011年在昆彝族同胞火把节，3500余名在昆彝族同胞共度了传统民族节日。进一步加强了与州内各部、委、办、局、学校、部队，特别是9县1市和州内知名企业的交流，切实发挥了驻外机构的职能，为彝州的经济发展、社会进步作出自己的贡献。积极和各地客商交流往来，提高楚雄大厦和办事处的知名度，促进了招商引资工作的开展，对外宣传了彝族、宣传了彝州。二是提高队伍的思想素质和工作水平。驻昆办不断提高队伍的思想素质和工作水平，严格要求，加强管理取得良好效果，年内驻昆办两名预备党员经州政府办机关党委批准转正为正式党员，两名同志发展为预备党员。在办事处干部和大厦员工中注重正气的树立，讲学习，提倡积极上进，通过请专家教授到大厦为员工和管理人员现场讲座和引导职工多读书，读好书，把学到的知识应用到工作实践中，检验学习成效，激发职工的学习热情，增强队伍的内聚力和团结干事精神，创建一个积极向上的工作氛围，以饱满的热情、扎实的工作态度完成好各方面工作。三是执行“开源节流、降本增效”的经营方针。一年来，为了企业的发展，驻昆办领导和各部门管理人员一起，群策群力，综合分析市场情况，在健全和完善各项管理制度的基础上，为提高大厦的竞争力，稳定营业收入，降低经营成本，认真执行“开源节流、降本增效”的经营方针，根据具体情况，对员工进行新一轮的职业素质、职业技能和个人职业生涯设计培训和练兵，使员工综合素质和主动性、创造性得到大幅提高。年内对楚雄大厦设施进行改造更新，使其具有鲜明的彝族特点，大幅提升了档次，增强了企业的综合竞争能力，为更好的宣传彝州、服务彝州，打下坚实基础。对州内公务人员严格按照承诺的优惠房价提供住房，满足了公务用房的需求，形成了社会效益和经济效益二者并重、相辅相成的企业经营模式，既履行了公务接待职能，又使企业得到发展，国有资产得到了保值增值。通过努力，企业实现了良性循环发展的目标。

［王海宏　费淑娥］

接待工作

【接待工作概况】 2011年，楚雄州接待处紧紧围绕中共楚雄州委、州人民政府的发展思路和中心工作，牢固树立“围绕发展搞接待、搞好接待促发展”的服务理念，切实加强领导班子自身建设，不断增强干部队伍整体素质，着力提高接待质量和服务水平，高标准、严要求，精心组织，尽职尽责，不辞辛劳，热情服务，圆满完成了各项接待工作任务，为推动彝州经济社会发展作出了积极努力。全年圆满完成接待任务353批次，接待来宾5760人次，其中国家领导人1人次、省部级领导145人次、厅级领导1121人次，总服务人数17097人次；各级各类巡视组、督查组、调研组126批次，考察团（组）、代表团30批次；承办迎宾、礼仪、宴会、酒歌75场次，服务来宾参观考察81批次，接待招商引资来宾15批次，涉外接待6批次。各项接待服务工作得到了各级领导和来宾的一致好评。

【公务接待】 2011年，楚雄州接待处圆满完成了第十届全国政协副主席、中国国土经济学会理事长张怀西以及省委、省人大、省政府、省政协领导和最高人民检察院、中央国家机关工委、中央维稳办、国家水利部、国家司法部、国家住建部、国家卫生部、国家工信部、国家人力资源和社会保障部、国家发改委、国务院发展研究中心、国家烟草专卖局、中储粮总公司、国家粮食局、国家档案局、中国文联等省部级以上领导莅临楚雄视察指导工作的重要接待任务145人次。圆满完成了中央加快转变经济发展方式第九检查组、中央综治委评估考核组、中央财经领导小组调研组、全国人大教科文卫委员会调研组、全国政协教科文卫体委员会调研组、国家退耕还林验收督查组、国家住建部调研组、国家文化部检查组、国家农业部考察组、国家国土资源部调研组、国家发改委产业经济研究所调研组、国家水利部移民工作联合调研组、国家人力资源和社会保障部医保基金检查组、全国双拥办考核组、国家信访局调研组、中国扶贫基金会考察组、全国工商联考察组、国家土地督察成都局调研组、省委调研组、省委第二巡视组、省委换届督查组、省委党建工作检查组、省委政协工作督查组、省委换届考察组、全省2010年度年终检查考评工作组、省人大视察组、省政府自身建设2011年工作目标任务落实情况专项督查组、省政府机场建设调研组、省政府联合调查组、省政府“两中心”督查组、省政府非公经济督导组、省政府安全生产督查组、省政府德钢专题调研组、省政府防艾督察组、省政府节能减排专项督查组、省教育工作目标督查组、省滇中引水工程调研组、省文化旅游产业发展调研组、省治污督查组、省九大高原湖泊专家督导组、省境外非政府组织管理工作督查组、全省保障性安居工程督察组、全省棚户区改造工作专项督查组、省政协“水资源暨抗旱保民生”专题调研组、省政协“在实施西部大开发和桥头堡战略中加快推进滇中经济区建设”专题调研组、省纪委联合调查组、省纪委“第一批省级廉政文化示范点创建活动”检查组、省纪委民主生活会指导组等各级各类巡视组、督查组、调研组126批次。圆满完成了中国文联考察团、中国科协“大手拉小手——科普报告希望行”报告团、亚行城市贷款项目鉴别团、健康快车云南楚雄光明行探访团、省委学习贯彻十七届六中全会精神宣讲团、成都市政府劳务合作考察团、山西汾阳市委考察团、石嘴山市人民政府考察团、昆明市党政考察团、丽江市文化交流考察团、重庆渝北区人民政府考察团、昆明市党政代表团、普洱市政府考察团、玉溪市政府考察团、曲靖市政府考察团、普洱市公共资源中心考察团等的接待任务30批次。

【会议接待】 2011年，楚雄州接待处协办各种大型活动和大型会议接待任务12场次。1月20日楚雄籍、非楚雄籍曾在楚雄工作过现在昆明工作或已离退休家住昆明的副厅级及以上领导干部春节团拜会在楚雄大厦（昆明）召开，3月23日全省劳动保障监察工作会议在楚雄召开，4月14日西部十二（区、市）政协文史工作协作交流会在楚雄举行，4月15~17日《中国彝族通史》编纂委员会第五次会议在楚雄召开，5月10日全国中西部地区档案馆建设现场会在楚雄召开，6月14~16日中共楚雄州委在昆召开“彝州先锋、创先争优”座谈会，6月15日云南省劳动模范先进事迹报告会在楚雄举办，7月9~10日民进云南省委“同心同行共铸辉煌”文艺晚会在楚雄举办，8月23~25日云南省深化政务公开加强政务服务工作会议在楚雄召开，8月30日云南日报社楚雄分社揭牌暨云南省政务信息岛楚雄终端开通仪式在楚雄举行，12月20日2011年全省政协经济委员会联席会议在楚雄召开等。

【商务接待】 2011年，在中共楚雄州委办公室、楚雄州人民政府办公室的统筹安排下，楚雄州接待处积极配合有关部门，精心组织，热情服务，圆满完成了百名晋商赴云南考察团、著名企业家考察团、香港中资企业代表团以及中国医药工业研究总院、中国广州核电集团、云南省工业投资控股集团公司、云南煤化工集团有限公司、中石化勘探南方分公司、东航集团、昆钢集团、德胜集团、云铜集团、保利文化集团、富滇银行等招商引资客商赴楚雄考察、洽谈投资项目的接待任务15批次。

【外事接待】 2011年，在中共楚雄州委办公室、楚雄州人民政府办公室的统筹安排下，楚雄州接待处积极配合有关部门，精心组织，热情服务，圆满完成了美国众议议员及华人企业家、中智公司和日本扶轮社代表团、比利时为国服务专家代表团、韩国项目专家一行、世界园艺博览局、世界园艺生产者协会主席杜克·法博博士一行等涉外来宾的接待任务6批次。

［鲁琦云］

机构编制管理

【政府机构改革结束】 2011年6月30日，楚雄州人民政府38个部门的主要职责、内设机构和人员编制规定，经州机构编制委员会办公室审核并报州机构编制委员会审定后，由州人民政府办公室印发实施，标志着州人民政府机构改革工作圆满结束。

【深化乡（镇）机构改革】 2011年8月30日，中共楚雄州委、州人民政府下发《中共楚雄州委、楚雄州人民政府关于深化乡（镇）机构改革的实施意见》，全州深化乡（镇）机构改革工作正式启动，截至12月，全州深化乡（镇）机构改革工作全面结束。改革后，全州乡（镇）党政机关统一设置党政办公室、经济发展办公室、社会事务办公室、社会治安综合治理办公室4个办公室；乡（镇）统一设置农业综合服务中心、人口和计划生育服务中心、文化广播电视服务中心、国土和村镇规划建设服务中心、社会保障服务中心、财政所6个事业单位；县级部门在乡（镇）派驻乡（镇）法庭、派出所、司法所、工商所（分局）、地税分局5个行政机构以及国土资源所（分局）、卫生院、中心学校3个事业单位。州机构编制委员会在上级核定的乡（镇）行政、事业编制总额内核定全州103个乡（镇）行政编制3140名（含乡镇周转编制30名）；核定乡（镇）事业单位事业编制4387名；核定县级部门派驻乡（镇）的事业单位事业编制22126名；核定乡（镇）科级领导职数946名，其中正科级领导职数309名、副科级领导职数637名。改革在理顺县乡关系，科学界定职责、综合设置机构、严格控制编制等方面取得了实效，加强了基层政权建设，事业单位服务“三农”的能力得到提升。全州乡（镇）增加行政机构103个、减少事业单位515个。

【事业单位清理规范】 2011年7月11日，楚雄州机构编制委员会根据《中共中央、国务院关于分类推进事业单位改革的指导意见》和《云南省机构编制委员会关于开展事业单位清理规范工作的通知》要求，下发《关于开展事业单位清理规范工作的通知》，开展全州事业单位清理规范工作。通过清理规范，进一步摸清了全州事业单位的基本情况，规范了事业单位机构编制管理，盘活了机构编制资源，为加强义务教育、公共卫生、社会保障等公共服务，稳步推进事业单位分类改革奠定了良好的基础。全州事业单位机构数由2399个减少到2051个，精简14.5%；事业编制由50695名减少到50113名，精简了1.1%；全州实有在职人员47544人，空编2569名，空编率为5.1%。财政补助的事业机构由2313个减少到1976个；编制由49429名减少到49079名；经费自理机构由86个减少到75个，编制由1266名减少到1034名。参照公务员法管理的单位由125个减少到119个，编制由1322名减少到1229名。

【坚持编制使用审批制度】 2011年，楚雄州机构编制委员会办公室认真坚持编制使用审批制度，加强州级机关事业单位调入人员、任命科级领导前的编制、领导职数及聘用驾驶员编制使用审批，全年共批准25个党政机关使用科级领导职数22名，使用编制19名；审批28个事业单位使用科级领导职数37名，编制39名。同时，认真做好州县乡党政机关招考公务员、事业单位招聘工作人员编制审核工作，审核104个党政机关上报招考公务员编制310名，其中审核同意使用行政编制招考262名；审核全州10县（市）和州属19个事业单位上报招聘工作人员编制751名，审核同意使用事业编制招聘750名，对超编单位、自收自支事业单位上报的招考（招聘）计划一律不予审批，有效制止了超编招考（招聘）、超编进人行为。

［赵琼美］

人事管理

【考试录用国家公务员】 2011年，楚雄州共计划面向社会公开招考公务员319名（含党群、法检、省级直管单位），有近6000名考生报名，5366名考生在州内考试，分设5个考点219个考场进行了笔试，共有431名考生进入面试，通过体检、考核办理录用手续239人。

【专业技术人员管理】 2011年，全州有2人被评选为2011年度享受省政府特殊津贴人员。开展了第五届云南省科技兴乡贡献奖的推荐评选工作，上报23人参加评选。认真做好第九批楚雄州有突出贡献优秀专业技术人才选拔工作，57人被州委、州人民政府授予“楚雄州有突出贡献的优秀专业技术人才”荣誉称号。兑现了第一、二、三批中青年学术技术带头人2010年州级学科带头人津贴5.34万元。组织召开了第四批中青年学术技术带头人培养人选考核认定会，经过专家委员会评审，认定30人为州内第四批中青年学术技术带头人。

年内，全州完成教育、卫生、农牧、文化等17个系列2113人申报高、中级专业技术职务的资格审查工作，向高、中级评委会推荐2046人，评审认定中级职务任职资格1417人。组织开展卫生技术系列以考代评资格审查工作。州内报名参加全国卫生技术资格考试人员1249人，经审核，有1225人符合条件。

【引进智力】 2011年，全州实施省批准执行的引进科研课题和技术攻关项目1个，组织申报引进国家级专家、技术攻关和科研课题3个，对外教育交流与合作项目1个，向省推荐申报国家级“在中国有突出贡献的外国专家”奖项“友谊奖”1个，组织医疗单位专业技术人才到昆明参加业务工作培训项目1个、19人次。

【事业单位管理】 其他事业单位实施绩效工资。2011年，全州共审批24780名其他事业单位在职职工和退休人员实施绩效工资，实施绩效工资后人均月增资696元（含300元临时补贴），其中在职职工18691人，月增资752元；退休人员6089人，月增资521元。年末，绩效工资已全部兑现。

事业单位公开招聘工作人员。年内，州内继续坚持州属及9县1市的招聘工作统一进行。全州事业单位面向社会招聘933名毕业生，提供461个岗位，6432名毕业生踊跃报名参加考试，为符合录用条件的718名毕业生办理了聘用审批手续。

事业单位岗位设置管理。年内，全州事业单位岗位设置核准工作全面完成。州级和10县（市）共批复完成岗位设置核准数45420个，完成率达100%；认定聘用岗位42931个，完成率达100%，其中州级共批复认定54个单位、4531个岗位，完成率达100%。在已批复认定岗位中，管理岗位1123个，占3%；专技岗位37101个，占86%；工勤岗位4707个，占11%。

【机关事业单位人员计划管理】 2011年，楚雄州人力资源和社会保障局共审批州级机关事业单位增加职工计划114名，其中党政群机关49名、事业单位65名；办理事业单位调出州外11人；办理事业单位科级领导职务任职审核29人，其中正科级11人、副科级9人、非领导职务9人。

【企事业单位工作人员履职考核】 2011年，全州人力资源和社会保障部门按时完成了2010年度企事业单位专业技术人员年度考核审核、审批及统计工作。2010年全州事业单位工作人员和企业单位专业技术人员共有46142人，实际参加考核45015人，考核合格率为99.7%。

【人才交流】 2011年，楚雄州人才市场共接待用人单位1152家，收集整理发布用人信息1976条，用人单位提供就业岗位2549个；共接待进场择业及来访人员约8000余人（次），其中有900余人办理了求职登记手续，向用人单位推荐介绍人员达789人（次），推荐介绍成功532人。

【人事代理和人才派遣】 2011年，楚雄州人才服务中心为已签订代理协议的21家企事业单位代理人员办理代发工资、缴纳五大保险、户口档案托管等服务工作；为568名大中专毕业生提供人事档案托管代理服务，为198名流动人员办理户口托管；配合有关部门做好计划生育、人口普查、低保等服务工作，并报送流动人员各项统计数据。

【大中专毕业生就业】 楚雄州人才服务中心认真组织2011年全州大中专毕业生供需见面洽谈会，进场单位达99家，提供就业岗位1500个，进场求职人员达4000余人，有965名毕业生与用人单位签订了用工协议，有1400余名毕业生与用人单位签订了意向性协议。组织大中专毕业生和州内的富余劳动力到江苏、上海、深圳、宁波等地就业，共组织毕业生150人到州外和省外就业。接待2011年应届大中专毕业生4300多人次，为4220名毕业生办理了报到登记手续。2011年省下达楚雄州选聘到村任职的高校毕业生名额为180名，共有971名考生通过了资格复审，有900人走进考场参加了笔试，参考率为93%。

【成人教育培训】 2011年，楚雄州人力资源和社会保障局教育培训中心组织招收2011级昆明医学院新生6个班级、349人。年末在校生人数合计为1123人，其中昆明医学院3个年级、19个班次、1079人，云南大学2个班、44人。

【人事考试】 2011年，全州共有2946人报名参加全国专业技术人员计算机应用能力考试，考试科目（模块）6034个，考试合格1256人；1307人报名参加全国专业技术人员职称外语等级考试，考试合格801人；1391人报名参加二级建造师资格考试；1626人（次）报名参加药学（非临床医疗）专业技术资格考试；444人报名参加全国经济专业技术资格考试。全年累计办理、发放合格证2399本，其中办理发放2010年考试合格人员证书313本，办理发放2011年计算机考试合格证书1256本、职称外语合格证书802本、咨询师合格证1本、一级建造师合格证1本、注册税务师合格证9本、质量专业执业资格合格证11本、监理师合格证4本、社会工作者合格证2本。另外，全年还完成执业药师、注册咨询工程师、注册测绘师等28种执（职）业资格，共计1543人的考试报名、资格审核等相关工作任务。

【军队转业干部工作】 2011年，云南省军转办分配楚雄州接收安置转业干部24名，其中计划安置12名，自主择业12名。年内，州人力资源和社会保障系统广泛开展走访慰问企业军转干部活动。春节、建军节、中秋节期间，州属及10县（市）走访慰问企业军转干部700余人次，发放慰问品及慰问金价值14万多元。进一步落实维稳工作责任制，确保了州内企业军转干部没有发生到省进京上访事件，维护了全州的社会稳定。

［李松林］

行政监察

【监督检查】 2011年，楚雄州纪检监察部门坚持围绕中心、服务大局，加强对党中央、国务院和省州党委、政府重大决策部署和政策措施落实情况的监督检查。加强对扩大内需促进经济增长政策落实情况的监督检查，制定下发《关于深入做好我州扩大内需促进经济增长政策落实监督检查的工作方案》。通过检查，促进了中央、省下达楚雄州的1～4批扩大内需投资项目续建和收尾工作的有效落实。到年底，国家共下达楚雄州扩大内需中央投资的457个项目已全部开工建设，已完成年度投资计划的项目421个，占项目总数的92.1%，共完成投资228639.43万元，占总年度投资计划的95.3%。加强对加快转变经济发展方式的监督检查，制定下发《楚雄州开展加快转变经济发展方式监督检查实施方案》，把加快转变经济发展方式贯穿于经济社会发展全过程和各领域，以促进“十二五”经济发展、科技教育、资源环境、人民生活等方面的主要指标特别是12个约束性指标的实现为目标，把7个检查的重点分解到10个具体责任部门53个参与部门，并督促责任部门和参与部门认真抓好工作落实。年内，共开展执法监察工作11项，组织开展节能减排和环保专项检查33项、固定资产投资政策执行情况检查234项、节约集约用地工作落实情况监督检查44项、房地产市场调控政策执行情况检查13项、安全生产法律法规执行情况监督检查41项、工程建设招标投标监督检查574项，纠正招投标违规行为17起，办理工程建设廉政合同备案手续570份。

【专项治理】 2011年，全州纪检监察部门围绕社会关注和群众反映强烈的突出问题开展专项治理工作。开展党政机关公务用车问题专项治理，对违规借车64辆问题进行了认真整改。制定下发《关于重申进一步加强公务用车管理工作的通知》，对武定等3个县（市）和24个州级部门公务用车管理使用情况进行严格抽查。开展“小金库”专项治理，对全州1206家行政事业单位进行了全面复查，发现“小金库”1个，金额9.1万元。对375家行政事业单位、160家社会团体、33家国有及国有控股企业进行了重点抽查，发现4家单位设有4个“小金库”，涉及266447.21元；发现4家单位存在财务核算、会计基础工作和票据使用不规范等问题，对存在问题要求限期整改，并追究了相关责任人的责任。开展工程建设领域突出问题专项治理，全州共清查2008年以来政府投资和使用国有资金规模在50万元以上的工程项目1831个，排查发现投资规模500万元以上项目的违规问题127个，纠正123个，收缴罚没和补交款项182.34万元；对42家违规操作的施工企业执行建筑市场不良行为记录和黑名单制度；清理工程建设领域规范性文件65个，废止4个、修订10个，新出台5个。开展清理和规范庆典、研讨会、论坛专项治理，全年州内举办庆典、研讨会、论坛活动共计12项，通过自查自纠，取消庆典、论坛活动4个，节约经费140万元。巩固公路“三乱”治理成果，组织16个检查组开展公路“三乱”治理，上路检查4764千米，检查超载检测站7个、收费站5个、测速点7个、其他站点27个，撤销了境内2个未经批准设立的临时治超点，巩固了公路“三乱”治理成果。

【政风行风建设】 2011年，制定了《2011年楚雄州“政风行风热线”工作方案》，播出“政风行风热线”节目22期，19家单位和65名负责人与听众直接交流互动，播出“政风行风跟踪反馈”7期，对群众反映问题的办理情况进行跟踪报道。全年“政风行风热线”共受理群众咨询投诉211件，办结190件。办结2010年“金色热线”群众咨询投诉33件。组织县（市）、州级部门对2008年、2009年群众通过“金色热线”、“百姓与社会”栏目咨询投诉的37个问题办理落实情况进行回访，群众满意率达90%以上。通过问卷调查，听众对2010年度楚雄州“政风行风热线”综合满意率达96.7%。

【涉农收费监测】 2011年，全州共设立涉农收费监测点127个，聘请监测户1063户。纪检监察部门重点对全州部分高中学校招收毕业生复读并收费问题进行了调查，涉及11所公办高中，收费金额165万元，对情节严重的7所高中校长分别给予了诫勉谈话问责和行政警告处分。督促财保南华县支公司对能繁母猪死亡理赔存在赔付不及时、赔付标准未执行省州有关政策的行为进行了纠正，对294户农户因322头能繁母猪死亡未足额理赔部分进行了理赔，涉及金额9.7万元。督促牟定县蟠猫乡林业站清退了47户农户的沼气池建设押金9400元。纠正了禄丰县广通镇人民政府要求廉租房住户入住时先缴纳3万元预收租金和县广电网络公司安装数字电视时强行服务收费问题。督促禄丰县教育局对妥安希望小学一名教师体罚学生的问题进行了处理。

【行政问责】 2011年，全州纪检监察部门加强对推动全州经济社会科学发展过程中不作为、乱作为、有令不行、有禁不止、不履行或不正确履行职责的干部进行严律问责，全州共问责各级干部120人，其中处级14人、科级68人、其他人员38人，公开问责48人，公开问责率达40%。通过问责，取得了良好的政治、社会和法纪效果，进一步增强了干部的大局意识、责任意识和法纪意识，提高了行政效率。

［李晓军］

政府法制

【政府法制工作概况】 2011年，全州政府法制工作求真务实，开拓创新，不断提高规范性文件质量，深入推进行政执法责任制，加强行政执法队伍建设，依法办理行政复议案件，充分发挥参谋、助手和法律顾问作用，推动法制政府建设取得新成效，为推动彝州经济社会又好又快发展提供良好的法制保障。年内进一步加强法制机构和队伍建设。6月30日，根据《机构改革的实施意见》，设立州人民政府法制办公室，为州人民政府办公室管理的部门管理机构，副处级级别。内设综合科、法规科、法制监督科、行政复议科、行政许可管理科5个职能科室，机关行政编制10名。其中，主任1名（副处级），正科级领导职数7名（含副主任1名、法律顾问室专职副主任1名），副科级领导职数2名。

【政府法制监督】 2011年，为进一步强化楚雄州行政执法责任制工作，根据《楚雄州行政执法责任制规定》的要求，起草了《楚雄州2011年度县（市）政府行政执法责任书》和《楚雄州2011年度州级部门行政执法责任书》，并于3月17日，在全州政府法制工作会议上，州人民政府按照《楚雄州行政执法责任制考评奖惩办法》和2010年的考评结果，对评定为一等奖的10个单位、二等奖的17个单位、三等奖的33个单位进行了表彰奖励，共兑现2010年度行政执法责任制考评奖金12.6万元，进一步强化了行政执法责任制的推行。同时，州人民政府分别与10县（市）人民政府、州级49个行政执法部门以及楚雄开发区管委会签订了《楚雄州2011年度行政执法责任书》。

落实行政执法案卷评查工作。根据国务院《全面推进依法行政实施纲要》、《云南省人民政府贯彻国务院关于加强市县政府依法行政的决定的通知》和《云南省行政执法案卷评查办法》的要求，为提高全州各级行政执法部门的行政执法水平，规范行政执法行为，提高行政执法案卷质量，减少行政执法争议。3月21日代表州政府办起草下发了《楚雄州人民政府办公室关于对2010年行政执法案卷进行评查的通知》，对案卷评查工作作了安排并于9月19日至10月25日分4个评查组分别就2010年所办理的部分行政执法案卷对10县（市）和开发区管委会进行了评查，对州工商局等20个州级行政执法部门进行了抽查。根据各县（市）和州级行政执法部门上报情况统计，全州共评查案卷138617件（其中处罚案卷69628件、行政许可案卷56430件、行政复议案卷20件，其他案卷643件）；评查组共对2010年内全州形成的行政执法案件抽查了994件（其中处罚案卷496件、行政许可案卷450件、行政复议案卷20件，其他案卷28件）。在抽查中，对发现的问题能够及时进行总结反馈，并针对问题提出整改意见，限期整改并督促落实。

抓好行政执法队伍培训。做好全州行政执法人员行政执法证件到期审验和新办证培训工作。按照《云南省行政执法证件管理规定》和《云南省人民政府法制办公室关于云南省行政执法证件到期人员审验培训的通知》的要求，经州人民政府批准，对全州持有云南省行政执法证件到期人员650人、在行政执法岗位但没有行政执法证件的431人进行了培训，并予以换发行政执法证件。积极做好《行政强制法》培训工作。按照省政府法制办、州人民政府的要求，结合工作实际，全州各级各部门采取行政执法人员利用教材自学、集中培训、邀请上级和州级取得省人民政府法制办公室《行政强制法》后续培训授课资格的人员进行讲授相结合的方式对《行政强制法》进行了学习培训。10月28日至11月3日，州政府法制办公室组织10县（市）人民政府、州级行政执法部门的83名工作人员分3期，参加了省政府法制办公室举办的《行政强制法》师资培训班。11月7～22日，取得省人民政府法制办公室《行政强制法》后续培训授课资格的人员，先后对本部门和受其他部门的邀请，为州内2.3万余名（其中州级部门2680名，县市政府20320名）工作人员对《行政强制法》概念、《行政强制法》的设定、行政强制措施的实施、行政强制执行程序、申请人民法院强制执行、责任追究等相关内容作了系统、全面和细致的讲授。11月24日，州内22760名（其中州级部门2680名，县市政府20080名）行政执法人员进行了统一考试。通过统一评改卷、登记成绩，获得了平均分94.68分的成绩。

进一步加强监督，规范行政行为。根据《云南省人民政府关于在全省县级以上行政机关推行效能政府四项制度的决定》和《云南省人民政府办公厅关于印发云南省行政机关推行效能政府四项制度实施办法的通知》以及《楚雄州提升依法行政能力工作实施方案》的有关要求，为进一步加强监督，规范行政处罚行为，及时指导各级具有行政处罚权的行政执法部门制定细化行政处罚自由裁量权工作方案和基准制度。

【行政复议和行政应诉】　2011年，楚雄州政府法制部门认真履行职责，依法办理行政复议案件。截至11月30日，州本级共收到行政复议申请11件，经审查受理10件，不予受理1件，已办结12件（包括两件旧存），其中维持8件，责令受理1件，当事人撤回申请终止审理3件。收到行政赔偿申请2件，经审查不予受理。对来访群众提出的涉诉涉法问题做到认真对待、耐心解答。符合行政复议受理条件的及时受理，不符合受理条件的，都讲明原因和法律依据，并告知其有效的解决途径。

做好全州行政复议决定的备案审查以及行政复议、行政诉讼的统计分析工作。年内，依法对县（市）和州级部门上报备案的15件行政复议决定进行了审查。通过对上报备案的复议决定的审查和意见反馈，进一步规范了全州行政复议案件的办理。通过对上年数据的统计分析，掌握了全州的基本情况，确定了县（市）政府和部门的监督指导重点。

指导县（市）和部门办理行政复议案件。通过咨询解答具体指导大姚、姚安、双柏等县人民政府和土地、林业、路政执法支队等州级部门依法办理行政复议案件。通过全州的案件质量评查、案件备案审查等事后监督的方式，提高下级行政复议机关案件办理质量。

确实履行职责，代理州人民政府应诉。按照领导安排办理了楚雄市东瓜镇车坪村孙家屯小组孙××诉州人民政府行政不作为案、楚雄市米市街43号樊××诉州人民政府拒绝履行政府信息公开职责案的诉讼事务，2件案件经法院审判作出了驳回诉讼请求、视为自动撤回诉讼的判决。办理了楚雄市东瓜镇李××等6人不服省高院〔2008〕云高行终字第86号行政裁定、〔2010〕云高行终字第19号行政裁定等3件行政检察抗诉案件。指导并审查开发区管委会上报省人民政府行政赔偿答复2件。

【政府法律服务】　2011年，楚雄州人民政府法制局办理领导交办审查的州人民政府或其他州级领导机关的重大决策事项、合同、协议等20余件，提出了具体的法律意见，形成正式审查意见报州人民政府及其他机关领导作为决策参考，发挥了政府法律参谋、顾问的作用。

［武少林］

经济决策与咨询

【调研和课题研究】　2011年，楚雄州人民政府研究室以邓小平理论和“三个代表”重要思想为指导，认真学习党的十七大报告，十七届五中、六中全会和中央经济工作会议精神，坚持以科学发展观为统领，开拓进取、不断完善工作机制，以务实的作风，圆满完成了年初制定的各项工作目标和上级交办的各项工作任务，工作取得了明显实效。

开展课题研究，圆满完成年初课题计划任务。完成了《民族贫困地区发展过程中的文化资源整合——楚雄彝族自治州案例》、《桥头堡建设与楚雄州产业发展研究》和《楚雄州人口老龄化及对策研究》3个课题研究。

认真开展专题研究工作。与民进楚雄州委共同完成了《楚雄州农业产业化与农业生产方式转变研究》课题；参与州政协《楚雄州在滇中经济区建设中的战略定位调研报告》课题研究；完成了州政府领导交办的《欠发达地区商贸物流业发展研究——以楚雄彝族自治州为例》专题研究；按照州政府领导安排，通过对路桥四公司的调研，向州人民政府报送《楚雄州人民政府研究室关于解决云南路桥四公司职工持股会欠款问题的意见》，提出解决问题的意见建议；按照州政府领导的安排，通过调研，多次向有关部门征求意见，形成了《楚雄州县级公立医院改革试点实施方案》，州政府正式发文执行；根据州政府的安排，开展楚雄州目标责任书综合考核调研，对州级各部门签订的目标责任书进行认真清理统计，形成《关于实施工作目标责任制考核情况的调研报告》上报州人民政府；牵头开展楚雄州金融服务“三农”、“一个创新两个建设”专题调研，并形成了《楚雄州金融服务“三农”、“一个创新两个建设”调研报告》上报州政府；承担2012年政府工作报告10个专题调研报告的《支持永仁建设成昆经济带云南北大门》、《楚雄州融资问题专题调研报告》的撰写工作；完成了楚雄州科学发展和谐发展跨越发展若干重大问题专题调研报告之《楚雄州产业发展问题专题调研报告》、《楚雄州基础设施建设问题专题调研报告》和《楚雄州城乡统筹发展问题专题调研报告》撰写工作；赴攀枝花、雅安、成都、昭通等地进行考察学习，形成了《支持永仁建设成昆经济带云南北大门思路研究》和《赴攀枝花和成都等地考察报告》；与州民委配合共同完成了《楚雄州城市民族工作》课题研究。

参与重要文件和综合性文稿起草工作。根据州政府政府工作报告起草领导小组的要求，参与政府工作报告的调研和起草工作；参与了楚雄州第八次党代会报告起草工作，完成《楚雄州转变经济发展方式专题研究报告》、《楚雄州重点产业建设情况调研报告》和《楚雄州基础设施建设情况调研报告》课题研究；根据《云南省人民政府关于加大城乡统筹力度促进农业转移人口转变为城镇居民的意见》精神牵头起草《楚雄州人民政府贯彻云南省人民政府关于加大城乡统筹力度促进农业转移人口转变为城镇居民文件的实施意见》；负责完成了省政府调研组在楚雄州进行《调整完善城乡建设发展思路，加强耕地保护情况》调研的材料；参加州政府督查调研组到10县（市）开展对全州县域经济发展问题和重点项目、重要工作的督查调研，并形成《楚雄州县域经济发展专题调研报告》和《楚雄州2011年1至8月经济社会发展指标及重大项目完成情况督查调研报告》；完成了“建立健全深化政府自身建设的长效机制”调研，形成了《深入贯彻落实四项制度建立健全深化政府自身建设长效机制的调研报告》；负责完成了州政府贯彻落实《云南省人民政府关于加强耕地保护促进城镇化科学发展的意见》实施意见的起草、修改完善工作；负责完成了州政府贯彻落实《云南省加大城乡统筹力度促进农业转移人口转变为城镇居民的实施办法（试行）》的实施办法起草工作，并经过征求意见、修改完善报州政府；完成了州社科联编著《楚雄州经济社会发展蓝皮书》之《楚雄州新能源新材料产业发展研究》和《楚雄州建设金沙江流域经济合作区的重要节点思路研究》调研报告；负责完成了《云龙水库管理体制调研报告》的文稿起草，上报省政府研究室；参与州扶贫办牵头的《连片特困地区区域发展与扶贫攻坚规划》编制的相关工作；完成州委中心学习组专题材料《楚雄州2012年经济发展形势及对策分析》的报告；负责完成了州政府贯彻落实《中共云南省委云南省人民政府关于“十二五”期间促进城镇居民增收的意见》文稿起草工作。

【全州县域经济发展工作】 2011年，楚雄州人民政府研究室认真履行县域经济发展协调领导小组办公室的职能职责，积极做好领导小组办公室的日常工作，及时了解各县（市）县域经济的运行情况，完成了楚雄州2010年度县域经济运行情况分析和2011年上半年县域经济运行情况分析材料，根据《云南省人民政府关于印发云南省开展扩权强县试点实施意见等4个文件的通知》精神和云南省县域经济协调小组办公室对2010年全省129个县（市、区）县域经济进行综合考核和排名的情况，起草并印发了《关于2010年楚雄州10县（市）在云南省县域经济综合评价考核中综合排位和争先进位排位情况的通报》，完成了《楚雄州“十一五”县域经济工作情况和“十二五”县域经济工作计划》。同时，按照州委的要求，根据年度工作计划安排和单位工作职责，就县域经济方面所分解的立项督查事项形成了《关于贯彻落实州第八次党代会精神分解立项督查事项的工作方案》，根据全省县域经济综合评价考核结果，对全州10县（市）2009年和2010年县域经济发展考核奖励进行了测算，并提出兑现奖励方案，根据州人民政府安排，做好2011年全省县域经济发展电视电话会议楚雄分会场会议的相关材料准备和会务筹备等工作。

【内部刊物编印】 2011年，楚雄州人民政府研究室扎实抓好《彝州经济研究》、《楚雄政报》办刊工作，改进工作作风，强化内部管理，规范工作程序，总结办刊规律，对《彝州经济研究》注重在选稿、用稿方面严把政治、政策关和文稿质量关，既注重文章的理论性，更注重实践性，充分发挥期刊指导彝州经济建设、服务彝州经济发展的作用。围绕“传达政令，宣传政策，指导工作，服务全州”的办刊宗旨，认真做好《楚雄政报》的编辑、发行工作。年内，州人民政府研究室共编发《经济研究内参》和《经济信息内参》资料24期，其中《经济研究内参》16期、《经济信息内参》8期，为州委、州政府及时了解全州经济运行动态和经济形势发展提供重要参考资料。

【做好州专家咨询委和州政府顾问工作】 2011年，楚雄州人民政府研究室按时发放顾问费，并根据大部分政府顾问聘期将满的情况向相关部门征求续聘意见，写出工作请示报州政府。同时，切实履行州专家咨询委办公室工作职责，认真做好州专家咨询委委员日常管理和沟通联系工作，年初将2009～2010年度专家咨询委各专业组课题研究成果汇编成《楚雄州专家咨询委员会专家咨询建议集》；组织州专家咨询委各专业组开展2011年的课题研究工作，4个专业组所承担的课题已完成初稿。

［刘　毅］

外事侨务

【外事侨务机构概况】　2011年，按《楚雄州人民政府办公室关于印发楚雄州人民政府外事侨务办公室主要职责内设机构和人员编制规定的通知》，新组建楚雄州人民政府外事侨务办公室机关，设4个内设机构（正科级），分别为：综合科，涉外事务科，涉侨事务科，经济科技科。机关暂定行政人员数12名，其中主任1名（正处级）、副主任1名（副处级）、正科级领导职数4名、副科级领导职数1名。年内，州外事侨务办公室根据《内设机构科级领导干部竞争上岗实施方案》，通过自愿报名、笔试、竞职陈述、民主推荐和组织考察各个环节的综合遴选，任命了内设科长4人、副科长1人。年内，州人民政府外事侨务办公室完善了外派教师储备库。6月底，州内首批3位外派教师顺利抵达泰国任教。全年，州人民政府外事侨务办公室就州内外事侨务工作如何更好地发挥职能作用服务于桥头堡建设，开展了调研，提出了努力做好“五个服务”的工作思路，即服务周边外交、服务大通道建设、服务彝州请进来和走出去工作、服务对外文化交流及服务外商侨商到州内发展。

【办理因公出国（境）考察】　2011年，楚雄州人民政府外事侨务办公室加强全州党政领导干部和专业技术人员因公出国（境）管理工作，严控州内公务出访团组及人数，坚决杜绝“轮流出国，照顾出国，待遇出国”现象发生。年内，受理报批件38件，送领导审定通过32件，出访人数79人，与上年相比，出访人数及财政经费支出均有所下降，完成了行政成本控制任务。同时，州外事侨务办公室重视开展对因公出国（境）团组和人员的行前教育。加强因公出国境证照的集中管理，公务护照和通行证回收率达100%。

【外事接待】　2011年，楚雄州人民政府外事侨务办公室认真执行《礼宾接待规定》、《外事工作纪律》等相关制度规定，进一步细化规范了外事接待工作的内容要求，加强部门协调，做到责任落实，周密安排，及时请示汇报，确保万无一失。年内，先后接待美国新泽西州众议员戈登·约翰逊及华人企业家赴楚雄考察，世界园艺生产者协会主席杜克·法博博士一行到楚雄考察，配合有关部门接待参加亚行贷款楚雄州城市基础设施建设项目的亚洲开发银行项目经理乔安娜女士及项目环境、拆迁、社会发展专家等预鉴别团一行。圆满完成了外交部、省外办安排的外国友好团组到楚学习、考查活动的各项接待服务。

【外籍人员及境外非政府组织管理】　2011年，楚雄州人民政府外事侨务办公室积极做好外籍人员管理。配合州公安局、州防艾办、州禁毒委等相关部门，重点对彝人古镇的外籍人员，开展了主题为“行动起来，向‘零’艾滋迈进”的宣传教育活动，向缅甸、韩国外籍人员及过往行人发放相关宣传材料近千份。

年内，州人民政府外事侨务办公室认真贯彻《云南省规范境外非政府组织活动暂行规定》，6～8月，在全州范围内开展了境外非政府组织督查调研工作，进一步摸清情况，督促落实做好“组织身份备案”、“项目合作备案”工作。10月13日，召开了全州境外非政府组织管理工作会议，对州内加强境外非政府组织管理工作作出全面部署。

【涉外信息】　2011年，楚雄州人民政府外事侨务办公室坚持定期向州委、州政府分管领导报送全州出国（境）人员和经费支出情况，为州委、政府领导及时了解掌握全州因公出国（境）管理工作动态，研究解决相关问题提供决策依据，定期向州纪委提供楚雄州领导因公出国（境）人员考察相关资料。

【侨益维护及为侨服务】　2011年，楚雄州人民政府外事侨务办公室继续加强“一法两办法”的学习宣传和贯彻落实，进一步增强“侨胞利益无小事”的观念，高度重视侨务来信来访工作，为侨胞排忧解难。4月，配合州人大民工委完成了省人大常委会到楚雄开展侨资企业权益保护情况调研工作。

年内，州人民政府外事侨务办公室按照依法办事、注重政策、根据特点、适当照顾的原则，对归侨侨眷提出的诸如房产权益、民事纠纷、补办证件、低保、就业再就业、子女就学、生产生活等方面困难和问题，做到事事有回音，件件有落实。春节前夕，对全州87户贫困归侨侨眷和特殊侨户进行走访慰问。

【侨务经济科技】　2011年，楚雄州人民政府外事侨务办公室充分发挥侨务资源优势，加强领导，明确责任，以积极参与招商引资工作为突破，着力服务地方经济社会发展。6月，与州招商局密切配合，组织了州内部分企业、县级招商部门参加“第九届东盟华商投资西南项目洽谈会暨亚太华商论坛”，与海外华人社团、华侨华人专业人士、华人企业家等进行广泛交流，会上楚雄州共签订框架协议2个，协议资金3.25亿元人民币，其中云南积华生物科技有限公司GSH建设项目3.05亿元、中国医疗集团（香港）有限公司新建楚雄全科口腔医院项目0.2亿元。为日本神英独创机械株式会社投资新建水质净化材料生产线建设项目的谈判、审批和办理等工作提供服务。继续做好香港世贸集团捐资100万元援建的元谋县姜驿卫生院和永仁中和卫生院建设项目各项监督管理工作。做好美国欣欣教育基金会向牟定县河节冲小学捐款援建阅览室的相关工作。制定了《楚雄州人民政府外事侨务办公室招商引资责任目标管理考核及服务企业考核奖惩试行办法》。

【海外联谊】　2011年，楚雄州人民政府外事侨务办公室重视海外联谊工作，在保持和加强与老华侨华人、老朋友良好关系的同时，注重加强与新移民和华裔新生代的联谊工作，主动寻求与海外华商、华人商会间的联系，扩大与海外华侨、华人的联系范围，促进与其在文化、教育和经济领域的交流与合作。对列为2011年全州20项重点工作之一的

"第七届世界云南同乡联谊大会"筹备工作，加强与省、州相关部门的协调对接，做好相关筹备工作。制定了《楚雄州人民政府外事侨务办公室"十二五"国外侨务工作规划》。

［王美华　周炜］

对台工作

【对台工作概况】　2011年，全州对台工作在中共楚雄州委、州人民政府的领导和省台办的指导下，着眼于促进海内外关系和谐，配合全省建设面向西南开放的"桥头堡"战略，不断夯实两岸交流的基础，搭建文化交流和经贸合作的平台，认真研究新形势下加强对台工作的新途径，为促进两岸关系和平发展大局，密切与台湾同胞的联系，扩大楚雄州在台湾知名度和提升对台影响力发挥了积极作用。

【慰问黄埔同学和黄埔同学遗孀】　2011年1月，中共楚雄州委统战部常务副部长、州台办主任刘予敏和相关科室负责人在当地县委统战部和乡（镇）领导的陪同下，向姚安、大姚等5县生活困难的10名黄埔同学共发放补助金40000元（其中省黄埔同学会补助26000元，州委统战部补助14000元），向13名黄埔同学遗孀发放慰问金10400元（其中省黄埔同学会补助4500元，州委统战部补助5900元）。同时州台办还配合省黄埔同学会开展了为纪念抗日战争胜利65周年而举行的系列活动之一的"记忆永存"活动。

【接待台湾参观访问团】　2011年1月13～19日，台湾第二大保险公司——南山人寿保险公司组织员工共450余人分7批到楚雄州旅游观光。鉴于此次活动意义重大，做好接待工作不仅可以使彝州在台湾同胞心中留下深刻的印象，更可以让这一大批台湾游客成为楚雄旅游的义务宣传员，吸引更多的台湾游客到楚雄来旅游观光，州人民政府高度重视，专门成立了领导小组，下设办公室、接待组、卫生防疫组、安全保卫组、涉台事务工作组，由旅游、台办、交警、卫生等部门和各接待酒店、景区、旅行社管理人员参与，召开了工作协调会，精心制订了接待方案，经过7天的工作，圆满完成了此次接待工作。

8月18日，以台湾南投县原住民部落小区大学教员为主组成的"台湾原住民族学院促进会"参访团一行20人到楚雄交流学习，受到了楚雄州台办的热情接待，宾主进行了亲切友好的交谈。参访团全体人员参观了彝人古镇，观看了彝族风情表演，还与彝族同胞开展了联欢活动。

【组团赴台参访交流】　2011年，楚雄州台湾事务办公室指导并积极协助办理了两个团队赴台的报批手续。5月，楚雄师范学院受台湾台中教育大学的邀请组织该院教育管理人员一行6人赴台参访。州民族艺术剧院民族管弦乐团应台湾桃园县乐友丝竹室内团的邀请，于12月18～25日组织州文化体育局35人演职人员队伍先后到台湾桃园和台北进行了"2011海峡两岸文化交流《中国记忆——云中火把》云南楚雄专题彝族音乐会"交流演出，在双方配合下，演出活动获得成功。

【中央及省属驻楚单位和州属单位台属情况统计调查】　为摸清中央和省属驻楚单位和州属单位台属分布情况，州台湾事务办公室于2011年10月对有关单位的台属情况进行了调查摸底，对150多个单位的台属情况进行了统计，建立了各单位台属分布情况台账和台属登记档案，为下步做好中央和省州属单位对台工作和更好地为广大台胞台属服务打下了良好的基础。

【遴选上报中国宋庆龄基金会拟资助贫困大学生】　2011年7月，中共云南省委统战部争取到中国宋庆龄基金会"未来工程—维学教育基金"项目一个，分配楚雄州拟资助考取北京公立大学的应届贫困生名额3名，入学新生每人每年将获资助5000元。州台湾事务办公室接到通知后，积极与州教育局进行了联系对接，经过统筹考虑，在3所州属中学中遴选了符合条件的3名应届生，由学生本人填写了受助申请表后和报告材料一起上报省委统战部。

【明德小学建设】　2011年楚雄州共获明德小学捐赠指标4个，建设明德小学3所。至年底全州总计建设了明德小学58所，总投资近9500万元，其中台塑集团捐资3000万元。

［李宗黔］

妇女儿童工作

【妇女儿童工作概况】　2011年，全州有县（市）妇女儿童工作委员会10个，乡（镇）妇女儿童工作委员会103个。设立州及县（市）妇女儿童工作委员会办公室11个。全年召开各级妇女儿童工作委员会全会87场，参会人员达2733人次；召开妇女儿童工作会议126场，参会人员达6253人次；举办监测统计培训班33期，培训人员1207人次；开展调研56次，形成调研报告95篇；广泛开展妇女儿童发展规划宣传，制作展板144块、粘贴标语4609条、出黑板报939期、会议宣传723场次、其他方式宣传284场次，营造了全社会关心、重视、支持妇女儿童的的氛围。

【"两个规划"评估工作】　2011年，楚雄州及10县（市）对《楚雄州妇女发展规划（2001～2010年）》、《楚雄州儿童发展规划（2001～2010年）》实施情况进行了终期评估。州人民政府对全州"两个规划"终期评估工作作了统筹安排，州妇女儿童工作委员会对"两个规划"终期评估工作作了周密部署，制定了终期评估工作方案，明确终期评估的工作目标、任务、步骤和要求。全州各级妇女儿童工作委员会及成员单位严格"两个规划"评估工作程序，分阶段按照时间节点开展评估工作。全州各级妇女儿童工作委员会办公室、统计部门密切配合，完成了"两个规划"指标数据的收集、汇总、校对工作，撰写了“两个规划”终期统计监测报告、终期评估报告。该州撰写的《楚雄州实施2001～2010年云南妇女儿童发展规划终期评估报告》，在省妇女儿童工作委员会组织开展的对全省16州（市）撰写的终期评估报告评比中荣获二等奖。

实地评估检查。4月20～22日，州妇女儿童工作委员会组织检查组对全州10县（市）和指标较多、任务较重的州教育局、州卫生局、州民政局、州人力资源和社会保障局、州住房和城乡建设局5个成员单位“两个规划”实施情况和终期评估工作情况进行了实地评估检查。检查结束，召开了“两个规划”实施情况实地评估检查汇报会，会后将检查情况进行了书面通报。

专家评审会。4月28日，州妇女儿童工作委员会组织召开了“楚雄州实施2001～2010年云南妇女儿童发展规划终期评估报告专家评审会议”，与会专家评审通过了评估报告。“两个规划”终期评估反映，规划实施10年来，在州委的高度重视支持下，各级人民政府强化规划实施的主体行为，加强对规划实施工作的组织领导，建立健全妇女儿童工作委员会工作制度，完善“两个规划”实施的工作机制，加强妇女儿童工作委员会办公室能力建设，形成了“党委重视、政府主导、妇儿工委协调、部门参与”的社会化工作格局，全州“两个规划”实施成效明显，妇女儿童事业全面推进，妇女儿童发展规划中确定的绝大部分指标已经达标或提前达到终期目标要求。《云南妇女儿童发展规划（2001～2010年）定量指标数据表》104项指标地州级填报的91个指标中，楚雄州有84项指标达到省级规划2010年终期目标，达标率为92.31%；《云南妇女儿童发展规划（2001～2010年）》31项定性指标，楚雄州全部达标，达标率为100%。

【迎接上级检查考核】 2011年，楚雄州妇女儿童工作委员会认真做好迎接国家“两纲”、云南省“两个规划”终期评估检查工作。依据《云南省妇女儿童工作目标责任管理州（市）考核表》考核要求，对2010年度妇女儿童工作进行了自检自查，分类整理了文字和图片资料接受检查，通过了省人民政府对2010年楚雄州妇女儿童工作的目标责任管理考核。全州州、县（市）、乡（镇）三级妇女儿童工作委员会及成员单位完善了10年规划实施的文字资料和音像资料，州妇女儿童工作委员会办公室完成了33卷文字资料档案和近200张照片资料的归档迎检工作。在5月开展的云南省妇女儿童发展规划终期评估检查中，楚雄州与其他7个州（市）一起被列为免检单位，通过了省妇女儿童工作委员会的考核验收。

【妇女儿童发展新规划编制】 2011年，组织州妇女儿童工作委员会成员单位、县（市）妇女儿童工作委员会、有关专家学者等人员对国家新“两纲”征求意见稿、省新“两规”（初稿）征求意见稿建言献策。州妇女儿童工作委员会各成员单位将事关妇女儿童发展的核心指标、关键指标纳入部门“十二五”规划，纳入部门新一轮妇女儿童发展目标指标体系，修订了各部门的新规划内容，州妇女儿童工作委员会办公室以省新“两规”（征求意见稿）为借鉴蓝本，对各成员单位提交的新“两规”内容进行了组稿。

【女干部推优】 2011年，楚雄州妇女儿童工作委员会抓住全州各县（市）换届的有利机会，在全州范围内开展优秀正科级、副处级、正处级妇女干部推荐工作，通过层层择优推荐，向州委组织部推荐了99名优秀妇女干部。

【“六一”儿童节庆祝活动】 全州各级妇女儿童工作委员会以“童心向党，快乐成长”为主题，开展丰富多彩、健康向上的“六一”系列庆祝活动。“六一”节期间，州妇女儿童工作委员会组织慰问团慰问了永仁县地什苴春蕾小学、元谋县湾保春蕾小学、楚雄开发区实验小学全体师生，向3所学校师生赠送了8000元现金和价值1万余元的生活、学习、体育用品；州妇女儿童工作委员会、州妇女联合会对10县（市）的100名特困留守妇女、100名特困留守儿童进行了慰问，使农村贫困留守妇女儿童感受到了党和政府及社会各界的关怀。节日期间，各县（市）宣传广泛，活动新颖，儿童参与面广，“儿童优先”原则进一步体现，促进了全州少年儿童的健康发展。

［李丽琼］

归国华侨联合会

【归国华侨联合会工作概况】 2010年12月31日，根据中共楚雄州委文件精神，楚雄州侨联机构单列，成立党组。2011年末，楚雄州归国华侨联合会第四届委员会常委11名，委员32名。州侨联协调各方，创造条件，积极组织侨联常委委员学习，组织侨联机关、侨联常委、委员在各行各业开展创先争优活动及开展干部作风整顿教育活动，召开了常委会2次、全委会1次，使集体领导、民主集中的好风尚得到了充分发扬，最大限度地调动了常委、委员的积极性和为侨服务的工作热情。做好楚雄州第五次归侨侨眷代表大会召开筹备工作。

【侨务调研活动】 2011年，为贯彻落实《关于开展全省“侨资侨属企业”调查的通知》和《关于做好2011年统战理论研究和调研工作有关事项的通知》精神，结合全州侨联工作实际，开展了侨资侨属企业调研，提出《楚雄州“侨资侨属企业”发展现状调研》报告。参加中国侨联、省侨联、州委统战部组织的建党90周年征文活动，组织州内侨心学校参加“第十二届世界华人学生作文大赛”，组织侨心小学校长参加中国华侨公益基金会组织的培训。征文活动受到州委统战部的表彰，评为优秀组织奖，参赛的征文全部获得二、三等奖。组织机关支部党员积极参加“党在我心中”知识竞赛。

【海外联谊工作】 2011年，楚雄州侨联围绕中心、服务大局，深入基层，深入实际，积极响应州委、州人民政府“富民强州”的中心工作，充分利用海内、海外财力、智力优势，积极配合政府有关部门，利用自身特点和联谊优势，组织引导侨界群众加强对外联络工作，互通信息，接待海外侨胞和国内侨团100多人，为地震灾区和贫困山区牵线搭桥，促成香港慈教社教育基金捐赠的武定县扯衣乍侨心小学、元谋县羊街镇中心完小两所，捐资建校资金37万元。牵线马来西亚星州日报、香港两地一心、美国妈妈联谊会资助贫困山区学生337名，人均捐助3年，每年33万元人民币。为贫困学生和山区儿童学习条件的改善做了一定的工作。

【参政议政工作】 2011年，楚雄州侨联积极开展侨法宣传，倾听广大归侨侨眷和海外侨胞的呼声，抓住侨界普遍关心的热点难点问题，参政议政，积极维护侨益。州侨联积极为侨界人大代表、政协委员参政议政调查研究提供服务，为他们提供提案、议案素材，建立提案、议案办复情况沟通机制，帮助他们拟定调研课题，共同探讨议案提案工作，议案、提案涉及经济、社会发展、民生、环保、侨务等方面，得到了有关部门的关注和采纳。

【侨界群众工作】 2011年，楚雄州侨联积极开展侨界群众工作。接到信访件7件，已办结复函7件，信访涉及宅基地纠纷，工资待遇，刑事案件等；接待来访人员10余人，所涉问题经协调已全部解决。做到了解决问题到位，事事有回音，件件有落实。做好省侨联组织的侨联维护侨益案例材料的上报工作。走访侨界群众10户100多人。积极探索侨为社区服务的新路子，数次前往楚雄市学桥街社区了解帮助社区“家政服务站”的发展工作，并帮助他们解决工作中遇到的难题。在新春和中秋佳节前夕，看望慰问了部分侨界群众，召开了有60余人参加的春节酒会和中秋茶话会，州委、州政府、州人大、州政协、州委统战部等部门领导到会作指示，充分调动并鼓舞了侨界群众的积极性。

［李晓琼］

机关事务管理

【机关事务管理概况】 2011年，楚雄州机关事务管理局全面深入贯彻落实科学发展观，紧紧围绕中共楚雄州委、州人民政府工作大局，进一步加强内部管理，改进工作作风，提高服务质量，增强保障能力，紧扣“管理、服务、保障”的工作主线，坚持务实创新、扎实工作，全面完成了各项工作任务。在干部职工的共同努力下，州机关事务管理局被评为楚雄州“十一五”节能减排先进单位，受到了州人民政府的表彰奖励。积极创建“平安社区”和“无毒社区”，按照“安全第一、预防为主、综合治理”的方针，充分调动各入驻单位创建活动的积极性，不断拓展创建内容，巩固创建成果，连续5年受到州、市综治委的表彰奖励。2010年被授予“全省企业事业单位治安保卫工作先进集体”，受到了云南省公安厅的表彰。

【机关事务管理制度建设】 2011年，楚雄州机关事务管理局为切实履行好党委、政府赋予的工作职责，始终把制度建设放在重要地位，作为一项基础性工作抓紧抓好。年初，就把过去7年来探索、积累的管理、服务和保障工作经验进行总结归纳，对已形成的各项管理制度，结合新形势下机关事务工作的新特点、新要求修订完善，使这些管理规定和工作制度更加切合公务活动中心的实际，实现制度化、规范化和法制化管理的要求。经过反复研究、审定，完成了安全保卫、会议服务、水电维护、政府采购、交通管理及局机关内部的学习、财务、会议、考核、廉政、绩效考核、聘用人员管理、“一公司两市场”管理办法等27个管理规定和工作制度的修订，编纂了《楚雄州机关事务管理局规范管理资料汇编》，印刷成册发放到每个干部职工手中。在年底的干部作风纪律整顿和建设活动中，根据上级要求和工作需要，又新制定了《重要工作协调、通报、反馈制度》和《信息公开保密审查规定》，再次对部分规章制度进行了修订，使之更加完善，更具操作性，使各工作环节按程序、按职责、按要求有序展开，彻底摒弃个人意志和个人标准，改进了作风，极大地提升了管理水平、服务质量和保障能力，为切实履行好工作职责奠定了坚实基础，使机关事务的管理、服务和保障工作提高到了一个新高度。

【公共机构节能】 2011年，楚雄州机关事务管理局为贯彻执行好《公共机构节能条例》和各级党委政府关于节能减排工作的重要精神和要求，抓好全州公共机构节能工作。广泛运用电视、广播、网络等传媒，大力宣传《公共机构节能条例》，以节能宣传周为切入点，围绕“节能减排，我们在行动”、“绿色办公、低碳生活”主题活动，开展“绿色出行日”为主要内容的能源短缺体验等活动，营造了崇尚俭朴的良好风尚，有力地推进了全州公共机构节能工作，圆满完成了省人民政府下达楚雄州公共机构节能3.4%的目标任务。精心编制完成了《楚雄州公共机构“十二五”节能规划》，进一步完善工作制度，细化目标任务，强化监督考核，为“十二五”公共机构节能工作奠定了坚实的基础。在全局干部职工的共同努力下，州机关事务管理局被评为楚雄州“十一五”节能减排先进单位，受到了州人民政府的表彰奖励。

【政府采购工作】 2011年，楚雄州机关事务管理局制定报批方案、制作招标文件475份，组织165次政府集中采购，办理了州级各单位办公设备、公务用车、网络信息工程、电梯、医疗设备、房屋建筑维修工程等项目采购。全年完成采购预算2.1亿元，节约财政资金1930万元，资金节约率为9.2%，圆满完成了政府采购工作任务。

【行政后勤保障工作】 2011年，楚雄州机关事务管理局为确保州公务活动中心、会务中心和“一公司两市场”办公区的后勤服务保障安全、高效和有序运转，以提高干部职工的服务意识为切入点，认真履行职能职责，服务保障能力大为增强。一年来，完成国家、省、州、市召开的700余场次会议服务任务，对外提供会议服务近300场次；解决公务活动中心网络故障1000余次，为州委、州人民政府提供了优质的会议保障和技术支撑。完成4524次（“一公司两市场”办公区1700次）各类设施设备的维修、维护和6000余平方米（“一公司两市场”办公区4000平方米）的地面维修、屋面防水等任务。为公务活动中心各单位提供饮用水13327瓶。培育各类花木近5000袋（株），提高了绿化水平，降低了运行成本。切实履行安全保卫工作职责，把州公务活动中心、“一公司两市场”办公区的安全保卫、消防管理、交通秩序管理及配合信访做好群体性上访的管控和疏导工作作为安保工作的重点抓紧抓好。制定了《办公区安全管理规定》和《突发事件应急处置预案》，与入驻单位签订了《综治创安目标管理责任书》和《消防安全管理责任书》，制定了例行检查工作机制，建立了安全、消防工作长效机制。配合信访部门接访、处置上访640起3000余人；指挥调度、看守车辆4万余辆，纠正、处理违规车辆400余次；处置闹访、纠访、堵门事件10起14人；顺利完成楚雄州“两会、州政府全会、州委全会、省级大型会议”等700余场次会议的安保任务；完成了春节、州庆、五一等节假日公务活动中心的安保工作，确保了公务活动中心安全。按期完成了州公务活动中心安防监控系统的改造更新任务，提高了安保工作的技防水平。

【完成政务服务中心建设】　2011年，按照中共楚雄州委、州人民政府的安排和要求，抓好州人民政府政务服务中心相关工程项目的协调、组织和实施工作。在时间紧、任务重、要求高的情况下，州机关事务管理局领导亲自挂帅，全局总动员，制定了工作倒逼时间表。在两个月时间内，完成了政务服务中心建设的施工方案、办公家具及计算机招标采购、强电弱电设计施工任务，按质按量完成州政务服务中心的建设，并及时交付投入使用，同时完成了云南省县级以上政务服务中心启动仪式的会场筹备服务工作。从6月30日试运行以来，情况良好。在通过严格的结算审计后，完成了资产移交工作。

［谭有亮］

政务服务

【政务服务机构概况】　楚雄州人民政府政务服务中心成立于2011年7月1日，核定编制9人，实有编制人员9人。根据州编办文件规定，机构职责为负责州人民政府政务服务中心的日常管理、组织协调、综合服务和监督检查工作，内设2个正科级机构：综合服务科、监督检查科。按照“应进必进、进必授权”的要求，结合政务服务事项的清理，研究制定《部门入驻政务服务中心窗口工作实施方案》，按照“进得来、能办事”的原则，合理调整政务服务大厅的窗口设置，实现了各部门服务窗口设置、人员选派、业务事项的有序进入，保证了政务服务大厅的及时启动和正常运行。政务服务大厅共进驻47家单位，设立81个对外服务窗口，有112名常住窗口工作人员，集中受理、办理行政审批和服务事项。州政务服务中心共有47家行政、企事业单位进驻，涉及行政许可、非行政许可审批和公共服务事项375项，其中行政许可200项、非行政许可审批118项、公共服务事项57项。按照《行政许可法》的相关要求，就行政审批事项的审批依据、申请条件、办理程序、申报材料、办理时限、收费依据及其标准，按照“依法、简化、高效”的原则，及时对外进行公示、公告，力求减少审批环节，简化审批手续，规范审批程序，为实现依法行政提供了重要保障。

【完善政务服务设施】　2011年，楚雄州人民政府政务服务中心坚持“以人为本、以客为尊”的服务理念。大厅所有对外办事窗口实行开放式办公、零距离服务；大厅设有休息区，配置了填表桌椅、报刊架、饮水机等便民设施。同时，配备了触摸屏查询系统、LED电子显示屏，及时公布相关的政务服务信息。为方便群众查询和政务服务安全有序地开展提供了有效的设施保障。建立政务信息查询区和资料索取点，将“96128”服务电话与窗口服务电话整合，在第一时间为群众提供方便快捷的咨询服务。

【制定政务服务制度】　2011年，楚雄州人民政府政务服务中心按照中央、省关于深化政务公开加强政务服务的工作要求，在借鉴外地先进经验的基础上，结合全州实际，制定出台了《楚雄州人民政府政务服务中心管理暂行办法》、《楚雄州人民政府政务服务中心管理规定（试行）》和《楚雄州人民政府政务服务中心窗口工作人员考核办法（试行）》以及16个常规服务准则，22个工作流程和15个管理规定，逐步形成了一套相对完整的管理制度，实现了用制度管人、管事的制度化机制，为管理工作提供了机制保障。

【开展政务服务工作】　2011年，楚雄州人民政府政务服务中心坚持“公开透明、阳光操作”的办事原则。依托电子政务公共平台，积极推进网上查询、网上申报、网上受理、网上审批业务，健全完善前台受理、后台审批的快速运转模式。坚持“勤政、务实、廉洁、高效”的服务宗旨，努力营造“人民受尊重、权力受监督”的政务服务工作氛围。年内，政务服务中心初步形成了电子监察系统、服务评价系统、指纹考勤系统、监察投诉电话、意见箱等的政务服务监督管理体系。下半年，中心共受理行政许可、非行政许可审批和公共服务事项63506件（其中行政许可39533件、非行政许可1114件，公共服务事项22859件），办结63295件，累计办结率99%，办事效率大大提高，极大地方便了办事群众。

［和　兴］

公共资源交易

【公共资源交易机构概况】 2011年7月1日，楚雄州公共资源交易中心建成并投入运行，全州各类公共资源交易活动步入集中交易统一管理模式。州公共资源交易中心在原建设工程交易中心办公场所基础上筹建，该中心整合了原州建设工程交易中心、州政府采购中心、州土地交易中心的交易平台功能及水利、交通、国有资产、罚没物资等公共资源交易职能，实行统一进场、管办分离、规则主导、依法监督的运行机制，着重在“公开透明、鼓励竞争、严格程序、规范管理”上下功夫，初步实现了社会资源优化配置、政府性资金有效节约、交易程序遵法合规的目的。该中心于6月15日经州机构编制委员会批准成立，为州人民政府直属正处级事业单位，核定事业编制20名，4个内设机构，正、副处级领导各1名，正科级领导4名，经费列入州财政全额预算。8月19日下午，该中心举行揭牌仪式。

【提升公共资源交易服务水平】 2011年，楚雄州公共资源交易中心以深化工程建设领域突出问题专项治理工作及干部作风集中整顿教育活动为契机，着力查找公共资源交易中存在的不足，不断完善公共资源交易程序和规则，努力使公共资源交易的整个操作过程在制度框架下规范运作。主动协调沟通。争取部门理解、支持，按要求将所有公共资源交易项目统一进场交易，实现了应进必进、进必规范的目标。突出监督管理。中心在工作运转中，严格执行相关规定，把好各道关口、环节，加大信息公开力度，实行阳光操作，杜绝人为因素，确保了交易公平公正。在工作上实行专人负责和监督审核相结合，一个项目从业务受理、工作保密到开评标都由一人负责到底，在开标前再由相关人员对项目进行复审合格后才准许开标，并严格实行责任追究制。关口前移，提前介入，严格把好进场关，对一些较大、影响面较宽的项目，提前研究，弄清情况，及时对交易方案提出建议，对一些明显不合规定的项目，坚决拒绝接收进场交易。狠抓内部管理。根据中心的工作特点，加强各项制度建设，组织人员拟定了32个管理制度，并将制度全部录入信息查询系统方便群众查询，重要规定、制度上墙公示，狠抓制度规定落实，确保了交易制度化、规范化。全力推进工作。切实转变工作作风，要求职工认真学习各项业务流程，熟练掌握各项业务操作要领，增强服务能力，改善服务态度，提高工作效率，树立中心良好形象。中心自7月1日试运行、7月15日正式运行以来，至12月31日，共组织建设工程招投标、政府采购、医疗器材采购、土地交易等949个招投标项目，实现交易总额达46.89亿元，工程及政府采购类31.91亿元，通过招标节约资金1.61亿元，土地拍卖14.98亿元，通过竞争增加土地收益金6.02亿元。其中，建设工程招投标379项，拦标价32.23亿元，中标价30.76亿元，节约资金1.47亿元，节约率4.5%；政府采购项目487项，预算价格1.11亿元，中标价0.99亿元，节约资金1198.74万元，节约率为10.8%；医疗设备采购12宗，预算价1769.68万元，中标价1615.86万元，节约资金153.82万元，节约率8.7%；土地挂牌71宗，底价8.96亿元，成交价14.98亿元，增加收益金6.02亿元，收益率67.2%；平均每个工作日组织招投标7个、交易额3552.27万元。

【建设公共资源阳光交易平台】 2011年，楚雄州公共资源交易中心坚持阳光交易、规范管理、依法办事。实行招标全过程全方位监管。标前会、资格审查和开标现场等，州纪委监察局及行业行政主管部门派人员参加，实行全过程监督；对开标、评标、定标、拍卖的全过程进行录音、录像，杜绝暗箱操作，确保公共资源交易行为在阳光下操作。建立健全了《楚雄州公共资源交易保证金代收代退管理办法》等32个制度，强化内部监管，全力推进公开竞争、公平交易，严防围标、串标及腐败问题在中心交易过程中发生。严格执行国家和省、州、各行业主管部门出台的法律、法规、规定，依法办事，规范运转。认真履行中心职责，进一步理顺与各行业行政主管部门的关系，突出程序性监管和见证性服务的工作主线，重点把好招标公告和招标文件备案关、资格审查关和开标评标关、中标结果公示关，切实维护公共资源交易市场的正常秩序。

［董光丽］

中国人民政治协商会议楚雄彝族自治州委员会

重要会议

【政协楚雄州第八届委员会第五次会议】 2011年2月20～23日，政协楚雄州第八届委员会第五次会议在楚雄召开。会议听取、审议并通过了延荣科代表政协楚雄州第八届委员会常务委员会所作的工作报告和李振华代表政协楚雄州第八届委员会常务委员会所作的提案工作报告。与会人员列席了州第十届人民代表大会第六次会议，听取、协商并赞同州人民政府的《政府工作报告》以及州发展和改革委员会、州财政局、州中级人民法院、州人民检察院所作的《楚雄州2010年国民经济和社会发展计划执行情况与2011年国民经济和社会发展计划（草案）的报告》、《楚雄州2010年地方财政预算执行情况和2011年地方财政预算（草案）的报告》、《楚雄州中级人民法院工作报告》、《楚雄州人民检察院工作报告》。会议补选张万礼为政协楚雄州第八届委员会副主席。全会应出席会议委员345名，实到委员342名。驻楚中央属、省属、州属部门相关负责人189人列席会议。会议期间，应邀参加会议的州级党政军领导分别参加小组讨论听取意见建议。

【政协楚雄州第八届委员会常委会议】 2011年1月17日，州政协八届十六次常委会议在楚雄召开。会议的主要议题是协商讨论《政府工作报告》（征求意见稿）、《楚雄州国民经济和社会发展第十二个五年规划纲要》（征求意见稿）、《政协楚雄州第八届委员会常务委员会工作报告》（草案）、《政协楚雄州第八届委员会常务委员会提案工作报告》（征求意见稿）、政协楚雄州第八届委员会第五次会议有关事项；协商通过有关人事事项。州委常委、州人民政府副州长李红民到会作了《政府工作报告》（征求意见稿）的说明。州政协主席延荣科主持会议并作总结讲话，副主席李振华、马旷源、吴丽华、王定粱、李天云，秘书长李光彪及常委38人出席会议。驻楚省政协委员、州级相关部门领导、各县（市）政协主席、州政协机关全体干部职工共73人列席会议。

6月28日，州政协八届十七次常委会议在楚雄召开。会议的主要议题是专题协商讨论桥头堡建设问题。州政协主席延荣科、副主席李振华分别主持会议，副主席马旷源、吴丽华、王定粱、李天云、张万礼，秘书长李光彪及常委38人出席会议。州人民政府副州长杨元茂到会通报了州内开展桥头堡建设情况，州政协调研组作了《关于在桥头堡建设中楚雄与滇中经济区发展的调研报告》，与会人员紧紧围绕这一中心议题，踊跃建言献策。会议协商通过了有关人事任免。驻楚省政协委员、州级相关部门领导、各县（市）政协主席、州政协机关全体干部职工70人列席会议。延荣科主席作总结讲话。

9月30日，州政协八届十八次常委会议在楚雄召开。会议传达学习中共云南省委常委（扩大）会议和州第八次党代会精神，专题协商讨论楚雄州钛产业发展问题。州政协主席延荣科、副主席李天云分别主持会议，州政协调研组报告了关于楚雄州钛产业发展问题的调研情况。与会委员和列席人员针对发展全州钛产业问题积极建言献策。会议协商通过了有关人事任免。副主席李振华、马旷源、吴丽华、王定粱、张万礼，秘书长李光彪及常委34人出席会议。驻楚省政协委员、州级相关部门领导、各县（市）政协主席、州政协机关全体干部职工74人列席会议。延荣科主席作总结讲话。

12月7日，州政协八届十九次常委会议在楚雄召开。会议的主要议题是学习贯彻中共云南省第九次党代会精神，专题协商讨论全州木本油料产业发展问题，听取州卫生局通报州政协对其开展民主监督的意见建议整改情况。州政协主席延荣科、副主席李天云分别主持会议，副主席马旷源、吴丽华、王定粱、张万礼，秘书长李光彪及常委38人出席会议。州人民政府副州长杨元茂到会作了《楚雄州木本油料产业发展情况通报》，州政协调研组报告了楚雄州木本油料产业发展调研情况。与会人员围绕加快木本油料产业发展问题展开热烈讨论，踊跃建言献策。驻楚省政协委员、州级有关部门负责人、州政协机关干部职工、各县（市）政协主席60人列席会议。延荣科主席作总结讲话。

【全省政协经济委员会联系会议】 2011年12月20～21日，由云南省政协经济委员会主办、楚雄州政协承办的2011年全省政协经济委员会联系会议在楚雄召开。省政协副主席王学智到会指导并作重要讲话。中共楚雄州委书记张太原出席会议并致辞。省政协经济委员会全体干部，昆明、曲靖、玉溪、保山、昭通、丽江、普洱、临沧、红河、文山、版纳、大理、德宏、怒江、楚雄15州（市）主管经济委员会的主席或副主席，经济委员会主任，楚雄州政协主席、副主席、秘书长及各委室主任出席会议。会议的主题是总结、交流2011年度工作经验，谋划2012年度工作。省政协经济委员会主任李元书作工作总结。保山市、文山州、普洱市和楚雄州4州（市）政协经济委员会主任在会上作了交流发言。期间，与会人员参观考察了楚雄州职业教育园区、红塔集团楚雄卷烟厂、楚雄福塔、青山嘴水库、彝人古镇和禄丰世界恐龙谷。

【楚雄州政协工作座谈会】 2011年12月8日上午，2011年楚雄州政协工作座谈会在楚雄召开。州政协主席、副主席、秘书长，机关全体干部职工，全州10县（市）政协主席、副主席、各专门委员会主任，办公室主任、副主任计235人出席会议。会议的主要议题是传达中共云南省第九次代表大会精神，研讨交流如何做好新形势下的政协工作。州委副书记李兴顺到会讲话。州政协主席延荣科作了《认真学习省第九次党代会精神努力做好新形势下的政协工作》的讲话。下午，召开州、县（市）办公室和各专委座谈会，总结经验，安排部署2012年工作。

【政务活动】 新春茶话会。2011年1月13日下午，楚雄州政协举行一年一度的新春茶话会。州党政军领导及楚雄城区各族各界人士代表应邀出席会议。与会人员欢聚一堂，喜迎新春，同庆佳节，共话发展。州委书记张太原代表州委向各民主党派、工商联、无党派人士、各人民团体和各族各界人士表示衷心问候和美好祝愿；对州政协过去一年围绕中心、服务大局，协商议政、建言献策，促进全州经济社会平稳较快发展作出的贡献给予了充分的肯定，并希望各级政协组织、广大政协委员和各族各界人士在新的一年里，围绕“十二五”规划的各项奋斗目标，抓住事关全州经济社会发展全局性、前瞻性和深层次的问题，深入调研，建有据之言，献务实之策。州委副书记、代理州长李红民到会通报了2011年全州经济社会发展情况。各民主党派代表、各族各界代表踊跃发言。茶话会后，与会者观看了由楚雄艺术剧院组织的精彩文艺表演。

优秀提案表彰会。2月20日，州政协八届五次会议期间，州政协召开八届四次会议优秀提案表彰会。州政协主席延荣科作了题为《再接再厉 精益求精 开创政协提案工作新局面》的讲话。会上表彰了2010年州政协八届四次会议民进楚雄州委提出的《关于加快楚雄地区蔬菜产业化引导与扶持的提案》等30件优秀提案，其中集体提案21件、个人提案9件。从类别上分，农林水方面的6件，教科文卫体方面的7件，城建环保方面的8件，财经商贸方面的5件，此外还有工业交通、党群政法、人事劳动和社会保障方面的提案。

人大代表建议、政协提案交办会。3月28日，楚雄州人大常委会办公室、州政府办公室、州政协办公室召开2011年州人大代表建议和州政协提案交办会。州委常委、州人民政府副州长李红民到会并讲话。会上，经审查立案的245件提案分别交由51个单位承办。

滇中经济区四州（市）政协工作合作机制会议。6月22～24日，楚雄、玉溪、昆明、曲靖4州（市）政协联合在昆明召开滇中经济区4州（市）政协工作合作机制第一次会议，议题是4州（市）政协领导围绕如何加强合作，互利共赢，加快滇中经济区建设积极建言献策。州政协主席延荣科，副主席王定梁、李天云，秘书长李光彪出席会议。会上签订了《滇中经济区昆明、曲靖、玉溪、楚雄四州市政协工作合作机制》。10月13～14日，滇中经济区政协工作合作机制第二次会议在曲靖召开，会议的主题是产业化发展的途径与对策。州政协主席延荣科，副主席王定梁、张万礼，秘书长李光彪出席会议。

学习胡锦涛总书记"七一"讲话和庆祝建党90周年系列活动。6月29日下午，楚雄州政协机关举行纪念中国共产党成立90周年座谈会，州政协机关全体干部职工、离退休老党员参加了座谈会。州政协主席延荣科，副主席李振华、马旷源、吴丽华、王定梁、李天云、张万礼，秘书长李光彪，州政协原主席杨成彪、原副主席普联荣出席座谈会。延荣科主持会议。李天云、普联荣等作了交流发言。7月1日上午，机关全体干部职工集中收看胡锦涛总书记在庆祝建党90周年大会上的讲话实况转播。7月4日，州政协党组成员、秘书长李光彪主持召开机关干部职工会议，再次学习胡总书记"七一"重要讲话，李光彪等作了交流发言。

中秋茶话会。9月7日，楚雄州政协、州委统战部联合召开楚雄城区各族各界人士中秋茶话会，州党政军领导及城区各族各界人士代表应邀出席会议。州委书记张太原到会讲话，向各民主党派、工商联、无党派人士和各族各界人士致以节日的问候和良好的祝愿，并向与会人员通报了州第八次党代会精神。州委副书记、州人民政府代理州长李红民通报了全州上半年经济社会发展情况。

纪念辛亥革命100周年座谈会。10月10日下午，楚雄州政协召开纪念辛亥革命100周年座谈会。州委副书记李兴顺出席会议并讲话，州政协主席延荣科主持会议。省政协常委、州政协原主席张怀德，州委常委、州人民政府副州长任锦云，州委常委、州委统战部部长左荣贵，州人大常委会副主任杨应旭，州政协副主席马旷源、吴丽华、王定梁、李天云、张万礼，秘书长李光彪以及黄埔会、抗战时期赴缅甸作战的远征军老战士代表、机关离退休老同志出席了座谈会。

对州卫生局开展民主监督。经楚雄州政协主席会议研究，报州委同意，州政协从7月12日开始至12月7日，对州卫生局开展民主监督。民主监督在州政协主席会议的领导下进行，由州政协副主席李天云任组长，抽调部分政协委员、州纪委、州委组织部的同志参加。州人民政府副州长赵祖莹在民主监督动员会上讲话并参加阶段性工作。民主监督工作采取听、看、查、访、谈等方式进行，分4个阶段开展工作。即组织准备阶段、调查研究阶段、反馈意见阶段和整改落实阶段。12月7日，州卫生局领导在州政协八届十九次常委会议上报告了民主监督意见建议整改情况。民主监督工作结束后，州政协主席会议研究审定民主监督总结报告，分别报送州委、州人大、州政府及其有关部门。

学习十七届六中全会精神。10月24日，州政协召开民主党派界别委员学习十七届六中全会精神座谈会，部分民主党派界别委员在座谈会上交流学习体会。

编辑出版《威楚古地长征路》。为了向2012年在楚雄召开的全国红军长征沿线政协联系会献礼，从2011年年初开始，州政协教科文卫文史资料委员会牵头组织编纂红军长征过楚雄文史资料选辑，征集到稿件200余篇，编辑出版40余万字的《威楚古地长征路》文史资料选辑一辑（楚雄州文史资料第二十八辑）。通过撰稿者的"三亲"经历，缅怀并继承红军的光辉业绩，充分发扬红军的革命传统。

新闻宣传、信息、社情民意反映工作。2011年楚雄州政协新闻宣传工作有声有色，政协信息工作不断加强，反映社情民意工作备受关注。全年州、县（市）政协在州级以上报刊发表新闻宣传稿件179篇，其中《人民政协报》2篇，《云南政协报》、《政协工作动态》刊发138篇，《楚雄日报》刊发39篇。编发《政协信息》34期，260条，及时有效地宣传了州、县（市）政协及政协各参加单位的工作情况。编报《社情民意》9期，其中《肉食品市场管理亟待加强》、《楚雄州猪肉价格居高不下现象值得关注》、《加强农村垃圾管理的几条建议》被州委书记、州长批示，责成有关部门研究落实，促成了有关问题的解决。

［白建文］

视察调研

【全国政协视察调研】 2011年5月6～7日，全国政协常委、人民政协报社社长赵珩一行到楚雄，就地方政协如何履行三项职能，创新工作方式开展专题调研。经过视察调研，赵珩认为楚雄州政协在贯彻中央5号文件精神过程中准确定位、摆正位置、发挥职能，为促进全州经济发展、社会和谐作出了重要贡献，创造了许多好做法、好经验，为人民政协事业创新发展提供了有益借鉴；表示将调研成果提交全国政协，为出台有关指导性文件提供参考。5月28～29日，全国政协教科文卫体委员会副主任、国家新闻出版总署原副署长、党组成员于永湛率全国政协教科文卫体委员会调研组，到楚雄州就推进基本公共服务均等化情况开展调研，听取了州人民政府有关情况汇报，深入楚雄市、元谋县进行了调研，对楚雄州下步工作提出工作建议：要进一步提高对公共文化体育服务体系建设的认识，认真贯彻落实文化体育建设“五纳入”政策；要加大经费投入，多渠道、多措施实施扶持基本公共服务尤其是基层文化体育的投入，进一步缩小城乡教育差距；要大力发展群众体育，不断满足广大人民群众日益增长的体育健身需求，加快完善公共体育服务体系，提高公共体育服务水平；要正确引导文化体育消费，创造良好的文化体育产业发展环境。10月23日，全国政协副主席张怀西到楚雄调研，州政协副主席王定梁陪同。

【省政协视察调研】　2011年4月27日，民进云南省委副主委、云南省社会主义学院副院长陈友康到民进楚雄州委调研。在了解了相关情况的基础上，陈友康指出，新形势下民主党派发挥作用的空间越来越大，希望楚雄州民进组织围绕中共楚雄州委、州人民政府中心工作，继承优良传统，发挥自身优势，积极履行职能；切实加强自身建设，增强班子的凝聚力，关心、尊重会员，充分调动会员的积极性。民进云南省委将全力支持地方民进的工作，切实为基层解决一些实际困难。6月13～14日，以省政协研究室副主任张树义为组长的省委督查组，到楚雄州督查省委政协工作会议和文件精神落实情况。督查组认为，楚雄州贯彻落实省委政协工作会议和相关文件精神认识到位，领导有力，工作有创新、有成效，形成了党委重视、政府支持、政协主动的良好格局。希望楚雄州认真总结经验，切实加强和改善党对政协工作的领导；各级党委、政府要进一步抓好省委政协工作会议和相关文件精神的贯彻落实，将其作为一项长效机制落实到具体工作中，把各级干部的思想统一到省委精神上来，进一步深化对人民政协的性质、地位、作用的认识，进一步完善各项工作制度，推进政协履职的科学化、制度化、规范化和程序化，进一步营造政协履职的良好环境和条件，更好地发挥政协在推动全州经济社会发展、促进社会和谐稳定中的作用，不断推进民主政治建设。7月5日，省政协经济委员会主任李元书率省政协调研组莅临楚雄，就“实施西部大开发和桥头堡战略中加快推进滇中经济区建设”进行专题调研。调研组认为，楚雄州具有较好的比较优势和发展潜力，要紧紧抓住桥头堡建设的重大机遇，加快融入滇中经济区发展。8月9～11日，省政协副秘书长、农工党省委专职副主委张宽寿到楚雄州调研基层医疗卫生机构补偿机制实施和城市水源地生态补偿机制建立情况，州政协副主席王定梁陪同调研。8月16～17日，省政协社会法制委员会副主任黄炳文率省政协视察组到楚雄州就《劳动法》和《劳动合同法》贯彻实施情况进行视察，并提出如下建议：一要加大宣传力度，把《劳动法》和《劳动合同法》纳入“六五”普法的重要内容，提高广大企业主和员工的法律意识，促进企业更好更快发展；二要继续完善劳动用工登记制度，推动劳动用工备案制度；三要健全和完善多部门协调推进的工作机制；四要强化监督检查，加大对违反《劳动法》和《劳动合同法》行为的打击力度；五要加强劳动监察执法队伍建设，提高执法水平，确保公正执法。

【州政协视察调研】　2011年4月15～18日，楚雄州政协考察组在副主席马旷源率领下，赴保山市施甸县大亮山善洲林场考察学习。考察组先听取了熟悉杨善洲先进事迹的团县委领导的介绍，又深入林场实地考察，到杨善洲同志的墓前敬献花圈和花篮，默哀悼念，鞠躬祭奠。参观了大亮山后，考察组与施甸县政协领导更加深入地了解了杨善洲同志先进事迹，还与芒市市政协领导座谈，受到了一次深刻的教育。考察结束后，向单位提交了开展学习杨善洲先进事迹活动的具体意见建议。5月下旬，州政协教科文卫文史资料委员会配合全国政协教科文卫体委员会深入楚雄市、元谋县进行推进基本公共服务均等化专题调研。5月25日至6月10日，州政协副主席王定梁率调研组到州级16个单位及楚雄、双柏、永仁、武定、禄丰5县（市），就实施西部大开发和桥头堡战略中楚雄与滇中经济区建设发展关系课题研究进行专题调研。调研组召开州、县（市）汇报座谈会17次，实地察看企业8家、重点项目14个、产业基地7个、民族文化旅游景点1处。对楚雄州如何融入滇中经济区建设提出建立机构，完善机制；规划先行，项目支撑；基础优先，产业跟进；城乡统筹，推进城市化；构建合作平台，建立合作机制；突出政治优势，打好民族牌的意见建议。并将需请求中央、省给予的优惠政策和协调解决事项按照组织程序上报。7月15～20日，州政协副主席张万礼率调研组深入楚雄市、双柏县、南华县、元谋县开展楚雄州美食产业发展情况调研。提出明确目标，加快发展；加强领导，理顺职能；技术创新，提升品质；实施品牌战略，增强市场竞争力；挖掘开发特色彝菜，弘扬民族美食文化；强化培训，提高企业素质6个方面的意见建议。8月22～26日，州政协组织调研组，由副主席王定梁带队，先后到州内武定县、禄丰县，昆明市富民县、禄劝县，四川省攀枝花市和陕西省宝鸡市调研考察钛产业发展情况。调研组详细收集、查询、研究国际国内钛产业发展的相关资料。通过对楚雄、昆明、攀枝花、宝鸡（含滇、川、陕3省）4州（市）的8个工业园区、12户钛矿企业实地察看钛矿石、高钛渣、钛白粉、海绵钛、钛材的采选、加工、生产工艺流程，并与禄劝、富民、攀枝花市政协、政府主管部门和企业进行座谈，形成《关于楚雄州钛产业发展情况的调研报告》，提出楚雄州发展钛产业的工作思路、产业定位、发展目标、项目支撑和政策建议。10月18～22日，州政协组织调研组，由副主席李天云带队，先后深入双柏县、禄丰县对州内城乡居民最低生活保障情况开展调研。提出要切实加强对低保工作的领导；要巩固和完善低保工作制度；要确保政策执行到位；要进一步规范审核发放工作；要适当提高低保人均补差标准；要加强低保工作队伍建设，增加工作经费投入的意见建议。11月28日至12月2日，州政协组织调研组，由副主席马旷源带队，先后深入楚雄市、大姚县和武定县，对州内保障性住房建设情况开展专题调研。提出切实加强领导，积极推进保障性住房建设，让人民群众真正享受到党和政府的关怀；争取中央和省提高保障房建设的资金补助标准；加强质量管理和准入管理；注重设计设施配套；加强管理机构和队伍建设的意见建议。

［白建文］

提案工作

【提案提交】 2011年度楚雄州政协提案委员会共收到提案247件，经审查立案245件，占立案总数的99%。按类别分：经济建设方面的141件，占立案总数的57.6%；教科文卫体方面的61件，占24.9%；政法社会方面的43件，占17.6%。委员个人提出和联名提案155件，占立案总数的63.2%；集体提案90件，占36.7%。所立案的245件提案分别交由州委办、州政府办、州政协办及其所属部门或县（市）人民政府共59个单位办理。

【提案办理】 截至2011年11月底，年内所立案的245件提案已全部办复完毕，所提问题已经解决和基本解决的156件，占办复总数的63.7%；正在解决或者已被列入计划准备解决的49件，占20%；因受当前条件限制或者其他原因只能以后研究解决的40件，占16.3%。提案办理当年落实率为63.7%，比上年增加两个百分点。

［白建文］

中国共产党楚雄彝族自治州纪律检查委员会

重要会议

【中共楚雄州纪委全体会议】 2011年1月27日，中共楚雄州纪委七届六次全体会议召开。出席会议的州纪委委员33人，列席110人。州纪委常务委员会主持了会议。会议全面贯彻十七届中央纪委六次全会、省纪委八届六次全会和州委七届八次全会精神，回顾总结了2010年的党风廉政建设和反腐败工作，全面部署了2011年的任务。全会审议通过了州纪委书记代表州纪委常委会所作的《突出重点、狠抓落实，努力开创彝州党风廉政建设和反腐败工作新局面》的工作报告。州委书记张太原出席会议并作重要讲话。州委常委及州人大常委会、州人民政府、州政协党员领导出席了会议。全州副处以上党员领导干部参加会议。

7月2日，州纪委七届七次全体会议召开。州纪委委员，县（市）纪委书记、监察局长，州纪委副处以上干部，州纪委监察局部分离退休干部，共计85人参加了会议。州纪委常务委员会主持了会议。会议对州纪委常委班子及其成员进行了民主测评，对州纪委常委班子换届人选进行了民主推荐，州委副书记李兴顺作了动员讲话。

7月28日下午，州纪委七届八次全体会议召开。会议总结了2011年上半年全州党风廉政建设和反腐败工作，并对下半年工作进行安排部署；分组讨论了州纪委向州第八次党代会的《工作报告》（草案）、州第七届纪律检查委员会第八次全体会议公报（草案）；审议并通过州第七届纪律检查委员会第八次全体会议公报。

8月15日下午，州纪委八届一次全体会议召开。会议选举产生了州第八届纪律检查委员会常务委员会委员9名，选举产生了州第八届纪律检查委员会书记1名，选举产生了州第八届纪律检查委员会副书记3名，新当选的州纪委书记夏新建代表州纪委常委在大会上讲话。

【楚雄州纪检监察系统深入开展“以人为本、执政为民”学习实践活动动员会】 2011年3月22日，楚雄州纪检监察系统深入开展“以人为本、执政为民”学习实践活动动员会召开。州委常委、州纪委书记出席会议并作了题为《切实把“以人为本、执政为民”贯彻落实到纪检监察工作之中，以党风廉政建设和反腐败工作的实际成效取信于民》的重要讲话；州纪委副书记胡贵明作学习实践活动工作安排；州纪委副书记、州监察局局长杨仕坤主持了会议。与会人员围绕深入开展“以人为本、执政为民”学习实践活动开展了讨论。州纪委常委，州监察局副局长，州纪委调研员、正处级纪检员、副调研员出席了会议；各县（市）纪委书记、副书记、监察局局长、副局长、办公室主任，州属各单位纪委书记、纪检组长，州纪委监察局派出各纪工委、监察分局和委局机关全体干部职工参加了会议；州财政局、州委宣传部、州广电局、楚雄日报社相关领导以及省纪委监察厅派驻永仁县、禄丰县新农村建设指导员应邀参加了会议。

【楚雄州党风建设纪检监察宣传教育暨深入推进学习杨善洲同志先进事迹工作会议】 2011年5月23日，楚雄州党风建设纪检监察宣传教育暨深入推进学习杨善洲同志先进事迹工作会议召开。州纪委常委、州监察局副局长，10县（市）纪委分管党风建设和宣传教育工作的领导、宣教室主任、党风室主任，11家州级部门纪委（纪检组），州农村基层党风廉政建设联席会议、廉政文化建设联席会议成员单位和州纪委监察局机关各室负责人、派出各纪工委书记共100余人参加了会议。州委常委、州纪委书记李平在会上作了重要讲话，州纪委副书记胡贵明作工作报告，认真总结了2010年党风建设和纪检监察宣教工作，对2011年党风建设和宣教工作作了全面安排部署。会议宣读了《关于命名楚雄州廉政文化建设示范点的通知》，表彰了2009～2010年度纪检监察宣传教育工作先进集体。下午，全体参会人员到州廉政教育基地接受了廉政教育。

【楚雄州警示教育电视电话会议】 2011年9月5日上午，全州警示教育电视电话会议举行。会议通报了“4·12”严重违纪违法案件情况，就开展警示教育活动抓好整改工作作出部署。省纪委常委、省监察厅副厅长和正兴通报了“4·12”严重违纪违法案件情况，省纪委副书记杨玉清、州委书记张太原出席会议并作重要讲话。州级领导班子成员、州属部门副处级以上领导干部，县（市）五班子成员、县（市）部门和乡（镇）负责人等1900多人参加主会场和分会场会议。

【楚雄州纪检监察机关查办案件工作会议】 2011年9月27日，楚雄州纪委监察局组织召开全州查办案件工作会议。会议认真学习了《关于认真学习贯彻贺国强同志重要批示精神，以严明的纪律贯彻落实科学发展观的通知》，传达了全国纪检监察机关案件审理工作电视电话会议及全省纪检监察机关信访举报工作会议和查办案件工作会议主要精神，10县（市）交流了工作经验。州委常委、州纪委书记夏新建出席会议并作讲话，省纪委纪检监察四室副主任毛亚芳出席会议并作指导。

【楚雄州2011年度“政风行风热线”工作座谈会】 2011年11月4日，中共楚雄州纪委、州委宣传部、州监察局、州政府纠风办、州广播电视局在州广电中心召开楚雄州2011年度政风行风热线工作座谈会。省纪委常委、省监察厅副厅长和正兴到会指导，州委常委、州纪委书记夏新建出席会议并讲话。会议总结了2011年楚雄州“政风行风热线”工作的成绩和经验，对下步工作进行安排部署，4家单位在会上进行了经验交流，会议对2011年度10家政风行风热线先进单位进行了表彰。

2011年9月5日，楚雄州警示教育电视电话会议召开 （州纪委提供）

【楚雄州乡（镇）纪委书记、纪检专干培训会议】 2011年11月8～11日，楚雄州纪委监察局在州委党校举办为期5天的楚雄州乡（镇）纪委书记、纪检专干培训班，全州103个乡（镇）共197名乡（镇）纪委书记、纪检专干参加了培训。州委副书记李兴顺作了动员讲话，州委常委、州纪委书记夏新建作了题为《怎样当好新时期的乡（镇）纪委书记》的授课，州纪委领导杨仕坤、胡贵明、王志梅等分别作了题为《把握办案的基本要求，提升乡镇纪委办案能力和水平》、《农村基层党风廉政建设主要任务、基本方法和工作要求》、《围绕中心、服务大局，扎实开展纪检监察调查研究工作》等9个专题的授课。

［李晓军］

党风党纪

【反腐倡廉教育】 2011年，中共楚雄州委制定下发了《楚雄州加强领导干部反腐倡廉教育的实施意见》、《楚雄州党员领导干部廉洁从政教育活动实施方案》，结合学习贯彻胡锦涛总书记在十七届中央纪委六次全会和“七一”重要讲话精神以及“创先争优”活动和“学习杨善洲精神，做人民满意的好党员好干部”主题学习实践活动，加强对党员干部“以人为本、执政为民”教育；结合学习《廉政准则》等，强化党员干部党性党风党纪教育。结合“7·09”姚安地震恢复重建统建房工程质量问题、德钢公司技改项目违法用地问题的深刻教训、“4·12”严重违纪违法案件开展教育活动，深刻剖析全州2010年查处的39个违纪违法典型案例，编辑下发《警钟长鸣——楚雄州典型案例警示教育读本（续二）》，开展警示教育和岗位廉政教育。结合贯彻党的十七届六中全会精神，广泛开展群众性廉政文艺活动，精心编排彝剧《杨善洲》、《跑官记》等一批具有彝州特色的廉政文艺节目，举办廉政文艺晚会132场次，借助文化广场开展群众喜闻乐见的廉政文艺活动71场，观众达50.6万人次。针对青少年特点，深入推进校园廉政文化建设；发挥农家书屋、农村文化大院、文化中心户等公益性文化实体的作用，开展富有农村特色的廉政文化创建活动；积极开展依法经营、廉洁从业教育，引导企业领导人员廉洁从业、诚信守法经营；积极开展家庭助廉教育，倡导清廉家风；开展医德医风建设，推进廉政文化进医院。通过深入推进廉政文化“七进”活动，着力营造“廉荣贪耻”的良好社会氛围。年内，楚雄州评定命名50家单位为州级廉政文化建设示范点，其中6家单位被作为第一批省级廉政文化示范点。

【廉洁自律工作】 2011年，全州纪检机关认真执行《中国共产党党内监督条例》，抓好领导干部个人有关事项报告、民主生活会、述职述廉、廉政谈话、诫勉谈话和函询、质询等制度的落实。全州28名厅级、1124名处级领导干部进行了年终述职述德述廉，报告了个人有关事项；对4名领导干部进行函询，对20名领导干部进行了经济责任审计。对《中国共产党党员领导干部廉洁从政若干准则》贯彻执行情况进行了专项检查，各级领导班子对照《廉政准则》召开专题民主生活会检查存在问题1554次，贯彻落实《廉政准则》配套制度1567个，解决党员干部廉洁自律方面存在的突出问题。加大对“三重一大”事项监管力度，加强领导干部任中和离任经济责任审计，突出加强对财政资金使用和重大投资项目审计，规范领导干部用权。加强对《农村基层干部廉洁从业若干规定（试行）》执行情况的监督检查，确保农村基层党风廉政建设工作的深入推进。

【干部作风整顿和建设】 2011年，针对干部作风方面存在的突出问题，中共楚雄州委制定下发了《关于进一步加强干部作风建设的决定》和《关于开展以“转变作风抓落实、服务群众聚民心、创先争优促发展”为主题的干部作风集中整顿和建设活动的实施意见》，集中于11～12月，在全州开展干部作风集中整顿和建设活动。在2个月的工作中，州、县、乡、村四级共有2975个单位168575名干部职工参加了活动，召开会议5965场（次）、109355名干部参加了学习动员。各县（市）和州级各部门共召开专题民主生活会2203场、42695名干部参加会议，撰写民主生活会发言提纲33455份，制定整改方案2793份，提出整改措施16497条。全州各级干部共查找出14118个存在问题，写出24127份剖析材料，其中查找出反面典型案例229件、解决实际问题16964个、撰写心得体会68564篇。活动中共有2005个单位建立完善规章制度12491个，有的还专门对干部监督管理和作风建设制定了新的规章制度。通过活动的开展，全州各级干部的思想作风、学风、工作作风、领导作风、生活作风得到明显好转。

【派出机构工作】 2011年，州、县（市）纪委监察局各派出纪工委监察分局结合工作实际，切实抓好创建学习型机关、反腐倡廉制度建设、领导干部报告个人有关事项（公示）示范点工作，以点带面推动各项工作规范开展。坚持把工作的着力点放在人民群众关心关注的敏感问题上，及时督促相关部门认真办理州纪委监察局转办信访件，做到“件件有着落，事事有结果”。认真抓好责任政府“四项制度”和阳光政府“四项制度”落实情况的监督检查，着力优化经济发展环境。不断加强对监督联系部门贯彻落实党风廉政建设责任制情况的日常督查，协助被监督联系单位制定工作措施，细化责任分解，促进责任制有效落实。

［李晓军］

案件查办

【信访举报】 2011年，全州各级纪检监察机关紧紧围绕“改革、发展、稳定”的大局，及时排查不安定因素，切实解决群众反映的“热点”、“难点”问题。建立和完善了信访举报线索集体排查、领导包案、常委划片联系、依案下访、廉政下访、办事公开以及署实名举报承诺办理和奖励举报有功人员等一批制度，进一步畅通了群众诉求渠道，规范了信访举报工作。全州纪检监察机关全年受理信访举报910件（次），初核391件，转立案167件，责成问题说明20件，批评教育83人，为180名受到失实举报的党员干部澄清了事实。

【案件查处】 2011年，全州各级纪检监察机关共查处违纪案件171件（其中上年转结4件）；涉及县处级干部14人，乡科级干部50人。给予党纪处分118人，政纪处分79人，双重处分25人。移送司法机关处理19人，挽回直接经济损失530万元。

【公开审理】 2011年，楚雄州纪检监察部门邀请州人大代表、政协委员、党员群众代表以及发案单位的干部职工监督审理过程。全年共审理党政违纪案件153件，其中公开审理、审议违纪案件90件，占所审理案件总数的58.8%。通过公开审理，增强了案件审理的透明度，保障了党员干部的合法权益，扩大了党内民主。

［李晓军］

群　众　团　体

工　会

【工会工作概况】　2011年，楚雄州召开工会第八次代表大会，全面总结了全州工会第七次代表大会以来的工作，研究确定了今后5年工会工作的主要任务，选举产生了新一届工会委员会（委员35名，常委13名）和经费审查委员会（委员7名）。加强工会干部协管工作，进一步加强工会领导班子建设，全州10县（市）总工会主席和103个乡（镇）工会联合会主席都按同级党政副职选配，并逐步实现乡（镇）工会配备专职工会干部。大力开展工会干部教育培训。组织州、县（市）总工会主席、工会干部到中国劳动关系学院和省工青妇干部学校培训25人（次），各级工会组织举办工会干部培训班62期1376人（次）。举办全州工会系统通讯员培训班，对新闻信息、摄影等方面进行了培训，进一步提高了工会宣传队伍的业务素质。完成了州、县（市）总工会的网站建设，完善了工会办公自动化系统的运行管理机制，刊载各类信息资料260条（份）、政策和法律法规38个，有力地促进了工会系统办公规范化、自动化。着力抓好工会新闻宣传工作，与楚雄日报社、州电视台、州广播电台联办工会宣传栏目，编发信息219篇、上报省总工会工作信息128条；积极向《中国工运》、《工会工作通讯》、《云南工会通讯》、《时代风采》等刊物报送信息，大力宣传彝州工运事业，提高了楚雄工会工作的知名度。积极开展“党工共建，创先争优”活动，召开楚雄州工会党工共建创先争优工作推进会，大力开展示范点建设，建成州级示范点14个、省级示范点3个。年内，楚雄州总工会被省总工会考核为全省工会重点工作目标一等奖。

【工会组织建设】　2011年，全州工会系统深入开展“广普查、深组建、全覆盖”集中行动，依法推动企业普遍建立工会组织，建会率、入会率分别达83%、86.1%，超额完成了云南省总工会下达的目标考核任务。年末，全州共有基层工会3102个、有会员212790人（农民工86630人）。积极推进乡（镇）工会规范化建设，不断提升县级工会能力，建成省级“六好”乡（镇）工会7个，全国百家示范乡（镇）工会1个，全国乡（镇）工会规范化建设先进单位1个。进一步加强贫困县工会建设，落实“兴边富民”工会行动计划和贫困县提升计划。加强职工之家建设，积极开展会员评“家”活动，共建成州级“先进职工之家”265个、省级“模范职工之家”21个、全国“模范职工之家”和“模范职工小家”8个。

【维权机制建设】　2011年，楚雄州工会系统积极推动协调劳动关系三方机制建设，协助政府做好维护职工稳定工作。配合人大、政协等部门开展执法检查与视察工作，监督企业依法经营、依法用工、安全生产。深入企业开展职工精神文化的现状及需求情况、职工队伍稳定及生活状况调查，认真排查分析影响职工队伍稳定的主要矛盾和问题，做好职工思想政治和政策解答工作，处理职工来信来访107人（次）。积极推进工资集体协商工作，制定了《关于进一步推进企业工资集体协商工作的意见》，举办工资集体协商培训班24期，培训人员3000余人；全州签订工资专项集体合同849家，签订率达73%。进一步加强职代会、厂务公开、职工董事监事制度建设，全州共有1685个单位建立了职代会制度，覆盖职工124258人，建制率较上年度提高了29.5%；有1083个单位实行了厂务公开，涵盖职工116037人，实行率较上年度提高了31%。

【素质提升工程】　2011年，楚雄州工会系统广泛开展技术技能大赛，举办“用电检查专业”和“中式烹调师”2个工种7个专业的技术技能大赛，全州55支代表队694名队员参加了竞赛，为企业提质增效，提高产品科技含量，推进全州工业化进程起到了积极的促进作用；广泛开展以创建“工人先锋号”为载体的班组竞赛活动，积极创建“六型班组”，培养和推荐了30个优秀班组和班组长，命名表彰“工人先锋号”198个（其中省级18个、州级30个、县级150个）；广泛开展“我为节能减排做贡献”、“七彩云南保护行动”等活动，推广节能减排的先进技术，不断提升企业的生产技术水平和自主创新能力，提高经济效益。大力培树时代典型，以开展建党90周年系列活动为契机，深入开展学习杨善洲、争当劳动模范的活动，激励职工群众立足本职岗位，争创一流业绩；广泛宣传新时代劳模精神，在《楚雄日报》、州电视台、州广播电台刊登、播出，展示了职工群众的风采；组织云南省劳动模范先进事迹巡回报告团到楚雄开展报告活动，组织50名历届全国和省州级劳动模范到永仁方山参观考察，集中宣传劳模和一线优秀职工90名。同时，积极做好9名省第二十届劳模、1名全国五一劳动奖章、4名省五一劳动奖章（奖状）的推荐评选表彰工作。积极开展职工技术技能培训和职业介绍，依托楚雄州实用技术职业技能培训站、楚雄州外派劳务服务中心，先后建立了农民工培训基地、职工（农民工）技能培训基地和职工（农民工）外派技能培训基地，开展了零就业家庭就业技能、家政服务和外派劳务等技术技能培训，共培训职工（农民工）8034名，有3569名职工（农民工）获得了技术等级资格证书。参与做好安全生产知识宣传教育，开展“安康杯”知识竞赛活动，共组织209个企业、792个班组、16608名职工参加了安全知识的教育学习；参与做好“安全生产月”宣传活动，发放宣传资料1万余份。

【为职工群众办实事】 2011年，全州各级工会组织开展元旦、春节送温暖活动，走访慰问企业190户，看望慰问困难职工4170人，发放困难补助金210.39万元；看望慰问困难劳模137人，发放慰问金16.45万元；看望慰问农民工462人，发放慰问金25.59万元。加强困难职工帮扶中心规范化建设，建成困难职工帮扶中心11个，组建率达100%。年内，全州共帮扶救助职工5635人（次），投入资金282.8万元。深入开展“为民服务、创先争优、金秋助学”活动，向315名困难职工子女和农民工子女发放“金秋助学”资金38.43万元。认真做好职工医疗互助工作，组织1909个单位、153767人参加第八期职工医疗互助活动，共审批职工医疗补助16880人（次）、发放补助金1085.32万元。认真做好“贷免扶补”工作，为120名创业人员申请发放贷款700万元。开展未参加城镇职工基本医疗保险和大病补充保险职工的调查，先后为80名欠交医疗保险和养老保险的国有企业下岗职工补交保险费16万元（人均2000元）。开展劳模帮扶和关爱职工健康活动，为22名全国劳模及遗孀争取“三金”12.77万元，为47名省部级困难劳模争取“两金”12.45万元，向州级困难劳模发放补助金12.45万元，向20名省部级劳模捐赠了献爱心健康物品。组织8名劳模、20名一线职工到青岛和省工人疗养院进行健康疗（休）养。向省总工会报送了813名获赠中工手机报困难职工信息，从精神上扶持了困难职工。

【职工文体活动】 2011年，全州各级工会组织加强职工书屋建设，保障职工的基本文化权益。州内建成各级“职工书屋”120个，其中职工书屋示范点36个（全国总工会示范点3个、省级示范点4个、州级示范点29个）；完成楚雄州工会“职工书屋”三年建设总结工作，推荐上报表彰了全国、全省工会“职工书屋”三年建设先进集体、先进个人。深入开展“创建学习型组织、争做知识型职工”活动，全州涌现出学习型组织761个、知识型职工2560人。编辑出版楚雄州工会工作《五年回眸》画册，并向中国民族画报社报送了相关图片。认真做好《工人日报》、《时代风采》的发行订阅工作，完成省总工会下达的订阅任务。积极开展职工活动，促进职工身心健康。各级工会组织利用“元旦”节、“五一”节、“三八”节等节日，组织开展了登山健身活动、篮球赛、拔河赛、穿城赛、游园活动、报告会、征文比赛等形式多样、内容丰富、职工群众喜闻乐见、健康向上的文娱体育活动，丰富职工群众的业余文化生活，陶冶了情操，凝聚了人心，激发了活力。州总工会举办了全州第二届“五一杯”职工篮球运动会，庆祝中国共产党成立90周年文艺演出，进一步丰富了职工文化生活，促进了企业文化、职工文化建设。

【女职工工作】 2011年，全州工会系统共有女职工64874人、女会员63780人（女农民工会员19566人），有女职工委员会1073个、女职工委员1075人，有专（兼）职女职工干部3356人。组织劳动竞赛、技术比武596场次，13728名女职工参加了竞赛。开展下岗职工（农民工）技术技能培训，培训女职工1900人（女农民工1200人），实现就业900人。开展女职工组织规范化建设活动的工会有2703个，组织开展活动达87%以上。

【财务经审工作】 2011年，全州工会系统积极做好地税代收工作，地税共代收工会经费和建会筹备金5043.33万元，比上年同期增长24.7%；建立和完善了经费收缴台账，实行动态管理。完成对本级和下一级工会年度财务收支预算和决算的审查审计，全面完成省总工会布置的全省性专项审计任务，保证了工会财务收支活动符合法律法规和工会财务管理规定。

［秦光宏］

共青团

【团组织及团员概况】 2011年末，共青团楚雄州委下辖208个团委，1372个团总支，9738个团支部，30个团工委；全州有专职团干部324人，团员178868人；全年发展新团员17961人，“推优”1181人，团员入党1140人；少先队员198441人，专、兼职辅导员1706人。

【基层团建创新行动】 2011年，全州各级团组织坚持党建带团建，把深入开展创先争优活动作为加强基层团组织建设和基层工作的重要契机，重点组织开展创先争优“八个一”活动。组织开展学习型党团组织创建活动、“党员亮身份，公开践承诺”活动、党员团员社区志愿服务活动和基层团建示范点建设，在全州1049个村级团组织中广泛开展“一家两队三组一基地”创建活动。深入开展乡（镇）团组织格局创新和“两新”组织建团工作，新建“两新”团组织800余家。切实履行“全团带队”职责，组织召开中国少年先锋队楚雄州第一次代表大会，举办了纪念中国少年先锋队建队62周年主题活动。进一步突出“服务人民群众”这一重点，组织召开全州共青团系统“深入开展创先争优服务人民群众”推进会，实施系列扎实有效的工作项目，推动全州共青团系统创先争优活动深入开展，进一步加强团的基层组织建设和基层工作。

【青年素质提升行动】 2011年，楚雄州团组织紧紧抓住纪念建党90周年、“五四”运动92周年等重大活动契机，针对不同领域、不同年龄段青少年思想意识的关键点，扎实开展分类引导青年工作，不断提升青少年综合素质。举办全州共青团干部深入学习贯彻胡锦涛总书记“七一”重要讲话和州第八次党代会精神培训班，引导各级团干部了解历史、把握现在，自觉投身富民强州生动实践；组织召开全州各族各界青年学习杨善洲先进事迹座谈会和网络团组织学习杨善洲先进事迹交流会，开展“80后眼中的杨善洲”、“杨善洲带给我的感动”等网络专题讨论学习活动，组织青年突击队营建“杨善洲纪念林”、“青年长征纪念林”；举办楚雄青少年纪念建党90周年“红领巾心向党”快乐歌会，参与州委举办“爱岗敬业、创先争优”主题演讲比赛、“红土地之歌”演讲大赛和“红领巾心向党”六个一活动；发挥“志愿者艺术团”作用和优势，组织开展了“楚雄青年志愿者艺术团新春活动周文艺演出”、“楚雄州禁毒志愿者进万家”启动仪式、楚雄州第19个“119消防日”系列宣传活动和“创先争优党团志愿集中服务日”等活动，组织近万名青年志愿者紧紧围绕党政中心开展宣传服务。通过形式多样的活动，进一步增强青少年建设彝州的信心和能力。

【青年创业就业行动】　2011年，全州共青团系统坚持把促进青年就业创业作为新形势下共青团服务能力建设的重要切入点和重要工作，积极争取党政领导重视支持，组织开展创先争优青年创业先锋模范暨首届“楚雄青年创业奖”评选表彰活动，评选产生19名优秀创业青年。推进2011年“贷免扶补”、农村青年创业小额贷款和农村青年信用示范户试点工作任务。年内，全州共青团系统共发放“贷免扶补”贷款4898万元，帮助青年实现创业820户；共发放农村青年创业小额贷款380万元，扶持创业青年85名；共评选县级农村青年信用示范户1.1万户，州级农村青年信用示范户500户，向团省委推报3A州级青年信用示范户100户；建立见习基地16个，组织青年上岗见习325人。深入推进“青帆夜校”建设，分别建立“青帆夜校”教学点、“爱心课堂”教学点和志愿者协会，积极参与社会管理创新，不断扩大服务青年创业就业的工作领域。

【青少年和谐成长行动】　2011年，楚雄州共青团系统稳步推进12355青少年综合服务平台建设，切实履行“预青办”工作职责，大力加强未成年人保护和预防青少年违法犯罪。狠抓全国重点青少年群体服务管理和预防犯罪楚雄试点工作，并顺利通过中央考核组中期评估。组织开展以“新生代农民工的社会融入”为主题的“人大代表、政协委员与青少年面对面”活动，承接开展“云南共青团倾听日”活动，全面掌握不同类别青少年群体的普遍性利益诉求。推进志愿服务，深入实施希望工程，年内，全州共争取并组织实施“希望小学”5所，援助资金436万元；资助家庭经济困难大中小学生2481名，捐助资金187.05万元；援建“快乐体育园地”10所，援建资金15万元；援建“希望厨房”20所，援建物质价值82万余元；配备“多媒体教室”17所，配备资金50万元，为促进社会和谐稳定作出了积极贡献。

【青春给力新彝州行动】　2011年，全州各级团组织紧密结合青年特点，持续打造“楚雄青年社区文化节”、“乡村青年文体活动周”、“真情助困进万家”、“爱心圆梦大学”、“青年创业典型选树”、“楚雄青年论坛”、“彝州青年资讯”、“青年志愿者”、“青帆网校”、“希望工程”等十大品牌项目和活动，进一步推动青年就业创业行动、青春建功新农村行动两个重点项目扎实开展。紧紧围绕彝州党政工作大局，按照各个时期党委、政府工作部署，组建200余支“青年助农促春耕志愿服务队”、“烤烟生产志愿服务队”、“农民三项教育志愿宣传队”、“农村环境综合整治志愿服务队”奔赴生产一线，在田间地头掀起了青春助春耕比、学、赶、超的浓郁氛围。

【自身建设】　2011年，共青团楚雄州委认真落实中共楚雄州委干部作风集中整顿和建设活动有关部署，带头落实好“三牢记五争先”要求，结合“三访三查”（访青年、访团员、访群众，查作风、查进度、查实效）活动，组织机关干部职工带头剖析查找存在不足和差距，带头落实整改。倡导、树立和实践“一诚两情、敏谋快敢”的作风和理念，大力推进实施“千名团干部结交千名农村困难青年为友、千名团干部结对千名农村困难老党员为师”交友拜师活动，助推团州委机关干部作风集中整顿和建设活动顺利开展。抓好理论学习，在团州委机关内部推行“干部读书学习交流活动”。认真落实州委关于领导干部联系自然村制度有关要求，班子成员带头联系一个自然村、一个企业、一所学校、一名困难青年、一名困难老党员，并定期深入各自联系点扎实开展蹲点调研工作。结合开展“四群”教育、实行干部联系群众制度的要求，全体干部职工深入基层、深入农村、深入群众，开展同吃、同住、同劳动“三同”工作，认真倾听群众呼声，协调各方力量，切实解决群众困难，认真做好青年群众工作。在州委的关心重视下，年内，团州委共有1名领导干部被选拔到县委担任领导职务，8名县（市）团干部选拔到乡（镇）或部门任职。

【宣传工作】　2011年，全州共青团组织充分发挥团属网站作用和《彝州青年资讯》（手机报）、《团的工作》、《加强团的基层组织建设和基层工作快报》等宣传媒介作用，积极探索网络建团新途径，组织召开了楚雄州共青团系统信息化建设工作会，充分利用“彝网青心”官方微博、“楚雄州大学生村官E线”和“社区青年E线”、手机报网络团购等新媒体手段，进一步加大宣传工作力度，提升共青团的影响力和对外形象。一年来，省级媒体登载楚雄共青团信息3条，省委创先争优活动简报刊发楚雄共青团信息1条，云青网采用楚雄共青团信息52条；电视新闻播发楚雄共青团活动新闻15条，民情直通车栏目播发楚雄共青团活动新闻54条；《楚雄日报》刊载团的工作信息47条；楚雄州电台播发团的工作新闻142条。全年共制作《团的工作》6期；《加强团的基层组织建设工作快报》19期；《彝州青年资讯》（手机报）发布信息49期。

［方文娜］

妇女联合会

【妇女组织概况】 2011年末，楚雄州有县（市）妇女联合会10个，乡（镇）妇女联合会103个，村妇女委员会1037个，社区妇女联合会27个，社区妇女委员会30个，州、县（市）机关事业单位妇女委员会868个，厂矿企业女职工委员会323个，个体劳动者协会妇女委员会33个，私营企业女职工委员会79个，专业市场妇女委员会9个，团体会员372个。年内，州妇联被命名为“云南省廉政文化示范点”、“楚雄州廉政文化进家庭示范点”、“楚雄州基层党建工作示范点”、“楚雄州学习型党组织建设示范点”，荣获“全国妇联系统先进集体”、“楚雄州2010年度禁毒工作先进集体”、“楚雄州2010年度社会治安综合治理维护稳定工作先进单位”等荣誉称号。

【楚雄州妇女第九次代表大会】 2011年3月6~8日，楚雄州妇女第九次代表大会在楚雄召开。云南省妇女联合会主席胡有兰、副主席陈洁以及德宏州、临沧市、保山市、丽江市妇女联合会领导到会祝贺。楚雄州党政领导张太原、李兴顺、卢显林、延荣科、李红民等出席开幕式。省妇联主席胡有兰、州委副书记李兴顺在大会开幕式上作讲话，州人民政府副州长、州妇工委主任李红民在大会闭幕式上作讲话。来自全州各行各业、各条战线的360名妇女代表参加了大会。会议听取并审议通过了何锡英代表州妇联第八届执行委员会所作的《围绕中心、服务大局，团结动员全州妇女为实现“十二五”规划目标建新功》的工作报告；选举产生了州妇联第九届执行委员会委员39人。会议期间，州委、州人民政府对全州25个妇女儿童工作先进集体和50名优秀个人进行了表彰。州妇联对50名三八红旗手、30个三八红旗集体、30名“巾帼建功标兵”、30个“巾帼建功先进集体”、30个“巾帼文明岗”、50名“巾帼创业就业标兵”、30户“五好文明家庭”进行了表彰。

【楚雄州妇女联合会第九届执行委员会全体会议】 2011年3月8日上午，楚雄州妇女联合会第九届执行委员会召开第一次全体会议。39名执行委员会委员出席会议。会议讨论通过了《楚雄州妇女联合会第九届执行委员会第一次全体会议选举办法》和州妇联第九届主席、副主席、常务委员候选人建议名单以及总监票人、监票人建议名单。会议选举产生了州妇联第九届常务委员会，何锡英当选州妇联主席，李梅、祝春燕2人当选州妇联副主席，刘予敏、尹丽华等10人当选州妇联第九届常务委员会委员。

8月1日，州妇联第九届执行委员会召开第二次全体会议。州妇联第九届执行委员会委员，不是执行委员会委员的县（市）妇联主席、副主席，州妇联全体干部职工共计59人参加会议。会议听取了州妇联党组书记、主席孟树仙所作的《建设坚强阵地、构筑温暖之家，在创先争优活动中发挥妇联组织的特殊作用》的工作报告。会议替补孟树仙为州妇联第九届常务委员会委员，替补黄淑珍、刘金华为州妇联第九届执行委员会委员。

【纪念“三八”妇女节】 2011年“三八”国际劳动妇女节期间，全州各级妇女联合会以开展文体活动、举办专题讲座、发放宣传资料等方式，开展了丰富多彩的纪念和庆祝活动。3月7日晚，在州广电中心演播大厅举办了以反映伟大母爱为主题的优秀剧目《疯娘》专场演出。3月11日，州妇联组织州级机关女干部职工举行了“庆三八·争先进·展风采”千名妇女登山活动。3月12日，在州体育馆组织了“楚雄州第十五届‘三八’女子健身运动会”，55支队伍参加了6×60米迎面接力赛，80支队伍参加了4人同心协力比赛，40支队伍参加了拔河比赛，195户家庭参加了家庭定点投篮比赛。3月15日，州妇联联合州公安局禁毒支队、州工商局、州司法局等单位在桃源湖广场开展了以“温暖你我她、维权服务进万家”为主题的“三八”维权周宣传活动。活动期间，全州各级妇女组织共发放宣传资料13.92万份，捐赠图书2120册。

【实施妇女发展项目】 2011年，楚雄州妇女联合会实施鼓励妇女创业“贷免扶补”项目，发放贷款9529万元，扶持1410名女性实现创业；实施“香港回归扶贫基金”35万元、“妇女发展循环金”50万元、“妇女创业资金”70万元，用于扶持农村妇女发展种植业和养殖业；实施“母亲沼气”项目，建沼气池50口，受益群众167人；实施“水印计划”项目，投入资金23.8万元建设集中供水池2个，解决南华县红土坡乡、五顶山乡中心学校622名师生的饮水困难；争取中国妇女发展基金会资金33万元建设集中供水工程，解决罗申村委会808人、414头大牲畜的饮水困难；实施腾讯网友20万元爱心水窖工程，解决大姚县六苴镇者纳么村完小152名师生和3个村民小组150户546人的饮水困难问题；大力扶持发展彝族刺绣产业，全州新成立彝绣协会6个，举办彝绣培训班43期，培训绣女2331人次，新建彝绣示范村30个，培养彝绣女能手325人，实现彝绣销售收入365万元。

【维护妇女合法权益】 2011年，全州各级妇女联合会树立“大维权”意识，坚持源头维权与依法维权相结合，创新联系服务妇女方式、创新维权服务手段、创新工作活动载体，在参与社会管理创新中做好新形势下的妇女群众工作。积极化解社会矛盾，密切关注社会热点难点问题和家庭矛盾纠纷，准确把握并及时反映妇女群众的利益诉求，有效疏导妇女情绪，主动参与社会矛盾纠纷调处，促进妇女自我管理、自我服务、自我发展，依法维护妇女的切身利益，最大限度地把广大妇女团结和凝聚在党委政府周围。坚持把创建“先进平安家庭”作为参与综治维稳和社会管理创新的重要载体，全州共表彰“平安家庭”465户。多形式开展妇女维权及宣传活动，组织州妇联干部职工赴云南省第二女子监狱开展帮教活动。建立完善主席信访接待日制度，认真接待来信来访，协调整合社会资源解决妇女群众关心关注的热点难点问题。全州各级妇联共接待群众来信、来电、来访1325件次，处理1314件次，处理率达99.17%，维护了妇女合法权益。

【深入开展党群共建创先争优活动】2011年，全州各级妇女联合会把开展党群共建创先争优活动与庆祝建党90周年主题宣传教育活动结合起来、与创建学习型党组织结合起来、与干部作风集中整顿和建设活动结合起来、与加强妇联组织自身建设结合起来，继续以党群共建、创先争优、共促和谐为主题，在“带”字和“建”字上下功夫，“带”出新思想、“带”出坚强队伍、“带”建妇联阵地，“建”立工作机制，“健”全组织网络，“见”到工作实效，推动工作取得新进展。全州各级妇女联合会以“深入推进创先争优、志愿服务人民群众”为主题，深入扎实地开展巾帼志愿服务活动，组织发动巾帼志愿者为妇女群众提供健康义诊、测量血压、发放计生用品等志愿服务，开展“春风送岗位”等五送活动，为妇女群众办好事、办实事。全州共创建“党妇共建创先争优”活动省级示范点2个、州级示范点11个，通过以点带面，全面推动妇联系统创先争优活动的深入开展，形成以妇联组织和妇联干部的创先争优影响和带动妇女群众创先争优的良好局面。

［孟继祖］

民　主　党　派

【农工党楚雄州委组织建设】　2011年，农工党楚雄州委以建设适应新世纪要求的参政党为目标，积极加强组织建设。完成了所属12个基层组织的换届工作。通过换届，原“州民族艺术剧院支部”升为“州民族艺术剧院支部委员会”，成立了农工党楚雄州人民医院总支部委员会及所属4个支部委员会。基层组织的设置和分布更加科学合理，凝聚力和活力得到增强。年内，农工党楚雄州委有直属基层组织16个，其中总支部委员会1个、支部委员会14个、支部1个。各级领导班子的政治把握能力、参政议政能力、组织协调能力、合作共事能力得到提高；各级领导班子的感召力及党派的吸引力、号召力和影响力继续得到提升。党员发展工作稳步推进。按照“坚持标准、注重发展、体现特色”的原则，做好党员发展工作，完成了农工党云南省委下达的党员发展任务。年内，全州有农工党员233人，其中主界别202人、占86.7%，其他界别31人、占13.3%；中高级职称187人，占80.3%；中国美术家协会、中国书法家协会、中国民间文艺家协会会员各1人；农工党省委常委、委员各1人；各级人大代表和政协委员18人，其中楚雄市人大代表1人、省政协委员1人、州政协委员8人（常委2人、副主席1人），市政协委员8人（常委2人）；州纪委特约纪检监督员和州检察院特约检察员各1人；44名党员担任科级以上领导职务，其中厅级1人、处级5人、科级10人，医卫部门科室以上负责人28人。党员的结构日趋合理，整体素质得到提高。

【农工党楚雄州委参政议政】　2011年，农工党楚雄州委紧紧围绕全州“十二五”规划的实施及中共楚雄州委、州人民政府中心工作和群众普遍关心的问题，开展调查研究，积极履行参政议政职能。提交州政协八届五次全会联合提案1件、集体提案15件，市政协七届四次全会集体提案4件，大部分提案建议已得到落实或正在落实；提交州政协八届四次全会的《关于进一步加强农村文化建设的提案》被评为优秀提案，受到表彰奖励。积极履行参政议政职能。认真提出对《楚雄州人民政府工作报告》、《楚雄州“十二五”规划纲要》和《中共楚雄州八届二次全会报告》（征求意见稿）的修改意见和建议；积极参加中共楚雄市委、市人民政府组织的城市征地拆迁工作情况和社会管理创新试点工作情况等调研咨询活动；党员中的18名省、州、市人大代表和政协委员，分别出席了省、州、市“两会”，积极履行代表和委员职责。

【农工党楚雄州委社会服务】　2011年，农工党楚雄州委充分体现自身特色、发挥自身优势，努力开展社会服务工作并取得成绩，被农工党中央授予社会服务工作先进集体称号。继续加强和改善对常设社会服务机构的管理。农工诊所和农工门诊部的管理继续得到改进和完善，抵御风险能力和自我发展能力进一步增强，为农工党楚雄州委自身建设和职能履行提供了重要的物质支持。认真做好扶贫联系工作。为扶贫联系村委会—力石村委会协调解决项目资金25万元，有力地支持了当地经济社会的发展，被中共牟定县委、县人民政府评为扶贫工作先进集体。开展“国际科学与和平周”活动。11月13日，按照农工党中央和省委的要求，结合“同心工程”及树立和践行社会主义核心价值体系活动，组织州、市9家医疗卫生单位的30名医疗专家，在楚雄市栗子园小区开展以“同心同德、同心同向、同心同行，关注民生、关心民众、关爱健康”为主题的第23届中国“国际科学与和平周”大型义诊及环境保护和健康咨询活动，受到小区居民的欢迎。开展“温暖彩云南——博爱月月捐”活动。号召广大党员积极参与农工党省委“温暖彩云南——博爱月月捐行动”，收到180多名党员的2万多元捐款。开展药品捐赠活动。积极争取农工党省委支持，向姚安县左门乡卫生院、牟定县安乐乡卫生院、楚雄市人民医院关爱医院和楚雄市三街卫生院捐赠了价值10万多元的药品。

［田海江］

【民进楚雄州委自身建设】 2011年，民进楚雄州委加强自身建设，切实提高参政议政水平，积极开展社会服务，转变工作作风，创新工作思路，狠抓工作落实，通过全体会员共同努力，各项工作成效显著。思想建设取得实效。在充分征求会员对领导班子意见建议的前提下，12月3日召开由支部主任以上人员参加的领导班子民主生活会，强化班子建设。在全体会员中开展学习杨善洲先进事迹活动，发动全体会员开展学习胡锦涛同志“七一”重要讲话精神活动，开展学习杨佳同志活动，组织144名会员参加“十二五”规划纲要有奖征答活动，有一名会员获奖。6月3日，组织部分会员开展学习《国务院关于支持云南省加快建设面向西南开放重要桥头堡的意见》活动，以召开主委会、常委（扩大）会议，参政议政、思想建设、组织发展工作会议促进思想建设。组织建设稳步推进。完善更新后备干部队伍信息库，实现对会员信息的动态管理。严格按照相关程序，发展新会员15人，现有会员201人。以抓交流活动促进组织建设。两次与民进昆明市委开展联谊活动，4次开展支部联谊活动。对13家中共党组织进行走访交流，夯实基层组织建设基础。对12名优秀会员及获得州级以上组织表彰的支部和个人进行表彰奖励，促进组织建设。以开展支部换届促进组织建设，新成立了3个支部，对原11个支部进行有序换届。于春节前开展春节慰问老会员活动。

【民进楚雄州委参政议政】 2011年，民进楚雄州委重视提案工作，在州、市政协会上，共提交提案44件，《关于加快楚雄地区蔬菜产业化的引导与扶持》、《关于加强电动车、燃油助力车和电动自行车管理》2件提案被评选为州级优秀提案。选派会员参加有关部门组织的调研活动4次。挑选上报5个选题供上级部门选择。完成4个课题调研，部分课题已实现成果转化。

【民进楚雄州委社会服务】 2011年1月12日，举办民进中央、民进云南省委专家楚雄州“十二五”规划纲要咨询会，受到当地党委政府高度重视。1月12日承办“华彩之夜”沈文裕钢琴独奏音乐会。多次到扶贫点开展扶贫联系工作，协助解决一些实际困难。会员何光平于3月19日向德宏盈江地震灾区捐款50万元。5～6月，组织东兴中学、紫溪中学、楚雄一中、州民族中学等支部会员开展高考考前咨询辅导及志愿填报咨询辅导活动。10月15日，到楚雄市吕合镇文化园开展送书画下乡活动。

［李云华］

【民建楚雄州委思想建设】 2011年，民建楚雄州委在民建云南省委和中共楚雄州委的正确领导下，在州委统战部的大力支持下，认真贯彻落实民建云南省委七届六次全会和中共楚雄州第八次党代会精神，团结带领全体会员，围绕中心、服务大局，发挥联系经济界的特点和优势，认真履行参政党职能，大力加强思想建设、组织建设、制度建设和领导班子建设，按照《会章》要求召开了民建楚雄州委一届三次全委扩大会议，杨玉泉主委代表民建州委作工作报告，总结了2011年的工作，全面部署了2012年的目标任务，调动广大会员同心同德跟党走、同心同向创事业、同心同行谋发展的积极性。一年来，民建楚雄州委及各支部举办了丰富多彩的学习、参观、交流等活动。一是重视学习。根据民建中央和省委的统一部署，在全州各支部中开展了进一步“树立和践行社会主义核心价值体系”活动；组织学习了中共楚雄州委第八次党代会精神。二是根据州委统战部《转发中央统战部关于统一战线深入学习贯彻党的十七届六中全会精神文件的通知》和《转发中央统战部关于统一战线深入学习贯彻胡锦涛同志在纪念辛亥革命100周年大会上重要讲话文件的通知》要求，在全委掀起了学习、宣传、贯彻、落实的热潮。三是组织会员参加民建云南省委举办的庆祝中国共产党成立90周年——“举旗同行”红歌会大赛，老年支部副主任赵伟国代表民建楚雄州委参赛，以男声独唱《我的中国心》获得了优秀个人奖，民建楚雄州委荣获组织奖。四是参加了市委统战部组织的民主党派机关干部外出考察学习活动。五是组织民建楚雄州委机关干部及会员，参加纪念中国共产党90华诞党史知识竞赛和全州统一战线“与党和人民同心”征文比赛，会员庞建国和刘应雄撰写的《责在人先利居众后》、《嬗变的历史不变的情怀》分别荣获征文三等奖和优秀奖。通过开展各类学习活动，进一步巩固了树立和践行社会主义核心价值体系活动成果，提升了会员的思想素质。

【民建楚雄州委组织建设】 2011年，民建楚雄州委按照《民建中央关于进一步加强基层组织建设的意见》，制定工作计划，推进组织建设的制度化、规范化和科学化。注重以会员为本、支部为根，不断提高支部活动的质量。年内，各支部按季度组织了会员活动，每次活动主题鲜明、议政方向明确、情况及时传达、民意迅速反馈、言路渠道畅通。按照注重质量、注意数量、保持特色、严格程序的要求，审批4人入会。截至年底，全州共有会员80人，会员平均年龄51.95岁。其中，经济界会员70名，占会员总数的87.5%；大专以上学历会员53名，占66.25%；中级职称及副科级以上会员61名，占76.25%；会员中担任正处级领导职务1名、副处级2名、科级12名、政府及司法领导职务的有2名。经民建州委9月份专门摸底调查，2010年1月至2011年6月民建会员企业构成情况是：资产50万元以上的企业有11个，全部为民营企业，会员企业注册资本金达9513.52万元，会员企业年缴税收合计4517.2万元，其税收占全州地方财政收入比重为0.33%；会员企业年合计产值64725万元；会员企业解决社会就业人数4073人，其中普通院校学生人数340人、职业院校学生人数377人、下岗人员再就业人数46人、外来务工人员人数6人、当地人员人数2509人、季节性临时就业人数800人。民建会员企业参与社会服务社会捐资达69次，金额达868.75万元；捐物18次，价值达56万元。

【民建楚雄州委参政议政】　2011年，民建楚雄州委各支部和会员围绕当地党委、政府的中心工作，认真开展调查研究，民建组织和参会的民建会员共向“两会”提交了大会发言、提案、社情民意共47件，其中大会发言1篇、集体提案33件、个人提案11件、社情民意2件，内容涉及旅游、非公经济发展、公路交通、民办幼儿教育、环保、农村环境卫生、城市建设、水利建设、粮食安全、滇中城市规划与建设、农业龙头企业培育、气象服务、人事编制管理等方面。其中，向州政协全委会提交了1篇大会发言材料《坚持滇中城市错位发展原则、努力打造特色产业城市的建议》和《关于进一步加快楚雄州学前教育发展的建议》等17件集体提案；向楚雄市政协全委会提交了16件集体提案。向州政协提交的集体提案《关于进一步加快楚雄州学前教育发展的建议》被列为州级重点提案；向楚雄市政协提交的《关于加强粮食安全的几点建议》、《关于发展物流产业的建议》等5件集体提案被列为市级重点提案。年内，民建楚雄州委按照州委统战部的安排，对如何发挥民建优势与特色，助推滇中经济圈城市群同城发展进行调研，已经形成了《发挥民建特色和优势，助推楚雄州融入滇中城市群同城发展的思考》的调研报告供政府及相关职能部门参考。

【民建楚雄州委社会服务】　2011年，民建楚雄州委积极开展社会服务活动。一是为州教育部门向上级协调争取全州实施中小学校舍安全工程及现代教育改革试点前期工作经费60万元，为全面推进楚雄州现代教育改革试点工作奠定了坚实基础；向中共楚雄州委农办协调争取了资金5万元，组织村民自筹5万元为扶贫联系点楚雄市苍岭镇黄草村委会桃臼村民小组建活动室1个；同时引导会员发挥专业特长到农村“结农亲、送技术”等活动；这些活动拓展和丰富了社会服务内容，树立了楚雄民建的良好形象。二是引导企业家会员奉献爱心，回馈社会。年内，会员企业永兴公司捐资20万元帮助贫困学生继续学业及老年人事业，会员企业红屋商贸有限公司捐资1.3万元帮助楚雄市农村困难学生完成学业和解决农民因病返贫困难，会员企业昇源房地产公司向山区贫苦大学生捐资6万元。在3月10日盈江发生地震后，动员组织全州各级组织和全体会员捐款捐物支持盈江抗震救灾。民建会员及会员企业家通过各种渠道捐款捐物近5万元，充分展现了民建会员及会员企业家的社会责任感。三是注重发挥会员专长开展社会服务。创业支部会员陈护国对永兴村委会考取高中、大专、大学的学生分别给予500元、2000元、3000元的奖学金，同时每年重阳节时对永兴村委会60岁、70岁以上的老人给予慰问金150元和200元，助学、救灾等慈善公益捐赠达760多万元；创业支部会员陈飞继续投入10万元在公司经营的楚雄公交车视频上免费为楚雄中心血站、州人口计生委、市地税局、州人民银行和州红十字会等播放公益广告。8月7日，在民建云南省社会服务工作会议上，民建楚雄州委和会员陈护国、陈飞分别荣获民建云南省社会服务工作先进集体和先进个人称号。

［刘应雄］

【民革楚雄市委】　2011年，民革楚雄市委在中共楚雄州委统战部和市委统战部的关心指导下，按照民革中央和民革云南省委的安排部署，广泛开展学习践行社会主义核心价值体系活动，认真学习党的十七届六中全会精神，深入贯彻落实科学发展观，全体党员秉承老一辈优良传统，坚持走中国特色政治发展道路，努力提高参政议政的能力，切实搞好新老交替基础上的政治交接学习教育活动，积极履行参政党职能，做了大量的工作，真正发挥了参政党的作用，树立了良好的形象。一是加强理论学习。3月底组织召开市委委员会议，通报了州、市“两会”的会议精神，安排部署上半年市委和支部学习的要点及精神；4月初召开全体党员大会，会议通报了楚雄州、市“两会”会议精神和会议通过的国民经济和社会发展第十二个五年规划；践行社会主义核心价值体系教育活动的指示精神和相关内容等；11月，召开党员大会，会议认真总结回顾了2011年思想政治、组织、宣传和参政议政等工作，并向各支部安排部署了2012年的各项工作和要求，表彰了参与2010～2011年参政议政工作的先进支部和10余名党员。年内围绕学习胡锦涛总书记“七一”重要讲话和贯彻学习州第八次党代会精神，进一步坚定了中国特色社会主义道路的信念，增强了走中国特色社会主义政治发展道路的自觉性和坚定性，增强了富民强州、科学发展的自觉性和坚定性。二是加强组织建设。12月24～25日，民革楚雄市第三次党员代表大会召开，大会认真学习贯彻中共十七届六中全会精神和中共云南省第九次代表大会精神；听取和审议了民革楚雄市第二届委员会工作报告；审议通过了民革楚雄市委第三次代表大会决议；选举产生了民革楚雄市第三届委员会委员7名，其中张鹤雁任主任委员，罗琼、龚化雪担任副主任委员，文玉琼、张登高、张俊、鲁文举担任委员。换届后的第三届市委委员最大55岁，最小35岁，平均年龄44岁。年内因病亡故2人，转出1人，共有党员84人，平均年龄54岁。市委下设3个支部；有高级职称15人、中级职称49人；党员中离退休的有34人，省属10人，州属40人；教育界有30人，国有事业单位有10人，文艺界有15人，政府部门15人；有州政协委员4人（常委1名），州人大代表2人，市政协委员4人（常委1人）。三是加强参政议政。在2011年州、市“两会”召开之前，民革市委组织党员深入调研，认真筛选，会议期间共提交34件提案，其中集体提案25件、个人提案9件。民革楚雄市委虞熙朝、杨增英、高燕、普金荣出席州政协八届五次会议，提交提案11件，其中集体提案有《关于修改楚雄州城镇职工提取住房公积金管理规定的提案》等3件，个人提案有《关于解决好楚雄市区交通拥堵问题的提案》等7个。罗琼、龚化雪出席州人大八届六次会议，罗琼提交2件议案和建议，其中对楚雄市构建滇中特色大城市给予支持帮助的建议被列为议案。罗琼、张吉顺、黎志刚等出席市政协七届四次会议，提交《建议彻底解决楚雄市交通拥堵问题》等21件集体提案，党员们围绕当地的经济发展、社会的热点和难点，积极建言献策。所提交的集体提案和个人意见建议，都得到有关部门的答复和采纳。四是开展主题活动。隆重纪念中国共产党90华诞，回顾总结全州统一战线发展的光辉历程和宝贵经验，表达社会各界人士热爱祖国、热爱中国共产党、热爱社会主义的真挚情感。积极参加州委统战部开展的“与党和人民同心”主题征文活动。民革市委高度重视，精心组织，动员广大党员认真撰稿，共向州委统战部宣传科报送了5篇稿件参加评审，其中罗琼撰写的文章《薪火相传共创未来》获得二等奖、杨增英和尹世国创作的诗获得三等奖，民革楚雄市委也获得了优秀组织奖受到了表彰奖励。积极参与楚雄市开展社会管理创新工作调研。在听取情况汇报、实地查看、交流座谈的基础上，认真思考，提出建议。通过开展一系列的活动，充分了解了社情民意，掌握了第一手资料，为参政议政工作打下基础。

［杨增英］

【民盟楚雄市总支】 2011年，民盟楚雄市总支在民盟云南省委和中共楚雄市委的正确领导下，在中共楚雄市委统战部的大力支持下，认真贯彻落实民盟云南省委有关会议精神和中共楚雄州委第八次党代会精神，团结带领全体盟员，围绕中心、服务大局，发挥联系教育界的特点和优势，认真履行参政议政职能工作，大力加强思想建设、组织建设、制度建设和领导班子建设，努力调动广大盟员的积极性，同心同德跟党走、同心同向创事业、同心同行谋发展，完成总支各项工作目标任务。一是注重自身建设。抓好思想建设工作。在民盟楚雄市总支及各支部中开展“树立和践行社会主义核心价值体系”活动，组织盟员认真学习胡锦涛总书记在中国共产党成立90周年大会上的重要讲话精神和在纪念辛亥革命100周年大会上的重要讲话精神，党的十七届六中全会精神，组织盟员参加民盟云南省委举办的庆祝中国共产党成立90周年华诞暨中国民主同盟成立70周年庆典及有关征文活动，参加州委统战部组织的纪念建党90周年“与党同心、与党同向、与党同行”纪念活动，参加了市委统战部组织的民主党派机关干部“踏寻革命先辈足迹、了解时代和历史变迁”为主题的考察学习活动。通过开展各类学习活动，进一步巩固了树立和践行社会主义核心价值体系活动成果，提升了盟员的思想素质。推进组织建设的制度化、规范化和科学化。按照注重质量、注意数量、保持特色、严格程序的要求。至年末，共有盟员103人，分布在中央、省、州、市属40家单位，平均年龄60岁。离退休成员54人。中央、省属单位成员47人，占成员总数的48%；州属单位成员33人，占成员总数的32%；市属单位成员23人，占成员总数的22%。具有大学本科以上文化程度的成员50人、专科文化程度的成员21人、中专及其以下文化程度的成员30人，分别占总成员的46%、22%和32%；高级职称的成员28人，中级职称的成员54人，分别占总成员的29%和55%。成员中，省政协委员1名，州政协委员4名（常委1名）；市政协委员4名（常委1名）；在高等院校担任处级领导干部1人，州级部门任正科级领导干部1名，市级部门任副科级实职干部1名。担任楚雄市人民陪审员1人。下设4个支部，分别为师院支部、中学支部、勘查院支部、综合支部。注重领导班子的表率作用，加强领导班子的建设。召开主委副主委会议，深入学习各种理论知识，用理论来增强班子的政治素质，提高领导集体的决策效率和参政议政水平。一年来，总支先后召开了常委会4次，总支委员扩大会6次，全体盟员大会2次。通过多种渠道对新盟员和骨干盟员进行学习培训。二是发挥参政议政作用。民盟楚雄市总支在政协楚雄州八届五次全会上提交集体提案4件，个人提案6件；在政协楚雄市七届五次全会上提交集体提案5件，个人提案4件。内容涉及旅游、经济发展、公路交通、文化教育、住房建设、就业培训、环保、城市建设、滇中城市规划与建设、社会保障等方面。开展调查研究，做好参政议政课题调研工作。年内，民盟楚雄总支按州委统战部的安排，完成《关于加强民主党派参政能力建设的研究》的调研。对如何发挥民主党派参政能力建设，更好的履行职责进行了研究。针对楚雄市城区行车难、停车难问题，民盟楚雄市总支从现状、成因和解决办法3个角度进行了调研，提出关于治堵保畅通的建议。三是开展多种形式的社会服务。结合实际，注重发挥盟员专长开展社会服务。依托盟员中的农业科技人才开展调研活动。8月7日，民盟楚雄市总支主委、副主委、专干及盟员中的农科人员一行到大过口乡调研魔芋产业。通过实地视察，调研组对大过口乡魔芋产业发展、魔芋—玉米立体间套种给予了充分肯定，并对大过口乡的魔芋产业发展提出了很多好的意见和建议，对促进魔芋产业发展起到积极的推动作用。同时引导盟员发挥专业特长到农村“结农亲、送技术”等。组织开展抗震救灾献爱心。云南盈江发生地震后，民盟楚雄市总支积极响应中共楚雄州委的号召，动员全体盟员捐款捐物支持盈江抗震救灾，民盟盟员通过各种渠道捐款捐物近2000元，体现了在大灾大难面前患难相恤、守望相助的社会责任感。

［卢　繁］

【致公党楚雄市支部】 2011年，在致公党云南省委的正确领导下，在中共楚雄州、市委统战部的指导关心和支持下，致公党楚雄市支部全体党员立足本职，高举邓小平理论伟大旗帜，以“三个代表”重要思想为指导，深入学习贯彻科学发展观，坚持中国共产党领导的多党合作和政治协商制度，坚持中国特色社会主义政治发展道路，以思想建设为核心、以组织建设为基础、以制度建设为保障，努力加强自身建设，切实履行参政党职责，为促进当地经济社会又好又快发展和构建和谐社会作出了积极贡献。一是加强政治理论学习。健全制度，以制度促进学习。一年来，支部不断健全和完善学习制度。通过规范学习制度，定期组织学习活动，提高学习活动质量，不断营造学习氛围，带动党员自发学习，促进了学习型参政党的建设。突出重点，重要精神及时学。2011年是中国共产党成立90周年，也是辛亥革命100周年，胡锦涛总书记发表了“七一”重要讲话，致公党中央主席万钢发表了题为《风雨兼程创伟业同舟共济谱新篇》的讲话。讲话发表后，支部及时将学习材料印发到每一位党员手中，通过支委会、党员小组会组织党员认真学习领会。组织专题学习。在中共十七届六中全会就社会主义文化建设作出了重大决定后，支部作了专题学习。支部还鼓励党员撰写回忆录、心得体会文章，通过新旧对比，党员的思想素质得到进一步提高，增强了自觉接受中国共产党领导的多党合作和政治协商制度的信念，激发党员的爱国主义热情和民族精神，做到与中国共产党在“思想上同心同德、目标上同心同向、行动上同心同行”。二是加强组织建设。年内有党员70人，其中大学文化52人，占75.4%；高、中级职称56人，占81.2%。党员中有州政协委员5人（常委1人），市政协委员5人（常委2人），州人大代表1人，市人大代表1人（常委）。9月，召开了党员民主推荐大会，产生了新一届班子的候选人。12月按照上级安排部署，在各党员小组中选举产生了党员代表大会代表35名，并初步定于2012年2月召开中国致公党楚雄市基层委员会第一次党员代表大会，成立中国致公党楚雄市基层委员会。大会的各项准备工作年内有序进行。三是参政议政工作。支部班子始终把参政议政工作作为支部的主要工作任务来抓，牢固树立“围绕中心，服务大局”的整体意识，充分调动广大党员参政议政的积极性，把个人专长与集体智慧有机结合，集思广益，精心选题，围绕社会关注的热点、焦点问题，开展深入细致的调查研究，深入基层倾听民声，反映民意。年内致公党楚雄市支部共向州、市政协提交集体提案21件（1件重复），其中州级集体提案10件、市级集体提案11件，这些提案都得到了州、市有关部门的重视，其中《关于加强对燃油助力车管理的建议》被州政协列为2011年的10件重点督办提案，并被评为优秀提案。四是积极参加各种活动。根据楚雄市被列为社会管理创新试点地区，支部结合自身实际，紧靠提案工作，就燃油车登记管理等问题积极向中共楚雄市委、政府建言献策，就下一步电动助力车的登记管理工作作了详细的调研，并提出建议。积极参与中国共产党成立90周年纪念、杨善洲先进事迹等学习宣传活动，组织党员写回忆录、心得体会，共向党员征集各类文章30余篇，并有部分文章公开发表。加强与外地州致公党组织联系。9月致公党保山市委成立，10月致公党中央社会服务专委会在红河召开“致福工程”研讨会，致公党楚雄市支部派出专人参加，在了解外省市、地州的工作情况、探讨不足和困难的同时，也将自身所取得的成绩和经验互相交流，争取共同进步。

［徐　彦］

【九三学社楚雄市委】 2011年，在九三学社云南省委和中共楚雄州、市委的正确领导下，在州、市委统战部的关心指导下，九三学社楚雄市委及各基层组织，坚持以科学发展观为指导，牢固树立和践行社会主义核心价值体系，着力履行参政党职能，大力加强自身建设，尽力做好社会服务工作，为促进楚雄市经济社会平稳较快发展作出了积极贡献。一是强化思想建设。结合纪念建党90周年、辛亥革命100周年活动契机，九三学社楚雄市委以召开（扩大）会议的方式，对领导班子成员及骨干社员就胡锦涛总书记在中共十七届六中全会、纪念建党90周年和辛亥革命100周年所作的重要讲话精神，进行深入学习，进一步提高社员的政治理论素养，夯实了政治思想基础。组织社员参加九三学社省委和州委统战部开展的建党90周年、辛亥革命100周年“与党和人民同心”为主题的征文、知识竞赛和歌咏比赛，收集并报送社员撰写的征文3篇。开展树立和践行社会主义核心价值体系活动。组织社员撰写了以“九三学社树立和践行社会主义核心价值体系”为主题的论文，推荐社员周永洪代表九三学社省委参加省委统战部组织的统一战线树立和践行社会主义核心价值体系先进人物事迹报告会；组织社员收看杨佳同志先进事迹报告会。二是加强组织建设。认真做好九三学社楚雄州委筹备工作。按照九三学社云南省委和中共楚雄州委的要求，积极做好培养后备干部工作，发展优秀人才加入九三学社，为九三学社楚雄州委员会的建立奠定基础。参加九三学社省委组织宣传工作会议。做好社员信息采集工作，认真组织骨干社员积极做好社员信息采集工作，并按时上报“九三学社楚雄市委社员信息采集表”和“九三学社楚雄市委社员名单”。发展新社员。社市委结合九三特色，继续扩大视野，积极争取吸收复合型的，高素质、高学历、高职称的优秀人才入社，认真做好组织发展工作，年内发展6名新社员。年末，共有社员111人，其中高级职称43人、占社员总数的39%，中级职称60人、占社员总数的54%，社员平均年龄为47岁。三是做好参政议政工作。年内，州、市“两会”期间，九三学社市委提交提案10件。内容涉及农业、水利建设、城市建设、安全、环境保护、公共事业等方面。九三学社市委提交的《关于在推进滇中楚雄特色大城市建设过程中，加快实施兴隆寺道路及民族文化旅游商品街建设的建议》、《关于对滇中特色大城市规划建设的建议》和《关于积极治理农村水污染的建议》等提案均得到政府相关部门的高度重视，多次邀请九三界别政协委员和九三学社市委工作人员座谈，听取提案办理意见，收到较好的办理效果。在州政协八届四次会议上九三学社市委提交的集体提案《围绕滇中特色大城市的建设，高度重视并切实加强水资源建设和利用的建议》被评为优秀集体提案，受到州政协的表彰和奖励。积极做好党派调研工作。九三学社市委进一步发挥社员的群体优势和参政议政骨干队伍的作用，对课题调研工作提早安排、精心组织。向九三学社省委报送了《促进农业生产，保持物价平稳》、《滇中干旱影响及对策研究》、《加强地质灾害防治、保障云南经济持续发展》和《魔芋产业发展对策研究》等4个参政议政调研课题。

［李 辉］

工 商 联

【州工商联工作机构概况】 2011年末，楚雄州工商联第三届执行委员会有主席（会长）1名，专职副主席（副会长）2名，兼职副主席（副会长）17名，商会副会长4名，执委106名，常委64名。州工商联机关有在职在编干部15人，其中副厅级领导1人、处级领导4人。年内发展新会员701名，清理除名会员2357名。年末，全州工商联系统共有会员7206名，其中企业会员1046名、团体会员99名、个人会员6061名。2月，州工商联被州委、州人民政府表彰为第四批新农村建设工作队及指导员工作先进派出单位；6月，州光彩事业促进会被州委、州人民政府表彰为“捐资助学先进集体”；7月，州工商联党总支被省委表彰为“全省先进基层党组织”；11月，被中央统战部、全国工商联表彰为“全面建设小康社会作贡献先进集体”；年终全省目标管理考核中荣获一等奖。

【楚雄州工商联三届五次执委（扩大）会议】 2011年3月25～26日，楚雄州工商联三届五次执委（扩大）会议在南华县召开。中共楚雄州委常委、州委统战部部长任锦云，州人大副主任张启俊，州政协副主席、州工商联主席吴丽华等领导出席会议并讲话。州工商联全体执委、南华县党政领导、州工商联各科室负责人共120余人参会。会议审议并通过了吴丽华代表三届常委会所作的《抓住机遇，奋发有为，努力开创彝州非公有制经济和工商联工作新局面》的工作报告，通过了增补执（常）委的决议。会议期间，全体参会人员参观考察了云南澜沧江啤酒企业（集团）楚雄有限公司，州工商联与南华县委、政府联合举办了招商引资项目推介会。

【楚雄州金融商会成立】 2011年8月5日上午，云南省州（市）级首家金融商会——楚雄州金融商会举行成立大会。州党政领导杨亚林、张启俊，吴丽华及州财政局、州工商联、州民政局等部门领导参加成立大会。受云南省人民政府金融办主任刘光溪委托，省金融办政策法规处处长陈云波、综合处副处长高灿到会祝贺并致辞。杨亚林在会上代表州委、州人民政府作讲话。要求全州各级各有关部门要高度重视金融工作，以金融商会的成立为契机，加强政府引导和服务，推进银企合作，为企业和银行搭建沟通平台，做好项目对接，合理引导资金流向，聚集更多的资金服务于全州经济加快发展。商会要充分发挥其桥梁纽带作用，积极配合政府主管部门加强行业规范化管理；要加强商会自身建设，进一步完善金融行业监管、企业内控、行业自律、社会监督“四位一体”的风险防范体系，规范经营行为。省金融办、州级领导为州金融商会授牌、授印。

【楚雄州工商联系统第二届“商会杯”篮球运动会】 2011年10月8～12日，楚雄州工商联系统第二届“商会杯”篮球运动会在州体育馆举行。10月8日晚举行开幕式，李红民、李兴顺、卢显林等州级领导及州文化体育局、州机关事务管理局等相关部门的领导出席开幕式。任锦云宣布运动会开幕，左荣贵致开幕词，吴丽华主持开幕式。经过几天激烈的角逐，17支代表队共进行了46场比赛，圆满完成了比赛任务，最终楚雄市工商联代表队荣获第一名，永仁县工商联代表队荣获第二名。在10月12日晚举行的闭幕式上，左荣贵、吴丽华等领导为获奖代表队颁奖。

【楚雄州湖南商会成立】 2011年11月19日上午，楚雄州湖南商会成立暨第一次会员大会在州会务中心举行。中共楚雄州委常委、州委统战部部长左荣贵，州政协副主席、州工商联主席吴丽华出席会议。中共湖南省衡阳市委常委、秘书长杨邦伟到会祝贺并讲话。州委统战部、州工信委、州招商局、州民政局、州工商联等州级相关部门领导及州工商联兼职副主席、省湖南商会领导、全省各州（市）湖南商会代表、楚雄州湖南商会会员共400余人参加成立大会。吴丽华在讲话中要求，商会要发挥桥梁纽带作用，要发挥服务阵地作用，要严格按照商会章程开展工作，教育引导会员遵循市场法则，诚信经营，照章纳税，努力提高经营者自身素质，鼓励广大会员积极参与社会公益活动，树立良好的社会形象。州湖南商会第一次会员大会通过了《楚雄州湖南商会章程》，选举曹述清为州湖南商会会长，还选出了常务副会长、副会长、秘书长、常务理事、理事。会上，左荣贵、吴丽华分别为州湖南商会授牌、授印。

【楚雄州加强和改进工商联工作会议】 2011年12月12日，楚雄州加强和改进工商联工作会议在州会务中心民族会堂举行。会议学习贯彻了全国、全省加强和改进工商联工作会议精神，研究部署了楚雄州新形势下的工商联工作。省委统战部副部长、省工商联党组书记张功祥应邀到会指导。州委书记张太原作重要讲话，州委副书记、代理州长李红民主持会议。州人大常委会主任卢显林，州政协主席延荣科，州委常委、州委统战部部长左荣贵，州委常委、州委宣传部部长、牟定县委书记姜扬，州委常委、楚雄市委书记袁鹏，州人大常委会副主任张启俊，州政府副州长杨元茂，州政协副主席、州工商联主席吴丽华出席会议。州委、州人民政府相关部门主要负责人，各县（市）委书记、县（市）人民政府联系工商联副县（市）长、县（市）委统战部部长、县（市）工商联主席、县（市）工商联党组书记、各乡（镇）党委书记、州工商联常委和民营企业家代表共400余人参加了会议。左荣贵作大会总结。

【工商联思想建设】 2011年，楚雄州工商联为进一步提高工商联干部和非公经济代表人士政治鉴别力、科学决策的能力和管理创新的能力，把握时宜、紧扣主题，年内分别举办了“迎新春、展望十二五”、“颂党恩、话发展、见行动”、“迎国庆、抓机遇、促发展”等主题会员活动进行学习交流。组织4户会员企业参加全省民营经济管理培训和全省非公经济组织党务工作培训；同时，州工商联主要领导参与省工商联组织的“北京大学云南省工商联系统领导干部培训班”，开阔了视野，启迪了思维。各县（市）结合实际，多形式举办各种类型的培训班，多渠道开展学习交流和培训，使广大工商联会员和非公经济人士既接受了教育，又认清了形势，还促进了会员之间相互沟通、相互学习、相互交流、相互合作。实施民营企业“素质提升工程”，在82家会员企业安装远程授课卫星接收设施，将清华大学的直播课堂引入了企业，培训2.1万人次，为打造学习型企业、培养新型企业管理人才奠定了坚实基础，进一步提高了非公经济人士素质。推进以完善惩治和预防腐败体系为重点的反腐倡廉建设，深入开展廉政文化进企业活动，在全州非公有制经济组织中营造“以廉为荣、以贪为耻”的良好风尚，有3家会员企业被确定为“廉政文化进企业示范点”。加强与楚雄电视台、楚雄日报、楚雄州广播电台等媒体的合作，办好专栏，宣传非公经济和工商联工作，专题对滇中铝业等民营企业参与感恩行动、楚雄龙润丰公司等非公有制经济组织及非公经济人士学习胡锦涛总书记“七一”重要讲话精神进行报道，引导非公经济人士树立和践行社会主义核心价值体系。

【工商联服务会员】 2011年，全州工商联组织开展服务会员活动。开展融资服务，支持中小企业发展，全年办理担保业务95笔，担保金额1.2亿元，收回到期贷款90笔，金额1.1亿元，有力地支持了中小企业的发展。做好促进就业工作，超额完成年内省工商联下达的500名“贷免扶补”工作目标，共完成502名，发放贷款3261万元，全州还款率达98%。创业人员中大学生比例达12%，以创业促进就业，维护了社会的和谐稳定。积极配合州人社局做好2011年“民营企业招聘周”活动，提供就业岗位1039个，500多名求职者与用人单位签订了用工意向性协议，为促进就业作出了成绩。发挥工商联民间性优势，积极实施“走出去”战略，组织和参与招商引资、产品展销等经贸活动，年内分别协助组织7家会员企业参加了第十九届昆交会、组织6户外贸出口型会员企业参加滇缅经贸论坛第三次会议、协助楚雄市政府做好2011年楚雄彝族火把节展销会等经贸活动；组织104名工商联干部和民营企业家赴台湾、西藏、东北等地学习考察。开展职称评定服务，全州工商联系统全年累计为4户会员企业56名专业技术人员办理初、中级专业技术职称的申报及评定工作。发挥工商联以商招商的优势，积极为会员牵线搭桥，做好招商引资工作，在3月召开三届五次执委（扩大）会议期间，与南华县共同举办了南华县招商引资项目推介会；利用楚雄四川商会的资源，引入云南名屋家具有限公司落户楚雄开发区，完成了州人民政府下达的招商引资任务2000万元。

【光彩事业】 2011年，楚雄州工商联以开展“彝州光彩情·温暖进万家——民营企业感恩行动”活动为载体，积极组织动员非公经济人士发扬“乐善好施、扶危济困”的光彩精神，承担社会责任，感恩回报社会，树立非公经济人士良好形象，通过对口帮扶、项目帮扶、技能帮扶、济困帮扶，全州共有1304户民营企业参与感恩行动，结对帮扶村（户）达2620个，投入帮扶资金467.6万元。组织实施了投资40万余元的南华红土门村民文化活动室建设工程和投资30万元的姚安县左门乡中心学区学生食堂建设工程等光彩事业项目。积极协助永兴集团、诺仕达集团、禄丰高峰自忠公司、云南岭东印刷包装公司等企业开展感恩回报社会捐赠助学活动，向450名困难学子发放助（奖）学金共计30余万元。6月，州光彩事业促进会被州委、州人民政府表彰为捐资助学先进集体。

［李聪荣］

（责任编辑：白云鹏）

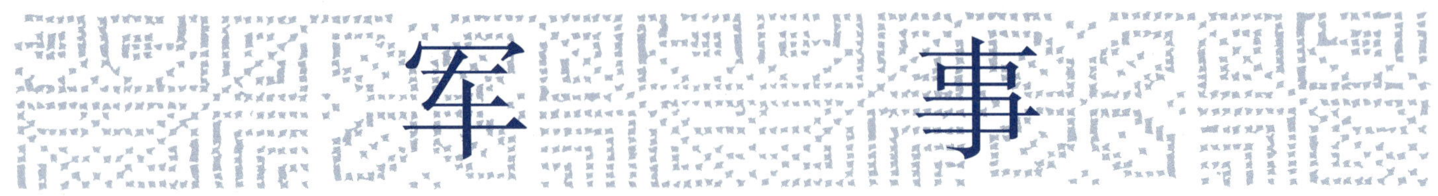

军事

楚雄军分区

【楚雄军分区概况】 2011年，楚雄军分区按照"抓根本，强责任，打基础，促发展，保稳定"的基本思路，坚持以使命任务为牵引，紧紧围绕国防和后备力量建设的质量效益，不断提高部队遂行多样化军事任务的能力。修订完善了作战主体方案及28份配套方案、计划的拟制和归档工作，展开值班系统综合整治，分阶段组织首长机关训练，分区域集中民兵高炮分队骨干开展培训，分期完成民兵军事训练，战备训练取得了新进展。加强思想政治建设、军营文化建设，规范安全管理工作，加强后勤战备库室建设，大力抓好以"九室二库"为重点的基础设施建设，完成双柏、牟定、南华、元谋、永仁5县人武部全面建设达标考评验收，完成年度征兵工作，积极组织民兵扑灭森林火灾，国防后备力量建设稳步提高。

【战备训练】 2011年，楚雄军分区完善了《楚雄州处置突发事件预案》和《军分区组织民兵和协调驻楚部队协助地方反恐维稳行动方案》，落实党委议训、深化按纲施训、突出重点强训，大抓军事训练，部队和民兵应急应战水平整体提升。狠抓以办公自动化、军用文书、战术标图、兵员动员、参战支前、城市防空作战、反恐维稳、抢险救灾为重点的网上联训和35场次业务技能讲座，强化手枪射击、体能等基础科目训练，首长机关专业技能和指挥谋略水平进一步提高。圆满完成了年度军事训练考核。采集相关数据，健全战备数据库。加强民兵信息网络调整布建，与驻地国安、公安部门建立定期联络制度。积极协调驻楚部队为全州33所院校的3.3万余名新生进行军训，安全组织6500余名新生进行实弹射击。

【思想政治建设】 2011年，楚雄军分区把培育核心价值观作为基础工程，主题教育活动扎实活跃，经常性培育不断深入，全区形成了自觉培育和践行核心价值观的浓厚氛围，确保了部队思想稳定和纯洁巩固。8月，举办了64人参加的理论集训班。加强军营文化建设，积极推进"八千里边防文化长廊建设"。协调资金10余万元，在楚雄市主要街区设立双拥工作橱窗，在昆（明）楚（雄）高速公路沿线设置大型宣传牌；开展中国共产党成立90周年系列庆祝活动和"八一"文艺汇演；广泛开展读书荐书活动，为官兵购买《中国共产党党史》、《马列主义经典著作选编》、《杨善洲先进事迹读本》等理论书籍2500余册。

【党委班子和干部队伍建设】 2011年，楚雄军分区以能力建设和先进性建设为重点，全面加强部队建设。3月，以《政工条例》和《党委工作条例》为主要内容，组织干部进行条令条例集训，研究制定《军分区党委议事规则》，提高党委班子科学民主依法决策水平。扎实开展"加强党性修养、锤炼思想作风"教育整顿活动，促进党员干部作风转变，振奋革命精神。教育整顿活动做法被省军区转发。严格落实"两课一讲评"制度，分区党委常委5次为部队上党课和政治教育课，每月对干部进行讲评，增强干部事业心责任感。坚持以重德才、凭实绩、听公论、严程序为标准选好用好干部，选人用人的准确性和公信度进一步提高。全年调整使用的23名干部，做到了上级满意、基层服气，营造了"靠素质立身，凭实绩进步"的良好氛围。以人武部主官和领导干部为重点，严格落实《廉政规定》，构建惩防体系建设制度措施，加强廉政建设监督检查和问题查处，反腐倡廉建设不断推进。

【安全管理】 2011年，楚雄军分区坚持依法治军、从严治军，牢固树立安全发展理念，注重经常性思想教育，扎实开展倾向性问题专项整治，有效杜绝了各类违纪违规问题的发生。强化条令条例和法规政策性文件的学习贯彻，着力增强官兵职工条令意识，进一步规范部队秩序。抓好重点人员、重要目标、敏感时节和训练中的安全管理，加大信息保密安全防护力度，加强针对性随机教育和季节性、敏感时节的安全常识教育，不断打牢部队安全发展的基础。定期召开安全形势分析会，及时发现和纠正问题，促进安全稳定工作末端落实。履行以"打假"和查处军人违纪、军车违章为主要内容的城市警备纠察职能，较好地维护了军人形象。加强检查督导，狠抓安全隐患排查整治，消除安全隐患，分区机关先后10次派出联合工作组对人武部进行检查督导。加强民兵武器库清理整治，着眼建立长效机制，推行责任管理，实行无后果责任追究，组织签订安全责任书，进一步规范安全管理工作。

【后勤装备保障】 2011年，楚雄军分区修订完善各类保障方案，投入8万余元进行后勤战备库室建设，提高了应急保障能力。注重提高业务能力，组织后勤科长轮训和每个季度2天的后勤人员集中办公，开展炊事挂车训练和新训驾驶员复训。认真做好津补贴调整和军人保障卡的推广使用。清理和规范空余房地产，提高房地产使用效率。积极开展灭“四害”和“爱国卫生军营月”活动，组织官兵职工进行年度体检。加强武器装备管理“三化”建设，坚持科学管装，对全区民兵武器装备仓库监控系统和脉冲电网防护系统进行了检测及维修改造。加强武器装备日常维护保养，提高装备应急应战保障能力。举办民兵武器仓库保管员集训和比武竞赛活动，强化保管员队伍的管装意识和业务素质。安全顺利地完成了民兵报废弹药的上交调运工作。

【国防后备力量建设】　2011年，楚雄军分区按照两级军区的统一部署，军分区领导机关先后派出3批26人深入全州10县（市）人武部开展蹲点调研，积极协调州委、州人民政府制定出台《楚雄州加强党管武装和国防后备力量建设的意见》、《楚雄州加强新形势下国防教育的意见》，提升党管武装工作制度化、规范化和科学化水平。举办2次4500余名州、县、乡三级党政领导干部参加的国防知识讲座，增强了国防意识。科学制定民兵整组计划，合理划分编组单位，完成了2011年度民兵整组任务。提高民兵遂行多样化任务的能力，为地方经济社会建设作出积极贡献。组织民兵6000余人次，扑灭森林火灾17起。向盈江地震灾区捐款3.8万元。以人武部达标建设为契机，大力抓好以“九室二库”为重点的基础设施建设，立足抓实“四个基本”，紧盯八项经常性工作落实，人武部全面建设基础进一步夯实，双柏、牟定、南华、元谋、永仁5县人武部顺利通过了省军区达标考评验收。认真研究解决征兵工作面临的新情况新问题，圆满完成了士官直招和年度征兵任务。

【新闻宣传工作】　2011年，楚雄军分区按照《关于加强和改进新闻宣传工作的意见》，进一步明确基本任务和奖惩标准，调动官兵宣传热情，广泛宣传国防后备力量先进典型和经验做法，为军分区全面建设营造了良好的舆论氛围，全区新闻报道数量和质量明显提高。年内，被中央电视台、《解放军报》和《战旗报》等新闻媒体转载67篇，要讯41篇。

【民兵应急维稳处突演示】　2011年2月，楚雄军分区组织州委常委、州国动委成员单位领导、各县（市）委书记、县（市）长和人武部主官共89人，观摩了“楚雄市民兵应急维稳处突演示”。演示由市应急民兵、公安特警和文艺演职人员共1000余人参加。演示以市区发生治安性突发事件、进而引发大规模骚乱为背景，采取情况虚设、场景移位的方式，按照“组织准备、快速部署、封控隔离、驱散清场、联合管制”的程序，重点对民兵应急分队“处置非法集会静坐示威、非法集会游行示威和配合公安特警处置骚（暴）乱”三个内容进行了演示。通过观摩演示，进一步提高了军地双方对民兵应急分队地位和作用的认识，强化了地方党政领导“管武装、建武装、用武装”的意识，增强了国防后备力量建设的紧迫感和责任感。

［陈　荣］

【楚雄市人武部加强民兵“处理突发事件技能”培训】　2011年，楚雄市人民武装部把协助地方维护社会和谐稳定作为年度重点工作来筹划落实。1月20～25日，结合应急民兵维护节日期间社会稳定任务，组织城市民兵360人，编组3个营9个连，在77281部队营区组织封闭式集训。集训以“民兵应急处理突发事件”为主题，设置“处置突发事件法律法规知识、单兵防暴动作技能、社会矛盾化解技巧和处置突发事件的战、技术应用”等内容，由军地专业人员担任教员，采取“理论讲座、专题辅导、动作训练、技能合成演练、评比竞赛”等方式，按连队化管理要求进行教学、训练，提高民兵应急队伍遂行各种急难险重任务的能力，积极协助地方维护社会稳定。

［罗　生］

【双柏县人武部组织抗旱救灾】　2011年，双柏县人民武装部积极组织抗旱救灾工作。9月，由县人武部部长邓伯刚带队，组织民兵200人，协调送水车，为双柏县一中、乡（镇）以及村委会送水2000余立方米，缓解了人、畜饮水的困难。9月22日，中央电视台7频道、13频道对此进行了宣传报道。

［龙　林］

【牟定县人武部开展“情系边防”活动】　2011年，牟定县人民武装部积极协调地方党委、政府，开展“情系边防”系列活动。8月，由中共牟定县委、县人民政府、县人武部组成37人慰问演出团，赴德宏州慰问边防部队。演出团共慰问1个边防团、4个武警边防检查站，为部队演出2个专场。慰问演出团在慰问边防部队的同时，还与牟定籍官兵进行座谈，为他们带去了家乡党委、政府和人民的亲切问候与关怀，勉励他们安心服役，扎根边疆，为祖国的安宁再立新功。

［左建云］

【姚安县人武部发挥参建参治作用】　2011年，姚安县人民武装部深入贯彻落实科学发展观，积极发挥参建参治作用。2月8日，组织28名民兵参加“7·09”地震官屯大村统建点恢复重建工作，共搭建帐篷23顶，搬运建材22吨，为18户灾民搬运物品；2月11日至6月18日，每天出动民兵7人，担负官屯大村统建点质量整改施工现场执勤任务，圆满完成了县委、县政府赋予的各项任务。6月下旬，组织县公安消防大队和武警县中队组成驻军代表队，参加地方庆祝建党90周年歌咏比赛，获三等奖。

［孙　勇］

【大姚县人武部党委班子和干部队伍建设】　2011年，大姚县人民武装部着力加强党委班子和干部队伍能力建设。坚持党管武装，落实好“双重”领导制度，主动争取领导，争取支持，较好地协调了军地关系。抓好党委中心组带机关的理论学习，深入开展学习科学发展观“在基层、在岗位”活动，党员领导干部以实际行动“讲党性、重品性、做表率”。抓民主集中制，加强党性修养，增进班子团结。抓干部的素质能力建设，开展立足岗位成才活动，抓好建设“学习型党委”、“学习型军营”活动，加强对业务、政治理论知识的学习，干部综合素质明显提高。

［吕永国］

【元谋县人武部后勤建设】 2011年，元谋县人民武装部大力加强后勤建设。年内，向省军区、楚雄军分区和元谋县委、县人民政府筹措经费，一次性还清历史欠款62万元，解决了影响人武部全面建设达标的历史遗留问题。加强对车辆、物资和营房水电的管理，对公用物资进行造册，实行责任制管理，严格控制车辆维修保养，专人管理营房水电，投资10万余元对荣誉室、作战室、办公楼墙面、铁门、阅览室、科室门牌号等进行了整治，协调解决9名职工驻地医保，后勤建设成效明显。

［陈　荣］

驻楚部队

【77281部队】 2011年，77281部队以《军队基层建设纲要》为依据，按照“任务牵引强能力，按纲抓建打基础，注重规范抓落实，稳中求进谋发展”的总体思路，推进各项工作有序开展，部队呈现良好的发展势头。年内，突出民族团结这一时代主题，落实“共同团结奋斗、共同繁荣发展”要求，参与楚雄市“全国双拥模范城市”评选；与驻地马石铺村开展“扶贫帮困”、“捐资助学”、“基层党支部帮建”等民族团结共建活动；针对团员青年渴望成才的特点，广泛开展学习成才活动，与驻地学校签订“军地共育人才”协议，开办法律、计算机等级考试、心理学、管理工程等8类辅导班，与楚雄师院图书馆、楚雄州新华书店建立图书资源共享机制，有力促进了驻地经济社会发展和部队全面建设。年内，部队先后被团中央表彰为“全国五四红旗团委”，被四总部表彰为“全军第五个五年科学文化教育先进单位”，被集团军表彰为“要讯工作先进单位”、“安全稳定工作先进单位”、“新闻报道先进单位”、“后勤科学管理先进单位”。部队组织青年官兵开展“周学一句彝族语言、月学一首彝族歌曲、季度学一个彝族舞蹈”的“三学”活动事迹被《解放军报》刊载。

［蒋　文］

【96221部队】 2011年，96221部队紧紧围绕职能任务，抓首位、抓中心、抓重心，抓关键，主动作为，开拓创新，圆满完成了上级赋予的各项任务，团队建设稳步推进。大力开展“1+1”结对捐资助学活动，组织成立“小白杨”助学基金会，动员全体官兵积极为驻地贫困小学捐资助学，活动共计募得善款15000余元。积极支援地方科教事业，在驻地环城小学建立联系点，并定期安排干部到学校担任校外辅导员，全年辅导授课10次。8月成立军训教官队，分别赴楚雄一中、楚雄医专、民族中学、龙江中学等学校为入校新生进行了为期一周的军训，11月赴楚雄师范学院军训学生3000余名。积极请领抢险救灾任务，成立抢险救灾工作领导小组，下设协调联络、宣传教育、救灾保障、消毒防疫、物资筹措5个小组，并明确了职责分工。开展巡诊和卫生防疫工作，出动卫生队官兵50人次，为3个村委会共266人巡诊看病，发放常用药品26种，价值3000余元，发放卫生防疫宣传单100余份，确保当地村民身体健康，以实际行动践行当代革命军人核心价值观。注重利用驻地教育资源，拓宽团队教育渠道。邀请楚雄州委党校专家教授、楚雄师范学院心理学教授来部队、金鹿中学音乐老师、楚雄市司法局机关人员、楚雄市民政局、双拥办领导、楚雄市党史研究室领导到部队授课辅导，帮助官兵解疑释惑，促进官兵成长成才。加强双向互动，组织开展军地联欢晚会，丰富官兵军营文化生活。重大节日期间，积极与楚雄市文工团等地方有关部门联系，举办军地联谊活动。“八一”建军节之际，州委书记张太原、代理州长李红民等地方领导近120人参加，观看了部队发展建设多媒体介绍片及武器装备演练。

［李树平］

【78355部队】 2011年，78355部队始终坚持以胡锦涛主席“主题主线”重大战略思想为指导，积极投身中国特色军事变革，以“争创先进单位、推进科学发展”为目标，以《军队基层建设纲要》为依据，注重抓基层、打基础，突出部队训练与管理，狠抓部队安全稳定工作，圆满完成了上级赋予的各项工作任务。部队业务建设创新发展，研究开发了单位三维模拟电子沙盘，并拓展升级《设备模拟教学系统》，申报并获得军队科技进步三等奖。双拥工作扎实有效，积极配合驻地政府机构工作，与成昆线广通机务段达成新的协议，共同维护铁路军专线的运行安全；积极支援驻地新农村建设，从家底经费中拿出5000元资助村民修建灌溉水渠。参加驻地扑灭山火行动一次，共出动消防车3辆，消防人员40人，成功扑灭山林火灾。楚雄州持续干旱，部队驻地村民出现饮水困难，经过协调，部队每天定量为每户村民供应0.5吨饮水，帮助村民度过了旱季饮水难关。为提高驻地防范和扑灭山火能力，仓库组织召开了军警民联防联销会议，通过会议完善了联防联销预案。

［莫古勇］

【楚雄预备役高炮团】 2011年，云南预备役步兵师高炮团圆满完成了应急救援二中队组建、火把节执勤、学生军训、广场文化宣传和实弹演习等工作任务。开展救援二中队筹建工作。年内成立相应组织机构，完成中队抽组编配，请领购置装备器材，整合规范救援库室，制定救灾行动方案，并展开相关训练和演练。7月25日至8月9日，组织37高炮1营应急分队进行应急救援训练。5月16日至7月12日，组织团机关带应急救援二中队进行应急救援演练。积极参加维护社会稳定活动。主动与驻地公安和治安保卫部门建立群防群治网络，完善社会治安和重大隐患定期通报制度、军地治安部门定期走访制度。7月20～21日，组织57高炮营出动350人次参加“火把节”治安执勤。组织地方学生军训。先后完成南华一中、南华民族中学、楚雄民族中专、楚雄州技工学校、楚雄师院附中5所学校共计5800余人的军训任务。开展广场文化宣传活动。响应省军区党委“建设云南边防八千里文化长廊”的号召，在楚雄城区4个广场大力弘扬党的先进文化，组织团军乐队进行军乐演奏、电影放映300多场次，送文化下乡30余次，深受党委、政府和广大人民群众的好评。9月23日至10月16日，组织团首长机关带110名官兵赴西昌进行实弹战术演习，取得总评优秀，直接命中拖靶1具的好成绩，受到军地领导的高度评价和赞誉。

［刘　念］

武警楚雄州支队

【思想政治教育】　2011年，武警楚雄州支队始终强化思想政治建设首位意识，突出培育当代革命军人核心价值观主题，坚持理论育人、文化育人、熏陶育人、典型育人、疏导育人，狠抓经常性、基础性工作落实和弱项整治，促进了各项任务完成和部队安全稳定。围绕主题抓教育。紧紧围绕“三个紧贴”，狠抓理论武装和主题教育，采取领导集中授课、指导员轮流讲课、邀请地方专家辅导等方法增强教育效果。结合实际抓教育。紧盯新兵入伍、第二适应期、选学技术、入党考学、士官选晋等时机开展经常性教育，广泛开展“深知兵、真爱兵、育好兵”活动，确保了官兵思想稳定。紧贴使命抓教育。结合担负抢险救灾、“两会”安保等任务，认真开展职能使命、执勤战备、形势任务和拥政爱民教育，增强官兵使命意识。严格落实“月讲一课、周学一条”法规制度，采取辅导授课、举案说法、疑难咨询等方法开展法制教育，坚持每周观看法制警示教育光碟，定期开展法律巡讲、心理巡疏、身体巡检活动，重视做好个别人和重点人思想转化，确保了部队安全发展。支队开展经常性工作做法5次被总队转发。

【军事训练】　2011年，武警楚雄州支队在楚雄市中队召开正规化执勤现场会，进一步规范经常性执勤工作，确保固定执勤目标绝对安全。坚持从难、从严、从执勤需要和实战出发摔打锤炼部队，大力开展勤训轮换、“三手”集训和“卫士—11”网上演习，开展“反恐分队部分课目比武竞赛”，进一步掀起了大抓军事训练热潮。着眼有效应对非法聚集活动，及时修订完善各类方（预）案，加强经常性战备检查，扎实做好处突维稳准备。紧贴任务实际，狠抓反恐训练，突出狙击手的训练和培养，提高“一招制敌”、“一枪毙命”的能力。通过年终考核，支队机关、一中队成绩达到优秀，其余中队军事训练水平达到良好。

【后勤保障】　2011年，武警楚雄州支队坚持以保中心、保生活、保基层为重点，着力提高后勤综合保障能力。年内，结合抢险救灾、处突维稳任务实际，修订完善各类保障预案，投入经费补充、更新战备物资，确保了部队遂行任务时能拉得出、供得上。狠抓后勤队伍建设，选派34名战士参加总队组织的炊事员、驾驶员、卫生员和军械员培训，举办司务长、炊事员、理发员培训和驾驶员复训，坚持落实司务长每月一次集体办公制度，认真开展后勤专业兵比武竞赛，进一步提升了后勤人员专业技能。大抓“四项设施”建设，积极协调地方党委、政府支持，支队本级和各基层单位预算经费大幅提升。完善执勤、训练、生活设施，协调做好三中队、四中队、双柏中队、南华中队、大姚中队、禄丰中队6家单位的搬迁新建和永仁、元谋中队营房改建工作，提升了支队“四项设施”建设水平。

【安全管理】　2011年，武警楚雄州支队坚持依法从严治警不放松，确保了部队安全稳定。年内，广泛开展“学法规、知法规、用法规”和“条令学习月”活动，进一步强化了党委依法决策、机关依法指导、部队依法运转、官兵依法办事的意识。定期开展法纪警示教育，切实念好安全工作“忧患经”。扎实开展“三查一除”和枪弹管理安全、驾驶员作风纪律、保密机要安全、“转变工作作风，密切内部关系”等教育整顿活动，集中整治事故案件“多发期”。始终紧盯“人车枪弹酒、水火电毒密、小散远直差”管理，特别是老兵退伍期间，坚持部门以上领导每晚实地查铺查哨，确保安全。支队被总部表彰为“连续15年预防事故案件工作先进单位”。

【警营文化】　2011年，武警楚雄州支队大力加强警营文化建设，投入经费50余万元建设支队政工网和心理工作网，积极开展文艺晚会、演讲比赛、书法摄影绘画评比、“嘹亮军歌献给党”等活动，营造了温馨和谐、拴心育人的良好氛围。支队文艺节目在州公安系统和政法系统“纪念建党90周年”文艺调演中分获二、三等奖，全年工作情况先后13次被武警报报道，9次被新华网、中国军网、总部政工网报道，43次被各大媒体报道，20篇经验做法被武警总队转发。1名士官获总队表彰的“优秀士官人才三等奖”，1名战士考取指挥学院。

【帮扶优民】　2011年，武警楚雄州支队组织30名退伍老兵为支队扶贫点牟定县凤屯乡腊湾村委会捐赠价值6万余元的电脑和投影设备；向总队援建的警乐小学赠送价值3000元的作业本、铅笔、书包和文具盒等学习用品以及足球、排球、乒乓球等文体用品；向盈江震区和“见义勇为基金会”捐款10.2万余元，无偿献血1.8万毫升，出动350人次到西山公园、桃园湖市民广场打扫卫生，清理垃圾8余吨；出动150名官兵参加楚雄市组织的义务植树活动，义务植树4000余株。

【临时勤务】　2011年，武警楚雄州支队共出动兵力1827人次，圆满完成了城市武装巡逻、武装押解、扑救山林大火、

"5·03"收缴弹药、处置"5·27"永仁县劫持人质事件和州"两会"、州第八次党代会、火把节、双柏县虎文化节安保等重大临时勤务19起。特别是州"两会"和永仁"5·27"解救人质任务完成出色，树立了武警部队良好形象，赢得了地方党委政府、用兵单位和人民群众的高度赞誉。

【争先创优工作】 2011年，武警楚雄州支队严格按照"双争"标准和要求，深入开展创先争优活动。年内，武警楚雄州支队被武警总部表彰为"连续15年预防事故案件工作先进单位"，"营区正规化管理优秀单位"。2人在"两规"勤务中受到中纪委通报表彰。直属一中队党支部被总队表彰为"先进党支部"；5个单位被总队表彰为"基层建设先进中队"；1人被解放军四总部表彰为"全军第五个五年法制宣传教育先进个人"；1人被总部表彰为优秀政治教员；1人被总队表彰为"优秀党务工作者"；30人荣记三等功；7人被评为优秀机关干部；23人被表彰为优秀共产党员。

【扑救山林火灾】 2011年，武警楚雄州支队共出动官兵450余人次、车辆26台次，往返行程500余千米，参加扑救山林火灾2起，开辟隔离带3000余米，扑灭明火线2050米，清理余火、暗火点1407处，挽回经济损失30余万元。

［田 刚］

武警楚雄州消防支队

【部队教育管理】 2011年，武警楚雄州消防支队采取定期发送安全预警短信、视频监控、明察暗访和推行风险抵押金等措施，进一步深化部队安全管理工作。先后开展"安全日"活动11次，"条令条例学习月"等专题教育活动3次，评选"安全监督员"10名。在各类灾害事故处置和拉动演练中，各级安全监督员严格落实现场安全评估、安全监督和安全预警工作，做到了"零伤亡"，实现了"无亡人责任事故、无刑事案件、无自杀事件、无违反'五条禁令'、无严重违纪"的"五无"目标，部队持续保持高度稳定。在思想政治教育中，根据新颁布的《公安消防部队思想政治教育大纲》，制定了思想政治教育实施方案和《思想政治教育绩效考核办法》，全面规范了支队教育程序，提升了教育效果，完成了总队在《大纲》现场会课题攻坚中下达的任务。在全省贯彻落实教育《大纲》政治教员比武竞赛活动中，支队荣获团体第二名，2名干部荣获个人二等奖，1名干部荣获"最佳一课"教员。支队研制开发了"廉政风险动态防范管理系统"软件一套，于7月23日成功承办了"全省公安现役部队廉政风险防范管理工作会议"，并在会上作了交流发言，廉政风险防范管理工作得到了各级领导的充分肯定和高度赞誉。

【争先创优工作】 2011年，武警楚雄州消防支队以"争建优秀警种、争创优秀警队、争当优秀官兵"为主要内容的"三争优"活动为载体，深化"青年文明号"创建活动，进一步在全州消防部队营造了昂扬向上、拼搏奋进、争创一流的良好氛围。年内，支队被总队党委评为"勤政廉政先进集体"，1人荣立二等功、8人荣立三等功，42人受到嘉奖，2人分别被总队评为"十佳共产党员"和"十佳党务工作者"，1人先后被部消防局纪委、云南省纪委、云南省监察厅评为"全国优秀纪检督察干部"和"全省纪检监察系统先进工作者"。

【打造消防铁军】 2011年，武警楚雄州消防支队全面加强对基层训练工作的指导，成立督导组对练兵及部队管理情况等进行循环摸底考核，对成绩不达标的干部采取降低绩效考评工资标准、一票否决评优评先的措施，全体官兵训练自觉性和主动性明显提高。建立每日必训、每周必测、每月必考、半年必赛和以赛代考的训练考核制度，先后2次开展消防铁军大比武竞赛活动，修订编制七类灭火救援类型预案150份、开展地震应急救援实战拉动测试演练6次。在滇西片区跨区域地震应急救援拉动演练中，支队重型搜救队在高空升井救援、8千米徒步行军、村庄搜索救援、牵引支撑救援和横向破拆支撑等项目中都取得了第一的好成绩。年内，全州消防部队共接警出动333次，出动车辆501辆，出动警力2981人，抢救被困人员186人，疏散被困人员1195人，抢救财产价值1002.5万元，圆满完成了各项急、难、险、重任务。

【社会化消防】 2011年，武警楚雄州消防支队紧紧抓住影响火灾形势稳定的源头性、根本性、基础性问题，着力推动政府、部门单位、公民落实消防安全责任，大力实施构筑"彝州防火墙"工程，强力推进"清剿火灾隐患"战役，社会消防安全环境明显改善。提请州政府下达了《关于进一步加强多种形式消防队伍建设的通知》，重点加强了乡（镇）一级政府专职消防队灭火救援的区域辐射作用。在"清剿火灾隐患"战役中，支队组成"精兵管理网"，重点对党政机关办公场所、消防安全重点单位、易燃易爆场所、人员密集场所等区域进行细致排查。彝州消防服务队定人、定组、定期走入社会单位、家庭宣传消防知识，协助单位整改火灾隐患，定期维护市政消防设施，以技术服务助推"清剿火患"战役。年内，全州共检查社会单位21369个，查处火灾隐患14819处，处罚单位155家，责令"三停"144处，警告26人，行政拘留122人，有效打击和震慑了消防违法违规行为，保持了整治火灾隐患的高压态势。

【抗旱救灾】 2011年，武警楚雄州消防支队全警动员，全力以赴投入抗旱救灾工作。抗旱救灾期间，共出动警力16348人次，车辆4688辆次，行驶里程近18万千米，深入534个村寨，运送水36987吨，解决65300余名群众的生活用水困难，为楚雄州抗击严重旱灾的全面胜利作出了卓越贡献。

【消防宣传教育】 2011年，武警楚雄州消防支队提请州、县（市）两级宣传部下发了《关于进一步加强消防宣传工作的通知》，加大了对“春节”、“两会”、“州庆”、“火把节”等重大活动节日的消防宣传力度，扎实开展“五进”宣传活动和“千名村官进红门”、“万名企业家进消防”活动，有效拓宽了消防知识宣传覆盖面。把消防宣传教育纳入全州各中小学校、幼儿园“三生”教育范畴，开展“消防知识大宣传”活动234场，组织学校师生开展疏散逃生演练421次，设置大型户外广告牌54块，组织消防安全培训320期，接受教育人数达7.6万余人。在“119消防日”系列宣传活动中，组织开展了“119平安之夜消防拳王争霸赛”活动，起到了良好的宣传效果。年内，火灾四项指标全面下降，火灾起数下降38.24%，死亡人数下降66.67%，受伤人数下降100%，直接财产损失下降22.24%。

［李　斌］

人民防空

2011年8月11日，省人大常委会副主任杨建甲视察楚雄州人防指挥工程

（州人防办提供）

【人防工作概况】　2011年，楚雄州人民防空系统认真贯彻落实人防建设“长期准备、重点建设、平战结合”的方针，以新时期军事战略方针为依据，严格依法行政，认真履行职责，努力推进全州人防工作全面协调发展，确保了“十二五”人防工作开好头，起好步。州委、州人民政府高度重视人防工作，认真落实中央机构编制委员会办公室和省编办有关新一轮机构改革精神，明确10县（市）人防机构独立设置为正科级机构，并落实了人员编制，加强了县级人防组织机构。年内，州人防办被国家人防办评为《中国人民防空》杂志通讯报道先进单位。

【人防工程建设】　2011年，楚雄州人民防空办公室全面加强人防指挥体系建设，人防组织指挥体系逐步完善。年内，完成州级人防指挥所提升改造工程项目报批工作，落实国家、省、州补助资金550万元，项目进入招投标程序；完成州级人防应急机动指挥所项目建设报批工作，落实省、州补助资金370万元；协调落实各县（市）应急指挥车辆经费130万元，并配合省人防办进行车编报批；完成一、二类重要经济目标防护方案编制工作，待审定后报省人防办审核。年内，楚雄州共审查审批防空地下室建设项目9项，已全部开工建设。年内竣工投入使用的地下防空工程10项。全年依法审批防空地下室易地建设项目432件，收缴易地建设费1408万元。继续抓好对指挥所的维护管理工作，不断完善维护检查的记录、备案制度。

【人防信息化建设】　2011年，楚雄州人民防空办公室扎实做好人防空情预警接收系统和信息化系统维护管理工作及电台联络工作，对警报器进行了一次全面的检测和维护，并根据楚雄市城市建设扩大的实际，实地踏勘开展警报选点增设工作，10县（市）城区防空警报音响覆盖率达95%以上。9月18日，州人民政府统一组织全州警报试鸣活动，警报鸣响率达100%，圆满完成了全州防空警报试鸣工作。

【人防宣传教育】　2011年，楚雄州人民防空办公室投入资金40余万元，制作人防知识宣传展板54块，编印《人防知识宣传册》2.1万册，编辑出版《楚雄人防》2000册，发送到州级各部门及各县（市）领导手中，并在州委议军会议、全省人防工程管理工作会议和全州人防会议上进行发送。在全州初级中学春季开学之际，将2000余册《人防知识宣传手册》下发到各学校开展人防知识进校园活动，在中学生中普及人防知识。积极提供资料，利用新闻媒体及时宣传《人民防空法》和楚雄州人防建设新成就、新动态。全年在国家级刊物上发表文章1篇，省级刊物上发表文章6篇，信息13篇，照片4幅，在州级刊物上发表文章11篇，编发《彝州人防信息》20期，在州电视台播出人防专题栏目3期，州广播电台播出历时半年每周2期的人防专题栏目。为配合全州人防会议召开，在楚雄州、市电视台滚动播放第六次全国人防会议盛况《盛世华章》。为州级五班子领导及相关部门和各县（市）五班子领导、人防办征订赠阅《中国人民防空》杂志150份。各县（市）结合实际，充分利用民族节日、赶街天等向广大群众适时进行宣传教育，收到了良好的社会效果。通过开展人防宣传，普及了人防知识和各项政策、法规，增强了各级领导干部和广大群众的人防意识，树立了楚雄人防新形象，为人防工作营造了良好环境。

［张凌梅］

（责任编辑：王艳萍）

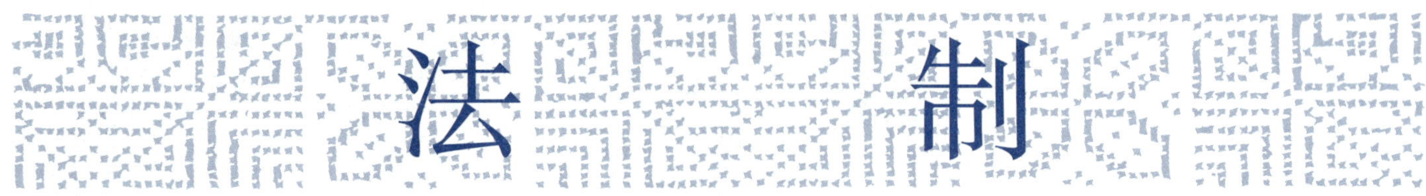

法　制

政法委员会

【政法工作概况】　2011年，楚雄州政法战线以维护全州社会和谐稳定、促进经济健康发展、保障人民安居乐业为目标，深入推进社会矛盾化解、社会管理创新、公正廉洁执法“三项重点工作”；强化队伍建设，扎实开展政法机关“发扬传统、坚定信念、执法为民”主题教育实践活动，求真务实，开拓创新，努力为全州经济社会又好又快发展营造稳定的社会环境。

【全州政法工作会议】　2011年1月19日，中共楚雄州委、州人民政府召开全州政法工作会议，贯彻落实全省政法工作会议精神，总结上年工作，部署2011年任务。州委常委、州委政法委书记作题为《坚持创新发展，健全完善机制，努力提高服务管理社会的能力和水平》的报告。州人大常委会副主任卜德成，州政协副主席吴丽华出席会议，副州长岑化虎主持会议。州委政法委委员，州综治维稳委委员，州级政法部门实职副处以上干部，州铁路护路联防领导小组成员，各县（市）委书记、政法委书记、分管政法工作的副县（市）长、政法委专职副书记、法院、检察院、司法局、610办、综治办、维稳办主要负责人，受表彰的“见义勇为先进个人代表”共200余人参加会议。会上，州委、州人民政府兑现了2010年度县（市）履行综治目标管理《责任书》达标奖励；州人民政府对2010年在见义勇为中英勇牺牲的罗忠才追授“楚雄州见义勇为公民”荣誉称号，颁发奖金2万元，对2010年度涌现出的21人分别授予“楚雄州见义勇为公民”荣誉称号，颁发奖金11.9万元。州委副书记、州长代表州委、州政府与10县（市）党委、政府和州级综治维稳委成员单位签订2011年度《综治维稳责任书》；州人民政府向涉路7县（市）兑现了2010年度铁路护路联防承包达标奖，州人民政府副州长、州铁路护路联防领导小组组长岑化虎与涉路7县（市）签订了2011年度《楚雄州县（市）铁路护路联防承包责任书》。

【“综治维稳宣传月”启动】　2011年3月1日，楚雄州、市委政法委、综治维稳委在桃源湖广场举行以“倡导见义勇为、弘扬社会正气”为主题的楚雄州2011年度“综治维稳宣传月”活动启动仪式。副州长、州委政法委副书记、州综治维稳委副主任岑化虎作动员讲话，州政协副主席、州综治维稳委副主任吴丽华宣布“宣传月”活动启动。州、市综治维稳委成员单位领导及联络员共400余人参加启动仪式。

【全州集中清理执行积案和涉法涉诉信访积案总结表彰会议】　2011年3月25日，中共楚雄州委政法委员会召开全州集中清理执行积案和涉法涉诉信访积案总结表彰会。会议全面总结了全州清理执行积案和涉法涉诉信访积案工作情况，对进一步做好清理积案工作进行再动员、再部署，对在清理积案工作中成绩突出的楚雄州中级人民法院执行局等29个先进集体和徐惠兴等60名先进个人进行表彰奖励。

【州级政法系统庆祝建党90周年专题文艺晚会】　2011年6月24日晚，楚雄州政法系统庆祝建党90周年“党在我心中——维护稳定、共创和谐”专题文艺晚会在州广电中心隆重举行。省委政法委原政治部主任、巡视员高云福应邀出席晚会；州党政军领导岑化虎、张武育、曹军、夏新建，张怀德、杨静、卜德诚、赵祖莹、吴丽华，州法院、州检察院领导出席文艺晚会；州委政法委委员、州综治维稳成员单位及州级政法部门干部职工共800余人观看文艺演出。晚会结束时，对《盛世花开》等优秀表演节目分三个等次给予表彰奖励。“七一”期间，各县（市）政法委、州级政法各部门按照州委政法委的部署，先后举办了专题文艺晚会。

【综治维稳、社会管理创新暨铁路护路工作巡视督查】　2011年6月27日至7月6日，中共楚雄州委政法委、州综治维稳委从州公安局、州司法局、州卫生局、州安监局等单位抽调人员组成督查组，由州委政法委常务副书记、州综治维稳委副主任秦国雄带队，对县（市）上半年综治维稳、社会管理创新综合试点及铁路护路联防等工作进行了督查。

【中央综治委考评组到楚雄州评估考核青少年群体服务管理和预防犯罪试点工作】　2011年10月20日，中央综治办、共青团中央考评组到楚雄州评估考核重点青少年群体服务管理和预防犯罪全国试点工作进展情况。考评组听取汇报后，深入楚雄市阳光社区、楚雄州预防青少年违法犯罪警示教育基地和楚雄市鹿城镇西苑社区进行了实地检查。

【社会管理创新综合试点工作推进会议】　2011年11月3日，楚雄市社会管理创新综合试点工作推进会在楚雄州会务中心召开。省人民政府副省长曹建方、省委政法委副书记齐海田、省综治办协调处副处长刘超、省委政法委办公室副主任雷新明到会指导。州委书记张太原，州委副书记、代理州长李红民等州级领导出席会议。曹建方、齐海田分别作了重要讲话，州委常委、楚雄市委书记袁鹏汇报了楚雄市社会管理创新综合试点工作情况，州委常委、州委政法委书记、州综治维稳委常务副主任岑化虎主持会议。州综治维稳委成员单位主要领导，楚雄市四班子领导、市直部门及楚雄市各乡（镇）党政主要领导280多人参加会议。

【全州政法机关案件评查】　2011年，楚雄州政法机关评查各类案件1100件；排查清理涉法涉诉信访积案148件，通过领导包案，落实部门和办案人员的责任，共息诉134件，省级政法部门决定终结14件，化解息诉率达到100%；开展进京重复访案件评查化解专项行动，化解息诉18件、销案23件、省级政法部门决定终结6件，化解息诉率达100%，维护了法律的权威和当事人的合法权益，圆满完成了中央政法委员会和省委政法委员会交办的工作任务。

【社会管理综合治理】　2011年，楚雄州103个乡（镇）全部配齐配强专抓政法、综治、维稳工作的党委副书记或副乡（镇）长；建立完善综治维稳工作中心103个，建立村社综治维稳工作站1097个，有中心户长14895名，为社会管理创新奠定坚实基础。全州各级各部门累计投资5324万元，在县（市）城镇建立了电子监控系统，安装了摄像头；在重点部位、重点单位、学校、市场、居民小区也建立了单位电子监控系统，在全州规模以上旅店业安装了治安信息采集系统，社会面治安防范的信息化、数字化、科技化管理逐步形成。

【铁路护路】　2011年，楚雄州采取有力措施切实加强铁路护路工作。州委政法委、州综治维稳委、州铁路护路联防领导小组于2月16日召开第二次路地联席会议，推广护路联防新模式，加强护路“防撞”工作。涉路7县（市）不断深化“平安铁路示范县市”创建活动，层层签订铁路护路目标管理责任书、“五残人员”监护责任书和大牲畜监管责任书，认真开展涉路矛盾纠纷、涉路安全隐患、涉路遗留问题及重点人群“四项排查”。排查出涉路矛盾纠纷2件、化解2件；重大安全隐患4起，整治2起，正在列项2起；重点人员47名，逐一落实监控措施，对4名有可能危及列车安全的肇事肇祸精神病人送精神病院进行长期收治。涉路7县（市）在铁路沿线落实防火、防洪、防盗、防安全事故“四防”措施，广泛开展护路宣传，对辖区过境铁路沿线人、畜通道和不安全重点区段进行排查梳理；共排查出不安全通道369个，对其中可封闭的221个通道及时进行了封闭，对人、畜必须通过的148个重点通道各聘请一名义务守护员；排查出不安全区段246处、6.9万米，已封闭不安全区段182段、设置简易防护网总长5.96万米。年内，全州共发生省护路办统计铁路交通事故3起，与上年同比下降33.3%；发生大牲畜与列车相撞事故1起，与上年同比下降66.6%，护路“防撞”工作成效明显。

【重点人群服务管理】　2011年，楚雄州按社区工作人员的待遇，在社区配备专职辅导员95名，协助公安、司法、治保主任做好社区矫正、刑释解教人员安置帮教、服务、教育、管理工作。楚雄市建立集戒毒康复中心、刑释解教人员过渡性安置基地、社区矫正公益劳动基地“一中心、两基地”为一体的“阳光社区”，加强戒毒康复、刑释解教人员过渡性安置、社区矫正工作，其他县结合实际建立起企业过渡性安置刑释解教人员的有效做法。年内，全州共安置过渡性出所刑释解教人员32人，使一批出所无家可归、无亲可投、无生存技能的“三无”人员得到过渡性安置。

【青少年服务管理和预防犯罪】　2011年，楚雄州青少年服务管理和预防犯罪工作取得新进展。各县（市）乡（镇）幼儿园、完小以上校园按照学生500∶1的比例配备保安、安装电子监控系统、建立围墙。全州在1317所学校健全安保组织，配备专职保卫人员1322名、保安804名，聘请法制副校长1317名；在幼儿园、完小以上学校安装电子监控系统380套、探头1912个，定期不定期组织开展校园周边治安综合整治，加强校园安全服务和管理。由州“预青办”开设“12355”楚雄青少年综合服务台、开展青少年维权岗活动，加强与青少年的沟通交流服务，与电信、移动公司合作积极招募网络志愿者对网上不良人群进行引导、服务、帮教，组织“爱心妈妈”志愿者到少管所探视少管服刑人员，与109名少年犯开展爱心结对，把工作做到大墙之内。在社区充分发挥基层帮教组织的作用，组织爱心志愿者、“五老”义务工作队与100名问题青少年、弱势青少年一对一结对，开展爱心助学、温馨伴读、自护教育等活动，稳步推进重点青少年群体服务管理工作。

【肇事肇祸精神病人收治管理】　2011年，楚雄州政府制定下发了《关于加强肇事肇祸精神病人服务管理工作的意见》，对肇事肇祸精神病人管理服务的监护、管送、收治责任进行分解，对收治经费实行保障。将精神卫生服务管理工作纳入楚雄州“十二五”规划，投资2500万元扩建州精神病院，列项1175万元扩建姚安精神病院；列项1075万元新建禄丰精神病专科医院，设立专科门诊、病区，建立健全肇事肇祸精神病人管理服务工作机制。全州排查出有诊治史的精神病人29650人，其中重性465名、州第二人民医院和姚安精神病院收治615名。

【案件协调督办】　2011年，中共楚雄州委政法委员会对政法部门在执法办案中存在分歧的6件案件进行多次协调、研判，统一了执法思想，确保了案件法律效果、政治效果和社会效果的有机统一。对群众反映强烈，政法部门办案中存在该立案不立案、案件久拖不决、判决不公、处理不当等问题的10件案件多次进行跟踪督办，发出执法监督意见书2份，有效维护了当事人的合法权益和法律的正确实施，从源头上预防和减少涉法涉诉信访案件的发生。

［永社明］

公　安

【公安工作概况】　2011年，楚雄州公安机关以“三项建设”为抓手，深化各项警务机制改革，不断创新社会管理和服务工作，全力推进“三项重点工作”，严厉打击各类严重刑事犯罪、毒品犯罪和经济犯罪活动，积极化解各类社会矛盾，有效预防、妥善处置各类群体性事件和突发事件，圆满完成年度重大活动安全保卫工作，有力维护全州社会政治稳定，为构建和谐楚雄，促进彝州社会经济发展做出了积极贡献。

【维护社会稳定】　2011年，楚雄州公安机关狠抓各项维稳措施的落实，全力维护社会政治稳定。加强情报信息工作，共收集、研判整理各类情报信息2038条，报送州委、州人民政府和上级公安机关，为服务领导决策和引导实战发挥了较好的信息参谋作用。严厉打击邪教组织的违法犯罪活动，破获案件2起，抓获犯罪嫌疑人2名，收缴邪教宣传品458份。强化矛盾纠纷排查调处工作，共排查各类矛盾纠纷2167起，涉及28786人，为及时化解矛盾纠纷、社会热点问题提供了信息支持。加强反恐机制建设，健全完善了《楚雄州恐怖事件应急处置州级指挥机制》和《楚雄州恐怖袭击事件应急预案》等7个制度和预案，并组织开展了专项行动。

【打击刑事犯罪】　2011年，楚雄州公安机关共破获4384起，抓获犯罪嫌疑人1853名。与上年比，破案绝对数提高16.56个百分点。进一步强化命案侦防工作，共立8类命案59起，破55起，先行命案破案率93.2%，破积案4起，命案综合破案率达100%。快侦快破了禄丰县“1·25”故意杀人案、武定县“3·06”爆炸案，楚雄市“1·27”系列绑架案、“3·23”投毒案、“4·11”绑架案等一批性质恶劣、社会影响极为严重的重特大案件。深入开展打黑除恶专项斗争，先后打掉恶势力犯罪团伙3个，抓获涉案人员29人，破获刑事案件15起。加大“两抢一盗”等侵财类多发性案件的打击力度。拐卖妇女儿童犯罪得到有效防范，全州未发生拐卖妇女儿童案件，抓获拐卖妇女儿童网上在逃人员2人。通过严打刑事犯罪，有力地打击了违法犯罪分子的嚣张气焰，进一步增强了人民群众的安全感，提高了人民群众的满意度。

【打击经济犯罪】　2011年，楚雄州公安经侦部门坚持严厉打击经济领域犯罪活动。全年立案153起，破案145起（含年前积案24起），抓获犯罪嫌疑人83名，挽回经济损失417万元。先后成功破获禄丰县永达水泥有限责任公司非法经营案等一批大要案件，有效维护了全州社会主义市场经济秩序。

【禁毒工作】　2011年，楚雄州公安禁毒部门共破获毒品案件175起（其中10万克以上案件4起），缴获毒品453.07千克，抓获毒品犯罪嫌疑人176人。与上年相比，破案数、缴毒数分别上升36%和301.5%。成功破获“3·18”跨区域特大武装贩毒案，抓获犯罪嫌疑人2人，缴获毒品328千克、军用枪支2支、子弹52发、运毒皮卡车1辆；在“6·26”、“10·26”禁毒日期间，开展禁毒宣传446场次，禁毒知识培训12场次，发放宣传材料20余万份。全州共收戒吸毒人员548人，强制隔离戒毒所在所率保持在收戒数的60%以上。

【治安整治专项行动】　2011年，楚雄州公安机关共受理各类治安案件11641起，查处9671起，查处率为83.08%，查处违法行为人7705名，确保社会治安持续稳定。认真开展“2011春季攻势”整治专项行动，排查治安管控高危人员，调处矛盾纠纷449起；检查重点单位4451个，整改治安隐患741起，查处刑事案件185件，治安案件205件。认真开展“扫黄打非”净化社会环境专项行动，共出动警力1509人次，检查公共娱乐场所1321家，音像制品店108家，旅店1214家，印刷单位251家，出版物批发零售点1251个，查处涉黄案件151件，收缴光碟253碟，收缴书刊163本。认真开展“打四黑除四害”专项行动，共破获涉“四黑四害”案件75件，涉及场所75家。其中，查获涉黄涉赌类案件66件，查获违法嫌疑人195名；查获涉嫌假冒伪劣商品案件7件，查获劣质钢材108吨，涉案价值60余万元；查获涉嫌生产“地沟油”类案件2件，查获初加工“地沟油”5.6吨，取缔涉嫌生产地沟油的“黑作坊”2个。

【危爆物品管理】　2011年，楚雄州积极开展涉枪涉爆整治行动，组织10县（市）公安机关认真开展涉爆物品来源核查工作，排查涉爆单位348家次、涉枪单位91家次、涉危险化学物品从业单位61家次，督促整改安全隐患5起。在“防范打击边境走私枪支弹药专项整治和开展矿区治安排查整治”行动中，共检查涉爆、涉枪单位3110家次，查处各类安全隐患10起，当场督促整改8起，限期整改2起。抓获公安部督捕的涉爆在逃人员1名，收缴各类民用枪支6支，军民用枪子弹37发，炸药1.5千克，黑火药0.096千克，管制刀具48把。

【实有人口管理】　2011年，楚雄州公安机关做实、做细实有人口管理工作。认真开展信息采集大会战。组织社区民警采集录入15类75项涉及“人、地、物、事、组织”信息，共采集增添居委会信息26条，街路巷信息653条，门楼信息40171条，图像照片72325条，出租房26295条，实有人口管理数据达262.42万余条。推行“以证管人、以房管人、以业管人”的流动人口服务管理新模式，共办理居住证90538份，采集流动人口信息21.44万余条。加强重点人口管理，组织开展3次重点人员清理整顿工作，列管率、建档率、信息采集录入率、动态管控率、动态信息准确率进一步提高。加强社区警务工作，把全州114个派出所划分为317个警务区，并按5000∶1的标准配备了534名社区（责任区）民警。强化户籍管理，组织开展居民身份证号码重错号纠错工作；完成16周岁以上人口换发二代证193.59万人，完成应换证人数的90%，常住人口照片采集率达到94.83%；积极开展户政E网办证厅建设，全州10县（市）E网办证厅于11月投入运行。

【治安防控体系建设】　2011年，楚雄州公安机关以人防、物防、技防“三位一体”的防范为重点，积极构建社区治安防控网、街面治安防控网、行业场所治安防控网、内部单位治安防控网和动态社会治安防控网“六张网”，切实增强了公安警务工作效能。全州3790个农村行政村、5436个村民小组，共成立农村治保会1092个8009人，城镇治保会104个538人，内部治保会480个2358人。全州治保组织提供犯罪线索617条，协助公安机关破获各类案件621起，抓获各类违法犯罪人员198名，帮教违法人员723名，调处各类纠纷4213起。

【警（保）卫工作】　2011年，楚雄州公安机关圆满完成十届全国政协副主席张怀西、国家水利部部长陈雷、中国文联副主席丹增、著名经济学家厉以宁、西部十二省（区、市）政协文史工作协作交流会领导到楚视察警卫任务；圆满完成第七届“澜沧江—湄公河青年友好交流”活动安全保卫任务，以及“两节两会”、“火把节”等50余起警（保）卫任务。

【监所管理】　2011年，楚雄州监管支队深入全州监管场所开展检查督导88次，及时发现和解决监管场所中存在的安全隐患；积极协调将监所医疗卫生工作纳入地方医疗卫生体系，推进监所医疗工作规范化和社会化；监管部门加强深挖犯罪力度，共获取各类犯罪线索763条，协助配合各侦查部门破获刑事案件334件，抓获各类犯罪嫌疑人46人，发现网上在逃人员4名。

【出入境管理】　2011年，楚雄州公安机关出入境管理部门共受理审批公民出入国（境）申请12174人次。其中，出国护照3673人次，赴港澳台8107人次，台湾居民居留签注12人次，台湾居民往来大陆签注6人次，台湾居民定居证1人次，一次有效台胞证223人次。全州境内共有常住外国人141人，常住台湾居民21人。查处“三非”外国人案件45件45人，行政拘留1人、遣送出境10人、其他处理34人。更新国家特定岗位人员报备系统数据库数据905条，报备法定不准出境人员9人。做到常住外国人登记率100%，外国人住宿登记率100%。

【公共信息网络安全】　2011年，楚雄州公安机关以信息管控为重点，着力加强网络基础设施建设，严厉打击涉网违法犯罪活动，加强监控及舆情导控、网上情报信息工作，落实网络社区24小时巡查处置工作机制。共办理网络主侦案件6件，初查案件2件，协助抓获违法犯罪人员91人，办理落地查证42起45人。采集上网用户真实身份信息84万余条，虚拟身份信息2475.7万条。进一步完善网上接处警工作，在“楚雄州公安局”、“楚雄信息港”、“彝人古镇论坛”等77个备案网站和论坛上粘贴了网络警察和报警岗亭图标，共接群众报警115件。

【警务督察】　2011年，楚雄州公安机关警务督察部门共开展现场督察活动1435次，现场纠正各类问题88件；受理群众举报投诉和领导交办案（事）件122件；核查情况114件；向州、县（市）公安局及基层单位提出书面工作建议或口头督察建议253件；停止执行职务13人，移送纪检监察部门3人，移送政工部门3人；受理维权案（事）件5件，涉及民警6人，依法处理侵害民警执法权益的违法嫌疑人3名。

【信息通信】　2011年，楚雄州公安机关以应用为核心，全面实施“全警触网”，全州公安信息化应用能力和水平进一步提升。具体开展了抓好信息化工作目标责任制落实、加大“警综平台”应用推广力度、加强信息化应用技能培训、强化公安网络安全管理、抓好信息化重点项目建设5项工作。完成视频抓拍机动车辆信息系统二期11个卡口24台摄像机（车道）建设；完成城市报警与监控系统前端287台摄像头建设；集群联网系统与现场指挥通信子系统、350兆集群系统延伸覆盖建设正在进行中；各县（市）公安局局域网进一步优化完善，信息化基础设施得到加强。

【公安法制建设】　2011年，楚雄州公安机关深入推进执法规范化建设。年内，共开展执法培训47场，培训1.5万余人次；依托省公安厅教育训练平台，认真组织开展“每日一题”学法用法活动。对2010年度执法规范化建设考核中梳理出的221个突出问题进行认真整改，消除了执法安全隐患；全州执法执勤机构配备专（兼）职法制员279名，组织法制员培训班31期8525人次。按照“四区分区”要求，完成办案功能区改造146个，完成率达80.66%；完成302间讯问室、询问室和候问室设备安装，安装使用率为87%；全州11个看守所安全防范装置和报警监控设备安装率达100%；为一线执法民警配备单警执法记录仪1717个，配备比例为91.43%，配备车载执法记录仪151个。组织开展执法办案卷宗考评73次；审核各类案件5977件（人）。接待处理群众来信来访204件，办结196件，办结率为96.07%。

【公安队伍建设】　2011年，楚雄州公安机关干部队伍建设得到有力加强。坚持科学的选人用人机制，进一步激发队伍活力。10月，组织对局机关61个科级职位开展竞争上岗，共有147人次参与竞争，56人通过竞职陈述、考试、民主推荐、考察、党委票决被新任命为科级领导干部；同时还进行民警双向选择，优化了警力配置。坚持从严治警方针，认真开展以“转变作风抓落实、服务群众聚民心、创先争优促发展”为主题的干部作风集中整顿和建设活动，公安机关的队伍素质、作风和形象得到明显提升。开展教育培训，提高队伍政治和业务素质。共举办各类业务培训班303期，培训人员1.08万余人次。其中，州公安局各部门举办39期1560人次，县（市）公安局举办264期9240人次；州公安局培训学校完成各类培训36期3989人次。深化公安民警“大走访”爱民实践活动，进一步巩固提高公安民警的群众意识和宗旨意识。“大走访”开门评警活动开展以来，共召开警民座谈会100余场次，警媒座谈会20场次，离退休干部座谈会33场次，走访困难群众6530多户，看望困难民警家庭63户，举办文艺活动16场次。以人为本，从优待警。认真做好落实全州公安机关民警加班补贴、民警子女入托入学联系协调、民警困难救助及伤残优抚工作，健全民警大病医疗保险制度和因公伤病民警急救“绿色通道”；关心关爱老干部，落实好老干部的政治、生活待遇。全年全州公安机关共有1个集体荣记二等功，25个集体荣记三等功，3个集体荣记嘉奖，9名个人荣记二等功，58名个人荣记三等功，65名个人荣记嘉奖，21个集体、86名个人受到中央、省、州各级党委政府的表彰。州公安局政治部民警段玉祥被中央政法委授予“全国政法系统优秀党务工作者”荣誉称号，州公安局集体申报“一等功”，省公安厅党委同意并进行公示，现按程序报公安部审批。

［李跃祖］

检　察

【检察工作概况】　2011年，楚雄州检察机关紧紧围绕“强化法律监督，维护公平正义”的检察工作主题，深入推进“社会矛盾化解，社会管理创新，公正廉洁执法”三项重点工作，各项检察工作平稳健康发展，为全州经济社会平稳较快发展和社会和谐稳定提供了有力的司法保障。2月25日，在最高人民检察院召开的第四届“全国先进基层检察院和全国检察机关文明接待室”表彰大会上，楚雄市检察院被授予“全国先进基层检察院”荣誉称号。

【侦查监督工作】　2011年，楚雄州检察机关共受理各类批捕案件915件1536人，经审查后批准和决定逮捕734件1171人，批捕率77.89%；对177件354人依法作出不捕决定（其中绝对31人，存疑不捕178人，相对不捕146人），不捕率为22.11%。全州检察机关办理立案监督案件342件382人。其中，监督公安机关应当立案而不立案案件成案60件62人，发出“要求公安机关说明不立案理由通知书”60件，公安机关主动立案59件61人，发出“通知立案书”1件1人，通知后公安机关已立案；监督自侦部门立案74件74人，自侦部门均已立案；监督公安机关不应当立案而立案案件成案209件246人。监督立案案件移送审查起诉76件110人，起诉74件106人，法院作出有罪审判74件101人。全州检察机关共向侦查机关发出“纠正违法通知书”94件次，纠正漏捕115人，发出检察建议15件19人，介入侦查，参加现场勘察17件27人，参与重大案件讨论79件199人，向侦查机关发出“要求提供法庭审判证据意见书”360件655人，批捕在逃38件74人，不捕已释放81件175人，不捕变更强制措施44件92人，办理批准延长侦查羁押期限75人。

【公诉工作】　2011年，楚雄州检察机关共受理侦查机关移送审查起诉各类刑事案件1382件2293人，审查后提起公诉1164件1858人，不起诉49件91人，提出量刑建议906件。抗诉案件10件，已改判4件；纠正漏罪71件，纠正漏犯52人，纠正侦查活动违法62件，纠正审判活动违法24件；列席同级人民法院审判委员会25次；办理未成年人刑事案件105件214人；邀请政协委员、人大代表旁听评议案件27次；在办案工作中，推行职务犯罪量刑规范化工作，对全州126件职务犯罪案件实行动态监管，采用公诉一体化的方式，集中全州公诉骨干，全力完成职务犯罪案件在年内全部审结的工作任务。

【反贪污贿赂】　2011年，楚雄州检察机关共立办贪污贿赂等职务犯罪案件96件101人。其中，贪污案12件17人，占12%；挪用公款案3件3人，占3%；受贿案46件46人，占47.9%；行贿案

州直机关党员干部到州委党校参观预防职务犯罪警示教育展览　（彭利侯/摄影）

35 件 35 人，占 36.1%。涉案累计金额共 1400 万元。所立办案件中，贪污贿赂 5 万元以上、挪用公款 10 万元以上大案 78 件，占 81.3%；处级干部（正处 5 人，副处 2 人）要案 7 件，占 7.3%。大要案比例占立办案件的 81.3%。所立办案件已侦查终结移送审查起诉 94 件，占立案数的 97.9%，无不诉和撤销案件，起诉率 100%，挽回直接经济损失 602.47 万元。

【反渎职侵权】　2011 年，楚雄州检察机关共立案侦查各类渎职侵权犯罪案件 25 件 29 人，立办案件数和人数分别比上年上升 19% 和 38%，创 1997 年《刑法》修正以来历史新高。所立办案件中，大、要案件 16 件，占立办案件的 64%；玩忽职守案件 19 件 19 人，占立案总人数的 65.52%；滥用职权案件 4 件 4 人，占立案总人数的 13.79%；帮助犯罪分子逃避处罚案件 1 件 3 人，占立案总人数的 10.34%；刑讯逼供案件 1 件 3 人，占立案总人数的 10.34%。侦查终结率达 100%，移送审查起诉 25 件 29 人，其中 24 件 26 人已作出有罪判决，无无罪案件。

【监所检察】　2011 年，楚雄州检察机关共收押检察 2268 人，释放检察 2083 人，发现收押手续不齐备 1 人，释放手续不符合法律规定 1 人；发现使用械具不当 5 人，禁闭法律手续不完备 2 人；监管人员死亡监督检察 1 人。开展监管场所安全检察 560 次，与监管部门联系工作及召开联席会议 500 余次，对被监管人员谈话和开展法制宣传教育 1274 次。全年共提出书面检察建议和纠正违法 267 件。其中，监管安全 97 件，违反规定使用械具禁闭 7 件，混管混押 56 件，不符合规定收押、出监 2 件，其他违法情况 257 件，监管部门均进行了整改落实。检察监管部门提请减刑 1238 件，审查法院裁定减刑 1552 人；审查提请假释 47 件，审查法院裁定假释 42 件；审查提请暂予监外执行 66 件，审查批准暂予监外执行 18 件。通过审查发现减刑、假释、暂予监外执行不当 32 件，依法提出检察建议和纠正违法 32 件，均采纳纠正。驻楚雄监狱检察室对 1214 人有期徒刑减刑、43 人有期徒刑假释、20 人无期徒刑减刑、53 人暂予监外执行进行检察。对监管区检察 257 次，检察罪犯劳动工地 87 次，参加狱犯情分析会 15 次，检察禁闭室 41 次，找被禁闭罪犯谈话 9 人 9 次，对监狱监管活动中存在的问题和隐患提出口头建议 56 条，发出“监督意见卡”8 份。切实做好罪犯权益保护工作，开启检察官信箱 220 次，收到罪犯信件 47 封；接待罪犯家属（监护人）来访 46 次，接待来访人员 5 人；受理罪犯及其家属申诉、控告和检举 15 件；为 9 名刑期记载或计算有误的罪犯更正了刑期；对 2 名正常死亡罪犯进行了检察；列席监狱伤残鉴定委员会议，对 6 名罪犯的伤残鉴定进行了监督。对罪犯实施集体教育 6 次 2057 人，对罪犯个别教育 158 次 158 人。

【控告申诉检察】　2011 年，楚雄州检察机关共受理群众举报、控告、申诉 527 件，其中举报、控告 236 件，申诉 291 件。立案复查刑事申诉案件 72 件，结案 72 件，改变原决定 36 件，维持原决定 12 件；提出抗诉 3 件，不予抗诉 20 件；办理刑事赔偿案件 1 件，支付赔偿金 0.4 万元；办理刑事被害人救助案件 61 件，共发放救助金 17.5 万元。坚持检察长接待日制度，全年共接待群众来访 255 人次，受理案件 223 件，批办 211 件，已全部办结。同时，强化积案化解和案件评查，对 2010 年度办理的 440 件案件进行了认真评查和公正评价。

【民事行政检察】　2011 年，楚雄州检察机关共受理各类民行申诉案件 867 件，立案 719 件。其中，县（市）检察院建议提请抗诉 34 件，提请抗诉 38 件，经审查提请省院抗诉 38 件，已有 21 件获省院支持；向楚雄州中级人民法院提出抗诉 11 件，有 3 件获改判；向人民法院发出再审检察建议 26 件，22 件被法院采纳。向有关单位发出检察建议 177 份，176 件被采纳。办理刑事附带民事诉讼案件 67 件，执行监督 35 件，调解监督 18 件，支持起诉 201 件，直接起诉 38 件，督促起诉 21 件，息诉和解 244 件，成功移送职务犯罪线索 6 件。

【职务犯罪预防】　2011 年，楚雄州检察机关进行预防立项（包括案件、事件）384 件；开展预防调查 214 次，形成调查报告 214 篇，引起当地党委、人大、政府领导重视并作出批示 75 件，发现职务犯罪线索并被侦查部门立案侦查 44 件；向有关单位提出书面预防职务犯罪检察建议 256 件，采纳 238 件，引起当地党委、人大、政府领导重视并作出批示 79 件；开展职务犯罪警示宣传教育 1250 场（次），受教育人数达 4 万余人；开展预防咨询 1010 次，受理行贿犯罪档案查询 1332 次，被查询单位 1.18 万个，被查询个人 14140 人，对有行贿犯罪记录的单位或个人作出处置 25 次；进行职务犯罪案例剖析 134 件，撰写预防信息简报 135 篇。

【人民监督员工作】　2011 年，楚雄州检察机关人民监督员共监督评议职务犯罪案件 27 件 27 人。其中，应当立案而不立案监督案件 10 件 10 人，扣押、冻结款物处理监督案件 15 件 15 人，超期羁押监督案件 2 件 2 人。通过召开座谈会、通报工作，邀请参加案件讨论、旁听评议重大案件庭审等方式，加强与人大代表、政协委员的联络工作，充分发挥人大代表、政协委员的监督作用，促进检察人员公正廉洁执法。

【检察技术】　2011 年，楚雄州检察机关技术部门共办理各类案件 332 件，其中州检察院办理 109 件、县检察院办理 223 件。按技术类别分，司法鉴定 11 件，文证审查 45 件，同步录音录像 211 件，技术协助 65 件。人力开展检察信息技术工作，配合省检察院和相关部门完成全州检察专线网的升级扩容建设工程，完成全州检察机关涉密信息系统分级保护建设任务，保障视频会议 570 次，安装及处理网络设备故障 1214 台（次），更新检察内网网站信息 1.87 亿条。

【职务犯罪案件量刑规范化改革】 2011年5月，楚雄州检察院和楚雄州中级法院联合出台《楚雄州中级人民法院审理职务犯罪案件量刑指导意见》，将贪污、受贿和挪用公款案件的审理纳入量刑规范化改革的内容，经州委、州人大常委会主要领导同意，并报经云南省高级法院同意并备案后，全州职务犯罪案件量刑规范化工作开始施行。

［杨正波］

审　判

【审判工作概况】 2011年，楚雄州法院系统认真履行宪法和法律赋予的审判职责，以司法职能作用的充分发挥为建设平安和谐楚雄提供有力的司法保障。年内，全州法院共受理诉讼案17277件，其中一审9146件、二审1261件、审判监督再审37件。全年共审执结诉讼案16018件、其中一审8807件、二审1169件，审判监督再审33件。同时，加强执行、信访、减刑假释工作和队伍建设，推进法院工作整体协调发展。

【刑事审判】 2011年，楚雄州法院系统受理一审刑事案件1353件，其中旧存54件，当年收案1299件。当年收案中，公诉收案1092件，自诉收案188件，检察机关重新起诉和上级人民法院发回重审19件；从涉案性质看，放火案8件，以危险方法危害公共安全案13件，失火案9件，过失以危险方法危害公共安全案3件，破坏电力设备案1件，非法制造、买卖、运输、邮寄、储存枪支、弹药、爆炸物案3件，非法持有、私藏枪支、弹药案15件，交通肇事案142件，重大责任事故案2件，危险物质肇事案1件，工程重大安全事故案1件，投放危险物质案1件，非法制造、买卖、运输、储存危险物质案2件，持有、使用假币案2件，信用卡诈骗案5件，生产、销售伪劣产品案2件，虚报注册资本案1件，虚开增值税专用发票，用于骗取出口退税抵扣税款发票2件，销售假冒注册商标的商品案1件，串通投标案1件，合同诈骗案6件，非法经营案10件，强迫交易案3件，故意杀人案33件，过失致人死亡案3件，故意伤害案343件，强奸案26件，强制猥亵、侮辱妇女案2件，非法拘禁案7件，绑架案4件，拐卖妇女、儿童案1件，非法搜查案1件，非法侵入住宅案1件，虐待诽谤案1件，刑讯逼供案1件，抢劫案45件，盗窃案283件，诈骗案10件，抢夺案12件，侵占案1件，职务侵占案3件，挪用资金案6件，敲诈勒索案8件，故意毁坏财物案11件，破坏生产经营案1件，妨害公务案11件，招摇撞骗案1件，聚众斗殴案3件，寻衅滋事案14件，组织、利用会道门邪教组织、利用迷信破坏法律实施案4件，赌博案2件，开设赌场案3件，伪证案1件，窝藏、包庇案3件，窝藏、转移、收购、销售赃物案3件，脱逃案2件，掩饰、隐瞒犯罪所得、犯罪所得收益罪4件，非法收购、运输、出售珍贵、濒危野生动物，珍贵、濒危野生动物制品案1件，盗伐林木案21件，滥伐林木案26件，非法占用农用地案4件，走私、贩卖、运输、制造毒品案34件，非法持有毒品案1件，非法种植毒品原植物案1件，贪污案13件，挪用公款案3件，受贿案45件，行贿案34件，滥用职权案4件，玩忽职守案18件，单位行贿案2件，帮助罪犯逃避处罚案2件。全年审结一审刑事案件1323件，结案率为97.78%。其中，判决1200件，调解70件，自诉人撤诉47件，移送2件，终止4件。已结案中，适用普通程序审理的1005件，适用简易程序审理的318件。楚雄州中级人民法院受理二审刑事案件190件，当年收案172件（上诉案170件，抗诉案2件）；截至12月20日，二审刑事案已审结185件，结案率97.37%，其中维持原判129件、改判28件、调解7件、撤诉2件、发回重审16件、其他3件。全州法院依审判监督程序立案受理刑事再审案8件（其中旧存2件、当年收案6件），审结8件，结案率为100%，其中维持原判4件、改判3件、其他1件。再审案件中，本院发现决定再审的3件。年内，发生法律效力的刑事案951件1496人，其中给予刑事处分1316人、免予刑事处分148人、因证据不足或其他原因宣告无罪32人。在给予刑事处分人员中，处无期徒刑以上并剥夺政治权利的1人，处15～20年有期徒刑的6人，处10～15年有期徒刑的65人，处7～10年有期徒刑的40人，处5～7年有期徒刑的69人，处3～5年有期徒刑的111人，处3年以下有期徒刑的305人，处拘役的26人，处有期徒刑、拘役宣告缓刑的587人，管制1人，单处罚金105人。此外，处有期徒刑并处罚金的650人，处有期徒刑并没收财产的4人。从身份上看，在业工人10人，下岗工人6人，农民工33人，其他（农民）1144人，国家机关工作人员41人，国有公司或企业人员8人，国家金融机构工作人员13人，国家其他工作人员10人，学生13人，职员17人，离退休人员2人，个体劳动者或私营企业业主58人，无业人员77人，其他32人。

【民商事审判】 2011年，楚雄州法院系统受理一审民商事案件7725件，其中旧存354件，当年收案7371件。当年收案中，婚姻家庭继承案2853件，合同纠纷案2285件，权属、侵权及其他民事案2233件。全年审结一审民商事案7416件，结案率为96%。其中，调解2992件，判决2991件，裁定驳回起诉71件，裁定撤诉1277件，裁定其他处理50件，移送21件，终结14件。已结案的审理情况是，适用普通程序的1260件，其中批准延长审限的7件；适用简易程序的6094件；适用特别程序的62件。截至12月20日，楚雄州中级人民法院受理二审民商事案1034件（包括旧存207件），审结947件，结案率为91.59%。其中，判决维持原判398件，判决改判173件，调解180件，裁定发回重审63件，裁定撤诉69件，其他处理45件。全州人民法院依审判监督程序立案受理民商事再审案27件（其中旧存5件），审结24件。其中，判决维持原判10件，改判7件，调解3件，发回重审3件，裁定其他处理1件。再审案件中，中院决定再审4件。

【行政审判和国家赔偿】　2011年，楚雄州法院系统受理一审行政诉讼案68件，其中旧存2件、当年收案66件（公安行政案件12件，工商行政案2件，资源行政案22件，城市建设行政案8件，其他行政案22件），审结68件，结案率为100%。结案情况：判决维持行政决定16件，判决全部或部分撤销行政决定6件，原告主动撤诉7件，确认合法或有效1件，驳回诉讼请求15件，其他处理23件。一审所结行政案件中，3个月内审结的60件。年内，楚雄州中级人民法院受理二审行政案37件（包括旧存8件），审结37件，结案率为100%。其中，判决维持原判14件，驳回15件，改判3件，发回重审1件，其他处理4件。

【案件执行】　2011年，楚雄州法院系统受理执行案5496件（包括旧存1056件）。当年收案中，申请执行案4375件，移交执行案1件，受委托执行案21件，提级执行38件，指定执行5件，当年收案的申请执行标的金额2.71亿元；从类别上看，民商事执行案3966件，行政执行案9件，刑事罚金执行案24件，刑事附带民事执行案333件，行政非诉讼执行案80件，其他执行案28件。全年处理执行案4674件。其中，自行履行2921件，和解417件，终结454件，强制执行539件，其他处理343件，执行标的金额2.37亿元，执行率85.04%。

【信访与告诉申诉】　2011年，楚雄州法院系统收到来信160件，接待公民来访475人次。来信中，属于告诉的99件，申诉的17件，非诉的29件，执行的6件，其他来信9件。来访中，属于告诉的327人次，申诉的33人次，非诉的33人次，执行的58人次，其他来访24人次。在来访人员中，属于上访老户上诉的69人次。

【审判业务培训】　2011年，楚雄州法院系统不断强化人才强院措施，创新培训机制，注重培训效果，加大干警业务培训力度。年内，从全州两级选派180名法官到浙江大学进行为期10天的更新知识培训；分期分批选送两级法院干警参加续职培训、专项业务培训、处突培训、在线培训等各种业务培训，共培训干警800余人次。邀请省州多名专家学者到中院开展心理和谐、法律思维、审判实务等专题培训。按照“干什么、练什么、缺什么、补什么”的原则，在全州法院深入开展以庭审竞赛、法官论坛、庭审观摩、法警练兵为主要内容的岗位大练兵活动，促进法官综合能力提升。通过各种培训，广大法官的庭审驾驭能力、法律适用能力、调解纠纷能力、裁判文书制作能力和做当事人思想工作的能力进一步提高。

［杨　洁］

司法行政

【司法工作概况】　2011年，楚雄州司法行政工作以深入推进三项工作为着力点，以提供优质法律服务为抓手，推动司法行政业务全面发展，年内，州司法局被省人力资源社会保障厅、省司法厅荣记人民调解集体二等功；获州委、州人民政府命名的州级文明行业称号；楚雄、牟定、大姚、永仁、元谋5县（市）分别荣记三等功1次，2人记三等功1次；1人获云南省首届十佳模范人民调解员提名奖；10人获云南省首届百佳人民调解能手奖；20人被表彰为全省人民调解工作先进个人；州司法局机关1名干部被省司法厅评为优秀党务工作者，3名律师被省律师协会评为优秀律师、1个律师党支部被评为先进党支部、1名律师被评为优秀党务工作者。

【普法和依法治理】　2011年，楚雄州坚持不懈抓好普法和依法治理工作。深入县（市）调研。州司法局组成工作组深入各县（市）进行调研，形成楚雄州“六五”普法规划和“四五”依法治州规划征求意见稿，在征求10县（市）和州委依法治州和普法领导小组成员意见的基础上，邀请部分县（市）领导、专家教授召开专题论证会。通过反复修改和补充完善，形成了《楚雄彝族自治州2011～2015年依法治州规划（草案）》和《关于在全州公民中开展法制宣传第六个五年规划（草案）》；十届州人民政府第39次常务会议、州委第107次常委会议、州十届人大常务委员会第32次会议分别讨论审议并通过了两个规划。州委、州政府于10月28日召开楚雄州“三五”依法治州和“五五”普法工作总结表彰暨“四五”依法治州和“六五”普法工作启动电视电话会议；会上，州委副书记、州委依法治州和普法领导小组组长李兴顺作了重要讲话，州委对在“三五”依法治州和“五五”普法工作中成绩突出的6个先进县（市）、44个先进单位和100名先进个人进行了表彰奖励。开展“六五”普法宣传启动系列活动。印制5000册普法挂历下发到各县（市）及州级相关部门；征订8000册“六五”普法读本发放到各县（市）及驻楚中央、省属企业、州属各单位；11月初，州委宣传部、州委依法治州和普法领导小组办公室、州司法局、州民族艺术剧院联合举办了“四五”依法治州和“六五”普法启动专场文艺晚会，并分别到10县（市）和楚雄州医学高等专业学校进行巡回演出达12场，直接受教育干部群众达4万多人。

【人民调解】　2011年，楚雄州主要开展“人民调解员送法入户，争当调解能手，化解矛盾纠纷促进和谐”主题实践活动，推动“大调解”工作机制创新。加强专业性、行业性人民调解委员会建设。紧紧围绕征地拆迁、企业改制、医患纠纷等，在楚雄市建立集司法调解、行政调解、人民调解、仲裁调解、行业协会调解为主的大调解委员会。年内，全州大调解中心共受理并调解医患纠纷117件，调解道路交通事故纠纷1059件，调解校园及周边矛盾纠纷19件。创新方法，提高调解能力和水平。年初，州司法局下发了《关于进一步加强人民调解工作的意见》，推行人民调解“一把手负责制”，整合力量开展联合调解，采取“以案释法”的调解模式，把人民调解与普法宣传有机结合起来，形成了司法行政内部的法制宣传先行，人民调解组织为主体，律师、公证、法律援助介入配合“三位一体”的矛盾纠纷调处新格局。全年全州各级调解组织共受理调处各类矛盾纠纷5.47万件，调解成功率为96.9%；防止民间纠纷引起自杀357件525人，防止民间纠纷转化为刑事案件668件1387人；防止群众性械斗52件1269人，防止群体性非法上访301件4767人。

【律师、公证和司法鉴定】 2011年，楚雄州24家律师事务所、154名执业律师担任各级政府法律顾问303家；办理各类案件3024件，其中办理刑事诉讼及代理688件、民事诉讼代理1958件、行政诉讼代理19件，为房地产公司办理非诉讼业务359件，解答咨询和代书23057件，开展非诉讼调解、庭前和庭中调解479件，提供法律援助339件。全州10家公证处、25名公证员共办理各类公证案件2395件，其中民事类1131件、经济类1009件、涉外公证222件、涉台33件；办理公证法律援助109件，按照上级有关规定减免当事人公证费8万元；办理涉及“三农”公证304件。全州6个司法鉴定所、88名执业人员，共办理各类司法鉴定6694件，其中法医、物证类鉴定6661件，司法会计、建筑类33件。

【法律援助】 2011年，楚雄州县（市）法律援助中心选派人员进驻州县（市）政务中心为受援人提供便捷的法律服务及法律咨询服务，开展法律援助宣传活动，发放法律援助书籍、宣传资料1.2万余本（份）；开展送法入户法律援助活动1012人次，对379件民事援助案件进行质量检查评估、回访，当事人满意率达100%。承办援助案件1990件，受援人达1860人，解答法律咨询888件，接待来访1118人次。

【安置帮教】 2011年，楚雄州按照司法部、省司法厅提出的“提前介入早、回归衔接好、安置帮扶好、帮教服务好”的要求，在社区建立刑满释放和解除劳教人员安置帮教、社区矫正辅导员队伍，并按50∶1的比例配置辅导员。州、县（市）、乡（镇）三级共设安置帮教工作领导小组114个，1097个村委会（社区）设安置帮教工作站，有专（兼）职工作人员1527人。年内，全州共有刑满释放人员309人，其中由原单位安置3人、落实责任田282人、社会救济1人、从事个体经营8人、其他方式安置8人，安置率达97.4%。

【社区矫正】 2011年，楚雄州将社区矫正工作纳入县（市）社会治安综合治理维护稳定目标管理责任书，配备了社区矫正辅导员。自开展社区矫正工作以来，全州共计接收社区矫正对象2235人，累计解除1235人。年内，接受矫正人员1000人。其中，缓刑806人，假释89人，暂予监外执行76人，剥夺政治权利27人；未满18岁的40人，占矫正对象的0.04%。

【司法考试】 2011年，楚雄州共有339名考生报名参加国家司法考试。其中，男性181人，占53.4%；女性158人，占46.6%；少数民族132人，占38.9%；法律专科73人，占21.5%；本科在读3人，占3.8%；本科毕业生245人，占72.3%。通过考试，共有76人取得法律职业资格证书，其中A证5人、C证71人，合格率为22.4%。11月初，根据国家司法部有关要求，开展了第二次司法考试报名工作，共有182人报名，其中男性113人、女性69人，法院系统111人，检察院系统61人，司法行政系统10人。年内，发放通过上年司法考试考生法律职业资格证书117本，其中A证10本、B证1本、C证106本。

［吴光能］

公安交通管理

【公安交通管理概况】 2011年，楚雄州共发生统计范围内的道路交通事故357起，造成98人死亡，520人受伤，直接财产损失146.80万元。道路交通事故四项指数与上年同比为，事故增加40次，上升12.62%；死亡减少2人，下降2%；受伤人数增加88人，上升20.37%；直接财产损失增加39.13万元，上升36.35%。其中，发生一次死亡3人的特大道路交通事故9起，造成28人死亡、15人受伤、直接财产损失14.39万元。与上年同比，事故起数增加5起，上升125%；死亡人数增加12人，上升75%；受伤人数增加10人，上升200%；直接财产损失增加4.89万元，上升51.47%。全州交通事故万车死亡率为2.03，同比减少0.14，下降6.45%。实现了万车死亡率低于全省平均水平，交通事故死亡人数不突破省、州政府下达控制数的工作目标。通过年终考核，元谋、南华、牟定、永仁、大姚5个县公安局交警大队分获道路交通安全管理夺标竞赛一、二、三等奖；评出执法规范化建设示范大队1个、示范中队10个、示范派出所8个、道路交通安全管理优秀派出所10个、优秀交警大（中）队长、政工干部10名、优秀交通民警18名；支队机关在州公安局直属部门综合考核中排名第一，被州公安局给予记集体三等功，12名优秀党员、30名优秀公务员分别受到州公安局和交警支队的表彰奖励。

【预防重特大道路交通事故】 2011年，楚雄州公安交通管理部门积极开展道路交通事故预防工作，有效预防了群死群伤重特大道路交通事故的发生。加强道路交通检查。投入警力13912人次，出动警车7103辆次，投入流动测速设备12台，设置临时执勤点730个、春运交通安全检查服务站35个、固定测速点12个、流动测速点13个，检查客运车辆244654辆，查处超速行驶2034起，圆满完成春运交通安全保卫任务。按照州人民政府《关于加强农村道路交通安全管理发展农村公交事业的实施意见》和州综治办关于“县乡平安出行”创建活动的部署和要求，以“丘北经验”推广工作为平台，积极推广武定县白路乡全面加强农村道路安全管理和楚雄市汽车客运站、禄丰县罗次镇发展农村公交的成功经验，全面加强农村道路交通安全防控网络建设。根据上级公安机关的要求，联合相关部门于2010年12月15日至2011年6月30日，在全州组织开展道路交通安全隐患排查整治。共排查出道路交通安全隐患点（段）232个，其中列入省级督办点（段）30个、州级督办点（段）74个、县级督办点（段）128个，已整治危险路段101处。

【道路交通安全专项整治】 2011年，楚雄州公安交通管理部门在全州先后组织开展了酒后驾驶、西南四省市预防重特大道路交通事故、“交通安全校园行”护卫天使活动等专项整治行动。在为期3个月的专项整治行动中，共设置检查站170个，检查车辆59551辆次，查处交通违法行为3076余起，设置“护学岗”34个，女警“护学岗”12个，投入护学警力192人，创建文明交通示范学校14个，完善校园周边道路交通安全设施70处，查处校车交通违法20起。有效遏制了重特大道路交通事故高发的势头，路面行车秩序明显改善。

【创建文明交通示范公路】 2011年，楚雄州公安交通管理部门根据省公安厅交警总队的统一部署，在全州开展文明交通示范公路创建活动。楚（雄）大（理）高速公路（杭瑞高速G56）楚雄州辖区被云南省公安厅交警总队确定为省级示范路；州公安局交警支队将永（仁）武（定）高速公路（京昆高速G5）和南（华）永（仁）二级公路（S217线）确定为州级示范路。楚大、永武高速公路交巡警大队和南永二级公路沿线交警大队，紧密结合辖区实际，以打击严重交通违法行为、改善公路通行秩序、减少重特大交通事故、规范民警执勤执法为切入点，进一步完善交通安全设施，提高科技管理水平，使创建公路成为通行秩序良好的示范路。其他各县（市）公安局交警大队，以路面巡逻、重点管控、查处交通违法和城区交通秩序整治为重点，积极协调州（市）建设局、公交（出租）车公司和其他相关部门，共同开展治堵保通工作。创建活动中，全州公安交通管理部门深入运输企业13个、学校21所，对排查出的29个道路安全隐患点（段）提出了治理建议，查处各类交通违法行为2307起，辖区道路交通秩序明显好转，道路交通事故明显减少。

【交通安全宣传】 2011年，楚雄州公安交通管理部门按照交通安全宣传“五进”（进单位、进社区、进学校、进农村、进家庭）的总要求，以新闻媒体和公安信息平台为依托，广泛开展交通安全宣传活动。一是主动与宣传、教育、司法、安监等部门协商，共同组织实施以“关爱生命、文明出行”为主题的“文明交通行动计划”。二是借助“五月交通安全宣传月”和“六月安全生产月”的有利时机，组织开展以农村地区机动车驾驶人、城市农民工和客运车、城市公交车、出租车驾驶人为重点的集中宣传教育活动。三是依托广播、电视、报刊等新闻媒体，创办交通安全宣传栏目、曝光交通违法行为、刊播交通安全信息，广泛开展交通安全宣传和警示教育，努力营造交通安全社会化的舆论氛围。四是制作交通安全宣传光碟、挂图、展板、《致全州广大交通参与者的一封信》等宣传材料和课件，下发各县（市）公安局交警大队，组织民警深入社区、企业、学校、农村和家庭，开展经常性宣传教育。年内，在州级以上新闻媒体刊播宣传稿件5914篇条，制作宣传展板1337块，印发宣传材料20万份，出动宣传车3155辆次，巡展挂图10493场次，交通安全宣传进村（社）1583个，进学校1300个，进单位799个，讲授交通安全课6456场次，受教育达200余万人次。

交通安全法制宣传教育进课堂 （高建波/摄影）

【机动车及驾驶人源头管理】 2011年，楚雄州公安交通管理部门按照公安部交通管理17项便民服务措施和州公安局交警支队24条服务承诺，创新管理模式和服务理念，努力做好机动车及驾驶人源头管理工作。严格执行《机动车登记规定》和《机动车安全运行技术条件》等相关规定，按照“谁检验、谁签字、谁负责”的岗位责任制，严把机动车注册登记和定期检验关。加强对汽车驾驶培训站（校）的监督管理，建立健全企业交通安全主体责任，严把机动车驾驶人培训质量关。加大资金投入，改善车管所服务设施，简化业务流程，积极开展便民服务和创建“服务型车管所”活动。全年共办理机动车注册登记58231辆、年度检验160091辆，受理初学机动车驾驶申请57419人。全州共有机动车422161辆，机动车驾驶人417177人。

［姚立富］

楚雄监狱

【监狱工作概况】 2011年，楚雄监狱以落实“三项管理”工作要求为抓手，以加强队伍管理建设为保障，大力弘扬团结拼搏筑平安、和谐一致促发展的主旋律，重点工作取得新突破，连续5年实现“无罪犯脱逃、无重特大狱内案件、无非正常死亡、无重特大安全生产事故”，安全稳定工作再创历史最好水平，警察职工队伍和谐稳定，监狱改扩建顺利进行，体制改革、信息化建设有序开展，实现了监狱工作全面、和谐、健康发展。

【监狱管理】 2011年，楚雄监狱共收押新犯471名，释放468名，办理减刑案件1233件，假释32件，保外就医94人。年内，强化对服刑人员的直接管理和日常考核，准确、客观反映服刑人员的改造表现，真正发挥考核激励作用。严把关口，对服刑人员生活物资采购、加工和储存等重点环节加强防控，保证服刑人员伙食安全卫生，并为老、病、残服刑人员提供营养餐。加强防病治病和卫生防疫工作，坚持定期宣讲卫生知识，定期检查内务卫生，坚持食物食品留样待查制度。突出狱政数据、网络监控信息化，基础管理、刑罚执行规范化，狱内排查、防暴处突常态化，各项监狱管理措施得到有效落实。

【教育改造】 2011年，楚雄监狱坚持“首要标准”，牢固树立把改造人放在第一位的思想，突出思想教育主线，抓好罪犯改造质量评估工作，夯实“三课”教育、个别教育、出入监教育三项基础教育工作，实现监区文化建设、社会帮教工作、服刑指导工作、教育改造考核工作不断创新，全面提高罪犯改造质量，努力将罪犯改造成为守法公民，开创了教育改造工作的新局面。加强警示教育基地建设，共接洽楚雄州教育局、云南天腾化工有限公司、云南省农业银行培训学校、州司法局等单位600余人来监开展警示教育，为服刑人员帮贫济困基金募集资金3100元。通过警示教育，扩大了社会对监狱工作的了解，得到了社会各方的理解和支持，为推动监狱发展创造了有利条件。逐步完善了三级矫治网络，在所有监区配齐心理咨询室及心理咨询员，心理矫治工作水平不断提高。年内，监狱共组织40人参加国家心理咨询培训并取得资格证书，为467名罪犯作了心理咨询服务和指导，真正实现了“为服刑改造导航，为走向新生指路”的工作职能。

【监狱改扩建】 2011年，楚雄监狱实施总投资近2亿元的改扩建工程。这是建狱56年来规模最大、难度最高、投资最多的一次改扩建，是彻底改变监狱落后面貌，提升监管设施条件，实现跨越式发展的难得机遇。与监狱改扩建同步规划实施，投资1400余万元的信息化建设总体规划方案通过省监狱管理局评审，年内进入于综合布线阶段。

【三项管理】 2011年，楚雄监狱根据云南省监狱管理局开展“规范化管理年”活动的要求，结合确保监狱安全稳定和改扩建工程顺利进行的实际，提出了抓警察管理、现场管理、内务管理的“三项管理”工作要求。管理工作取得明显成效，警察精神面貌明显转变，警容风纪不断加强，单警装备配戴统一规范，警察在思想、纪律、作风和履职方面得到进一步加强。罪犯劳动现场管理更加规范，制度措施进一步得到落实，生产工具、原材料、产品定置管理更为严格和精细，切实做到了安防设施齐全，安全通道顺畅，罪犯劳动改造现场井然有序。年内，提高了罪犯内务卫生管理水平，要求做到物品摆放整齐划一、搞好个人卫生，保持环境清洁，并加强了监管区环境绿化、美化工作，警察办公区、值班室的内务管理大为改观。

【队伍建设】 2011年，楚雄监狱干部队伍建设成效显著。切实加强党委班子自身建设。云南省司法厅和省监狱管理局党委为楚雄监狱充实了2名正处级、4名副处级领导干部，加强队伍管理，深入开展创先争优活动，学习杨善洲同志先进事迹，不断提高警察队伍的政治觉悟、思想境界；强化警察教育培训工作，认真组织开展警体技能培训和新警察培训等工作，全年参加各类培训的警察达1609人次；成立警务督察大队，加大了警务督察力度，督促警察履职到位，促进各项制度和工作措施的贯彻落实。大力推进监狱文化建设。年内，被命名为州级文明单位，先后开展了优秀小品巡回展演、“金剑杯”警察职工篮球运动会、纪念中国共产党成立90周年文艺汇演等多项活动，丰富了警察职工精神文化生活，展示了监狱人民警察的良好形象。坚持以人为本，认真落实从优待警。积极为警察职工办实事、办好事，对警察职工参加在职学习并取得学历证书、子女考取重点大学的给予奖励；坚持开展走访慰问、帮扶困难职工活动；为警察职工免费提供午餐；定期安排警察职工和离退休老同志疗养、体检。

［王　滇］

（责任编辑：王艳萍）

经济管理

发展与计划

【发展与计划工作概况】 2011年，楚雄州发展和改革委员会全面履行工作职能职责，认真贯彻落实中共楚雄州委、州人民政府的各项重大决策部署，有力地推动了发展，推进了改革，保障和改善了民生。全面推进并完成了“十二五”规划编制工作。保持了投资对经济增长的强劲推动，共上报项目559项、总投资413亿元，向上争取项目409项、争取资金15.25亿元，占全州争取资金总数的20.2%。全力保持了物价总水平的基本稳定，加大物价监控力度，认真做好物价监测、收费、检查、认证工作，全年全州居民消费价格总指数为4.3%。推进了重点领域的改革工作，各项改革深入推进，代州人民政府起草的《楚雄州2011年经济体制改革工作意见》由州政府下发实施，五项医药卫生体制重点改革进展顺利，基本医疗保险覆盖面进一步扩大，教育管理体制、公益性文化事业单位、深化集体林权制度、水利管理体制、财税体制、投融资体制、行政审批制度等方面的改革得到进一步推进。促进了民生改善，共争取到社会民生类项目92个，总投资9.8亿元，扶贫类项目31个，总投资4.2亿元。

【计划编制】 2011年，楚雄州发展和改革委员会在充分开展前期调研、分析的基础上，按照自身职能，结合楚雄州自身发展实际，编制了《楚雄彝族自治州2010年国民经济和社会发展计划执行情况与2011年国民经济和社会发展计划草案的报告》提交州第十届人民代表大会审议通过，并对计划报告半年执行情况进行了调研督查，起草了半年计划执行情况报告。

【计划执行】 2011年，楚雄州发展和改革委员会重点加大对全年计划执行情况的跟踪督查，每季度对经济运行形势进行调研分析，定期不定期的对经济运行中存在的热点、难点问题开展调研，尽快解决经济运行中存在的问题，加强了对影响计划执行的重大问题的协调和解决。通过这些举措，均完成或超额完成经济社会发展目标。全州生产总值完成482.5亿元，按可比价计算，同比（下同）增长12.4%，比计划目标高0.4个百分点；全社会固定资产投资完成354.5亿元，增长26.3%，比计划目标高1.3个百分点；地方财政总收入和地方财政一般预算收入分别完成103.2亿元、37.6亿元，分别增长19.3%、22.4%，比计划目标高4.3和7.4个百分点；社会消费品零售总额完成158.3亿元，增长20%，比计划目标高2个百分点；外贸进出口总额完成1.5亿美元，增长39.2%，比计划目标高24.2个百分点；城镇居民人均可支配收入和农民人均纯收入分别达17785元、4627元，实际分别增长9.1%、13.8%，比计划目标高0.1和4.8个百分点；居民消费价格总指数上涨4.5%，低于全省平均涨幅0.4个百分点；城镇登记失业率控制在3.3%，比计划目标低1.3个百分点；人口自然增长率4.6‰，比计划目标低1.4个千分点；城镇化率提高1.6个百分点，完成计划目标；单位生产总值能耗下降4.17%，比省下达目标多下降1.17个百分点。

【项目投资】 2011年，楚雄州努力克服土地、资金等方面的瓶颈制约，牢牢抓住国家实施新一轮西部大开发、支持云南省加快建设面向西南开放重要桥头堡以及云南省加快推进滇中经济区一体化建设等重大发展机遇，采取扎实有力的推进措施，实现“十二五”固定资产投资良好开局。项目前期工作扎实推进。按照云南省发改委的统一部署要求，楚雄州发改委牵头编制了《楚雄州“十二五”项目集群规划》，共提出规划项目4643个，总投资8265亿元，其中规划“十二五”期间总投资6484亿元。全年共下达7854万元项目前期费到各项目建设单位。列入省“三个一百”和州重点前期的元谋坛罐窑水库、禄丰西河水库、云铜集团在楚建设等一批前期项目进展顺利，部分可研已获批复。重点在建项目推进顺利。姚安下口坝水库、红塔集团楚雄卷烟厂易地搬迁建设项目、云南新立有色金属有限公司60kt/a氯化法钛白粉建设项目等一批重大项目推进迅速。全州共实施项目1589个，年度新开工项目1078个，其中省发改委下达的2011年中央投资项目270个，总投资32.03亿元。347个2010年中央投资项目，开工建设346个，开工率为99.71%。向上争取项目资金取得实效。全年楚雄州发改委共向国家和省争取项目409个、资金15.3亿元，其中国家8.3亿元、省级7亿元，占全州争取项目资金的24.4%。

［张云徽］

物价监督管理

【物价工作概况】 2011年，楚雄州发展改革委员会切实履行价格主管部门职责，始终把保持价格基本稳定放在工作的首位，认真贯彻落实国家和省的物价调控政策，发挥价格监测和宏观调节职能，全年物价运行基本平稳，居民消费价格总水平涨幅控制在4.5%，查处价格违法案件116件，查出价格违法金额484.6万元，实施经济制裁总金额223.17万元。

【价格管理】 2011年，楚雄州价格主管部门完成了楚雄市城市供水价格改革方案的听证、申报审批工作；按照国家统一要求，对汽、柴油销售最高零售价格进行了3次调整；及时贯彻国家烟叶收购价提高12%的政策，烟农增收3.4亿元；按照国家和省稻谷最低收购价政策，调整粳稻每千克最低收购价达到2.74元，比上年提高0.64元，中籼稻每千克最低收购价达到2.24元，比上年提高0.3元。实际国有收储企业粳稻收购价达到2.98～3元；对州疾控中心乙肝等14个二类疫苗价格进行了审定，对州医院、州中医院、州妇幼保健院的80个自制药品价格，烟叶收购价格，水稻等产品价格进行了调整；及时贯彻落实了国家和省制定的2521个规格药品最高零售价政策和省出台的1415个基本药物集中采购价政策；认真开展了成本调查和群众项目集资结余的清退督查工作。

【收费管理】 2011年，楚雄州发展改革委员会及时转发公民临床用血价格、普通话水平测试培训收费、事业单位应聘人员资格考试收费、降低部分建设项目收费标准、高校学分制收费、主要涉农价格和收费项目、规范和降低手机检测收费、基层医疗卫生机构一般诊疗费等一批收费政策文件，确保上级文件精神的落实；妥善处理楚雄至广通客运驾驶员停运的突发事件，紧急召集州运政处及城区各客运公司负责人参加会议，分析研究并认真解决农村客运票价存在问题，使楚雄至广通、黑井、高峰等停运班线得到及时恢复，避免了大面积群体性事件的发生；按照全省统一时间要求，发文于4月20日起调整了全州跨省、跨区、跨县的道路旅客运输价格，燃油差价由原来的每人每千米0.056元提高到0.066元；对永仁县发改局关于方山诸葛营村旅游景区门票试行价格延期的请示进行了批复，同意将门票试行价格延期执行至2012年4月底；下发《楚雄州州级医疗卫生机构机动车停放服务收费管理规定》，保障了医疗卫生机构的救治环境和化解机动车出入医疗卫生机构矛盾；全年共审验收费许可证正本1126本，副本1312本，年审率达100%，涉及收费部门41个（不重复计算），涉及收费项目117项（不重复计算，不含医疗服务价格和药品收费）。

2011年楚雄州居民消费价格指数

月份	环比（上月＝100）	同比（上年同月＝100）	累计比（上年同期＝100）
1月	102.4	102.8	102.8
2月	102.1	103.2	103.0
3月	101.0	104.1	103.4
4月	101.1	104.9	103.8
5月	100.4	105.1	104.1
6月	99.6	105.1	104.2
7月	99.8	105.2	104.4
8月	100	104.9	104.5
9月	99.7	104.9	104.5
10月	99.5	104.4	104.5
11月	99.5	105.1	104.6
12月	99.3	104.1	104.5

【价格认证】 2011年，楚雄州价格认证中心共受理各类案件16件，标的金额116.9万多元，收取价格鉴证费2.25万元，其中涉烟案件14件，金额98万元。未出现重新鉴定、补充鉴定和复核裁定的案件。截至年末，楚雄州共有价格鉴证师18名，有价格鉴证员岗位证书的人员34名，在岗人员25人。

【价格监测】 2011年，楚雄州价格认证中心严格按照国家和省价格监测质量监督考核办法，同报价员签订协议，报价员监测补助同监测数据质量挂钩，进一步提高价格监测质量。全年上报国家级《重要商品及服务价格监测报告制度》的价格监测报表108期，监测品种122个，监测数据13176条。城市居民服务价格月报12期，品种30个，监测数据360条；上报国家发改委价格司实时价格应急监测周报208期，监测品种12个，监测数据2496条。上报省级《国家重要商品及服务价格监测报告制度》的价格监测报表12期，监测品种44个，监测数据528条。上报省粮油副食品及燃料价格周报表47期，监测品种40个，监测数据1880条。上报价格监测分析预测材料31篇。对楚雄市场主要副食品、钢材的价格实行监测，累计上报粮油副食品价格监测日报表365期，监测品种31个，监测数据11315条，上报《楚雄州钢材价格监测旬报》36期，报价品种6个，价格数据216条。发布全州居民消费价格指数及价格运行情况分析共20期。

【价格监督检查】 2011年，楚雄州共查处价格违法案件116件，查出价格违法金额484.6万元，实施经济制裁总金额223.17万元。其中，退还用户47.88万元，没收违法所得176.18万元，罚款8.1万元，上缴财政184.28万元；楚雄州价检局查处案件54件，价格违法金额460.8万元，退还用户37.87万元，没收违法所得171.51万元，罚款1.61万元，上缴财政173.02万元。

［张云徽］

国有资产监督管理

【国有资产监督管理机构概况】 2011年1月7日，楚雄州人民政府国有资产监督管理委员会根据《中共楚雄州委、楚雄州人民政府关于楚雄州人民政府机构改革的实施意见》精神，正式挂牌成立为州人民政府工作部门。将州财政局国有资产监督管理的职责及州国有资本投资经营有限责任公司的职责，整合划入州人民政府国有资产监督管理委员会。州国资委设有办公室、企业发展改革科、考核评价科、产权管理科、非经营性资产管理科5个科室，共有干部职工35人。按照州委组织部、州人社局的要求，11月底完成了科级领导干部竞争上岗工作，设置正科级领导干部5人、副科级领导干部2人。

【国有资产监督管理工作】 2011年，楚雄州人民政府国有资产监督管理委员会以产权管理为核心，加强对云南路桥四公司、楚雄交通运输集团公司等国有企业资产的监管工作，确保国有企业资产保值增值不流失。为了规范国有资产交易行为，制定了《楚雄州国有产权交易规则（试行）》和《楚雄州国有资产交易流程》，下发州级各企事业单位和各县（市）人民政府执行。按照《楚雄州州属企业国有资产处置审批制度》，审批处置州属企业资产3宗9832万元。加强基础管理工作，对云南路桥股份有限公司的资产构成情况进行了认真清理核实，弄清了资产及股权情况和资产保值增值情况；对楚雄交通运输集团公司进行调研，提出了完善法人治理结构和班子换届工作方案。完成了企业“小金库”清理工作，清理复查面达到100%。年内，楚雄州国资监管工作被云南省委、省政府评为一等奖。

【国有非经营性资产管理】 2011年，楚雄州人民政府国有资产监督管理委员会积极配合社区服务体系建设，真正把非经营性资产管理纳入社区管理，以减轻新企业和政府的负担。年内完成了万家坝“安居小区”供水系统和二期廉租房二次加压水池供水管道的改造工作，协调处理了原州丝绸厂（含森茂公司）与809队、二期廉租房与陈家村、东兴路氮肥厂生活小区与鹿城房地产公司建设项目的地籍堪界工作，处置了廉租房住房户提出的房屋设施存在问题和工程质量方面的相关问题，做好了非经营性资产房租、水电、环卫等费用的收缴工作。

【经济适用房和廉租房建设】 2008年以来，楚雄州分两批共建设国有及国有控股企业职工经济适用住房802套64491平方米，建设廉租房288套17340平方米。项目总投资9336万元。截至2011年11月30日，完成了工程建设项目的审计工作。

［郭丽娅］

开发投资

【开发投资工作概况】 2011年，宏观经济形势复杂多变，楚雄州开发投资有限公司在州委、州人民政府和公司董事会的领导下，化解偿债高峰风险，实现公司债权债务平稳过渡，信用等级不断提升的高难目标，为发挥好政府融资平台的职能职责打下了坚实基础。年内拨付项目资金5.84亿元，归还到期债务7.91亿元，收回到期债权7.76亿元，公司债务余额42.54亿元，债权余额45.56亿元，既保证了项目建设资金的需要，也维护了信用政府的良好形象。

【融资平台整顿】 2011年，在国家对地方政府融资平台公司开展的清理整顿工作中，现金流风险定性成为融资平台能否继续开展融资的关键，楚雄州开发投资有限公司针对债权银行在贷款清理规范工作中发现和提出的问题及时予以解决，经过艰苦努力，实现了现金流风险定性结果由无覆盖定性为全覆盖的目标，公司信用大幅提升，使公司具备了与金融机构继续开展融资的基础条件，圆满实现公司现金流风险定性调整工作目标。

【债务审计】 2011年，楚雄州开发投资有限公司配合完成了地方政府债务审计、2010年财务报表审计、市政项目建设债券存续期审计、融资项目专项延伸审计以及对公司常规审计工作，配合完成国有企业和行政事业单位“小金库”检查治理、会计制度检查、贷款资金检查以及地方税务系统税源情况调查等工作，通过审计和检查，公司进一步提高财务核算水平，规范公司财务管理。

【资产管理】 2011年，为有效盘活楚雄州开发投资有限公司所持有的国有资产，缓解财政偿债的压力，对原民族中专南校区房屋和土地资产认真开展测绘和评估，按资产处置方案要求在规定时限内圆满完成处置资产土地收储及挂牌的工作，公开竞拍取得资产处置收益1.94亿元，每亩价格达563万元，迈出了盘活闲置国有资产的第一步。

【资金调度】 2011年~2013年，楚雄州开发投资有限公司进入偿债高峰期，年均偿还贷款本金高达6.68亿元，年均支付的利息超过2亿元。公司千方百计协调资金的运转调度，认真履行到期债务，2011年收回到期债权7.76亿元，占应回收到期债权9.32亿元的83%，履行到期债务7.91亿元，支付利息2.99亿元。调度拨付已下达安排项目资金5.84亿元，保证了青山嘴水库、通乡油路、中小学校安工程、元双公路、职教中心、文化活动中心、水库除险加固和城市基础设施建设等重点项目建设的资金需求。

［邹建红］

国土资源管理

【国土资源管理工作概况】 2011年，楚雄州国土资源管理工作以“保障科学发展，保护耕地红线”为核心，以“促节约、守红线、惠民生”为主线，以深化国土资源管理制度改革、推进保护坝区农田建设山地城镇、落实土地例行督察整改、构建国土资源管理共同责任机制为重点，坚持土地、矿产、地质灾害、干部队伍和党风廉政建设“四位一体”，进一步解放思想，改革创新，夯实基础，依法行政，全力破解当前国土资源工作中遇到的突出矛盾和问题，加快构建国土资源保护与保障新机制，为全州加快经济发展方式转变、促进经济更好更快发展提供资源保障和优质服务。

【规范土地供应机制】 2011年，楚雄州针对部分县（市）出现的BT模式和房地产捆绑式开发等不规范的供地、用地方式，于7月12日召开全州土地管理工作座谈会，转变用地理念，坚持“统一征用、统一储备、统一开发、统一配置、统一管理”的原则，强化土地市场建设，坚持熟地出让，严格按照农用地转用及土地征收、国有土地收购储备出让制度规范运作，切实增强政府对土地市场的调控能力。通过清理项目用地，查找出土地利用管理中存在的问题，并叫停部分项目，对违法用地进行排查、清理、规范，共立案查处国土资源违法案件107件，有力促进全州各级各部门进一步规范用地、管地。通过分别强化土地收储、交易职能，强化信息公开，提高交易竞争力，土地市场运作进一步规范。收购储备土地152宗72.38公顷；盘活存量建设用地410.79公顷，占供应总量的76.2%。通过州级市场交易土地79宗208.01公顷，成交总价13.82亿元。7月1日后，全州0.4公顷以上须公开交易的土地统一进入州公共资源交易中心进行交易，至年末共成交土地40宗126.71公顷，成交总价9.76亿元，有效杜绝了定向出让、暗箱操作等行为。

【非公企业服务】 2011年，楚雄州国土资源局转变作风服务企业，定期不定期召开非公企业用地座谈会，针对非公企业用地问题，主动服务，现场办公，采取集中对话的形式加大力度落实处理非公企业用地问题，加大支持非公经济发展的力度，积极与非公企业对接、主动服务，加快审批，按照“四个一批”，即供地一批、审核上报一批、指导组建一批、解释说明一批的原则，做好用地审批工作。

【土地执法监察工作】 2011年，楚雄州以查处违法用地为切入点，完成了土地例行督察整改落实。针对例行督察中发现的需要整改和关注的问题进行了全面整改落实。按照国家土地督察成都局《土地例行督察通报》整改意见的要求，以查处德钢违法用地为主线开展相关工作，对州内近年来用地情况进行拉网式排查，严肃查处批而未征、征而未供、供而未用的土地，共查处了41宗违法占地、2宗违反国家产业政策用地、3宗闲置土地，追缴全部欠缴和违规减免的土地出让金，处理执行了未执行到位的土地违法案件，立案调查处理73人，圆满完成整改工作任务并顺利通过验收。

【保护坝区农田建设山地城镇】 2011年，云南省出台了保护坝区农田建设山地城镇重大决策，楚雄州立足州情，认真分析研究，有效推进建设山地城镇工作。全面安排启动完善土地利用总体规划、城乡建设用地增减挂钩、二次土地调查新增耕地占补平衡项目等重点工作，为深入推进保护坝区农田建设山地城镇工作开了好头。按照“城乡统筹、山坝结合、保护耕地、保护坝子”的要求，州国土资源局制定下发了全州完善土地利用总体规划修编工作方案和技术方案。在广泛深入调查的基础上，选定了在山地资源较好、积极性较高的大姚、楚雄、牟定等3个县先行开展山地储备开发试点工作，确定条件比较成熟的1~2个区块推进，其他各县（市）开展资源调查和选址。大姚县作为全省第一批完善土地利用总体规划修编试点县，重点布局规划的南山坝工业园4271亩用地中82.4%为非耕地。为加快建设山地城镇，州国土资源局于9月分组赴各县（市）国土资源局进行了专项指导督查，多举措把工作向前推进。各县（市）在国土资源部门完成土地资源及现行规划分析评价的基础上，提出土地利用总体规划布局完善方案，布局落实坝区耕地、基本农田和建设用地，保证土地利用总体规划和城市总体规划、林地保护规划相互衔接统一。年内，土地利用总体规划调整方案通过州级论证初审。

【卫片执法检查】 2011年，云南省人民政府下达楚雄州2010年度土地卫片执法检查图斑1691个，涉及土地面积1422.83公顷；矿产卫片图斑49个。经核查，查实违法用地25宗54.70公顷，涉及耕地13.78公顷，其中立案查处19宗50.86公顷，涉及耕地13.46公顷。分别没收、拆除违法建（构）筑物9.76万平方米和0.89万平方米，复耕土地1.04公顷，收缴罚没款438.46万元；采取责任追究等非立案处理措施处理6宗。查实违法矿产卫片图斑13个，其中立案查处10件，收缴罚没款15万元；责令退回合法矿区范围开采3件。

【土地整治】 2011年，楚雄州按照“统分结合、整合项目、整体推进”的原则，坚持建设与保护并重，严格各项标准，推进山、水、林、路、村综合治理。全州共有在建土地整治项目28个，建设总规模为12638.36公顷，预算总投资3.40亿元。其中，国家级开发整理项目3个、省级中低产田地改造项目9个、省级耕地占补平衡项目10个、州县级耕地占补平衡项目6个，预计竣工后可新增耕地2853.34公顷。组织验收土地整治项目22个，完成工程量实地核查及项目复核40个，财务审查项目25个。同时，按照国土资源部“农村土地整治监测监管系统”和“耕地占补平衡动态监管系统”运行的要求，对全州在建和已立项准备实施的全部土地整治项目进行全面清理规范，报备项目信息已通过云南省国土资源厅审查。

【土地利用总体规划】 2011年，楚雄州制定了完善土地利用总体规划工作方案和技术方案，明确了规划思路、步骤及方法。各县（市）在开展土地资源调查及现行土地利用总体规划分析评价后，与城镇近期建设规划、林地保护利用规划、工业园区规划衔接统一基础上制定的土地利用总体规划布局调整完善方案已于11月上旬经州级审查论证并上报云南省国土资源厅。全州拟规划新增建设用地上山8700公顷，占规划新增建设用地的56.6%；调整基本农田下坝1.61万公顷，坝子基本农田保护面积达8.03万公顷，占坝子耕地的比重由65.6%增加至83.7%。

【矿政管理】 2011年，楚雄州进一步深化和完善探、采矿权有偿取得制度，进一步规范出让、转让交易活动。全州共组织采矿权出让18个，成交价款80万元，征收矿产资源有偿使用费138万元，矿产资源补偿费22万元。积极推进地质找矿行动计划。牟定县安益铁多金属矿整装勘查项目累计完成投资2067万元，初步统计已探明铁矿石量1.24亿吨，整装勘查工作取得初步成效。禄丰县鹅头厂及外围铁铜矿普查列入云南省重点勘查项目，勘查工作按计划推进。规范矿业权登记，组织完成53个州级发证矿山采矿许可证换证工作，对77个省级发证的换证资料进行初审并及时上报，对8个不具备换证条件的向国土资源部进行备案，统一了矿山坐标系。州级审批颁发采矿许可证13个，划定矿区范围5个，采矿权抵押备案3个，评审备案矿产资源开发利用方案8件；复核省级审批发证报件27件。征收矿产资源有偿使用费814.79万元、征收矿产资源补偿费342.74万元。做好矿产资源利用现状调查后续工作，111个调查成果报告已全部通过省级审查，年末正在开展成果资料入数据库工作。全面开展矿山储量动态监督管理工作，采矿权全部纳入储量监管，采取多种整合形式全面完成省、州确定的9个重点区域整合任务，全州矿山数量由原来的700个整合为620个，探矿权由156个整合为144个。关闭严重破坏生态环境、污染环境和不具备安全生产条件的矿山42个，矿产安全生产状况得到改善。

【地质灾害群测群防】 2011年，楚雄州及各县（市）均成立地质灾害群测群防领导机构，制定地质灾害防治方案和应急预案，全面落实在建项目地质灾害监测预防责任制，建立了地质灾害防治专家库，严密监测隐患，全州1093个地质灾害隐患点全部落实了监测人员和联系挂点乡（镇）领导，印发"两卡"等监测用资料4.16万件；州、县财政下拨专项经费182万元用于监测人员误工补助。强化防灾宣传，召开培训会、座谈会276场，参会人数达2.46万人次；制作100条宣传信息在各村委会160块电子显示屏滚动播出，通过手机短信、电视台等媒介发布气象预警信息67次。成功避让地质灾害险情1起，避免了4人伤亡。全面推行矿山企业缴存地质环境恢复治理保证金制度，113个矿山交存保证金1065.23万元；2007年以来累计缴存3995.08万元，缴存率达83%。

【地质灾害工程治理和搬迁避让】 2011年，楚雄州率先在全省全面完成县级地质灾害防治规划，10县（市）规划完成评审、审批、发布和备案等系列工作，于10月提交正式规划成果。通过实地踏勘调查，建立51个治理工程和243个搬迁项目报表和项目库，估算总投资10.8亿元；完成17个项目勘查和可研编制，项目估算投资约2.5亿元，其中总投资4626万元的元谋县城泥石流治理工程、武定县东坡乡泥石流防治工程、姚安县大河口乡滑坡及不稳定边坡防治工程等3个特大型地质灾害治理项目已经国土资源部批准立项，并下达中央财政补助资金1454万元，其余资金将由省级财政配套解决。投资5900万元的武定县已衣乡中学及政府驻地滑坡等8个重大地质灾害隐患点和矿山地质环境治理项目通过州级初验，工程投入使用后发挥了良好的社会效益。

【第二次土地调查】 2011年，楚雄州第二次土地调查接近尾声，农村部分内业成果通过省级验收，进行州级汇总；建制镇内业数据库质检工作基本完成，验收完毕；一般建制镇内业数据库质检工作也全面铺开，计划于2012年上半年完成内业验收；核查认定第二次土地调查新增耕地7.24万公顷；开展大于1平方千米的坝子范围界线核定和地类面积核实工作，初步核定坝子151个，面积1772.73平方千米。

【地籍管理】 2011年，楚雄州已完成试点村组地籍调查内外业工作，姚安县光禄镇被确定为州级试点乡（镇）。全年共办理各类土地登记26249宗，其中州级1781宗、县（市）级24468宗。

【矿产资源开发整合】 2011年，楚雄州以钛、褐煤为重点，全面完成省、州确定的9个重点区域矿产资源整合工作。通过对全州2005年以来开展矿产资源整合工作情况进行全面梳理，整理充实完善各项资料，顺利通过省级检查验收，圆满完成全州矿产资源整合阶段性任务，有效促进了资源的合理利用和优化配置。

【矿产资源规划管控】 2011年，楚雄州编制完成了新一轮矿产资源规划，获得国土资源部矿产资源规划评优一等奖。年内，以新一轮土地利用总体规划和矿产资源规划对全州土地利用、矿业权设置进行审查。4个重点县（市）旅游用地专项规划已上报省国土资源厅；配合好云南省编制滇中经济区国土资源开发利用规划。根据楚雄州基础测绘规划，积极开展连续运行卫星定位综合服务系统（CORS）布设前期工作，全州16个基准站的野外勘选、数据采集、资料整理工作已经完成，可行性研究报告已编制完成上报省测绘局，为推进"数字楚雄"建设打好基础。

［王秋青］

招商引资

【招商引资工作概况】 2011年，楚雄州招商局以科学发展观为指导，进一步完善招商机制，创新招商模式，抓好产业招商和项目实施工作，努力提高引资质量和水平，全州招商引资工作在困难中实现持续快速增长。全年全州共实施州外国内招商引资项目403项，实际引进州外到位资金155.8亿元，完成州政府全年考核责任目标任务140亿元的111.3%，比上年同期增长40.4%。其中，引进省外到位资金101.7亿元，完成省政府下达省外到位资金责任指标85亿元的119.7%，比上年同期增长44.2%。工业生产性项目到位资金115.5亿元，完成州政府责任目标100亿元的115.5%，同比增长43.2%。

【节会招商】 2011年，楚雄州在系列节会招商取得实效，昆交会签约了投资20亿元的楚雄彝人太阳谷开发建设项目、投资19.5亿元的楚雄茶花谷开发建设项目和投资10亿元的大姚县生物质发电厂建设项目等7个内资项目和2个外资项目，协议投资总额分别达65.28亿元和4970万美元。第七届泛珠三角区域合作经贸洽谈会共实现成果统计项目67项，其中达成与香港等地区利用外资合作项目2项，协议引资4970万美元（计3.2亿元人民币）；达成与泛珠三角区域其他省市区合作项目35项、其他市地州合作项目33项，其中涉及工业合作项目33项、现代服务业项目8项、现代农业综合开发合作项目11项、文化旅游合作项目6项、其他类合作项目9项。

【专题招商推介】 2011年，楚雄州继续组织参加系列大型招商推介活动，成功推介楚雄州工业园区、农业产业、生物、物流等重点产业和州级20余个重点项目，主动邀请了美国华商考察团、香港中资企业代表团、百名晋商考察团、温州侨商考察团以及来自北京、上海、福建、浙江、广东等地的侨商、华商到楚考察洽谈，全年接待90多批次400多名投资商，客商来源不断增多，投资领域不断扩大。邀请上海天舆阁机构、“空气化工产品（中国）投资有限公司”负责人、浙江温州鹏程控股有限公司、香格里拉县神川矿业开发公司、剑川有色金属冶炼厂等企业前来洽谈工业园区、生产加工等项目；积极推进云南鑫潮集团在武定县投资石材加工项目、江苏雨润集团投资建设生猪养殖加工生产项目、楚雄市风能发电设备生产项目、日本水质净化等项目的落地实施。

2011年楚雄州招商引资到位资金任务完成情况表

单位：万元

责任单位	责任指标			完成任务情况					
	州外到位资金	省外到位资金	工业生产性项目到位资金	州外到位资金	完成任务比例	省外到位资金	完成任务比例	工业生产性项目到位资金	完成任务比例
楚雄市	115000	51000	63000	127656	111.0%	56489	110.8%	68532	108.8%
双柏县	58000	40000	41000	65694	113.3%	47662	119.2%	44667	108.9%
牟定县	78000	50000	50000	80862	103.7%	76620	153.2%	70749	141.5%
南华县	52000	35000	35000	63130	121.4%	42045	120.1%	45210	129.2%
姚安县	42000	25000	30000	54258	129.2%	45058	180.2%	36350	121.2%
大姚县	135000	83000	76000	147240	109.1%	107790	129.9%	80080	105.4%
永仁县	45000	30000	33000	88110	195.8%	60830	202.8%	64580	195.7%
元谋县	50000	30000	36000	73050	146.1%	56150	187.2%	64650	179.6%
武定县	85000	26000	56000	103290	121.5%	30521	117.4%	61979	110.7%
禄丰县	550000	390000	490000	551824	100.3%	365122	93.6%	496768	101.4%
开发区	190000	90000	90000	203113	106.9%	129097	143.4%	121833	135.4%
合计	1400000	850000	1000000	1558227	111.3%	1017384	119.7%	1155398	115.5%

【招商“三优选”】 2011年，楚雄州积极拓展招商思路和办法，从项目基础做起，逐步实现三优选。优选项目。年内两次面向全州征集了符合国家产业政策和省、州产业发展方向的项目202个，并从中筛选52个作为招商储备项目，22个作为州级重点招商项目，14个为省级重点招商项目。优选企业。围绕央企入滇、省企入楚，深化与云铜集团、昆钢集团、云南煤化工等央企的合作；围绕产业行业，先后引进中国三峡水电、中广核、华能、华润华电集团等几大新能源投资集团，相继实施了元谋县雷应山风电场建设项目、牟定县风力发电项目、姚安县东山风电场建设项目、大姚县生物质发电厂等包括风能、太阳能、生物质能在内的新能源开发项目。优选投资商。在前来考察和洽谈的投资商中，重点选择有实力、讲诚信、有战略眼光和有社会公信力的投资商，逐步实现招商引资向选商引资的转变。

［吕振敏］

工商行政管理

【工商行政管理概况】 2011年，楚雄州工商行政管理局以邓小平理论和“三个代表”重要思想为指导，深入贯彻落实科学发展观，紧紧围绕国家工商总局“五个更加”、云南省工商局“三个到位、六个好”要求，突出服务彝州经济社会发展重点，着力创新、强化监管、稳步推进，全面提升服务能力和执法监管效能，圆满完成了全年各项工作任务。

【工商行政管理服务】 2011年，楚雄州工商行政管理局紧紧围绕《国家工商行政管理总局关于支持云南建设我国面向西南开放重要桥头堡的意见》，起草了《楚雄州贯彻落实〈国家工商总局关于支持云南建设我国面向西南开放重要桥头堡的意见〉的实施意见》，《实施意见》8个方面共25条43项，于6月27日正式下发全州执行。创新方式，服务经济发展，制定了企业注册登记窗口规范管理、政务信息公开规范、企业注册登记服务规范、企业注册工作流程规范“四个规范”管理制度，从七个方面进行规范。围绕楚雄产业结构调整和经济发展方式转变，建立重大投资项目“绿色通道”和服务业市场主体准入的“绿色通道”。推行“三约服务”制，对州政府重点招商引资项目提供预约延时服务、预约上门服务和预约节假日服务。推行跟踪服务制，对地方政府招商引资的重点项目及时委派联络员提前介入，提供全程跟踪指导、政策法规咨询服务，积极帮助申办人解决各类工商登记审批问题，加快审批效率。拓宽融资渠道。通过深入企业开展座谈、现场指导等形式扩大宣传面，深化企业对股权出资、动产抵押等融资渠道的认识，提高企业融资意识和能力，鼓励其合理选择业务形式盘活企业资产。全州共办理放宽企业名称登记480户，放宽住所、经营范围限制、投资领域限制新登记680户，办理股权出质29件，成功融资1亿元，担保主债权5.8亿元；办理个体工商户放宽住所登记4277户，放宽经营期限登记3346户，放宽经营范围限制登记875户，放宽企业名称登记993户，放宽外国自然人在楚雄开发区登记个体工商户，从事珠宝、百货经营16户，引导个体工商户转型登记为私营企业36户。

【市场主体发展】 2011年，楚雄州工商行政管理局积极服务产业经济和区域经济协调发展，促进经济结构调整和经济发展方式转变，鼓励投资主体多元化，促进了全州各类市场主体的持续稳定健康发展。年末，全州私营企业达6618户，从业人员136789人，注册资金119.52亿元，分别比2010年增长9.86%、16.49%和27.23%。私营企业占全州企业总数的66.5%，私营企业注册资金119.52亿元，占全州企业注册资金总量的66.1%，私营企业户数和注册资金是内资企业的近两倍。全州有内资企业3311户，其中企业法人885户，注册资金61.41亿元。企业户数比2010年增长0.3%，注册资金比2010年增加0.7%。外商投资企业发展至190户，投资总额3.38亿美元，注册资本2.27亿美元，实收资本4429.9万美元。个体工商户达68113户，比上年增长7.88%，从业人员122213人，比上年增长1.09%；资金数额22.93亿元，比上年增长34.49%；年内新发展个体工商户16522户，注册资金8.6亿元，分别比上年增长2.9%和13.16%。农民专业合作社达到1131户，比上年增长47.27%，注册资金7.5亿元，比上年增长65.9%，成员总数9877人比上年增长36.08%。全年新登记农民专业合作社374户。

【商标战略】 2011年，楚雄州工商行政管理局根据州情对商标注册实行分类指导，梯级培育，重点帮扶。《楚雄州“十二五”商标战略规划》正式下发施行。在全州开展“两摸清”、“两本账”，有目的地引导市场主体增强商标意识和品牌意识，以此带动全州商标申报注册量的增加。建立“政府引导、企业为主、部门推动、社会参与”的工作格局，加大农产品商标、地理标志证明商标的培育扶持力度，以代表彝州优势产业和民族特色商标品牌为重点，形成一批带动全州经济发展的新增注册商标。开展打击侵犯知识产权和制售假冒伪劣商品专项行动。新申报云南省著名商标19件，著名商标续展7件，新申报地理标志证明商标2件，一所一标175件。年末，全州注册商标总数达1197件，农产品地理标志证明商标注册1件，中国驰名商标1件，云南省著名商标60件。中国驰名商标实现零突破。

【流通领域食品安全监管】 2011年，楚雄州工商行政管理局以保障流通环节食品安全和人民群众生命健康为目标，切实履行流通领域食品安全监管职责，全面提升食品安全保障水平，努力营造安全放心的消费环境，确保食品消费安全。深入开展农村食品市场专项整治，全州共出动执法人员549人次，出动执

2010～2011年楚雄州私营企业发展情况对比统计表

项目 年度	户数 （户）	投资人数 （人）	雇工人数 （人）	注册资金 （亿元）
2011年	6618	11171	125618	119.52
2010年	6024	10059	107371	93.94
增量	594	1112	18247	25.58
增幅	9.86%	11.05%	16.99%	27.23%

2010～2011年楚雄州城镇、农村个体工商户发展情况对比表

项目	城镇个体工商户			农村个体工商户		
	2010年	2011年	同比（±%）	2010年	2011年	同比（±%）
户数（户）	34946	38050	8.88%	28189	30063	6.67%
从业人员（人）	65191	67534	3.59%	55705	54679	－1.84%
资金数额（亿元）	9	14.96	66.23%	8.05	7.97	－16.27%

2010～2011年楚雄州农民专业合作社发展情况对比表

	2010年	2011年	增量	增幅（±%）
户数（户）	768	1131	363	47.27%
成员总数（人）	7258	9877	2619	36.08%
注册资金（万元）	45282	75125	29843	65.90%

法车辆238台次，检查食品经营户4795户次，检查食品添加剂经营户379户次，检查批发市场、集贸市场等各类市场59个次，查扣假酒180千克，查出过期预包装各类食品160千克，查处各类食品违法案件42件。开展乳制品市场专项整治，依法核发“食品流通许可证”，重新核发乳制品经营许可2032户，开展乳制品抽检88次，检查乳制品经营户5311户次。开展打击流通环节食品非法添加和滥用食品添加剂专项整治，共出动执法人员6167人次，车辆1267辆次，检查食品经营户37960户次、食品添加剂经营1758户，发放宣传材料37369份，发布公告4461期次，检查市场651个，查扣非食用物质和食品添加剂41.17千克，责令整改16户，查处案件2件，抽检品种58个，合格率100%。开展严厉打击流通环节销售假冒伪劣食用油特别是“地沟油”违法行为专项整治，出动执法人员659人次，检查食用油经营主体8093户次。酒类市场的专项整治，出动执法车辆342台次，执法人员1227人次，检查农贸市场91个，酒类经营户5745户，查扣假冒伪劣酒236.8千克，查处案件15件。开展“打四黑除四害”专项行动，发放宣传资料4580份，走访个体工商户295人，现场解答群众有关“打四黑除四害”咨询65人次。推进食品安全快速检测工作，共出动食品检测车35台次，执法人员752人次，检查食品经营户2780户次。对液态奶、食用油、木耳、面条、菠萝、豆腐皮、粉丝、罐头、米面制品、火腿肠、醋、冰冻鱼、瓜子、辣椒粉等多个品种进行快速检测，共检测1869组，未发现不合格现象。

【市场监管】 2011年，楚雄州工商行政管理局积极创新监管方式，加大监管力度，努力营造和谐、健康、稳定的市场秩序。建立健全打传机制，以遏制传销为重点，将打击传销工作由阶段性、突击性打击转变为日常性整治，全年共开展打击传销宣传教育18次，悬挂宣传布标28条，发放宣传材料、张贴宣传画11134份，组织开展清理打击行动20次，出动执法人员3021人次，捣毁传销窝点67个，遣散传销人员294人。严厉打击侵犯知识产权和制售假冒伪劣商品行为，全年共查处各类商标案件117件，没收、销毁侵权商品4086件。重点突出抓好医疗、药品、保健食品和房地产广告的重点监督管理，全州监测广告5574条，办理户外广告登记证871份，发出“违法广告停止发布通知书”11份、“违法广告纠正发布通知书”3份，查处违法广告案108件。认真落实查处取缔无照经营联席会议制度，加大无照经营查处取缔力度，共查处无照经营案件1215件，取缔无照经营户128户，引导办照户数579户，引导办照户数增长18.6%。强化农资经营户信用管理，实现农资商品可追溯监管，全州共实现网上备案农资商品14316条，对已进行注册登记的5025户农资经营户全部实行了信用分类监管，查处农资违法违章案件260件，案值71.02万元。积极开展诚信市场创建，认定“1A级诚信市场”5个，“2A级诚信市场”2个，“3A级诚信市场”3个、“4A级诚信市场”2个，云南省工商局认定“5A级诚信市场”1个。

【消费维权】 2011年，楚雄州工商行政管理局努力构建农村消费维权网络，全州共建立“一会两站”1301个，其中建立消协分会108个，消费者投诉站和12315联络站1193个。消费维权网络基本覆盖所有乡（镇）、村委会、500平米以上商场超市、社区、市场、国家级省级旅游景区、部分学校、酒店。推进“一会两站”规范化、制度化建设工作，由点到面逐步开展“一会两站”规范化示范点建设，建设“一会两站”规范化示范点30个。提升12315服务效能，发挥维权网络平台作用，使12315申诉举报平台逐步实现了“五联网”，与市场主体责任监管信息系统联网，与市场主体电子地图联网，与政务信息查询96128专线联网，与数字工商政务一体化软件联网，与市场巡查动态监管（网格化管理）系统联网。接到消费者来电9735个，受理消费者申诉（投诉）、举报、咨询2813件，其中申（投）诉1024件，举报211件，咨询1578件，办结率98%以上，为消费者挽回经济损失121.38万元。

［朱亚文］

非公经济管理

【非公经济管理概况】 2011年，楚雄州工商行政管理局和各级个体私营经济协会认真贯彻落实《国务院关于鼓励支持和引导个体私营等非公有经济发展的若干意见》和中共云南省委、省人民政府24号文件和中共楚雄州委、州人民政府44号、15号文件精神，充分发挥职能作用，加强对非公有制经济的扶持、引导和监督管理，有力地推动了楚雄州非公有制经济的发展。

【私营企业发展】 2011年末，全州有私营企业6618户（其中企业法人4384户），从业人员136789人，注册资金119.52亿元，分别比2010年增长9.86%、16.49%和27.23%。年内，净增私营企业594户，从业人员19359人，注册资金25.58亿元。全州6618户私营企业占全州企业总数的66.5%。私营企业在数量和资金总流量上超越内资企业，主导全州企业朝着规模化、集团化不断迈进。私营企业注册资金119.52亿元，占全州企业注册资金总量的66.1%，私营企业户数和注册资金是内资企业的近两倍。全州注册资金上亿元的私营企业达到6户，注册资金在1000万元至1亿元的有372户，注册资金在500万元至1000万元的有331户。

【个体工商户发展】 2011年，全州个体工商户投资规模显著提升，逐步向城镇化方向发展。年末，全州实有个体工商户68113户，比上年增长7.88%，从业人员122213人，比上年增长1.09%；资金数额22.93亿元，比上年增长34.49%，个体工商户投资规模显著提升。年内，新发展个体工商户16522户，注册资金8.6亿元，分别比上年增长2.9%和13.16%；新发展的个体工商户注册资金平均每户为5万元，比2010年的平均每户2.7万元，翻了近一倍。全州城镇个体工商户发展速度显著高于农村，随着全州城镇化进程的不断推进，部分原农村个体工商户转变为城镇个体工商户。

【外资企业发展】 2011年，全州外资企业落户提速增质，外商投资企业发展至190户。其中，分支机构125户、法人企业65户，投资总额3.38亿美元，注册资本2.27亿美元，实收资本4429.9万美元。与上年末相比，法人企业增加3户，增长4.84%；分支机构减少5户，下降3.85%。全州现有投资总额过千万美元的外资企业8户。年内新发展外资企业10户，其中法人企业4户，分支机构6户，为上年新发展数的2倍。外商在楚雄州投资的行业布局主要集中在二产，以食品加工、化工生产、石材加工、非煤矿山等为代表，占外商投资法人企业的66.15%。三产外企占法人外企的21.54%。肯德基、沃尔玛入驻楚雄，填补了楚雄州餐饮服务、超级市场类外资企业的空白，外资企业投资领域进一步得到拓展，促进了产业结构的优化。投资主体多元化。有17个国家（地区）企业（投资者）在楚雄州投资经营，法人企业中投资者来自亚洲44户、欧洲12户、北美洲5户、大洋洲3户，南美洲1户。香港19户、台湾18户，是楚雄州外商投资企业主要来源地。

【农民专业合作社】 2011年，全州农民专业合作社突破1000户，达到1131户，比上年增长47.27%，注册资金7.5亿元，比上年增长65.9%，成员总数9877人，比上年增长36.08%。全年新登记农民专业合作社374户。农民专业合作社主要从事种植、养殖，分别占58%、27%。投资额100万元以下的有1007户，占总户数的89%，出资总额在1000万元以上的有17户，占总户数的1.5%。成员在50人以下的农民专业合作社有1117户，占了总户数的98.8%，成员100人以上的仅有14户。农民专业合作社农民成员有9605人，占97%。

【非公经济扶持发展】 2011年，楚雄州工商局按照“非禁即入、非禁快入”的原则，采取“十放宽、二简化”积极引导支持非公经济发展。放宽企业名称登记，允许企业和个体工商户在牌匾中将名称简化使用。放宽住所登记，允许创业人员将家庭住所、租借房、临时商业用房等作为创业经营场所注册登记，如住所（经营场所）设在商场、宾馆、酒店、市场内的，可用租赁协议和该商场、宾馆、酒店、市场的营业执照复印件作为场地使用证明，个体工商户申请登记时提交住所、经营场所产权证明有困难的，可由房屋提供者作出书面说明和承诺。放宽注册资本出资形式，凡是国家法律法规未禁止的允许农民专业合作社社员以土地承包经营权、林木承包经营权、林木所有权的收益作价出资设立农民专业合作社。放宽经营范围限制，凡是法律、行政法规未禁止个体私营等非公有制经济进入的领域和行业，都允许农民专业合作社进入，支持农民专业合作社从事涉农的农家乐、旅游、餐饮、娱乐、农机服务、土肥植保等服务以及手工艺、地方特色产品的加工经营。放宽经营方式的限制，允许个体、私营企业自主选择经营范围和经营方式。放宽投资领域限制，对非公有制资本实行非禁即入，允许非公有制资本进入法律法规未禁入的行业和领域。放宽投资方式限制，非公有制资本可通过独资、合资、合作、联营、项目融资、招商引资等多种方式投资。放宽组建私营企业集团限制，凡核心企业注册资本在500万元以上，并拥有3家子公司（可以是相对控股的子公司），母公司和子公司合并注册资本1000万元以上的即可办理集团登记。放宽非公有制资本招商引资资格限制，经审批机关批准，允许中国大陆自然人共同投资设立中外合资经营企业、中外合作经营企业。放宽外国自然人在楚雄经济开发区登记个体工商户，从事珠宝、百货经营。二简化即“最大限度地简化登记材料和审批程序”。全年全州共办理放宽企业名称登记480户，放宽住所、经营范围限制、投资领域限制新登记680户，办理股权出质29件，成功融资1亿元，担保主债权5.8亿元；办理个体工商户放宽住所登记4277户，放宽经营期限登记3346户，放宽经营范围限制登记875户，放宽企业名称登记993户，放宽外国自然人在楚雄开发区登记个体工商户，从事珠宝、百货经营16户，引导个体工商户转型登记为私营企业36户。

【非公经济优惠政策落实】 2011年，楚雄州工商局进一步完善创业服务体系，在认真落实优惠政策的基础上，使2011年鼓励创业“贷免扶补”工作在巩固2010年工作成果的基础上取得新进展、新突破。云南省个私协会下达楚雄州扶持创业人员目标任务100户，贷款金额500万元，带动就业人员300人。截至年末，扶持创业人员115户，贷款金额723万元，带动就业人员345人。采取多项举措对返乡农民工进行帮扶、引导，认真开展农民工创业就业。开展“送政策、送服务、送信息”暖心活动，结合“五五普法下乡”和“3·15”消费维权宣传准备活动，通过上门走访、座谈交心、结对帮扶、印发宣传材料等活动，积极进行政策宣传。在各基层工商所（分局）设立返乡农民工创业就业咨询服务窗口，提供政策咨询和信息指导，解疑答惑，根据农民工需求，实行预约服务、上门服务。个私协会利用召开会员大会或定期会员活动等方式积极为农民工寻找用工信息，工商部门利用个体验照、企业年检和企业、个体设立登记之机了解用人需求，收集用工信息定期向返乡者发布；采取“走出去、多联系、多协调”的方式积极与企业沟通联系。

【非公经济党建工作】 2011年，全州各县（市、区）个体私营经济协会全部建立和完善了党组织，并落实了党组织专职书记（副书记）及相应党务工作者。全州现有个私协会党支部10个。在系统内建立了工商、协会及所辖非公企业的党组织领导与管理体系，理顺了与当地组织部门及地方党组织的关系，完善了工作体系，全州各级协会党组织隶属于同级工商局党组织的领导与管理。抓党员发展，把符合条件的先进分子吸纳入党，全州发展新党员78名。完善工作机制，编发《个私动态》、《个私经济信息指导》，宣传个私协会党支部和党员为发展经济、构建和谐社会所做的工作及其取得的成效。建立非公经济党员基本信息数据库，准确掌握全州非公有制经济党员基本情况。全州有5939户个体工商户和私营企业填报了非公党建数据，个体私营企业党员总人数有5159人。党组织建制：党支部465个，党总支4个，党委7个；党组织组建方式：单独组建123个，联合组建39个，其他方式组建1267个。法定代表人（经营者）为党员的有1517人，法定代表人（经营者）任党组织书记的有77人。已建立党建指导员55人、工会组织172个、妇联组织62个、共青团组织67个。

［朱亚文］

统　计

【统计工作概况】　2011年，楚雄州统计工作再上新台阶，统计法制和网络建设进一步加强，统计服务工作取得新突破。在第六次全国人口普查工作中，荣获全省第六次人口普查工作目标责任考核特等奖。在第二次全国R&D资源清查工作中，荣获第二次全国R&D资源清查先进集体。在“创先争做在统计”活动中，征文评比荣获“全省统计系统组织优秀奖”，演讲比赛荣获“全省统计系统二等奖”。综合核算、农村统计、工业能源、建筑业统计、投资房地产、贸易服务业、交通运输、劳动工资统计等19项统计专业获得云南省统计局表彰。年内，州人民政府第36次常务会议研究决定，将全州统计工作列入州政府年度工作目标责任进行考核。

【统计方法改革】　2011年，楚雄州认真贯彻落实《云南省生产总值核算工作管理制度》、《关于进一步加强国民经济核算工作的通知》精神，进一步完善统计数据质量控制体系的建设，开展季度GDP核算跟踪监测，做好事前集中分析会商，加强评估分析，数据趋势性、匹配性、结构性和支撑分析，及时把握经济发展变化规律和运行态势。加强对县（市）GDP核算的指导，实行GDP评估与专业评估联动机制。做好统计制度方法改革工作，工业统计、固定资产投资统计、贸易统计和能源统计等专业主动适应国家新的统计标准。加强服务业统计改革工作，促进第三产业协调发展。结合实际大力推进服务业统计工作，依托部门力量，及时将达限的服务业商贸企业报云南省统计局批准后纳入统计范围，截至年末，经省统计局批准和认可纳入统计的限额以上批发、零售、住宿、餐饮业企业和个体户233户，比上年末的92户增加141户，增长153.3%，其中“三上企业”134户，比上年76户增加58户，增长76.3%。建立部门统计联席会议制度，加强部门之间配合，确保资料畅通，信息共享，提高数据的准确性、完整性和及时性，增强对GDP核算的拉动和支撑作用。积极推进“企业一套表”改革试点工作，成立企业一套表改革领导小组，组织制定《楚雄州2011年企业一套表改革试点实施方案》。在楚雄市规模以上工业、限额以上批发和零售企业、限额以上住宿和餐饮业、资质以上建筑企业和房地产开发经营企业中开展了“企业一套表”试点工作。在取得经验的同时，也发现了企业一套表改革中还存在8个方面的问题，针对这些问题，提出了下步工作的意见建议，为企业一套表的全面推广奠定了基础。

【统计法规宣传贯彻】　2011年，楚雄州统计局认真抓好《统计法》和《统计违法违纪行为处分规定》的学习和宣传活动。不断强化统计行政执法责任，把行政执法工作纳入《楚雄州统计局科室责任制考核办法（试行）》，年终进行考评后兑现奖惩。着力夯实统计法制工作基础，继续充实、完善统计法制机构，稳定专兼职统计执法检查人员；不断完善统计调查工作会议签到制度，布置统计调查工作任务的书面通知制度，发放统计调查表的签收制度，报送统计调查表的双签制度，为统计执法提供依据。认真做好行政审批制度改革。按照国务院和省、州人民政府关于开展第五轮行政审批制度改革的部署安排，对现有行政许可事项进行认真清理。在强化日常监督管理的同时开展统计执法检查，州、县（市）统计局重点检查了176个单位（企业），查出存在统计违法问题的单位（企业）6个，已立案查处6件。

【统计基础建设】　2011年，楚雄州统计基础建设进一步加强，统计能力不断提高。组织举办统计员培训班，全州103个乡（镇）181名统计员参加。组织开展统计从业资格培训，来自全州各级国家机关、企业和事业单位的统计人员202人参加了培训学习和考试。会同州工信委、州电力公司，组织开展节能降耗统计业务培训、信息化技术应用培训。着力推进“一网、一库、一平台、一整合”统计信息化建设。建立和完善相关制度，依托政务网络资源，建立了“楚雄州统计局信息公开网站”、“阳光政府四项制度后台管理系统”、“楚雄州统计信息网”和“楚雄州统计内部信息网站集群”等网站系统。举办信息化技术应用培训班2次，对统计专网的应用、统计内部信息网站集群系统及统计系统电子邮件系统的应用技术进行了培训，参加学习人数达到51人。积极抓好统计法规宣传教育工作，推进依法行政、依法治统工作，认真执行《楚雄州统计数据质量评估暂行办法》，进一步加强统计调查项目的管理，建立严格审批制度，围绕重点统计工作有针对性地开展执法检查，严肃查处统计上的瞒报和弄虚作假行为。认真贯彻《全国统计系统基本单位名录库建设维护与使用管理暂行办法》，做好基本单位名录库建设工作。

【统计服务】　2011年，楚雄州统计局进一步加强统计重点，做好统计服务。深入基层开展调研，加大统计监测和分析力度，提供统计分析报告79篇，调研报告25篇。全年上报的统计分析被省统计局统计内网采用65篇。制定了《楚雄州统计信息奖惩办法》，提出了全局统计工作人员统计信息目标任务，全年撰写上报统计信息209篇（条），其中被省政府办公厅采用1篇、国家统计局内网采用5篇、省统计局内网采用103篇。为州“两会”提供统计服务，组织编印《楚雄州国民经济和社会发展报告》专辑1500多册，发给参加州“两会”的人大代表和政协委员参阅。建立和完善统计资料发布制度，按时发布《楚雄州2010年国民经济和社会发展统计公报》，组织编印2011年《楚雄州统计年鉴》250册、《楚雄领导干部经济工作手册》1000册和《楚雄州国民经济主要指标快报》5300册，定期对外发布和提供国民经济与社会发展统计资料。积极组织收集全省16个州（市）经济指标和全国30个少数民族自治州的经济指标完成情况的对比，及时提供州委、政府和社会各界使用。认真做好统计咨询服务，为地方党委、政府及各部门提供统计信息，在县（市）委领导班子换届考核中，组织专业人员收集、审核考评用统计数据，为州委组织部提供考核考评用统计指标数据。按照省统计局城乡地方住户调查一体化协调办公室《关于测算各州（市）、县（市、区）新标准贫困人口的通知》要求，积极开展全州贫困人口调查工作，按贫困人口新标准，2次进行测算工作。

【重大国情国力调查】 2011年，楚雄州统计局认真抓好人口普查后续工作，完成普查表改错工作任务，撰写上报人口普查工作总结、业务技术总结、数据质量评估报告；组织完成《户主姓名底册》录入和小区建筑物数字化工作；完成人口普查主要数据的评估，按时发布人口普查主要数据公报，开展人口普查数据资料的开发应用，召开全州人口普查总结表彰会议，认真总结人口普查工作经验，圆满完成人口普查任务。开展第二次R&D资源清查资料开发应用，做好第二次R&D资源清查后续工作。

［高华伟］

统计调查

【统计调查工作概况】 2011年，国家统计局楚雄调查队认真贯彻落实科学发展观，按照国家统计局云南调查总队和中共楚雄州委、州人民政府要求，以奋力提高全队的统计调查能力、统计调查数据质量和统计调查公信力为中心，不断增强“国家队”和“调查队”意识，切实加强调查队伍和调查业务建设，努力提高调查工作水平，圆满完成国家统计局云南总队和州委、州人民政府安排的各项调查工作任务。2011年国家统计局楚雄调查队被评为楚雄州精神文明创建先进单位。

【统计调查法规宣传贯彻】 2011年，国家统计局楚雄调查队按照国家统计局及国家统计云南调查总队关于实施全国统计法制宣传教育第六个5年规划要求，成立了“六五统计普法”机构，制定2011～2015年统计法制宣传教育规划和2011年统计调查法制工作要点，在9月20日“中国统计开放日”和12月4日“法制宣传日”以及各个专业年报培训会议上，认真开展对《统计法》、《统计违法违纪行为处分规定》的学习宣传，进一步增强了全州社会各界及统计调查对象的统计法律法规意识。认真开展主要调查数据基层基础工作检查，制定方案并组织重点检查组于8月24日至9月1日抽查了州、县队5个专业，8个村（社区），6个样本企业，360户样本户。检查数据总数6326笔，查出数据错误总数31笔，其中指标含义不清6笔，其他类型错误25笔。

【统计调查业务建设】 2011年，国家统计局楚雄调查队积极开展调查业务建设，进一步夯实调查网点和调查对象的基础工作，严格执行报表制度，强化管理，加大检查指导工作力度，全面完成了主要畜禽监测、农民工监测、农产品生产价格和中间消耗、农村固定资产投资、农产品产量及播种面积、工业生产者价格调查、企业景气、重点企业监测等常规调查工作任务。认真开展以楚雄州为总体的规模以下工业、城镇住户及居民消费价格调查业务建设。全州规模以下工业抽样调查共抽取样本企业787户，城镇住户调查抽取样本户350户，居民消费价格调查共抽取8个大类、272个小类、上万个规格品进行调查。认真开展了“全国组织工作群众满意度调查”、“云南省群众评议省直机关作风活动情况抽样调查”、“全省公安机关与群众安全感调查”、“全省环境保护调查”等专项调查工作。

【调查优质服务】 2011年，国家统计局楚雄调查队在高质量完成国家统计局及云南调查总队安排部署的各项调查任务的前提下，认真开展调研分析，努力为全州各级党委政府和有关部门提供调查服务。全年共组织撰写编印报送调查分析（调研报告）28期（篇），及时捕捉、采集、编发和报送各类调查信息57期68条，发布1～4季度《楚雄调查快讯》400余册。从9月份开始按月通报发布楚雄州居民消费价格总水平及食品、粮食、蔬菜价格变动情况和楚雄州工业生产者价格运行情况。所撰写编印报送的分析、信息，95%左右被云南总队网采用。其中信息被《中国信息报》采用1条；调研报告被《云南调查报告（2009～2011）》采用1篇。

［肖世良］

审　计

【审计工作概况】 2011年，楚雄州审计局紧紧围绕州委、州人民政府中心工作和省、州审计工作会议确定的各项目标，强化审计监督和服务职责，加强机关效能建设，调整思路，创新方法，全面提升工作质量，审计“免疫系统”功能作用得到充分发挥，各项工作成效显著。全年共完成审计项目和审计调查项目579项，其中审计项目572项，审计调查7项。完成审计项目中，预算执行审计47项，财政决算审计6项，专项资金审计113项，行政事业审计158项，固定资产投资审计253项，企业审计2项。审计查出违规金额16946万元，损失浪费金额180万元，管理不规范金额378593万元，审计收缴财政4767万元，减少财政拨款或补贴3165万元，归还原资金渠道6805万元，调账处理1510万元，审计核减工程投资3979万元。移送纪检监察部门事项2件3人，涉及金额172万元。移送有关部门1件1人，涉及金额1万元。向社会公告审计结果416篇，提交审计专题、综合性报告和信息简报761篇，被批示采用357篇，审计提出被采纳的审计建议1403条。审计工作在规范财经秩序，推动深化改革，加强宏观调控，维护公平正义，监督权力运行，强化廉政建设和促进经济社会又好又快发展等方面发挥了重要的作用。年内，楚雄州审计局被中央文明委命名为全国文明单位，全州审计系统被州文明委命名为州级文明行业。

【专项审计】 2011年，楚雄州审计局根据审计署、省审计厅的统一部署，站在讲政治、顾大局的高度，集中全州审计系统精兵强将，抽调106人，历时近3个月，按照“摸清规模，分清类型，分析结构，揭示问题，查找原因，提出建议”的工作思路，组织实施了全州政府性债务审计。10月，又根据审计署、教育部、财政部的通知精神和省审计厅安排，开展了全州普通高中债务审计调查。通过审计，摸清了债务情况，分析了债务偿还能力，揭示和反映有关部门和地方在债务管理中存在的突出问题。深入分析地方政府性债务形成的主要原因，提出加强地方政府性债务管理，建立健全规范的地方举债融资机制，有效防范和化解潜在风险的意见和建议。以财政预决算和地税联网审计为主线，财政审计继续深化。

工程项目审计。全州审计机关在做好竣工决算审计基础上，积极探索对政府投资项目由真实合法性审计向效益性审计的转变，使审计监督与服务水平不断提高。加强对州政府确定的重大建设项目跟踪审计调查，并针对发现问题提出了科学合理、切实可行的意见建议。树立全州审计一盘棋的思想，对重大项目、行业性项目采取上下多级联动实施审计，加大委托中介造价咨询公司参与工程竣工决算审计的力度，积极参与工程建设领域突出问题治理工作，将工程建设项目竣工决算审计、跟踪审计和审计调查工作与工程建设领域突出问题专项治理工作相互结合、相互贯穿、互为补充。全年全州完成固定资产投资审计项目253个，项目投资额350625万元，核减投资额3979万元。

经济责任审计。全州审计机关认真学习贯彻新颁布的《党政主要领导干部和国有企业领导人员经济责任审计规定》，按照州委、州政府制定的贯彻实施意见，进一步规范经济责任审计计划、审计方式、审计内容、审计评价、责任界定和结果利用。全州共完成经济责任审计项目136个，审计查出违规金额6638万元，其中涉及主管责任6166万元，直接责任472万元，查出管理不规范金额11412万元，损失浪费67万元。州县审计机关与组织人事、纪检监察、国资等部门的协调配合更加密切，审计成果运用等工作得到加强。

专项资金审计。围绕州委、州政府确定的重点工作，进一步加强对“三农”、社保、教育、卫生、文化等重点民生领域的审计监督。重点开展了政法资金转移支付、新型农村合作医疗、养老保险基金、住房公积金归集、管理和使用情况、送温暖献爱心捐赠款物等民生资金和专项资金审计109项，审计调查4项，审计查出违规金额1050万元，管理不规范金额15412万元，促进了国家各项富民惠民政策的落实。

绩效审计。根据省、州政府关于行政绩效管理的要求，重点对病险水库除险加固工程、新型农村养老保险基金、州第二人民医院、楚雄医药高等专科学校扩建工程、扶贫整村推进项目、楚雄州劳动力市场和人才市场建设项目等重大建设项目和民生资金进行绩效审计，全州共开展绩效审计项目526项。有力促进发挥财政资金和公共资源使用的绩效，提高财政资金和公共资源配置、使用、利用的经济性、效率性和效果性，切实提高政府的绩效管理水平。

加强跟踪检查和督查，强化审计查出问题整改。坚持把加强审计查出问题整改作为审计工作的重要环节，严格执行《预算法》、《审计法》等法律法规，严肃财经纪律，通过落实审计整改报告、审计整改工作督查、审计整改联动、审计整改跟踪检查、审计整改问责、审计整改结果通报等措施，切实增强被审计单位落实审计整改的自觉性和主动性。根据州人大常委会关于对审计发现问题进行整改的要求，州人民政府成立了审计查出问题整改情况和2011年度审计工作目标责任督查考核工作领导小组，抽调州政府督查室、州审计局、州监察局、州财政局等相关部门人员26人组成5个督查考核组，于11月中旬对全州各县（市）审计查出问题逐项进行认真检查，促进审计查出问题整改。

【云审工程】 2011年，楚雄市、双柏县、南华县、姚安县、牟定县、禄丰县审计局新建办公用房和永仁县、元谋县完善配套工程竣工投入使用。为管好用好“云审工程”资金，楚雄州开设了“云审工程”专项资金账户，严格按照《基本建设财务管理规定》和省审计厅、财政厅联合制定的《云审工程专项资金管理办法》进行资金管理使用。为加强监管，节约项目建设资金，州审计局对完工投入使用的8个县（市）和配套建设的元谋县、永仁县审计局办公楼安排组织了竣工结算审计，核减工程建设资金48.25万元。大姚县、武定县审计局的办公楼建设正在抓紧实施，年底主体工程已完工进入室内装修阶段。通过实施“云审工程”，全州各县（市）审计机关的基础设施得到了根本改善。

年内，全州审计系统开展了“计算机运用水平提高年”实践活动，采取5条具体措施，强力推进计算机审计运用。年末，在全州252名审计干部职工中，有各级各类专业技术职称（资格）人员162名，占64.29%。其中，高级50名，占19.8%；中级82名，占32.5%。有建设工程造价师3人，造价员42人，有通过国家审计署计算机中级考试合格的人员8人，通过省审计厅计算机中级合格人员56人。提前两年完成“云审工程”人员素质规划目标。

［杨宗显］

质量技术监督管理

【"质量兴州"工作】 2011年，楚雄州质量技术监督局将实施"质量兴州"战略列为质监部门重点工作之一予以强力推进，督促、指导帮助全州10县（市）全部启动质量兴县（市）工作，全面启动服务、流通、建设工程、农产品质量、工业产品质量等重点行业"质量兴业"活动。在全州10家获得云南名牌产品的企业中开展了"质量兴企"、"质量兴品"活动；积极引导全州名牌产品企业开展卓越绩效模式管理，为下一步申报政府质量管理奖创造了条件。

【"质量走廊"创建活动】 2011年，楚雄州质量技术监督局先后6次召开了全州"质量走廊"创建工作专题会议，按照"打造点，连成线，形成面"的工作思路，确定了以"一市一区为中心、沿四方五线交通干线、围绕五大产业"（简称11455）的思路。即以楚雄市和经济技术开发区为中心，从东南西北四个方向沿安楚线、楚大线、南永线、永武线、元双线5条交通主干道，采取统一标志、统一宣传、统一考核、达标授牌，违规吊牌处罚的方式，分别在烟草产业、天然药业、冶金化工业、绿色食品业和文化旅游业五大产业中，打造一批质量兴企示范单位，创建全州"质量走廊"。年末，主要交通干道安楚高速公路楚雄东入口附近的质量宣传牌已经建成，各个示范试点单位和企业的创建示范工作也已基本完成。

【标准化工作】 2011年，楚雄州质量技术监督局大力推进实施标准化战略，认真履行楚雄州实施标准化发展战略领导小组办公室的职责，逐步建立完善了《楚雄州实施标准化发展联席会议制度》、制定印发了《联席会议工作规则及各成员单位主要职责》。抓住楚雄州被省政府列入政务接待服务标准化试点之机，加快推进全州服务业标准化工作。培育推荐上报"南华乡村旅游"服务业标准化示范区、"牟定特色蔬菜种植"农业标准化示范区两个项目，两个项目现已分别被列为省级服务业标准化试点项目、云南省第一批农业标准化示范区项目。积极引导企业开展创建"标准化良好行为企业"活动。至年末，全州创建"标准化良好行为企业"试点3家，在全州26家企业中开展"能源计量示范单位"创建活动，5家企业完成了"楚雄州能源计量示范单位"考核评价工作。

【工业产品质量监督抽查】 2011年，楚雄州质量技术监督局督促全州质监系统共监督抽查工业产品生产企业（含省级、州级）220家，合格179家，合格率81.4%；抽查产品249批，产品实物质量合格205批，合格率为82.3%；检查了全州纳入工业产品生产许可证目录管理产品生产企业和个体工商户115家（户），其中获证企业73家（户），查出无证生产企业42家（户），发出责令限期整改通知书42份，严格按照"一会四书"制度报当地政府建议取缔。摸清了全州纳入工业产品生产许可证目录管理产品生产企业的情况并建立了质量档案。

【名牌战略工作】 2011年，楚雄州质量技术监督局积极上报18家企业22种产品的2011年云南名牌产品建议目录，召开楚雄州名牌战略推进工作联席会议。年末，全州共有10家企业的11个产品获得"云南名牌"产品称号。

【食品监管】 2011年，楚雄州质量技术监督局继续加强食品监管，严格落实监管责任。全州227家获证食品生产企业已签订了履行质量安全主体责任承诺书，实行了网格化管理；食品生产监管严格执行"一会四书"制度，将无证食品及专项检查情况分别向州政府及县政府作了专题报告。严格食品市场准入。共受理企业申请104份，尤其是针对年内乳制品企业重新审查发证工作的状况，

2011年楚雄州"云南名牌"产品一览表

获名牌产品名称	企业名称	企业地址
"仁恒"牌复混肥料	云南楚雄仁恒化肥有限公司	楚雄经济技术开发区桃园工业园区
"云开"牌六氟化硫断路器开关设备；"云开"牌户内金属铠装移开式封闭开关设备	云开电气集团股份有限公司（原云南开关厂）	楚雄经济开发区
"国宾"牌系列卷烟	红塔烟草（集团）有限责任公司楚雄卷烟厂	楚雄市鹿城东路
"云绿"牌无公害蔬菜（洋葱、番茄、菜豆）	元谋县蔬菜有限责任公司	元谋县元马镇
"德威"牌钢筋混凝土用热轧带肋钢筋	云南德胜钢铁有限公司	禄丰县金山镇城南
"双梅"牌酿造食醋	云南禄丰鼎鑫醋业有限公司	禄丰县金山镇环城北路001号
"勤丰"牌过磷酸钙	云南禄丰勤攀磷化工有限公司	禄丰县勤丰镇羊街
"东宝一捏脆"牌核桃干果	云南楚雄东宝生物资源开发有限公司	楚雄市雄宝路273号
"大雄"牌核桃干果	大姚亿利丰农产品有限公司	大姚县城北路1号
"奉氏"牌脱水香葱	元谋利明脱水蔬菜有限责任公司	元谋县能禹镇

楚雄州在严格把关的同时又积极主动服务，使全州唯一的乳制品生产企业汇东乳业通过了重新审查并获得乳制品生产许可证。严格食品整治。严厉打击食品非法添加和滥用食品添加剂专项行为，及时印发行动方案，提出严格落实部门监管责任，专项整治期间共召开企业座谈会12次，发放《给监管对象的一封公开信》和9部委《关于做好严厉打击食品非法添加行为严格规范食品添加剂生产经营使用的公告》502份。以专项整治为契机，按照州政府对小作坊监管职责划分的批复，对小作坊进行清理整治，重点组织开展了“染色馒头”、“地沟油”、“增塑剂”等专项监督检查，查处“染色馒头”、“地沟油”生产黑窝点等一批典型案例。

【特种设备监管】 2011年，全州特种设备安全工作实现全部纳入地方党委、政府安全责任状考核目标，并纳入全州安全工作“十二五”发展规划。出台《楚雄州质量技术监督系统特种设备安全监察和检验检测联系制度》，每月定期召开特种设备安全形势分析会，建立安全监察与检验检测技术机构的有机联动机制；完成全州气瓶充装单位和气瓶检验单位年度审查工作；对辖区内学校特种设备进行检验，免收检验费上万元；深入开展打击特种设备安全生产非法违法行为，对全州在用电梯进行专项执法检查；与教育部门联合，对全州各级各类学校在用特种设备进行重点排查，及时消除安全隐患，确保在用特种设备安全运行；全面推行特种设备“一岗双责”制度，建立健全《特种设备安全监察工作手册》，全面推行全州特种设备规范化管理。

[樊建梅]

安全生产监督管理

【安全生产监督管理机构概况】 2011年6月30日，楚雄州人民政府办公室印发了《楚雄彝族自治州安全生产监督管理局主要职责内设机构和人员编制规定》。明确州安监局为州人民政府工作正处级部门，加挂州煤矿安全生产监督管理局牌子，划入原州经济委员会承担的煤矿安全生产监督管理职责，主要工作职责有15项，内设办公室、政策法规科、安全生产应急救援办公室、安全生产协调科、煤矿安全监督管理科、非煤矿山安全监督管理科、危险化学品安全监督管理科、职业与行业安全监督管理科、安全生产执法支队等9个正科级机构。核定机关行政编制22名，其中局长1名、副局长3名、正科级领导职数9名、副科级领导职数2名。有主管部门的行业领域和烟花爆竹、职业卫生、煤炭、民用爆炸物品等部门职能交叉的职责作了分工。年末，全州安全监管系统有人员编制137人，同比下降2.15%；实有150人，同比上升10.3%。103个乡（镇）安监办有专兼职工作人员239名，同比下降1.65%。

【安全生产工作】 2011年，楚雄州继续保持安全生产形势总体稳定态势，中共楚雄州委召开2次常委会议，州人民政府召开2次常务会议、1次安全生产工作会议、5次办公会议、2次电视电话会议，州安全生产委员会及其办公室召开3次全体会议研究部署安全生产工作，解决安全生产工作中的重大问题。全年全州共发生各类生产安全事故440起、死亡119人（扣除消防死亡1人，死亡人数低于省人民政府下达楚雄州年度控制指标3人）、受伤520人、直接经济损失1260.75万元，同比分别下降5.38%、下降7.7%、上升14.54%、上升9%。行政区域内发生一次死亡3人以上的较大事故10起、死亡31人、受伤20人，同比分别上升42.86%、上升10.72%、持平。亿元GDP事故死亡率0.25，同比下降22.12%；工矿商贸10万从业人员事故死亡率3.39，同比下降27.41%；百万吨煤炭死亡率1.77，同比下降25%；机动车万车死亡率2.09，同比下降18.14%。其中，煤矿外工矿商贸企业发生事故17起、死亡18人、直接经济损失894.17万元，同比分别下降10.53%、下降18.19%和下降41.18%，死亡人数低于省政府下达楚雄州单项控制指标3人。煤矿发生事故3起、死亡3人、无受伤、直接经济损失140万元，同比分别下降25、下降25%、持平、持平，死亡人数与省政府下达楚雄州单项控制指标持平。道路交通发生事故357起、死亡98人、受伤520人、直接经济损失147.09万元，同比分别上升8.19%、下降2.97%、上升16.08%、上升32.85%，死亡人数与省政府下达楚雄州单项控制指标持平。发生火灾（森林火灾除外）63起、死亡1人、直接经济损失79.49万元，同比分别下降

州安委办预防渎职侵权和职务犯罪专题讲座 （州安监局提供）

43.75%、下降66.67%、下降200%、下降70.85%。学校、水上交通、特种设备、气象、卫生、商贸、通讯等行业未发生安全责任死亡事故。全州“安保互动”共投保390件，保费收入431.7万元，理赔死亡事故5件、赔付100万元。全年全州共启动事故应急救援行动12次，成功营救受伤人员60名。

2011年楚雄州安全生产绝对指标统计表

项目	事故起数（起）	与上年比（±%）	死亡人数（人）	与上年比（±%）	受伤人数（人）	与上年比（±%）	直接经济损失（万元）	与上年比（±%）
煤矿外工矿商贸企业	17	-10.53	18	-18.19	0	-400	894.17	41.18
煤矿	3	-25	3	-25	0	0	140	0
道路交通	357	8.19	98	-2.97	520	16.08	147.09	32.85
消防	63	-43.75	1	-66.67	0	-200	79.49	-70.85
合计	440	-5.38	120	-7.7	520	14.54	1260.75	9

2011年楚雄州安全生产相对指标统计表

指标	2011年	与上年比（±%）
亿元GDP事故死亡率	0.25	-22.12
工矿商贸10万从业人员事故死亡率	3.39	-27.41
百万吨煤炭死亡率	1.77	-25
机动车万车死亡率	2.09	-18.14

2011年楚雄州较大事故统计表

项目	事故起数（起）	与上年比（±%）	死亡人数（人）	与上年比（±%）	受伤人数（人）	与上年比（±%）
较大事故	10	42.86	31	10.72	20	0
其中：考核内	9	80	28	47.37	20	300
考核外	1	-50	3	-66.67	0	-150

【安全生产责任制】 2011年，楚雄州人民政府继续把安全生产工作列为2011年全州重点督查的20项重点工作之一，州长与副州长、10位县（市）长与副县（市）长全部签订了安全生产“一岗双责”责任书。州人民政府与10县（市）人民政府、20个州级部门、14户重点企业签订了安全生产责任状。州县乡（镇）共签订安全生产责任状3260份，同比下降2.81%。年末，经考核，牟定、南华、大姚、楚雄等4县（市）人民政府和州交通运输局、州安监局、州水务局、州质监局、州工商局、楚雄消防支队等6个州级部门为一等奖，禄丰、元谋、永仁、姚安等4县人民政府和州公安局、州住建局、州教育局、州工信委、州卫生局、州发改委、州文体局、州气象局、州商务局、州旅游局、州国资委、州国土局等12个州级部门为二等奖，双柏县人民政府、武定县人民政府、州农业局和州交警支队为合格单位。云南楚雄矿冶有限公司、云南电网公司楚雄供电局、红塔集团楚雄卷烟厂、楚雄州化建公司、楚雄滇中有色金属有限责任公司、楚雄交通运输集团有限公司等6户企业为优秀奖，楚雄州烟草专卖局（公司）、楚雄州运输公司、楚雄州电力公司、云南天腾化工有限责任公司、云南国资水泥楚雄有限公司、中国石化楚雄分公司、中国石油云南楚雄销售分公司等7户企业为良好奖。

【安全生产月活动】 2011年5月31日，楚雄州人民政府召开安全生产月动员暨警示教育大会。6月，安全生产月活动在全州广泛开展，共投入活动经费30余万元，开展了6项大的活动，有789个单位3000多人次参加了宣传活动，编印法律法规等宣传材料6000多册，发送宣传传单20多万份，展出安全知识宣传展板1520块，新闻报道156条，播放宣传影片600分钟，接受群众咨询1116人次，近23万人受到教育。

【宣传教育培训】 2011年，《中国安全生产报》首次刊载楚雄州消息2则，国务院安委办及国家安全监管总局采用楚雄州政务信息9则，同比上升88.89%。编发《楚雄安全生产简报》41期、刊载安全生产信息239条，同比分别上升28.13%和上升25.13%。举办三类人员安全教育培训46期7231人，同比分别上升27.78%、上升70.07%。其中，培训企业负责人2406人、安全员1583人、特种作业人员3242人，同比分别上升213.69%、上升87.56%、上升22.76%。

【安全生产检查】 2011年，楚雄州安全生产监督管理局组织开展综合检查督查5次、专项检查督查6次，累计监督检查生产经营单位3614个6660次。其中，非煤矿山564个1895次，危险化学品1555个2188次，烟花爆竹1316个2014次，冶金10个55次，有色8个42次，其他149个349次。制作现场检查记录3463份，下达整改指令书598份、整改复查意见书93份、强制措施决定书19份，查处一般事故隐患4415项、完成整改4338项、按期整改率98%，查处重大事故隐患37项、完成整改26项、按期整改率86.6%，实施行政处罚71

次、经济处罚114次、罚款435.62万元，责令停产整顿单位20个，查处事故25起（较大事故6起）。

【安全隐患排查治理】 2011年，云南省人民政府挂牌督办楚雄州重大隐患3项，按期整改3项，整改率100%。楚雄州人民政府挂牌督办县（市）较大以上隐患10项，按期整改10项，整改率100%。9月10日开始，在全州范围内开展了为期3个月的“治大隐患、防大事故”隐患排查治理专项行动。累计企业自查7405户，查出一般隐患6377项，整改6040项，整改率94.71%。

【“打非治违”专项行动】 2011年，楚雄州安全生产监督管理局在全州范围内开展了打击非法违法生产经营建设行为专项行动，州级派出51个、县（市）派出280个检查组对全州的煤矿、非煤矿山、交通运输、建筑施工、危险化学品、烟花爆竹、民用爆炸物品、特种设备等行业和领域进行专项督促检查，共排查检查企业4417户、非法开采矿点400余处，企业自查3989户，取缔非法采矿点400余处（其中无证开采17处、越界探矿20处），查处无证经营企业267户、停产整顿（整改）未经组织验收擅自组织生产16户、违反“三同时”管理规定企业12户，共取缔关闭企业25户，责令停产整顿企业47户，整改隐患845项，实施行政处罚57.06万元。

【安全生产行政许可】 2011年，楚雄州安监局依法设定行政许可8项，危险化学品经营许可证核发（乙种证），烟花爆竹经营（批发）许可证审批，非煤矿山、危险化学品、烟花爆竹等生产经营单位主要负责人、安全管理人员安全资格证及特种作业人员特种作业操作证核发，安全生产许可证核发（煤矿除外的非金属矿山企业及100万立方米以下尾矿库），烟花爆竹定点进货审批，氯酸钾、硫磺、铝粉等具有爆炸、燃烧性能的烟花爆竹生产原料定点进货、凭证购销审批，设立剧毒化学品生产、储存企业和其他危险化学品生产、储存企业审批，煤矿安全生产许可证初审。全年全州受理并办结安全生产行政许可事项463件（非煤矿山241件，危险化学品111件，烟花爆竹1件，建筑施工110件）；受理“三同时”审查33个，通过验收23个，验收合格率70%。年末，全州持有各类安全生产（经营）许可证生产经营单位4439户，同比减少0.65%。其中，非煤矿山499户，尾矿库58座，危险化学品生产企业29户、经营企业2116户（农药销售1908户），烟花爆竹批发企业10户、零售企业1603户，民用爆炸物品生产企业2户、经营企业10户，建筑施工企业133户，煤矿矿井37对井（坑）。

【典型安全事故】 2011年，楚雄州人民政府立案查处较大以上事故6起，结案5起，对10个责任单位和9名责任人给予行政处分或行政问责，对3名责任人移送司法机关追究刑事责任。

1月18日2时40分，云E76297东风雪铁龙小轿车载3人由永仁驶往大姚，行至大姚县金碧镇黄海屯路段（217省道K74+750M处），驶离路面翻入右侧水塘中，造成3人溺水死亡。

1月20日18时许，云A45531集装箱半挂牵引车由新民公司钛白粉厂支线驶往武定县城。行至禄（丰）武（定）公路T型路口与同向行驶的云A91511搅拌车碰撞后前行，搅拌车与云E53186两轮摩托车碰撞，造成3人死亡。

7月1日19时15分许，楚雄市三街镇村民秦国付驾驶云EA5071力帆LF6041小型普通客车到中山镇赶“杨梅节”，返回时沿途搭载亲戚及本村村民14人沿中山镇务阻村委会向三街镇土墙村委会秦家村土质便道行驶，车行驶至大柳树村路段时驶出行驶方向道路右侧路面，翻下路外山箐70米，造成3人死亡。

7月21日20时许，孙玉华无证驾驶无牌装载机由狮山平顶玉湖工地返回狮山镇香水村委会小石头房村，行至武定县城北门坡不规则四岔路口下坡路段时，装载机刹车失灵与前方同向行驶的云EB9372普通两轮摩托车相撞后继续前行约30米，又与前方停放的两辆轿车相撞，造成摩托车上2名驾乘人员及1名路边行人当场死亡。

10月19日23时25分许，张晓驾驶云MZ1202重型仓栅式货车由楚雄驶往大理，车行至杭瑞高速公路K2411+890M处（南华境内）时与前方同向行驶的云LZ3111重型厢式货车发生追尾，造成两车驶离路面后翻覆于右侧路外边坡，造成云LZ3111车上4人当场死亡。

12月29日09时22分许，张迪驾驶苏HW4500重型半挂牵引车牵引苏HG412挂重型仓栅式半挂车沿京昆（永武）高速公路永仁至元谋方向行驶，车行至K2535+911M处（元谋境内）失控驶入K2535+880M自救助匝道后与匝道终端山体发生碰撞，造成驾乘人员3人死亡。

［吴志贤］

乡镇企业

【乡镇企业概况】 2011年，楚雄州的乡镇企业以加快转变经济发展方式为主线，围绕农村劳动力转移和农民增收，加快发展和培强做大龙头企业，改造提升传统产业，加快农产品加工业，积极发展配套产业，大力发展农村服务业及劳动密集型产业，努力克服原材料价格大幅上涨、资金紧缺等诸多困难，圆满完成了各项任务。全年全州乡镇企业实现增加值208.89亿元，同比增长17.8%，完成省下达任务数的104.3%。其中，实现工业增加值105.05亿元，同比增长18.9%；农产品加工业完成现价总产值112.21亿元，同比增长31.1%，完成省下达任务的110.1%，上缴税金17.97亿元。重点县（市）乡镇企业支撑作用明显，10个县（市）中，楚雄、禄丰2个工业大县实现现价增加值118.71亿元，占全州现价增加值的56.82%，上缴税金12.48亿元，占全州上缴税金的69.44%。

【乡镇企业统计业务培训】 2011年5月31日至6月3日，楚雄州工信委乡镇企业科有关人员参加了国家农业部乡镇企业局在青海省西宁市举办的全国乡镇企业统计调查第三期业务培训班。5月28～30日，楚雄州工信委组织各县（市）的15名乡镇企业统计人员参加了省农业厅在昆明举办的全省乡镇企业统计培训班。

【全省乡镇企业及农产品加工业经济运行分析座谈会】 2011年7月6～7日，全省乡镇企业及农产品加工业经济运行分析座谈会在楚雄召开，参加这次会议的有10个州（市）乡镇企业主管部门的乡镇企业科负责人和统计人员共55人，会议由云南省农业厅乡镇企业会计辅导站站长罗萍主持。云南省农业厅乡镇企业处负责人蔡昆作讲话，州工信委副主任何正祥代表州工信委参加会议并讲话。10个州（市）分别分析了各州（市）上半年乡镇企业及农产品加工业经济运行情况。组织参会人员参观了楚雄广泰生物科技开发公司、楚雄百草岭药业公司、楚雄市彝山寨旅游度假公司3家企业。

【星贸食品有限公司改扩建项目】 2011年，云南星贸食品有限公司改扩建年加工1.5万吨特色蔬菜生产线建设项目得到省乡镇企业重点投资项目专项资金150万元扶持。项目建成达产后，每年可实现销售收入1.38亿元，实现利润1131万元，上缴税金710万元，可实现出口创汇800万美元，直接和间接带动农民增收11344万元。

［周　杰］

住房公积金管理

【住房公积金管理概况】 2011年，楚雄州住房公积金管理中心全面超额完成了州住房公积金管理委员会下达的各项目标任务，全州住房公积金持续健康快速发展，为解决和改善全州城镇职工住房条件，促进全州经济社会又好又快发展做出了积极贡献。至年末，全州共有2339个单位11.6万名职工缴存住房公积金；住房公积金累计缴存总额47.67亿元，同比增长24.82%；缴存余额22.68亿元，同比增长23.66%；住房公积金累计提取总额24.99亿元，同比增长25.89%，其中当年提取5.14亿元；累计向全州2.05万户职工家庭发放住房公积金个人住房贷款26.4亿元，其中当年发放个人住房贷款5.77亿元，同比增长15.86%；个人住房贷款余额17.85亿元，同比增长24.83%；国债余额为零，住房公积金使用总额17.85亿元，资金运用率达79%。州中心党支部被州直机关工委命名为“基层党建工作示范点”；州中心荣获市、州两级“文明单位”荣誉称号；州政务服务中心住房公积金窗口被评为“优秀服务窗口”。

【住房公积金归集使用】 2011年，楚雄州住房公积金管理中心进一步加强住房公积金归集使用，加大资金统筹力度，盘活用活住房公积金。全年计划归集住房公积金8.4亿元，实际归集9.48亿元，超额完成1.08亿元，完成计划的112.86%，住房公积金当年缴存额连续两年突破8亿元，全州9县住房公积金缴存余额均已突破亿元大关；全年计划发放住房公积金个人住房贷款4亿元，当年实际发放5.77亿元，超额完成1.77亿元，完成计划的144.25%；全年共调度资金1700万元，保障了全州住房公积金归集和贷款业务健康发展；全年实现住房公积金增值收益3121.55万元，同比增长0.73%，增值收益全额上缴州财政。

【住房公积金业务建设】 2011年，楚雄州住房公积金管理中心进一步加强住房公积金业务建设，严格执行住房公积金缴存限高保低的政策，提请州住房公积金管理委员会下发了《关于限期纠正楚雄州部分单位超限缴存住房公积金问题的通知》，全年共清理出83家超限缴存住房公积金的单位，并限期进行了纠正，进一步缩小了缴存差距，促进了社会公平和社会和谐。加大行政执法力度，推进非公企业建立住房公积金，扩大住房公积金覆盖面。对应建未建住房公积金和不按时、足额为职工缴存住房公积金的单位，依法进行催建、催缴，切实维护职工住房公积金合法权益。全年新开户的住房公积金缴存单位共计47家，新增缴存职工4025人，住房公积金制度深入人心。认真贯彻执行州住房公积金管理委员会关于贯彻落实差别化信贷政策和住房公积金个人住房贷款调整政策，对贷款购买第二套住房的家庭，严格执行首付款比例不得低于60%，贷款利率不得低于同期首套住房公积金个人住房贷款利率的1.1倍，停止向购买第三套及以上住房的缴存职工家庭发放住房公积金个人住房贷款。继续推进住房公积金个人住房抵押加阶段性保证贷款业务，解决了部分职工申请贷款时没有现房作为抵押的困难。至年末，累计与142家房地产开发公司签订了按揭贷款协议，全年向全州3173户职工家庭发放住房公积金个人住房贷款5.77亿元，切实解决和改善了部分职工的住房条件。加大对逾期贷款的催收力度，全年进行电话催收518人次，发出书面催收通知书20份，对10笔逾期贷款88.67万元启用了诉讼程序，胜诉率100%，执行金额16.5万元，年内共收回个人逾期贷款29.85万元。至年末，个人住房贷款余额17.85亿元，逾期余额122.48万元，个贷逾期率为0.069%，严格控制在国家规定的0.1%以内。严格执行住房公积金大额资金调度审批报备制度，全州住房公积金实行统一调度，全年共调度资金1700万元，确保住房公积金安全运作。加强政务服务。按照州人民政府的安排部署，撤销原住房公积金业务大厅，所有住房公积金前台业务入驻州政务服务中心，严格按照“两集中、两到位、四进中心”要求设立服务窗口，不搞两张皮，行政审批不搞体外循环，工作人员着装统一，用语规范，办理业务阳光高效。在服务窗口摆放《楚雄州政务服务中心住房公积金管理中心窗口服务指南》，公开办事条件、办事流程、办理时限和监督投诉电话，主动接受社会监督。7～12月，州政务服务中心住房公积金服务窗口共审批办理住房公积金提取业务9538笔，金额2.25亿元，住房公积金缴存业务2913笔，金额1.55亿元，审批发放住房公积金个人住房贷款1751笔，金额3.14亿元，限时办结率达100%，并创下了无差错、无投诉的记录，以阳光、优质、高效的服务赢得了广大职工的好评。认真做好住房公积金行业审计工作。5月，州审计局根据审计厅的安排，派出审计组对州中心和永仁县管理部2010年度住房公积金归集、管理和使用情况及公积金制度重要政策执行情况进行就地审计。认真抓好住房公积金金融业务委托工作。3月，州中心召开了5家受委托银行领导参加的住房公积金金融业务座谈会，认真分析了全州住房公积金金融业务委托工作中存在的问题，进一步规范了全州住房公积金金融委托业务，明确了受委托银行的工作重点，进一步提高了受委托银行办理住房公积金金融委托业务的质量和服务水平，进一步开创了竞争有序的住房公积金金融业务环境。认真做好内部稽核工作。9月19日至10月19日，从州中心各科室抽调业务骨干组成检查组，由州中心主要领导带队深入各县管理部，对县级管理部的各项工作进行了全面检查，通过内部稽核，自我加压，促进了各项工作的健康发展。

【住房公积金信息化管理】 2011年，楚雄州住房公积金管理中心进一步加大了信息化管理力度。加强软硬件管理。更新住房公积金信息网站服务器1台，计算机12台，确保数据信息及时、准确传输。深化政务公开，不断提高管理透明度。在政府信息公开网站和政务信息查询平台上及时更新、补充相关内容和常见问题解答，方便职工通过网络信息平台了解、咨询相关政策，全年主动公开政务信息81条，回复云南政务信息在线解答50条，回复率达100%；接听“96128”政务查询热线电话37个，答复率达100%。进一步加强楚雄州住房公积金信息网站建设，完善了信息网站住房公积金政策法规咨询、相关资料下载、个人住房公积金余额查询、个人住房贷款还款方式和还款金额查询等功能。全年回复住房公积金信息网站群众留言74条，回复率达100%；楚雄州住房公积金信息网站总访问量达196.6万人次，职工利用信息网站成功查询个人住房公积金余额、贷款信息累计45.2万人次。坚持每年向全州住房公积金缴存职工发放2期住房公积金个人账单，累计发放至第11期次120多万份。

［杨　爽］

楚雄经济开发区

【国民经济发展】 2011年，楚雄经济开发区深入贯彻落实科学发展观，以加快转变经济发展方式为主线，进一步抓好基础设施和重大项目建设，加大招商引资工作力度，积极应对经济社会发展中出现的诸多困难，全力维护社会和谐稳定，实现了“十二五”良好开局。全年实现生产总产值30.62亿元，与上年同期相比（下同）增长20.8%；完成地方财政总收入6.62亿元，增长18.8%，地方财政一般预算收入4.26亿元，增长18.6%；规模以上工业增加值14.23亿元，增长22.4%；全社会固定资产投资32.14亿元，增长21.7%；州外到位资金20.31亿元，增长30.1%；社会消费品零售总额11.05亿元，增长37.9%。

【基础设施建设】 2011年，楚雄经济开发区充分发挥规划的龙头作用，以高起点、高标准、高水平的规划编制为先导，严格规划管理，以工业片区路网、供排水、供电等基础设施配套建设为重点，大力加强市政基础设施建设，为城市形成独具特色、优势互补、产业互动的新局面提供了有力保障。在1993年以来编制的《开发区分区规划》、桃源、赵家湾、庄甸等园区规划和各重点项目规划基础上，完成了开发区32.8平方千米分区规划修编、西片区35平方千米概念性规划和城市设计编制工作；《苍岭工业片区总体布局规划的深化》和《苍岭工业片区控制性详细规划》编制工作高效推进，为工业产业发展空间承载力的不断提升奠定了坚实基础。围绕开发区北部原彝族文化大观园10.8平方千米开发建设，积极展开探索，为实现开发区旅游文化产业的跨域发展增添了新的动力。投资120万元完成开发区仁和路（金瑞小区—康家村）道路工程。投资3188万元完成开发区经济适用住房项目。投资2100万元完成东瓜上章村民安置小区外装饰工程。投资35万元完成东盛东路交通信号及交通标志线工程。投资565万元完成区内建成道路人行道铺设、路灯安装、行道树种植等零星工程。

楚雄经济开发区　(张守明/摄影)

投资500万元完成沙沟变电站35kv线路工程，并通电使用。廉租住房、园区路网和拆迁安置小区边坡治理等一批在建项目工程加快实施，完成投资4020万元。年内共实施项目20个，完工8个，完成投资1.05亿元。

【园区建设】 2011年，楚雄经济开发区把平台建设放在更加突出的位置，大力快速推进工业园区建设，取得了较好成效。冶金建材化工园。园区内已建成企业有云南开关厂、云南天腾化工有限公司、楚雄昆钢奕标新型建材有限公司、云南国资水泥楚雄有限公司、滇中有色金属有限公司、楚雄活塞销有限公司、楚雄明强新型耐磨钢制造有限公司、云南楚雄仁恒化肥有限公司、云南云星铜材有限公司、云南鑫华化工有限公司、云南凯龙天泰木业有限公司等。一批工业项目已引进并顺利实施，投资4960万元的楚雄鑫华化工有限公司年产30万吨过磷酸钙异地搬迁建设项目和投资12660万元的楚雄昆钢奕标新型建材有限公司年产90万吨水泥粉磨站建设项目已建成并投入试生产；投资1700万元的楚雄云星铜材有限公司搬迁扩建铜型材及铜合金产品深加工一期建设项目年内动工建设。新引进投资3亿元的日本神英独创机械株式会社投资水质净化材料生产线建设项目，正在办理各项前期手续，预计2012年上半年可动工建设。随着产业项目的聚集成长，冶金化工建材产业园区呈现出较好的产业支撑带动效益，成为开发区经济发展的主要增长极。

天然药物产业园。该片区自2001年2月动工建设以来，已完成了首期500亩的开发建设任务，现已引进医药企业21户，拥有多种制剂生产线30条90多个品种。其中，云南盘龙云海药业、云南老拨云堂药业、云南楚雄天利药业、云中制药、云南新世纪药业、云南极粹生物科技有限公司等企业已建成投入生产；昆明宇斯药业、云南保元堂药业有限责任公司、云南白药集团楚雄健康产品有限公司、云南邦桥节能科技有限公司、楚雄和创药业有限公司、云南积华药业有限公司、楚源医药包材有限公司等企业正加快建设。通过艰苦创业，天然药物产业片区已成为云南省最具发展活力的医药产业基地。11月29日，老拨云堂被国家工商行政管理总局商标局认定为“中国驰名商标”。

生物产业园。2011年7月经省工信委批准该片区由原绿色食品加工园调整为生物产业园。年内，该片区引进的云南玛格达同佳绿色食品、广泰生物科技、瑞福康生物科技等5家企业已建成投产；楚雄东宝生物资源开发有限公司核桃系列产品深加工项目，楚雄云泉酱园有限责任公司年产4000吨出口调味品搬迁技改扩建项目已建成并将投入试生产；云南广泰生物科技开发有限公司的年产3.2亿粒沙棘红花软胶囊产业化项目、昆明宇斯药业有限责任公司年产8400万瓶（袋）大输液生产线建设项目、楚雄和创药业有限责任公司生物制药产业化项目、湖北一致魔芋生物科技有限公司魔芋深加工项目正在建设；云南楚雄汇东实业有限责任公司乳制品生产加工厂搬迁技改扩建项目、云南和泰农产品开发区有限公司2000吨魔芋产业深加工扩建项目、大新艾恩希（北京）商贸有限责任公司养虾项目，正在办理前期工作准备动工建设。

苍岭工业园。该片区于2011年7月经省工信委批准新增为省级工业园区，分为“冶金化工产业区、能源及装备制造产业区和生物及创新产业区”3个工业区，2个物流和配套服务区（含两个移民安置生活区）。该片区深入对接云铜王家桥冶炼总厂搬迁、华能云南滇东能源公司楚雄热电联产和云南金胜通用航空基地建设等项目。

【工业经济】 2011年，楚雄经济开发区围绕年度工业经济发展总目标，认真开展调研分析和指标测算，将工业产值、增加值、主营业务收入、上缴税金和能耗指标，分解细化到区内31户重点企业，健全企业生产经营目标考核责任制，充分发挥重点骨干企业支撑作用，以点带面促进工业经济整体发展。全面清理整顿企业不良资产，妥善处置万鹤鸣药业和太阳药业资产，有力地维护了开发区合法利益，确保了国有资产最小损失。创新经营管理模式，以租赁的形式全面托管万裕药业，并成功引进云南白药、云南邦桥和草本堂3家企业入驻万裕进行孵化，经营管理万裕资产，有效地盘活了区内闲置资产，为工业经济发展注入了新的活力。全年全区完成工业总产值70.3亿元，增长32.3%，工业增加值15.51亿元，增长27.4%。其中，规模以上工业产值65.59亿元，增长26.9%，增加值14.23亿元，增长22.4%；规模以下工业产值4.75亿元，增长1.07倍，工业增加值1.28亿元，增长81.9%。全

楚雄经济开发区桃园冶金建材化工园区　　（楚雄开发区管委会提供）

区规模以上工业企业由调整后的18户增至19户，其中产值亿元以上企业10户，5000万元以上亿元以下企业6户。新世纪中药饮片公司、草本堂药业、鑫华化工公司、昆钢奕标公司4户新增企业投产顺利，产值贡献突出，截至年末，4户新投产企业实现工业产值3.47亿元，拉动全区工业产值增长6.53个百分点。

【五大产业】 2011年，楚雄经济开发区进一步强化产业平台建设，突出以招商引资和项目建设为重点，全力推进天然药业、冶金建材化工业、机电制造加工业、绿色食品业和商贸旅游服务业的发展，取得了较大成效。全年五大产业完成产值73.84亿元，增长31.2%。实现增加值17.56亿元，增长26.6%，增加值占当期生产总值比重达57.4%。其中，天然药业完成产值8.48亿元，增长38.8%，增加值2.53亿元，增长37.5%；冶金建材化工业完成产值51.18亿元，增长40.8%，增加值9.6亿元，增长35.8%；机电制造加工业完成产值9.72亿元，产值与上年基本持平，增加值2.93亿元，增长6.3%；绿色食品加工业完成产值6364万元，增长18.5%，增加值1370万元，增长18.4%；商贸旅游服务业完成产出3.83亿元，增长25.4%，增加值2.37亿元，增长24.7%。

【招商引资】 2011年，楚雄经济开发区进一步调整招商理念、招商思路和招商方式，加强与州、市各相关部门的沟通联系，做好项目论证和项目推进工作，不断增强招商引资的科学性。进一步加大项目协调服务力度，实行一条龙服务，千方百计促进招商引资项目落地发展。积极抢抓桥头堡建设和大项目转移机遇，不断拓宽招商渠道，创新招商方式，加大招商引资宣传力度，大力开展会展招商、情感招商、以商招商、小分队招商，成功引进楚雄物联网云计算、楚源药业新型药用包材及药用辅料和积华生物科技G.D建设等一批项目落户开发区。全年共实施招商项目40项（州外国内项目38项，外资项目2项），其中续建项目14项、新建项目26项、省外投资项目21项、工业生产性项目20项。完成州外到位资金20.99亿元（州外国内38项到位资金20.31亿元，外资6862万元人民币），增长34.5%。其中省外到位资金12.91亿元、工业生产性项目到位资金12.18亿元。新签约招商引资项目10项，协议投资额12.98亿元。其中，楚雄和创药业有限公司生物制药及产业化项目，协议投资3500万元；湖北一致魔芋生物科技有限公司魔芋深加工项目，协议投资3300万元；云南楚源药业有限公司新型药用包材及药用辅料项目，协议投资3000万元；云南金七制药有限公司滴丸药品生产车间异地GMP技改扩建项目，协议投资2500万元；云南积华生物科技有限公司建设项目，协议投资6500万元；云南医药工业股份有限公司楚雄基地建设项目，协议投资7500万元；日本神英独创机械株式会社水质净化材料生产线建设项目，协议投资3亿元；广泰生物年产14万吨有机核桃乳加工建设项目，协议投资3.6亿元；楚雄物联网云计算平台项目，协议投资3亿元；云南极粹生物科技有限公司入驻标准厂房项目，协议投资3500万元。

【重点项目建设】 2011年，楚雄经济开发区进一步加强项目跟踪问效，将重点项目任务细化分解到主要领导和部门主要负责人，强化项目协调服务，及时帮助项目单位解决存在的困难和问题，加快项目开工建设。全年共立项审批项目66项，立项投资额24.88亿元，其中工业项目17项，立项投资额6.71亿元。实施重点建设项目10项，完成投资3.6亿元。其中，开发区管委会自建标准化厂房项目累计完成投资1.06亿元；云南云开电气股份有限公司中低压成套开关技改项目累计完成投资5060万元；楚雄昆钢奕标新型建材有限公司年产100万立方米拌合站建设项目累计完成投资3312万元；云南白药集团股份有限公司楚雄经济开发区健康产品产业化项目累计完成投资400万元；宇斯药业有限责任公司年产8400万瓶（袋）大输液生产线建设项目累计完成投资3559万元；云南邦桥节能科技有限公司LED医用照明系统建设项目累计完成投资额300万元；楚雄和创药业有限公司生物制药及产业化项目累计完成投资6660万元；云南一致魔芋生物科技有限公司魔芋深加工项目累计完成投资3738万元；楚雄云星铜材有限公司搬迁扩建铜型材及铜合金产品深加工一期建设项目累计完成投资739.6万元；云南楚雄天利药业有限公司二期项目累计完成投资1600万元。全年完成固定资产投资32.14亿元，增长21.7%。

【非公经济】 2011年，楚雄经济开发区坚持按照“急事急办、特事特办、难

中国彝族十月太阳历文化园 （倪承伟/摄影）

事巧办、好事快办”的工作思路，全面推行“政策上最大宽限、手续上最便简化、时间上最快速度、态度上最优服务”的工作准则，大力优化个私经济发展环境，加大帮扶力度，强化市场监管，规范市场经营秩序，营造非公经济健康发展良好环境，非公企业和个体经营户源源不断入驻开发区发展。全年区内非公有制经济实现增加值21.33亿元，同比增长21.8%，拉动GDP增长15.1个百分点。在开发区工商部门登记注册的非公有制经济户数累计达4738户，其中个体经营户3927户、私营企业811户，增长20.2%。

【基地建设】 2011年3月，楚雄经济开发区被省委组织部、省人力资源和社会保障厅确立为首批云南省高层次人才创新创业示范基地，重点加强以天然药物园区的硬件环境建设和以药业为重点的高层次创新创业人才引进，通过基地建设形成“以基地吸引人才，以人才带动项目，以项目发展产业，形成生物医药产业集群式发展”的“基地—人才—项目—产业”一体化良性循环发展模式，加速开发区的产业结构调整和产品优化升级，实现楚雄州生物医药产业的全面提升和整体繁荣。基地配套政策建设。完成《云南省楚雄经济开发区高层次人才创新创业示范基地建设实施方案》、《云南省楚雄经济开发区高层次人才创新创业示范基地硬件建设方案》、《云南省楚雄经济开发区引进高层次创业创新人才实施办法（试行）》、《云南省楚雄经济开发区高层次人才创新创业示范基地建设宣传方案》、《云南省楚雄经济开发区关于引进高层次创新创业人才专家评审办法的若干规定（试行）》5个配套规范性文件的编制和印发。该套文件的出台为人才基地建设提供了明确的指导和重要的法制保障及政策支持，营造了良好的引才、稳才、育才、用才环境。

院士工作站组建工作。依托云南极粹生物科技有限公司，组建成立云南省第一家以生物医药产业为科技服务方向的院士工作站——“刘颂豪院士工作站”，引进国内生物医药产业相关领域著名专家学者17名，整合了华南师范大学等10余所省内外著名高校和科研院所的优势资源，为企业和院士、专家之间双向沟通、合作共赢搭建有效平台，为企业创新提供强大的智力支持和科技保障，为楚雄州抢占全省生物医药产业研发制高点，提升产业创新水平和能力奠定了良好基础。

【城乡统筹】 2011年，楚雄经济开发区继续加大区镇经济社会和基础设施统筹力度，充分发挥开发区的辐射带动作用，使新区发展成果不断惠及乡（镇），城乡一体化建设步伐进一步加快。全面落实各项支农惠民政策。全年兑付油菜良种补贴、种粮农民农资综合直补及水稻等农作物良种补贴、农机具补贴、草原生态奖补资金272万元，参保新农合补贴114万元，家电下乡补贴77万元，汽车摩托车下乡补贴41万元。新农村建设。以基础设施建设为重点，全年共投入资金1081万元，建成一批农村道路、水利和24个“一事一议”财政奖补项目，硬化村庄道路27千米、支路11千米，受益935户3806人，农村发展基础更加夯实。土地征收工作。年内共征收东瓜镇集体土地189.65亩，确保了开发区重点项目及基础设施配套道路项目的顺利实施。安置工作。全力做好车坪片区安置工作，年内共建成安置房520套。保障体系建设。建立健全新型农村社会养老保险和城镇居民社会养老保险制度，坚持区财政为东瓜镇全体村民每年每人缴纳新农合参保金30元，全年共为村民缴纳保金66.43万元。农村富余劳动力向非农产业转移3645人，创造收入1489万元。当年，东瓜镇实现农村经济总收入10亿元，增长15%；农民人均纯收入6096元，增长13%。

【社会事业】 2011年，楚雄经济开发区坚持以科学发展观为指导，大力实施“科教兴区”发展战略，科技、教育、文化、医疗、卫生、计划生育等各项社会事业不断向前推进。教育。加强教育服务体系建设，完成年度区内各学校教师招聘工作，新招聘教师60名，区内教师累计达394名，教师队伍不断壮大；努力化解义务教育阶段入学矛盾，圆满完成2011年秋节学期招生工作，新增教学班18个，累计教学班数达136个，极大地满足了区内广大人民群众对义务教育的需求。开发区永安小学总体办学水平和办学实力跨上新台阶，学校先后被省教育厅评为“云南省心理健康教育与示范学校”和“云南省语言文字规范示范学校”。天人中学发展迅猛，特色亮点频现，在校师生员工从2005年的300余人发展到2011年的3300人，奠定了一级一等高完中标准建设的寄宿制完全中学的坚实基础，极大地满足了人民群众对优质教育的需要。2011年天人中学又一次刷新了高考“高上线、多本科”目标，应届生综合上线率达99.71%；应届生本科上线率达85.1%。精神文明建设。依托市民广场、活力广场、“三老”电影广场、音乐主题广场，在广泛开展各类广场文化活动的基础上，创新文化发展模式，推动文化品牌打造，组织开展了一系列广场文化和江岸文化活动。年内共组织各种专场文艺晚会32场次，播放电影540场，极大地丰富了人民群众的业余文化生活，为提升城市品位，维护社会稳定发挥了重要作用。城市管理。加强城市综合整治，以创建省级文明城市为抓手，全面加强城市综合治理工作，整洁、文明、有序的现代化城市形象得到进一步巩固。社会稳定工作。切实加强劳资纠纷调处，维护进城务工人员的合法权益，全年共受理劳动争议案件180件，共为2300名从业人员解决工资1607.34万元；严格落实安全生产责任制，深入开展专项整治，确保了全年无各类重特大事故发生。强化社会治安综合治理，严厉打击各类刑事犯罪和传销活动，组建由管委会、东瓜镇、彝人古镇民兵应急分队联合组成的治安防范应急处突队伍，群防、技防、人防的立体化社会治安综合治理防控体系初步形成。

［者崇福］

（责任编辑：者宗菊）

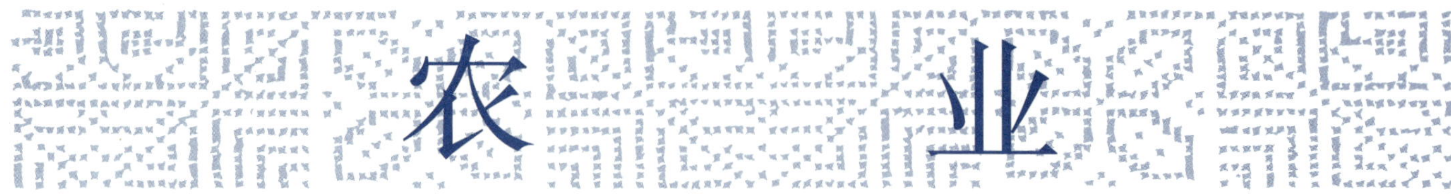

农业

农村经济综述

【农村经济概况】 2011年，楚雄州继续发扬农业抗大旱精神，加快转变农业发展方式，优化农业产业布局，强化农业基础设施建设，加强资源开发和生态建设，实现农业提质增效，确保粮食生产稳定和农民持续增收，为“十二五”时期彝州农业、农村经济发展开好局、起好步奠定了基础。全州实现农业总产值181.29亿元，按可比价计算，比上年增长8.5%，实现农民人均纯收入4627元，比上年增加731元，增长18.8%，扣除物价因素，实际增长13.9%，粮食总产量105.50万吨（秋粮78.74万吨，夏粮26.76万吨），比上年增加9.47万吨，增长9.9%，全州粮食产量再创历史新高。年内，楚雄州加大强农惠农资金争取力度，千方百计增加支农投入。全年共争取到中央、省、州强农惠农资金31666万元，其中中央资金25127万元、省级资金5734万元、州级资金805万余元。

【良种示范推广】 2011年，楚雄州大力推广粮食高产创建、间套种、地膜覆盖、晚秋种植、良种推广、集中育苗、农机作业等科技措施，促进农作物增产增收。建设粮油高产创建示范区，完成国家、省下达的水稻高产创建万亩示范片21片，面积21.95万亩，较上年增5.30万亩，占水稻移栽面积的24.5%，平均单产达691.38千克，较上年增10.98千克；完成玉米高产创建万亩示范片18片，面积20.33万亩，较上年增3.56万亩，占玉米总播种面积的27.8%，平均单产达688.78千克，较上年增46.31千克。建设粮食作物间套种示范区，完成省下达的水稻、玉米粮食作物间套种面积76.33万亩，较上年增13.88万亩，平均亩增粮62.28千克。推广测土配方施肥，完成国家、省下达的以水稻、玉米、小麦、蔬菜、油菜为主的大小春农作物测土配方施肥287.83万亩，亩增产8%以上。推广玉米覆膜栽培，完成省下达的地膜玉米种植面积85万亩，较上年增加11.95万亩，促进玉米亩产增产5%以上。加大粮食作物良种推广力度，春秋耕中共就位粮食作物良种2.65万吨，较上年增加0.29万吨，全州粮食作物良种推广覆盖率达到90%以上，为全年粮食增产增收奠定良好基础。加强农业实用技术培训，通过发放科普资料、召开现场会、户长会、出黑板报、广播宣传等多种形式积极开展科技培训，把适宜本地的优良品种和增产增效的新技术传授给农民。年内，开展农业科技培训6128场次，培训农民83.87万人次，出黑板报4430期，印发宣传材料43.78万份。

【农业产业化经营】 2011年，楚雄州认真贯彻落实州委、州人民政府关于推进农业产业化发展扶持农业龙头企业的实施意见，推进农业产业化发展。全州农业龙头企业规模发展迅速，产值100万元以上龙头企业达174户，较上年增31户，共实现产值57.39亿元，较上年增31.32%。全州农业产业化省级重点龙头企业16户，州级龙头企业121户。农业龙头企业带动农户31万户，带动户均增收1450元。组织推荐农业产业化招商引资项目，共推荐7个农业招商项目上报省农业厅；组织50余户农业龙头企业分别参加中国农交会、昆明国际农博会和上海优质农产品推介展。全州有进出口经营权的农业龙头企业52户，有直

2011年楚雄州10县（市）农林牧渔业总产值

单位：万元

县（市）	农林牧渔业总产值	农业产值	林业产值	牧业产值	渔业产值	农林牧渔服务业产值
楚雄市	279148	133364	13909	94075	4678	33122
双柏县	107622	42677	11346	45038	598	7963
牟定县	110489	59324	3027	36744	3178	8216
南华县	148059	73267	6225	56440	1472	10655
姚安县	142594	76318	3582	45807	3712	13175
大姚县	174890	102088	9094	56113	654	6941
永仁县	75824	34687	3162	32103	675	5197
元谋县	161511	112555	1982	36392	2376	8206
武定县	171738	66205	3111	90273	792	11357
禄丰县	290153	158119	6879	104891	3727	16537
合　计	1654243	853881	62206	597622	20326	120208

接出口实绩的35户，实现出口1.04亿美元，较上年增56.6%。主要出口品种有果蔬、菌类、生物药、松香等，主要出口到日本、韩国、美国、德国等国家。至年末，全州各类农民专业协会及合作经济组织已发展到2623个（在工商部门登记的合作社1083个），较上年增323个，经济组织成员总数达27.51万人，“公司+协会+基地+农户”已成为市场联结农户的有效形式。

【农产品质量安全】 2011年，楚雄州强化农产品质量监管和农业行政执法，积极开展农业标准化生产。年内，全州未发生重大农产品质量安全事故。组织开展农产品抽检工作。组织10县（市）在蔬菜生产基地、批发市场、农贸市场、超市开展蔬菜农药残留快速抽样检测工作。全年累计抽样13472个，蔬菜质量抽检合格率达99.27%，与上年相比接近；配合省农业厅开展云南省蔬菜农药残留例行监测，分别于4月、8月组织对元谋、禄丰蔬菜农药残留进行例行抽检，抽取大白菜、番茄、茄子、黄瓜等蔬菜样品104个，送云南省农产品质量安全检验测试综合中心进行检测分析；配合农业部农产品质量安全监督检验测试中心（贵阳）对楚雄市农产品批发市场、农贸市场、经营鲜活农产品的超市分别于1月、4月、6月、10月进行了4次抽检，共抽取蔬菜、水果、茶叶、食用菌样品209个，按国家标准判定农产品质量抽检合格率达96%；按照农业部和省农业厅的要求，配合农业部农产品质量检验测试中心（广州）和省农业厅对楚雄州获得无公害农产品质量认证20户企业的24个农产品进行了质量监督抽查工作。认真开展农产品“三品”认证和产地认证，从源头上提高农产品质量标准，确保农产品安全。全州121户企（事）业单位的221个农产品通过了国家质量认证，其中获有机食品认证16个、绿色食品认证76个、无公害农产品认证129个，累计认定农产品原料种植基地面积67.88万亩，产量41.81万吨，产值12.88亿元。无公害农产品产地认定整体推进工作取得新进展，大姚县开展了98.41万亩无公害农产品产地认定整体推进项目申报工作，对实施区域的农产品生产基地土壤、农灌水等主要指标进行了抽样送检。永仁、姚安和武定等县开展了307.13万亩的无公害农产品产地认定整体推进工作。

【农业基础设施建设】 2011年，楚雄州切实落实各项惠农强农政策，推进农业基础装备和农村基础设施建设工作。加快高稳农田建设，全年共完成中低产田地改造2.88万亩，总投资2375.02万元；改造建设水池（窖）258个，总容积995立方米，建设沟渠15.88千米，改造提灌站3座，建设管网3.23千米；实施坡改梯2204亩，培肥地力1.79万亩，建设机耕道路15.88千米。提高农机装备水平，年内共发放农机购置补贴项目资金3194万元，较上年增加486万元，增长18%；农机购置补贴政策惠及全州农民1.06万户，带动农户购置农业机械1.08万台，至年末全州农业机械总动力达214.19万千瓦，拖拉机拥有量达4.67万台，农业机械总值达11.7亿元，分别较上年增长11.7%、13%和17%，农机装备水平进一步提高，结构进一步优化。推进农村基础设施建设和农村经济发展，全年共建设完成农村户用沼气池5660口，占计划任务的89.8%，建成大型沼气工程1个，养殖小区沼气1个；实施省农业厅自然村村容村貌整治项目30个，从治理农村“脏、乱、差、散”入手，改善项目实施村庄的环境和基础设施。

【农民教育培训】 2011年，楚雄州扎实开展农民学历教育、绿证培训、劳转培训、新农培训和技能鉴定等工作。全州各级农业广播电视学校通过“百万中专生计划”、普通中专“送教下乡”、网络学院等教学模式的实施，全年共招收中专学历学员402人，毕业145人；招收专（本）科学员110人，毕业128人。共开展农民实用技术“绿色证书”培训228期，培训学员15412人，结业9464人，经考试考核合格，全州3130人获得绿色证书。共争取中央“阳光工程”资金225.9万元，省级劳转资金55万元。开展农村劳动力转移培训32219人，转移就业33719人，组织现场招聘会15场。开展了农艺工、蚕业工、沼气工、蔬菜园艺工、农作物植保员及兽医防治员等1540名初、中级工职业技能鉴定，鉴定合格中级工56人，初级工1350人。

【农业执法】 2011年，楚雄州加大农业行政执法力度，加强农资市场监管。全州共出动农业行政执法人员2706人次，印发宣传资料7.57万份，检查农资企业3637个、农资市场661个，查获不合格农资产品5.31万千克，货值12.78万元，立案查处农资违法案件224件，收缴罚没款12.27万元，立案查处案件数和收缴罚款数均比上年有较大增长。

【农业信息化工作】 2011年，楚雄州全方位深层次开展农业信息服务，共完成视频制作1186个，全部上传；完成1个州级、10个县（市）级、103个乡（镇）网站信息更新；完成1070个行政村、11860个自然村的基础数据更新。利用“数字乡村”平台，共发布各类信息6万余条。全州农业信息网发布信息81255条，信息发布量较上年增加21%，上级采用28037条，州级网站发布信息7933条。全州10县（市）均启动全省“金农”工程实施项目，41个乡（镇）的硬件设备已经到位，下步将转入软件部署。州农业局配合省农业厅组织了3期153人的金农工程应用软件培训。

【农村经营管理】 2011年，楚雄州坚持和完善农村基本经营制度，深化农村经济改革。做好减轻农民负担工作。“农民负担监督卡”入户率达95%；建立了50个乡（镇）、100个村委会、200户农户的农民负担监测点，对农民负担情况进行全面监测；严格执行农民负担专项审计制度、农村财务公开制度、农村收费专用票据制度、农民负担信访举报制度和农民负担重大案件上报制度；严格执行“一事一议”筹资筹劳管理办法，10县（市）制定执行了村民“一事一议”筹资限额和工价标准。巩固和完善农村土地承包经营权制度。贯彻落实农村家庭承包双层经营制度，明晰土地承包经营权，夯实农村土地经营基础，年内，全州家庭承包耕地面积达201.59万亩，承包农户数54.75万户，发放“农村土地承包经营权证”53.97万份；同时开展土地流转，发展适度规模经营，全州承包土地流转面积达12.08万亩，占承包耕地面积6.37%。加快推进全州农村财务管理制度改革，开展农村会计委托代理，实行农村集体财务管理和农民专业合作社财务会计制度，强化农村集体经济审计监督力度，全州103个乡（镇）成立代理机构，1089个村委会全部实行委托代理。

［姚国强］

种植业

【农作物种植概况】 2011年，楚雄州完成农作物总播种面积547.56万亩，较上年增加13.97万亩，增长2.62%。其中，播种小春农作物228.98万亩，播种大春农作物255.39万亩，播种晚秋作物63.19万亩。农作物总播种面积中，粮食作物种植面积349.71万亩，较上年增加3.23万亩，增长0.93%，其中小春粮食作物播种143.39万亩、大春粮食作物播种177.13万亩、晚秋粮食作物播种29.19万亩。

【优势特色产业】 2011年，楚雄州围绕特色优势农产品，狠抓产业基地建设，在确保粮食安全的前提下，积极建设特色优势农产品基地。全州蔬菜种植面积达94.4万亩，较上年增加16.22万亩，增长20.75%，蔬菜产量130万吨，产值21亿元，较上年增加0.8亿元。以元谋、禄丰、牟定等县为主的外销蔬菜达30多万吨，销往国内140多个大中城市，并远销俄罗斯、韩国、日本等国家和地区。全州茶园种植面积达到4.88万亩，全年产茶679.79吨，较上年增加206.39吨，实现产值2382.39万元，较上年增加655.6万元；完成新植桑园1.23万亩，全州桑园面积达到12.76万亩，全州全年鲜茧产量2299吨，较上年增加6200吨，实现产值7837.66万元，较上年增加2382.9万元，蚕茧均价34.09元/千克，较上年增加1.60元。以南华、姚安、楚雄、大姚4县（市）为重点布局，推广种植啤酒大麦面积6.63万亩，产量1.6万吨、产值3200万元。以楚雄、姚安、禄丰、牟定、武定、大姚6县（市）为重点布局中海拔优质粳稻区，以元谋、双柏、永仁3县为重点布局低海拔优质籼稻区，共完成优质稻种植面积72.96万亩，产量38.5万吨，加工优质米26万吨，产值12亿元。以南华、大姚、武定3县为重点布局，全年发展马铃薯种植面积17.08万亩，生产鲜薯28万吨，产值2.8亿元。以禄丰、楚雄、牟定、姚安、南华5县（市）为重点布局，发展“双低油菜”种植面积28.21万亩，产量4.45万吨，产值2.3亿元。

【农作物防灾减灾】 2011年，楚雄州加大农作物病虫害统防统治工作力度，扎实推进农业防灾减灾工作。全州农作物病虫害累计发生220.12万亩次（小春91.68万亩次、大春128.44万亩次），组织统防统治农作物面积497.71万亩次（小春185.86万亩次、大春311.85万亩次），粮食损失控制在4%以下。由于干旱、洪涝等自然灾害造成全州大春农作物累计受灾69.17万亩，其中成灾40.94万亩、绝收5.99万亩。全州农业部门积极争取中央、省、州农业生产救灾资金179.5万元（中央100万元、省20万元、州59.5万元），以栽后缺塘补种和绝收后补种的形式组织灾后恢复生产。抓好楚雄市、南华县和禄丰县国家政策性种植业保险试点工作，涉及种植业保险的共有39个乡（镇）、227个村委会、2883个村民小组、131334户农户，实际参保总面积35万亩，占参保计划面积的100%。各级财政补贴资金总额432.5万元，其中中央财政补贴173万元、省级财政补贴64.88万元、州级财政补贴45.41万元、县（市）级财政补贴105.96万元、种植农户承担保费43.25万元。受灾理赔面积3.61万亩（水稻1.54万亩，玉米2.07万亩），理赔金额262.23万元（水稻112.66万元，玉米149.57万元），灾区理赔受益乡（镇）28个，村委会158个，村民小组1760个，农户21720户。

【新品种示范推广】 2011年，楚雄州加大农业良种良法试验、推广力度。做好小麦、大麦、蚕豆、油菜、玉米等新品种的示范推广。开展水稻综合试验工作，在禄丰县金山镇科甲村建设百亩核

2011年楚雄州10县（市）主要农作物产量

单位：吨

县（市）	稻谷	小麦	玉米	其他谷物	豆类	油料	糖类	烤烟叶	薯类
楚雄市	79717	19672	49267	16550	19344	9390	108	16655	5340
双柏县	22959	5654	21588	478	7733	1781	3050	8234	948
牟定县	42806	4446	19042	6658	15486	5852		7879	3909
南华县	31426	11360	36963	10590	8223	3879	33	10761	7084
姚安县	32300	8585	23401	6513	12457	6654		11331	1179
大姚县	44259	9796	24120	3665	19789	2704	1375	8078	8639
永仁县	19940	2860	12966	2483	4173	2140	579	5340	2928
元谋县	42811	3609	23081	537	2122	1874	521	2662	2149
武定县	30732	11391	32252	6613	9029	2881	546	11140	7508
禄丰县	83264	20207	52414	18724	17406	12071	2167	16221	3191
合　计	430214	97580	295094	72811	115762	49226	8379	98301	42875

心示范区，面积153.50亩，示范品种9个。在禄丰、大姚、姚安开展超级稻示范推广项目。开展新西兰3号甜脆豌豆示范种植样板300亩，烟后种植长寿仁豌豆示范620亩。

［姚国强］

畜牧业

【畜牧业生产概况】　2011年，楚雄州畜牧业工作以国家、省畜牧项目和强农惠农政策为支撑，加快畜牧业结构调整步伐，进一步转变畜牧业生产方式，着力招商引资，扶持龙头企业，狠抓畜禽基地建设。全年全州畜牧业总产值达65.4亿元，同比增长7.57%；实现畜牧业增加值35.8亿元，增长7.4%；肉类总产量达到35.9万吨，增长7.88%；猪出栏302万头，增长8.54%；牛出栏33.9万头，增长3.64%；羊出栏93.6万只，增长1.94%；禽出栏1737.7万只，增长12.63%。

【标准化规模养殖】　2011年，楚雄州新建生猪标准化养殖场（小区）52个。其中，新建万头生猪标准化养殖场2个，扩建万头生猪标准化养殖场2个。2007~2011年全州已获国家生猪标准化扶持资金5050万元，扶持规模养殖场（小区）287个。年末全州生猪、肉牛、肉羊、家禽规模养殖场（户）分别达到1002户、1714户、455户和865户，分别比上年增长41.3%、37.34%、30.75%和13.07%。

【畜禽品种改良】　2011年，楚雄州完成猪人工授精44.25万胎；完成肉牛冻精改良7.5万胎；全州16个奴比亚种羊核心群扩繁场，年内提供纯种奴比亚种羊439只，55个扩繁场提供种公羊1179只；滇撒配套系（滇撒猪）、撒坝猪、云岭黑山羊、武定鸡等4个品种被评为云南六大名猪名羊名鸡之一。大姚努比亚种羊养殖合作社、双柏县兴财畜牧科技有限公司种羊场和楚雄市毛菇山种羊场等3个种羊场竞标成功被列为全省肉羊良种补贴供种场。

【草原生态建设】　2011年，楚雄州经国家和省核定实施草原生态补助奖励机制总面积为1858.49万亩。其中，阶段性禁牧240.79万亩，草畜平衡1617.7万亩。国家每年投资达4252.79万元，其中禁牧补助1444.74万元、草畜平衡奖励2426.55万元、人工种植牧草良种补贴381.5万元。该项目连续实施5年，投资达2.12亿元，这是有史以来楚雄州最大的畜牧业投资项目。年末，已发放草原权证和草原使用权证40万份，2011年度草畜平衡和禁牧补助3851万元奖补资金已全部兑付到广大农户手中，各项工作进展顺利。

【畜牧项目争取】　2011年，楚雄州畜牧系统项目和资金争取工作取得了突破性进展，全年落实资金项目24个，共争取项目资金合计1.28亿元，是上年的2倍多。这些项目资金的争取，为全州进一步加快畜牧业基础设施建设、夯实畜牧业发展基础提供了有力保障，有力地促进了全州畜牧业经济平稳较快增长。

【畜牧产业化经营】　2011年，楚雄州新增销售收入过亿元畜牧龙头企业1家，畜产品加工出口外销实现零的突破。年末，有畜牧业收入5000万元以上企业3家，省级龙头企业2户，州级龙头企业16户，畜产品认证6个，畜牧专业合作经济组织233个。

2011年楚雄州10县（市）畜产品流通情况表

单位：户、头（只）

项目 / 数量 / 县(市)	合计		猪		牛		羊		其中畜产品外销大户情况					
									猪		牛		羊	
	养殖户	数量	养殖户	数量	养殖户	数量	养殖户	数量	户数	数量	户数	数量	户数	数量
楚雄市	830	186505	497	127131	230	27701	103	31673	4	26020	3	2260		
双柏县	257	70263	77	36236	95	7501	85	26526						
牟定县	959	47288	494	39612	251	1306	214	6370	15	21820				
南华县	116	83830	72	61806	21	7874	23	14150	3	20302			2	3700
姚安县	68	90329	43	62310	16	5847	9	22172	8	30381			4	20813
大姚县	788	113058	338	55315	187	6953	263	50790	11	25476			6	19041
永仁县	751	179250	358	99520	124	11710	269	68020	3	4190	2	1470	5	22780
元谋县	356	47286	177	14519	83	5169	96	27598	4	5619	2	1205	4	8475
武定县	99	187606	49	127229	25	13634	25	46743	19	114352	9	9817	14	40746
禄丰县	14437	327575	11250	241380	1204	16790	1983	69405	16	76814	8	6480		
总　计	18661	1332990	13355	865058	2236	104485	3070	363447	83	324974	24	21232	35	115555

【动物疫病防控】 2011年秋季，楚雄州启动了以“整村推进、分片包干、集中免疫、综合服务”为主要内容的动物防疫整村推进新模式，州政府在永仁召开了全州动物防疫工作会议，安排部署了全州动物防疫整村推进工作，防疫工作部署早，落实快，整村推进效果良好，严格按照防疫要求达到了“应免尽免，不留空白”。全州秋季动物防疫整村推进共涉及10个县（市）、24个乡（镇）、242个村委会，投入资金82.51万元，出动工作人员3850人（次）。24个乡（镇）猪、牛、羊存栏数74.62万头只，免疫口蹄疫疫苗70.42万头只，免疫密度为94.38%。全年未发生较大的重大动物疫情。

【常规性动物防疫】 2011年，楚雄州常规性动物防疫以春、秋2季集中免疫与日常补免相结合，全年共免疫猪、牛、羊口蹄疫免疫762.65万头（只），其中免疫猪382.68万头，牛135.22万头，羊244.75万只。免疫高致病性禽流感1389.06万只，其中鸡1325万只，鸭44.69万只，鹅18.48万只，其他禽类0.9万只；高致病性猪蓝耳病免疫347.02万头；猪瘟免疫371.57万头；免疫鸡新城疫827.32万只，免疫猪肺疫4.88万头，免疫仔猪副伤寒15.04万头，免疫牛出败629头，免疫牛、马、羊炭疽疫苗871头、匹、只，免疫山羊痘76.46万只，免疫鸡禽霍乱927.12万只，免疫犬狂犬病16.44万只。

【动物免疫效果监测】 2011年，楚雄州分3次（春防、秋防及常规）对牲畜口蹄疫、猪瘟、高致病性禽流感及新城疫等6种疫病进行了免疫效果监测。涉及全州10县（市）89个乡（镇）173个自然村381户养殖场（户）。牲畜口蹄疫免疫效果监测3次共监测牲畜血清3112份，免疫合格2007份，合格率为64.49%；禽流感免疫效果监测3次共监测347场（户）5629份家禽血清，免疫合格4044份，合格率为71.84%。新城疫免疫效果监测3次共监测343场（户）5620份鸡血清，免疫合格4215份，合格率为75.00%。猪瘟免疫效果监测3次共监测猪血清1243份，免疫合格807份，合格率为64.92%。高致病性猪蓝耳病免疫效果监测采集来自10县（市）27个乡30个村36户的191份猪血清样品送云南省疫控中心进行免疫效果监测，抗体转阳132份，转阳率为69.11%。狂犬病免疫效果监测按省要求全州共采集10县（市）28乡36村226户的狂犬病免疫血清样品318份送省疫控中心监测，结果合格317份，合格率为99.69%。

【动物疫病监测】 2011年，楚雄州共监测检样布鲁氏菌病牲畜血清3408份，猪伪狂犬病血清570份，猪圆环病毒病Ⅱ型血清608份，牲畜口蹄疫病O型血清1369份，猪乙型脑炎血清522份，猪瘟带毒状况血清322份，猪细小病毒病血清496份，猪衣原体病血清541份，猪弓形体病血清540份。在有钉螺滋生的楚雄、禄丰2县（市）7个乡71个自然村796户农户中监测，共监测4046头牛血吸虫病。对饲养奶牛的楚雄、姚安2县（市）4乡6村6户（规模场3户、散养3户）的123头奶牛进行了结核病变态反应监测。全年分4次共采集182份样品送省进行高致病性猪蓝耳病病原学监测，结果全部为阴性。4次共采集370份样品送省进行禽流感病原学监测；分4次共采集370份样品送省进行新城疫病原学监测；共采集7县15乡20村76户120份犬咽喉棉拭子送省进行狂犬病病原学监测；共采集20份羊脑干送国家参考实验室进行羊痒病监测；共采集10县32乡37村、42个供精点108份公猪精液送省进行猪瘟、高致病性猪蓝耳病、猪圆环病毒和猪乙型脑炎等4种病毒核酸检测。

【动物检疫检验】 2011年，楚雄州已建立198个产地检疫申报点，猪、牛、羊、禽规模养殖场产地检疫开展面全部达100%。全年实施产地检疫活畜禽214.87万头（只），其中猪75.866万头、牛6.28万头、羊13.44万（只）、禽类118.353万（只）、其他0.93万头（只）。全州共有生猪屠宰场点74个（定点屠宰场38个）、牛羊屠宰场点32个（定点屠宰场4个）、禽类屠宰点36个、其他动物屠宰点25个，屠宰检疫率、无害化处理率达到100%。全年实施屠宰检疫动物94.14万头（只），其中猪38.46万头、牛羊3.95万头（只）、禽类51.47万只、其他0.26万头（只），比上年屠宰检疫动物96.10万头（只）下降2%，检出病害动物3767头（只）（猪3399头、牛羊337头（只）、禽31只）。全部按照《病害动物和病害动物产品生物安全处理规程》进行了无害化处理。

【饲料质量监管】 2011年，楚雄州认真落实部、省饲料专项整治实施方案，对登记在册的711户饲料和饲料添加剂经营企业抽检饲料样品70批次（检测出不合格36批次），发放告知书1500余份；饲料专项整治行动期间，全州出动执法人员2150人次，监督检查饲料及饲料添加剂经营企业1784个，检查规模养殖场户1696户，查处“三无”饲料经销户4个，没收销毁饲料产品9.98吨。全州办理饲料案件24件，收缴罚没款10.73万元，其中州级办理9件，收缴罚没款5.48万元。

【兽药安全监管】 2011年，楚雄州以推进实施兽药GSP为重点，对登记在册的988户兽药经营企业发放《告知书》和《云南省兽药经营质量管理规范（GSP）》读本以及各种宣传材料4194份，组织兽药GSP宣传培训17期，培训兽药经营人员1023人次；对养殖户户主、动物诊疗机构负责人开展宣传培训安全用药知识92期，8458人次，发放科普宣传资料41981份，通过媒体报道宣传12篇次。全州组织培训兽药管理人员80期，受训人数2604人次，有26名兽药管理人员获得省兽药GSP检查员资格证。全州出动执法人员2847人次，检查兽药经营企业、医疗机构及规模养殖场共3956个次，查办假劣兽药案件39件，收缴罚没款2.33万元，没收销毁假劣兽药15451盒（包、瓶），责令整改兽药经营企业8个，取缔无证经营兽药企业28个，对不按规定使用药的2个养殖场、5个动物诊疗机构责令整改。全州共受理GSP认证申请32家，经现场检查验收，获准通过GSP认证并签发兽药经营许可证的29家。

【畜产品安全监管】　2011年，楚雄州认真组织开展以“瘦肉精”为重点的动物及动物产品兽药残留监控工作，在31个监测点、8个畜禽品种120批样品采样送检，4次配合农业部肉及肉制品质量监督检验测试中心对4个生猪定点屠宰场采集9个超市、18个综合农贸市场进行畜产品质量安全监测抽样121批；2次配合省兽药饲料检测所对楚雄、南华、大姚、姚安4个县（市）的3个农贸市场、3个规模养殖场、3个蜂蜜加工厂监测抽样35批对盐酸克伦特罗等“瘦肉精”类、氯霉素等抗菌素类、磺胺类、恩诺沙星等沙星类、地美硝唑等硝唑类及氟喹诺酮类等违禁物及兽药残留的检测检验，结果全部为合格畜产品。在10个县城生猪定点屠宰场对屠宰猪同步进行盐酸克伦特罗、莱克多巴胺、沙丁胺醇快速检测，结果全部阴性；对楚雄市7户奶牛养殖户148份生鲜乳进行了三聚氰胺快速检测，结果全部阴性。同时按官方采样程序，及时增加抽样监测频次，认真组织超额完成了部、省例行监测采送样任务，集中力量打击和整治私屠滥宰“黑窝点”生产加工“黑作坊”或“黑工厂”，经营服务“黑诊所”或“黑场所”的“打四黑除四害”专项行动，规范生产经营活动及服务活动行为，杜绝未经检疫动物产品上市，力保畜产品消费安全。

【动物疫病可追溯体系建设】　2011年，根据农业部逐步在全国建立动物标识及疫病可追溯体系的总体部署以及省农业厅有关文件的要求和云南省下达的任务目标，楚雄州全年申请耳标总数212.044套，年末已完成生产到位174.04套；全年全州拥有注册识读器433台；年内上传溯源数据为戴标178903头，免疫417504头，动物产地检疫1200头，动物出县境检疫1505头，动物产品检疫9732份，合计上传608844头。

【兽医资格考试】　2011年，在农业部举办的首届执业兽医资格考试中，楚雄州有236名兽医从业人员参加了基础、预防、临床和综合运用等4个科目的全国统一考试，共有36人通过执业兽医资格考试，占参加考试人员的14.4%。其中取得执业兽医师资格9人，取得执业助理兽医师资格27人。

【饲草饲料】　2011年，楚雄州103个乡（镇）1025个村委会9353个村民小组的10.5万户农户中种植牧草10.7万亩。其中，一年生黑麦草5.89万亩，紫花苜蓿和楚雄南苜蓿3.25万亩，其他牧草1.56万亩，与上年同期相比增长8.9%。在103个乡（镇）的33.8万户农户中，共建永久青贮窖31.3万立方米，完成青贮饲料111.6万吨，完成氨化饲料25.56万吨。

［李光祥］

农业机械化

【农机总量】　2011年末，楚雄州农业机械总动力达214.2万千瓦，比上年增加22.5万千瓦，增长11.7%；拖拉机拥有量达46734台，比上年增长13%，其中大中型拖拉机16744台、小型拖拉机29990台；耕整机（微耕机）42608台，增长62%；联合收割机183台，增长101%；农用排灌动力机械64821台，增长17%；农产品初加工动力机械71939台，增长7%；农业机械总值达117023万元，增长17%。

【农机服务】　2011年，楚雄州共完成农机作业面积518万亩，比上年增加94万亩，增长22%。其中，机耕面积287.8万亩，增长26%；机播面积21.6万亩，增长317%；机械排灌面积116万亩，下降3%；机械植保面积78.5万亩，增长30%；机械收获面积14.6万亩，增长92%。完成机械脱粒粮食量47万吨，增长17.5%。机械加工农副产品95.7万吨，下降21%。农机运输量88067万吨千米，增长1%。春秋耕期间，全州共组织农机化管理干部和农机科技人员700人，深入农业生产第一线指导工作，检修各类农业机械3000余台（套），组织农机科技培训400余场（次），参训人员达3万余人次，投入春秋耕作业的各类农业机械13万台（套）。

【农机购置补贴】　2011年，楚雄州共争取和实施中央和省级财政农机购置补贴项目资金3308万元（包括全州农民到直补超市购买部分），比上年2708万元增加600万元，增长22%。农机购置补贴政策惠及全州11890农户，购置补贴农业机械12126台。

【农机安全监管】　2011年，楚雄州强化安全监管，确保农业机械生产安全。州、县、乡三级农业（农机）部门农机安全生产责任书签订面积达100%，乡（镇）农推中心与机手签订农机安全生产责任书31047份，签订面达98%。采取印发学习材料，发放《驾驶员告知书》，出黑板报，张贴宣传图片，设置宣传展板、在醒目路段喷刷永久性宣传标语、安装永久性农机安全宣传警示牌等形式，开展宣传教育工作。组织拖拉机驾驶员安全教育学习活动498次，参加人数87984人次，参学率达81%；张贴宣传标语2068条；发放各类宣传材料189765份，发放告知书67580份，召开农机安全座谈会326次，参加人数达34723人次。对8.83千瓦以下小型农业机械进行全面清理、排查、登记，实施登记备案管理制度，共清理出8.83千瓦以下小型耕整机24617台，全部实施了登记备案管理，与24617台小型耕整机用户签订了安全生产责任书。共排查出一般农机安全农机隐患3028个。其中，无牌无证上路行驶拖拉机717台，脱检上路行驶拖拉机1360台，报废后上路行驶拖拉机31台，无证驾驶人员920人。整改落实2425起，整改率81%，其中督促限期参加挂牌673台、办理补检1281台、督促限期参加培训取证818人。农机监理人员共开展农机安全巡回检查2587人次；出动安全检查车辆489车次；深入乡（镇）785个次，深入村寨、集市3268个次。共检查上道路行驶拖拉机8947台次，纠正违章968台次，查验其他农田作业机械4984台次，纠正违章976人次。全年全州共发生拖拉机道路交通事故4起，死亡7人，受伤5人；田间场院、农机供油点和农副产品加工点未发生安全事故。

【农机登记管理与检验】 2011年，楚雄州共办理拖拉机注册登记1641台，其中G型1238台、H型316台、K型87台，办理拖拉机转入271台，转出111台，报废241台；全州共有各类拖拉机驾驶员31655人，其中准驾证为G型的22267人、H型的5530人、K型的3868人。全州开展拖拉机驾驶员考试34期，考试合格核发拖拉机驾驶证1696本，办理增驾考试合格核发驾驶证98人；全州持云23牌证拖拉机应检数23503台，完成检验签证22329台，占应检数的95%，持云NJ牌证拖拉机应检数2508台，完成检验签证2109台，占应检数的84.1%。

【农机技术示范推广】 2011年，楚雄州积极开展农机作业技术试验示范推广。全州水稻插秧机由上年的2台增加到了18台，年内，在楚雄、牟定、南华、大姚、元谋、禄丰6个县（市）设有16个示范点，举办现场会25场，参观群众近千人，实现水稻插秧机大田插秧面积由上年的79.2亩上升到539.1亩，其中牟定、禄丰2县实现了小规模的整村推进。加大了水稻机械化收获技术示范推广力度，对购买联合收割机的用户给予了中央财政补贴30%和省级财政补贴20%的双重补贴政策，全年联合收割机新增111台，全州拥有量达到202台，加上外地300多台到楚雄州进行跨区收获作业，全年投入作业的收割机累计达500多台，完成水稻机收96942亩，小麦机收48941亩，稻麦机收率达到种植总面积的10%，较上年增长4%。

【农机培训工作】 2011年，楚雄州认真组织开展县级农机培训机构教学评估工作，完成了启动、自评、复评、验收4个阶段的各项工作，元谋县、武定县、禄丰县、楚雄市4个县（市）评定为A级，永仁县、南华县、大姚县、姚安县、双柏县5个县评定为B级，牟定县评定为C级。全州10县（市）农机化学校全年共培训拖拉机驾驶员2500人，汽车驾驶员2026人，农机操作手3018人，完成农机类劳动力转移4067人。

【农机技能鉴定和质量监督】 2011年，楚雄州在元谋、牟定2县组织开展农机职业技能鉴定工作，举办培训班4期，共培训农机操作工269人，农机修理工120人，参训学员经理论考试和实作考核合格，取得了国家劳动和社会保障部核发的“初级职业技能资格证书”。全州开展了以联合收割机、微耕机产品质量为主的农机流通市场普查清理工作，共开展市场巡查6次，受理并调解农机产品质量投诉8起。

［姚国强］

农业科技推广

【农业科技推广概况】 2011年，楚雄州完成农业科研推广项目课题30项，其中农作物新品种选育示范等应用研究27项、新技术推广3项。在永仁县实施冬早马铃薯种植示范，举办中心示范样板500亩，平均亩产2650千克。南华、武定实施马铃薯高产创建3.32万亩（南华2.15万亩、武定1.17万亩），其中千亩核心区2698亩（南华1568亩、武定1130亩），百亩核心样板940亩（南华380亩、武定560亩）。测产结果为万亩示范区平均亩产2179千克，千亩核心区平均亩产2579千克，百亩核心样板平均亩产3000千克。全州实施“生物可降解膜”试验示范1765亩，使用法国利马格兰公司生产的黑色降解膜17.5吨，经3个县、7个示范片、37户田块测产，综合平均亩产为672.85千克，在严重干旱气候条件下，降解膜的推广对玉米增产起了较大作用。全州推广种植魔芋44269亩，楚魔花1号占70%以上，主栽区商品魔芋平均产量达到4263.8千克/亩。魔芋干片30～34元/千克、鲜魔芋价格3.5元/千克，市场前景较好。

【楚粳水稻新品种推广】 2011年，云南省推广超级稻品种“楚粳27号”105.4万亩，经全省18个县（区、市）实收或测产269点次354.82亩，平均亩产673.26千克，较同等栽培条件下的非

大姚县“楚粳28号”优质稻高产示范种植 （大姚县农业局提供）

超级稻品种亩增55.43千克，增产8.97%，亩节本增效196.90元，实现农业部亩增100斤、增收100元的“双增一百”目标。其中，楚雄州大姚县龙街乡张保村楚粳28号连片示范样板106亩，平均亩产911.50千克，创楚雄州水稻平均亩产历史纪录。

【高产示范】　2011年，楚雄州在10县（市）组织水稻、玉米“十千”高产示范样板10片，其中水稻7片、玉米3片。水稻“十千”高产示范以楚粳31号为主，经农科所组织专家组，对实施县进行交叉验收，10亩片平均单产为867.22千克；千亩示范区平均单产达761.27千克；除姚安县因严重干旱影响未达到目标产量外，其余县均超过示范目标产量。玉米“十、千”高产示范在双柏县、禄丰县、楚雄市实施，品种为楚单7号、楚单11号、云瑞6号、北玉21。10亩片平均单产为913.0千克，千亩示范区平均单产达782.55千克，均超过示范目标产量；禄丰县10亩高产攻关样板，最高单产为1000.44千克/亩，最低单产852.8千克/亩，平均产量为926.62千克/亩。

【农业科技培训】　2011年，楚雄州积极开展“专家乡村讲堂”科技培训工作。年内，共计开展果树、蔬菜、魔芋、马铃薯、小麦、水稻、玉米等高产栽培管理技术培训32期，培训2660人次。其中，在禄丰县土官村海田村委会、楚雄市干田村委会开展以梨、桃为主的果树栽培技术培训会6期；在楚雄市苍岭镇李家村委会、禄丰县妥安乡开展蔬菜栽培技术培训7期；在楚雄市中山镇、南华县龙川镇云台山、禄丰县高峰乡、双柏县妥甸镇、牟定县共和镇开展魔芋、蔬菜种植技术培训8期，培训农户328人次。在大姚、武定开展马铃薯高产技术培训4期，培训632人。

【农业科技成果开发】　2011年，楚雄州在楚雄、南华、大姚等7县（市）繁殖水稻生产用种2.3万亩，收购良种904.27万千克，调供730万千克，实现农民现金收入3619.96万元。调供杂交玉米种子68万千克、小麦种子40万千克、蚕豆种子3.8万千克。全州农作物良种繁殖直接为农民增收突破千万元。

［张绍武］

生物产业

【生物产业规划】　2011年，楚雄州按照《云南省人民政府关于加快推进生物产业发展的意见》，认真开展生物产业企业及项目摸底调查，完善全州重点生物企业名录和项目库，做好年内生物产业发展责任目标调研，编制《楚雄州优势生物产业发展规划》，进一步明确工作重点和目标任务，指导全州外向型特色生物产业持续健康发展。

【外向型特色生物产业】　2011年，楚雄州发展以香菇、茶树菇、球盖菇、木耳、金针菇为主的人工食用菌栽培264.9万平方米，实现产值27232.8万元，实现农民收入13998.6万元；新增优质水果种植面积6594亩，全州优质水果累计种植面积达96402亩，实现产值41248.2万元，实现农民收入25896.8万元，发展以莲花白、荷兰豆、甜脆豆等品种为主的夏秋高山反季蔬菜88950亩，完成产值17461.4万元，实现农民收入11605.2万元；以元谋、永仁2县为重点，完成菜心、香葱、青笋、花椰菜等30多个品种的蔬菜制（繁）种面积21456亩，完成产值6048.8万元，实现农民收入3629.1万元；以禄丰、武定、元谋、永仁等县为重点，种植以玫瑰、康乃馨、百合等品种为主的鲜切花卉5402亩和花卉繁种299.5亩，完成产值9973.8万元，实现农民收入6080.8万元。

【生物资源招商】　2011年，楚雄州以人工食用菌产业开发为招商突破口，邀请福建、广东、昆明等地客商到楚雄州考察投资开发人工食用菌规模种植及深加工项目，推荐上报生物产业招商引资项目8个。引进福建投资商到楚雄市注册成立楚雄市昌谊食用菌开发有限公司，投资500万元，在鹿城镇富民枣子园租地18.8亩，开展规范化种植茶树菇100万袋，预计可实现产值350万元，实现利润100万元；引进云南茂生生物科技有限公司入驻南华县，投资4000万元实施日产20吨金针菇和杏鲍菇工厂化标准栽培项目。一期日产12吨金针菇生产线启动厂房建设；引进云南恒泰祥工贸有限公司入驻楚雄市，投资3000万元实施1000万袋黑木耳种植及加工项目。积极协助有关企业拓展越南、泰国等东南亚市场。楚雄林鑫食用菌发展有限公司已取得食用菌等商品自主进出口经营权（获得云南省出口植物性食品原料种植

元谋物茂龙橄新千亩优质葡萄基地　（元谋县志办提供）

基地检验检疫备案证书，自理报检单位备案登记证书和海关进出口货物收发货人报关注册登记证书），公司向越南、泰国、缅甸出口香菇12个货柜，创汇187万美元。

【新型农民创业园建设】 2011年，楚雄州积极探索城镇化后城郊农业发展的新路子，依托楚雄市锦翔食用菌开发有限公司，新增投资600万元，在楚雄市鹿城镇富民枣子园租地289亩，建立“楚雄新型农民创业园”，搭建标准化大棚1300个，生产菌包220万袋、18万平方米，带动农民158户种植香菇，园区生产的香菇已批量采摘供应市场。

［姚国强］

林　　业

【林业发展“十二五”规划】 2011年，楚雄州林业局围绕州委、州人民政府提出的“生态立州”和“建设绿色经济强州”的发展战略，在认真总结全州“十一五”林业工作取得的成绩，分析存在问题和面临形势，及时完善林业发展“十二五”规划，确定“十二五”林业改革发展的目标任务是到2015年，建立起“产权归属清晰，经营主体到位，责权划分明确，利益保障严格，流转顺畅规范，监管服务有效”的现代林业产权制度，使全州森林覆盖率达到63.5%，活立木蓄积量达到1.06亿立方米，林业总产值达到100亿元以上，农民从林业中获得人均收入达到2500元，全州生态状况明显改善，林业产业结构更加合理，产业化程度进一步提高。

【集体林权制度改革】 2011年，楚雄州2901万亩集体林地，确权2868.74万亩，确权率为98.88%，集体林均山到户率达92.5%，集体商品林均山到户率达89.5%；公益林均山到户率达96.1%，发放林权证41.68万本；集体统一经营管理的面积占集体林面积的6.4%。调处林权纠纷17002起、面积105.71万亩，林权纠纷起数调处率和面积调处率分别达98%和95.5%。全州10县（市）按照统一要求完成了林权流转服务中心建设，完善了省、州、县统一的、标准一致的管理规范的林权信息和林权管理服务系统。全州林权流转宗地3464宗，流转金额15166万元，流转面积52.56万亩，林权抵押面积14.74万亩，抵押贷款20316万元，其中成立林农专业合作社1501个，加入合作社农户83139户，合作社经营林业面积370.27万亩。

【森林资源保护管理】 2011年，楚雄州县级林地保护利用规划工作基本完成，州、县林业主管部门按《行政许可法》等规定，依法办理征占用林地、采伐林木审核、审批工作，强化对森林植被恢复费的征收管理。天保工程区人工商品林采伐试点和森林采伐管理制度改革扎实推进。森林公安深入开展了严打专项行动，涉林违法犯罪活动得到有效遏制，共查处各类破坏森林资源的案件1633起，打击处理违法犯罪人员1567人，挽回经济损失958万元。

【森林防火】 2011年，楚雄州共发生森林火灾14起，其中一般火灾13起、荒火1起，过火面积85.51公顷，受害森林面积1.82公顷，受害率为0.001‰，火案查处率为92.8%，处置卫星热点11个。森林防火工作与上年同期相比，火灾次数下降75.4%，过火面积下降95.9%，受害面积下降99.3%，受害率下降0.18‰，卫星热点和航护火点下降77.6%，火案侦破提高12.1%。森林火灾应急处置成效突出，火灾当日扑灭率达100%，杜绝了较大和重、特大森林火灾，未发生因森林火灾导致的人员伤亡事故。经考核，获省政府2011年度“责任状”考核二等奖，在全省16个州（市）中排第六名。

【林业有害生物防治检疫】 2011年，楚雄州共发生各种林业有害生物13.06万亩，防治11.09万亩，防治率达84.8%，发生率0.42%，成灾面积1.07万亩，成灾率0.35‰。

【中低产林改造】 2011年，楚雄州林业系统继续抓好中低产林改造工作，按计划完成中低产林改造40万亩，其中采伐更新2万亩、树种更替8万亩、森林抚育20万亩、其他改造10万亩。全州共投入中低产林改造资金达5395.37万元。

【科技兴林】 2011年，楚雄州林业系统共推荐上报科技推广项目7项，其中国家级推广示范2项、标准化示范区项目1项，省级科技成果推广项目4项；组织实施了楚雄州小烤房烘烤核桃技术示范推广、核桃幼树规范化管理技术示范、云南大姚三台核桃云新系列核桃良种推广示范、三台核桃良种推广和美国山核桃引种试验等5个项目，开展了楚雄州油茶种质资源调查，筛选采集了59份优树样果送云南省分析测试中心进行检测，检测结果平均粗脂肪含量（含油率）达52.61%，均超过国家相关标准；编制上报了松茸保育及规范化采收技术规程和核桃产业综合技术开发及产业化项目成果。年内，全州共举办各种林业科技培训班42次，参与培训的林农达4550余人。

【楚雄州天然林资源保护二期工程县级实施方案通过评审】 2011年12月26～27日，楚雄州人民政府组织州发改委、州财政局、州林业局等相关部门，并邀请省林业厅有关领导和专家，对各县（市）天然林资源保护二期工程实施方案进行了评审。评审组认为，在各县（市）委托国家林业局昆明勘察设计院编制完成的实施方案中，工程建设规模、投资与上级下达的计划一致，森林管护任务明确，公益林建设任务具体，责任落实到位，技术可行，符合《天然林资源保护工程二期云南省县（局）级实施方案编制提纲》的有关规定和各县（市）的实际，同时统筹安排了重点森工、地方森工、国有林场、自然保护区的任务和资金。森林管护基础设施、设备购置及估算的管护费用测算合理，社会保障措施具体，实施方案提供的材料和数据详实，图、表齐全，技术措施和投资概算等内容能够满足工程建设的需要，同意通过评审。

【营建“杨善洲纪念林”暨义务植树活动启动仪式】 2011年6月17日，楚雄州营建“杨善洲纪念林”暨义务植树活动启动仪式在楚雄市东瓜镇青山嘴水库环库公路沿线启动。州委书记张太原，州委副书记、州人民政府代理州长李红民，州人大常委会主任卢显林，州政协主席延荣科等州党政领导出席启动仪式并参加义务植树活动。楚雄军分区、武警楚雄州支队、州消防支队官兵，州绿化委员会成员，州委组织部和州委创先争优领导小组办公室全体工作人员，州委办公室、州林业局、州公安局干部职工，州直机关工委组织的党员先锋队，团州委组织的青年突击队，州妇联组织的巾帼志愿队等共300多人参加启动仪式。

【第五批楚雄茶花新品种通过鉴定】 2011年2月16日，第五批楚雄茶花新品种鉴定命名会议在州林业局召开，经与会专家认真讨论、筛选，确认11个楚雄茶花新品种，即：08之春、紫丹、紫芬、紫斑、鹿城红、牛山粉蝶、牛山茶王、牛山红、九台红、百泽和保山郡主。其中，百泽和保山郡主属人工培育，其余9个为野生变异品种。

【《楚雄州林业志》（1988～2007）出版】 2011年8月，《楚雄州林业志》（1988～2007）出版。该志由楚雄州林业局编纂，内部出版，志书约80万字，图文并茂，共分12章，上限始于1988年1月，下限止于2007年12月，部分内容适当延伸。突出全州林业工作特点和重点，翔实记述了楚雄州20年林业发展历程。是继1989年出版《楚雄州林业志》之后续修出版的又一部林业专业志。

［杨发民 董存丽］

水 利

【水利工作概况】 2011年1月8日，新组建的楚雄州水务局正式挂牌成立。根据州委、州人民政府《关于楚雄州人民政府机构改革的实施意见》，在此次机构改革中“组建州水务局，为州政府工作部门。将州建设局的城市供水、节水、排水、污水处理职责和州水利局除渔业行政管理外的其他职责，整合划入州水务局。不再保留州水利局。”年内，州水务局认真贯彻落实省委、省政府“兴水强滇”战略决策，紧紧抓住部省共建楚雄州山区水利发展与改革示范区的机遇，加快推进重点水利工程项目前期工作、水源工程、病险水库除险加固、灌区节水改造、水土保持生态环境治理、中小河流整治、小型农田水利、农村人畜饮水安全、水利改革等各项工作。全州动工修建各类水利工程3.99万件，完成3.97万件，投入劳动工日2126万个，完成土石方3818万立方米、砼61.45万立方米，预计全年完成水利固定资产投资15.6亿元，较年度目标任务完成水利固定资产投资15亿元增加0.6亿元，增长4%，超额完成了省水利厅、州人民政府分别下达年度完成水利固定资产投资14.6亿元和14.39亿元的目标任务，新增有效灌溉面积5.52万亩、节水灌溉面积5.93万亩，改造中低产田地面积3.27万亩，解决了农村15.07万人口和学校2.97万师生饮水安全问题，治理水土流失面积561.3平方千米。建设“五小”水利工程3.61万件。

【烟草水源工程项目争取】 2011年，楚雄州水务局抓住国家烟草专卖局加快以水源工程为重点的烟区基础设施建设的机遇，积极争取将禄丰西河、大姚红豆树和大坡、武定羊旧、牟定丰乐、双柏螃蟹冲、楚雄罗苴美等7件中小（一）型水库列入了国家烟草专卖局2011年烟草水源工程建设计划。占国家烟草专卖局当年批准全省建设16件烟草水源工程项目总数的43.8%，计划争取烟草补助资金5.45亿元。

【冬春农田水利基本建设】 2011年，楚雄州积极推进农田水利基础设施建设。全州累计完成农田水利建设投资10.53亿元、投入工日1796万个、完成土石方2614万立方米，修复水毁水利设施509处，新修防渗渠道751千米，加高加固堤防40千米，疏浚河道184千米，新修或改造泵站28座，新增灌溉面积2.63万亩，改善灌溉面积28.54万亩，改造中低产田3.54万亩，治理水土流失面积168.8平方千米，建设村镇供水工程1204处，解决农村20.23万人饮水安全。

【水利项目前期工作】 2011年，楚雄州大姚红豆树和大坡、禄丰西河、武定羊旧、牟定丰乐、双柏螃蟹冲、楚雄罗苴美7件烟草水源工程前期工作全面完成，并通过国家烟草专卖局审查。其中，羊旧、丰乐2件工程烟草补贴资金已经国家烟草专卖局（公司）核定，羊旧水库核定补贴资金10687.24万元，丰乐水库核定补贴资金3460.46万元。永仁阿朵所水库列入了全省计划开工的40件骨干水源工程项目，争取到省下达补贴资金1700万元。元谋坛罐窑中型水库可行性研究报告已经省审查，楚雄中石坝、武定仁和、元谋龙街河3座中型水库项目建议书已基本编制完成，大姚桂花、南华小箐河、禄丰罗申河3座中型水库设立了水文观测站，牟定远河、永仁直苴2座中型水库正在抓紧建设水文观测站；禄丰梅域村小（一）型水库前期工作已全面完成，姚安大麦地、元谋挨小河、南华代家箐、大姚木卡拉等一批小（一）型骨干水源工程可研已基本编制完成。蜻蛉河姚安坝段、沙甸河双柏妥甸段、星宿江禄丰金山坝段等4件中小河流治理项目初步设计已完成。224件小（二）型病险水库完成了安全鉴定，213件水库完成了初步设计。禄丰和楚雄第一、二批小型农田水利建设重点县2011年建设方案已经省批复，第三批元谋小型农田水利重点县高效节水灌溉试点县建设方案、楚雄和南华2011年小型农田水利专项工程建设方案、永仁县永定中型灌区续建配套与节水改造工程可行性研究报告已通过省审查。永仁、双柏、武定3县0.1～1万亩小型灌区建设，元谋小跨山、小丙岭片区节水灌溉项目实施方案以及楚雄、元谋小型农田水利重点县2012年建设方案编制完成。

【水土保持】 2011年，楚雄州积极开展水土保持治理与预防监督工作。全年完成防治水土流失面积561.3平方千米，占下达治理计划面积560平方千米的100.2%，完成投资7625万元。开展水土保持监督执法677次，检查开发建设项目465个，收取水土保持设施补偿费190.68万元。世行项目建设和提款报账快速推进，累计治理水土流失面积211.4平方千米，占批复计划数的95.11%，累计完成投资13106.54万元，占核定概算数的98.18%，提款报账贷款回补5072.6万元，占应提款报账的99.33%。

【抗旱蓄水】 2011年，楚雄州面对蓄水严重不足的严峻形势，千方百计增加库塘蓄水。对全州9座中型水库、92座小（一）型水库、254座小（二）型水库、8296座小坝塘和31.17万个小水池（窖）采取措施增加水源。州级筹措1400万元用于库塘增蓄工作，其中动用州长预备金1000万元、州烟草公司支持400万元。按照每引水增加1万立方米补助500元，每提水1万立方米补助2000元，每灌满1个小水池（窖）补助20元的标准，专门用于库塘增蓄。抓紧

2011年楚雄州大中型水库蓄水进度统计表

单位：米、万立方米

县（市）	工程规模								2011年					上年同期
	水库名称	坝高	总库容		正常库容		死库容		计划蓄水		实际蓄水		占计划%	
			水位	库容	水位	库容	水位	库容	水位	库容	水位	库容		
州管	青山嘴（大型）	41.50	40.84	10805	35.00	6578	21.60	955	34.01	6000	31.89	4776	80	5199
	大海波	38.75	38.00	3300	33.00	625	19.50	4	32.80	600	31.81	489	82	625
	塘房庙	48.50	47.42	3228	45.50	2860	14.00	70			27.80	737		2313
楚雄	九龙甸	40.30	40.00	7043	35.50	5393	9.40	257	35.00	5223	24.38	2283	44	3933
	西静河	60.00	59.21	1123	56.30	970	25.30	72	56.30	970	39.52	337	35	363
牟定	庆丰	25.50	24.77	1147	23.50	998	11.66	49	23.20	795	16.69	243	31	301
	中屯	47.50	47.00	1100	44.60	958	20.20	110	44.60	958	29.57	320	33	756
	龙虎	68.30	63.40	1370	59.36	1137	25.30	95	57.45	833	36.90	254	30	438
南华	毛板桥	21.30	20.51	1490	19.10	1156	10.31	139	19.10	1156	16.59	723	63	1210
	老厂河	49.50	47.70	1573	42.10	1175	17.50	184	42.10	1175	30.45	556	47	634
姚安	洋派	17.50	16.16	4000	15.16	3660	2.50	45	6.96	1072	7.45	600	56	1439
	胡家山	39.00	35.80	1310	32.25	1028	8.63	32	31.27	964	20.39	358	37	403
	红梅	48.80	47.08	1592	44.80	1394	21.70	375	38.85	921	29.48	406	44	434
大姚	白鹤	26.00	25.11	1043	22.50	781	11.60	120	22.50	781	19.01	527	67	781
永仁	麻栗树	31.50	30.67	2422	28.30	1931	10.90	52	24.16	1178	16.46	357	30	848
	尼白租	54.30	53.64	3158	50.34	2597	27.00	349	41.50	1340	32.32	535	40	1648
元谋	河尾	21.00	19.50	1469	18.00	1206	1.50	2	18.00	1206	14.25	671	56	1206
	丙间	43.10	39.70	1778	39.40	1736	8.40	20	38.50	1615	34.69	1167	72	995
	猛连	44.40	43.45	1045	43.15	1016	20.40	75	42.11	927	36.10	554	60	671
	麻柳	55.80	53.50	2006	51.50	1779	23.00	104	51.00	1723	35.80	481	28	1422
	丙巷河	84.70	83.91	1401	76.95	1010	54.00	255	76.99	963	68.48	645	67	665
武定	新村	31.89	30.66	2307	27.41	1712	7.00	94	27.30	1695	21.92	993	59	1429
	己衣	85.20	84.37	1261	75.92	874	60.60	385	74.80	828	46.63	544	66	884
禄丰	东河	24.00	23.23	4316	17.00	1325	10.32	131	17.00	1325	17.38	1467	111	1325
	石门	60.15	59.98	1734	56.93	1367	38.30	302	49.55	787	47.16	596	76	936
	沙龙	64.30	63.77	1259	59.71	1049	23.00	89	46.65	540	33.60	244	45	159
合计				64280		46315		4365		35575		20863	1359	31017

建设一批抗旱应急供水工程，双柏县城白竹山引水工程、姚安县栋川镇大龙口片区集镇联通供水工程和大姚县城白鹤水库提水应急工程开工建设。截至12月27日，全州共投入抗旱51.45万人，机电井420眼，泵站565处，机动抗旱设备1.55万台套，机动运水车辆4950辆。投入抗旱资金5981.9万元，投入抗旱用电185万千瓦时，抗旱用油339吨，抗旱浇灌面积93万亩，累计临时解决了28.9万人、12.43万头大牲畜饮水困难。

【水利管理与改革】　2011年，楚雄州完成水利改革工程179557件，占摸底调查改革总件数349264件的51.41%。完成承包1671件、租赁54件、股份合作1件、拍卖545件、用水合作组织管理7111件、委托管理24450件、其他145723件。已发放产权证128362件占完成数179557件的71.49%。改革回收资金628万元，通过改革带动群众投工投劳51246个，投资1224万元。大姚、南华、牟定、元谋4个县完成农村小型水利工程管理体制改革工作，通过县级验收。

【水政执法】　2011年，楚雄州组织10县（市）开展了“水资源管理专项执法检查”、“河道管理专项执法检查”、“水资源费征收专项执法检查”、“饮用水水源地保护专项执法检查”四项专项执法检查活动。全年共征收水资源费项目10个，完成水资源费征收169万元，占全年任务120万元的140%；完成水资源论证报告审批5件，行政许可审批8件。调处水事纠纷90余起，处理水事违法案件45起，其中现场处理43起、立案2起。

【重点水源工程】　2011年，楚雄州在建大、中、小（一）型水库共16座。青山嘴大型水库建设任务已完成。4座中型水库中牟定龙虎水库实施大坝补强灌浆；禄丰沙龙水库实施补强灌浆及引洪渠工程施工；永仁尼白租扩建工程通过验收，开始移民安置搬迁及验收准备工作；姚安下口坝水库扩建工程溢洪道开挖完成，大坝填筑至1969米高程，开始溢洪道浇筑、上游坝坡砼铺设和大坝两坝肩灌浆；11座小（一）型水库中河口河水库实施大坝回填、灌浆及输水渠道建设；南华龙山水库完工，进入工程结算；双柏木老虎主体工程完工，开始引洪工程建设；永仁他克水库进入溢洪洞钢筋混凝土浇筑及大坝一期回填；大姚大坡管道工程完工投入运行；武定分洲水库进入工程扫尾工作；南华县羊成水库着手输水隧洞衬砌、大坝清基及溢洪洞开挖；禄丰老鸦关水库进入导流输水隧洞及大坝填筑施工；双柏新华水库进入大坝二期回填，溢洪道及引水渠建设和抽水管路安装；牟定中锋水库进入输水隧洞施工；永仁阿朵所水库开工建设。

【病险水库除险加固】　2011年，楚雄州病险水库除险加固工作进展顺利。武定己衣水库全面完工，牟定中屯水库和元谋麻柳水库开工建设。规划内79座小（一）型病险水库全面完成除险加固建设任务。新编规划内39座小（一）型病险水库除险加固工程中，2010年下达投资计划的19座水库除楚雄市中土坡水库外，其余18座全面完成建设，下闸蓄水。2011年4月下达投资的20座水库已完成双柏小庙河、小黑箐2座水库建设任务，其余开始施工建设，完成投资5382.12万元，占批复投资10361.3万元的52%。50座重点小（二）型病险水库除险加固工程有15座水库主体工程完工，完成投资5339.25万元，占批复总投资的36%。70座一般小（二）型病险水库除险加固工程开始施工。

［李雪花］

青山嘴水库工程建设

【青山嘴水库建设工程全面完工】　2011年，楚雄州青山嘴水库工程在主体工程于2009年底全面完工的基础上，枢纽区道路、边坡喷护、大门、绿化及管理所防雷等最后一批附属工程相继完工，至此青山嘴水库建设工程全面完工。

【水库工程结算】　2011年，青山嘴水库工程以抓好单项工程验收，实现水库总体验收条件为工作。多次召开参建单位会议，要求全体人员进一步统一思想认识，扎扎实实抓好各项工作；将工程施工单位及监理单位全部集中到局机关统一上班，统一管理，做到一站式服务，努力加快工程结算进程；针对工程结算中发现的问题及施工、监理方提出的困难和要求，及时召开会议研究解决办法，确保结算工作顺利推进；严格要求，认真负责地对结算中涉及各方利益的争议部分，多次召开会议，与工程施工、监理、设计、质检等相关各方展开多次谈判与协调，力求结算工作做到客观真实，符合规定和要求；坚持结算一件送审一件的原则，将完成结算工作、具备审计条件的项目及时送审计部门进行审计。至年末，分部工程已全部进行了验收并经核定。青山嘴水库枢纽工程共完成了主坝、副坝、溢洪道、输水隧洞、导流泄洪隧洞、防护堤及橡胶坝和其他工程共7个单位工程47个分部工程，47个分部工程全部合格，其中优良分部35个，优良率74.5%。

【水库运行】　2011年，青山嘴水库工程建设管理局切实加强水库的运行管理。做到任务、责任到人，水库运行管理的每个重要环节都有相应的责任人负责，确保水库调度工作万无一失；坚持水库24小时值班制，局领导带班，全局人员轮流进驻水库工地值班；坚决按照州人民政府及州人防办的安排，切实做好防汛抗旱工作和水源调度，多次向楚雄市和元谋县供水，充分发挥了青山嘴水库在防洪保安、抗旱救灾、农业生产及调节城市景观用水等方面的重要作用，为当地经济和社会发展作出了贡献。

【库区森林管护】　2011年，楚雄州持续遭遇大旱，库区森林防火形势十分严峻，青山嘴水库工程建设管理局按照州委、州人民政府的统一要求，认真落实好库区森林防火工作任务。把20名库区管护员分为7个点，对淹没线以上4.3万亩林地分片包干进行管护；密切配合，协调各方，建立群防群治的森林防火联防应急机制，同水库周边的3个乡（镇）6个村委会及35个村民小组协同防范和管理，做到信息互通，发生火情应急迅速；加大宣传力度，散发宣传资料，对在库区违反用火规定的人员进行说服教育，不断提高进出库区人员及库周群众的森林防火意识；加强领导，狠抓落实，建立健全24小时防火值班制度，管理局干部职工同库区管护人员上下联动，加强监管，形成有效的护林防火监管体系；积极做好对管护人员防火技能的培训，建立一支管防并举的森林防火应急队伍，积极争取州、市林业部门的支持，储备了一批必要的森林防火器材物资。年内，出现火情2起，较上年有了明显减少，未发生人员伤亡和财产损失，未引发重大山林火灾。

青山嘴水库充分发挥蓄水抗旱作用　　（朱卫明/摄影）

【库区耕地管理】　2011年，随着青山嘴水库移民搬迁工作的全面完成，移民耕地大量闲置，由于水库周边土地灌溉条件较好、平整，出现了库周群众抢种移民耕地的现象。管理局积极同东瓜、吕合2镇进行协调，采取有力措施，利用召开村小组会议等形式作认真宣传并挨家挨户做工作，通过耐心细致的说服教育，绝大多数群众积极支持管理工作，耕地得到有效管护。

【库区航运码头】　2011年，青山嘴水库工程管理局为完善库区水陆交通网建设，积极争取云南省海事局的支持，规划投资971万元的青山嘴水库航运码头建设项目已列入省级补贴规划，年末初步设计工作完成，施工图已通过了专家评审，即将开工建设。

【库区移民信访】　2011年，青山嘴水库工程建设管理局高度重视移民群众来信来访及突发性事件的处置工作。对移民反映的问题深入调查了解，及时掌握第一手材料，依法依规妥善处理，及时化解矛盾，做到事事有回音，件件有落实；高度重视移民群体性突发事件，对存在的实际问题及时协调化解，对群体性事件的苗头倾向及时与有关方面沟通协调，建立信息互通机制；对重点信访及群体性突发事件领导第一时间到场参与协调解决，努力把事态控制在可控范围。年内除接待和处理好多起到青山嘴水库管理局上访的事件外，还与州、市信访局、移民局及东瓜镇政府一同，重点对邓跃荣多次上访问题进行了专题研究和调查处理，案件得以息访；积极配合楚雄市维稳部门做好发生在库区的几起群体性突发事件的处置，使事态得以平息；按照州人民政府统一安排，及时抽调5名干部参与做好粟子园移民上访处理工作。

【库区发展规划】　2011年，青山嘴水库工程建设管理局为充分发挥水库功能，有效利用库区资源，确保移民稳定，向州人民政府请示启动青山嘴水库后期相关专项规划，即青山嘴水库库区及上游水环境保护及净水规划、青山嘴水库移民稳定安民规划、青山嘴水库供水规划和青山嘴水库水利风景区规划。

【库区污染治理】　2011年，青山嘴水库工程建设管理局为有效控制上游面源污染，有效保护和净化水质，委托云南今禹生态工程咨询有限公司编制了《楚雄州青山嘴水库库区及上游面源污染治理项目可行性研究报告》，以龙川江干流为主线，以青山嘴水库上游水区为研究范围。项目区共涉及楚雄市吕合镇、紫溪镇、东瓜镇和南华县龙川镇、沙桥镇、雨露乡、五街镇在内的7个乡（镇），40个村委会和289个村民小组，以及青山嘴水库库区总投资1.38亿元。

［周荣志］

（责任编辑：罗相海）

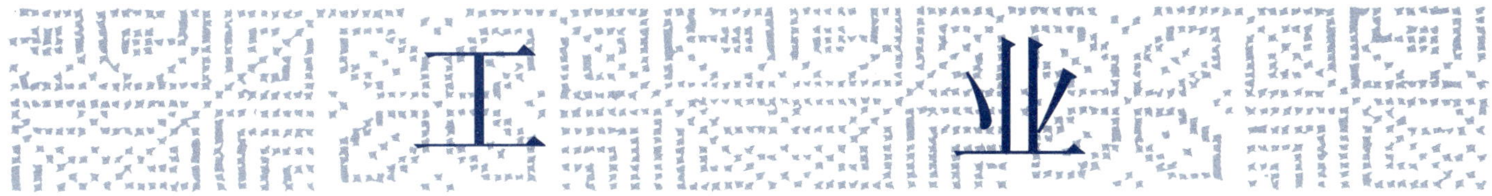

工业

工业经济综述

【工业经济发展概况】 2011年是楚雄州工业和信息化委员会组建的第一年，也是工业和信息产业发展面临困难较多、外部环境变化较大的一年。全州工信系统在中共楚雄州委、州人民政府的正确领导下，在培产业、转方式、上项目、强基础、增效益、谋发展上狠下功夫，坚持以科学发展观为指导，实施“工业强州”战略，以加快工业和信息化科学发展为主题，结构调整为主线，深化改革为动力，项目建设为支撑，园区建设为平台，大力培育优势特色产业，推进技术创新，工业经济呈现平稳较快增长，各项工作取得较好成绩，实现了工业和信息化发展“十二五”的良好开局。全州规模以上工业完成产值353.3亿元，比上年增长22.5%；实现增加值126亿元，比上年增长14.7%，完成省下达年度任务120亿元的101.7%；实现主营业务收入338.8亿元，比上年增长22.7%，完成年度任务340亿元的99.7%；实现利税总额79.4亿元，比上年增长15.6%，完成年度任务83亿元的95.7%；实现利润总额21.9亿元，比上年增长11.7%，完成年度任务22亿元的99.7%。重点工业企业发展壮大，规模以上企业（年销售收入超过2000万元）户数达到123户。产值超亿元的企业达到51户，其中超10亿元的企业达到6户。原煤、铜、中成药产量大幅增长，其中农用化肥（折纯）、中成药产量的增长幅度分别达到了12.7%和40.7%。县域工业全面发展，牟定、南华、姚安、永仁、元谋、武定、楚雄经济开发区规模以上工业增加值的增长幅度超过20%，楚雄开发区和姚安县的增长速度达到30%。楚雄州工信委在抓好工业和信息产业发展的同时，各项机关工作业务也得到全面加强，再次被州精神文明办命名为州级文明单位。

2011年12月1日，滇中四城市在昆明市举行滇中城市群昆玉、昆楚、昆曲工业和信息化一体化发展合作协议签字仪式　　（州工业和信息化委员会提供）

【重点产业发展】 2011年，楚雄州把培强做大优势特色产业作为推进工业结构升级、提升工业竞争力的重要抓手，强化行业指导、加大资金扶持力度，认真做好贷款、电力、运力等方面的协调保障工作，促进了重点产业发展。烟草及配套、冶金化工、绿色食品加工、生物医药、机电装备制造、新能源新材料等六大重点产业实现产值330.5亿元，比上年增长23.8%。其中，烟草及配套业实现产值84.6亿元，增长17.2%；冶金化工业实现产值193.8亿元，增长21.0%；绿色食品加工业实现产值28.6亿元，增长21.0%；生物医药业实现产值10.7亿元，增长45.7%；新材料业实现产值3.3亿元，增长182%。

【企业技术创新】 2011年，楚雄州工业和信息化委员会重点推进实施项目50个。大功率直流密闭电炉冶炼高钛渣、氯化法钛白粉、镁还原蒸馏海绵钛、艾萨炉炼铜、钛卷板轧制等一批生产设备和工艺技术达到国内领先水平；被认证为省级企业技术中心5家，其中年内认定的有金碧制药有限公司、大姚亿利丰农产品有限公司；《中国彝医方剂学》编著出版，《中国彝医临床学》完成初稿会审；获得国家药品、保健食品批准文号各1个，“老拨云堂”商标被公告为“中国驰名商标”，“牟定腐乳”、“南华松茸”获得国家地理标志证明商标，云南广泰生物科技开发有限公司“摩尔农庄”，云南牟定正兴（集团）有限公司“喜鹊窝”等10个商标20个品种认定为云南省著名商标，元谋县蔬菜有限责任公司生产的无公害蔬菜进入云南省名牌产品名单。

【工业项目建设】 2011年，楚雄州以项目建设为支撑，扎实推进50个重点工业项目的实施。41个续建项目中已有楚雄昆钢奕标新型建材有限公司年产90万吨水泥粉磨站和120万立方米商品混凝土建设、老拨云堂药业有限公司医药研发中心建设、华鑫化工有限公司年产30万吨过磷酸钙生产线建设、禄丰江达磷化学有限公司年产7.7万吨精细磷酸盐系列产品生产线、金恒宇电源有限公司年产50万只启动用铅酸蓄电池生产线一期工程、禄丰正江工贸有限公司年处理2.5万吨含稀贵金属废渣综合开发利用一期工程等项目竣工投产；新立公司禄丰钛业分公司年产6万吨氯化法钛白粉、1万吨海绵钛生产线建设、昆钢钛材深加工基地建设钛锭生产线工程等项目正在推进实施。计划新开工项目中，永仁县珈泰经贸公司年产70万吨球团生产线建设，楚雄矿冶股份有限公司六苴矿床“刀把”Ⅲ Ⅳ期找探矿、云南兴棱矿业有限公司年产10万吨钛铁系列耐磨材料技改扩建、永仁众合钒钛公司利用“三废”资源生产优质钒钛铸造件产品生产线建设等项目已开工建设。完成工业投资112.9亿元，同比增长33.6%，完成年度考核目标109.84亿元的102.8%。

【对外开放与合作】 2011年，楚雄州工业和信息化委员会积极参与云南“桥头堡”和滇中城市经济圈建设，提出了建设冶金化工产业基地、彝药研发生产基地、绿色食品加工基地、机电装备制造业基地、新能源新材料产业基地的目标。加强与大企业集团的合作，州人民政府分别与中国医药工业研究总院、中国华能集团公司、东源煤电股份有限公司、中国移动云南公司建立了战略合作关系。楚雄州工信委与昆明市工信委签订了工业和信息化一体化发展合作协议。由中广核集团投资4.83亿元装机容量4.95万千瓦的牟定风屯风电场建成投产，元谋雷应山风电场建设项目正在推进，牟定大尖峰风电场开工建设。州委、州政府高度重视楚烟企业发展，争取到2万箱卷烟生产指标。

【工业项目扶持】 2011年，楚雄州工业和信息化委员会向国家和省上报扶持项目124个，争取到扶持项目41个，资金5343.1万元。其中，争取到中央扶持项目11个，扶持资金2042.1万元；争取到省级扶持项目30个，扶持资金3301万元。争取到州级财政安排工业专项资金3873.64万元支持企业技改、中小企业发展、重点产业建设、工业园区规划和标准厂房建设。

【楚雄州工业发展“十二五”规划通过省级审核】 2011年，楚雄州工业和信息化委员会根据中共楚雄州第八次党代会精神、云南“桥头堡”和滇中城市经济圈建设提出的新要求，对涉及工业和信息化发展的5个综合性规划和15个专项规划进行了认真的修改完善。5月13日，省工信委副主任王兴宁主持召开了《楚雄州工业发展“十二五”规划》省级评审会议。会议听取了州工信委就《楚雄州工业发展“十二五”规划》编制情况的说明，省工信委领导和有关专

2011年楚雄州规模以上工业经济发展目标完成情况

单位：万元

县（市）	工业增加值			主营业务收入			利税总额			利润总额		
	实际完成	完成计划（%）	同比增长（%）	实际完成	完成计划（%）	同比增长（%）	实际完成	完成计划（%）	同比增长（%）	实际完成	完成计划（%）	同比增长（%）
楚雄市	794825	102.0	17.0	1647815	101.1	21.8	607788	105.5	23.2	102837	131.7	48.9
其中：开发区	142312	100.1	22.4	633896	108.1	40.2	34351	100.1	34.8	19509	110.8	28.7
除开发区外的非烟工业	114413	102.9		342174	91.2	10.2	31834	79.0	8.6	18512	86.1	-2.5
双柏县	19403	106.6	17.8	82862	89.0	12.2	8891	177.8	133.9	5894	453.4	402.9
牟定县	19322	100.1	21.4	47875	100.2	37.4	5610	100.2	39.5	2455	106.7	33.4
南华县	38366	120.6	26.6	140788	115.5	45.5	13494	111.5	46.7	7497	144.2	67.2
姚安县	7751	117.4	34.6	22630	130.1	63.8	279	27.9	-62	-605	-605.0	增亏408.4
大姚县	73320	105.0	13.9	254112	100.2	26.3	29264	102.0	34.7	16179	117.2	35.2
永仁县	8371	102.1	21.7	29009	119.4	50.1	1814	106.7	53.1	204	102.0	23.6
元谋县	21470	143.1	41.0	86112	120.1	46	7566	118.2	55.2	3824	173.8	98.2
武定县	25222	119.0	20.0	72033	103.9	31.1	8243	101.8	34.1	4337	100.9	16.7
禄丰县	253990	109.0	6.2	1004864	92.9	17.7	111314	59.9	-21.6	76810	67.4	-24.8
全　州	1259658	105.0	16.2	3388100	99.7	22.7	794263	95.7	15.6	219432	99.7	11.7

家分别就规划提出了进一步修改完善的意见和建议，使楚雄州的发展规划更加科学、合理。

【盐务管理】 2011年，楚雄州盐务管理部门积极采取多种形式开展盐业法制宣传，进村入户，深入厂矿企业、田边地头、校舍厨房做好食盐专营政策、盐业法规和碘缺乏病防治的宣传工作，发放各类宣传资料2万余份，开展现场咨询服务1130余人次。盐务执法人员认真履职，进一步完善了“两商两户”管理系统，严格行政许可审批和食盐零售许可证管理制度，对辖区市场进行定期不定期的执法检查，组织重大节日和销售旺季专项整治行动，对食盐零售商店、食品加工用盐企业、学校食堂、餐馆、超市和副食品批发市场、农贸市场进行了拉网式检查，保证了辖区内人民群众的食盐消费安全，查处盐业违法案件36件，没收违法盐产品27.15吨，有效打击了盐业违法行为，净化了盐业市场。

【经济运行分析监测】 2011年，楚雄州工业和信息化委员会为确保工业经济较快增长，健全和完善了工业经济、非公经济、乡镇企业运行分析制度，适时召开会议，进行经济运行分析，强化工业发展目标完成情况、重点工业行业和重点企业经济运行情况、重点技改项目实施进展情况的跟踪监测，加强经济数据统计监测、分析研究国际国内经济发展形势，及时掌握发展动态，针对存在的问题及时研究对策，采取行之有效的措施，工业经济调节的针对性、有效性进一步增强。

【要素协调保障】 2011年，楚雄州工业和信息化委员会狠抓要素协调保障工作，严格执行计划用电政策，充分利用现有的经济和技术手段，优化用电结构、精心调度，确保了电网的安全稳定运行和居民生活、农业生产、市政公用、重点工程、重点单位的用电。加强运力协调工作，坚持铁路运输联席会议制度，加强与铁路部门的合作，保障了全州工业品及果蔬的外运。企业融资协调工作力度进一步加大。向银行业金融机构推介68个贷款项目，申请贷款21.5亿元。通过贷款担保融资公司担保贷款7.45亿元，涉及项目160余个，担保贷款金额和项目数量比上年增长1倍。

【组建州工业和信息化委员会】 2011年，中共楚雄州委、州人民政府于年初宣布成立州工业和信息化委员会，将原州经济委员会、州信息产业办公室、州委企业工作委员会的主要职能职责划归州工信委。11月10日至12月30日，州工信委在接到州编委关于州工信委“三定方案”的批复后，及时根据《中共楚雄州委、州人民政府关于楚雄州人民政府机构改革的实施意见》和《关于印发楚雄州工业和信息化委员会职能配置内设机构和人员编制规定的通知》文件精神，按照州委组织部《关于在政府机构改革中推行内设机构领导干部竞争上岗工作的通知》文件要求，进行了内部机构改革，重新调整划分了内部科室、工作岗位、人员编制及其职能职责，开展了科级领导职位“竞争上岗”和普通职工“双向选择”工作，有25人走上了25个科室编制的科长岗位，15人走上了副科长岗位，35名职工通过“双向选择”到了相应的科室工作，圆满完成了本次机构改革工作任务。

［雷文生］

产业发展管理

【与大企业大集团合作】 2011年，楚雄州在加强与红塔集团、云冶集团、云铜集团、云天化集团、四川德胜集团等大企业合作的基础上，加快与昆明钢铁控股有限公司的战略合作，建设2万吨/年钛材深加工项目一期工程已竣工投产，云南昆钢重型装备制造集团有限公司年产20万吨民用住宅钢结构及配套生产线一期已建成投产；与云南工业投资控股集团有限责任公司合作，计划投资55亿元对禄丰县仁兴镇褐煤资源整合开发，拟建年产500万吨原煤及深加工项目正在推进，其中年产10万吨炭质还原剂项目已于2009年12月19日开工，预计2012年上半年竣工投产。

【大项目建设】 2011年，楚雄州大项目建设工作进展顺利。云南新立有色金属有限公司8万吨/年高钛渣项目、楚雄滇中有色金属有限责任公司年产10万吨粗铜及30万吨硫酸项目已建成投产，云南新立公司在禄丰实施的年产6万吨氯化法钛白粉、年产1万吨海绵钛生产线建设、云南钛业股份公司钛材深加工钛锭生产线、楚雄矿冶股份有限公司年自产有色金属总量5万吨（铜金属矿3万吨）技改、云南星焰公司牟定郝家河铜矿开发及选厂技改建设等大项目进展顺利。云南澜沧江酒业集团楚雄有限公司年产20万吨啤酒生产线建成投产后，2011年达产13.06万吨，力争3年后达到20万吨的产量。

【产业转移承接合作】 2011年，楚雄州产业转移承接合作迈上了新的台阶。7月18日中智公司与楚雄州人民政府在北京市华侨大厦签订了战略合作协议，拉开了央企入楚序幕。协议的签订为培养楚雄州各领域所需的人才，促进楚雄州重点产业的发展和与国内500强企业的合作创造了良好的条件。与中国广东核电集团有限公司合作投资的牟定县风电项目，一期工程总投资5亿元，装机容量为4.95万千瓦，拟安装33台1500千瓦风电机组，年发电量1.07亿千瓦时的牟定县风屯风电项目于2011年末建成投产。与中国华电集团公司签订太阳能光伏发电项目合作协议，根据合作协议，华电集团永仁公司拟在永仁县维的乡建设太阳能并网光伏发电项目，预计项目总投资12.2亿元；一期建设装机容量5万千瓦机组，占地1356亩，计划建50个1兆瓦的固定式太阳能电池方阵及相关逆变升压设施；项目筹备处已于2011年5月6日正式挂牌成立，项目电网接入已于7月29日取得省电网公司批复。

【松香系列产品开发】 2011年，楚雄弘邦林化有限公司与中粮集团有限公司下属香料公司合作不断深入推进。2006

年6月中粮集团有限公司下属香料公司入驻楚雄，与楚雄弘邦林化有限公司长期合作经营松香、松节油及其下游衍生产品。经过双方共同努力，合作内容已由单一的松香和松节油产品逐渐延伸到松节油分馏、氢化松香、歧化松香、松香胺、二氢月桂烯、松香腈等系列松香产品的合作。年内，双方还就α－蒎烯、β－蒎烯等下游产品深加工项目达成了共识，进入了新的合作阶段。

【石油天然气勘探】 2011年，楚雄与中国石油化工集团公司勘探南方分公司签订战略合作协议，力争在楚雄盆地的石油天然气勘探工作取得实质性突破。协议签订以来，中石化勘探南方分公司对楚雄盆地进行了2次地质调查，开展了油汽保存条件等相关项目的研究，确定了楚雄盆地石油天然气勘探工作的思路。

【重大工业续建项目】 2011年，楚雄州“50项重大工业建设项目”中续建项目41个。楚雄昆钢奕标新型建材有限公司年产90万吨水泥粉磨站和120万立方米商品混凝土建设、楚雄老拨云堂药业有限公司医药研发中心建设、楚雄华鑫化工有限公司年产30万吨过磷酸钙生产线建设、禄丰江达磷化学有限公司年产7.7万吨精细磷酸盐系列产品生产线、云南金恒宇电源有限公司年产50万只启动用铅酸蓄电池生产线一期工程、禄丰正江工贸有限公司年处理2.5万吨含希贵金属废渣综合开发利用项目一期工程等6个项目已完工；云南德胜钢铁有限公司淘汰落后调整搬迁节能减排技改、云南燃二化工有限公司3万吨/年啤酒瓶生产线2个项目已停工；云南云铜铁锋矿业化工新技术有限公司年产1.8万吨采矿药剂生产线、云南金恒宇电源有限公司年产50万只起动用铅酸蓄电池整合技改扩建二期工程、楚雄昆钢奕标新型建材有限公司年产100万吨水泥粉磨站、楚雄昆钢奕标新型建材有限公司日产3000吨新型干法熟料生产线、云南明宇建筑工程有限公司年产5万吨钢结构及配套产品等5个项目未开工；云南新立公司禄丰钛业分公司年产6万吨氯化法钛白粉和年产1万吨海绵钛生产线建设、云南钛业股份公司钛材深加工、楚雄矿冶股份有限公司年自产有色金属总量5万吨（铜金属矿3万吨）技改、云南星焰公司牟定郝家河铜矿开发及选厂技改建设、云南开关厂技改扩建、云南燃二化工有限公司年产8400万瓶（袋）大输液生产线建设、云南禄丰勤攀磷化工有限公司技改扩建、云南岭东纸业有限公司年产35万大箱卷烟条盒商标彩印生产线搬迁技改扩建、禄丰天宝磷化工有限公司年产30万吨饲料磷酸盐建设等28个项目正稳步实施和推进。

【重大工业新建项目】 2011年，楚雄州“50项重大工业建设项目”中新建项目9个。云南茅粮集团30万吨木瓜酒、楚雄烟叶复烤厂技改扩建等项目未开工；大姚鑫盛达饮品公司核桃乳核桃油及其他核桃产品深加工生产线建设、云南云泰机械铸件有限公司机械铸造加工集中区规划建设、云南闽中食品有限公司冷链深加工配送等项目暂无法实施；永仁县珈泰经贸有限公司年产70万吨球团生产线建设、楚雄矿冶股份有限公司六苴矿床“刀把”Ⅲ Ⅳ期找探矿、云南兴棱矿业有限公司年产10万吨钛铁系列耐磨材料技改扩建、永仁众合钒钛有限公司利用三废资源生产优质钒钛铸造件产品生产线建设等项目均已动工。

【工业项目建设管理】 2011年，楚雄州为加快重点工业项目推进工作，促进全州工业投资平稳较快增长，确保完成省、州人民政府下达的工业投资年度工作目标，3月18日州人民政府下发了《关于下达2011年工业经济等责任目标的通知》等文件，明确了年内工业投资目标任务，对各县（市）人民政府及楚雄开发区管委会实行责任目标考核，在年内全州工业和信息化工作会上，州人民政府与各县（市）人民政府及楚雄开发区管委会签订了目标考核责任书。3月14日州人民政府办公室下发了《关于认真做好2011年工业经济10项重点工作50项重点工业项目10项重大项目前期工作的通知》要求全州各县（市）及楚雄开发区切实抓好各项重点工作和重点工业项目推进，确保完成目标任务，3月23日又下发了《关于印发工业经济责任目标考核奖惩暂行办法等6个文件的通知》，明确了对各县（市）人民政府及楚雄开发区管委会工业投资工作考核奖惩办法。州工业和信息化委员会认真抓好落实，将重点项目分解落实到相关科室，建立了有委领导及科室参加的重点工业项目建设领导联系制度，明确领导责任，落实责任科室进行跟踪督查，强化项目管理，抓好重点项目的“前期、实施、验收”三个环节。各县（市）经信局及楚雄开发区经贸局在积极配合抓好重大工业投资项目建设，认真抓好投资1000万元以上的工业项目，推动项目尽快开工建设，通过抓好项目实施，带动县域经济发展，也建立了重点项目的领导联系制度，加强领导，搞好服务，抓紧抓好抓细项目管理工作，及时掌握了解项目进展，积极帮助协调解决项目建设过程中的困难和问题，加快重点工业项目实施，确保目标任务的完成。在认真做好德钢节能减排项目协调服务领导小组办公室具体业务工作的同时做好《楚雄州企业技术创新“十二五”规划》、《楚雄州工业投资发展“十二五”规划》、《楚雄州资源综合利用“十二五”规划》的编制工作。

【工业投资发展平台建设】 2011年，楚雄州突出抓好工业投资发展平台——工业园区建设，打造产业转移承接基地，为加快各工业园区发展，3月，已下达各工业园区年内建设责任目标，在上年责任目标基础上，园区4大类、10项建设指标均增加5%以上。抓好禄丰、楚雄2个省级工业园区和北部永仁工业园区产业承接基地、东部武定工业园区、禄丰工业园区勤丰片区产业承接基地建设，全面加快其他工业园区建设步伐，打造工业投资发展平台。积极抓好全州工业园区《总体规划》和《可行性研究报告》调整修编工作。永仁工业园区产业承接基地《总体规划》和《可行性研究报告》编制工作完成后，现进入园区基础设施建设阶段，同时加大招商引资力度。勤丰片区产业承接基地建设步伐加快，在全面完善水、电、路设施建设的同时，正在引进战略合作者，以“园中园”的形式打造化工产业基地。

【拓展重点项目融资渠道】 2011年，楚雄州创新重点项目建设融资渠道，企业债券发行、股权融资和企业上市培育工作进展顺利。至年末，云南宏源农化股份有限公司、云开电气制造股份有限公司、云南岭东印刷包装有限公司、楚雄汇通古镇文化旅游开发有限公司等企业已完成了清产核资、引进战略合作伙伴、资产重组、股份制改造等工作，注册为股份有限公司，正式进入了上市培育阶段；楚雄老拨云堂药业有限公司、南华云华绿色食品有限公司、楚雄明宏生态科技工贸有限公司、楚雄宏桂绿色食品有限公司、云南广泰生物科技开发有限公司等企业已进入股份制改造阶段；云南路桥股份有限公司已进入上市辅导验收及申报材料阶段。申银万国证券、红塔证券、太平洋证券、东兴证券、厦门同邦资产管理有限公司等券商以及会计师和律师事务所与楚雄州上市培育企业签订了上市战略合作协议。

【企业技术中心建设】 2011年，楚雄州工业和信息化委员会加强指导，推进企业技术进步创新，加快推进“工业强州”战略，促进工业结构调整和产业优化升级，推进工业企业技术创新，积极推进实施工业企业技术创新工程，培育企业自主创新能力与核心竞争力，健全和完善企业技术创新体系，使全州工业企业技术创新能力明显提高，加快企业技术中心建设，积极开展认定工作。年末，已有云南盘龙云海药业有限公司、云南开关厂、云南燃二化工有限公司、云南金碧制药有限公司、大姚亿利丰农产品有限公司5户企业被认定为为省级企业技术中心。楚雄市华丽包装实业有限责任公司、云南德胜钢铁有限公司、云南森源化工有限公司、楚雄老拨云堂药业有公司、云南钛业股份有限公司等5户企业被认定为州级技术中心。

【争取工业投资项目支持】 2011年，楚雄州结合实际情况，在对当年项目进行认真分析研究的基础上，全州共筛选上报工业项目29个，其中企业技术改造项目22个，节能技改示范项目7个。年内已下达9个项目，省扶持资金1543万元。其中，技术改造项目7个，资金1463万元；节能项目1个，资金30万元；可再生能源项目1个，资金50万元。

【老旧汽车更新】 2011年，楚雄州按照《云南省经委关于开展资源综合利用认定证书年检工作的通知》及《资源综合利用优惠目录》的要求，做好资源综合利用认定证书年检及认定初审工作，加强对汽车以旧换新政策实施、汽车报废和换购新车、资金发放、信息统计上报等情况进行跟踪检查和监督管理，确保资金安全、及时发放，用好补贴政策。2009年6月至2011年6月全州符合汽车以旧换新政策的报废车辆为671辆，应发放补贴836.1万元。其中，老旧汽车以旧换新报废车138辆，应发放补贴143.1万元；“黄标车”以旧换新报废车514辆，应发放补贴674.5万元；“20号公告”老旧汽车报废更新报废车19辆，应发放补贴18.5万元。云南省财政厅共下达楚雄州汽车以旧换新补贴资金587.02万元，分别为《云南省财政厅关于预拨2009年汽车以旧换新补贴资金》167.02万元，《云南省财政厅关于预拨2010年汽车以旧换新补贴资金的通知》185万元，《云南省财政厅关于预拨2011年汽车以旧换新补贴资金的通知》235万元，已兑现车主。缺口的资金249.08万元，州财政局已在其他资金中安排下达，州工业和信息化委员会在6月末全部兑现拨付车主。回收报废汽车1018辆，已审核完成老旧汽车更新补贴31辆，预计补助资金40.4万元。

［王家明］

工业园区建设

【工业园区建设概况】 2011年，楚雄州按照“工业上山”的总体部署，调整工业园区规划，全州10县（市）规划调整方案已经通过初审，调整后的工业园区控制面积达343.13平方千米。加大园区基础设施建设力度，强化招商引资工作，积极推动项目入园，着重于标准厂房建设，进一步完善制度体系，认真做好责任目标考核工作，努力化解园区土地督查带来的不利因素，园区经济得到全面发展，超额完成了各项目标任务。10个工业园区共实现工业总产值231.57亿元，同比增长41%；实现销售收入219.6亿元，同比增长38%；实现税收7.88亿元，同比增长15.6%；入园企业工业投资完成40.3亿元，建成标准厂房面积27万平方米。2011年2月前，主要在完善《楚雄州工业园区考核奖励暂行办法》的同时，下达了全年园区建设目标任务，兑现了上年度园区建设责任目标奖惩，举办了全州工业园区建设工作座谈会。完成了2010年度省新型工业化发展专项资金扶持项目绩效评价，受到省审计厅、省工信委好评。9月，州工业园区建设领导小组办公室组织全州10县（市）分管园区建设的副县（市）长、经信局长、园区管理人员到昆明、曲靖、玉溪等先进园区考察学习。12月，州工业园区建设领导小组办公室组织督查组对全州10个工业园区建设推进情况进行专题督查指导。

【基础设施投入】 2011年，楚雄州继续以楚雄、禄丰2个省级重点工业园区建设为重点，加快园区基础设施建设，不断拓宽融资渠道，以建设移交、财政专项资金、抵押贷款、园区开发投资公司融资等多种模式吸引多元资金投入园区水电路等设施建设。10个工业园区完成基础设施建设资金投入4.15亿元。禄丰土官片区“云钛路”及主供水管线等基础设施建设项目验收投入使用，土官片区老鸦关水库扩容建设、金山片区棠海物流建材加工区工业大道建设、禄丰火车站物料场搬迁至棠海新建项目前期工作，以及勤丰片区钛产业基地南、北进场道路后续工作等正在推进；南华、姚安、大姚、元谋、双柏、牟定的工业园区基础设施建设速度加快，园区软硬环境的改善，为工业的规模化、集群化发展创造了条件。

【项目入园工作】 2011年，楚雄州积极推进项目入园工作，以产业和企业招商为重点，不断创新招商引资模式，引进了大批项目入驻各工业园区，全年10个工业园区新引入园区项目59个。主要有华电永仁太阳能项目、湖北一致魔芋生物科技魔芋深加工项目、云南民宇钢结构5万吨钢构项目、云南积华药业项目、云南金七制药滴丸项目、云南楚源药业项目、楚雄慧丰林业开发项目、大姚核桃机械加工项目、楚雄再生资源回收综合利用建设项目、楚雄和创药业生物制药产业化项目等。

［王文斌］

节能减排

【节能减排概况】 2011年，楚雄州切实加强对节能减排工作的组织领导，按照中共楚雄州委、州人民政府的统一安排部署，认真贯彻落实国家、省、州有关会议和文件精神，加强节能监测、监控、预警、督查和日常管理工作，统筹协调节能工作领导小组办公室各成员单位，积极开展行业节能工作。进一步推进全社会共同参与节能减排行动，全州上下坚定信心、攻坚克难、奋力拼搏，综合运用经济、法律和行政手段，实现了重点突破，整体推进，为全州“十二五”节能工作打下良好的基础。全年全州单位GDP能耗同比下降4.17%，完成省下达楚雄州3%的目标任务，1~12月全州规模以上工业单位增加值能耗下降14.97%。全面完成淘汰落后产能的目标任务，淘汰3万吨粗铜生产能力、煤矸石电厂2×3000千瓦机组。

【资源节约与节能降耗】 2011年，楚雄州工业和信息化委员会研究制定了节能降耗和淘汰落后产能工作意见及清洁生产、能源审计、评估审查工作计划，将节能工作目标责任分解落实到全州10县（市）、7个行业主管部门和47户重点耗能企业，加强节能基础管理，强化节能监测分析和指导。申报省级重点节能示范项目11个，组织26户5000吨标准煤以上能耗企业参加了省重点能耗企业能源利用状况网上报送系统培训。推广使用国家财政补贴高效照明灯30万只；对13个项目进行了节能评估，有14户企业开展了能源审计，通过清洁生产审核验收的企业3户，6户企业开展了节能对标管理活动、5户企业评为能源计量示范单位。争取淘汰落后产能补助资金707万元，完成了滇中有色金属有限公司年产3万吨粗铜生产线、一平浪星宿江煤矸石2×3000千瓦发电机组落后产能淘汰工作任务。全年全州单位GDP能耗下降3.2%，全社会能源消费总量450万吨标准煤（等价热值），全州规模以上工业单位增加值能耗下降14.97%。

【节能工作受表彰】 “十一五”期间，楚雄州在各级各部门的共同努力下，全州单位国民生产总值能耗持续下降，2006~2010年，每年单位GDP能耗分别下降了0.64%、3.78%、4.27%、3.95%和4.70%。“十一五”期间全州单位GDP能耗累计下降16.23%，比计划目标多下降了1.23个百分点，全州万元GDP能耗由2005年的1.54吨标煤下降到2010年的1.29吨标煤，全社会实现节能量91.66万吨标煤。全州规模以上工业企业万元增加值能耗由2005年的2.44吨标煤下降到2010年的1.66吨标煤，累计下降32%，超额完成了省政府下达楚雄州“十一五”万元工业增加值能耗比“十五”期末下降20%的目标任务。“十一五”淘汰落后产能目标任务全面完成，累计淘汰落后生铁产能20.8万吨，水泥产能48万吨，黄磷2500吨。全州累计年削减二氧化硫7716吨；累计年削减化学需氧量2089.9吨。2011年，楚雄州人民政府、州工业和信息化委员会荣获“云南省十一五节能先进单位”称号，受到省人民政府的表彰奖励。

【节能宣传周活动】 2011年6月15日，楚雄州人民政府在桃源湖广场举行了“节能行动万人签名活动”，各机关单位、社会团体和广大人民群众踊跃参与。州工业和信息化委员会展示了“十一五”以来节能工作的成果和工业领域一些先进节能技术，向社会宣传节能相关知识；州机关事务管理局开展了“绿色出行日”、“能源紧缺体验日”等专项活动；州教育局动员各类学校开展了“校园低碳行动”；州建设局借上海世博会之机，大力提倡绿色建筑，宣传建筑节能；州环保局选择典型案例向社会广泛宣传节能减排的重要性和紧迫性；州交通局加大了交通运输企业发展节能生产方式的宣传，开展了低碳交通行动；农业、林业部门大力宣传和推广农业和农村节能减排技术与产品。在整个节能宣传周活动中，各相关部门及重点企业共悬挂节约能源宣传布标150余幅，发放节约能源宣传材料2万余份，书写宣传标语950余条，制作节约能源宣传展板100余块，进行广播宣传600场次，出黑板报500余期。

【“楚雄州能源计量示范单位”创建活动】 2011年，楚雄州为进一步规范用能单位能源计量器具配备和管理，完善能源计量保证体系和检测体系，推动全州用能企业加强能源计量工作，提高能源利用效率和经济运行效益，提升社会对能源计量工作的认知度，确保完成“十二五”节能减排目标。州质量技术监督局、工业和信息化委员会联合组织开展了“楚雄州能源计量示范单位”创建活动。经审核评选，红塔烟草（集团）有限责任公司楚雄卷烟厂、云南德胜钢铁有限公司、云南燃二化工有限公司、云南电网公司楚雄供电局、云南澜沧江酒业集团楚雄有限公司等5家企业被授予“楚雄州能源计量示范单位”称号。

［樊峪甫］

煤炭工业

【煤炭工业概况】 2011年，楚雄州煤炭工业始终坚持走资源利用率高、安全有保障、经济效益好、环境污染少和可持续发展的新型煤炭工业发展道路，积极推进煤炭资源整合，不断调整优化结构，加快推进煤矿机械化和信息化建设，不断夯实煤矿管理基础，全州煤炭工业总体运行平稳。生产原煤 169.82 万吨，生产洗精煤55.54 万吨，生产焦炭 65.92 万吨。

【煤矿安全生产】 2011 年，楚雄州煤炭行业深入贯彻落实国家、省关于煤矿安全生产的指示精神和方针政策，严格执行煤矿安全生产许可证制度，强化煤矿企业安全生产主体责任，层层签订煤矿安全生产暨关闭非法煤矿矿井责任状。加快推进煤矿安全质量标准化和安全避险"六大系统"建设，深入开展煤矿瓦斯专项治理，狠抓煤矿"雨季二防"各项措施落实，认真组织开展煤矿"打非治违"专项行动，严厉打击煤矿非法违法生产经营行为，认真开展隐患排查治理，及时消除事故隐患，全州煤矿安全生产呈平稳态势。全年发生煤矿安全生产事故 3 起，死亡 3 人，事故起数和死亡人数分别比上年下降 25%，死亡人数控制在州人民政府下达的控制指标（3 人）范围内。百万吨死亡率为 1.77，比上年的 2.4 下降了 0.63。

【煤矿安全隐患治理】 2011 年，楚雄州各级煤矿安全监管部门和各煤矿企业继续深入开展以防大事故、治大隐患为重点的隐患排查治理活动，全面深入地开展水害防治、顶板管理、机电设备、劳动组织等方面隐患排查治理工作，使隐患排查治理制度化、规范化和经常化，建立和完善煤矿三级隐患排查治理监管控制体系，真正实现全员、全方位、全过程的隐患排查治理工作机制。全年共排查出较大隐患 2 条，整改 2 条，整改率为 100%，一般隐患 340 条、整改 336 条、整改率为 98.8%。

【煤矿瓦斯治理】 2011 年，楚雄州各级煤炭管理部门和各煤矿企业围绕建立"通风可靠、抽采达标、监控有效、管理到位"的瓦斯综合治理工作体系，强化监管检查，把瓦斯治理与隐患排查治理有机结合起来，加强对煤矿瓦斯监测监控系统的维护、使用和管理，加强监测监控系统作业人员培训，提高相关人员的操作技能，确保监测监控系统真正发挥作用。督促煤矿企业按标准提取瓦斯治理专项资金，集中管理，专款专用，确保瓦斯治理的资金保障，各煤矿瓦斯综合防治能力不断提高。

【煤矿安全避险系统建设】 2011 年，楚雄州按照云南省相关部门的有关要求，狠抓煤矿安全避险"六大系统"建设完善工作。至年末，全州 35 对煤矿矿井"监测监控、压风自救、供水施救、通信联络"四大系统已建设完善；除禄丰县一平浪镇大窝煤矿星小二号矿井、楚雄市大迤能煤矿桂花箐二号矿井、双柏县碍嘉阳太煤矿和密架煤矿外，所有井工煤矿人员定位系统已建成投入使用。

【煤矿企业兼职救护队伍建设】 2011 年，楚雄州、县（市）煤炭行业管理部门按照《云南省煤矿企业兼职矿山救护队伍建设工作指导意见》和《云南省煤矿安全监察局救援指挥中心关于对全省煤矿兼职救护队伍建设进行验收的通知》要求，督促各煤炭生产企业加快推进兼职救护队伍建设，至年末已建成煤矿兼职救护队伍 31 支，并对所有救护人员进行了相关知识的培训，为煤矿企业安全救护提供了必要的人力保障。

【煤矿从业人员培训】 2011 年，楚雄州各级煤炭管理部门采取多种形式对从业人员进行安全规程、作业规程、操作规程、岗位标准、操作技能及自救互救等安全生产知识培训，全面提高了从业人员的安全意识和安全防范、应急处置能力。全年共培训特员 4 期 28 班，培训人员 841 人；举办煤矿兼职救护队员培训班 1 期，培训人员 397 人；培训新工人 979 人，复训上岗工人 2314 人，做到全员持证上岗。

【煤炭资源整合】 2011 年，楚雄州根据云南省批复的整治方案，积极推进煤炭资源整合，完成西屯煤矿五号井整合西屯煤矿二号矿井等 5 对相邻矿井整合工作，补做了 11 对矿井的地质报告。完成了年末以前关闭的大窝煤矿中平一号井、羊桥箐煤矿四号矿井、大迤能煤矿腊耳朵矿井、野猪塘煤矿多依树矿井、西屯煤矿二号井、麻栗树煤矿岩子头矿井 6 对矿井，圆满完成省煤炭资源整合领导小组下达的任务。

［孙绍兴］

电力工业

【楚雄供电局概况】 2011 年，云南电网公司楚雄供电局积极开展创建国内先进水平供电局工作，取得了突出的成绩，实现了"十二五"良好开局。完成输电量 490 亿千瓦时，比上年增长 40.6%；售电量 36.06 亿千瓦时，比上年增长 24.34%；实现销售收入 15.18 亿元（不含税不含基金），比上年增长 44.16%；上缴税金 5501 万元，比上年增长 25.49%；固定资产原值达 54.23 亿元，比上年增长 12.37%；全社会用电量 39.44 亿千瓦时，比上年增长 16.89%；综合电压合格率 99.47%，比上年提高 0.1 个百分点；综合供电可靠率 99.93%，比上年提高 0.11 个百分点；城市供电可靠率 99.96%，比上年提高 0.11 个百分点；农村供电可靠率 99.861%，比上年提高 0.111 个百分点；全员劳动生产率 64.88 万元/年・人，比上年增长 13.41%。楚雄电网获得南方电网公司、云南电网公司等授予的地（市）级及以上集体荣誉 120 项，个人荣誉 91 项。

【楚雄供电局供电能力】 2011 年，云南电网公司楚雄供电局管辖 500 千伏线路 17 段，合计长度 1622.54 千米；220 千伏线路 14 段，合计长度 489.28 千米；110 千伏线路 60 段，合计长度 1360.76 千米；35 千伏线路 24 段，合计长度 234.5 千米；10 千伏配网线路长度 163 千米，其中电缆 86 千米，架空线路长度 77 千米，输配电线路总长度 3870.08 千米。管辖变电站30座，其中500千伏1座、220千伏6座、110千伏20座、35千伏3座，变电站容量4800.65兆伏安，用电客户70万户。最高日供电量达1113.74万千瓦时，同比增长8.94%。

【楚雄供电局安全生产】 2011年，云南电网公司楚雄供电局重视安全风险管理体系建设及生产管理规范化建设，有效控制安全风险，全年未发生生产安全事故，连续运行1543天。全面推进安全风险管理体系建设及生产规范化管理，体系外审达到3钻，楚雄市、牟定、禄丰公司体系内审达2钻。加强现场作业管控，变电站和输电线路实现了运行标准化，《基于地震等自然灾害应急管理》被纳入南方电网公司“应急管理工作示范点”。修订“安全生产责任制”，明确了安全生产职责、到位标准、权限与义务，使各级人员的安全生产职责更具可操作性和检查性。认真贯彻落实国务院599号令、南方电网公司安全生产令和基建工程安全管理“五个严禁”，制定了防止城市电网大面积停电的方案。完善管理制度、物资保障及应急管理系统，加强应急演练、应急响应，形成了一套健全的应急体系。有效控制车辆风险，顺利通过云南省文明交通示范企业考评。

【楚雄供电局电网规划】 2011年，云南电网公司楚雄供电局稳步推进电网建设，从适度超前的原则考虑，整体统筹，优化了“十二五”楚雄电网发展规划，首次组织开展了县城电网规划；统计、梳理全州新能源项目，与各新能源电厂业主建立了工作联系机制，做到了电源开发与电网建设协调进行，促进了全州新能源有序发展。进一步完善电网结构，提高了供电能力及供电可靠性，10千伏配网可转供率由年初的47.4%增长到62%，10千伏配网环网率由年初的57.9%增长到69%，均超过计划值。110千伏容载比达标率由年初的66.7%增加到73%。

【楚雄供电局经营管理】 2011年，云南电网公司楚雄供电局强化经营管理，提升依法运营水平。全面梳理资金管理内控节点和电费结算流程，提高资金安全风险防控水平；组织清理2003～2008年度代建代核算城农网工程财务决算遗留问题130个，涉及资金近1000万元。开展了“小金库”专项治理迎检及整改工作；完成审计项目53项；基建工程审计、经济责任审计覆盖率100%；1个审计项目荣获“云南电网公司优秀经济责任审计项目第一名”。分责开展招标管理，把安全管理、安全风险体系建设等内容融入招标文件、谈判文件，开展招标、非招标1004项，涉及金额3.4亿元，签订物资合同867份，采购金额2.38亿元。推进法律风险防范工作，发挥法律服务、保障功能，制定了“六五普法规划”；云南省首个电力行政联合执法办公室在牟定成立；荣获南方电网公司“五五普法先进单位”称号。

【楚雄供电局农电工作】 2011年，云南电网公司楚雄供电局农电管理，从横向综合协调管理、专业垂直职能管理、领导统筹管理三个维度，建立了综合组织、综合规划、综合协调、综合管控、综合督查五个机制的具体工作内容，“三维度五机制”有效运转，农电一体化管理推进取得突破性进展，主要绩效指标提升明显，其中12个可比指标有10个同比提高，10家县级公司售电量21.05亿千瓦时，同比增长23.17%，8家县级公司售电量过1亿千瓦时，实现利润总额851万元，同比增长793.6%，楚雄市、牟定县2个公司14项基础达标取得阶段性成果，成为南方电网公司首批达标公司，并进入2011年度组织绩效A类行列，楚雄市公司党建工作被列为标杆。

【楚雄供电局人员教育培训】 2011年，云南电网公司楚雄供电局全力推动人力资源由“数量发展型向素质提高型”的转变，完成员工素质工程重点项目推进计划45项，全员培训率100%；一线员工技术、技能等级资格证持证率97.89%，同比增长0.51%；一线员工持证上岗率100%，全员培训率100%；2050名县级公司员工通过安全技能资格认证，安全技能资格持证率达100%；高技能人才比例95.92%、同比增长1.46%。楚雄州总工会开展的2011年“素质杯”用电检查技术技能竞赛，楚雄电网6人得到了技术等级晋升。

［杨一希］

【楚雄州供电有限公司概况】 2011年，楚雄州供电有限公司圆满完成各项工作任务，实现“十二五”良好开局。完成供电量7.01亿千瓦时，同比增长25.32%；售电量6.59亿千瓦时，同比增长25.28%。实现售电收入3.38亿元（含税不含基金），比上年增长27.67%，上缴税金2162.26万元，固定资产原值2.42亿元，全员劳动生产率39.7万元/年·人。完成农村电网改造投资4167万元和2012年电网规划任务，《2012年农网工程项目可行性研究报告》完成并通过州发改委组织的评审，编制完成2012年农网工程项目初步设计。年内，州供电有限公司和武定分公司分别荣获楚雄州“文明单位”称号，东瓜供电所荣获楚雄州“青年文明号”荣誉称号。

【楚雄州供电有限公司配网一体化工作】 2011年，楚雄州供电有限公司认真落实配网一体化工作要求，7月将分布在姚安、南华、双柏和牟定县境内的3个变电站，7条供电线路委托当地4家供电企业运行维护；12月将公司在禄丰县境内的6座变电站、5条供电线路委托禄丰县供电公司运行维护，除13户大客户之外的原用电客户全部转由禄丰供电公司供电。州供电有限公司解除与楚雄市供电公司之间交叉供电的趸售关系，相互移交部分输变电、配电设备和客户，理顺楚雄市区域内供电关系。

【楚雄州供电有限公司安全生产】 2011年，楚雄州供电有限公司实现3个百日安全长周期。投入专项资金19.8万元开展安全生产管理体系建设，对公司变电站和输电线路进行设备风险评估，建立设备风险数据库，全面推进体系建设，安全生产风险管理体系通过内审达

2钻。认真宣传贯彻南方电网公司安全生产令和基建工程安全管理“五个严禁”，开展全员“安规”考试和安全学习教育、千次操作无差错竞赛。成立工程现场安全监察队和执行干部挂点工程现场制度，深入农网改造施工现场进行安全检查和管理，施工安全生产风险得到有效控制。至年末，累计安全运行4021天。

［施　洪］

冶金矿产业

【冶金矿产业概况】　2011年，楚雄州规模以上冶金工业实现工业总产值136.63亿元，同比增长21.2%；主营业务收入139.27亿元，同比增长27.1%；实现利润8.58亿元，同比下降14%；实现利税13亿元，同比下降7.3%。其中，重点骨干企业德胜钢铁公司完成现价工业总产值57.65亿元，同比增长3.4%，完成主营业务收入62.67万元，同比增长13.9%，实现利润5亿元，同比下降37.6%；楚雄滇中有色金属有限公司完成现价工业总产值35.17亿元，同比增长43.2%，完成主营业务收入34.17亿元，同比增长52.1%，利润4007万元。

【楚雄州与昆钢深化战略合作座谈会】
2011年2月27日下午，楚雄州与昆明钢铁控股有限公司深化战略合作座谈会在州政务中心召开。中共楚雄州委书记张太原，州人大常委会主任卢显林，州政协主席延荣科等领导，昆明钢铁控股有限公司党委书记、董事长王长勇，副书记、总经理李幼灵，副书记、工会主席付霞，副总经理孙小跃以及集团相关下属公司负责人出席了座谈会。张太原指出：近年来，楚雄州与昆钢形成了战略合作伙伴关系，通过建设钛材加工基地等项目，促进了楚雄州新型工业化发展，也为昆钢加快发展创造了更为广阔的空间；楚雄州有较好的交通和区位优势，工业承载能力强，有较好的发展基础；希望昆钢在楚雄州发展的过程中，科学合理规划，节约土地，充分发挥管理、技术、人才、市场协同等方面的优势，用现代化管理的理念和机制，促进楚雄州企业管理水平的提高和思想观念的转变，加快推进楚雄州新型工业化进程，促进昆钢产业发展，实现合作共赢；楚雄州各级各相关部门要为昆钢在楚雄的发展提供优质、高效服务，积极推进昆钢在楚雄州的项目运行，做好后续项目的规划工作。

【云冶新立有色金属公司技改项目】
2011年，云冶集团云南新立有色金属有限公司在楚雄州的技改项目稳步推进。8万吨/年高钛渣项目，项目总投资78254万元，自开工之日起已累计完成投资67144万元。高钛渣项目在多方努力下，10月中旬点火成功并顺利进行了烘炉，12月初开始投铁并成功建立熔池，12月13日开始投料，14日排出自己炼的生铁，19日产出第一罐高钛渣。6万吨/年钛白粉项目，项目总投资187909万元，至年末累计完成投资30134万元。1万吨/年海绵钛工程项目，项目总投资199778万元，至年末累计完成投资34454万元。25万吨/年钛铁矿精选厂，项目总投资6522万元，至年末累计完成投资3834万元。

【楚雄滇中有色金属公司技改项目】
2011年，楚雄滇中有色金属公司实现产值35.2亿元，利润0.4亿元，税金0.23亿元。公司技改项目粗铜10万吨/年、硫酸30万吨/年选址于楚雄经济技术开发区工业园冶金建材化工区，总投资3.6亿元，于2006年初启动，2010年10月投入生产。该项目主要建设了精矿仓及配料系统、圆盘制粒系统、上料皮带、顶吹炉熔炼厂房、保温电炉、熔炼余热锅炉（包括熔炼鼓风机、柴油间等）、熔炼电收尘（包括排烟机室）、熔炼6000伏配电室、连吹炉系统（包括空压机）、30万吨/年硫酸系统、污水处理、制氧站、软水站、总降压变电所改造、厂区综合网、空压机更新等设施。项目建成投产后，年产1.2万吨粗铜生产线扩建到了10万吨，3万吨硫酸生产线扩建到了30万吨。

［彭　勇］

机械工业

【机械工业概况】　2011年，楚雄州机械工业抓住国家西部大开发和云南桥头堡建设的有利时机，结合国家和地方“十二五”发展规划编制，根据企业自身实际，以市场为导向，突出主业，优化结构，实施技术改造，加快推进企业和产品的转型升级，不断提高企业核心竞争力，生产经营状况继续回暖。全州规模以上机械工业实现工业总产值9.51亿元，同比增长3.6%；主营业务收入9.12亿元，同比上升5.7%；实现利润3240万元，同比上升6.2%；实现利税6263万元，同比下降48.9%。

【云开电气集团有限公司】　2011年，云开电气集团有限公司（云南开关厂）实现工业总产值4.3亿元，同比下降10.4%；主营业务收入4.34亿元，同比下降9.5%；实现利润1729万元，同比下降81.2%；实现利税3588万元，同比下降67%。云南开关厂位于云南省楚雄经济技术开发区，是一个有着38年历史，拥有2.6亿元资产的大型机电设备制造企业，是云南省高新技术和百强企业，全国高压开关行业协会、低压控配电行业协会常务理事单位。公司占地面积34万平方米，建筑面积10余万平方米；拥有国产和进口生产设备700多台(套)；具备高低压电气产品研发、制造、检测能力。设有机械加工中心、热处理中心、表面处理中心、成套设备装配中心、环氧树脂浇注中心、试验检测中心，能完成机械加工、钣金加工、喷漆、喷塑、电镀表处、热处理、环氧树脂浇注、电气装配等各项工艺作业和试验检测。是国家定点生产高低压成套开关设备和电器元件的大型专业厂家，全国高压开关产品生产重点企业，国家126千伏SF6开关产品定点生产单位。公司下设8个分厂、7个子公司以及技术、质量、生产、财务、人力资源、销售、采购等管理和业务部室，并有星级宾馆2家。

［彭 勇］

建材工业

【新型墙材和散装水泥推广应用】 2011年，楚雄州新型墙体建筑材料和商品混凝土推广应用工作稳步推进，全州城市规划区内新型墙体建筑材料得到大范围的推广应用，新型墙材应用面积108万平方米，商品混凝土使用量110万立方米，散装水泥推广使用量32万吨。新型墙体建筑材料产品结构得到进一步改善，粉煤灰砖、蒸压加气混凝土砌块等节能、环保的产品得到更多的推广应用。

【商品混凝土项目建设】 2011年10月，楚雄昆钢奕标新型建材有限公司在楚雄开发区冶金建材化工工业园区投资建设的年产90万吨粉磨生产线及180万立方米商品混凝土项目建成投入试生产。该公司成立于2010年4月27日，是由云南昆钢水泥建材集团有限公司、云南奕标水泥集团有限公司共同投资组建的新型建材公司，注册资本5000万元。该项目是州内最大的水泥和商品混凝土项目，投资约1.5亿元，主要装备为M38110水泥磨机1台和立磨（CRM3622）1台，项目建设遵循绿色、清洁、高效、节能、低碳、环保的原则，按照水泥粉磨、矿渣微粉和商品混凝土拌合为一体“三站合一”的国内先进企业模式来建设。项目建成投产后将以商品混凝土为主，水泥、矿渣微粉产品为辅，将对楚雄州散装水泥和商品混凝土的推广应用工作起到较大促进作用。

［雷文生］

轻纺工业

【轻纺工业概况】 2011年以来，受宏观调控、人民币升值、劳动力成本上升以及生产资料高成本的影响，加上纺织业增长放缓和外国产品的竞争，以及全球金融危机的影响，楚雄州轻纺企业面临着严峻的挑战。随着国民经济的稳步提升，楚雄州卷烟、食品、包装印刷、纺织及塑料制品、木材及林化等企业生产销售得已回升，以农副产品为原料的产业得到进一步发展，全年工业总产值分别增长18.7%、36.1%、3%、75.9%、7.2%。

【云南岭东印刷包装有限公司】 2011年，云南岭东印刷包装有限公司实现工业总产值2.48亿元，同比增长13.9%；主营业务收入2.13亿元，同比上升0.9%；实现利润0.325亿元，同比上升3.0%；实现利税0.489亿元，同比增长15.1%。云南岭东印刷包装有限公司由原“云南岭东纸业有限公司”与原“云南楚兴包装有限公司”合并组建而成，总投资635.12万美元，注册资本467.77万美元，其中中方占总投资的41.3%、外方占总投资的58.7%。主要产品为卷烟用外包装纸箱、食品、药品、饮料、茶叶等600余种产品的高档外包装纸箱及彩箱。2010年5月，公司将注册地址变更为云南省楚雄市富民工业园内，年产35万大箱卷烟条盒商标彩印生产线搬迁技改项目成为最早入驻云南省楚雄市富民工业园的企业。

【云南嘉宏纺织集团有限公司】 2011年，云南嘉宏纺织集团有限公司实现工业总产值5115万元，同比增长87.1%；主营业务收入3950万元，同比上升47.9%；实现利润508万元，同比上升254%；实现利税518万元，同比增长68.7%。该公司是大姚县首家参与国企改革的民营企业，公司始建于1999年，通过11年来不断深化企业改革，优化内部资源配置、加大技术改造力度和市场拓展等各项改革举措，公司实现了又好又快发展。公司下设2个分厂，注册资金4600万元，现有生产规模5.5万纱锭，员工290人。所生产的“滇兴牌”OEC6S－OEC21S、C21S－JC100S系列棉纱和棉布产品畅销缅甸等东南亚国家和地区，成为楚雄州优秀龙头企业和出口创汇企业。

［彭 勇］

化学工业

【化工工业概况】 2011年，楚雄州规模以上化学工业实现工业总产值57.14亿元，同比上升35.4%；主营业务收入52.35亿元，同比上升27.2%；实现利润2.15亿元，同比增长65.2%；实现利税3.12亿元，同比增长18.3%。其中，德胜煤化工公司完成工业总产值19.4亿元，同比增长21.3%；完成销售收入17.57亿元，同比增长21.2%；实现利润4381万元，同比下降35.3%。

【国家工信部对黄磷生产企业现场复核】 2011年3月10日，国家工业和信息化部及中国无机盐协会黄磷生产企业准入现场复核专家组及省、州、县工信部门领导一行9人，分别到楚雄州禄丰县中胜磷化有限公司和江达磷化学有限公司进行现场审核。专家组深入生产车间认真察看了黄磷生产工艺流程、黄磷炉以及炉用变压设备，审查了项目建设、环评相关批准文件，生产许可等相关资料，专家组对两户企业技改后的先进生产工艺和管理表示满意，2户企业顺利通过了国家工信部及中国无机盐协会黄磷生产企业准入现场复核。

【淘汰落后产能工作】 2011年，云南省下达楚雄州淘汰落后产能目标任务2项。云南滇中有色金属有限公司淘汰年产3万吨粗铜生产线以及12.6平方米铜鼓风炉。根据目标任务，企业制定了完整的产能淘汰工作方案。至10月19日，生产线已经全部拆除，职工已经全部安置到新生产线工作，3万吨粗铜生产线外围设施已经全部拆除，鼓风炉内衬材料已经全部拆除。一平浪煤矿星宿江煤矸石电厂淘汰2×3000千瓦火力发电机组。外送电线路、气轮机、发电机主体设备、变压器、输送煤设备已经拆除，封闭了进入厂房通道，员工得到妥善安置。

云南天腾化工有限公司转鼓装置厂房　　（州工业和信息化委员会提供）

【大理州考察团到楚考察钛产业发展情况】　2011年7月1日，大理州考察团到楚雄州考察钛产业发展情况。在楚雄州人民政府副州长岳修虎及相关部门负责人的陪同下，考察团一行深入禄丰县，先后对云南新立有色金属有限公司禄丰钛业分公司、云南钛业股份有限公司进行了实地参观考察，详细了解了楚雄州钛产业项目建设情况。考察团一行深入建设工地和生产车间，听取工作情况介绍，实地了解相关情况后认为，通过此次参观考察，对楚雄钛产业发展的各个环节有了进一步的了解，将对大理州钛产业发展起到借鉴作用。

［彭　勇］

食品工业

【食品加工业概况】　2011年，楚雄州把发展食品加工业作为“三农”工作的重要内容来抓，按照全省农村工作会议的要求，结合本地实际，突出农业资源的特点和优势，加快推进农业产业化建设步伐，促进农村经济稳步发展和农民持续增收。在继续巩固提升无公害蔬菜、特色畜禽养殖等产业的同时，着力建设核桃、食用菌等一批规模化的特色农产品加工产业。坚持扶优、扶强、扶重点的原则，围绕优势农产品加工和深度开发，积极引进和扶持农业龙头企业，大力发展农民专业合作经济组织，着力培育一批竞争力强、带动面广、与优势产业带相配套的农业产业化龙头企业。充分发挥农特产品和丰富的生物资源优势，积极培育和壮大食品加工产业，初步形成了以绿色食品为主的产业和基地共同发展格局。全州食品加工业企业完成现价工业总产值112.21亿元，完成现价增加值32.40亿元，完成工业销售产值94.95亿元，云南澜沧江啤酒楚雄有限公司实现总产值4.59亿元、增长12.89%。云南元谋闽中食品有限公司蔬菜产量达到6953吨，实现总产值2.50万元。南华宏怡野生菌开发有限公司累计加工野生菌1206.85吨，实现产值8109.4万元，同比增长101.11%。

【元谋县加快发展食品加工业和出口创汇】　2011年，元谋县把发展食品加工业作为农业产业结构调整的主攻方向，全县无公害农产品产地认定面积9.6万亩，绿色食品产地环境质量达标面积15.6万亩，出口蔬菜质量安全管理示范区面积7.4万亩。累计已获得无公害农产品认证27个，绿色食品（A级）认证18个，有机食品认证1个，元绿、闽中、国元、辛彝、绿实野人果、奉氏、果润、思龙、佳仪乐、元谋园等12个商标获许注册。其中，元谋县蔬菜有限责任公司的元绿牌无公害蔬菜及元谋金沙食品有限公司的番茄果脯获“云南名牌”称号，2个企业的产品获得“云南著名商标”称号。元谋利明脱水蔬菜有限公司奉氏牌脱水香葱获“云南名牌农产品”称号。云南元谋闽中食品有限公司和元谋利明脱水蔬菜有限公司2个企业通过了HACCP（危害分析的临界控制点）系列体系认证。云南元谋闽中食品有限公司、元谋利明脱水蔬菜有限公司、云南思农蔬菜种业发展有限责任公司3个企业通过了ISO9000系列体系认证。有5家企业获得了农产品出口自营权。确立了以元马镇能禹为中心的特色农产品加工园区，主要有蔬菜、果脯、饮料、野生菌及食用酒精等加工，有省级农产品加工龙头企业2个，州级农产品加工龙头企业10个。年内，元谋县农产品加工企业685户，实现工业产值14.71亿元，同比增长56.18%；实现现价增加值3.19亿元，增加值率21.7%；实现利润1.01亿元，上缴税金1442万元。在加快发展食品加工业的基础上，元谋县也是楚雄州食品加工出口大县，全县共有5户企业有进出口经营权，出口产品主要以脱水香葱、洋葱、牛蒡、速冻/冻干/烘干蔬菜为主，主要出口日本、韩国、俄罗斯、美国、加拿大、越南、瑞士、荷兰、欧洲、南美、欧盟、东南亚、台湾等13个国家和地区。2011年，累计直接出口额120万美元，同比增长84.6%；间接出口额2.76亿元，其中闽中公司间接出口额达到2.83亿元。

【食品加工企业产业链建设】　2011年，楚雄州加强食品加工企业产业链建设工作，以云南龙川江生物开发有限公司为例。该公司在楚雄州内的大姚、牟定、永仁、武定带动3万多户农民发展种植业，年度内，公司大力发展种植基地建设，已在元谋县的新华、平田、老城、黄瓜园，牟定县的戍街，武定县的高桥、东坡、田心等地发展了3万亩米葱、香葱种植基地。农业产业化重点企业发展订单种植基地42万亩，其中订单带动农户16.29万户，订单总额1.33亿元，履约订单成交金额2.36亿元。

【南华宏怡野生菌开发有限公司】
2011年，南华宏怡野生菌开发有限公司依托丰富的资源优势，大力发展食用菌特色农产品加工产业。全年累计加工野生菌1206.85吨，其中牛肝菌干片227.62吨、速冻牛肝菌972.1吨。实现产值8109.4万元，同比增长101.11%；增加值1745.14万元，同比增长101.11%；主营业务收入6725.0万元，同比增长66.52%；利税总额816.4万元，同比增长34.06%，有力带动了全州食品工业的发展。

［周　杰］

南华新世纪生物工程有限公司产品——松茸养生茶　(州林业局提供)

林产工业

【林产工业概况】　2011年，楚雄州实现林产工业产值32.57亿元，比上年增长49.88%。其中，核桃果加工1.37万吨（核桃仁1496吨、核桃干果9010吨、核桃炒果3153吨），产值5.19亿元；核桃饮料加工1.19万吨，产值1.73亿元；野生食用菌加工8985吨，产值5.54亿元；人造板加工17.08万立方米，产值2.16亿元；生产初级木制品38.77万件，产值4060万元；生产初级竹制品82.79万件，产值1147万元；生产松香6.78万吨，产值8.98亿元；生产松节油1.54万吨，产值2.6亿元；生产歧化松香1.9万吨，产值3.02亿元；加工精桉叶油2376吨，产值1.89亿元；加工粗桉叶油2302吨，产值4227万元。

【木材林产业】　2011年，楚雄州木材林产业产值7.4亿元。其中，采伐木材24.48万立方米，产值1.44亿元；采伐竹材7.34亿根，产值1821万元；采伐烧柴26.08万立方米，产值7956万元；加工中密度纤维板15.31万立方米，产值1.82亿元；加工锯材7.29万立方米，产值1.02亿元；加工胶合板1.78万立方米，产值3382万元；加工木片1.18万立方米，产值664万元。

【林业企业发展】　2011年，楚雄州涉林企业达388户，其中有核桃加工企业21户、野生食用菌加工企业34户、松香加工企业9户、人造板加工企业5户、木材加工企业164户、种苗花卉企业103户、进出口企业9户、其他涉林企业43户。这些涉林企业资产总额达28亿元，其中固定资产14亿元，共吸纳从业人员1.20万人。全州多数涉林企业发展势头良好，共实现销售收入31亿元，上缴税金1.20亿元。6月，州林业局为首批共24户州级林业产业龙头企业颁发了牌匾及证书。在这批林业产业龙头企业中，有6户企业的产品通过ISO质量、管理认证。这批龙头企业的资产占全州林业企业的64%，产值占55%，利润占60%，税收占65%，创汇占84%。

【林业企业产品多样化】　2011年，楚雄州部分林业企业结合州内资源状况、市场行情及自身优势，找准企业发展突破口，在技术创新、产品研发等方面进行了大胆探索和实践，使林业企业产品逐渐向多样化迈进。其中，核桃加工产品由核桃原果向核桃饮料、核桃油、核桃粉、核桃油软胶囊等核桃系列产品发展；野生食用菌由鲜品、盐渍、干片向速冻、即食品、保健食品及饮品发展；松脂加工由松香（松节油）加工向歧化松香发展。在全州林业企业生产的产品中，有11类产品通过HACCP食品安全认证和绿色食品认证，有6类产品已通过有机食品认证，有12个产品获得专利。随着全州林业企业品牌创建力度加大，林业企业产品知名度逐渐提高，部分林产品已成为知名品牌，深受群众喜爱。年内，全州已获得云南省名牌产品3个，名牌农业产品2个，著名商标5个，获省、部级以上奖励20余次，“大姚核桃”地理标志证明通过国家工商总局核准注册，南华县“野生菌王国”外观设计获国家知识产权局专利。

［杨发民　董存丽］

（责任编辑：安孟勤）

烟草业

烟草专卖

【烟草业概况】 2011年，楚雄州烟草系统着力优化烟叶结构，稳步推进现代烟草农业建设，加强卷烟销售网络建设，强化专卖管理，规范企业内部管理，圆满完成各项任务。全年种植烟草65.4万亩，收购烟叶192.3万担。销售卷烟9.86万箱，比上年多销0.33万箱，两烟实现税利17.65亿元，比上年增加3.45亿元。扎实做好烟草生产、管理和专卖宣传，利用会议、培训、报纸、广播、电视、手机短信、标语牌、海报、宣传册等各种载体，多层次、多角度宣传优化烟叶结构的意义、价格政策、扶持政策和技术措施。召开州、县、乡、村、组各级会议7197场57万人次，在《楚雄日报》头版刊登宣传主题语202期，专版专栏112期，州、县电视台以片头、滚动字幕等形式播出40992条次，州电视台专题访谈节目13期各播出6次，广播电台播放28520条次，发送手机短信56期658万条，印发宣传画册15.3万册，张贴海报7833张，悬挂标语3320条，制作宣传牌712块，宣传栏3310块，气象信息平台全天滚动宣传。

【烟草专卖管理】 2011年，楚雄州以各级烟草专卖局为主体，严厉打击涉烟违法犯罪，坚持“政府领导、主管部门牵头、相关部门负责、开展综合治理”方针，强化司法协调，层层落实目标责任。“打源头、端窝点、破网络、抓主犯、清市场”，在打击非法涉烟网络和加大追刑力度等方面取得新成效。出动“两烟”打假打私人员6588人次，查办“两烟”违法经营案件320起，其中5万元以上案件11起；查获非渠道进货卷烟449.16万支，查获假冒卷烟344.01万支，查获非法经营烟叶133吨，侦办达到国家烟草专卖局网络案件标准的非法经营网络案1起。公安机关刑事拘留涉烟犯罪嫌疑人25名，逮捕12人，法院判决涉烟犯罪案件10起，判刑10人。成功侦办0407利用EMS邮政快递和物流托运部跨省分销假烟网络案件，被云南省烟草专卖局列为全省典型案件予以表彰。在烟叶收购期间，设立堵卡点81个（州级卡点19个），24小时查缉过往车辆，始终保持国家烟草专卖严肃性。

［阿惠媛］

烟草生产

【烟叶生产结构调整】 2011年，楚雄州在生产收购中，抓住合同管理，落实好各项生产技术措施。在种植合同签订前，认真测算上中等烟数量与面积配套，把账算到田、算到户、算到社，合理安排种植面积。合同中明确种植面积、品种、生产量、收购量、上等烟比例、出口备货、收购等级和数量、产前补贴项目、补贴标准、兑现办法、不适用烟叶田间处理标准、时间、方式及相关政策。93个种烟乡（镇）、804个村委会、6596个村民小组、13.78万户种植主体，签订烟叶种植合同14.4万份，与合作社（村委会）签订种植管理协议804份，优化烟叶结构工作协议804份，合作社与种植主体签订育苗供苗合同12.9万份、农机作业合同2.8万份、植保作业服务合同2.1万份、烘烤作业服务合同9.2万份。召开优化烟叶结构不适用脚叶、顶叶田间处理工作现场会2次，落实不适用鲜烟叶采弃到位。州烟草公司统一不适用烟叶处理流程、处理标准和痕迹记录规范，各县（市）按责任范围

烤烟抗旱机井 （高建波/摄影）

现代化烟草农业育苗管理　　（高建波/摄影）

和包保责任要求，签订不适用烟叶田间处理协议，发放处理通知书，开展田间处理、称重、销毁、公示等，组织实施好不适用烟叶的田间采弃处置工作。烟草公司系统责任落实到人，细化考核措施。采取“县级逐片考核，州级抽查复验”的办法分环节进行严格考核，按照各环节的考核结果分环节兑现奖惩，有效促进各项措施落实。以“优化烟叶结构，提高烟叶品质”为重心，加强领导、强化政策宣传和培训、细化责任、规范管理、严格督促考核，优化烟叶生产结构。种植烟草65.4万亩，收购烟叶192.3万担；上等烟比例64.79%，比上年增长14.62%；收购均价18.44元，比上年增长3.41元；收购总值17.73亿元，比上年增加2.82亿元；烟农收入18.4亿元，比上年增加3.5亿元，国家烟草专卖局工商交接等级合格率63.7%，楚雄州连续6年被省政府表彰为烟叶工作先进州（市）。

【现代烟草农业建设】 2011年，云南省烟草专卖局（公司）确定楚雄州整州推进现代烟草农业建设，州烟草专卖局（公司）按照“整县推进、单元实施”的建设思路，与红塔集团、贵州中烟、浙江中烟、湖南中烟、河南中烟共建基地单元5个，自建基地单元14个，开展姚安、牟定“三化”示范县建设。完成烟叶基础设施项目4929件，包括烟水工程731件（其中水池342个、管网36条、沟渠341条、提灌站5座、小塘坝1座、倒虹吸6条），机耕路50条，烘烤设施3004件（其中密集烤房3000座、烘烤工场附属设施4个），烟草农用机械964台套（其中通用机械902台套，专用机械62台套），育苗大棚180座，烟草行业补贴资金2.08亿元。按照“统分结合、双层经营、专业合作”方针，全面建立以合作社为单元的生产组织管理模式，烟叶种植管理合作社631个，烟叶生产经营合作社49个，综合性农民专业合作社38个，农机合作社10个，育苗合作社45个，植保服务社60个，烘烤合作社639个，烟叶生产全过程专业化服务和生产方式现代化达到新水平。

［阿惠媛］

烟草销售

【卷烟销售】 2011年，楚雄州烟草系统以“提结构、上水平”为目标，狠抓规范经营、终端建设、客户服务、品牌培育、婚庆促销，网建基础和市场基础得到夯实，卷烟营销工作取得新成效。销售卷烟9.86万箱，单箱销售额2.12万元。销售一类烟11373.1箱，占11.53%；二类烟2406.9箱，占2.44%；三类烟64255.44箱，占65.16%；四类烟15387.84箱，占15.61%；五类烟5184.41箱，占5.26%。

【烟草“大成”文化活动】 2011年，云南省烟草公司楚雄州公司围绕“利国惠民、至爱大成”的核心价值理念，倡导和宣传贯彻“大成”文化，打造“七彩”服务品牌。开展“大成”文化宣讲培训8次，培训2600人次，让职工深刻理解行业共同价值观和核心价值理念、企业愿景、企业使命、企业精神、行为信条、行为准则等“大成”文化的丰富内涵。抓住“思想阵地树德、学习阵地强智、体育阵地健体、文艺阵地怡情”的思路，开展迎新春歌咏文艺晚会、主题演讲比赛、大型文艺晚会、“大成风采”竞赛、首届“大成”杯职工运动会等一系列活动，推进“大成”建设。建成集健身、休闲、娱乐为一体的职工之家，帮助困难职工解决实际困难。创建全国文明单位，州烟草公司再次被中央文明委评定为全国文明单位。

【烟草企业综合管理】 2011年，楚雄州烟草公司编制管理手册10份，流程文件520份、管理制度308份、岗位说明书226份。烟叶生产经营、卷烟营销、专卖监督、科技创新、企业文化等管理体系完成上下职能对接统一，初步实现管理流程化、基础规范化，改进持续化。以行业全面审计为契机，对工程投资、物资采购、宣传促销、多元化投资、财务管理等方面的问题进行全面自查，重点是从内部管理制度、会议纪要、会计凭证、项目卷宗等基础资料中发现问题，认真整改。

［阿惠媛］

卷烟生产

【卷烟生产概况】 2011年，红塔集团楚雄卷烟厂累计生产卷烟60.6万箱，较上年57.8万箱增加2.8万箱，增长4.84%。

红塔集团楚雄卷烟厂2011年与2010年卷烟产销情况统计表

单位：箱

卷烟牌号	类别	2011年生产	2010年生产	增减量	增减率（%）	2011年销售	2010年销售	增减量	增减率（%）
红塔山系列		389940.6	417863	-27922.4	-6.68	390168.6	381703	8465.6	2.22
红塔山（硬经典）	三	203160.8	174253.4	28907.4	16.59	191563	172062.8	19500.2	11.33
红塔山（硬经典100）	三	69320.4	73907.6	-4587.2	-6.21	79512.2	52855	26657.2	50.43
红塔山（硬新）	三	0	1845.4	-1845.4	-100.00	300	2055	-1755	-85.40
红塔山（软经典）	三	35085	80935.2	-45850.2	-56.65	39800	75048.2	-35248	-46.97
红塔山（软新）	三	82374.4	86921.4	-4547	-5.23	78993.4	79682	-688.6	-0.86
红梅系列		216059.4	160137	55922.4	34.92	196464.2	161754	34710.2	21.46
红梅（硬黄）	四	0	2993.4	-2993.4	-100.00	0	2995	-2995	-100.0
红梅（软黄）	四	203788.4	140423.8	63364.6	45.12	183992.2	141484	42508.2	30.04
红梅（软白）	四	12271	16719.8	-4448.8	-26.61	12472	17275	-4803	-27.80
三类烟合计		389940.6	417863	-27922.4	-6.68	390168.6	381703	8465.6	2.22
四类烟合计		216059.4	160137	55922.4	34.92	196464.2	161754	34710.2	21.46
硬包烟合计		272481.2	252999.8	19481.4	7.70	271375.2	229967.8	41407.4	18.01
软包烟合计		333518.8	325000.2	8518.6	2.62	315257.6	313489.2	1768.4	0.56
合　计		606000	578000	28000	4.84	586632.8	543457	43175.8	7.94

其中，生产红塔山系列卷烟38.99万箱，占生产总量64.35%，比上年减少2.79万箱，下降6.68%；红梅系列卷烟21.61万箱，占生产总量35.65%，较上年增加5.59万箱，增长34.92%。各牌号卷烟产品总体质量稳定，合格率100%。年内，楚雄卷烟厂完成现价工业总产值77.28亿元，比上年的65.13亿元增加12.15亿元，增长18.65%。实现税利54.90亿元，比上年的44.68亿元增加10.22亿元，增长22.88%。其中，税费48.42亿元，比上年的41.19亿元增加7.23亿元，增长17.57%；利润6.48亿元，比上年的3.49亿元增加2.99亿元，增长85.52%。完成主营业务收入67.17亿元，比上年的59.08亿元增加8.09亿元，增长13.71%。

【卷烟生产管理】 2011年，红塔集团楚雄卷烟厂持续深化创建“优秀卷烟工厂”和“对标”工作，推广实施全面优质管理，强调过程控制，注重流程管理，着力打造以“精细化、标准化、规范化、信息化”为特点的“四化”专业卷烟制造工厂。对标工作按照“突出重点，强化措施，狠抓提升”工作思路，落实集团成本费用控制要求，制定下发厂级对标指标39项，二级对标指标120项，确定5个成本费用控制重点课题和6项重点指标改善计划，建立11项厂级对标攻关项目，全厂呈现出“效率指标提升、物耗能耗下降，成本费用有效控制、比重指标持续改善”的特点。基础管理工作着力在提升生产组织、质量保证、成本控制、设备保障、安全管理五项能力上下功夫，全厂制造能力进一步提升，基础管理水平进一步提高，不断向优秀卷烟工厂目标迈进。在全面优质管理中，实施全过程、全企业、全员优质管理争创优秀卷烟工厂，推进基础管理上水平，保障集团“5211”品牌发展目标和楚烟持续发展重点，形成集中培训、实地调研、建章立制、普遍试点、重点推优工作模式。全厂分3批组织厂领导、中层干部、班组长120人参加全面优质管理体系知识专题培训，聘请咨询管理公司深入全厂各部门、各岗位，广泛开展管理现状调研，全面梳理管理工作经验、问题和不足，编制出《红塔集团楚雄卷烟厂2011～2013年全面优质管理体系实施计划》和《红塔集团楚雄卷烟厂2011年全面优质管理体系实施方案》，开展优质管理推广试点工作。扎实推进质量、环境、职业健康安全“三标”体系运行，建设标准化良好企业，形成涵盖全厂各项工作的120个厂级管理标准，11个技术标准，491个工作标准。持续开展内部管理监督，“工程投资、物资采购和宣传促销”（简称“三项工作”）检查，开展“小金库”专项治理，内部审计监督，成立“三项工作”机构，明确“三项工作”责任和人员，全厂基本形成经济活动全过程监管体系。把办事公开、民主管理作为强化基础管理工作切入点，充分发挥职代会、党委会、党政领导扩大会、职工代表组长会在“三重一大”决策中的职能作用，实行厂务公开，做到依法决策、民主决策、科学决策，严格执行办事“四公开”，实现办事公开、民主管理工作常态化、规范化。把深化班组建设作为全厂实现战略落实，提升持续发展能力的基础，按照“普遍试点、总结提炼、重点推优”模式，开展特色班组建设试点。各部门结合自身工作特点，挖掘潜力，积极探索实践，围绕班组基础建设、文化建设、队伍建设，开展特色班组建设。卷包车间“砺进”班组建设，以“规范班组”、“效率班组”、“活力班组”、“和谐班组”为目标，涵盖班组管理、生产管理、RPS 设备管理、班组队伍与文化建设管理，对班组人员、生产、设备实现全员管理，成为全厂借鉴和推广典范。坚持“安全第一、预防为主、以人为本、综合治理”方针，制定覆盖生产、技改、消防、交通、环保、维稳等各方面安全目标，完善安全管理体系和考核标准，层层落实安全生产责任制，强化安全生产过程管控，突出安全隐患治理，完善安全工作应急预案，加强信访维稳工作，全厂实现无重大火灾事故、无重大工伤设备事故、无重大交通责任事故、无重大环境污染事件、无影响集团和社会稳定事件的目标，安全生产保持平稳。

已投入使用的楚雄卷烟厂新厂区烤烟分拣车间　　（马　骏/摄影）

【楚雄卷烟厂易地搬迁工程建设】 2011 年，楚雄卷烟厂易地搬迁技改工程完成合同投资付款总额 4.16 亿元，完成合同签订金额 3.74 亿元；从开工到 2011 年末，累计完成合同投资付款总额 13.97 亿元，其中含土地征地费 1.12 亿元，累计完成合同签订金额 19.42 亿元。工程建设快速有效推进，土建基本完工，完成综合办公楼主体内外部装修，地毯、窗帘和办公家具配置，完成联合工房屋面防水层施工、虹吸排水施工和屋面采光罩安装。高架库地坪浇灌施工和糖香料车间地坪、室外“U”型口内地坪浇灌完毕。12 万平方米的原烟醇化库主体工程施工结束，主体结构全部浇灌封顶。1、2、3、4、6 号库地坪浇灌和耐磨层施工完毕。完成打叶复烤生产线工艺设备选型和技术谈判。110 千伏变电站投入使用，10 千伏变电站和两台 35 吨锅炉完成调试，物流自动化系统工艺优化及各个子项目招投标结束。完成中水处理、空压等设备安装及调试，整个技改工程进入扫尾阶段。着手准备搬迁工作，成立搬迁工作领导小组和设备搬迁、生产组织、办公后勤保障 3 个工作组，制定出《搬迁工作实施方案》，全厂搬迁准备工作有序推进。

【“玉溪庄园”主题实践活动】 2011 年，楚雄卷烟厂围绕“玉溪庄园”新品高档卷烟上市，贯彻落实红塔集团开展“立足岗位，争创一流，我为玉溪庄园建新功”主题实践活动，以开展一次集中讨论、举办一场劳动竞赛（技术比武）、开展一次主题活动、撰写一篇学习体会为主要内容，开展“建功庄园讲奉献，立足岗位创一流”启动宣誓、专题黑板报竞赛、“我为庄园献一计”金点子征集、“庄园在我心中”演讲比赛、“工厂与市场”宣讲、“庄园杯”主题趣味运动会等系列活动。

【卷烟人才队伍建设】 2011 年，楚雄卷烟厂围绕“十二五”人力资源规划实施，完善人才招聘、培养机制，持续推进员工职业发展通道建设，不断加强以提升员工技术技能水平为重点的多层次、多形式培训，不断提升员工素质和技术技能水平。卷包车间修理工金彩洪荣获“第十届全国技术能手”荣誉称号，卷包车间职工王应峰、张炳生获“云南中烟工业有限责任公司技术能手”荣誉称号。年末，有高级技师 1 人、技师 95 人、高级工 764 人，中级工 33 人，初级工 29 人；专业技术中级以上职称 171 人，初级职称 535 人。有复烤、制丝、卷接、包装机械及电气专业三级维修师 17 人，烟叶分级专业三级质检师 1 人。

［鲁　鸫］

（责任编辑：周能汉）

医药业

医药业综述

【食品药品监督管理】 2011年，楚雄州食品药品监督管理局以科学发展观统揽全局，以保障人民群众饮食用药安全为中心，在中共楚雄州委、州人民政府和省食品药品监督管理局的领导下，继续整顿和规范药品生产经营秩序，强化食品安全综合协调职能，全州食品药品监管事业持续健康发展。出动执法人员12055人次，检查市场6332户次，查处案件170件。完成药品抽验883件。药品不良反应监测网络覆盖全州二级以上医疗机构和各县（市）中医院、妇幼站、计生服务站，报告药品不良反应监测277例，报告疑似预防接种异常反应（AEFI）监测3例，报告医疗器械不良事件监测12例，报告药物滥用监测95例。全州103个乡（镇）、1087个行政村全部建立监督网络、供应网。全面推行食品安全工作目标责任制管理，食品安全目标责任分解量化到各县（市）和州级相关成员单位，制定并颁布考核办法，完成全州食品安全工作半年督查，年终考核，组织开展重大节假日食品安全专项整治、“地沟油”、“不合格一次性筷子”专项整治，出动执法人员28763人次，检查食品生产、加工、经营企业以及各类摊点98387户次，查处各类食品违法案件232件。

【药品生产监管】 2011年，楚雄州食品药品监督管理部门认真履行药品生产监管职责，做好监管工作。基本药物生产企业生产现场、物料管理、批生产记录、质量管理、文字档案等现场检查和核实，出动检查45人次，完成8家药品生产企业国家基本药物处方、生产工艺核查，提出整改意见32条。按照《中药生产监督专项检查工作方案》，专项检查10家药品生产企业中药生产监督，出动执法人员29人次，提出整改意见74条。国家基本药物生产专项监管，生产现场监督检查8户，提出整改意见44条。按照《楚雄州药品生产企业非正常生产监管方案》的相关要求，制定印发上半年、下半年的半年度非正常生产企业名单，按照预定方案强化监管，现场检查9户次，非正常生产企业停产报告备案审批13户次。强化药品生产日常监管，防止药品生产安全事故，实施日常检查48户次，出动执法人员180人次，提出整改意见141条，发出责令改正通知书2份，监督药品企业销毁不合格药品（含制剂）、药包材4户次、92个品种，货值金额29.42万元。加强药品生产企业GMP执行力度检查。日常监督检查和现场辅导云南楚雄太阳药业公司药品生产企业执行GMP标准情况。强化高风险医疗器械生产监管。现场检查楚雄州医用器具有限责任公司一次性空气净化输液器等高风险产品5次，配合省食品药品监督管理局完成生产质量体系考核。受省食品药品监督管理局委托，开展医疗机构义齿临床试验材料进行现场核查，二类医疗器械生产企业实施日常监管。

【医疗机构制剂监管】 2011年，楚雄州食品药品监督管理部门接受申请，完成3家医疗机构制剂室申报制剂再注册品种62个，完成楚雄州中医院制剂调剂现场检查考核，检查医疗机构6户次，出动检查人员25人次。

【药品不良反应和药物滥用监测】 2011年，楚雄州初步建成覆盖州、县（市）、乡的三级药品不良反应监测网络，建立监测领导机构或专、兼职监测人员，各县（市）和大部分乡（镇）监测单位开通网络（电子）报告。监测报告药品不良反应277例，报告疑似预防接种异常反应（AEFI）3例，报告医疗器械不良事件12例，报告药物滥用95例。

【特殊药品监管】 2011年，楚雄州强化使用麻醉药品、一类精神药品为原料的药品生产企业、区域性麻醉药品批发企业监管。出动执法人员71人次，监管检查特殊药品生产及区域性批发企业21户次，提出整改意见8条，监督销毁不合格特殊药品1种，货值金额1.06万元。到禄丰县疾病预防控制中心美沙酮维持治疗门诊现场监督检查1次，检查并验收蛋白同化制剂、肽类激素批发企业2次。

【药品市场监督】 2011年，楚雄州坚持日常药品市场监督管理不放松，明确重点地区、重点岗位作重点监管。以楚雄市、禄丰县和交通发达沿线为重点监管地区，药品购进、验收环节作为重点环节和重点岗位，加大监管力度。检查市场6332户次，查处案件170件。核发“药品经营许可证”（零售、零售连锁）109个，“医疗器械经营企业许可证”（零售）47个，受理“药品经营许可证”（零售、零售连锁）变更116个，“医疗器械经营企业许可证”（零售）41个，注销“药品经营许可证”（零售）31个，换发“药品经营许可证”（零售、零售连锁）168个，换发“医疗器械经营企业许可证”（零售）14个，注销“医疗器械经营企业许可证”45个，核发“非处方药经营准销证”427个。开展侵犯知识产权和制售假冒伪劣商品专项行动，检查药品经营企业、医疗机构1028家，查处案件42件，涉案金额12.93万元，捣毁窝点1个，取缔非法经营药品摊点9个。开展查处假冒陕西康惠制药股份有限公司产品小儿暖脐膏监督检查，未发现查禁药品流通。开展化妆品冒充药品、非药品冒充药品专项整治，检查药品经营、使用单位328户次，未发现有化妆品冒充药品和非药品冒充药品行为。开展盐酸克仑特罗监督检查，检查药品经营、使用单位486户次，未发现有非法生产盐酸克仑特罗的生产企业和药品经营企业有违规销售行为。开展处方药销售专项监督检查，检查药品零售企业628户次。开展了医疗器械专项检查，强化骨科植入器材、心脏起搏器、人工晶体、血管支架、介入材料等高风险医疗器械经营企业日常监管，查处案件8件，罚没款4.56万元。抓好GSP认证及跟踪检查，受理药品零售企业GSP认证申报300家，重新核发GSP认证证书19家，通过GSP认证现场检查265家；对通过认证企业开展GSP跟踪检查工作，跟踪检查覆盖率100%。推进医疗机构药械规范化管理，完成“规范药房”验收107家，占医疗机构的17.5%。

【基本药物配送监管】 2011年，楚雄州加强基本药物配送和使用环节监管。实行基本药物全品种覆盖抽验，完成国家基本药物抽样333批，合格329批，不合格4批。基本药物全品种实行电子监管。组织人员实施基本药物经营（批发）企业摸底调查，邀请省食品药品监督管理局领导和专家到州内开展药品批发企业和药品生产企业相关人员和州食品药品监督管理干部作全员药品电子监管培训，落实专人负责药品电子监管。全州17家药品批发企业完成入网，做好实现基本药物全覆盖电子监管准备。强化药品广告监测，查出药品违法广告126个，按规定上报省食品药品监督管理局处理。

【农村药品“两网”建设】 2011年，楚雄州推进农村药品监督网和供应网“两网”建设，把农村药品“两网”建设与“新农合”、“万村千乡市场工程”相结合，通过开展农村药品市场专项整治，医疗机构“规范化药房”建设，实现供应网承建企业和供应网点的管理。完善药品监督网人员聘用、培训、考核管理制度，巩固“两网”建设成果。全州103个乡（镇）1097个行政村全部实现供应网和监督网覆盖，有村设药品专柜954个，聘请各类人员1979人。

【药品抽验】 2011年，楚雄州药品监管部门完成各类药品抽验883件，其中医疗器械监督抽验20件。完成国家基本药物专项抽验333批，检验合格329批，不合格4批；完成药品监督抽验530批，合格508批，不合格22批。帮助昆明市食品药品监督管理局完成各类药品监督抽验155批。快检车运行35天，出动人员140人次。检测涉药单位40个，检测药品620批次。

［沙朝仁］

天然药业

【天然药业发展概况】 2011年，楚雄州天然药业实现总产值15.88亿元，比上年增长29.9%；实现增加值3.96亿元，比上年增长4.9%（可比价）。生产中成药3157吨，比上年增长41%。纳入统计监测的19户药品生产企业中，除太阳药业处于停产外，其余18户企业运行良好，实现总产值15.55亿元，比上年增长31.3%；完成销售收入13.85亿元，比上年增长29.8%；实现应缴税金6272.4万元，比上年增长1.74%。产值1000万元以上的企业有15户，比上年增加6户。其中，上亿元的有3户，分别是种源繁育公司、盘龙云海药业公司和广泰生物科技开发公司；产值5000万元至1亿元的有5户；1000万元至5000万元的有7户。销售收入达2000万元以上（即规模以上）的企业有11户，比上年增加4户。应缴税金500万元以上的有3户，比上年增加1户，分别是盘龙云海药业公司、种源繁育公司和广泰科技开发公司。

【医药企业技术改造】 2011年，云南新世纪药业有限公司中药饮片厂建设项目建成投产，当年实现产值6800万元、销售收入6125万元。云南白药集团公司健康产品产业化项目、云南邦桥节能科技有限公司LED医用照明系统建设项目

武定县大力发展黄草乌种植　（武定县志办提供）

顺利建成。楚雄和创药业有限公司GMP制药生产线建设项目、云南天利药业二期建设项目、云南极粹生物科技公司入驻标准厂房建设制剂生产线提取人参皂甙Rg1项目、云南保元堂药业异地搬迁技改项目、昆明宇斯药业大输液生产线建设项目等顺利推进。

【药业招商引资项目】 2011年，楚雄州实施药业招商引资项目21项，到位资金31798万元。其中续建项目10项，分别是爱尔法公司培养雨生红球藻提取天然虾青素项目，新世纪药业公司中药饮片厂建设项目，宇斯药业公司年产8400万瓶（袋）大输液生产线建设项目，云南白药集团楚雄健康产品产业化项目，楚雄医药园区标准厂房建设项目，极粹生物科技公司参精素（人参皂甙Rg1）提取及产业化项目，天利药业公司异地搬迁技改扩建二期项目，武定铭奥生物科技公司年生产皂素400吨、双稀120吨项目，和创药业公司药材种植及加工项目（武定），武定新源公司中药材种植基地建设及药材加工项目。新增签约项目11项，分别是积华生物科技公司还原型谷胱甘肽生产线建设项目、草本堂药业公司接管经营万裕药业公司生产线项目、和创药业公司生物制药及产业化项目、金七制药公司滴丸药品生产车间异地GMP技改扩建项目、楚源药业公司新建药用包材及药用辅料生产线项目、双柏茯苓种植基地建设项目、三圣药业公司技改项目、大姚龙岭生物科技开发公司综合开发建设项目、东山生物工程公司搬迁扩建项目、牟定年产1000吨药用级紫胶生产线建设项目、山固生物研发公司天然药业加工建设项目。

【新药研发】 2011年，楚雄州医药企业加强新产品研究和开发，获得国家药品批准文号1个，即云南盘龙云海药业的“盐酸羟甲基唑啉喷雾剂”；获得保健食品批准文号1个，即云南本草精素科技有限公司的“参缘牌参缘胶囊”。年末，全州医药企业拥有国药准字批文329个，其中全国独家药品生产品种31个，国家中药保护品种8个；拥有保健食品批准文号6个。

【彝族医药体系建设】 2011年，云南省彝族医药研究所、云南省彝医医院（州中医院）收集彝族医药古籍文献、口碑文献、文字资料和近30年的临床科研资料进行系统研究整理，编著《中国彝医方剂学》和《中国彝医临床学》。完成《中国彝医方剂学》编著，交付出版社出版发行。完成《中国彝医临床学》初稿，进入书稿汇审阶段。楚雄州中医院在彝族民间验方基础上，经过多年研究和试验观察并研制出系列院内制剂，有序推进开发。“化毒灵胶囊”进入长期毒性试验，“解毒灵胶囊”、“降脂灵胶囊”进行急性毒性试验、长期毒性试验和稳定性试验，“咽舒宝滴丸”完成100例慢性咽炎患者临床观察。

云南盘龙云海药业集团股份有限公司包装车间 （州药监局提供）

【中药材种植基地建设】 2011年，楚雄州结合生物医药产业发展要求，推进中药材种植基地建设，加强规范化种植技术指导，积极开展药材种植技术、病虫害防治、初加工技术等培训，抓好“楚雄州彝药特色产业基地建设”和“重要彝药资源收集研究及产业化开发”药业重点科技项目实施，发挥项目辐射带动作用。推动双柏县、武定县两个“云药之乡”加大特色药材种植示范县建设力度，两县分别种植中药材16049亩和14472亩。全州种植中药材49710亩。

［李智仙］

药品生产

【楚雄州医药行业协会】 2011年，楚雄州医药行业协会始终坚持发挥桥梁、纽带、参谋助手作用，做好各方面服务。4月28日召开楚雄州医药行业协会一届三次常务理事会。12月13日，召开楚雄州医药行业协会一届二次理事会。9月7日，举办楚雄城区医药企业中秋团拜会。12月9～13日，举办“2011年楚雄医药企业篮球运动会”。组织协会会员参加以“科技兴医药”为主题的“楚雄州2011年科学技术学术年会”论文征集、交流活动。

【云南盘龙云海药业有限公司】 2011年，云南盘龙云海药业有限公司两条电子监管赋码系统进行升级，满足公司自建平台药品和入国家电子监管网的国家基本药物、省基本药物赋码，为生产国家基本药物和省基本药物提前做好工作准备。取得灵丹草胶囊、灵丹草片、胃康灵胶囊3个产品药品再注册证；研究开发的盐酸羟甲唑啉喷雾剂获得国家药品注册证，枸橼酸喷托维林滴丸和替硝唑霜获得药物临床实验批件，喷喷鞋舒取得产品标准备案批件；完成益肾灵颗粒、逍遥颗粒、痛经灵颗粒3个无糖型产品工艺及质量标准研究和中试生产；完成余甘子粉质量标准研究、申报工作，接受省专家组现场评审、汇编入云南省中药饮片标准；成功研制出排毒面膜、喉舒润喉糖、固体凉茶、小豆叮姜茶、温泉浴粉等5个新产品，完成产品包装标签设计、审定工作，其中排毒面膜（保湿、美白）投入批量生产。实现工业产值40121万元，比上年增长8.1%；完成销售收入30134.7万元，比上年增长0.4%；实现应缴税金2683.8万元，比上年下降6%。

【云南龙发制药有限公司】 2011年，云南龙发制药有限公司把重点工作放在市场开拓上，投入广告打造彝药品牌，梳理特色品种，扩大市场销量。投入精力进行试行标准的转正工作以及中药保护品种续保工作。至年末，公司13个试行标准品种，有霍香正气丸一个品种转正。实现工业产值6170.8万元，比上年增长15.1%；完成销售收入5511.6万元，比上年增长21.1%；实现应缴税金318.2万元，比上年增长45.16%。

【楚雄老拨云堂药业有限公司】 2011年，楚雄老拨云堂药业有限公司通过调整销售模式，完善销售网络，加大企业品牌的宣传推广力度，扩大市场开发促进企业产品销售。实现工业产值4227.4万元，比上年增长19.6%；完成销售收入7777.8万元，比上年增长71.2%；实现应缴税金643万元，比上年增长13.74%。公司顺利通过中国驰名商标认定。

【云南楚雄云中制药有限公司】 2011年11月，云南楚雄云中制药有限公司通过中药饮片生产线GMP现场认证。全年实现产值2091.6万元，比上年增长19.3%；完成销售收入1557.1万元，比上年增长28.1%；实现应缴税金30.4万元，比上年增长15.15%。

【楚雄州百草岭药业发展有限公司】 2011年，楚雄州百草岭药业发展有限公司顺利通过省科技厅项目“从植物中提取SOD酶技术及SOD酶制剂开发”验收，并获州级科技进步三等奖。完成云南省食品药品监督管理局组织的保健食品GMP证书及桃乐丝胶囊保健食品卫生许可证换证工作。完成余甘子精粉、桃乐丝胶囊产品标准备案，以及桃乐丝口含片、余甘子精粉生产许可证到期年检工作。完成余甘子精粉国家绿色食品认证“环评”及样品送检。公司收购余甘子鲜果约500吨，生产余甘子精粉25吨，生产滇橄榄口含片5000余件，滇岭牌桃乐丝胶囊保健食品10万瓶，其他中间产品30余吨，接受外单位委托加工15个产品30多批，实现工业产值2331.5万元，比上年增长3.6%；完成销售收入1711万元，比上年增长3.8%；实现应缴税金8.9万元，比上年下降6.32%。

云南广泰生物科技开发有限公司功能性饮料GMP生产线　（广泰公司提供）

【云南广泰生物科技开发有限公司】 2011年，云南广泰生物科技有限公司在全国建立销售网点158个，开发终端零售网点6056个，初步建立营销网络，在贵州、华北等地成立办事处。公司二期技改年产5万吨功能性饮料生产线建成投产。实现工业产值16610.4万元，比上年增长86.8%；完成销售收入16402.4万元，比上年增长86.4%；实现应缴税金536.5万元，比上年增长127.52%。

【云南楚雄天利药业有限公司】 2011年，云南楚雄天利药业有限公司加快技改扩建力度，绿化、美化生产经营环境，建立健全企业管理制度，围绕新版GMP知识加强培训和管理，把好药品质量关。年初与云南白药集团签订委托加工协议，从4月起为白药集团代加工藿香正气水，公司员工从上年年底的90人增加至130人，两次大幅度上调员工薪酬待遇，进一步健全公司薪酬制度。实现工业产值6902.2万元，比上年增长13.7%；完成销售收入2896.5万元，比上年下降30.5%；实现应缴税金43.8万元，比上年增长18.38%。

【云南新世纪中药饮片有限公司】 2011年2月，云南新世纪中药饮片有限公司正式投入生产。至年末，收购中药材3000余吨，生产中药饮片500余吨，实现工业总产值6840万元，完成销售收入6511.5万元，实现应缴税金57万元，实现社会就业187人，吸收附近农村剩余劳动力做长期临时工50人。

【云南极粹生物科技有限公司】 2011年，云南极粹生物科技有限公司积极推进GMP技改及产业化建设项目，加强新药研发，取得“参缘牌参缘胶囊”国产保健食品批准文号（国食健字G201110440），并开始上市销售，销售情况良好。实现工业产值2300万元，完成销售收入2274.7万元，上缴税金390.7万元，其中人参皂苷Rg1原料出口10万美元。12月，公司申报的“刘颂豪院士工作站”经云南省院士专家工作站管理委员会发文获准挂牌建站。刘颂豪院士工作站的建立，将利用刘颂豪院士及专家在激光生命科学及光生物学研究、药理学研究的卓越成就，形成新一代医疗仪器的产业化研发基地。同时利用工作站专家团队多领域、多学科的交叉、协同与合作，将传统中医药、民族药与现代医学、药理学理论相结合，进行创新药物开发，进一步促进全州生物医药的发展。

【云南万裕药业有限公司】 2011年，云南万裕药业有限公司由楚雄经济技术开发区全面托管，生产线和国药批准文号由云南草本堂药业有限公司全面接收，通过新班子的强化管理，公司满负荷生产，各项经济指标大幅度增长，全面完成与楚雄开发区管委会签订的目标任务。实现工业产值5689.8万元，比上年增长953.3%，完成销售收入4550.6万元，比上年增长852.8%，实现应缴税金99.9万元，比上年增长168.55%。

［李智仙］

药品经营

【药品经营企业概况】 2011年，楚雄州有药品经营企业1847家，其中批发企业19家、零售企业836家、农村药品专柜992个、器械经营企业539家，其中器械专营企业49家。

【楚雄州川北医药有限公司】 2011年，楚雄州川北医药有限公司有职工10人，其中专科以上学历2人，中专学历8人。经营范围：中药材，中药饮片，中成药，生化药品，化学药制剂，抗生素，生物制品（不含血液制品、疫苗），蛋白同化制剂及肽类激素，第二类精神药品制剂。经营品种48个，年销售额1600万元，基本药物配送中标单位，配送基本药物1300万元，配送医疗机构32家。

【云南东骏药业有限公司楚雄分公司】 2011年，云南东骏药业有限公司楚雄分公司是基本药物中标配送企业。组建大物流配送队伍，发展基层医疗配送点对点服务，拓展直营零售店7家。年末，东骏药业楚雄分公司有直营零售药店31家，加盟零售店108家，在职员工185人，其中药品技术人员21人。

【云南康瑞德医药有限公司】 2011年，云南康瑞德医药有限公司通过第二轮GSP认证并取得认证证书。公司有员工54名，其中专业技术人员30名，专科以上学历6人。经营范围有中药材、中药饮片、中成药、抗生素、生化药品、化学药制剂、生物制品（不含疫苗、不含血液制品）、蛋白同化制剂肽类激素、医疗器材、玻璃仪器，有零售药店14个。实现销售额1270万元，基本药物配送552万元。

【云南剑华药业有限公司】 云南剑华药业有限公司于2010年10月13日成立，注册地址为楚雄市北浦延长线上福塔社区办公综合楼，注册资本500万元。经营范围：中药材、中药饮片、中成药、生化药品、化学药制剂、抗生素、生物制品（不含血液制品、不含疫苗）；蛋白同化制剂肽类激素；一、二、三类医疗器械；保健食品。公司共有经营面积2000平方米，仓库1525平方米，设常温库、阴凉库、医疗器械库、非药品库，公司现有专业人员30余人，公司设有总经办、采购部、开单部、质管部、仓储部、财务部、销售部、医网部、市场部等9个部门。

【云南太阳鸟药业有限公司楚雄分公司】 云南太阳鸟药业有限公司楚雄分公司于2004年11月24日正式成立，地处云南省楚雄市经济开发区太阳历大道金时代华庭，注册资金1008万元，分公司设有总经理、财务室、业务部、采购部、储运部、质量管理部。有在职职工30名，其中专科以上学历8人，全年实现销售额2830万元。

【云南省久泰药业有限公司楚雄分公司】 云南省久泰药业有限公司楚雄分公司成立于2004年8月，现有员工40余人，其中大专以上学历15人。2011年年底新建成办公地点4000多平方米，拥有标准仓库面积2600余平方米，药品4000余种。已顺利通过第二轮GSP认证，2011年销售额达4000多万元，销售网络遍布全州各乡（镇），经营范围包括：“中药材、中药饮片、中成药、化学药制剂、抗生素、生化药品、生物制品、高分材料及制品、注射穿刺器械、基础外科手术器械、医疗仪器及设备、避孕器械及相关类医疗器械”等的批发业务。

［沙朝仁］

（责任编辑：周能汉）

商贸业

商贸业综述

【商贸工作概况】 2011年，楚雄州商务局深入贯彻落实科学发展观，加快商务领域结构调整和发展方式转变，着力培育流通主体，构建搞活流通、扩大消费长效机制，保障市场平稳运行，着力培育外贸龙头企业，提高利用外资水平，促进外经贸稳步发展，实现“十二五”良好开局。全州内外贸协调发展，主要经济指标全面完成或超额完成上级下达任务，累计完成社会消费品零售总额158.32亿元，同比增长20%，圆满完成年初人代会确定目标；完成外贸进出口15089万美元，比上年增长39.16%，超额完成省政府下达考核任务和年初人代会确定目标。其中，出口13755万美元，比上年增长32.9%；进口1334万美元，比上年增长171.1%，呈现进口和出口同步增长的可喜态势；实际到位外资2505万美元，比上年增长88.2%。

【商贸市场监测管理】 2011年，楚雄州商务局完善市场监测体系，加强对城市生活必需品、重要生产资料、重点流通企业监测，及时掌握主要商品供求信息和价格信息。从监测报表报送、市场运行分析、市场异常信息报送、市场监测信息运用四方面入手，提高监测水平。商务系统在商务之窗网站上发布各类信息23977条。加强节假日和重大活动期间市场监管，保障市场供应，维护市场稳定，满足消费需求。认真开展“打四黑、除四害”工作，切实加强流通环节食品安全，确保群众吃上“放心肉”。做好重要商品储备，加强成品油供应协调力度，确保生产生活和各种应急需要，增强宏观调控和应对突发事件能力。

【万村千乡市场工程】 2011年，云南省商务厅下达楚雄州农家店建设指标200个，配送中心建设项目4个。楚雄州布点建设日用百货农家店170个、农资农家店30个。在选择农家店时，优先安排在交通沿线、人口集中、消费旺盛、方便配送的地区。年底，“万村千乡市场工程”项目完成县级和州商务局、州财政局组织的全面验收，并上报省商务厅、省财政厅审核，获得补助资金460万元，其中农家店补助资金200万元（每个1万元）、4个配送中心补助资金260万元。

［李成峰］

2011年楚雄州流通服务业发展情况统计表

县（市）	全社会消费品零售总额		流通服务业增加值		上缴国家税收		上缴地方税收	
	实际完成（万元）	完成年度计划（%）	实际完成（万元）	完成年度计划（%）	实际完成（万元）	完成年度计划（%）	实际完成（万元）	完成年度计划（%）
楚雄市	640586	99.5	237710	100	76169	115.7	57452	105.2
其中：开发区			23730	100	56683	122.8	20014	107.9
双柏县	28229	105.1	14009	100	1258	123.7	4962	91.8
牟定县	64006	102.6	37836	100	1552	92.9	6134	112.1
南华县	99247	100	32306	100	2854	134.6	8910	115.3
姚安县	72694	98.8	29786	100	1402	118.6	5072	103.9
大姚县	101733	102.8	39744	100	2785	85.7	9128	125.8
永仁县	24807	102.4	18864	100	2478	136.5	4531	115
元谋县	63041	101.7	30996	100	2694	119.8	4111	100.8
武定县	75711	105.6	44419	100	5263	167.9	12547	129.8
禄丰县	272305	100.2	132112	100	6471	103.3	20592	103.2
合　计	1583214	100	617782	100	102926	116.2	133439	109

商贸流通

【内贸流通概况】 2011年，楚雄州深入贯彻各项扩大内需方针政策，搞活流通，促进消费。推进“家电下乡”，拉动农村消费；推进“万村千乡市场工程”，完善农村流通网络体系；培育新的消费热点，促进消费结构升级；加强市场监测监管，保障市场稳定，引导居民合理消费。通过采取积极措施，落实各项扩大内需措施，有效促进城乡居民消费，城乡市场保持繁荣，消费活跃。累计完成社会消费品零售总额158.32亿元，同比增长20%。从地区看，城镇完成30.01亿元，同比增长16.3%；农村完成124.31亿元，同比增长21%。从行业看，批发业完成23.29亿元，同比增长20%；零售业完成109.19亿元，同比增长19.4%；住宿业完成7.38亿元，同比增长18.4%；餐饮业完成18.46亿元，同比增长19.4%。

【家电下乡】 2011年，楚雄州家电下乡备案销售网点748个，销售家电下乡产品168095台（部），比上年增加64176台（部），同比增长61.8%；销售额43390万元，比上年增加21744万元，同比增长100%；兑付家电下乡产品补贴167120台（部），兑付补贴资金5345.8万元，比上年增加2627.2万元，同比增长96.6%。自实行家电下乡销售政策以来，全州累计销售家电下乡产品309768台（部），销售金额71550万元，兑现家电下乡产品补贴308408台（部），兑现补贴资金8893万元。

【家电以旧换新】 2011年5月20日，楚雄州启动家电以旧换新工作，在楚雄市、禄丰县、武定县、姚安县实施。至年末，有家电以旧换新备案企业53户，家电以旧换新销售量6262台，销售额2443.03万元，回收旧家电6304台，财政兑现补贴5624台，补贴额162.96万元，补贴兑付率90%。

【组团参展昆交会】 2011年6月6日，第19届中国昆明进出口商品交易会暨南亚国家商品展在昆明开幕，楚雄州商务局组织10户特色农产品外贸企业的200多个绿色产品参展。楚雄州8户重点进出口企业在昆交会期间实现进出口贸易签约9100万美元。其中，出口8800万美元，主要签约成交产品有松香5000万美元、野生菌2400万美元、化肥1000万美元、棉纱400美元；进口电气零配件300万美元。南华新世纪生物工程公司与广东客商签订500万元供货合同、楚雄源谋仁食品有限公司与省外客商达成3个贸易合同，成交金额120万元，云南广泰生物科技有限公司与多个省外客商达成核桃乳销售代理意向。参展企业带到展会现场的产品深受消费者喜欢，价值30多万元的参展商品在昆交会结束头天销售一空。楚雄州被昆交会组委会评为“优秀组织奖”。

［李成峰］

对外贸易与经济合作

【外贸进出口】 2011年，楚雄州面对国际市场萎缩，欧洲主权债务危机蔓延，世界经济复苏缓慢，贸易保护主义日益抬头等不利因素影响，加大企业扶持力度，不断改善服务，强化考核奖惩，抓重点挖潜力，积极培育新的增长点。州财政投入资金1187万元，奖补业绩突出的出口企业22户。通过政策倾斜、项目扶持、密切跟踪服务，做大出口规模，带动重点产品出口大幅增长，确保外贸进出口快速增长。完成进出口总值15089万美元，比上年增长39.16%，再创历史新高。其中，出口13755万美元，同比增长32.9%；进口1334万美元，同比增长171.1%，实现进口、出口同步增长。

【对外经济合作】 2011年，楚雄州商务局加大对外开放，加强对外经济技术交流与合作，加大招商引资力度，认真做好外资企业联合年检工作，准确掌握外资企业发展情况，及时办理外商投资审批业务，为外商投资企业提供优质服务，提高资金到位率。实际利用外资2505万美元，同比增长88.2%。积极做好境外替代种植，支持云南龙川江生物开发有限公司到缅甸种植木薯、红薯6500亩，取得良好经济效益和社会效益。推进和完善外派劳务基地及其配套设施建设，加大劳务培训力度，以建设

2011年楚雄州对外贸易统计表

单位：万美元

县（市）	进出口总额			出　口			进　口		
	2011年	2010年	增减（±%）	2011年	2010年	增减（±%）	2011年	2010年	增减（±%）
开发区	6176	5084	21.48	5965	4794	24.43	211	290	-27.24
楚雄市	1595	720	121.53	1595	720	121.53	0	0	
牟定县	160	101	58.42	160	101	58.42			
武定县	116	27	329.63	116	27	329.63			
大姚县	937	1092	-14.19	937	1092	-14.19	0	0	
禄丰县	1981	1242	59.50	858	1036	-17.18	1123	206	445.15
南华县	560	553	1.27	560	553	1.27	0	0	
双柏县	3413	1955	74.58	3413	1955	74.58	0	0	
元谋县	144	75	92.00	144	72	100.00	0	3	-100.00
姚安县	7	0		7	0				
合　计	15089	10843	39.16	13755	10351	32.89	1334	492	171.14

楚雄州对外劳务合作平台为契机，促进国际劳务输出稳步发展，完成国际劳务输出1226人，获得国际劳务收入378.1万美元。

［李成峰］

供销合作

【供销工作概况】 2011年，楚雄州供销社紧紧围绕党委、政府中心工作，全面实施“乡村流通工程”，大力发展农村合作经济组织，深化改革，千方百计搞活农村商品流通。完成经营总额41.88亿元，比上年增长7.9%；完成农副产品经营总额22.4亿元，比上年增长37.7%；汇总实现利润6745万元，比上年增长7.42%；上缴国家税费总额2327万元，比上年增长7.68%；完成“两社一会”建设289个，圆满完成各项目标任务，在全省供销合作社系统综合业绩考核中连续六年获得特等奖，实现“十二五”良好开局。全州供销社加强项目管理和招商引资工作，切实加大招商引资、合作联合的工作力度，注重加强项目研究、筛选、储备、上报、实施等工作，积极协调争取项目支持。

【乡村流通网络体系建设】 2011年，楚雄州供销系统努力加强乡村流通网络体系建设，通过广大农村的农村综合服务社，改善农村消费环境，搞活农村商品流通。年末，全州供销社发展农村综合服务社2383个，综合服务社年平均实现商品经营总额59.5万元，服务项目覆盖日用工业品零售、农资供应、药品零售、餐饮服务、食品加工、养殖、信息服务、文化娱乐服务等各个方面。综合服务社实现与连锁企业和配送中心有效对接，切实履行起供销社为农服务责任，成为农村现代流通网络终端和新农村社区综合服务中心。发挥各类配送网络主体作用，坚持开放办社、联合发展，切实加强指导，加大力度，内引外联，争取支持，全力推进农资、日用工业品、药品、食盐、烟花爆竹配送中心建设，发展农村现代流通网络。建成农资、工业品、烟花爆竹、药品、食盐等物流配送中心36个，通过配送中心配送工业品、药品、农资商品连锁配送面、配送率比上年提高。

【农民专业合作社发展】 2011年，楚雄州供销行业认真贯彻落实《农民专业合作社法》和《农民专业合作社登记管理条例》，充分发挥供销社组织、指导、服务、带动等职能作用，利用供销社组织、人才、网络和服务优势，完善与农民的利益联结机制，创新发展和规范提升农民专业合作社，积极推进农民专业合作社规范化运行，全面推进农民专业合作经济组织发展。发展农民专业合作社978个。

【助农增收】 2011年，全州供销系统采取各项措施，助推农民增收力度。高度重视农资供应工作，认真安排部署农资供应工作，建立完善农资商品动态监测报告制度，切实加强对农资供应工作的指导，积极采取各种措施，克服困难，充分发挥农资配送中心和遍布乡（镇）村农资连锁经营网点和农村综合服务社作用，2007～2011年，全系统共组织销售各种化肥180.85万吨，销售各种农药4966吨，销售农膜5233吨，在稳定市场，维护农民利益，支援农业生产等方面做出了积极的努力。帮助农民推销农产品，依托农产品加工龙头企业，以农民专业合作社为载体，积极组织开展标准化生产、品牌化经营，积极推进农产品出州、出省、进超市、进市场。2007～2011年，全系统年平均帮助农民推销农副产品达3.98亿元。

【“乡村流通工程”人才培训】 2011年，楚雄州供销系统紧紧围绕创新发展“两社一会”和“乡村流通工程”建设，把村委会干部，农村运销、种植、养殖大户纳入培训对象，积极指导配送企业加强对配送网点培训，农民专业合作社对社员培训。2007～2011年，全系统累计培训各类人员75782人次。教育培训工作的有效开展，特别是农产品经纪人培训，推进了农村流通队伍建设，有力地促进了“两社一会”的健康快速发展。农民经纪人培训工作分别获得了国家供销总社和省供销社的表彰。

［徐 莎］

粮食流通

【粮食流通概况】 2011年，楚雄州粮食局围绕“转方式、调结构、增活力、保供给、稳市场、惠民生”的粮食流通工作重心，认真落实粮食行政首长负责制，加强粮食流通管理，切实做好粮油保供稳价，着力构建生产发展、供给稳定、储备充足、调控有力的粮食安全保障体系，确保粮食安全。审核办理粮食收购许可证126户，其中国有15户、非国有111户。开展州内342户农户和210户城镇居民户的粮食收支平衡抽样调查、涉粮企业225户。

【粮食流通管理】 2011年，楚雄州粮食局组织开展《粮食流通管理条例》和粮食政策法规的宣传培训工作，通过举办培训班，座谈会、专题宣传活动等方式推进。制定粮食流通管理依法行政计划和行政执法岗位责任书，依法进行粮食流通监督管理。开展秋粮收购资格专项监督检查，完成州人大常委会对《粮食流通管理条例》执法检查的相关工作，完成州人大建议和州政协提案交办件的办理。开展全州粮食流通统计，粮食清仓查库、食用植物油库存检查，粮油库存账实、账账相符，质量完好。认真贯彻落实国家粮食最低收购价格政策，大春粮食栽种期间，及时制定宣传执行全省从2011年新粮上市起，粳稻最低收购价比2010年价格水平提高30%左右，达2.74元/千克，比国家最低收购价每千克2.56元高0.18元的政策措施，收购时按每千克2.95～3.00元收购，高于国家、省制定的最低收购价格，最大限度地调动和保护农民种粮积极性，促进粮食生产稳定发展。认真落实食品安全责任，扎实做好粮食质量监督检验检查，检验粮油样品307份，代表数量1.92亿千克。

【粮食行政首长负责制】 2011年，楚雄州粮食局按照各级粮食行政首长负责制要求，履行部门职责，加强同相关职能部门协调配合，切实做好各项责任目标落实。考核总结上年粮食行政首长负责制各项责任工作，兑现奖励，总结上报完成情况，迎接省综合考评，被考评为“良好”。突出抓好稳定发展粮食生产、保障粮食有效供给，加强粮食流通管理，稳定市场粮价等重点工作。

【粮食保供稳价】 2011年，楚雄州粮食局认真落实各级政府关于稳定消费价格水平，保障群众基本生活有关要求，着力做好楚雄州20项重要工作的第18项“稳定物价”工作，制定工作方案，落实工作责任，开展粮油价格监控，发布粮油价格周报41期。采取适时加大粮油市场投放量，建立临时储备，组织开展定点挂牌销售、抛售轮换出库粮食等措施保供稳价，实现市场粮油价格基本稳定，本地产标一粳米每千克4.30元左右，与上年相比价格略有下降，降幅在3%以内。认真做好军粮、应急粮、救灾救济粮等粮油供应，按时保质保量完成供应任务。

【粮油储备管理】 2011年，楚雄州粮食局贯彻落实各级储备粮管理办法和各项规章制度，强化落实储备粮油管理责任，开展储备粮油专项检查和“一符四无”粮仓活动，29个粮油库点粮食达“一符四无”，分别占粮库存数的100%和总库存数的99.9%。完成各级储备粮油的轮换和验收，完成州临时储备粮收储计划，努力争取解决储备粮保管轮换费用不足问题，探索建立完善储备粮油管理新机制，各级储备粮数量真实、质量完好、储存安全。

【粮食流通发展规划和建设】 2011年，楚雄州粮食局抓住中央促进经济发展和支持云南桥头堡建设政策机遇，在完成编制全州粮食行业“十二五”规划基础上，专题进行桥头堡建设调研，规划制定粮食仓库维修改造、粮食加工能力提升、粮食交易市场建设、粮食物流设施、粮食产业化发展等发展规划项目，规划上报中国向西南开放云南桥头堡建设前期研究项目3大项5个项目，总投资1.94亿元。其中，牟定县仓储建设项目通过省级评审并上报国家立项。上报实施省粮食局下达的2011年度5000套农户科学储粮专项建设项目。开工建设楚雄军粮供应站异地搬迁投资700万元项目。筹集资金对部分仓储设施进行提升改造。

【国有粮食储备企业】 2011年，楚雄州粮食局加强对国有粮食储备企业的监管，严格执行现代企业制度和公司法，强化董事会、监事会责任，提高经营管理者综合能力。4月22日，结合政府机构改革后部分新从事粮食流通管理者和国有粮食企业发展现状，举办全州粮食局长、经理培训暨经验交流会议，努力提高粮食宏观调控监管、经营管理水平。实行企业扭亏增盈信息通报和重点企业经营分析报告督查制度，开展企业经营能力调研落实。指导企业研判市场形势，积极开展粮油购销，加强内部管理，规范财务核算，努力增收节支，规避经营风险，提高经济和社会效益。

【粮油平价销售点】 2011年，楚雄州按照省发改委、省财政局、省粮食局有关文件精神，为切实做好粮油保供稳价工作，在全州增设29个粮油平价销售点，即平抑粮油价格、保障粮油供应的粮油销售点，分别为楚雄市4个、双柏2个、牟定2个、南华2个、姚安2个、大姚2个、永仁1个、元谋2个、武定2个、禄丰4个、楚雄国家粮食储备库3个、中央储备粮楚雄直属库2个、楚雄志祥粮油有限公司1个。销售点统一悬挂“云南省人民政府惠民牛保供给粮油平价销售点”标识。各销售点销售的粮油产品要标明品名、计价单位，按略低于市场价格敞开供应，销售点必须建立粮油质量档案、销售台账。州、县（市）粮食局等业务部门负责对粮油平价销售点指导和监督检查。

［夏大强］

石油购销

【中石油云南楚雄销售公司】 2011年，中国石油云南楚雄销售公司销售成品油比上年增长9%，综合损耗率、生产责任事故等主要安全、环保、质量控制指标均达到公司要求。基础工作精细化管理连续两次被云南公司授予流动红旗，有9个集体、30名员工受到上级公司表彰。完成南华油库改扩建可行性研究，开始征地。公司东南加油站被命名为省级青年文明号，太阳女加油站被命名为州级青年文明号。

［曹玉宏］

【中石化楚雄石油分公司】 2011年，中国石油化工股份有限公司云南楚雄石油分公司积极应对市场变化，增加资源配置量，合理调控资源，保持成品油的平稳供应。完成轻油经营26.4万吨，同比增长11.4%；长城润滑油销售557吨，销售加油IC卡2.05万张。推进ISO9000质量管理体系建设，形成严格质量管理体系，经营油品合格率100%。成品油管道运行顺畅，楚雄油库样板库建设、管理更规范。完成ERP、IC卡、二次物流三大信息系统整合，二次物流信息系统、ERP、加油站液位仪成功上线运行，安装油库自动付油系统、油库自动计量系统、电子提单系统等现代化设备，增强信息化管理水平，扩大城乡营销网络，形成完善的优质服务体系。成品油资源紧缺期间，坚决执行上级公司和中共楚雄州委、州人民政府决策部署，加强资源统筹，千方百计保市场，提高调控保障能力，按保民生、保重点、保稳定的原则进行供应。

［邱　凌］

（责任编辑：周能汉）

交通运输业

公路建设

【公路建设概况】 2011年是楚雄州交通运输“十二五”开局之年。一年来，中共楚雄州委、州人民政府领导多次对交通运输工作作出重要批示，多次带队到国家交通运输部、省交通运输厅争取项目和资金支持，并采取召开专题会议、现场调研等方式研究部署交通运输工作，明确相关政策，加大资金保障，有力推进了交通运输科学发展。交通运输战线干部职工不断解放思想，抢抓机遇，扎实工作，克难奋进，全州交通运输工作取得了较好成绩。截至2011年12月末，楚雄州公路总里程达17251.57千米。其中，农村公路通车里程达14763.57千米；高速公路通车里程达304.5千米；一、二级公路达361.93千米；三、四级公路达9862.31千米。公路密度为每百平方千米58.9千米，每万人拥有公路63.8千米。全州103个乡（镇）通公路等级率达100%，全州1097个村（居）民委员会，有1072个村（居）民委员会通村公路达到国家通达标准，通达率为98%；全州95个乡（镇）建有农村客运站，乡（镇）通班车率达100%；全州有1160个20户以上自然村修通村组公路4333千米，交通基础设施建设和道路运输发展步伐不断加快，实现了“十二五”良好开局。

【交通运输固定资产投资】 2011年，共争取上级下达楚雄州交通建设计划项目102个，争取上级补助资金3.3亿元。全州以公路建设为主的交通运输固定资产投资完成20.7亿元。其中，元双公路完成12.89亿元，占62.3%；地方公路完成7.81亿元，占37.7%。完成投资占省交通运输厅下达年度任务指标18亿元的115%，占州政府固定资产投资考核指标30.65亿元的67.5%。

【公路重点工程建设】 元双二级公路建成通车。经过两年零三个月的努力元谋至双柏二级公路于2011年6月顺利完工，11月1日正式通车试运营。武昆高速公路建设项目顺利推进。武定至昆明高速公路全长64.58千米，其中楚雄州境内长14.645千米。项目于2009年3月28日开工，项目建设顺利推进。

【公路重点工程项目前期工作】 楚广高速公路建设取得进展。经积极努力和争取，通过与省公路投资公司进一步磋商，争取在2011年开工建设，按照这一要求，州人民政府于2011年12月11日召开现场会对项目进行了实地踏勘，明确了相关部门推进前期工作的具体要求，制定了工作时间表。

武禄高速公路建设项目稳步推进。武禄高速公路《工程可行性研究报告》及公路环评、水保、地灾、矿压、文物、用地规划调整6个报件已取得省级批复，项目正式立项。2010年10月26日正式签订了《BOT项目特许经营权合同》，并取得省交通运输厅、省人民政府批复，省发改委项目核准报告批复和收费预许可批复。初步设计工作已完成。2011年7月26日省发改委对初步设计进行了批复。

楚雄（连汪坝）至南华县城、安宁市安丰营至禄丰县东邑村、禄丰长田至县城、双柏至新平等公路《工程可行性研究报告》已完成。大姚至祥云《工程可行性研究报告》已通过省级评审。国道108、320公路升级改造和禄丰彩云至双柏碍嘉公路项目前期工作已全面展开。

【农村公路建设】 2011年，上级下达

彝州交通新枢纽 （李建华/摄影）

元(谋)双(柏)公路通车　　(李建华/摄影)

楚雄州通乡油路项目4项，计划建设里程86千米，总投资6450万元。通村路面硬化工程计划建设项目54项，计划建设里程543.2千米，总投资2.7亿元。所有项目已全部开工，于5月底完工。为进一步优化农村客运网络规划，推进城乡客运一体化进程，年内共下达农村客运站点建设8项，各站点建设进展顺利。

“十二五”期间全州农村公路建设将以实现100%的乡（镇）通沥青（水泥）路，100%的建制村通公路，实现70%的建制村公路通沥青（水泥）路为目标。2011年，州交通运输局一改往年公路建设的做法，集中全州的工程技术力量，统一开展项目设计及审查工作，严格控制投资，项目建设规模和标准更符合当地实际情况，真正做到了量力而行。农村公路建设按照“等级多标准、路面多形式、筹资多渠道、安保多样化、绿化多种类”的要求，加快科技创新步伐，努力推进科技成果在公路工程项目建设中的推广应用，加强山区公路交通安全保障技术和生态环境保护技术研究，农村公路建设成效显著。

【公路工程质量管理】　2011年，楚雄州建设项目工程质量管理工作得到进一步夯实，参建各方质量管控责任进一步细化，强化了质量监督，加大质量责任追究和处罚力度，确保了农村公路质量水平再上台阶。年内修改完善了《楚雄州公路工程质量监督办法》，进一步健全了农村公路质量管理体系，在农村公路建设督查活动中，加大对工程质量的抽查力度，促进县（市）交通运输局强化质量监督机构能力建设，加强农村公路质量监管，提升监管工作的针对性、有效性。全年农村公路建设项目共抽检27432点（组）。其中，路基工程抽检约8745点（组），路面工程抽检约18567点（组），桥梁工程抽检57点（组），交通安全设施抽检48点（组），主要材料16点（组），总体合格率为92.5%。通过加大施工现场的工程质量监督检查力度，竖样板工程，全年楚雄州公路工程质量管理水平始终保持在平稳态势。

【地方公路养护】　2011年，楚雄州农村公路管养质量水平不断提高。全州建立起县、乡、村“三位一体”的管养模式，逐步建立起农村公路“责任以县人民政府为主体、投入以公共财政为主体、养护以市场机制为主体、监管以交通部门为主体、日常养护工作以地方段和乡镇为主体”的管理养护新体制。农村公路养护管理从人员、机构、经费上得到充实和加强。至10月底，3个县（市）地方公路管理段已升格为副科级事业单位，增加养护管理人员22人，全州103个乡（镇）均成立乡（镇）农村公路管理所，配备管理人员261人。

全州农村公路养护管理部门以农村公路养护体制改革为抓手，千方百计、多措并举，努力提高农村公路养护质量和路网服务功能，全面做好农村公路的养护管理工作，全州县道的优良路率达55.8%，比上年上升了17.9个百分点，乡道的优良路率达26.5%，比上年上升了3.55个百分点，村道的优良路率达17.7%，比上年上升了3.55个百分点，10县（市）农村公路的优良路率均超过了省州下达的县道55%、乡道25%、村道15%的考核指标。全州农村公路的优良路率逐年上升，路况质量得到明显提高，农村公路管理养护体制改革取得阶段性成果。

［李　勇］

运输管理

【运输市场管理】　2011年，楚雄州交通运输系统以科学发展、转型发展为主线，以坚持加快发展为第一要务，结合年度目标任务，进一步创新思路，狠抓落实，全州公路、水路运输保持稳步增长态势，服务经济社会能力显著增强。道路运输保障能力显著提高。至年末，全州道路运输经营许可证在册数为21760户，从业人员达36632人，全年完成客运量2810万人、旅客周转量184636万人千米，完成货运量1501万吨、货物周转量170947万吨，同比分别增长16.89%、11.97%、13.97%、17%，全州道路运输客运、货运、维修、检测、驾培完成产值15.7亿元，同比增长17.15%。水路运输市场潜力扩大。全年完成客运量53.22万人次，货运量12.21万吨，客运周转量713.84万人千米，货运周转量376.78万吨千米，完成水路运输年审27户，审验率达100%。年内楚雄州已在金沙江80千米通航航道上建成码头（渡口）10个，除满足沿江两岸群众日常出行需要外，还具备100吨级机动船通航能力。积极开展云南道路物流公共信息平台推广应用工作。配合中国移动公司召开了道路物流公共信息平台推广应用工作会议，为进一步拓展货运市场，构建传统货运企业向现代物流企业转型奠定了基础。

【交通安全生产监管】 2011年，楚雄州交通运输部门坚持综合治理、预防为主的工作方针，认真贯彻落实安全生产工作的各项要求，落实安全生产责任制，全面履行安全监管职责。认真组织开展交通运输行业安全生产隐患排查治理和交通基础设施建设安全专项整治工作。积极开展“安全生产年”活动，严格落实“一岗双责”工作要求，加强安全生产大检查，强化安全生产基础工作和源头监管。严格履行“三关一监督”的运政监督职责，加强道路客运工作实行计算机管理，层层落实安全生产责任，推广应用先进科技手段，督促企业继续做好9座及以上客运车辆和危险货物运输车辆GPS车载设备的安装使用，全州有37家运输企业建立了GPS三级监控平台，1236辆9座以上客运车辆和433辆危货车辆安装了GPS卫星定位车载终端设备。加强海事及航务管理工作。以整顿航运市场，强化船舶源头管理，取缔“三无”船舶，确保水上运输安全工作为重点，加强对重点航段、重点船舶、重点时段的管理力度。全年共查处取缔“三无”船舶11艘，检验船舶43艘，营运船舶检验率达100%。县、乡、村、组（船主）四级安全责任制得到落实，全州船舶责任承包合同签订率达100%。全年未发生水上交通安全事故。进一步加强安全生产管理制度建设，贯彻落实各项行之有效的安全监管措施，认真排查事故隐患，着力解决事故苗头，有效地控制了安全事故的发生，确保交通运输安全生产形势稳定。

【路政管理】 2011年，楚雄州交通运输局继续抓好路政执法工作，采取广播、电视、宣传单、标语等形式，在全州深入宣传贯彻《中华人民共和国公路法》、《云南省公路路政管理条例》和《楚雄州公路条例》等法律法规，切实增强公路沿线群众爱路护路意识。严格依法行政，加大路政执法力度。全州共发生路政案件244件，立案244件，立案率为100%；破案244件，结案率为100%；造成经济损失15.93万元，索赔15.93万元，索赔率为100%；实施处罚3起，罚款22550元。立案率、结案率、索赔率均达到和超过省交通运输厅下达的指标，有效地保护了公路产权。抓好治理公路“三乱”工作。与州人民政府纠风办联合制定印发了《楚雄州深化治理公路“三乱”工作实施方案》，牵头建立了楚雄州治理公路“三乱”联席会议制度，认真贯彻执行云南省治理公路“三乱”服务承诺，切实加强对重点地区、重点路段的监督检查，解决群众反映的突出问题。

【治超工作】 2011年，楚雄州人民政府治超办公室认真履行工作职责，开展治超工作的指导、协调和监督检查；进一步加强路警共建，协调相关部门参与治超联动，各司其职，形成治超工作长

楚雄市城区公交途经道路一览表

公交线路	途经道路
1路 开关厂至职教中心	开关厂大门—东盛东路—曙光路—振兴路—德江路—丰胜路—鹿城北路—鹿城南路—楚双路（226线）
2路 三家塘客运站 至楚风苑	320国道—永安路—紫溪大道（西段）—丰胜路—黎明路—紫溪大道—太阳历大道—鹿城西路—鹿城东路—龙泉路—鹿城东路
3路 上章村至灵秀湖	东盛西路—东盛东路—太阳历大道—丰胜路—拓西街—紫溪大道（中段）—龙江路—鹿城西路—鹿城南路—中大街—八一路—环城西路（东段）—灵秀路
4路 峨碌公园至飞来寺	云泉街—环城西路（东段）—雁塔路—团结路—东兴路—雄宝路—威楚大道—320国道
5路 三家塘客运站 至州精神病院	320国道—永安路—龙江路—紫溪大道（中段）—团结路—中大街（东段）—鹿城南路—雁塔路—团结路（南段）—阳光大道
6路 漂白凹至康居小区	西小山路—环城西路（东段）—鹿城南路—中大街—团结路（中段）—鹿城东路—航空路—北浦路—鹿城北路—振兴路—团结路北—团山路
7路 职教中心至白龙新村	楚双路（226线）—雄宝路—东兴路—团结路—龙泉路—鹿城南路—中大街—怀象街—西园路—环城西路—白龙路
8路 富民派出所至州医院	富民—楚双路岔口—楚双路（226线）—阳光大道—花园路—胜景路—东兴路—中大街—鹿城南路—环城西路—八一路—文联街
9路 上章村至福塔公园	东盛西路—阳光水城—东盛西路—威楚大道—永安路—振兴路—太阳历大道—丰胜路—鹿城北路—龙泉路—鹿城东路—北浦路东—福塔公园—北浦路
10路 纸箱厂至天人中学	鹿城西路与环城西路岔口—环城西路—鹿城南路—中大街—团结路—永安路—太阳历大道—东盛东路—东盛西路
11路 纸箱厂至明强钢厂	鹿城西路与环城西路岔口—鹿城西路—鹿城北路—北浦路—航空路—威楚大道—团结桥—紫溪大道（东段）
12路 楚雄至东瓜	鹿城西路—龙江路—紫溪大道—永安路—威楚大道—阳光水城—东盛西路—东瓜镇

效机制；切实加强源头治超工作，对10县（市）人民政府开展源头治超工作情况进行考核。全年全州共投入治超执法人员55708人次，其中公路部门人员54978人次、公安交警人员730人次；全州7个固定车辆超限超载检测站点共检测超限超载车辆171.73万辆，其中查处超限超载违法车辆14.29万辆、卸货车辆18923辆、卸载重量383.02吨。通过整治，超限超载车辆明显下降，有效遏制了因车辆的超限超载行为导致的公路损坏和交通事故的发生，治超工作得到了省人民政府治超领导小组的肯定。

【交通运输改革创新】 2011年，楚雄州成功组织实施政府还贷二级公路取消收费任务。一次性取消政府还贷二级公路收费里程307千米、收费站3个，改革涉及所有收费人员通过职能调整、转岗分流等方式得到妥善安置。公路工程项目管理有创新。改变过去公路建设缺乏统筹的弊端，集中全州的交通工程技术力量，统一开展项目设计及审查工作，有效加快了项目建设前期工作进度，严格控制了投资，缓解了资金配套压力，使项目建设规模和标准更符合当地实际情况，真正做到了量力而行。按照“等级多标准、路面多形式、筹资多渠道、安保多样化、绿化多种类”的要求，进一步加快农村公路建设，加快科技创新步伐，加快推进科技成果在公路工程项目建设中的推广应用，加强山区公路交通安全保障技术和生态环境保护技术研究，力争在农村公路建设、养护上取得新成效。建立农村公路建设风险抵押和专项督查制度。州人民政府与各县（市）人民政府、州交通运输局签订“十二五”农村公路建设责任书，从2011年开始，“十二五”期间的农村公路建设将实行风险抵押奖惩，责任落实到位。州、县（市）交通运输部门机构改革基本完成，州、县（市）的城市客运管理职能移交交通运输部门管理，城乡一体的交通运输管理体制架构基本形成；开展了州交通运输局机关科级干部全员竞争上岗工作，州运政处人事改革取得阶段性成果，营造了优秀人才脱颖而出的环境。

［李　勇］

【城市公交】 2011年，楚雄市认真抓好城市公共交通管理，对公交车、出租车进行了有效监管。在相关部门的支持配合下，完成了6个公交车站点的变更命名和8个站点的调整撤并，将15个公交站台迁移到人行道上并拆除原站台恢复成路面。出租车达500辆，年内共办理出租车公司经营许可证5本，办理出租车道路运输证500本；公交车297辆，全市3.3万人办理了公交车优待卡，发放公交车燃油补贴541.64万元，出租车燃油补贴234.06万元。年末，楚雄市共运营城市公交线路12条，公交线路覆盖城区大部分路段和城郊区，方便了群众的出行。

［张　琼］

公路路政管理

【公路路政管理概况】 2011年，楚雄公路路政管理支队紧紧围绕路政管理中心工作，以提升路政管理能力和服务水平为目标，以创先争优活动和规范化建设为载体，着力打基础、抓落实、促发展，有效维护了公路路产路权，保障了公路的安全和畅通，树立了楚雄路政良好的执法形象。年内，全支队路政管理工作始终以“保护路产、维护路权，保障公路完好安全畅通”为第一要务，认真贯彻落实省交通运输厅、省路政总队安排的各项工作任务，健全完善了公路基础档案管理制度、路政案件管理与评查制度、路政巡查制度、值班备勤和路政信息报送制度等各项基础管理制度。工作中紧扣路产管理、路面控制、行政执法、日常工作四大方面要求，加强路政巡查，认真履行维护公路基础设施处于良好状态的神圣职责，有效保护了路产路权，保障了公路安全畅通。年内全支队共上路巡查24649人次，平均每月人均上路巡查16.7天，共查处路政案件7939起，收回路产2026平方米，路政案件立案率、结案率均达到100%，索赔率为100%，路产恢复率为100%。截至12月31日，赔（补）费收入153.28万元，罚没收入154.87万元，分别完成省总队下达的全年任务指标的102.19%和103.25%。

【路域环境整治和示范路创建】 2011年，根据云南省交通运输厅、省路政总队的要求和安排部署，及时成立了支队路域环境综合整治领导小组，制订了实施方案和工作措施，明确了工作职责。一年来，楚雄公路路政管理支队始终以路域环境整治为抓手，严厉打击盗窃公路设施、非法设置加水站点、以路为市、打场晒粮、随意开口、乱设标牌、私搭乱建、乱穿乱跨等严重损害路产路权的违法行为，有力根除公路不畅、侵占路产路权的顽疾；工作中有重点、有针对性地开展专项集中整治，认真贯彻落实各项工作措施；积极主动向当地政府汇报，启动政府牵头、部门联动的集中整治活动。积极开展示范路创建工作，优化和改善公路路域环境，使路容路貌呈现较大改观，突显了示范路在路政管理中的示范作用，带动了路政管理工作整体提高，顺利通过了省总队检查组检查验收，有效促进了“迎国检”各项工作的落实。

【路政执法形象建设】 2011年，楚雄公路路政管理支队按照上级主管部门的要求和相关规定，规范统一了执法形象，社会认可度得到大幅提升。加强执法队伍建设和管理，强化执法监督，认真开展执法评议考核和案件评查工作，规范执法行为，严格执法作风和纪律，不断提高全支队依法行政工作水平，树立路政执法良好社会形象。全年举办执法业务培训2次，组织普法考试3次，办理路政案件3921件，处理投诉举报案件17件，办理许可案件6件、赔补偿案件215件。坚持每月对辖区21个收费站的通行费监督检查工作不少于4个收费站。

【治理车辆非法超限超载】 2011年，楚雄公路路政管理支队始终坚持“建设是发展，治超也是发展，而且是可持续发展”的治超理念，在地方政府的领导下，加大力度宣传路政管理相关法律法规，依法查处各种违反路政管理的案件，提高广大群众的法律意识，规范执法，文明服务，确保了路面治超工作稳步推进，有效维护了公路基础设施处于良好状态。积极建立与公路建设养护部门之间顺畅的协作机制，努力形成“建设、养护、管理”互相促进、协调运行的工作格局；不断强化素质、外树形象，丰富完善治超工作手段，始终把依法行政孕育于服务之中。截至12月31日，共出动执法人员9801人次，检测车辆18976辆（次），查处超限超载车辆1.6万余辆（次）。管辖路段上路行驶超限运输车辆明显减少，超限严重的势头得到有效控制。

［李海先］

公路养护

【楚雄公路管理总段公路管护】 2011年，楚雄公路管理总段作为从事公益性公路管理养护的事业单位，有在职职工1028人，管养着楚雄州境内G320线、G108线、元勐线、南永线等国省干线公路25条，计1419.002千米（含代楚雄州交通局管养南永二级公路143千米）；管养各型桥梁6579.11延米/226座；拥有各类机械设备共181台件。完成小修保养支出1896万元，耗用养护沥青1781.091吨；完成G320线K3027+600-K3045天申堂路段内5千米沥青路面修复，投资531万元；调配资金320万元，对G320线13千米、牟元线59千米、安武线28千米共100千米坏路段全面整治恢复，稳定急速下滑的路况；投资406万元，完成蜜蜂箐桥、岔河桥、仓房河桥、清水河桥4座桥梁危桥改造加固。投资400万元，在G108线实施中央3部委，云、贵、川、渝安保示范工程。投资375万元，完成灾害防治工程。全总段公路平均优良路率29.1%，干线公路平均优良路率30.5%，路况质量稳中有升。6月30日，完成承建的楚雄州元双5标、昭通市镇威3标、德宏州腾陇8标、文山州文天4标、珠西7标等二级公路和G214线糯扎渡水淹工程建设任务。治超检测站点检测车辆145万辆，查处超限超载运输车辆35万辆。

【楚雄公路管理总段文化建设】 2011年，楚雄公路管理总段启动“爱心捐赠金”工程，帮扶楚雄州10县（市）13所小学1500余名学生，向“3·10”云南盈江地震受灾群众捐款6.6万元。在总段机关建立段史陈列室、文化娱乐室、图书室、健身房；开展青年志愿者活动、心理健康专题讲座；组织知识竞赛、书法、摄影、“颂党恩、抒豪情”行业小品比赛。编撰总段《职工文化手册》、创作行业歌曲《护路卫士之歌》、编录《彝族酒歌荟萃》在职工中传唱；拍摄专题片《文明花开彝山路》，编印《楚雄总段精神文明建设工作缩影》图册，组织开展“彝山路魂”组画创作活动，在职工中征集行业宣传用语，实施“文化走廊”工程。每月定期出刊《楚雄公路》。通过不断努力，行业文化建设取得丰硕成果，被中央文明委命名为全国文明单位。

［郑永琴］

公路运输

【楚雄交通运输集团有限公司概况】 2011年，云南省楚雄交通运输集团有限公司紧紧围绕公司“十二五”规划发展目标和年度生产经营目标任务，克服运输和修理市场竞争激烈、成本增加、客运区位优势不足等困难因素，以生产经营为中心，打造企业优质服务品牌和提高经济效益为重点，加强管理工作为保障，企业实现了持续稳定发展，全年共完成营业收入2.35亿元，实现利税808万元。

着力抓好道路旅客运输和高等级公路施救综合服务两大产业，特别是在新增客运线路上有了突破。经省运管局批准，新开通了楚雄至贵阳、香格里拉、昭通，广通至耿马，武定至下关，五顶山至弥度5条客运线路。同时还通过加强领导和管理，盘活现有资源和发展客运站综合经济，提高客运站档次和服务质量，进行客运车辆经营结构调整，大力发展县际及农村客运，拓展公交车市场，对施救服务中心实行内部经营改革等措施，使这两大产业取得了良好的经营效果。至年末，楚交集团客运共经营跨省班线1条，省际班线5条，市际班线54条，县际班线60条，县内班线79条。全公司共有营运客车1186辆，客位20571座。其中，高级客车97辆，客位3571座；中级客车43辆，客位1329座；普通客车1046辆，客位15671座。有出租车167辆，客位668座；城乡公交客车147辆。公司客运年均日发班1101班次，全年完成客运量967万人次。施救服务中心年均日检车873辆次，实现营业收入290万元。

抓好汽车维修、销售及工业产业。为实现通过产业规模和技术升级，提高该产业经济效益的目标，采取专题研究，新建上档次的维修项目，对新建的小车修理厂进行经营方式调整，推进大修厂和修理厂搬迁改造和技改升级，加强质量管理和技术培训，积极争取新一轮烤烟炉生产项目等方法，使上述产业得到了稳定发展。至年末，仅汽车工贸部及汽车检测、配件厂等单位分别完成汽车修理0.99万辆次，汽车综合性能检测车辆1.15万辆，烤烟炉生产3170台，汽车销售107辆。上述产业实现营业收入4669万元。

抓好多种经营和其他服务业务。公司按多元化发展企业经济的思路，积极创造条件，着力抓好驾培和职业技能培训鉴定、货运、客运站综合经济、出租车经营、物流中转、汽车油胎料销售、宾馆餐饮服务等多种经营业务。上述相关部门全年实现营业收入6968.6万元。

抓好各县分公司经营。按“夯实各县分公司基础、提高集团公司整体综合实力”的思路，楚交集团着力抓好公司所属禄丰、牟定、双柏、南华、姚安、大姚、永仁、罗茨、武定等9个分公司的客运和其他生产经营，通过加强领导和指导，制定分公司发展决策，积极为分公司解决困难，加强分公司站点建设等措施，使各县分公司的客运及其他经营取得了显著效果。9个分公司均圆满完成了公司规定的年度生产任务和经济指标，同时为当地群众的出行提供了安全、快捷、优良的服务。

抓好管理工作。公司按现代企业管理的要求，进一步实施精细化管理，定期召开了职代会和股东代表大会、机关工作例会、董事会工作会和经济运行分析会，及时制定科学合理的生产经营决策，修改完善了《公司安全管理系统》、《公司劳动管理办法》等5项规章制度，同时还全面加强了安全管理、劳动管理、服务质量管理，技术业务管理等工作。企业顺利通过了ISO9001年度质量认证复审，全年旅客和顾客投诉率明显减少，满意率不断提高。

【楚雄交通运输集团有限公司基础设施建设】 2011年，楚雄交通运输集团有限公司从提高企业综合实力高度，加强基础设施和新项目建设。新建的大姚石羊客运站、黑井客运站、楚雄城西综合性能检测站于上半年竣工投入使用。10月18日，投资1600万元，总设计面积12467平方米的新建南华县城一级客运站竣工开业。双柏县、永仁县县城一二级客运站投入建设。年末，公司在全州各县建成一二级客运站5个，有乡（镇）客运站34个。各县分公司还拓展公交车营运线路，增加公交车和出租车数量。推进楚雄城西汽车修理厂以及富民工业园区建设项目有序。公司新增高级客车34辆，客位1228座；新增和更新普通客车40辆，客位624座。

【楚雄交通运输集团有限公司安全生产管理】 2011年，楚雄交通运输集团有限公司认真贯彻落实党中央、国务院和各级党委政府关于安全生产工作的指示精神，通过安全工作法律法规宣传教育，严格落实安全生产责任制，增加安全设施投入，加强安全管理人员队伍建设，企业安全生产取得好成绩，实现未发生特重大安全事故。发挥公司安全管理委员会领导作用，做到定期召开专题会议，听取各单位、各部门安全生产工作汇报，认真分析研究安全生产问题，安排布置各个时期安全管理工作，落实各级人员的安全管理责任。层层签订安全生产责任制，公司与22个生产经营单位签订“安全生产责任书”，客运、货运、保修单位签订到班组和岗位，安全生产责任制签订率100%。

加强安全管理制度建设，严格执行楚雄交通运输集团有限公司安全管理系统规定的规章制度，严格执行安全事故处罚和问责制。加强安全监管设施建设，建成“GPS卫星监控管理系统”，“安全在线管理平台三关一监督管理系统”，公司营运车辆全天24小时监控，双柏分公司等4家行车单位配发安全监督专用车。至年末，公司共为基层行车单位配发安全监督专用车11辆。楚雄东客运站等5家县级以上客运站配备行车检查仪。

加强安全管理人员队伍建设，公司于8月12日成立交通安全监督管理大队，下设10个中队，工作业务由交警部门指导，履行安全生产管理6项职责。按公司安全管理制度和规定要求，开展安全大检查、划片交叉检查、深入一线检查、节庆日专项检查等方式，对公司各生产单位的安全生产情况，进行定期和不定期检查。特别是对客运站点，严格按照“三不进站、五不出站”的要求，对车辆进站、例检、报班、售票、发车、出站等整个过程进行细致检查。各基层生产单位严格执行每月至少1次的自检自查，做到发现隐患，及时进行整改。

加强安全宣传教育，举办安全管理培训班，组织驾驶员和生产工人安全学习、发放安全学习宣传资料、刊出安全简讯、参加安全宣传展览等方法，使安全宣传教育落到实处。参加安全学习教育人员900余人次。公司安全统筹分理处按照全省交通安全统筹中心工作思路和要求，强化安全管理措施，提高参统车辆的第三者、座位、机手统筹标准，为防范和及时妥善处理交通事故提供保障。参统车辆1320辆，比上年增加80辆，统筹资金增加110万元。

【楚雄交通运输集团有限公司技术业务培训】 2011年，楚雄交通运输集团有限公司加大技术业务培训力度，提高员工素质，积极组织干部和员工参加上级部门举办各类培训，举办“企业负责人安全教育”，“客运管理知识教育”、“财务管理”、“外出学习考察”、“质量认证”等学习培训，培训干部员工1560人次。

［彭志明］

铁路运输

【昆明铁路局广通工电段】 2011年，昆明铁路局广通工电段主要承担国家铁路成昆线南段K750+897至K1051+080计正线300.183千米，合资铁路广大线自K0+794至K206+320计正线205.526千米，大丽线自K0+000至K161+006计正线186.278千米（包括大理至大理北、仁和至丽江东联络线），10个车站非路产专用线计34.759千米的工务、电务、供电及电力设备维修养护。管辖正线里程合计726.746千米。管辖线路跨越四川省攀枝花市、云南省昆明市、楚雄州、大理州和丽江市。段设党群工作办公室1个，行政职能科室10个，设车间12个；设置班组121个，其中生产型班组106个、辅助型生产班组15个；有管理人员2625人，其中干部222人、在册工人1605人，滇西公司委托管理人员587人，劳务工211人。年内，广通工电段成昆线绍忠党员防洪看守点被铁道部授予“全国铁路党内优质品牌”荣誉称号。工务专业完成线路维修168.722千米，站线综合维修60.694千米，道岔综合维修224组；完成桥梁综合维修45座，完成成昆线16座钢梁桥明桥面更换桥枕、护木及达标整治3996.84米，广大线广楚段16座桥梁更换挡碴板9633块，修建混凝土检查道10986.69米。电务专业做好63站设备集中检修和日常养护工作，更换电动转辙机11站（113台），周期更换继电器1938台，按计划完成16站54个区段分路不良改造，完成仁和、鹤庆站、水木山线路所信号设备倒接开通施工及丽江站开通相关工作。供电专业维修、保养、监测接触网设备770.562条千米，维修、保养变（配）电所21座、高低压电力线路848.2137千米，完成大丽线8站信号备用二电源改造工程，整治接触网绝缘子250套，开展8座牵引变电所、1座开闭所、8座电力配电所和42个车站信号供电设备春检和秋鉴。铁路局轨检车正线检测81次，其中按V≤120千米/时检测标准检测58次13400千米，优良13063千米，合格336千米，失格1千米，优良率97.23%，平均每千米不良扣分13.63分；按120千米/时<V≤160千米/时检测标准检测23次共5453千米，优良4608千米，合格838千米，失格1千米，优良率87.35%，平均每千米不良扣分26.62分。年末，广通工电段实现无责任铁路交通一般C类及以上事故424天，无责任铁路交通一般D类事故316天，无责任轻伤及以上事故82天。所辖路段汛期发生水害20件，影响广大线合资铁路正线列车运行39分钟。6月23日，成立经营科，接管10个车站非路产34759.11延米专用线及其设备经营。8月17日，接管丽江站和广丽线仁（和）丽（江）段19.682千米的工务、电务、供电设备，确保新线列车安全、顺利运营。

［杨学诤］

【昆明铁路局广通车务段】 2011年，昆明铁路局广通车务段有干部职工1387人，辖车站63个、线路所1个、列尾作业组1个，管辖成昆线324.8千米35个车站，广大线206.5千米17个车站，大丽线166.4千米12个车站，其中货运营业站17个、客运营业站12个；所辖区域跨及滇、川两省的昆明、楚雄、大理、丽江和攀枝花5州（市），合计营业里程697.7千米。有货物线21股、货物仓库15座，货物站台18座，仓储总面积2.61万平方米，单日最高货物发送量2.52万吨。有候车室、售票房23座，旅客乘、候车面积4.24万平方米，单日最高旅客发送量1.7万人。货运以办理整车发到、危险货物、超重超限、鲜活货物和国际联运等业务为主。5月，成立广通、元谋等6个作业车间，完成禄丰、元谋等4个站点货运业务集中受理。实施装卸业务整合，完成装卸从业人员787名、装卸设备93台和相关资产、财务管理调整。实施禄丰、广通、元谋等站"集中受理、优化装车"，优化机车运用，加速车辆周转，综合提升运输效率，全力保障重点物资运输。楚雄州电煤、粮食、果蔬、化肥、"两烟"、食糖、有色金属等重点物资运输，实行"优先计划、优先配车、优先装车、优先取送、优先挂运、优先卸车"的"六优先"运输政策。针对楚雄州与四川、贵州等相邻省份之间煤炭、矿石、磷矿、化肥等物资的互补优势，不断完善区域循环运输组织方案，加大禄丰、楚雄等区域装车力度，增加出省外运量。强化路地运输协作，与大理州、楚雄州经贸委召开路地联席会，及时解决运输矛盾，在德钢等重点企业专用线设置外勤货运室实行合署办公。针对大理东、祥云站运能矛盾，从货场整治、设备设施投入等方面开展技术攻关，多措并举强化运输组织，使大理东站创下单日装卸车252车的历史新高。全年完成装车10.6万车，货物发送660.7万吨，货物周转量22.0亿吨千米。围绕"确保安全、平稳有序、便民利民"目标，服务旅客创先争优，开展服务质量及作业技能培训，完成客运服务质量培训357人次、推标263人次；强化客运设备及环境整治，改扩建勤丰营站售票房、候车室，兴建禄丰站客运风雨棚，推进楚雄、大理等站无障碍设施改造，改善旅客购票、候车、乘车环境，推广实名制售票、电话订票、互联网购票3种便民售票方式，动态优化客车开行，最大限度满足群众出行需求。结合列车运行图调整、新站开通，优化调整客运组织，实现运能和效益最大化。春、暑运及各个小长假期间，旅客发送同比增幅均在6%以上，单日发送旅客创下1.7万人的历史新高，旅客发送完成388.2万人。组织全段886名客运职工签订"路风承诺书"，对发生倒卖车票或为票贩子提供车票谋私的职工，一律予以解除劳动合同。广泛开展社会监督，多次召开铁路路风工作座谈会，聘请地方报媒相关负责人担任"客运服务质量监督员"，对社会反映的焦点、热点问题做到透明处理、公开对待。把"发现得早、化解得了、控制得住、处理得好"作为路风投诉控制目标，坚持24小时受理旅客货主投诉，对易发路风问题的65个关键点及路风惯性问题，扩大监督检查覆盖面，通过明察暗访、跟班检查、路风询访、检查调研等方式，保持严抓严处的高压势头。在货运管理方面，坚持开展货运计划、货运及装卸收费专项检查，强化货运"请、批、装、付"等易发路风问题监督检查。根据不同车站运输特点，严肃查处货运相关人员在审批计划、选配车辆、安排货位、取送及装卸作业中，优亲厚友、勒卡索要、以车谋私和乱收费行为。健全车皮计划审批、日班计划、剩余票额实时公示制度，制定完善《路风风险控制办法》，实施多元化经营战略，明确运输纪律和路风红线，使货物运输服务链得到有效延伸。

［张伯莉］

（责任编辑：周能汉）

旅游业

旅游业综述

【旅游工作概况】 2011年，楚雄州旅游系统紧紧抓住国家实施新一轮西部大开发和把云南建设成为中国面向西南开放重要桥头堡的战略机遇，坚持以市场需求为目标，建设旅游目的地为核心，加大市场开发为突破口，加强旅游基础设施建设为保障，规范旅游行业管理，壮大产业规模，进一步增强工作责任感和使命感，全力以赴推进旅游线路统筹开发工作，文化旅游产业取得新成绩。接待海外旅游者23837人次，比上年增长19.83%；接待国内旅游者1165万人次，增长20.81%；实现旅游业总收入403280万元，增长29.8%，文化旅游产业实现“十二五”开门红。

【旅游线路开发和旅游交通标识牌建设】 2011年5～11月，楚雄州根据国家旅游交通标识牌设计标准和技术要求，结合楚雄州旅游交通路网实际情况和旅游目的地发展实际，本着科学布局、合理设置、突出特色的原则，在实地踏勘和邀请专家及有关部门论证基础上，投入建设资金200万元，推进旅游交通标识牌建设。在安楚大楚雄段、永武线、南永线以及元双线经济带为主的州内“大三角”旅游交通路网和通往全州国家A级以上旅游景区旅游交通支线上设置旅游交通标识牌87块，其中高速公路联络线路边涉及5块，通往旅游景区交通支线82块。

【首份手绘旅游图出版】 2011年2月，《楚雄市手绘旅游图》绘制编印完成，这是楚雄州旅游界的首份手绘旅游图。该图分为城区游览图和周边游览图两部分。城区游览图主要绘制有：楚雄城区的主体建筑、主要街道及学校、医院、商场、星级酒店、城区景区（点）、城市公园、公交旅游线路等；周边游览图主要绘制有：楚雄周边的景区（点）、周边相邻县的主要景区（点）、楚雄市概况及自驾游线路推荐等内容。该图由楚雄市旅游局监制，昆明巨洲文化传播有限公司设计制作，2011年1月发行。

【旅游项目管理】 2011年5月19日，楚雄州旅游局在州宾馆举办旅游项目管理系统及旅游景区管理系统上网填报工作培训班，各县（市）文体广电旅游局负责旅游项目管理统计和A级旅游景区统计人员参加培训，通过培训和指导上网填报人员熟悉系统操作、填报内容等，并轮流上机操作，达到基本掌握“云南旅游项目管理”和“旅游景区管理系统”上网填报。两个系统分别于5月和7月启用。4月27日，在云南省休闲农业与乡村旅游座谈会上，楚雄市彝山寨旅游度假有限公司和南华咪依噜风情谷彝人客栈被认定为首批云南省休闲农业与乡村旅游示范企业，获得省农业厅和省旅游局颁牌。

【楚雄州与昆明等州（市）签署区域旅游合作备忘录】 2011年5月18日，昆明、楚雄、大理、丽江、迪庆5个州（市）在丽江大港旺宝国际饭店召开区域旅游合作座谈会。5个州（市）政府分管领导、旅游局局长和部分旅游企业负责人围绕“加强区域旅游合作，打造国际精品旅游线路”主题，本着“优势互补、资源共享、客源互送、市场共赢、互利互惠、统筹发展”原则，签署区域旅游合作备忘录。5个州（市）统一思想，共同营造氛围，促进5个州（市）政府、企业、社团、民间达成旅游合作共识，在散客服务、市场开发、项目规划、行业管理、人力资源开发等方面形成合力，联合打造友好合作旅游发展环

2011年楚雄州10县（市）旅游收入情况表

县（市）	海外游客（人次）	国内游客（万人次）	旅游总收入（万元）
楚雄市	11865	396.04	142121.65
双柏县	162	34	15093.65
牟定县	45	16.47	7179.16
南华县	53	93.71	32345.36
姚安县	36	18.7	8321.97
大姚县	28	30.9	12790.83
永仁县	58	49.01	15184.52
元谋县	10072	181.03	66520.16
武定县	831	104.71	36540.97
禄丰县	687	240.49	67182.42
合　计	23837	1165	403280

境。在旅游市场宣传促销，旅游市场联合管理、旅游规划开发、旅游从业人员交流与培训方面广泛、深入地开展区域合作。

【四星级禄丰金德大酒店开业】 2011年4月7日，禄丰县按四星级标准建设，特聘专业酒店公司管理，集住宿、餐饮、旅游、会务、休闲、娱乐为一体的旅游商务接待酒店——禄丰金德大酒店建成开业。金德大酒店占地10.6亩，设有159个床位，聘请专业厨师团队精心打造纯正川、滇、粤菜系，拥有10个独立豪华包间和金德、龙城2个宴会厅，可接待880人同时就餐。设有能容纳780人的多功能会议厅和可容纳120人的大会议室、40人的中会议室和20人的小会议室各1个，还有KTV娱乐会所、足浴等休闲娱乐场所及洗涤中心等配套服务设施。酒店引进四川万泰之星酒店管理公司进行专业化、标准化、规范化经营管理。

【武定狮子山景区导游获省导游大赛银奖】 2011年12月16日，由云南省旅游局主办、大理州银都水乡旅游投资有限公司和大理州新华石寨子旅游有限公司承办的2011年云南省“大理银都水乡·银水帝都杯”导游大赛在昆明官渡大酒店举行。省内各个州（市）代表队100名优秀导游参加，楚雄州选派武定狮子山旅游景区导游张咏梅代表楚雄地区参加此次比赛，经过两天角逐，张咏梅在百名导游竞技中，通过“导游讲解、专业知识问答、综合素质考核、个人才艺展示”等各项比赛并凭借优异成绩和出色表现荣获银奖。

【楚雄州首届旅游美食餐饮名厨大赛】 2011年8月25～26日，楚雄州首届旅游餐饮美食名厨大赛在彝人古镇相国府举行，大赛聘请国家级烹饪大师王黔生、蒋彪等6位大师担任评委。比赛中，10个县（市）的14支参赛队选手按相关标准和要求现场完成规定热菜、凉菜、中式面点和雕饰各一道菜制作，为鼓励创新，突出特色，参赛者还分别完成热菜、凉菜、中式面点和雕饰各一道自选菜品展示。经过比赛，大赛评委会综合各参赛选手的作品进行评分，最终决出首届旅游餐饮美食名厨大赛全能金奖、银奖、铜奖。楚雄市代表队选手、楚雄彝人古镇大酒店沙涛荣获金奖；楚雄市参赛选手、楚雄相国府王志云和永兴大酒店张艳华获得银奖；楚雄州宾馆赵小平、双柏鑫源山庄孟莲、大姚香格里拉饭庄赵德山获得铜奖。楚雄市文体广电旅游局、双柏县文体广电旅游局、南华县文体广电旅游局、姚安县文体广电旅游局获大赛组织奖。

【旅游餐饮美食工作】 2011年，楚雄州围绕“品牌打造、名师名厨、素质提升、市场推广”四大工程，推进旅游餐饮美食发展。按照上年编写的实用教材，组织餐饮企业员工轮训，培训17次1300人。6月21～24日，组织59家特色餐饮名店和乡村旅游经营业主90名赴玉溪、红河考察。与电视台合作开展旅游餐饮品牌宣传。8月24～26日，开展楚雄州首届名厨大赛。配合省餐饮美食协会评定五星级餐饮名店1家、四星级餐饮名店2家、特色婚宴餐厅1家。

【旅游质量监督】 2011年，楚雄州接待各类旅游投诉21起，比上年下降27%，其中电话投诉19起，书面投诉2起。主要投诉是酒店服务态度不好、设备设施维修保养不到位、早餐提供品种少等问题，投诉旅游景区收取门票本地人与外地人标准不一等问题。在处理旅游投诉中，坚持以人为本、热情、及时、耐心受理和积极协调原则妥善处理，做到件件有答复。2月22～23日，州旅游局组织14家国际国内旅行社92名持IC卡导游人员开展年检工作。进行“政策法规”、“导游服务规范”、“楚雄州旅游线路统筹开发相关知识”、“楚雄州概况”带接团技巧现场交流，政策法规知识问答等多形式学习培训。

【彝人古镇大酒店晋升四星级饭店】 2011年8月16日，楚雄彝人古镇大酒店举行四星级旅游饭店挂牌仪式，云南省台办副主任周越明，楚雄州政协副主席、州工商联主席吴丽华，州旅游局局长李玉林，省餐饮美食协会、云南台湾商会嘉宾参加挂牌仪式。该酒店位于国家AAAA级旅游区楚雄彝人古镇内，开业以来不断提升软硬件服务设施，尤其是台商接手经营以来，对酒店进行大规模提升改造，新增可供300多人就餐的多功能宴会厅和容纳100多人就餐的豪华商务包间，设施更加完善，服务更加精细，经有关部门评定为四星级旅游饭店。酒店鼎尚轩主题餐厅也同时开业，餐厅菜系以燕鲍翅及彝家精品私房菜为主打，配以新派川滇菜交融打造美食品牌。餐厅被评为中华餐饮店和云南五星级美食名店。

【星级饭店复核】 2011年10～12月初，楚雄州按照最新发布的《旅游饭店星级的划分与评定》国际标准，重新对全州43家星级饭店进行复核。三星级饭店由州星级饭店评定委员会负责，二星级（含）以下饭店由各县（市）旅游行政管理部门负责，州星级饭店评定委员会抽查。重点复核饭店在建筑规格、设施设备和服务项目等方面所做的改进和调整；饭店在消防、安全、卫生等方面是否存在重大隐患；饭店对外承包经营部门的设施设备、清洁卫生、服务质量及安全防范措施等是否与对应星级标准相匹配；服务质量是否稳定，相关规章制度是否健全。经过复核，楚雄市豪盛酒店（三星）、楚雄市玉波酒店（二星）、望海山庄（二星）、雄起宾馆（二星）、南亚酒店（二星）、禄丰县兴龙发酒店（二星）等6家星级饭店被摘牌。

【旅游培训】 2011年4月26～27日，楚雄州旅游局举办全州彝族刺绣培训班，各县（市）30名彝族刺绣能手参加培训。培训班聘请老师讲授色彩搭配、产品构图、市场营销及民族文化知识，指导刺绣技术。10月18～19日，举办优秀导游员、景区讲解员培训班1期，邀请省内旅行社资深导游、楚雄师范学院旅游专业讲师授课，州内各旅行社导游和AAA级以上景区讲解员参加培训，培训内容涉及导游业务知识、带团经验、讲解水平和讲解技巧、服务技能等。

【两家旅游企业入选首批省级文化产业示范基地】 2011年9月，云南省首批12家省级文化产业示范基地评选结果揭晓，禄丰侏罗纪世界投资有限责任公司和楚雄汇通古镇文化旅游开发有限公司榜上有名，荣获“云南省首批省级文化产业示范基地”称号。云南省首批“省级文化产业示范基地”评选工作于3月启动，首批12个云南省级文化产业示范基地是经专家评审组严格按照《云南省文化产业示范基地评选命名管理办法》要求和公开、公平、公正原则，从全省各州（市）推荐申报的35家文化企业中评选产生的，具有经济效益良好、社会效益广泛，示范带动作用强，经济社会效益显著等特点，涵盖文化演艺、文化旅游、休闲娱乐、民族民间工艺等多个门类。

［刘应东］

景区建设

【《楚雄州文化旅游业发展“十二五”规划》通过评审】 2011年4月4日，由楚雄州旅游局编制的《楚雄州文化旅游业发展“十二五”规划》正式提交评审。评审组由省、州文化与旅游管理、旅游规划设计、发展改革、政策研究、民族文化研究等部门的专家组成，在审阅《规划》文本和听取课题组汇报后，专家们充分发表意见，对《规划》予以充分肯定，认为《规划》在对楚雄州文化旅游业“十一五”回顾与总结基础上，分析楚雄州文化旅游业面临机遇和挑战，确定“十二五”期间楚雄州文化旅游发展指导思想、发展战略与目标，进行开发建设总体布局，提出未来5年重点开发建设的主要项目，对楚雄州文化旅游业“十二五”市场开发、行业管理和人才培养等进行专项规划，阐明《规划》实施的保障措施。《规划》内容全面、系统，达到国家和省、州有关标准和要求。《规划》调研扎实，总结客观，指导思想明确，战略与目标切合楚雄州实际，文化与旅游结合密切，总体布局合理，开发建设项目可行，各专项规划具有较强可操作性，所提出保障措施扎实有力。《规划》在文化产业与旅游产业互动发展思路上有所创新，强调楚雄旅游目的地和重点项目建设，与云南相关规划衔接紧密。与会专家一致同意《规划》通过评审，为了完善《规划》，专家们还提出部分修改意见和建议。州文产办、州“十二五”规划办领导参加评审会，并发表意见，课题组将根据专家及部门领导意见、建议，对《规划》进行修订、调整、完善，以形成最终成果，从而指导楚雄州“十二五”期间文化旅游业快速、持续发展。

【一平浪镇旅游总体规划通过评审】 2011年12月9日，《禄丰县一平浪镇旅游总体规划》在楚雄市通过评审。《禄丰县一平浪镇旅游总体规划》是楚雄州103个乡（镇）中第四个编制并通过专家评审的乡（镇）旅游规划，是禄丰县继《禄丰县黑井镇旅游总体规划》、《禄丰县土官镇乡村旅游发展总体规划》通过专家评审后，第三个通过专家评审的乡（镇）旅游规划。

【方山景区游客接待中心项目通过验收】 2011年8月12日，永仁县方山旅游区游客接待中心项目通过竣工验收。该游客接待中心建设项目位于方山景区诸葛营民族文化生态旅游示范村内，作为景区创建国家AAAA级旅游区的必备项目，它是一个集休闲度假、商务会议、文化研修、特色展示等多种功能为一体的复合型接待中心，也是一座景观建筑群。项目规划占地14.06亩，总建筑面积4461.17平方米，包括餐厅、商铺、接待楼、2幢客房、公厕、配电房等主体工程。项目总投资703.3万元。

【禄丰世界恐龙谷荣登云南第四大景区】 2011年7月6日，云南旅游职业学院在禄丰世界恐龙谷景区举行“云南旅游职业学院实习基地”授牌仪式，正式授予世界恐龙谷景区为该校师生教学实习基地。7月22日，投资226万元的禄丰世界恐龙谷景区自来水厂顺利通过竣工验收，为恐龙谷景区申报国家AAAAA级风景区和申报云南省文明旅游区奠定基础。9月15日，禄丰县侏罗纪世界旅游区协调建设指挥部邀请县监察局、交通运输局等县级相关部门及工程技术单位对世界恐龙谷景区一号连接道路进行竣工验收。验收组通过现场查验并听取设计、监理、施工单位工程建设情况报告后，同意工程合格并验收，现场移交恐龙山镇使用、管护。世界恐龙谷景区一号连接道路位于禄丰县恐龙山镇阿纳村

2011年楚雄州A级景区名录

等级	景区名称	地　址
AAAA	禄丰世界恐龙谷	禄丰县恐龙山镇
AAAA	武定狮子山	武定县狮子山
AAAA	元谋土林	元谋县境内
AAAA	彝人古镇	楚雄经济开发区
AAAA	楚雄州博物馆	楚雄市鹿城南路471号
AAA	黑井古镇	禄丰县黑井镇
AAA	咪依噜风情谷	南华县龙川镇岔河村
AAA	紫溪山	楚雄市紫溪镇
AAA	石羊古镇	大姚县石羊镇
AA	永仁方山	永仁县
A	牟定化佛山	牟定县飒马场

委会安楚高速公路北侧，是连接景区与恐龙山镇新址的一条重要通道。道路路面宽12米，总长3008米，总投资约1300万元。年内，禄丰世界恐龙谷景区以年游客接待量99万人次与黑龙江镜泊湖景区、河北天下第一关山海关景区并列排名第92位，荣登“中国旅游百强景区排行榜”，成为云南省继石林（第37位）、玉龙雪山（第47位）、云南民族村（第68位）之后的第四大景区。

【彝人古镇德江城开门暨韩国街开街】 2011年1月23日，楚雄市彝人古镇德江城举行开城门仪式暨韩国街开街庆典。“德江城”原为（宋）大理国名门高氏相族封地，修建威楚城时，在西北二里建德江城（外城）。彝人古镇为还原“德江城”历史风貌，展示（唐）南诏、（宋）大理国宫廷和民俗文化，规划建设彝人古镇核心区——德江城。德江城建筑面积12万平方米，包括32个客栈、323间商铺、8个餐饮楼、59个底商式商住楼、22个前店后院的四合院民居。有13家韩国商家入住韩国街，其中包括服饰店、特色酒吧、超市和极具特色的韩国料理店等。

【咪依噜风情谷大型壁画完工】 2011年5月，南华县文体广电旅游局负责组织施工，历经4个月施工，南华县咪依噜风情谷马鞍山隧道大型壁画完工。壁画面积1759平方米，由两部分组成，一部分以彝族起源、进化、历经劫难、渡过难关、六祖分支、生息繁衍、发展壮大为主线，画面表现彝族狩猎耕田，婚庆歌舞祭祀。另一部分以咪依噜风情谷发展乡村旅游为主线，以咪依噜风情谷依托便利的交通，丰厚的彝族文化资源发展乡村旅游为表现形式，古朴的喇叭迎宾调、清纯的羊角酒，彝家人用原生态美食盛情款待来自四面八方的游客，游客在风情谷品尝彝家美食，欣赏热情似火的酒歌，和彝家阿哥阿妹在夫妻树下跳起欢快的左脚舞，彝家山寨洋溢在欢歌笑语中的画面。

［刘应东］

海外游客参观禄丰世界恐龙谷　（高建波/摄影）

旅游接待

【旅游假日接待】 2011年，楚雄州旅游接待发展良好，“元旦”、“春节”、“五一”、“中秋”、“十一”等节假日旅游接待和旅游经济指标增长幅度较大。

“元旦”假日接待。1月1～3日，累计接待游客11.16万人次，同比增长39%，实现旅游收入1709万元，同比增长6%，其中接待过夜游游客3.95万人次，接待一日游游客7.21万人次。节日期间，进出州内自驾游车辆15553辆次。人们大都选择近郊休闲旅游，且一日游游客数量较上年同期增加61%。禄丰世界恐龙谷、楚雄彝人古镇，元谋土林、武定狮子山4个国家AAAA级旅游区游客比较火爆，其中禄丰世界恐龙谷接待游客超过1万人次，门票收入73万元、楚雄彝人古镇游客接待量也突破6万人次。

“春节”黄金周。2月2～8日，累计接待国内外旅游者34.22万人次，同比增长7.4%，其中接待过夜游游客13.4万人次，同比下降22%。接待一日游游客20.82万人次，同比增长42%，实现旅游总收入10348万元，同比增长6.2%。期间到楚雄的过夜游游客减少，一日游游客增加，大量州内外的自驾车旅游者纷至沓来，到楚雄游玩的人明显增多，特别是州内游游客明显增加，在楚雄停留时间和上年相当，花费明显增加，旅游总收入增长6.2%。自驾车游持续升温，随着攀田高速公路和永武高速公路通车，出川入滇更为便捷，大量昆明、玉溪、曲靖、红河，四川攀枝花、西昌市、成都市等周边地区和州内自驾车旅游者纷至沓来。在楚雄彝人古镇、土林景区和金沙江龙街渡红色旅游景区、禄丰世界恐龙谷和黑井古镇、武定插甸水城河和己衣大裂谷、双柏白竹山和碍嘉，大年初一到大年初六，自驾车游客占整个春节“黄金周”景区游客总量60%以上，有的景区所占比率高达80%以上。

“清明”节小长假。4月3～5日，楚雄州旅游经济呈现大幅增长态势，接待游客13.68万人次，同比增长50.5%，实现旅游收入1903万元，同比增长133%。节日期间，人们除了进行扫墓祭奠亲人活动外，许多人选择利用短暂假期开展旅游活动，到居住地周边景区观光游览。楚雄州几个主要旅游景区游客接待量较大，禄丰世界恐龙谷接待游客1.3万余人次，门票收入92万元，武定狮子山接待游客1.4万余人次，门票收入17.51万元。楚雄彝人古镇、大姚石羊古镇、禄丰黑井古镇和全州特色生态旅游村游客接待量也较上年同期大幅增长。

“五一”小长假。5月1～3日，楚雄州接待游客26.03万人次，同比增长16.8%；实现旅游综合收入5103.58万元，同比增长131%。其中接待过夜游游客人数5.52万人次，同比增长26.4%；接待一日游游客20.51万人次，同比增长85.4%。禄丰世界恐龙谷接待游客2.7万多人次。楚雄紫溪山风景区樱桃节吸引了上万人次前去品尝樱桃，实现门票收入10.34万余元。武定狮子山风景区接待游客12301人次，门票收入11.51万元。牟定“三月会”也给全州旅游市场增添热度，五一期间接待游客超过2万人次。

“中秋”小长假。9月10～12日，累计接待游客9.36万人次，同比减少12.5%；实现旅游收入1757万元人民币，同比增长6.09%。中秋节受传统习惯的影响，人们主要是与亲人团聚为主要过节方式，出行愿望不是很大，节日期间主要以近郊观光赏月为主要休闲方式，游客以州内群众为主。禄丰世界恐龙谷接待游客1.2万人次，门票收入84.3万元，元谋土林接待游客0.78万人次，楚雄彝人古镇（部落）接待游客仅921人次，武定狮子山接待游客0.22万人次。进出州内自驾车为3.58万辆次，其中进入州内车辆为2.67万辆次，占75%。2011年中秋节的一大特点是3天假日期间，游客呈逐日递减趋势，中秋节这天（9月12日），各大景区游客最少。

“十一”假日旅游黄金周。10月1～7日，接待游客501868人次，较上年同期增长1.37%，其中过夜游游客184129人次，一日游游客317739人次。旅游收入1.42亿元，较上年同期增长7.9%。主要旅游景区（点）开展丰富多彩的活动，增强吸引力，渲染节日气氛。彝人古镇的国庆怀旧婚纱摄影展、时尚炫酷航模展、国庆花车巡游；紫溪山“扎稻草人竞技大赛”、激光枪森林野战等为代表的一批特色旅游活动参与性强、特色鲜明；楚雄州博物馆则迎来大批游客观光，游客在古生物、古文物、彝族文化等展品中体味历史、留连忘返；禄丰县以“荟萃禄丰人文经典，营销禄丰旅游精华”为主题，推出“世界恐龙之乡——神奇禄丰之旅”系列旅游活动，以吸引游客为核心，突出参与性、娱乐性；武定狮子山风景区推出第六届菊花展，上万盆菊花，80余个品种、10大色系，将狮子山点缀一新，让八方来客、四海宾朋一睹菊花婀娜多姿的风韵；元谋土林景区举行丰富多彩的节庆文化活动，有昆明社区文艺团体精彩文艺表演、有精彩彝族歌舞表演、有“真情相约梦幻土林”民族篝火晚会等等，使游客亲身感受到彝家火一般的热情，而户外帐篷、越野沙滩摩托、CS真人实战反恐体验等活动，让游客们充分体验到新奇和快乐。石羊古镇祭孔大典、黑井古镇盐文化系列旅游活动、南华咪依噜风情谷和永仁方山诸葛营村乡村旅游等活动，吸引众多州内外游客，深切体验不同文化魅力。几大主要旅游景区（点）接待量持续火爆，禄丰世界恐龙谷景区接待游客73042人次，门票收入510.29万元；元谋土林景区接待游客29054人次，门票收入41.7万元；彝人古镇接待游客17.25万人次，门票收入12.45万元；武定狮子山景区接待游客13696人次，门票收入12.07万元；紫溪山景区接待游客5222人次，门票收入26360元；州博物馆接待游客48627人次。自驾车旅游成为旅游新风尚，更多的游客选择中短途自驾车省内游。自驾车通行总量92351辆次，其中进入该区域自驾车51932辆次，离开该区域自驾车40379辆次。

元谋江边成为假日旅游新亮点　　（朱卫明/摄影）

【接待台湾南山人寿大型旅游团】 2011年1月13～19日，台湾南山人寿精英会员大型旅游团450人，分6批到楚雄进行一晚两天的观光旅游。客人们游览禄丰世界恐龙谷、彝人古镇、太阳历文化园、州博物馆。台湾来宾们被彝州悠久的历史、深厚的文化底蕴、浓郁的民族风情感动和吸引。纷纷表示，七彩云南风情彝州真是美不胜收，回去后要告诉更多的台湾同胞，楚雄是个好地方。楚雄州十分重视对台湾市场的开发与宣传促销，经过长期不懈的努力，实现台湾大型团队进入楚雄零的突破。为迎接台湾大型旅游团到来，州人民政府高度重视，制定全面、细致、周到的接待方案。成立接待工作领导小组，并由州旅游局、州台办、州卫生局、州公安交警支队及相关景区负责人组成4个工作组。在接待工作中，各小组各司其职，密切配合，确保整个接待工作热忱、安全、有序进行。

【广东旅行商来楚踏线】 2011年2月25～28日，海航旅业龙腾九州副总裁李冀带队、海航旅业旗下14家分公司负责人和广东省36家规模较大的旅行社总经理，以及广东电视台“纵横天下”栏目组一行90人对楚雄精品旅游环线进行踏勘考察。通过对武定狮子山景区、元谋人陈列馆、浪巴铺土林景区、物茂土林景区、元谋江边景区、永仁方山诸葛营旅游生态村、大姚三潭瀑布景区、姚安光禄古镇、南华咪依噜风情谷、楚雄州博物馆、彝人古镇、世界恐龙谷等景区参观，以及对景区周边住宿、餐饮、购物等旅游环境的考察，于2月28日同楚雄旅游业界进行座谈，就整个环线考察中存在的一些问题，提出中肯意见和建议；旅行商们纷纷表态，一定不余遗力地为楚雄旅游宣传、为楚雄旅游造势，把更多的游客带到楚雄这个旅游新兴目的地来。

【接待旅交会海外旅行商】 2011年10月25日，楚雄州迎来参加2011年中国昆明国际旅游交易会海外旅行商考察团。海外旅行商来自欧洲、美洲和亚太地区，有美国、巴西、意大利、法国、古巴、马来西亚，泰国、巴基斯坦等国家的30余名旅行商。楚雄州地处昆、大、丽、香旅游线路上重要节点，在云南旅游“二次创业”中，通过统筹旅游产品线路开发，取得重要进展，以彝人古镇和禄丰世界恐龙谷为代表的旅游产品在海内外具有一定知名度。州人民政府分管领导协调旅游、公安、卫生、食品卫生监督等部门做好接待工作。彝人古镇和禄丰世界恐龙谷2个国家AAAA级旅游区作好充分准备。海外旅行商考察团成员在楚雄期间考察了楚雄彝人古镇和禄丰世界恐龙谷。

【香港旅行团队首次游览双柏】 2011年8月13日，60人的香港旅游团一行顺利抵达距双柏县城170余千米，神奇美丽的双柏碍嘉，专程赶来参加一年一度的“中国·碍嘉七月十五节”。这是双柏县首次成功接待的一起规模较大的海外旅游团队。13～14日，旅行团游客沿路游览碍嘉自然风光，亲身感受“中国·碍嘉七月十五节”浓郁的地方民俗。游客对碍嘉自然风光赞口不绝，对碍嘉独特的民族风情甚为感叹。双柏自然风光神奇美丽、民族文化绚丽多彩，使游客们不停地驻足观看，凝神遐思。碍嘉镇七月十五节圆满地接待香港旅游团队，为双柏县生态旅游打开一条通道，开启双柏县接海外旅行团队序幕。

［刘应东］

旅游促销

【与昆明市联合赴省外推介云南旅游】 2011年3月31日至4月3日，昆明市旅游局与楚雄州旅游局、彝人古镇旅游公司驻昆办事处联合到辽宁大连、山东临沂举办两场“梦回云南大型旅游推介会”。这是滇中城市群昆明—楚雄一体化发展合作框架协议签署后，首次联合旅游宣传推介活动。两场推介会有来自大连市旅游局、临沂市旅游局、东航、南航、川航、海航、深航、厦航市场销售部负责人，辽宁和大连、临沂旅游媒体，大连及周边地区的营口、大石桥、盘锦等地的380家旅行社，来自临沂、日照、连云港等地的150家旅行社共计1500人参会，活动获得圆满成功。昆明市舜桀旅行社每年接待大连来昆游客市场份额都在70%以上，并且90%以上团队都走昆—楚—大—丽线，多年来一直和大连及周边地区的组团社保持着非常好的合作关系，是楚雄州长期开展环渤海地区宣传促销工作的理想伙伴。

【组团参加2011年旅游交易会】 由国家旅游局和陕西省人民政府共同主办的“2011中国国内旅游交易会”4月15日在陕西省西安曲江国际会展中心开幕。来自全国31个省、自治区、直辖市及新疆建设兵团旅游局、旅行社、景点、饭店、公园、传媒、网络等旅游相关机构及企业共1562家单位参展。楚雄州组织参展团，赴西安参加旅游交易会，以“七彩云南、魅力楚雄”进行宣传促销。4月8～17日，由州旅游局副局长包继文带队，由州旅游局、楚雄市文体广电旅游局、南华县文体广电旅游局、武定县文体广电旅游局、元谋县文体广电旅游局、永仁县文体广电旅游局，楚雄市开发区社会事业发展局，武定狮子山、彝人古镇、世界恐龙谷景区等10多家单位39名成员组成的宣传促销团赴西安、嘉峪关、敦煌进行宣传促销和学习考察。通过对西安、嘉峪关、敦煌等地旅游景区设计规划、旅游市场宣传营销、旅游市场整治和监管等方面进行学习考察。在历时10天的宣传促销活动中，接受中国旅游门户网站——乐途旅游网专访；4月15～17日，参加2011中国国内旅游交易会，此届交易会，由州旅游局购买2个展台，精心设计准备，认真布展，在交易会上，考察团42名成员分别拜访来自各地的400余家参展商，并发放资料3万份。

10月27～30日，中国国际旅游交易会在昆明国际会展中心举行。此届旅交会有95个国家和地区的代表，内地各省（区、市）和香港、澳门、台湾旅游机构负责人，华侨城集团、港中旅集团、上海锦江国际集团、上海锦江国际旅游公司、海航旅业控股集团等单位代表，云南省直有关部门、16个州（市）相关负责人和企业代表参会。为了借助旅交会这个国际旅游交易平台宣传展示楚雄州美丽神奇的自然风光和民族风情，更好的促销楚雄州丰富的旅游产品，楚雄州组成135人的参展团参加此届旅交会。楚雄州参展团由州人民政府副州长朱非担任团长，州旅游局、10个县（市）政府分管领导、文体广电旅游局领导、12家旅游企业负责人参加。楚雄州展馆的搭建突出“中国彝乡、魅力楚雄”这个主题，各参展县（市）和旅游企业纷纷亮出特色旅游产品，吸引广大中外参展旅行商的注意。楚雄州展台前，参观咨询者络绎不绝。4天的会期内，楚雄州参展团累计接待旅行商和公众市民访客3.6万人次，发放宣传品4.5万份，合作旅行社云南永和旅行社、云南之路国旅、云南风情国旅、云南风光国旅、金鹿国旅、太阳女旅行社、紫溪旅行社等企业签订“楚雄精品旅游环线”行程的地接合同20余份，达成意向性协议30多个，意向组团人数3万人次。10月30日，2011中国国际旅游交易会在昆明国际会展中心圆满闭幕。云南省旅交会组委会举行总结颁奖会，楚雄州此次参展工作得到组委会充分肯定和认可，将“最佳组织奖”、“最佳展台奖”两项殊荣收入囊中。

【楚雄州旅游促销团赴重庆促销】
2011年9月22～24日，2011重庆第十五届都市旅游节暨第三届城际旅游交易会在重庆市渝中区举行。楚雄州成立由州旅游局李玉林局长为团长，世界恐龙谷、彝人古镇、武定狮子山、元谋土林4家国家AAAA级旅游景区共同组成的参展团赴重庆参加此届城际旅交会，进行旅游宣传促销。此次城际旅交会在重庆市渝中区解放碑中心购物广场步行街搭建展位，有来自四川省、云南省、陕西省、湖北省、安徽省、新疆自治区等多个地方的旅游局和旅游企业50余家单位参展。从22日上午10点活动一开始，楚雄州的展台就受到了重庆市民和游客的欢迎与关注，展台前始终都排着几十人的长队，在此次宣传销促活动中，楚雄州参展团发放各类宣传资料1.2万份，接受5000多位重庆市民和游客咨询。到展台来咨询的市民与游客对云南旅游资源赞不绝口，也对楚雄这一云南新兴旅游目的地满怀憧憬。

【中央电视台《乐游天下》栏目组拍摄大锣笙】 双柏县法脿镇雨龙村委会的李芳村是“双柏三笙”之“大锣笙”的发祥地，此外还有“老虎笙”、“龙笙”等民族原始图腾舞蹈在此地盛传，彝族文化底蕴丰厚。李芳村以其优美的风光和独特的民俗吸引着很多的游人慕名而至，该村2001年被省政府评为第三批云南特色旅游村。7月27日中央电视台音乐频道《乐游天下》栏目组一行8人，到双柏县法脿镇李芳村拍摄一期以火把节大锣笙为主的专题片，这是继2010年央视著名节目主持人敬一丹一行在李芳村拍摄《与虎为伍的人》节目之后，央视的又一次到访。《乐游天下》是一档音乐文化专题类栏目，主题是“跟着音乐去旅行”。此次拍摄活动，是对积淀深厚的双柏县原生态民族文化的再次传扬，同时也是借助央视平台宣传“中国虎乡、查姆文化、彝州西湖”的难得机遇，将更进一步促进李芳村文化旅游产业的发展。

［刘应东］

节庆活动

【楚雄市第五届茶花文化旅游节】
2011年2月17日，楚雄市第五届茶花文化旅游节开幕式暨中国楚雄2012年国际茶花大会倒计时启动仪式在桃源湖畔举行。楚雄市第五届茶花文化旅游节包括茶花展销会、茶花之旅、茶花书画刺绣摄影展、文艺演出等活动，日期为2月17～27日。有来自各地的国际茶花专家和相关部门负责人、企业代表等400余人参加启动仪式。2005年3月22号，国际茶花大会在瑞士洛桑会议上表决通过由楚雄市承办2012年国际茶花大会。这是国际茶花大会首次在茶花故乡云南举办，楚雄市也是继浙江省金华之后，我国成功申办这一国际盛会的城市。5年来，楚雄市紧紧抓住全省大力发展花卉产业的机遇，以筹备国际茶花大会为载体，加强领导、广泛宣传、挖掘文化、培植产业，茶花产业发展取得可喜成绩。全市拥有茶花成品苗和育苗数量分别达到31万株和900万株，引进世界名贵茶花品种800多个，种植茶花900多亩，“七个一”茶花文化工程深入实施，茶花大会筹备工作和重点项目建设有序推进。

【武定县牡丹文化旅游节】 2011年3月15日，由中共武定县委、县人民政府主办，以“盛世牡丹红，罗婺满眼春”为主题的2011年中国武定牡丹文化旅游节在县城北片新区开幕。来自四面八方的宾客欢聚在这里，共同参加开幕式大型文艺演出，省、州本土著名歌唱家何纾、黄绍成、樊艳萍等登台为大家一展歌喉；山鹰、阿四龙、阿乖佬等彝族组合也给开幕式增添一抹亮色；更有著名书法家方斌当场为牡丹文化旅游节留下墨宝。整个上午，会场内气氛喜庆而热烈，既突出“以花为媒，广交朋友，宣传武定，促进发展”的节日主题，又充分展示多姿多彩的罗婺文化和“容达和谐、开拓创新”的武定精神。2011年以“盛世牡丹红、罗婺满眼春”为主题的武定牡丹文化旅游节活动异彩纷呈，精彩的开幕式后，相继推出牡丹花拍卖、芍药花展、佛教文化活动、樱桃节、《武定情歌》首发仪式、摄影书画展、名特优旅游商品展销等系列活动。

2012国际茶花大会迎宾表演 (高建波/摄影)

【楚雄市马樱花节、紫溪山樱桃节和冬桃节】 2011年3月12~13日，楚雄市在紫溪山景区成功举办马樱花节。节庆当天，热情好客的彝族群众身着节日盛装，弦子弹起来，左脚舞跳起来，笑迎每一位宾客。马樱花节在丰富多彩的开幕式文艺演出中拉开序幕，毕摩祭祀马樱花神、射弩、爬油杆、竹竿舞、左脚舞狂欢等17项节庆活动吸引八方游客。游客纷至沓来，游紫溪美景、体验彝族风情、品彝家美食佳肴，和彝族同胞共同分享节日喜悦。紫溪山景区接待游客3.2万人次，实现旅游收入96.6万元。4月23日至5月8日，紫溪山樱桃节在紫溪山景区举办。樱桃节期间举办观众自主参与性较强的吃樱桃有奖比赛、樱桃小嘴评选活动、脚斗士擂台赛、彝人羊汤锅美食展。紫溪山景区及紫金村接待游客6.7万人，实现旅游总收入469万元。11月12~30日，楚雄市人民政府主办，市文体广电旅游局、紫溪镇人民政府承办的楚雄紫溪山冬桃节举行。2011年紫溪山冬桃节是依托紫溪山旅游产业开发建设与周边紫金村委会特色产业相结合创新举办乡村文化旅游节庆活动。开节当天，紫金特色旅游村吸引上千游客前来观光、品桃。18天时间里，紫金特色旅游村实现节庆综合收入220万元，农家乐实现接待旅游收入28万元，接待旅游者1万余人次。

【参加2011中国昆明国际文化旅游节昆明狂欢节活动】 2011年4月30日至5月2日，中国昆明国际文化旅游节（昆明狂欢节）在昆明举行。旅游节以“相约狂欢昆明，体验七彩云南”为主题，通过旅游节活动，充分展示云南历史文化、民族风情和旅游活动的魅力，塑造云南旅游文化品牌形象。楚雄州成立由州旅游局、武定县文体广电旅游局、南华县文体广电旅游局，以及彝人古镇、世界恐龙谷、武定狮子山、元谋土林、黑井古镇、石羊古镇、南华咪依噜风情谷景区，金鹿国际旅行社、太阳女旅行社等旅游企业组成的2011中国昆明国际文化旅游节楚雄州代表团，按照“政府主导、企业参与、部门承办”原则，突出“环州精品旅游环线”资源产品特色，以“七彩云南魅力楚雄”为主题宣传口号，紧紧围绕充分展示旅游产业发展新成就和统筹开发全州旅游精品线路推出新产品来进行。主要参加音乐舞蹈大巡游和广场展演两项活动。音乐舞蹈大巡游活动由35名身着彝族盛装，手持彝族羊皮鼓的演员组成通过舞蹈巡游，展示彝族奔放粗犷的舞蹈和古老神秘的文化；广场展演活动在昆明市区金马碧鸡广场进行。整场演出以楚雄彝族歌舞为主旋律，演出间穿插安排各种形式的民族民间群众参与性、体验性娱乐活动和简单有趣的楚雄旅游知识问答。在广场上，设置以楚雄州4个AAAA级旅游景区（世界恐龙谷、彝人古镇、武定狮子山、元谋土林）和国家历史名镇黑井古镇、石羊古镇、南华咪依噜风情谷为主的旅游风光图片展，由世界恐龙谷、彝人古镇、武定狮子山、元谋土林、黑井古镇、石羊古镇、南华咪依噜风情谷、金鹿国际旅行社、太阳女旅行社等旅游企业在广场上设置展台，发放各类旅游宣传资料，开展环州精品旅游线路宣传促销活动，发放宣传资料4万余份。

【楚雄州“中国旅游日”活动】 经国务院批准，自2011年起，每年5月19日（《徐霞客游记》开篇日）为“中国旅游日”。楚雄州组织开展系列活动迎接首个中国旅游日。4月20日至5月20日，举办紫溪山樱桃节、牟定三月会左脚舞文化节、2011中国昆明国际文化旅游节昆明狂欢节楚雄彝族火把广场展演、2011中国大姚攀登彝州高峰等多种具有民族特色的节庆活动。5月19日中国旅游日当天，楚雄州所有A级以上景区门票均实行半价优惠。享受到门票半价优惠游客累计3000人次。在2011中国昆明国际文化旅游节昆明狂欢节楚雄彝人广场歌舞展演活动现场，免费发放楚雄州内各大景区门票1000张。楚雄市、元谋县、南华县、大姚县针对星级饭店、旅游餐馆、乡村农家乐、旅游商品企业进行分门别类、各有侧重的系统化培训，力求提高全行业从业人员素质、技能和服务水平，把优质服务进行到底。开展文明旅游宣传，倡导旅游新风尚。在5月持续开展“文明旅游月”活动，采取在景区、酒店、旅行社等旅游企业向游客发放《文明旅游倡议书》等印刷品的形式，引导游客文明出游、低碳旅游、爱护环境、安全出游。

【禄丰县广通镇“六月六”彝族情人节】 2011年7月6日，禄丰县广通镇第七届“六月六”彝族情人节在几子湾村委会小青山举办，来自广通镇的彝族同胞和友邻乡（镇）近8000名各族群众聚集山顶，载歌载舞，欢度一年一度的“六月六”彝族情人节。“六月六”彝族情人节活动文艺节目形式多样，融入民族文化元素，成了传承彝族文化的重要载体。有毕摩祈福、晒红绿、赛装、彝族左脚舞、情歌对唱、快板表演、公鸡啄架、背新娘、抢喜糖、爬油杆、抹花脸等。活动现场商贾云集，一片繁荣景象，有各种服务摊点200多个，从业人员600多人。

【禄丰县黑井盐龙女文化旅游节】 2011年7月13~17日，第四届黑井盐龙女文化旅游节在禄丰县黑井古镇举办，推出要龙舞龙、祭盐龙祖仪式、洞经音乐演奏、左脚舞篝火晚会等系列民俗文化活动。开幕当天开展游客免费游览各景点活动，举行商贸物质交流会，黑井民间手工艺品蔑扎、泥塑、银饰、石雕、刺绣，特色食品黑井小锅盐，小灶酒、石榴、梨醋摆满街头巷尾。旅游节期间，黑井古镇迎来60多辆自驾车，接待游客2255人次，实现门票收入11265元。

［刘应东］

（责任编辑：周能汉）

信息产业

信息产业综述

【信息化工作概况】 2011年，楚雄州加快推进信息化平台建设，州政务服务中心和公共资源交易中心建成投入使用，州政务服务中心与全省电子政务专网连通，国家电子政务外网云南省楚雄州电子政务外网项目一期建设工作顺利完成，州级和10个县（市）与国家、省电子政务外网整合贯通，构建了纵向连接省—州—县（市），横向连接州、县（市）各部门和乡（镇）的全州电子政务专网平台。城市地区“光纤入户”改造，宽带网络向农村延伸，新增3G基站239个，3G基站总数1045个；加强电信硬件系统日常维护和运行监管，接入使用电子政务网络系统单位1265家，做好阳光政府四项制度信息网上发布指导和政务信息网络查询工作，加大96128品牌化建设力度，接听电话3399次，专线答复3399次，专线转接2026次，转接成功率93.13%。政府信息公开指南、目录及网上发布更加完备，政务信息查询进一步规范，发布政务信息126164条；积极宣传州委、州人民政府重大决策和部署，做好重要会议和重大活动宣传报道，发布各类文字、图片信息6700余条（幅）；政务服务中心网络平台受理事项112224件，办结110269件，办结率98.25%。完成各类无线电台站新版数据入库建设5927个，无线电监测4363小时，检测无线电设备108台（套）。

【无线电台站管理】 2011年2～6月底，楚雄州开展设台单位及业余无线电电台5000多个台站年度执照检审，换发到期执照。向33家设台单位收取无线电频率资源占用费10.35万元。结合台站核验工作，检查各类无线电发射设备，长期闲置不用、老化损毁设备办理报停、报废手续，调整和收回使用频率，对新建无线电通信网进行验收。充实频率台站数据库资料，全面完成无线电台站新版数据入库建设工作，建立和录入设台单位及个人共85家5927个各类无线电台站数据。新增台站1695台，指配频率7个；受理设台单位报停申请1家，按要求对报停设备进行封存；新建台站选址审核290个；验收建成GSM网基站363站、TD－SCDMA（3G）网基站87站。8月，集中开展无线电执法检查，专项整治非法生产卫星电视接收设备行为。

【无线电法规宣传】 2011年11月，楚雄州开展形式多样的无线电宣传活动。在楚雄州人民政府门户网站、手机短信、气象电子显示屏、调频广播电台、主街道横道电子显示屏等平台开展宣传，印发无线电法规、标语、知识宣传。调频广播电台还派出记者对宣传活动进行跟踪采访和报道。各县（市）也通过广播电视、手机短信、布标宣传、展台发放宣传专页等方式进行宣传。通过各种途径的宣传，为社会大众知晓合法使用无线电设备，共同维护空中电波秩序，合理使用无线电频谱资源，服务发展，共建和谐，营造良好宣传氛围。

【无线电监测检测】 2011年，楚雄州无线电监测站利用固定监测站、紫溪山高山站、6座小型监测站、移动监测站和其他专用设备对全州无线电信号进行监测，建立监测样本。累计监测4390小时，上报监测月报12份。根据云南省《关于开展全省地面数字电视工程发射台电磁环境测试项目的通知》要求，对楚雄市高顶寺广播电视发射台进行电磁环境测试和检测1次，抽测大功率调频广播、电视发射台25台。有4台发射台性能参数不符合要求设备责令停机整改。

【无线电安全保障】 2011年，楚雄州无线电监测站完成公开招考公务员笔试、护士执业资格考试、全国普通高校招生考试、全国二级建造师资格考试、医师资格考试和成人高考期间无线电监管工作。通过事前制定严实工作方案和充分准备，确保监管工作有序开展，有效防范和打击非法利用无线电设备进行破坏和考试作弊等行为，干扰疑似作弊信号8频点，抓获考场外作弊窝点5起，抓获场外作弊人员6人。

【“两中心”信息化建设】 2011年，楚雄州工业和信息化委员会作为州政务服务中心和州公共资源交易中心信息系统建设工作牵头部门，按照《楚雄州人民政府办公室关于政务服务中心和公共资源交易中心建设实施方案》要求，制定楚雄州政务服务中心和楚雄州公共资源交易中心信息化建设方案并组织实施，完成州政务服务中心和公共资源交易中心综合布线，建设信息点400多个，建成政务中心与全省电子政务专网相连的电子政务网，与全省电子政务外网相连的电子政务外网以及互联网；建成视频显示系统和中心电子监察系统。6月26～27日，分两期对入驻政务服务中心人员进行培训，培训人员180多人。全州政务服务中心网络平台受理事项59896件，办结58270件，办结率97.29%。

【协同办公系统运行】 2011年，楚雄州工业和信息化委员会通过不断加强培训和业务指导，实现全州10个县（市）和州级部门1300多家单位接入电子政务网使用该协同办公系统。通过电子政务协同办公系统实现收文1613741份，发文58849份。重大决策听证发布信息36项、重要事项公示206项、重点工作通报975件。受理网络查询206件。

【"96128"专线品牌化建设】 2011年，楚雄州通过加大宣传培训、对部门"96128"政务信息查询专线电话转接情况通报、对入驻政务服务中心的单位"96128"联络员与入驻政务服务中心人员进行整合等措施，极大提高"96128"接通率。96128接听电话2713次，专线答复1024次，专线转接1689次，转接成功率93.5%。

【政府信息公开】 2011年，楚雄州完善政府信息公开网上信息发布工作。扩大政府信息公开范围，各县（市）和各单位依照"以公开为原则，不公开为例外"总体要求，对公开信息进行清理更新。修编完善政府信息公开指南和目录。对主动公开政府信息发布主体、内容、形式、范围适时进行监测，监测结果及时通报。公开发布信息13621条。州信息产业办指导和督促楚雄市区建设10个政务信息岛查询点，完成楚雄州政务中心一楼大厅、州政务服务中心大厅、州国土资源局一楼大厅、火车站、楚雄市政府大楼、彝人大酒店、州宾馆、楚雄市便民服务中心大厅、雄宝酒店等公共场所政务信息岛触摸屏安装，方便广大群众查询政务信息。

【网络运行维护】 2011年，楚雄州加强电子政务网络省至州，州至10个县（市）传输线路、州、县（市）核心设备和州级近200家接入单位节点设备日常维护和运行监管，加强接入情况监测，确保协同办公系统、党委信息报送系统，财政、医保、社保、工商、统计、审计等专网安全、高效运行，未发生任何安全责任事故。至年末，政务网接入单位1265家，通过VPDN认证系统开通使用政务网接入账号3091个，比上年同期增长14.9%。政府网站完善"市民服务"、"企业服务"和"实用信息查询"等功能，发布各类文字、图片6800条（幅）。

【电子政务视频会议系统建设】 2011年，楚雄州加强电子政务视频会议系统日常管理和会议保障，提前下发调试和会议保障通知，做好与机关事务管理局、电信公司的协调沟通。确保中央和省、州会议精神及时传达至各县会场和乡（镇）分会场，加快电子政务建设和应用推广步伐，提高行政效率，节约会议经费。除楚雄市、永仁县未开通县乡视频会议系统外，其余8县完成县乡视频会议系统建设并投入正常运行；通过电子政务视频会议系统召开会议66场，比上年增长14%，其中州级召开27场。

［刘利荣］

邮　　政

【邮政工作概况】 2011年末，楚雄州邮政局设有10个县（市）邮政局133个邮政支局（所）。其中，农村支局（所）112个，电子化联网网点66个，邮政储蓄网点48个。有邮路78条，邮路总长（单程）4635千米，农村投递路线347条，总长（单程）15761千米，城市投递段道100条，投递路线总长2436千米（单程）。有邮运车辆54辆，邮政报刊图书销售点48个，邮政报刊亭56个。邮政从业人员699人，其中在岗职工（含聘用工）485人，劳务工214人；离退休退养职工656人（离退休547人，退养93人），管理人员55人。开展全州邮政储蓄业务员中级技能鉴定127人次，邮政代理金融从业人员网上专项培训181人，县邮政局局长及两办主任能力提升网络继续教育21人次，562名生产人员参加网上学习培训，取得2074个学习积分。年末，邮政系统有取得银行从业资格证人员24人，取得证券从业资格证5人，取得基金销售从业资格证13人，取得保险代理资格证196人。经过州文明办复查考评，州邮政局第二次被州委命名为"州级文明行业"。禄丰县邮政局和武定县邮政局被评为"州级文明单位"；州邮政局现业局党支部被州委命名为"先进基层党建工作示范点"；双柏县邮政局邮政储蓄组、楚雄现业局开发区支局被授予全省"巾帼文明岗"，赵小豫、袁美珍被授予全省"巾帼建功标兵"荣誉称号。楚雄现业局开发区邮政支局被共青团楚雄州委命名为2010年度楚雄州"青年文明号"，州邮政局投递室被命名为2011年度"青年文明号创建单位"。春节期间，全州邮政系统组织开展走访、看望、慰问、团拜等系列"送温暖"活动，发放慰问金9.44万元。

【邮政企业经营】 2011年，楚雄州邮政系统按照"紧扣高效益和高运营质量核心，围绕转变发展方式和加快业务结构调整，不断夯实营业、投递、营销三个基础，坚定邮务类业务发展信心不动摇，加大三大板块协调力度，加速金融业务跨越式发展，加强邮务类业务稳定持续发展，加快代理速递物流类业务做大做强，确保全年经营目标的完成"的经营要求，完成收入5345万元（结算后），同比增长14.19%。收支差额完成-1985万元。全员劳动生产率82345元/人。三大板块协调快速发展，邮务类收入1798.22万元，同比增长11.61%，占总收入的33.64%；速递物流业务实现收入368.26万元，同比增长6.99%，占总收入的6.89%；代理金融业务实现收入3012.69万元，同比增长21.97%，占总收入的56.36%。与中国人寿、新华保险公司开展合作，48个代理网点全部出单，点均保费73万元，综合收益率

3.76%。代付姚安、大姚两县烟叶款，2月启动代收中石化营业款项目，代收现业局12个站点营业资金，实现代收手续费收入18万元。在姚安左门建成“助农取款”试点服务点1个。11月末与中石油初步洽谈商定，启动部分县（市）中石油营业款上门收款工作，在代付烟叶款项目上，实现手续费收入59万元，公司业务收入35万元。3月8日，由州农业局牵头，州工商局、州公安局、州邮政局共同组织在楚雄市苍岭镇举行“楚雄州2011年农资打假暨放心农资下乡进村宣传周活动”启动仪式。在活动现场，邮政局速递物流部三农项目人员选取部分邮政渠道分销产品进行宣传，现场对农作物病虫害防治进行讲解，从产品包装规格、产品质量及价格方面强调“中邮连锁专供”产品优势，引导广大老百姓放心使用“中邮连锁专供”产品。

【邮集及展览】 2011年11月，在无锡举办的第27届亚洲国际集邮展览上，楚雄州选送参展的专题邮集《电》（5框）荣获大镀金奖，这是云南省专题邮集在亚洲国际集邮展览上首次获得此级别奖项，楚雄邮政为全省集邮界争得荣誉。

【党报党刊收订】 2011年10～12月，楚雄州邮政局认真办理2012年度党报党刊收订。到年末，收订《人民日报》4746份，《求是》4685份，《云南日报》13983份，《楚雄日报》27604份，《经济日报》1051份，《光明日报》513份，《新华每日电讯》2306份，《半月谈》10396份、《楚雄晚刊》13383份。

【邮政企业文化建设】 2011年，楚雄州邮政系统以“职工艺术年”为契机，组织开展邮政企业文化建设。春节前夕，开展以“开局十二五，奋进勇争先”为主题的文艺汇演；全省邮政半年工作会议在楚雄召开期间，举办以“红红的歌，火火的情”为主题的庆祝中国共产党成立90周年暨全省邮政半年工作会文艺晚会；组织开展以“破冰再扬帆、奋进勇争先”为主题的职工演讲比赛；在职工中广泛组织和推广工间操体育健身锻炼活动；组织开展“一封关爱家书”书信比赛和“读一本好书”读书活动。

［李建敏］

电　　信

【中国电信股份有限公司楚雄分公司】 2011年，中国电信股份有限公司楚雄分公司实现“十二五”良好开局。1月13日，全面启动2011年光纤到户（FTTH）推广工作。FTTH作为有线接入网发展目标，为客户提供高带宽、多业务接入基础网络设施，实施接入网战略转型，将光纤向用户延伸。3月，以“电信营业厅就是WiFi（无线宽带）热点”为目标，开展对营业网点WiFi网络覆盖建设，楚雄电信营业网点三级及县中心以上的11个自有营业厅以FTTH＋AP的方式实现WiFi热点覆盖，8个网格营业厅以ADSL＋AP方式实现WiFi热点覆盖，13个网格及合作营业网点以ADSL—B方式实现WiFi网络覆盖，县城所在地区域营业网点实现全覆盖。4月13日，与州公安局成立联合专项工作领导小组，全面启动2011年各县（市）涉电信违法犯罪专项打击工作，抓获涉电信犯罪嫌疑人54名。7月29日，楚雄天翼终端直供中心开业。与楚雄复兴商贸有限公司合作，在全州出租车上安装中国电信出租车LED信息发布系统，成功实现出租车广告信息实时发布。年底，与楚雄市汽车运输公司成功合作，实施楚雄市智能公交系统应用建设，成为省内第一家开发应用该系统的公交企业，实现公交车辆GPS定位数据回传、图片回传、IC卡消费数据回传及指令传送等应用，提高楚雄市公交营运管理和调度水平。11月18日，州科技局邀请有关专家，对中国电信楚雄分公司2010年完成的“智能冷风节能技术在通信机房空调改造工程中的应用”项目作科技成果评定，评定委员会认为该项目成果在大中型机房空调改造工程技术上有一定科技先进性，节能环保效果较好，具有一定经济效益和社会效益，同意通过该项目成果评定。11月10日，中国电信楚雄分公司被中共楚雄州委、州人民政府命名为第六批州级“文明行业”。中国电信楚雄分公司连续六批蝉联州级“文明行业”。至年末，全州电信系统有省级“文明单位”7个，州级“文明单位”2个。

［姜　鹏］

【中国移动通信集团公司楚雄分公司业务发展】 2011年12月20日，中国移动通信集团公司楚雄分公司与楚雄州人民政府签订《“无线城市”建设战略合作协议》，正式启动“无线城市”建设项目。分公司策划开发“无线城市”应用系统39项，完成上线30项。年内，分公司与7个县县委宣传部签订集团手机快讯合作协议，订制用户数1.47万人；为18所学校提供校讯通服务，新增免费试用客户0.6万人。10月25日，与州教育局签订《教育信息化合作的战略协议》，通过搭建互联网平台，为广大师生、家长提供各种核心教育资源，促进移动信息化与教育管理改革结合。11月，完成楚雄地区道路物流公共信息平台培训，构建高效道路货运服务体系，公共运输信息收集及平台。完成电子政务骨干网络建设，实现通过移动手机客户端访问电子政务网，为实现移动办公、移动执法、政务信息服务、民生服务等打下基础。缴纳税款7306.14万元，比上年增长11.29%；分公司下属合作营业厅等社会渠道为楚雄州解决就业人员7000多人。开展橙人助学行动，增强青少年自主独立的意识，提供广大高校学子锻炼、实践就业、创业平台，分公司与楚雄师范学院合作建立“动感地带—MM创业就业基地”，举办“全球通VIP讲堂之高考志愿填报咨询讲座”，联合共青团楚雄州委，投入56万元在全州大专院校招募250多名橙人，经过岗前培训、分组实践后将他们分配到营业厅前台、营销部门、片区、社区等各个岗位实践锻炼。组织开展“绿箱子来到你身边”、“节能我行动低碳新生活”、回收废旧电池、绿色环保“金点子”收集等各类节能环保行动，发挥宣传优势。响应楚雄州妇联号召，出资修建小水窖45个，蓄水池5个，供水管道8000多米，水泥沙石路面64.20平方米。在精神文明表彰中，分公司被评为州级第6批文明行业，3个县分公司保持州级“文明单位”称号，6个县分公司保持省级“文明单位”称号，获省级“青年文明号”服务厅6个，州级“青年文明号”14个，县级青年文明号1个，楚雄市红房子沟通100服务厅荣获全国总工会“巾帼文明岗”荣誉称号。

2011年内，中国移动通信集团公司楚雄分公司固定资产投资突破2.3亿元，客户增长率10.32%，收入增长近11%。新建基站351个，搬改扩基站203个，新建光缆线路1677.92皮长千米；完成楚雄州政务网、电力专网等多个专线项目开通调测；完成136个无线局域网热点建设，覆盖10个县（市）大部分酒店、政府办公楼、便民服务中心、大中专院校、医院、车站、商场等区域，为“无线城市”建设奠定网络基础；城市和乡（镇）覆盖率、风景区覆盖率、行政村覆盖率、国家主要干道、高速公路覆盖率均100%，自然村覆盖率95%，县间公路覆盖率97%。在网络规划建设上，10个县（市）分为5个片区，优化布局、新建站179个，一次性完成全网频率割接、10325块载波AFOS自动分频、添加邻区13704条、删除冗余45576条、优化邻区参数74675条。开展传输网络安全隐患排查整治，发现传输隐患413处，完成整治390处，解决率94.43%。遵循国家政策规定，满足电信、联通共建共享需求铁塔7个，杆路22千米，基站20个；共享电信、联通管道资源1千米，共享电信、联通铁塔13个、基站16个；与联通共建基站及铁塔10个，移动、电信、联通共建管道10千米；向其余运营商自建预留铁塔5座，杆路及传输线路88千米，基站5个，分布系统2个。

中国移动楚雄分公司开展“136移动信息富民工程”表彰活动

（楚雄移动公司提供）

【中国移动通信集团公司楚雄分公司营销服务】 2011年，中国移动通信集团公司楚雄分公司精心组织，强化执行，围绕双节营销、校园迎新、G3业务推广等营销活动，通过系列优惠、回馈等营销，实现移动通信业大发展。至年底，有中国移动用户近35万名。铁通宽带新增客户23万户。投入5300多万元资金，支撑“136农村移动信息富民工程”实施，在农村新建基站215个，行政村移动网络覆盖率100%；建立村级移动服务站1078个，组建惠农网1037个，惠及近50万农村用户；发送各类惠农政策和农业科技知识信息35万条；多次开展“手机下乡”和“信息机下乡”活动，使6万多农民朋友享受到惠农营销实惠；12月，联合各县（市）政府举行“136移动信息富民工程”表彰大会，提供150万元作为奖励资金，对在136工程实施过程中重视程度较高、工作落实到位、成绩突出的先进行政村、先进乡（镇）、先进个人进行表彰奖励。与元谋县政府联合举办2011年农村移动信息富民工程表彰大会。

［杨　洁］

【中国联合网络通信集团有限公司楚雄分公司】 2011年，中国联合网络通信集团有限公司楚雄分公司按照“经营要有新突破、服务要上新台阶、管理要上新水平、队伍要有新活力”要求，增强市场营销能力，提高网络服务质量，各项工作取得新成绩。1月9日，在元谋县元谋人广场举行2011年科技、文化、卫生“三下乡”活动上，中国联通楚雄分公司向活动组委会捐资3000元，开展“家电下乡”、3G业务宣传。5月初，分公司建立3G示范营业厅、VIP服务等一体化服务，开展规范营业厅重点检查、整改及组织营业员对3G营销政策培训、学习、制作宣传海报。7月2日，举办“乒临城下”第二届中国联通乒乓球挑战赛楚雄赛区比赛。通过新建工程，实现县城以上3G网络普遍覆盖，高速公路“全球通”网络良好覆盖。完成烟厂新区、彝人古镇基站共建共享，实现楚雄AAAA级旅游景区彝人古镇全境覆盖，彻底解决公司在彝人古镇等人员流动密集点信号覆盖较弱问题。

［段　宏］

（责任编辑：周能汉）

城建·环保

城乡规划

【城乡规划概况】 2011年，楚雄州规划系统紧紧围绕州委、州人民政府中心工作，把握新一轮西部大开发，建设面向西南开放桥头堡的历史机遇，积极融入滇中经济圈，落实“城镇上山、农民进城”工作要求，不断解放思想，创新工作思路，有力地促进全州经济社会发展。至年末，城镇规划用地规模456.09平方千米，较“十五”期末新增145.44平方千米，其中城市规划用地规模145.84平方千米；城镇建成区134.26平方千米，其中城市建成区79.75平方千米；全州城镇化率32.2%，较“十五”期末递增6.2个百分点。争取到省级规划补助资金150万元，省级村庄规划补助资金410万元，省级特色小镇规划补助资金100万元；州级村庄规划补助资金823.70万元；通过规划编制与管理以奖代补考核，下达州级规划资金500万元，军警单位规划经费90万元，共计2073.70万元。全面推行“阳光规划”工程，从规划事前、事中、事后全过程接受监管，州级公示或公告1000万元以上大型建设项目规划选址51项、规划设计审查52项。

【近期建设规划编制】 2011年，楚雄州规划局根据《住房和城乡建设部加强“十二五”近期建设规划制定工作》、《云南省人民政府关于加强耕地保护促进城镇化科学发展的意见》及全省“保护坝区农田建设山地城镇”工作会精神，做好近期建设规划编制。9月7日在州住房和城乡建设局作动员，9月14日召开州级部门协调会；10月14日召开近期建设规划培训及村庄规划经验交流会，对10个县（市）加强技术指导，提出具体工作要求；11月12～13日，州委副书记、州政府代理州长李红民，州委常委、州政府常务副州长杨亚林，州政协副主席王定梁等州级领导及发改、林业、国土等相关部门主要领导对9个县城市近期建设规划进行初审；11月18～19日邀请省住房和城乡建设厅总规划师刘学、规划处处长杨渝对10个县（市）城市近期建设规划开展初评；12月7～9日，州级组织对10个县（市）城市近期建设规划技术评审；12月13日，州委、州人大、州政府、州政协对重点县（市）城市近期建设规划进行认真审议，加强与土地利用总体规划、林地保护规划衔接，全面完成10个县（市）城市“十二五”近期建设规划，12月26日报省住房和城乡建设厅备案。

【村庄规划编制】 2011年，楚雄州根据《云南省人民政府关于加快推进村庄规划工作的意见》以及全省村庄规划工作会议“到2012年，全省村庄规划覆盖率要达到100%的总体要求”，制定《楚雄州村庄规划编制实施方案》，印发《楚雄州村庄规划编制技术指南（试行）》，5月下旬对全州村庄规划编制进行技术指导和督促检查，10月13日组织对试点村庄规划成果技术审查，10月14日召开全州村庄规划经验交流会，11月16～28日对牟定、南华、姚安、大姚、双柏5县做实地抽检，11月28～30日对10个县（市）村庄规划成果进行抽检，11月30日召开全州10个县（市）村庄规划编制工作推进及质量评价会，建立工作情况半月报制度，完成村庄规划8840个。

【基础设施与公共设施规划】 2011年，楚雄州超前编制区域战略性规划，注重地域民族文化研究，完善重大基础设施、公共设施规划，针对楚雄州区域经济发展特点及生产力布局要求，选取禄丰县经济社会发展较好的勤丰镇、碧城镇、仁兴镇，突破行政区划限制，构建禄丰县东部经济走廊，确定经济发展战略与城镇建设发展目标、空间布局等，集成规模优势，增强核心竞争力；并在承接昆明产业转移的禄丰县土官省级工业园区，创新规划管理模式，通过规划引导工业项目向园区集中、农田向适度规模经营以及农民向城镇和农村新型社区集中，促进城乡统筹协调发展。

【州域城镇体系规划和总体规划】 2011年，《楚雄州域城镇体系规划修编》成果通过省级部门、专家联席审查，上报省人民政府待批；双柏、牟定、南华以及禄丰广通镇启动融入滇中城市群楚雄1小时经济圈建设发展战略规划；禄丰县城总体规划正在修改，永仁、大姚加紧编制县城总体规划修改纲要。

【专项规划和特色小镇规划】 2011年，楚雄州完成南华县城道路系统规划等7项专项规划，武定、南华县城镇特色规划，4平方千米控制性详细规划。《大姚县昙华山省级风景名胜区总体规划》通过州级专家评审，启动了《双柏县白竹山——碍嘉省级风景名胜区总体规划》编制。14个特色小镇规划编制完成黑井镇总体规划修改，《琅井历史文化名村保护规划》通过省级专家评审，《炼象关历史文化名村——炼象街建设整治设计》通过州级专家评审。

【"一书三证"管理】 2011年，楚雄州严格执行《中华人民共和国城乡规划法》"一书三证"制度，州规划建设领导小组办公室对牟定县城竖向规划等52个规划成果进行行政性审查，州级共核发双柏空龙河一级水电站等《建设项目规划选址意见书》47份，完成省级核发选址意见书的云南电网公司建设分公司龙开口电站500千伏送出工程及鲁地拉电站500千伏送出工程、中缅石油管道建设项目等4项规划选址初审及报批工作。

【规划监督管理】 2011年，楚雄州规划局积极探索提升规划管理新机制，草拟《楚雄州人民政府办公室关于加强城乡规划执行力依法修改城乡规划的通知》，并提请州人民政府印发；《楚雄州建设工程规划竣工验收制度》通过州级专家论证，待修改完善后印发。扎实开展工程建设领域突出问题专项治理工作。自2008年1月以来，建立总投资额500万元以上的建设项目台账3类143个，对发现问题的7个项目，实行统一销号制度动态监管，并按时限上报统计月报12份。牵头完成全州5个省级以上历史文化名镇村保护工作联合检查及情况上报；完成2009年以来5类190份案卷评查及上报工作，印发《楚雄州规划系统自身建设2011工作要点》、《楚雄州规划局2011年法制宣传教育与依法行政工作计划》。针对各县（市）存在的共性和43项个性问题，发出整改通知11份，提出整改要求50条，楚雄、禄丰、姚安、元谋4县（市）完成整改落实工作。

［都盈桦　文佳］

城镇建设

【城镇建设概况】 2011年，全州住房和城乡建设系统深入贯彻"城镇上山、农民进城"本质要求，积极应对复杂多变的宏观环境，紧紧围绕大力推进新型城镇化发展主题，努力做好转方式、调结构、惠民生各项工作，突出推进保障性住房建设，努力加大生态环境建设力度，大力促进房地产业、建筑业和市政公用业发展，各项工作总体推进顺利，全面完成年初确定目标任务，实现"十二五"良好开局。各县（市）城镇发展步伐加快，投资步伐加快，发展理念和发展方式都有新转变，注重以人为本和宜业宜居，城镇功能日趋完善。全州住建系统积极围绕保障性住房、治污项目、农村安居工程、村庄规划编制、地震恢复重建等重大民生工程和项目重点，取得重大进展。

建设中的廉租房　　（高建波/摄影）

【保障性住房建设监督检查】 2011年，楚雄州在保障性住房建设中，抽调精兵强将组成6个督办工作组，自7月以来对全州保障性住房建设推进工作进行督办，确保42个建设点9月30日全部开工建设。为确保保障性住房工程建设质量，组织专业技术人员组成2个检查组，于11月14～22日对保障性住房42个建设点基本建设程序执行情况以及工程实体质量及对施工过程质量控制情况、安全生产等方面认真进行逐一检查，对部分县（市）保障房建设过程中存在的质量安全问题及时予以纠正和责令迅速限期整改，坚决杜绝保障性住房建设及棚户区改造工程质量安全隐患，确保建设工程质量和安全。规划、建设、管理工作由城市向农村延伸，在促进经济发展、改善民生方面起着十分重要作用。每月2次到10个县（市）督查保障性住房进展情况，深入山区、林区、乡（镇）对55个廉租房、公租房以及棚户区改造房工地开展质量和安全巡查。

【市政基础设施建设】 2011年，楚雄州市政基础设施建设稳步推进，城镇规模不断扩大。上报省住建厅请求纳入桥头堡建设项目库，列入扶持计划城镇市政基础设施项目116项，项目总投资291.65亿元。上报省住建厅、省发改委"十二五"污水及再生利用项目52项，总投资17.28亿元，"十二五"城镇生活垃圾无害化处理设施及防渗处理等项目96项，总投资13.21亿元。至11月，向中央和省争取城镇建设资金1.76亿元。楚雄州续建和新建市政基础设施建设项目121项，完成投资10.01亿元。其中楚雄市（含开发区）建设项目56项，完成投资2.30亿元。城镇基础设施建设完成投资11亿元。

【滇中楚雄区域中心城市建设】 2011年，楚雄市（含开发区）有桃源湖片区提升改造工程、楚雄市226线栗子园至职教园区段、楚雄市东南片区20号路2号～3号路段、楚雄市东南片区16号路3号～5号路段、楚雄市高速公路楚雄城区段亮化工程、楚雄市老城区"四纵一横两园两点"亮化工程、楚雄市东南片区5号路20号～东环线段、彝海公园建设项目、楚雄市云南茶花精品园、楚雄市污水处理二期项目、程家坝—污水处理厂道路改造、绿色食品园康居路（康居小区—工业园区连接路口）、绿色食品园长青路（康居小区—工业园区连接路口）等55个市政基础设施项目开工建设，完成投资2.67亿元。

【城镇污水和生活垃圾处理设施建设】 2011年，楚雄州城镇污水和生活垃圾处理设施建设完成投资2.57亿元，除武定垃圾处理项目在建外，其余18个项目主体工程完工，占项目总数的94.7%。其中15个项目投入试运营，分别是南华、永仁、双柏、牟定、禄丰县污水和垃圾项目，武定、楚雄第二污水处理厂，姚安、大姚、元谋生活垃圾处理项目；元谋、姚安、大姚县污水处理设施3个项目主体工程完工。完成武定县垃圾处理项目库区土石方工程和管理用房，转入填埋区防渗工程及垃圾中转站建设。

【旅游小镇建设】 2011年，楚雄州抓好石羊、黑井、光禄、炼象关、琅井、罗婺彝寨等历史文化名镇、旅游小镇开发建设，完成投资5188万元，旅游小镇功能得到提升。黑井镇实施历史街区、大龙祠、文庙修复及环境整治项目、城镇供水设施建设项目。石羊镇完成旧城市政基础设施建设、孔庙建筑群及晒盐棚、古盐井、盐博物馆、古城门、接官亭和部分街区房屋立面改造工程建设，香河民居和香水河治理改造等项目工程建设。光禄镇实施古镇街道改造、民居仿古、军民总管府改造等工程。炼象关进行保护提升规划设计。罗婺彝寨完成市政道路、景观改造排水管网建设等项目。

【重点项目】 2011年，楚雄州历时5年多的州文化中心项目五大单项工程（会展中心、文化馆和妇女儿童活动中心、科技馆和青少年活动中心、地下停车库、民族剧院）和室外景观工程相继建成，各单位工程已正式交付给有关使用单位，文化中心管理处全面接收项目物业管理。历时3年的楚雄州州属行政机关职工团购商品房建设项目基本完成，项目建设实现房地产业销售收入9.32亿元，拉动金融和相关产业发展，促进地方税收增长。

［肖文剑］

建筑业

【建筑市场管理】 2011年，楚雄州规范建筑市场，加强建设工程执行法定基本建设程序监管，严把工程实施入口关。审核发放施工许可证463份，施工合同金额48.29亿元，建设规模384.63万平方米。核查建筑企业129家，企业从业人员换证7119名。查处湛江市第一建筑工程公司等4家企业拖欠农民工工资不良行为，配合省住建厅查处“7·09”姚安地震恢复重建大村统建房质量事故责任单位和责任人。加强建筑企业建筑资质管理，支持建筑企业优化和调整资质结构，建成建筑劳务企业1家，填补楚雄州建筑劳务企业空白。建筑业企业资质数量从年初的213项增加到年末的232项。前11个月，楚雄州完成建筑业总产值52.58亿元，同比增长19%。培育和扶持优秀建筑企业，6家施工、监理、设计、招标代理等优秀企业和4个质量安全文明工地获2010年度全省建筑业扶持奖励，得奖金30万元。年末，建筑企业增加到134家。

【建筑工程勘察设计与质量监管】 2011年，楚雄州严格建筑工程勘察和设计质量的监督管理，要求所有建筑工程重大设计变更必须按照程序报审通过方可施工。年内，452个工程进行了施工图设计文件审查。监督工程771项，建筑面积529.18万平方米，投资60.71亿元；竣工工程314项，建筑面积159.17万平方米，投资15.6亿元，竣工合格率100%，竣工验收备案工程223项，建筑面积130.44万平方米，投资12.82亿元。突出监管重点，集中力量抓好楚雄州职教中心、州医院新区、州文化中心、楚雄烟厂技改搬迁项目等重点工程监督，确保工程质量。开展工程质量行政执法检查，深入开展保障性住房工程质量安全检查。发出执法告知书111份，工程质量监督整改通知504份。开展质量监督人员继续教育培训，建筑材料质量专项整治和建筑工程使用钢筋、建筑用砖专项整治。

【建筑抗震防震】 2011年，楚雄州严格执行新版《建筑抗震设计规范》。严格抗震设防和建筑节能设计审查工作。严格执行抗震设防专项审查制度，19个项目进行抗震设防专项审查，建筑面积97811平方米。配合州校安办实施校安工程，编制《楚雄州中小学校舍安全工程加固改造工程实施细则》，对项目实施单位及各参建单位进行技术指导。

开发中的大姚石羊古镇　　（胡有洪/摄影）

【建筑工程安全管理】 2011年，楚雄州深入开展隐患排查和专项整治工作，查处建筑安全生产非法违法429起，排查建筑施工安全隐患2635项，整改2465项，整改率94%。组织农民工安全培训，住建系统安全监督机构开展安全培训教育活动211次，受教育人员14998人。制作《以人为本 安全发展》宣传册1500套，建筑施工人员安全知识宣传教育电视系列片发放到各施工现场播放。在姚安县、永仁县、楚雄市举办施工、监理企业安全管理人员363人参加的建筑施工安全法律法规和标准规范培训。举办塔吊、井字吊操作人员培训班1期，培训550人，培训考试合格者取得特种作业人员操作证书。建筑施工企业安全生产许可证延期申请审查。

【工程招标投标管理】 2011年，楚雄州立案查处串通投标案件7件，行政处罚串通投标投标人18家，处罚金额合计39.9万元。加大招投标行政执法监督检查力度，提高招投标各方主体和行政监管人员法制意识和执法水平。加大对招标代理机构监管力度、进一步规范招标代理市场行为。全面实行招标代理机构入州备案制度，实行代理机构代理项目负责人制度。强化招投标“全过程”监管，实施“重点环节重点监管”。房屋建筑和市政基础设施工程招标项目616个，拦标价合计35.18亿元，中标价合计32.65亿元，节约投资2.53亿元，州级监管招投标项目182项。建立州级公共资源交易平台，规范行政监管程序。下发《楚雄州房屋建筑和市政基础设施工程招标投标监督管理暂行规定》和《楚雄州公共资源交易中心房屋建筑和市政基础设施工程项目交易规则》及《交易流程》。

【标准定额工作】 2011年，楚雄州加强监管，对两家工程造价咨询企业进行检查，做好全国建设工程造价员初始注册、变更注册和续期验证工作。组织全州415名全国建设工程造价员及相关人员参加培训。全面推行“三价备案”制度，完成房屋建筑工程和市政基础设施工程栏标价备案17项，备案栏标价金额合计12837万元，合同价备案10项，备案合同价6534万元。发布楚雄州工程建设材料设备价格信息6期。

【“7·09”姚安恢复重建官屯统建点民房质量整改监管】 2011年，楚雄州住房和城乡建设局组建质量和安全监管部，全面负责楚雄州“7·09”姚安地震灾区官屯大村、马游350户民房质量整改监督管理工作。经过近半年的艰苦努力，完成整改工程质量监督、施工安全监督、工程质量检测以及技术指导、培训、综合协调等任务，整改工程全部结束。经验收工程质量合格，灾民住上安全房，放心房。

［肖文剑］

房地产业

【房地产开发投资】 2011年，楚雄州房地产开发投资持续稳步增长。至11月，全州有房地产相关企业266家。其中，房地产开发企业186家，物业管理企业57家，房地产经纪机构18家，房地产评估机构5家。全年房地产开发投资完成47.82亿元，比上年同期净增13.68亿元，同比增长40.09%，占全州城镇固定资产投资的19.51%，占州人民政府下达房地产开发投资任务47亿元的101.75%。其中，商品房施工面积415.43万平方米，同比增长0.4%；新开工面积250.29万平方米，同比增长11.24%；商品房竣工面积41.38万平方米，同比增长4.2%；商品房销售面积191.99万平方米，同比增加34.101%；商品房销售金额59.36亿元，同比增加89.50%。全年审核并审批房地产相关企业资质44家，审核办理商品预售许可证56个，预售商品房面积达

楚雄彝人古镇片区开发建设　（倪承伟/摄影）

217.17 万平方米。

【住房二级市场和房屋租赁市场】 2011 年，楚雄州积极发展住房二级市场和房屋租赁市场，引导广大职工和城镇居民通过换购、租赁等方式，合理改善居住条件，多渠道增加中低价位、中小套型住房的市场供应。二手房交易 3600 套，交易面积 39.75 万平方米，交易金额 99332 万元。新建商品房交易 11576 套，交易面积 167.89 万平方米，交易金额 329353 万元。

【物业服务企业】 2011 年，楚雄州物业服务企业经营行为进一步得到规范，对物业服务矛盾纠纷突出的楚雄市、大姚县、禄丰县、武定县 13 家物业服务企业进行检查，结合物业企业资格取得的合法性、服务的规范性、合同履行的诚信性、行业声誉的维护性、服务的效益性、业主评价的满意性等方面加强监督检查。各县（市）对少数物业服务企业违规行为进行查处，建立起市场化经营的物业服务体系。全州物业服务企业管理各类物业规模 712.75 万平方米。新建商品房小区物业管理覆盖率 80%，住宅小区成立业主委员会的达 41%。

【产权产籍管理】 2011 年，楚雄州认真贯彻落实《物权法》和《房屋登记办法》，加强房屋登记审核人员管理，规范房屋登记行为，完善房屋登记审核人员持证上岗制度，经省级房地产主管部门审核确认、住房和城乡建设部予以备案，首批取得"房屋登记官考核合格证书"人员 28 人。办理房屋初始登记 3157 户 197.24 万平方米，转移登记 14269 户 188.08 万平方米，变更登记 1689 户 169.07 万平方米，抵押登记 11949 户 303.46 万平方米。

【住房分配货币化】 2011 年，楚雄州完成 58 个单位、1630 人申报发放住房补贴的审核认定工作，应补贴面积 61240 平方米、应补贴金额 2449.75 万元。其中，州级机关事业单位 46 个 153 人，应补贴面积 9772 平方米、应补贴金额 356.58 万元；驻楚中央、省属单位 11 个 1445 人，应补贴面积 50927 平方米、应补贴金额 2070.63 万元；州属企业单位 1 个 32 人，应补贴面积 541 平方米、应补贴金额 22.54 万元。

【住宅专项维修】 2011 年，楚雄州切实加强对县（市）住宅专项维修资金的清理和归集管理。累计清理缴存住宅专项维修资金 18267.08 万元，其中 2011 年收缴专户储存住宅专项维修资金 5548.01 万元，比上年同期增加 1776.43 万元，同比增加 47.1%。完成城市危险房屋安全鉴定 27 件，鉴定房屋面积 1.85 万平方米，批准拆除面积 1.04 万平方米。

【城镇保障性住房建设】 2011 年，楚雄州保障性安居工程分 42 个点建设，廉租房 14 个点 1820 套 9.1 万平方米，总投资 12458 万元，公租房 28 个点 3680 套，总投资 35296.08 万元。9 月 30 日前，42 个点全部开工建设，开工率 100%。至 12 月 30 日完成投资 8511.34 万元，占总投资 68.32%，廉租房项目所有县（市）均完成当年目标任务；公租房建设项目 28 个点已全部开工建设，开工率 100%，完成投资 17453.73 万元，占总投资 50.52%。林区、煤矿、工矿棚户区改造任务数 1629 套。10 月底，棚户区改造项目全部开工。竣工 690 套（一平浪煤矿棚户区改造项目，从 2008 年开始边申报边建设），占计划总数的 42%，完成项目建设投资 10821.82 万元，占计划总投资 18363.37 万元的 58.9%。

【农村保障性安居工程建设】 2011 年，云南省下达楚雄州 2011 年农村危房改造及地震安居工程任务 16400 户，其中下达中央和省级补助资金 7400 万元实施拆除重建 7400 户，下达州自筹补助资金 1800 万元实施修缮加固 9000 户。至年末，农村危房改造及地震安居工程开工 15090 户，占总任务户数的 92%，竣工 12930 户，占总任务户数的 79%。

［肖文剑］

环境保护

【环评管理】 2011 年，楚雄州环保部门严把产业政策、总量控制关，从源头控制和减少新的污染源产生。按照提前介入、依法审批、主动服务、简化程序、急事急办和难事巧办的原则，提高办理效率。对事关全局的项目做好环保服务和管理工作，积极服务项目建设。为民生工程、基础设施、生态环境建设、扩大内需等投资项目开辟绿色通道，简化程序，加快审批。对需要报国家、省审批、核准的项目积极做好配合、协调以及衔接工作。加强对环境影响评价进度和评价质量监督管理，审批建设项目环评文件 758 项。加强建设项目环境保护"三同时"监督检查和竣工验收管理，233 项建设项目办理竣工环保验收手续。认真贯彻执行《规划环境影响评价条例》，建立规划环评对项目环评硬性约束机制，完成 8 个工业园区、5 个流域的规划环评编制和审查。对 2007 年 1 月 1 日以来涉及楚雄州的水电站建设审批情况作全面清查，对越权审批的 11 个水电项目按省环保厅要求撤销原环评文件行政许可，并通知建设单位完成后评价工作。

【污染防治】 2011 年，楚雄州环境保护局编制完成《楚雄州县城重点集中式饮用水水源地保护区划分报告》上报州人民政府。开展农村饮用水源地环境保护示范建设和南华县兴隆坝库区龙川镇大智阁村委会集中饮用水源地污染防治工作、永仁县乍石村等农村面源污染整治工程项目。编制完成《龙川江水污染防治方案》，配合省环保厅编制完成《三峡库区及其上游水污染防治"十二五"规划》。全州 19 个在用县城集中饮用水源地总体水质良好，能满足饮用水环境质量要求。开展重金属污染企业专项检查和补充调查，对重金属排放企业情况建立档案，做到底数清、情况明。州政府印发《楚雄州"十二五"期间重金属污染综合防治实施方案》，39 家企业列为重金属污染防治环保监管重点，

12个项目作为“十二五”期间重金属污染防治项目。有效推进污染防治重点项目建设，楚雄州医疗废物处置工程项目建成投入试生产；牟定县含铬废渣和含铬废水处置项目有序推进。完成118家持有排污许可证企业年检换证工作。投资17万元建成云南省环境监控中心楚雄会商室，5家国控重点污染源自动监控设备建成投入运行，楚雄州污染源自动监控体系建设通过环保部西南督查中心现场检查验收。78家“双超”、“双有”企业通过筛选排查，建立重点企业强制性清洁生产审核台账，制定5年审核计划。有26家企业开展强制性清洁生产审核工作。

【环境执法监察】 2011年，楚雄州强化污染物减排监管，对6家国控、10家州控，8个省级、9个州级污染减排重点项目下达污染源监督性监测和环境监察计划，对国控、省控重点污染源每季度进行环境监督性监测，并建立监测数据网络直报制度；州环境监察支队每季度1次，县（市）环境监察大队每月1次，对国控、省控、州控重点污染源、污染减排项目推进情况进行现查监察。严肃查处无故停运污染治理设施，超标排放污染物等环境违法行为。对集中式饮用水源地进行定期水质监测，确保饮用水环境安全。完成排污费征收入库718.36万元。围绕“两个重点”、“八个挂牌督办事项”，认真开展环保专项行动，出动环境现场检查人员2415人次，现场检查企业447家，检查污染治理设施988台（套），州环保局向县（市）政府发出督办函5份，向企业发出限期整改和整改通知40余份。加大对重金属企业环保综合整治，依法关闭楚雄市吕合镇开发蓄电池回收加工厂等3户回收废旧铅酸企业，5户生产铅酸蓄电池企业开展环境综合整治，其中4户开展后环评，关停再生铅生产线设施2条。认真办理楚雄市晋德木业有限公司噪音、粉尘，禄丰鑫旺经贸有限公司土官冶炼厂烟尘污染，楚雄矿冶股份有限公司机械制造星泰分厂噪声和粉尘污染等一批群众反应强烈的环保投诉。办理环境信访件337件、调查处理率99.7%。办理各级人大建议11件、政协提案18件，代表、委员满意率100%。扎实开展加快转变经济发展方式环保政策措施落实情况监督检查，形成监督检查报告上报省环保厅和州领导小组办公室。开展医药制造企业专项环境执法检查，对云南盘龙云海药业有限公司污水治理设施不完善，云南三圣药业有限公司废水治理设施运转不正常等问题下达限期整改通知。

【农村环境综合整治】 2011年，楚雄州认真组织实施永仁县乍石村、南华县东街村等14个国家和省、州级农村环境综合整治项目。南华县凤头村农村环境综合整治工程通过环保部和财政部验收；完成楚雄市鹿城镇国家级生态乡（镇）再提高工程和永仁县乍石村农村环境综合整治示范村建设项目，分别通过省级验收；州级财政安排的11个农村环境综合整治示范项目顺利通过州级验收。州环保局联合州财政局对2011年省财政下达的150万元“七彩云南保护行动”切块资金进行项目实施方案编制和审查，确定在南华县邹家村、大姚县团塘村、武定县田坝心村、元谋县物茂村、永仁县大奋田村、禄丰县松树园村6个村实施农村环境综合整治项目。双柏县法脿镇中富家村、武定县发窝镇发窝村、姚安县弥兴乡上屯村和孙刘家村、元谋县羊街镇羊街村5个农村环境综合整治项目得到中央农村环保专项资金补助335万元。涉及楚雄市吕合镇、牟定县凤屯镇的5个村委会40个自然村的“楚雄市九龙甸水库饮用水水源地污染防治项目”，经省财政厅、省环保厅审核后联合转报国家财政部、环保部，争取到中央排污费专项资金2575万元。编报青山嘴水库面源污染防治项目上报国家财政部和环保部。

【环境监测】 2011年，楚雄州环境监测站按期完成境内金沙江、龙川江、三江口、星宿江13个监测断面1、3、5、7、9、11月地表河流水质和底质例行监测任务，获得水质监测数据2427个；完成每月1次重点流域监测工作，获监测数据288个；楚雄市环境空气自动站2个监测点3个项目连续监测，获得监测数据2192个。开展楚雄市城区降水酸雨监测23次，获得监测数据276个，开展降尘和硫酸盐化速率监测12次，获得数据29个。开展滇川两省跨省流域同步监测2次，上报数据48个；完成国控、省控、州控企业88个监测点位重点污染源监督性监测工作；完成26家企业委托性监测；完成11个建设项目环保竣工验收监测；完成24个项目环评工作；完成双柏、武定县城环境空气及声环境质量监测工作。

【环保项目申请】 2011年，楚雄州环保部门组织申报涉及工业污染防治、饮用水源保护、环境综合整治、污染控制、生态环境保护、能力建设等方面环保项目82个，争取上级环保资金支持。获得中央、省环保专项资金项目20个，争取到上级资金3801万元，其中楚雄市九龙甸水库饮用水水源地污染防治项目得到中央排污费专项资金2575万元。

【环保机构和队伍建设】 2011年，州、县环保局内设机构均得到加强，10个县（市）均成立环境监察大队，除永仁县外都成立了环境监测站。元谋县环保监测执法业务用房建设顺利起步，禄丰县环保监测执法业务用房建设项目得到第二批中央资金支持。完成省、州（市）、县三级环保专网联网及调试和省—州（市）两级视频会议系统调试。州环保局机关科级以上公务员和直属单位班子成员建立干部廉政档案，创先争优活动、干部作风集中整顿和建设活动取得明显成效。州环保局积极参加全省环保系统纪念建党90周年红歌会。

［董廷伟］

（责任编辑：周能汉）

财政·税务

财　　政

【财政收支概况】 2011 年，楚雄州完成地方财政总收入 1031490 万元，为全年预算数 994699 万元的 103.7%，比上年增收 166544 万元，增长 19.3%。其中，州级完成 566589 万元，为全年预算数 554466 万元的 102.2%，比上年增收 83151 万元，增长 17.2%；县（市）级完成 464901 万元，为全年预算数 440233 万元的 105.6%，比上年增收 83393 万元，增长 21.9%，10 县（市）地方财政总收入全部超过亿元。完成地方财政一般预算收入 375809 万元，为全年预算数 352878 万元的 106.5%，比上年增收 68830 万元，增长 22.4%。其中，州级完成 83107 万元，为全年预算数 80359 万元的 103.4%，比上年增收 10519 万元，增长 14.5%；县（市）级完成 292702 万元，为全年预算数 272519 万元的 107.4%，比上年增收 58311 万元，增长 24.9%，除元谋县外，其余 9 县（市）地方财政一般预算收入均突破亿元。完成政府性基金预算收入 201669 万元，为全年预算数 133381 万元的 151.2%，比上年增收 53879 万元，增长 36.5%。完成地方财政一般预算支出 1267610 万元，为全年预算数 1216080 万元的 104.2%，比上年增支 181825 万元，增长 16.7%。其中，州级完成 196969 万元，为全年预算数 179800 万元的 109.5%，比上年增支 30493 万元，增长 18.3%；县（市）级完成 1070641 万元，为全年预算数 1036280 万元的 103.3%，比上年增支 151332 万元，增长 16.5%。完成政府性基金预算支出 223644 万元，为全年预算数 168446 万元的 132.8%，比上年增支 52687 万元，增长 30.8%。

【财政转移支付】 2011 年，楚雄州各级财政部门紧紧抓住国家加快建设面向西南开放重要桥头堡，以及省委、省人民政府着力推进滇中城市经济圈建设的重大历史机遇，加大向上争取力度。全年筹集安排项目前期费 7854 万元，支持各级各部门做细做实项目前期工作，建立项目储备库，积极争取上级项目补助资金。通过各级各部门共同努力，全州共争取到上级财政一般性转移支付 35.76 亿元，比上年增加 9.42 亿元，增长 35.8%；争取到上级财政项目补助资金 52.33 亿元，比上年增加 4.22 亿元，增长 8.8%。

【经济建设支出】 2011 年，楚雄州财政局充分发挥宏观调控职能，认真落实积极财政政策，支持地方经济发展。全年完成水利支出 10.15 亿元，增长 93.3%，重点支持病险水库除险加固和中小河流治理。完成交通运输支出 7.36 亿元，增长 37.6%，夯实经济发展基础。安排下达资金 2.55 亿元，支持工业、信息产业和中小企业发展，大力推进工业园区和标准厂房建设，支持节能减排工作。安排下达资金 1.63 亿元，支持商贸流通、特色旅游和服务业发展。认真落实“家电下乡”、“摩托车下乡”和“家电以旧换新”政策，共兑付各项补贴资金 7711.6 万元，带动销售 6.35 亿元，其中家电下乡补贴累计兑付率达 99.4%，位居全省第一。下达中央 2011 年度石油价格改革补贴 7025 万元，比上年增长 135%。做好企业增值税退税核

2011 年楚雄州地方财政总收入情况表

单位：万元

县（市）	2011 年决算数	2010 年决算数	比上年（±）	
			绝对数	%
楚雄市	171969	144518	27451	19.0
双柏县	16616	13366	3250	24.3
牟定县	17766	13216	4550	34.4
南华县	27017	18849	8168	43.3
姚安县	13556	10165	3391	33.4
大姚县	34096	23700	10396	43.9
永仁县	17088	12699	4389	34.6
元谋县	14088	12138	1950	16.1
武定县	42181	30606	11575	37.8
禄丰县	110524	102251	8273	8.1
县级小计	464901	381508	83393	21.9
州　级	566589	483438	83151	17.2
合　计	1031490	864946	166544	19.3

查工作，共受理15户企业申请退库金额756.5万元。

【民生支出】 2011年，楚雄州财政局科学安排支出预算，不断加大民生投入，支持社会事业发展，全年投入民生领域资金95.59亿元，占地方财政一般预算支出的75.4%。“三农”投入。完成农林水事务支出21.58亿元，增长32.8%。投入资金11.02亿元，支持实施农田水利基础设施建设，建成高稳产农田地24.14万亩，其中完成农业综合开发投资9669万元，投入财政资金5583万元，改造中低产田4.5万亩，实施农业产业化项目12个；投入林业资金3.57亿元，推进生态建设工程；投入扶贫开发资金1.89亿元，支持贫困地区加快脱贫步伐；筹集资金3060万元，支持发展核桃、蔬菜、肉牛等优势特色产业；安排下达抗旱资金1.8亿元，支持抗旱救灾工作；完成一事一议财政奖补试点项目村826个，投资1.99亿元，其中财政奖补资金6461万元，硬化村内道路1050千米，受益农户4.8万户19.1万人；下达山洪灾害防治县级非工程措施建设资金3939万元，10县（市）全部纳入国家山洪灾害防治县级非工程措施建设县；及时足额兑付惠农补贴12.14亿元，农民人均补贴546元，比上年增加134元。教育投入。完成教育支出21.04亿元，增长19.7%，下达普通高中和中等职业学校国家助学金4086万元，受益2.76万人；下达中等职业学校免学费补助2938万元，受益1万余人；下达进城务工农民工子女奖励经费400万元，受益1.15万人。医疗卫生投入。完成医疗卫生支出13.07亿元，增长19.8%，安排下达基本药物零差率“以奖代补”资金3323.8万元，推进医药卫生体制改革；筹集新型农村合作医疗基金4.85亿元，参合率达95.36%。社会保障投入。完成社会保障和就业支出17.44亿元，增长16.5%，扣除地震等自然灾害不可比因素，补助比上年减少1.39亿元，实际增长29.8%；完成城市和农村低保支出3.7亿元，受益23.8万人；筹集新型农村和城镇居民社会养老保险基金1.47亿元，参保人数达86.77万人；下达就业资金4375万元；发放小额担保贷款和“贷免扶补”创业贷款3.5亿元，支付贴息资金2917万元，带动就业1.48万人。文化体育投入。完成文化体育与传媒支出1.64亿元，增长28.3%，支持公共文化服务体系建设和文化惠民活动开展，推动文化体制改革。保障性住房投入。完成保障性安居工程支出3.53亿元，支持廉租房、公租房建设和国有工矿及林业棚户区（危旧房）改造。

【财政改革】 2011年，楚雄州财政局进一步深化财政改革，提高财政科学化精细化管理水平。预算管理改革。认真执行预算编审委员会制度，深入推进预算信息公开，州级161家预算单位全部纳入部门预算管理。制定和修改《楚雄州州级财政预算资金审批管理暂行办法》、《楚雄州州级财政支出预算指标管理办法》、《楚雄州州级财政结余资金管理暂行办法》、《楚雄州州级财政偿债准备金管理暂行办法》和《楚雄州州本级政府性基金预算管理暂行办法》，完善州级财政资金审批程序。配合完成地方政府性债务审计，建立政府性债务月报管理制度。健全完善转移支付办法，以近5年财政收入实际增长为主，综合运用生产总值和固定资产投资增长、消化欠拨上级专款与暂付款情况等因素，计算州对县（市）一般性转移支付，努力实现“效率与公平”统一和提高县级财力保障水平。全年共安排下达各县（市）转移支付补助81.38亿元，比上年增加10.51亿元，增长14.8%。国库管理改革。全州715个部门1779个预算单位实现财政国库集中支付和工资统发，实施国库改革资金81.22亿元，比上年增加15.27亿元，增长23%，占地方财政一般预算支出的64%。全州1050家单位实行公务卡结算制度，覆盖面达99%，累计办卡3.7万多张，通过公务卡报销金额1.56亿元，是上年的2.9倍。非税收入管理改革。严格执行“收支两条线”规定，制定实施《楚雄州州级行政事业单位非税收入政府统筹办法》、《楚雄州州属行政事业单位非税收入成本核定暂行办法》，进一步加强和规范非税收入管理；大力推进财政票据

2011年楚雄州地方财政一般预算收支情况表

单位：万元

县（市）	一般预算收入				一般预算支出			
	2011年决算数	2010年决算数	比上年（±）		2011年决算数	2010年决算数	比上年（±）	
			绝对数	%			绝对数	%
楚雄市	115952	97289	18663	19.18	215971	187104	28867	15.4
双柏县	11447	9781	1666	17.03	73527	67703	5824	8.6
牟定县	13025	9569	3456	36.12	86576	66336	20240	30.5
南华县	17110	12357	4753	38.46	90206	80744	9462	11.7
姚安县	10052	7654	2398	31.33	76094	60912	15182	24.9
大姚县	22200	14522	7678	52.87	118662	91218	27444	30.1
永仁县	11369	8818	2551	28.93	66914	54088	12826	23.7
元谋县	9970	8623	1347	15.62	83798	72405	11393	15.7
武定县	27556	19499	8057	41.32	108769	82312	26457	32.1
禄丰县	54021	46279	7742	16.73	150124	156487	-6363	-4.1
县级小计	292702	234391	58311	24.88	1070641	919309	151332	16.5
州　级	83107	72588	10519	14.49	196969	166476	30493	18.3
合　计	375809	306979	68830	22.42	1267610	1085785	181825	16.7

电子化管理，州级全面实行电子化票据。国有资产管理改革。研究出台《楚雄州行政事业单位国有资产管理办法》，推动以产权出让、公开招标出租、完善和加强管理为主要内容的州级行政事业单位经营性国有资产管理改革。财政一体化。积极推进州级和南华县财政信息系统平台一体化建设，增强预算执行透明度。行政成本控制严格执行厉行节约和行政成本控制规定，全州完成一般公共服务支出14.63亿元，增长10.8%，低于一般预算支出增幅5.9个百分点，占地方财政一般预算支出的11.5%，比上年下降0.7个百分点。农村综合改革。认真执行《中共楚雄州委楚雄州人民政府关于深化乡镇机构改革的实施意见》，做好第二轮乡（镇）机构改革工作。全面落实"两免一补"政策，下达农村义务教育阶段学校公用经费1.61亿元，受益28.5万人；下达义务教育阶段学生免费提供国家教科书补助3177万元，受益31.1万人；下达农村义务教育阶段寄宿制家庭经济困难学生生活费补助1.1亿元，受益14.2万人；下达免除城市义务教育阶段学生杂费补助349.1万元。深化县乡财政管理体制改革，合理划分州县乡财权事权，规范乡（镇）财政收支行为，促进覆盖城乡公共财政制度建设。积极化解乡村债务，健全偿债激励机制和新增债务责任追究制度，全年化解乡级债务756.4万元。健全村级组织运转经费保障机制，保障村级组织公用经费和人员经费合理支出。建立健全农民负担监督管理体系。

【财政监督】 2011年，楚雄州全面加强财政监管，加快依法理财进程。坚持实行州、县、乡三级对账制度，加强专项资金管理，选取78家单位开展会计信息质量检查、预算执行及会计制度检查，查处违纪违规资金913.8万元。深入推进"小金库"专项治理，对568家行政事业单位、社会团体和国有及国有控股企业进行重点抽查，查处违规资金106万元。加大财政专户清理整顿，开展州县乡财政银行专户管理执行制度检查。加强政府采购监管，完成政府集中采购3.51亿元，节约资金4572万元，节约率达11.54%。加大社保、扶贫、救灾救济、保障性住房和住房公积金等民生资金监控力度。强化财政绩效管理，以民生领域为重点，对全州44个项目实施绩效评价，涉及资金2.8亿元。认真做好会计基础工作，贯彻执行《会计法》、《云南省会计条例》、新企业会计准则等规章制度，继续推进村级会计委托代理服务工作。加强会计队伍管理，共培训会计从业人员1.16万人，完成会计从业人员注册登记1.25万人，审核发放《会计从业资格证》1412本，组织5326人参加会计类考试。

【金融服务】 2011年，楚雄州财政局认真履行州人民政府金融办职责，进一步加大金融协调服务力度，促进全州金融业平稳健康发展。完成对禄丰龙城富滇和楚雄兴彝2户村镇银行及10县（市）农信社的绩效评价。下达中央和省奖补资金2600万元，完成地方金融机构涉农贷款增量考核工作。支持新成立7家小额贷款公司，全州累计成立14家，实现县（市）小额贷款公司的全面覆盖，累计发放小额贷款1126笔，贷款金额5.08亿元，其中涉农贷款3.99亿元，占贷款总额的78.6%。进一步做好融资贷款工作，州财政安排和多渠道筹集资金，全年支付和偿还州级政府性债务还本付息资金7.17亿元，其中偿还到期本金4.69亿元。申请利用亚洲开发银行1.5亿美元贷款，用于楚雄市、禄丰县、武定县的市政设施建设项目有序推进。全州村镇银行、小额贷款公司和亚行贷款项目3项工作在全省位居前列。

［王　宁］

国家税务

【国税收入概况】 2011年，楚雄州国税税收收入平稳较快增长，跃上66亿元新台阶。全年共组织国税收入669552万元，同比增收93123万元，增长16.16%，完成省国税局下达目标649250万元的103.13%，按州人民政府考核口径，扣除车辆购置税，完成收入任务643073万元的101.63%。其中，国内增值税完成225502万元，同比增收22001万元，增长10.81%；国内消费税完成369573万元，同比增收53754万元，增长17.02%；企业所得税完成58324万元，同比增收17848万元，增长44.10%；个人所得税完成160万元，同比减收196万元，下降55.06%；车辆购置税完成15993万元，同比减收284万元，下降1.74%。

【税收执法】 2011年，楚雄州国税系统以规范税收自有裁量权和行政处罚权为重点，大力推进依法治税工作。全年共查补收入5108.8万元。协同地税、公安开展打击发票违法犯罪活动，全年共查处非法发票70665份（含自制收据），查补税款、滞纳金、罚款合计1311.77万元，被国家税务总局表彰为成绩突出单位。认真落实增值税起征点调整等结构性减税政策，依法依规办理税收减免，使减免税政策切实惠及纳税人，全年共减免企业所得税2527万元，减免车辆购置税373.15万元，办理出口货物退（免）税1750万元；增值税免税销售额达到33.49亿元，同比增加7.89亿元，增幅达到30.83%。

【税收征管】 2011年，楚雄州进一步落实税源与征管状况监控分析一体化工作制度和领导干部管户制度，依托征管系统、数据分发系统和税收管理员辅助信息系统，分析征管现状，查找征管问题和薄弱环节，降低征管风险，促进征管质量提高。完善普通发票简并换版工作，开展普通发票管理情况检查，加强了普通发票管理。利用基本单位名录库第三方信息进行户籍清理比对的试点工作和组织机构代码共享项目推广应用，强化户籍管理，加强对延期申报、延期纳税的审核、上报审批和监管，严防新增欠税。加大欠税款清缴力度。做好财税库银横向联网系统推广运用、税源专业化管理模式试点的准备工作。

2011 年楚雄州国税收入完成情况表

单位：万元

项 目	税收收入合计	比上年同期（±%）	增值税		消费税		企业所得税		储蓄存款利息个人所得税		车辆购置税		出口退税
			累计收入	比上年同期（±%）	累计收入	比上年同期（±%）	累计收入	比上年同期（±%）	累计收入	比上年同期（±%）	累计收入	比上年同期（±%）	
楚雄市	33299	3.44	19502	7.31	52	26.83	2650	23.37	48	-55.96	11047	-5.73	262.62
双柏县	5450	48.74	4332	32.52	2	-50.00	808	546.40	7	-50.00	301	19.44	—
牟定县	4409	23.57	3616	28.50	13	-61.76	524	29.70	9	-55.00	247	-16.27	—
南华县	9534	73.60	6627	55.16	919	83.43	1256	521.78	12	-53.85	720	46.34	264.12
姚安县	3152	54.28	2097	31.06	23	27.78	777	401.29	11	-59.26	244	0.83	—
大姚县	11058	20.69	9142	15.07	3	-25.00	1307	112.18	10	-58.33	596	3.83	700.96
永仁县	6033	55.08	5453	55.80	4	-20.00	345	279.12	4	-60.00	227	-20.63	—
元谋县	4148	9.36	2297	-10.55	4	-96.04	1039	233.01	10	-52.38	798	0.76	67.91
武定县	15899	28.82	14085	22.61	2	0.00	1245	436.64	12	-52.00	555	-6.41	18.11
禄丰县	47958	-6.01	43742	-9.90	37	8.82	2884	117.17	37	-53.75	1258	21.90	101.31
开发区	528612	17.66	114609	15.39	368514	16.96	45489	30.48	—	—	—	—	334.97
全 州	669552	16.16	225502	10.81	369573	17.02	58324	44.10	160	-55.06	15993	-1.74	1750

2011 年楚雄州国税纳税重点企业一览表（500 万元以上）

单位：万元

企业名称	行业类别	增值税	消费税	企业所得税	合 计
云南红塔集团楚雄卷烟厂	卷烟制造	79271	359937	13115	452323
云南省烟草公司楚雄州公司	烟草批发	27191	8574	23266	59031
云南德胜钢铁有限公司	炼钢	19744			19744
云南楚雄矿冶股份有限公司六苴经营部	铜矿采选	5110			5110
一平浪煤矿	煤炭开采	4743			4743
云南电网公司楚雄供电局	电力供应	3645		212	3857
楚雄烟叶复烤有限责任公司	烟叶复烤	2293		1512	3805
云南楚雄思远投资有限公司	铜矿采选	1358		1764	3122
昆明钢铁集团有限责任公司罗次分公司	铁矿采选	3016			3016
云南盘龙云海药业有限公司	中成药制造	2914			2914
武定县华翔经贸有限公司	铁矿采选	2432		212	2644
楚雄州吕合煤业有限责任公司	煤炭开采	2353			2353
云南楚雄矿冶股份有限公司	铜矿采选	1826			1826
楚雄滇中有色金属有限责任公司	铜冶炼	1789			1789
云南云开电气股份有限公司	配电开关制造	1768			1768
云南岭东印刷包装有限公司	包装装潢印刷	1033		667	1700
中国石油化工股份有限公司楚雄石油分公司	石油制品批发	1436			1436
云南森源化工有限公司	松香制造	910		322	1232

续上表

企业名称	行业类别	增值税	消费税	企业所得税	合　计
云南楚雄永盛建设（集团）有限公司	房地产开发			1221	1221
云南星焰有色金属有限公司牟定郝家河铜矿	铜矿采选	1130			1130
云南澜沧江啤酒企业（集团）楚雄有限公司	啤酒制造	195	915		1110
云南白药集团中药材优质种源繁育有限责任公司	中药材种植	1090			1090
禄丰供电有限公司	电力供应	1073			1073
武定德胜矿业有限公司	铁矿采选	1014			1014
武定永丰钛业有限责任公司	钛冶炼	970			970
楚雄州张武庄煤矿有限公司	煤炭开采	966			966
云南禄丰勤攀磷化工有限公司	磷肥制造	930			930
南华县农村信用合作联社	金融			900	900
楚雄州电力工业公司武定县分公司	电力供应	870			870
楚雄市供电有限公司	电力供应	821			821
武定县农村信用合作联社	金融			820	820
楚雄汇通古镇文化旅游开发有限公司	房地产开发			801	801
大姚县农村信用合作联社	金融			784	784
姚安县农村信用合作联社	金融			741	741
楚雄正兴再生资源利用有限公司	再生资源利用	377		348	725
楚雄吉兴彩印有限责任公司	包装装潢印刷	714			714
楚雄德胜煤化工有限公司	炼焦	702			702
云南滇能楚雄水电开发有限公司老虎山水电站	水力发电	664			664
永仁县成铭经贸有限公司	矿产批发	617		38	655
南华县一街无烟煤开发有限责任公司	煤炭开采	638			638
楚雄瑞特纸业有限公司	其他纸制品	276		352	628
楚雄佳泰房地产开发有限公司	房地产开发			625	625
元谋县农村信用合作联社	金融			615	615
禄丰县农村信用合作联社	金融			604	604
云南燃二化工有限公司禄丰玻璃厂	玻璃制品制造	590			590
大姚六苴电解铜有限责任公司	铜矿采选	579			579
永仁县源泰工贸有限公司	矿产批发	570			570
楚雄市树苴煤炭开发经营公司	煤炭开采	561			561
禄丰云铜锌业冶炼有限公司	铜冶炼	347		212	559
中国石油化工股份有限公司云南楚雄禄丰石油支公司	石油制品批发	553			553
云南楚雄三街煤业开发有限公司	煤炭开采	539			539
云南昆钢钢结构有限公司	金属结构制造			537	537
楚雄市鹿城彩印有限责任公司	包装装潢印刷	532			532
武定县万利化工经贸有限公司	商业批发	519		5	524
云南盐化股份有限公司一平浪盐矿	采盐	508			508
南华县怀宝煤炭经营有限公司	煤炭批发	356		151	507
大姚桂花铜选冶有限公司永仁直苴分公司	铜矿采选	505			505

【税种管理】 2011年，楚雄州国税系统积极统筹纳税评估工作。全年对414户纳税人开展纳税评估，评估补缴税款3267万元。进一步规范出口货物退（免）税管理，加快出口退税办理速度，如期完成了跨境贸易人民币结算试点工作。加强所得税管理，高质量完成2010年度企业所得税汇算清缴工作，受到省国税局通报表扬；严格审批享受西部大开发优惠政策企业，积极落实小型微利企业税收扶持政策；认真做好企业年审和外商投资企业联合年检工作。全州企业所得税管理实现了税款增收、核定征收面扩大、汇算清缴亏损面降低的“两升一降”目标。加强非居民企业所得税征管，年内，共征收非居民企业所得税98.87万元。强化车辆购置税的征收与服务，应用车辆购置税电子档案管理系统，加强车辆购置税档案管理，推行银行刷卡、POS机刷卡、转账等车辆购置税多样化缴税方式，探索和加强车辆购置税代征新路径，在楚雄市车辆交易市场设置便民征收点，方便群众缴税。

【纳税服务】 2011年，楚雄州进一步加强办税服务厅标准化建设。制定办税服务厅应急预案，督促指导12个基层单位办税服务厅安装了监控系统。如期完成12366纳税服务热线的上线工作。辅导推广《纳税人常用填写范本》，规范纳税人办理涉税事项所需要填报的内容。积极开展个性化、网络化服务方便纳税人。同时，州国税局积极派税务员进驻州人民政府政务服务中心，县（市）国税局在办税服务厅设立政务服务中心分中心，进一步强化纳税服务工作。

[田江华 李鸿良]

地方税务

【地方税费收入概况】 2011年，楚雄州地方税务系统共组织入库税费收入484030万元，同比增收108927万元，增长29%。其中，地方税收入合计入库320145万元，同比增收58102万元，增长22.2%。组织地方一般预算收入312113万元，完成州人民政府下达年度计划任务295798万元的105.5%，同比增收57753万元，增长22.7%。全州组织征收社会保险费收入144045万元，同比增收42570万元，增长42%；征收其他收入19840万元，同比增收8192万元，增长71.3%。

【税收执法】 2011年，楚雄州地税系统进一步完善税收执法及行政管理责任制考核机制，强化税务行政审批事项管理工作。重新认定、清理行政许可和非行政许可的各类项目，州地税局现有行政许可项目1项，非行政许可项目3项，各县（市）地税局、直属分局有行政许可项目3项，非行政许可项目28项。规范税收执法程序，提交州地税局税务行政审批事项领导小组讨论的行政审批事项共5件。加强重大税务案件的审理，州地税局重大税务案件审理委员会及办公室审理和处理的案件11件。做好全州地税系统规范性文件的制定和清理，审核修改规范性文件2件。加强税收政策执行情况的分析和调查，对财政部驻云南专员办检查结论和处理决定的6户企业进行整改落实。

【税费政策管理】 2011年，楚雄州地税系统加强对“十一税三费”的政策执行和管理，贯彻落实国家和省出台的一系列税收优惠政策。年内，有效推进2010年企业所得税汇算清缴工作，全州共有企业所得税管户1438户，同比增加135户，增长10.36%，其中应参加汇算企业1282户全部进行了汇算，汇算面达100%。全面完成2011年度677人年所得12万元以上个人自行纳税申报工作，开展学习宣传活动，确保新修订的《个人所得税法》于9月1日起顺利实施。加强社会保险费征收管理，加大社会保险费清欠和扩面工作力度。加强工会经费和建会筹备金的代收工作。做好省属企事业单位离休干部统筹费征收工作，12月1日全面实现地税机关代收残疾人就业保障金工作。

【税收征管】 2011年，楚雄州地税系统深入开展基层征管机构改革调研工作，形成科学的改革方案上报省地税局，全面推进基层征管机构改革工作。以信息管税为依托，深化税源与税收征管监控分析一体化工作，加强数据比对，提高税源管理水平。抓好重点税源监控管理机制，把酒店行业作为年内纳税评估的重点，强化纳税评估和涉外国际税收管理。加强委托代征税款监管，对全州代征单位277户进行全面重新审核认定，

2011年12月1日，云南地税门户网站群——楚雄州地税局网站成功上线

（州地税局提供）

2011 年楚雄州地方税费收入完成情况表

金额：万元

项　目	楚雄市	双柏县	牟定县	南华县	姚安县	大姚县	永仁县	元谋县	武定县	禄丰县	开发区	直征局	总　计
一、地方税收收入合计	61392	8621	10736	16006	8900	19505	8902	8652	20501	59000	38224	59706	320145
其中：中央级	7351	816	1057	2032	855	2803	845	961	1957	14559	3699	4291	41226
省级	7042	572	755	1226	479	1818	642	833	1494	7955	2716	9691	35223
州级												28891	28891
县（市）级	46999	7233	8924	12748	7566	14884	7415	6858	17050	36486	31809	16833	214805
1. 营业税	21967	2473	3477	4749	2368	6314	3108	3622	6743	14513	17650	4693	91677
2. 资源税	110	32	346	190	302	1077	160	117	781	1427	1		4543
3. 土地使用税	908	68	142	568	102	126	72	203	193	681	1259	218	4540
4. 企业所得税	4904	452	1044	1610	723	2064	441	612	1650	18830	2428	1594	36352
5. 个人所得税	7348	908	718	1777	702	2607	967	990	1611	5436	3737	5557	32358
6. 城市维护建设税	2664	231	268	633	178	706	219	274	968	2202	2271	32927	43541
7. 印花税	656	86	80	136	51	145	95	85	210	673	567	197	2981
8. 房产税	2248	125	200	293	158	234	117	298	240	724	1232	363	6232
9. 车船税	793	109	156	191	116	214	157	218	167	482	864	5	3472
10. 土地增值税	1738	170	228	466	48	1125	252	194	988	834	1928		7971
11. 烟叶税	6700	3123	2871	3984	3445	3007	2149	1022	4309	6820	165	3	37598
12. 教育费附加	1198	201	214	420	137	494	245	196	638	1791	973	14149	20656
13. 耕地占用税	2170	301	289	359	164	688	492	539	875	3129	249		9255
14. 契税	7966	342	699	630	406	704	428	281	1127	1457	4898		18938
15. 税务部门罚没收入	22		4					1	1	1	2		31
二、社会保险基金收入合计	46396	5674	6447	7954	5539	9059	4393	6275	7329	26950	5730	12299	144045
1. 生育保险费	370	49	41	82	36	65	43	40	53	172	73	204	1228
2. 失业保险费	2220	162	163	294	136	331	163	169	197	916	327	965	6043
3. 工伤保险费	633	93	98	162	59	307	53	48	183	584	124	168	2512
4. 基本医疗保险费	19474	2725	2961	3469	2774	3997	2121	3083	3465	7904	2320	2836	57129
5. 基本养老保险费	23699	2645	3184	3947	2534	4359	2013	2935	3431	17374	2886	8126	77133
三、其他收入	2670	333	429	401	251	540	259	313	803	2283	1056	10502	19871
1. 文化事业建设费	83	4	7	3	2	4	5	11	8	15	95	2	239
2. 地方教育费附加	686	109	103	221	61	258	136	101	368	968	557	9297	12865
4. 工会经费和建会筹备金	1876	217	318	169	182	270	115	194	427	1299	403	1203	6673
5. 残疾人就业保障金	25	3	1	8	6	8	3	7	0	1	1		63
总　计	110458	14628	17612	24361	14690	29104	13554	15240	28633	88233	45010	82507	484030
2010 年各项税费收入合计	85711	12148	13068	19627	11621	21016	10123	12108	20842	65752	38184	64903	375103
2011 年比上年同期增长(%)	28.9	20.4	34.8	24.1	26.4	38.5	33.9	25.9	37.4	34.2	17.9	27.1	29.0

2011 年楚雄州地方税收重点税纳税企业一览表

单位：万元

企业名称	2011 年度缴纳的地方税收合计
云南电网公司楚雄供电局	1227.39
楚雄市鹿城彩印有限责任公司	905.62
云南楚雄汇东房地产开发有限公司	391.2
楚雄吉兴彩印有限责任公司	715.2
云南省楚雄交通运输集团有限公司	293.24
楚雄市华丽包装实业有限责任公司	245.68
楚雄滇中实业有限公司	361.99
云南楚雄市人民商场有限责任公司	196.08
楚雄城市花园房地产开发有限公司	1009.54
楚雄州供电有限公司	150.6
楚雄市供电有限公司	255.38
云南楚雄鹿城大厦实业有限责任公司	115.36
云南楚雄汇东实业有限责任公司	116.01
云南燃二化工有限公司	182.95
云南思远投资有限公司	355
楚雄滇中有色金属有限责任公司	458
楚雄恒云经贸股份有限公司	103
楚雄永兴大酒店有限责任公司	213
云南星焰有色金属股份有限公司	150
云南省烟草公司楚雄州公司	3644
云南开关厂	542
云南红塔集团有限公司楚雄雄宝酒店	265
楚雄吕合煤业有限责任公司	632
南华县红土坡咪拉山煤矿	50
云南澜沧江啤酒企业（集团）楚雄有限公司	115
南华县农村信用合作联社	234
中国农业银行大姚县支行	266
大姚县农村信用合作联社	157
元谋县供电有限责任公司	120
禄丰供电有限公司	768
一平浪煤矿	1929
云南禄丰跃龙电力电器有限责任公司	72
云南奕标水泥集团有限公司	68
云南盐化股份有限公司一平浪盐矿	505
昆明钢铁集团有限责任公司罗次分公司	817

楚雄州地税系统2005年以来招录人员税收业务知识培训班 （州地税局提供）

并签订委托代征协议。完善发票换版后续管理工作，做好“发票专用章”和“代开发票专用章”更换工作，加大票证检查工作力度。

【税务稽查】 2011年，楚雄州地税系统加大发票违法犯罪打击力度，开展打击制售假发票和非法代开发票专项整治活动。对152户企业开展发票专项检查，查处违法企业41户，涉及非法发票4445份。年内，重点对资本交易项目、房地产行业及建筑安装行业、广告业和个人高收入者个人所得税进行了专项检查。全州共检查和稽查约谈企业421户，组织稽查收入4481.19万元。全州共收到税务案件举报信函8件，全部结案，共查补税款、滞纳金、罚款共计3.53万元。办理协查案件18件，其中国家税务总局督办的“11·10”专案，历时2个月，对169户企业3206份发票进行了协查，圆满完成省地税局交办的工作任务。

【地税征管服务】 2011年，楚雄州地税系统加强优秀办税服务厅的创建工作，加强州人民政府政务服务中心地税窗口建设和管理，完善96128政务信息查询热线管理制度，逐步完善多元化报税体系，降低纳税人的缴税成本，减轻纳税人办税负担。税银一体化纳税申报户数达11694户，其中工商税网上申报1559户，储蓄扣税9725户，社保费410户。不断完善纳税服务工作规范、纳税服务承诺、纳税信用等级评定管理办法。紧紧围绕“税收·发展·民生”主题，深入开展第20个税收宣传月活动。在税收宣传月期间，发放宣传材料5万余份，发放宣传雨伞2000把，开展税收征文，征集税收宣传照片，制作税收动漫参加评选等一系列活动。年内，州地税局推荐上报的楚雄经济开发区分局、武定县一分局、禄丰县一分局办税服务厅全部入围全省第三批优秀办税服务厅行列。

【地税信息化建设】 2011年，楚雄州地税系统加大信息系统的安全管理力度，加强核心路由器监管。年内，启动备份网络建设，完成网络监管设备安装，全州纳入联想网御管理的终端共861台。12月1日，云南地税门户网站群楚雄州地税局网站成功上线运行。自主研发楚雄地税机打发票开票系统，并在开发区分局试点上线。加大设备更新力度，投入资金300余万元，加强中心机房硬件配置，新增11台网络过滤网关、1台路由器和2台交换机，配置计算机183台，笔记本电脑11台，打印机111台。

【优惠税收政策落实】 2011年，楚雄州地税系统贯彻落实国家和省出台的一系列税收优惠政策，如下岗失业再就业优惠政策，农民工、大学生创业税收优惠政策，房地产市场营业税、契税政策调整等。落实各项税收优惠政策共计依法减免地方税收16988万元。总结西部大开发税收优惠政策执行情况，2002～2010年期间，全州共有234户企业享受了西部大开发企业所得税优惠政策，累计减免企业所得税8.2亿元。

【地税队伍建设】 2011年，楚雄州地税系统加大干部教育培训力度，实施人才兴税战略。州地税局依托省内外大专院校和专业税务培训机构，投入经费152.8万元分别对县（市）地税局领导班子成员、分局长、股长、稽查人员、新进入地税系统人员举办了培训班5期，培训人员316人。在上半年，采取以会代训的方式，举办了对口业务培训，参训人员617人次。

［王家奇］

（责任编辑：罗相海）

金融·保险

金　　融

【中国银行业监督管理委员会楚雄监管分局】　2011年，中国银行业监督管理委员会楚雄监管分局按照银监会、云南银监局的总体安排和部署，着力提高监管举措的前瞻性、深入性和有效性，着力增强改革发展的科学性、持续性和稳健性，着力布控防范系统性和区域性风险，立足“防风险”，推进银行业风险管控长效机制建设，着眼“谋发展”，提升银行业发展质量和运行效率，确保楚雄银行业安全稳健运行，为楚雄州经济平稳较快发展做出积极贡献。截至年末，全州银行业金融机构各项存款495.43亿元，比年初增加73.78亿元，增长17.50%；各项贷款301.48亿元，比年初增加36.27亿元，增长13.67%。

支持经济发展。重点支持基础产业建设，引导银行业加大对重点建设项目的信贷支持力度，贷款集中投向制造业、采矿业、建筑业、电力、燃气及水生产等行业。继续加大对“三农”和中小企业的信贷投入倾斜力度，督促各银行业金融机构贯彻落实《楚雄州银行业金融机构支持县域经济发展的意见》、《楚雄州银行业金融机构支持中小企业发展指导意见》及《楚雄州银行业金融机构支持“三农”发展指导意见》，坚持分类推进、因地制宜、多措并举的原则，强化了“支农支小”工作，确保农业、小企业信贷投放的高速增长。截至年末，全州涉农贷款余额190.96亿元，比年初增加27.26亿元，增长16.65%；中小企业贷款余额106.12亿元，比年初增加15.02亿元，增长16.49%，其中小企业贷款增幅较大，贷款余额68.12亿元，增长32.48%。

银行业监督管理。严格执行行政许可制度，严把市场准入关。全年共受理银行业金融机构申请许可事项100项。其中，高级管理人员任职资格审核申报62项，受理62项，办结60项；机构变更27项，受理并办结27项；自助银行初审1项；其他受理办结8项、办理中2项。全年共换发金融许可证26份；对银行业金融机构高管人员实行任职资格考试，严格执行“三考三承诺”制度，全年共组织考试50人次，考试合格48人次。对不符合监管要求和准入条件的申请，采取不予受理或予以退回的措施。对监管人员实行现场检查质量考核问责工作制度，对银行实行现场检查自查报告承诺制，实现了现场检查工作质效的大幅提升。全年共开展现场检查项目15个，派出检查人员152人次，累计投入3607个工作日，检查机构67个次，检查金额78亿元，发现问题金额21亿元，提出整改意见131条。重点开展“贷款风险分类偏离度”、“三个办法一个指引”贯彻落实情况、“业务合规性”、“大额贷款集中度及风险”、“内控风险”、“政府融资平台新增贷款”等现场检查工作。提高非现场监管工作的深度和广度。围绕贷款新规走款比例、中长期贷款合同补充修订比例、平台贷款收回情况、各项核心监管指标、股权改造、“三项整治”和合规文化年活动，实施了全面的非现场监管工作；强化动态监管，提高风险预警管控的科学性。进一步完善持续监管和审慎监管要求的数据库，提升非现场监管科学性、时效性。按季实行分析通报例会，加深了党委政府、各银行业金融机构对全州的金融运行状况的掌握。明确非现场监管人员、

2011年楚雄州10县（市）各项存贷款余额表

单位：万元

县（市）＼指标类别	各项存款		各项贷款	
	年末余额	比年初增减（%）	年末余额	比年初增减（%）
楚雄州	5047923	15.25	3014826	13.67
楚雄市	2264044	13.47	1516922	5.91
双柏县	199289	17.69	71705	19.46
牟定县	235422	25.06	124947	45.56
南华县	283888	25.18	185929	14.46
姚安县	238207	19.29	102214	22.64
大姚县	341240	17.76	221396	7.8
永仁县	175138	16.65	57853	24.35
元谋县	254470	24.4	97886	17.92
武定县	346766	24.52	207858	19.7
禄丰县	709459	4.69	428115	33.89

综合分析人员的岗位职责，使非现场监管工作更加专业化，明确监管办事处主任职责，实行工作职责轮换，使县域银行机构的监管得到强化。进一步完善了“贴近式”监管方式。

银行业风险管控。密切关注地方政府融资平台贷款，力促平台贷款风险缓释。督促各银行机构落实职责，建立平台贷款“名单制”，落实平台贷款分类管理，对现有平台贷款抵质押物合法合规性进行清理，追加合法有效足值的抵质押品作为整改重点，切实消除违规担保的风险隐患；加强了融资平台贷款的跟踪监测工作。强化贷款新规“实贷实付”理念，提高贷款风险分类准确性。加强房地产领域贷款的监控，防范突发性风险。密切关注房地产开发企业可能存在的资金链趋紧甚至断裂的风险，及时做好资产保全措施，防范突发性风险。关注部分土地储备贷款项目因手续不合规等面临的相关风险。针对部分中小金融机构存在的风险问题及违规行为，及时进行告诫谈话，风险预警通知，叫停中长期贷款业务，提出限期整改的要求。加强对银行业案防和安保工作的监督指导，以贯彻落实案防新规和案防工作考核评价两个实施细则为抓手，派出工作组深入到各农村中小金融机构进行案件考核评价，督促各机构构建案防长效机制，提高案防水平。继续督促大型银行不断完善内部控制制度，加大内控制度执行的检查力度，树立依法合规经营的意识，防范操作风险和人为风险的发生。

银行业改革。强化金融服务缺失乡（镇）运营监管。按照“降低准入门槛、分类补全机构、金融服务全覆盖”的工作思路，因地制宜，多层次解决乡（镇）金融服务空白，全州各县乡（镇）服务站全部挂牌开业，实现了乡（镇）金融服务全覆盖，强化运营监管，督促农村信用社积极履行社会责任，金融服务缺失乡（镇）运行平稳，更好地解决了边远山区人民群众的生产生活需求。继续深入推进以股份制为主导的联社产权制度改革，提高联社抗风险能力，督促增资扩股、清退资格股、优化股权结构等工作，有效促进农村信用合作联社强化公司治理，提高资本实力和抗风险能力，法人股和投资股稳步提升，自然人股和资格股逐步下降，抗风险能力和资本实力进一步增强。继续深化邮储银行公司治理改革，通过适当迁址或保留机构等方式，积极稳妥推进邮储银行二类支行改革，实现邮储银行二类支行与邮政企业之间人财物分开，理顺管理体制，优化网点布局，明确归属关系，划清风险和管理责任。明显提高“三农”服务水平和覆盖面，进一步加大对“三农”的信贷支持力度，增强支行可持续发展后劲。

调查研究工作。围绕国家经济政策、经济形势发展变化和银行业监管工作重点，加强调查研究和对外宣传，全年共开展各类调研32次，上报信息67期；上报云南省银监局信息58期，报州委、州人民政府33篇；上挂省银监局网站动态信息155篇，各类上报信息共计被采用108篇次。

［李　梅］

【中国人民银行楚雄州中心支行】

2011年，中国人民银行楚雄州中心支行紧密结合楚雄州发展实际，牢牢把握“强基础、促转变、求创新、上水平”的工作思路，以营造良好的货币政策执行环境，促进辖区经济金融协调发展为工作核心，引导各金融机构认真贯彻执行稳健货币政策，不断改进金融服务水平，调整信贷结构，为彝州经济社会的和谐健康发展做出了可喜业绩。年末，全州金融机构人民币各项存款余额504.8亿元，比年初增加66.8亿元，增长15.3%；各项贷款余额301.5亿元，比年初增加36.3亿元，增长13.7%。

货币政策传导。认真执行稳健的货币政策，加强经济金融运行趋势研判，多渠道、多部门宣讲货币政策意图，灵活审慎、重点突出、特点鲜明地推动各项金融政策实施，促成多方共识，营造良好的货币政策执行环境。加大窗口指导力度，综合利用信贷效果导向评估、央行票据后续考核、票据贴现、利率杠杆、差别存款准备金动态调整、信贷规模调控等政策工具和手段，制定信贷指导意见、金融业发展“十二五”规划等，坚持“区别对待、有扶有控”，引导金融机构合理调整信贷结构、重点和节奏。起草并促成《楚雄州政银企合作协调机制实施意见》下发，银、政、企合作正式走上政府主导的制度化、规范化轨道。加大对中小企业、重点项目、“三农”、科技创新、节能环保等符合国家产业政策项目的信贷支持，主动承担社会责任，切实做好就业、助学、扶贫、救灾等民生金融信贷支持。全年居民消费贷款、中小企业贷款增长强劲，中长期贷款增长逐步回落，贷款结构明显改善。拓展享受民品民贸优惠贷款利率贴息的中小企业范围，新增3个县6家企业，全州共13家企业受惠，累计贴息183万元，年末全州民贸贴息贷款余额0.93亿元，同比增长62.6%；全州金融机构发放创业促就业小额担保贷款5.6亿元；全州国家助学贷款余额0.2亿元，累计支持4291名贫困大学生就读；小额扶贫贴息贷款达2.3亿元。

金融改革与创新。加强银行间市场直接融资工具的宣传推广，拓展融资渠道，金融市场工具不断丰富，金融组织与服务体系进一步完善，金融机构改革持续推进。跨境人民币结算试点工作取得积极成效和突破性进展，业务范围首次从经常项目扩展至资本项目，全年新增跨境贸易人民币结算10482万元。起草并推动实施《楚雄州关于推进农村金融产品和服务方式创新的实施意见》，引导金融机构继续加大金融产品创新，转变信贷模式与服务方式，扩大担保抵质押范围。全年全州涉农贷款余额191.0亿元。金融产品与服务的三个重点创新项目取得成效，林权抵押贷款业务在9个县全面推开，累放林权抵押贷款232笔、1.2亿元，同比增长60.8%，农户联保贷款余额2.5亿元，同比增长23%，第三方担保贷款余额3.8亿元，同比增长35%。农村支付环境建设扎实推进。POS机缴税试点成效明显，惠农支付服务试点工作延伸到辖区35个乡（镇）的45个村委会，农村地区金融服务缺失难题进一步缓解；烟叶收购款电子支付业务进展顺利，积极探索其他农副产品非现金支付工作。有效推动农村信用体系建设，稳步推进“信用村镇”评级，以武定为试点，创建制度机制，完成农户信用信息和信用评价共享系统测试工作；与楚雄州团委配合，以南华县为试点推广“农村青年信用示范户”创建活动，为近万名农村青年建立了信用档案。

维护地方金融稳定。加强金融监测与评估，做好房地产、民间借贷、政府融资平台风险等经济金融重点指标和专项监测；加强微观金融主体监测，建立信贷投放按旬监测制度，密切关注地方法人金融机构的运营风险，适时开展风险提示和约见谈话；加强稳定再贷款管理，切实做好农村信用社专项央行票据兑付后续监测考核，达标的4家联社获人民银行总行6070万元的支农再贷款额度奖励，并下调1个百分点的准备金率。开展金融机构利率风险定价评估，对地方中小金融机构开展稳健性评估，做好金融机构涉农信贷、中小企业信贷政策评估，认真开展信贷政策导向效果评估。稳步推进“两管理、两综合”工作。制定楚雄州银行业开业管理、重大事项报告、综合执法、综合评价四项工作制度，健全组织机制、明确分工职责、细化程序要求，初步构建全州金融服务与管理制度体系，有效规范行业管理，提升区域性风险防范能力。派出检查组对大理州20多个金融机构分支营业网点进行了综合执法检查，配合人民银行昭通中支完成楚雄州11个银行业金融机构、21个分支行营业网点的现场检查工作，办理新设银行业机构开业申报3件，收到并处理楚雄州银行业机构报告的重大事项37件。

现金管理。制定人民币券别调剂联席会议制度和考核评价办法，实行券别调剂联络员、动态考核和定期通报制度，流通中的人民币整洁度明显改善。着力构建反假货币宣传长效机制，组织反假货币知识培训及反假货币上岗资格考试，为226名合格金融从业人员颁发反假货币上岗资格证书，推进城市社区、农村乡（镇）反假货币宣传网络建设，严打制贩假币犯罪，现金服务与管理水平明显提高。

国库监督管理。推广应用“一机多库混库报解”国库核算模式，实现了库款“零在途”，确保了国库资金安全；推动国库集中收付制度改革，推行国库单一账户改革，积极推进财、税、库、银横向联网；开展政策宣传，保证国债兑付和发行；积极办理县域特色产业涉农政府补贴拨款，支持家电、太阳能、汽车、摩托车下乡，扩大国库直拨业务范围拓展国库服务民生领域。截至年末，全州共收纳各项地方预算收入合计103.15亿元，比上年同期增长19.3%。其中，一般预算收入合计37.58亿元，比上年同期增长22.4%；基金收入20.17亿元，比上年同期增长36.5%。地方预算支出合计126.76亿元，比上年同期增长16.7%，其中基金支出合计22.36亿元，比上年同期增长30.8%。全州经济增长的势头继续保持良好，财政收入的持续增长势头得以保持，地方预算收支增长较上年同期稳步提高。

外汇管理。加大对“热钱”等违规违法资金流入的打击力度。不断扩展外汇服务的地区覆盖面，将国际业务拓展到农业银行元谋和双柏两县支行，积极承办经常项目、资本外汇业务，办理出口收汇核销突破亿万美元。积极指导和协调外汇银行加大对涉外企业外贸出口资金及信贷额度支持近亿元。提高外汇服务的国际化水平，借“楚雄市茶花产业发展及2012年国际茶花大会”引导外汇银行增设来宾入住酒店POS机、增设临时兑换点等特色服务，切实提升外汇管理服务水平，促进对外贸易投资便利化，有力支持涉外经济发展。全年全州外贸进出口完成15089万美元，同比增长39.2%。其中，出口13755万美元，增长32.9%；进口1334万美元，下降171.1%；外商投资企业外汇登记注册外资1091.8万美元，实际到位外资432.64万美元。

支付结算。大力推进现代支付体系建设，定期召开支付结算工作联席会议，举办支付清算系统业务培训班，开展宣传活动，做好业务咨询工作，做好新旧票据换版工作，加强人员备案审核，实施业务人员考试持证上岗机制。实现业务差错率为“零”的目标，资金当日抵用率达100%，保证支付系统正常、高效运转，为社会提供快捷、安全、可靠的支付结算服务。

金融统计。建立金融统计旬报制度，创办《金融统计快讯》刊物，稳步推进金融统计标准化工作，推动“宏观经济时间序列数据管理系统”成功上线运行，对小额贷款公司报送报表指标的准确性与完整性进行培训；扩大调查样本，继续开展好各项制度性调查研究，有效发挥决策服务作用。

征信管理。加大征信知识宣传，做好企业和个人征信系统维护及数据更新工作。扩大信用信息的采集范围，不断提升征信数据参考决策价值。以用促征，为金融机构、政府部门、企业提供信用报告核实查询854次，个人信用报告查询1462次，是上年同期的6.5倍。完成503名贷款卡审验员培训考试及资格认定，强化贷款卡行政许可管理和年审工作，全年共发放贷款卡335张，完成年审1147户。

银行卡管理。加大宣传力度，培养民众的安全用卡意识，联合银行、公安等部门建立预防和打击银行卡违法犯罪工作机构，召开了“预防和打击银行卡违法犯罪工作联席会议”，推进银行卡联合宣传长效机制建设；建立刷卡无障碍示范街，银行卡受理市场环境持续改善；组织各金融机构ATM机和自助银行机具进行全面排查，完善风险预警和内部控制制度，严厉打击银行卡犯罪，在全省首家建立实施区域内银行卡风险事件联防与快速处置机制。

金融信息安全。推动科技工作向内部建设与行业管理并重方向转变。认真完成各项信息系统的建设，推进金融信息网络及重要应用系统应急机制建设，成立楚雄州金融信息安全领导小组，建立金融业信息安全协调机制及工作预案，成功开展首次金融机构信息安全管理考核，信息安全工作进一步加强。

［李　楠］

【中国工商银行股份有限公司楚雄分行】 2011年，中国工商银行股份有限公司楚雄分行紧紧围绕“强行”战略目标，牢固树立“持续发展是硬道理、增盈创效是硬指标、同业领先是硬本领、合规经营是硬保障”的经营理念，加大工作力度，强化市场营销，完善内控管理，更新服务观念，狠抓业务发展，主要业务指标继续保持了好的发展势头。经营效益稳步提高。实现各项收入35664万元，同比增加6846万元，增长23.76%；各项支出27604万元，同比增加6578万元，增长31.29%。拨备前利润8990万元，同比增加968万元，增长12.07%；拨备后利润8059万元，同比增加71万元，增长0.88%；净利润5923万元，同比减少46万元，减少0.77%，全行核心竞争力继续提高。各项存款稳步增长。年末各项存款余额48.91亿元，比年初增加5.57亿元，增长12.84%。其中，公司存款增加1.08亿元，增长10.31%；机构存款增加2.04亿元，增长19.47%；储蓄存款增加2.45亿元，增长10.92%。各项贷款持续增长。年末各项贷款余额35.36亿元，比年初增加5.73亿元，增长19.33%，贷款增量和增量占比位居四大国有银行第一位。其中，公司贷款增加3.39亿元，增长22.37%；个人贷款增加2.27亿元，增长16.37%；票据贴现增加0.07亿元，增长10.89%。结合楚雄州2011年重点推进实施重大建设项目和重大前期项目，中型法人贷款客户比上年增加12户，小企业贷款客户比上年增加25户，增长3.57倍，贷款余额22423万元，比年初增加19348万元，增长629%。新发展贸易融资客户17户，余额38206万元，比年初增加13户34906万元，增长10.58倍。累计发放个人贷款2205笔，金额5.61亿元，比上年末增加2.27亿元。审查审批各类信贷业务5077笔，金额64.86亿元；完成法人客户评级69户，同比增加25户，增长56.82%。

电子银行。全年企业网上银行净增401户，完成任务114.57%。其中，证书版净增143户，完成任务65%；普及版净增258户，完成任务198.46%。个人网上银行净增11624户，完成任务74.99%；个网证书净增2824户，完成任务49.54%；手机银行（WAP）净增8005户，完成任务57.18%；网上银行交易额241.36亿元，完成任务92.83%；电子银行业务收入（影子价格）424.31万元，完成任务121.33%。

信用卡业务。全年新增信用卡发卡3011张，信用卡消费交易额41920万元，同比增加14031万元，增长50.31%，完成全年任务127%。信用卡透支规模5398万元，同比增加152万元，增长28.81%，完成全年任务的149%。新增特约商户102户，新增POS机121台。实现信用卡消费交易额41920万元，完成任务的127%。信用卡透支余额5398万元，比年初增加1522万元，完成任务的149%。

中间业务。全年完成中间业务收入2208.07万元，同比增加561.24万元，增长34.08%，完成年度计划95.34%。分专业完成情况，个人金融业务770万元，完成计划79.01%；银行卡590万元，完成计划94.65%；公司业务1041万元，完成计划108.92%。

风险管理。年末不良贷款余额495万元，不良率0.14%，低于全省平均水平1.31个百分点。累计清收转化不良贷款910万元，完成省分行下达计划303%，其中现金清收407万元，完成计划271%，不良额和不良率持续实现“双控”。

内控案防。深入开展“提升素质远离违规”主题教育活动，不断强化全行员工的合规经营意识，有效提升内控及操作风险管理水平。推动“深化制度执行年”活动，实现了案件防范水平的整体提高。落实信息系统和信息科技安全管理制度，提高客户信息安全管理水平。加强全面风险管理，充分发挥风险管理委员会的作用，风险管理制度覆盖到每个机构、每项产品和各类风险。完善反洗钱工作机制，认真做好反洗钱工作。加强重要风险点控制和网点负责人管理，防止经济案件的发生。加强“三防一保”工作的精细化管理，完善人防、物防、技防相结合的安全防范体系。加强设施建设，提高网点安全防范能力，远程监控报警网络管理中心建设基本建成，确保安全经营，防止各类风险和案件事故发生，全年无内部经济案件和安全责任事故的发生。

服务管理。全年共安排119个工作日，230人次到15个营业网点坐班，认真解决各营业网点提出的服务方面问题16个，努力提高客户的满意度和社会美誉度。把渠道建设摆到重要位置，对3个营业网点和2个自助银行进行装修改造，在当年投入使用，改善了营业网点的服务环境和服务面貌。5～6月进行内设机构管理人员的零岗位公开竞聘工作。举办面授培训17期，参训中年员工434人次，累计60.5学时，选聘了5位兼职教师。共组织个人客户经理、对公客户经理、业务处理等10个专业24场次的考试工作，参考人员293人次。

科技运行。全年进行新版本业务测试20余次，业务版本投产（升级）50多次，业务运行系统从年初的NOVA+1.2.6版本升到NOVA+1.3.6版本。投产了新版电子公文处理系统（普密版）和电子文件安全控制系统（DSM）、印章管理系统等办公系统。开展和实施客户端安全准入控制工程，分批将办公系统客户端、柜面系统终端逐步纳入SEP管理，完成了全行防病毒服务器病毒清除引擎补丁升级及客户端升级工作，成功投产“银税一体化信息系统接口”。年末，有自助设备63台，其中取款机14台、存取款一体机15台、多媒体自助终端23台、网银自助机12台，自助设备的开机率和使用率均达到考核要求。

［李　明］

【中国农业银行股份有限公司楚雄分行】 2011年，中国农业银行股份有限公司楚雄分行围绕楚雄州委、州人民政府经济社会发展战略目标，牢牢把握转变发展方式这一工作主线，围绕“横向提升，纵向进位”的总体目标，以提升价值创造力和可持续发展能力为核心，全面实施“发展、转型、创新、控险、强管、增效”的业务经营方针，全行呈现出业务规模快速增长、发展质量持续提升、财务实力显著增强的良好态势，为彝州经济社会发展作出了积极贡献。

存款业务。突出“两烟”核心地位，夯实对公客户基础，开展“春天行动”、“激情仲夏”、“赢在金秋”等系列综合营销活动，促进各项存款持续稳定增长。全年净增人民币各项存款16.57亿元，同比增加6.52亿元，年末人民币各项存款余额达135.94亿元，其中储蓄存款余额71.18亿元、对公存款余额64.76亿元。

贷款业务。把握投放重点，加强结构调整和资源整合，科学配置单位贷款规模，大幅提高个人贷款占比，稳步推进惠农卡业务，用好、用活、用足贷款规模，贷款效益明显提升。年末各项人民币贷款余额72.03亿元，比年初净增5.56亿元，有效地支持了国有经济、集体经济、私营经济、个体经济、联营经济等经济组织的健康发展。

中间业务。围绕满足客户多元化的金融服务需求，采取有效措施，巩固和挖掘银行卡、电子银行、投资银行、担保承诺、企业年金托管、代理保险、代收代付、国际业务等中间业务发展潜力，全年实现中间业务收入6342万元，同比增加1212万元。

内部改革。依托楚雄州分行公司业务部和机构业务部，成立了“鹿城经营管理中心”，实行“三块牌子一班人马”，突出楚雄市资产、负债和中间业务的经营管理工作，进一步提升城市业务的服务水平和竞争力，促进了楚雄市城市业务更好发展。加强分类指导，提升“三农”和县域业务整体发展水平，重点抓好省分行“抓两头，带中间”搞活县支行经营活力政策措施的贯彻落实，认真做好全省农行重点县域支行禄丰县支行率先发展工作和加大对经营困难行牟定、姚安县支行的帮扶力度，以此全面提升县支行整体经营活力。做好提升网点服务质量和效率基础性工作，年内对4个网点进行改造装修，对4个网点进行搬迁，为实施网点转型打下良好基础；实施新一轮文明标准服务导入固化工作，网点标准化服务水平得到进一步提高。推进资金财务、运营体系改革，加强干部人事制度和薪酬福利制度建设，调动和激发干部员工干事创业的积极性。加强经济资本管理和全额资金管理，发挥综合绩效考核对全行业务经营发展的导向性作用，推动全行业务增长方式由规模扩张型向资本约束型转变；实行全额资金管理，各经营单位对资产负债业务算账经营的意识明显增强；完成财务集中改革及远程报账试点行工作任务，报账及时性、规范化程度、周转金借用使用频次、财务监管工作得到明显加强，报账成本下降；进一步建立完善了财务决策体系，规范决策流程，严格按照财审会议事规则审议审批财务事项，财务决策水平和管理水平不断提高；以“三大中心”为重点的运营体系建设工作稳步推进，年内完成了集中监控、集中授权、集中作业“三大中心”的建设上线工作；加强现金中心建设工作，全面上收了42个对外营业网点的运营监控、授权和后台作业，运营管理模式由交易操作控制型向全面的风险流程管理转变，运营监管层次得到有效提升，柜台劳动组合得到优化，监管效率进一步提高；深化人事制度改革，不断完善人才培养开发、评价发现、选拔任用、流动配置和激励保障机制，进一步调整优化了县级支行班子的学历、年龄和专业结构；进一步完善薪酬福利制度，加大绩效工资分配与经营绩效的挂钩力度，切实发挥工资收入对业务发展的激励约束作用；组织开展了岗位管理落地实施工作，做好薪酬制度改革的前期准备工作。

［鲁家善］

【中国农业发展银行楚雄州分行】
2011年，中国农业发展银行楚雄州分行深入贯彻落实科学发展观，以支持新农村建设为重点，以风险防控和风险化解为主线，调整信贷结构，加大信贷支农，完善金融服务，强化基础管理和队伍建设，各项业务实现更好更快发展。年末，各项贷款余额27.58亿元，比上年增加6.76亿元，增长32.49%；各项存款余额10.08亿元，比上年增加3.36亿元，增长49.88%；实现账面盈利7969万元，比上年增盈2352万元，增长41.88%；不良贷款继续保持为零；实现了“无经济案件、无刑事案件、无重大责任事故、无严重违规违纪问题”的“四无”目标。

粮油信贷。做好政策性粮油收购资金供应管理，支持中央和省州各级储备粮油的收储、轮换，支持中储粮直属企业跨地区移库调入粮食，确保信贷资金供应。全年累放政策性粮油贷款1.02亿元，年末政策性粮油贷款余额2.06亿元，比上年增加7638万元，增长58.87%；积极稳妥做好市场化粮油收购贷款业务，优先支持中央和地方政府纳入粮油保供稳价体系、承担调控任务的骨干企业，择优支持资信好、抗风险能力强、在区域市场有影响力的涉粮养殖、加工、流通农业产业化龙头企业。全年累放市场化粮油贷款1.98亿元，年末市场化粮油贷款余额2.71亿元。

新农村建设贷款。将新农村建设贷款作为业务发展新的增长点，重点做好城乡统筹规划、农村土地整治、农业综合开发、农民集中住房建设为主的新农村建设贷款项目。全年营销新农村建设贷款项目10个，项目金额17.2亿元；筛选推荐省分行审批项目7个，金额11.25亿元；年内发放新农村建设贷款6亿元。

特色农业贷款。积极支持楚雄州核桃、野生菌、蔬菜、酿酒等特色农业发展，重点支持一批处于行业领先地位、社会影响大、经营效益好、诚实守信的特色农业产业化龙头企业和农业小企业。全年累放特色农业产业化龙头企业、加工企业和农业小企业贷款2.92亿元。

存款组织。坚持全行联动、部门协作、捆绑营销的工作机制，有效推行存贷一体化战略，大力组织低成本存款，提高资金自给率。年末，各项存款余额10.08亿元，比年初增加3.36亿元，增长49.88%，人均日均存款1034万元，比上年增加36万元，增长3.61%。

中间业务。积极开办咨询顾问类业务，巩固扩大保险代理业务，大力拓展票据业务和国际业务，全年实现中间业务收入103.24万元，比上年增加51.79万元，增长100.66%。人均中间业务收入11346元。

风险管理与风险防控。严格贷款准

入，抓好贷款审查审议和贷前条件落实，全年共召开贷审会24次，审议贷款项目47个，金额3.68亿元。认真做好客户评级授信，全年共对62户客户进行信用评级，评定AAA级客户1户，AA+级客户2户，AA级客户6户，AA-级客户3户，A+级客户11户，A级客户24户，A-级客户15户；最高综合授信客户58户，授信额度39.64亿元。建立风险预警机制，对年内到期贷款按月列出清单，逐笔分析贷款风险，一企一策，制定清收方案，确保到期贷款的按期收回。认真做好新农村建设贷款的清理规范工作，组织工作组深入各县（市）逐户清理检查，确保贷款合规合法。按贷款五级分类，年末正常贷款25.38亿元，占比92.03%，比年初增长2.6个百分点；关注贷款2.20亿元，占比7.97%；比年初下降2.6个百分点，不良贷款继续保持为零。

资金管理。加强头寸管理，科学预测资金需求，适时掌握客户的用款情况，加强借款计划和资金调度，在确保资金供应的前提下，尽量减少借款和资金占用。全年共请调资金206笔，金额14.50亿元；归还总行资金73笔，金额7.75亿元；跨系统大额支付资金1640笔，金额21.31亿元；全年州县财政补贴到位率100%。

财务管理。加强经营绩效考核，强化财务费用开支管理，坚持大额费用集体审批制度，全年召开财审委会议14次，审议财务项目165个；抓好收息工作，加大历史欠息的清收力度，年内收回禄丰原国有粮食购销公司2007年改制所欠利息142.66万元。全年各项贷款应计利息16269万元，实际收回贷款利息16356万元，综合收息率100.53%。积极推进信用卡和网银业务，全年收单POS、网银开户（使用）数翻番；加强收购资金非现金结算管理，全年收购资金通过非现金结算113笔，金额35056.95万元，占收购贷款的70.70%。全年实现财务总收入17783万元，同比增加4965万元，增长38.73%；财务总支出9814万元，同比增加2613万元，增长36.12%；账面盈利7969万元，同比增盈2352万元，增长41.87%。

人力资源改革。年初按照干部管理权限，对州分行机关6名中层干部进行了调整和充实；取消了县支行执行业务经理（执行专员）三级，完成了相关职级人员的重新聘任工作；完成了21名有职数控制业务岗位的续聘及空岗竞聘工作。加大对重要岗位敏感环节工作人员轮岗和强制休假工作力度，对12名客户经理进行换户管理，对4名县级支行坐班主任进行不重复异地短期交流。加大员工培训力度，积极做好网络教育培训服务，鼓励、组织员工积极参加学历学位教育、银行业从业资格考试和各种社会化专业技术资格认证考试。

［熊春海］

【云南省农村信用社联合社楚雄办事处】

2011年，云南省农村信用社楚雄办事处认真贯彻中央经济金融工作会议和省联社年初工作会议精神，紧紧围绕地方党委政府的中心工作，按照立足“三农”，服务城乡，支持中小企业，促进经济社会健康发展的市场定位，狠抓内部管理，规范操作行为，树立审慎经营、合规发展的理念，强化风险防控意识，努力优化主要监管指标，广泛开展服务创优活动，提高工作效率和服务水平，加大员工培训力度，大力组织存款，及时适度投放贷款，突出好字优先和“三农”至上的发展主题，全州农村信用社克服了宏观调控变化给金融业务发展带来的影响，采取了一系列切实有效的措施，圆满完成了各项改革发展目标任务，业务经营实现了持续、快速、健康发展。截至年末，全州农村信用社各项人民币存款余额达1648882万元，比上年末增加337848万元，增长25.77%。其中，对公存款442451万元，增长17.2%；储蓄存款1206428万元，增加20.84万元，增长20.84%。各项贷款余额1045363万元，比上年末增加179167万元，增长20.68%。其中，发放涉农贷款616671万元，涉农贷款余额900358万元，比上年末增加117734万元，增长22.8%，占各项贷款的81.63%，农户贷款面达74.5%。年内发放林权抵押贷款10187万元；累计发放中小企业贷款325286万元；累计发放“贷免扶补”小额创业贷款6980户，44000万元。全年实现各项收入9.6亿元，同比增加2.9亿元；实现利润1.86亿元、净利润1.3亿元。

信用卡业务。全州农村信用社6家县级联社获得公务员金碧贷记卡发卡资格，发行公务员金碧贷记卡4201张，全年新开信用卡179727张，信用卡消费交易额12亿元；个人网上银行签约存量客户2637户，交易金额3.6亿元；企业网上银行签约存量客户194户，交易金额7.2亿元；发放自助贷款9200笔，金额2.6亿元。

新型业务。积极与烟草部门合作开展烤烟款网络电子代付试点范围，累计采用电子代付烟款4.6万户，代付金额2.89亿元；在全州偏远山区新增惠农支付服务点38个；设立156个新农保及爱心专柜。

内控管理。全年累计完成自主培训18期、1620课时，1820人次；加大稽核审计力度，累计投入516人次8146工作日，开展“规范管理，整县推进”工作“回头看”、贷款真实性及账户管理合规性专项检查“回头看”、“大额贷款管理专项稽核审计”工作；做好“贷款真实性及账户管理合规性”检查的整改工作。开展了“不良贷款、呆坏账核销和抵债资产管理专项稽核审计”、“大额关联客户贷款以及大额贷款权限控制专项稽核审计”、“基础设施建设大宗在建项目管理及核算专项稽核审计”等稽核审计工作。严格问责，严肃处理违规行为；实行基层社主任末位淘汰制度，对全州10县（市）农村信用社基层社主任从信贷、资产质量、财务、科技结算、稽核审计、案件防范等六个方面进行考核，根据考核结果对网点负责人实行末位淘汰。

科技支撑。年末，有174个营业网点，100台ATM取款机投入运行，4家自助银行，多媒体自助终端11台，新增达标POS机186台，完成年计划的148.8%。

服务创优。认真开展服务创优工程从思想认识、关键环节、制度设施、产品创新、业务技能、激励机制六个方面入手，抓好“服务创优”工程，再上一个新台阶。各县联社在网店安装多媒体信息发布系统，发布存贷款利率，播放宣传片，设立大堂经理，新农保及爱心专柜，方便老人及行动不便客户办理业务，有效推动“服务创优”工程开展。

［张天翔］

【中国建设银行股份有限公司楚雄州分行】 2011 年，中国建设银行楚雄州分行认真执行国家宏观调控政策和银行监管要求，紧紧围绕“两个不低于”的发展目标，结合实际，认真落实工作措施和适时调整考核办法，团结拼搏，积极营销，加快发展步伐，大力拓展市场，切实强化基础管理，不断提高资产质量，强化依法合规经营、风险防范和案件防控，经受住了更为激烈的市场竞争的严峻考验和挑战，各项业务取得了新的发展。年末，全行一般性存款余额 505675 万元，比年初增加 59698 万元，增长 13.39%，各项存款余额同业四行占比 19.46%，比年初上升 0.13 个百分点；各项贷款余额 225388 万元，比年初减少 2133 万元，各项贷款余额四行占比 15.57%；实现中间业务收入 2034 万元，同比增加 419 万元，增长 25.97%；五级分类口径不良贷款额 1439 万元，不良贷款率 0.64%；实现账面利润 7761 万元。

负债业务。加强账户/客户营销，全年新开账户 412 个，净新增基本账户 97 个；个人高端客户 1472 户，新增 87 户，高端客户日均 AUM 值新增 9579 万元。加强督导，强化考核，多策并举抓好吸存措施的落实。经过努力，全行负债业务取得了新的发展，对公存款完成省分行下达的计划任务，同业四行新增占比 27.25%，新增额排名第二，增速高于四行平均增速 2.23 个百分点。个人存款高于全省系统增速 0.35 个百分点。

信贷营销。按照楚雄州发展规划，加大对制造、有色、卫生、城市基础设施等行业大中型客户的营销力度，全年投放公司类贷款 28405 万元。进一步优化、调整信贷及客户结构，大力发展个贷和小企业信贷业务。搭建小企业批量化营销平台，做好小企业项目储备，积极给予小企业信贷支持，小企业贷款余额 8228 万元，小企业贷款占全行对公贷款的比重较年初上升 3.04 个百分点。个人贷款以个人住房贷款发展为重点，累计发放个贷 33573 万元。进一步巩固和加强住房公积金业务。累计归集住房公积金余额 118850 万元，比年初增加 31450 万元，余额、新增额均在全省同类行排名第二；住房资金存款余额 33824 万元，比年初增加 12963 万元；公积金贷款余额 85026 万元，比年初新增 18486 万元，余额市场占比 47.62%，市场排名第一。

电子银行业务。抓好电子渠道流程优化和便捷服务，配置电子渠道直销人员，组织营业机构上门营销，增加自助设备，加强客户引导和柜面业务分流，提升了电子银行客户覆盖度和电子渠道交易量比，全行电子银行账务性交易量比 42.45%，比年初提升 18.9 个百分点，全省系统排名 11 位；自助设备账务性交易量比 54.22%，比年初提升 10.07 个百分点。

中间业务。积极为客户举办形式多样的金融业务知识讲座和产品推介活动，大力抓好银行卡、理财产品、贵金属产品、财务顾问、造价咨询、结算业务等重点中间业务产品营销。新增借记卡 37749 张，完成省分行计划的 157.29%，实现借记卡交易额 39878 万元；信用卡净新增客户 1770 户；销售基金 2072 万元，基金定投新增客户 678 户；销售个人理财产品 33499 万元；销售实物黄金 11030 克，账户金交易 170671 克、账户铂交易 1478 克、账户银交易 2270203 克；实现结算业务收入 192.63 万元，财务顾问收入 103 万元，造价咨询业务收入 115.8 万元，代理保险业务收入 82.30 万元。努力拓展中间业务潜力产品，首次为楚雄宏阳商贸有限公司及其上游客户办理 450 万元国内信用证和信用证议付，办理禄丰源泰矿业有限公司“乾元”票据理财产品 3000 万元、盘龙云海 1060 万元，理财产品销售 22000 万元，实现了投资银行业务零的突破。

［殷绍华］

【中国银行楚雄州分行】 2011 年，中国银行楚雄州分行紧紧围绕提高市场竞争力这条主线，认真贯彻州委、州人民政府工作部署和发展战略，积极应对复杂多变的经营环境，努力解决发展中存在的困难和问题，创新思路，抓住机遇，拼抢市场，加快转变经营机制和增长方式，着力强化业务创新和营销服务，经营管理和企业文化建设工作取得显著成效。截至年末，人民币各项存款余额为 244873 万元，比上年末增长 4.67%。其中，公司存款余额为 153315 万元，比上年末增长 3.59%；储蓄存款余额为 91558 万元，比上年末增长 6.51%。人民币各项贷款余额为 147916 万元，比上年末增长 37.21%。其中，公司贷款余额为 124620 万元，比上年末增长 40.82%；零售贷款余额为 23296 万元，比上年末增长 20.65%。实现中间业务净收入 752.75 万元，比上年同期增长 58.82%。实现拨备前利润 6730.12 万元，比上年同期增长 34.41%；实现净利润 4625.32 万元，比上年同期增长 47.62%。

［苏家军］

【交通银行股份有限公司楚雄分行】 2011 年是交通银行实施倍增计划开局之年，交通银行楚雄分行认真研判复杂严峻的宏观经济形势，紧抓发展主题，以“跑赢大市，争先进位”为总体目标，以服务彝州社会经济发展为主线，全力以赴抓存款，强化管理增效益，合规稳健控风险，提升服务拓市场，坚定信心，克难奋进，实现了各项业务稳健增长。

资产业务。以资产结构优化为导向，向大消费行业、支农化肥行业、冶金矿产业等中小企业及时投放流动资金贷款。至年末，楚雄分行各项贷款余额 137333 万元，比上年同期减少 54937 万元，下降 28.57%；日平均贷款余额 179963 万元，比年初 195923 万元减少 15960 万元，下降 8.15%。贷款减少的主要原因是政府融资平台贷款的减退。年末存贷比 41.55%。其中，对公贷款余额 101395 万元，比年初减少 55349 万元，下降 35.31%。在对公贷款减少的同时，交通银行楚雄分行增加了个人贷款投放，至年末，个人贷款余额35938万元，比年初增加412万元，增长1.16%。贷款质量继续保持优良。按五级分类法划分，不良贷款余额仅为146万元，比年初减少83万元，下降36.24%，占贷款总额的0.11%，比年初下降0.01个百分点。

负债业务。紧紧围绕存款中心工作进行认真分析，找准目标，落实有效措施，开展了一系列存款源头性、基础性账户的营销工作。在银政合作的深度、广度上下功夫。加强银政合作，以提高服务质量为竞争优势成功营销了一批源头性存款归集账户，进一步改善了楚雄分行公司存款账户的结构，进一步夯实客户基础。加强存款户项目资金跟踪，及时有效地改善项目资金结算服务，最大限度地缩短资金在途时间，有效增加了日平均存款余额。通过提升结算服务质量，使一部分原有存款客户增加结算量。加强存量客户维护，拓展新客户，进一步优化存款客户结构。进一步强化公司存款业务与私人存款业务的联动，有效促进存款业务综合、均衡、全面发展。年末，楚雄分行人民币各项存款余额330519万元，比年初增加50040万元，增长17.84%。人民币日平均存款余额287191万元，比年初233901万元增加53290万元，增长22.78%。其中，对公存款余额229270万元，比年初增加33919万元，增长17.36%。对公存款日平均余额196986万元，比年初155679万元增加41307万元，增长26.53%。储蓄存款余额101249万元，比年初增加16121万元，增长18.94%。储蓄存款日平均余额90204万元，比年初78222万元增加11982万元，增长15.32%。外币存款175万美元，比年初增加160万元，增长1066.67%。

内控管理。强化信用风险、道德风险、合规风险、操作风险关键点的把控。认真落实贷款新规，完善贷后管理流程和分工协作机制。认真做好政府融资平台贷款清查工作。夯实内控营运管理，会计核算质量得到稳步提升。5个经营网点在省分行46家经营网点中，有3个经营网点在省分行月度、季度会计核算质量考核排名中长期进入前五名，在省分行举办的2011年会计综合能力大赛中，楚雄分行柜员获得了包括个人单项第一名、个人全能第三、第四名的4个获奖席位。依法合规经营，保持对案件防控和安保工作的高压态势，着力加强员工合规意识教育，严守操作风险底线，不碰政策红线，严格合规操作。

［刘　安］

【中国邮政储蓄银行有限责任公司楚雄州分行】　2011年，中国邮政储蓄银行有限责任公司楚雄州分行以效益为中心，按照“错位经营、特色发展”的工作定位，做大各项业务规模，坚持“一加强、二加快、三调整”的工作思路和“条块结合、调整结构”发展策略，以加快转型发展为主线，以利润为目的，以客户需求和推进示范网点建设为中心，调整了业务结构，增强了业务发展能力，实现高效业务的突破性发展。年末，全行累计实现业务收入1684.71万元，同比增长58.60%，超计划10.3个百分点，全面实现省行下达的各项目标，圆满完成全年各项工作任务。

资产业务。9月，成立小企业信贷中心，信贷业务区域营销中心；10月开办小企业贷款业务，积极创新服务产品，通过政府相关部门汇报沟通，有效帮助中小企业发展，为地方经济的发展做出应有的贡献。至年末，累计发放贷款22424万元。

负债业务。积极参与到州人民政府两个中心建设的活动中，为州政府建设服务型政府，提高工作效益，更好地为楚雄州的社会经济发展服务的目标作出积极的贡献。至年末，公司业务实现日均存款余额5721.62万元，同期新增349.47%。个人业务实施错位经营，差异化发展，围绕示范网点转型，充分发挥示范网点的表率作用，以大力发展非利差类中间业务和交易类业务为抓手，有效调整业务结构，带动网点盈利能力和服务水平的全面提升。至年末，全行存款余额19.29亿元，比年初新增2.92亿元，增长17.84%。

服务三农。充分发挥邮政贴近百姓的“三流合一”和“二元结构”优势，全力服务三农。依托邮政储蓄绿卡为农村提供金融业务，代为发放农村养老金、计划生育扶助奖励金、退耕还林款等资金715.2万元；通过与姚安、大姚县烟草公司合作，有效解决了广大烟农的资金困难问题，累计代付烟草款7.08亿元；以信用村建设为契机，积极与南华县野生菌协会和当地村委会沟通合作，有效促进了县域特色经济的发展；与相关单位合作，开办代收移动、联通营业款，代收电信话费等业务，帮助各级单位加快农村资金归属，方便农村地区客户的资金结算，努力为“三农”及中小企业发展提供有力的金融支持。累计发放涉农贷款3.87亿元。

渠道及服务建设。以开展“双星评选”活动为契机，实施规范服务培训，切实发挥服务明星支行和服务明星个人的示范带动效应，提高服务水平；通过网上银行业务的开办，有效提高了服务途径和服务质量；通过开展计算机安全竞赛活动，使各种设备处于良好的运行状态，进一步加强计算机风险防控；加强ATM自助设备监控管理，提高了自助设备的完好率，进一步完善了自助设备服务。

风险管理。整合资源、条块结合，构建“大风险”管理组织架构，全面风险管理工作落实到位，全州邮政金融无重、特、大资金案件及重大风险事件发生；深入开展“业务行为规范年”活动，对全行业务行为合规性、业务行为有效性、适宜性、业务绩效进行评价；认真抓好全州邮政金融案件防控和安全保卫工作，与行内各级、各部门签订了《金融资金安全管理目标责任书》，全面提升案件综合防控能力；开展了人员排查及岗位轮换制度，通过对重空岗位、人员变动及轮岗制度的实施，加强了资金安全管理，有效防范和控制邮政金融资金案件的发生。

［王晓云］

【富滇银行股份有限公司楚雄分行】

2011年，富滇银行股份有限公司楚雄分行按照总行的工作部署和要求，以提升市场竞争力为主线，结合实际，确定了“存款立行、发展兴行”的发展战略，坚持开拓与管理并重的原则，紧紧围绕全年的工作思路和目标任务，开拓进取，发展创新，积极服务地方经济，不断强化风险管控，努力提高经营效益，提升资产质量，各项业务安全稳健发展，为楚雄州的经济建设作出了应有的贡献。富滇银行楚雄分行现设营业部、市场营销部等2个业务部门和办公室、风险管理部、财务会计部等3个支持部门，经楚雄银监分局批准，富滇银行楚雄分行可办理以下业务：吸收公众存款；发放短期、中期和长期贷款；办理国内结算、办理票据承兑与贴现；代理发行金融债券；代理发行、代理兑付、承销政府债券；买卖政府债券、金融债券；从事同业拆借；从事银行卡业务；提供担保服务；代理收付款项及代理保险业务；提供保管箱业务；外汇存款；外汇贷款；外汇汇款、外币兑换；同业外汇拆借；资信调查、咨询和见证业务；国际结算；买卖或代理买卖外汇；外币票据承兑和贴现；代理国外信用卡的发行和付款业务；经中国银行业监督管理机构批准的其他业务。至年末，各项存款余额为53558.04万元，全口径存款余额为53252.34万元，人均增存1972万元，其中公司类存款余额为41748.58万元，个人类存款余额为11503.76万元。各项贷款余额为41928.99万元，公司类贷款余额为34733.1万元，个人类贷款余额为7195.89万元，办理贴现业务2笔。

［杨　樊］

保　险

【楚雄州保险行业协会】 2011年，楚雄州保险业各机构在上级公司及当地党委、政府的正确领导下，通过深入贯彻全国、全省保险工作会议精神和各上级公司的安排部署，坚定信心，抢抓机遇，应对挑战。至年末，全州累计实现保险费收入111667.81万元，同比增长5.73%，累计赔款34920.78万元，赔付率为31.27%，同比上升了5.24个百分点。其中，寿险保费收入66466.53万元，同比增长2.42%，赔款15177.78万元，赔付率22.84%，同比上升了6.11个百分点。产险保费收入45201.28万元，同比增长11%，赔款19743万元，赔付率为43.68%，同比上升了2.7个百分点。保险的广度和深度进一步提高，保险的经济补偿和参与社会管理的职能作用进一步发挥。

2011年，全州机动车交通事故强制责任保险逐步扩大；“三农”保险逐步

2011年楚雄州保险业务统计表

单位：万元

保险分类	险　种	保费收入			赔款金额			
		2011年	2010年	同比%	2011年	2010年	同比%	赔付率
人寿保险	意外伤害险	4161.23	3556.18	17.01%	514.39	427.18	20.42%	12.36%
	健康险（短期）	9420.04	7915.88	19.00%	5965.62	3152.46	89.24%	63.33%
	寿　险	52885.26	53421.10	-1.00%	8697.77	6534.30	33.11%	16.45%
	小　计	66466.53	64893.16	2.42%	15177.78	10113.94	50.07%	22.84%
财产保险	企财险	1375.02	1333.88	3.08%	168.35	159.51	5.54%	12.24%
	家财险	474.04	335.00	41.50%	149.58	147.95	1.10%	31.55%
	车险（商业险）	21081.54	19673.10	7.16%	9751.79	7018.57	38.94%	46.26%
	车险（交强险）	14093.34	12523.97	12.53%	6635.75	5364.49	23.70%	47.08%
	工程险	-4.99	35.17	-114.19%		0.83		
	责任险	1389.75	942.34	47.48%	643.74	353.99	81.85%	46.32%
	货运险	1383.16	1115.16	24.03%	191.58	178.14	7.54%	13.85%
	农业险	2112.00	2157.00	-2.09%	1075.00	2431.00	-55.78%	50.90%
	林业险	658.10						
	人身意外伤害险	2592.90	2554.27	1.51%	1091.55	1097.66	-0.56%	42.10%
	健康险	46.42	51.47	-9.81%	31.82	24.05	32.31%	68.55%
	其他险					3.84	5.90	-34.92%
	小　计	45201.28	40721.36	11.00%	19743.00	16782.09	17.64%	43.68%
意外险、健康险	意外伤害险	6559.03	5944.42	10.34%	1540.25	1512.99	1.80%	23.48%
	健康险	9427.58	7921.95	19.01%	5970.62	3161.46	88.86%	63.33%
	小计	15986.61	13866.37	15.29%	7510.87	4674.45	60.68%	46.98%

［楚雄州保险行业协会供稿］

推进，在继续承保全州能繁母猪政策性保险的基础上，还在楚雄市、南华县、禄丰县推出了水稻、玉米、小麦种植业保险试点；全州林业的公益林和商品林于11月7日正式启保；高危行业人身意外保险、校园方责任险、医疗事故责任保险以及楚雄州城镇职工、城镇居民、新型农村合作医疗大病补充保险全面实施，较好地发挥了商业保险作为社会保障体系的重要补充和完善作用。保险参与社会管理功能作用日益显现。全年全州保险业增加保险从业人员约500人左右，新增加人员中大多数是大中专毕业生、城镇待业人员及下岗职工和农村富余劳动力转移人员。随着保险事业的快速发展，保险从业人员的数量每年也将逐步扩大，为城镇待业人员和农村富余人员提供了就业渠道，在一定程度上，缓解了社会的就业压力，为社会承担责任。6月30日，为贯彻落实中国保监会、中国银监会的银保新政，楚雄州保险行业协会召开了中介协调委员会，17家会员公司分管银保业务的领导及中介协调委员会委员、秘书处工作人员共28人参加了会议。会上，中介协调委员会主任何志梅组织学习了中国保监会、中国银监会《关于印发〈商业银行代理保险业务监管指引〉的通知》；王建新秘书长通报了州银监局关于《基层银行业金融机构代理保险业务现状、问题及建议》；与会人员分析了当前银邮市场的现状，并提出了相关的意见和建议。10月10~14日，产险协调委员会根据《2011年第一次车险自律检查方案》，抽调了各产险公司相关人员，组成了3个检查组进行了交叉检查。检查的重点是2011年3月、6月、9月的交强险和电销业务。通过检查，掌握和了解了楚雄车险业务承保方面的基本情况，以及存在的问题。对于促进车险合规经营起到了一定的督促作用。根据云南保监局《关于开展云南保险业行风建设巡查调研的通知》，对全州18家州级保险公司进行了行风建设的考核和考评。年内，协会正式接受办理并上报了54家保险兼业代理机构的申报、换证、遗失补办。其中，换证40家，变更1家，新申报13家，已核准9家。共接到保户来信来访及投诉15起，收到违规举报2起。全省3个社会管理创新试点县（市）之一的楚雄市，正式启动了医疗责任保险统保试点工作。1月，“楚雄市道路交通事故快处快赔中心”正式挂牌，此中心运行基本正常。5月31日下午，楚雄州保险行业协会、交警安楚大队联合召开安楚高速公路快处快赔及交通事故调解机制工作会议，会议对安楚高速公路快处快赔及建立交通事故调解机制作出了安排和部署。全年协会共计4次到县上进行考试，共组织保险代理人资格考试235场，参考人数达到4594人次，比上年同期增加732人次，合格率为36.38%。另为54名农村保险营销员申请办理了农村保险营销员资格。支持全州税收工作，全年全州保险机构累计上缴地方营业税2315万元。另外，全州10家产险公司为税务部门代收代缴车船税3472万元，占全州该税种已征税款的95%。

［张国琼］

【中国人民财产保险股份有限公司楚雄州分公司】 2011年，中国人民财产保险股份有限公司楚雄州分公司紧紧围绕“转方式促发展、强合规增效益”工作主基调，强力实施“速度、效益、服务”市场领先战略，实现保费收入27098万元，同比增长2.05%，完成计划目标的100.56%，市场份额为59.95%，占据全州财产保险市场的绝对主导地位。全年共处理各项赔案37326件，赔款支出1.28亿元，缴纳地方税收1342万元，代收代缴车船税1668万元。农险保费收入2112万元，同比增长-2.07%。其中，种植业保险保费367.5万元，水稻险在楚雄、南华、禄丰开办，财政补贴数20万亩，实际承保水稻20万亩，保费收入210万元。玉米险在楚雄、南华开办，财政补贴数10万亩，保费收入100万元。油菜险在禄丰县开办，财政补贴数5万亩，实际承保5万亩，保费收入57.5万元。中央政策性能繁母猪、奶牛保险保费收入1745万元。能繁母猪险在全州范围开办，承保227352头，完成财政补贴数量272720头的83.36%，保费收入1364万元。全年共直接支付农业保险赔款1060.2万元，解决了养殖户的后顾之忧，实现了政府得民心，农民得实惠，公司得发展的三农保险发展目标。通过改革，整合理赔资源，提高理赔人员的工作积极性和主动服务意识。开展查勘“四个一”活动，推出亲情体验卡，加大回馈客户力度，车险出险客户续保率在70%以上，车险理赔周期17.29天，全省排名第二，车险万元以下理赔周期14.89天，全国353家地（市）分公司排名42名以前；非车险周期22.97天，排名全省第7位。电销业务突飞猛进，全年实现保费4862万元，增长199.73%，位居全省第五位。个代营销渠道保费收入14036万元；“两网”总保费达到10814万元，平均产能159万元，扎实推进交叉销售工作，全年实现保费收入达到1368万元，完成挑战目标的100.59%。加快推进三农保险基层服务体系建设，在全州103个乡（镇）、1048个村委会和所有行政村建立健全“覆盖全面、管理清晰、运行规范、服务到位”的三农保险基层服务体系，做到“服务机构进乡镇，服务人员进村组”，推动三农保险全面发展。年内，公司被州委、州人民政府评为“捐资助学”先进单位，被牟定县委、县政府授予2001~2010年挂钩扶贫工作“先进集体”荣誉称号。

［麻文东］

【中国人寿保险股份有限公司楚雄分公司】 2011年，中国人寿保险股份有限公司楚雄分公司在总公司、省公司的正确领导下，按照分公司党委总经理室提出的“一多四好”的发展建设总体目标，在全州系统员工的共同努力下，共创出“业兴人和”的发展局面。至年末，实现股份总保费收入30962.6万元，比上年同期净增保费4893.9万元，同比增长18.77%，缴纳地方税收420.32万元。年内，已结赔案11272件，全年给赔付支出共计5424.4万元，市场份额61.5%，继续牢牢捍卫全州寿险市场第一的主导地位。深化经营管理体系改革于7月13日圆满结束。8月5日，中国人寿双柏县支公司理赔了双柏县保险史上最大金额的赔案，现场理赔兑现了碍嘉镇王某某的意外伤害死亡保险金25.6万元。中国人寿与农村信用社通过拓展小额贷款借款人身意外伤害保险合作业务，共同为广大农户的生产生活保驾护航，排忧解难，为彝州社会和谐稳定和经济发展做出了积极的贡献。同时，也坚定了农村信用社与中国人寿长期合作的信心。6月，被州委、州人民政府授予“捐资助学”先进单位荣誉称号。7月，参与主办了楚雄州“中国人寿杯”第五届中学生运动会。8月，被中国人寿保险集团公司授予“2009～2011年度文明单位”荣誉称号，股份公司系统仅有6家获此殊荣，云南国寿仅此一家。11月，禄丰县支公司被总部授予“保险先进村建设先进县支公司”荣誉称号，全国获此殊荣的县支公司有29家，云南仅禄丰公司1家。12月，被中国保监会授予“2009～2011年度系统文明单位”荣誉称号。云南保险系统仅此一家获此殊荣，这是自1996年分业经营以来在行业内荣获的最高荣誉。

［姜　勇］

【中国太平洋财产保险股份有限公司楚雄中心支公司】　2011年，中国太平洋财产保险股份有限公司楚雄中心支公司坚持“外抓市场、齐心协力；内抓管理、细致入微”的工作思路，按“合规经营，强化管理，提升公司品牌，全面推进持续发展”的工作要求开展工作。努力践行自身价值的可持续增长，使综合实力逐步提升，服务水平显著提高，市场份额不断增加，行业地位和社会影响力大幅度攀升。同时为切实保证承诺的履行，保障被保险单位享有优先服务的权利，真正做到从投保、出险、理赔一条龙服务，全过程优先、快速服务，中国太平洋财产保险股份有限公司楚雄中心支公司特制定保险服务计划，并专门成立项目领导小组和服务小组。服务小组将提供24小时全天候服务，实现承保、报案、查勘、定损、理赔的“一站式”服务。全年实现保费收入3877.47万元，同比增长19.55%。市场份额占比8.58%，比上年提高0.58个百分点。赔款支出1771.74万元，上缴地方税费215.93万元，已结赔案4049件，结案率85.45%。

［王晓婷］

【中国太平洋人寿保险股份有限公司楚雄中心支公司】　2011年，中国太平洋人寿保险股份有限公司楚雄中心支公司抓机遇，调业务结构，整合人力资源，全面完成了各项任务指标。全年实现保费8210万元，同比增长2.79%。理赔案件385件，理赔金额252万元，满期给付491件，给付金额639万元。继续加强与金融机构的联动，积极开展小额信贷人身意外伤害保险业务，为发生意外伤害身故的贷款家庭解决了后顾之忧，充分体现了保险“聚焦三农、服务三农”的保险保障功能。

［段咏晴］

【中国人民健康保险股份有限公司楚雄中心支公司】　2011年9月1日，公司正式开始筹建个险销售部，标志着公司团险、银保、个险三块业务得到全面开展，为公司稳定健康发展打下了坚实的基础。城镇职工、城镇居民、新农合大病补充医疗保险顺利开展，三网合一的运行模式进一步得到完善发展，专业保险公司参与民生工程建设，推进医疗体制改革取得了很好的效果。4月20日，中华医学会党委书记、卫生部政策专家委员会委员饶克勤教授到公司对新农合大病补充医疗保险商业化运作进行调研后再次到公司进行调研，他对楚雄州人民政府敢于创新，引入专业商业保险公司参与医疗体制改革工作表示支持，并对政企合作的方式、新农合大病补充医疗保险前期的调研工作及试点一年取得的成绩表示充分的肯定。10月22日，人保健康楚雄中心支公司与人保财险楚雄州公司联合召开了“交叉销售”启动大会，标志着人保集团旗下的人保健康和人保财险的合作将进一步深入，资源优势互补将得到更好的体现。至年末，公司共实现保费收入8583.79万元，同比增长21.11%。健康险业务在楚雄保险市场上的份额达90.23%，保费规模居楚雄保险市场18家保险公司第3位，市场份额为14.2%，排8家寿险公司第2位。被总公司授予“2011年开门红业务竞赛优秀地市级机构”和“2011年上半年业务竞赛优秀地市级机构”荣誉称号。

［陈熙熙］

【中国大地财产保险股份有限公司楚雄中心支公司】　2011年，中国大地财产保险股份有限公司楚雄中心支公司紧紧围绕分公司“以效益为中心”的经营理念，以“转变方式、优化结构，精细管理，强化管控”为中心开展工作，依法合规经营，全面部署、措施得力、层层落实，公司各项管理水平和业务发展都有了快速提升。至年末，实现保费收入2705万元，提前55天完成云南分公司下达的全年计划任务指标，完成率为125.92%，同比增长57.75%，同比增长率在大地保险云南分公司下辖26家地州机构中排位第三。全年共处理赔案2930件，支付赔款870万元，结案率为93.72%，全险种自留满期赔付率为39.09%，精算满期赔付率43.67%，缴纳地方税收148万元。在车险、人身险全国通赔平台上，竭力做好理赔服务，树立公司良好形象，全年共处理通赔案件421件，理赔金额147.65万元，异地出险客户涉及重庆、深圳、安徽、山东等地。在全国系统内“谁与争锋”业务擂台赛中荣获三等奖；荣获云南分公司“销售团队建设新秀奖”；被中国大地保险云南分公司评为“2011年度依法合规经营先进单位”、“2011年度机构信息宣传工作先进集体”二等奖；在楚雄州保险行业协会信息宣传工作考核中，被评为楚雄州保险系统内2011年度先进信息单位二等奖。

［纳绍菊］

（责任编辑：者宗菊）

实施产业发展工程

以产业园区为阵地，以招商引资为抓手，以民营经济发展为动力，集中力量建设烟草、冶金化工、生物医药、绿色食品、文化旅游、新能源新材料六大重点产业，力争六大重点产业增加值占生产总值的比重达 60%以上。

调快调优一产，大力发展特色农业，确保一产增加值年均增长 6%以上。实施农业发展百亿元计划，以农业产业化推动农业现代化，为烟草加工、生物医药、绿色食品等重点产业提供坚实支撑。

调快调强二产，加速新型工业化，确保二产增加值年均增长 16%以上。坚定不移地实施工业强州战略，按照"一年打基础、三年见成效、五年上台阶"的要求，集中力量培优做强烟草加工、冶金化工、生物医药、绿色食品加工、机电装备制造、新能源新材料 6 个重点工业产业。按照规模化、集约化、实体化的要求，全面启动 10 县（市）工业园区建设，突出重点，实施工业"千亿元园区"、"百亿元企业"培育工程和工业发展 3 年倍增计划，带动和支撑工业经济跨越发展。

调快调特三产，加快发展现代服务业，确保三产增加值年均增长 11%以上。大力发展文化旅游业，力争增加值突破 100 亿元。加快发展生产性服务业，提升发展消费性服务业。

加快中小微型企业发展，大力发展非公有制经济，其增加值占生产总值的比重力争达到 50%以上。强化产业保障，鼓励和调动更多资金投向产业，力争产业投资占固定资产投资的比重达 50%以上。

——摘自楚雄州第十一届人民代表大会第一次会议上的《政府工作报告》

烟 草

烟草产业是楚雄州着力培植的六大重点产业之一，也是彝州经济社会发展的支柱性产业。在国家和省烟草专卖局（公司）及省州党委、政府的正确领导下，彝州烟草产业迅猛发展，在"十一五"期间及"十二五"开局之年取得了较好的经济效益和社会效益。

楚雄州烟草专卖局（公司）近年来将"两个利益至上"的行业共同价值观和"利国惠民，至爱大成"的企业核心价值理念植入公司的经营理念，通过转观念、打基础、抓管理、促改革、求发展，优化烟叶结构、现代烟草农业建设、卷烟销售网络建设、专卖管理、企业内部管理、队伍思想作风建设都较好完成了工作任务，各项经济指标实现持续增长，企业呈现出健康、和谐、持续发展的良好势头。2011 年，全州种植烤烟 65.4 万亩，收购 192.3 万担，实现烟农收入 18.4 亿元；销售卷烟 9.86 万箱；州烟草公司系统实现税利 17.67 亿元。楚雄州连续 6 年被省政府表彰为烟叶工作先进州（市），州烟草公司被中央精神文明建设指导委员会评为"全国文明单位"。

红塔集团楚雄卷烟厂易地搬迁技改项目是楚雄州"十一五"期间的"十大"重点工程项目之一，同时也是云南中烟工业公司、红塔集团"十一五"期间的重点技改项目。项目

位于楚雄市东南片区富民工业区，工程建设占地1054亩，净用地992亩，生产设计能力60万箱，整个技改项目投资规模达27亿元。该项目于2006年12月26日经国家烟草专卖局批准，2007年12月12日正式奠基开工建设，2012年7月1日在新厂区正式投产运行。

该项目主要运用红塔集团成熟的特色工艺技术，统一制丝、卷包、复烤工艺标准，对制丝、卷包、打叶复烤生产线及相关配套设施进行整体搬迁技改，总体设计要求达到国内先进水平。

①2011年6月9日，省委副书记李纪恒视察烟叶生产

②2012年2月，楚雄州烟草公司获“全国文明单位”揭牌仪式

③烟草文化下乡慰问演出

④2012年4月20日，国家烟草专卖局局长姜成康到楚雄卷烟厂新厂区调研

⑤2011年4月4日，国务院发展研究中心副主任韩俊到楚雄调研

⑥楚雄卷烟厂新厂区外景

⑦楚雄卷烟厂新厂区原烟堆场

⑧楚雄卷烟厂新厂区动力中心

⑨楚雄卷烟厂技改项目调整论证

⑩楚雄卷烟厂新厂区制丝车间

⑪外国专家调试设备

⑫烟夹装烟

⑬现代化育苗工场

⑭专业化植保服务

冶金化

冶金化工业是中共楚雄州委、州人民政府重点培植的六大重点产业之一，经过“十五”、“十一五”期间各级各部门、各企业的共同努力，全州在冶金化工业产业体系建设、产业园区建设、产业规模扩张、重点项目建设、市场营销能力建设等方面取得了较大发展。

冶金矿产业。2011 年，楚雄州规模以上冶金工业实现工业总产值 136.63 亿元，同比增长 21.2%；主营业务收入 139.27 亿元，同比增长 27.1%；实现利润 8.58 亿元，同比下降 14%；实现利税 13 亿元，同比下降 7.3%。其中重点骨干企业，德胜钢铁公司完成现价工业总产值 57.65 亿元，同比增长 3.4%，完成主营业务收入 62.67 万元，同比增长 13.9%，实现利润 5 亿元，同比下降 37.6%；楚雄滇中有色金属有限公司完成现价工业总产值 35.17 亿元，同比增长 43.2%，完成主营业务收入 34.17 亿元，同比增长 52.1%，实现利润 4007 万元。

化工工业。2011 年，楚雄州规模以上化学工业实现工业总产值 57.14 亿元，同比上升 35.4%；主营业务收入 52.35 亿元，

工业

同比上升 27.2%；实现利润 2.15 亿元，同比增长 65.2%；实现利税 3.12 亿元，同比增长 18.3%。其中，德胜煤化工公司完成工业总产值 19.4 亿元，同比增长 21.3%；完成销售收入 17.57 亿元，同比增长 21.2%；实现利润 4381 万元，同比下降 35.3%。

①全国政协常委、省工商联主席杨焱平到德胜钢铁公司调研
②德胜钢铁公司与云南建工集团签订战略合作协议
③大姚六苴铜矿浸碴入流程投入运行
④坦桑尼亚政府要员到德胜钢铁公司访问
⑤云南天腾化工有限公司高塔主控室
⑥楚雄仁恒化肥公司厂区
⑦云南天腾化工有限公司厂区
⑧武定高钛渣厂主厂区
⑨海绵钛生产厂区
⑩滇中有色金属公司厂区
⑪楚雄矿冶六苴矿区建成的“西南第一深井”——3 号竖井
⑫浇铸粗铜
⑬滇中有色金属公司硫酸车间生产线
⑭德胜钢铁公司生产线
⑮云南禄丰勤攀磷化工有限公司年产 10 万吨磷酸生产线

生物医

①

③

生物医药业是中共楚雄州委、州人民政府重点培植的六大重点产业之一，经过“十五”、“十一五”期间各级各部门、各企业的共同努力，全州生物医药在产业体系建设、产业园区建设、产业规模扩张、重点项目建设、中药材种植、企业市场营销能力建设、新药研发和申报、彝族医药体系建设、招商引资、产业政策出台等方面均取得了显著成效。截至2011年底，全州通过GMP认证的制药企业有13户，药品生产线71条，获准生产22种剂型，拥有国家药品批准文号329个，国家中药保护品种9个，保健食品批文6个，全国独家生产品种31个。2011年底，全州生物医药产业实现总产值15.88亿元，同比增长29.9%；实现增加值3.96亿元，同比增长4.9%；全州种植中药材49710亩，同比增长46.8%。生物医药产业呈现出快速健康发展的良好态势，为“十二五”生物医药产业实现跨越式发展奠定了坚实基础。

药 业

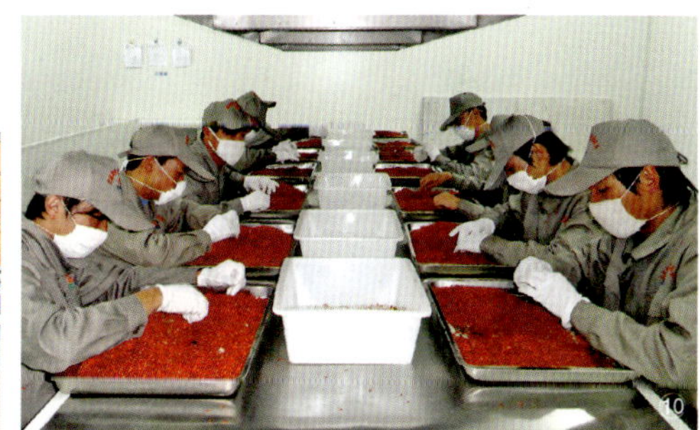

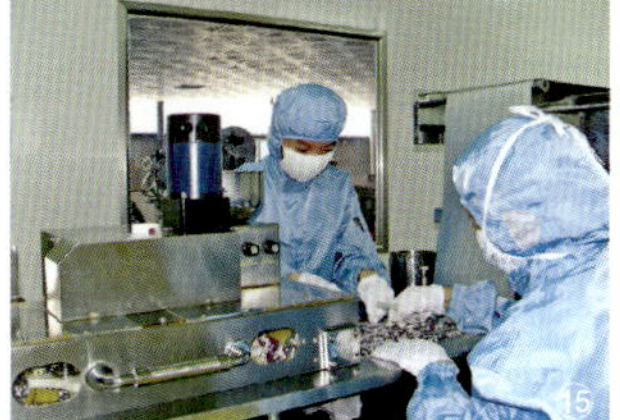

①2012年3月23日，省委书记、省人大常委会主任秦光荣到广泰生物科技开发有限公司指导工作

②省委常委、省纪委书记辛维光到广泰生物科技开发有限公司调研

③副省长和段琪到云南白药武定基地指导工作

④州委书记张太原，州委副书记、代理州长李红民启动广泰生物科技开发有限公司二期年产5万吨有机及功能性饮料生产线

⑤云南老拨云堂药业有限公司

⑥云南新世纪中药饮片有限公司

⑦云南广泰生物科技开发有限公司

⑧2011拨云医药工商企业发展机遇高峰论坛

⑨云南老拨云堂药业有限公司产品展台

⑩工厂拣选红花

⑪云南白药集团公司规范化推广种植的黄草乌

⑫云南白药集团公司红豆杉种子

⑬云南白药集团公司重楼采种圃

⑭云南老拨云堂药业有限公司药品包装车间

⑮云南新世纪中药饮片有限公司胶囊车间

⑯云南广泰生物科技开发有限公司生产车间

⑰云南盘龙云海药业有限公司药品包装车间

绿色

2011年，楚雄州各级各部门认真按照中共楚雄州委、州人民政府发展绿色食品业的工作思路，紧紧围绕农业产业结构调整、发展现代农业、农民持续增收和财政增长的目标，大力推进绿色食品加工园区、特色蔬菜种植园区和优质粮食、畜牧、蔬菜、核桃、蚕桑等特色优势产业基地建设，促进传统产业提质增效发展，并依托当地优势资源，培育和发展食用菌、优质水果、花卉、种子等外向型特色产业，培强壮大龙头企业，加强农产品“三品”认证，健全完善农产品质量安全检测及监管体系，推进绿色食品业又好又快发展。年内全州年产值100万元以上的农业龙头企业达174户，发展各类农民专业合作组织2777个，会员达27.71万人户，所有乡（镇）都组建了各种类型的合作组织；全州累计有121户企（事）业单位的221个农产品通过了国家质量认证，其中有机食品16个、绿色食品76个、无公害农产品129个；累计认定农产品原料种植基地面积67.88万亩，产品产量41.81万吨，产值12.88亿元；全州获“云南名牌”称号的农产品4个，获“云南名牌农产品”称号的10个，获“云南省著名商标”的农产品11个，“大姚核桃”地理标志证明成功注册。全州绿色食品业实现增加值73.2亿元，比上年增长10.6%。

州境内气候多样、雨量适中、土地宽广，为森林食品产业发展创造了良好的自然条件。至2011年底，全州已发展经济林528万亩，其中，核桃422万亩，板栗23.4万亩，水果30万

食品业

亩，花椒 6 万亩，其他 46.6 万亩。全州共生产森林食品 13.5 万吨，其中，核桃 3.2 万吨，油橄榄 160 吨，水果 9 万吨，板栗 0.75 万吨，野生菌 1.6 万吨，中药材 3255 吨，桉叶油等香料 2302 吨，食用野果 1684 吨，森林蔬菜 1097 吨。全州已实施野生菌保育 170 万亩。

依托丰富的森林食品资源，全州已建森林食品加工企业 60 多户，其中核桃等木本油料加工 23 户，野生菌加工 34 户，其他森林食品加工 3 户。2011 年加工企业总产值达 13 亿元，其中核桃加工产值 6.5 亿元，野生菌加工产值 5.5 亿元，其他 1 亿元。有 14 户企业被认定为林业产业省级龙头企业，在所生产的产品中，有 10 个产品获得国家专利，有 3 户企业的产品全部通过 ISO 质量认证，有 11 类产品通过 HACCP 食品安全认证和绿色食品认证，有 6 类产品通过了有机食品认证。核桃和野生菌加工在省内处于领先水平。

①永仁红提
②柑橘
③油茶
④冬桃
⑤禄丰金山优质水稻
⑥姚安清河莲藕基地
⑦禄丰罗次萝卜
⑧禄丰中村兰花种植
⑨板栗
⑩绿茶采摘
⑪武定高山反季蔬菜
⑫武定香葱收割
⑬武定壮鸡
⑭南华野生菌加工
⑮牟定油腐乳加工
⑯永仁缫丝生产车间
⑰元谋香葱处理车间

文化旅

文化旅游业是楚雄州着力培植的重点产业之一，也是建设彝族文化名州的支撑性产业。近年来，楚雄州紧紧抓住云南旅游“二次创业”的历史机遇，依托“一彝三古”的资源条件和良好的交通区位优势，坚持“政府主导、企业主体、市场运作、社会参与”的方针，通过各级党委、政府强有力的领导，各有关部门的通力协作，全州旅游行业广大干部职工的努力工作，文化旅游产业实现了从“温冷”向“较热”的转变。旅游产业在促进全州服务业发展、调整优化经济结构、扩大对外开放、统筹城乡发展、拉动社会就业和增加群众收入等方面的作用日益增强。

特别是云南旅游实施“二次创业”战略以来，围绕“优化结构、转型升级、提质增效”的发展要求，楚雄州文化旅游产业坚持以大项目带动大发展。通过努力，以禄丰世界恐龙谷一期、楚雄彝人古镇和元谋浪巴铺土林为代表的新景区初步建成；以武定狮子山、元谋物茂土林为代表的老景区改造提升取得实效；黑井、石羊、光禄、罗婺彝寨 4 个旅游小镇建设成效明显。禄丰世界恐龙谷和楚雄彝人古镇年接待游客超过 100 万人次，成为滇西黄金旅游线上的重要景点，有力地提升了楚雄旅游的知名度和影响力。重点旅游项目的开发建设，为把楚雄州建设成为全省新兴旅游目的地打下了坚

游 业

实的基础。

“十一五”期间，全州累计接待海外游客 4.35 万人次，比“十五”时期的 2 万人次增长 114%；接待国内游客 3104 万人次，比“十五”时期的 1155 万人次增长 168%；实现旅游业总收入 92.1 亿元，比“十五”时期的 44 亿元增长 109.3%。“十一五”时期成为全州文化旅游业发展史上最快、最好的时期。进入“十二五”开局之年，楚雄州文化旅游业步入了发展的快车道，2011 年全州接待海外旅游者 23837 人次，同比增长 19.83%；接待国内旅游者 1165 万人次，同比增长 20.81%；全州实现旅游业总收入 403280 万元，同比增长 29.8%。旅游业三大指标全面超额完成了楚雄州人民政府与云南省人民政府签订的目标责任书，楚雄州文化旅游业实现了“十二五”开门红。

①2011 年全州旅游工作会议
②来自国外的游客在恐龙谷参观之一
③来自国外的游客在恐龙谷参观之二
④恐龙谷的游客
⑤迎宾号
⑥国外游客观赏茶花
⑦游客游览彝人古镇
⑧外宾游览彝人古镇
⑨2011 年火把节自行车赛
⑩元谋土林
⑪姚安光禄古镇军民总管府
⑫金沙江码头

新能源

“十一五”以来，楚雄州以新能源新材料为重点的战略性新兴产业取得了重大突破。到 2012 年，新能源已建成牟定凤屯、元谋雷应山 2 座风电场，总装机 9.8 万千瓦；在建 5 座，总装机 24.75 万千瓦；在建太阳能发电站 1 座，总装机 4 万千瓦。到“十二五”末，将建成风能、太阳能、生物质能发电装机 206 万千瓦，其中风力发电装机 150 万千瓦、太阳能发电装机 50 万千瓦、生物质能发电装机 6 万千瓦，新能源发电占全州总装机的比重达 60%以上，实现增加值约 11 亿元以上，占 GDP 的 2%左右。新材料方面建成 2 万吨钛材生产线，是目前国内最大的一条钛材生产线。其他高性能钢铁、稀土材料、稀贵金属的开发尚处于前期阶段。到“十二五”末，将建成以禄丰土官为核心的国家新型工业化钛产业示范基地，钛合金、铝合金、

新材料业

新型钢铁材料产业有实质性进展，稀土材料、稀贵金属材料开发发展取得突破，实现销售收入 30 亿元，增加值 11 亿元以上，占全州 GDP 比重达 2%左右。

①2011 年 12 月 28 日，省政府常务副省长罗正富等省州领导出席牟定凤屯风电场并网发电暨大尖峰风电场开工仪式
②省、州领导为牟定大尖峰风电场开工奠基
③2012 年 2 月 22 日，姚安东山风电场项目开工
④牟定凤屯风电场
⑤元谋雷应山风电场
⑥禄丰土官工业园区海绵钛生厂区
⑦云南新立有色金属公司武定分公司高钛渣主厂区
⑧云南钛产业基地生产调度
⑨云南钛业股份有限公司钛材生产线
⑩云南钛业股份有限公司生产车间

加强社会保障体系建设

加强社会保障体系建设。2011年，楚雄州人力资源和社会保障工作在中共楚雄州委、州人民政府的正确领导下，坚持以邓小平理论和“三个代表”重要思想为指导，深入践行科学发展观，认真贯彻落实全省人力资源和社会保障工作会议精神，围绕桥头堡建设战略部署，牢牢把握民生为本、人才优先这条主线，努力促进和扩大就业，全面推进人才立州战略，健全覆盖城乡社会保障体系，深化人事制度和收入分配制度改革，积极发展和谐劳动关系，各项工作取得新进展，实现了“十二五”规划的良好开局。

推动社会管理工作创新。全州政法战线以维护全州社会和谐稳定、促进经济健康发展、保障人民安居乐业为目标，深入推进社会矛盾化解、社会管理创新、公正廉洁执法“三项重点工作”；强化队伍建设，扎实开展政法机关“发扬传统、坚定信念、执法为民”主题教育实践活动，求真务实，开拓创新，为“十二五”开局之年全州经济社会又好又快发展营造了和谐稳定的社会环境。

推动社会管理工作创新

①2011 年 12 月 21 日，人力资源和社会保障部副部长杨志明到楚雄州调研农民工工资支付保障情况

②2011 年 3 月 25 日，州委、州人民政府召开楚雄州清理积案工作总结表彰会

③2011 年 1 月 19 日，州委书记张太原到楚雄市公安局东城派出所看望慰问民警

④2011 年 7 月 23 日，州委常委、州委政法委书记岑化虎等州市领导视察“火把节”安保工作

⑤2012 年 2 月 24 日，中央编办副主任王峰到楚雄州就推进社会管理领域行政管理体制改革工作进行调研

⑥2011 年 3 月 18 日，重庆市渝北区政府到楚雄州考察，并与州人社局签署意向性合作协议

⑦2011 年 11 月 29 日，州人社局召开大学生村官管理服务工作座谈会

⑧2011 年 8 月 18 日，楚雄州新型农村和城镇居民社会养老保险试点工作部署会议召开

⑨2011 年 1 月 26 日，州人社局举行楚雄州 2011 年首批灵活就业困难人员社会保险补贴发放仪式

⑩2011 年 7 月 14 日，楚雄州“十二五”就业、社会保障及人力资源开发发展规划评审会召开

⑪州人社局上街宣传《社会保险法》

⑫用人单位现场报名

⑬人才市场招聘活动

⑭办理社会保障业务

滇中明珠

2011 年是“十二五”开局之年，楚雄市抢抓新一轮西部大开发和云南桥头堡建设战略机遇，着力夯实基础、培强产业、改善民生、促进和谐，全市经济平稳较快增长，社会保持和谐稳定。楚雄市具有较好的发展优势，享有滇中明珠之誉。全年全市实现生产总值 194.42 亿元，比上年增长 12.5%。其中，第一产业增加值 19.34 亿元，增长 8.5%；第二产业增加值 112.96 亿元，增长 14.9%；第三产业增加值 62.12 亿元，增长 9.4%。一、二、三产业对国民经济增长的贡献率分别为 6.8%、68.3%、24.9%。人均生产总值达到 32963 元，增长 9.1%。全年财政总收入 26.69 亿元，增长 17.6%；实现地方财政总收入 17.2 亿元，增长 19%；地方财政一般预算收入 11.6 亿元，增长 19.2%；固定资产投资 100.5 亿元，增长 25.3%；非公经济完成增加值 82.69 亿元，增长 14.5%，占全市生产总值比重达 42.5%。居民消费价格总指数为 103.8%，

——楚雄市

④

⑤

⑥

⑦

⑧

⑨

⑩

⑪

⑫

⑬

⑭

⑮

⑯

商品零售价格指数为103.6%，分别上涨3.8%和3.6%。投入城市建设资金7.19亿元，城市建成区面积达37.55平方千米，城镇化率达56.4%。

①2010年9月10日，省委书记白恩培，省长秦光荣等领导出席广通至大理铁路扩能改造工程奠基仪式

②州委书记张太原等领导在楚雄市调研烟水配套建设工程

③省教育厅厅长罗崇敏、州长李红民等领导在楚雄龙江中学调研

④第五届中国彝族文化展演会、第六届云南民族民间文化博览会暨2010年中国楚雄彝族国际火把节开幕式表演

⑤楚雄市“119”消防救援及突发性灾害应急救援综合演练

⑥楚雄第五届茶花文化旅游节开幕式暨中国·楚雄2012年国际茶花大会倒计时启动仪式

⑦楚雄西片区新貌

⑧楚雄东片区新貌

⑨开发区永安大道

⑩彝族十月太阳历文化园

⑪福塔景点

⑫彝人古镇景点

⑬市民广场夕照

⑭峨碌公园门坊

⑮烟叶种植基地

⑯梯田韵律

彝族虎文化之乡

双柏县位于云南省中部、楚雄州南部，地处哀牢山脉以东、金沙江与红河水系分水岭南侧，地跨北纬 24°13′~24°55′、东经 101°03′~102°02′之间，总面积 4045 平方千米。全县辖 5 镇 3 乡，主要居住汉、彝、回、哈尼等 18 个民族，总人口 15.47 万人，少数民族占总人口的 48.6%，人口密度为每平方千米 38 人。

2011 年，全县实现地区生产总值 16.4 亿元，增长 12.4%。完成地方财政总收入 16616 万元，增长 24.3%，其中地方财政一般预算收入 11447 万元，增长 17%。完成全社会固定资产投资 20.1 亿元，增长 31.9%。实现社会消费品零售总额 2.68 亿元，增长 20%。城镇居民人均可支配收入 15689 元，增长 11.4%。农民人均纯收入 3814 元，增长 16.1%。

双柏是彝族虎文化的故乡，被称为“民族文化宝库”。中央电视台特别节目《与虎共舞的人——传承老虎笙》，电视剧《钱王》充分凸现了双柏美丽的自然风光和浓郁的民族

——双柏县

风情，"三笙（老虎笙、大锣笙、小豹子笙）文化"源远流长，老虎笙名扬海内外。双柏资源丰富，秀水环流，林海茫茫，空气清新，森林覆盖率达84%，被誉为天然氧吧。

近年来，在县委、县人民政府的领导下，全县各族人民励精图治、艰苦创业，经济持续健康发展，社会和谐稳定，人民收入逐年增加，各项事业蒸蒸日上，正朝着全面建设小康社会的宏伟目标迈进。

①省委常委、省委统战部部长黄毅等省、州领导到双柏视察
②副省长孔垂柱等省、州领导到双柏县指导抗旱工作
③双柏县国有林场棚户区改造项目开工仪式
④双柏县纪念建党90周年文艺晚会
⑤2011年"'绿色'电脑进西部活动"云南省赠送启动仪式在双柏县举行
⑥双柏县非物质文化遗产"三笙"之一——老虎笙
⑦山城——妥甸镇风光
⑧新建成的县城"查姆大道"
⑨中药材玫瑰茄种植示范
⑩黑山羊养殖
⑪优质烤烟
⑫野生菌

左脚舞之乡

牟定县地处楚雄州中部，位于北纬 25°09′~25°40′、东经 101°19′~101°51′ 之间。东邻元谋县、禄丰县，南连楚雄市，西与南华县、姚安县接壤，北同大姚县毗邻。2011 年末，全县辖共和、新桥、江坡、凤屯 4 个镇和安乐、戌街、蟠猫 3 个乡，89 个村（居）民委员会，1206 个村（居）民小组。行政区域面积 1464 平方千米。年末，全县总人口 20.53 万人，城镇化率 30.4%。主要少数民族有彝族 44291 人，占总人口的 21.6%。

“十二五”开局以来，中共牟定县委、县人民政府集中精力谋全局、抓大事、带队伍、促发展，沉着应对复杂多变的经济形式，努力克服干旱少雨等不利因素影响，经济发展速度进一步加快，质量效益明显提高。现代烟草农业示范建设成效明显，油茶、生猪、特色蔬菜等农产品基地建设扎实推进，农村经济稳步增长。工业经济快速发展，重点工业项目建设有效推进。以化佛山、彝和园为重点的文化旅游开发取得实质性进展，城镇化进程明显加快，服务业发展势头良好。境内民族文化浓郁，

——牟定县

“彝族左脚舞之乡”建设积极推进。新型能源产业发展取得重大突破，凤屯风电场并网发电，大尖峰风电场开工建设。基础设施持续改善，改善民生成效明显，党的建设全面加强。2011 年，全县实现生产总值 25.78 亿元，增长 13%；完成固定资产投资 26.21 亿元，增长 37.8%；完成地方财政总收入 1.78 亿元、地方财政一般预算收入 1.3 亿元；城镇居民人均可支配收入 17056 元，农民人均纯收入 3986 元。

①省委书记白恩培等省、州领导到牟定县调研
②省委常委、常务副省长罗正富等省、州领导为凤屯风电场奠基
③省委常委、常务副省长罗正富在州、县领导陪同下考察化佛山风景区
④庆祝建党 90 周年活动
⑤左脚调歌手大赛
⑥城乡居民养老金发放仪式
⑦中峰水库开工典礼
⑧丰乐水库开工奠基
⑨彝和园旅游项目奠基
⑩卫生设施得到改善
⑪干净整洁的化湖广场
⑫教育事业蓬勃发展

彝州西大门

南华县位于楚雄州西南部，地处北纬 24°44′~25°21′、东经 100°44′~101°20′之间；东接牟定县、楚雄市；南连楚雄市和普洱市景东县；西与大理州弥渡县、祥云县毗邻；北连姚安县和大理州祥云县。总面积 2343 平方千米，其中坝区占 4%，山区占 96%。2011 年末，南华县辖龙川、沙桥、五街、红土坡、马街、兔街 6 镇和雨露白族乡及一街、罗武庄、五顶山 4 乡，128 个村（居）民委员会，1488 个村民小组。年末，全县常住人口 23.76 万人，城镇化率 34%。主要少数民族有：彝族 8.99 万人，白族 9177 人，回族 2100 人。

2011 年，南华县强势推进彝州“西大门”建设，实现了“十二五”良好开局。2011 年，全县实现地区生产总值 26.7 亿元，完成地方财政总收入 27017 万元，完成全社会固定资产投资 25.5 亿元，城镇居民人均可支配收入达 17514 元，农民人均纯收入达 4228 元，县域经济实力明显增强。

2011 年，全县项目投资力度加大，争取项目资金 4.2 亿元，完成规模以上固定资产投资 14.3 亿元，成功引资 6.3 亿元；工业经济稳步增长，全县实现规模以上工业增加值 3.8 亿元；“三农”工作持续加强，野生菌和核桃产值分别达 1.98 亿

——南华县

元、1.7 亿元，畜牧业产值达 6.2 亿元，实现烟叶产值 1.94 亿元，粮食总产量达 10.98 万吨；城镇建设全面掀起，完成市政建设投资 2.07 亿元，城镇化率提高 1.2 个百分点；党的建设创新加强，推进学习型党组织建设，“六大体系”建设取得实效，实施“一区三带百佳”示范工程，组织 1769 名干部挂钩联系 1351 个自然村，选派 63 名机关干部到涉煤区域驻村联系群众，制定出台“七个严禁”，健全公车管理、作风建设等制度，营造了创先争优促发展的浓厚氛围。

①2011 年 7 月 7 日，国家发改委副主任徐宪平一行在南华县野生菌交易市场调研
②2011 年 7 月 13 日，省委常委、省委统战部部长黄毅到南华县调研
③2011 年 8 月 23 日，省委常委、省委组织部部长刘维佳到南华县调研
④2010 年南华县省道 S103 线县城东西段改道暨龙山路改扩建工程开工仪式
⑤2011 年 5 月 31 日，南华县党政机关“7·09”地震灾后恢复重建项目奠基
⑥南华县 2009 年野生菌美食文化节
⑦野生菌美食节菌王选拔赛
⑧南华县民族中学落成典礼
⑨咪依噜风情谷迎宾大门
⑩毛板桥水库
⑪南华县中医院
⑫吕合煤业露天采煤场
⑬澜沧江啤酒厂
⑭核桃茶树套种
⑮安友公司生态养殖

滇中粮仓

①

③

姚安县农业资源丰富，生产水平较高，经济作物单产高、质量优，被誉为“滇中粮仓”、“鱼米之乡”，曾先后被评为全省商品粮基地县、国家级商品猪基地县、国家级种子加工中心、省级优质蚕桑基地县、烤烟科技转化示范县、国家级农业综合开发建设项目县和国家级水稻示范县。农特产品主要有莲藕、山药、百合、魔芋、菖河蜂蜜、优质粳米、三角糯米等。矿产资源主要有金、银、铜、铁、铅、锌、钾、硫和国内稀有紫蓝长绒石棉矿等。

2011年全县实现生产总值24.5亿元，增长12.2%；完成地方财政总收入13555万元，增长33.3%，其中完成地方财政一般预算收入10052万元，增长31.3%，地方财政一般预算收入首次突破亿元大关；完成全社会固定资产投资18.4亿元，增长35.7%；实现社会消费品零售总额7.3亿元，增长18.5%；城镇居民人均可支配收入达17067元，增长12.7%；农民人均纯收入达4376元，增长17.5%。粮食产量达8443万千克，增长3.1%；全年收购烟叶969.5万千克，实现收购总值1.78亿元，均价达18.39元，比上年提高3.31元。全年新栽桑2000亩，养蚕2万张，产茧735吨，蚕丝业总产值达1.12亿元。全年种植蔬菜5.8万亩，实现产值1.26亿元。全年实现畜牧业产值4.9亿元，增长8.3%。调整完善草海工业园区总体规划，新增规划用地1.2万亩；完成了园区328亩建设用地报批，楚雄润丰塑业有限公司正式投产。全县规模以上工业完成产值2.2亿元，增长48.7%；完成增加值7751万元，增长34.6%。全力推进风力发电项目的实施，总投资5.1亿元的梅家山风力发

——姚安县

电项目全面启动实施。启动光禄古镇AAA级旅游景区创建工作，制定了马游—官屯大村—光禄古镇沿线休闲农业和特色林产业布局规划，全年接待游客17.3万人次，实现旅游总收入7373万元，增长21%。招商引资工作取得新进展。全年共引进县外到位资金6亿元，增长82.2%。县城建成区面积扩大到3.25平方千米，城镇化率27.2%。完成了43个行政村和666个自然村村庄规划编制。争取实施了新型农村和城镇居民社会养老保险试点工作，参保人数128636人，参保率达93.86%。转移农村劳动力就业12888人，新增城镇就业3366人。新建保障性住房306套，改造农村危房500户。发放各种惠农补贴3600万元。

①州委书记张太原到姚安洋派水库检查指导抗旱蓄水工作
②州委书记张太原深入清河村调研社会管理创新工作
③州长李红民到姚安指导重点项目建设工作
④中国彝族梅葛文化传习所、中国彝族刺绣研习所、云南画院写生基地、青州马游坪梅葛希望小学在马游坪义学堂成立
⑤2010年光禄古镇旅游文化节开幕式
⑥县城东片区开发启动仪式
⑦"云之南"艺术团赴姚安慰问演出
⑧南永公路上的姚安南大门
⑨新建设的姚安县大成中学校园
⑩除险加固后的洋派水库大坝
⑪草海工业园区首家入驻企业——润丰塑业有限公司生产车间
⑫姚安岭腾丝业有限公司生产车间
⑬前场荞酒厂白酒生产线
⑭退耕还林项目——连片桑园
⑮县城郊区的千亩油菜
⑯商品粮基地——优质稻

核桃之乡

2011年，大姚继续实施“工业强县、农业富民、引资活县”战略，实现生产总值34.21亿元，地方财政总收入完成3.4亿元，地方财政一般预算支出11.87亿元，完成全社会固定资产投资25.8亿元，社会消费品零售总额达10.17亿元；农民人均纯收入4117元，城镇居民人均可支配收入17358元。全县实现工业总产值29.58亿元，其中规模以上工业总产值达22.57亿元；农业总产值19.68亿元，粮食总产量11万吨，完成烟叶生产收购800万千克，畜牧业产值达6.25亿元；核桃总面积99万亩，产值3.38亿元；桑园面积5.04万亩，产茧1109吨，产值3906万元。全年实施规模以上投资项目258项，总投资66.65亿元，完成投资25.31亿元。全年新签约招商项目35个，实际引进州外到位资金14.7亿元。

——大姚县

大姚是彝州核桃之乡，作为云南省重要的优质核桃种源基地和加工交易基地，大姚成功承办了首届中国核桃大会，"大姚核桃"地理标志证明商标经过国家商标总局批准注册，成为中国首个核桃地理标志证明商标。

①2011年5月23日，州委书记张太原调研红豆树烟草水源建设工程
②上海市东方医院及州、县领导到大姚县人民医院视察指导工作
③省旅游局副局长余繁到石羊古镇调研指导工作
④"红土地"之歌演讲大赛
⑤楚雄州"三下乡"示范活动暨启动仪式
⑥2011年大姚彝族插花节文艺演出
⑦2010年8月30日，大姚县招商引资项目——县新汽车客运站竣工启用
⑧核桃文化产业园
⑨新建廉租房
⑩大姚一中校园
⑪新思路公司生产车间
⑫核桃青果
⑬桑园
⑭黑山羊养殖

云南北大门

永仁县地处滇中北部，北纬 25°51′~26°30′、东经 101°14′~101°49′之间。东与四川省会理县隔金沙江相望，东南同元谋县毗邻，西南和大姚县接壤，北连四川省攀枝花市，西北界丽江市华坪县。2011 年末，全县辖永定、宜就、中和 3 镇和莲池、猛虎、维的、永兴（傣族乡）4 乡，63 个村（居）委会、652 个村民小组。行政区域面积 2189 平方千米。年末全县总人口 106344 人，其中农业人口 91333 人。总人口中少数民族 66694 人，其中彝族 56829 人。2011 年实现全县生产总值 144091 万元，财政总收入 17088 万元，地方财政一般预算收入 11369 万元，全社会固定资产投资 170847 万元，农民人均纯收入 3914.8 元，城镇居民人均可支配收入 16380 元。

近年来，在州委、州人民政府的正确领导下，永仁县深入贯彻落实科学发展观，紧扣“科学发展、富民强县”主题，围绕“建设攀枝花产业转移承接基地、优质农副产品供应基地、旅游休闲度假基地，推进新型工业化、农业产业

——永仁县

化、城镇化进程，创建国家级卫生城市、省级生态园林县城和省级文明和谐县城，打造中国太阳城、云南北大门、特色产业县"工作思路，以加快转变经济发展方式为主线，以加速发展为基调，以产业发展和城镇建设为突破，充分发挥交通、区位、资源优势，抢抓机遇、加快发展，全县经济又好又快发展，社会和谐稳定，各项事业取得新成绩，正向全面建设小康社会的目标迈进。

①省委副书记李纪恒等省、州领导在永仁县方山诸葛营村看望村民
②省委常委、常务副省长罗正富在永仁县指导工作
③副省长高峰视察抗震救灾工作
④第四届云南民族服装服饰文化节暨中国彝族赛装节在永仁县举办
⑤正版图书普及惠民助学活动
⑥永仁县第三届青少年文化节启动仪式暨"信合杯"健身操比赛
⑦永仁一中主教学楼
⑧州级文物保护单位——夏家大院
⑨方山诸葛营村
⑩南永公路江底河段
⑪苴却砚
⑫油菜基地
⑬葡萄基地
⑭优质烤烟

彝州热坝

元谋县地处滇中北部，具有170万年的悠久历史，有着灿烂的远古文明。元谋具有"中国冬早蔬菜之乡、中国冬季旅游之都、中国天然影视基地"的美誉。

2011年，全县各族人民在县委、县人民政府的正确领导下，坚持以邓小平理论和"三个代表"重要思想为指导，深入贯彻落实科学发展观，团结协作，切实转变作风，狠抓工作落实，保持了全县经济平稳较快发展和社会和谐稳定。经济综合实力稳步增强。全县生产总值达到26.3亿元，比上年增长12.3%；完成财政总收入14088万元，增长16.1%。绿色产业得到提升，蔬菜产销保持良好态势。2011年冬至2012年春菜季，种植蔬菜13.59万亩，外销蔬菜25.88万吨，农民卖菜总收入6.8亿元，比上年增加1.17亿元。林果产业进一步发展壮大，葡萄连片种植形成规模，畜牧业稳步发展，现代烟草农业建设稳步推进。全年完成农林牧渔业总产值16.88亿元，增长9.13%。县域工业发展加快，农产品加工等产业进一步发展壮大，完成规模以上工业增加值2.15亿元，增长41%。文化旅游产业不断壮大，商贸流通业发展加快，全年接待游客182万人次、实现旅游业总收入6.65亿元，完成第三产业增加值9.33亿元，增长10.7%。城乡建设取得明显成效，城镇化率达到33.7%。基础设施建设扎实推进。全年完成固定资产投资25.3亿元，增长27.6%，共实施项目374件，比上年增加144件。水利建设力度加大，投入资金2亿元，启动实施大型灌区

——元谋县

节水改造、麻柳中型水库除险加固、饮水安全工程和高效节水灌溉试点县等项目。交通工程稳步推进，县内公路通车里程1013.88千米。加强生态环境保护，森林综合覆盖率46.6%。各项改革稳步推进，全年引进招商引资项目29项，实际到位资金10.69亿元。社会事业建设卓有成效。县城数字电视全面开通，“村村通”项目建设扎实推进，广播电视覆盖率达98.2%。

面向新的发展阶段，彝州热坝——元谋将以加快发展为主题，扩大开放，抓住机遇，调整产业结构，依靠科技，不断创新，为实现元谋经济社会科学发展、和谐发展、跨越发展做出新的更大的贡献！

①副省长高峰到元谋检查指导抗震救灾工作
②副省长孔垂柱到元谋调研指导绿色产业
③楚雄州2011年“三下乡”集中示范活动暨启动仪式
④元谋县旅游景区经营权转让签字仪式
⑤庆祝建党90周年红歌比赛
⑥庆祝元谋一中建校70周年活动
⑦采取多种形式开展安全用药宣传
⑧冬早蔬菜交易
⑨能禹蔬菜批发市场竣工
⑩脱水葱生产
⑪平田乡种植的金丝小枣
⑫千亩葡萄基地
⑬畜牧新品种——小尾黄羊
⑭花卉种植

罗婺故郡

位于云南中北部的昔日罗婺故郡——武定县，2011 年在省、州党委的正确领导下，县委、县人民政府团结带领全县各族干部群众，紧紧围绕强开局、强起步的工作要求和“农业产业化推进年”、“社会管理创新年”的各项目标任务，积极应对困难和挑战，凝心聚力、务实进取，顺利实现了“十二五”良好开局。综合实力大幅提升。实现生产总值 294440 万元，同比增长 13.5%；地方财政总收入达 42181 万元，同比增长 37.82%，其中一般预算收入突破 2 亿元，达 27556 万元，同比增长 41.32%。农业产业化进程加快。加大资金投入和扶农惠农政策落实力度，农业组织化程度进一步提高。新型工业化建设有效推进。规模以上工业实现产值 84237 万元，增长 42.6%。扩城活商工程成效明显。城市管理水平不断提升。实施民生工程重点。继续加快调整优化中小学布局，扎实推进中小学校舍安全工程，积极发展学前教育。公共卫生服务能力不断提升，新型农村合作医疗参合率达 97.48%。廉租房、公租房等保障性住房建设力度进一步加大。对外开放成效明显。全年共实施招商引资项目 62 个，累计到位资金 103290 万元，其中省外资金 30521 万元，省内州外资金 72269 万元。

2012 年，武定县将认真贯彻落实党的十七届六中全会、中央经济工作会议、省州党代会和省委九届二次全会、州委八届二次全会精神，围绕县第十三次党代会的部署，按照

——武定县

“文化建设年”和“作风转变年”的要求，着力抓好城乡统筹、产业培育、夯实基础、山地城镇、文化建设、改善民生、社会管理创新、改革开放、生态文明建设等重点工作，坚持科学发展和谐发展跨越发展，加快富民强县进程，为“十二五”末同步并努力争取提前实现“四个翻番”、“两个倍增”、经济社会发展跨入全省中强县行列奠定坚实基础。

①2011年6月6日，省委副书记李纪恒到武定调研

②2011年3月25日，省政协主席王学仁到武定调研文化旅游业

③2010年1月11日，县委、县人民政府举行狮山大道开工庆典

④2010年8月30日，武定县首个输气管道天然气利用工程在狮山镇木果甸开工

⑤2011年11月25日至12月2日，武定县第十四届“健身杯”篮球运动会在县体育馆举行

⑥2011年6月22~23日，举办庆祝建党90周年职工歌咏比赛

⑦2011年9月8日，县委、县人民政府举行武定县2011年教师节暨香水中学搬迁庆祝大会

⑧2011年1月8日，全县文化科技卫生“三下乡”活动在白路乡岔河村委会启动

⑨忠爱集团投资建设的武定县中医院新大楼投入运行

⑩优质烤烟基地

⑪除险加固后的上响水箐水库

⑫初具规模的长冲石材加工片区

⑬云南白药集团重楼繁育基地

恐龙之乡

禄丰县素有“恐龙之乡，化石王国”的美誉。地处滇中腹地，是楚雄州的东大门，处于滇中经济区与滇西经济区的交汇地带，是两个经济区联系往来和东部经济技术与滇西资源相互传递的结合部。在楚雄州10县（市）中，人口总数、经济实力均位居第二。2003年以来，禄丰县先后被省委、省人民政府列为全省47个加快发展县域经济试点县之一、全省重点建设的30个工业园区之一、10个发展特色文化产业试点县之一。

2011年，全县生产总值达100.05亿元，比上年增长10.1%；一、二、三产业分别实现增加值19.94亿元、38.29亿元和41.82亿元，分别增长8.4%、11.8%和9.3%；实现地方财政总收入11.05亿元，增长8.1%，其中地方财政一般预算收入5.4亿元，增长16.7%；实现社会消费品零售总额27.2亿元，增长19.4%；城镇居民可支配收入达到

——禄丰县

18980 元，农民人均纯收入达到 5393 元，分别增长 13.5% 和 15.5%；城镇登记失业率为 3.1%；金融机构年末人民币各项存贷款余额分别达到 70.95 亿元和 42.81 亿元，分别增长 4.7% 和 33.9%。

①2011 年 8 月 3 日，省委书记白恩培等省、州领导到新立有色金属公司钛产业项目建设现场调研
②省国土资源厅调研组在禄丰县土官镇检查指导低丘缓坡土地开发利用工作
③州政府调研组到土官工业园区调研
④禄丰天宝磷化工有限公司奠基仪式
⑤老鸦关水库扩建工程 BT 项目开工典礼
⑥禄丰职中改扩建暨特殊教育学校建设工程开工仪式
⑦禄丰县纪念建党 90 周年“童心向党”歌咏活动
⑧第十三届恐龙文化旅游节开幕式
⑨全省文化、科技、卫生“三下乡”集中示范活动启动仪式在禄丰县举行
⑩家电以旧换新工作启动仪式
⑪世界恐龙谷旅游景区
⑫禄丰县和平综合服务社
⑬土官工业区钛材加工企业
⑭德胜钢铁有限公司轧材生产线
⑮兰花苗种植基地
⑯联合收割机作业

彝州经济发展的排头兵

云南楚雄经济开发区是经云南省人民政府批准成立的省级经济开发区。自 1992 年 8 月兴建以来，开发区坚持高起点定位，高水平规划，高标准建设，高效能管理，以招商引资为龙头，狠抓园区基础设施配套和软环境建设，经过多年的开发建设，实现了"六通一平"，构筑了完善的服务体系，形成了以天然制药业、冶金建材化工业、机电制造加工业、绿色食品加工业"一园四区"、"一区一产业"和商贸旅游服务业为主的五大产业体系，产业聚集发展，特色鲜明的大发展格局进一步形成。紧紧抓住首批云南省高层次人才创新创业示范基地建设机遇，成立省内第一家以生物医药产业为科技服务方向的院士工作站，为推进彝州生物医药产业结构调整和产品优化升级，实现彝州生物医药产业科学发展跨越发展奠定了良好基础。开发区窗口辐射和带动作用不断发挥，推动了新型工业化和城市化的发展，成为了全州经济发展的排头兵。

——楚雄经济开发区

2011年实现生产总值30.62亿元，比上年增长20.8%；完成地方财政收入6.62亿元，增长18.8%，其中地方财政一般预算收入4.26亿元，增长18.6%；规模以上工业增加值14.23亿元，增长22.4%；全社会固定资产投资32.14亿元，增长21.7%；州外到位资金20.31亿元，增长30.1%；社会消费品零售总额11.05亿元，增长37.9%。

①市委副书记、市人民政府市长、开发区管委会主任赵万祥与云南极粹生物科技有限公司法人代表签订刘颂豪院士工作站工作目标责任书
②火把节招商引资项目签约
③物联网云计算项目合作合同签约仪式
④与云南积华生物科技有限公司合作签约仪式
⑤参加昆交会
⑥楚雄经济开发区
⑦开发区市民广场
⑧开发区城市建设
⑨住宅小区
⑩开发区实验小学
⑪庄甸天然医药产业园区
⑫桃园冶金化工园区
⑬楚雄昆钢奕标新型建材有限公司

依法修志 科学发展

——庆祝楚雄州地方志办公室成立 30 周年

楚雄州地方志办公室成立于 1982 年 9 月。在历届州委、州人民政府的领导和重视下，走过了修志创业、开拓奋进、创新发展的 30 年，形成了独具特色，长短结合、志鉴刊网并举的格局，彝州地方志工作走在了全省前列。

1993 年，《楚雄彝族自治州志》第一卷出版发行，至 1996 年全书六卷全部出版发行，其中第五卷荣获了全国地方志优秀成果二等奖，其他各卷分获省、州地方志优秀成果特等奖和一等奖。整理校注出版了康熙《楚雄府志》，编辑出版了《楚雄彝族自治州简介》、《楚雄彝族自治州概况》、《楚雄人物》、《楚雄彝族自治州彝族辞典》、《武定 6.5 级地震救灾重建纪实》等地情书籍。1984 年，创办《楚雄方志通讯》，1989 年更名为《楚州今古》，至今已连续出刊 113 期，与国内 100 多家史志机构和科研院所进行交流，并获得云南省地方志优秀成果方志期刊类二等奖。1989 年，《楚雄州年鉴》创刊，至今已赓续出版 23 部，多次荣获中国年鉴奖、全国地方志年鉴奖和云南省年鉴特等奖，在全国全省方志界受到好评。同年，成立楚雄州地方志学会，积极开展业务培训和业务理论研讨活动，在全州地方志系统形成了浓厚的学术研究氛围。2008 年 12 月，正式开通"楚雄州方志地情网"，在地方志资源数字化开发利用上迈出了新的步伐。2011 年 6 月，楚雄州人民政府率先在全省 16 个州（市）中制定出台了地方志工作规范性文件——《楚雄彝族自治州地方志工作规定》，开启了彝州依法修志、规范管理、科学发展的新篇章。

长期以来，楚雄州地方志办公室结合事业发展加强干部队伍建设，积极建设"和谐志办、活力志办"，取得丰硕成果。州志办先后被中国地方志指导小组表彰为"全国方志先进集体"，两次被省人民政府表彰为"地方志工作先进集体"，多次被省地方志编纂委员会表彰为"全省地方志系统先进集体"；先后有 2 名干部被中国地方志指导小组表彰为"全国方志先进工作者"，1 名干部被省地方志编纂委员会表彰为云南省方志系统首届"十佳个人"，10 多人次被表彰为"全省地方志系统先进工作者"。单位和多名干部多次受到州委、州人民政府表彰。

回首过去，成果丰硕；展望未来，任重道远。站在新的历史起点上，楚雄州地方志办公室将进一步解放思想、开拓创新，努力为实现彝州富民强州、科学发展的宏伟目标再立新功，再创佳绩！

科学技术

科技综述

【科技工作概况】 2011年，楚雄州科技部门向国家科技部和云南省科技厅申报科技计划项目41项，通过省级专家评审33项，申请科技经费3750万元，到位科技经费1975万元。组织申报2011年度省科学技术奖8项，获奖3项。受理2010年度州科学技术成果评价申请书96件，通过审批40件。经过州科学技术奖评审委员会评审和州科学技术奖励委员会审定，提请州人民政府常务会议核准奖励科技成果40项。组织有关企业申报国家产业化基地认定，争取项目支持。加强知识产权管理，新增专利申请243件，新增专利授权113件。全年共获得省级专利申请资助项目174项，资助总金额为7.18万元。州级共资助专利申请项目122项，资助总金额为4.15万元。强化全社会知识产权保护意识，开展宣传咨询活动，共发放专利、商标、著作权、植物新品种权、林木种子等方面的宣传材料1.8万余份。开展了打击侵犯知识产权和制售假冒伪劣商品专项联合执法检查，没收盗版与违法图书及音像制品7000余件，集中销毁盗版、非法出版物共计2.18万件。以2个省级“云药之乡”建设为重点，全州已规范化种植中药材4.97万亩，全面完成州人民政府和州天然药业领导小组下达的计划任务。组织开展和参与了省、州文化科技卫生“三下乡”活动和楚雄州2011年科技活动周2个大型科技宣传活动。州科技局被评为“云南省‘十一五’科普工作先进集体”受到表彰奖励。开展县（市）科技进步考核工作，按照20余项考核指标的要求，全州10县（市）每年召开专题会议研究科技工作达4次以上、科技管理部门单独设立、科学技术支出占当年本级财政一般预算支出比例达1.0%以上等“三项一票否决指标”符合要求。开展警示教育、党风廉政建设、创先争优、学习型机关建设、干部作风集中整顿和建设活动，为开创科技管理工作新局面提供保证。

【科技项目申报】 2011年，楚雄州围绕国家和云南省科技计划选题要求，结合全州产业重点，抓好科技计划项目的储备、申报、筛选、策划、上报工作。上报科技项目41项，通过省级专家评审33项，申请科技经费3750万元，到位科技经费达到1975万元。农村与社会发展科技项目申报取得实效。共向国家科技部、云南省科技厅推荐上报了16个科技项目，总投资1.83亿元，申请科技经费2130万元。共有8个农村与社会发展领域的项目获得列项支持。接转项目和年内新上项目共到位科技经费984万元。工业及高新技术科技项目申报进一步加强。组织16个项目分别上报云南省科技厅和国家科技部。其中，5个项目争取到科技部中小企业创新资金扶持，高新技术企业爱尔发生物技术有限公司申报的“50吨/年红球藻藻粉产业化”科技项目被列入国家重大专项火炬计划的支持，改变了楚雄州没有科技项目进入国家重大科技专项的状况。申报科技创新强省计划1项，申报非公有制经济暨中小企业发展专项扶持资金（技术创新）9项。推荐上报的16个项目计划总投资2.58亿元，申请扶持资金1855万元。已有11个项目列入国家和省级科技计划，争取到扶持资金670万元。协调争取对楚雄州科普项目列项扶持。申报科普项目2项，获得省级科普项目支持1项，到位资金5万元；实施州级科普项

2011年楚雄州10县（市）专利申请和授权情况统计表

县（市）	专利申请（件）				专利授权（件）			
	小计	发明专利	实用新型	外观设计	小计	发明专利	实用新型	外观设计
楚雄市	78	29	15	34	39	7	11	21
双柏县	15	1	1	13	19	1	3	15
牟定县	13	1	7	5	8	0	5	3
南华县	13	5	7	1	1	0	1	0
姚安县	7	5	0	2	1	0	0	1
大姚县	13	3	6	4	8	1	2	5
永仁县	9	4	2	3	6	0	0	6
元谋县	21	8	11	2	5	3	2	0
武定县	17	7	8	2	11	3	6	2
禄丰县	57	22	32	3	15	2	6	7
合计	243	85	89	69	113	17	36	60

目6个，支持项目资金25万元。下半年，针对上年“厅州科技会商”确定的楚雄州党政一把手科技示范项目“中国西南国际葡萄酒城种苗扩繁及试验示范种植基地建设”存在的问题，紧扣全州产业发展重点，替换为云南新世纪中药饮片有限公司实施的“楚雄优质中药材种植与饮片加工的关键技术研究及产业化示范”项目，获科技经费支持500万元，是楚雄州历史上最大的一个科技项目。

【科技项目管理】 2011年，楚雄州科技部门加强在研项目管理，按照《云南省科技计划项目管理办法》和《云南省科技计划经费管理办法》以及加快转变经济发展方式监督检查的有关要求，推动科技计划项目的实施，加强对科技计划项目经费使用的监督管理，提高科技经费的使用效率。全州在研项目累计开展新品种、新技术试验示范72项，申请专利9项，产生州级以上科技成果5项。其中，由楚雄宏桂绿色食品有限公司承担的“云南珍贵野生食用菌加工产品开发与示范”项目被省级列为加快转变经济发展方式监督检查项目，该项目从实施以来，形成了企业干制、速冻、盐渍食用菌技术标准，生产能力和产值大幅提升，实施效果获得检查组高度评价。开展到期项目验收，组织实施到期、任务指标完成的项目验收6项，项目涉及蔬菜、蚕桑、鲜食葡萄、养殖等领域，项目在新品种新技术引进试验、示范等方面发挥积极的科技支撑作用。据统计，6个项目在实施期内共引进新技术新品种113个，实施科技示范1.9万亩，开展科技培训5.84万人次，实现产值6.62亿元，利税5727万元。对楚雄明宏公司承担的“托佩克猪扩繁技术及深加工产业化”等9个省级重大科技计划项目实施情况进行了追踪评估。姚安县在干旱严重的情况下，通过加强“楚粳”系列水稻新品种转化应用、良种良法技术集成，2万亩水稻仍实现了高产示范目标，圆满完成省科技厅粮食高产创建示范县项目。州科技局加强对近两年列入省级科技计划实施而尚未验收的部分科技项目执行情况的监督检查。先后组织了对楚雄老拨云堂药业有限公司、云南广泰生物科技有限公司、爱尔发生物科技有限公司等企业所承担科技项目的执行情况监督检查；组织了对双柏华兴人造板有限公司承担的“林板生产技术创新及节能减排科技示范”项目的验收。通过不断加强科技项目的实施管理，及时解决存在问题，使科技项目得到了有效实施，做到出成果、出专利、出人才和出效益。

【科技认定工作】 2011年，楚雄州按照云南省科技厅制定出台的一系列科技认定办法，广泛组织多个领域的认定申报工作。全州主要开展的申报认定事项有：组织推荐楚雄市、大姚县申报“云药之乡”认定；组织云南省创新型试点企业（农业）认定；组织云南省科技型农村经济合作组织认定；组织3个项目申报云南省农业科技示范园认定；组织9个项目申报云南省优质种业基地认定；组织6家企业申报云南省农产品深加工科技型企业认定；组织23人申报云南省农村科技辅导员认定；组织9人申报云南省科技特派员认定。被批准认定的有：楚雄经济开发区绿色食品加工园区被认定为第一批云南省农业科技示范园之一；元谋县利明脱水蔬菜生产协会、南华县高山反季蔬菜协会被第一批认定为云南省科技型农村经济合作组织；大姚亿利丰公司被认定为云南省创新型试点企业，是全州第一家农业类创新型试点企业。抓好高新技术企业认定。对照认定条件，将楚雄华丽包装实业有限公司、云南楚雄诚鑫高温新材料有限公司推荐上报，并已全部通过高新技术企业认定。云开电气集团有限公司于2008年通过高新技术企业认定，按照高新技术企业认定管理办法的相关规定，每3年进行定期复审，云开电气集团有限公司已顺利通过。至此，全州通过认定的高新技术企业有云开电气集团有限公司、云南盘龙云海药业有限公司、云南爱尔发生物技术有限公司、楚雄老拨云堂药业有限公司、云南金碧制药有限公司、云南思农蔬菜种业发展有限公司、楚雄华丽包装实业有限公司和云南楚雄诚鑫高温新材料有限公司共8家。组织大姚亿利丰农产品有限公司、云南金碧制药有限公司、南华松香厂和南华云华绿色食品开发有限责任公司4家企业申报创新型试点企业。经审查，大姚亿利丰农产品有限公司被确定为云南省第六批创新型试点企业。全州省级创新型试点企业总数达到5家，分别是云开电气集团有限公司、云南盘龙云海药业有限公司、云南燃二化工有限公司、楚雄广泰生物科技有限公司和大姚亿利丰农产品有限公司。组织云南新立有色金属有限公司、云南钛业股份有限公司等骨干企业，由州人民政府向省科技厅推荐申报“楚雄钛深加工国家高新技术产业化基地”，申报材料已通过了省科技厅组织的专家评审，并由省人民政府向国家科技部推荐申报。

【知识产权管理】 2011年，楚雄州加强知识产权管理，积极做好知识产权保护工作。全州共申请专利243件，创历史最好水平，其中发明专利申请85件、实用新型专利申请89件、外观设计专利申请69件。新增专利授权113件，其中发明专利授权17件、实用新型专利授权36件、外观设计专利授权60件，提前超额完成省政府下达的考核任务。全年共获得省级专利申请资助项目174项，资助总金额为7.18万元，是历年来获得省级资助项目最多的一年。州级共资助专利申请项目122项，资助总金额为4.15万元。大企业大集团知识产权试点工作取得新突破，3户企业全年共申请专利60项，占全州专利申请量的三分之一，成为全州专利申请的支柱。知识产权政务信息采用量全省领先，全州共上报政务信息90条，被国家级刊物采用10条，被省知识产权局采用54条，采用量居全省第一。“打击侵犯知识产权和制售假冒伪劣商品专项行动”成效显著。根据国务院的统一部署，全州知识产权系统认真开展了为期9个月的“打击侵犯知识产权和制售假冒伪劣商品专项行动”，取得显著成效。知识产权强县工作取得新进展，推荐楚雄市申报省级知识产权强县试点，并被云南省知识产权局批准为全省第一批试点县，实施期限为2年。

［李德江］

科研活动

【刘颂豪院士工作站建立】 2011年12月27日，云南省院士专家工作站管理委员会下发文件，批准建立袁隆平等8个院士工作站，杨宁等4个专家工作站，楚雄州云南极粹生物科技有限公司与华南师范大学刘颂豪院士合作共建的刘颂豪院士工作站名列其中，成为全州首个院士工作站，也是云南省第一批院士专家工作站之一。楚雄州云南极粹生物科技有限公司与华南师范大学刘颂豪院士合作共建的刘颂豪院士工作站，将致力于光子医学治疗仪的研发并实现产业化。该产品是以激光生物医学理论为基础，结合光子中医学及现代医学理论，采用微纳波导型激光针开发的全新一代激光治疗仪，具有降低血粘度、降低血脂、防止血栓形成、预防高血压及平稳血压等作用，用于心脑血管疾病如高血脂、血粘度增高、高血压、脑中风、脑外伤、冠心病等疾病的预防和辅助治疗，具有良好的社会效益和经济效益。

【“云药之乡”建设】 2011年，楚雄州继双柏县、武定县被云南省科技厅和省药监局认定为第一批20个“云药之乡”后，继续组织大姚县、楚雄市申报省级“云药之乡”认定。全州将“云药之乡”建设，作为增强彝药产业建设的品牌效应、建设特色药材种植示范县、增加农民收入的重要举措来抓。积极为“云药之乡”建设提供资金、技术、人才和信息支持，督促双柏、武定2个县加大建设力度，努力实施完成各项任务，“云药之乡”建设各项工作进展顺利。年内，双柏县种植药材1.6万亩，品种主要是白扁豆、茯苓以及胡蜂养殖；武定县种植药材1.45万亩，品种主要是附子、续断、重楼、桔梗。上述药材品种，每亩可以实现经济收益1300～3000元，种植药材逐渐成为山区农民增收致富的重要产业，种植面积超过2000亩的品种有白扁豆（1.12万亩）、续断（4978亩）、茯苓（3688亩）、附子（2554亩）、红花（2154亩）。双柏、武定2县的中药材种植面积、产值都远远高于全州发展水平，特色优势品种较为突出，规模效益日益显现，“云药之乡”建设成效斐然，对全州彝药产业发展起到了较好的示范带动作用。

【彝药资源收集研究】 2011年，楚雄州积极开展彝药资源收集与研究工作，已收集彝药标本416种，近1000份，样品532种，活体资源93种；收集保存滇黄芩资源16份、滇龙胆资源12份、续断资源12份和臭灵丹资源11份；建立了4种彝药种质资源特征描述数据库模式。该项目承担单位武定新源药业有限责任公司和参加单位楚雄州彝族医药研究所、云南省农业科学院药用植物研究所，对采集收购的药材活体资源、标本和药材样品进行品种鉴定，建立彝药资源圃，制作药材蜡叶标本和药材样品。年内，项目组重点围绕4种彝药的育苗技术、田间管理措施、合理施肥、病虫害综合防治等开展栽培试验研究，初步提出配套的优质高产栽培技术。制定滇黄芩、滇龙胆、续断、臭灵丹4种彝药生产标准操作规程和药材初加工标准操作规程。重点研究4种彝药，建立滇黄芩、滇龙胆、续断和臭灵丹主要活性成分含量、植物学性状、栽培特性的数据库。根据检测结果，云南各地产的滇黄芩的黄芩苷含量普遍高于《中华人民共和国药典》（2010年版）标准的9.0%，说明滇黄芩品质较好；续断有效成分川续断皂苷Ⅵ含量高于《中华人民共和国药典》（2010年版）标准的2.0%，均完全符合药材标准。臭灵丹草叶片中氨基酸种类齐全，含量丰富，药效氨基酸和必需氨基酸含量较高。共鉴定出18种氨基酸（色氨酸被水解破坏，未检出），水解氨基酸总含量为18.68%，游离氨基酸总含量为2.75%。药效氨基酸含量占总氨基酸含量的比例高达63.05%。为其药用、保健价值研究及资源开发利用，提供一定的基础化学数据和理论依据。至年末，项目已采收中药材2530亩，实现农业总产值910.8万元，农民增收500余万元；公司销售中药材收入409.7万元，实现利润28.5万元。

【珍贵野生食用菌加工产品开发与示范】 此项目由楚雄宏桂绿色食品有限公司承担，该公司是以野生菌的收购、加工及出口为主要业务的民营企业。项目计划投资901万元，项目单位自筹756万元，申请财政专项补助145万元，省级科技经费到位145万元，科技经费到位100%。项目立项后，楚雄宏桂绿色食品有限公司、中国农业大学、云南省供销合作社科学研究所3个单位共同组成项目实施组。完成速冻野生食用菌切片护色技术、野生食用菌盐渍工艺清洁生产技术和野生食用菌风味物质提取及其调味料的配制技术的研发。形成年加工野生菌原料5000吨生产能力，实现销售收入1.73亿元，年利润820.8万元，税收1170万元。项目可带动230人就业，辐射18万余农民人均增收190余元，带动物流、仓储、包装等相关产业的发展。2011年两个阶段目标完成后，实现销售收入1.2亿元，新增销售收入约3000万元，新增利润364.8万元，新增税收390万元。

【紫胶系列产品开发及产业化项目】 2011年，楚雄德尔思紫胶有限公司成为国内最大、技术较先进的紫胶深加工企业，紫胶系列产品开发及产业化项目总投资1530万元，其中公司自筹1180万元，申请云南省科技厅扶持资金350万元。项目主要由紫胶深加工系列产品研发、紫胶基环保涂料应用开发研究和环保木器漆用改性紫胶产业化生产3部分组成。达到的技术经济指标是，开发出紫胶改性新产品——环保木器漆用改性紫胶新产品1个并达到中试水平；通过对紫胶基环保涂料应用开发研究，研发出出口玩具及家具用紫胶基环保涂料新产品各1个，申请发明专利2项；建成1000吨/年环保木器漆用改性紫胶生产线一条，产品合格率98%；项目执行期内公司紫胶深加工产品累计实现销售收入8000万元，上交税金326万元，实现利润592万元。

【电子束冷床炉熔炼大型纯钛锭关键技术引进开发】 2011年，楚雄州成功引进开发了电子束冷床炉熔炼大型纯钛锭关键技术。项目总投资7.2亿元，其中单位自筹7.12亿元，申请云南省科技厅扶持800万元。由云南钛业股份有限公司利用从国外引进的当前最先进的大型电子束冷床炉，通过与美国RETECH公司、乌克兰STRATEGY BM公司、昆明理工大学等企业和科研机构进行产学研合作，系统掌握电子束冷床炉熔炼大型纯钛锭关键核心技术，实现大型优质纯钛锭的产业化，降低钛锭的生产成本，提高钛卷的生产质量和产量，提升企业自主创新能力，提高钛材产品的深加工水平，形成完整的钛工业生产体系，将云钛建成云南省重要的钛材新产品研发和产业化基地。电子束冷床熔炼具有以下优点：熔炼温度和真空度高，提纯效果和夹杂物去除好；工序少、能耗低、成品率高，可以实现铸锭规格多样化和大型化（最大熔炼单件钛锭可达24吨）；原料适应性强，能大量回收残料，降低生产成本；铸件质量好。因此，电子束冷床熔炼在减少高低密度夹杂能力远远超过三次真空自耗熔炼，已成为当前优质钛及钛合金不可替代的先进熔炼技术。年内，完成了钛带的退火和表面处理、冷轧、退火、平整等，完成了厚度0.5毫米的冷轧钛带全流程生产，实现了利用钢铁行业的大型轧钢设备加工钛带的目标。先后解决了钛板坯加热、热轧、退火、去除钛带表面氧化层（抛丸和酸洗）、冷轧、钛带表面脱脂、冷轧态钛卷退火、退火态钛带拉矫等技术难题，创建了钛板坯加热工艺制度、钛板坯热轧工艺制度、热轧钛带卷退火工艺制度、钛带冷轧工艺制度、冷轧态钛卷退火工艺制度，设计开发了6条钛带表面处理专用机组：去除钛带卷面氧化层专用的抛丸机组和酸洗机组、冷轧钛带表面脱脂机组、退烧火钛带拉矫机组、钛带抛光白化机组、钛带纵剪分条机组。

［李德江］

科技应用

【粮食高产示范区创建】 2011年，楚雄州姚安县被云南省科技厅列为全省50个粮食高产创建示范县。项目实施了2片共2.07万亩楚粳系列水稻高产创建示范，以州农科所为技术支撑，以“楚粳”系列水稻新品种为主栽品种，通过宣传培训，落实统一品种、统一技术培训、统一病虫害防治、统一栽培技术、统一作业“五统一”技术规程。组织科技人员深入田间地头做好技术服务等措施，在大旱之年克服了干旱等不利因素影响，实现了较好的目标产量，百亩核心区、千亩展示区、万亩示范区的种植任务和产量均已完成项目合同要求。经省州专家组实收测产，百亩核心区787.4千克/亩，千亩展示区702.5千克/亩，万亩示范区681.6千克/亩，远远高于非项目区产量，为切实提高粮食单产、提升农民的科技水平、确保粮食安全做出典型示范作用。

【推广中药材种植】 2011年，楚雄州科技局认真贯彻中共楚雄州委“加快发展中药材种植等特色农业”的号召，加大工作力度发展中药材种植。制定下发《楚雄州科技局关于下达2011年中药材种植任务的通知》，计划全州种植中药材达5.3万亩，在上年种植面积的基础上增加50%以上，比天然药业领导小组安排的任务增加36%。一年来，积极开展中药材种植产业的宣传发动和组织协调工作，并指导药材营销企业和广大农户落实具体的种植品种和生产技术措施，推动全州中药材种植产业快速、健康发展。积极筹措和争取天然药业发展资金，用于技术培训、技术示范、种苗补助等方面。先后2次安排中药材种植科技经费共52万元，占全年全州下达科技经费总数的25.3%。同时，积极向上级部门申报、争取中药材种植及中药初加工科技项目，年内有2个项目被列项支持，获得项目经费520万元。至年末，全州种植中药材达6万亩，是历年来种植面积最多的一年。经济效益比较明显：白扁豆，每亩平均收益1100元；黄草乌，每亩平均收益3000元；续断，每亩平均收益2000元；附子，每亩平均收益2500元；茯苓，每亩平均收益3000元。上述药材品种多种植在山地，一年生，种植技术成熟，市场相对稳定，经济效益远远高于种植玉米和小麦，农户的种植积极性较高，逐渐成为楚雄州山区农民增收致富的重要产业。

【争取国家科技型中小企业技术创新基金】 2011年，楚雄州科技局高度重视争取国家科技型中小企业技术创新基金工作，对州内的科技型小企业进行摸底排查，结合基金的年度扶持方向、支持重点和申报条件，积极组织项目上报。年内共有云南广泰生物科技开发有限公司承担的“沙棘红花胶囊的产业化关键技术开发”、南华松香厂承担的“松香生产废弃物资源化综合利用技术开发”、云南邦桥节能科技有限公司承担的“高照度LED手术无影灯”和云南裕昆新能源投资有限公司承担的“光伏并网电站系经综合效率优化技术开发”4个项目同时得到国家科技型中小企业技术创新基金支持，争取到扶持资金270万元，获得支持的项目数及扶持资金额都创历年最高水平。

【星火科技计划】 2011年，楚雄州国家星火科技计划项目由姚安农哈哈食用菌开发有限公司承担，申报国家星火计划食用菌液体菌种繁育和工厂化栽培示范项目。食用菌优良新品种和产业化生产示范项目总投资为1387.35万元，科技措施投资171.83万元，3月，国家科技部支持资金30万元已全部到位。完成食用菌液体菌种生产技术人员培训、1条装袋机生产线的组建、2台食用菌生产灭菌柜设备、制作108个食用菌菌种培养架用于菌种的培养。8月，进行食用菌液体菌种繁育工作，年末公司的食用菌液体菌种繁育已完成生产，一期工程项目建设日产4吨金针菇生产线，二期工程项目建设日产杏鲍菇、茶树菇各4吨的生产线。建成食用菌优良菌种繁育及工厂化生产栽培示范基地。逐步实现生产环境控制智能化，生产操作标准化，产品质量有机化。

【年产200吨松茸茶系列产品项目】 2011年，楚雄州年产200吨松茸茶系列产品项目由南华新世纪生物工程有限公司承担。公司针对松茸多糖有强抗辐射的作用，以抢占先机的理念率先开发主要成分为松茸多糖的松茸养生茶，通过此项目的实施公司已成为全国第一家专业的松茸多糖萃取厂家。年内项目所需资金已全部到位，年末已建成年加工200吨松茸茶系列产品生产线，完成松茸茶生产工艺研制，制定《松茸茶系列产品生产技术规程》及松茸茶质量标准，研发了低温萃取松茸多糖技术，已申报发明专利1个，使用新型专利1个、外观专利1个。已建立松茸保育促繁基地10万亩，培训采摘农民工2万余名，新增就业人员65人，公司新增产值4067.86万元，新增利税460.25万元，带动当地农民每年可获得经济收入3400万元，以每户5000元计，受益农户达6800户。

【现代核桃产业发展】 2011年，楚雄州申报云南省创新型企业试点的大姚亿利丰农产品有限公司，依靠科技改造提升大姚核桃产业，延长产业链条，实现规模化、规范化生产。上年度技术性收入与高新技术产品销售收入之和占年销售收入比重的72%。“大姚核桃”产业化技术集成与示范项目为国家科技部富民强县科技项目，预算投资2560万元，项目于3月向国家科技部申请立项，国家补助资金280万元。年内“大姚核桃”产业化技术集成与示范项目承担州级以上科技项目，云南省科技厅、财政投入280万元；云南核桃成熟采收、烘烤、综合加工利用技术研究与产业化示范项目由云南省科技厅立项，财政投入40万元；核桃产业综合技术开发及产业化项目被云南省科技厅立项，财政投入25万元；核桃烘烤机研究开发及示范推广项目被楚雄州科技局立项，财政投入3万元。至年末，公司核桃深加工产品有核桃精选原味果、核桃炒果、出口级核桃仁、冷榨核桃油、核桃精油、核桃蛋白、保鲜脱衣核桃仁、核桃壳活性炭，超微粉；α－亚麻酸乙酯、亚油酸乙酯、共扼亚油酸技术资料；核桃专用机械设备，核桃烘烤设备、核桃清洗设备、核桃剥壳设备、核桃采摘设备等。通过技术创新、装备创新的相互推动，使公司热风烘烤、速冻冷藏、无菌加工、食品配方等生产技术和工艺设备在国内处于领先地位。在自主知识产权方面，公司的主要专用设备和主导产品获国家知识产权局实用新型专利。该技术体系是利用丰富的核桃资源，在良种选育、种质资源和采穗圃建设、核桃基地建设、科学栽培、集约化经营管理、成熟采摘、科学烘烤、产品开发、精深加工、品牌建设、核桃文化等方面进行探索和实践，走出一条具有特色的现代核桃产业发展路子。

【钛带卷先进生产工艺技术研发与产业化】 该项目由云南钛业股份有限公司完成。公司开发出钛带卷和厚度小于0.8毫米的钛板，填补了国内钛带卷生产的空白，也填补了楚雄州钛产业发展中无中高端产品的空白。形成了成熟、完整的纯钛带卷生产工艺，包括热轧钛卷轧制技术、钛卷表面清理技术、冷轧钛卷轧制技术、钛板卷退火工艺等7项核心技术，在国内率先建成了完整的钛带卷生产工艺装备，实现了国内首家钛带卷批量生产，工艺技术处于国内领先水平，产生了显著的经济效益。该项目作为州人民政府引进的重点招商引资项目，于2009年9月开工建设，2010年6月建成投产，项目实现了投资少、见效快的目标。从项目投产到2011年，累计生产钛带卷3404吨，实现产值3.2亿元、销售收入3.2亿元、利润1196万元、税金898万元，实现了从研发到产业化、规模化生产。该项目的实施，打通了楚雄州钛产业链中从钛矿采选、高钛渣、钛白粉、海绵钛到钛材加工的生产环节，延伸了钛产业链，对楚雄州培育发展新材料产业具有重要意义。

【楚雄饮片加工与优质中药材种植的关键技术研究及产业化示范】 2011年8月，由云南新世纪中药饮片有限公司承担，与云南省农业科学院药用植物研究所合作实施的“楚雄饮片加工与优质中药材种植的关键技术研究及产业化示范”项目立项，项目总投资3603.56万元，省级科技资金列项扶持500万元，是楚雄州历史上最大的一个科技项目。该项目针对楚雄州生物医药产业发展中缺乏优质原材料和中药饮片，饮片加工生产效率低下和大宗中药材原料紧缺等问题，立题开展楚雄饮片加工的关键技术研究及与产业化示范。主要研究开发中药材饮片加工炮制的关键技术研究与示范；标准化生产、加工技术规范制定及其相关质量标准研究制定；中药饮片销售物流信息平台的建立；三种中药材（丹参、桔梗、红花）规范化种植的关键技术研究与示范、采收及产地初加工的关键技术研究与示范。通过饮片加工关键技术研究与集成示范、中药饮片销售物流信息平台的建立以及优质中药材种植、采收加工关键技术研究与示范，为楚雄州药材种植农户提供销售渠道、通过饮片加工企业带动中药材种植的同时企业也获得优质中药材原料、饮片产品，为企业增效、农民增收提供成熟配套的产业化、标准化技术，为楚雄州彝药基地建设和产业持续健康发展提供强有力的技术支撑。

［李德江］

科普宣传

【科学普及工作】 2011年，楚雄州科学技术普及工作成效显著。以“科技支撑发展，科技惠及民生”为主线，突出“节约能源资源、保护生态环境、保障安全健康”三个重点，坚持贴近实际、贴近生活、贴近群众原则。组织协调和参与配合各相关部门开展了2011年州级文化科技卫生“三下乡”活动和楚雄州2011年科技活动周2个大型科技宣传活动。重点以科技专家进村入户、科普宣传、科技产品展示、大学生科技节、学术论坛和科技专题讲座等多种形式，开展了丰富多彩的科技宣传普及活动，科技气氛浓郁，舆论宣传充分，社会影响巨大，得到了广大群众的积极参与和热烈欢迎。参与知识产权周、禁毒防艾、环保日、安全生产周、节能周、助残日、科普日等10余次科技、科普宣传活动，历次活动累计出动科普宣传人员150余人次，受益人群20万人次以上。因科普工作开展卓有成效，年内楚雄州科技局被省科技厅、省委宣传部、省科协表彰为“云南省‘十一五’科普工作先进集体”。积极协调并争取省科技厅对楚雄州科普项目予以列项扶持。全年全州申报科普项目2项，获得省级科普项目支持1项，到位资金5万元；实施州级科普项目6个，支持项目资金25万元。完成“楚雄科技与彝州经济”软课题项目研究相关工作。州级科普教育基地永仁县方山诸葛营申报省级科普教育基地的工作继续推进中。进一步完善政府信息化建设软硬件方面的各项工作，建设及布置信息节点25个，建设、维护科技网站6个，为电子政务、信息公开、阳光政府、四项制度、网上信访、政务信息查询等信息化政府建设工作打下了坚实基础，共发布重点工作通报信息89条，重大事项公示信息2条，圆满完成了全年信息公开工作任务。加强和完善楚雄科技网建设，充分利用网络平台做好科技工作宣传、项目申报、政策宣传、科学技术普及。楚雄科技网累计点击数已达290万以上，为做好科普工作，提高全民科学文化素质，打造信息化阳光政府，促进彝州经济社会科学发展发挥了积极作用。《楚雄科技》组织稿源200余篇，出版4期3200册，刊用稿件180余篇，对刊物不断进行调整改进，努力提高刊物质量和水平。组织刊出宣传专栏5期。编辑出版《楚雄科技信息》10期，电子发行6期，印制4期，共发放300余份。上报省级信息91条，报送州级信息221条，报送电台、电视台、报社各类信息116条，为普及广大群众的科普知识起到了积极地促进作用。

【知识产权保护宣传】 2011年，楚雄州知识产权工作在全州经济总量小、科技积累不足的情况下，通过克难奋进，共申请专利243件，创历史最好水平，其中发明专利申请85件，实用新型专利申请89件，外观设计专利申请69件。新增专利授权113件，其中发明专利授权17件，实用新型专利授权36件，外观设计专利授权60件，提前超额完成省人民政府下达的考核任务。全年共获得省级专利申请资助项目174项，资助总金额为7.18万元，为历年之最。州级共资助专利申请项目122项，资助总金额为4.15万元。强化全社会知识产权保护意识，开展宣传咨询活动，共发放专利、商标、著作权、植物新品种权、林木种子等方面的宣传材料1.8万余份。开展了打击侵犯知识产权和制售假冒伪劣商品专项联合执法检查，没收盗版与违法图书及音像制品7000余件，集中销毁盗版、非法出版物共计2.18万件。大企业大集团知识产权试点工作取得新突破。云南钛业股份有限公司全年申请专利44项；云南冶金集团新立公司全年申请专利11项，其中国外专利1项；楚雄矿冶有限公司全年申请专利5项。3户企业全年共申请专利60项，占全州专利申请量的三分之一，成为全州专利申请的支柱。知识产权政务信息采用量全省领先。至11月末，全州共上报政务信息90条，被国家级刊物采用10条，被省知识产权局采用54条，采用量居全省第一。“打击侵犯知识产权和制售假冒伪劣商品专项行动”成效显著。根据国务院的统一部署，全州知识产权系统认真开展了为期9个月的“打击侵犯知识产权和制售假冒伪劣商品专项行动”，取得显著成效。专项行动期间，共检查经营户和企业288家，检查上柜销售商品2832种，查出食品、电器、建材等不符合专利标记和标注规定的销售商品29件，协议调解专利侵权案件3件。发放宣传材料4.1万份，制作展板40块，接受群众咨询1500余人次，举办知识产权培训10期，培训800人次，在全社会营造了保护知识产权、自觉抵制侵犯知识产权和假冒伪劣商品的良好社会氛围。知识产权强县工作取得新进展。为推进县域知识产权工作，充分发挥知识产权制度在转变经济发展方式和提升科技创新能力中的作用，提高县域自主知识产权拥有量和市场竞争能力，州科技局推荐楚雄市申报省级知识产权强县试点，并被省知识产权局批准为全省第一批试点县，实施期限为两年，获得经费、培训和项目的优先支持。

［李德江］

【科普宣传活动】 2011年，楚雄州科学技术协会组织参加了科技“三下乡”、“知识产权宣传周”、“科技活动周”、“防灾减灾日”、“世界环境日”、“全国科普日”等主题科普宣传活动，“科普大篷车”进农村、进学校、进社区科普展教活动12场次。在9月“全国科普日”活动期间，州、县（市）围绕“抗灾救灾、水情水利水资源、和谐发展”主题开展了系列科普活动，全州共有1780名科普工作人员和科普志愿者参与到科普活动中，共展出各种科普展板2406块次、展品9233件，发放科普宣传资料26.97万份、科普书刊6.34万册、科普挂图4819张，开展科技咨询服务3.08万人次、义诊3165人次，受益公众达21万余人次，1.63万人在科普日活动期间得到科技培训学习，全州放映科普电影15场次，观众达1.5万余人次。举办“彝州科学素质讲堂”健康科普公益讲座2场次，听众达350余人。

［倪　勇］

科技成果

【科技成果管理】 2011年，楚雄州按照科学技术奖励办法的规定，共受理到2010年度请奖科技成果96项，经认真筛选，推荐评审委员会评审请奖科技成果40项，按请奖类别分，自然科学类1项，科技进步类39项。与往年相比，请奖科技成果具有新的特点：一是突出贡献奖候选人空缺。二是请奖科技成果领域结构分布合理。在请奖科技成果40项中，工业类有12项，大农业类有12项，医药卫生类有9项，社会发展类有7项。从成果的行业分布看，工业、农业、医药卫生等成果结构合理，奖励激励面比以往协调。三是解决民生问题的请奖成果增多。社会发展领域的科技成果，随着全州经济社会的发展在逐渐增多；"科技强警"项目首次纳入科技成果奖评审范围，公交智能化管理系统开发与应用，对提升城市管理水平等成果很有新颖性；科技领域范围的不断扩大，改变了简单意义上的工业科技、农业科技的概念，体现了科技在改善民生中发挥了重要的支撑和引领作用，科技以人为本的理念正在深入人心。四是提升了科技成果的市场价值。请奖成果中共有出版专著4部，制定发布标准7个，发表论文81篇，申请国家专利243（包括国外专利56件），申请专利数为历年最多。科技成果的法律内涵和市场价值有了显著提升。五是科技查新成为受理的重要条件。在请奖成果中有21项成果提交了科技查新机构出具的《科技查新报告》，为评审工作提供了主要基础材料。六是请奖成果的水平和经济社会效益显著提高。如由红塔集团楚雄卷烟厂完成的"卷烟厂打叶复烤新型工艺技术的研究与应用"成果，涵盖了烟叶分切打叶复烤工艺技术及配套工艺设备的研发、复烤成品应用及配套制丝工艺技术研究等四大方面。形成了一套系统完整的涵盖烟叶原料理化特性分析评价、整理加工、设备研发等技术体系并且直接应用于生产实际，完全满足红塔集团品牌发展原料加工需求。研究成果已经在红塔集团新一轮打叶复烤技术改造中得到了有效应用，与传统打叶复烤相比，采用分切打叶复烤加工技术，可提高复烤出片率0.57个百分点，每年可产生直接经济效益4823.76万元。研究过程中形成了7项专利技术，其中4项实用新型技术专利已获授权；实用新型技术专利1项、发明专利2项已经受理，总体技术达到了国内领先水平。州农业科学研究推广所完成的"小麦新品种云麦56号选育及示范"成果，达到省内领先水平；高新技术企业云南云开电气股份有限公司完成的"ZW17A－40.5kV户外高压真空短路器"新产品开发成果，达到国内同类产品领先水平，具有较好经济效益和社会效益。由云南钛业股份有限公司完成的"钛带卷先进生产工艺技术研发与产业化"成果，开发的钛带卷产品，填补了国内空白，形成的钛带卷生产工艺技术，获得专利或专利受理53项，达到国内领先水平，并牵头承担了行业标准的起草工作。

【州级科技成果奖励项目】 2011年，楚雄州共评出2010年度州级科技成果奖40项，其中突出贡献奖空缺、一等奖3项、二等奖6项、三等奖31项。按科技成果奖励类别分，自然科学奖1项，科技进步奖39项；按科技成果奖励领域分，工业类12项，大农业类12项，医药卫生类9项，社会发展类7项。

自然科学奖二等奖：高效太阳能光电微能源系统关键技术及应用研究（楚雄师范学院、北京理工大学，何永泰、李艳秋、刘丽辉、刘瑞明、彭跃红、李雷、刘晋豪、何京鸿）。

科学技术进步奖一等奖：（1）卷烟厂打叶复烤新型工艺技术的研究及应用（红塔烟草集团有限责任公司楚雄卷烟厂，彭黎明、戴永生、李伯恒、鲍治华、高中华、段兴元、李国文、王卫民、李永坚）；（2）小麦新品种云麦56号选育及示范（楚雄州农业科学研究推广所、云南省农科院粮食作物研究所，邹萍、武勇、陈朝良、杨茂昌、赵中祥、张中平、李自清、谭余贵、刘炳顺）；（3）钛带卷先进生产工艺技术研发与产业化（云南钛业股份有限公司，苏鹤洲、史亚鸣、李志敏、王钧洪、陈育生、杨奇、杨豪、聂志文、熊鉴）。

科学技术进步奖二等奖：（1）KGN12A—40.5kV户内铠装固定式金属封闭开关设备（云南云开电气股份有限公司，龚绍成、孔祥品、刘大宏、谢柄忠、张丽红）；（2）彝医"上法"咽舒宝滴丸治疗慢性咽炎技术规范化研究（云南省彝族医药研究所，杨本雷、余惠祥、王国忠、饶文举、许嘉鹏、杨勤运、杨国卉）；（3）lgA肾病多靶点免疫抑制剂治疗研究（楚雄州人民医院，陈西北、何正宏、段迎梅、丁怀武、赵文喜、陈玉锦、高原、代建荣、张美英）；（4）特殊部位（中央型）肝叶切除术的临床应用研究（楚雄州人民医院，高勇、赵辉、张晖、杨艳、刘威、杨帆、张勇、李懿、徐青松）；（5）楚雄公交智能化管理系统开发与应用（楚雄市公共汽车有限公司、昆明美奇奥科技有限公司，李石乔、孙有策、李连明、陈贵凌）。

科学技术进步奖三等奖：（1）ZB25小包透明纸吸风输送、成形系统的技术改进（红塔烟草集团有限责任公司楚雄卷烟厂，布旭亮、张明东、文伟、陆晓勇、杨彬、马程军、赵琪、罗建龙、角述烨）；（2）烟箱条码检测系统的研究与应用（红塔烟草集团有限责任公司楚雄卷烟厂，吕国统、徐志勤、廖银、杨虹、叶玉琼、贝国钦、布旭亮、肖峰、郭再昌）；（3）ZW17A－40.5kV户外高压真空断路器（云南云开电气股份有限公司，龚绍成、吴俊林、董莲花、谭自付、刘大宏）；（4）乐尼白牌核桃精华软胶囊产业化开发（云南广泰生物科技开发有限公司，张跃进、胡庆发、汪兰、黄翔、周龙、钱浩、陈守武、刁英、刘思严）；（5）高还原率低耗煤量密封罐式煤基直接还原铁（云南永仁宏宇工贸有限公司，柴德刚、庞庭亮、杨建、赵枫、施琴）；（6）溶性油墨和抗菌技术在环保烟用接装纸中的结合运用（楚雄市华丽包装实业有限责任公司，陈芝国、王守成、尹磊、段斌）；（7）缠绕型低收缩率油气井用导爆索研制开发（云南燃二化工有限公司，张文荣、王荣、王树军、周国东、董泉、董建国）；（8）调频智能负压实型铸造紧实台开发（云南大姚机械配件厂，龚兆祥、王振洪、沙朝明、夏文明、陈安、李秀芬、鹿守先）；（9）异戊基黄药在难选氧化铜矿选矿生产中的应用（楚雄矿冶，董兴国、彭远伦、姚云武、杨兰芳、吴洁、白勇、杨春霞、陈晓燕、吕晓东）；（10）优质小果型西瓜引种及高产栽培技术示范（元谋县顶瓜瓜责任有限公司，辛学镇、王寿芹、罗泽兵、罗桂林）；（11）楚雄市冬马铃薯免耕栽培技术研究与示范推广（楚雄市农业技术推广中心，何小昆、李建华、钱育华、张建洲、杨国勇、秦德林、李丽华、刘发芬、邬向洪)；(12) 干热河谷优良牧草筛选及综合利用技术研究与示范（云南省农业科学院热区生态农业研究所，龙会英、朱红业、史亮涛、张德、张明忠、杨艳鲜、金杰、刘建平、何光熊)；(13) 云南高档盆栽牡丹花开发示范（武定县狮子山风景名胜区管理处，叶作华、柳光明、刘志强、张海雁、苏建平、李玉平)；(14) 新型高效秸杆燃气炉开发应用（南华民悦高效节能燃气炉有限公司，曹龙武、石建梅、周福贵、曹天顺)；(15) 麻疯树（膏桐）培育及低产低效林改造技术研究与应用（双柏县营林工作站，杨超本、苏法有、覃忠义、孙永玉、罗长维、马自芬、尹军)；(16) 菌根菌及新型基质在茶花栽培的应用（楚雄市欣绿世界名贵茶花品种园有限公司、楚雄师范学院，徐成东、汤勇俊、周明、阎启明、樊以昌、李建明、谢淑丽、赵美芳)；(17) 邓恩桉引种及丰产栽培技术研究（楚雄州林业科学研究所，康文玲、施庭有、段福文、谢辉、白永顺、闫尔葵、王启芳、有兆仁、秦向东)；(18) 滇撒猪配套系特色养猪产业化生产（楚雄州动物疫病预防控制中心、云南农业大学，杨培昌、李春风、赵中保、施运科、邢志先、顾锡江、邱玲华、何明章、陈德良)；(19) 魔芋软腐病综合防治技术研究及应用（楚雄州农业科学研究推广所、楚雄市大过口农业技术推广服务中心、南华县经济作物工作站，张燕、杨发明、徐美恩、张轴、余洪波、施光彩、傅兴荣、罗仁斌、秦梅)；(20) 云南省优质鲜食葡萄引种及丰产栽培技术示范（云南永仁格瑞甫园艺有限公司，尹世芬、代常德、袁绍用、陈昌姝、吕纹洋)；(21) 楚雄州流行性感冒流行特征及病原生物学研究（楚雄州疾病预防控制中心，丁启能、胡秋凌、徐梅琼、郑敏、宋先毅、段云权、阎勇、陈坚)；(22) 双吻合器技术在中低位直肠癌保肛术中的临床应用研究（楚雄州中医院，苏联春、何应芹、周国灿、张雄鹰、陈光兴、高祥、苏朝勇、李晓倩、普光明)；(23) PFNA治疗老年股骨粗隆部骨折技术应用（楚雄州中医院，杨本雷、李文祥、许嘉鹏、刘金才、李丽梅、兰文正、尹世宏、陈志军、艾呈斌)；(24) C臂X线引导下胫骨干骨折闭合复位髓内钉内固定术的临床应用（楚雄州人民医院，王家明、李江、罗向东、唐锡章、姜永旺、丁艳芬、任琴、李德志、刘应良)；(25) 宫腔镜在不孕症诊断和治疗中的临床应用研究（楚雄州人民医院，杨冠英、赵晓艳、何丽娟、朱云华、杨世俊、张丽、李建萍、李明枝、孙艳)；(26) 射频靶点热凝术联合臭氧注射治疗腰椎间盘突出症（武定大同医院，赵刚、申华、赵俊宇、雷文斌、李杰)；(27) 楚雄州气象灾害管理信息系统的开发与运用（楚雄州气象局，李忻、石有彪、张辉、和文仙、杨凤琼、余峙丹、周曙光、王明金、徐凌)；(28) 高塔复合肥生产线锅炉蒸汽冷凝液回收利用系统改造（云南天腾化工有限公司，王世全、王顺刚、胡晓平)；(29) 视频抓拍机动车辆公安信息系统集成应用（楚雄州公安局，周建忠、赵云、马坤、周晖、杨宗恩、周茁、江源、杨有明)；(30) 智能冷风节能技术在通信机房空调改造工程中的应用（云南省电信公司楚雄分公司，赵利刚、李能功、郑海龙、张剑云、张建忠、林宁、黄嘉东)；(31)《云南省中药材标准》(2005年版第六册·彝族药)（楚雄州食品药品监督管理局，方海云、豆涛、张之道、马春云、马炳达、沙朝仁、沈嘉华、覃媛媛、刘丽霞)。

[李德江]

科技协会

【科协工作概况】 2011年末，楚雄州科学技术协会所属学（协）会37个，其中理科类4个、工业类10个、农业类11个、医药类7个、交叉类4个、科学普及类1个，会员1.55万人，从事学会工作人员218人，专职工作人员4人；县（市）科协10个，乡（镇）科普协会103个。全州各类农民专业合作组织2777个，成员达27.71万人（户）。其中，农民专业协会1684个，会员26.74万户；农民专业合作社1093个，社员9675人。年内，楚雄州科协被中国科协、中央组织部、中央宣传部、国家发展改革委、教育部、科技部、财政部、人力资源社会保障部、农业部国家9部委授予“全民科学素质行动计划纲要实施工作先进集体”，被云南省科技厅、省委宣传部、省科协授予“云南省‘十一五’科普工作先进集体”。组织了11名科协干部参加全省科协干部清华大学能力提升培训。印发了《楚雄州科协关于进一步加强信息宣传工作的通知》，编印《科协简讯》16期，编辑出版《楚雄科普》季刊4期，组织编纂《楚雄州科协志》，完成稿件收集、修改统稿校稿等工作。

【楚雄州科协五届委员会第五次全体（扩大）会议】 2011年1月7日，楚雄州科协五届委员会第五次全体（扩大）会议在楚雄召开。全州10县（市）委分管科协工作的领导，州纪委第二纪工委领导，10县（市）科协主席、党组书记，州科协五届委员，州属各（学）协会秘书长，州属农民专业协会会长共100余人出席了会议。州委常委、州委统战部部长任锦云出席会议并作讲话。州科协主席夭建国代表州科协五届常委会作了工作报告。会议总结2010年工作，安排部署2011年工作要点，审议通过了州科协五届五次全体（扩大）会议决议，表彰了在2010年度科协工作目标管理考核中荣获一、二等奖的10个县（市）科协和26个州级学（协）会。

【学术活动】 2011年11月5日，楚雄州科学技术协会与州卫生局、州药监局、楚雄医专、州医院、州中医院、盘龙云海药业有限公司联合举办了以“科技兴医药”为主题的“楚雄州2011年科学技术学术年会”，共收到论文325篇，经专家委员会评审，评出一等奖42篇、二等奖94篇、三等奖153篇。编辑出版了《楚雄州2011年科学技术学术年会论文集》，云南省科协领导和州委、州人民政府领导出席开幕式并作了讲话，4名省级医学专家做了特邀报告，全州200余名医务工作者参加了会议，8名优秀论文作者代表作了学术交流发言。4月25日，比利时“生物医学和生物技术”为国服务专家代表团来到楚雄考察，并召开了合作洽谈会和国际科技前沿学术报告会。年内，开展了学会工作调研，对州级所属37个学会开展了小金库专项治理复查工作。州医学会召开了会员代表大会，选举产生了新一届学会领导班子，州气象学会召开了理事会，增加了理事会成员。做好中国科协全国科技工作者状况调查楚雄调查站建设工作，完成了云南省楚雄调查站点关于“全国科技工作者知识产权意识调查”的工作任务。

【全民科学素质建设】 2011年，楚雄州科学技术协会认真履行职责，调整充实了州全民科学素质工作领导小组成员单位成员和工作联络员。加强了信息宣传和统计工作，编发《工作简报》11期。完成了州委关于对“楚雄州全民科学素质工作”进行立项督查的各项工作，完成了省纲要办对楚雄州“十一五”期间实施《全民科学素质行动计划纲要》工作情况的调研任务。全民科学素质工作列入了《楚雄州国民经济和社会发展“十二五”规划》，州政府办公室印发了《楚雄州全民科学素质行动计划纲要实施方案（2011—2015年）》，州政府召开了“楚雄州全民科学素质行动实施工作会议”，认真总结“十一五”工作成绩和经验，对“十二五”工作进行了安排部署，对评选出来的全州“十一五”全民科学素质工作18个先进集体、49名先进工作者进行了表彰奖励。年内，楚雄市开展了全国科普示范市创建工作。

【农民专业合作组织工作】 2011年，楚雄州科学技术协会调整充实了州农民专业合作组织工作协调领导小组成员单位成员和联络员，编发《工作简报》12期，加强了信息宣传和统计工作，完成州委关于对“楚雄州农民专业合作组织工作”进行立项督查的各项工作，农民专业合作组织工作列入了《楚雄州国民经济和社会发展“十二五”规划》，州委办、州政府办印发了《楚雄州“十二五”发展农民专业合作组织指导意见》。开展先进示范单位创建和骨干培训工作，州科协、州财政局印制下发了《楚雄州农民专业合作组织先进示范单位创建实施方案》，全州组织创建、评选表彰了30个州级农民专业合作组织先进示范单位，其中农民专业协会20个、合作社10个，下达奖补资金30万元。大姚县以县委、县政府的名誉组织开展农民专业合作组织示范单位创建活动，共创建26个先进示范单位，其中农民专业合作社21个，农民专业协会5个。牟定县以县委、县政府的名誉对5个先进农民专业合作社进行了表彰奖励。楚雄市科协、市财政局对7个农民专业合作组织先进示范单位进行了表彰奖励。组织参加了省科协举办的“云南省农技协三届二次理事会暨全省农技协带头人培训会”。双柏县、元谋县分别举办了农民专业合作组织骨干培训，楚雄市举办了“专家乡村讲堂”，培训合作组织骨干100余人，永仁县科协组织30名农民专业合作组织建设骨干到姚安县、元谋县协会及合作社参观学习。年内，全州新发展农民专业合作组织406个，新增成员5499（人）户。其中，农民专业协会36个，会员3600户；农民专业合作社370个，社员1899人。

【农函大工作】 2011年，楚雄州科学技术协会制定下发了《楚雄州农村致富技术函授大学“十二五”发展规划》，总结了“十一五”农函大工作成绩和经验，对“十二五”农函大工作作了规划部署。全年全州招生1.59万人，开设27个专业，烤烟专业招生达3227人，核桃专业达3608人，果蔬类专业3540人，养殖类专业3070人，电脑专业360人，刺绣专业550人，农机维修专业410人，市场营销专业400人。围绕区域产业发展要求开设烤烟、核桃、果蔬专业，根据农村剩余劳动力转移或“村转居”的需要开办了养殖、电脑、刺绣、农机维修、市场营销专业。

【农民专业技术职称评定】 2011年，楚雄州共申报评定农村专业技术职称2630人，其中评定高级技师10人、技师90人、初级职称（助理技师、技术员）2530人。全州累计评定农民技术职称34399人，其中高级技师37人、中级技师875人、初级职称（助理技师、技术员）33487人。

【实施科普惠农兴村计划项目】 2011年，楚雄州科学技术协会组织申报“全国科普惠农兴村计划”项目14个，被中国科协、财政部列入表彰9个，争取中央财政项目经费150万元。组织申报省级“科普惠农兴村计划”项目7个，批准实施6个，争取省级项目经费30万元。组织申报省级科普项目11个，批准实施10个，争取省级科普项目经费共98万元。组织实施州级科普惠农兴村计划示范项目30个，下达项目经费45万元，组织实施楚雄州“社区科普益民计划”项目13个，下达项目经费26万元。年末，全州已建设“科普惠农兴村计划”示范点227个。其中，国家级34个，省级29个，州级160个，县（市）级4个。通过科普项目的实施，楚雄州建成了一批有特色、上规模、能带动农村经济社会发展和农民科技致富的农村专业技术协会、农村科普示范基地、农村科普带头人和行政村、自然村等科普示范典型。

【青少年科技教育活动】 2011年，楚雄州组织青少年参加云南省第26届青少年科技创新大赛，荣获省级奖53项，其中一等奖6项、二等奖21项、三等奖26项；荣获全国奖4项，其中一等奖1项、三等奖3项。组织代表队参加云南省第26届青少年科技创新大赛机器人竞赛，荣获一等奖2项、二等奖3项、三等奖4项。组织开展2011年英特尔求知计划项目和2011年全国青少年科学调查体验活动。组织开展了中国科协“大手拉小手——科普报告希望行”云南楚雄行活动，中国科学院研究员、曾任载人航天工程副总指挥潘厚任等6位知名科学家到楚雄，为楚雄州9所学校师生作了13场前沿科技知识报告。

【科技馆建设】 2011年，楚雄州组织人员到上海科技馆、重庆科技馆、广西科技馆、广东科学中心和东莞科技博物馆学习考察，根据考察情况并结合全州实际，修订完善了《楚雄州科技馆布展初步设计方案》上报州人民政府。9月26日州科技馆正式移交州科协管理使用，对部分展品及设施进行了政府公开招标采购。12月13日，上海科普教育发展基金会、上海科技馆向楚雄州赠送“赛复流动科技馆”和科普书籍。

［倪 勇］

防震减灾

【防震减灾工作概况】 2011年，楚雄州防震减灾工作牢固树立“震情第一”观念，强化震情跟踪监视，切实加强能力建设，建立健全防震减灾工作体系，紧紧围绕“云南省人民政府加强预防和处置地震灾害能力建设十项重大措施”各项目标和任务，认真做好“十二五”防震减灾规划项目的启动，《楚雄州人民政府关于进一步加强防震减灾工作的意见》在全州印发实施，防震减灾各项工作取得了新的发展。在2010年度项目评比中，州地震局荣获全省防震减灾综合评比三等奖和地震应急单项奖，信息网络获全国评比优秀奖，2011年度监测预报工作被评为全省先进单位第三名，2011年度全省震情跟踪工作责任制考核为“好”，胡智文被州委、州人民政府表彰为扶贫先进个人、“两基迎国检”评比先进个人，毛德培获全省监测预报先进个人。

【高度重视震情变化】 2011年1月20～22日，由省地震局主办，州地震局承办的“云南楚雄及邻区中强地震频发地震预报意义研讨会”在楚雄召开，国内知名专家学者提交会议交流论文37篇，对楚雄及邻区地震形势进行了深入研究。4月25日，禄丰县高峰乡发生3.3级地震，州地震局立即向州委、州人民政府及州级有关部门和领导报告地震参数，并召开紧急会商会研究震情趋势。州委、州政府主要领导对州地震局报送的报告、会议纪要、震情分析、《信息快报》等材料及时作出批示，并召集地震、住建、民政、公安、应急办等部门贯彻落实批示精神，部署工作措施。8月25日，州委副书记、代理州长李红民，州委常委、副州长左荣贵等领导视察州地震局，听取情况汇报。指出楚雄州是地震灾害频繁发生的地区，防震减灾工作是十分重要的工作，要发挥好为政府决策提供信息；并安排了地震工作经费，为事业发展提供了保证。

【地震监测台网建设管理】 2011年，楚雄州地震局继续加强地震监测台网管理，确保测震、地下流体、电磁等台项正常运转，按规定和要求按时报送、传送观测记录数据和资料。保证监测仪器耗材的计划订购、及时下发各县，确保各台项观测仪器的正常运行。经常性地做好仪器及辅助设施的维护、保养工作，加强观测人员培训，确保观测仪器正常运转。改造永仁县永定镇上比利村民用井、武定县环州乡他贞村委会海子村民用井为地震宏观定点观测点由各县管理观测。完成双柏县数字化体积应变仪观测井钻井工程和仪器安装调试。配合省地震局，完成在楚雄州大姚湾碧及三台、永仁永定、元谋花同、武定东坡、牟定共和、禄丰金山、南华红土坡、楚雄中邑舍、双柏妥甸及六合等11个地点的主动源科学探测宽频带数字地震台阵建设，进一步加强了全州地震台网监测能力。8月9～10日，楚雄州召开震情会商和地震监测台网建设管理推进会。举办了监测预报人员在地震短临预报中的关键作用专题讲座，对楚雄州及相邻地区未来地震趋势和近期震情进行了会商，对震情跟踪工作进行了安排部署，提出了推进楚雄州地震监测台网建设和管理的工作措施与意见，楚雄地震台及南华、大姚、姚安3县地震局在会上交流地震台站建设管理工作经验，会议还组织与会人员参观州地震局台网中心和楚雄地震台。

【震情研究】 2011年1月20～22日，由云南省地震局和云南省地震学会主办，楚雄州地震局承办的“云南楚雄及邻区中强地震频发地震预报意义研讨会”在楚雄召开。中国地震局监测预报司、台网中心、地震预测研究所、湖北省地震局、四川省地震局等单位的领导和专家；云南省地震局监测预报处、地震预报研究中心等单位和部分州（市）地震部门、台站的地震预报人员共80余人参加震情研讨。针对楚雄地区中强地震频发地震预报意义和云南震情形势深入研究，会议提交论文摘要39篇，参加会议交流论文37篇，涉及到地震预测预报、地震地质、地壳形变、地球物理等多个领域和学科，内容广泛、主题鲜明、重点突出、针对性强。会议安排分组报告和大会报告，并对会议主题进行了深入讨论和分析。对楚雄州地震形势和云南震情趋势达成共识，为进一步做好楚雄州及相邻地区震情监视预报明确了任务。

【地震信息网络管理】 2011年，楚雄州地震局加强计算机通讯网络的建设和管理，提高地震观测数据传输与共享，切实加强网络设备的维护保养工作，专人负责每天及时认真地向省和相关州（市）提供连续可靠的观测资料。为保障地震短波通信网的运行维护质量，充分发挥应急通信功能，根据《云南地震短波通信网运行管理办法》和《云南省地震信息行业网络运行评比办法》，结合全州实际需要，组织制定下发了《楚雄州地震短波通信网运行管理办法》。为确保地震通信联络畅通，坚持每周定时用电台与省地震局和全州10县（市）地震局沟通联络，保障了地震信息备用通道的畅通。

【震情跟踪】 2011年，楚雄州地震局组织修订和完善了年度震情跟踪工作方案，并按照震情跟踪工作责任制考核办法，与各科（室、所）签订责任书，把震情跟踪各项工作落到实处。在日常开展地震预测预报和震情短临跟踪分析中，州地震局始终严格执行震情周、月会商制度，并及时向省地震局和州委、州人民政府报送震情信息。州地震局全年共组织召开年中和专题、紧急会商各1次、月会商11次、周会商41次。会商会后及时将会商意见以《震情分析》形式报送州委、州政府相关领导和省地震局及相邻州（市）地震部门。组成地震预报评审委员会，对2012年度的地震趋势研究报告进行评审。对地震预测预报意见的依据，结论和论述的合理性进行评价，对预报意见作出最终决策，提出了地震预测意见应采取的相应对策措施。同时要求各县地震局定期会商，上报分析意见，共收到各县地震局周、月会商报告300余份，通过强化震情会商跟踪监视和管理，推进震情跟踪工作制度化、规范化。

【异常监测】 2011年，楚雄州地震局多次到姚安县洋派、胡家山、马游，南华县毛板桥、老厂河等重点水库排查和现场调查核实发浑异常，鉴于发浑水库出现宏观异常后多次对应了州内5.0级以上地震，向州人民政府、省地震局上报《楚雄州地震局关于姚安县部分水库库水发浑情况的调查报告》。其后，全州地震部门加强宏观异常的收集和跟踪，陆续收集到禄丰县勤丰镇洋溪冲村委会洋溪冲村公用饮用水潭水2次出现发浑现象，楚雄市吕合镇大麦地村委会一居民饮水点出现发浑现象，武定县己衣乡热水塘村新冒泉眼等多起异常，州、县地震局按《楚雄州重大异常处置制度》，对异常现象进行了现场调查核实。

【监测预报与震情跟踪体系建设】 2011年，楚雄州为深化震情跟踪监视预报的处置体系建设，加强对重大异常及时准确处置，规范紧急会商会，震后快速趋势判定，避免地震谣传，严格地震信息的管理发布，州地震局组织制定了《楚雄州地震局重大异常处置制度》、《楚雄州地震局紧急会商制度》、《楚雄州地震局应对不同震级的地震趋势判定工作方案》、《楚雄州地震谣传处置和震时信息保障制度》等4项工作制度和技术方案，印发各县地震局实施。为落实震情跟踪工作责任制，做好震情跟踪监视，加强震时应急工作，明确震情值班职责，严肃震情值班纪律，重新修订了《楚雄州地震局震情值班制度》，并召开职工会议，组织学习。为充分发挥宏观联系员在地震科普宣传、宏观落实报告、震情灾情速报工作中的作用，全州地震部门加强了地震宏观联系员的培训与管理。

【防震减灾知识宣传】 2011年，楚雄州地震局利用“5·12”全国防灾减灾日、“11·6”云南省防震减灾日开展了内容丰富、形式多样的防震减灾科普宣传活动。在《楚雄日报》刊载了防震减灾知识宣传文章；在楚雄电视台播放了《地震灾害应对》和《地震来了怎么办》两部宣传教育片；在楚雄市桃源湖畔设立“防灾减灾，关爱生命”咨询台，接受群众咨询150余人次，展出展板10块，悬挂宣传布标3条，发放《防震避震常识》、《地震应急自救互救手册》和防震减灾知识折页近万册（份）。1月9日，参加州文化科技卫生“三下乡”集中示范宣传活动，展出展板6块，向过往群众发放《防震避震知识》画册、《地震知识100问》等书籍3000余册，捐款4000元。10月，由州地震局组织翻译编印的《防震避震常识》彝文版宣传画册在武定县举行了首发式，按计划向领导机关、有关部门和彝族村寨发放，为防御和减轻地震灾害损失起到积极的作用。年内，在楚雄州防震减灾网上及时编审发布楚雄防震减灾工作动态信息，使广大民众通过网站适时了解震情、灾情、地震应急、抗震救灾等防震减灾工作信息，有力地促进了网上宣传工作的开展。

【防震减灾执法检查和监督】 2011年7月18日，楚雄州人大常委会《防震减灾法》执法检查组，对全州《防震减灾法》贯彻实施情况进行执法检查。检查组先后到双柏、南华、禄丰3县和州地震局、州民政局、州住建局、州消防支队等部门，采取“听、查、访、看”的形式，通过召开相关会议，听取县人民政府和州级各部门防震减灾工作情况汇报，与各职能部门领导座谈，深入机关、乡村、学校、医院、消防部队，检查了农村民居地震安全工程、中小学校舍安全工程、震后灾民安置和恢复重建、地震监测预报、应急预案准备、防震减灾宣传教育、地震应急避难场所建设、地震应急演练、建设工程抗震设防和减隔震技术应用、地震紧急救援专业队伍建设等情况。8月23日，州人大常委会召开《防震减灾法》执法检查情况反馈会，州人大常委会副主任何根源代表执法检查组向参会领导作了防震减灾法执法情况意见反馈，并把执法检查情况报州人大常委会议进行审议。通过此次执法检查，将进一步促进全州防震减灾工作依法开展。

【地震应急指挥体系建设】 2011年2～9月，楚雄州结合州级各部门进行机构改革后人员变动较大的实际，为了防范于未然，州人民政府2次发文调整充实了州抗震救灾指挥部，明确了州政府分管领导及各相关部门成员职责，健全和完善了地震应急指挥体系。至年末，州地震局按照州政府的安排，与国家和省同步修改完善楚雄州地震应急预案。年内，根据震情形势的发展和云南省地震局部署，州地震局报经州政府发文对全州10县（市）进行地震应急检查，10县（市）政府均向州抗震救灾指挥部上报了自检自查报告，州地震局在不同时间分别对州内重点县进行地震应急准备情况检查，为做好地震应急工作打下坚实的基础。

［胡智文　陈猛］

气象监测与预报

【基本气候概况】 2011年，楚雄州年平均降雨量614毫米，比上年偏少68毫米，比历年偏少237毫米，其中永仁县和双柏县较为突出，与历年相比偏少300毫米以上。全州年平均气温16.5℃，比上年偏低0.9℃，比历年偏高0.2℃。年日照时数全州平均2368小时，比历年偏少13小时。1～4月全州雨量均比上年和历年同期偏多，3月15～18日、25～30日出现了中等强度倒春寒天气。5月全州平均降水量43毫米，比历年同期偏少32毫米，雨季于5月26日开始。雨季开始后，汛期5～10月降雨量504毫米，比历年同期偏少254毫米，打破有资料以来的历史记录，全州大部有中度局部重度夏季气象干旱发生，期间冰雹、大风、单点性暴雨等灾害突出。其中，主汛期6～8月降水比历年同期偏少187毫米，三秋时期（9～10月）降水152毫米，比历年同期偏少46毫米，9月降水126毫米，接近历年平均值，对后期大春生长有利，年内最大日降雨量出现在9月16日，楚雄市降雨104.1毫米。秋冬季（11～12月）冷空气活动较为频繁，11月8日出现秋季强降水，禄丰县降雨26.1毫米。全年总体气候评价是：全年全州春雨偏多，春温整体正常，对农业生产十分有利；雨季开始期正常，光、温、水基本调匀，大春栽种进度快，质量高，主汛期（6～8月）降雨量偏少，光照充足、温度偏高，雨季于10月上旬结束。年雨量特少，与上年持平，库塘蓄水严重不足，但是由于大春作物生长关键期多阵性降雨，日照充足，对农业生产较为有利。

【气象工作管理】 2011年，楚雄州人民政府重视和支持气象工作。《楚雄州气象事业发展十二五规划》于2011年8月16日进行了评审，并经州政府常务会议讨论通过被列为州政府专项规划。州政府认真落实国办发33号文件，先后印发了《楚雄州气象灾害应急预案》、《楚雄州人民政府办公室关于气象灾害监测预警与信息发布工作的实施意见》、《楚雄州人民政府关于加强气象探测环境人工增雨防雹作业点保护工作的通知》，进一步提高全州气象灾害能力建设。年内，州气象局加强气象行政执法，全州各县（市）认真履行依法行政的社会管理职能，积极查处气象违法行为。全年全州向管理相对人下发相关办理行政许可或行政审批告知书346份；办理行政许可523件；回复管理相对人书面申辩3件次。全州查处违反气象法律法规的违法行为23件，结案18件，进入罚款阶段的7件，申请法院强制执行2件。

【极端天气气候】 2011年，楚雄州极端天气主要表现为夏旱和大风、冰雹。全州大部有中度局部、重度夏季气象干旱发生。同时强对流天气突出，9月1日的特大冰雹灾害仅楚雄市的粮烟作物就成灾43765.2亩，绝收1.02万亩，直接经济损失5652.02万元，其他县也有受灾。

2011年楚雄州10县（市）全年平均气温

单位：℃

	楚雄市	双柏县	牟定县	南华县	姚安县	大姚县	永仁县	元谋县	武定县	禄丰县	全州平均
2011年年平均气温	16.4	15.0	16.2	14.9	15.7	15.9	17.6	21.7	15.3	16.5	16.5
与上年比	-1.1	-1.3	-1.0	-0.8	-0.9	-0.8	-0.8	-0.6	-0.9	-0.9	-0.9
与历年比	+0.4	-0.1	+0.3	+0.1	+0.4	+0.2	+0.1	+0.2	+0.2	+0.5	+0.2

2011年楚雄州10县（市）全年降雨量

单位：毫米

	楚雄市	双柏县	牟定县	南华县	姚安县	大姚县	永仁县	元谋县	武定县	禄丰县	全州平均
2011年年降雨量	723	612	661	676	528	560	525	508	707	643	614
与上年比	+23	-133	+27	-113	-67	-124	-130	-38	-4	-116	-68
与历年比	-141	-332	-223	-151	-248	-253	-344	-134	-275	-272	-237

2011年楚雄州10县（市）全年日照时数

单位：小时

	楚雄市	双柏县	牟定县	南华县	姚安县	大姚县	永仁县	元谋县	武定县	禄丰县	全州平均
2011年年日照时数	2400	1937	2318	2594	2427	2664	2576	2482	2110	2176	2368
与上年比	+145	-458	-136	+27	+542	-4	+188	-73	-28	-116	+8
与历年比	+230	-416	-8	+200	+27	+219	-122	-107	-115	-25	-13

【决策气象服务】 2011年，楚雄州气象服务优质高效，重大预报服务质量0.967，综合预报质量0.783。其中，3月6日提供的森林防火气象专题预报服务、3月15～18日、25～30日两次倒春寒天气服务、4月22～25日降水天气预报服务、雨季开始期的预报服务、“4·25”左脚舞民族文化节、全州文化科技卫生“三下乡”集中示范活动等重大气象服务预报准确、预警及时、服务主动，受到了各级党委政府的肯定。截至11月30日，州气象台共发布专题预报和重要天气预报33期、重要天气快报6期，气象情况反映17期，气候评价39期，资料服务材料51期，干旱监测情况快报6期，后期趋势预测5期，32次预警信号。

【人工影响天气】 2011年，楚雄州气象局为确保防区内50万亩烤烟免受冰雹灾害，在州人工影响天气中心的统一指挥下，全州102个标准化防雹作业点团结一心，努力工作，及时对每次出现的冰雹云进行防雹催化作业。从5月14日牟定县第一个防雹点进驻，到10月15日楚雄市最后一个防雹点撤离，全州共开展人工防雹作业64天共计1310点次，有效地避免和减轻了防区内粮烟冰雹灾害。全年全州防区内近50万亩烤烟受灾7638亩，其中因空域不准受灾2248.7亩，受灾率仅为1.09%，而防区外受灾率是防区内的47倍（防区外受灾共77582亩），人工防雹工作取得明显的经济效益和社会效益，为全州粮烟的丰收，财政的增长、农民增收做出了积极的贡献。9月10日至10月19日，全州统一开展的秋季人工增雨工作历时39天，共组织全州性的增雨作业4次，实际投入增雨作业的固定、流动点16个，作业36点次，合计用增雨火箭130发，4次增雨全州平均增雨量为23毫米，增加库塘蓄水552万立方米。全州秋季人工增雨作业取得了显著的经济社会效益，使长期持续的旱象得以缓解，为今冬明春的农业生产用水增加了储备。

【防雷减灾】 2011年，楚雄州有序推进防雷减灾工作。州人民政府把防雷安全管理工作纳入了安全生产和消防安全两个责任状的考核内容，加强与安监、教育、消防、烟草等各行业的协调，将防雷减灾工作纳入当地安全生产工作的总体部署。州政府办公室发出通知对全州中小学校防雷安全隐患排查整改工作进行专项督查，并在第25期《政务督查》中对全州中小学校防雷工作的现状、问题做了通报。对全州11个检测机构的防雷装置安全检测能力进行了现场考核考评，提高了全州防雷检测机构的素质和能力。

【气象基础设施建设】 2011年，楚雄州元谋县、永仁县气象防灾减灾业务楼全部竣工并投入使用。大姚、禄丰、武定3县气象防灾减灾业务楼正在建设中，年末投入使用。牟定县、姚安县气象防灾减灾业务楼即将开工建设。南华县气象防灾减灾业务楼已经完成项目申报工作。年内，先后在楚雄市、武定县建设2部711系列数字化测雨雷达，并于当年投入全州烤烟防雹指挥作业使用，这些项目的实施，使全州气象防灾减灾能力得到了提高。

［谢希萍］

水文水资源勘测研究

【水文水资源勘测工作概况】 2011年，云南省水文资源局楚雄分局认真贯彻云南省“十二五”水文发展改革指导思想，深入贯彻落实科学发展观，积极践行可持续发展治水思路，紧紧围绕实施“兴水强滇”战略和经济社会发展需求，全面贯彻2011年中央1号文件和省委、省人民政府关于加快实施“兴水强滇”战略的决定，牢固树立“大水文”发展理念，以加强水文水资源监测体系建设为基础，以提高预测预报预警能力为重点，以推进体制机制改革为动力，以提供全面优质服务为目标，以强化科技创新和队伍建设为保障，统筹规划、突出重点、加快推进从行业水文向社会水文转变，努力提高水文现代化水平，为全省水利发展改革和经济社会发展提供可靠支撑。大力夯实水文人才、水文法规和水文体制基础，切实强化水文站网、水文监测、水文服务工作，基本形成法规完善、体制健全、站网合理、信息及时、预报准确、运行可靠、管理科学、服务全面的社会水文管理服务体系。年内，州境15条河流被列入中小河流监测系统建设，新建8处水文站、8处水位站、81处遥测雨量站、改造4处水文站；地市级水文巡测基地已完成土建部分，待装修。3月26日，楚雄分局在楚雄市桃园湖广场开展了第十八届“世界水日”和第二十三届“中国水周”宣传活动。年内，楚雄分局1人被州人民政府评为“十一五”全州水利工作先进个人，1人被授予州“双学双比”竞赛活动先进个人，2人获得高级工程师任职资格；共有71人参加了业务技术培训和水文资料整编业务培训班，全州国家基本水文站站长参加了河海大学举办的第九期全国水文站站长培训班。

【水文测验】 2011年，云南省水文水资源局楚雄分局按照国标《水文资料测验整编规范》，《云南省水文资料整编补充规定》组织完成18个水文站109个雨量站的水文资料整编复审验收工作；完成了楚雄州25座水库资料整编验收工作。

【水情报汛】 2011年，楚雄州境水情基本正常，来水量总体偏少。雨水情呈现旱涝交替、旱涝并发、大部分地区旱情严重、局部山洪突出的总体格局。特别是自2月份以来，继上年全州遭受百年一遇的严重旱灾，2011年旱情仍然持续，面对严峻旱情，水情科全体职工团结协作，密切监视汛情旱情，加强分析会商，做好信息报送和发布，提供了大量及时准确的雨水情信息和预测预报成果，为最大限度减轻灾害损失做出了突出贡献。共发布《抗旱简报》10期，入汛以来采用《水情简报》、《水情快报》，以及通过网络等媒介发布实时水雨情、墒情等监测信息，遇特殊水雨情直接采用短信方式向州县水利主管部门及全州

10县（市）行政首长发送实时信息，大力提升水文服务水利的能力，强化水文的社会服务功能，不断探索与创新，取得了良好的成效和经验。全局向国家防总、省州防办共收、发水情报文5000余条，30分钟内送达国家防总的报汛时效合格率达99%以上，向地方各级政府防汛部门提供旱情简报10期、水情简报6期，编发各类旱情、水雨情分析材料20份，为防汛抗旱、汛末蓄水、应急补水调度等提供了有力的技术支撑。

【水质监测】 2011年，云南省水文水资源局楚雄分局水质监测站网覆盖全州主要江河、省界水体、重点水功能区、重要城市集中供水水源地以及州（市）界河，水资源质量状况监测站共计17个断面，包含了8条河流、4座水库、1个省界水体监测站、2个重要供水水源地、3个水功能区、2个州（市）界河站。各断面水质监测项目、质量控制、成果报送等严格按省中心要求执行，保证了检测数据的科学性和准确性。年度内共完成日常检测150余站次，根据逐月监测成果完成了楚雄市重要城市主要供水水源地九龙甸水库、西静河水库水质状况月报12期，江边渡口、九龙甸水库、楚雄、黑井、黄瓜园、董户村6个断面主要江河湖库水质通报编制6期；编制长江流域省界水体江边渡口站测试报告12期；西静河旱情水质信息上报表12期；向部中心上报九龙甸、西静河水源地水质监测评价12期；西静河水库、江边渡口2个监测站点地表水资源质量状况月报12期；九龙甸水库水生生物监测简报12期；马一村桥、普厂大桥2个州（市）界河流水资源质量监测评价成果12期；《楚雄州突发性水污染事件月报》编制12期。完成了全年全州水资源公报水质报表的填报、评价任务，监测评价成果为各级领导和有关管理部门及时掌握辖区内水资源质量状况，开展水资源管理与保护决策提供了科学依据。

【水文服务】 2011年，云南省水文水资源局楚雄分局编制完成《禄丰县污水处理厂水文分析报告》、《大姚县大坡水库工程水资源论证报告》、《楚雄市龙川江大天城水文测验报告》，完成了中国三峡总公司金沙江水电开发有限公司委托楚雄州境内金沙江流域26个遥测站的管护。

【水土保持监测工作】 2011年，云南省水文水资源局楚雄分局完成对大姚鲁村国家级水土保持典型综合监测点的各个监测小区进行了汛前的监测、取样工作，10月末对监测点的监测资料进行了整编分析，及时编制出监测点监测工作报告并报送省监测总站和部监测中心，为《云南省水土保持监测公报》及《中国水土保持监测公报》提供了可靠、准确的数据。5月，对元谋县华竹水电站进行了水土保持监测的现场调查工作，将往年的监测资料作了汇总，拟在年末编制出该项目的水土保持监测总结报告。对禄丰县广通甸尾铜矿及西王庙铜矿的水土保持监测工作提请州水务局进行了项目基建期的阶段验收，对前期监测工作中存在的突出问题进行了总结、分析。编制出了双柏县塔扎河采石场2010年度的水土保持监测年报，并对项目区内布设的各监测小区进行了2011年度的监测数据采样及各项水土保持措施的实施情况调查，对措施不到位的区域给业主及水务行政主管部门提出了相应的整改意见。积极配合完成全国水土保持监测网络系统二期工程水保监测站点的建设工作，对分局内涉及的4个利用水文站点作水土保持监测控制站进行了仪器设备的配设，并参与了全省二期监测点运行管理制度研讨会，对下一步各监测点的运行管理确立了相应的管理思路。年末编制出元谋县小黄园水土保持监测站年度监测报告，并报送省水保监测总站，为《云南省水土保持监测公报》提供了详实的监测分析数据。组织分局人员完成了“云南高原盆地水源地脆弱性诊断研究”课题涉及的九龙甸水库水源地的资料野外收集工作。

【水资源状况】 2011年，楚雄州平均降水量592.7毫米，折合水量173.4亿立方米。比上年偏少22.84%，比常年偏少33.67%，为枯水年份。全州地表水资源量是27.23亿立方米，地下水资源量12.96亿立方米，扣除地表水与地下水重复计算量后全州水资源总量为27.89亿立方米，比上年偏多29.6 %，比常年偏少55.9%。全州蓄水工程年末蓄水量5.31亿立方米，比上年减少29.5%。全州供、用水总量15.24亿立方米，其中河道外供用水8.91亿立方米、河道内供用水6.32亿立方米。河道外供水中，地表水源供水量占99.1%，地下水源供水量占0.7%，其他供水量占0.2%。河道外用水中，农业用水（含林、牧、渔业用水）占85.2 %，工业用水占3.39%，城镇居民及公共用水占10.79%。全州主要江河的水质状况按《地表水环境质量标准》（GB3838—2002）采用单项水质参数进行评价。金沙江水系，全年综合评价河道425.9千米，Ⅱ～Ⅲ类河道占评价河道39.8%，Ⅳ类河道占评价河道8.2 %，Ⅴ类河道占评价河道42.3%，劣Ⅴ类河道占评价河道9.7%。主要污染物：氨氮、总磷、5日生化需氧量、粪大肠菌群等。西南诸河，全年综合评价河道212.4千米，Ⅱ～Ⅲ类河道占评价河90.3%，劣Ⅴ类河道占评价河道9.7%。主要污染物：铅、氨氮等。

［李　蔚］

（责任编辑：安孟勤）

社会科学

社科综述

【社会科学工作概况】 2011年，楚雄州社科联认真学习贯彻党的十七届六中全会和省、州党代会精神，围绕中心、服务大局，创先争优、开拓创新，认真组织开展社科调研、社科期刊编发、社科普及、社科队伍建设、干部作风集中整顿和建设等各项工作，不断增强哲学社会科学服务经济社会发展、服务文化强州建设的能力，圆满地完成年初确定的目标任务。组织中心组学习4次，参加人员43人次，组织党员和干部职工集体学习16次，组织社科专家到基层集中讲课3次，全体干部职工重点学习胡锦涛总书记《在庆祝中国共产党成立90周年大会上的讲话》、党的十七届五中、六中全会精神，省第九次党代会、州第八次党代会精神、杨善洲先进事迹和中央、省、州纪委全会精神，及时召开所属学会、协会、研究会秘书长会议，学习传达中央、省、州党委的重大工作部署和会议精神。积极参与干部作风整顿和建设活动，修改完善《楚雄彝族自治州社会科学界联合会章程》、《楚雄州社科联机关工作管理制度》、《楚雄社科论坛办刊运作管理实施意见》等3个制度，制定《楚雄州社科联党员干部廉洁从政行为规范》、《楚雄州社科联加强党员干部廉政教育制度》、《社科理论视点管理工作制度》等。

【社科组织建设】 2011年，楚雄州社科联加强与各县（市）委沟通联系，做好4个未成立县级社科联县党委、政府协调工作，争取条件成熟一个成立一个。至年末，双柏县研究出台成立县社科联意见，其他几个县把县级社科联组织建设列入重要议事日程，稳步推进。学习运用东部沿海地区高校成立社科联先进经验，积极推进高校社科联建设，楚雄师范学院成立院社科联。

【社科普及基地建设】 2011年，楚雄州社科联争取省社科联支持，继禄丰黑井古镇被确定为省级社科普及基地之后，大姚县石羊古镇成功申报为省级社会科学普及基地。两个省级社会科学普及基地的建立，对提高黑井古镇、石羊古镇知名度，促进两个古镇文化资源开发，打造闻名省内外新兴旅游小镇具有重要意义，在探索社会科学普及基地建设与文化旅游建设相结合、与当地经济社会发展相结合的路子上起到示范作用。

【编制全州哲学社会科学规划】 2011年，楚雄州社科联围绕州第八次党代会精神和《云南省哲学社会科学“十二五”研究与发展规划》及《楚雄州国民经济发展“十二五”研究和发展规划》，及时成立《全州哲学社会科学规划》起草领导小组，组织人员深入县（市）、乡（镇）和相关单位开展调研，听取各级部门意见建议，编制起草《规划》，12月顺利通过州委、州人民政府审定，并以州委办公室文件下发执行。

【第七届社会科学优秀成果评奖】 2011年，楚雄州第七届社会科学优秀成果评奖活动收到申报参评成果215项，其中著作30部，论文185篇。经审查、整理、评审、评委会终评、公示等各个环节，评出优秀成果48项，其中荣誉奖3项、著作奖6项、论文奖39项。在州社科联第五次代表大会上州委、州人民政府对获奖成果进行表彰。

【学术交流】 2011年4月，楚雄州社科联为提高社科基金申报质量和课题申报水平，邀请省社科联副主席靳昆萍到楚雄进行国家社科基金和省社科基金课题申报专题辅导，帮助州内社科工作者充分了解申报各级基金课题的程序方法，为州内社科工作者开展社科研究、申报社科基金提供智力支持。

【社科研究】 2011年11月，楚雄州社科联党组组织力量参与州委组织开展的贯彻落实党的十七届六中全会精神、加快推进民族文化强州建设调研活动，撰写了《楚雄州哲学社会科学研究和普及调研报告》、《培育楚雄州哲学社会科学学术精品调研报告》，为州委制定《楚雄州贯彻落实党的十七届六中全会精神，加快推进民族文化强州建设实施意见》提供决策参考；参与州委宣传部组织的《创意楚雄》丛书的重大课题调研活动，完成《创意楚雄——文化事业发展的楚雄现象》书稿写作任务。

【《楚雄州社会科学著作书目提要》编撰】 2011年11月，楚雄州社科联为全面系统反映楚雄州哲学社会科学界学术成果和科研成果，结合《楚雄彝族自治州志（1978~2008）》编纂工作需要，组织机关干部职工深入10个县（市）和州级部门开展调查研究，摸清楚雄州改革开放30年来哲学社会科学历史与现状，对在哲学、政治学、经济学和人文科学方面取得的丰硕成果进行高度概括和提炼。全面反映楚雄州社会科学界各科研机构、大中专院校、各学会、协会、研究会及广大社会科学工作者开展社会科学研究情况。

【《2012 楚雄州经济社会发展蓝皮书》编辑出版】 2011 年，楚雄州社科联组织社科工作者围绕州第八次党代会明确提出的工作目标和任务，对新一届州委提出的重点产业和重点工作开展调查研究，形成一大批课题研究文章，从中精选出优秀课题研究文章 15 篇 18.4 万字，由州社科联主席何锡英主编，云南人民出版社 2011 年 12 月出版。州社科联依托全州社科工作者，不断提升哲学社会科学服务经济社会发展的水平，逐年研究和编辑出版年度《楚雄州经济社会发展蓝皮书》，充分发挥咨政作用。

【《楚雄社科论坛》等办刊工作】 2011 年，《楚雄社科论坛》编辑部从用稿标准、栏目设置、稿源质量等各个方面对《楚雄社科论坛》的运作和管理进行调整改进，全年编辑出版 12 期，刊发文章 221 篇，约 200 万字。年内，州社科联严格按照“全球视野、贴近州情、理论创新、服务领导”的办刊宗旨，建立健全《社科理论视点》的采、编、审制度，确保刊物的政治性、可读性和咨政性；全年编辑出版 12 期，州委书记张太原对第 4 期《解读杨善洲的权力观》作了重要批示，并被《楚雄日报》全文转载。

［艾 梅］

彝族文化研究

【《中华字库・彝文字集》“彝族文字搜集与整理”研究】 2011 年 11 月 11 ~ 13 日，国家重大文化工程《中华字库・彝文字集》“彝族文字搜集与整理”开题会议在楚雄州博物馆召开，会议由中央民族大学主办，楚雄彝族文化研究院承办。来自云南省和四川省的彝族语言文字学学者 31 人参加会议，中央民族大学黄建明教授就该项目的内容及实施方案作讲解并提出完成任务的目标和时限要求。该项目以彝文的深入研究为基础，充分利用现代科技，开发相应软件工具，探索人机结合的文字收集、整理、筛选、比对和认同操作与管理流程，从数以万计的彝文单字中，尽可能将所有出现过的彝文形体汇聚起来，最终按照出版印刷及网络数字化需求，制作出符合各种形式应用的彝文编码及主要字体字符库。

【彝族文化研究对外学术交流与协作】 2011 年，楚雄彝族文化研究院完成昭通市昭阳区旧圃镇葡萄井六祖文化广场“六祖”大型圆雕铜像、中国巍山彝族祭祖节祭祖大典活动仪式策划及主祭仪式，“中国彝族赛装节”大型浮雕设计，彝族创业史诗开奔勒笃——六祖古歌组织培训排练工作。应楚雄市毕摩协会邀请，为全州毕摩大会讲解“毕摩与彝族文化”专题报告，参与全州文化建设专题调研等项工作。

【彝族文化“五个一百”工程】 2011 年，楚雄彝族文化研究院按照州人民政府确定的“总体规划、分步实施、打造精品”原则，认真组织实施“五个一百”工程。100 卷《彝族毕摩经典译注》于年底完成 104 卷终审验收，年内出版 70 卷。100 本《中华彝族文化研究文库》，年内出版专著 2 部，完成专著书稿校对 2 部，《典籍卷》（10 部）获省、州民委 20 万元启动经费支持。计划聘请 100 名海内外彝学特约研究员，完成特约研究员聘任 36 名。100 集大型影视人类学电视系列丛片《中国彝族》，完成拍摄大纲起草，州财政拨付专款 20 万元。100 期《彝学大讲坛》，完成拍摄大纲撰写。

【彝族文化科研选项】 2011 年，楚雄彝族文化研究院完成《环游楚雄——彝族文化旅游丛书》（13 本）规划设计，完成《彝族经典译注（梅葛卷）》（初稿）编写、“彝族金石图录辑录”课题设计、“云南省古籍重点保护单位”申报，完成“国家古籍珍贵名录”、“武定县彝族罗婺文化酒歌文化生态保护区‘罗婺部落’规划设计”、“云南昙华山彝族生态文化保护研究”、“彝族交通发展与社会文化变迁”课题设计等。

【彝族文化研究】 2011 年，楚雄彝族文化研究院科研人员承担的《彝族毕摩经典译注》完成编译 4 卷，完成 33 部彝文古籍申报《国家古籍珍贵名录》的申报工作。专业技术人员发表论文 30 余篇，100 余万字。影视人类学学科开创地方民族文化研究先河，拍摄专题片 4 部，参与拍摄的云南省首部非遗题材数字电影《梅葛》在国内公演，获得好评。

［普澄宇］

党史研究

【《楚雄州 2011 ~ 2015 年党史工作规划》编制】 2011 年，中共楚雄州委党史研究室通过深入调查研究，结合《中共中央关于加强和改进新形势下党史工作意见》精神及省、州党委关于党史工作的指示精神，编制《楚雄州 2011 ~ 2015 年党史工作规划》，上报州委印发全州各县（市）委和州属各单位（部门）党组织执行。《规划》总结 2006 ~ 2010 年五年规划期间的党史工作，提出今后五年做好党史工作要坚持的指导思想、工作目标、原则要求、基本任务及主要措施。年内，州委书记张太原、州委副书记李兴顺等领导对党史工作作出系列重要批示，对做好全州党史工作提出明确要求。州委常委会 2 次听取党史工作专题汇报，帮助党史部门研究解决资金、工作用车等急需解决的困难和问题。州委办公室下发《关于进一步重视和加强党史教育工作的通知》。

【中国共产党成立 90 周年纪念活动】 2011 年，中共楚雄州委党史研究室充分发挥职能作用，组织和协助州委开展一系列纪念中国共产党成立 90 周年活动。开展清明节到革命烈士墓祭扫革命先烈活动。清明节期间，筹办州党政领导到楚雄市西山爱国主义教育基地开展祭奠革命烈士活动，组织楚雄地区原中共地下党老干部、南下老干部、州级有关部门及社会各界代表 200 多人到西山爱国主义教育基地和子午镇云龙葡萄井革命烈士陵园开展祭扫革命烈士活动。召开楚雄州庆祝中国共产党成立90周年老同志座谈会。州委、州人大常委会、州人民政府和州政协领导，南下老干部代表、边纵八支队代表、州级有关部门领导等100多人参加会议。筹办"'云岭楷模'楚雄风采录"大型图片展。集中展示各个历史时期为楚雄解放事业及经济社会发展作出突出贡献的90位楚雄籍和外地籍优秀共产党员代表人物的先进事迹，6000多名机关干部、大中专院校学生参观展览。举办楚雄州党史学习宣讲专题报告会。邀请省委党史研究室副主任杨泽宇、州级老领导李春和作专题讲座，报告会以视频讲堂形式召开，州、县两级基层党组织负责人、部分党员代表1500多人听讲。各县（市）结合各自实际，举办红色展览、党史学习宣讲、红歌会等活动。

【《中共楚雄州委年鉴》编撰出版】 2011年11月，中共楚雄州委办公室、州委党史研究室编的《中共楚雄州委年鉴》（2011）由德宏民族出版社出版发行。《中共楚雄州委年鉴》（2011）坚持改革创新，加大综合栏目的编撰力度，全面收录州委大事记和州委领导调查研究的内容，突出记述上级领导视察、州委重要会议、重要决策、重点工作和重大举措，体现党委年鉴的特点；改变县（市）组稿方式，"县（市）工作"栏目改用专文综述，突出县（市）委的执政工作。全书100万字，设23个栏目，突出党委年鉴特点，由编辑人员精心校对，编委会认真审定，州保密局严格审查后定稿付印，其资料、数据具有准确性和权威性。

【《楚雄党史党建》编印】 2011年，《楚雄党史党建》杂志重点围绕建党90周年，组织好州委重要决策部署和全州重要党史人物、重要党史事件宣传，增加大事记条目内容，统一体例标准，以州委工作活动为主线，全面记载和反映州内有影响的政治、经济、社会、文化等方面的大事。编辑印发《楚雄党史党建》6期，设置"书记谈党建"、"创先争优、彝州先锋"、"思想建设"、"组织建设"、"党风廉政建设"、"工作研究"、"纪念建党90周年"、"专家论坛"、"党史园地"、"大事记"、"学习胡锦涛'七一'重要讲话精神"、"学习州第八次党代会精神"、"学习型党组织建设"、"学习杨善洲精神"、"彝州红色散文"、"干部作风集中整顿和建设活动"等栏目。

【党史研究成果】 2011年，中共楚雄州委党史研究室编辑出版《中国共产党楚雄彝族自治州委员会历次党代会文献汇编》，完成《中国共产党楚雄彝族自治州历史大事记》（2001～2010）的编撰工作；完成《红色散文——楚雄州党史革命遗址巡礼》组稿。

【党史宣传教育】 2011年，中共楚雄州委第83次常委会要求，7月1日作为全州第一个党史学习宣传日。围绕活动主题，中共楚雄州委党史研究室组织拍摄楚雄地方党史专题片《彝山丰碑》，全面反映90年来党领导楚雄地区各族人民进行革命、建设和改革的奋斗历程、伟大实践和辉煌成就，并于6月23日和28日在楚雄电视台播出，制作成光碟提供各级党组织学习。以深入学习《中国共产党历史》第一卷、第二卷和《中国共产党楚雄地方史》第一卷、《中共楚雄地方党史常识》为主要内容，组织党员干部、群众、青少年学习党史。在《楚雄日报》、楚雄电视台和广播电台开展楚雄州重要党史人物和重大党史事件宣传。组建党史宣讲团，到州属9所中专和高中学校宣讲党史，4600多名师生参加专题报告会。创办《党史工作简讯》，及时全面反映全州党史工作动态，编印8期。加强"中共楚雄党史网站"建设和管理，全面改版升级，完善版式设计及栏目设置，扩充网站功能，增加党史信息量，进一步提升网站宣传面和影响力。补选楚雄州中共党史学会班子和理事，积极开展学术交流活动。各县（市）以迎接建党90周年为契机，有计划、有步骤、有重点地加大党史学习宣传教育。

【党史遗址修缮保护】 2011年，楚雄州在革命遗址普查基础上，根据全州64个遗址破损、利用情况和所承载人物事件影响力，研究制定革命遗址修缮保护规划。紧紧抓住建党90周年重要机遇，积极争取州委领导重视和支持，州委常委会2次听取专题情况汇报，对全州遗址修缮和党史教育基地命名工作提出具体要求，州财政安排专项补助资金148万元，州委党史研究室负责组织实施，在有关部门和县（市）委党史研究室支持配合下，"七一"建党节前全面完成赵祚传烈士陵园等12个革命遗址新建和修缮，设立革命遗址标志32个，州委命名楚雄州第一批中共党史教育基地20个。省委党史研究室领导和州委分管领导出席楚雄、大姚、姚安、南华等县（市）党史教育基地挂牌仪式，并为基地揭幕及授牌。楚雄市投资600万元建成西山爱国主义教育基地。禄丰县投资10万元，修缮张经辰烈士纪念碑、重建中共禄罗特委暨禄罗游击大队纪念碑、装修禄丰县党史展厅。牟定县投资35万元完成红六军团长征过牟定指挥部旧址——天台三清阁及牟定早期党组织活动旧址—牟定文庙修缮。大姚县做好赵祚传烈士陵园改造和赵祚传烈士故居修缮。

［何瑞生］

地方志编纂

【地方志工作概况】 2011年，楚雄州地方志办公室以深化学习型机关创建、创先争优活动为契机，扎实开展以"转变作风抓落实、服务群众聚民心、创先争优促发展"为主题的干部作风集中整顿和建设活动，全体干部职工学习观念更新，综合素质和业务能力不断提高，爱岗敬业、潜心修志、服务群众、创先争优更加扎实有效，队伍建设全面加强。年内，《楚雄彝族自治州地方志工作规定》率先在全省16家州（市）中出台，开启依法修志新篇章；续志、年鉴、刊物、网络等工作实现巩固提升和创新突破；综合协调、挂钩扶贫、顶岗挂职等工作高效开展，为彝州经济社会建设大局作出新贡献。州地方志学会被评为全州哲学社会科学工作“先进集体”，《楚雄州年鉴》（2010）被评为全州优秀社科成果“三等奖”，1名干部被评为全州社科工作“优秀个人”。

【依法修志】 2011年，楚雄州认真开展贯彻落实《地方志工作条例》和《云南省地方志工作规定》调研，结合修志实践，完成《楚雄彝族自治州地方志工作规定（草案）》起草工作。州人民政府批准《规定》立法计划后，州人民政府法制办公室及时审查《规定（草案）》，公开征求意见和召开立法论证会进行修改完善。5月13日，经十届州人民政府第38次常务会议审议通过，并报经省人民政府和省人大常委会登记、备案审查后，州人民政府以第28号公告正式公布实施《楚雄彝族自治州地方志工作规定》，在全省16个州（市）中率先出台地方志工作规范性文件，开启彝州方志事业依法修志、科学发展新篇章。8月2日，州地方志编纂委员会专门召开学习贯彻《楚雄彝族自治州地方志工作规定》座谈会。8月5日，在《楚雄日报》开展彝州地方志工作成就和《规定》出台专版宣传，编印《地方志工作法规宣传手册》2000册发放各级各部门，掀起学习宣传地方志工作法规高潮。

【《楚雄州志》续修】 2011年，楚雄州志办集中4个编纂小组力量，理清编纂思路，稳步推进分纂工作。借助社会力量补充收集全州20个古镇、44个名村近10万字的古镇名村资料，完成资料订正和补充规范，征集文化传媒相关资料，完成云南省驻楚报业机构稿件。完成新增改革开放部分资料搜集和初稿撰写；完成文艺作品书目提要、彝族酒歌、文物保护名录和非物质文化遗产保护名录相关资料收集；完成名人轶事中《费孝通重访禄易“双村”》和《回良玉副总理视察楚雄》撰写；开展地方志书目提要征稿和撰稿，完成346部地方志书籍书目提要撰稿。拟定社会科学书目提要征集和撰写方案，与州委宣传部、州社科联联合发文在全州开展征集工作。完成综合卷中历史沿革、古镇名村、大事记，基础设施卷中交通建设、水利建设、林业建设、信息产业、城乡建设，文化事业卷中教育、医药卫生、科学技术、文化艺术、文物考古，政治卷中州委、州人大、州政府、州政协、民主党派、群众团体、政法、军事，社会卷中人口和计划生育、民政、劳动和社会保障、红十字会、扶贫开发、宗教、精神文明建设、人民生活、社会风俗等部类的分纂工作，地理环境卷资料进行增删和调整，分纂工作取得显著成效。

【《楚雄州年鉴》编纂出版】 2011年，楚雄州地方志办公室加强与各县（市）和州级各部门的联系，积极开展年鉴撰稿指导培训，提前完成162家单位150万字资料组稿工作；积极与有关部门沟通协调，精心组织13个部门工作概况、40个数据图表和辉煌“十一五”18版34页的专版资料；高度重视敏感问题，及时请示州人民政府，对编纂工作中涉及楚雄州发生重大案件有关问题进行细致妥善调整处理；坚持责任编辑制度和三审、三校制度，严格保密审查、数据审核和出版社审稿，精编细校，圆满完成《楚雄州年鉴》（2011）的出版发行；通过多年积累、周密筹划和大量前期准备，积极借鉴先进地区经验，突出彝州特色，设计制作《楚雄州年鉴》（2011）电子光盘，实现《楚雄州年鉴》图书与光盘配套发行，方便广大读者阅读和使用，通过坚持不懈抓好常编常新、常编常精、常编常快，在稳步提升质量的基础上，进一步增强年鉴的可读性和实用性，《楚雄州年鉴》精品培育实现创新和突破。

【《楚州今古》编印】 2011年，《楚州今古》紧紧围绕“坚持宗旨、丰富内容、提升水平”目标，加强与全州地方史志、民族文化专家学者和地方志工作者联系，主动征稿、约稿，扩大史料性、学术性和知识性稿件来源；积极向各级领导、机关干部和离退休老同志选题约稿，丰富纪实性题材稿件和内容；围绕党委、政府中心工作和彝州经济社会日新月异的发展实际，不断改进和丰富栏目设置，使刊物内容和形式体现出鲜明的彝州时代特色。编印赠阅《楚州今古》4期，刊登文章121篇、信息39条、图片73幅，计57万字。

【方志地情网管理维护】 2011年，认真做好楚雄州方志地情网运行维护，切实加强网络安全管理，严格保密审查工作，定期更新上传各种地情资料和方志信息丰富网站内容，充分发挥开展地情服务、宣传地方志工作平台作用。

【地方志编修指导】 2011年，楚雄州地方志办公室组织业务骨干到云南省第二劳动教养所和州卫生局开展编修业务指导培训；严格执行志书审验标准，完成《武定县志》、《楚雄州林业志》和《云南省第二劳动教养所志》等3部共300万字县（市）志和部门志稿审查验收，全州二轮志书编修工作取得新成绩。

【楚雄州地方志学会】 2011年1月20日，楚雄州地方志学会在楚雄召开2010年度理事会年会暨方志事业创新与发展学术研讨会，总结2010年楚雄州地方志学会工作，安排2011年学会工作，增补学会理事会理事，开展学术交流研讨活动。郭孟贤、李祥、向明等10人撰写的论文分获一、二、三等奖，并在研讨会上交流发言。

［彭利侯］

（责任编辑：周能汉）

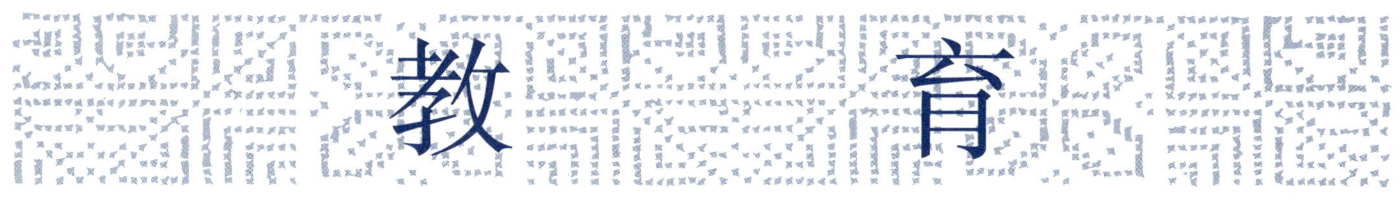

教育

教育综述

【教育工作概况】 2011年，楚雄州教育系统以科学发展观统领教育工作全局，认真贯彻落实全国、全省、全州教育工作会议精神和《楚雄州贯彻落实国家和云南省中长期教育改革和发展规划纲要（2010—2020年）的实施意见》，坚持优先发展、育人为本、改革创新、促进公平、提高质量的工作方针，加快普及学前教育，巩固提高义务教育，努力提高普通高中办学水平，大力发展职业教育，着力加强教师队伍建设，全面促进教育公平和提高教育质量，教育工作实现更好更快发展，实现“十二五”良好开局。全州有全日制各类学校1243所，在校学生436755人。其中，幼儿园235所，比上年增加35所1893个班，在园幼儿50924人；普通小学841所，比上年减少9所，教学点153个，比上年减少16个，在校生199761人，比上年减少6181人；普通中学136所，其中完全中学10所、高级中学11所、初级中学115所（含九年一贯制学校），在校生141175人（初中102676人，高中38499人）。中等职业学校27所，其中中等职业技术学校8所、成人中等专业学校（教师进修学校）9所、职业高级中学10所，在校学生19426人；技工学校1所，在校生10653人；普通高校2所，在校生13669人。3～6岁儿童（含学前班）入园率59.49%，小学学龄儿童入学率99.85%，初中毛入学率113.45%；高中阶段教育毛入学率71.20%。

【中小学校舍安全工程】 2011年，根据楚雄州人民政府与省人民政府签订的2011年中小学校安工程责任书。全州重建中小学校舍115260平方米（其中钢结构校舍建设任务占拆除重建任务的15%），加固改造B、C级不安全校舍

2011/2012学年初楚雄州各级各类学校情况统计表

单位：人

学校类别	学校数（所）	教学点（个）	班数（个）	毕业生数	招生数	在校学生数 总计	其中 女学生	其中 民族生	毕业学生数	教职工数 总计	其中：专任教师	代课教师
1. 楚雄师范学院	1			1804	2826	9194	5389	2698	1864	718	489	
2. 楚雄州医药高等专科学校	1			1149	1627	4475	3456	1070	1367	245	188	
3. 中等职业教育学校	27			3975	6345	19426	9966	6746	5006	1328	982	184
其中：普通中等专业学校	8			1705	2131	7585	4731	2272	1854	597	413	33
成人中等专业学校	9									133	107	42
职业高中	10			2270	4214	11841	5235	4474	3152	598	462	109
4. 普通中学	136		2904	46012	48784	141175	71952	52820	45546	10947	9697	
其中：初中	115		2104	34897	34576	102676	50757	39592	33668	7514	6813	
高（完）中	21		800	11115	14208	38499	21195	13228	11878	3433	2884	
5. 小学	841	153	6701	35254	30111	199761	97273	82471	34433	13538	12838	390
6. 特殊教育学校	1		19	213	195	1147	436	119	150	63	48	
7. 幼儿园（含学前班）	235		1893		34004	50924	24230	17391	26050	2560	1555	70
8. 技工学校	1			2717	3321	10653	3860	2663	1184	192	160	
附：(1)成人技术培训学校	579			304576						77	17	
(2)农民初等学校(成人小学)			91	1162						15	15	
合计（1～8）	1243	153	11517	91124	127213	436755	216562	165978	115600	29591	25957	644

385660平方米。省级按重建补助1000元/平方米、加固改造补助150元/平方米标准，安排并下达中央、省级专项补助资金17311万元，其中重建资金11526万元、加固资金5785万元。开工202664平方米，占全年任务的40%；竣工131307平方米，占全年任务的26%。截至12月1日，全州累计开工面积65.14万平方米，涉及单体924个。其中，新建开工面积63.76万平方米，项目913个；维修加固开工面积1.38万平方米，项目11个。累计竣工面积58.62万平方米，竣工项目857个。其中，新建项目竣工面积57.24万平方米，项目846个；维修加固项目竣工面积1.38万平方米，项目11个。3年来，累计投入中小学校安工程建设资金72857.17万元，其中中央资金26066.9万元、省级资金25381.1万元、州级资金9498万元、县级资金9957.57万元、其他资金1953.6万元。

【中小学区域布局调整】 2011年，楚雄州通过中小学区域布局调整，最大限度地整合教育资源，又兼顾到不过多增加中小学生就学成本，采取校点撤并、分段撤并、整校撤并、新建学校等多种模式，开展布局调整工作。年末，全州有教学点153个（其中一师一校校点15个），小学841所（其中完全小学607所），九年一贯制学校6所，普通初中115所，普通高中21所。与2009年相比，小学撤并119所，撤并比例12%；教学点撤并180个，撤并比例18.5%，其中一师一校撤并165个，撤并比例91.5%；初级中学撤并9所，撤并比例7.3%。

［郭家柄］

【学校安全管理】 2011年，楚雄州认真落实学校安全工作目标管理责任制，州教育局与各县（市）教育局、州属各学校、局机关15个科室签订《2011年度教育系统社会治安综合治理维护稳定工作目标管理责任书》，制定下发《楚雄州学校及周边治安综合治理工作考核办法》（试行），将学校安全工作列入年度教育目标管理考核内容。按照“预防为主、打防并举、标本兼治、重在治本”的综合治理方针，以创建“平安校园”为载体，加强各级各类学校人防、物防、技防建设。“平安校园”开展面90%以上，州级命名表彰“平安校园”48所，省级命名表彰24所。制定《全州学校及周边突出治安问题排查整治和矛盾纠纷排查化解工作方案》，全面开展学校及周边突出治安问题排查整治和影响学校稳定矛盾纠纷排查化解工作。广泛开展防震、防火、防溺水、防毒、防暴力侵害、交通安全及学生常见传染病知识等宣传教育和应急演练，开展创建“零犯罪校园”、“零事故校园”、“拒绝管制刀具进校园”、“拒绝毒品进校园”等针对性较强的活动，全体师生自我防范意识不断提高，确保广大师生员工人身和财产安全。

［邵永春］

【教育民生资金管理】 截至2011年12月31日，楚雄州教育局共争取各类教育民生资金92698.64万元（含预拨2012年17070.45万元），其中中央资金57840.18万元、省级资金28206.01万元、州县配套资金6652.45万元。争取义务教育阶段贫困生寄宿制生活费资金22760.95万元，受益人数141825人，按生均小学750元、初中1000元、特殊教育学校1000元补助，受助面小学83.10%，初中82.12%，特殊教育学校学生100%享受补助，争取民族高中困难学生寄宿制生活费补助71.13万元，受益人数2371人；争取公用经费补助资金14828.38万元，义务教育阶段公办县镇、农村学校全覆盖，受益人数285395人，按生均小学500元、初中700元补助；争取免教科书资金3177.34万元，义务教育阶段学校全覆盖，受益人数310464人；争取城市学校免杂费资金336.37万元，受益人数25385人，争取城市学校接收进城务工农民工子女中央奖励资金680万元，受益人数25385人；争取普通高中贫困家庭学生助学金4358.15万元，受益人数13241人，具体标准为一等每生每年2000元，二等每生每年1000元；争取中等职业学校助学金2509.3万元，受益人数13826人，在校学生中一、二年级学生每人每年1500元补助；争取中等职业学校家庭经济困难学生和涉农专业学生免学费资金2443.82万元，按受助对象每人每年2000元补助；争取学前教育省政府奖学金73.71万元，受益人数2948人；争取农村义务教育薄弱学校改造计划教学仪器设备资金7887万元；争取中小学校舍安全建设资金32993.88万元，排除中小学危房312797平方米；争取农村义务教育阶段学校教师特设岗位计划等专项资金578.61万元，每人每年按20540元补助。

［张存芬］

【三生教育促进会成立】 2011年7月20日，楚雄州召开三生教育促进会成立暨第一次会员代表大会，楚雄州生命生存生活教育促进会正式成立。出席成立大会的69名会员代表审议通过了促进会《章程》，选举产生第一届理事会和会长、副会长、秘书长。州教育党委书记、局长李能当选第一届理事会会长。

【教育系统庆祝建党90周年系列活动】 2011年，楚雄州教育党委组织州属各学校开展多种形式的庆祝活动，讴歌党的光辉历史，全面回顾和总结党在90年发展历程中积累的基本经验，教育师生知党、爱党、信党，立足岗位做贡献。6月26日晚，举行楚雄州党委系统庆祝中国共产党成立90周年大会暨文艺晚会。晚会上表彰全州教育系统近年来涌现出的33名优秀共产党员和16名优秀党务工作者，命名7个成绩突出的基层党建工作示范点。组织庆祝中国共产党成立90周年全州教职工书画作品展。收到书画作品328件，其中书法作品181件、美术作品147件，州教育工会组织专家对书画作品认真评审，评选出一等奖9件、二等奖19件、三等奖29件，参展作品100余件。各级各类学校开展经典红歌演唱活动，坚持以“唱红歌，跟党走，颂祖国”为主题，使广大青少年学生形成爱党、爱国、爱家的品德意识。开展青少年“五好小公民”主题教育

“光辉的旗帜”读书征文和“中华魂”（颂歌献给党）主题教育活动。州教育局被评为“全国青少年五好小公民主题教育‘光辉的旗帜’读书征文活动先进集体”。

［李同国］

【教育乱收费治理】 2011年，楚雄州严格实行教育乱收费一票否决制。采取多种形式和渠道宣传教育收费政策和“减负”相关规定。下发《教育收费提醒告诫书》，向10个县（市）教育行政主管部门、学校在教育收费、减负方面提出告诫；认真开展教育收费专项检查，发现问题，及时纠正。各县（市）组织县级以上教育收费专项检查组19个，检查高中阶段学校31所，义务教育阶段学校267所，其他学校24所。州教育局派出5个检查组，对10个县（市）部分学校贯彻落实义务教育经费保障机制，特别是“两免一补”和执行教育收费政策，规范教育收费情况进行重点检查。配合省教育厅、发改委等7厅（局）对部分学校教育收费情况进行专项检查。

［李天浩］

【教育依法行政管理】 2011年，楚雄州教育局认真清理上报规范性文件以及行政许可事项，评查州教育局2010年行政执法案卷。对楚雄州教育局2010年4月30日以前制定实施的具有规范性文件特征的文件进行清理，对州教育局行政执法责任体系实施方案进行修改，与执法科室负责人签订《岗位执法责任书》，完成州人民政府对州教育局2011年度行政执法责任制和行政执法检查考评工作。组织开展《行政强制法》学习培训和考试工作。

［普俊骞］

【教育工会工作】 2011年1月13～14日，楚雄州教育工会三届八次全委（扩大）会议召开，总结上年工作，安排部署新年度工作任务，代中国教科文卫体工会为荣获全国教科文卫体工会优秀工会调研报告获奖者颁奖，对荣获上年教育工会工作优秀调研报告、优秀论文的作者进行表彰。4月6～28日，在楚雄一中举办州直属学校（学院）第九届教职工运动会。11月24～25日，召开楚雄州教育工会第四次代表大会，选举产生以曹荣国为主席，张春丽、叶茂绿为副主席，尹宏贤、朱跃民、杨建明、周云燕为常务委员的楚雄州教育工会第四届委员会领导班子。12月23日，在州直学校（学院）工会第二十七次学习交流活动中，开展州教育工会女职工委员会换届选举工作。

［朱跃民］

【教育审计】 2011年，楚雄州教育系统开展对2011年度重大建设项目（州职教园区二期工程建设项目）、重大前期项目（中小学校舍安全工程）实行行政绩效管理，做到年初有计划、有方案，年内有跟踪、有检查，年终有考核、有评价。配合州审计局审计组实施中小学校舍安全工程跟踪审计、债务审计、绩效审计；配合省、州纪委对州职教园区

2011/2012学年初楚雄州各级各类学校办学条件基本情况统计表

学校类别	学校占地（平方米）		校舍建筑面积（平方米）			图书（册）		计算机（台）			固定资产总值（万元）
	面积	生均	合计	生均	当年新增	总计	生均	总计	教学用	生机比（∶1）	
1. 楚雄师范学院	415454		221540			745300		3328	1952		34703.47
2. 楚雄州医药高等专科学校	280080		64326			168000		568	490		8547.86
3. 中等职业教育学校	994904	51.22	246369	12.68	23742	464642	23.92	3255	2723	7.13	14277.57
其中：普通中等专业学校	384921	50.75	125749	16.58		266954	35.19	1538	1264	6	5953.44
成人中等专业学校	23708		17481			50835		426	369		1415.04
职业高中	586275	49.51	103139	8.71	23742	146853	12.4	1291	1090	10.86	6909.09
4. 普通中学	4847760	34.34	1571370	11.13	99575	2259777	16.01	11242	9681	14.58	129414.03
其中：初中	3147029	30.65	944707	9.2	82767	1502268	14.63	6747	5670	18.11	69352.02
高（完）中	1700731	44.18	626663	16.28	16808	757509	19.68	4495	4011	9.6	60062.01
5. 小学	4987476	24.97	1466259	7.34	37901	2793319	13.98	9433	7894	25.31	121277.77
6. 特殊教育学校	10748	9.37	4055	3.54		5662	4.94				
7. 幼儿园（含学前班）	343342	6.74	194301	3.82	6806	147763	2.9				
8. 技工学校			30832	2.89		51602	4.84	1408	1168	9.12	5451.58
附：成人文化技术培训学校	91262		30984			111039			186		872.49
合计（1～8）	11910596	27.27	3799052	8.7	168024	6636065		29234	23908	18.27	313672.28

项目报建、招投标及项目过程管理开展财务收支审计及专项督查。

［江玉波］

【教师专业技术职务评审】 2011年5月10～15日，楚雄州教育局召开教师专业技术职务评审中评委会议。经教师中级职务评审委员会评审后通过1319人，未通过26人，通过率98.07%。其中，评审小学高级教师职务574人，未通过10人，通过率98.2%；评审中学一级教师职务437人，未通过8人，通过率98.1%；评审中专讲师职务11人，未通过3人，通过率72.7%；评审推荐中专高级讲师、中学高级教师职务323人，评审后向上级评委推荐上报318人。

［赵宗丽］

基础教育

【学前教育改革发展】 2011年，楚雄州认真贯彻落实《国务院关于当前发展学前教育的若干意见》，以州人大24号议案办理为契机，切实加快学前教育发展。完善加快学前教育发展的政策、措施，州人民政府审定印发《楚雄州学前教育三年行动计划（2011～2013年）》。争取项目支持，指导县（市）完成学前教育项目建设规划。双柏县获得国家农村学前教育推进工程项目立项，投入700万元新建农村幼儿园5所。协调引进国内先进幼教集团支持州内学前教育发展。创办一批高标准、高起点、高质量的幼儿园。年末，有幼儿园235所，比上年增加35所。学前3年儿童入园率59.49%，比上年提高5.45个百分点。

【全州第五届中学生运动会】 2011年7月13～20日，楚雄州第五届中学生运动会在鹿城举行。运动会设置男女篮球、男女排球、男子足球、田径、校园体育舞蹈7个竞赛项目，10个县（市）和州属楚雄一中、州民中、师院附中、楚雄天人中学4所高（完）中的14个代表团1212名运动员参加比赛。运动会产生金、银、铜牌各35枚，其中楚雄市代表团、楚雄一中代表团、元谋县代表团、双柏县代表团、楚雄师院附中代表团、武定县代表团分别荣获本届运动会团体总分第一名至第六名，14个参赛代表团均获得体育道德风尚奖。

【组团参加省第十二届中学生运动会】 2011年9月16～24日，楚雄州组建由113名中学生优秀代表参加的体育运动代表团，参加云南省第十二届中学生运动会。楚雄州代表团参加男子篮球、女子篮球、男子排球、女子排球、男子足球、男女田径、校园体育舞蹈等7个项目比赛，取得团体总分第七名、男子篮球A组第一名、女子篮球A组第五名、男女排球A组第四名、男子足球A组第三名、健美操A组第四名的优异成绩。

［李清才］

【教育督导工作】 2011年5月，楚雄州人民政府组成州级专家组，对双柏县人民政府教育工作督导评估开展州级复查，形成州级复查意见上报省人民政府教育督导团。7月，省政府教育督导团对双柏县政府教育工作进行督导评估。州政府教育督导室对牟定县、南华县、姚安县、元谋县等4个县学校体育教育进行督导评估。4月25～29日，省政府教育督导团抽调昆明、保山、西双版纳等11所省级示范幼儿园园长和相关专家，组成14人幼儿园督导评估专家组，对楚雄州幼儿园、楚雄市鹿城幼儿园、楚雄市西城幼儿园、楚雄市机关幼儿园等4所幼儿园进行省级督导评估。各县（市）各公办幼儿园分别开展幼儿园督导评估。

［普俊骞］

【楚雄一中】 2011年，楚雄一中坚持"深化高中课程改革，打造优质高效课堂"工作核心，围绕"高上线、多重点、出尖子"工作目标，根据云南省教育厅推进普通高中新课程实验工作部署，按照《楚雄一中新课程实验方案》，全面、稳步推进新课程改革。坚持"先培训，后上岗，不培训，不上岗"原则，举办新课程课堂讲赛和教育教学技术竞赛；组织教师到山东昌乐二中考察学习，努力转变学生学习方式，培养学生自主探究、动手实践、合作交流与阅读自学等能力；开展课题研究，逐步推行"导学案"；创新备考策略，参与云南省名校昆明三中、滇池中学、玉溪一中、楚雄一中"四校联考"工作，以联考分析总结推动复习备考。学校通过采取专家引领、校际牵手联动等措施，有效提升2011年高考成绩，600分以上优秀学生11人，占全州的91.67%；重点上线率、本科上线率、整体上线率分别达到49.43%、94.09%和99.62%，再创历史新高。7月，学校被州教育局评为楚雄州2011年度普通高中教学质量综合考评一等奖、教学质量进步一等奖。坚持"德育为首，育人为本"，注重提高德育工作主动性、针对性和实效性，组织青年业余党校第十五期培训班，197名学员参加培训，结业187名，表彰优秀学员22名，20人向党组织递交入党申请书，6位同学光荣加入党组织。遵循"修旧如旧"、充分保护文物遗迹原则，修缮龙泉书院，使之发挥传承历史、延续文脉的文化功能。新建"云南省立楚雄中学纪念亭"，把具有历史、史料、书法和文学价值的楹联、匾额、碑刻编辑成《楚雄龙泉书院碑刻书文集》出版。年内，学校通过省教科院"云南省教育科研实验学校"复评验收；被云南省精神文明建设指导委员会、云南省关工委命名表彰为"云南省示范家长学校"；荣获"云南省厂务公开民主管理工作先进单位"称号；教育处被云南省公安厅评为"云南省机关企事业单位治安保卫工作先进集体"；男子篮球队勇夺云南省篮球冠军赛冠军和云南省第十二届中学生运动会冠军。教师在国家级、省级、州级论文竞赛，课堂教学、课件比赛和指导学生竞赛中获奖65人次。王宇伟、余德新、戴瑞、贡云峰被云南省教育厅聘为新课程改革工作学科专家指导组成员；金凌被云南省教育厅聘为"云南省中小学教材审定委员会专家库学科专家"；刘顺美被楚雄州人民政府认定为楚雄州中青年学术技术带头人。

［金　凌］

【楚雄州民族中学】 2011年，楚雄州民族中学全体教职员工与时俱进，精诚团结，各项工作稳步推进。选送语文、政治教师各1名到上海参加第七届“名教杯”说课比赛，均获得二等奖。11月底，云南省政治讲课比赛在学校举行，学校1名教师获得一等奖。选送3名教师到上海建平中学学习交流。年内，481名应届毕业生参加高考，本科上线率85.5%，居全州第二位，总上线率99.58%，居全州第二位。

［张瑞青］

【楚雄师范学院附属中学】 2011年，楚雄师范学院附属中学以科学发展观为指导，全面贯彻落实“十二五”规划纲要提出的教育改革发展各项目标和措施，取得丰硕办学成果。学校获得“全国和谐校园先进学校”，“云南省中学现代教育技术示范学校”，“楚雄州平安校园”等荣誉称号，再次获得“全国学校艺术教育先进单位”。7个毕业班340名应届生参加高考，本上线17人，总上线324人，获教育局教学质量综合考评二等奖。中考600分以上学生25人。开展“三定”（定时间、定主题、定内容）教学研究活动。学校教师参加省级教学讲赛、竞赛成绩突出，两位教师参加全省中学体育教师课堂教学讲赛分获一、二等奖。有43篇教师教育教学论文获得国家、省级一、二、三等奖。国家级重点课题“班主任综合素质培养与实践研究”推进顺利。在第五届全州中学生运动会上，获得团体总分第五名，在健美操、啦啦操比赛中获得第一名，男篮获第三名，女篮获第四名，男子足球获第四名。学校被云南大学体育学院选定为“实习基地”。

［董廷锋］

【楚雄天人中学】 2011年，楚雄天人中学中考高中阶段升学率93.45%，高考应届生综合上线率99.7%，本科上线率85.6%。学校先后荣获“楚雄州文明学校”、“楚雄州绿色学校”、“楚雄州现代教育示范学校”、“云南省优秀家长示范学校”、“云南省文明学校”、“中国民办十大知名品牌学校”、“全国民办教育先进集体”、“全国创新教育示范单位”、“全国青少年道德培养实验基地”，成为云南省民办教育先进典型。

［张天发］

【楚雄师范学院附属小学】 2011年，楚雄师范学院附属小学通过开展阅读工程、教师讲坛、青蓝工程、对口帮扶、培训学习、业务竞赛、专题讲座、课堂展示、课题研究等途径，在全校深入开展“有效教育教学”模式课堂教学研究，优化课堂教学结构，打造高效课堂，提高学生综合能力，不断提高教师专业素养和业务能力。教师在州级以上业务竞赛中获奖37人次。其中，沈超参加“2011年楚雄州小学语文阅读教学竞赛活动”、赵圆参加“2011年楚雄州小学信息技术课堂教学竞赛”荣获州级一等奖；吉平参加“云南省第四届小学科学优质课评比活动”、王加旺参加“云南省第三届三生教育说课大赛”、孙伟参加“云南省2011年小学《品德与生活（社会）》课堂教学竞赛”均荣获省级一等奖；李正荣参加全国第十届深化小学数学改革观摩交流会课堂教学竞赛荣获全国一等奖。

［杨春云］

【楚雄开发区实验小学】 2011年，楚雄开发区实验小学有50个教学班，在校学生2956人，教职工130人；校长王静荣获第二届云南教育功勋奖；两位教师参加“云南省小学语文课堂教学竞赛”和“楚雄州小学数学课堂教学竞赛”均荣获一等奖；学校被教育部基础教育司评为第四届“全国和谐校园先进学校”，被教育部中国教师发展基金会评为国家教师科研基金“十二五”规划重点课题科研单位，被中国足协评为2010年度全国校园足球活动优秀学校，被中共云南省委高校工委、云南省教育厅党组评为“先进基层党组织”，被中共楚雄州委评为“基层党建工作示范点”；成功举办学校建校10周年庆祝活动，完成学校10年校庆专题片《我们从这里起航》拍摄；编印《实小教育》、《校庆专刊》、《国旗下成长》、《校庆纪念画册》、《硕果累累》、《做智慧班主任》、《管理手册》、《教师论文集》、《教学设计荟萃》、《“十五期间”结题报告汇编》、《童心荟萃》、《学校发展大事记》等系列丛书12本。

［张正波］

【楚雄开发区永安小学】 2011年3月，楚雄开发区永安小学举办历时17天“阳光体育，快乐足球”主题首届校园足球文化节。6月，云南省教科院副院长杨志军等领导和学校师生欢聚一堂，共同举行“庆祝六一”活动。举行“云南省心理健康教育示范学校”和“云南省语言文字规范示范学校”授牌仪式。

［陈金亮］

【楚雄州幼儿园】 2011年，楚雄州幼儿园分层次、分特长开展教师培训，形成名园长+学科带头人+骨干教师+优秀创新团队人才模式。引进男教师，为幼儿园注入新活力。确立以主题探究活动为主，以五大领域分科教学，区域性活动为补充的多元化课程模式。将“园本课程”及“三生教育”、“心理健康教育”有机地融入到幼儿一日生活中。在大班开展幼小衔接的各项工作，杜绝“小学化”教学形式。充分调动家长支持并参与幼儿园教育和管理。通过校园网站，及时向家长宣传幼儿园各项活动和信息，共同分享育儿经验和喜悦；组织亲子教育团队对即将跨入幼儿园的家长和宝宝进行专业“亲子课程”培训。被全国总工会表彰为“全国五一巾帼标兵岗”；被省人民政府教育督导室评定为云南省“优级甲等”幼儿园；被省教育厅命名为云南省“三生教育”示范学校；评为“云南省优秀家长学校”；“州属学校党建工作示范点”；幼儿体操再获全国“金奖”等荣誉；园长夏丽萍代表楚雄州教育系统参加云南省第九次党代会，并被推选为主席团成员，被省人民政府授予云南省先进工作者称号；被中共云南省委高校工委、省教育厅授予第二届“云南教育功勋奖”。接待全州园长、骨干教师及昆明、玉溪、曲靖、永仁等省、州、县（市）幼儿园来园参观培训。

［金凤琼］

【楚雄州特殊教育学校】 2011年9月，楚雄州特殊教育学校承担的云南省家庭教育“十一五”规划研究课题“残疾孩子家长教育观念的现状、问题与指导策略的研究”，经省家庭教育研究会审核并准予结题；11月，学校在文明单位检查考核评比中，被州委、州人民政府命名为州级“文明单位”；11月，在省残联、省教育厅等部门联合举办的“第六届云南省特教学校学生艺术汇演”活动中，学校荣获“团体奖”、“组织奖”，所选送的节目小品《森林与孩子》获表演金奖，舞蹈《映山红 别样红》获表演银奖，声乐《朋友相聚要喝酒》获表演铜奖，器乐《彝族酒歌联奏》获表演铜奖，舞蹈《想往》获表演铜奖，曲艺《说说我们新特校》获表演铜奖，智综《乐鼓齐鸣》获启智奖。11月20日，学校整体搬迁重建项目第一标段总建筑面积12357.4平方米、总投资1990.19万元的教学综合楼主体工程顺利封顶。

［谢 红］

职业教育

【职业教育概况】 2011年，楚雄州职业教育发展步伐明显加快。职教园区累计完成投资9.85亿元，到位资金9.16亿元。园区向奥地利政府贷款1400万欧元（人民币1.2亿元）购置实习实训设备项目，经国家发改委和财政部批准进入实施阶段。园区在校生总规模18180人。园区被教育部确定为全国直抓的5个试点之一，园区管委会获第二届全国教育改革创新优秀奖。园区正向专业优化、招生统筹、资源整合、深化管理、州县一体化办学第二步发展目标迈进。中等职业教育办学规模不断扩大，各级各类全日制中等职业学校招生9666人，在校生人数30079人。参与央企入滇工作，加强与中智公司合作，向日本等国外派送一批中职学生就业。云南现代职业技术学院（民办高职）首届招生122人，顺利实现与州职教园区合作办学。楚雄机械电子职业技术学校（民办中专）首届招生140人，教育教学工作正常开展。组织实施省级中等职业教育改革创新行动计划项目试点4个，禄丰县职中等7所试点中职学校积极组织开展试点工作。积极推进优化专业、联合办学、扩大招生等改革，不断探索工学结合、校企合作、顶岗实习以及州县一体化办学新路子。教师培训、校外办学、考核评价、学生就业等工作有新进展。成立开放教育办公室，密切配合做好开放教育招生工作，推进电大教育“直通车”招生，开放教育招生1065人。州教育局与雄宝酒店有限公司、云南开关厂建立校企合作关系，在两个企业建立青年教师实习锻炼培训基地。

【云南现代职业技术学院成立】 2011年9月17日，民办云南现代职业学院在楚雄职教园区成立并举行开学典礼，省教育厅副厅级巡视员李云芳到会指导，三鑫集团董事局董事长、云南省工商联副主席金朝水，各县（市）分管教育副县（市）长、教育局领导、各中等职业学校领导参加学院成立庆典及挂牌仪式。云南现代职业技术学院成立，标志着楚雄州民办高职教育实现零的突破。云南现代职业技术学院首届招生122人，与州职教园区合作办学，初步设建筑工程、水利水电、电气自动化、汽车维修、会计、学前教育等6个专业。

［李云光］

【楚雄州农业学校】 2011年，楚雄农业学校投资151万元，购买新设备98项，完成护理专业基础护理、儿科护理、妇产科护理、解剖实训室建设，建成园艺专业温室大棚720平方米，新购畜牧专业解剖实训室专用设备11项，新建多媒体教室10间，完成阶梯教室装修。针对护理专业、农机专业、制药专业课程师资严重不足实际，整合学校师资，充分挖掘教师潜力，按专兼结合，外聘内兼原则，外聘教师38人，保证课程计划严格执行。11月2日，楚雄农业学校、楚雄州体育运动学校与云南中医药中等专业学校签署合作办学协议书，在职教园区共建一所董事会领导下的新型学校——云南中医药中等专业学校楚雄学校，云南中医药中等专业学校校长裴小川任董事长，楚雄州农业学校校长李绍宝和楚雄州体育运动学校校长杨文津任副董事长，李绍宝兼任云南中医药中等专业学校楚雄学校校长，在农校和体校分设校区，农校校区招生565人。

［李灿辉］

【楚雄民族中等专业学校】 2011年7月，楚雄民族中等专业学校积极申报国家第二批中等职业教育改革发展示范性学校获教育部立项公示。示范校自批复之日起开始建设，周期2年，中央财政支持1000万元，其中80%资金用于学校软实力建设。学校坚持“德技并举、立本求真”办学理念，坚持“立足楚雄、辐射西南、服务全国、走出国门”办学定位，重点在学前教育、服装制作与生产管理、会计、计算机应用等4个专业实施完善的一体化课程体系，推动课程优化、师资培养、数字化资源共建共享和管理模式与评价体系改革，带动其他专业共同发展。努力建设“数字化校园管理与评价体系”和“民族文化进校园”两个特色项目。通过示范性学校建设，学校通过深化改革、创新机制、培育特色，达到管理科学规范、基础条件优良、专业特色鲜明、办学质量较高、毕业生适应能力较强、示范引领作用明显、设施设备先进、师资力量雄厚目标，跨入全国1000所国家级示范性中等职业学校行列。3月25～26日，信息专业部学生马思琦在云南省第八届计算机技能比赛中荣获数字影视后期制作二等奖。11月，教师钱发俐在全国中职语文教师教学技能比赛中荣获一等奖。

［李艳平］

【楚雄高级技工学校】 2011年11月18日，楚雄技师学院揭牌庆典仪式在楚雄州职业教育园区隆重举行。省人力资源和社会保障厅党组副书记、副厅长杨焰平，州人大常委会副主任卜德诚，州人民政府副州长朱非，州委组织部副部长、州人力资源和社会保障局党组书记、局长、州编办主任商雁鸿等领导和省内外兄弟院校、合作企业等149家单位400余名嘉宾以及学院师生员工共6000多人出席揭牌庆典仪式，参加庆典活动。揭牌仪式上，省人社厅职业能力建设处处长吴晓丽宣读省人民政府关于云南省楚雄高级技工学校升级为楚雄技师学院的批复，商雁鸿宣读州人民政府关于楚雄技师学院院长、副院长任命文件。自2000年以来，楚雄州技工学校实现从普通技工学校、省级重点技校、国家级重点技校、高级技工学校、技师学院的五连跳。学校从2008年在校生规模突破1万人后，连续4年保持万人以上，学生就业率始终保持在98%以上，学校连续3年代表云南省参加全国技能竞赛，取得3个二等奖和8个三等奖，成为云南省规模最大、成绩最佳、效益最好的技工院校。

［张洪忠］

【楚雄州体育运动学校】 2011年，楚雄州体育运动学校围绕“优化育人环境，扩大办学规模，增强竞技实力，提升办学效益”目标，深化改革，创新管理体制，完善聘用制和岗位责任制。根据奥运会、亚运会、全运会和省运会项目设置及人才培养需要，着力打造皮划艇、射击、田径、游泳、网球、射箭、自行车、体操、拳击、举重、柔道、散打、摔跤等优势竞技体育项目，组织各运动队参加省级以上体育比赛，向省体工队和高校输送优秀竞技体育人才，不断提升运动训练、护理、幼儿教育、印刷技术等特色专业竞争实力，与北京体育大学成人教育学院、云南省体育职业技术学院合办运动训练中专、函授专（本）科等专业，与云南省印刷技工学校、云南中医学校、楚雄高等医药专科学校、州内职业中学联办印刷技术、康复护理、农村医学、幼儿教育、篮球、高级护卫、休闲体育等专业，春秋两学期招新生413人。年末，在读学生（含运动员）808人。选派12名教师（教练）参加省内外专业技能培训，2名教师成为省级骨干教师、1名教师被省教育厅评为“省级优秀教师”、4名教师评为州级学科带头人，2名教师被州人民政府表彰为“先进教育工作者”、5名教师党员被州教育党委表彰为“优秀共产党员”。7月，学校体操运动员高祖英在“李宁杯”全国少年儿童体操比赛中分别获得“全能、平衡木、自由操”第一名，邓小峰等体操运动员在全国体操锦标赛上获得团体总分第二名。8月，学校培养的游泳运动员曹飞龙在全国少儿游泳锦标赛上获得100米全国第二名。10月，学校输送的田径运动员郭胜明在第七届全国城市运动会10000米比赛中获得全国第一名、5000米比赛中获得全国第二名。

［余建兴］

【楚雄州公安局警察培训学校】 2011年，楚雄州公安局警察培训学校完成各类培训36期3989人次。其中，省公安厅初任民警、警衔晋升、警种专业培训8期857人次；省森林公安机关初任民警、警衔晋升、业务培训4期714人次；协助省公安厅办反恐怖支队长培训班1期76人次；协助州公安局、市公安局办公安民警信息化建设等培训班11期1199人次；协助市公安局办交通民警和协勤人员业务大练兵暨技能大比武培训班1期128人次；协助办非公安专业培训班11期141人次；开展心理行为训练2期80人次。云南省森林公安机关第一期暨楚雄警校第35期初任民警培训班培训效果、培训课程设置接受国家森林公安局检阅和验收，受到肯定和推行。8月17日，学校心理行为训练和心理健康服务工作被省公安厅政治部指定为全国公安机关政工部门“三项建设”省际互检内容，接受公安部检查组检查，获得好评。在教职工队伍建设中，把信息化应用技能培训纳入大练兵主要内容，全警参与，全警培训，信息化应用成为教职工学习培训必修课，以信息化应用为平台，提高教学训练质量。全体教职工参加“每日一题”学法、用法活动，全校教职工参学率、考试率100%。派出8名教师带着学校指定专题调研课题到基层公安机关或人民检察院、人民法院参加业务实践锻炼。安排13名教职工参加公安部、省公安厅教育训练管理干部专题培训、武力使用教官培训、全省反恐应急谈判人员培训、公安民警心理健康跟班学习等各类培训，有效提高教师理论教学与实践相结合的能力。

［李华荣］

高等教育

【楚雄师范学院概况】 2011年，楚雄师范学院学校投入经费380万元，完成雁塔校区男生大院、网球场、大学生活动中心及音乐教室改造；花果山校区七号学生公寓投入使用，八、九号学生公寓顺利开工建设。购置服务器8台、存储2套、交换机81台、UPS及配套设施1套，新建公共计算机实验室2个；完善校园无线网络硬件，形成有线与无线互享互补校园网络；优化校园“一卡通”系统。投入125万元新购置纸质图书20307册，数字电子图书6万册，至年底，学校图书馆馆藏纸质图书761763册，电子图书427160册，总量达到1188923册。年内，楚雄师范学院开展科研学术工作，获得国家级科研项目3项，省部级项目8项，启动建立国家级项目的校级立项资助孵化机制。课题“全球化背景下加拿大原住民语言传承及发展”获得加拿大政府2011年度加拿大研究专项资助；课题“楚雄州土壤侵蚀现状遥感调查”顺利通过委托单位验收，校企合作的“农作物高效叶面肥开发”项目在姚安县进行田间试验。

【楚雄师范学院学科及师资建设】 2011年，楚雄师范学院省级重点学科“民族学”学科获“十二五”省级优势特色重点学科立项，物理学、生物学、中国语言文学被确定为“十二五”省级立项一级学科硕士学位授权点启动建设，“光谱应用技术研究重点实验室”等3个科研机构入选省高校重点实验室及培育基地，“云南彝族历史文化与社会发展省级社科研究基地”以及与双柏县、姚安县联合共建“中国查姆文化研究基地”、“中国彝族梅葛文化研究基地”建设工作稳步推进，“特色植物资源研究与开发”团队入选省高校科技创新（培育）团队，新增1名省中青年学术技术带头人后备人才，使学院中青年学术技术带头人及后备人才总数增加到7名。新增省级特色专业1个，使学校省级特色专业达到4个；新增省级教学团队1个，使学校省级教学团队达到3个；新增省级精品课程1门，使学校省级精品课程达到6门；新增省级教学名师1名，使学校省级教学名师达到3人；有2门教材被评为省级优秀教材；1门教材获省“十二五”规划教材立项；获得“云南省大学生创新实验计划”立项1个，实现该项目零的突破。启动学分制改革，制定学分制教学管理系统实施方案，构建学分制课程管理平台，制订与学分制改革相适应的教学管理制度，制订《楚雄师范学院学分制本科人才培养方案修订指导意见》；投入实验室建设专项经费1044.5万元建设“应用物理实验室”等16个实验室。年末，有教职工716人，其中专业技术人员581名。投入师培经费80万元，选派各类教师外出进修培训75人次，其中国外访问学者3人、国内访问学者9人、在职攻读博士11人、攻读硕士29人、单科进修4人、行业培训19人。引进博士1人，招聘硕士29人，在职取得硕士学位9人，具有博士学位教师达到11人（不含在读博士11人），有硕士学位教师270人，硕士、博士学位教师占教师比例53.3%；有5人晋升为教授，10人晋升为副教授，正高职称教师达到41人，副高职称教师168人，具有副高级以上职称教师比例38.9%。教师入选云南省享受政府特殊津贴专业技术人员1人。

【楚雄师范学院学生管理及招生就业】 2011年，楚雄师范学院坚持“育人为本、德育为先”教育理念，根据学生健康成长成才需要，努力构建和完善学生教育管理与服务体系，基本形成以学分制考核为核心，以综合素质考核为补充，以帮贫助学为保障，以系（院）班级管理为基础，以社区管理为重点的立体育人新机制。全面推进立德、立志、立才为主题的学生教育引导工程建设，通过开展多样化校园文化活动、校园基础文明建设教育实践活动、新生始业教育活动、学生座谈会、举办主题教育活动、主题团日活动、主题黑板报、专题教育讲座、问卷调查等活动，达到教管相辅、教管相促目的。组织开展大学生寒暑假社会实践系列活动，首次组织学生社会实践小分队赴省外开展活动。学校新增泰语、音乐表演、雕塑3个本科招生专业，本科招生专业达到34个，学校面向24个省（市、区）招收普通本专科生2862人，在校生9342人；成人本专科生招生1335人，在籍学生3694人。普通本专科毕业学生1804名，其中考取硕士研究生89人，初次就业率75.26%，年终就业率98.6%。

【楚雄师范学院帮困助学】 2011年，楚雄师范学院认定建档、调档家庭经济困难学生5368人，占全校学生总人数的57%；有9744人次学生获得资助，资助总金额1245.98万元；有2542人申请生源地信用助学贷款，贷款总金额1525.2万元。学校举办贫困生技能培训5期，有2000名贫困生参加培训。19名教师获得国家职业指导师、指导员资格证书；成功申报创业家学习项目（HPLIFE），获得6万美元创业学习培训软硬件设备，建立大学生创业培训中心，成为2011年度全省高校中唯一获得项目的院校，创业“贷、免、扶、补”和教育服务体系不断完善。

【楚雄师范学院高等职业教育和成人教育】 2011年，楚雄师范学院成人函授本、专科专业由46个增加至70个，州外新增设5个函授办学点，使校外办学点增至31个，学员人数4573人；全日制专科开设11个班，有在校学生631人。各类继续教育年培训4000人次；高职高专在校生人数454人；与西南林业大学、中央民族大学合作，开办研究生教育；与泰国东方大学、远东大学合作开办“1+3”人才培养项目，有63名学生在泰国相关高校学习；承办4期国家级骨干教师培训班，培训学员990人；举办各类非学历培训68个班4864人，完成中学教师履职晋级培训19876人次。

【楚雄师范学院国际合作交流工作】 2011年，楚雄师范学院有16名管理干部及高级专业技术人员出国（境）参加国际学术会议、考察、访问；45名对外汉语专业学生赴泰国青莱府26所中小学实习；15名大学生到泰国东方大学进行为期1个月的学习交流活动；1名教师获国家出国留学基金西部项目资助，赴澳大利亚作为期3个月的访学；1名教师获云南省地方公派出国留学基金资助，赴英国谢菲尔德大学访学1年。聘用来自美国、澳大利亚、泰国的7名外国文教专家到校工作；招收13名泰国籍、2名菲律宾籍、2名美国籍留学生；接待来自美国、泰国、菲律宾和澳大利亚等国高校管理人员来访51人次，接待泰国清莱皇家大学、东方大学师生短期交流学习48人次。

［徐　波］

【楚雄医药高等专科学校概况】 2011年，楚雄医药高等专科学校通过健全规章制度，完善管理机制，科学设置机构，合理配置人力资源，明确岗位职责，推行岗位聘用，保证教学科研一线人力资源需求。稳步推进绩效工资改革，实施“楚雄医药高等专科学校绩效分配方案”，体现“重责多酬、多劳多酬、优劳优酬、兼顾公平”分配机制。投资1500余万元，完成校史馆建设及外部环境改造，实施改扩建土地平整、道路水电管网改造、实验室建设等项目，建成多媒体教室30个。启动教学楼建设项目，完成学生公寓、学生食堂、图书馆等项目设计，确定学生食堂和学生公寓筹资和建设方案。完成全国卫生专业技术资格、护士执业资格、医师资格等各种考试6623人次。开展药物检验工、药房辅助员、药物制剂工、医药商品购销员等职业技能鉴定464人次。58名教职工获省、州表彰奖励。年末，占地452.6亩，建筑面积64277平方米，教学设备总值2136.55万元，图书221598

册；教职工244人，专任教师173人，教授7人，副教授55人，建有14个专业及专业方向，全日制在校学生5599人，其中三年制专科4469人。

【楚雄医药高等专科学校学生管理及招生就业】 2011年，楚雄医药高等专科学校以学生工作处、校团委干部、班主任和辅导员为核心的管理队伍，以班主任、辅导员和政治教师为骨干的实施队伍，以班级学生干部为桥梁的自我教育监督队伍，全方位开展学生思想政治工作，形成学校思想德育工作立体化格局。坚持以“爱国主义教育、集体主义教育、理想教育、道德教育、诚信教育、社会主义民主与法制教育和崇尚科学为指导思想”，组织新生入学典礼及《医学生誓词》宣誓、校史教育、军训等活动，利用节日开展丰富多彩的传统教育。成立“楚雄医药高等专科学校红十字会”，成立大学生社团17个。办好《楚雄医专》，创办了《楚雄医药高等专科学校团学工作简报》，丰富学校信息网，充分利用宣传媒体，引导大学生提高自我教育能力。4个班级荣获“省级先进班集体”，301名学生荣获“省级优秀毕业生”、“省级三好学生”、“省级优秀学生干部”受到表彰奖励。2000余名贫困生获困难学生补贴。合理规划专业及专业招生计划，实施高校招生“阳光工程”，加强实习基地建设，实施校企、校院合作。召开全省80余个单位参加的实习就业工作会议，广泛探讨实习就业形势和实习就业相关工作，签订相关合作协议。创建校外示范实习基地1个，新建实习就业单位9个。完成招生1628人，招生扩大到12个省区，安排实习生1744人。举办就业招聘会议，帮助学生寻求就业渠道，搭建就业平台，普通专科毕业生1149人，就业率98.16%。

【楚雄医药高等专科学校教学科研及师资队伍建设】 2011年，楚雄医药高等专科学校确立“加强基础能力建设和质量工程建设”，特色专业、教学团队、精品课程、优秀教材等8项集体和个人项目获得省级认可。制定《楚雄医药高等专科学校学分制改革方案》、《楚雄医药高等专科学校选修课选课方法》，开辟新课程，调整教学计划，编制14个专业及专业方向学分制人才培养方案。开设选修课10门。修订《楚雄医药高等专科学校科研项目管理制度》、编制《楚雄医药高等专科学校“十二五”科研发展规划》，制定《楚雄医药高等专科学校资助学术著作出版费管理办法》，申报校本科研课题23项，批准立项16项，获省高职教育科研课题立项7项，获省基金会项目立项2项。获国家教育科学规划子课题立项1项，获州科技成果奖1项。教师公开发表论文50篇，16篇论文获学术论文奖。开展专业剖析、说课竞赛、青年教师课堂教学赛讲等活动。实施教职工挂职培训、访问学者、离岗一线实践锻炼等制度，派出教师进修学习166人次。引进专业人才11名。

【楚雄医药高等专科学校对外交流合作】 2011年，楚雄医药高等专科学校与中国光华基金合作，实施教师培训和选派学生留学，选派教师参加全国护理人才通用能力师资培训。与中智公司开展药学、医学检验技术等专业毕业生派遣出国就业合作。与安庆医专、重庆医专、怀化医专、曲靖医专、昆明机场检验检疫局、中国医药工业研究总院、昆明医学院生物医学工程研究中心等院校和单位开展交流与合作。

［段玉林］

【昆明理工大学楚雄应用技术学院教育教学】 2011年，昆明理工大学楚雄应用技术学院努力提高教育教学质量。组织开展“爱与责任”师德师风主题教育活动，号召全院教职工模范遵守《楚雄州教职工七条禁令》，认真开展教职工作风集中整顿和建设活动；加强教师业务素质培养，选送20余名教师到国内知名大学深造，积极开展校本师资培训，有正在攻读研究生教师17人，取得硕士学位15人，有56名教师具有中级职业资格证书，双师型教师78%；评选出各专业校级学科带头人9名，申报州级学科带头人8名。投资70余万元购买教学设备，更新测量器材，新建5个汽车实验室和1个汽车拆装修理车间，开展学生校外实训基地建设。认真开展专业建设、课程设置、教学方法与手段研究工作；加强教学质量监控，强化常规管理，增强教学实用性、针对性和科学性；重视学生职业技能提升，组织2011年度学生职业技能竞赛，组织学生参加全国英语应用能力考试2次、省级计算机等级考试2次，组织学生校内外实习实训50余次，组织各专业学生参加本专业中级工、高级工、特种作业证、会计从业资格证、普通话等级证、教师资格证鉴定考试工作。

【昆明理工大学楚雄应用技术学院德育工作】 2011年，昆明理工大学楚雄应用技术学院建立德育教育育人机制，确立学生管理新模式。制定“三生教育”方案、中职学生管理方案，采用多渠道、多形式加强青少年学生理想信念教育、爱国主义教育和法制教育；成立心理咨询室，选配专业心理健康课教师讲授心理健康知识，对青少年学生进行心理健康教育；开展评优争先活动；严格执行国家“绿色通道”政策，实行贫困学生生活资助制度和特困学生勤工助学资助制度。用学费收入发放各类奖学金14.3万元，助学金30.8万元，学生生活资助16.5万元，学生学费资助12万元，勤工俭学14万元，用财政专款发出中专助学金31.8万元。规范学籍管理，健全学生电子档案，成立校卫队，开展禁毒防艾宣传活动、消防和抗震知识宣传演练活动，加强班主任队伍建设和学生干部队伍培养。组织开展“青春万岁”青年文化周系列活动、“祖国在我心中”歌咏比赛、书法绘画比赛、“漂亮我的家”宿舍形象设计大赛、“手绘T恤”大赛、“团队协作”大赛、校园歌手大赛、校园辩论赛、“迎新生、庆国庆”文艺晚会、“法与我同行”大学生法制宣传月等活动。

【昆明理工大学楚雄应用技术学院招生】 2011年，昆明理工大学楚雄应用技术学院通过州教育局组织的集体招生宣传，在天桥、公交车站等人流集中处通过宣传广告做好招生宣传，到各县（市）学校开展招生宣传等，促进招生工作，搞好招生服务，热忱接待来校报名的家长及学生，及时耐心解答学生及家长咨询的问题。拓宽办学渠道，与云南机电职业技术学院签订联合办学协议，开办5年制高职班。加强专业建设，把汽车运用类和土木工程类专业群作为学院主要发展和建设的专业。录取注册2011级5年制高职新生339人，3年制普通中专新生469人，实现招生808人。

［杨忠明］

教研与师训

【教育科研与教师培训概况】 2011年，楚雄州切实加强教育科研管理，稳步推进义务教育和普通高中课程改革，认真做好课题研究及管理工作，积极开展学科教学竞赛和研讨活动，切实加强中小学教学用书管理，不断创新语言文字工作，做好《楚雄教育》和《教学研究》编印工作，促进教育科研水平和教育教学质量稳步提高。2011年全州重点（一本）上线1307人，比上年的1167人增加140人，上线率10.96%，比上年的8.70%提高2.26个百分点。本科（三本以上）上线8539人，比上年的7310人增加1229人，上线率71.62%，比上年的54.69%提高16.93个百分点，高于全省平均（65.05%）6.57个百分点。全州总上线（二专以上）11768人，比上年的13196人减少1428人（报考人数减少），总上线率98.70%，比上年的98.40%提高0.30个百分点，高于全省平均（95.11%）3.59个百分点。

【普通高中教学管理和指导】 2011年，楚雄州组建"全州普通高（完）中教研组长工作室"，将州、县（市）高中学科教研员和高（完）中学校教研组长组织起来，分14个学科组建普通高中教研组长工作室，优化整合全州普通高中学科教研力量。开展全州普通高中教学工作专题调研暨高考复习备考督查活动，根据《关于开展全州普通高中教学工作专题调研的通知》精神，州教科所和县（市）教研室（教科所）中学教研员，深入楚雄一中、双柏一中、武定一中、武定民族中学、永仁一中、姚安大成中学、姚安二中、大姚实验中学，开展以新课程改革、高三复习备考、教育教学管理为主要内容的调研和指导，以座谈和书面形式进行意见反馈。为获取更多的高考改革信息，增强高三复习备考针对性和实效性，州教科所聘请全国著名高考备考指导专家（冯恩洪、焦健、张建杰、赵松涛、过家福）到楚雄一中开展语文、数学、英语学科复习备考以及考生心理、考试方法与技巧等专题辅导，参加教师300多人次，学生2000多人次。认真组织参加2011年全省高中毕业复习统一检测，并及时对每次检测成绩进行统计和分析，通过网络和《教学研究》（内部资料）分别将统测情况向县（市）、学校作及时反馈，帮助学校调整备考策略，提高复习效率。实施全州普通高中教育教学展示交流制度，分别在3月、10月和12月组织全州高（完）中学校领导和骨干教师观摩姚安大成中学、大姚实验中学和永仁一中教育教学展示交流活动。按照招生考试部门提供的信息和数据，对2011年普通高中考试成绩进行系统分析，并形成《楚雄州2011年普通高中教学质量分析报告》。根据2011年楚雄州参加全国普通高考应届生参考率、上线成绩及录取情况，按照《楚雄州普通高中教学质量评价办法》，对全州21所高（完）中教学质量进行综合考评。

【基础教育课程改革】 2011年，楚雄州开展"现代教育示范校小学高效课堂展示活动"，由武汉市常青实验小学校长万玉霞（楚雄现代教育示范校建设工程小学项目首席专家）牵头，州、县（市）教育局相关领导和全州35所小学项目学校校长、骨干教师600余人参加观摩学习，在师院附小和开发区实验小学展示36节示范研讨课，全国中小学教材编审委员会委员、华东师范大学教授杨再隋和武汉市教育科学研究院副院长李光杰分别对36节课进行现场精彩点评。组织全州初中学生综合素质评价、学业水平考试和高中招生"三项制度"改革，选派部分学科骨干教师，赴大理参与完成8州（市）2011年中考和学业水平考试试题联合命制工作，组织2011年全州初中语文、数学、英语、思想品德、物理、化学6个学科升学考试以及生物、地理2个学科学业水平考试试卷抽样分析，写出各学科《抽样分析报告》。

【课题研究及管理】 2011年，楚雄州教育科学研究所认真做好教育科学研究管理，推进课题研究与成果应用。8月，各县（市）教育局和州属学校申报教育科研课题133项，经过州教研课题规划办评审，获准立项为全州"十二五"首批州级课题77项。开展省、州级课题开题论证、中期检查指导和结题鉴定，完成结题鉴定省级课题4项、州级课题30项。4～9月，组织各县（市）和相关学校申报全国教育科学规划课题"青少年生命教育有效性研究"实验区和子课题实验学校，有4个单位申报成为课题实验区，20所学校申报成为子课题实验学校。参与"楚雄州桥头堡战略、滇中经济区建设中教育事业发展"课题研究，负责"楚雄州教育事业在滇中经济区建设发展中的现状（角色、功能、优势和劣势）"部分，完成课题材料《昆明、玉溪、曲靖、楚雄4州（市）2010年高考情况比较分析及联动合作项目构想》。与州政府研究室、州教育局联合开展"楚雄州深化教育体制改革与现代教育探索研究"课题研究，负责并完成《楚雄州深化教育体制改革与现代教育试点概况》部分撰写。

【教育科研业务培训】 2011年8月5日，楚雄州教育科学研究所组织全州初中《历史》（中华书局版）教材教法培训，全州历史学科教研员和骨干教师286人参加学习；8月18日，组织全州《幼儿智慧活动课程》（浙教版）教材教法培训，教材主编亲临授课，全州幼儿园领导和骨干教师（含民办幼儿园教师）400余人参加学习；9月，组织开展小学《品德与社会》（浙教版）教材教法培训，全州小学品德学科教研员和骨干教师350人参加学习研讨；暑假期间，组织高中教师参加全省普通高中新课程教材培训，14个学科930人参加培训。

【学科教学竞赛及研讨活动】　2011年10月，楚雄州教育科学研究所组织教师参加北师大出版社在成都举办的全国初中数学课堂教学竞赛，1名教师获“讲课”一等奖，1名教师获“说课”二等奖；11月，组织教师参加全国高中新课程信息技术说课竞赛，东兴中学教师张馨月获二等奖。11月，依托州民族中学承办云南省2011年高中新课程思想政治学科课堂教学竞赛及教学展示活动；4月，推荐11名教师参加云南省教育学会科学教育专业委员会优秀科学教师评选活动，9人受到表彰；组织70多名教师参加观摩云南省第四届小学科学优质课评比活动，楚雄师院附小吉平获一等奖；5月，组织100多名教师参加观摩云南省2011年小学《品德与生活（社会）》课堂教学竞赛活动，获一等奖2名，二等奖1名，三等奖5名；11月底，组织45名教师前往观摩研讨在昭通水富举办的“云南省小学语文课堂教学示范课展示评比观摩活动”，开发区实验小学教师肖李莎参与课堂教学展示。举办一系列州级学科竞赛及研讨活动。4月，在北浦中学组织北师大版初中数学教材回访暨教学研讨活动，楚雄城区及龙江中学部分初中数学教师参加观摩研究课及评课议课；5月，在开发区实验小学开展全州小学语文阅读教学竞赛及观摩活动，评出一等奖4名，二等奖7名，三等奖3名，450名教师参加学习观摩；5月，在楚雄市鹿城小学举办全州小学信息技术教师课堂教学竞赛活动，评出一等奖5名，二等奖5名，三等奖5名，60名教师参加学习观摩；6月，在州幼儿园开展全州幼儿园集中教育活动观摩暨园本教研经验交流会，190名幼儿园领导和教师参与研讨；9月，在楚雄市北浦中学举办全州第四届初中数学课堂教学竞赛，在“说课”项目中，评出一等奖1名，二等奖2名；在“讲课”项目中，评出一等奖3名，二等奖11名；9月，在东兴中学举办全州高中信息技术教师技能大赛暨优质课评选活动，33名教师分获一、二、三等奖；9月，在永安小学举办全州小学数学教师课堂教学竞赛及观摩活动，评出一等奖6名，二等奖7名，400余名教师参与观摩研讨；11～12月，组织高中9个学科10名教师参加全省高中新课程课堂教学竞赛及展示活动。3月，配合开展“提升明德小学教育质量项目实验研究实地指导活动”，陪同国家和省教育厅指导组专家到禄丰、楚雄、元谋3县（市）7所学校开展调研和指导工作；6月，参与组织“明德项目学校儿童创意智能竞赛活动”，5个县（市）46所明德项目学校18198名小学生分作文、书法、绘画3个组参加活动，有1205件作品获奖。

【中小学教学用书管理工作】　2011年，楚雄州教育科学研究所认真做好中小学教学用书管理。严格执行上级教育主管部门、新闻出版部门和发展改革部门有关教学用书管理文件精神，切实加强中小学教学用书管理，不断加大监督检查力度，圆满完成2011年秋季学期义务教育课程标准实验教科书版本选定工作，上报《楚雄州2011年秋季义务教育课程标准实验教学用书选用目录》。6月，认真准备汇报材料，积极协调禄丰县教育局和相关学校，配合完成省教育厅牵头开展的中小学教材教辅资料使用管理调研视察工作，圆满完成省人大、省政协、省政府纠风办、省发改委、省财政厅、省审计厅、省教育厅联合调研组开展的以禄丰县为重点的全州中小学教材教辅资料使用管理工作调研视察。

【语言文字工作】　2011年，楚雄州教育科学研究所认真履行职能，组织开展一系列语言文字工作。组织开展第十四届全国推广普通话宣传周活动。举办全州“中华颂·2011经典诵读”和“中华颂·2011全球华人学生暨全国学生规范汉字书写”比赛，各级各类学校、州检察院等系统236名选手参加“诵读”比赛，有606份书写作品参加“规范汉字书写”比赛。组织部分中小学生参加云南省教育厅和中国移动通信集团云南有限公司联合举办的“2011全国中小学生作文大赛”云南赛区比赛，334所中小学投稿9973篇，有153人次学生作品荣获国家和云南省一、二、三等奖和优秀奖，楚雄州教育局、大姚实验中学、大姚一中、禄丰县金山小学、楚雄开发区实验小学和牟定县茅阳一小获全省优秀组织奖。推进学校普及普通话工作和语言文字规范化示范校创建，创建申报国家级规范汉字书写教育特色学校2所、国家级语言文字规范化示范学校2所、省级语言文字规范化示范学校1所。开展普通话培训和水平测试2000余人。

【教师培训】　2011年9～11月，组织21所高中14个学科813名专任教师参加云南省高中新课改教师通识培训。组织1.2万多名中小学、幼儿园教师参加云南省中小学教师履职晋级培训考试。7～8月，组织全州35所小学、30所初中、8所高中参加上海方略教育安排的楚雄州现代教育示范学校建设工程暑期培训，培训各学校校长、副校长、教务主任、教研组长、学科骨干教师500余人。举办小学新招考教师岗位培训2期，培训新教师142名。举办初中校长培训班2期，培训校长98名；举办小学校长培训班2期，培训校长100名；举办幼儿园园长培训班1期，培训园长24名；举办初中教务主任岗位培训班2期，培训教务主任123名；举办小学教务主任培训班2期，培训教务主任132名。举办幼儿园骨干教师培训班1期，培训幼儿园骨干教师58名；举办小学音乐骨干教师培训班1期，培训小学音乐骨干教师48名；举办小学美术骨干教师培训班1期，培训美术教师50名。姚安县、双柏县教师进修学校顺利晋升为云南省示范性教师进修学校。

【“国家培训计划”培训工作】　2011年，楚雄州通过“国家培训计划”培训初中教师1116名；培训小学教师1440名；培训幼儿园教师212名。初中及小学语文、数学、英语等19个学科116名教师分别到省内高校参加为期3个月的置换脱产培训。10个县（市）及州属学校接收232名各高校下派大学四年级学生到各学校顶岗支教。230名中小学教师分别到省内、省外高校参加为期12天的短期集中培训；2200名中小学教师分别在全国中小学教师继续教育网、百年树人网、新思考网、中国教师研修网、奥鹏网、北京大学网参加为期2个月的远程培训。

［邓建明　李植才］

电化教育

【教育信息化】 2010年12月，楚雄州教育局与中国电信楚雄分公司签订共同发展教育信息化战略合作协议，由中国电信楚雄分公司投资450万元在州电教馆建立中心机房，州教育局每年投资60万元，组建楚雄教育城域网，建成楚雄州教育系统综合信息办公平台、视频会议、校园监控等系统。州电教馆建成动力、视频监控、教育城域网中心等3个机房。5月中旬，全州教育系统综合信息办公平台建成，州教育局全体工作人员和楚雄州职教园区领导，各县（市）教育局，州属各学校办公室负责人通过技术培训，各级各类教育机构和学校开始逐步应用教育系统综合信息办公平台无纸化电子办公。视频会议系统也基本建成投入正常应用。

【中小学教师教育技术能力建设】 2011年，楚雄州中小学教师全部参加教育技术能力培训。州电教馆认真履行职责，组织各县（市）、州属学校教师3261人组成62个教学班参加教育技术网络学习培训。为楚雄市开班14个，培训690人。通过在规定时间内完成网上学习，取得相应学分。通过申报和省教育厅组织考核验收，禄丰县、元谋县成功申报为教育技术水平考试考点。年末，有中小学教师教育技术水平考试考点7个。通过教育城域网，组织150名教育管理干部和250名中小学校长参加“教育管理干部和中小学校长学习全国教育工作会议精神”网络培训。

【电化教育课题实验研究】 2011年，楚雄州电教馆组织全州中小学校申报国家级研究课题17个，其中“十二五”全国教育信息技术研究规划课题13个，“纵横信息数字化学习研究教学实验”研究课题4个。“纵横信息数字化学习研究教学实验”获得立项，在大理、楚雄禄丰开题培训。完成云南省“十一五”现代教育技术规划课题结题86个，其中运用现代教育技术促进“三生教育”教学实践和“运用信息技术减轻中小学课业负担”研究课题26个、云南省“十一五”教育技术研究课题70个。楚雄市部分中小学课题学校开展开题培训，培训教师65人。楚雄市西城小学全体教师36人参加“三生教育”课题研究专题讲座培训。

［查　锐］

招生考试

【招生考试概况】 2011年，楚雄州认真实施普通高校招生“阳光工程”，提升招生考试工作良好信用度和考生、家长及社会满意度，不断提高招生考试工作效率和质量，圆满完成各项工作任务。报考普通高校考生12241人（包括三校生186人），比上年减少1642人，其中报考文史类5609人，理工类6446人。普通高校录取州内考生10453人。普通高考英语听力和口语考试1次。报考高中（中专）考生25388人，比上年增加1328人，录取中等职业学校和普通高中新生25714人，其中录取普通高中14136人，录取中等职业学校11578人。组织八年级学业水平考试1次，报考32581人。报考各类成人高等学校考生2885人，比上年减少325人，其中报考专科起点本科考生1326人，高中起点本、专科考生1558人。组织全国高等教育自学考试3次（第62～64次），1月份第62次报考599科次，及格153科次；4月份第63次报考1370科次，及格578科次；10月份第64次报考1461科次，及格488科次。组织教师资格认定课程考试2次，1月份报考1279科次，10月份报考1432科次。组织普通高中一年级学业水平考试报名，报名新生14105人；组织普通高中会考和学业水平考试报考2次，参加普通高中会考和学业水平考试143382科次；组织普通高中信息技术会考2次，参加考试考生15689科次。组织全国计算机等级、全国英语等级、全国剑桥少儿英语考试各2次。完成全国中小学教师教育技术水平考试和全省普通高等学校专科升本科考试考务工作任务。

【标准化考点建设及衔接考试】 2011年，楚雄州按照云南省招生考试院要求，省、州、县三级共同投资，新建楚雄市东兴中学、牟定一中、南华一中3个“国家标准化考点”150个考场，高考中投入使用。按照省教育厅关于取消中考和建立学业水平考试的要求，招生考试部门认真贯彻落实，做好最后一次中考和首次初中学业水平考试八年级生物、地理、信息技术3个科目报名和考试考务工作，高质量地完成考试工作任务。

［周德平］

（责任编辑：周能汉）

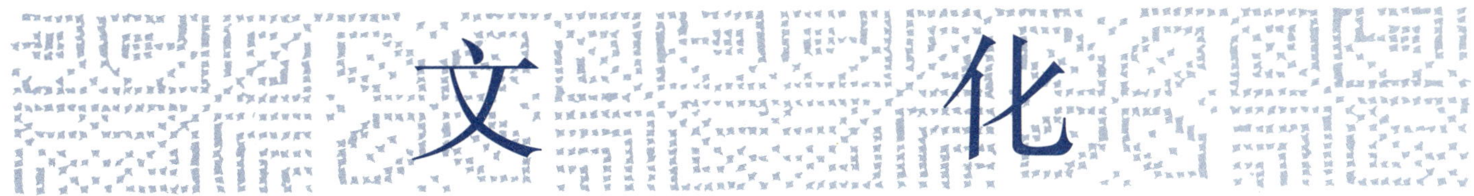

文化综述

【文化工作概况】 2011年1月5日，原楚雄州文化局和州体育局机构合并，成立楚雄州文化体育局，加挂州新闻出版（版权）局牌子，实行两块牌子，一套人马，统一到原州文化局办公。年末，全州文体系统有在职人员1258人，其中，机关干部职工285人，大学本科以上学历159人,大专学历105人,中专、高中及其以下学历21人。有专业技术人员820人，其中，大学本科以上学历227人，大专学历385人，中专、高中及其以下学历208人，高级职称46人，中级职称283人，初级职称456人，未评定职称人员35人，工勤人员153人。年内，全州文体系统紧紧围绕“民族文化强州”战略目标，按照“整合资源抓合力，突出农村抓特色，创新工作抓亮点，围绕项目抓落实，立足全局抓协调”思路，全力推进文化体育事业。根据州委、州人民政府确定的改革思路、目标任务和时间要求，研究制定州文体局机关“三定”方案，完成机关中层干部竞争上岗工作。制定场馆出租、会议、人事、经费、车辆、出差等内部管理制度，规范内部管理。州博物馆、州民族艺术剧院、州文化馆、州图书馆完成内部三项制度改革。州电影公司完成清产核资和人员分流安置工作。组建州文化活动中心管理处和电影事业管理站。制定出台县级文艺院团改革指导意见，并顺利实施。争取到国家、省下达经费5993.8万元，其中文化方面3530.8万元，体育方面2463万元。州级下达文化体育事业经费1050.74万元。

【文化体育人才培养】 2011年，楚雄州组织开展文化馆（站）、非遗传承保护、文博、文化市场管理、农家书屋、体育教练员和裁判员等各类专业人才业务培训，投入人才培养培训经费50多万元，举办培训班9期，培训人员462人。选送20人参加国家、省级业务主管部门组织举办的业务培训。州民族艺术剧院与楚雄师院联合招生定向培养彝剧表演专业人才40名。公开招考录用艺术院校毕业生15名，一次性安置退役运动员6名。评定高、中、初级专业技术职称70人，其中高职7人，中职48人，初职25人。文体系统有获云南省政府津贴1人，获楚雄州有突出贡献的优秀专业技术人员称号3人。

文化市场

【文化市场概况】 2011年，楚雄州文化市场有经营单位2013个，其中演出11个、歌舞厅222个、音像421个、电子游戏132个、网吧234个。总注册资金2.19亿元，年缴税900多万元，解决就业岗位1万多个。年内，检查文化市场出动30835人次，检查经营单位21836家次，责令改正395家次，立案查处123件，移交案件18件，办结案件86件，受理举报、投诉74件，警告180次，罚款22.92万元，停业整顿网吧6家，取缔无证经营娱乐场所8家（主要集中在楚雄市）。

【文化部检查组到楚雄州检查】 2011年9月8～9日，文化部文化市场司副司长刘强一行6人，在省文化市场综合行政执法总队长权家贵一行5人的陪同下，对楚雄州的文化市场进行检查。州委常委、宣传部部长姜扬，州文体局局长施克沛等领导陪同检查。检查组听取局长施克沛情况汇报；抽查楚雄市部分娱乐

州党政领导在全州文化建设大会上为获奖者颁奖　　（高建波/摄影）

场所、网吧。重点调查楚雄市电子游戏经营涉嫌赌博问题。文化部检查组反馈，楚雄州文化市场管理规范，健康有序，对文化市场管理满意。

［余　涛］

文艺创作

【文联工作概况】 2011年，楚雄州文学艺术界联合会充分发挥联络、协调、服务全州广大文艺工作者桥梁和纽带作用，围绕中心，服务大局，开拓创新，扎实工作，唱响主旋律，打好主动仗，坚持贴近实际、贴近生活、贴近群众，在理论武装、党建工作、文学创作、人才培养、文艺活动、协会建设等方面都取得较好成绩，为民族文化强州建设做出贡献。年内，在全省州（市）中率先成立文艺评论家协会，使州文联所属文艺家协会由原来的10个（州作家协会、州美术家协会、州书法家协会、州摄影家协会、州音乐舞蹈家协会、州戏剧家协会、州民间文艺家协会、州电视艺术家协会、州洞经音乐研究会、州彝族文化对外交流协会）增加到11个。年末，有在职干部职工16人，其中州文联机关“参公”管理6人，工勤人员2人，《金沙江文艺》编辑部专业技术人员8人。

【“马樱花文艺创作奖”评奖】 2011年，楚雄州文联认真组织开展楚雄州第三届“马樱花文艺创作奖”评奖活动。通过加强领导，制定评奖办法、实施细则及各文艺门类评奖标准，精心组织，广泛宣传，共收到申报参评作品333件。其中，文学类135件，美术类30件，书法类32件，摄影类42件，音乐舞蹈类21件，戏剧类25件，民间文艺类40件，电视艺术类8件。本着公平、公开、公正，充分发扬民主，坚持评奖标准，严格评奖程序，保证评奖质量、不搞平衡照顾的原则，经过严密初评、终评，采取无记名投票表决办法，评选出一、二、三等奖99件。其中，一等奖19件，二等奖29件，三等奖51件。

【举办云南省第五届根雕艺术展】 2011年11月28日至12月2日，云南省文联、中共楚雄州委宣传部主办，省民间文艺家协会和州文联承办的云南省第五届根雕艺术展在楚雄彝人古镇开展。这次根雕展展出全省根雕艺术家的根雕艺术佳作400多件，是全省历届根雕艺术展览中展品数量最多、展览规模最大、参展作品艺术水平最高的一次展览。通过展览，促进云南各地根雕艺术交流与创作，向省内外来宾或游客展示云南根雕艺术特有的资源性、思想性、艺术性、民族性，丰富群众精神文化生活。得到省文联领导、专家和各参展州（市）的好评。

【文艺界庆祝中国共产党成立90周年系列活动】 2011年6月28日，楚雄州庆祝中国共产党成立90周年书法、美术、摄影作品展在州老干部活动中心开展，从征集到的1000多件作品中，精选展出120件；《金沙江文艺》编辑部精心组织“热烈庆祝中国共产党成立90华诞”红色题材文学作品专号，为党的90华诞献上一份特别的文学厚礼。

【文艺创作活动】 2011年，楚雄州文艺界积极支持地方文化建设，组织省、州文艺家15人深入大姚县石羊镇参加祭孔大典和创作采风活动，书画家现场挥毫泼墨，作家们陆续写出一批作品在报刊发表；与州烟草公司联合，积极组织作家、书法家、美术家、摄影家开展创作采风活动，创作一大批反映彝州烟草建设成就的艺术作品；扶持出版《金沙江文艺丛书》10部，包括小说、诗歌、散文、评论作品，为楚雄彝州文学艺术长廊增添新光彩。全省美术、书法展览凸显楚雄强健阵容：州美术家协会周智、梁春达的美术作品入选云南省美术家协会、云南画院举办的中国画展览；陈孝瑞的两幅美术作品入选云南省文联、省文化厅、省美术家协会、省画院举办的纪念王晋元先生云南著名画家邀请展；周智、周崇舜、梁春达、盛莉芸等的作品入选云南省文联、省美术家协会、省文化厅、省“茶马古道”研究会举办的云南省“茶马古道”书画展和非物质文化遗产美术作品展；州内11位书法家的书法作品入选云南省文联、省书法家协会主办的庆祝中国共产党建党90周年暨中国书法家协会成立30周年“红云红河杯”云南书法作品邀请展览，创州（市）作品参展之冠；书法家李剑明、谢怀方、李显于、董华等10人的作品入选云南省文联、省美术家协会、省书法家协会、云南“茶马古道”研究会共同举办的全省“茶马古道”书画展。

【个人文艺成果】 2011年，楚雄州画家盛莉芸到昆明举办个人版画展览；摄影艺术家陈维寿出版摄影艺术作品集《大山的响声》；青年农民作家李建林面向出版市场推出《佣兵之血染征衣》、《尖刀部队》、《狙击手》等军事题材长篇小说5部；民警普永进的书法作品入选由公安部、中国书法家协会、中国美术家协会、中国摄影家协会主办的全国公安系统第四届“卫士之光”书法、美术、摄影展览，在中国国家博物馆展出，并荣获书法类二等奖和优秀奖；南华县农民刘龙兴的根雕作品《盼》入选“全国大师木雕艺术精品汇报展”，在中国国家博物馆展出，荣获银奖。

［张永祥］

艺术表演

【艺术表演概况】 2011年，楚雄州10个专业文艺院团公益性演出1620场，观众近百万人次。各专业艺术院团还积极参加各类大型文艺活动演出，完成楚雄州庆祝建党90周年《彝州大地党旗红》大型文艺演出，受州烟草公司委托、创作了全省现代烟草会议专题晚会到10个县（市）城乡巡演，完成5个州（市）彝族通史编纂研讨会的演出任务，完成“两会一节”系列活动演出任务，承担楚雄州第十二届运动会开、闭幕式文艺演出，承担中国牟定左脚舞文化节开幕式晚会演出，完成云南省第九届道路运输企业客运工作联谊会迎宾晚会演出，承担第八届中国南华野生菌美食文化节文艺晚会演出，完成中国双柏彝族虎文化开幕式文艺演出，与州委宣传部、州委依法治州和普法领导小组办公室、州司法局联合举办“楚雄州‘四五’依法治州和‘六五’普法启动专题晚会”，赴全州10个县（市）开展巡回演出，完成元谋一中建校70周年大型文艺晚会演出，完成“云南省第四届服装服饰节暨永仁中国彝族赛装节”开、闭幕式演出任务。

【创作演出大型彝剧《杨善洲》】 2011年3月，楚雄州民族艺术剧院创作演出大型彝剧《杨善洲》。创作人员深入杨善洲工作生活过的地方考察、采风、学习，精心创作和修改剧本，精心排练、制作。6月26日，在楚雄首演，之后向社会各界公演26场，近万名党员干部到场观看。至年末，共演出42场，观众人数10万人。

【行业部门演出活动】 2011年，楚雄州艺术院团配合行业部门开展各类演出，有楚雄州工会第八次代表大会专场文艺晚会、楚雄州政协新春茶话会演出、楚雄州青年志愿者艺术团新春活动周、楚雄州国土资源局春节联欢演出、《中国彝族通史》编纂委员会第五次会议演出、楚雄州人大常委会机关参加省人大“为人民歌唱”歌咏比赛、楚雄州优秀企业表彰会、安宁八街踩街节文艺演出、双柏县大庄镇“仙鹤节”文艺演出、楚雄州供电有限公司职工“和谐幸福南网人”歌咏比赛、楚雄市公安系统迎新春唱红歌歌咏比赛伴奏、楚雄市双拥晚会演出、驻楚集团军慰问高炮团演出、楚雄州消防特勤中秋联欢晚会、云南省首届青年古筝楚雄分赛区比赛演出、楚雄师范学院师生演出等。

【戏剧演出比赛活动】 2011年5月6～26日，云南省文化厅主办的云南省第十一届新剧（节）目展演在昆明举行，本届展演全省共有200多台剧（节）目申报，经省文化厅专家组评审，计有40个单位的48台剧（节）目入选参演，楚雄州民族艺术剧院创作的舞蹈诗《彝人三色》和大型滇剧《跑官记》入选，获2011年云南省新剧（节）目展演综合银奖，是本届展演中唯一1家有2台展演剧目入选的艺术表演团体。《彝人三色》获得编导二等奖、音乐创作二等奖、舞台美术一等奖、2个表演二等奖和2个表演三等奖；《跑官记》获导演二等奖、编剧三等奖、音乐创作三等奖、舞美服装设计一等奖、戏曲编舞二等奖、2个表演二等奖和2个表演三等奖。年内，州艺术院团及业余文艺团体创作演出的一批作品，在各种比赛中获奖。小三弦齐奏《阿苏召》参加2011中国攀枝花首届欢乐阳光节音乐获金奖，阿乌独奏《哀牢情思》、彝族民歌《隔山隔水不隔音》获银奖以及集体组织奖。舞蹈《姑娘小伙》参加贵阳第八届中国舞蹈荷花奖民族民间舞比赛获十佳优秀节目奖。舞蹈诗《彝人三色》参加第八届中国舞蹈荷花奖舞蹈比赛获银奖。

【演艺对外文化交流】 2011年10月，应韩国邀请，受国家民委、文化部委派，组织演出队伍赴韩国安东市参加第14届假面国际艺术节，进行为期9天的文化交流，演出10场，4万多韩国观众观看演出。州民族艺术剧院民乐团应邀参加在昆明举行的云南、上海、台湾两岸三地文化交流，葫芦丝巴乌专场音乐会暨葫芦丝曲集首发式演出。参加2011中国攀枝花首届欢乐阳光节音乐邀请赛。组团到怒江开展民族文化交流演出。经国家文化部、国家台办批准，民乐团应邀赴台湾举办中国记忆“云中火把”——云南楚雄彝族音乐会交流演出。12月25日，“魅力楚雄台湾行”文化交流活动取得圆满成功。

［余　涛］

群众文化

【国家公共文化服务体系建设】 2011年，楚雄州农民文化素质网络培训学校建设被列为2011年国家级公共文化服务体系示范创建项目，中央电视台对禄丰仁兴镇“农文网培学校”工作进行了专题报道。全州完成2010年度省文化厅下达楚雄州文化信息资源共享工程建设点19个，社区文化活动室建设项目13个，村级服务点960个的建设任务，并通过省文化厅的检查验收。

【文化馆（站）评估定级】 2011年，楚雄州组织开展全国第三次文化馆评估定级及部分乡（镇）文化站复评工作。11个文化馆参与评估，10个馆达级，达标率90.9%，其中一级馆4个，二级馆2个，三级馆4个。103个文化站参与评估，81个通过达标，达标率78.64%，其中一级站14个，二级站29个，三级站38个。

【全国文化艺术之乡和文化惠民示范村（社区）建设】 2011年，楚雄州申报全国文化艺术之乡8个，经省文化厅复评，国家文化部评审，楚雄州牟定县彝族左脚舞和双柏县彝族老虎笙舞被命名为2011～2013年中国民间文化艺术之乡。向省文化厅申报10个文化惠民示范村创建项目，其中3个被确定为2011年的省级文化惠民示范村创建项目，每个项目获20万元的创建经费。组织参加全省文化惠民示范村建设成就展，获优秀组织奖，南华县、大姚县参展作品获优秀作品奖，州工艺美术行业协会参展作品获优秀创意作品和个人奖。

【文化馆、图书馆、博物馆向公众免费开放】 2011年11月11日，楚雄州11个图书馆、11个文化馆、103个文化站全部实行免费开放。下达免费开放经费1015万元，其中州文化馆、图书馆各50万元，县（市）文化馆、图书馆各20万元，乡（镇）文化站各5万元。楚雄州文体局制定下发《关于“两馆一站”免费开放经费管理使用的指导意见》，加强对免费开放工作和资金的管理使用。

【歌舞展演与健身舞蹈活动】 2011年11月，楚雄州代表队参加在普洱举办的全省第七届歌舞乐展演，获1金2铜，1个传承奖和优秀组织奖。开展“大家乐”民族广场健身舞蹈培训两期，第一

庆祝《中国非物质文化遗产法》颁布实施　(夏丽霞/摄影)

期培训10个县（市）文化馆、艺术团及民间广场舞蹈骨干人员40人，第二期培训州直机关、州属企事业单位等70余家单位文艺骨干120人。在各县（市）开展比赛的基础上，组织开展州级比赛，10月组队参加全省在西双版纳举办的全省大赛，获1金1银1铜和优秀组织奖。

【非物质文化遗产保护】　2011年6月10日，《楚雄州非物质文化遗产传承人名录》正式出版发行。全书收录国家级非物质文化遗产传承人名录2人、省级69人、州级147人共218名传承人的个人小传和艺术成果。按照彝族梅葛“十二五”规划第一年保护工作实施方案，全面启动彝族梅葛保护工作。从年初开始深入到10个县（市）收集彝族服饰、民族乐器、古老生产生活用具等，在州文化活动中心170多平方米的彝族梅葛文化展示厅展出。在大姚县三台乡、牟定县腊湾村、姚安马游建立彝族梅葛传习所，组建梅葛业余文艺表演队。

【世界非物质文化遗产申报】　2011年，在国家文化部提名推荐下，楚雄州与四川省凉山州共同向联合国教科文组织申报“彝族火把节”为世界非物质文化遗产。组织国家、省、州非物质文化遗产保护项目申报，争取到非遗项目保护经费272万元，非遗传承人经费71.12万元。

［余　涛］

新闻出版

【“扫黄打非”行动】　2011年1月17日，第二十四次全国暨云南省“扫黄打非”工作电视电话会议在北京和昆明分会场召开，楚雄州认真组织州（市）“扫黄打非”成员单位71人参加楚雄州分会场会议。会后，州“扫黄”办及时将中央、省的会议精神传达贯彻到各县（市），并对楚雄州第一阶段“扫黄打非”工作提出要求，以州委办、州政府办下发《楚雄州“扫黄打非”2011年“扫黄打非”行动方案》。3月8日，根据省新闻出版局和省“扫黄”办安排部署，州（市）“扫黄”办联合组织行动，对楚雄城区出版场市场进行执法检查，共收缴非法图书278册。据统计，在专项治理中，全州共出动检查1604人次，检查出版物市场340个次，收缴非法出版物4412件，查办侵权盗版案件1件。取缔无证经营摊点2个。

【出版物市场安全整治】　2011年，楚雄州新闻出版（版权）局专题部署和安排，各县（市）对出版物市场、印刷复制企业进行拉网式排查，重点是上级明令查缴的非法出版物、淫秽色情出版物、盗版出版物，特别是非法经营的流动书地摊、音像制品地摊和非法游商，反复清查，坚决取缔。专项行动中，出动检查618人次，检查经营户1125家次，收缴非法书刊218册；收缴非法音像制品光盘3987张，处罚违法经营户2户，取缔无证经营摊点2个。

【“4·26”世界知识产权宣传周活动】　2011年4月19日，楚雄州推动“反盗版天天行动”，迎接“4·26”世界知识产权日，州新闻出版（版权）局新闻出版科和市场科执法参加“4·26”世界知识产权宣传周启动仪式。随后，新闻出版执法人员在桃源湖摆摊设点开展新闻出版法律法规宣传咨询活动，向过往群众发放《中华人民共和国著作权法》、国务院《著作权法实施条例》、《出版管理条例》、新闻出版总署《出版物市场管理规定》等法律法规宣传单2000余份。州新闻出版局牵头，组成由州工商局、州公安局、州质监局、州知识产权局及楚雄市新闻出版局、开发区综合执法局参加的联合执法检查组，突击检查楚雄城区和开发区音像市场、图书市场。联合执法检查出动车辆5台，执法人员16人，检查图书、音像制品经营户18家。

【打击侵犯知识产权和制售假冒伪劣商品专项行动】　2011年，楚雄州新闻出版（版权）局在印刷复制行业和出版物发行业开展以打击侵权盗版为主要内容的专项整治行动。全年共出动执法检查人员2204人次，检查出版物店挡、摊点3288个，检查印刷复制企业860家次，取缔关闭出版物店挡、摊点16个，查缴侵权盗版出版物10786件，其中非法电子音像制品光盘9754张，非法图书1032册，办理行政处罚案件3件，涉案金额13064元。

【规范印刷企业经营行为】　2011年，

楚雄州新闻出版局加强印刷业监督管理，以“四大准入”为基础，认真组织印刷复制企业年检换证和法规培训工作，3月30日召开印刷企业年检培训会议，全州61家印刷企业法人和州（市）新闻出版局相关负责人70余人参加会议；3月和5月分2次检查楚雄市7家出版物印刷企业和23家其他印刷品印刷企业，对部分印刷企业存在问题提出限期整改意见。

【内部资料出版物监管】　2011年，楚雄州新闻出版（版权）局在办理一次性内部资料出版物审读、审批过程中，突出服务和管理两大主题。7月1日起，内部资料性出版物准印和设立印刷企业审批进驻州人民政府政务服务中心办理，并充分授权，只要符合规定，手续完备，窗口工作人员当场办理。在管理服务方面，坚持每年1次内部资料性出版物管理工作会议，邀请省新闻出版局领导和保密等部门领导到会讲课，与各连续性内部资料性出版物编印单位负责人签订《管理责任书》。

【政府机关软件正版化工作】　2011年3月14日，楚雄州人民政府印发《关于进一步做好政府机关使用正版软件工作的通知》。5月26日，州新闻出版（版权）局发出《关于紧急报送软件正版化工作有关信息的函》和相关统计表，并进行多次电话催报，有州级单位31家，县（市）5家上报《软件正版化检查整改工作落实情况统计表》。

［余　涛］

文物博物

【文物博物概况】　2011年，楚雄州博物馆争取到中央财政资金200万元对序厅、古生物厅、历史文物厅等7个展厅11个展室进行陈列提升改造，进一步提升展览质量，增加展览内容，消除灯光对文物的损伤，有效保护展出文物。做好全州文物保护单位维修方案审批、维修工程监督指导和验收工作，赴现场勘查、审批、监理、指导、验收武定白露红军标语、姚安军民总管府（二期工程）、大姚文笔塔、南华镇川桥、武定狮山摩崖石刻等文物保护维修工程。完成第3次全国文物普查三阶段工作，编制普查工作报告及普查名录，建立普查档案；配合基建对武定、禄劝和元谋永仁公路建设沿线和库区进行文物调查，开展各县古生物调查。征集入库青铜器、陶瓷器、民族服饰等文物312件。创建流动博物馆，设计制作“神奇彝州、魅力楚雄”巡回展，展览设“世界恐龙之乡——楚雄”、“东方人类故乡——楚雄”、“中国彝族文化大观园——楚雄”3个板块，共196块展板。4～12月，楚雄州流动博物馆深入牟定、姚安、大姚、楚雄、禄丰等县（市）学校、厂矿、军营、社区展出17场次，接待观众近5万人次；举办临时展览7个，接待观众60余万人次。创建国家AAAA级旅游景区，并被评为州级文明单位。

【姚安军民总管府二期工程验收】　2011年1月7日，姚安军民总管府二期工程通过楚雄州文体局、州文物管理所验收。工程于2010年2月28日开工，10月20日竣工，包括高氏宗祠南北厢、前照壁、会文馆、会武馆、游客中心、广场南北联排房、入口牌坊等16个单体，建设工程部分为维修，部分为恢复重建，整体建筑按原材料、原工艺修建，合理利用原拆除构件。姚安军民总管府建于唐代，元文宗至顺二年（1331年）扩修为姚安路军民总管府驻地，明、清、民国续修。2005年8月公布为州级重点文物保护单位。

【申报第七批云南省重点文物保护单位】　2011年4～7月，楚雄州文管所认真组织第七批云南省重点文物保护单位申报工作。各县（市）向楚雄州文化体育局推荐申报参评项目81项，经过州文管所等专家严格评审，有65项通过评审推荐上报省文物局。8月，文管所对全州上报的65项申报材料进行认真修改，完善申报文本质量，进一步提高申报成功率。9月5日，第七批云南省重点文物保护单位评审会上，楚雄州有32项文物通过专家评审。

【楚雄州茶马古道现存文物遗迹调查】　2011年4月22日，“云南省楚雄州茶马古道现存文物遗迹调查”课题结题。在州博物馆组织的评审会上，张永康、马文斗、李黎等专家认为基本达到设立课题要求，摸清茶马古道沿途文物、节庆、婚丧文化为研究各种文化现象起到非常好的作用。课题由云南省博物馆与楚雄州博物馆联合进行，2008年开题，课题组成员深入大姚、禄丰、双柏、永仁、武定等县，对古道线路、桥梁、驿道、沿线彝族节日文化等进行调查，历时3年完成，并由楚雄州博物馆金永锋执笔写成5万余字的《云南省楚雄州茶马古道遗迹调查》报告，报告分云南茶马古道概述、云南省楚雄州茶马古道文物遗迹调查、云南省楚雄州彝族节日文化3章共11节。

【彝族服饰展出】　2011年5月11日至7月底，楚雄州博物馆在桂林市博物馆举办“霓彩彝裳——中国彝族传统服饰精品展”，展出西南三省彝族服装52套、刺绣精品46件（含帽子、围腰、兜肚、包等）、清代彝族铠甲1套。其中，清末武定彝族土司夫人服、民国时期文山彝族贴布绣公主衣、20世纪50年代文山丘北彝族火草贯头衣、红河彝族刺绣腰带、背被、楚雄各地彝族服饰等皆为彝族服饰中的精品。12月9～11日，第四届云南民族服装服饰文化节暨中国彝族赛装节在永仁县举办，楚雄州博物馆布展的“中国彝族服装服饰和彝族刺绣精品”展，展出云贵川桂各地传统彝族服饰80套件（32套，48件）。

【《探寻文明的踪迹——楚雄州第三次全国文物普查纪实》出版发行】　2011年7月，《探寻文明的踪迹——楚雄州第三次全国文物普查纪实》由云南民族出版社出版发行。楚雄州博物馆、州文物管理所精心遴选，收录一线普查队员杂记、感言、手记等普查纪事文章23篇，古遗址、古墓葬、古建筑、石窟寺及石刻、近现代重要史迹及代表性建筑、其他类重要发现174项，各类照片508幅，图表5个，全书40万字。

【楚雄州第三次全国文物普查登录数据通过国家级验收】 2011年7月28日，楚雄州第三次全国文物普查登录数据正式通过国家级验收。历经4次修改与审核，楚雄州共计不可移动文物819处，落户国家“三普”数据库。自2010年6月，楚雄州第三次全国文物普查野外调查阶段结束，省文物普查领导小组验收合格后，州、县两级普查办对各县域普查资料、数据进行汇总、校对与报送工作。2010年12月至2011年5月，针对普查数据项目中分类、计量、名称、年代、认定等方面存在的问题，州普查办又严格按照国家文物局普查办和省普查办关于楚雄州普查数据审核反馈意见，逐条修改和审定。

【楚雄州流动博物馆展览】 2011年4~12月，楚雄州流动博物馆共计展出17场次，接待观众近5万人次。4月，在牟定三月盛会现场展出“神奇彝州·魅力楚雄”，展览分“世界恐龙之乡、东方人类故乡、彝族文化大观园”3个单元；8月，在高炮团和武警楚雄州支队展出“东方人类故乡——楚雄”，展板38块，发放宣传折页367份，接待观众1500余人；9月15日，在姚安路军民总管府前广场展出“神奇彝州、魅力楚雄”，展板68块，涉及彝族源流、生产生活、节日歌舞、彝族服饰、彝族语言文字和宗教等内容；9月16日，在大姚县六苴铜矿展出“神奇彝州、魅力楚雄”，接待观众6000余人；10月，在楚雄市栗子园社区展出“楚雄——世界恐龙之乡”，展览分“远古世界”、“探索恐龙”、“世界恐龙之乡——楚雄”3个单元，展板45块；10月1~9日，部分彝族服饰和刺绣品在韩国安东举办的第十四届国际假面舞艺术节展出，是楚雄州流动博物馆成立以来首次走出国门向世界推介楚雄；10月14日，在楚雄师范学院附小展出“中国彝族文化大观园”和“世界恐龙之乡”，展板136块，接待师生1500余人，流动博物馆第一次走进校园；11月2日，在禄丰黑井古镇展出“神奇彝州、魅力楚雄”。

【文博展览】 2011年，楚雄州博物馆在馆内外分别举办“永远的教育——楚雄教育15年，克难攻坚固‘两基’图片展”、“丹青神韵——荆州博物馆馆藏名家书画展”、“霓彩彝裳——中国彝族传统服饰精品展”、“走进漓江——桂林山水花鸟画楚雄特展”、“许乔昌个人油画作品展”、“楚雄州文体局庆祝建党90周年全州书画展暨州书画院首届院展”、“中国彝族服装服饰和彝族刺绣精品展”等展览。

【文物征集】 2011年，楚雄州博物馆坚持征集楚雄本土文物入藏原则，注重社会流散文物调查与征集。征集和接受社会捐赠入库文物312件，其中征集文物296件，有彝族服饰19套及单件53件，彝族宗教祭祀品10件，彝族竹木生活制品65件，澄江古生物化石55件，恐龙蛋化石3件，古人类化石复制标本49件，青铜器5件，青花、青釉火葬罐11件，陶质火葬罐11件，野生动物标本15件。较珍贵的有来源于四川省凉山地区的清代银饰毕摩帽及清代土司女装上衣服饰各1件，来源于武定环州地区的清代男女土司上衣各1件。古陶瓷类中2件灰陶火葬罐出土于禄丰县琅井村，器型硕大，端庄浑厚，一件肩、下腹阴刻“福、佛”铭文两行，中腹部分别阴刻有“普渡福寿航慈”、“松鹤长青”等佛、道教铭文。另一件腹中央阴刻莲瓣纹开光内绘有仙鹤祥云、仙人乘狮、童子骑象、水月观音等图案。杂项类中1件为民国“镇南月琴”，琴身镌刻“得月斋”、“甲申”等铭文。

【考古调查】 2011年，楚雄州博物馆配合基建，对永仁县永武、南永路与国道108线公路网络连接线新建工程建设项目沿线、国道108线永仁（川滇界）至禄劝（屏山镇）段公路建设沿线、乌东德水电站库区进行文物考古调查勘探评价工作；并对双柏、武定、禄丰等县进行古生物化石资源调查工作，发现新三叶虫、鱼化石地点。

［杨丽美］

楚雄日报

【楚雄日报社工作概况】 2011年，楚雄日报社坚持以科学发展观为指导，紧紧围绕州委、州人民政府中心工作，落实“以办好党报为龙头，以经营媒体为主业，以壮大实业为依托，以市场运作为手段，以改革创新为动力，以做强做大报业为目标，实行宣传与经营分离，多措并举，全面提升报纸宣传水平，推进报社全面、协调、可持续发展”工作思路，强主业，宣传质量稳步提高；抓经营管理，发展后劲持续增强；重党建，组织保障更加有力；创文明，部门形象得到提升。楚雄日报社被州委、州政府命名为第九批州级文明单位，综治创安、禁毒防艾等工作被州委、州政府评为先进集体；7名干部职工受到上级党委、政府表彰奖励；29件新闻作品分获省级一、二、三等奖，其中“抗旱救灾”系列报道获得云南新闻一等奖。

【创先争优活动和学习型党组织建设活动宣传】 2011年，楚雄日报社加强统筹、认真策划、精心组织，办好“彝州先锋——扎实开展创先争优活动，促进彝州经济社会发展”等专栏，策划开办“创先争优，加强学习型党组织建设”、“学习杨善洲精神，争做优秀共产党员”、“学习杨善洲精神县（市）访谈”、“书记畅谈创先争优”等专栏，综合运用动态宣传、系列报道、典型培植、理论（言论）引导、图片反映等手段，充分发挥党报主流媒体在重大主题宣传活动中特有的优势和强有力的舆论引导力。

【“十二五”规划解读宣传】 2011年，楚雄日报社切实落实好州委、州人民政府确定的“十二五”期间的各项重点工作，让“规划”深入人心，成为全州各级和干部群众的自觉行动，研究制定《楚雄日报社解读“十二五规划”宣传策划方案》，从 4 月初开始，采取“县（市）长专访”、理论解读“十二五”、专题解读“十二五”等形式，有计划地对全州 10 个县（市）落实“十二五”规划部署、州县（市）“十二五”规划承接转接、当前经济社会发展面临的机遇和挑战、良好的宏观政策环境及州级职能部门创新实践抓落实的探索和成效进行广泛而深入的解读和宣传，纸媒舆论引导力的功能得到充分体现。

【庆祝建党 90 周年活动宣传】　2011 年，中国共产党迎来建党 90 周年。楚雄日报社进一步强化整体联动效应，统筹社内资源，正刊和新媒体之间、各采编部室之间、行政后勤和业务部室之间互相协作，彼此“补台”。从 5 月份开始，开设“伟大历程，辉煌成就，热烈庆祝中国共产党成立 90 周年”、“云岭楷模”、“红旗飘飘”、“彝州大地党旗红”、“彝州党史人物”、“彝州重大党史事件”、“党在我心中征文”等栏目，多角度宣传党的历史和辉煌成就，并且做到一至四版联动，天天有稿件，天天有亮点，使宣传产生规模效应。至 7 月 1 日党的 90 岁生日前夕，《楚雄日报》刊发纪念建党 90 周年活动相关文章 320 余件约 20 余万字；《楚雄晚刊》刊发相关稿件 110 余件约 8 万字；《彝州手机报》每期均开设专栏，及时宣传建党 90 周年纪念活动情况，强势引导好舆论工作。

【贯彻落实州第八次党代会精神宣传】　2011 年，楚雄日报社及早研究，把州第八次党代会宣传工作确定为会前、会中、会后三个阶段，明确每一个阶段宣传重点，并切实抓好落实。针对纸质媒体特点，宣传中认真部署言论宣传，组织撰写社论刊发，在适时策划推出系列评论员文章，极大地增强舆论引导“厚度”和“力度”。10 月以来，《楚雄日报》在一版策划开设“贯彻州党代会精神，加快富民强州步伐”、“促进农民增收，加快富民步伐”等专栏，集中宣传各级各部门在贯彻党代会精神、推进“富民强州”进程中的新举措、取得的新成效和新经验，努力为各地贯彻落实党代会精神造势助力。

【“桥头堡”建设宣传】　2011 年，楚雄日报社牢牢把握国家支持云南省加快建设面向西南开放重要桥头堡的重大历史机遇，按照省委、省人民政府“两强一堡”战略部署，多次研究桥头堡建设宣传。通过广泛听取各采编部室意见，专题策划，从 7 月初开始，“建设桥头堡——楚雄在行动”专栏赫然摆上《楚雄日报》头版重要位置，组织采编人员深入一线采访楚雄州各行业、各县（市）在桥头堡建设中的思路、做法和经验，形成系列报道。随着记者采访的深入，《活力·动力·合力》、《抢占“桥头堡”，扮靓“大城市”》等深度报道刊出，党报宣传更加富有实效。

【干部作风建设宣传】　2011 年，楚雄日报社以敏锐的触角掌握新闻舆论主动权。10 月 31 日，全州干部作风集中整顿和建设活动动员会召开后，《楚雄日报》及时刊发消息，报道州委副书记李兴顺对开展活动的要求。州委会议后，楚雄日报社立即召开动员大会，对本单位的活动及全州宣传作部署，随即在《楚雄日报》一版开设“转变作风，促进发展”专栏，报道各地开展干部作风集中整顿活动亮点和典型；在三版“理论与实践”栏目开设“干部作风集中整顿和建设活动论坛”专栏，刊发全州各地干部体会文章和理论探讨文章，引导好舆论。州领导小组宣传方案下发，根据《方案》精神，《楚雄日报》“转变作风，促进发展”专栏改为“彝州先锋，创先争优——转变作风抓落实，服务群众聚民心，创先争优促发展”专栏，《彝州手机报》开设“作风整顿促发展”专栏，同步刊发相关稿件。全年开展活动宣传 2 个多月，刊发相关稿件 251 篇（幅）。

【学习贯彻党的十七届六中全会精神宣传】　2011 年，楚雄日报社根据中央、省、州党委及州委宣传部关于认真学习宣传贯彻党的十七届六中全会精神要求，成立宣传工作领导小组，加强全州学习贯彻十七届六中全会精神宣传研究和部署，使整个宣传活动有序推进。及时转发新华社、《人民日报》有关学习贯彻十七届六中全会精神重要报道和文章，引导好全州学习贯彻十七届六中全会精神舆论。《楚雄日报》一版开设“贯彻落实六中全会精神，促进彝州文化发展繁荣”栏目，大力宣传州委重要部署、重要会议及各项学习贯彻会议精神活动，及时报道各县（市）、各部门结合实际学习贯彻十七届六中全会精神情况，宣传新经验，培树新典型；在三版开设“学习贯彻六中全会精神论坛”专栏，及时刊登各地干部职工的学习体会文章和相关评论，将学习贯彻十七届六中全会精神活动不断引向深入。

【学习贯彻省第九次党代会精神宣传】　2011 年，楚雄日报社为深入学习贯彻省第九次党代会精神，进一步把全州各族干部群众的思想和行动统一到省第九次党代会精神上来，把智慧和力量凝聚到省第九次党代会确定的目标任务上来，周密制定宣传计划，精心确定宣传重点，整合采编人员力量，有序推进学习贯彻省第九次党代会精神宣传。在《楚雄日报》一、二、三版开设“认真学习贯彻省第九次党代会精神”专栏，集中版面，大力宣传全州各级各部门学习贯彻省党代会精神的好做法、好经验；创新方式，突出宣传好州委理论学习中心组学习会议精神，为推进全州重点产业和城镇化建设取得新突破提供舆论引导。在一、二版同步策划推出“建设山地城镇，造福子孙后代”、“民生关注”、“开展四群教育，建立干部直接联系群众制度”专题栏目，把省党代会确定的“三农工作”、“城乡和区域统筹协调发展工作”、“新形势下的群众工作”等重点工作内容分专题策划，分主题宣传，《把心贴近群众》、《拜人民为师》、《山坡上建起幸福城》、《在家门口打工》等文章连续刊出，第一时间将全州上下贯彻落实省第九次党代会精神、推进各项工作创新发展的鲜活做法及成效进行宣传，彰显党报特有舆论引导力。

【报纸改版工作】 2011年，楚雄日报社高度重视报纸改革改版工作，多次召开部室主任和业务骨干会议研究改版工作，并组成相关工作组拟定改版计划，力求通过版面、内容的改革创新来增强视角冲击力，达到提高党报宣传效果和影响力的目的。《楚雄日报》在版式版面上，不断调整编排风格，大胆使用图片新闻和线条，搭配不同内容稿件，实施短标题、短稿件改革，控制广告版面，将更多的版面、更显著的位置留给基层和生产一线；内容上，强调引导力，改进领导活动和会议报道方式，突出重点工作、重点项目和区域经济稿件；文风上，倡导清新朴实，突出感染力和贴近性。《楚雄晚刊》在保证报纸质量平稳的基础上，对版面和内容进行彻底改革，一张版式都市化，内容民生化、娱乐化的晚报风格基本形成，为下一步走向市场奠定坚实基础。《彝州手机报》调整为早晚报后，以不同内容向读者提供丰富多彩的信息资讯，信息量不断加大，质量不断提升，影响力不断增强，独特的优势进一步得到发挥。

【“走基层、转作风、改文风”活动】 2011年，楚雄日报社认真落实全国新闻战线“走基层、转作风、改文风”活动，及时召开会议研究部署，由相关部室负责人带队，迅速组成报道组深入基层采访，在州级媒体中率先推出“走基层”相关报道，抢占新闻宣传先机。9月9日，随着配有编者按的《爱尼山人的幸福之“蜜”》见报后，“笔头向下，镜头向下，反映民生，宣传基层”主题迅速得到反映。《大山深处的菌子节》、《这些书是农民的帮手》、《“两办主任”的农业观》、《大箐村民的喜与盼》、《从“你来找”到“我等你”》等一批鲜活稿件相继与读者见面，受到广泛好评。在主题宣传引导下，基层通讯员“走基层”热潮迅速铺开，《彝家山寨好儿媳》、《桂花群众的摇钱树》、《一个村民小组长的三件事》等大批来自基层、清新朴实、生动鲜活的稿件投到编辑部，见诸报端，有效地提升党报影响力。

【城市公共读报栏建设】 2011年，楚雄日报社积极筹措资金，启动城市社区公共读报栏建设项目。国庆期间，42块美观大方的读报栏在楚雄市部分人口密集居民小区、公园、广场、学校等场所安装建成。10月中旬开始，全州10个县（市）气象信息在读报栏上发布，《楚雄日报》、《楚雄晚刊》、《中国剪报》在读报栏上粘贴。

【楚雄日报传媒有限公司成立】 2011年初，注销原楚雄日报社印刷厂法人资格，注册成立国有独资楚雄日报传媒有限公司。按照建立现代企业制度要求，及时研究出台《楚雄日报传媒有限公司章程》、《楚雄日报传媒有限公司差旅费管理办法》等规章制度，进一步健全和完善内部管理机制。3月，公司被州委宣传部、州财政局、州国税局、州地税局认定为楚雄州第一批转制文化企业。至年末，实现总产值1088.37万元。

【新闻队伍建设】 2011年，楚雄日报社采取“走出去”和“请进来”相结合方式，加强人才队伍建设。年内，安排4批25人次到北京北人厂、新华社云南分社和昆明、德宏、玉溪等报社学习考察。4月26～28日，报社在州委党校举办报社全体人员和10个县（市）骨干通讯员近200人参加的新闻业务培训班，邀请新华社云南分社和云南日报报业集团资深编辑到培训班授课，讲授新闻采编与标题制作、新闻评论新视角及其他、报纸审读中的纠错体会、数字时代的媒体融合、新形势下媒体发展带来的机遇与挑战等新闻业务知识。年内，接收双柏、永仁、大姚等县跟班学习人员10批24人次；安排骨干编辑记者协助州纪委、州运政支队和禄丰、武定等县开设通讯员培训班8个班，培训人员近1000人。

【《楚雄日报》宣传发行】 2011年，州委、州人民政府高度重视《楚雄日报》宣传发行工作，下发关于认真做好2012年度党报党刊发行工作通知，明确《楚雄日报》和《楚雄晚刊》征订发行任务和政策措施。2012年度《楚雄日报》征订发行27604份，《楚雄晚刊》征订发行数13383份。

［高仕龙］

电 影

【电影事业机构改革】 2011年8月29日，楚雄州人民政府在州文化中心召开现场办公会议，决定撤销楚雄州电影公司，龙泰电影城从8月30日起停止放映，按照自愿报名原则，通过考试择优，原州电影公司5名职工分流到州广电局组建成立州电影事业管理站。9月1日，楚雄州电影事业管理站正式挂牌成立并开展工作。全州10个县（市）从2005年以来陆续撤销县电影公司，成立县电影事业管理站，全州县（市）国营电影院逐步退出市场。电影工作从具体从事影片发行、放映、经营逐步转向行使电影事业管理职能，机构由原来的自主经营、自负盈亏或差额拨款转为财政全额拨款供养的事业单位（除元谋县管理站尚为财政定补单位，人员工资等问题还未解决），县电影管理站机构性质和工作职责等都发生根本改变。楚雄龙泰电影城8月30日停止放映，标志着楚雄州国营电影院完全退出市场，电影院线建设实现市场化运作。

【城市公益电影放映和电影市场化经营】 2011年9月20日，楚雄城区首家完全市场化经营的横店电影城投入经营。至年末，全州仅楚雄市有电影院放映经营，其余9县没有电影院进行电影放映经营。年内，各县（市）电影事业管理站组织城市露天广场电影放映1920场，观众15.4万人次。全州10个县（市）有城市露天电影广场14个，大部分县城每周都开展1～2次城市广场电影放映活动。

【农村公益数字电影放映】 2011年，楚雄州州、县电影事业管理站组织开展农村公益数字电影放映，在1046个村委会放映公益电影21018场，农村观众276.7万人次。

［余海晏］

图　书

【楚雄州图书馆概况】　2011年，楚雄州图书馆围绕服务环境优美化、服务手段自动化、服务管理科学化、服务工作规范化、服务内涵人性化，保存人类文化遗产、开展社会教育、传播公共知识和信息、开发智力资源的职能，着力打造彝族文献精品，突出以彝文化特色为中心的图书馆藏和服务，开展图书馆藏管理和借阅服务。州图书馆总面积为6779平方米，现有总藏书367604册，2011年全年馆内外借阅248615人次。单位编制40人，在职职工39人，全馆职工平均年龄40.35岁。高级职称3人，中级职称14人，初级职称14人，技术工人4人，工勤人员4人。其中获得大专以上学历的有32人，占职工总数的80%。在职党员20人，占全馆职工人数的50%。下设5个部室，9个服务窗口。近年来，楚雄州图书馆被云南省人民政府命名为“云南省科普教育基地”。

【楚雄州图书馆全免费开放服务】　2011年3月23日，楚雄州图书馆开始全免费开放服务。州图书馆充分体现公共图书馆“公益性、基本性、均等性、便利性”性质，延长服务时间，每天从早上8:30到晚上9:00天天开放。规定广大读者在图书馆每个角落都能自由出入。调整图书馆各部室业务，要求馆员们业务知识不仅精还要广，调动职工积极性，转变过去“事业岗位，行政上班”、“死守书，守书死”的观念，提高工作效率，为广大读者提供便利，让更多的人民群众走进图书馆，了解图书馆，利用图书馆，保障人民群众基本文化权益。免费开放后，全州公共图书馆全年总流通达到76万人次，其中州图书馆年流通24万人次，年书刊文献外借69万册次。州图书馆每天馆内外借阅人次平均681人，比免费开放前增长28%。州图书馆及时全免费开放服务，成为省内图书馆免费开放早、开放时间最长、影响较大的图书馆之一，赢得同行人士好评。有昆明市、普洱市、山西省太原市、迪庆州等图书馆工作者前来参观考察。省文化厅要求要把楚雄州图书馆作为免费开放示范馆，实现“无障碍、零门槛”全面免费开放，成为“无人职守超市公共图书馆”。

【中国楚雄彝族文献资料信息查阅中心建设】　2011年，楚雄州图书馆依托馆藏楚雄彝族文化资源，建设的“中国楚雄彝族文献资料信息查阅中心”初具成效。至年末，有彝族文献7112种19619册，其中彝文古籍手抄本990册。这些馆藏楚雄彝族文献类型多、数量大、组合优、品位高，为内容丰富、卷帙浩繁的彝族文献研究、利用和展示搭建起了一个平台，随着馆藏文献和彝族文化资源的增多，为热爱彝族文化，研究原生态彝族文化的使用者和学者提供丰富资料。

【文化资源共享工程】　2011年6月，楚雄州“文化共享工程”共建立州级支中心1个，县（市）支中心10个，乡（镇）、村基层服务点108个。全州85%的乡（镇）三级网络共享工程服务体系基本建成，包括州支中心、县支中心、乡（镇）服务点农文网培学校。禄丰县和平镇和仁兴镇文化站以共享工程依托的“农文网培学校”成为全省示范点。年内，州支中心服务读者12790人次，办理未成年人上网证186个。与州民政局联合举办州、市（县）民政部门社会组织数据库操作系统培训，与州文体局联合举办“文化市场管理软件”应用技能培训、“农家书屋管理系统操作”培训10次，培训人员295人次。举办文化共享工程迎党90周年诞辰群众歌咏活动，参加活动100余人，有合唱、歌伴舞、少儿合唱等演出。演唱作品录制、编辑后制作成视频光盘，上报文化共享工程国家中心、省分中心和各县（市）支中心，受到好评。

［普家清］

【楚雄新华书店有限公司】　2011年，楚雄新华书店有限公司依托各级、各部门、学校和广大读者的关心支持，以集团“三个三分之一”战略部署为抓手，牢固树立“向管理要效益”的经营理念，加强队伍建设，创新发行方式，取得可喜成绩。完成销售总额8221万元，比上年增长6%；实现利润328.9万元，增长12.8%；员工工资总额779.4万元，比上年增长11.3%。销售和利润均创历史最好水平，国家、企业、个人三者利益稳步提高。

［董　蕾］

广播电视

【广播电视工作概况】　2011年，楚雄州广播电视局认真履行管理职能，牢牢把握正确导向，圆满完成各项重大宣传任务、安全播出任务，事业建设实现较快发展，产业经营有所拓展，行业管理进一步加强，体制改革和机制创新有新突破，公共服务水平得到较大提高，党的建设和队伍建设得到进一步加强。被省发改委、省财政厅、省广电局授予云南省广播电视村村通工程建设先进集体荣誉称号；在全省广播电视年度工作目标责任制综合考评中得分名列第一，被定为优秀等次，连续4年保持领先地位；州级广电系统有6件电视作品获得国家级奖项，其中一等奖1件，提名奖1件，三等奖4件。有72件广播电视作品获得省级奖励，其中有23件作品获得一等奖，获奖数量和质量达到历年最好水平；州广播电台播出的新闻被云南人民广播电台播出1170条，被中央台播出34条，夺取“云南省广播新闻宣传通联工作先进集体（一等奖）”十连冠荣誉，荣获“2011年度云南广播联盟创新合作先进单位称号”。楚雄电视台播出的新闻被云南电视台播出628条8950分钟，位列全省第二，被中央台播出新闻28条，继续保持全省电视新闻宣传第二名；楚雄电视台荣获全国技术维护先进集体称号，州广播电台获得全省广播电视技术维护先进集体称号。9月，隶属于州广播电视局的楚雄州电影事业管理站正式挂牌成立，州级电影事业管理职能划转工作全面完成。经过多次科学论证，完成“十二五”期间广播电视发展规划编制、审定工作，确定“十二五”期间广播电视重点投入建设19个工程项目。州、县（市）政府机构改革中，各县（市）广播电视部门与文体、旅游部门合并，组建成立文体广电旅游局，县级广播电视机构不再独立存在。楚雄电视台被国家广电总局授予“2010年度全国广播电视技术维护先进台站”。11月8日，在第十二个记者节上，表彰奖励第二届“十佳新闻工作者”，来自楚雄电视台、州广播电台、大姚广播电视台、姚安广播电视台、楚雄市广播电视台、武定县广播电视台的10位新闻工作者受到表彰。

【广播电视媒体报道纪念建党90周年】 2011年，楚雄州广播电视媒体精心策划，全面开展立体生动、丰富多彩的纪念建党90周年宣传活动。推出“党在我心中”和“彝山党旗红”、“庆祝建党90周年·彝山党旗红”等专栏，集中宣传展示楚雄州基层党组织广大党员干部充分发挥战斗堡垒作用、先锋模范作用，团结和带领各族群众投身彝州改革开放和富民强州建设伟大实践的典型事迹；开设“楚雄党史大事记”和“党史人物”、“楚雄州重要党史人物”、“楚雄州重大党史事件”等栏目，系统展示发生在楚雄州的革命先辈英雄事迹和丰功伟绩；组织记者深入采访报道各级各部门、各族各界群众开展文艺晚会、纪念征文、知识竞赛、群众歌咏、报告会、座谈会、红色旅游、主题实践、党史教育、系列展览、党建活动、表彰先进等丰富多彩、生动活泼的纪念中国共产党成立90周年主题活动；组织开展红色经典文艺节目展播活动，引进播出一批红色电影、红色电视剧、红色广播剧、红色歌曲。周密布置，认真做好楚雄州纪念中国共产党成立90周年大会暨文艺晚会——《彝州大地党旗红》新闻采访报道和电视实况录制，圆满完成宣传任务。

【广播电视媒体开展“走、转、改”活动】 2011年，楚雄州广播电视媒体组织开展“走基层，转作风、改文风”活动，以实际行动，努力践行“三贴近”要求。楚雄电视台推出大型系列报道“新征程新气象”和“走基层”专栏，派出记者、编辑、主持人50多名，深入全州10个县（市）的厂矿、社区、农村，用镜头捕捉变迁，由记者体验和观察，触摸时代脉搏，展现时代精神，全面展现民情万象，展示基层发展变化。州广播电台启动专项活动，开设“走基层·访百姓”专栏，组织6组记者，深入基层蹲点调研、采访写作，在了解基层实际、反映群众意愿、树立良好形象、推动具体工作上取得积极进展，受到广大干部群众普遍好评。

【广播电视节目改版】 2011年，楚雄州广播电视媒体加大节目改革改版工作力度，着力推进宣传创新工作，取得较大进展。州广播电台按照“新闻立台”要求，推出新版早、中、晚三个新闻版块节目，增强新闻实效性、吸引力和感染力；加强品牌栏目包装推广，扩大品牌栏目影响力；按照“做优社教”要求，在音乐广播频道（原“滇中调频频率”）继续推进节目策划工程，坚持音乐广播频道文化定位，深入推进差异化发展；全台改进节目编排，实现全天16小时不间断播出。楚雄电视台重新设置频道节目架构，根据频道风格和特点，修订重要节目播出时间；精心策划，适时推出新闻栏目“今日9+1”，对全州10个县（市）政治、经济、文化、人文进行全景式宣传，实现新闻信息资源充分挖掘和广泛传播。楚雄电视台开设栏目11个、版块18个，栏目数量比上年有所增加。

【广电数字建设】 2011年，楚雄电视台争取中央补贴75万元、州财政补助100万元、自筹62万元，实施新闻回传网数字化改造项目，依托楚雄广电网络分公司光纤网完成10个县（市）新闻回传数字化改造工作，解决新闻节目传输问题，全面提高电视新闻回传质量。10个县（市）建设1千瓦CMMB（中国移动多媒体广播）传输发射台2座，300瓦到500瓦CMMB传输发射台7座，CMMB网络实现覆盖全州县城，10个县（市）城区观众听众可通过移动手持电视收看到6套电视节目，2套广播节目。

［余海晏］

档　案

【档案工作概况】 2011年，楚雄州档案部门全面落实全州档案工作暨“双先”表彰会议精神，按照大视野、大管理、大档案、大开放、大服务工作思路，加强档案资源体系、档案利用体系和档案安全保管体系建设，各项工作取得明显成绩。馆藏档案398917卷；有工作人员103人，其中大专以上学历人员100人。楚雄市、大姚县档案馆建设工程顺利封顶。州档案馆积极加强爱国主义教育基地建设，新增廉政教育展厅1个，展板52块，接待参观人员500多人次。

【全州档案工作会议】 2011年3月2日，全州档案工作会议在楚雄州公务中心举行。10个县（市）分管档案工作的副县（市）长、档案局局长以及州级机关分管档案工作的领导和档案员200人参加会议。州委常委、州人民政府副州长李红民在会上作重要讲话，要求各级各部门要从强化档案安全意识，加强档案工作领导；夯实档案基础设施建设；抓好档案干部队伍建设；抓好档案服务水平提高；抓好创新机制，打造档案利用体系新模式等方面做好档案工作。

【档案资源体系建设】 2011年，楚雄州11个综合档案馆接收档案6280卷35268件，馆藏文书档案1758个全宗398917卷282247件，录音录像档案875盘，照片档案77118张，底图796张，磁盘29张，光盘149张。各馆注重具有地方特色、民族特色的档案进馆保存，州、县档案馆接收《彝族毕摩经典译注》等一批具有民族特色档案，推荐省档案馆收藏该套档案。州档案馆投资10

万元征集彝族民俗实物档案，建立彝族民俗展厅。档案馆馆藏结构得到进一步优化。各馆还对馆藏档案进行规范化整理，对重点档案进行抢救，抢救重点档案1269卷。

【档案利用体系建设】 2011年，楚雄州档案馆在档案查阅利用岗位设立党员示范窗口，在窗口着力做好“三统一”和“五个一”服务，使服务细节在精细化、人性化、细微化中不断完善。州档案局大胆创新，积极拓展业务指导新途径、新方法。积极推进全州机关、事业单位档案工作规范化，完成星级档案室39家，家庭建档662户。全州审批“八号令”实施单位763家。

【双柏县被列为全国新农村档案工作示范县】 2011年，经国家档案局审核，楚雄州双柏县被列为全国档案工作示范县，为此省、州、县拨出专款，积极开展各项工作，双柏县档案局结合实际，分4个组深入各乡（镇）进行指导，采取组织乡（镇）、村（社）档案员在乡（镇）政府“集中培训，集中指导，集中立卷”的工作方法，确保新农村建设档案工作顺利完成。完成8个乡（镇）82个村（社）立卷归档任务。

［李洪波］

书法·美术·摄影

【根雕艺术展】 2011年11月28日至12月2日，由云南省文联、中共楚雄州委宣传部主办，云南省民间文艺家协会、楚雄州文联承办的“云南省第五届根雕艺术展”在楚雄彝人古镇举行，全省各州（市）根雕艺术家创作的400余件作品展出。这是全省历届根雕艺术展览中展品数量最多、展览规模最大、参展作品艺术水平最高的一次展览。

【摄影艺术】 2011年春节期间，由楚雄福文化研究会、州文联主办，州摄影家协会承办的“福满人间”——楚雄福塔摄影艺术作品展在福塔公园寿苑展出，1月30日开展，征集到省内外摄影作品800余件，展出作品60件。展出结束时，评选出一等奖3件、二等奖5件、三等奖10件给予奖励。9月9日至11月5日，“招银杯”中国彝族“彝人风采”摄影大赛在永仁县城举行，大赛由中共云南省委宣传部、省文产办、省文化厅、省广电局、省彝学学会和中共楚雄州委、州人民政府主办，州委宣传部和永仁县委、县人民政府承办。9月9日至10月10日收集作品，10月11～16日评奖，11月3～5日举行影展、颁奖。征集到作品885件，展出作品105件。新华社签约摄影师、中国民俗摄影学会会员、大姚县文联副主席陈维寿的《大山的回响——陈维寿摄影艺术作品集》由云南民族出版社2011年8月出版，8个印张。

【庆祝建党90周年书法、美术、摄影作品展】 2011年6月28日上午，由中共楚雄州委宣传部主办，州文联承办的“庆祝中国共产党成立90周年楚雄州书法美术摄影作品展”在州老干部活动中心开展。州人大常委会副主任李佳等领导出席开展仪式。此次作品展，征集作品1000多件，展出作品120件，全部是来自州内书法家、美术家和摄影家的作品。胡先亮的摄影作品《丰收》，马春云的《热土》，王昆林的《深山牧归》，郑建民的《喜庆》等作品吸引了众多观展人。以咏史颂今为主题的魏碑、行楷、章草、小篆、隶书等书法作品令书法爱好者沉醉。美术作品中，有花鸟、人物，有风景、写实类画作。《一九二一·南湖》、《赶集归来》等作品都很吸引人。

【艺术作品外出参展】 2011年，楚雄州美术家协会周智、梁春达的美术作品参加云南省美术家协会、云南画院举办的中国画展览，陈孝瑞的2幅美术作品参加云南省文联、省文化厅、省美术家协会、省画院举办的纪念王晋元先生云南著名画家邀请展，周智、周崇舜、梁春达、盛莉芸美术作品入选云南省文联、省美术家协会、省文化厅、省“茶马古道”研究会举办的云南省“茶马古道”书画展和非物质文化遗产美术作品展。州书法家协会李剑明、谢怀方、李显于、董华等11位书法家的书法作品入选云南省文联、省书法家协会主办的庆祝中国共产党建党90周年暨中国书法家协会成立30周年“红云红河杯”云南书法作品邀请展，普永进的书法作品入选公安部、中国书法家协会、中国美术家协会、中国摄影家协会主办的全国公安系统第四届“卫士之光”书法、美术、摄影展览，在国家博物馆展出并荣获书法类二等奖。南华县刘龙兴的根雕作品《盼》入选“全国大师木雕艺术精品汇报展”，在国家博物馆展出并荣获银奖。楚雄州美术家协会副主席、州文化馆副研究馆员盛莉芸的版画作品集由云南美术出版社2011年10月出版，5个印张。

［周能汉］

（责任编辑：周能汉）

卫生

卫生综述

【卫生工作概况】 2011年，楚雄州卫生工作紧紧围绕经济社会发展大局，以落实医改重点任务为主线，大力实施惠民利民卫生项目，群众就医条件明显改善，新型农村合作医疗保障水平不断提高，公共卫生服务项目全面开展，基本药物制度顺利实施，公立医院改革试点稳步推进，“保基本、强基层、建机制”初显成效，医改三年五项重点工作取得阶段性成果，人民群众已经从新一轮医改中得到实惠。新型农村合作医疗个人住院费用报销最高支付限额5万元，达到全国农民人均纯收入的10倍；基本药物制度全面实施，门诊和住院费用得到有效控制；基层医疗卫生服务体系进一步完善，基层医疗卫生机构服务能力得到全面加强；基本公共卫生服务经费政府人均补助提高到25元，城乡居民基本公共卫生服务均等化逐步实现；公立医院改革试点稳步推进，群众“就医难”问题逐步缓解。

年内，楚雄州卫生系统紧紧围绕“推动科学发展、落实医改任务、改进医德医风、服务人民群众、加强基层组织”的目标和“三好三合理三培养三不让一满意”要求，深入开展创先争优活动；开展“感党恩、比奉献、促医改、惠民生”系列主题活动，开展城乡基层党组织互帮互助、扶贫挂钩联系互动等活动，提升卫生文化建设内涵；加强党风廉政建设和行业作风建设，完善信访接待、矛盾排查、案件办理工作机制；加强卫生系统社会治安综合治理、安全生产、消防安全等工作，及时处置突发公共卫生事件，强化平安卫生建设，保持系统和谐稳定。年内有6个州级医药卫生单位分别被省委、州委、省卫生厅党组表彰为先进基层党组织，有13名党员被授予优秀共产党员或优秀党务工作者称号，州中医院党委被命名为省级基层党建工作示范点，州疾控中心党委、州妇幼保健院党总支、楚雄民康医院党支部被命名为州级基层党建工作示范点，州食品药品监督管理局党总支、州妇幼保健院党总支被命名为州级学习型党组织建设示范点。全州卫生系统社会综合满意度达97%。

2011年末，全州每千人（按常住人口计算，下同）拥有卫生技术人员3.69人，平均每千人拥有医院病床（含乡镇卫生院、门诊部）4.2张；全州医疗机构总诊疗人次达1107万人次，住院达27.9万人次；门诊急诊病人抢救成功率99.44%，危急重住院病人抢救成功率95.55%。医疗卫生机构实际开放病床11457张。各级各类医疗卫生机构病床使用率平均达82.52%。出院者平均住院日10.86天。

【卫生机构人员】 2011年末，全州有各级各类卫生机构1673个（含村卫生室）。其中，医院61所，疾病预防控制中心11所，妇幼保健院11所，卫生监督所11个，中心血站1个，乡（镇）卫生院114个，村卫生室1083个，社区卫生服务中心（站）13个，个体诊所、医务室、门诊部366个。全州卫生系统有各类人员（含个体开业）13791人，其中卫生技术人员9987人。卫生技术人员中，执业医师3290人，助理执业医师687人，注册护士3424人，药师（士）571人，检验师（士）390人，其他卫生技术人员1488人。有乡村医生1977人。卫生专业技术人员中，高级职称352人（正高级43人、副高级309人），硕士研究生26人。

【卫生人才培养】 2011年，全州培训乡（镇）卫生院在岗人员460人，其中管理人员115人，药剂、超声技术人员230人，妇产科人员115人；培训村卫生室卫生人员2060人；全科医师转岗培训69人；培训县、乡妇幼卫生管理人员和业务人员506人；选派了10人到省级医院进行住院医师规范化培训；培训县级医院骨干医师33人；委托楚雄医药高等专科学校培训全科医师102人、社区护师84人；参加省卫生厅组织的社区卫生管理人员培训18人、全科骨干医师培训10人，中医全科医师培训5人；培训卫生监督执法人员238人次，组织开展医院财务制度培训115人。有2313人报名参加卫生专业技术资格考试，经审查有2302人参加考试，合格1109人，合格率48.17%。向省高评委上报高级技术职称评审105人，最终有80人获得高级职称。全年医师资格考试网上报名1821人，审核后有1739人参加医师资格实践技能考试，1067人参加医学综合笔试，有205人次参加住院医师考试。

【医疗技术鉴定】 2011年，楚雄州医学会鉴定办共开展医疗事故技术鉴定25例，鉴定为医疗事故9例。9例医疗事故中，一级甲等医疗事故5例，其中2例医方负主要责任，3例医方负次要责任；三级戊等医疗事故2例，医方负主要责任；三级丙等医疗事故1例，医方负次要责任；四级医疗事故1例，医方负主要责任。

2011 年楚雄州医疗卫生机构、床位、人员数统计表

单位：人

县（市）	机构个数（个）				床位数（张）				各类人员合计	卫生技术人员（个）								其他卫生人员（个）			
	小计	医院	基层医疗卫生机构	专业公共卫生机构	小计	医院	基层医疗卫生机构	专业公共卫生机构		小计	执业（助理）医师	执业医师	注册护士	药师（士）	技师（士）	检验师（士）	其他	乡村医生和卫生员	其他技术人员	管理人员	工勤技能人员
楚雄市	381	25	347	9	4683	4063	498	122	5559	4477	1523	1365	1736	221	240	181	757	262	149	187	484
双柏县	107	1	103	3	398	201	175	22	513	314	163	117	93	24	22	16	12	132	11	11	45
牟定县	133	4	126	3	737	487	235	15	797	506	241	199	127	34	24	15	80	193	15	15	68
南华县	155	4	148	3	674	496	156	22	906	527	223	184	154	45	26	18	79	227	38	11	103
姚安县	102	4	95	3	662	454	188	20	875	604	234	185	210	34	32	26	94	160	14	28	69
大姚县	177	2	172	3	714	359	335	20	996	675	341	251	182	33	28	25	91	200	17	34	70
永仁县	81	2	76	3	406	284	102	20	471	285	120	96	74	15	17	14	59	115	10	17	44
元谋县	142	5	134	3	891	468	408	15	945	699	295	210	225	35	37	27	107	160	17	2	67
武定县	163	4	156	3	879	653	202	24	1055	687	285	232	199	52	35	24	116	234	30	46	58
禄丰县	232	10	219	3	1413	976	420	17	1674	1213	552	451	424	78	66	44	93	294	41	43	83
总　计	1673	61	1576	36	11457	8441	2719	297	13791	9987	3977	3290	3424	571	527	390	1488	1977	342	394	1091

【“健康快车”驶达楚雄】 “健康快车”是由香港人民赠送的专门为因白内障而失明的农村居民进行免费治疗的流动眼科火车医院。2011 年 10 月 16 日，“健康快车—中国工商银行”光明行驶达楚雄。至年末，“健康快车”免费为楚雄贫困地区的白内障患者施行复明手术 507 例。

【突发公共卫生事件】 2011 年，全州共报告突发公共卫生事件 9 起，其中Ⅲ级 2 起、Ⅳ级 5 起、未分级 2 起，累计发病 391 例，死亡 7 例。5 月 31 日，楚雄州永仁县发生第一例狂犬病病例，大姚县、元谋县相继发生狂犬病疫情，共报告 8 起疫情，被犬咬伤 38 人。疫情发生后，州、县党委、政府和卫生行政部门、业务部门高度重视，卫生行政部门领导和疾控中心专家亲自到现场指导疫情处置工作，疫情在短期内得到有效控制，未发生人员死亡，有效保障了人民群众的生命安全。

【《楚雄州县级公立医院改革试点实施意见》出台】 2011 年 8 月 25 日，楚雄州人民政府出台了《楚雄州县级公立医院改革试点实施意见》，《意见》提出了楚雄州县级公立医院改革的总体目标：构建公益目标明确、布局合理、规模适当、结构优化、层次分明、功能完善、富有效率的公立医院服务体系，探索建立公立医院与基层医疗卫生服务体系的分工协作机制，加快形成多元化办医格局，形成比较科学规范的公立医院管理体制、运行机制、监管机制和补偿机制，加强公立医院内部管理，促使公立医院切实履行公共服务职能，为群众提供安全、有效、方便、价廉的医疗卫生服务，形成符合县情的公立医院改革的总体思路和主要政策措施，为全面推进楚雄州公立医院改革探索积累经验。《意见》明确了楚雄州县级公立医院改革的主要内容和任务：实行管办分离，改革公立医院管理体制。要求建立统一高效、权责一致的政府办医体制，卫生行政部门的职责从办医院转向规划制定、资格准入、行业监管；推进政事分开，实行医院法人治理机制。探索建立以理事会为主要形式的公立医院法人治理结构，逐步取消公立医院行政级别，实行院长聘用制、任期制；实行医药分开，建立科学合理的公立医院补偿机制。逐步取消药品加成，解决以药补医问题；深化内部改革，调动医务人员积极性。医院自主用人，人员实行岗位管理、聘用管理、合同管理、绩效考核；整合资源，提升服务水平。在区域卫生规划和区域医疗机构设置规划框架内合理设置公立医院，通过合作、托管、重组、组建医疗集团等方式整合医疗资源。《意见》把禄丰县、大姚县作为楚雄州县级公立医院改革试点县，要求试点县制定详细的改革实施方案，推进改革。

【新型农村合作医疗改革】 2011 年，新农合制度更加完善，保障水平不断提高，新农合参合农民 210.92 万人，参合率 96.47%；全年参合农民人均筹资 230 元，新农合政策范围内住院费用报销比例达 70%，个人最高支付限额提高到 5 万元，达到全国农民人均纯收入的 10 倍；新农合大病补充保险制度进一步完善，参保 167.83 万人，参保率 79.57%，累计赔付 18182 件，赔付资金 3657.9 万元，最高赔付达到 5 万元，既参加新农合同时又参加大病补充保险的最高赔付金额达到 10 万元；付费制改革进一步巩固，通过不断调整完善、逐步规范，门诊总额预付制、住院床日付费制改革在全州运行良好，医疗费用逐步趋于稳定，不合理增长的医疗费用得到有效遏制；提高农村儿童先心病、白血病保障水平试点工作全面实施，至年末，已有 50 例先心病、7 例白血病患儿享受了该项政策带来的实惠；新农合信息化建设取得新进展，全州乡（镇）卫生院以上各级定点医疗机构全部建立了信息化管理系统（HIS系统）并与新农合管理信息系统对接，实现新农合病人信息数据实时交换、在线审核和报销；新农合监管机制更加完善，形成了具有楚雄特色的“四个监督机制”（内部监督机制、外部监督机制、行业监督机制、社会监督机制）、“六个管理制度”（学习培训制度、责任追究制度、准入退出制度、违规处罚制度、绩效评价制度、经费保障制度）；在全州设立100户监测户，通过与州合管办直接联系，建立管理机构与参合群众之间的信息沟通反馈机制，及时掌握医疗机构执行新农合政策情况，有效促进新农合制度的完善和健康发展。元谋县还成立了新农合监督委员会办公室（为常设机构），负责对新农合实施经常性督查，新农合监管收到良好效果。

【国家基本药物制度和基层卫生综合改革】 2011年，楚雄州基本药物制度全面实施。政府举办的所有乡（镇）卫生院、村卫生室、社区卫生服务机构全部配备使用基本药物，基本药物全部实行省级集中网上采购、统一配送、零差率销售，全年采购药品8673个品种规格，金额3.54亿元，其中基本药物3153个品种规格，金额为1.56亿元，基本药物采购比例占44%；强化宣传培训，建立优先配备和使用基本药物机制，推行基本药物临床应用指南和基本药物处方集，培训医务人员9436人次，医务人员参训率100%，把基本药物制度作为健康教育的重要内容在各级医疗机构和农村进行广泛宣传，医务人员力求合理用药，改变医务人员习惯用药、不良用药和患者习惯吃药、不良吃药行为，实现合理施治、规范用药；把基本药物全部纳入新农合报销范围，报销比例高于非基本药物10个百分点；推进基层医药卫生体制综合改革，把实施基本药物制度与基层医疗卫生事业单位绩效工资改革相结合，与实施公共卫生服务均等化相结合，出台了基层医药卫生体制综合改革“一主三辅三配套”文件，推进综合改革；基层医疗卫生机构和州、县公共卫生事业单位全面实施绩效工资改革，乡（镇）卫生院、州、县公共卫生事业单位人员工资和运转经费全部实行财政全额预算，业务收入实行收支两条线管理，卫生事业单位职工实行聘用制、竞争上岗和岗位管理；除省级人均每月补助200元外，州、县财政按贫困村人均每月不少于200元、非贫困村人均每月不少于150元的标准落实乡村医生补助；门诊“一般诊疗费”改革全面启动，将基层医疗卫生机构原挂号费、诊查费、注射费以及药事服务成本合并为一般诊疗费，收费标准9元，其中新农合支付6.5元。

【医疗卫生服务体系建设】 2011年，楚雄州实施卫生基础设施建设项目61个（县级医院建设项目4个，乡镇中心卫生院建设项目6个，村卫生室建设项目50个，州精神病院建设项目1个），总投资19780万元，至年末，已投入使用57个，主体工程完工3个，在建1个（楚雄市人民医院）。年内，新争取卫生基础设施建设项目55个，建设规模18505平方米，总投资3338万元。其中，县级急救中心建设项目4个，总投资510万元；卫生监督体系建设项目10个，总投资2300万元；中心乡（镇）卫生院建设项目3个，总投资300万元；村卫生室建设项目38个，总投资228万元。55个项目已开工6个，在全省率先完成医改卫生基础设施建设任务。加强乡（镇）卫生院产科能力建设，全州累计有95所乡卫生院达到合格标准；加强村卫生室规范化建设，累计有859个卫生室达合格标准；对全州所有村卫生室的人员、工资、药品、财务、业务实行“五统一”管理，提高乡村两级卫生机构服务能力；推行基层医疗卫生机构主动服务、上门服务，开展巡回医疗，为农村居民提供基本药物、基本医疗和公共卫生服务。

【公共卫生服务】 2011年，楚雄州提前实现国家医改目标。建立居民健康档案190.12万人份，建档率70.39%，建电子档案152.27万人份，建档率56.38%；适龄儿童七种疫苗预防接种率达99%；孕产妇系统管理率95.34%，高危孕产妇管理率100%，7岁以下儿童保健管理率91.16%，3岁以下儿童系统管理率92.13%；老年人保健管理16970人，管理率80.98%；高血压病人管理136248人，完成率165.8%；糖尿病病人登记管理22480人，管理率100%；重性精神病病人管理7922人，管理率100%；乡（镇）卫生院、村卫生室、社区卫生服务中心（站）共设置宣传栏1551个，印发宣传材料154.04万份，开展健康知识讲座11740次，开展公众健康咨询活动8015次。

【公立医院改革】 2011年，楚雄州公立医院改革按照“突出重点、先易后难、逐步推进”原则，稳步推进。开展了急性单纯性阑尾炎、结节性甲状腺肿等228个病种的临床路径管理，规范公立医院临床检查、诊断、治疗、用药行为；实施门诊病历“一本通”、同级医院检查结果互认、下级医院认可上级医院检查结果，减轻患者费用负担；实施“百万贫困白内障患者复明工程”和“健康快车楚雄光明行”活动，免费对1605例贫困白内障患者实施复明手术；实施社区首诊、双向转诊等分级诊疗制度和门诊预约诊疗服务试点；积极开展远程可视医疗会诊，为患者提供优质医疗服务；在全州24家二级以上医疗机构开展“优质护理服务示范工程”活动，示范病房（病区）达168个；建立了“党委政府推动、第三方介入专业调解、医疗责任保险统保理赔、医患纠纷处理部门协作联动”四位一体的医患纠纷处理新模式，有效维护医疗机构正常工作秩序和医患双方合法权益；开展“医疗专家进社区”试点，探索社区首诊、分级医疗新模式，深化改革内涵；实施城市对口支援农村卫生工作，全州10家二级医疗卫生机构下派75人支援32个乡（镇）卫生院，省级和州级8家三级医院下派45人支援9个县级医院；深化人事分配和内部管理运行机制改革，禄丰县人民医院在管理理念、服务方式、人事和分配、技术合作、费用控制、后勤管理等方面进行了大胆探索和尝试，在推进改革中积累了一些好的经验和做法。

【无偿献血】　2011年，楚雄州加大宣传，提高无偿献血力度。在春节、“五一”、世界献血者日等重大节日期间向无偿献血者发送慰问短信、血液信息告知短信19.76万条，利用春节、“6·14”世界献血日、中秋节等开展大型主题宣传活动，与楚雄音乐广播电台合作，播出无偿献血公益广告960余次，制作长达1分钟的电视短片在州电视台播放5000余次，通过新龙江商业广场和市公交公司1路、5路、10路公交车电子屏幕广泛宣传无偿献血知识，在楚雄师范学院和楚雄医药高等专科学校设立无偿献血“爱心奖学金”，鼓励在校大学生积极参加无偿献血。全年为临床提供红细胞20421.5单位，提供血浆197.6万毫升，机采血小板231单位，冷沉淀339.75单位，成份输血率99.9%。有16158人次献血，献血量432.7万毫升，自愿无偿献血率100%，成份分离率99.95%。楚雄州荣获“全国无偿献血先进城市”称号。

［自卫平］

卫生监督执法

【食品卫生监督】　2011年，楚雄州卫生局卫生监督所组织开展节假日期间餐饮服务环节食品安全整治、餐饮服务单位火锅底料清查、餐饮服务环节地沟油整治、餐饮服务环节打击食品非法添加和滥用食品添加剂专项整治、打击采购使用含“瘦肉精”的肉及肉制品等17个专项检查工作，出动卫生监督员2000多人次，监督检查餐饮经营单位656户次，发出卫生监督意见书91份，责令限期整改存在问题，对93起存在卫生违法行为的餐饮单位进行了立案查处，罚款人民币2.55万元；举办了2期打击餐饮服务环节非法添加和滥用食品添加剂专项工作培训班，培训州属直管餐饮单位负责人300余人次，与各餐饮单位签订承诺书及食品安全目标责任书210余份。完成重要贵宾接待及重大会议（活动）食品卫生安全保障27次。

【职业卫生和放射卫生监督】　2011年，楚雄州卫生局卫生监督所以法规宣传和深入现场监督检查为主要内容，开展职业卫生监督工作。在《职业病防治法》宣传周活动中，组织全州存在职业危害单位的职工参加“云维”杯职业病防治知识竞赛。建立了州级直管的19家职业危害企业和放射卫生监管单位基础档案（一户一档）。督促指导县（市）建立职业危害企业基础档案，摸清职业卫生基础情况。有存在职业危害因素企业336家，职工总数35599人，接触职业病危害作业工人20868人。组织开展职业病防治和医疗卫生机构放射诊疗活动日常卫生监督检查，监督指导职业危害企业、单位落实职业防护、健康体检和建立健康档案等职业病防治措施，督促指导县（市）开展职业病防治监督检查工作，监督检查覆盖率100%，企业职工健康体检率和健康档案建立率达80%。监督检查州属直管用人单位19家，发出卫生监督所意见书15份，监督检查放射诊疗机构17家，发出卫生监督所意见书11份，监督检查职业卫生服务机构4家，发出卫生监督所意见书4份，要求限期整改。立案查处职业病防治违法行为企业5家，其中警告3家，罚款2家，罚款金额3.2万元，移送案件1起。完成职业病危害建设项目职业病危害（含放射防护）预评价审核10家，备案1家，竣工验收6家；防护设施设计审查1家，完成放射诊疗许可证发证4家，校验8家，发出卫生监督所意见书10份。

【医疗机构监督】　2011年，楚雄州从州级医疗卫生机构抽调具有丰富临床经验的医疗、护理、医院感染管理方面的专家组成专家组，随机抽取医护人员进行法规知识和基本实践技能考试，把专家评审意见和医护人员考试成绩作为现场审查验收的重要依据，使医疗机构现场审查验收更规范、更专业、更科学。在医疗机构日常卫生监督中，以医疗机构和从业人员资格审查、传染病防治、医院感染管理、医疗废物处置、母婴保健、临床用血、预防接种等为重点，深入各级医疗机构开展卫生监督检查。同时，深入10个县（市）开展打击非法行医和非法采供血督导检查，督促牟定、姚安两县的卫生监督机构对7家个体诊所的违法行为实施卫生行政处罚。继续深入开展整顿医疗广告专项检查，建立医疗广告约谈制度，让医疗机构充分理解医疗广告方面的规定，不断加强医疗广告日常监督监测，严肃查处违法行为。

【传染病防治卫生监督】　2011年，楚雄州卫生局卫生监督所对辖区范围内的各级各类医疗机构和疾病预防控制机构实施卫生监督，监督检查内容包括各医疗机构传染病防控措施的落实情况、人员培训情况、传染病疫情报告情况和医疗废物毁型、消毒及登记情况，共检查县级医疗机构38家、乡（镇）卫生院17家、民营医院和个体诊所26家，对未按照卫生法律法规要求落实传染病防治措施的医疗机构发出卫生监督意见书28份，责令改正，对情节严重的给予卫生行政处罚。

【公共场所卫生监督】　2011年，楚雄州卫生局卫生监督所继续推进公共场所卫生监督量化分级管理工作，有23家公共场所评定为“B”级，53家评定为“C”级，住宿场所、游泳场所、沐浴场所、美容美发场所量化完成率达100%。对州属直管公共场所单位进行经常性卫生监督检查97户次，督促相关单位落实艾滋病防治措施，要求公共场所设置安全套发售设施和摆放安全套，发放宣传册2500份、宣传画260份。

【生活饮用水卫生监督】　2011年楚雄州卫生局卫生监督所共检查集中式供水单位2家，二次供水单位5家，学校自备水2家，对1家集中式供水单位申请办理卫生许可证进行现场审核，对楚雄州职教园区广大师生生活饮用水情况进行监督检查8次，针对存在的问题发出卫生监督意见书，要求限期整改。

【消毒卫生监督】 2011年，楚雄州卫生局卫生监督所对管辖内的4家消毒产品生产企业、32家药品经营店、24家消毒产品使用单位建立产品索证、验收、管理制度情况进行监督检查。

【卫生行政许可】 2011年7月1日起，楚雄州卫生局卫生监督所进驻州政务服务中心代表州卫生局集中办理13项行政许可事项、5项非行政许可事项、2项服务事项。全年办结发放各类许可证件1313份，其中餐饮服务卫生许可证94份、食品卫生许可证20份、公共场所卫生许可证28份、供水单位卫生许可证1份、医疗机构执业许可证65份、使用医疗辐射诊断许可证28份、母婴保健技术服务执业许可证1份、消毒产品生产企业卫生许可证4份、职业卫生建设项目审查批复26份、医师资格证488份、医师执业证107份、护士执业证448份、麻醉药品和第一类精神药品购用印签卡2份。校验医疗机构执业许可证58份、放射诊疗许可证20份。

【卫生行政处罚】 2011年，全州共实施卫生行政处罚114件，罚款10.95万元。其中，食品卫生93件、罚款2.55万元；公共场所卫生2件、罚款2000元；职业卫生5件、罚款3.2万元；放射卫生1件、罚款3000元；医疗卫生13件，含非法行医案件6件、医疗废物管理违法案件3件、医院感染管理违法案件6件、医疗广告违法案件1件，罚款4.7万元。

【卫生法规宣传教育】 2011年，楚雄州卫生局卫生监督所认真组织开展餐饮服务、母婴保健、公共场所、饮用水、消毒产品从业人员卫生知识、卫生法律法规培训工作，举办各种培训班69期，培训各类从业人员3043人次。其中，举办食品从业人员培训班36期，培训人员1221人次；举办公共场所从业人员培训班21期，培训人员349人次；注册医疗人员培训班5期，培训人员788人次；举办母婴保健技术服务人员培训班2期，培训人员661人次；举办消毒产品生产人员培训班1期，培训人员24人。通过发放宣传资料（画册）、解答群众咨询等形式向群众宣传食品安全法相关知识，集中宣传9次，悬挂布标9幅，摆放展板25块，发放预防食物中毒、常见食品卫生知识等宣传资料2800余份，解答群众咨询220人次。

［自卫平］

医疗事业

【楚雄州人民医院】 2011年末，楚雄州人民医院占地面积23.41万平方米（351.4亩）。其中，新区医院16.35万平方米（245.5亩），鹿城南路院区3.62万平方米（54.3亩），曙光小区1万多平方米（15亩），新营盘院区2.44万平方米（36.6亩）。总面积中，业务用房面积17.86万平方米。年末，有职工1549人。其中，在编职工1030人、合同制519人（含见习人员）；正高级职称23人，副高级职称75人（聘任），中级职称361人（聘任），助理级326人（聘任），其他772人；新进各类大、中专毕业生233名，其中硕士研究生7名，公开召考大学本科毕业生49名。全年诊治门诊病人58.68万人次，其中专家门诊8.59万人次、专科门诊2.45万人次；出院3.82万人次，住院手术11967例（含介入）；开放床位1511张，病床使用率98.6%，出院者平均住院日13天；120急救中心出诊4947次，抢救危重症患者5464人，执行突发事件救治31起。药品收入占业务总收入的40.03%。组织全院会诊255次，安排院外会诊212人次，请上级医院专家会诊（手术）84人次。派出医疗队两批共15人到双柏、元谋、永仁参与临床诊疗和技术指导，下乡工作日达2700日。新技术新项目。年内，引进推广临床适宜新技术29项，获楚雄州科学技术进步奖二等奖2项（lgA肾病多靶点免疫抑制治疗研究；特殊位置肝叶切除术的临床应用）、三等奖2项（宫腔镜在不孕症诊断和治疗中的临床运用研究；C臂X线引导下胫骨干骨折闭合复位髓内钉内固定术的临床应用）。教学、科研和人才培养。接收大理学院、云南中医学院、楚雄医药高等专科学校实习生290人；开展全院性学术活动28次；在省级以上医学刊物发表论文47篇，其中国家级刊物2篇。院级科研项目立项11项。新申报州科技计划资助项目1项，在研项目4项。举办州级继续医学教育项目3项，省级继续医学教育项目1项。护理工作。启动第二批优质护理服务病区12个，优质护理服务开展率达80%，病人对护理工作的满意率93%。医院新区建设。6月20日，新区医院正式投入使用，肾内科、神内二科、心内二科、传染科、妇科、眼科、泌尿外科、神外二科、普外二科、骨三科首批搬入新区，至年末共迁入新区临床科室18个。表彰奖励。年内，分别荣获2006～2010年度楚雄州工会工作先进集体；楚雄州工会第八次代表大会文艺演出一等奖；云南省2010年度艾滋病抗病毒治疗质量优秀奖；2010年全球基金艾滋病项目社会组织项目优秀项目奖；云南省卫生系统“创先争优”活动先进基层党组织。

【楚雄州第二人民医院】 2011年末，楚雄州第二人民医院有在职职工158人，其中高级职称9人、中级职称51人、初级职称71人、无职称27人。全年举办重性精神病管理、诊断、治疗培训班2期，培训专业技术人员81人次。派出5批20人次的专业技术人员深入社区，对重性精神病人的管理、治疗进行指导。开展了重性精神病排查工作，共排查出重性精神病患者7985人，其中新发重性精神病病人1634人。全年门诊1819人次，收住院治疗1284人次，出院1344人次。推广临床适宜新技术3项（氟哌啶醇快速注射治疗住院精神病人急性期精神症状临床应用；WHO—DAS Ⅱ量表在精神疾病残疾等级评定中的临床应用；集体心理治疗在住院精神分裂症患者中的应用）。开展州级继续医学教育项目4项；开展学术活动8次，省级专家到医院开展学术讲座5次；在省级以上医学刊物发表医学论文11篇；选送3人到省外进修学习；短期学习培训20人次；参加省级继续医学教育14人次；参加州级继续医学教育6人次；138人参加网络继续医学教育。

【楚雄州广通医院】 2011年，楚雄州广通医院全年门诊诊疗19097人次，出院1436人，手术308台次，药品收入占业务总收入的46%。送上级医院进修学习3个月以上7人次，参加各类短期培训22人次；开展全院性学术活动21次；撰写学术论文并在正规期刊刊发13篇，《艾滋病家庭护理教育研究进展》发表于《中华现代护理杂志》，《云南楚雄HIV职业暴露培训班学习效果的评价与分析》发表于《中国健康月刊》，《云南省楚雄彝族自治州395例HIV/AIDS患者相关情况调查》发表于《临床合理用药杂志》。

【楚雄州中医院】 2011年，楚雄州中医院全年门诊诊疗267361人次，出院14739人次，手术5053台次；病床使用率119.0%。年内，开展了“三好一满意”活动。建立了《楚雄州中医院随访制度》，制定了迎送服务、关怀服务、微笑服务、追踪服务、舒心服务等为主要内容的《医护人员言语行为服务规范》、《医院礼貌用语基本要求》。开展评星授旗活动。让患者评定医护人员的“星级”，做到“服务好与坏，患者说了算”。经满意度调查，患者对医院的综合满意率达98.23%。全年医院共收到感谢信4封、锦旗10面。开展中医专科专病建设。6月，云南省卫生厅专家组对州中医院的“肛肠科、脑病科、老年病科和推拿科”进行检查并通过验收，成为省级重点专科；9月15日国家中医药管理局专家组对州中医院“彝医骨伤科”专科建设进行检查，顺利通过验收，成为国家级民族医重点专科。中(彝)医药治疗艾滋病工作。截至年末，共有102名HIV/AIDS患者接受了中(彝)医药治疗。年内，国家“十一五”科技支撑项目“彝医‘上法’治疗慢性咽炎技术规范化研究”和“张之道彝医药医技医术的抢救性传承研究”课题于7月通过国家民委、国家中医药管理局的验收；科研项目“云南省地方习惯用药材标准和饮片标准研究”获云南省科学技术奖励二等奖；“彝医‘上法’咽舒宝滴丸治疗慢性咽炎技术规范化研究”获州级科学技术奖二等奖；“双吻合器技术在中低位直肠癌保肛术中的临床应用研究”和“PFNA治疗老年股骨粗隆部骨折技术应用”获州级科学技术奖三等奖。

【楚雄州妇幼保健院】 2011年末，全院在职职工83人，其中专业技术人员79人，占94%，专业技术人员中副高级职称13人，中级职称36人，初级职称30人。年内新成立了儿童保健中心、围产保健中心、妇女保健中心，妇幼保健特色进一步突出。全年门诊人次177457人，出院3775人。病床编制50张，实际开放90张，开放病床使用率85.94%，平均住院日8天。药品收入占医疗总收入的33.16%。

［自卫平］

疾病预防与控制

【疫情报告】 2011年，全州报告乙类传染病14种，发病3605例，死亡53例，发病率134.31/10万，死亡率1.97/10万，病死率1.47%。与上年同期相比，发病率上升6.54%，死亡率上升37.76%，病死率上升28.95%，病种增加狂犬病1种，减少炭疽病1种。

【疫情管理】 2011年，楚雄州抽取永仁县、大姚县、姚安县3个县的部分医疗机构进行传染病报告管理和疫情漏报调查，查出乙类传染病8种177例，报告171例，漏报6例，漏报率3.39%；丙类传染病5种180例，报告175例，漏报5例，漏报率2.78%；其他类传染病4种186例，报告182例，漏报4例，漏报率2.15%。根据手足口病、甲型H_1N_1流感、水痘、乙脑等疫情态势，及时发出5条预警信息，指导各县(市)开展防治工作，防止疫情暴发或流行。

【疫情监测】 人感染高致病性禽流感疫情监测。制定《楚雄州职业暴露人群高致病性禽流感监测实施方案》并在禄丰县组织实施，对10名活禽交易市场职业暴露人员、20名家禽规模养殖场职业暴露人员、20名家禽散养农户密切接触者进行调查采样监测，开展问卷调查50人，采集血清标本50人份，经实验室检测，均为阴性。10县(市)疾控中心还针对活禽批发市场、家禽规模养殖场、家禽散养户的职业暴露人员开展主动监测，定期对监测对象进行跟踪随访，未发现人感染高致病性禽流感疫情线索。

流感监测。按照《全国流感监测方案》要求，在楚雄州人民医院开展采样监测工作，采集流感样病例标本689份，经州疾控中心流感网络试验室检测，阳性42份，阳性率6.10%，其中甲型H_1N_1流感病毒阳性21份，B型流感病毒阳性21份，开展病毒分离培养54份，均为阴性。全州未发生季节性流感暴发疫情。

甲型H_1N_1流感监测。全州共报告甲型H_1N_1流感病例59例，其中散发病例15例，暴发疫情44例。病例均已治愈，无重症和死亡病例。3月2日，楚雄市新村中学发生甲型H_1N_1流感暴发，发病44例，其中实验室确诊病例7例，临床诊断病例37例，疫情得到及时有效控制。

手足口病监测。全州共报告手足口病899例，报告发病数比上年同期下降39.58%，其中重症病例9例(外地报至本地8例、本土病例1例)，无死亡病例。全州10县(市)均有病例报告，发病以散居儿童和幼托儿童为主，分别占报告发病数的76.86%和16.35%。

霍乱监测。年内全州共报告腹泻病例1251例，开展粪便培养1013份，监测重点人群206例，监测自来水62份、江河水29份、井水23份、池塘水14份、生活污水12份、其他水体监测7份、医院排污水3份，结果均为阴性。

狂犬病防治。年内，永仁县、大姚县和元谋县先后报告8起“一犬伤多人”事件，犬伤人员共38人，涉及永仁县的宜就、中和、维的3个乡（镇），大姚县的新街、三台、铁锁、石羊4个乡（镇）和元谋县的物茂乡，共8个乡（镇）。永仁县和大姚县各报告1例狂犬病临床诊断病例，病例发生在宜就镇和三台乡。楚雄州疾控中心及时深入现场指导，县疾控中心采集犬只脑组织标本送检，结果为阳性，证实大姚县新街乡、三台乡、石羊镇和元谋县物茂乡的犬间存在狂犬病毒，对犬伤人员开展100%的个案调查，及时接种狂犬疫苗和狂犬病免疫球蛋白，加强疫情监测和卫生宣教等工作，通过认真落实犬只的“管、免、灭”措施，疫情得到及时有效控制。永仁县和大姚县发生狂犬病人间病例后，引起省、州领导的高度重视，省地病所、州卫生局、州疾控中心主要领导和专家赶赴现场指导疫情处置工作。

【艾滋病防治】 健康教育。大力开展艾滋病性病防治知识宣传，为新闻媒体、农村、社区等开展艾滋病防治宣传教育提供技术支持。利用“3·1”维稳宣传周、“4·1”、“12·1”第十一、十二个禁毒与预防艾滋病知识宣传周开展健康教育宣传活动，发放宣传材料4万多份，利用电子显示屏播放防艾宣传片和公益广告40条。协助州人力资源和社会保障局、州保安公司举办预防艾滋病知识培训班3期，受训360人次；医疗卫生机构艾滋病性病防治知识全员培训率达100%。

监测检测。全年完成HIV检测237449份，新检出HIV阳性366例，检出率0.15%。其中，孕产妇检测38243份，检出阳性31例，检出率0.09%；婚检检测38126份，检出阳性50例，检出率0.13%；自愿咨询检测6508人次，检出阳性54例，检出率0.83%；哨点监测3158例、羁押人员检测3241例。

疫情报告与感染者管理。新发HIV/AIDS综合管理首次随访率（告知率）99.1%、配偶检测率98.3%；累计艾滋病病毒感染者/病人随访率93.8%、CD4细胞检测率77.3%、感染者配偶检测率88.4%。成功转介并开展抗病毒治疗257人。对新检出的HIV阳性者进行追踪调查并定期进行随访管理，累计建立规范的个人档案1868人。完成自愿咨询检测353例，根据相关要求做好职业暴露药品的更换和储备管理，处理艾滋病职业暴露3起，及时给予职业暴露者预防性处理及心理安慰。完成13类人群2352份相关知识问卷调查，问卷完整率和有效率达100%。艾滋病防治知识知晓率，医务人员、公务员、教师、学生和失足妇女达100%，吸毒人群达98.5%、城镇居民达96.8%、校外青少年达95%、农村居民达93.8%。

行为干预。对全州297个高危场所每月至少进行1次干预教育活动。强化男性行为人群（MSM）干预工作力度，月均干预覆盖率达82.2%；美沙酮维持治疗457例，保持率79.5%；外来务工人员干预覆盖率78.6%。

艾滋病防治项目。争取到云南省艾滋病创新项目《学校艾滋病性病健康教育和有效干预模式探索》课题1个，完成了专家咨询、基线调查、对象选择、基础培训等工作，印刷宣传折页3万份、学员手册150本、宣传海报24张。在楚雄州职教园区开展了相关宣传工作。

【结核病防治】 2011年，楚雄州积极开展“3·24”世界结核病防治日宣传活动，咨询义诊3782人次，发放各种宣传资料8.71万份，制作悬挂布标95幅，板报宣传197版次，宣传栏宣传275期次，利用广播电视和电子显示屏播放结核病防治知识公益宣传短片10次。发现新涂阳结核病人849例，发现活动性肺结核1273例。2010年4季度至2011年3季度，新涂阳、复治涂阳病人2、3月末痰菌阴转率分别达94.0%、96.5%和93.3%、96.7%。全州新发涂阳、复治涂阳病人治愈率达95.1%和97.5%。综合医疗机构转诊到位率76.36%，肺结核病人追踪到位率为80.8%，总体到位率96.4%，结核患者系统管理率98.7%。截至12月31日，全州可随防的HIV/AIDS患者1592人，接受查痰或胸片检查1154例。

【计划免疫】 2011年9月1日，楚雄州为有效应对新疆脊灰野病毒引起的疫情，在全州范围内组织开展AFP主动监测工作并执行周报制，截至12月31日共监测报告13例AFP病例。10月25～30日、11月25～30日在全州开展了两轮脊髓灰质炎疫苗强化免疫活动，第一轮常住儿童和流动儿童应服脊髓灰质炎疫苗分别为137845人、6613人，实际服用疫苗常住儿童136883人，流动儿童6594人，服苗率分别达99.30%、99.71%。第二轮常住儿童应服疫苗141677人，流动儿童应服疫苗7900人，实际常住儿童服苗140676人，流动儿童服苗7875人，常住儿童服苗率99.29%，流动儿童服苗率99.68%。全年全州共报告AFP病例24例，报告发病率5.84/10万，均及时进行了流行病学调查、标本采集和送检，各项指标均达到省、州卫生行政部门的要求。10月25～30日，为确保2012年顺利实现全国消除麻疹的目标，在全州开展了麻疹疫苗查漏补种工作，对18282名常住儿童、2204名流动儿童进行了麻疹疫苗补种。1～12月，全州计划免疫疫苗基础免疫接种率分别为乙肝疫苗三针次合格接种率达99.67%、首针及时接种率92.31%，卡介苗接种率99.82%，麻疹疫苗接种率99.75%，脊髓灰质炎疫苗全程接种率99.72%，百白破疫苗全程接种率99.68%，乙脑疫苗第1针接种率99.67%、第2针接种率99.68%，A群流脑疫苗第1针接种率99.59%、第2针接种率99.66%，甲肝疫苗接种率99.75%。计划免疫常规免疫加强针接种率分别为4岁组脊髓灰质炎疫苗接种率99.83%、百白破疫苗接种率99.73%、麻疹疫苗接种率99.71%，6岁组白破疫苗接种率99.92%。年内完成新医改方案1999～2001年乙肝疫苗查漏补种工作，第一轮补种83507人，接种率为99.46%；第二轮补种80883人，接种率为99.30%；第三轮补种79988人，接种率为98.94%。筛查住院分娩孕产妇9780名，阳性268名。乙肝表面抗原阳性母亲所生新生儿乙肝疫苗及时接种255人、乙肝免疫球蛋白接种216人。全年全州共进行免疫抗体监测5个年龄组534人，抗体阳性率分别为百日咳100%、白喉96.44%、破伤风100%、麻疹99.81%、脊髓灰质炎99.62%、乙肝表面抗原0.7%、乙肝表面抗体70.22%。年末，全州有合格的预防接种单位1241个，其他出生接种单位20个。全年处理疑似预防接种异常反应3起。

【鼠疫防治】 2011年，楚雄州严格执行鼠疫疫情“三报”制度，上报率达100%，均未发现自死鼠、病鼠，未发生鼠疫疫情。全州10县（市）均开展鼠疫监测工作，共布放鼠笼71510笼次，捕获家栖鼠2483只，平均鼠密度为3.47%；布放鼠夹300夹次，捕获野栖鼠4只，均为褐家鼠，平均鼠密度1.33%；共检查活鼠2307只，检蚤1616匹，总蚤指数为0.70，印鼠客蚤指数为0.04。完成细菌学动物培养2485份，完成率为103.54%；完成细菌学昆虫培养836组，完成率为104.50%；完成血清学血凝实验989份，完成率为123.63%。顺利通过了云南省鼠疫防治联防考核，工作受到高度评价和肯定。

【地方病防治】 碘缺乏病防治。全州采集了78个乡（镇）、312个村委会居民食用盐2916份，进行碘含量检测，合格2883份，不合格26份，非碘盐7份，碘盐覆盖率为99.76%，碘盐合格率99.11%，合格碘盐食用率98.87%，非碘盐率0.24%。其中南华县、禄丰县碘盐覆盖率、碘盐合格率、合格碘盐食用率均为100%。在大姚县开展儿童甲状腺容积调查，对40名8～10岁小学生（非寄宿）采用B超法进行甲状腺容积检查，甲状腺容积测定全部在正常范围内；采用直接滴定法定量测定上述学生家中食用盐的碘含量，碘含量均在20～50mg/kg之间，均为合格碘盐；在该校所在村采集2份集中供水的末梢水进行水碘测定，有1份低于正常标准；抽取3个乡（镇）的孕妇和哺乳期妇女各15人进行尿碘检测，在30份尿样中尿碘低于100ug/L的有5人，均为哺乳妇女，尿碘高于300ug/L有8人，最高的达704.03ug/L，3个乡（镇）均有分布；对8个县（市）开展8～10岁儿童尿碘水平监测800份，尿碘值<100ug/L有191份，占23.88%，尿碘值在100～300ug/L的有445份，占55.63%，尿碘值>300ug/L有164份，占20.5%。

克山病防治。全州共上报新发慢克病例6例，潜在型病例17例。至年末，全州共管理慢克病525人。在楚雄、南华、牟定、武定、元谋5个县（市）开展了近3年来的急型、亚急型和慢型克山病病例搜索，搜索医疗单位204个，搜获心肌疾病病例465例，诊断为克山病81例，均为慢型克山病病例。对双柏县、禄丰县、姚安县、大姚县和永仁县4283名群众进行临床查体及心电图检查，仅在姚安县弥兴乡弥兴村查出1例类潜克。在楚雄、牟定、南华、武定等4县开展克山病重点监测，共监测3443人，检出克山病13人，其中慢型克山病4例、潜在型克山病9例。

地方性氟中毒防治。在元谋县开展饮水型地方性氟中毒监测，共改水4个村，除氟处理工程1个，监测改水工程10个，均达到饮用水卫生标准。对6个高氟病区村开展病情监测，其中改水成功4个村。

云南不明原因猝死防治。7月6日，大姚县疾控中心报告云南不明原因猝死疫情1例，州、县疾控部门进行了及时处置。

【寄生虫病防治】 疟疾防治。全州共报告疟疾病例10例，包括外地报卡6例，9例为实验室诊断病例，1例为临床诊断病例，均为输入性病例。10例疟疾病例中间日疟7例，恶性疟3例。全州无疟疾死亡病例，无二代病例发生。共计完成发热病人血检10307人，血检阳性4人，开展休止期根治20人，杀虫剂滞留喷洒92户。

血吸虫病防治。楚雄市、禄丰县的2121人进行了血吸虫病血清学检查，其中楚雄市查出阳性10人，阳性者全部进行了病源学检查，未发现新感染病人，对查出的病人全部进行了吡喹酮扩大化疗处理；对来自血吸虫病疫区及医院检查的可疑患者进行监测检查7人，未发现外来传染源。楚雄市在6个乡（镇）23个村委会88个自然村开展查螺，面积达735.88万平方米，在10个村委会20个自然村查出有螺面积6.27万平方米，捕获钉螺1780只，全部经压碎解剖检查，未发现感染性钉螺。禄丰县在一平浪的3个村委会开展查螺，面积达323.19万平方米，未查到钉螺，已经连续4年未查到活螺。年内，对3所小学和11个自然村开展血吸虫病健康教育活动，受教育2065人次，发放《云南省中小学生血吸虫病防治教育读本》600本、血防知识宣传日历3000套、折页2万份、环保袋2000个，咨询300人次，问卷调查644人，血防知识知晓率学生达98.5%，村民达97.8%，行为形成率均达90%以上。

【慢性非传染性疾病防治】 2011年，全州共完成高血压病人登记管理13.62万人，糖尿病病人登记管理2.25万人，重性精神病病人登记管理8193人。完成7571名适龄儿童28079颗牙齿的窝沟封闭。在禄丰县开展癫痫病防治，初筛癫痫病例1855例，复查1588例，纳入治疗管理709例。全州已经开展县级及县级以上医疗机构死亡病例网络报告，共上报死亡病例6007例，居前五位的死因分别是循环系统疾病（排名前三位的是脑血管疾病、高血压、冠心病）、呼吸系统疾病、损伤与中毒、肿瘤、消化系统疾病。

【卫生监测检测】 职业卫生。楚雄州对云南烟叶复烤有限公司楚雄复烤厂、红塔（集团）有限责任公司楚雄卷烟厂、云南天腾化工有限公司、南方电网楚雄供电局、南方电网禄丰供电有限公司等5家单位生产作业场所进行了现场卫生学监测并出具了监测报告；受楚雄滇中有色金属有限责任公司、云南天腾化工有限公司、云南国资水泥楚雄公司等53家企业的委托，对接触危害因素的职工进行职业健康检查2097人，发现职业禁忌58人，尿砷偏高2人，疑似职业病10人，后经省专家组诊断为尘肺病2人（均为Ⅰ期）。

放射卫生。对辖区内医疗单位19台次X光机和X光机房开展放射防护监测和控制效果评价并出具评价报告。

学校卫生。对州属19所学校开展了学校卫生督导工作，发放手足口病、食物中毒宣传资料2180份。

消毒卫生。对全州医疗机构消毒灭菌效果进行了监测；对州属医疗机构和部分纸制品厂共10家单位紫外线灯管的消毒效果进行了监测。

食品安全检测。对257件食品中化学污染物及有害因素进行检验，结果是乳制品、鱼虾类、茶叶、禽蛋类、水产品及粮食制品合格率为100%，蔬菜及肉制品合格率为80%，油条及膨化食品合格率为58.3%；对80件食源性致病菌进行检验，结果是熟肉制品合格率为20%。全年全州食品安全风险监测结果提示，乳制品、鱼、虾、茶叶、禽蛋制品、粮食制品中铅、镉、汞含量测定合格率为100%；肉制品、蔬菜类、木耳、香菇中铅、镉、汞含量测定合格率为80%；油炸面食品、膨化食品中铝含量测定合格率仅为58.3%；对40份熟肉制品和40份凉拌菜进行食源性致病菌检测，虽未检出阳性，但细菌总数、大肠菌群超标普遍比较严重。

健康危害因素监测。开展各类水质检验274份，检测项目3877项次；对楚雄城区各大宾馆、酒店、学校、彝人古镇等121家餐饮店进行卫生监测，抽检样品684份，合格377份，合格率为55.1%；对全州10县（市）21家集中消毒餐具公司230件样品进行卫生监测，合格226件，合格率为98.3%；对州级14家医疗机构开展医院感染监测，采样229份，进行细菌总数、沙门氏菌、志贺氏菌、金葡菌、链球菌、绿脓杆菌6个指标1374项次检验。

疾病监测。开展了计划免疫效果检测，检测血清抗体534份，其中26例疑似乙脑病例标本检出乙脑IgM阳性12例，3例疑似麻疹病例标本检出麻疹IgM阳性2例；完成辖区流感暴发疫情及楚雄州流感哨点医院采集标本流感病毒核酸检测689例，检出阳性42份；完成手足口病标本病毒核酸检测132例，检出病毒核酸阳性67例。

［自卫平］

爱国卫生

【卫生城市创建】 2011年，楚雄州按照《楚雄州卫生先进单位管理办法》规定，组织成员单位人员对各县（市）的卫生先进单位进行考核复查，共有61个单位被命名为第三批州级卫生先进单位，其中33个单位为复查命名，28个单位为新考核命名。

【健康教育促进工作】 2011年，楚雄市、大姚县、禄丰县组织开展“健康面对面·乡村行”系列科普活动，倡导文明健康生活方式。通过广泛动员群众参与农村健康教育活动，移风易俗，改变不良卫生行为与习惯，改善农村环境卫生面貌，农村居民的卫生知识知晓率和卫生行为形成率大幅提高。组织开展创建无烟医疗卫生机构活动目标基本实现。

【农村改厕工作】 2011年，中央和省下达楚雄州1.8万座无害化卫生户厕项目建设任务，项目投资1252.8万元，每座户厕补助农户696元。州爱卫会成立了农村改厕项目协调领导小组和技术指导组，州爱卫办制定了《楚雄州农村改厕工作实施方案》和《楚雄州无害化卫生户厕技术方案》，将农村改厕工作纳入州政府与各县（市）政府签订的年度卫生工作责任目标加以落实。至年末，全州共建成农村无害化卫生厕所1.8万座，总投资1252.8万元，每座户厕补助696元。至此全州农村累计使用卫生厕所40.73万户，卫生厕所普及率达71.6%，无害化户厕普及率达35.03%。

【水质监测】 2011年，全州有121个农村饮水集中式供水工程进行了水质监测，基本掌握了全州农村居民饮水安全现状，为各级政府加强管理，改善饮水卫生提供决策依据。

【爱国卫生活动】 2011年，全州共建成8个城市垃圾处理厂、9个城市污水处理厂，建成和改造标准化农贸市场9个，建成农村生活垃圾处理厂24个，建成农村生活垃圾收集池465个，开展村庄整治3314个，完成农村饮水安全工程建设项目627个，新增农村集中式供水受益人口16.2万多人；组织群众清理卫生死角5398处，清除小广告7.4万余张，清理污水沟180千米，清除垃圾9652吨。

［自卫平］

妇幼保健

【儿童保健】 2011年，全州活产婴儿23449人，婴儿死亡率9.47‰，5岁以下儿童死亡率11.98‰，新法接生率99.79%，新生儿访视率97.93%，7岁以下儿童保健管理率91.16%，3岁以下儿童系统管理率92.13%。全州幼儿园入园儿童体检率达100%。

【妇女保健】 2011年，全州孕产妇死亡10人，死亡率42.65/10万，孕产妇系统管理率95.34%，住院分娩率97.8%，高危孕产妇住院分娩率99.68%。全年开展妇女病查治和健康体检1050人次，产后42天免费母亲健康体检732人次。全年对19668名农村孕产妇住院分娩进行补助，补助资金896.15万元。

【乡（镇）卫生院产科能力建设】 2011年，楚雄州按照《楚雄州乡（镇）卫生院产科建设基本标准》，新验收乡卫生院4家，复查4家。至年末，全州共有95所乡（镇）卫生院达到合格标准。验收10家村卫生室，全州累计有859家卫生室达合格标准，占全州卫生室总数的82.76%。

［自卫平］

（责任编辑：者宗菊）

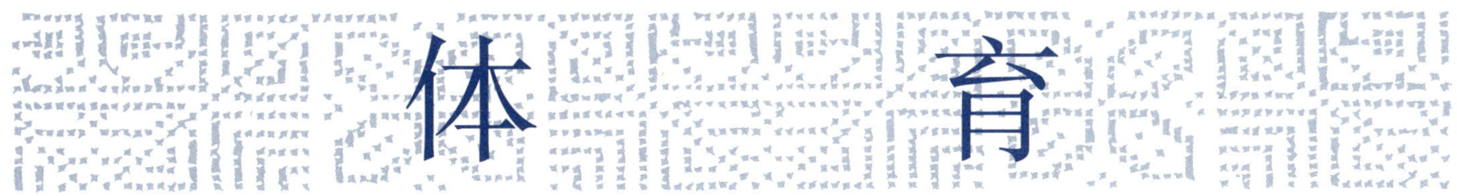

体育综述

【体育工作概况】 2011年1月，楚雄州文化局和州体育局机构合并，成立州文化体育局。年内，全州体育工作坚持以科学发展观为指导，认真贯彻落实《全民健身条例》和国家、省《全民健身计划（2011～2015年）》，群众体育活动蓬勃开展，全民健身服务体系不断完善，参加全国少数民族传统体育运动会取得1银4铜的成绩，竞技运动水平不断提高，参加省级及以上比赛获得金牌34枚、银牌25枚、铜牌32枚，体育基础设施进一步夯实，牟定县体育馆开工建设，建成农村文化体育活动广场32个，实施七彩云南体育基础设施县级项目4个，乡（镇）项目18个，行政村（社区）项目164个，体育产业发展加快，完成体育彩票销售1.53亿元，体育场馆面向社会开放成效明显，举办高水平体育比赛2次。年内，楚雄州推进《全民健身条例》贯彻落实，认真组织“全民健身日”系列体育活动，秋千代表队在全国少数民族运动会上获1银4铜的好成绩；积极推进“七彩云南全民健身活动示范工程”，与教育部门配合，推行“全国亿万学生阳光体育运动”，与民族部门、妇联一起，承担好云南省参加第九届全国少数民族传统体育运动会、全国第五届妇女健身展示大赛的参赛任务，配合州工商联举办“商会杯”篮球运动会，协同烟草系统举办“楚雄烟草杯”网球邀请赛；组织开展周末足球联赛活动；开展楚雄城区校园足球活动，组织比赛278场，参与比赛学生1400多人，组织好每周五的布点学校联赛；积极支持老年体协和各体育协会开展健身活动，积极参加并较好完成全省老年人的各项体育比赛任务，圆满完成州老体协换届工作。销售体育彩票1.53亿元，其中概率型8343万元、足球竞彩779万元、即开型6100万元。

［杨文义　余　涛］

【体育基础设施建设】 2011年，楚雄州完成州体育馆、游泳馆、外足球场维修工程。在8个乡（镇）和87个村（社区）实施2010年七彩云南全民健身工程建设项目，组织申报2011年乡（镇）和村（社区）七彩云南全民健身工程项目。实施州级投资的17个灯光篮球场和23个村级篮球场建设项目。

［余　涛］

【吴志宇勇夺WBC洲际拳王金腰带】 2011年5月15日，2011年中国楚雄彝族火把节“彝人外滩”杯职业拳击争霸赛在州体育馆落幕，来自中国、美国、泰国、南非等国家的12名职业拳手参赛。楚雄拳王吴志宇鏖战10回合，战胜美国重量级拳王麦勒，夺得WBC洲际拳王金腰带。

【楚雄州老年体育协会第六次代表大会】 2011年12月7～8日，楚雄州老年人体育协会第六次代表大会在楚雄召开。省老体协副主席史美光到会指导，州级老领导普联和、耿正坤、王克文、江正荣出席会议。州人民政府副州长朱非到会并作讲话。会议表决通过了新修订的《楚雄州老年人体育协会章程》，选举产生州老年人体育协会第六届委员会委员、常委及主席、副主席、秘书长。江正荣当选州老年体协第六届委员会主席。

【“全国青少年校园足球活动”媒体报道团到楚雄州采访报道】 2011年1月5～6日，由全国青少年校园足球工作领导小组办公室组织，北京青年报、足球报、新浪网及省、州媒体记者组成的“全国青少年校园足球活动”媒体报道团，到楚雄州开展青少年校园足球联赛情况采访报道。报道团到楚雄师院附中和楚雄市鹿城小学参观学校开展校园足球情况专题展板，并详细了解楚雄州各个学校开展校园足球活动的具体情况。观看了2010～2011年度全国青少年校园足球联赛楚雄赛区的几场比赛后，各家媒体记者对楚雄州校园足球开展情况现状和基本情况，校园联赛、班级联赛、注册、网站、培训情况，影响和制约校园足球开展的主要因素等问题采访州、市体育、教育部门负责人、教练员、师生及家长代表。

［杨文义］

群众体育

【“体育彩票杯”楚雄城区迎新年元旦穿城赛跑】 2011年1月1日上午8时，由楚雄州文化体育局、州教育局、楚雄市文体广电旅游局、市教育局组织的2011年“体育彩票杯”楚雄城区迎新年元旦穿城赛跑活动在楚雄城举行。楚雄城区各大中小学、有关单位、各族各界体育爱好者、热心人士1.5万多人参加赛跑，活动分小学组、中学组、大学组、中专组、成年组、老年组6个组进行。

【楚雄城区第二届老同志“敬老节”体育运动会】 2011年9月20～26日，

楚雄城区第二届老同志“敬老节”体育运动会在州老干部活动中心举行。运动会设羽毛球、乒乓球、门球、网球等项目，楚雄城区的驻楚各单位75周岁以内离退休人员共624名老同志参赛。州委常委、州委组织部部长徐昕出席开幕式并致辞。

【第二届“商会杯”篮球运动会】 2011年10月8～13日，楚雄州工商联系统第二届“商会杯”篮球运动会在楚雄举行。州委副书记、代理州长李红民，州委副书记李兴顺，州人大常委会主任卢显林，州政协主席延荣科，州委常委、州委秘书长赵克义，州人大常委会副主任张启俊出席开幕式。州委常委、州人民政府副州长任锦云宣布运动会开幕。州委常委、州委统战部部长左荣贵致开幕词。开幕式由州政协副主席、州工商联主席吴丽华主持。州、县（市）工商联和部分民营企业的17支代表队170余名运动员参加比赛。

【省足球业余联赛楚雄赛区“摩尔农庄杯”比赛】 2011年10月15日至11月12日，云南省体育局、云南省足球协会主办，楚雄州文化体育局、楚雄州足球协会承办，云南广泰生物科技开发有限公司赞助的2011年云南省足球业余联赛楚雄赛区“摩尔农庄杯”周末足球比赛在楚雄举行，楚雄城区和部分县的14支代表队350多名运动员参赛。经过47场比赛，牟定明阳房地产代表队夺得冠军，并代表楚雄州参加11月份在红河州开远市举行的全省总决赛。

【承办云南省第九届五人制足球联赛】 2011年11月19～21日，云南省足球协会、云南省足球运动管理中心、云南铜业房地产开发有限公司、都市时报主办，州文化体育局、州足球协会承办的“云铜地产·都市时报杯”云南省第九届五人制足球联赛楚雄赛区比赛在州体育场举行。楚雄城区和部分县（市）9支代表队130多名运动员参加比赛，经过3天21场比赛，明阳房地产代表队获得冠军，南华队获得亚军。

【“楚雄烟草杯”网球邀请赛】 2011年11月19日，“楚雄烟草杯”网球邀请赛在楚雄网球公园举行，60多名网球爱好者参加比赛。

【第二届“五一杯”职工篮球运动会】 2011年4月7～25日，楚雄州第二届“五一杯”职工篮球运动会在楚雄举行。省总工会副主席李晋云，中国民族画报社副社长祁继先应邀出席开幕式。全州机关、企业事业单位的34支运动员代表队参加比赛，经过紧张比赛，女子篮球的冠军被云南德胜钢铁公司女队夺得，二、三名则分别被州人力资源和社会保障局、州发改委获得。男子篮球的冠军被楚雄卷烟厂男队夺得，二、三名被云南德胜钢铁公司、州民族艺术剧院赢取。

【校园足球活动】 2011年，楚雄州有楚雄市、南华县的34所学校参与校园足球活动，其中小学22所、初级中学12所，注册运动员1980人，参与校园足球活动学生超过10000人，开展比赛443场。8月，楚雄州获得参加全国青少年校园足球夏令营活动优秀团体奖，参加云南省青少年足球比赛U12队获得一等奖，U9、U11获得二等奖。9月，楚雄州荣获全国青少年校园足球优秀培训单位，11月荣获全国青少年校园足球优秀宣传单位。3～11月，州文化体育局组织，聘请中国足协讲师、著名教练余东风，中国足协讲师段永灿到楚雄举办全国校园足球活动定点学校校长培训班1期，指导员培训班2期。楚雄市、南华县的22所小学、12所初级中学34名校长和68名体育教师参加培训。邀请中国足协讲师高欢到楚雄举办中国足协D级教练员培训班2期，培训指导员教师48名。6月，选派6人参加全国青少年校园足球指导员讲师暨国际足联草根足球教练员讲师培训班培训。

【组团参加云南省第七届老年人运动会】 2011年3月～10月，云南省第七届老年人运动会各项目比赛分别在8个州（市）举行，楚雄州老年人体育代表团参加门球、气排球、网球、桥牌、太极拳剑等13个大项的比赛，州直老年体育协会和县（市）的130多名运动员、教练员参赛，获得金奖7个、银奖15个、铜奖14个。

［杨文义］

竞技体育

【竞技体育概况】 2011年，楚雄州运动员参加全国比赛，夺得金牌4枚、银牌1枚、铜牌3枚，参加省年度比赛夺得金牌30枚、银牌24枚、铜牌29枚，向省级训练单位培养输送优秀运动员10名。楚雄州形成以州体育运动学校为龙

楚雄州第十二届运动会开幕式文艺表演　（向　琳/摄影）

楚雄州第十二届运动会短跑项目比赛 （向 琳/摄影）

头，各县（市）业余少体校为基础，各级网点学校、青少年体育俱乐部为支撑的业余训练体制和队伍建设，利用体育彩票公益金给予州体育运动学校、10个县（市）业余少体校和20所网点学校58万元经费支持，专项用于开展业余训练补助和器材购置，改善业余训练条件。

【云南省射击射箭冠军赛在楚雄举行】 2011年8月1～4日，云南省青少年射击、射箭锦标赛在楚雄州射击场举行。红河州、玉溪市、普洱市、临沧市、保山市、昭通市、昆明市、楚雄州8个州（市）的运动队参加比赛。

【云南省篮球青少年锦标赛在武定县举行】 2011年8月21～27日，云南省篮球青少年锦标赛暨第七届城市运动会预赛在武定县举行，全省各州（市、区）的28支青少年男女篮球队、480名运动员参加青少年组、城运会组比赛，经过7天75场紧张激烈角逐，各组别决出名次。

【楚雄州第十二届运动会】 2011年8月15～22日，楚雄州第十二届运动会在楚雄市举行，这次运动会由州人民政府主办，州文化体育局承办。省体育局局长杨宁，州党政领导张太原、李红民、卢显林、延荣科、姜扬、何根源、马旷源等领导出席运动会开闭幕式。运动会比赛项目设置青少年组和成年组两个组，青少年组设男、女篮球，男子足球、田径、游泳、举重、摔跤共6个项目。成年组设男、女篮球项目，青少年组和成年组共6个大项119个小项，决出金、银、铜牌各119枚。青少年组由10个县（市）代表团10个单位组队，成年组由驻楚省州属各有关系统、机关、企事业单位、大学6个代表队，有运动员1164名参加比赛。有250名裁判员参与执裁，有243名代表团（队）团部人员、领队、教练员和180名工作人员和志愿者，有30多名新闻记者和近百名公安民警，共1000多人参与大会服务工作。运动会有10人次破16项州纪录。

［杨文义］

体育基础设施

【体育场馆建设】 2011年，楚雄州文化体育局投资250多万元，完成州游泳馆、州体育馆、州体育场室内外部分设施改造。姚安县体育馆被列入国家体育总局雪炭工程援助项目给予200万元经费支持，大姚县、元谋县、牟定县体育馆被省体育局列为七彩云南全民健身体育基础设施建设县级项目，分别给予150万元至300万元的支持，投入扶持经费750万元。

【乡村体育设施建设】 2011年，省级支持楚雄州七彩云南全民健身体育基础设施建设乡（镇）项目18个，行政村（社区）项目164个，总投资754万元。村级文化体育活动广场32个，总投资345.6万元。州级利用体育彩票公益金支持10县（市）标准灯光篮球场建设17个，村级篮球场建设22个，总投资257万元。

［杨文义］

体育产业

【体育场馆开放】 2011年，楚雄州建成投入使用的体育场馆全部面向社会开放，接待体育锻炼爱好者30多万人次，场馆开放和房屋出租收入200多万元。

【体育比赛引进】 2011年，楚雄州坚持市场化运作方式，引进高水平体育比赛。7月14日，“彝人外滩杯”楚雄职业拳击争霸赛在州体育馆举行。11月9日，“楚雄消防安全杯”拳王争霸赛在州体育馆举行。两次比赛有来自中国、美国、澳大利亚、南非等7个国家的职业拳手和裁判、官员近20名外国朋友参与活动。

［杨文义］

（责任编辑：周能汉）

民族

民族工作

【民族工作概况】 2011年，楚雄州民委系统牢牢把握各民族共同团结奋斗、共同繁荣发展的主题，以贯彻落实全州民族工作会议暨第六次民族团结进步表彰大会精神和《关于进一步加强民族工作 促进民族团结 加快少数民族和民族地区科学发展的决定》为主线，紧紧围绕促进民族团结、实现共同进步这一根本任务，着力促进少数民族和民族地区科学发展，着力推动少数民族文化发展繁荣，着力创建民族团结进步活动，进一步巩固和发展平等团结互助和谐的社会主义民族关系，有力地促进民族团结进步事业创新发展。

【民族代表人士迎新春座谈会】 2011年1月25日，楚雄州民委举行2011年迎新春座谈会，全州各民族代表人士及新老民族工作者欢聚一堂、喜迎新春，畅叙友情、共谋发展。省政协常委、州政协原主席张怀德，州委常委、州委统战部部长、州民族工作领导小组组长任锦云，州人大常委会副主任杨静出席座谈会。座谈会上，与会人员总结回顾和展望全州“十一五”时期的民族工作，为做好新形势下民族工作畅所欲言。

【州人大常委会审议民族工作】 2011年2月15～16日，楚雄州十届人大常委会第二十八次会议听取和审议并通过了州人民政府《关于楚雄州民族工作情况的报告》。州人大常委会主任卢显林在会议结束时讲话，要求从全局和战略高度，充分认识民族工作面临的新形势、新任务，坚持不懈地把民族团结进步事业不断推向前进；要把加快少数民族和民族聚居地区发展作为推动民族团结进步事业的首要任务，充分利用民族地区丰富的自然资源优势，进一步支持民族地区发展优势产业和特色经济；在加快经济发展的同时，要把保障和改善民生放在更加突出的位置，集中力量办好少数民族地区的教育、卫生、体育、就业、社会保障等关系群众切身利益的事，使各族群众得到更多实惠；要充分发挥少数民族传统节日和传统项目的文化传承功能，积极组织开展丰富多彩、群众喜闻乐见的文化活动，保护和弘扬少数民族优秀传统文化；要坚持党的民族政策，及时排查化解影响民族团结的隐患，巩固和发展平等团结互助和谐的社会主义民族关系。

【全州民族工作会议】 2011年3月16日，楚雄州召开民族工作会议，州委常委、州委统战部部长、州委民族工作领导小组组长任锦云，州人大常委会副主任杨静，州人民政府副州长、州委民族工作领导小组副组长杨元茂，州政协副主席张万礼出席会议。州委民族工作领导小组成员单位领导、10县（市）政府分管领导、民族宗教事务局局长、办公室主任参加了会议。会议传达学习贯彻全省民族工作会议精神，总结2010年民族工作，安排部署2011年民族工作任务。会议代省表彰楚雄州少数民族优秀民营企业家和少数民族农民科技致富带头人；通报2010年全州民族团结目标管理责任制考评结果、民族政务信息工作先进；州民委主任与各县（市）民宗局局长签订2011年民族团结目标管理责任书。

【民族理论学会和彝学会年会】 2011年3月16日，楚雄州民族理论学会、彝学会在州宾馆举行年会。会议要求，要加强少数民族和民族地区经济发展研究。坚持理论联系实际学风，用理论指导实践，把理论研究成果转化为生产力，创造性地为地方经济发展服务，切实加快少数民族和民族地区经济社会发展。要加强少数民族文化研究。要进一步加强对少数民族服饰、音乐舞蹈、建筑、美食等历史文化抢救、保护、继承、创新和发展，使其发扬光大变成产业，促进少数民族和民族地区经济社会发展。要积极搞好非物质文化遗产抢救和非物质文化遗产传承人培训，充分弘扬民族传统文化精髓。要认真编译好《彝族毕摩经典译注》。要加强民族理论和民族政策研究。要深入学习、认真研究党的民族政策，用马克思主义民族观引导做好民族工作。

【创建平安边界联席会议】 2011年3月24日，四川省攀枝花市仁和区、云南省楚雄州永仁县“两区县”综治、民族宗教、民政部门召开创建平安边界联席会议。会议交流总结两区县行政区域边际协作工作，安排部署深化平安边界创建，加强行政区域边际地区矛盾纠纷化解，推动行政区域边际协作。决定开展平安边界创建工作，进一步健全完善机制，建立健全党委领导、政府负责、部门牵头配合、边界地区广大干部群众积极参与的工作机制。要创新工作方式方法，采取积极预防、区分性质、快速处置等措施，把“联打、联防、联调、联治、联控”贯彻于边际协作的始终，从源头上预防、减少新的边界纠纷发生，把边界地区的矛盾纠纷解决在基层、消除在萌芽状态，实现刑事犯罪率显著下降，治安乱点明显减少，群众安全感明显增强，边界地区经济社会稳定发展的目标。共同维护行政区域边际地区社会大局稳定，不断巩固深化“平安边际、平安县”创建成果，打造川滇线仁永段为“全国平安边际示范线”。

【组团参加第九届全国民族运动会】 2011年9月10～18日，第九届全国民族运动会在贵阳市举行，云南省组建有26个民族400人组成的代表团参加10个竞赛项目、15个表演项目的比赛。楚雄州负责组织训练的秋千项目在全国民运会中取得好成绩，获得二等奖1个、三等奖4个。素有“陀螺王子”之称的彝族运动员木天光获得男子个人一等奖。

［陈世聪］

民族经济

【民族机动金管理】 2011年，楚雄州单列民族机动金1288万元。其中，扶持散杂居少数民族整村推进项目300万元，改善县乡村基础设施等项目438万元，民族事务费100万元，少数民族传统文化抢救保护专项经费100万元，州宗教局工作专项经费和宗教场所修缮专项资金200万元，彝族毕摩经典译注出版工作经费150万元。民族机动金坚持由民族事务部门安排，向州人代会报告，财政、审计部门监督，坚持统筹兼顾、分类指导、突出效益和体现民族工作部门职能的原则，管理使用好民族专项资金，在改善民族地区基本设施建设、培育特色经济、增加农民收入、促进民族教育、弘扬民族文化、确保民族团结稳定方面发挥效益。

【省级民族发展项目资金扶持】 2011年，楚雄州民委系统根据云南省民委确定的资金投向和原则，积极开展项目前期论证和申报工作，获省级资金扶持134个项目1748万元。其中，基础设施建设77个项目662万元，民族团结示范村建设14个项目510万元，民族文化抢救经费8个项目220万元，民族团结保障工程15个项目155万元，电脑农业推广经费、民贸财政贴息经费、民族团结进步创建活动工程、民委自身建设等20个项目201万元，比上年增加250多万元。

【散杂居少数民族发展】 2011年，楚雄州深入推进散杂居少数民族发展五年规划落实，扶持散杂居少数民族自然村20个，每村投入15万元，共投入资金300万元，努力使散杂居民族聚居村基础设施得到明显改善，各族群众生产生活中存在的主要问题得到有效解决，基本实现“四通五有三达到”目标。

［陈世聪］

民族文化

【《中国彝族通史》通过审定】 2011年4月15～17日，《中国彝族通史》编纂委员会第五次会议在楚雄举行。会议就《中国彝族通史》编纂出版的有关问题进行研讨。《中国彝族通史》上起远古，下迄中华人民共和国建立，以西南地区滇、川、黔、桂为中心，全面系统论述中国彝族政治、经济、文化发展演变过程，阐述彝族源流，彝族和其他民族关系，彝族人民对维护国家统一、民族团结、边疆稳定以及对中华文明史作出的伟大贡献，深刻揭示历史发展规律。内容包括远古至战国时期的彝族先民、西南夷与南中夷帅和爨氏统治时期的彝族（秦至汉隋）、南诏国与大理国时期的彝族（唐五代宋）、土司制度时期的彝族（元明）、改土归流至辛亥革命时期的彝族（清）、民国时期的彝族六编和经济史、文化史两个专题，约384万字，500幅图片。会上，《中国彝族通史》通过审定并将交付出版。

【《中国彝族查姆文化丛书》出版发行】 2011年3月12日，楚雄州双柏县举行《中国彝族查姆文化丛书》暨《查姆笙歌》光碟首发式。《中国彝族查姆文化丛书》包括《查姆》（系列）、《赛玻嫫》、《阿佐分家》、《齐苏书》4册，由云南民族出版社2011年12月出版，共50多万字。彝族创世史诗《查姆》、叙事长诗《赛玻嫫》被称为彝族“根谱”。《查姆》是彝族四大创世史诗之一，“查姆”译为汉语就是万物起源的意思。古代彝族先民把记叙天地间每一件事物的起源叫做“查”，相传在双柏彝族民间共有120多“查”，已搜集整理的不过40“查”，出版的只有11“查”；《赛玻嫫》是脍炙人口的彝族叙事长诗，是彝族民间文学经典；《阿佐分家》是彝剧雏形，被专家学者称为彝剧“始祖”；《齐苏书》是彝族民间迄今发现成书最早的医药书，其问世流传比李时珍《本草纲目》还早12年，被视为彝族医药珍宝。4部彝文古籍被双柏人称为彝族“四大家谱”。

【《彝族毕摩经典译注》编译出版工作】 2011年，楚雄州《彝族毕摩经典译注》编译出版速度加快，印刷出版20卷，即《彝族古代六祖史》、《占病书》、《医病好药书》、《阿佐兄弟》、《武定彝族祭祖献牲经》、《八卦天文历算》（一至四卷）、《祭祖经·大姚彝族口碑文献》、《查姆》（一至二卷）、《措诸祭》（一至三卷）、《祭祖祛邪经》、《彝族神座布局图》、《彝族教典》、《宁蒗彝族祭祖经》（一至二卷）。至年末，原规划安排编译出版106卷，其中州内65卷、州外41卷全部编译完成，通过终审验收102卷，正在审稿4卷，送云南民族出版社出版100卷，完成出版80卷。

【彝族语言文字工作】 2011年4月13日下午，楚雄州彝族语言文字工作座谈会暨《彝文读本》发行会在州宾馆举行，会议总结回顾全州彝族语言文字工作取得的成就，研讨“十二五”全州彝族语言文字工作。州委常委、州人民政府副州长李红民，州人大常委会副主任杨静，州人民政府副州长、州彝族语言文字研究工作领导小组组长杨元茂，州人大常委会原副主任白显云出席会议。会议上，州民委向楚雄彝族文化研究院、州民族中专、州民族中学赠送《彝汉字典》、《彝文读本》多部。会议提出“十二五”期间，楚雄州要切实加强对彝语文工作的领导，坚持普及与提高相结合原则，推进彝语文科学研究，及时出台《楚雄州彝族语言文字工作办法》，着力培养彝族文化新人，更好地继承和发扬彝族优秀文化遗产，促进彝语文事业繁荣发展。

州彝族语言文字研究工作领导小组于1996年成立以来，全面推动彝族语言文字研究工作，全州彝文古籍发掘、整理有序推进，彝族语言文字研究、编译、教学和应用有效开展。率先完成《中国少数民族古籍总目提要·彝族卷》楚雄州部分，在州内征集到珍贵彝文典籍35部，2008年《尼苏》入选国务院首批《国家珍贵古籍名录》；编印彝汉对照读物和乡土教材千余册；悬挂标志性彝文门牌近5000块；楚雄古彝文软件获得国家发明专利，有9448个古彝文字库软件通过验收。

【彝族文化国际学术研讨会】 2011年8月17~19日，中国彝族文化国际学术研讨会在楚雄师范学院举行。来自国内和日本、韩国以及台湾、香港地区的78名专家学者出席研讨会。研讨会以“彝族文化和彝族史诗研究”为主题，通过实地考察，围绕文化生成机制、文化生态、文化内涵、功能结构、传承方式、保护模式，以及彝族史诗与中外其他民族史诗的比较研究等问题进行集中讨论座谈，通过报告会、分组讨论等形式，专家学者广泛交流，探讨和研究彝族“查姆文化”和“梅葛文化”，并把彝族文化国际学术研讨会作为加强对外文化合作与交流、提高地方经济文化建设服务能力的载体和平台。

【“魅力楚雄韩国行”系列文化宣传活动】 2011年9月30日至10月10日，应韩国安东国际假面舞艺术节促进委员会邀请，国家民委以中国少数民族对外交流协会名义，组派以楚雄州民族艺术剧院为主体的中国少数民族艺术团，参加韩国安东市第14届国际假面舞艺术节。楚雄州以文艺表演、文化展览、彝绣展销以及外宣专题片播放、中韩文化交流论坛等方式，成功开展“七彩云南·魅力楚雄韩国行”系列文化宣传活动。州民族艺术剧院精心演出以彝族传统假面傩戏《老虎笙》、《大锣笙》、《小豹子笙》为主，歌舞、服饰展演为辅的节目，公演9场，观众约4万人次。中国少数民族艺术团在公演现场布置展板、播放楚雄宣传片，在假面舞公园内设立展销彝族传统服饰及手工艺品的展位，较好地宣传了楚雄。

［陈世聪］

民族教育

【民族教育概况】 2011年，楚雄州有全日制各类学校1317所，在校生436812人，其中有少数民族在校生154436人，占在校生总数的35.03%，小学、初中、高中、中专（技校、职高）、大学少数民族在校生比例分别达39.56%、38.69%、34.27%、31.85%、40.95%。有独立设置的民族小学25所、民族中学4所、民族中专1所。

【民族团结教育校长专题培训班】 2011年3月29~30日，楚雄州民族团结教育校长专题培训班在州委党校举办。来自10个县（市）的普通中学校长、乡（镇）中心校校长、州属中小学校长、州属中专学校、技校书记和校长等共200多人参加培训。省民委副主任木桢，州委常委、州委统战部部长任锦云，州民委主任李德胜，州教育局副局长刘志杰分别作了做好新时期民族工作需要把握好的几个问题、做好新时期民族团结工作、认真贯彻执行《民族区域自治法》、促进民族地区和谐发展、楚雄州民族教育发展现状与思路等专题讲座。

【民族教育经费管理】 2011年，楚雄州义务教育阶段31.65万名中小学学生享受免除杂费和教科书费优惠政策，农村中小学13.14万名家庭贫困寄宿制学生享受到初中生每人每年750元、小学生每人每年500元的寄宿制经费补助。州民委与州财政局、州教育局共同下达2011年省定民族中学高中住宿学生生活费补助资金71.13万元，州民族中学、武定民族中学的2371名住宿生享受每人每学年300元的寄宿生生活补助。下达2011年少数民族教育中央补助专款30万元，用于武定民族中学双语教师培训及购置民族艺术教育设备。

【少数民族中青年干部培训】 2011年7月11日至8月10日，由中共楚雄州委组织部、州民委主办的楚雄州第八期优秀少数民族科级中青年干部培训班暨第二批选派到乡（镇）挂职锻炼干部培训班在军队转业干部学校举行，来自部分州、县、乡党政机关和事业单位的86名学员参加培训。学员中，有2010年州委组织部从州级机关年轻干部中选派到乡（镇）挂职的副乡（镇）长36名，经各级党组织推荐、精心挑选出来的优秀领导干部50名。学员们通过基础课程、专题讲座、交流发言、撰写学习心得体会、开展社会调查、体验式教学等形式，按照培训实施方案圆满完成任务。

【少数民族公务员招录】 2011年，楚雄州从大专以上少数民族青年中，经过报名、笔试、面试、考核体检等环节，严格筛选，公开招考、录用国家公务员42名，补充到县（市）、乡（镇）机关工作。州民委还与人力资源和社会保障局联合开展新录用少数民族公务员上岗前培训。

［陈世聪］

民族节日

【楚雄城区彝族年】 2011年11月19日，是农历十月廿四的属虎日，楚雄城区彝族同胞在楚雄彝人古镇欢度一年一度的彝族年。彝族年活动上，百人对山歌，千人彝乡宴，万人左脚舞，盛况空前。演绎出万人起舞，千人同醉，举镇欢歌，彝歌彝舞伴盛宴，火把狂欢不夜天，共庆彝族新年的宏大场面。在彝人古镇主舞台上，彝族毕摩举行祭祀祈福

武定白路火把节拦门酒迎宾　　（李建华/摄影）

仪式，彝人部落景区管理有限公司艺术团演出彝族歌曲《在一起》、《三跺脚》、《留客调》和歌伴舞《长街宴》、服饰舞蹈《走进云南》等节目。威楚大道用青松针铺地，摆开260桌流水席长街大宴，敞开彝家人的火热情怀，邀请州外嘉宾、州级领导、楚雄城区彝族同胞代表举杯同庆彝族新年，品彝家美酒，尝彝家美食，赏彝家歌舞，享受彝族的美食文化，促进交流，增进友谊，增强团结。

【腊湾新民民族团结日活动】　2011年3月19日，是农历二月十五日，第二十届腊湾新民“民族团结节”在腊湾村委会举办。州民委领导及牟定、姚安两县县、乡、村党政领导应邀参加节日活动。“民族团结日庆祝活动”在新落成的玛咕彝寨文化广场举行，在高亢悠扬的长号声和欢快激越的炮竹声中，来自州、县的领导为玛咕彝寨开寨仪式剪彩。庆祝会上，州民委主任李德胜，牟定县、姚安县领导发表热情洋溢的讲话，共同祝愿彝族同胞在党的民族政策光辉照耀下，坚持“各民族共同团结奋斗，共同繁荣发展”，加强团结，开拓创新，携手并进，建设社会主义和谐新农村，把彝家山乡建设得更加美好。会后，在腊湾玛咕彝寨文化广场的舞台上，牟定县民族艺术团演出《回家》、《跳歌场上》、《远古的呼唤》、《舞动的左脚》等歌舞表演节目，腊湾民族小学学生表演的民族课间操展示，融入彝族文化元素，彰显着悠久的彝族文化内涵。

【中国双柏彝族虎文化节】　2011年3月12～13日，以“弘扬虎文化 展现新活力”为主题的2011中国双柏彝族虎文化节在双柏县城拉开帷幕。开幕式上，文艺团体演出分虎乡古根、虎乡情韵、虎乡放歌三个乐章。笙舞《虎魂》表现人们崇敬虎、感恩虎、视虎为神、尊虎为祖的浓烈情感，悦耳动听的民族器乐联奏《美丽的虎乡》、《哀牢情韵》、《闻鸡起舞》展现多姿多彩的彝族风情，舞蹈《多情虎乡》、《虎乡豹舞》，原生态演唱《双柏桂花香》、《阿噻调》将观众带入歌的世界、舞的海洋。随后举办《中国彝族查姆文化丛书》暨《查姆笙歌》音像光盘首发式。1000多人组成长号队、跳虎队、大锣笙队、小豹子笙队、花鼓队等沿着双柏县城主街道作原生态彝族舞蹈巡演，以老虎笙、大锣笙、小豹子笙“三笙”为代表的原生态彝族祭祀舞蹈采取巡演与定点打跳相结合的方式，把古老的民俗风情、原生态的祭祀场景呈现给游人。虎乡长街宴会、彝族刺绣比赛、彝族歌舞联欢等丰富、精彩的民族活动，让广大游客充分领略虎乡双柏秀美的山水风光，体验神奇双柏的民俗风情，品尝双柏独特的彝族饮食。

【大姚县彝族插花节】　2011年3月12日，是农历二月初八，大姚县一年一度的插花节在昙华乡举行。昙华乡系省级风景名胜区和云南省生态乡（镇），被誉为中国民间艺术之乡、中国彝族十八月历发祥地、彝剧诞生地和咪依噜故乡。以“中国·大姚彝族插花节庆典仪式暨‘马樱花开’文艺演出”为主的开幕式，吸引了众多群众。庆典仪式上，举行了祭花神活动。有马樱花女、咪依噜组合演唱的《马樱花开》，有歌舞《昙华山好地方》、《又是一年花开的季节》，有二胡协奏《左脚调》、民俗舞蹈表演《独脚舞》、歌舞《放羊调》、双管毕鲁独奏，歌曲《向往吉祥》、《大山给我好歌喉》、《绿色家园》、《彝山马樱红》等，表达彝族人民对新生活的向往。文艺演出在《梦马樱》、《留客调》中落下帷幕。傍晚，彝族同胞燃起篝火，手牵着手，跳脚狂欢，整齐欢快的左脚舞，表达着彝家儿女无限的深情。彝剧广场举行了彝剧创始人杨森雕塑奠基仪式，省、州相关领导为杨森雕塑奠基。

［陈世聪］

（责任编辑：周能汉）

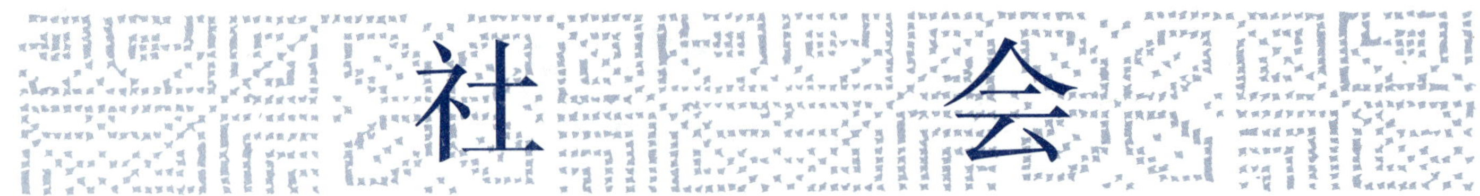

社会

人民生活

【城镇居民收入】 2011年，楚雄州城镇居民人均家庭总收入20023.87元，同比增长13.6%，其中人均可支配收入17785.22元，增长13.8%，扣除物价因素实际增长9.1%。构成总收入的四大项收入“三升一降”：人均经营性收入1213.02元，增长29.6%；转移性收入3717.24元，增长14.3%；工资性收入14777.41元，增长12.9%；财产性收入316.2元，下降8.7%。收入增长的主要因素是：从事个体经营人员增加，经济效益提高；烟草、金融、电力行业增资，卫生、教育系统兑现绩效工资和补发奖金，机关事业单位人员艰苦边远地区津贴标准调整提高；政府上调企业离退休人员养老金标准，城乡居民社会养老保险试点工作开始实施。

【城镇居民消费支出】 2011年，楚雄州城镇居民人均消费支出11275.51元，增长13.8%，扣除价格因素实际增长9.1%。构成消费支出的八大项“七升一降”：人均衣着支出1266.46元，增长33.8%；医疗保健支出872.98元，增长29.2%；其他商品和服务支出274.83元，增长24.8%；教育文化娱乐服务支出1195.2元，增长20.5%；食品支出4537.14元，增长12.7%；家庭设备用品及服务支出559.9元，增长10.6%；交通和通讯支出1687.61元，增长2.6%；居住支出881.39元，下降1.6%。全州居民平均消费倾向为63.4%，与上年持平。随着居民改善生活条件、提高生活质量的愿望越来越强烈，加之城乡居民储蓄存款余额不断攀升，使得消费增长预期向好，提升空间较大。

【城镇居民社会保障支出】 2011年，楚雄州各级政府注重改善民生，不断加大财政转移支付力度，建立和完善各项社会保障机制，努力扩大社会保障覆盖面，城镇居民社会保障支出呈现快速增长态势，尤其是低收入阶层更为明显，与高收入阶层社会保障水平的相对差距明显缩小。调查数据显示，全年全州城镇居民人均社会保障支出2000.59元，比上年增长12.0%。其中，人均养老基金支出303.78元，增长15.9%；人均医疗基金支出275.09元，增长10.6%；人均住房公积金支出1376.21元，增长10.2%。全州城镇居民10%最高收入户人均社会保障支出4700.41元，增长15.5%；10%最低收入户人均社会保障支出675.81元，增长38.5%；最高收入户与最低收入户人均社会保障支出比由上年的8.3∶1缩小为7.0∶1。

［苏 洁］

【农村居民人均纯收入】 2011年，据2500户农村住户抽样调查资料显示，楚雄州农民人均总收入7424.2元，比上年增长22.4%，农村居民人均纯收入4627元，比上年增加731元，增长19.0%，扣除物价因素实际增长13.9%，是10年来农民人均纯收入增幅最高的一年，现金纯收入增幅最高达3241元，人均增加584元，增长22%。

【农村居民家庭经营收入】 2011年，据2500户农村住户抽样调查资料显示，全州农村居民家庭经营收入5905元，占总收入的79.5%，比上年增加5.7%，仍是全州农村居民收入的主要来源，家庭经营收入比重增加，说明农民收入渠道广泛，但仍离不开农村具体经营收入的支撑。

【农村居民生活水平不断提高】 2011年，据2500户农村居民抽样调查资料显示，楚雄州农村居民人均生活消费支出更趋合理，农民生活水平提高，新农村建设取得可喜成绩。

食品消费结构日趋合理。2011年人均食品消费2062.1元，增加254.3元，增长14.1%。其中，消费肉、禽、蛋奶及制品647.8元，增加62.2元，增长11.8%；消费水产品及制品18.3元，增长35.6%；烟酒消费209.5元，增加22.6元，增长12.1%；茶叶饮料24.8元，增加5.3元，增长27.2%；其他类食品消费160.9元，增加27.5元，增长20.6%。

衣着消费保持连续增长。随着农民收入的连年增长，生活条件进一步得到改善，人均衣着支出逐年增加，农村居民物质生活进一步改善，2011年人均衣着消费157.9元，增加26.3元，增长20%，仅购买服装一项就达114.9元，增加20.9元，增长22.2%。

居住消费支出下降。2011年农村居民人均居住消费支出622.9元，减少72.7元，下降10.5%。其中，建筑、维修、装修材料费273.3元，减少32.9元，下降10.8%；居住服务性消费145.1元，减少13.1元，下降8.3%。

家庭设备、用品服务性支出继续增长。农村家庭设备、用品逐渐增多，消费支出增大，2011年家庭设备、用品服务性支出197.1元，增加38.4元，增长24.2%。

交通、通信消费支出快速增长。随着农村生活条件的逐步改善，农村居民追求互相沟通的愿望更加强烈，交通、通信消费连年增长，2011年农民人均交通、通信消费支出455.4元，增加102.6元，增长29.1%。其中，交通、通信用品支出290.3元，增加81.6元，增长39.1%；交通、通信服务支出165.1元，增加21元，增长14.6%。

文化教育、娱乐消费支出下降。由于国家对中、小学实行免费教育和农村学生住校生活补助，文化教育消费逐步下降，2011年人均教育、娱乐消费148.5元，比上年减少92.4元，下降38.4%。同时，成人追求新知识、高科技的热情很高，成人培训逐年增长，文化教育、娱乐用机电消费28.7元，增加9.2元，增长47.2%，幼儿园托儿费和赞助费也有所增加。

医疗保健消费不断增长。随着农村居民医疗保健意识增强，越来越重视身体健康和保健，2011年人均医疗保健消费335.6元，增加64.8元，增长22.3%，其中医疗保健服务消费283.6元，增加49.7元，增长21.2%。

其他商品和服务消费快速增长。由于农村居民生活水平的日益提高，购买首饰、化妆品、美容、美发、宗教用品消费增加。2011年人均其他商品和服务消费40.7元，增加8.9元，增长27.9%，其中购买首饰增长97.9%，宗教用品购买与上年基本持平，美容、美发支出增长52%。

【农村居民人均住房面积增加】　2011年，据2500户农村住户抽样调查资料显示，农村居民人均住房面积36.0平方米，比上年增加0.7平方米，增长2%；人均钢筋混凝土住房面积8.5平方米，比上年增加2.7平方米，增长46.6%；砖木结构住房面积下降2.8%，其他结构减少6.6%，新农村建设稳步推进，农村居民住房美化、亮化工程更加明显，随着农民收入的持续增长，农村居民生产生活条件得到了进一步改善。

［王　荣］

人口和计划生育

【人口和计划生育工作概况】　2011年，楚雄州人口和计划生育工作紧紧围绕年初省政府下达的工作任务和州人代会确定的工作目标，扎实抓好各项工作措施的落实。据人口计生部门统计，年末全州总人口264.51万人（户籍人口），出生人口22660人，人口出生率8.58‰，比上年同期下降0.37个千分点；人口自然增长率2.71‰，比上年同期下降0.37个千分点。在出生人口中，符合现行生育政策出生22291人，计划生育率98.37%，比上年同期下降0.47个百分点。全州已婚育龄妇女人数56.12万人，占总人口的21.22%；已采取避孕措施48.73万人，综合节育率86.82%，比上年同期下降2.56个百分点。全州累计有116651人领取了“独生子女父母光荣证”，累计领证率20.78%，比上年同期上升0.46个百分点。

【统筹解决人口问题工作】　2011年，楚雄州严格执行人口和计划生育目标管理责任制，继续实行人口和计划生育工作“三线”考核制度，召开全州人口和计划生育工作座谈会，兑现责任目标奖惩，签订目标管理责任书。认真开展人口发展战略研究，州人口计生委与州人民政府研究室联合开展了“楚雄州人口老龄化研究与对策”课题研究，提出了应对人口老龄化问题的对策建议，形成了2万字的课题研究报告。积极开展统筹解决人口问题试点工作，全州10县（市）结合各自工作实际，在11个乡（镇）开展了统筹解决人口问题工作试点。《楚雄州人口和计划生育事业发展“十二五”规划》顺利通过专家评审并以州人民政府文件印发实施。州人民政府成立了楚雄州全员人口信息采集机制创新工作领导小组，全州人口宏观管理决策系统进一步完善。全州共录入育龄妇女及家庭成员699870户2608393人的基本信息，并实现了全员人口信息在线查询和变更。

【人口和计划生育宣传教育】　2011年，楚雄州继续加强基层人口和计划生育宣传阵地建设，充分发挥州、县11个人口理论教育基地作用，建成人口文化大院40余个，成立了6个“国家人口和计划生育远程宣传教育工作站”。发挥网络优势深入开展集中性宣传教育活动，全年共开展集中性人口和计划生育宣传活动4179场次，118.02万人次接受了宣传教育；共发放宣传资料、宣传品67.93万份，宣传品入户率97.20%，群众计划生育知识知晓率96.30%；共开办电视栏目12个，播出时间210小时；广播栏目20个，播出时间414小时。加强人口和计划生育政务信息工作，共上报云南省人口计生委政务信息119条，被国家人口计生委采用21条，省人口计生委采用44条，位列全省16州（市）第2名。

【人口和计划生育依法行政】　2011年，楚雄州人口计划生育系统认真落实《楚雄州人口和计划生育行政处罚、自由裁量权细化指导标准》，行政执法行为进一步规范。开展国家级人口和计划生育依法行政示范乡（镇）创建活动，楚雄市鹿城镇被国家人口计生委授予“全国第一批人口和计划生育依法行政示范乡镇”称号。严格各类办证审批程序，办理独生子女父母光荣证4411本，生育证24400本，查验“流动人口婚育证明”38065本，累计办理“流动人口婚育证明”66188本。严肃查处违法行为，全年共查处计划生育违法案件596件，其中行政处罚案件576件，征收社会抚养费案件20件。深入开展集中整治“两非”专项行动，初步形成了“政府主导、部门配合、标本兼治、群众参与”的综合治理格局，全州出生人口性别比趋于合理。认真做好信访工作，全州人口计生系统共接待群众来信来访6401件，依法依规处理6241件，办结率达97.50%。扎实推进阳光计生行动，州人口计生委印发了《阳光计生行动规范（试行）》和《基层阳光计生行动示范单位标准》。认真开展“双评”工作。印发了《请农民兄弟姐妹评计生评议问卷》6765份，《请流动人口农民工评计生评议问卷》2065份，参评群众对人口计生工作的综合满意率达99.40%。

【人口和计划生育优质服务】 2011年，楚雄州人口和计划生育优质服务工作取得新的成绩。楚雄市被国家人口计生委表彰为全国计划生育优质服务先进单位，双柏县被省人口计生委表彰为省级计划生育优质服务先进单位；禄丰县代表云南省接受了全国计划生育优质服务先进单位"回头看"评估验收。全州10县（市）扎实抓好"宣传倡导、健康促进、优生咨询、高围人群指导、孕前实验室筛查和营养素补充"六项任务。国家免费孕前优生健康检查项目试点县元谋县完成婚孕前培训2827人，孕前检查2670人，孕前检查率达95.9%。省级拓展县牟定县完成婚孕前培训4321人，孕前检查1958人，孕前检查率达71.33%；禄丰县完成婚孕前培训5537人，孕前检查4052人，孕前检查率达72.36%。省级重点县姚安县完成孕前检查2068人，孕前检查率达74.12%。其他一般县平均孕前检查率达41.74%。农村妇女增补叶酸预防神经管缺陷项目进展顺利，全年新增叶酸服用人数18657人，完成全年目标任务数14000人的133.3%。

【人口和计划生育奖励优惠】 2011年，楚雄州各级人口和计划生育部门认真落实各项计划生育奖励优惠政策。全州共审批确认奖励扶助对象6142人，兑现奖励扶助金479.03万元；特别扶助对象1786名，兑现扶助金206.23万元。全州累计有44824户农业人口家庭自愿办理了"独生子女父母光荣证"。全州共发放一次性奖励金1253人119.75万元，兑现教育奖学金21505人576.49万元，免除计划生育群众新型农村合作医疗参合费226299人1131.5万元，有1396名农业人口独生子女享受了升学加分。积极稳妥做好"半边户"农村居民一方纳入奖励扶助制度工作，全州共审核符合条件对象173名，兑现扶助金13.70万元。积极向实行计划生育的育龄夫妻免费提供避孕、节育技术服务，全年免除费用500余万元。认真落实独生子女父母奖励政策。严格执行独生子女父母退休加发5%计划生育奖励金的政策，足额兑现独生子女保健费。全年兑现独生子女保健费350余万元，发放企业退休独生子女父母计划生育奖励金160余万元。

【人口和计划生育"三大行动"】 2011年，楚雄州人口和计划生育系统积极实施"三大行动"，有力促进了人口和计划生育工作的健康发展。"新农村新家庭行动"。结合州委、州人民政府关于社会主义新农村建设的总体规划，全州人口计生系统在276个村（居）委会开展了计划生育"新农村新家庭行动"。全年各级人口计生部门共举办实用技术培训、生殖健康专题讲座617场次，参加人数42870人次；开展文艺演出189场次，参加人数20301人次，共为1476名农村独生子女进行了免费体检。"青苹果行动"。州人口计生委牵头，联合州教育局、州卫生局自2011年3月开始开展了"青苹果"行动，对辖区内初三以上（含初三）在校学生（含普通中学、职业中学、中专、技校等）进行青春期生理、心理健康知识培训。按照工作计划，全州共培训师资骨干50名，培训高（职）中秋季在校生3.5万人。"同一片蓝天行动"。按照创新社会服务管理的新要求，全州人口计生系统扎实推进以"宣传教育、技术服务、生殖健康、避孕药具供应和随访、优生检测、奖励优待和生育关怀救助"等"六个均等化"为主要内容的"同一片蓝天"行动，初步实现流动人口计划生育基本公共服务"全覆盖、同服务、共享受、促和谐"的目标，基本形成流动人口计划生育服务管理全国"一盘棋"工作格局。至年末，全州流动人口总数215243人，其中流入人口74325人，流出人口140918人。

【人口和计划生育药具管理】 2011年，楚雄州各级人口和计划生育部门高度重视计划生育药具管理工作，按照"合理计划、保障供给、方便群众、提高效益"的方针，扎实做好国家免费计划生育药具的发放工作，全年共为育龄群众免费发放了价值70多万元的计划生育药具。按照"机构健全、人员到位、流程合理、设备良好、发放到位、方便群众、服务优质"的工作要求，继续开展计划生育药具标准化达标县创建活动。人口计生部门牵头，会同公安、卫生、工商、质监、药监等部门联合开展计划生育药械市场专项督查工作，规范了计划生育药械的市场秩序，推广使用安全套防治艾滋病工程工作进展顺利，圆满完成年度工作任务。

【计划生育协会工作】 2011年，楚雄州各级计划生育协会组织继续认真学习宣传贯彻《中国计划生育协会科学发展规划纲要》，继续实施生育关怀行动，深入开展"5·29"会员活动日宣传活动，成功承办了"生育关怀—彩云之南楚雄行"公益宣传活动。加强基层组织建设，按期进行协会组织换届工作。楚雄州计生协会和部分县级协会按期进行换届，选举产生了新一届协会领导班子，基层计划生育协会的组织建设得到进一步加强。至年末，全州共有计划生育协会组织1263个，协会小组15150个，会员339205人，会员联系户194589户，会员之家1576个，有宣传服务阵地2285个。全州共建立计划生育基层群众自治村（居）民示范点20个，其中5个示范点获国家人口计生委授牌。继续开展计划生育家庭意外伤害保险工作。至年末，全州共收取计划生育系列保险费120余万元。

［起　荣］

人力资源和社会保障

【人力资源和社会保障工作概况】 2011年，楚雄州人力资源和社会保障局在州委、州人民政府的正确领导下，坚持以邓小平理论和"三个代表"重要思想为指导，深入践行科学发展观，认真贯彻落实全省人力资源和社会保障工作会议精神，围绕桥头堡建设战略部署，牢牢把握民生为本、人才优先这条主线，努力促进和扩大就业，全面推进人才立州战略，健全覆盖城乡的社会保障体系，深化人事制度和收入分配制度改革，积极发展和谐劳动关系，各项工作取得新进展，实现了“十二五”规划的良好开局。同时，圆满完成了自身的机构改革任务，年末，州人力资源和社会保障局内设23个行政科室、11个事业单位（其中2个为副处级），干部职工总人数180人。

【就业再就业工作】　2011年，楚雄州各级就业服务机构紧紧围绕“保增长、保民生、保稳定”的总体要求，以促进城乡劳动者充分就业为目标，坚持贯彻落实各项就业政策，采取积极措施继续加大各项就业扶持政策的落实力度，多措并举促进楚雄州城乡劳动者充分就业。

就业再就业资金。全州共支出就业专项资金4494.34万元。其中，社会保险补贴支出1738.54万元，公益性岗位补贴支出2139.61万元，职业介绍补贴支出40.84万元，职业培训补贴支出121.36万元，农民工培训补贴支出373.39万元，小额担保贷款贴息支出80.6万元。就业专项资金的大量投入，使广大失业人员充分享受到了国家的惠民政策，帮助和促进了失业人员实现再就业。

开发就业岗位。全州城镇新增就业2.44万人，完成计划任务的125%。其中，下岗失业人员再就业1.53万人，完成计划任务的153%；就业困难人员实现就业0.62万人，完成计划任务的138%。城镇登记失业率为3.3%，控制在下达的3.5%的目标以内。

下岗失业人员培训。全州共组织城镇失业人员就业培训5000人，完成计划任务的100%，共组织创业培训2190人，完成计划任务的109.5%，培训后实现创业1708人。

农业富余劳动力转移与技能培训。全州共组织农业富余劳动力技能培训2万人，完成计划任务的100%。组织农业富余劳动力转移就业15.16万人，完成计划任务的104%，取得经济收入10.61亿元，其中新增农业富余劳动力转移就业45047人，组织国际劳务输出1116人。

小额担保贷款及“贷免扶补”工作。全州共计发放小额担保贷款10333.5万元、2115人，完成目标任务2000人的105.8%，带动就业4614人；发放“贷免扶补”贷款2.47亿元、4029人，完成目标任务3850人的104.6%，带动就业10166人，其中就业服务机构发放“贷免扶补”创业贷款5540.5万元、1054人，完成目标任务900人的117.1%，带动就业2827人；认定劳动密集型小企业43户，发放贷款5925万元，完成目标任务30户的143.3%；促进劳动密集型小企业新招用登记失业人员2040人，给予劳动密集型小企业贷款贴息471.78万元。

2011年10月22日，国家人社部检查组到楚雄州开展医保基金管理使用专项检查　（州人力资源和社会保障局提供）

职业介绍。全年通过开展“春风行动”、召开“专场供需见面会”等形式，切实为城乡劳动者搭建平台、提供服务。全州各级就业服务机构共组织农民工专场供需见面会49场次，为6.9万名农业富余劳动力提供就业服务，发放“春风卡”、《农民工进城务工指南》、《劳务输出宣传问答》等宣传资料3.1万份，提供就业岗位7.87万个，提供劳动维权和法律咨询援助5000多人次。

再就业援助。全州各级就业服务机构共计帮助就业困难人员实现就业5351人，其中通过开发公益性岗位安置就业3600人。全州积极开展以“送政策、送岗位、送服务、送温暖”为主题的就业援助月活动，共走访就业困难家庭678户，确定就业援助对象4968人，收集和开发用工岗位10多万个，组织供需见面会130多场次，发布用工信息4752条，为6.7万名城乡劳动者提供了供需交流平台或就业政策咨询服务，2.65万名城乡劳动者通过就业援助月活动实现就业。

失业人员参加职工医疗保险政策。根据《云南省人力资源和社会保障厅、云南省财政厅转发人力资源和社会保障部、财政部关于领取失业保险金人员参加职工基本医疗保险有关问题的通知》规定，楚雄州及时落实为失业人员缴纳医疗保险费的政策，结合实际，进一步明确了具体的操作程序。2011年，全州各级就业服务机构共计为2962人缴纳城镇职工基本医疗保险费38.5万元。

高技能人才培养。全州积极组织职业学校学生、下岗失业职工、农业劳动力及企业职工参加职业能力培训鉴定，鉴定合格发证26495人，其中初级工7562人、中级工16143人、高级工2661人、技师及高级技师129人。

高校毕业生就业见习。楚雄州连续

第3年参加由人力资源和社会保障部主办，中国就业网承办的全国高校毕业生网络招聘周活动，持续开展以信息化、网络化、跨区域方式提供对高校毕业生的就业服务。楚雄州人力资源和社会保障网用工信息页面作为网络招聘分平台页面，点击量达16532次，访问量11514次，发布空缺岗位4727个，提供政策咨询2251人次。全州154个高校毕业生就业见习基地共吸纳未就业高校毕业生见习1131人，完成计划任务的113%，支出高校毕业生就业见习生活补贴235万元。

技校招生。全州组织楚雄高级技工学校春、秋两季共招生3321人，完成招生计划数的110.7%。在校学生中属中级工培养层次的2032人，高级工培养层次的1289人，预备技师培养层次的108人，技师培养层次的50人。楚雄高级技工学校申报技师学院于2010年11月成功获批，2011年11月楚雄技师学院正式挂牌，学校发展取得重大突破。

【社会保险工作】 2011年楚雄州共计征缴城镇企业职工基本养老保险费5.11亿元，征缴率98.8%，回收历年欠费634万元，完成目标任务的105.7%；征缴城镇职工基本医疗保险费41551万元，征缴率99.5%，回收历年欠费422万元，完成清欠计划的100%；征缴城镇职工失业保险费6043.23万元，征缴率97%，回收历年欠费59.34万元，完成清欠计划的118.7%；征缴企业职工工伤保险费2187万元，征缴率96.8%，回收历年欠费45万元，完成清欠计划的112.5%；征缴企业职工生育保险费1195万元，征缴率98.1%，回收历年欠费30万元，完成清欠计划的200%。

企业职工养老保险。全州城镇企业职工基本养老保险参保人数达12.67万人，完成目标任务的105.8%，其中在职职工参保人数达8.51万人，完成目标任务的100%。实际缴费人数达7.79万人，完成目标任务的100.6%。为4.16万名纳入统筹发放的离退休人员发放基本养老金5.62亿元，为3.39万名退休、退职人员及时调整了基本养老金，全州人均月增加146元。共办理超龄人员参加养老保险6592人，一次性收缴基本养老保险费17509万元，累计发放养老金1465万元。未达到法定退休年龄的未参保集体企业职工参保565人，一次性收缴基本养老保险费2358万元。1507名中断缴费人员补缴了中断期间的基本养老保险费，补缴金额2964万元。

工伤保险。全州企业职工工伤保险参保人数达9.25万人，完成目标任务的106%，其中农民工参加工伤保险人数达6.99万人，完成目标任务的105.1%。全州共计审核支付工伤保险待遇2490万元、1353人，并根据云南省人力资源和社会保障厅《关于调整企业职工工伤保险待遇的通知》要求，做好企业职工工伤保险待遇调整工作。

老工伤人员纳入统筹管理。根据国家和云南省有关政策规定，至2011年末，全州累计纳入有老工伤人员的企业231户、1975人，其中1~4级老工伤人员187人、5~10级老工伤人员897人、无等级老工伤人员654人、工亡人员供养亲属237人，收缴老工伤纳入统筹费用635.33万元，累计支付纳入统筹老工伤人员待遇203.14万元，全面完成了企业老工伤人员纳入统筹的工作目标。

生育保险。全州企业职工生育保险参保人数达5.77万人，完成目标任务的103%，为1063名女职工支付生育保险待遇753万元。

失业保险。全州失业保险参保人数达11万人，完成目标任务的100%，共发放失业保险金1224.1万元、5997人。

城镇基本医疗保险。全州城镇基本医疗保险参保人数为41.92万人，比2010年末增加1.99万人，完成目标任务的108%，城镇职工和城镇居民参保率均达90%以上，其中城镇职工基本医疗保险参保21.56万人，城镇居民基本医疗保险参保20.36万人。全州城镇职工基本医疗保险基金支出44808万元，其中统筹基金支出24372万元，个人账户基金支出20436万元。当期结余-1544万元，其中统筹基金当期结余-3739万元；累计结余45411万元，其中统筹基金累计结余30863万元。全州城镇居民基本医疗保险基金收入5302万元，支出4543万元，当期结余759万元，累计结余2301万元。

大病补充医疗保险。全州共计收缴城镇职工大病补充医疗保险费3868万元，支出3863万元。共有17.88万人参加城镇居民补充医疗保险，收缴补充医疗保险费675万元，支出467万元。

医疗保险省内异地就医联网结算工作。全州开通省内异地结算系统的定点服务机构达到123家，占定点服务机构总数的23%，其中定点医疗机构36家，定点零售药店87家。2011年10月1日启动实施了城镇居民医保省内异地就医联网结算，至此城镇职工和城镇居民均实现了省内异地持卡联网结算。全年全州参保人员共计发生异地住院联网结算3735人次，医疗费用6299万元，其中城镇职工住院3694人次，费用6260万元，城镇居民住院41人次，费用39万元；发生异地持卡门诊、购药联网结算62391人次，费用714万元。其他州（市）城镇职工参保人员在楚雄州发生异地住院联网结算55人次，医疗费用42万元，发生异地持卡门诊、购药联网结算47332人次，费用533万元。

新型农村和城镇居民社会养老保险试点工作。根据中央的安排部署，从2011年7月起，新农保试点人口覆盖面提高到60%。在州委、州人民政府的高度重视和省人社厅的关心支持下，楚雄州又争取到了楚雄、双柏、牟定、姚安和永仁5个县（市）试点名额，至此楚雄州已有7个县（市）纳入了国家新农保试点，覆盖面达70%，比国务院的要求高10个百分点，惠及农村居民95.8万人。按照国务院文件规定，实施新型农村社会养老保险试点的县（市），须同步启动城镇居民社会养老保险试点。8月18日，楚雄州召开了城镇居民社会养老保险试点工作部署会议，楚雄、双柏、牟定、南华、姚安、大姚和永仁等7县（市），从2011年7月1日起启动城镇居民社会养老保险试点工作，标志着楚雄州养老保险制度的基本框架已建立起来，朝着实现人人老有所养的目标又迈进了一大步。年末，全州新型农村社会养老保险参保人数达88.55万人，170276名农村老年人按月足额领取养老金。全州参加城镇居民社会养老保险1.9万人，4928名城镇老年人按月足额领取养老金。

社会保险待遇水平大幅提高。按照全省统一要求，2011年楚雄州继续提高企业退休人员基本养老金，月人均增加146.7元，增幅达12.1%。进一步提高医疗保险最高支付限额，城镇职工医保和城镇居民医保年最高支付限额分别达20万元和9万元，极大地减轻了参保人员个人负担。失业、工伤、生育保险待遇也都有较大幅度的提高。积极向省里争取各项社会保险转移支付资金2.13亿元，按时足额支付各项社会保险待遇合计达6.48亿元。

【劳动合同签订】 2011年全州签订劳动合同85773人。其中，城镇职工签订劳动合同37476人，劳动合同签订率达98%；农民工签订劳动合同48297人，劳动合同签订率达85%。积极做好集体合同签订工作，全州累计签订集体合同956户，涉及职工91010人。基本实现劳动用工动态管理。全年全州共受理劳动人事争议案件95件，结案95件，结案率100%。

【提高最低工资标准】 根据云南省人力资源和社会保障厅规定，楚雄州从2011年9月1日起再次调整提高最低工资标准，楚雄市辖区内的企业、个体经济组织、民办非企业单位和与之形成劳动关系的劳动者最低工资标准由740元/月调整为845元/月，小时最低工资标准由7元/小时调整为8元/小时；其余9县辖区内的企业、个体经济组织、民办非企业单位和与之形成劳动关系的劳动者最低工资标准由630元/月调整为720元/月，小时最低工资标准由6元/小时调整为7元/小时。国家机关、事业单位、社会团体和与之建立劳动关系的劳动者依照本标准执行。

【退休审批】 2011年，楚雄州严格按国家和省有关规定为参保人员办理正常退休506人，办理超龄参保人员退休6364人，上报特殊工种退休340人，审批通过280人，上报因病完全丧失劳动能力退休261人，审批通过261人。

【劳动能力鉴定】 2011年，楚雄州共组织召开了3次劳动能力鉴定会，共鉴定伤病残人员969人。其中，经鉴定属完全丧失劳动能力344人，大部分丧失劳动能力188人，达到伤残等级304人。年内，楚雄州共受理1220人的工伤认定申请（死亡42人）。其中，认定为工伤1198人（死亡26人），视同工伤14人（死亡14人），不予认定或者视同工伤8人（死亡2人）。

【劳动保障监察执法】 2011年，楚雄州劳动保障监察部门主动巡视检查用人单位3741户，涉及劳动者4.8万人；接受举报投诉297件，立案252件，结案250件，查处率100%，结案率99.2%；责令用人单位补签劳动合同5370人；追发劳动者工资等待遇2.68万人5461.34万元，其中追发农民工工资2.62万人5311.34万元；督促459家用人单位缴纳各项社会保险费213.81万元，涉及劳动者3741人；督促用人单位登记申报社会保险15户，涉及劳动者512人；清退童工3人，为18人清退抵押金0.36万元，审查用人单位规章1.69万件、纠正1181件，发放劳动保障法律法规宣传资料37352份、接受咨询6259人次；办理各类信访和州委、州人民政府等上级批办件26件；报送劳动保障监察工作信息11篇（条）；办理违反劳动保障法律法规行政案件61件，其中行政处罚55件（含简易程序处罚4件），行政处理6件，罚款金额18.50万元；妥善处置因劳动保障纠纷引发的群体性上访事件11件、1875人次。

劳动保障执法年审。年内，楚雄州共完成劳动保障执法年审16814户，涉及劳动者16.97万人，新增年审户数同比增长2%，其中年审合格单位16570户，经复审合格242户，完成目标任务的102%。

劳动保障专项检查。年内，按照云南省统一部署和州人民政府的要求，全州劳动保障监察机构组织开展了6次专项检查行动。农民工工资支付情况专项检查活动，共检查用人单位746户，涉及劳动者22670人（涉及农民工17590人），检查出拖欠劳动者工资203.15万元（其中拖欠农民工工资191.06万元），均责令用人单位全部足额支付。清理整顿人力资源市场秩序专项行动，共检查各类用人单位387户，其中持证经营的职业介绍机构26家，及时发出书面整改指令13份。2011年元旦、春节前农民工工资支付情况专项检查，共清理拖欠劳动者工资等待遇2570.4万元，涉及劳动者6458人，其中清理拖欠农民工工资2474.6万元，涉及农民工6170人，发放工资支付等宣传资料620份。农民工工资支付情况专项清理检查行动，共清理检查用工单位683户，涉及劳动者8196人，清理检查出有90户用工单位拖欠农民工工资2646.22万元，涉及农民工2414人，经过清理检查支付农民工工资2483.35万元。用人单位遵守劳动用工和社会保险法律法规情况专项检查行动，共检查用人单位802户，涉及劳动者5.09万人，通过检查责令改正69件，责令支付工资及补偿赔偿51件、40.95万元，督促补办社会保险登记26户，督促缴纳社会保险费24户、10.62万元，责令补签劳动合同5471人。根据省人社厅《关于对黑劳工、黑中介、黑砖窑进行重点检查的紧急通知》要求，组织开展了为期7天的专项检查，共检查用人单位154户，涉及务工人员1386人；检查火车站4个、人力资源市场11个、小砖瓦窑40个、小石料厂8个、小作坊4户，在楚雄州未发现黑劳工、黑中介、黑砖窑行为。

【企业退休人员接收】 2011年，楚雄州累计接收464户企业的1.87万人进入各级退管中心（工作站）管理，其中退休人员1.68万人、退养人员331人、落实政策及遗属供养人员1554人；累计接收46户、1.55万名省属企业退休人员实行共同管理。全州企业退休人员移交社区（乡镇）管理5.33万人，社区

（乡镇）社会化管理率达99.7%。

【社会化管理工作】 2011年，楚雄州累计缴入社会化专项资金3.5亿元，当期缴入社会化专项资金939万元；累计支出1.6亿元，当期支出1242万元，其中缴纳各种社会保险费500万元，发放退养人员生活费310万元，支付遗属及落实政策人员生活补助费432万元。

社会化管理服务。年内，全州各级退管机构认真开展各项社会化管理服务工作。全年共计为266人次办理了异地住院医疗费用报销；收取职工互助医疗金140万元，为11365人办理第八期职工互助医疗参保手续，为2319人次办理报销职工互助医疗费用132万元；为577人申报办理了享受特殊慢性病门诊费用报销资格手续，办理特殊慢性病医药费报销562人次163万元；为119名符合享受遗属生活补助人员办理了相关手续并发放生活补助费；为267名符合享受丧抚费的人员申报领取丧抚金446万元，协办丧事201人；看望生病住院2949人，支出资金19万元；办理接待来信来访1832人次；共向工会等部门积极争取资金55万元，对978名患重病、养老金偏低等特殊困难企业退休人员进行帮扶；州退管中心对符合条件的管理服务对象223人安排了体检，实际参加体检91人，开支资金1.37万元，参加体检人员全部建立了健康档案；组织开展“敬老节”活动。全年共组织召开座谈会90场次，共有7400余名退休人员参加。走访慰问80岁以上（部分县市70岁以上）及特殊困难退休人员813名，向高龄退休人员送上50元到300元不等的慰问金。组织开展了门球、麻将、扑克、象棋比赛以及游园、花灯、文艺晚会等文体娱乐活动244场次，参加活动的企业退休人员达10421人次。整个敬老节期间，全州共计支出资金61万元；积极组织开展“春节帮困送温暖”系列活动。春节期间，州、县（市）退管中心共寄发贺年卡或慰问信17110张（封），组织召开座谈会80场次，2770名企业退休人员代表参加。整个春节帮困送温暖慰问系列活动共筹集资金93.86万元。

【机关事业单位退休金社会化发放】 2011年，楚雄州纳入社保机构统一发放退休金的退休人员为11930人，占全州机关事业单位退休人员总人数的61%。全年共发放退休金30579.06万元，其中州本级共为2138人发放退休金6480.16万元；为70家单位2542人次增发退休金和各项补贴，涉及金额132.43万元；为92家单位1566人次代扣缴水、电费等合理费用30.15万元；为136名异地居住退休人员异地发放退休金391.79万元；为16名在楚居住退休人员异地领取退休金资格进行认证；为新增160名退休人员发放了退休金明白卡并建立了退休金资料档案；为136家单位2138人次提供了退休金查询服务；为60家州级事业单位1154人次办理了规范津补贴工作，月增资32.28万元，并按时发放到退休人员手中。

［李松林］

民　政

【民政工作机构概况】 2011年，楚雄州民政工作在以“三个代表”重要思想和科学发展观为指导，在州委、州人民政府的正确领导下，保障和改善民生、加强和创新社会管理、促进基层民主、维护群众权益、优化公共服务方面做了大量工作。全州减灾救灾能力进一步提高，城乡低保制度进一步健全，优抚安置政策进一步落实，社会福利事业进一步发展。年末，楚雄州民政局有内设科室14个，共有编制38名（含州老龄办），设处级领导职数4名（局长兼任老龄办主任、3名副局长，1名副局长兼任老龄办专职副主任），科级领导职数16名；实有公务员38人，机关工勤人员5人。机关直属事业单位7个（编制82名，现有66人），分别是州军队离退休干部休养所、广通军供站、州救助管理站、州福利彩票管理中心、州殡葬管理所（州殡葬执法队）、州救灾物资储备中心（正在筹备组建）、州福利厂（为自收自支事业单位）。

【抗灾救灾】 2011年，楚雄州先后发生低温冷冻、区域性干旱、洪涝、滑坡泥石流等自然灾害，造成101.23万人受灾，因灾死亡8人，农作物受灾75.04千公顷，绝收11.05千公顷，倒塌民房92间，损坏民房1106间，直接经济损失63984.62万元。为有效开展自然灾害救助工作，及时成立州减灾委及其工作机构，积极争取支持，为9个县（市）的93个乡（镇）配备了民政救灾专用车。突发性灾害应急救灾工作做到“三个第一”，第一时间到达灾害现场、第一时间了解核实上报灾情、第一时间调拨救灾物资；认真做好灾情报送和统计核查工作，做到灾情上报快速、准确、规范；积极做好灾民救助工作，争取救灾资金3698.3万元（州级433.3万元），已救助灾民39.41万人。其中，口粮救助35.86万人，发放粮食4985.4吨；衣被救助3.54万人，发放衣被6.07万件；伤病救济133人；恢复重建民房235户568间，有效保障灾民的基本生活；修订完善州、县（市）、乡（镇）、村委会（社区）四级救灾应急预案（措施），形成了“横向到边、纵向到底”的救灾工作责任体系。以“防灾减灾日”为契机，开展主题为“加强防灾减灾，构建和谐彝州”宣传活动，积极推进防灾应急“三小”工程，组织辖区内机关、企事业单位、社区、村委会开展防灾应急小型演习，为全州78.14万个家庭发放防灾应急小册子，全民防灾减灾意识明显增强，防灾减灾知识普及率、灾民自救能力明显提高。积极组织向盈江“3·10”地震灾区捐款、接受捐赠资金67.09万元，接收“送温暖、献爱心”捐赠款414.41万元，捐赠物资2090件，及时发放到灾区，实现灾民“六有二确保”目标。

【社会救助】 2011年，楚雄州认真落实各项惠民政策措施，统筹推进社会救助体系建设。全年发放城市低保81705人17163.6万元，农村低保156386人14311.8万元，上世纪60年代精减下放人员补助1377人252.8万元，春节前及时发放价格临时补贴和春节慰问金，并根据物价上涨情况为每名城市低保对象每月提高15元补助金，为每名农村低保对象每月提高12元补助金，困难群体的基本生活得到保障和改善；认真落实五保供养待遇，五保供养对象12060人，其中集中供养3521人，比上年增加420人，集中供养率达29.2%；推行城乡医疗救助“一站式”即时结算服务，缩短办理时限，全年救助城市困难群众101508人1631.8万元，救助农村困难群众198172人3335.9万元；临时性救助、城市流浪乞讨人员救助制度普遍建立，纳入临时性救助22966人1104.4万元，救助流浪乞讨人员5172人/次25.86万元。

【专项社会事务管理与服务】　2011年，楚雄州大力发展以扶老、助残、救孤、济困为重点的社会福利事业，为老年人、残疾人、孤儿、流浪乞讨人员提供更加优质的福利服务。抓实殡葬设施建设，完成了牟定县、双柏县殡仪馆建设，指导南华县殡仪馆的筹建工作；加强对经营性公墓的监管，积极推进农村公益性公墓建设；探索建立困难群众遗体火化补助制度，大力推行惠民殡葬、阳光殡葬、绿色殡葬；完善救助管理工作，投入资金695万元完成了“州流浪未成年人救助保护中心”、“州儿童福利院”主体工程建设任务；完成973名孤儿信息录入工作，发放孤儿基本生活费582.6万元；抓实“西部治疝计划”，组织103名疝气患儿进行手术治疗；提升婚姻登记服务水平，全年办理结婚登记21205对，离婚登记3484对，涉外婚姻8对；加强对各投注站的管理，销售福利彩票11884万元，销售总额比上年同期增长18.9%，筹集公益金3862万元。加强民间组织管理工作，培育发展各类民间组织1030个（社会团体865个，民办非企业165个），年内新增社团55个、民办非企业16个，在全州社会组织和民办非企业中开展“小金库”清理活动；认真贯彻“党政主导、社会参与、全民关怀”的老龄工作方针，与10县（市）签订了老龄目标管理责任书。积极开展“助老工程”、“百村建设”等形式多样的敬老活动，全州纳入各类民政保障政策范围的老年人93022人，占全州60岁以上老年人的28%；老年人福利政策不断完善，高龄津贴制度和养老服务补贴制度建设扎实推进，惠及范围继续扩大，以居家为基础、社区为依托、机构为补充的养老服务体系取得新的进展。

【双拥安置工作】　2011年，为了进一步融洽军政军民关系，在“八一”建军期间，中共楚雄州委、州人民政府举行了州级以上领导干部参加的纪念建军84周年座谈会暨军事日活动。首次大规模召开国防知识讲座视频会议，会议扩大到了县（市）及其乡（镇），全州处级以上领导现场听取讲座。积极推行优抚医疗费“一站式”结算服务，把重点优抚对象住房列入农村危房改造工程。投入资金340万元，对永仁县、禄丰县烈士纪念建筑物保护单位进行全面维修改造，楚雄市人民政府投资500多万元改扩建西山爱国主义教育基地；完成了全州零散烈士纪念设施普查、统计、录入、上传工作；下拨各类抚恤补助金8113.7万元，完成60周岁以上农村退伍老兵的统计核查工作，发放补助资金166.5万元。发放优待金356.9万元，为义务兵家属落实了优待政策；积极推进维稳工作，疏导做好部分军队退役人员上访诉求的接访劝访工作，确保复员退伍军人的稳定；完成了接待过往部队军供保障工作任务；全力做好退役士兵安置工作，组织对符合城镇安置的退役士兵参加全省统一文化考试，较好的完成了退役士兵安置任务，发放城镇退役士兵自谋职业金，并下达各类安置经费。

【社会管理和服务】　2011年，楚雄州民政局下拨社区工作人员教育培训补助经费14.5万元，社区专职人员生活补贴174万元，解决村（居）委会“四有”（有人办事、有钱办事、有地方办事、有章理事）难题；下拨农村原大队一级离职半脱产干部定期生活费、补助经费194.3万元，省级老党员生活补助18.2万元；争取资金540万元，加快推进城市社区活动场所办公用房建设速度，楚雄市已通过达标验收；完成全州10县（市）深度贫困村调研，抓好村务公开民主管理工作，充分调动了村民参加民主监督的积极性；完善地名数据库资料录入，完成《楚雄彝族自治州行政区划图》的印制工作；开展以楚雄市为主的城市街道、门、楼号牌更名、命名工作，调处边界纠纷2起，完成了第二轮行政区域界线联检，检查州（市）间界线1条，州内县与县界线8条；全面提升社区服务水平，进一步开发社区救助、社区医疗、社区安全、社区文化等多功能社区服务，提高民主监督的质量和效果；和谐社区建设示范活动深入推进，完成“难点村”治理转化任务，指导好城乡社区和社会组织开展创先争优活动。

［彭元锋］

红十字会工作

【红十字会工作概况】　2011年，楚雄州10县（市）红十字会全面理顺管理体制，各县（市）级红十字会机构独立设置。全州红十字会工作人员编制49人，实有专职工作人员47人，兼职工作人员12人。武定、姚安、双柏、元谋争取到红十字会能力建设经费各20万元。新发展州级团体会员单位1个，新发展会员3267人（青少年会员3025人）；招募红十字志愿者1417人。年末，全州共有14个州级红十字会团体会员单位、138个县级红十字会团体会员单位、64个基层红十字会组织，10974名红十字会会员，7239名红十字会志愿者。全年捐献造血干细胞采集血样1274人份，（累计捐献造血干细胞采集血样达4743人份），完成捐献造血干细胞高分辨采样3人，实现捐献造血干细胞3人。

【赈灾工作】　2011年，楚雄州红十字会共募集、争取捐赠物资、捐赠资金共计57.80万元（其中为云南盈江地震募集捐款20.03万元）。完成2010年抗旱救灾人畜饮水工程28个，总援助金额268万元；新援建卫生室1个，援助资金6万元，博爱小学1所，援助金额40万元；启动香港红十字会援建武定县农村社区为本备灾项目，援助资金45万元。

造血干细胞血样采集　　（州红十字会提供）

【社会救助】　2011年，楚雄州红十字会积极组织和参与人道救灾救助工作。全年“红十字博爱送万家”活动累计发放款物价值43万元，全州10县（市）30个乡（镇）1321户2.3万人受益。向中国红十字基金会申报“天使阳光基金”19人，“小天使阳光基金”10人，获批“天使阳光基金”资助8人、“小天使基金”资助1人，资助金额3万元。获批“幸福基金”资助贫困患儿2人，资助金额2万元。

【卫生救护培训】　2011年，楚雄州红十字会按照《关于在全州初学机动车驾驶员和道路运输从业人员中开展卫生救护培训工作的实施方案》，3月1日正式启动卫生救护培训工作，全年共培训初学机动车驾驶员和道路运输从业人员35376人。

【红十字青少年工作】　2011年，楚雄州红十字会深入到各学校共组织开展了艾滋病防治知识宣传、红十字知识传播讲座、捐献造血干细胞志愿者培训、卫生救护常识培训等各种活动16场次，培训青少年志愿者6000多名。

【红十字进社区工作】　2011年，楚雄州红十字会在楚雄市鹿城镇青龙社区、南华县龙川镇火星村民委员会等村（居）民委员会试点，开展了红十字关爱进社区服务活动5场次，开展了红十字知识、初级卫生救护知识讲座，进行了免费义诊、健康咨询和困难群众帮扶等活动，受益人数达960多人，救助困难家庭145户，救助物资价值2.9万元。

【红十字宣传工作】　2011年，楚雄州红十字会继续加强宣传工作，举办《中华人民共和国红十字会法》和红十字知识传播讲座6场次，悬挂布标141条，展板38块，发放红十字宣传折页、宣传单20余万份，为3795人提供了义诊和免费健康咨询服务。同时做好“手机短信捐赠”推介工作。

［陈光荣］

扶贫开发

【扶贫工作概况】　2011年，楚雄州共争取中央和省级扶贫资金5.5亿元，实施整村推进632个，实施整乡推进试点2个，转移就业贫困地区劳动力3.2万人，完成易地扶贫搬迁546户2170人，培植发展产业示范村686个，完成农村安居工程1239户，实施革命老区建设项目2个，发放到户贷款2.5亿元，项目贴息贷款6700万元，扶持农户19316户，扶持扶贫龙头企业16户，结对帮扶贫困户6420户。同时，解决和巩固了10万贫困人口的温饱问题。

易地搬迁。年内，楚雄州争取资金1050万元，地方配套48.92万元，整合资金726.28万元，发动群众自筹及以劳折资2619.96万元，对丧失生产生活条件的自然村组加强易地扶贫搬迁，实施了546户2170人的易地搬迁项目。

安居工程。年内，楚雄州争取资金1239万元，整合资金2478万元，发动群众筹资及以劳折资1858.5万元，实施1239户特困户、贫困户的土掌房、石头房、茅草房等危房改建工程，其中第一批实施764户，第二批实施475户，完成年初计划500户的247.8%。

互助资金。楚雄州争取贫困村互助发展试点资金300万元，工作经费30万元，在南华、双柏、永仁3个县5个乡（镇）6个村委会的29个村民小组开展互助资金项目试点工作，共有1091户贫困户4021人受益。扶持养猪户747户，养猪3893头；扶持养牛户165户，养牛799头；扶持养羊户79户，养羊1692只；扶持种植萝卜、洋芋、蔬菜3650亩。

“两项制度”衔接工作。楚雄州在大姚县认真组织实施了全国农村扶贫开发与最低生活保障制度“两项制度”有效衔接试点工作，投入财政扶贫资金300万元，发动群众筹资127.39万元，在4个乡（镇）30个村委会130个村民小组2796户农户中，引进发展努比亚种公羊288只，“长撒”能繁母猪2015头，实施畜圈改造9860平方米，开展科技培训4期，参训人员3000人次，印发养殖技术手册2303册。对1613户1640人给予最低生活保障救助。项目区有效实现扶贫开发与最低生活保障制度相互衔接。

【“十二五”扶贫规划和新纲要编制工作】　2011年，楚雄州扶贫办围绕《中国农村扶贫开发纲要（2011—2020年）》的要求，组织调研组先后深入43个乡（镇）104个村委会258个自然村进行调研，察看项目500余个，召开座谈会60余场次，收集群众意见建议300余条，撰写州、县、乡、村致贫类型调研报告4个。在广泛深入调研的基础上，对“十一五”扶贫开发工作情况和执行10年扶贫开发纲要情况进行了总结，编制下发了“十二五”扶贫规划，完成了新10年扶贫开发纲要编制、征求意见等工作。

【贫困人口调查统计】　2011年，楚雄州扶贫办根据新时期农村物价指数的变化和农民收入与实际消费支出等情况，积极配合统计部门对全州10县（市）103个乡（镇）1037个村委会农户的收入情况进行了认真的调查统计。经统计，10月末，按照云南省扶贫办1976元的标准，全州有贫困人口136.52万人；按照国务院扶贫办2300元新标准统计预测，全州共有贫困人口152.7万人，占全州农业人口的68.8%。同时，按照国务院扶贫办和云南省扶贫办要求认真组织开展了全州扶贫统计监测基期调查工作。

【整乡整村推进扶贫】　2011年，楚雄州争取资金2000万元在大姚县三岔河乡和禄丰县高峰乡实施了2个整乡推进扶贫开发项目，占全省25个项目的8%。整合资金12914.08万元，发动群众以劳折资6644.42万元，共计划实施子项目62个。项目2011年全面启动，计划于2013年竣工验收，此项目将使2个乡（镇）的2.24万群众增加收入，实现脱贫致富。

年内，楚雄州共争取资金5520万元，整合项目资金19641.19万元，发动群众以劳折资7063.72万元，实施扶贫整村推进项目632个，完成督查任务600个的105%。其中，州扶贫办实施整村推进425个村（争取中央和省级专项扶贫资金实施368个，争取外资扶贫资金实施44个，财政奖补资金实施13个），州发改委实施整村推进92个村，州农办实施新农村建设101个村，州民委实施民族团结示范村14个村。

【产业扶贫】　2011年，楚雄州突出“抓一村、扶一品”和产业集中连片扶贫开发，加强产业培植促农增收。争取资金1310万元，群众筹资6365.02万元，扶持发展产业扶贫项目24个，发展核桃36100亩、花椒8267亩、中药材2450亩、冬桃5900亩、魔芋1590亩、蚕桑1190亩、冬早蔬菜4300亩、葡萄6000亩，发放种猪2673头、购种羊400只，共有6156户24624人得到扶持，实现人均增收268元。同时，结合整村推进、易地搬迁、信贷扶贫等，培植发展产业示范村300个，坚持典型引路促进

2011年楚雄州贫困村互助资金运行情况统计表

内　容	2008年启动		2009年启动		2010年启动		2011年启动	合计	
	中央试点	省级试点	中央试点	省级试点	中央试点	省级试点	省级试点	中央试点	省级试点
1. 试点县（个）	1	1		2	1	1	3	2	6
2. 试点村（个）	2	2		21	5	11	21	7	55
3. 资金总规模（万元）	107.06	20		200	376.24	103.78	300	483.3	623.78
（1）中央财政专项扶贫资金	100				360			460	
（2）省级财政专项扶贫资金	0	20		200		100	300		620
（3）农户交纳互助金	7.06	1.34		12.82	16.24	3.78	13	23.3	30.94
（4）其他	0								
4. 试点村总户数（户）	378	44		755	1414	248	1499	1792	2546
其中：贫困户（户）	156	30		462	572	141	1038	728	1671
5. 入社农户（户）	353	44		491	812	189	971	1165	1695
其中：贫困户（户）	135	30		254	329	107	695	464	1086
6. 组建互助小组（个）	10	2		68	24	17	49	34	136
7. 平均占用费率（年息）	4%	5%		4%	4.8	5%	4.30%	4.4	3%
其中：最高占用率（年息）	4%	5%		4%	6				
最低占用率（年息）	4%	5%		4%	4.8				
8. 累计借款人次（次）	207	135		860	565	157		772	1152
其中：贫困户（次）	79	135		737	135	105		214	977

特色产业发展。

【劳动力转移培训】　2011年，楚雄州认真实施“一三十五”劳务输出特别行动计划，争取中央和省级资金950万元，举办劳务输出洽谈会18场次，实施规模批量输出3批，建设劳务输出示范村54个，累计举办各类培训班293期，培训贫困地区劳动力2万人次，培训后输出1.86万人，输出率达93%，转移就业贫困地区劳动力3.2万人，实现劳务收入5.4亿元。

【信贷扶贫】　2011年，楚雄州积极争取到户扶贫贷款，拓宽放贷渠道，扩大放贷规模，瞄准产业发展放贷，加大扶贫龙头企业扶持力度，着力帮助解决贫困户和扶贫龙头企业发展资金不足的问题。争取发放扶贫到户贷款（小额信贷）资金2.5亿元，财政贴息资金1465.58万元，到户贷款奖补资金160万元，项目覆盖10县（市）92个乡（镇）891个村委会，扶持了386个产业示范村，扶持农户19316户。其中，扶持发展养殖业8893户，扶持发展种植业10015户，扶持其他产业408户，重点扶持发展蚕桑、蔬菜、经济林果、烤烟、养猪、养牛等产业，为贫困群众解决燃眉之急。争取扶贫贴息贷款项目10个，项目贴息贷款6700万元，财政贴息资金201万元，扶持扶贫龙头企业16户，推进了“公司+基地+农户”的产业化发展步伐。

【社会帮扶】　2011年，楚雄州认真做好中央、省级定点帮扶单位挂钩扶贫协调服务工作，争取中央和省级投入挂钩帮扶资金1526万元，其中招商银行投入650万元实施扶贫项目14个，“1+1”结对帮扶贫困学生1004人。州财政下拨州级领导挂点资金及州级挂钩扶贫项目资金491万元。州级141家挂钩扶贫单位万名党员干部职工与6420户贫困户结成帮扶对子，5502名党员干部深入贫困地区开展调研指导，投入贫困地区资金6539.8万元。其中，协调引进资金4645.4万元，单位投入及干部职工捐款捐物（折币）达373.3万元。外资扶贫向深度和广度拓展。年内，双柏县被列入新一轮乐施会合作项目县。香港乐施会全年在楚雄、南华、双柏等3个县（市）15个乡（镇）开展帮扶工作，共组织实施项目11项，总投资1219.26万元。其中，乐施会援助资金461.3万元，省财政资金30万元，州级财政资金5万元，其他投入及群众投劳折资723万元。在楚雄、双柏、南华3个县（市）的5个乡（镇）17个村委会174个村民小组发放价值99.32万元的大米220.7吨，受旱灾的3271户11994人受援助。世界宣明会在帮扶武定县的基础上，新增元谋县为项目合作县，并达成3～5年的初步合作协议。

【老区建设】　2011年，楚雄州争取省级革命老区建设资金200万元，整合资金261.44万元，发动群众以劳折资136.17万元，在南华县一街乡平掌村委会、姚安县左门乡地索村委会建设水窖395个，架设人畜饮水管14.9千米，建抽水站1座，硬化村间道路3.44千米，房屋亮化8260平方米，建文化活动室2个，种植核桃3340亩，冬桃200亩、花椒900亩，扶持养殖长撒种母猪108头，购买约克种公猪2头，举办实用技术培训8期800人次，投入建设村间石拱桥2座，建设三面光沟渠17千米，烈士纪念塔绿化植树200株，厩舍改造24户540平方米，建革命老区文化广场1块2227平方米，建设篮球场1块，建革命老区标志碑2座。

［罗兴贵］

永仁县整村推进建设项目——乍石示范村　（州扶贫办提供）

移民工作

【移民工作概况】　2011年，楚雄州移民开发工作在中共楚雄州委、州人民政府的正确领导和云南省移民开发局的指导帮助下，紧紧围绕省委、省人民政府提出的“强化一个思想，落实一套政策，实现三大目标、坚持十大原则”的工作要求和“移民搬得出、稳得住、在发展中能致富”的目标要求，切实做好全州水利水电工程建设移民安置和移民后期扶持工作，完成了全年移民工作任务。通过努力，《楚雄州移民开发“十二五”规划》经反复修改、多方论证、专家评审、州政府常务会议审核批准，圆满完成编制任务将正式发布实施。

【青山嘴水库移民工作】　2011年，云南省人民政府审批了《青山嘴水库移民安置实施规划报告》，为青山嘴水库移民安置审计验收和解决资金缺口问题提供了依据，保障了合法性。年内，支持栗子园社区即青山嘴水库移民开展各类管理干部培训16期2396人，培训明白人（户长）2轮18场3350人，举办移民技能培训班5期416人，实现移民就业3726人，劳动力就业率不断巩固，就业水平和质量进一步提高，移民人均纯收入达9032元，比上年人均增加821元，移民生活水平得到了逐年提高。鼓励支持栗子园移民小区创新社会管理，广泛开展创建移民和谐社区活动，以高度的责任感认真做好移民的信访工作，及时解决移民的合理诉求，同时通过多方努力，及时拨付当年栗子园移民长期生活费2004.6万元，拨付栗子园小区建设工程差欠款1800万元，缓解了社会矛盾，确保移民安置区社会稳定。

【观音岩水电站建设移民工作】 观音岩水电站是云南省人民政府2011年确定重点督查的20个重大建设项目之一。截至12月，观音岩水电站移民搬迁安置累计完成投资1.68亿元，其中2011年完成投资8916万元。大姚县完成投资5256万元，实施了以下项目：咖啡厂集镇安置点场平和道路、防灾、减灾、给排水工程等基础设施已完成84%；集镇的小学、中心学校、中学等公共设施迁建工作已完成10%；已完成集镇和赵家店小双沟安置点对外供水工程，正准备竣工验收；大姚—永仁段四级公路改复建工程已完成35%；陆家湾、丙海、小双沟安置点基础设施施工图设计已通过审查，正在开展招标和建设前准备工作；库区电力和电信工程、湾碧集镇码头，湾碧乡陆家湾安置点35千伏输变电工程等专项设施正在开展施工图设计工作。永仁县完成投资3360万元，完成了小汉坝、猛虎、下拉姑、秧田箐4个移民安置点的土地调整工作和安置点基础设施建设和安置点村外水、电、路项目建设，安置点已满足移民建房条件；完成了四级公路改（复）建工程的路基工程，正在开展公路边坡的治理和万马河大桥筹建工作；完成了白马河村那庄—灰打麻段汽车便道改建工程施工图设计，准备提交审查。大姚、永仁2县完成了观音岩水电站围堰截流建设征地移民安置工作。

【乌东德水电站建设移民工作】 乌东德水电站是金沙江下游的重要水电建设项目，电站建设将淹没影响武定、元谋、永仁的部分地区。楚雄州在2011年1月1日云南省人民政府下达《关于禁止在金沙江乌东德水电站工程占地和淹没区新增建设项目和迁入人口的通告》后，主动配合项目业主和设计单位全面开展实物指标调查工作，州移民局安排全体干部职工分批次参加了武定、元谋实物指标调查，整个实物指标调查做到了进展快、质量高，在所有涉及电站移民安置的州、市中率先完成任务，受到了项目业主和省移民局的充分肯定和好评。完成了实物指标调查成果的确认工作。召开协调会，与长江设计公司人员协商乌东德水电站库区移民安置规划工作事宜，并组织开展摸底调查。召集有关部门及乡（镇）相关人员，对《金沙江乌东德水电站可行性研究阶段建设征地移民安置规划设计工作细则（征求意见稿）》进行认真分析讨论，提出了具体修改意见。在认真调查研究、广泛听取意见的基础上，提出了大农业安置和长效补偿安置两个移民安置规划方案，提供给设计单位进行可行性论证，再经移民选择后纳入移民安置规划。

【大中型水库移民后期扶持工作】 2011年，按照国发〔2006〕17号和云南省、楚雄州有关大中型水库移民后期扶持的相关政策的要求，楚雄州切实做好移民后期扶持人口管理、直补到人的资金兑付和后扶项目的实施。按照云南省完善大中型水库移民后期扶持政策实施方案及相关暂行办法的要求，向省移民局行文上报2011年度全州24座大中型水库农村移民后期扶持人口34393人；年内中央和省下拨的1～3季度直补到人的资金1477.08万元已全部按时发放到移民手中；2011年度批准实施的1122万元后扶项目已全部完成。编制完成了《“十二五”移民后期扶持规划》和《大中型水库库区和移民安置区基础设施建设及经济社会发展规划》，并上报省移民局审批。年内争取到大中型水库库区基金4866万元，并结合“十二五”规划按资金额度编制了扶持项目，上报省移民局，待批准后组织实施。根据国家14部委《关于促进库区和移民安置区经济社会发展的通知》的精神和省移民开发局的要求，加强协调，对专项基础设施建设项目规划情况进行了调查统计，并及时上报省移民局，全州专项规划项目共200余个，计划投资4700余万元。

【移民群众工作】 2011年，楚雄州把做好移民群众工作和维护社会稳定工作贯穿于整个移民工作的全过程。制定出台了《楚雄州移民局关于做好新形势下移民群众工作的实施意见》，推行一线工作法，局领导和干部经常深入基层、深入库区、深入一线，深入到移民群众中去了解移民的思想状况，了解移民生产生活情况，把移民不稳定因素解决在基层，消除在萌芽状态。建立机关党支部联系青山嘴水库栗子园移民安置小区党组织，机关干部联系栗子园移民安置小区村组制度，坚持每半年集体研究1次移民干部联系移民村组工作，切实做到知民情、解民忧、帮民困、助民富，真心实意为群众办实事、办好事。认真接待移民来访，及时解决诉求，全年共接待移民信访案件53件，接待移民来访127人次。

［张瑞元］

残疾人事业

【楚雄州第四次残疾人事业会议】 2011年12月，楚雄州人民政府召开楚雄州第四次残疾人事业会议，会议认真总结了“十一五”期间残疾人工作，安排部署了“十二五”期间残疾人工作，表彰了“十一五”期间残疾人工作先进县（市）2个、先进集体25个、先进个人50名；表彰了在2010年12月广州亚残运会和2011年10月杭州第八届全国残运会上取得优异成绩的14名楚雄州参赛运动员。

【楚雄州残疾人康复暨组织联络会议】 2011年6月22～25日，楚雄州残疾人联合会在姚安县召开楚雄州残疾人康复暨组织联络会议，对“十二五”期间的残疾人康复及组织联络工作作了具体的安排部署。姚安县作为CBM国际援助项目示范县对如何开展康复工作作了全面的经验介绍，并参观了姚安县栋川镇、弥兴镇的社区康复和村级组织联络建设开展情况。7月、11月州残联分别2次举办了全州县、乡残联理事长、康复股长、58个社区专职委员培训班、全州社区康复员培训班，对如何开展社区康复、各种康复项目对象的筛查选择、二代证的办理、新农合政策及大病补充保险、农村城镇居民养老保险试点工作的政策等进行了全面的培训，参训人员达321人。

【残联组织建设】 2011年，楚雄州各县（市）残疾人联合会进行了社区、村委会专职委员、联络员培训。年内，在认真总结调研的基础上制定出台了《楚雄州村委会（社区）基层残疾人专职委员、联络员管理考核办法》（试行），规范了管理。进一步加大对二代残疾人证核（换）发的力度，年内办证2万本。

【残疾人康复项目】 2011年，楚雄州残疾人联合会组织完成白内障复明手术1601例，其中亮眼工程1100例，“健康快车”601例；完成盲人定向行走训练20人、大腿假肢安装50例；认真组织实施了贫困聋儿（助听器）验配（10名）、贫困智残儿童（30名）进行康复培训、儿童轮椅捐赠（10名）抢救性康复项目、精神病防治300人等康复任务；为残疾人提供轮椅300辆，辅助器具1100件。同时，楚雄州争取到微笑行动中国基金会支持，组织了2011楚雄国际微笑行动，来自美国、巴西、以色列、土耳其、菲律宾等7个国家组成的33名志愿医疗专家对100多名唇腭裂者进行了检查，为70名唇腭裂患者成功实施了手术。对45名农村贫困残疾人进行了助听器的验配等系列活动，为30名农村贫困残疾人验配了助听器。从中华慈善总会争取到价值30万元的护理机5台。

【残疾人教育与就业】 2011年末，楚雄州有7～15岁残疾儿童少年1564人，有在中小学随班就读的残疾学生1145人，有州特殊教育学校学生310余人，入学率达到92.5%。对考取大中专的残疾人学生及贫困残疾人子女给予一次性补贴，全年共发放资金34万元。3月，楚雄州残疾人联合会积极与昆明、楚雄相关企业用工单位接洽，根据企业用工需要，成功举办了第七届、第八届残疾人就业供需见面会。145名残疾人参加了招聘会，75名残疾人被录用。州残联与云南希陶药业共同建立了楚雄州残疾人就业示范基地。

【残疾人实用技能培训】 2011年3月，楚雄州残疾人联合会与楚雄森茂公司汽车技术职业学校组织了一期为期9天35名残疾人参加的全州首届包装初级工培训班，通过培训35名残疾学员熟练掌握了药品包装技能和安全规范，通过考核全部取得了初级包装工资格证书，并且全部实现了就业。6月与昆明理工大学楚雄应用技术学院联合举办了一期有37名残疾人参加的全州残疾人小型农机修理培训班，通过一个多月的认真学习，残疾学员基本掌握了小型农机的修理技术，经过考核，全部领取了初级小型农机修理资格证书，为自己开店或者外出就业提供了条件。7月与楚雄森茂公司汽车技术职业学校组织了一期为期45天20名残疾人参加的全州残疾人摩托车修理培训班，通过培训考试学员们学习掌握了摩托车修理的机械知识，并且学会了拆装集中常见车型的摩托车和助力车，故障的排除和维修，取得了国家劳动部颁发的职业资格等级证书。全年共举办了3期培训班，培训了92名残疾人。

【残疾人扶贫工作】 2011年，楚雄州以解决残疾人温饱为根本，开展了形式多样的扶贫活动。组织实施了400户农村贫困残疾人危房改造助残项目。实施好“阳光家园计划”，对全州范围内智力、精神和重度残疾人进行筛查，全面落实好630名重度残疾人补助资金，切实解决残疾人最关心、最直接、最现实的利益问题。广泛动员社会力量，把残疾人扶贫与包乡住村结合起来，深入开展“一帮一”、富帮穷、单位干部包户等形式的扶残活动，充分利用春节、“全国助残日”走访慰问。为残疾人发放慰问金，送去大米、面条、香油等生活必需品及轮椅、座便器、腋拐、手杖等康复辅助器具，年内建立州级扶贫就业基地1个，县级残疾人就业扶贫基地3个。

【残疾人社会保障工作】 2011年末，全州共有42967名残疾人参加城镇居民保险及新型农村养老保险。其中，有一、二级重度残疾人3056人由政府代缴养老保险，代缴养老保险金额为397280元；有498名重度残疾人按月领取养老保险金共计12.72万元。53094名农村残疾人参加新型农村合作医疗，2414名城镇残疾人参加新型农村合作医疗，社会救助27396名残疾人。通过参加各种保险，使残疾人的基本生活、基本医疗、基本养老得到了保障。年内，全州残疾人联合会共为750名残疾人发放机动轮椅车燃油补贴28万元。

【残疾人文化周活动】 第二届全国残疾人文化周活动以庆祝建党90周年为主题。活动周期间，楚雄州、市残疾人联合会组织了城区残疾人到栗子园社区开展残疾人文化进社区活动，为栗子园社区残疾人康复示范点授牌；为100多名残疾人捐赠了轮椅、图书及文体用品等；州特殊教育学校师生用精心编排的舞蹈《红红的日子》、《跳起你的舞》、《映山红》等节目表达了对党的生日的祝贺以及对祖国和生活的热爱；部分县（市）残联还组织残疾人观看了《特别的爱》第六届全省残疾人文艺汇演颁奖晚会录像；组织残疾人游览红军长征遗址、革命纪念地等，引导残疾人在轻松愉快的旅途中重温党的光辉历程，自觉接受爱国主义教育，并看望慰问老党员、老军人、老英模，让残疾人在与“三老”的充分接触和交流中，接受革命传统教育，从而引导残疾人积极参与社会生活，促进残健文化融合、社会融合，表达广大残疾人对党的深厚情谊，展示残疾人积极向上的人生态度与和谐幸福的社会生活。

【残疾人体育】 2010年12月广州亚残运会和2011年10月杭州第八届全国残运会上，楚雄州的参赛运动员发扬艰苦奋斗、顽强拼搏的精神，取得了较好成绩。参加亚残运会的5名运动员获得金牌4枚、银牌2枚、铜牌3枚；参加全国残运会的9名运动员在田径、游泳、脑瘫足球、盲人足球等项目比赛中获得金牌3枚、银牌8枚、铜牌4枚。2011年12月，楚雄市残疾人联合会被中国残疾人联合会、国家体育总局授予"2007～2010年全国残疾人体育先进单位"荣誉称号。

［董杨春］

宗教事务

【全州宗教工作会议】　2011年2月28日，楚雄州宗教会议在楚雄召开，中共楚雄州委常委、州委统战部部长任锦云，州人大常委会副主任杨静，州人民政府副州长杨元茂，州政协副主席马旷源出席会议。会上，副州长杨元茂传达了全国、全省宗教工作会议精神；州委常委、州委统战部部长任锦云作了重要讲话，并对做好宗教工作提出要求；楚雄州宗教事务局与各县（市）民宗局签订了《2011年度宗教工作目标管理责任书》。

【"同心同行"主题爱国主义教育活动】　2011年，楚雄州以庆祝中国共产党成立90周年为契机，在全州宗教界广泛开展"同心同行"主题爱国主义教育活动，召开全州性宗教团体联席会议1次，开展"与党同心同行"主题征文活动1次，举办党史教育专题讲座1期，同时指导州、县宗教团体积极参与主题活动。

【宗教界人士庆祝中国共产党成立90周年座谈会】　2011年6月24日，楚雄州宗教局召开全州宗教界人士庆祝中国共产党成立90周年座谈会。州、县宗教团体副秘书长（副总干事）以上人员，10县（市）民宗局长、分管宗教工作的副局长、宗教股长，州委统战部等部门领导共计100余人参加座谈会。座谈会期间，州委常委、州委统战部部长、州委宗教工作领导小组组长任锦云，州政协副主席张万礼出席会议并作重要讲话。州、县宗教团体班子成员和县民宗局领导代表开展了纪念建党90周年"以党同心"征文交流发言。

［吴晓剑］

【党政干部宗教政策法规培训班】　2011年9月17～23日，楚雄州在云南省社会主义学院举办党政干部宗教政策法规培训班，来自全州县（市）政府分管领导、统战部长、民宗局长、州委宗教工作领导小组成员单位领导及州宗教事务局有关人员共57人参加了学习培训。省委党校、省社会主义学院、省宗教事务局有关专家、教授和领导为培训班授课。举办此次党政干部宗教政策法规培训班，对加强宗教工作"三支队伍"建设具有重要作用。

【楚雄州伊斯兰教协会成立20周年庆祝大会】　2011年11月23日，楚雄州伊斯兰教协会成立20周年庆祝大会在州宗教事务局隆重举行，共100余人应邀参加了庆祝大会。为充分展示州伊协成立20年以来取得的成绩，州伊协还编辑出版了《楚雄州伊协二十年》画册。

【全州清真寺寺管会主任和财会人员培训班】　2011年3月29～30日，楚雄州举办了全州清真寺寺管会主任和财会人员培训班暨"和谐清真寺"表彰会，来自全州70所清真寺寺管会主任、财会人员和州伊斯兰教协会四届常务理事以及教务委员会成员共150余人参加培训。

【全州开放寺院僧尼及主要负责人宗教政策法规培训班】　2011年11月29日至12月1日，楚雄州佛教协会在楚雄市兴隆禅寺举办全州开放寺院僧尼及主要负责人宗教政策法规培训班。来自全州73所开放寺院的僧尼和主要负责人共105人参加了培训。培训班重点学习了《宗教活动场所设立审批登记办法》、《宗教活动场所财务监督管理办法》、《宗教教职人员备案办法》、《汉传佛教教职人员资格认定办法》。通过培训，进一步提高了宗教教职人员学法、用法、守法自觉性，为他们在经济社会发展中发挥积极作用打下了基础。

［李　玉］

【朝觐组织服务工作】　2011年，楚雄州采取措施切实做好朝觐组织服务工作。抓宣传工作。严格执行国家宗教局制定的《中国穆斯林朝觐报名排队办法》，每年以全州70所清真寺为阵地，认真宣传朝觐有关政策法规。抓培训工作。每年在朝觐人员出国前举办朝觐人员培训班，局领导作动员讲话，提出相关要求。朝觐组织服务。选派1名带队干部负责全州朝觐组织服务工作，每年由州宗教局统一包车组织朝觐人员到云南出入境检疫局参加体检，统一包车送朝觐人员到昆明集中。朝觐回访工作。每年都召开朝觐回国人员座谈会，为朝觐人员颁发朝觐证书和朝觐纪念牌。11月25日，楚雄州参加国家统一组织的赴沙特阿拉伯朝觐活动的36名穆斯林完成朝觐各项功课后平安回到楚雄。11月26日，州伊斯兰教协会在楚雄城区清真寺为其召开迎接座谈会。州、市委统战、宗教部门有关部门领导参加座谈会并为36位新哈吉颁发了"朝觐荣归"纪念牌。截至年末，楚雄州共20批237人参加了有国家组织有计划的朝觐活动，连续10年未出现过零散朝觐，得到了州委、州人民政府和上级主管部门的肯定，受到了广大穆斯林群众的好评。

【《楚雄州宗教团体班子自身建设研讨会论文选编》出版】　2011年2月，《楚雄州宗教团体班子自身建设研讨会论文选编》编印出版，此书共收录文章78篇，领导讲话12篇，理论探索26篇，工作实践21篇，心得体会19篇，共计30万字。该书的出版，将对推动新时期宗教工作的创新和发展起到积极作用。

［李新华］

（责任编辑：者宗菊）

县（市）概况

楚　雄　市

【地理位置】　楚雄市位于楚雄州中西部，地处北纬 24°30′～25°15′、东经 100°35′～101°48′之间。东邻禄丰县，南连双柏县，西接南华县，北同牟定县毗邻。楚雄州、市人民政府驻地鹿城镇，海拔 1773 米。楚雄市距离昆明市 152 千米，距离大理市 179 千米。与昆明市、曲靖市、玉溪市构成滇中城市群；是省会昆明通往滇西 8 州（市）和进入东南亚、南亚国际大通道的重要承接点和物流集散地，素有“省垣门户，迤西咽喉”之称。

【行政区划】　2011 年末，楚雄市辖鹿城、东瓜、吕合、紫溪、东华、子午、苍岭、三街、八角、中山、新村 11 个镇和大过口、大地基、树苴、西舍路 4 个乡，152 个村（居）民委员会，2834 个村（居）民小组。行政区域面积 4433 平方千米。

【人口民族】　2011 年末，全市总人口 51.41 万人。其中，女性 25.17 万人；非农业人口 15.77 万人；少数民族 12.21 万人，有彝族 10.41 万人。人口出生率为 8.4‰，死亡率为 5.1‰；人口自然增长率为 5.7‰。

【自然概貌】　楚雄市地势西北高、东南低，从西北向东南倾斜，呈倾斜葫芦形，市境山脉皆属哀牢山系东麓支平余脉，多呈西北、东南走向。西部山岭绵亘，沟壑纵横，呈“一山分四季，隔里不同天”的立体气候；东部地势呈波状起伏，多丘陵盆地，含有鹿城、子午、东华、苍岭、吕合 5 个坝子。境内最高点是西舍路乡哀牢山脉的小越坟山，海拔 2916 米；最低点为礼社江与彝家拉河、石羊江交汇处，海拔 691 米。市境河流分属元江、金沙江两大水系。元江上游的礼社江，从南华县入境，穿越市境西南部，支流有马龙河、三街河、白衣河、五街河、邑舍河、碧鸡河、自雄河；金沙江水系有其支流龙川江，从吕合入境，自西向东流经东瓜、鹿城、苍岭，再由西向北出境，是楚雄市坝区的主要河流。主要支流有紫甸河、西静河、河前河、寨子小河、青龙河、苍岭小河。市境属北亚热带季风气候区，冬干夏湿，雨季集中，日照充足，霜期较短，冬季降水量偏少。西部山区，山高谷深，地形复杂多样，有立体气候特点。全市土壤多为水稻土和红壤土，适宜水稻、烤烟、包谷等农作物种植。森林覆盖率达 76.9%，空气质量达到国家一级标准，饮用水质量达国家二级标准。2011 年，降雨量 723.5 毫米，年平均气温 16.4℃。年末，全市有耕地 35.73 万亩，其中水田 17.93 万亩，旱地 17.8 万亩。

【资源特产】　楚雄市森林资源、中药材、水电、煤炭、矿产、文化旅游等特色资源丰富。楚雄市是云南山茶花的重要原生地之一，也是山茶科植物物种基因库。楚雄市山茶属植物有云南山茶、粗柄连蕊茶、猴子木、毛果山茶、怒江山茶、厚皮香 6 种；百年以上云南传统名贵茶花园艺品种古树主要有童子面、松子壳、狮子头、大叶银红、大理茶 5 种。楚雄本地鉴定、命名的特有品种 36 个，主要分布在紫溪山、黑牛山和三尖山地区。紫溪山云南山茶物种园、黑牛山野生山茶保护区、楚雄茶花精品园、彝海国际茶花文化园等均为观赏和考察楚雄山茶花的理想之地。楚雄市被世界茶花协会确定为 2012 年世界茶花博览会主办城市。常见的木本植物有 40 余种，草本植物 20 余种，食用菌 30 余种。分布有野生中草药 640 余种，名贵药材有三七、天麻、茯苓等 56 种。有野生动物 519 种，其中两栖类 29 种、爬行类 56 种、鸟类 329 种、兽类 105 种，属国家保护的野生动物有蜂猴、白鹇等 64 种。位于市境西南部的哀牢山国家级自然保护区，森林茂密，有名贵植物 1480 多种，鸟兽 460 种，两栖爬行动物 46 种，国家重点保护珍稀动物 26 种，已被列为联合国“人与生物圈”森林生态系统的定位观测站。境内水电资源丰富，现有发电站 7 座，220 千伏变电站 2 座，110 千伏变电站 7 座，35 千伏变电站 26 座，输电线路共 582.7 千米。煤炭资源储量居楚雄州第二，初步探明的煤炭资源储量为 2.26 亿吨，还有金、银、铜、锌、大理石、石灰石、石油、天然气等多种资源。名特产品有做工精细的民族珍贵装饰品银器、手工刺绣的彝族服饰、益友骨角保健梳及工艺品。楚雄薄荷含油量高，可制薄荷油和薄荷脑，在中药材中有“楚薄”之称。楚雄云泉豆瓣酱鲜香可口，辣味适中，被评为“中国大西南名牌产品”，并批量出口日本。深加工的野生食用菌畅销法国、瑞士、意大利、德国、东南亚等10余个国家和地区。楚雄市产的核桃具有个大、壳薄、仁厚、味香等特点，其中“东宝一捏脆”核桃系列产品采用现代生物科学技术加工，保留了核桃原有的营养成分，被国家农业部认证为“国家A级绿色食品”，被授予“全国核桃之乡”；三街蚂蝗箐的彝山系列茶叶、大地基乡中邑舍的楚彝系列茶叶分别荣获云南省“云茶杯”省级优质奖和名茶奖。“楚彝”牌银毫茶叶荣获无公害农产品认证；滇岭牌“桃乐丝”滇含片糖荣获中国绿色食品发展中心A级绿色食品认证。

【经济状况】 2011年，楚雄市抢抓新一轮西部大开发和云南桥头堡建设战略机遇，着力夯实基础、培强产业、改善民生、促进和谐，全市经济平稳较快增长，社会保持和谐稳定。全市实现生产总值194.42亿元，比上年增长12.5%。其中，第一产业增加值19.34亿元，增长8.5%；第二产业增加值112.96亿元，增长14.9%；第三产业增加值62.12亿元，增长9.4%。一、二、三产业对国民经济增长的贡献率分别为6.8%、68.3%、24.9%。人均生产总值达到32963元，增长9.1%。完成财政总收入26.69亿元，增长17.6%，地方财政总收入17.2亿元，增长19%；地方财政一般预算收入11.6亿元，增长19.2%；固定资产投资100.5亿元，增长25.3%；非公经济完成增加值82.69亿元，增长14.5%，占全市生产总值比重达42.5%。居民消费价格总指数为103.8%，商品零售价格指数为103.6%，分别上涨3.8%和3.6%。投入城市建设资金7.19亿元，城市建成区面积达37.55平方千米，城镇化率达56.4%。全面落实惠农政策，推行草原家庭承包和实施草原生态保护补助奖励机制。全市15个乡（镇）8万多农户补助资金3246.73万元。兑付支农惠农补助资金8077万元。抓好农业基础设施建设，发展现代农业，加快农业产业化进程，推进新农村建设。全市完成农林牧渔业总产值30.14亿元，比上年增长9%。其中，农业产值16.24亿元，增长10.4%；林业产值3.67亿元，增长7.3%；畜牧业产值9.67亿元，增长8.3%；渔业产值5698万元，下降1.2%。农民人均纯收入5145元，增长11.8%。农作物总播种面积80.79万亩。全年粮食总产量19万吨，比上年增长7.1%；烟叶收购1665.27万千克，均价达18.89元，实现税收6922.11万元。烟农卖烟收入达3.15亿元。建成生猪标准化养殖场5个，全市出栏生猪47.04万头，出栏肉牛6.75万头，出栏肉羊8.57万只，出栏家禽308万只，肉类总产量5.63万吨。累计建成核桃基地83.5万亩，年内新增种植面积2.47万亩，核桃产量达7125吨，实现产值2亿元。全市“万村千乡市场工程”乡（镇）覆盖率达94%，行政村覆盖率达57%。投资6506万元，完成2010年中央财政小型农田水利重点项目和关坝河、竹园、中土坡3件小（一）型水库、实施11件小（二）型水库除险加固工程。年内获国家专项资金2575万元，用于九龙甸水库引用水源地污染治理。全年完成水利建设投资2.1亿元，总库容达2.12亿立方米。改造中低产田地9.3万亩，累计完成投资1.11亿元。全市培育发展省、州级农业龙头企业25家，年内获得无公害农产品认证4个、绿色食品认证4个、有机食品认证6个，获得知名农产品品牌2个。有53.9万亩农产品基地、2.7万亩水产品养殖基地通过云南省首批无公害农产品产地整体推进认定；5家农业龙头企业获得进出口经营权，出口创汇额达1630万美元。摩尔农庄有机核桃乳成功申报为云南省著名商标。2011年投资495万元启动27个新农村试点村建设，稳步推进苍岭镇马石铺民族团结国家级标杆村建设。建成并命名苍岭镇李家坝村、西坝河村，吕合镇梨园村，紫溪镇紫溪彝村4个生态村。加大工业投资力度，烟草及配套产业、能源冶金化工、机械制造、绿色食品、生物制药业快速稳步发展。建设工业园区面积达64.5平方千米，入园企业达57户。拥有云南省高新技术企业2户，创新型试点企业1户；拥有多种制剂生产线30条90余个品种。打造排毒养颜胶囊、灵丹草颗粒、拨云锭系列等知名品牌。云南广泰生物公司年产20万吨有机核桃乳项目被国家扶贫办和中国进出口银行批准列为国家第三批扶贫金融合作试点，并获得3亿元10年期扶贫贷款。全市辖区完成工业总产值208.08亿元，比上年增长24.6%；规模以上工业产值177.89亿元，增长24%，其中轻工业产值94.61亿元，增长19.1%，重工业产值83.29亿元，增长30.1%。辖区实现工业增加值96.35亿元，增长16.4%；工业增加值占全市生产总值比重达46.9%，比上年提高1.5个百分点。工业对全市经济增长的贡献率达63.2%，拉动经济增长7.9个百分点。规模以上企业达43户，完成产值177.89亿元，增长24%；工业增加值79.48亿元，增长17%。重点支柱产业实现增加值77.53亿元，增长17.4%。全社会固定资产投资完成100.5亿元，比上年增长25.3%。实施开发区高层次人才创新创业示范基地建设，成立云南省首家以生物医药产业为科技服务方向的院士工作站。年内，草本堂药业、极粹生物科技等5户企业建成投产；华能天然气热电联产、楚雄物联网云计算等一批项目成功签约。全年共引进州外到位资金20.31亿元，增长30.1%，占全州比重达61.9%。全年开发区实现生产总值30.62亿元，增长20.8%。年末辖区公路通车里程达9276.8千米，市乡公路油路里程290.5千米，市乡公路等级率92.5%，硬化率64.2%。拥有营运车辆8308辆，比上年增长18.5%。其中，货物营运汽车7188辆，增长19.8%。完成客运量100.8万人，旅客周转量63746.6万人千米，分别增长4.8%和5%；完成货运量667.3万吨，货运周转量62638.9万吨千米，分别增长6%和6.2%。邮电业务总收入3.40亿元，增长7.4%。年末拥有固定电话7.54万部，下降33.1%，固定电话普及率达12.78部/百人。年末移动电话拥有61.11万部，增长27.9%，移动电话普及率达103.61部/百人；年末互联网注册用户达15.34万户，增长20.8%。年末全市拥有110千伏变电站7个，容量达59.6万千伏安，输电线路123.2千米；有35千伏变电站10个，容量达1.4万千伏安，输电线路197.6千米；通电覆盖率达100%。全年辖区共实施州外国内招商引资项目84项，项目协议总投资141.77亿元，实际到位资金32.82亿元，比上年增长31.6%；84个项目共完成固定资产投资28.82亿元，增长20.5%。松脂、野生菌、蔬菜等特色产品出口大幅增长，全年辖区对外贸易进出口总额达7771万美元，增长33.9%，围绕“风情彝都，魅力楚雄”开发文化旅游，接待国内外旅游者397.23万人次，实现旅游总收入14.21亿元，增长48.2%。

【教科文卫】 2011年，楚雄市加大教育经费投入，不断改善办学条件，教学质量稳步提高。全年市级财政教育事业经费支出3.26亿元，比上年增长10.7%。其中，补助2.49万名贫困寄宿制中小学生生活费2145.96万元；补助高级中学学生助学金580.94万元。年内，投资2540万元的职业高级中学实训楼建设项目已完工；投资1449.4万元启动实施金鹿中学等4所中学校舍安全工程。全市中小学教学仪器设备配备率达100%。优化整合教育资源，撤并西城小学、鹿城镇尹家嘴小学、吕合镇回龙完小3所小学，投资538万元创建灵秀小学和北路、新苗、东城3所公立幼儿园。全市高考综合上线率达99.52%，重点上线率达13.01%。小学适龄儿童入学率达99.99%，初中适龄人口入学率达99.98%，初中阶段毕业生升学率为82.6%。年末辖区拥有高等院校2所，专任教师677人，在校学生1.37万人；有各类中等职业学校10所，专任教师849人，在校学生2.05万人；有普通中学26所，专任教师2377人，在校学生3.46万人；有小学142所，专任教师2312人，在校学生4.35万人。有幼儿园81所，在园幼儿1.36万人。

全市共实施13项国家、省、州级科技项目，共向国家知识产权局申报专利51件，授权专利44件，全市专利拥有量达363件。楚雄市被列为云南省第一批知识产权强县试点县（市）之一。年内，楚雄市4项科技成果获省级科学技术奖，其中“烟草三种主要病害抗药性研究及应用”和“云南省地方习用药材标准和饮片标准的研究”获科技进步二等奖；“水稻新品种‘楚梗29号’选育”和“烤烟砂培漂浮育苗技术研究”获科技进步三等奖。开发区省级农业科技示范园区项目获省级认定，国家金太阳示范工程楚雄市6兆瓦大型并网地面光伏发电站项目已争取到位各级补助资金2410万元。楚雄市成功创建为2011~2015年全国科普示范市。

投资135万元建成东瓜、大地基、西舍路3个乡（镇）综合文化站；投资172万元，完成54个农家书屋和128个村级文化信息资源共享工程农民素质教育网络培训学校建设，全市农村图书流动小组达180个。年末辖区拥有图书馆2个，文化馆2个（含群艺馆1个），博物馆1个；有电视台2个，广播电台2个，电视覆盖率达98.5%，广播覆盖率达99%。年内，大过口乡申报中国“彝族歌舞艺术之乡”顺利通过州级专家组评审。参加全州第十二届运动会比赛，均获得金牌和奖牌总数、团体总分第一的好成绩；参加全国第九届少数民族运动会秋千比赛，获银牌1枚，铜牌4枚。

全市有33.14万人参加新型农村合作医疗，参合率达94.9%；减免新农合医疗费4923万元。年末辖区拥有营业执照医疗卫生机构379个，其中医院42所，比上年增加2所。拥有床位4663张，增长24.5%；有卫生技术人员4480人，增长4%，其中执业医师1525人，下降0.1%。全市年末每千人拥有医生2.98名。

【社会生活】 2011年1月1日，楚雄市城镇居民医疗保险最高支付限额从每人每年5万元提高至9万元。年内，鹿城镇万家坝社区老年日间照料中心项目被列为2011年中央财政预算内投资社会养老服务体系建设试点，项目总投资162万元。投资600万元建设“失地农民创业园”，以种植香菇为主，解决鹿城东南片区400余名失地农民就业问题。全年开发城镇就业岗位7800个，开发公益性岗位482个，新增城镇就业人数3607人。

2011年，城镇职工医疗保险最高支付限额从每人每年18.8万元提高至20万元。城镇登记失业率为3.3%。城镇居民人均可支配收入达19417元。全年城镇居民共有1.66万人享受最低生活保障，下降1.7%，发放最低生活保障资金3970万元，增长23.8%；农村居民有2.41万人享受低保，共发放最低生活保障金2423万元，分别增长17.9%和45.2%。辖区年末参加城镇职工基本养老保险人数达5.41万人，征缴养老保险基金34352万元，分别增长7%和54.5%；参加城镇居民社会养老保险人数达9807人；参加农村养老保险人数达6.92万人，增长0.1%，征缴保险基金17万元。参加新型农村养老保险人数达20.55万人。参加城镇职工基本医疗保险人数达92564人，下降0.9%，征缴保险基金17593万元，增长2%；城镇居民基本医疗保险参保人数达7.29万人，筹集保费1906万元，分别增长2.2%和49.3%。

【北浦中学参加云南省第26届青少年科技创新大赛获奖】 2011年4月22~24日，云南省第26届青少年科技创新大赛在昆明举行。楚雄市北浦中学分别获中学组FLL机器人工程挑战赛一等奖1个、三等奖4个；小学组FLL机器人工程挑战赛分别获二等奖2个、三等奖1个。

【东兴中学选派学生代表赴日参加交流学习活动】 2011年10月26日，根据《教育部国际司关于遴选中日政府高中生交流项目2011年度第二批中国高中生代表团短期赴日访问的通知》要求，楚雄市东兴中学选派高二年级4名男生、6名女生代表云南省基础教育学校赴日参加交流学习活动。

【楚雄市西山爱国主义教育基地落成】 2011年2月18日下午，中共楚雄市委、市人民政府举行楚雄市西山爱国主义教育基地竣工落成典礼。楚雄市西山爱国主义教育基地位于原高顶寺旧址，占地3500平方米，为缅怀革命先烈，振奋精神，楚雄市西山爱国主义教育基地建设工程于2010年3月正式开工，投资550万元，整个教育基地的规划分为五个功能分区，同时规划建设了功能配套区，现已建成投入使用。楚雄市西山爱国主义教育基地的建成，彰显了全市人民牢记历史，继往开来的满腔热情，对于缅怀革命先烈，弘扬革命精神，讴歌解放战争的伟大胜利；对于开展爱国主义和革命传统教育，培育民族精神，传播社会主义先进文化，特别是对加强和改进未成年人思想道德建设；对于动员和鼓舞全市人民积极投身于滇中楚雄特色大城市建设，推动楚雄市经济社会发展实现新跨越，具有十分重要的现实意义和深远的历史意义。

乡（镇）领导名录

鹿城镇
　党委书记：向　勇（傣族，副处，~2011．05）
　　　　　　习　雁（副处，2011．05~）
　镇　　长：李贵泽

东瓜镇
　党委书记：李成相
　镇　　长：杨志敏（2011．03~）

紫溪镇
　党委书记：钱　颖（女，哈尼族，~2011．02）
　　　　　　李明海（彝族，2011．02~）
　镇　　长：李明海（彝族，~2011．02）
　　　　　　杨　俊（女，彝族，2011．03~）

吕合镇
　党委书记：陆　海（壮族，~2011．02）
　　　　　　王连波（彝族，2011．02~）
　镇　　长：马兴旺（回族）

东华镇
　党委书记：陆洪朝（~2011．02）
　　　　　　黄国钺（2011．02~）
　镇　　长：何春红

子午镇
　党委书记：宋振华
　镇　　长：李加友（彝族，~2011．02）
　　　　　　姚光彩（2011．03~）

苍岭镇
　党委书记：李仕阳（~2011．10）
　　　　　　张汝明（白族，2011．10~）
　镇　　长：陈德君

三街镇
　党委书记：李树鉴（~2011．10）
　　　　　　邹顺伟（彝族，2011．10~）
　镇　　长：邹顺伟（彝族，~2011．10）
　　　　　　徐少华（2011．10~代理镇长）

树苴乡
　党委书记：董宏光
　乡　　长：陈富荣（~2011．02）
　　　　　　张太云（2011．03~）

八角镇
　党委书记：鲁　潜（~2011．02）
　　　　　　袁培林（2011．02~）
　镇　　长：张炳荣

中山镇
　党委书记：郭宜宏
　镇　　长：刘应龙

大过口乡
　党委书记：何金富（彝族，~2011．02）
　　　　　　刘志刚（2011．02~）
　乡　　长：王建华（彝族）

西舍路乡
　党委书记：王庆贵（彝族，~2011．02）
　　　　　　李先福（2011．02~）
　乡　　长：何绍才

新村镇
　党委书记：王崇福（~2011．10）
　　　　　　徐少华（2011．10~）
　镇　　长：韦宗勇

大地基乡
　党委书记：罗华银（彝族）
　乡　　长：李先福（~2011．02）
　　　　　　魏夕林（2011．03~）

［周永琼］

乡（镇）情况一览表

乡(镇)	面积(平方千米)	村(居)委会(个)	年末总人口(人)	年末耕地面积(亩)	农业总产值(万元)	粮食总产量(吨)	烤烟总产量(吨)	年末大牲畜存栏(头)	农民人均纯收入(元)
鹿城镇	372	21	164736	24844	30914	19236	413	9728	6191.77
东瓜镇	229	12	63624	17937	17616	12617	445	5457	6154.51
吕合镇	186	9	25528	21482	24369	13114	520	8627	5487.39
紫溪镇	243	8	14877	15685	12136	8561	462	6661	5067.79
东华镇	448	11	30334	36970	32624	20573	2610	7442	5423.88
子午镇	362	13	35283	45643	30356	24982	2860	12339	5484.95
苍岭镇	344	8	32830	42819	36083	23570	900	13118	5593.58
三街镇	206	11	24418	20912	15355	9549	1011	9862	4688.12
八角镇	145	7	16901	16221	12788	8244	1467	6864	4482.94
中山镇	301	11	24580	26770	17645	11035	1400	7051	4596.64
新村镇	355	8	14910	17092	17237	8506	1020	10182	4526.78
树苴乡	134	7	18546	17813	12733	9800	1314	8111	4534.74
大过口乡	340	9	16344	17686	13537	5719	460	6875	4588.05
大地基乡	387	6	11309	15291	15087	6138	1070	5072	4158.81
西舍路乡	381	11	19833	20143	12934	8317	701	7392	3889.93

［楚雄州统计局］

双 柏 县

【地理位置】 双柏县位于楚雄彝族自治州南部，东与玉溪市易门县、峨山县接壤，南与玉溪市新平县，西与普洱市镇沅县、景东县相接，北与楚雄市、禄丰县相连。地跨北纬24°13′～24°55′、东经101°03′～102°02′之间，东西横距95千米，南北纵距76千米。县人民政府驻地妥甸镇，海拔1964米，距省府昆明公路里程225千米，距州府鹿城公路里程60千米。

【行政区划】 2011年末，双柏县辖妥甸镇、大庄镇、碍嘉镇、法脿镇、大麦地镇和安龙堡乡、爱尼山乡、独田乡5镇3乡，2个居民委员会、82个村民委员会1545个村（居）民小组。全县国土面积4045平方千米。

【人口民族】 2011年末，全县户籍人口154728人。其中，女性人口73923人；非农业人口17316人；少数民族人口76572人，占总人口的49.5%，主要少数民族人口有彝族71017人，哈尼族3871人，白族834人，苗族367人，回族184人。城镇化率25.36%，比上年提高1.36个百分点。

【自然概貌】 双柏县地处滇中，具有地表畸形，群山连绵，山川峡谷纵横，高差悬殊，垂直明显的特点。因受绿汁江、马龙河水系的深切，断面呈“V”型发育，西北高、东南低，地形由西北部向东南部倾斜，白竹山以北地区高原特征比较明显；南部呈中山深切割地貌，谷深坡陡，地表破碎，多数山地脉络难寻。绿汁江多沿县境边缘环流，全县最高点为西部与普洱市景东县交界的大梁山，海拔2946米，最低点是县境南端与新平县交界处的三江口，海拔556米，平均海拔1751米。全境皆山，无一平川，坡度大于8度的国土面积占98.5%。其地貌大致分为强烈切割高、中山峡谷区，强烈切割高、中山区和中山丘陵地区3个单元区。

【资源特产】 2011年末，全县国土面积为4045平方千米，常年耕地面积178025亩，其中中上等肥力耕地占28.5%。全县年均降水总量为35.74亿立方米，县境河川径流总量为748亿立方米，全县主要江河水能理论蕴藏量为36.368万千瓦，其中马龙河4.16万千瓦，沙甸河、绿汁江8.86万千瓦，碍嘉境内23.348万千瓦。全县共有林业生产用地493.39万亩，活立木蓄积量820多万立方米，境内有树种207科344属5095种，其中列为珍贵树种明令保护的有11科16个品种。主要特产有妥甸酱油、白竹山茶、邦三红糖等。

【经济状况】 2011年，全县实现地区生产总值16.4亿元，增长12.4%。完成地方财政总收入16616万元，增长24.3%，其中地方财政一般预算收入11447万元，增长17%。完成全社会固定资产投资20.1亿元，增长31.9%。实现社会消费品零售总额2.68亿元，增长20%。城镇居民人均可支配收入达15689元，增长11.4%（扣除物价因素）。农民人均纯收入达3814元，增长16.1%。居民消费价格总水平上涨3.7%，控制在州政府下达目标的4%以内。金融机构各项存款余额19.9亿元，增长17.7%；贷款余额7.2亿元，增长19.4%。实现招商引资到位资金7.3亿元，增长21.6%。粮食生产实现恢复性增长，全年播种粮食作物27.5万亩，增长25%，粮食产量达7.7万吨，增长83.6%，有效保障粮食安全。以烤烟、蚕桑等为重点的经济作物种植规模不断扩大，效益得到显著提升。以绿汁江、马龙河沿岸为主的热作开发成效明显，全年共种植蔬菜等反季作物4.8万亩，实现收入3738万元。以生态牛、羊、猪为重点的畜牧产业持续培强，实现畜牧产值5.3亿元，增长22.9%。各项惠农政策全面落实，兑付良种、农资综合、草原生态补偿、退耕还林等补贴3808万元，有效促进了农民增收。“乡村流通工程”建设日趋完善，覆盖广大农村的农业生产资料、农副产品信息及营销网络体系逐步健全。现代农业发展组织体系规模不断扩大，发展农民合作经济组织231个。全年实现农业总产值10.7亿元，增长9.5%。围绕“兴工强县”战略，突出抓好森源化工新建生产线等10大重点工业项目，积极扶持重点企业发展壮大。扎实推进工业园区规划调整，加大园区“三通一平”等基础设施建设力度，以园招商效果明显，年内成功引进3户企业入驻园区，工业园区载体平台作用有效发挥。工业经济发展的质量和效益稳步提升，对县域发展的支撑作用不断增强，全年实现工业总产值11.6亿元，增长29.6%，实现工业增加值2.8亿元，增长17.5%；实现外贸出口总额3347万美元，增长120.3%。

【教科文卫】 2011年，双柏县教育投入持续加大，办学条件明显改善，教育督导通过省级评估，教育教学质量稳步提升，中考名列全州第一，高考总上线率达98.9%。科技示范和科技成果广泛推广运用，科技对国民经济发展的贡献率达46%。成功举办“2011中国双柏彝族虎文化节”和第十四届职工篮球运动会；组团参加第十二届州运动会，夺得金牌21枚、银牌9枚、铜牌6枚。文化体制改革稳步推进，乡村文化服务体系建设全面加强，广播电视综合覆盖面不断扩大。医药卫生体制五项重点改革扎实推进，人民群众看病难、看病贵问题有效缓解。低生育水平进一步巩固，人口自然增长率为1.7‰，省级计划生育优质服务先进县创建通过考评验收。妥甸中学整体搬迁建设项目一期工程全面完工，二期工程建设加快；实施校安工程28个1.7万平方米，新建校舍面积2.2万平方米。县医院住院楼建设项目主体工程全面完工，村级卫生服务网络建设得到加强。法脿文化站加快建设，农村文化信息资源共享工程全面完成。

【社会生活】 2011年，双柏县面对连续3年的严重旱灾，高度重视，突出人畜饮水、抗旱保苗、森林防火、社会稳定等重点，认真落实抗旱保民生各项措施。投入抗旱资金3360万元，投入抗旱设备3243台，组织12.5万人次深入一线开展抗旱救灾工作，临时解决了4.6万人、6400多头大牲畜的饮水困难。栗树埂水库应急提水、抗旱打井工程投入使用，白竹山应急供水工程加快实施，有效缓解了县城饮水困难问题，确保大旱之年群众生产生活和社会稳定。招考录用公务员、事业人员、特岗教师、大学生村官共81人，新增城镇就业人员1204人，转移农村富余劳动力9500人，开发公益性岗位179个，发放“贷免扶补”、小额担保贷款等创业资金2700万元，城镇登记失业率控制在3.2%以内。社会保障体系不断健全，五大社会保险扩面稳步推进。新农合参合率达93.3%，为16.3万人（次）补偿医药费用1769万元；城镇居民基本医疗保险参保率达98%，为636人次城镇居民补偿医药费用167万元；启动实施被征地农民基本养老保障工作，提取被征地农民保障金1170.6万元；新型农村和城镇居民社会养老保险试点工作全面开展，参保人数达9.25万人，收缴保费875万元，兑现基础养老金546万元。发放城乡低保资金2400万元，救助金528万元，救灾救济粮42.5万千克。安排义务教育“两免一补”、计划生育“奖优免补”资金2190万元。将188名机关事业单位列入财政预算使用编制外人员的工资由每人每月520元提高到720元；新增财政预算1300万元，为全县5386名机关事业单位职工调整提高津贴补贴、艰苦地区津贴。68套3400平方米廉租住房、175套10500平方米公共租赁住房、1500户农村危旧房改造顺利推进，600户国有林区棚户区改造主体工程全面完工。

【产业建设显著提升】 2011年，双柏县完成烟水烟路工程147件，建设密集烤房39群550座，烟叶生产基础不断夯实，收购烟叶820.75万千克，实现烟叶总产值1.48亿元，均价达17.97元，“两烟”税收3931万元。麻栗树煤矿一碗水矿井技改扩建、矿产资源探采工作加紧推进，正阳矿业正常生产经营，资源开发利用水平不断提高。班果河二、三级电站投产发电，新增装机0.4万千瓦，戛洒江、大湾等4座电站建设前期工作稳步推进，龙门、雨果等7座在建电站加快建设，矿电产业实现产值1.5亿元，税收2250万元。深入推进集体林权制度配套改革和商品林采伐试点工作，年内种植核桃10万亩、膏桐4万亩、冬桃6000亩，完成中低产林改造9万亩。以华兴人造板、宏光胶合板厂为重点的林板加工企业和以森源、松原为重点的林化深加工企业效益不断增强，现代林业产业实现产值5亿元，税收1557万元。以妥甸酱油、白竹山茶、野生菌加工为重点的绿色食品产业不断壮大，绿色食品产业实现产值5.6亿元，税收245万元。以查姆文化为重点的民族民间传统文化不断传承和发展，新建传习所4

个。乡村旅游、文化旅游线路和相关基础设施不断加强，文化旅游产业实现突破发展，全年接待国内外游客20.8万人次，实现产值1.2亿元，税收19万元。5大重点产业增加值占全县GDP比重达38%。

【城镇基础设施建设加快】 2011年，双柏县紧紧围绕打造“山水园林县城”的总体要求，以县城各项规划编制为龙头，突出抓好查姆湖保护开发、西北片区开发、杞龙片区开发三大重点，坚定不移实施扩城战略。查姆湖保护开发工程加快推进，文化品识区建设工程全面完成，长青路沿湖拆迁及石油公司片区开发前期工作扎实推进。县城西北片区东和大道建成投入使用，区内行政新区建设、商住房开发建设全面启动。杞龙片区5.63万平方米商住房、查姆大酒店主体工程完工。县城西南片区完成征地327.5亩。东和苑小区建成投入使用，东兴湖、粮贸小区建设加快推进。县城污水处理厂、城市生活垃圾处理工程投入使用。县城近期规划全面完成，全县村庄规划编制工作扎实推进，以法脿、大麦地为重点的集镇建设步伐加快。城镇功能逐步完善，城镇管理水平不断提升，县城建成区面积达2.9平方千米，城镇化率达26.36%，提高1.35个百分点。年内共完成城镇基础设施投资1.02亿元。

【交通基础设施建设进一步加强】 2011年，元双公路（双柏段）建成通车，弥河线（双柏段）油路、河门口至普龙混凝土预制块路面、163.6千米农村公路通达工程完工投入使用。法脿至大庄农村公路路面硬化工程、农村公路大中修工程、妥鸡油路及晋云线雨龙至大岔河通乡油路破损路面修复工程加快实施。双柏至新平二级公路、彩云至大庄、独田至碍嘉、绿汁江沿江公路、石羊江大桥等建设项目前期工作稳步推进。农村公路管养进一步加强，农村客运事业全面发展，大麦地客运站建成投入使用。年内共完成交通基础设施投资9051万元。

【全面夯实农业农村基础】 2011年，双柏县河口河水库新建、新华水库扩建、木老虎水库配套工程建设稳步推进。草坝子、栗树埂、李芳村、小庙河等8件小（一）型病险水库除险加固工程及毛家坝大沟、石头大沟干支渠防渗工程建设圆满完成。五小水利工程全面实施，建成小水窖1283个。农村小型水利体制改革全面完成，全县水利灌溉保障率得到逐步提高。安龙堡坡代土地整理项目顺利完工，新会、普岩土地整理项目抓紧推进，麻栗树小流域水土治理坡耕地改造项目开工建设，全年共实施中低产田地改造11530亩。完成新农村省级重点建设村11个、少数民族地区基础设施建设项目28个、农村公益事业建设“一事一议”财政奖补项目77个，实施扶贫整村推进、产业扶贫、易地搬迁等各类扶贫项目62个，有效改善了少数民族地区、边远山区、贫困地区生产生活条件。年内共完成农业农村基础设施投资5.84亿元。完成农网改造建设167村1129户，有效解决5060人通电难问题。新建通信基础设施项目27个，农村信息网络化水平逐步提高。年内共完成社会事业基础设施投资2.1亿元。

乡（镇）领导名录

妥甸镇
党委书记：杨　铭（副处，～2011.06）
　　　　　王景书（副处，2011.06～）
镇　　长：周继涛（～2011.10）
　　　　　周增先（2011.10～）

大庄镇
党委书记：殷履东（～2011.01）
　　　　　孙绍华（2011.03～）
镇　　长：田发荣（2011.03～）

碍嘉镇
党委书记：杨光盛
镇　　长：李家明（～2011.01）
　　　　　牛泽华（2011.03～）

法脿镇
党委书记：吴　忠
镇　　长：王　权

大麦地镇
党委书记：王景书（～2011.10）
　　　　　周继涛（2011.10～）
镇　　长：戈德琦（2011.03～）

安龙堡乡
党委书记：李家荣
乡　　长：孙绍华（～2011.03）
　　　　　罗兴福（2011.03～）

爱尼山乡
党委书记：黄海雁
乡　　长：李　喆（女，2011.03～）

独田乡
党委书记：李德全
乡　　长：张　梅（女，～2011.03）
　　　　　李　剑（2011.03～）

［张存浥］

乡（镇）情况一览表

乡(镇)	面积（平方千米）	村(居)委会（个）	年末总人口（人）	年末耕地面积（亩）	农业总产值（万元）	粮食总产量（吨）	烤烟总产量（吨）	年末大牲畜存栏（头）	农民人均纯收入（元）
妥甸镇	737	18	41172	34709	24531	10594	2185	16716	4000.33
大庄镇	557	13	26310	28818	18350	10897	1436	13026	3909.85
法脿镇	429	13	24177	24114	17714	8326	1400	11421	3910.51
碍嘉镇	619	14	27228	29033	20321	11266	624	13221	3842.36
大麦地镇	504	9	9691	13814	8432	4273	425	11281	3775.15
安龙堡乡	270	8	9180	21515	10668	5711	1005	8244	3487.02
爱尼山乡	675	7	12776	23877	15116	6059	869	11780	4080.08
独田乡	254	2	4193	7242	5463	2275	288	4755	4029.57

［楚雄州统计局］

牟　定　县

【地理位置】　牟定县地处楚雄州中部，位于北纬25°09′～25°40′、东经101°19′～101°51′之间。东邻元谋县、禄丰县，南连楚雄市，西与南华县、姚安县接壤，北同大姚县毗邻。县人民政府驻地共和镇，海拔1758米，距州府楚雄市区56千米（牟定县城至州府楚雄的元双公路里程为32千米）。

【行政区划】　2011年末，牟定县辖共和、新桥、江坡、凤屯4个镇和安乐、戌街、蟠猫3个乡，89个村（居）民委员会，1206个村（居）民小组。行政区域面积1464平方千米。

【人口民族】　2011年末，全县总人口20.53万人。人口出生率8.7‰，死亡率6.5‰，自然增长率2.2‰；城镇化率30.4%，比上年提高2.4个百分点。据公安部门统计，年末户籍人口20.53万人，比上年末增长0.24%。其中，女性人口10.03万人；非农业人口19.50万人；少数民族人口4.58万人，占总人口的22.3%。主要少数民族（千人以上）有彝族44291人，占总人口的21.6%。

【自然概貌】　牟定县地处滇中红土高原中部，高原地貌保持较完整。地势自西北向东南倾斜，西北高、东南低；境内群山连绵，山区面积91%，有面积87.8平方千米的牟定坝子，属全州第四大盆地，其余不足1平方千米。河流属金沙江水系，主要有勐岗河、龙川河、紫甸河等。境内褶皱宽缓，断层发育，大部分地区海拔在1570～1985米之间，最高点为西部寨子山，海拔2550米；最低点为东北部的海子哨村勐岗河底大箐口，海拔1140米。县境属北亚热带季风气候区，由于海拔自东南、东北向西逐渐升高，平均气温则逐渐下降，自然降水量却依次递增，具有一定的“立体气候”特点。2011年末，全县实有耕地19.96万亩，其中水田12.31万亩、旱地7.65万亩，人均有耕地面积0.97亩；全县共有中、小型水库86座，总库容6423万立方米。全县州级自然保护区总面积4.5万亩，占全县国土面积的2.05%；全县共有131.8万亩林地面积，人均6.43亩。县境年平均气温16.2℃，与上年相比偏低1.0℃，与常年平均持平。年内县境降水量661.9毫米，比常年平均偏少220.7毫米，较上年偏多27.3毫米。全年日照时数为2318.3小时，较历年平均偏多90.9小时，比上年偏少135.8小时。

【资源特产】　牟定县境内已发现矿产40余种，已探明的有金、银、铂钯、铜、铁、钛、钒、铌、铅、镍、硅石、钾长石、蛇纹石、蛭石、方解石、花岗岩、石墨、石膏、蓝石棉、稀土、高岭土、煤炭等20余种，稀土矿、铂钯矿、高岭土矿、硅矿基本资料比较完备。境内植物资源种子植物149种、464属、874种。其中，裸子植物8科、13属、22种，被子植物141科、451属、852种，被子植物中有双子叶植物124科、371属、743种，单子叶植物17科、80属、109种。动物资源有兽类36种、鸟类98种、两栖类5种、爬行类7种；兽类中的皮毛革兽12种，医药、实验用兽13种，狩猎兽3种，鼠类7种，其他兽类1种；鸟类中有留鸟85种、冬候鸟6种、夏候鸟7种。特产主要有力石酒、喜鹊窝酒、化佛茶、油腐乳、铜炊锅、腌菜罐、砂土锅等。

【经济状况】　2011年，全县实现生产总值25.78亿元，按可比价格计算，比上年增长13%。其中，第一产业实现增加值7.39亿元，增长8.2%；第二产业实现增加值8.71亿元，增长20.3%，其中工业实现增加值5.37亿元，增长28.8%；第三产业实现增加值9.68亿元，增长10.5%。三次产业结构由上年的28.4∶32.3∶39.3调整为28.7∶33.8∶37.5。人均生产总值12576元。非公经济增加值占生产总值比重48.4%，增长0.7%，对经济增长的贡献率达到58.1%，拉动经济增长7.56个百分点。实施招商引资项目24项，引进县外到位资金9.12亿元。居民消费价格上涨4.1%。全年实现农林牧渔业总产值12.3亿元，比上年增长8.8%。全年农作物总播种面积46.81万亩，比上年减少0.9%，其中粮食播种面积30.37万亩，减少2.4%；经济作物播种面积16.44万亩，增长2%。全年粮食总产量9.26万吨，比上年增长19.9%。全县89个村（居）委会全部通电、通公路、通电话，通自来水88个。年末，农田有效灌溉面积18.06万亩，与上年持平；农村用电量4098万千瓦时，增长5%。全年实现工业增加值5.37亿元，比上年增长28.8%，其中规模以上工业企业实现增加值1.93亿元，增长21.4%。建筑企业完成产值7.5亿元，比上年增长31.6%；房屋竣工面积44.94万平方米，增长130%。全年完成固定资产投资26.21亿元，比上年增长37.8%。全年实现社会零售品总额6.4亿元，比上年增长20%。批发零售业实现商品销售总额2.51亿元，比上年增长8.6%。全年完成货物周转量12715万吨千米，增长1.5%；旅客周转量7398万人千米，增长2.5%。全年完成邮电业务总量8300万元，比上年增长25%。年末电话用户达14.22万部，比上年增加7700部，增长5.7%，电话普及率达68.8%。全年完成财政总收入1.78亿元，比上年增长34.4%，其中地方一般预算收入1.3亿元，增长36.1%；地方财政一般预算支出8.66亿元，比上年增长30.5%。年末金融机构各项存款余额23.54亿元，比上年末增长25.1%，其中居民储蓄存款余额15.33亿元，增长26.7%。各项贷款余额12.49亿元，增长45.6%。保险企业实现保费收入4291万元，比上年增长18.8%；已决赔款1645万元，增长17.9%；全年金融保险业实现增加值3802万元，比上年增长19.5%。

【教科文卫】 2011年末，全县有各类学校95所，其中小学84所，普通中学10所，职业高级中学1所；专任教师1648人，其中小学925人，普通中学685人，职业高级中学38人；在校学生24247人，其中小学13337人，普通中学9324人，职业高级中学1586人。全县共有幼儿园10所（含民办幼儿园2所），在园幼儿3207人。小学学龄儿童毛入学率达108.4%，初中学龄人口毛入学率达113.6%，高中阶段人口毛入学率达71.5%，高考率上线率90.4%。全县有卫生医疗机构19个（不含综合门诊部、所和个人诊所），其中医院17个（含乡镇卫生院）；有卫生专业技术人员455人，其中医生215人。平均每千人拥有卫生技术人员2.2人；有病床737张，其中医院535张，平均每千人拥有医院床位数3.6张。年末全县有艺术表演团体1个，图书馆1个，文化馆1个，乡（镇）文化站7个，电影放映单位1个，广播人口覆盖率达95%，电视人口覆盖率达97%。

【社会生活】 2011年，城镇居民人均可支配收入17056元，比上年增加1739元，增长11.4%，扣除物价因素实际增长7%。农民人均纯收入3986元，比上年增加630元，增长18.8%，扣除物价上涨因素实际增长14.2%。全县居民人均消费水平5759元，其中农村居民4003元，城镇居民9744元，分别比上年增加790元、579元、817元，增长15.9%、16.9%和9.2%。城镇居民人均住房建筑面积33.8平方米，农村居民人均住房建筑面积35平方米。全年有3491人（次）领取城镇居民最低生活保障金823.39万元；1.25万人（次）领取农村低保金1137.29万元（2011年完全统一发放低保金，不再发放低保粮，而是将低保粮直接换算成低保金发放）。供养农村“五保”对象886人，对1432人进行医疗救助，发放救助金263.71万元。年末全县纳入统计单位职工8601人，比上年减少3.64%；在岗职工7052人，减少3.1%。在岗职工年平均工资32582元，增长20.8%。年末全县参加企业职工养老保险5239人，失业保险3002人，医疗保险1.85万人，工伤保险3026人，生育保险1617人。城镇失业率3.5%。年内，发生各类安全生产事故404起，死亡5人，受伤300人，直接经济损失125.25万元，同比事故起数下降24.8%，死亡人数下降50%，受伤人数下降15%，直接经济损失上升9%。

【牟定彝族左脚舞文化节】 2011年4月29～30日，牟定县成功举办了中国·牟定彝族左脚舞文化节—2011“左脚狂欢·激情三月”活动。期间，召开了中国·牟定“彝和园”旅游文化项目推介会，举行了“左脚狂欢·激情三月”活动开幕式暨文艺演出，全国人大常委会委员、全国人大内司委副主任委员、最高人民法院咨询委员会主任姜兴长，省政协副主席曾华，省政协原常务副主席梁林，省人防办主任周发洪，省妇联党组书记、主席胡有兰，省民委副主任李国林，省军区政治部选培办主任暴立民，省发改委稽查特派员杜绍林，州人大常委会副主任杨静等州级领导出席活动，中共牟定县委书记姜扬出席并致辞，县委副书记、县长彭宪琪主持开幕式。同时，举行了中国·牟定第二届左脚舞文化论坛、左脚调歌手大赛及民间才艺展演等活动。

【文化旅游项目彝和园奠基】 2011年10月30日，牟定县举行了概算总投资25亿元的云南·牟定彝和园文化旅游项目建设奠基仪式。州委常委、州委宣传部部长、牟定县委书记姜扬，州人大常委会原主任普联和，州人大常委会副主任杨静，州政协副主席、州工商联主席吴丽华，州政协副主席王定梁，州人大常委会原副主任江正荣，州政府原常务副州长李春和，州政协原副主席普联荣应邀出席。

【风屯风电场投产暨大尖峰风电场开工】 2011年12月28日，投资4.83亿元、装机容量4.95万千瓦的楚雄州第一个风电场—牟定风屯风电场并网发电，投资4.2亿元的大尖峰风电场举行开工仪式。云南省人民政府常务副省长罗正富出席并宣布风电场投产暨大尖峰风电场开工，与中广核集团公司副总经理谭建生一起为中广核牟定飒马场希望小学揭牌。

【农牧业获得丰收】 2011年，全县粮食总产量达9765万千克，比上年增长19.7%；烤烟生产实现提质增效，实际收购烟叶788万千克，综合均价比上年提高3.25元，实现烟叶税3115万元，农民实现卖烟收入1.42亿元；动物疫病防控体系进一步健全，实现畜牧业产值3.91亿元，增长14.7%。

【农村基础设施建设进一步加强】 2011年，全县投入农田水利建设资金1.21亿元，动工农田水利工程2698件、完工2159件，新建小型水源工程1773件，改造中低产田地1.24万亩。整合项目资金1141万元完成元双公路沿线乡风文明示范带建设，投资165万元实施了蟠猫乡母鲁打村等9个新农村建设，投资470万元改善大中型水库库区和移民安置区生产生活条件。实施了55个财政"一事一议"奖补、40个扶贫整村推进项目，产业扶贫、易地搬迁安置、安居工程等深入推进。完成农村饮水安全工程50件，解决1.1万人、3535头大牲畜的饮水困难。

乡（镇）领导名录

共和镇
　党委书记：宋开洋（副处）
　镇　　长：易连栋

新桥镇
　党委书记：夏天星（~2011.2）
　　　　　　杨家寿（2011.2~）
　镇　　长：杨家寿（~2011.2）
　　　　　　杨成芳（女，彝族，2011.3~）

凤屯镇
　党委书记：王　炜
　镇　　长：严金海（~2011.2）
　　　　　　王晓丽（女，彝族，2011.3~）

江坡镇
　党委书记：李晓宏（彝族）
　镇　　长：李翠萍（女，　2011.1）
　　　　　　尹文强（2011.3~）

戌街乡
　党委书记：朱晓丹（女，~2011.1）
　　　　　　李翠萍（女，2011.1~）
　乡　　长：张晓龙

安乐乡
　党委书记：侯　飚
　乡　　长：刘家龙（~2011.1）
　　　　　　普　华（彝族，2011.3~）

蟠猫乡
　党委书记：唐建平（~2011.6）
　乡　　长：李春俊

［刘祖文］

乡（镇）情况一览表

乡(镇)	面积（平方千米）	村(居)委会（个）	年末总人口（人）	年末耕地面积（亩）	农业总产值（万元）	粮食总产量（吨）	烤烟总产量（吨）	年末大牲畜存栏（头）	农民人均纯收入（元）
共和镇	244.05	24	76358	57446	42920	31023	2224	9988	4314.65
新桥镇	159.08	15	29016	30075	17261	12554	1383	11197	4027.73
江坡镇	209.4	13	27851	30821	18703	13736	1773	12667	3973.82
凤屯镇	206.23	9	18600	23002	15269	9330	1130	8967	3941.7
蟠猫乡	170.98	7	11940	12457	8246	6742	420	4086	3950.47
戌街乡	201.51	8	17356	18831	10073	8723	459	6682	3824.69
安乐乡	269.38	13	24159	26953	10483	10460	490	10226	3885.14

［楚雄州统计局］

南　华　县

【地理位置】　南华县位于楚雄彝族自治州西南部，地处北纬24°44′~25°21′、东经100°44′~101°20′之间；东接牟定县、楚雄市；南连楚雄市和普洱市的景东彝族自治县；西与大理白族自治州弥渡县、祥云县毗邻；北连姚安县和大理州祥云县。东西最大横距64.6千米，南北最大纵距71.1千米，总面积2343平方千米，其中坝区占4%，山区占96%。320国道穿过县城中心、217省道南（华）永（仁）高等级公路起于县城，另有南华县至景东彝族自治县的公路纵贯县境；楚（雄）大（理）高速公路从县城南缘通过直通滇西，广（通）大（理）铁路从县城北缘穿过并在县境设有南华、沙桥2个站。县人民政府驻地龙川镇，海拔1857米，距州府楚雄鹿城37千米、省会昆明市城区197千米。

【行政区划】　2011年末，南华县辖龙川、沙桥、五街、红土坡、马街、兔街6镇和雨露白族乡及一街、罗武庄、五顶山4乡，128个村（居）民委员会，1488个村民小组。

【人口民族】　2011年末，全县常住人口23.76万人，人口出生率11.26‰，死亡率8.96‰，自然增长率2.3‰，城镇化率34%。据公安部门统计，年末户籍人口23.99万人，比上年末增长0.79%。其中，女性人口11.79万人；非农业人口2.59万人；少数民族人口10.2万人。主要少数民族（千人以上）有彝族8.99万人，白族9177人，回族2100人。

【自然概貌】　南华县地处滇中高原西部和云南"山"字构造的脊柱部分，地形东北促狭，西南辽远，中部和东部起伏和缓。地势西北高，东南低；西南群山纵横，东北丘陵起伏，山河相间陈列，呈北西至北北西向，境内地层发育不全，以中生界为主，元古界、古生界和新生界极少。县境山多平坝少，山区占全县面积的96%，县城所在地龙川坝子长约9千米，宽3~5千米、面积约44平方千米，其次徐营、沙桥坝子和雨露峡谷盆地合计面积91.2平方千米，占全县总面积4%。主要山脉有大中山、龙潭山、脑头山、马鞍山4大山脉。县境地面河流纵横，主要河流有金沙江水系的龙川江，元江水系的马龙河、礼社江以及在水文上称之为李仙江水系的兔街河。山河相间排列，地下水储量不丰富，以裂隙水、孔隙水为主要类型；泉水以单泉和群泉出露，间歇泉居优。土壤种类繁多，分棕壤、黄棕壤、紫色壤、红壤、冲积土和水稻土6大类，11个亚类、49个耕地土种。境内最高点为红土坡镇龙潭山脉烧香寺梁子，海拔2861米，最低点为马街镇威车村倒坐窑的礼社江边，海拔963米。境内地形复杂，海拔高差大，立体气候明显，南亚热带至中温带气候齐备，气温年较差小，日较差大；雨热同季、干雨二季分明。年平均气温14.8℃，历年平均年降雨837.5毫米，2011年，平均气温14.9℃、降雨量675.8毫米，比上年减少112毫米，年日照2594.3小时。年末全县实有耕地面积21.44万亩；有中小型水库78座，水库总库容8821万立方米，水利工程供水量5317万立方米。全年完成退耕还林荒地造林、国家造林补贴造林1.5万亩，天保工程管护面积158.34万亩。有自然保护区2个，保护区面积45.06万亩，其中哀牢山国家级自然保护区面积26.01万亩，三峰山州级自然保护区面积19.05万亩。森林覆盖率65.86%。县城建成区面积达6.08平方千米。

【资源特产】　南华县地处低纬度、高海拔地带，以北亚热带季风气候为主，具有垂直分带为特点的高原地区。山多坝少，光照充足森林茂盛，树种繁多，森林覆盖率达65.86%。在全县248万亩森林中，均有野生菌的分布，资源年蕴藏量约1万吨，主产松茸、块菌、牛肝菌、干巴菌、鸡油菌、虎掌菌等，尤其是松茸，面广质优量大，在境内分布面积达170万亩，且具有生产周期长、产量高、质量好等特点，已知的野生菌有540余种，占全国野生菌900种的60%、占云南省700种的77.1%，2011年野生菌产值达1.98亿元。中草药资源丰富，动植物药材多达660种。境内约有植物3000余种，有记录的主要种子植物有805种，隶属于145科435属；大中山自然保护区就有野生动物397种，其中兽类动物记录有28种，隶属于8目15科。国家一级保护动物有云豹1种；国家二级保护动物11种；省级保护动物有1种。鸟类动物有278种。境内矿产丰富，矿种繁多，其中龙潭砷矿和五顶山力苴石膏矿储藏规模为全省之冠。主要矿产有铅、锌、铜、金、铊、镉、银、铂、砷、石膏、石灰石、石棉、泥煤、褐煤、烟煤等20种。主要旅游资源有以彝族文化、福文化和菌文化支撑的被授予国家AAA旅游景区称号的南华咪依噜风情谷、福园、菌园、彝人天堂五街太阳女人文风情园、英武罗鲁文博园、野生菌王国、毛板桥风景区（包括锦星山庄、星亿山庄、南泉寺）、鹦鹉山生态园、大中山林区、宝珠寺和30个民族文化生态旅游村，全年有各类餐饮企业415家，从业人员达1600多人。有"云南餐饮名店"9家，"云南餐饮名菜"45道，"云南餐饮名宴"1席，"云南名小吃"1个。有被州级授牌的乡村旅游民族文化生态村4个、生态农庄2个、特色餐饮名店5家，加入楚雄州旅游业协会旅游美食餐饮分会会员企业8家，发展协会理事单位1家。特产有白芸豆、核桃、萝卜、洋芋、烟草、野生食用菌、沙桥豆制品、天堂牌火腿、五顶山腊鹅、兔街茶、澜沧江啤酒、兔街小戈酒、五顶山花石头酒、腌鱼、刺头菜、甜笋、香椿。

【经济状况】 2011年，全县实现地区生产总值26.74亿元，按可比价格计算，比上年增长13.2%。其中，第一产业实现增加值9.19亿元，增长8.8%，拉动经济增长3.1个百分点；第二产业实现增加值8.27亿元，比上年增长21.6%，拉动经济增长6.3个百分点；第三产业实现增加值9.28亿元，比上年增长10.8%，拉动经济增长3.8个百分点。第一、二、三产业对生产总值增长的贡献率分别为23.2%、47.5%和29.3%，分别比上年上升16.2个百分点、下降2.2个百分点和下降14个百分点。第一、二、三产业增加值占地区生产总值的比重由上年的34.9∶29.2∶35.9调整为34.4∶30.9∶34.7。按常住人口计算的人均地区生产总值（GDP）为11253元，比上年增长19.64%。全社会劳动生产率（即按全社会从业人员计算的人均GDP）17190元/人，比上年增长19.71%。非公有制经济增加值11.29亿元，比上年增长16.9%，占地区生产总值的比重由上年41.2%提高到42.2%。全年签约合作项目11个，招商引资实际到位资金6.3亿元，其中省外到位资金4.2亿元。重点产业实现产值17.82亿元。其中，烤烟实现产值1.94亿元，增长%；啤酒实现产值4.6亿元，增长12.9%；煤炭实现产值2.5亿元，比上年增长46.8%，松脂发展迈上新台阶，实现产值5.1亿元，增长68.6%。野生菌加工实现产值1.98亿元，核桃产值1.7亿元。全县居民消费价格总水平比上年上涨4%。其中，食品类上涨10.4%（粮食价格上涨14.3%），居住类上涨3.7%。全年商品零售价格上涨4%，农业生产资料价格上涨9.1%。全年实现农林牧渔业产值16.03亿元，比上年增加2.47亿元，增长9.2%。其中，农业产值7.61亿元，增长12.9%；林业产值2亿元，增长3.2%；牧业产值6.23亿元，增长7.1%；渔业产值1876万元，增长6.8%。全年粮食播种面积38.24万亩，增长1.8%；经济作物播种面积13.54万亩，增长0.05%。其中，烤烟种植面积7.18万亩，增长8.2%；油料种植面积2.85万亩，减少1.5%。粮食作物与经济作物种植比为73.9∶26.1，粮食作物种植比重比上年上升0.4个百分点。全年粮食产量10.99万吨，比上年增长12.88%。全年肉类总产量（含家禽）3.11万吨，比上年增长5.6%。全县有128个村（居）委会通电，有128个村（居）委会已100%通公路、通电话，1489个村民小组已通公路1095个，全县公路通车里程2703.847千米。全县拥有农业机械总动力15227.46万瓦特，增长22.3%，农田有效灌溉面积达10.03千公顷，节水灌溉面积3.49千公顷，水利化程度达55.34%。农用化肥施用量（折纯）1.44万吨，增长2.5%；农药施用量276吨，增长4.5%。全县完成供电量10022.46万千瓦时，增长18.88%。全年实现工业总产值24.93亿元，比上年增长34.8%，其中规模以上工业企业实现产值14.66亿元，增长39.4%；实现增加值3.84亿元，增长26.6%；实现利税1.35亿元；增长46.7%；实现利润7497万元，增长67.2%；上缴增值税4553.1万元，比上年增长43.2%。规模以下10.27亿元，增长28.8%。非公有制经济工业总产值23.52亿元，增长33.8%。非公有制经济工业总产值占全部工业总产值的比重为94.3%。建筑企业完成产值5.5亿元，比上年增长19.3%；房屋竣工面积1.05万平方米，比上年减少94.19%。全年完成固定资产投资25.55亿元，比上年增长69.2%。全年新开工建设项目267项，续建项目23项。实际建成投产228项，全年新增固定资产12.94亿元。全年实现社会消费品零售总额9.93亿元，比上年增长20%。批发零售业实现商品销售总额1.78亿元，比上年增长21.7%。全年完成货运周转量23165万吨千米，比上年增长51.66%；客运周转量6559.68万人千米，比上年增长13.92%。全年完成邮电业务营业总收入7429.98万元，比上年增长20%；全年报刊期发数9.04万份，报刊累计投发数136.45万份，办理函件18.2万件。年末固定电话16271部、移动电话用户141636部，电话普及率66.1部/百人。全年实现地方财政总收入2.7亿元，增长43.3%，其中地方一般预算收入1.71亿元，增长38.5%。地方一般预算支出9.02亿元，增长11.7%。年末金融机构各项存款余额28.39亿元，增长28.15%，其中城乡居民储蓄存款余额16.99亿元，增长27.95%。金融机构各项贷款余额18.59亿元，增长14.46%。保险企业实现保费收入6802万元，比上年增长8.7%，赔款及给付支出2530.9万元，比上年增加144.8万元，增长6.1%。

【教科文卫】 2011年，全县有普通高中1所，职业中学1所，初级中学13所，小学136所，幼儿园9所，教师进修学校1所。有教职工2130人，其中专任教师1948人。年内普通高中招生980人，在校生2575人，毕业生726人；职业中学招生165人，在校生847人，毕业生389人；初级中学招生3407人，在校生10165人，毕业生3249人；幼儿园招生2819人，在校生4324人，毕业生2266人。适龄儿童毛入学率、初中学生毛入学率、高中阶段毛入学率分别为102.54%、104.52%、80.8%。学年末全县有专任教师1948人。全年获得国家专利授权12件，科技对国民经济增长的贡献率达到51.2%，比上年提高0.2个百分点。年末全县有艺术表演团体1个，公共图书馆1个，图书馆藏书4.57万册；青少年校外活动中心1个，乡（镇）文化站所（室）130个。全年共组织群众体育运动1241场次，参加体育运动人次达1.47万人次。参加州级及以上体育运动人员500人次，全县体育健儿参加州级及以上体育竞技比赛获得奖牌81枚，其中金牌41枚、银牌23枚、铜牌17枚。广播综合人口覆盖率98.5%，电视综合人口覆盖率98%。年末有线电视用户19136户，数字电视用户7576户，接入互联网的计算机用户9785户。年末全县有卫生机构156个，医院和卫生院床位682张；有卫生技术人员467人。传染病发病率109.26/10万人。有20.5万人参加新型农村合作医疗保险，参合率96.65%。

【社会生活】 2011年，城镇居民人均可支配收入17514元，比上年增长13.5%；年末城镇居民人均居住面积36.19平方米，比上年增长1.1%；农村居民人均居住面积38平方米，比上年增长16.2%。农民人均纯收入4228元，增长17.4%，农民人均生活消费支出2156元，比上年减少8.8%。全年有6665人（次）领取城镇居民最低生活保障金1388万元；15264人（次）领取农村低保金1499万元，全年共发放救灾救济物资2万件，救灾救济资金294万元。年末共有城乡敬老院10所，床位200张，在院收养老人161人。年末有在岗职工9736人，比上年减少0.6%；在岗职工人均年工资31140元，增长19.7%。年末全县参加基本养老保险5909人，失业保险6500人，基本医疗保险12564人，农村社会养老保险13.2万人。城镇登记失业人员260人，登记失业率2.15%。年内共发生安全生产事故28起，死亡9人，受伤40人，经济损失285.01万元；全年亿元GDP生产安全事故死亡人数0.34人，比上年减少0.25人。其中，道路交通事故25起，死亡5人，受伤38人，直接经济损失5.61万元；工矿商贸企业事故1起，死亡2人，受伤2人，直接经济损失113万元；煤矿生产安全事故2起，死亡2人，直接经济损失166.4万元；交通事故25起，死亡5人。

【南华县民族中学建设项目落成】 2011年，南华县民族中学建设项目总投资12668万元，建筑面积55590平方米，项目分两期建设。该项目1期建设工程合同价4902万元，建筑面积30915平方米，新建3幢教学楼、2幢宿舍楼、学生食堂、综合楼及学校大门等。9月9日上午，县委、县政府在南华县民族中学举行南华县庆祝第27个教师节暨民族中学落成典礼，隆重庆祝第27个教师节，隆重庆祝南华县民族中学落成并开学。9月，招收初一学生1080名，面向全县公开招聘教师76名，学校已正常运转；二期配套建设项目正有序推进。

【保障性住房建设】 2011年，南华县共建设保障性住房834套，其中廉租房624套、公租房210套，共分7个点建设。其中，滨河园小区建设廉租住房316套，完成房屋主体施工，完成投资1410万元；红土坡中心卫生院建设公租房24套，进行房屋主体施工，完成投资130万元；龙川中心学校建设廉租房160套，公租房42套，进行房屋主体施工，完成投资1086万元；南华一中建设廉租房148套，进行房屋主体施工，完成投资865万元；海子山中学建设公租房48套，进行房屋主体施工，完成投资190万元；南华二中建设公租房48套，进行房屋主体施工，完成投资210万元；罗武庄中心学校建设公租房48套，进行房屋主体施工，完成投资185万元。全年完成廉租房工程量近70%，完成公租房工程量65%，分配历年建设的廉租房1144套。完成滨河园小区专项普通商品住房开发建设，共建成专项普通商品住房20幢，650套，84972.2平方米，车库377间，商铺144间。签订专项普通商品住房售房合同650份，收回售房款1.08亿元，收取住宅专项维修基金369万元。拍卖一、二期车库182间，金额1196.7万元，并收集整理房产档案资料832份。年内，上级下达农村危房改造及地震安居工程2250户，其中拆除重建750户，修缮加固1500户，拆除重建和修缮加固任务全部落实到户，年底完成建设任务已接近95%。

【野生菌王国建设项目】 2011年，野生菌王国建设项目规划区内的路网工程全面启动，完成土石方开挖1.72万立方米，土石回填2.2万立方米；占地2.05万平方米，建筑面积4.97万平方米的野生菌美食区、野生菌博物馆、野生菌主题公园、云南农副土特产商业区、野生菌交易中心、野生菌物流中心、野生菌冷链加工中心将逐步启动；建筑面积8.51万平方米工程的报建，已取得建设工程规划许可证，其中建筑面积2000平方米的商务中心主体工程基本完工。年内，完成“中国南华野生菌旅游文化园区概念规划设计”、“中国野生菌文化旅游区总体规划”、“中国野生菌文化旅游区一期建设项目可行性研究大纲”、“中国野生菌文化旅游区龙川江景观施工设计图”。完成可研编制工作，报请省、州旅游局评审总体规划。属野生菌文化旅游区基础项目之一的龙川江河道改造，完成可行性研究初审。沙桥古镇开发建设项目已同昆钢达成战略合作协议，年内完成《沙桥镇镇区规划凤山湖旅游度假区规划初步方案》。接待国内外旅游者91.2万人次，实现旅游总收入3.15亿元。“咪依噜风情谷”接待旅游者29.4万人次，实现乡村旅游收入913.7万元。

【树脂松香项目一期工程】 南华县松香厂是一家专门从事松香、松节油生产加工的独资企业，现有职工341人，职工月平均工资收入1500多元。企业既注重经济效益，也注重社会效益，曾多次捐款捐物折合人民币147.32万元，支持公益事业发展和扶贫帮困活动，先后被省林业厅、省工信委认评定为“林业产业省级龙头企业”和“成长型中小企业”。南华县通过招商引资，决定帮助企业在原年产3.5万吨松香生产的基础上进行扩建，新建年深加工3万吨树脂松香项目。该项目一期工程投资2460万元，其中设备投资2083万元，生产厂房等投资377万元，项目于2010年4月启动建设，完工后，年产树脂松香5000吨。经过近一年多的建设调试，正式投料试生产出合格的树脂松香产品。该项目一期工程建成后，整个企业的生产规模达年产3.5万吨松香和5000吨树脂松香，每年可新增产值9000万元，新增税收270多万元，新增利润450多万元，可新安排就业人员110多人。年内，实现产值5.1亿元，增长68.6%。

乡（镇）领导名录

龙川镇
党委书记：张群嘉（彝族，副处）
镇　　长：欧正敏
沙桥镇
党委书记：王亚飞（～2011.02）
张志江（2011.02～）
镇　　长：余海乾（2011.03～）
雨露白族乡
党委书记：李志娟（女，彝族）
乡　　长：李　俊（白族，～2011.02）
张正臣（白族，2011.02～）
五街镇
党委书记：朱华芳（女，～2011.10）
镇　　长：李德枝（～2011.02）
鲁　海（彝族，2011.02～）
一街乡
党委书记：高应刚（～2011.02）
李　俊（白族，2011.02～）
乡　　长：吕剑锋
罗武庄乡
党委书记：张问高（～2011.02）
朱成玉（彝族，2011.10月～）
乡　　长：张文辉
红土坡镇
党委书记：罗富生（彝族，～2011.02）
李育辉（2011.02～）
镇　　长：李育辉（～2011.02）
高建国（2011.02～）
五顶山乡
党委书记：陈小龙
乡　　长：耿钦智（傈僳族）
马街镇
党委书记：王　军（彝族）
镇　　长：张万云
兔街镇
党委书记：梁启昌（2011.02～）
镇　　长：梁启昌（～2011.02）
李　昌（彝族，2011.02～）

［窦正旺］

乡（镇）情况一览表

乡(镇)	面积（平方千米）	村(居)委会（个）	年末总人口（人）	年末耕地面积（亩）	农业总产值（万元）	粮食总产量（吨）	烤烟总产量（吨）	年末大牲畜存栏（头）	农民人均纯收入（元）
龙川镇	614	29	81994	61908	41342	34247	1612	14057	4342.77
沙桥镇	352	19	35675	30323	28303	16496	1164	9689	4155.31
五街镇	267	14	18162	19008	12831	8233	672	8409	4928.31
红土坡镇	167	10	13780	14789	9589	6762	989	7770	3733.83
马街镇	175	13	18483	15514	14037	8136	632	8527	4327.2
兔街镇	143	11	14386	14091	10445	7932	154	6559	4922.8
雨露乡	243	7	14429	17624	10410	6005	1014	6061	3808.69
一街乡	168	12	19946	17099	12601	5921	1880	11536	4350.71
罗武庄乡	124	7	12541	12214	9867	6019	1483	5806	3593.06
五顶山乡	90	6	10453	11853	9934	5923	1150	5950	4304.16

［楚雄州统计局］

姚　安　县

【地理位置】　姚安县位于楚雄州西北部，地处北纬 25°13′～25°45′、东经 100°56′～101°34′之间。东邻牟定县，南连南华县，西与大理州祥云县接壤，北同大姚县毗邻。县人民政府驻地栋川镇，海拔 1870 米，距州府楚雄鹿城 78 千米。

【行政区划】　2011 年末，姚安县辖栋川、光禄、前场、弥兴、太平 5 个镇和适中、左门、官屯、大河口 4 个乡，77 个村（居）民委员会，1205 个村（居）民小组。行政区域面积 1803 平方千米。

【人口民族】　2011 年，据公安部门统计，年末户籍人口 20.78 万人，比上年末增加 554 人。其中，女性人口 102080 人；非农业人口 16692 人，占总人口的 8.03%；少数民族人口 56614 人，占总人口 27.2%。人口出生率 9.5‰，死亡率 5.6‰，自然增长率 3.9‰。主要少数民族（千人以上）有彝族 54389 人，回族 1043 人。

【自然概貌】　姚安县境四周群山环抱，中间平川广畴，东南部山势上升强烈，三峰山、燕子窝山、风咀梁子、贺基角山构成东部屏障，西部山势上升缓慢，山顶浑圆，与西南向西北的山势组成西北屏障。全县地势呈南北走向，南高北低。县东南三峰山海拔 2897 米，为全县最高点。西北角一泡江出境处拉雾堵海拔 1515 米，为全县最低点。地貌大致可分为三类：坝区位于县境中部，地势微向北倾斜，平均海拔 1870 米；半山区位于县境西部，山间形成官屯、马游、弥兴 3 个山区小坝子，平均海拔 1870～1950 米；山区分布在县境南部的太平镇、东部的前场镇、适中乡、西部的左门乡、大河口乡，平均海拔 1920 米。姚安属中亚热带冬干夏湿季风气候区，气候受孟加拉湾气流影响甚大。四季温和，自然条件优越，适宜各种农作物生长。2011 年全县完成造林面积 3.7 万亩，天保工程管护面积 189 万亩。有自然保护区 3 个，保护区面积 102 万亩，其中州级保护区面积 102 万亩。全县森林覆盖率 68.2%。治理水土流失面积 994 公顷。全年降雨量 526.6 毫米，年平均气温 15.7℃，年日照 2427.1 小时，无霜期 247 天。

【资源特产】　姚安县农业资源丰富，生产水平较高，经济作物单产高、质量优，被誉为“滇中粮仓”、“鱼米之乡”，曾先后被评为全省商品粮基地县、国家级商品猪基地县、国家级种子加工中心、省级优质蚕桑基地县、烤烟科技转化示范县、国家级农业综合开发建设项目县和国家级水稻示范县。县境内水资源丰富，农业水利化程度达 78.1%。农特产主要有莲藕、山药、百合、魔芋、菖河蜂蜜、优质粳米、三角糯米等。矿产资源主要有金、银、铜、铁、铅、锌、钾、硫和国内稀有紫蓝长绒石棉矿等。

【经济状况】　2011 年，全县实现地区生产总值 24.51 亿元，按可比价格计算（下同），同比增长 12.2%，增速比上年同期提高 0.7 个百分点，增速位居全州第七位。其中，第一产业完成 8.73 亿元，同比增长 7.4%，对经济增长的贡献率为 22.3%，拉动全县经济增长 2.72 个百分点；第二产业完成 7.75 亿元，同比增长 18.6%，对经济增长的贡献率为 45.6%，拉动全县经济增长 5.56 个百分点；第三产业完成 8.03 亿元，同比增长 11.7%，对经济增长的贡献率为 32.1%，拉动全县经济增长 3.92 个百分点；一二三产业结构比为 35.6∶31.6∶32.8。全县完成财政总收入 1.36 亿元，增长 33.3%，增速位居全州第六位，其中地方财政一般预算收入 1.01 亿元，增长 31.3%。地方财政一般预算支出 7.61 亿元，增长 24.9%。全年实现农林牧渔业总产值 15.33 亿元，同比增长 7.6%。其中，农业产值 92689 万元，增长 8.65%；林业产值 7192 万元，下降 3.9%；牧业产值 49124 万元，增长 8.3%；渔业实现产值 4318 万元，增幅与上年持平。粮食总产量达到 8.44 万吨，比上年同期增长 3.1%。出栏肉猪 23.42 万头、牛 2.70 万头、羊 5.71 万只、家禽 95.13 万只，分别增长 8.17%、2.54%、4.63% 和 1.0%；肉类总产量 2.68 万吨，增长 7.1%。全县生猪存栏 10.70 万头，下降 2.36%；牛存栏 4.36 万头，下降 2.36%；羊存栏 6.24 万只，增长 4.55%；家禽 44.22 万只，下降 10.95%。全县工业企业实现工业总产值 28.01 亿元，同比增长 36.9%，增速比上年同期高 6.8 个百分点。其中，规模以上工业完成产值 2.23 亿元，同比增长 48.7%，增速比上年同期高 10.2 个百分点，实现增加值 7751 万元，按可比价计算同比增长 34.6%；规模以下工业完成总产值 25.77 亿元，增长 35.9%，实现工业增加值 6.09 亿元，按可比价计算，比上年同期增长 17.2%；全县工业企业完成工业增加值 6.87 亿元，按可比价计算，比上年同期增长 19.1%，对经济增长的贡献率为 41.2%，拉动全县经济增长 5.02 个百分点，是全县经济保持快速增长的主要动力。全县完成全社会固定资产投资 18.43 亿元，同比增长 35.7%，增速比上年同期提高 4.8 个百分点。其中完成城镇投资 11.92 亿元，增长 46.4%，完成农村投资 6.51 亿元，增长 19.8%；城镇完成投资额占全部投资总额的 64.5%，对全县投资增长的贡献率达 77.9%；城镇投资大幅增长拉动全县投资快速增长。全年全县新签约项目 18 项，同比增加 2 项；招商引资实际到位资金 6.1 亿元，同比增长 86.2%。实现社会消费品零售总额 7.27 亿元，同比增长 18.5%，增速比上年同期回落 2.1 个百分点。城镇完成零售额 4.60 亿元，增长19.16%；乡村完成零售额2.67亿元，增长17.4%，城镇零售额占全县的63.3%，对消费增长的贡献率达65.1%。批发业完成零售额1.12亿元、零售业完成零售额5.16亿元、住宿完成零售额149万元，餐饮业完成零售额9814万元，分别增长27.18%、33.7%、18%和26.8%。非公有制经济实现零售额6.61亿元，同比增长32%，非公有制经济占全县消费品零售总额的90.9%，对全县消费增长的贡献率达89.2%。全年全县居民消费价格总水平上涨4.0%。其中，食品价格上涨9.8%；居住类价格上涨3.7%；医疗保健和个人用品类、烟酒类价格分别上涨2.1%；家庭设备用品及维修服务类、交通和通信类价格分别上涨1.2%；娱乐教育文化用品及服务价格上涨0.9%；衣着类价格下降3.3%。全年金融机构各项存款余额23.82亿元，同比增长19.3%。其中，居民储蓄存款余额16.20亿元，同比增长27.5%，金融机构贷款余额10.22亿元，同比增长22.6%。全年全县通自来水村民小组1160个，增加30个，居住在乡村的4.69万户家庭和18.21万人口受益，分别比上年增加1168户和5037人。全县1165个村民小组实现了全部通电，居住在乡村的4.76万户家庭和18.62万人口受益。农村生产和生活用电4332万度，增长0.93%。电话普及率上升。年末全县73个村民委员会均可通电话，移动覆盖面不断扩大、通讯信号不断增强。

【教科文卫】 2011年，全县国民教育系列学校74所。其中，完全中学1所，高级中学1所，初中11所，普通完全小学61所。高中招生1048人，在校学生2600人，专任教师189人；初中招生2585人，在校学生8140人，初中阶段学龄人口毛入学率111.45%，专任教师592人；小学招生1870人，在校学生13600人，适龄儿童入学率105.3%，专任教师951人。幼儿园10所。其中，公办1所、民办9所，在园幼儿2735人；独立设置幼儿园在园幼儿1367人，附设幼儿班在园幼儿1368人；专任教师81人。全年列入各级科技计划项目4项；有农民专业合作组织175个，社员1311人。全年组织科技培训226期2.63万人次，发放科普材料3.58万份。年末共有文化事业机构14个，其中艺术表演团体1个、图书馆1个、博物馆1个、乡（镇）文化站9个；有电视台1座，广播电台1座，广播、电视覆盖率分别为100%和98.5%。年末全县共有各类卫生机构18个，有卫生技术人员562人，其中执业医师237人，执业助理医师58人，注册护士267人。有病床655张，其中医院床位426张。

【社会生活】 2011年，全县城镇居民人均可支配收入17067元，增长12.7%，增速高于年度8%的预期增长目标4.7个百分点，增速位居全州第六位。实现农民人均纯收入4376元，增长17.5%，增速高于年度8%的预期增长目标9.5个百分点，增速位居全州第五位。农民人均纯收入达到4376元，同比增长17.6%。全县乡村从业人员118795人中从事第一、二、三产业的人数分别为79141人、18936人和20718人，比重为66.62%、15.94%和17.44%，与上年相比，从业人员第一产业比重下降4.44个百分点，第二、三产业比重均分别上升3.44个和0.94个百分点。年末全县外出务工40299人，比上年末增加2113人，增长5.53%，外出务工农民寄回或带回的现金8646万元，增加1677万元，增长23.88%。年末全县城镇居民人均住房面积41.2平方米，农村人均住房面积34.8平方米。全县纳入城镇低保4403人，发放低保金1283万元，纳入农村低保12920人，发放低保金1282万元，全县有敬老院11所，收养285人，有福利院1所，收养9人；年末，全县单位从业人员7747人，比上年同期减少147人，下降1.9%；农业从业人员118975人，比上年下降1.8%。在岗职工年平均工资32978元，同比增加4407元，增长15.42%。年末城镇登记失业率控制在3.5%。城镇化水平（城镇率）从25.3%提高到28.7%。年内城镇基本医疗保险参保人数达1.63万人，企业工伤保险参保人数达3300人，农民工参加工伤保险人数达2200人，企业生育保险参保人数达2000人，农村社会养老保险累计参保人数达29820人，被征地农民基本养老保障参保率达到100%，企业退休人员社会化管理率100%，社区社会化管理率达99%。年内发生各类安全生产事故29起，造成8人死亡，30人受伤，直接经济损失70.58万元。其中，交通事故28起，造成8人死亡，30人受伤；火灾事故1起，直接经济损失68.2万元。

【姚安县“十大惠民”工程】 2011年，姚安县组织实施完成“十大惠民”工程。克期完成官屯大村、马游“7·09”地震统建点民房质量整改，全面完成教育、卫生、水利、市政基础设施等恢复重建工作。改善住房保障条件，建设廉租房48套2400平方米、公租房210套12600平方米。解决2万人饮水安全问题，推进新建大麦地水库水源工程项目前期工作。实施60个扶贫整村推进项目和7个新农村省级重点建设村项目，在6个乡（镇）发放农户产业发展贴息到户贷款2600万元。完成投资2305万元的10千伏及以下农村电网升级改造工程，实施户表改造2138户。投资1500万元铺筑通村油路30千米。纳入城乡低保17500人，纳入“五保”集中供养680人；新增城镇就业1500人，实现农村劳动力转移就业12600人；扩大社会保险覆盖面，累计完成社会保险扩面30100人。加快推进教育园区建设，完成投资3780万元的中小学校舍安全工程建设项目和投资420万元的3所乡（镇）中心幼儿园建设。加快推进医疗卫生体制改革，完成县中医院门诊综合楼的工程扫尾并投入使用，同时积极做好县人民医院新区建设前期工作。完成中低产田地改造1.5万亩，全面完成杨家村、改水河水库除险加固工程，启动实施长箐河等10件小（二）型病险水库除险加固工程。

【实现乡乡通油路】 2011年5月，完成左门33千米通乡油路主体工程施工，姚安县率先在全州实现通乡油路率100%。以“通达”和“通畅”工程为重点，全面发展农村公路建设，先后完成投资9700万元的通乡油路7项125千米，5600万元的通达工程36项420千米。开通客运班线18条，76个行政村班车通达率为100%。有客运经营户91户、营运客车93辆，货运经营户1105户、货运汽车1247辆；培育农村客运企业3个，发展城乡公交车12辆，投放城市出租车30辆，农村客运车辆22辆。

【中国科学院紫金山天文台姚安观测站投入使用】 2011年，通过近3年的建设，总投资3.4亿元的紫金山天文台姚安观测站建设项目一、二期工程通过验收，完成投资近2亿元，建成了观测楼和附属设施，望远镜阵和中心配套设施安装调试完毕并陆续投入使用，开始执行观测任务。随着下步投资1.6亿元的三期光电篱笆和光电阵的建设和使用，将极大地缩短与发达国家在空间监测完备性上的差距。工程全部完工后，姚安观测站园区将建成集科学研究、科普教育和良好生态为一体的旅游科普观光胜地，成为中国最大的天文观测基地。

【姚安革命老区纪念碑落成】 2011年6月22日，在姚安县梅葛广场青少年活动中心前举行姚安革命老区纪念碑落成揭幕暨党史教育基地授牌仪式。县级各部委办局、人民团体、企事业单位干部职工和部分中小学生参加仪式。新建的姚安革命老区纪念碑高6.1226米，寓意姚安1949年12月26日得到解放，碑身为五面体，正面镌刻着姚安光荣的革命历史，分图一介绍红军长征过姚安的光荣历史，分图二纪念在抗日战争中牺牲的姚安籍“八百壮士”，介绍姚安人民为抗日战争胜利做出的贡献，分图三介绍东山区人民政府的建立和开展革命斗争情况，分图四介绍姚安境内的第一个中共支部——中共地索村支部的成立。纪念碑的顶端造型设计为党旗，寓意着在中国共产党的领导下，姚安取得了革命斗争的胜利和社会主义现代化建设的辉煌成就。

【承办云南省首届花灯灯谜大赛楚雄赛区初赛】 2011年11月5~9日，姚安县为认真贯彻落实党的十七届六中全会精神，促进花灯艺术的繁荣发展，在光禄古镇福禄广场举行云南省首届花灯灯谜大赛楚雄赛区初赛。11月5日在光禄古镇福禄广场举行姚安民间传统花灯开灯仪式文艺演出、猜灯谜和耍龙灯表演等活动后举行花灯大赛开幕式，正式开始比赛。

【全面实施新型农村和城镇居民养老保险】 2011年7月，姚安县被列为全国第三批新型农村社会养老保险试点县和第一批城镇居民试点县，城乡居民社会养老保险工作在县委、县政府正确领导与大力支持下，各乡（镇）加大力度，层层发动，全员参与，全力推进这项民生工程，年末，全县共有104144人参加了新型农村社会养老保险，收取保险费1432.05万元，参保率达到94.15%。参加城镇居民养老保险827人，收取保险费18.38万元，参保率达到64.17%。全县60岁以上的老人23480人，9月10日前已全部发放基础养老金55元。

乡（镇）领导名录

栋川镇
　党委书记：周晓东（彝族，副处，2011.07～）
　　　　　　李　勇（副处，～2011.07）
　镇　　长：刘宝定

光禄镇
　党委书记：吴　东（彝族，2011.02～）
　　　　　　陈海斌（～2011.02）
　镇　　长：周忠华（彝族，2011.02～）
　　　　　　吴　东（彝族，～2011.02）

前场镇
　党委书记：周立金
　镇　　长：李永明（彝族，2011.02～）
　　　　　　彭海荣（彝族，～2011.02）

弥兴镇
　党委书记：马劲文（2011.02～）
　　　　　　夏　鸿（～2011.02）
　镇　　长：杨　军（2011.03～）
　　　　　　李雁鸿（～2011.03）

太平镇
　党委书记：孙光勇（2011.03～）
　镇　　长：吴廷栋（2011.03～）
　　　　　　孙光勇（～2011.03）

适中乡
　党委书记：毕耀光（2011.03～）
　　　　　　李文武（～2011.03）
　乡　　长：周艳琼（女，2011.03～）
　　　　　　毕耀光（～2011.03）

左门乡
　党委书记：乔仁潭（女，2011.03～）
　　　　　　张家云（～2011.02）
　乡　　长：乔仁潭（女，～2011.03）
　　　　　　杨宏安（彝族，2011.03～）

官屯乡
　党委书记：徐　勇

乡　　长：张中晖（2011.03～）
　　　　　贾绍鹏（～2011.03）

大河口乡

党委书记：胡　进（2011.03～）
　　　　　马　桑（～2011.02）

乡　　长：刘剑梅（女，彝族，2011.03～）
　　　　　胡　进（～2011.03）

［张晓俊］

乡（镇）情况一览表

乡(镇)	面积（平方千米）	村(居)委会（个）	年末总人口（人）	年末耕地面积（亩）	农业总产值（万元）	粮食总产量（吨）	烤烟总产量（吨）	年末大牲畜存栏（头）	农民人均纯收入（元）
栋川镇	195	21	90984	66950	67541	32793	4859	7859	4698.99
光禄镇	132	11	34538	28312	24347	15512	1601	4022	4455.09
前场镇	273	9	17807	17670	15087	7504	450	11275	4382.8
弥兴镇	195	8	20888	16923	14972	9172	1355	5450	4450.03
太平镇	217	5	9716	10101	7360	3879	369	7635	4610.41
适中乡	107	4	5609	4951	4865	2031	661	2836	3891.55
左门乡	203	5	4459	6139	3151	1795	167	3998	2452.95
官屯乡	296	8	16187	19962	10424	9389	896	6498	4576.34
大河口乡	185	6	7585	5337	5576	2360	970	6036	3709

［楚雄州统计局］

大　姚　县

【地理位置】　大姚县位于楚雄州西北部，地处北纬25°33′～26°24′、东经100°53′～101°42′之间。东邻永仁、元谋县，南与牟定、姚安县毗邻，西接大理州的祥云、宾川县，北隔金沙江与丽江市的永胜、华坪县相望。东西最大横距79.3千米，南北最大纵距93.5千米。县人民政府驻地金碧镇，海拔1860米，距州府鹿城镇107千米。

【行政区划】　2011年末，大姚县辖金碧、石羊、六苴3个镇和龙街、赵家店、新街、昙华、桂花、三岔河、三台、铁锁、湾碧9个乡，129个村（居）民委员会，1539个村（居）民小组。行政区域总面积4146平方千米。

【人口民族】　2011年末，按公安部门统计，全县共有户籍人口28.31万人，比上年增加1489人。其中，男性144747人，占总人口的51%；非农业人口26110人，占总人口的9.2%；少数民族人口99791人，占总人口的35%。主要少数民族（千人以上）有彝族91372人，傣族4053人，傈僳族2539人。全县出生人口2435人，人口出生率8.59‰，死亡人口2005人，死亡率7.07‰，人口自然增长率1.52‰。城镇化率达30.5%。

【自然概貌】　大姚境内多山，地势呈北高南低中部隆起的塔状地形，最高点是百草岭主峰帽台山，海拔3657米，最低点为金沙江边的灰拉表村，海拔1023米，高低相差2634米。境内百草岭是余脉组成的山系，处于云岭东部的斜坡，被金沙江及支流一泡江深切而成的山脉。境内河流属金沙江南面近区水系，以百草岭、昙华山山脉走向为分水岭，分成百草岭北坡、西部一泡江、南部蜻蛉河及东部龙街河4个水区。主要河流16条，总长510千米，年均径流量12.95亿立方米。全年降雨量559.7毫米，年平均气温15.8℃，年日照2656.8小时。

【资源特产】　大姚县境内资源丰富，森林覆盖率78%。矿石总储量5134万吨，铜总储量67.9万吨。全县铜矿点及矿化点45个，有以蓝石棉、粘土、建筑用砂、建筑用砂岩为主矿种的20个建材非金属矿，其他如盐矿、白云岩、金、银也有相当的储量。食盐储量59572万吨，铁矿总储量154万吨，煤储量67.6万吨。水能理论蕴藏量106.7万千瓦，可开发蕴藏量6.3万千瓦。种子植物136科，1148种。其中，野生中药材603种，名贵药材192种，野生中药材蕴藏量10.8万公担。仙鹤胶囊、咽舒欣等彝药产品具有“新、奇、特、灵”的特点；大姚三台薄壳核桃，享誉海内外；蜻蛉牌野坝子蜂蜜蜜质好、浓度高，2002年荣获“中国广州国际食品博览会名牌产品”称号，2003荣获“中国消费者首选放心亚健康产品”称号；88型小把粉丝，2004年荣获“中国国际专利与名牌博览会”金奖。2011年9月9日“大姚三台核桃”在首届中国核桃节上荣获坚果类金奖。

【经济状况】 2011年，全县实现生产总值34.2亿元，同比增长12.1%。第一产业增加值10.8亿元，增长8.5%；第二产业增加值12.3亿元，增长15.5%；第三产业增加值11.1亿元，增长11.7%。地方财政总收入完成3.4亿元，增长43.9%；地方一般预算收入完成2.2亿元，增长52.9%；完成全社会固定资产投资25.8亿元，增长17.7%；社会消费品零售总额达10.2亿元，增长20.8%。全县实现工业总产值29.6亿元，增长18.6%；其中规模以上工业总产值达22.57亿元，增长12.2%。非公有制经济实现增加值15.8亿元，占GDP比重的46.2%。实现旅游收入1.28亿元。农业总产值19.7亿元，增长8.5%；粮食总产量11万吨，增长2.4%。完成烟叶生产收购800万千克，产值1.44亿元，综合均价18元/千克，综合均价比上年提高3.42元，实现税收3174万元。畜牧业产值达6.2亿元，增长11.1%。核桃种植面积99.57万亩，产量1.20万吨，产值3.38亿元，农民人均核桃收入1526元。桑园种植面积5.04万亩，产茧1109吨，产值3906万元。新植花椒1.4万亩，花椒种植面积达6.5万亩，产量1033吨，产值3368万元。种植中药材1万亩。新签约招商项目41个，实际引进签约资金28.8亿元，到位14.7亿元，增长38.3%。大力发展出口贸易，实现进出口总额1030万美元，同比增长20.8%。年末，全县金融机构各项存款余额34.12亿元，增长17.76%，其中居民储蓄存款余额20.78亿元，人均7338元；各项贷款余额22.14亿元，增长7.8%。全社会客运量143万人，客运周转量148347万人千米；货运量6865万吨，货物周转量8348万吨千米。

【教科文卫】 2011年末，全县有学校149所。其中，完全中学2所，职教中心1所，初级中学12所，小学112所，幼儿园22所。在校学生38731人。其中，普通高中学生4587人，职业高中学生2295人，初中生10288人，小学生17701人。专任教师2774人，职员12人，工勤人员151人。全县中小学校舍面积35.82万平方米，中学、小学藏书量54.76万册。新建校舍2.45万平方米、加固改造3.8万平方米。小学适龄儿童入学率99.9%，初中阶段毛入学率118.3%，高中阶段毛入学率75%，幼儿入园率63.2%，县城区中学生人数达到1万人。全年全县有1448名考生参加高考，高考上线率99.7%，本科上线率89.5%，高考质量居全州前列。有民族艺术表演团体1个，群众文化馆、文物管理所、档案馆、公共图书馆各1个，乡（镇）文化服务中心12个。广播人口覆盖率97%，电视人口覆盖率98%，农村电影放映覆盖率100%。全县设卫生机构197个。其中，县医院2所，乡（镇）卫生院14所，妇幼保健院、疾控中心、卫生监督所各1个，村级卫生室144个，诊所33个，民营医疗机构2个。公立医疗机构有医务人员640人，乡村医生235人，民营医疗机构和个体诊所医务人员113人。实有开放床位724张，平均每千人口拥有2.5张床位，每千人口拥有卫生技术人员2.26人。县、乡、村三级医疗预防保健网络逐步健全，医疗卫生覆盖率100%。

【社会生活】 2011年，大姚县财政对民生投入9.2亿元，占一般预算支出的78.1%。城镇居民人均可支配收入17358元，增长13%；农民人均可支配收入3838元，农村居民人均纯收入4117元，增长17.9%；农民人均有粮430.7千克。新型农村社会养老保险参保175582人，缴费1918.88万元，参保率95.4%；城镇居民社会养老保险1545人，参保率91%。农村新型合作医疗参保人数24.02万人，参合率94.4%，大病补充保险参保率85.1%。全年发放农村基本养老金2214万元；支付城镇职工、居民医疗保险费1319万元。纳入城市低保户6179人、农村低保户19018人，发放低保金3374.5万元。发放各种惠农补贴5121万元。新增城镇就业人员2703人，落实下岗失业人员再就业1404人，农村劳动力转移就业17451人。

【保障性住房建设】 2011年，大姚县实施廉租住房建设项目6万平方米，实际建设84470平方米。其中，廉租房1218套，72658.85平方米；经济适用房60套，5925.6平方米。

【《中共大姚县委执政纪要》编纂出版】为总结执政经验，探索执政规律，提高党的执政能力和领导水平，不断改善党的领导方式、执政方式、执政环境，提高党的创造力、凝聚力、战斗力，进一步提高党史工作服务改革发展稳定大局水平。县委党史研究室经认真准备，向县委报告率先在全州党史部门第一家创编《县委执政纪要》的相关工作。经十二届县委59次常委会议研究，决定编纂出版《中共大姚县委执政纪要》。2010年12月24日，县委办公室下发《县委执政纪要》编纂工作方案。按照工作方案，县委党史研究室深入41家单位进行指导，认真开展组稿工作。截至2011年10月末，县委党史研究室编辑人员对收集到的资料认真进行了初审、编辑、修改、校对，五易其稿后形成40万字的送审稿。2011年版《中共大姚县委执政纪要》于12月出版发行。

【电影《梅葛》在三台乡开机拍摄】2011年4月30日，云南非物质文化遗产题材电影《梅葛》在三台乡开机拍摄。电影《梅葛》讲述了在美国艺术大学毕业的萨拉·埃文斯从费城到中国楚雄彝族文化研究院进修的故事。电影《梅葛》剧情起伏跌宕、诙谐幽默，演绎了中西方文化的交流与融合，展现了彝族文化的博大精深和绚丽多彩。该片由云南花漫云岭影视策划有限公司出品、制片。导演由八一电影制片厂演员剧团副团长、电影《闪闪的红星》中春芽仔的扮演者刘继忠和楚雄彝族文化研究院院长肖慧华联合担任。

【城镇居民社会养老保险试点】 2011年8月26日，大姚县启动城镇居民社会养老保险试点工作，标志着大姚县养老保险制度的基本框架已建立起来，朝着实现人人老有所养的目标又迈进了一大步。自启动工作实施以来，年底参保登记1545人，参保缴费34.36万元，参保率达91%。

【矛盾纠纷调处中心挂牌成立】 2011年12月20日，大姚县矛盾纠纷调处中心挂牌成立。中心汇集医患纠纷、交通事故纠纷、劳资纠纷、涉校纠纷5个行业性专门人民调解委员会。矛盾纠纷调处中心的成立，为全县人民群众表达诉求开启一个全新的窗口，为解决内部矛盾纠纷提供了一个全新的平台。

乡（镇）领导名录

金碧镇
党委书记：王荣文（副处）
镇　　长：曹　波（非党）

石羊镇
党委书记：罗世全
镇　　长：李志祥（彝族，～2011.02）
　　　　　李国荣（彝族，2011.02～）

六苴镇
党委书记：王俊伟
镇　　长：曾　斌（～2011.02）
　　　　　邹建华（彝族，2011.02～）

龙街乡
党委书记：彭建波（彝族，～2011.02）
　　　　　李建平（2011.02～2011.11）
　　　　　余忠诚（2011.～）
乡　　长：李永龙（～2011.02）
　　　　　杞永斌（2011.02～）

赵家店乡
党委书记：赵信宏（彝族）
乡　　长：华成敬（彝族，～2011.02）
　　　　　陈飞飞（2011.02～）

新街乡
党委书记：张永华（～2011.02）
　　　　　周建民（2011.02～）
乡　　长：郑红星（彝族，～2011.02）
　　　　　陆爱海（2011.02～）

桂花乡
党委书记：王荣书
乡　　长：谢毕昆

昙华乡
党委书记：周建民（～2011.02）
　　　　　连华才（2011.02～）
乡　　长：连华才（～2011.02）
　　　　　肖　梅（女，2011.02～）

湾碧傣族傈僳族乡
党委书记：李贵昌（～2011.02）
　　　　　华成敬（彝族，2011.02～）
乡　　长：李金寿（傣族）

三岔河乡
党委书记：余忠诚（彝族，～2011.11）
　　　　　苗少华（彝族，2011.11～）
乡　　长：苗少华（彝族，～2011.11）
代理乡长：王定钊（2011.11～）

三台乡
党委书记：张玉林（彝族，～2011.02）
　　　　　李志祥（彝族，2011.02～）
乡　　长：张海艳（女，彝族）

铁锁乡
党委书记：李建平（～2011.02）
　　　　　曹　燕（女，2011.02～）
乡　　长：马淑吉（女，彝族，～2011.02）
　　　　　张琪辉（2011.02～）

［任有学］

乡（镇）情况一览表

乡(镇)	面积（平方千米）	村(居)委会（个）	年末总人口（人）	年末耕地面积（亩）	农业总产值（万元）	粮食总产量（吨）	烤烟总产量（吨）	年末大牲畜存栏（头）	农民人均纯收入（元）
金碧镇	454.5	27	98902	56359	43213	33374	1231	12819	4850.68
石羊镇	403	14	27812	26984	21212	12340	963	11420	4747
六苴镇	280	8	13514	10014	8311	4030	651	6299	3901
龙街乡	360	8	24998	26834	17174	12506	1155	10389	4229.93
赵家店乡	390	12	16269	19225	13355	6704	710	11731	4200.87
新街乡	218	9	27557	26967	17895	11614	1090	6005	4174.34
昙华乡	192	7	7802	11428	8060	2822	320	6449	3013.13
桂花乡	352	9	11947	14087	12923	4707		8145	4190.16
湾碧乡	511.5	12	18128	17402	12264	6485	450	11808	3255.06
铁锁乡	230	6	10622	10311	12118	4809	260	4942	3977.12
三台乡	455	8	12022	12685	15473	4570		5634	3328.49
三岔河乡	300	9	13566	15026	14190	6347	1170	7349	4432.33

［楚雄州统计局］

永　　仁　　县

【地理位置】　永仁县地处滇中北部，北纬25°51′～26°30′、东经101°14′～101°49′之间。东与四川省会理县隔金沙江相望，东南同元谋县毗邻，西南和大姚县接壤，北连四川省攀枝花市，西北界丽江市华坪县。县人民政府驻地永定镇，海拔1536米。东南距省城昆明226千米，南距州府楚雄市180千米。

【行政区划】　2011年末，永仁县辖永定、宜就、中和3镇和莲池、猛虎、维的、永兴（傣族乡）4乡，63个村（居）委会、652个村民小组。行政区域面积2189平方千米。

【人口民族】　2011年末，永仁县常住人口10.96万人，出生率9.6‰，死亡率6.4‰，自然增长率为3.2‰。按公安户籍人口统计，年末全县总人口106344人，比上年增加274人。其中农业人口91333人。总人口中，少数民族66694人，其中彝族56829人。

【自然概貌】　永仁县属内陆高原区，位于滇中红色高原北缘，地质地貌由一系列压扭弧形断裂与不对称的斜褶地组成，皱坡丘陵和山间坝子相间。地势西北及南部高，西部和东南低，中部地势开阔平缓，河流切割不深，但地形破碎。山脉属云岭余脉百草岭山系，主要有方山、大雪山、大村梁子等。河流属金沙江水系，主要有永定河、羊蹄江、江底河、万马河等。全县最高点是宜就镇的大雪山主峰，海拔2884.7米；最低点是永定镇东端的金沙江边石坎子下，海拔926米；全年气候冬无严寒，夏无酷暑，冬春干旱，夏秋多雨，干湿分明，雨量偏少，光照充足；年平均气温17.5℃，年平均无霜期267天；年平均降雨量868.4毫米，蒸发量2516.8毫米。年平均日照2836小时。

【资源特产】　永仁县自然资源丰富，现已探出的矿产资源有金、银、铜、铂、钯、石英砂、大理石、石膏、煤等20多种。水利资源量蕴藏达10.21万千瓦，活立木蓄积量达850.2万立方米，草山资源267万亩，森林覆盖率70.1%。白马河林场是全国最大的云南松母树林基地，素有“彝州林海”之称。旅游资源有方山省级风景名胜区、方山诸葛营民族文化生态旅游村、虎跳峡（虎龙峡）、落水洞、仙人洞、龙潭营等。1995年，永仁被云南省确定为板栗基地县，维的板栗远销省内外及台湾市场。优质米、草莓、樱桃、蚕桑、仔猪繁殖、黑山羊养殖等产业正发展壮大，在攀枝花、昆明等地市场前景良好。

【经济状况】 2011年，永仁县实现生产总值（GDP）144091万元，按可比价计算，比上年增长12.7%。其中，第一产业增加值52550万元，增长7.9%，拉动经济增长4.8个百分点；第二产业增加值36953万元，增长19.0%，其中工业24690万元，增长19.1%，拉动经济增长4.1个百分点；第三产业增加值54588万元，增长13.2%，拉动经济增长3.8个百分点。第一、第二、第三产业对生产总值增长的贡献率分别为38%、33%和29%。第一、二、三产业增加值占生产总值的比重为36∶26∶38。全县居民消费价格总水平上涨3.8%。年末全县从业人员70002人，比上年增加222人。年末城镇登记失业率为2.8%。全年实现农林牧渔业总产值86893万元，按可比价计算，比上年增长8.9%。全年粮食作物种植面积183806亩，比上年增加6249亩，增长3.5%。经济作物种植面积99794亩，比上年增加4166亩，增长4.4%。粮食作物与经济作物种植比为65∶35，与上年持平。全年粮食产量45351吨，比上年增加4466吨，增长10.9%。大牲畜年末存栏66032头，增长1.3%。全县有效灌溉面积106001亩，节水灌溉面积107496亩。全年完成规模以上工业总产值31274万元，增长31.1%（现价增长）；规模以上工业企业实现增加值8371万元，增长21.7%（可比价增长）。全年完成全社会固定资产投资170847万元，比上年增长37.6%。全年房地产开发投资2706万元，比上年增长138.9%。全年社会消费品零售总额24807万元，比上年增长20.2%。县内公路通车里程1262.6千米（含村道）。全年完成客运量131万人，增长16.9%；客运周转量8586万人千米；货运量26万吨，下降25.9%；货运周转量2957万吨千米，下降18.4%。全年完成邮电业务总量1263万元，比上年增长25.8%。电信业务总量1155万元，增长38.2%。年末有固定电话和移动电话60845部。全年共接待游客49万人次，增长48.0%。实现旅游总收入15185万元，增长26.2%。全年完成财政总收入17088万元，比上年增收4389万元，增长34.6%；完成地方财政一般预算收入11369万元，增收2551万元，增长28.9%。金融机构年末人民币存款余额175138万元，比年初增长16.7%，贷款余额57853万元，比年初增长24.4%。全年县内保险公司保费收入2160万元，比上年增长7.9%。

【教科文卫】 2011年，永仁县有完全中学1所（永仁一中）；初级中学2所（民族中学、莲池中学）；职业中学1所（永仁县职业高级中学）。专任教师410人，在校生5190人（职业中学245人）；小学30所，专任教师611人，在校生7439人；幼儿园6所，在园幼儿1830人。全县学龄儿童入学率99.7%，初中学龄人口毛入学率103.0%。全县年末有图书馆1个，文化馆1个，乡（镇）文化站7个。电视覆盖率92.0%，广播覆盖率96.5%。卫生机构90个。其中，县级5个，乡（镇）卫生院8个，村卫生室69个，学校厂矿医务室4个，个体诊所3个，民营医院1个。卫生机构床位数298张，专业技术人员260人（执业医师152人，执业助理医师52人）。

【社会生活】 2011年，永仁县农民人均纯收入3914.8元，比上年增加675元，增长16.4%；城镇居民人均可支配收入16380元，比上年增加1974元，增长9.5%。全年单位从业人员劳动报酬18363万元，同比增加3174万元，增长20.9%。年末全县城镇居民人均住房使用面积42平方米。全县63个村（居）委会通电话、通公路、通自来水。全县参加城乡居民养老保险49682人，比上年增加11472人，参加基本医疗保险15944人，参加新型农村合作医疗85441人。全县领到最低生活保障金8647户11731人。全县有敬老院8个，收养196人。

【首个亿元水利工程项目开工】 2011年12月25日，永仁县宜就镇阿朵所水库工程开工建设，该工程是云南省百件骨干水源重点建设工程之一，是永仁县水利建设史上投资超过亿元的第一个工程。审定概算总投资1.34亿元。工程位于宜就镇阿朵所村附近的阿朵所河上，为新建小（一）型水利工程，距县城38千米，水库控制径流面积27平方千米，坝高68.9米，总库容444.53万立方米，工程建成后，可为下游提供548.33万立方米的水量，解决8456亩农田灌溉，8030人的饮水问题，以及保护下游农田、村庄及桥梁公路防洪任务，是一件以农业灌溉、人畜饮水为主，兼顾防洪的水利工程。

【县级党政机关办公用房地震恢复重建项目建设】 2008年8月30日，四川省会理县发生6.1级地震，由于永仁县距震中较近，受波及较大，造成部分人员伤亡和大量房屋倒塌，基础设施受损严重，灾害损失惨重。县级机关的办公用房多为多年前建盖的土木、砖木、砖混结构，在遭受强烈的地震后，办公用房受损非常严重，且办公地点分散，群众办事不方便，办公用房设施设备陈旧简陋，缺乏办公自动化设施，不利于提高党政机关办公效率，不能满足电子政务和现代办公的需要。“8·30”地震后，上级党委和政府下达了《楚雄州“8·30”会理地震永仁县地震灾区恢复重建项目计划》的批复，批复永仁县县级党政机关办公用房地震灾后恢复重建项目用地46.271亩，建筑占地3688.27平方米，总建筑面积19575.3平方米。绿地面积21125.74平方米，绿地率68.48%；停车位120个，其中地上42个，地下78个；建筑类别为二类，抗震设防烈度为7度，结构设计合理使用年限为50年。项目于2009年12月获省发改委立项批复，投资估算5394.9万元，2010年3月正式开工建设，2011年12月竣工，解决了县委、政府、人大、政协等系统47个单位的办公用房。

【第四届云南民族服装服饰文化节暨中国直苴彝族赛装节】 2011年12月9～11日，第四届云南民族服装服饰文化节暨中国直苴彝族赛装节在永仁县举行。

活动以“七彩云南、神奇彝州、魅力永仁、赛装赛美”为主题，以彝族服装服饰展演大赛暨彝族服装服饰精品展、彝族服装服饰设计大赛、彝族“彝人风采”摄影大赛、彝族服饰文化论坛、民族服装服饰展销会暨民族民间工艺品博览会等为内容。在第四届云南民族服装服饰暨中国彝族赛装节永仁招商引资项目推介会暨签约仪式上，成功推介签约项目5个，协议投资总额42.94亿元人民币。

乡（镇）领导名录

永定镇
　党委书记：熊新平（副处）
　镇　　长：李培龙
宜就镇
　党委书记：起自敏（女，~2011.08）
　镇　　长：徐红章
中和镇
　党委书记：起加宏
　镇　　长：殷庆洪
莲池乡
　党委书记：李兆平
　乡　　长：李厚禹
猛虎乡
　党委书记：熊兴武
　乡　　长：尹云莲（女）
维的乡
　党委书记：杨　旭
　乡　　长：阿开福
永兴傣族乡
　党委书记：朱　宝
　乡　　长：善自刚（~2011.02）
　　　　　　李　强（2011.02~）

［王秀芝］

乡（镇）情况一览表

乡(镇)	面积（平方千米）	村(居)委会（个）	年末总人口（人）	年末耕地面积（亩）	农业总产值（万元）	粮食总产量（吨）	烤烟总产量（吨）	年末大牲畜存栏（头）	农民人均纯收入（元）
永定镇	327	12	30150	24844	15254	7636	1000	6131	4402.74
宜就镇	330	12	16962	20032	13650	8144	960	16232	3836.79
中和镇	430	9	11375	15429	10467	5882	584	11321	3667.68
莲池乡	175	6	13805	22729	16591	8019	450	5668	3935.61
维的乡	196	7	11495	17832	11024	5843	1326	6372	4151.18
猛虎乡	204	5	9398	17028	9690	4925	745	7435	4077.64
永兴乡	527	12	13159	17176	10217	4902	275	12873	3390.83

［楚雄州统计局］

元 谋 县

【地理位置】 元谋县位于楚雄州北部，地处东经101°35′~102°06′、北纬25°23′~26°06′之间，东倚武定，南接禄丰、牟定，西邻大姚、永仁，北越金沙江与四川省会理县交界。县人民政府驻元马镇龙川街，海拔1078米，南距州府楚雄市城区103千米，东南距省会昆明市城区180千米。

【行政区划】 2011年末，元谋县辖元马、黄瓜园、羊街3镇和老城、凉山、平田、新华、物茂、江边、姜驿7乡，78个行政村（社区），其中5个社区、73个行政村。行政区域面积2021.69平方千米。

【人口民族】 2011年末，元谋县常住人口21.62万人，年人口出生率10.28‰，死亡率8.8‰，人口自然增长率1.48‰。城镇化率24.88%。据公安部门统计，年末全县户籍人口21.49万人（65236户），比上年末下降0.33%。其中，女性人口10.53万人；非农业人口2.48万人；少数民族人口8.39万人，占总人口的39.04%。主要少数民族（千人以上）有彝族6.12万人、傈僳族1.84万人、回族1572人、苗族1481人。

【自然概貌】 元谋东山雄峻，西岗低迤，南嶂叠耸，北屏挺拔；四周皆山，镶嵌着小盆地。地势东南高，西北低。境内最高点是江边乡大营盘山，海拔2835.9米，最低点是姜驿乡黑者村东北的金沙江出境处，海拔898米。河流属金沙江水系，长流河19条，季节河43条。金沙江、永定河北来入境，龙川江南来穿境，蜻蛉河、班果河、勐冈河西来过境，江河聚会江边龙街，纳入金沙江，东北向出境。高山低谷，海拔高差大，呈立体气候，河谷、平坝干燥少雨，光热足，罕霜雪；半山区温热；山区冷寒。极端最高温度39.2℃，极端最低温度1.8℃，年平均气温21.7℃，全年日照时数2481.3小时，全年降雨量500.6毫米，全年蒸发量1592.3毫米。

【资源特产】 元谋县资源特产丰富，植物种类有170科、724属、1297种。河谷、平坝多草本，半山区疏灌木，山区生乔木。有番茄、洋葱、豇豆、青豌豆、四季豆、牛蒡等各类冬早蔬菜；有西瓜、葡萄、龙眼、香蕉、台湾大青枣、小枣、橙子、柑橘等亚热带水果。矿藏资源有铂钯、铂铜镍、磁铁、褐铁、菱铁、镜铁、石膏、金、银、铅、钴等矿。主要工业产品有铁矿石、铅锌矿石、沙石料、石膏矿、硅矿石、食糖、酸角糖、酒精、白酒、水泥、水泥预制件、红砖等。还有元谋凉鸡、烤小猪等名特小吃。有土林、金沙江风光、凉山彝族风情园等旅游资源。

【经济状况】 2011年，元谋县实现地区生产总值（GDP）26.34亿元，比上年增加4.25亿元，按可比价格计算，增长12.3%。其中，第一产业实现增加值10.22亿元，比上年增长8.3%，拉动经济增长3.3个百分点；第二产业实现增加值6.79亿元，比上年增长21.3%，拉动经济增长5.1个百分点；第三产业实现增加值9.33亿元，比上年增长10.7%，拉动经济增长3.9个百分点。一、二、三产业对GDP增长的贡献率分别为26.6%、41.8%和31.6%。产业结构逐步优化，三次产业结构由上年的39.5∶24.1∶36.4调整为38.8∶25.8∶35.4。按常住人口计算的全县人均地区生产总值为12211元，比上年增长18.62%。全县社会劳动生产率为18516元/人，比上年增长15.33%。非公有制经济实现增加值12.11亿元，比上年增长15.1%。非公经济增加值占全县地区生产总值的46%，比上年提高0.8个百分点。全县居民消费价格总水平比上年上涨4%。其中，食品类价格上涨12.4%（粮食价格上涨11.7%），衣着类价格下降4.1%，家庭设备用品及维修服务类价格下降1.6%，医疗保健和个人用品类价格上涨1.1%，交通和通讯类价格上涨0.8%，居住类价格上涨2.3%，服务项目价格上涨0.9%。商品零售价格总水平比上年上涨4.7%。农业生产资料价格总水平比上年上涨14.6%。零售物价指数为104.7%。

全年实现农业总产值16.88亿元，比上年增加2.08亿元，按价格指数缩减法计算，比上年增长9.13%。其中，农业产值12.31亿元，增长8.75%；林业产值3039万元，增长25.78%；畜牧业产值3.99亿元，增长10.19%；渔业产值2741万元，下降1.05%。年末，全县实有耕地面积19.84万亩，常用耕地面积19.77万亩，其中水田9.53万亩、旱地10.24万亩。全县农作物总播种面积39.75万亩，比上年增长1.54%。其中，粮食播种面积20.27万亩，下降0.1%；经济作物播种面积19.48万亩（蔬菜13.29万亩、烤烟1.8万亩、油料1.1万亩），增长3.26%。粮食作物与经济作物种植结构比为50.98∶49.02，经济作物种植比重比上年提高0.82个百分点。全年粮食总产量7.45万吨，比上年增长10.19%。全年肉类总产量2.28万吨，比上年增长10.6%；禽蛋产量299吨，增长4.2%；水产品产量1980吨，增长3.13%。大牲畜年末存栏8.54万头，生猪年末存栏14.16万头，羊年末存栏12.42万只。

全县有中型水库5座、小（一）型水库8座、小（二）型水库58座、小坝塘1585个，总库容1.28亿立方米，总灌溉面积13020公顷。全年水利工程动工348件，竣工323件，完成投资1.22亿元。全县水利工程供水量1.26亿立方米。年末全县农田有效灌溉面积12150公顷，节水灌溉面积7410公顷。全县农业机械总动力23405.33万瓦特，比上年增长13.02%。全年农机经营总收入5039.68万元，比上年增长8.98%。全县农村用电量2945万千瓦时，比上年增长2.54%。全年农用化肥施用量（折纯）17617吨，增长3.3%；农药施用量489吨，增长0.6%。全县新增造林面积2.52万亩，全县森林面积14.59万公顷，森林综合覆盖率46.6%。全年治理水土流失面积27.75平方千米。县政府驻地空气质量二级。年末全县城市人均公共绿地面积3.72平方米。

全年实现工业总产值29.77亿元，比上年增加7.68亿元，增长34.7%。其中规模以上工业实现产值8.73亿元，比上年增加2.82亿元，增长47.7%。规模以上工业企业实现增加值2.15亿元，增长41%，实现利税总额7566万元，增长55.2%。全县8个资质建筑企业完成总产值2.66亿元，比上年增长35.71%，实现利润543.8万元，比上年增长13.29%。全县房屋竣工面积56.53万平方米，比上年增长16.85%。全年完成固定资产投资25.29亿元，比上年增加5.48亿元，增长27.64%。全年新增固定资产13.1亿元。全年新开工项目363个，比上年增长72.04%。县城区建成面积达5.85平方千米。

全年实施招商引资项目15个，项目协议总投资11.1亿元，年内实际到位资金7.31亿元，比上年增长56.53%。全年实现社会消费品零售总额6.3亿元，比上年增长22.1%。批发零售业全年实现商品销售总额15.73亿元，比上年增长34.7%。全年完成地方财政总收入1.41亿元，比上年增长16.1%。其中，地方一般预算收入9970万元，比上年增长15.6%；上划收入4118万元，比上年增长17.2%。县内地方财政一般预算支出8.38亿元，比上年增加1.14亿元，增长15.7%。年末金融机构人民币存款余额25.45亿元，比上年末增长24.4%，其中城乡居民储蓄存款余额17.39亿元，比上年末增长27.39%。金融机构年末人民币贷款余额9.79亿元，比上年末增长17.92%。县内保险公司全年实现保费收入4272万元，比上年增长17.1%。其中，人寿险保费收入2927万元，财产险保费收入1345万元。全年已决赔款1086.4万元，比上年增长85.71%，其中财产险1000万元，人寿险86.4万元。

年末，县内公路通车里程1014千米，其中等级公路616千米。县境内通航里程56千米，有8道金沙江渡口。全县有民用机动车4.99万辆，机动车驾驶员5.54万人。水陆运输全年完成客运量676万人次，比上年增长41.42%，客运周转量9387万人千米，比上年增长1.65%；全年货运量145万吨，比上年下降16.18%，货运周转量12463万吨千米，比上年增长28.29%。全年完成邮电业务总量8263万元，比上年增长15%，其中邮政业务总量639万元、电信（含移动、联通）业务总量7624万元。年末全县有固定电话和移动电话用户13.6万户，其中固定电话2.1万部、移动电话用户11.5万户，电话普及率63部/百人。年末全县互联网用户11719户，比上年减少6172户，下降34.5%。全县77个县级部门和10个乡（镇）全部开通电子政务网。全年接待中外游客182.03万人次，比上年增长10.44%，其中接待国外游客10072人次。实现旅游总收入6.65亿元，比上年增长18.38%。其中，国内旅游收入64124万元，比上年增长18.09%；旅游外汇收入2396万元（人民币），比上年增长26.71%。

【教科文卫】 2011年末，元谋县有各级各类学校180所，其中教师进修学校1所、普通高中1所、职业高中1所、普通初中11所、小学57所、幼儿园20所、成人文化技术学校89所。年内普通高中招生719人，在校生1775人，毕业学生649人，专任教师169人；职业高中招生147人，在校生306人，毕业学生39人，专任教师44人，高中学生毛入学率71.7%；初中招生2868人，在校生9147人，毕业学生2950人，专任教师574人，初中学生毛入学率112.43%；小学招生2400人，在校生15781人，毕业学生2917人，专任教师1035人，学龄儿童入学率99.96%；在园幼儿4316人，教职工204人，入园率60.14%。年末全县有教职工2267人，其中专任教师1951人、代课教师32人、临时工110人。全年教育事业共投入1.43亿元，占全县财政总支出的17.1%。全年实施校舍建设项目33个，总投资3723万元，总建筑面积2.72万平方米。5月，元谋县老城中心完小被云南省教育厅表彰为云南省示范家长学校先进集体。6月，黄瓜园小学被州人民政府表彰为先进单位。7月，元谋县培英中学、能禹镇乐甫完小和老城阿郎太保希望小学被省教育厅表彰为云南省文明学校，老城中心完小被省教育厅、省环保局表彰为云南省绿色学校。11月，黄瓜园小学被省教育厅、省环保局表彰为云南省绿色学校，老城阿郎太保希望小学被省教育厅表彰为勤工俭学先进集体，元谋县机关幼儿园被州政府表彰为文明单位。年内，元谋县教育局李先富、杨兴义、鲁甜、张云飞、李朝龙、杨林祥分别被省教育厅和州委、州政府表彰为三生教育先进工作者、生源地助学贷款先进个人、优秀共产党员、先进教育工作者。元谋县教师刘顺瑜、罗发、李升学、周建梅、文明坤、武玉美分别被州委、州政府表彰为优秀教师或优秀共产党员。12月3日，元谋县第一中学隆重举行建校70周年庆祝大会，县内外嘉宾、学校校友和师生代表共4000余人参会，共收到社会各界捐款261.07万元。

2011年，元谋县申报国家和省级重点科技项目12项，批准立项9项，共获得项目补助资金80.5万元，其中有3项获得云南省科技厅补助项目资金60万元、有6项获得楚雄州科技局补助项目资金20.5万元。组织企事业单位和个人申报专利16件，其中发明专利3件、实用新型专利11件、外观设计专利2件。截至年末，全县累计获得专利授权51件，其中发明专利14件、实用新型专利31件、外观设计专利6件。年内获得专利授权7件，其中发明专利3件、实用新型专利4件。全年举办种植、养殖实用技术培训班18期30场次，培训农村劳动力骨干9876人。2月，元谋县科技局被省科技厅、省委宣传部和省科学技术协会表彰为云南省“十一五”科普工作先进集体。11 月 22 日，元谋县“优质小果型西瓜引种及高产栽培技术示范”项目和“干热河谷优良牧草筛选及综合利用技术研究与示范”项目荣获 2010 年度州人民政府科技进步三等奖。年末，全县有各类农民专业协会 200 个、协会会员 3.31 万人，有农民专业合作社 79 个、合作社社员 5368 人，带动 3 万户农民按照无公害生产技术规程规范种植蔬菜。全年科技事业共投入 345 万元，比上年增加 44 万元，增长 14.62%。科技进步对经济增长贡献率 46.5%。

全县有花灯剧团 1 个、县级文化馆 1 个、乡（镇）文化站 10 个，公共图书馆、文物陈列馆、电影放映管理站和档案馆各 1 个，有业余文艺宣传队 123 个；10 个乡（镇）有村委会文化室 73 个、农村文化活动室 103 个、党员活动室 161 个。公共图书馆藏书 4.3 万册。全县有线电视用户 2.07 万户，有线电视覆盖率 31.76%，其中数字电视用户 9801 户。全县电视覆盖率 98.2%，广播覆盖率 90.2%。全年举办体育运动会 6 次，参加人数 1160 人。

2011 年末，全县有各级各类卫生医疗机构 142 个，其中医院 5 个、卫生院 11 个、妇幼保健院 1 个、个体诊所 44 个、云南医学科学院元谋门诊部 1 个、防疫机构 1 个、卫生监督所 1 个、村卫生室 78 个。全县医院和卫生院有医疗床位 891 张，平均每千人拥有病床 4.15 张；全县有医疗卫生专业技术人员 772 人，其中执业医师及执业助理医师 339 人，平均每千人拥有卫生专业技术人员 3.59 人。全县有乡村医生 176 人。全县医疗卫生单位拥有固定资产 7881.87 万元，全年医疗卫生业务总收入 8311.3 万元。全年医疗卫生事业共投入 9694 万元，比上年增加 396 万元，增长 4.26%，占全县财政总支出的 11.57%。2 月，元谋县疾控中心被省卫生厅表彰为“全省碘缺乏病防治工作先进集体”。4 月，元谋县卫生局被省委、省政府表彰为“2008～2010 年云南省防治艾滋病人民战争先进集体”。7 月，元谋县卫生局被州委、州政府表彰为“2008～2010 年楚雄州防治艾滋病人民战争先进集体”。

【社会生活】 2011 年，元谋县城镇居民人均可支配收入 18406 元，比上年增长 13.4%，扣除物价因素，实际增长 9%。城镇居民人均消费性支出 10253 元，年末城镇居民人均住房建筑面积 38.05 平方米。农村居民人均总收入 8265 元，比上年增长 8.81%；农民人均纯收入 5602 元，比上年增长 17.1%，扣除物价因素，实际增长 12.62%。农民人均生活消费支出 4339 元，年末农村居民人均住房使用面积 33.6 平方米。年末全县实有从业人员 14.69 万人，比上年末增加 0.93 万人，增长 6.76%。年末在岗职工 8371 人，比上年末下降 0.38%。在岗职工年平均工资 29363 元，比上年增长 18.42%。全县 78 个村委会（社区）通电，有 76 个通公路，有 73 个通自来水，有 77 个通程控电话。全年有 8.59 万人次领取城镇居民最低生活保障金 1342.83 万元，年末全县享受城镇居民最低生活保障 7077 人。全年有 13.83 万人次领取农村贫困居民最低生活保障金 1191.78 万元，年末全县享受农村贫困居民最低生活保障 11523 人。全年拨付医疗救助资金 183.91 万元，对 2.29 万人进行城乡医疗救助。全县供养农村“五保”老人 778 人。全县有养老院 11 个，集中供养孤寡老人 145 人。

2011 年，元谋县就业服务中心全年安置就业 2059 人，其中安置下岗失业人员再就业 599 人。组织创业培训 6 次，累计参训 386 人；举办农业富余劳动力技能培训 4 期，累计参训 240 人。城镇登记失业人员 480 人，年末城镇登记失业率 3.1%。农村富余劳动力转移就业 13015 人。年末全县参加城镇职工基本养老保险 5636 人、城镇职工基本医疗保险 10717 人、失业保险 5002 人、工伤保险 3070 人、生育保险 2255 人，城镇居民基本医疗保险 16344 人，农村社会养老保险 12066 人。全年全县有 17.8 万人参加新型农村合作医疗保险，参保率 93.07%，有 9.59 万人参加新型农村合作医疗大病补充保险，参保率 53.87%。参保患者全年就诊 39.19 万人次，共发生医疗费用 5704.77 万元，实现医疗费减免 2784.38 万元。全年发生安全生产事故 21 起，死亡 8 人，均为道路交通事故。全年发生火灾事故 16 起，火灾死亡 1 人，火灾损失 118 万元。亿元 GDP 安全生产事故死亡 0.3 人。

【元谋建成首个大型风力发电场】 2010 年 12 月 31 日，云南省发改委、云南省能源局核准在元谋县凉山乡建设元谋雷应山风电场一期建设项目。该项目由国电云南新能源有限公司负责实施，于 2011 年 1 月 19 日开工建设。建设项目总装机容量 4.95 万千瓦，计划安装 33 台单机容量 1500 千瓦的风电机组，项目计划总投资 5.31 亿元。2011 年末，该工程已完成风机吊装 33 台、升压站及送出工程建设，其中 25 台风机已开始发电，实际完成投资 48434 万元。该工程预计 2012 年 3 月全部并网发电，项目投入试运行。项目正常运行后预计年发电量 1.2 亿千瓦时，实现年产值 7320 万元，每年可上缴国家税金 1244 万元。

【元谋基础设施建设成效明显】 2011 年，元谋县大幅度增加基础设施建设投入，全年完成固定资产投资 25.29 亿元，比上年增加 5.48 亿元，增长 27.64%。全年实施基础设施建设项目 374 件，比上年增加 144 件。水利建设力度加大，投入资金 2 亿元，启动实施大型灌区节水改造第 11 期、麻柳中型水库除险加固工程、饮水安全工程、14 座小（二）型病险水库除险加固工程及高效节水灌溉试点县建设工程等项目。交通基础设施建设稳步推进，元双二级公路建成通车，县城南部客运站启动建设，通乡油路、通村公路路面硬化、自然村通路工程全面实施，全年完成投资 7200 万元，铺筑沥青路面 17.42 千米、混凝土路面 11.77 千米，改造路基 36.67 千米。加强生态环境保护，深入实施退耕还林、天然林保护、农村能源建设项目。全面完成“长治”八期老城小流域治理工程，完成人工造林 1 万亩、封山育林 1 万亩。全县新增造林面积 2.52 万亩。全年治理水土流失面积 27.75 平方千米。加快土地开发，完成4350亩土地开发（占补平衡）建设项目。

【乌东德水电站建设征地移民工作】 乌东德水电站位于云南省禄劝县乌东德乡与四川省会东县新马乡交界处的金沙江干流上，是金沙江下游河段规划建设的四个水电梯级的第一个梯级电站，上游距攀枝花市204千米（延河道），下游距河口宜宾市573千米，电站尾水接白鹤滩电站，是金沙江干流上的特大型水电梯级之一，是西电东送的重要电源基地。乌东德水电站装机7000兆瓦，多年平均发电量315.4亿千瓦时，工程效益巨大，按2003年价格水平估算，工程静态投资约220亿元。2011年3月7日起，全面开展元谋库区实物指标联合调查工作，成立元谋县乌东德水电站建设工程移民搬迁安置工作领导小组及库区实物指标联合调查工作协调领导小组，抽调县级单位38名干部职工会同三峡集团公司、长江设计公司人员和乡、村、组干部共230余人，组成13个工作组，深入淹没区开展实物指标调查工作。截至5月31日，元谋县实物指标联合调查外业工作全部结束，主要工作转入到集体土地确认到户和复核阶段。元谋县在实物指标调查工作中的“元谋模式”刊登于《中国三峡工程报》，得到了三峡集团公司、长江设计公司和广大移民群众的认可。根据乌东德水电站975米的蓄水位方案，电站建设征地共涉及元谋县江边、姜驿、物茂3个乡和黄瓜园镇，14个行政村，43个村民小组，江边乡集镇需整体迁建。建设征地总面积37.92平方千米，其中水库淹没区37.59平方千米、水库影响处理区0.33平方千米。建设征地范围内2010年底总人口9042人，建设征地涉及各类房屋面积74.08万平方米，涉及土地总面积5.69万亩，其中耕地1.39万亩。12月16日，元谋县召开了实物指标调查总结表彰暨移民安置规划工作会议，对实物指标调查成果进行行政确认，标志着元谋县实物指标调查工作圆满结束，移民安置规划工作全面开展。

乡（镇）领导名录

元马镇
　　党委书记：彭金富（彝族，副处）
　　镇　　长：祖　凌（～2011.2）
　　代理镇长：陈月娥（女，2011.2～2011.3）
　　镇　　长：陈月娥（女，2011.3～）
黄瓜园镇
　　党委书记：尹　健
　　镇　　长：刘铭波
羊街镇
　　党委书记：杨芳亮（傈僳族，～2011.10）
　　　　　　　陈　彩（彝族，2011.10～）
　　镇　　长：倪建平（彝族，～2011.1）
　　代理镇长：肖文海（2011.1～2011.3）
　　镇　　长：肖文海（2011.3～）
老城乡
　　党委书记：文建辉（彝族）
　　乡　　长：黄亚明
平田乡
　　党委书记：李　飞
　　乡　　长：吴　俣（女）
新华乡
　　党委书记：李　勇（傈僳族，～2011.10）
　　　　　　　杨金祥（苗族，2011.10～）
　　乡　　长：吴春华（彝族）
凉山乡
　　党委书记：雷振宇
　　乡　　长：文显富（～2011.2）
　　代理乡长：昝智明（2011.2～2011.3）
　　乡　　长：昝智明（2011.3～）
物茂乡
　　党委书记：赵光贤（～2011.10）
　　　　　　　杨俊魁（傈僳族，2011.10～）
　　乡　　长：李江华（彝族）
江边乡
　　党委书记：李盈梅（女）
　　乡　　长：郑建华（～2011.2）
　　代理乡长：黄　宁（回族，2011.2～2011.3）
　　乡　　长：黄　宁（回族，2011.3～）
姜驿乡
　　党委书记：张　荣（彝族，～2011.1）
　　　　　　　黎建勇（彝族，2011.1～）
　　乡　　长：李建勋（彝族）

［张　锴］

乡(镇)情况一览表

乡(镇)	面积(平方千米)	村(居)委会(个)	年末总人口(人)	年末耕地面积(亩)	农业总产值(万元)	粮食总产量(吨)	烤烟总产量(吨)	年末大牲畜存栏(头)	农民人均纯收入(元)
元马镇	133.4	13	58246	39024	43969	18671		10418	6941.73
黄瓜园镇	200	11	37113	36733	37270	14545		10376	6468.64
羊街镇	256.9	10	18133	16320	10588	5575	950	9087	4986.44
老城乡	216.4	10	27717	26850	22170	8677	520	12513	6308.13
物茂乡	245	5	16470	15972	14513	5803	12	6246	6216.97
平田乡	188	5	14593	16333	13444	6491		7133	5067.32
江边乡	252.3	8	16441	15984	12758	7517		10225	4294.14
新华乡	183.9	4	8042	8926	4500	3186	310	5690	4806.13
姜驿乡	256.8	8	13985	17714	6903	2807	580	10013	3889.58
凉山乡	89	4	4111	4561	2719	1238	290	3703	3918.45

[楚雄州统计局]

武　定　县

【地理位置】 武定县位于云南省中部，楚雄彝族自治州东北部，地跨东经101°55′～102°29′、北纬25°20′～26°11′之间。东邻昆明市禄劝县，南接禄丰县和昆明市富民县，西与元谋县接壤，北隔金沙江与四川省会理县相望。县境南北长94千米，东西宽56千米，总面积3322平方千米。县人民政府驻狮山镇，海拔1740米，距州府楚雄市城区160千米。

【行政区划】 2011年，武定县辖狮山、高桥、猫街3镇，插甸、田心、发窝、万德、己衣、白路、环州7乡和东坡傣族乡，133个村（居）委会，1570个村（居）民小组。

【人口民族】 2011年末，全县总人口27.46万人，比上年净增1258人，增长0.46%。人口出生率为11.67‰，死亡率6.98‰，自然增长率4.69‰。在总人口中，女性13.48万人，占49.09%；农业人口25.42万人，增长2.36%；非农业人口为2.04万人；少数民族15.11万人，占总人口的55.01%，其中彝族86404人、傈僳族31609人、苗族23143人、傣族7586人。

【自然概貌】 县域地处三台（习称乌蒙）山区，境内多山，山势走向北高南低；河流走向与山势相反，南高北低。全县山地面积占96%。地势东西两侧及西南部高，北部低，东南部较开阔，中北部受勐果河深切割，地形破碎，形成峡谷。县域属低纬高原季风气候区，气候垂直变化明显，类型多样。境内长于10千米的河流有22条，除猫街镇河底河向南流入星宿江外，其余均为金沙江水系，分别由东、西、北三个方向出境。最大的河流勐果河全长97千米。全县最低点为己衣乡新民大沙地，海拔862米；最高点为己衣乡白龙会峰，海拔2956米。年平均气温15.3℃，年降雨量705毫米。

【资源特产】 武定县境内有钛、铜、铁、铅锌、木纹石等10余种矿体。其中，已探明储量的有铁矿2.46亿吨，钛矿1800万吨，铜矿6.68万吨。东坡、田心、己衣、万德4个乡的大部分地区处于干热河谷地带，天然温室孕育着香蕉、甘蔗、小粒咖啡、印楝等经济作物；插甸、发窝、猫街、白路、环州5个乡（镇）的大部分地区处于高寒冷凉地带，适宜种植中草药、高山反季无公害蔬菜；处于中海拔地区的狮山、高桥2个镇种植优质米、烤烟等粮食经济作物。中草药资源有800余种，鸡㙡、干巴菌、松茸等野生食用菌和板栗、核桃、野坝子蜂蜜等特产备受国内外市场青睐。武定壮鸡以其体大、肉嫩、骨酥、味美而著名。旅游资源得天独厚。位于县城西南的狮子山，集雄、古、奇、秀4大特点为一体，是国家AAAA级风景名胜区和旅游、避暑、科考基地。还有插甸水城河、九厂响水箐、己衣大裂谷等旅游资源。

【经济状况】 2011年，全县实现地区生产总值（GDP）29.44亿元，按可比价格计算，比上年增长13.5%。其中，第一产业实现增加值10.72亿元，增长8.0%，拉动经济增长2.92个百分点；第二产业实现增加值9.20亿元，增长19.0%，拉动经济增长5.82个百分点；第三产业实现增加值9.53亿元，增长14.3%，拉动经济增长4.76个百分点。第一、二、三产业增加值占生产总值的比重由上年的36.4∶30.6∶33.0调整为36.4∶31.2∶32.4。非公有制经济实现增加值12.39亿元。非公经济增加值占生产总值比重为42.1%。全年共实施招商引资项目64个，累计到位资金10.33亿元，同比增长52.1%。居民消费价格总水平比上年上涨3.6%。其中，食品价格上涨9.0%；烟酒及用品价格上涨0.9%；衣着价格下降0.5%；家庭设备用品及维修服务价格下降0.6%；医疗保健和个人用品价格上涨0.7%；交通和通讯价格上涨0.5%；娱乐教育文化用品及服务价格上涨1.8%；居住价格上涨3.0%。全年商品零售价格总水平上涨3.7%。农业生产资料价格总水平上涨16.7%。

全年实现农业总产值19.28亿元，按可比价计算，比上年增长8.55%。其中，农业产值7.41亿元，增长12.6%；林业产值6269万元，增长11.44%；畜牧业产值9.97亿元，增长4.09%；渔业产值875万元，增长3.39%；农林牧渔业服务业产值1.19亿元，增长24.56%。全年农作物播种总面积54.57万亩，比上年减少0.63%。其中，粮食播种面积36.15万亩，减少0.82%；经济作物播种面积18.42万亩，减少0.25%，其中烤烟种植6.10万亩，减少2.01%；油料种植面积2.04万亩，减少12.74%；蔬菜种植面积9.39万亩，增长2.47%。全年粮食总产量9.75万吨，比上年增长8.96%。全县有133个村（居）委会通电。年末常用耕地面积26.18万亩（不含临时性耕地），其中水田10.14万亩，旱地16.03万亩。有效灌溉面积14.31万亩；全年化肥施用量（折纯）1.38万吨，增长4.9%；农药施用量231吨，增长0.9%。农村用电量3272万度，增长6.4%。

全年实现工业总产值（现价）28.03亿元，比上年增长39.03%。其中，国有经济0.83亿元，下降5.9%；私营经济21.05亿元，增长47.1%；个体经济6.14亿元，增长23.77%。规模以上工业实现产值8.42亿元，增长42.6%，增加值2.52亿元，按可比价计算，增长20.0%。全县19个（含外地12个）资质建筑企业，完成总产值5.23亿元，比上年增长30.5%，实现利润1847万元，增长29.63%，实现税金412.4万元，增长28.39%。

全年完成固定资产投资22.41亿元，比上年增长52.45%。其中，城镇投资11.48亿元，增长39.19%；农村投资4.14亿元，增长33.26%；农村私人投资1.77亿元，增长37.34%；房地产投资5.03亿元，增长143.85%。全年新增固定资产9.25亿元，比上年增长72.24%。全年实现社会消费品零售总额7.57亿元，比上年增长20.2%。县内公路通车里程1669.897千米（含村道），全年完成货运周转量21734万吨千米，比上年增长2.53倍；客运周转量9967万人千米，增长9.5%。全年完成邮电业务总量7171万元，其中邮政业务总量486万元，比上年增长13.55%。年末拥有固定电话和移动电话16.67万部，户均2.13部，其中移动电话用户达14.96万户，互联网用户达1.81万户。全年共接待游客104.71万人次，增长15.8%，实现旅游业总收入3.65亿元，增长16.94%

全年完成财政总收入4.22亿元，比上年增收1.16亿元，增长37.82%。其中，地方一般预算收入2.76亿元，增长41.32%。地方财政一般预算支出10.88亿元，增长32.14%。年末金融机构人民币存款余额34.68亿元，同比增长24.52%，其中城乡居民储蓄存款21.40亿元，增长24.72%。金融机构年末人民币贷款余额20.79亿元，增长19.7%。保险企业实现保费收入5533万元，已决赔款2125万元。

【教科文卫】 2011年，全县有各级各类学校159所，其中高完中2所、教师进修学校1所、职业高级中学1所、初级中学11所、小学128所，幼儿园18所（私立12所）。在校学生40627人，专任教师2516人。其中，普通高中在校学生3503人，专任教师291人；初中在校学生10313人，专任教师742人；小学在校学生21168人，专任教师1318人；幼儿园在校学生4777人，专任教师113人。学前幼儿入学（园）率和高中阶段毛入学率分别达62.8%和71.4%，学龄儿童和初中学龄人口入学率分别达99.8%和99.89%。全县在职在编教职工2655人，教师学历合格率高中95.2%、初中99.6%、小学98.3%。全县中小学（幼儿园）占地110.01万平方米，生均27.1平方米；校舍建筑面积32.97万平方米，生均8.1平方米。图书生均14.3册，平均每23名学生拥有1台计算机，全县人均受教育年限为8.08年。教育目标综合考核获全州一等奖。

全年全县申报省、州科技计划项目10项，其中省级5项、州级5项，建立储备项目4项。省、州批准立项科技计划项目6项，到位项目经费347万元。全年共组织申报专利16件，批准专利14件，完成州下达计划任务的114%。争取省、州科技计划项目3项，到位经费27万元，争取省科技厅党政一把手工程项目——重要彝药资源收集、整理及产业化开发项目经费110万元，县级财政科技经费投入74万元，整合县扶贫产业扶持经费70万元。以“推动自主创新、促进和谐发展”为主线，以“节约能源资源、保护生态环境、保障安全健康”为主题，组织开展送科技下乡活动14场次，举办中药材种植、知识产权等各类科技培训86期，培训人员9792人次，展出科普展板62块，发放科普宣传资料6920份，科技书籍2100册，种子、化肥等农用物资1.7万元。建立中药材种苗基地900亩，示范基地2800亩，推广种植各类中药材2.08万亩，完成年度计划2万亩的103.8%，初步形成了农业产业化发展格局。

全县有专业艺术表演团体1个，图书馆1个，图书馆藏书11.5万册，建成农家书屋98个、文化信息资源共享基层站点117个、流动图书室2个。年内，县文化馆、图书馆和乡（镇）综合文化站免费开放，共接待读者5.26万多人次。县文化馆举办美术、摄影、书法作品展3次，展出作品168件。县民族艺术团完成送戏下乡72场次，县图书馆送书下乡2.18万册，县电影事业管理站放映农村公益数字电影1512场。举办群众文化活动26场次，参加人数8.62万多人次。各乡（镇）利用民族传统节日开展群众体育活动，组织农民篮球运动会27场次，参加人数达5680多人次。广播、电视人口覆盖率分别达96.6%和96.8%。体育健儿参加州级及以上体育竞技比赛获得奖牌68枚，其中金牌42枚、银牌6枚、铜牌10枚。

2011年，全县有医疗机构18个，有卫生技术人员630人，卫生机构住院病床数879张，其中县级医疗机构床位677张。全县新农合参合人数达23.7万人，参合率97.48%。新农合大病补充保险参保人数15.35万人，参保率达64.78%。全县共报销减免56.89万人次，共支付合作医疗基金3412万元。理赔新农合大病补充保险568人次，赔付基金137.32万元。实施9项国家基本公共卫生服务项目，全县城镇居民累计建立健康档案3.74万人，建档率为65.27%，农村居民累计建立健康档案14.77万人，建档率66.52%。加强计划免疫管理，进一步巩固计划免疫成果，共下发一类疫苗12.78万人份，七苗覆盖率96.43%，完成麻疹抗体水平监测416例，孕产妇住院分娩率为96.79%。开展15岁以下人群补种乙肝疫苗工作，全县接种率达99%。完成150名贫困白内障患者复明手术。完成水质检测40份。全县农村卫生厕所普及率达76.64%。

【社会生活】 2011年，武定县城镇居民人均可支配收入16886元，比上年增加1868元，增长12.44%。农民人均总收入5706元，比上年增长12.17%；农民人均纯收入3856元，比上年增加633元，同比增长19.64%（未考虑物价因素）。全县城镇居民人均住房面积45平方米，农民人均生活消费支出3486元，农村居民人均住房面积34.5平方米。全年有10724户28702人领取城镇和农村最低生活保障金，其中城镇4745户9748人，农村5979户18954人。全县纳入五保供养人员1117人，其中在院集中供养571人，分散供养546人。按月足额发放供养金，全年发放供养金162万元。对农村、城市1218人次实施医疗救助，救助资金188.4万元。为1931人次城镇和农村困难群众发放临时救助资金107万元。有养老院11个收养571人。年末单位从业人员18.81万人，比上年增加299人。其中，从事农业产业13.12万人，比上年下降0.4个百分点；从事非农产业5.69万人，比上年上升了0.4个百分点。在岗职工1.04万人，工资总额3.09亿元，职工年平均工资30045元，比上年增长11.9%。全县参加养老保险职工5917人，参加失业保险职工4011人，参加医疗保险职工12106人，参加新型农村合作医疗236989人，参加工伤保险职工4766人，参加生育保险2601人。全县城镇新增就业1534人，下岗失业人员再就业529人，就业困难人员实现就业260人，全年组织创业培训160人，完成农业富余劳动力技能培训2074人，转移农村富余劳动力26599人，累计支出再就业专项资金385.22万元。年末城镇登记失业率为3.05%，城镇化水平（城镇化率）23.1%。全年共投入扶贫资金6544万元，完成80个整村推进，搬迁98户350人，解决人畜饮水3400人、4800头。年内，发生各类安全事故18起、死亡11人、受伤14人，同比事故起数减少10起，死亡人数减少1人、受伤增加3人。

【武定县发展肉牛产业项目显成效】
2011年，武定县按照先建后补、县级财政报账制，着力实施好中央财政支持现代农业生产发展肉牛产业项目，投资1171万元建成现代标准化牛舍1.90万平方米，配套现代无害化饲料青贮（氨化）窖4700立方米，建成化粪池2600立方米、排污管道1000米、饲料作物种植基地1300亩；先后从山东等地购买基础牛群1820头，预计全县年出栏无公害肉牛6000头，年实现销售收入2100万元，养殖户年获利润195.5万元，带动1.24万人参与肉牛养殖，肉牛养殖农户增加收入450万元，人均增收362元。

【武定县建成世界最大的重楼种质资源库】 2011年，云南白药集团优质中药材种源繁育有限公司按照“公司+基地+农户”的模式，示范效应带动周边3个乡（镇）农户推广种植中药材20711亩，收集和整理中药材品种达2200余个，收集和保存野生重楼23种，发现和命名3个新种，建成世界上最大的重楼种质资源库和重楼种植基地。

【武定县建成2000余套保障性住房】
2011年，武定县加快建设山地城镇，加大保障性住房资金投入力度，筹资3827万元建设廉租房、公共租赁房、保障性住房共444套、27077平方米；投入900万元改造农村危房700套、农村民居地震安全工程1000套。

【武定壮鸡入选“云南六大名鸡”】
2011年，武定县为进一步宣传武定鸡品牌知名度，把武定鸡作为申报对象，积极参加云南省农业厅举办的“云南六大名猪、六大名鸡、六大名牛、六大名羊、六大名鱼”评选认定活动，通过公众参与网络投票和专家认定两项综合评选，“武定鸡”荣获“云南六大名鸡”称号。

乡（镇）领导名录

狮山镇

党委书记：龙德武（副处，～2011.05）

余卫东（副处，2011.05～）

镇　　长：龚世雄

高桥镇

党委书记：杜春宏（～2011.01）

张俊富（2011.02～）

镇　　长：张俊富（～2011.02）

张美权（傈僳族，2011.03～）

猫街镇

党委书记：郑　钧（～2011.01）

邵成佳（彝族，2011.02～）

镇　　长：张顺猷（彝族）

插甸乡

党委书记：刘　彪（彝族）

乡　　长：刘　彪（彝族，～2011.02）

李　富（彝族，2011.03～）

白路乡

党委书记：张加亮（傣族）

乡　　长：郎泳舟（傈僳族）

环州乡

党委书记：苏兴禄（彝族，～2011.02）

陈　洁（女，彝族，2011.02～）

乡　　长：李自银（彝族）

东坡傣族乡

党委书记：刘东宇

乡　　长：李绍荣（傣族）

田心乡

党委书记：刘纯明

乡　　长：左　刚（彝族）

发窝乡

党委书记：杨云彬（彝族）

乡　　长：郑立华（女，～2011.01）

刘洪坤（2011.03～）

万德乡

党委书记：陶光建

乡　　长：罗绍江（傈僳族，～2011.01）

蒋先常（2011.03～）

己衣乡

党委书记：余海洋

乡　　长：彭　会（女）

［王　飞］

乡（镇）情况一览表

乡(镇)	面积（平方千米）	村(居)委会（个）	年末总人口（人）	年末耕地面积（亩）	农业总产值（万元）	粮食总产量（吨）	烤烟总产量（吨）	年末大牲畜存栏（头）	农民人均纯收入（元）
狮山镇	438	28	80811	55364	36162	29255	881	16116	4273.9
高桥镇	422	17	36872	35625	30178	13706	1516	12684	4126.18
猫街镇	471	15	26828	29287	18606	9747	1090	13576	4060.78
插甸乡	351	12	23767	23931	15734	7524	583	9352	3792.5
田心乡	139	7	18862	17715	13893	6317	700	10492	3706.72
发窝乡	289	11	14592	14749	11297	5234	60	9021	3770.6
白路乡	283	10	14702	16374	17760	3266	2460	10641	3992.11
万德乡	241	8	16079	20657	14307	5455	1140	8800	3577.06
己衣乡	247	9	15859	20619	12486	6868	1280	9690	3315.99
环州乡	226	8	11600	12620	11076	3655	1430	7854	3679.95
东坡乡	215	8	14626	14845	11296	6512		8915	3972.81

［楚雄州统计局］

禄 丰 县

【地理位置】 禄丰县地处滇中腹地，位于北纬24°51′~25°30′、东经101°38′~102°35′之间，以距今1.8亿年的“禄丰恐龙”和距今800万年的“腊玛古猿”而蜚声海内外。东邻昆明市富民县、安宁市和昆明市西山区，南接双柏县、玉溪市易门县，西依牟定县、楚雄市，北连武定县、元谋县。县城所在地金山镇，东距省会昆明97千米，西离州府楚雄85千米。

【行政区划】 2011年末，禄丰县辖中村、妥安、高峰3个乡和金山、广通、碧城、仁兴、勤丰、一平浪、彩云、土官、黑井、和平、恐龙山11个镇，6个社区居委会、158个村委员会，2122个（不含社区居委会村民小组）村民小组。

【人口民族】 2011年末，禄丰县常住人口为42.71万人，出生率10.12‰，死亡率6.52‰，自然增长率3.6‰。按公安部门户籍人口统计，年末全县总人口42.43万人，比上年增加1231人，增长0.29%。其中，农业人口35.54万人，增长0.51%；非农业人口6.89万人，下降0.81%。在总人口中，少数民族人口10.74万人，占总人口的25.32%。千人以上少数民族有彝族77975人、苗族17873人、回族6141人、傈僳族2712人和白族1088人，男女性别比（以女性为100计算）为103.41。

【自然概貌】 禄丰县地处滇中高原东南部，金沙江水系与元江水系分水岭地带，主要河流有星宿江、龙川江。境内地形复杂，地貌千姿百态，有山地、丘陵、山间盆地等。山区（包括山地、丘陵）面积占全县总面积的91.9%，坝区占8.1%。境内地势东高西低，山脉多为南北走向，海拔2000米以上的山峰94座，县境内最高点是碧城镇老青山顶，海拔2754米；最低点为川街乡小江口，海拔1309米。

【资源特产】 禄丰县境内矿产资源丰富，已查明的金属、非金属矿产有铜、铁、盐、钛、煤、芒硝、石英砂等29种，已初步形成采矿、冶金、铸造、化工、机械、建材等多种产业发展的格局。境内有著名的一平浪煤矿、盐矿，昆明、滇中两大电网覆盖全境。全县人文胜览，自然景观众多，是著名的恐龙之乡、化石之仓。恐龙化石、腊玛古猿化石及近年发掘的川街老长箐（恐）龙（蛇颈）龟共存化石奇景名播天下，被称为世界顶级资源；黑井古镇、炼象关、琅井魁阁楼等古屋名瓯及星宿桥、五马桥、向天坟、文笔塔等文物瑰宝极具观赏价值；五台山、石门水库、东河水库等自然风景区峰峦叠翠，景致清新，湖光山色令人留连忘返。缸套、剪刀、香醋等产品在省内外具有较高的知名度。

【经济状况】 2011年，全县实现生产总值（GDP）100.05亿元，按可比价格计算，比上年增长10.1%，增幅比上年下降1.9个百分点。其中，第一产业增加值19.94亿元，增长8.4%；第二产业增加值38.29亿元，增长11.8%；第三产业增加值41.82亿元，增长9.3%。第一、第二、第三产业对生产总值增长的贡献率分别为16.5%、43.9%和39.6%，分别比上年提高11.5个百分点、下降0.3个百分点和11.2个百分点。第一、二、三产业增加值占生产总值的比重为19.9：38.3：41.8，呈现出“三二一”的产业结构类型。全社会劳动生产率（按从业人员计算的人均GDP）为38028元/人，按常住人口计算的人均GDP为23541元（按2010年末汇率计算折合3736美元），按公安户籍人口计算的人均GDP为23614元（折合3748美元）。非公有制经济增加值56.68亿元，占全县GDP的比重为56.7%，比上年下降0.6个百分点。

年末全县从业人员26.31万人，比上年增加2149人。其中，从事非农产业的10.40万人，占39.5%，比上年提高了0.7个百分点。年末城镇登记失业率3.1%。城镇化水平（城镇化率）为37.95%。

全县居民消费价格总水平比上年上涨4.7%。居民消费价格中，食品价格上涨8.9%（其中粮食价格上涨9.7%）；烟酒及用品价格上涨2.7%；衣着价格下降1.1%；家庭设备用品及维修服务价格和上年持平；医疗保健和个人用品价格上涨0.9%；交通和通讯价格上涨1.7%；娱乐教育文化用品及服务价格下降0.2%；居住价格上涨9.8%；服务项目价格上涨4.5%。商品零售价格总水平上涨4.0%。农业生产资料价格总水平上涨10.5%。

冶金制造、能源化工、现代烟草、建筑建材、绿色食品、文化旅游六大重点产业全年实现增加值48.02亿元，比上年增长18%。六大重点产业增加值占GDP的比重为48%。

工业园区建设进展顺利，发展迅速。至年末，入园企业35户（年内新增5户），实现工业总产值92.14亿元，比上年同期增长15.9%。实现增加值15.66亿元，比上年同期下降12.9%。

【教科文卫】 2011年末，全县国民教育系列学校为229所。其中，高中3所，在校学生5144人，专任教师395人；初中17所，在校学生16974人，专任教师1060人；小学161所，在校学生35450人，专任教师2284人；幼儿园46所，在园人数10332人。全县学龄儿童入学率达99.96%，小学毕业生升学率96.95%，巩固率99.67%；初中阶段入学率98.6%，初中毕业生升学率65.05%；教育主管部门录取的大学生1437人，高中升学率94.1%。小学、初中、高中专任教师学历达标率分别为99.74%、99.18%和97.97%。

科技工作不断加强，新品种、新技术的引进、试验、示范和推广工作力度加大。建成优质核桃种植示范基地1000亩，推广种植各类中药材4072亩。广泛开展科普知识宣传，提高群众的科技意识，全年共举办科技培训1600余场次，培训4万多人次，发放科普资料和各种实用技术书籍2万余份。加强科技项目的申报、实施和科技成果管理，提高科技创新能力，表彰奖励了12项科技成果，组织推荐上报重大科技成果6项，其中获州级科学技术奖一等奖1项、三等奖1项。强化服务意识，知识产权管理工作有序推进，全年共完成专利申报55件。县科技馆建成并对外开放，科技对国民经济增长的贡献率为51.96%，比上年提高1.09个百分点。

2011年末，全县共有专业艺术表演团体1个，全年演出42场次，观众2.5万余人次。公共图书馆1个，藏书9.3万册。县文化馆1个，乡（镇）文化站14个。博物、文物管理机构1个，接待国内外观众1.4万余人次。全县电视覆盖率97.5%，有线电视用户达26114户，数字电视用户13812户，入户率达30%，广播覆盖率100%。

2011年末，全县共有各类卫生机构232个。其中，医院10个，基层医疗卫生机构219个（卫生院14个，村卫生室160个，诊所、卫生所、医务室45个），疾病预防控制中心1个，妇幼保健院1个，卫生监督所1个。有卫生技术人员1213人，其中执业（助理以上）医师552人。实有床位1413张，其中医院床位976张。

2011年禄丰县体育健儿参加楚雄州第十二届运动会竞技比赛获得奖牌57枚，其中金牌19枚、银牌18枚、铜牌20枚；团体总分名列全州第二名，奖牌总数名列全州第二名，金牌数名列全州第四名。

【社会生活】 2011年，全县农民人均纯收入5293元，比上年增加709元，增长15.5%，扣除物价上涨因素，实际增长10.3%；城镇居民人均可支配收入18980元，比上年增加2254元，增长13.5%，扣除物价上涨因素，实际增长8.4%。年末全县城镇居民人均住房使用面积21.64平方米，农村人均住房使用面积34.9平方米。全县164个村（居）委会全部开通程控电话、通公路、通电，163个村（居）委会通自来水。全年全县参加基本养老保险人数24300人，比上年增加2243人。参加失业保险人数14570人，比上年增加113人，新增领取失业保险金人数567人。参加城镇职工基本医疗保险人数37674人，比上年增加1065人，参加城镇居民医疗保险人数39826人。农村居民71229人参加了社会养老保险。企业离退休人员养老金和下岗职工的基本生活费按时足额发放。纳入城镇居民最低生活保障8539户15287人。纳入农村最低生活保障10579户23689人。民政部门优抚的伤残人员156人，在乡复员军人923人。全县共有敬老院14所，现有五保老人1633人，其中在敬老院集中供养的410人，分散供养的1222人。有福利院1个，收养3名孤残儿童和8名鳏寡老人。全年各类自然灾害造成直接经济损失1.78亿元。农作物受灾面积1.5万公顷，其中绝收2148.1公顷，受灾人口20.67万人次。全年共发生各类生产安全事故104起，死亡16人，受伤126人，直接经济损失262.68万元。亿元生产总值生产安全事故死亡人数为0.16人，下降20%。其中，工矿商贸企业从业人员生产安全事故3起，死亡3人，受伤1人，直接财产损失160万元；煤矿生产安全事故1起，死亡1人，直接财产损失70万元；交通安全事故86起，死亡12人，受伤125人，直接财产损失21.8万元；火灾14起，直接财产损失10.88万元。

【"2·25"地震恢复重建工作】 2011年，禄丰县"2·25"地震恢复重建项目涉及民房重建786户、修复2213户已全部完工，并通过县级验收，涉及民房恢复重建的6个乡（镇）民房恢复重建资金已全部兑付。教育、卫生、民政等系统15个重建项目，5个修复项目，均已竣工验收投入使用。

【公共租赁住房建设】 2011年，楚雄州城市低收入家庭住房保障工作协调领导小组下达禄丰县公共租赁住房建设计划任务为525套，全县实际建设528套2.95万平方米，预算投资5083.27万元，项目选址在县城规划区，9月19日开工建设。12月31日，载体桩基础施工已完毕，累计完成投资1067万元，占预算投资总数的20.99%。

乡（镇）领导名录

金山镇

党委书记：毛世宾（彝族，副处，～2011.06）

石　刚（彝族，副处，2011.06～）

镇　　长：石　刚（彝族，～2011.11）

中村乡

党委书记：严琼华（～2011.11）

徐永鸿（2011.11～）

乡　　长：李朝生

和平镇

党委书记：周晓红（女）

镇　　长：邬子龙

仁兴镇

党委书记：张万生

镇　　长：王　瑞

碧城镇
党委书记：宋耘田
镇　　长：林帮荣
勤丰镇
党委书记：尹守用（～2011.11）
尹琼华（2011.11～）
镇　　长：李发云（彝族，～2011.02）
普玉勇（彝族，2011.02～）
土官镇
党委书记：黄玉梅（女，彝族）
镇　　长：金厚荣
恐龙山镇
党委书记：王　焘（～2011.02）
杨　武（2011.02～）
镇　　长：杨　武（～2011.02）
张　杰（2011.02～）
彩云镇
党委书记：杨　泽
镇　　长：岳　栋（～2011.02）
赵子荣（2011.02～）
一平浪镇
党委书记：罗建渊
镇　　长：王绍斌（彝族）
广通镇
党委书记：赵　良（彝族，～2011.11）
罗文学（2011.11～）
镇　　长：包　伟（～2011.02）
夏　方（2011.02～）
妥安乡
党委书记：刘春麟
乡　　长：高丽鸣
黑井镇
党委书记：李玉明
镇　　长：戴　荣（～2011.02）
杨　鑫（2011.02～）
高峰乡
党委书记：李振铭
乡　　长：寂定中（～2011.11）

［曹永萍］

乡（镇）情况一览表

乡(镇)	面积(平方千米)	村(居)委会(个)	年末总人口(人)	年末耕地面积(亩)	农业总产值(万元)	粮食总产量(吨)	烤烟总产量(吨)	年末大牲畜存栏(头)	农民人均纯收入(元)
金山镇	419.1	22	79960	45320	35494	29976	1020	16098	6964.2
仁兴镇	231.1	12	34611	34463	34044	16968	2563	14526	6270.75
碧城镇	187.1	15	47779	34321	43236	19995	2450	8522	6228.78
勤丰镇	253.4	11	27659	21995	28479	13855	1185	7644	5670.62
一平浪镇	441.3	14	44721	31651	27763	20519	1515	17767	5923.44
广通镇	352.2	16	42308	43264	25324	18593	2040	13121	6119.8
黑井镇	133.5	9	18383	15286	10511	7434	109	12853	3779.9
土官镇	95.6	5	12643	13537	9498	6615	431	2918	5743.74
彩云镇	302.8	9	20304	23960	16449	12377		10326	5909.41
和平镇	284.7	13	23714	29875	21843	11517	2065	15046	4866.22
恐龙山镇	242	9	18227	17685	14796	7786	512	8737	4005.11
中村乡	301.7	9	17338	18568	15275	8747	1025	10390	4203.77
高峰乡	155.5	8	10582	14650	6632	5944	600	6003	3326.08
妥安乡	136.3	12	26069	28552	21185	14974	706	13630	3625.94

［楚雄州统计局］

（责任编辑：者宗菊）

人物

新闻人物

【盛汝芬获“全国五一劳动奖章”】 盛汝芬，女，汉族，中共党员，大学文化，1963年12月出生，1979年9月参加工作，姚安县教师进修学校中学高级教师。作为一名普通教育工作者，她长期奋斗在教学第一线，从教30年，用自己的言行诠释了“学高为师、身正为范”的师德风范。在工作生活中，她恪守“诚实做人、踏实做事”的信条，把教育工作当做终身事业来追求；本着对社会负责、对学生负责、对教育事业的热爱，她把真情播撒给她的所有学生；在长期的教坛生涯中，她严谨治学，潜心研究，探索教法，勤于积累，认真备好每节课，用心上好每节课，让学生有收获；“以爱动其心，以严导其行”，引导顽劣学生重拾自信，资助贫困学生顺利完成学业。她的教学风格深受学生的欢迎，教学方法得到楚雄州教科所专家的高度评价，得到学生和家长的一致好评。盛汝芬几十年如一日勤奋耕耘，作出了显著成绩。2007年9月被授予“全国模范教师称号”、“全国中小学优秀德育课教师称号”、“全国教育系统巾帼建功标兵称号”，被云南省总工会认定为“省部级劳动模范”。2011年4月28日被中华全国总工会授予“全国五一劳动奖章”荣誉称号。

［张晓俊］

【普伟获“云南省劳动模范”称号】 普伟，男，汉族，55岁，中共党员，高级政工师。现任楚雄交通运输集团有限公司教育培训中心主任。多年来，该同志努力学习，钻研业务，先后有《企业文化是企业发展的动力和源泉》等3篇论文在省州刊物上发表。同时，注重抓好教职员工政治和业务素质培训，培育了一支拥有42人的思想过硬、作风优良、技术精湛的复合技能型人才队伍。他着力搞活驾驶培训和宾馆服务等老产业，努力开展职业技能培训和鉴定工作。3年来，开展培训、鉴定等共计1.99万余人，营业收入达1493万余元，职工收入平均增长30.27%。并先后投入近200万元实施基础改造，把一个只有12辆教练车的小培训站发展成为有35辆教学用车、驾培和汽车各类技术培训相结合，上一定规模和档次，有较强综合实力的培训站。他工作兢兢业业，作风正派，清正廉洁，关心困难职工，安置了待岗职工18人，深受职工爱戴和好评。在他的带领下，教育培训中心多次被集团公司评为“安全生产先进集体”、“综治创安工作先进集体”、“先进党支部”，被楚雄州交通局授予“文明示范窗口单位”称号，被云南省职业培训鉴定协会授予“职业鉴定机构‘双十佳’职业技能培训先进单位”称号，成功举办了2次“楚雄州汽车维修工职业技能竞赛”，2011年再次通过ISO9001质量管理认证。他在2007年被云南省交通厅授予“云南省交通系统第十六届劳动模范”称号，2011年3月被楚雄州总工会表彰为“楚雄州2006～2010优秀工会会员”，2011年4月被云南省人民政府授予“云南省劳动模范”称号，2011年6月被中共楚雄州委表彰为优秀共产党员。

［楚雄交通运输集团有限公司］

【董枝明入选楚雄州首届文化功勋人物】 董枝明，男，1937年1月出生，山东威海人，著名古生物学家，恐龙研究者，长期致力于禄丰恐龙化石保护开发，2011年被誉为“中国龙王”的董枝明教授经评委会严格评选，入选楚雄州首届文化功勋人物。1962年毕业于复旦大学生物学系，现任中国科学院古脊椎动物与古人类研究所研究员。他曾参与对中国自贡和禄丰等地恐龙化石的发掘和研究。1986年，参与中国—加拿大恐龙科考队，从内蒙古一路前往北极考察。他一共曾为35种恐龙命名，号称世界上命名恐龙最多的人。与恐龙的渊源是在他13岁的时候开始的，“当时我正念初一，中国恐龙研究的创始人杨钟健先生在青岛搞了一次恐龙展，我看后感到很惊奇，从此知道了地球上还有这样一种曾经占统治地位的庞大生物。”大学毕业那年得知杨先生正需要助手，于是就报了名。几十年的发掘研究工作是艰苦的，期间他经历过翻车、冰冻，也曾在荒无人烟的戈壁滩上停留数月。他说“虽然条件艰苦，但为了研究恐龙，再苦我也快乐。”“我热爱我所从事的研究工作，能为它奉献一生是我的心愿。”随着研究经验和恐龙种类的增多，经验也不断增加，甚至达到一看到恐龙化石，就能猜出它产何地，是什么属类。他写了多部关于恐龙的著作。

【那少承入选楚雄州首届文化功勋人物】　那少承，男，白族，1938年出生在云南永胜县城。曾参与组建楚雄州文化艺术中心民族管弦乐团，现为该乐团音乐总监、国家一级作曲，中国音乐家协会会员。从艺40多年来，他创作的女声合唱《幸福花开万年红》、合唱套曲《彝山组歌》、大型民族舞剧音乐《咪依噜》、交响诗《雪峰下的阿塔》、民乐作品专辑盒带《彝州神韵》、《D商调琵琶协奏曲——土林之梦》、二胡与交响乐《小鱼儿的诉说》以及民乐交响音诗《彝人三章》、彝族四弦团体奏曲《山草随想》等，曾获得过多种不同奖项，并在全国演出过，昆明市交响乐团更是多次演奏他的作品。2011年经评委会严格评选，入选楚雄州首届文化功勋人物。

［年鉴编辑部］

楚雄州第二届“感动彝州十大人物”

【邵世雄】　男，1924年生，中共党员，大姚县离休干部、退休教师，出生在金碧镇一个书香世家。1941年，考入中央陆军军官学校云南第五分校学习；1948年10月参加中国人民解放军；1950年参加抗美援朝战争；1953年回国后转业到大姚县任教；1957年被错处入狱，冤案平反后，他先后在大姚一中、金碧小学任教；1984年10月离休。他一辈子勤俭节约，20多年来居住在简陋的出租房内，却慷慨解囊从自己的养老金中挤出4万多元捐献给教育事业；他一直盼望入党，却因历史冤案原因，直到2010年，已是86岁的老人时，才如愿以偿。2008年以来，他先后被表彰为楚雄州“十大爱心人士”、“助人为乐模范”，被中共云南省委组织部、中共云南省委老干部局表彰为“云南省老有所为先进个人”。

【王跃斌】　男，1975年生，中国致公党党员，红塔集团楚雄卷烟厂的一名普通职工。在工作上，他立足平凡、爱岗敬业，是楚雄烟草企业先进生产者；在生活中，他始终怀着一颗乐于助人的爱心。他先后参加无偿献血5次，献血量达到1500毫升。因目睹患白血病的年轻女孩得不到骨髓移植救助而逝去，2007年11月17日，王跃斌悄悄报名加入了中华骨髓库，成为一名随时准备捐献骨髓的志愿者。当他加入时，中华骨髓库楚雄分库还尚未建立。2010年1月，王跃斌有幸跟一名白血病患者配型成功。5月13日，在4个多小时的采集过程中，王跃斌自己默默忍受着因注射抗凝血剂而全身暂时性缺钙的麻痒疼痛，顺利完成造血干细胞的采集。他成为楚雄州第一例捐献造血干细胞的人，也是全国民主党派人士捐献干细胞第一人。2010年被评为楚雄州“助人为乐道德模范”称号；2011年评选为云南省“助人为乐道德模范”提名奖。

【晋晓琴】　女，1991年生，共青团员，云南省游泳队运动员。南华县龙川镇下四季村人，身带残疾。2003年，在第一届远东及南太平洋地区青少年残疾人运动会上荣获女子S8级50米自由泳金奖和100米蛙泳银奖；2006年，第六届残疾人运动会在800米自由泳、400米自由泳、200米自由泳中3次打破全国纪录，获得2金1银，被评为“道德风尚奖”先进个人；同年，在英国曼彻斯特举行的第二届残奥世界杯女子S8级100米蝶泳荣获金牌并创世界纪录；在第七届全国残运会上夺得游泳项目金牌3枚、银牌2枚、铜牌2枚；2009年，在印度第二届世界轮椅运动会，荣获100米仰泳金牌、100米蝶泳银牌；2010年，荣获游泳世锦赛100米蝶泳银牌。同年的广州亚运会，荣获100米蝶泳金牌，100米仰泳金牌。她多次为云南省和国家残疾人体育代表团赢得了荣誉，为彝州、为云南和祖国争了光，先后受到各级党委、政府和有关部门表彰奖励，多次被评为“优秀残疾人运动员”，荣获“体育道德风尚奖”等荣誉，被共青团云南省委、省青年联合会授予“云南省五四贡献奖章”荣誉，被云南省人民政府记一等功。

【张之道】　男，1934年生，中共党员，楚雄州中医院离休干部。他几十年如一日，潜心于彝医学研究，研制了丸药、散剂、针剂、片剂等多种中药和彝药品种，为众多群众解除了病痛，没让国家和政府投资过一分钱。1987年离休后，他离休不离志，受聘从事彝药戒毒研究，并研制出“香藤戒毒胶囊”供临床应用。同时，还研究出了“彝心康胶囊”、“绿叶咳喘颗粒”、“茯蚁神酿”等先后被批准为国家准字号的新药。几十年来，他积极组织编写我国第一部《彝药志》，参与云南省彝族医药研究所的筹建和《中国彝族药学》、《彝族药材标准》的编写工作，并无私提供了大量的彝药学标本，为彝族医药走出彝州、走向世界做出了重大贡献。已年近八旬高龄的他，仍然孜孜以求，不断攀登彝医学新高峰。2005年其所参加编写的《中国彝族药学》、“中国彝族药物标本库建设”等项目，获省、州科技成果奖；2009年被中央组织部授予全国“老有所为”先进个人荣誉称号；2010 年被评选为楚雄州第二届“敬业奉献道德模范”；2011 年评选为云南省“敬业奉献道德模范”提名奖。

【徐永芬】 女，1968 年生，中共党员，武定县田心乡田心村委会田心村村民。初中毕业后因家庭困难辍学在家的农村女孩，从 1988 年白手起家以来，成为一个拥有 700 多万元固定资产的农村致富能人。1988 年，她在田心乡当地建起一个人工授精种猪改良点，成为全县唯一的一家民力、公助的供精点，并先后多次免费为附近农户提供了价值近 8 万元的猪精液，带动当地群众发展生猪养殖；2000 年，她成立了武定县永银养殖加工厂，腌制“武狮牌”山猪火腿；2007 年，她成立了武狮农特产品营销专业合作社，发展社员 17 户，带领广大农民共同致富；2010 年，她筹集 150 多万元在田心乡集镇建了一个农贸市场，筹资 50 万元建了一个婚宴餐厅。致富不忘乡亲，她承包了田心乡养老院，担负起供养 7 位“五保”老人的义务。徐永芬先后 11 次受省、州、县党委政府的表彰奖励，2006 年被授予楚雄州第七届“劳动模范”称号，同年被授予“云南省劳动模范”称号，2008 年被评为“楚雄州十大杰出青年”；2010 年 4 月被国务院表彰为“全国劳动模范”。

【普连翠】 女，1960 年生，牟定县蟠猫乡碑厅村委会农民。2001 年 1 月，她的妹妹普连秀因患心脏病去世，欠下 2 万多元的医药费，同年 12 月，其父亲、母亲也相继去世，又欠账务 2 万多元，面对亲人的去世及 4 万多元的账务，上门的妹夫感到生活的辛酸，离家出走，下落不明，丢下了年仅 3 岁的儿子普成禄及因残疾生活难于自理的兄弟普连茂。2002 年 1 月，普连翠将残疾难于生活自理的兄弟普连茂及已成孤儿的侄子普成禄接到丫口村自家扶养照顾，默默无闻地扶养照顾近 10 年，并逐年为妹妹普连秀家还清了 4 万多元的账务。没想到的是，2011 年 8 月侄子普成禄被确诊为骨癌，要将左下肢截除，才能保住性命，还需医药费 6 万元。为了医治侄子普成禄的病，普连翠一家又一次义无反顾地走上了举债之路。普连翠的感人事迹成了传递爱心的“接力棒”，村中邻舍许多村民主动向其借款，当地党组织也组织广大党员为其捐款，描绘了一幕爱心涌动的感人画面。

【袁美珍】 女，1963 年生，双柏县碍嘉邮政所所长。1959 年 8 月，袁美珍的养父在架设电话线路时，不慎从电杆上摔下造成下肢瘫痪，生活无法自理。1980 年，由于养父病情加重，袁美珍被迫辍学，回家照料养父。不幸的事一件接一件，袁美珍结婚没几年，丈夫就患病去世，从此照料多年瘫痪在床的养父和年幼女儿的重任就落到了她一个人的头上，同时她还要做好自己的本职工作。但是困难没压倒袁美珍，她一肩担家庭，一肩担工作，做到照料养父、女儿和做好本职工作均不误。走上邮政所长岗位后，她更加努力工作，带领全所同志取得了各项业务发展处于全县邮政所前列的好成绩。2001 年、2008 年她两次被云南省邮政局和省邮政局工会授予“先进生产者”称号，2008 年 9 月被评为楚雄州第一届“孝老爱亲”道德模范，2010 年 5 月荣获云南省总工会“五一”劳动奖章。

【周平忠】 男，1967 年生，楚雄宏桂绿色食品有限公司董事长，诚实守信作为其人生信条和经营之道。一次由于公司业务员的粗心，将一客户合同订单的合同编号记混而填制成另一个合同编号，导致企业直接亏损额将近 40 万元。面对这样巨大的损失，他掷地有声地说“遵守信诺，履行合同”。正是因为他的这种诚实守信赢得了客户的信赖和支持，使企业在激烈的出口市场竞争中站稳脚跟，发展壮大。至 2010 年，企业销售总收入突破 5 亿元，创汇 5000 多万美元，实现税收 4000 多万元。企业发展、个人致富不忘回报社会，多年来，他的企业坚持优先吸纳农村富余劳动力和城镇下岗待业人员就业，先后给基地农户补助资金 100 万元，带动了更多的农民走上致富道路。2005 年以来，支持光彩事业捐赠达 122.5 万元。2010 年评为“楚雄州光彩之星”，同年评选为楚雄州第二届“诚实守信道德模范”；2011 年评选为云南省“诚实守信道德模范”提名奖。

【彭永朝】 男，1979 年生，中共党员，元谋县公安局江边派出所协管员。2010 年 8 月 1 日，江边乡雷鸣电闪，风雨交加，一场罕见的特大暴雨倾盆而下，以落差大、水流急著称的流沙箐箐水暴涨。中午 11 点 50 分，一辆货车行至流沙箐下方大拐弯处，连车带人一起栽进洪水中。驾驶员白春友从车内被抛出，在湍急中拼命挣扎，凭着求生的本能，死死抱住一块洪水中凸起的石头。他撕心呼救，惊动了岸边的人。江边派出所协管员彭永朝在值完班回家吃饭的途中，听到急促的呼救声，看到一名男子被困在洪水中，性命堪忧。他心急如焚，忙叫人找来绳子，一头拴紧自己的腰，另一头栓在电线杆上，奋不顾身地跳入水中，冲破艰难险阻，终于将危在旦夕的白春友救起。他的壮举引起社会的普遍关注和赞誉，先后被评为“楚雄州见义勇为先进个人”、“云南省见义勇为先进个人”。

【赵丽华】 女，1965 年生，中共党员，大姚县金碧镇金龙社区梁家山村民。赵丽华母亲在家排行老二，老大赵金兰现年 77 岁，神志不清，老三赵友金现年 70 岁，眼睛看不见，老四赵友谦 66 岁，哑巴加瘸子。3 位老人因各种身体缺陷一直都没有成家，和赵丽华父母生活在一起，一年四季靠赵丽华父母照管。1989 年 12 月赵丽华与新街乡李桂华结婚，本来可以嫁到新街和李桂华一起过幸福生活，但因 5 位老人无人照管，新婚夫妇协商决定共同赡养 5 位老人。26 年来，他们照料 3 位孤寡老人和双亲共 5 位老人，用爱心和奉献精神弘扬了中华民族尊老、敬老、养老、助老的传统美德，用她们的善良与朴实给“孝”赋予了更完美的诠释，赵丽华的家被乡亲们称为“家庭敬老院”。2011 年 10 月，被评为云南省“云岭孝星”。

［楚雄州文明办］

组织机构及领导名录

中国共产党楚雄彝族自治州第七届委员会

常务委员
张太原（2011.01～）
邓先培（～2011.01）
杨红卫（彝族，～2011.04）
李红民（女，彝族）
李兴顺
岑化虎（2011.05～）
董继理（白族，～2011.02）
张之政（彝族，～2011.06）
李　平（～2011.05）
王兴明（～2011.04）
任锦云
杨正权（彝族，～2011.06）
曹　军（2011.01～）
徐　昕
汪占毅（～2011.06）
杨亚林（2011.05～）
夏新建（2011.05～）

中国共产党楚雄彝族自治州第八届委员会

常务委员
张太原
李红民（女，彝族）
邱　江（仡佬族，2011.12～）
李兴顺（～2011.12）
岑化虎
任锦云
左荣贵（彝族）
杨亚林
徐　昕
曹　军
夏新建
袁　鹏（2011.08～）
姜　扬（2011.08～）
赵克义（2011.08～）
书　记　邓先培（～2011.01）
张太原（2011.01～）
副书记　杨红卫（彝族，～2011.04）
李红民（女，彝族，2011.05～）
李兴顺（～2011.12）
邱　江（仡佬族，2011.12～）
秘书长　汪占毅（～2011.07）
赵克义（2011.08～）
副秘书长　李绍文（彝族）
潘学安
苏贤发
李明峰（～2011.10）
李林波
何晓荣（2011.05～）

中共楚雄州委机构

办公室
主　任　李绍文（彝族）
副主任　何晓荣（～2011.05）
陶尚周（彝族，2011.05～）
督查室（副处）
主　任　王春兴
关工委办公室（副处）
主　任　黄　河（彝族）
组织部
部　长　徐　昕
常务副部长　李志勇（正处）
副部长　李云升（正处）
梁文林（2011.09～）
商雁鸿（兼）
施剑波（兼）
宣传部
部　长　杨正权（彝族，～2011.07）
姜　扬（2011.08～）
常务副部长　段福君（正处）
副部长　刘　凯
黄　玲（女）
精神文明办
主　任（缺）
副主任　尹　睿（2011.05～）
文化产业办
主　任　施克沛
副主任　李松禄（彝族）
州委对外宣传办公室和州政府新闻办公室
主　任　段福君
副主任　孟　孚（女）
统战部
部　长　任锦云（～2011.08）

左荣贵（彝族，2011.08～）
常务副部长　刘予敏（女，正处，兼州台办主任、州社会主义学院副院长）
副　部　长　余海潮
邓瑞云（兼）
杨发荣（傈僳族，兼）
李德胜（彝族，兼）

政法委员会
书　　记　王兴明（～2011.06）
岑化虎（2011.06～）
常务副书记　秦国雄（2011.01～）
副 书 记　倪志文
李智贤（2011.12～）
李鹏程
毛兴福（兼）
李忠文（～2011.12）
综治办主任　周红华（彝族，正处）
办公室主任　李　靖
政治部主任　李辛学（彝族）
维稳办副主任　马利锋（彝族，2011.01～）

政策研究室（州农办）
主　　任　苏贤发
副 主 任　孙长友
田映昌（彝族）
李继云
州农办副主任　毛发金（～2011.05）

州直机关工委
书　　记　王若舟（傣族）
副 书 记　起向聪（彝族，～2011.05）
岑云英（女，～2011.05）
善承卫（2011.05～）
秦玉兰（女，2011.05～）

老干部局
局　　长　施剑波
副 局 长　陈淑琴（女）
张晓玲（女）

州干休所（副处）
所　　长　周正芬（女，彝族）

机要局、密码管理局
局　　长　李丕俊（彝族）
副 局 长　张瑞萍（女）
李　伟

保密局（副处）
局　　长　杨永昌

州委、州政府信访局（正处）
局　　长　潘学安（～2011.06）
周　雷（2011.06～）

副 局 长　李　燕（女，彝族）
曾子灿（彝族）
董继辉

党史研究室
主　　任　罗永林（～2011.03）
李明峰（2011.05～10）
侯志荣（2011.12～）
副 主 任　田中洪

州委党校
校　　长　李兴顺（兼）
行政学校校长　董继理（兼，～2011.04）
朱　非（兼，2011.06～）
党委书记、常务副校长　马爱芳（女，回族，行政学校副校长，社会主义学院常务副院长）
副 校 长　邬光明（～2011.06）
张学龙（社会主义学院副院长）
李志昌
纪委书记　曾新华（～2011.06）
张发润（2011.06～）

楚雄日报社
党委书记、社长　何　勇
总编辑、副社长　陈　涛
副总编辑　杨　凡
窦小军
纪委书记　曾新华（2011.06～）

中国共产党楚雄彝族自治州纪律检查委员会

书　　记　李　平（～2011.05）
夏新建（2011.05～）
副 书 记　杨仕坤（彝族）
胡贵明（彝族）
王志梅（女）
秘书长、办公室主任　张俊国（彝族，～2011.05）
李开传（彝族，2011.05～）
干部室主任　普德功（彝族）
信访室主任　高正友
案审室主任　陈民军
执法室主任　赵宗喜
党风室主任　刘建伟（白族，～2011.05）
符文华（2011.06～）
纪检室主任　吴金辉（～2011.09）
宣教室主任　吕高顺（～2011.05）
自朝顺（2011.05～）
综合室主任　周云生（回族）
政策法规研究室主任　周　海（～2011.05）
吕高顺（2011.05～）

州纪委第一纪工委、监察分局（正处）
　　书　记　骆安昆
　　副书记、监察分局局长　刘爱明（彝族）
　　副书记　经云珍（女）
州纪委第二纪工委、监察分局（正处）
　　书　记　李茂尊
　　副书记　韩明哲（保留正处）
　　副书记、监察分局局长　李文云（傣族）
州纪委第三纪工委、监察分局（正处）
　　书　记　杨爱学（彝族）
　　副书记、监察分局局长　李必旺
　　副书记　周　健（彝族）
州纪委第四纪工委、监察分局（正处）
　　书　记　王　建（彝族）
　　副书记、监察分局局长　贺　祥
　　副书记　王云峰
州纪委第五纪工委、监察分局（正处）
　　书　记　何正兴
　　副书记、监察分局局长　毕作东
　　副书记　杨　燕（女）
州纪委第六纪工委、监察分局（正处）
　　书　记　鲁　伟
　　副书记、监察分局局长　毕承太（彝族）
　　副书记　自朝顺（～2011.05）
　　　　　　由嫣君（女，2011.05～）

楚雄彝族自治州人大常委会

党组书记、主任　卢显林
副主任　杨应旭
　　　　张启俊
　　　　何根源（白族）
　　　　杨　静（女，彝族）
　　　　李　佳
　　　　卜德诚（2011.02～）
秘书长　陈长来
副秘书长　白忠华

州人大常委会内设机构

办公室
　　主　任　白忠华
　　副主任　华明友
　　　　　　晁建伟（～2011.06）
　　　　　　祖　俊（2011.06～）
　　　　　　汪家有
　　　　　　蒋华荣
法工委
　　主　任　杨文昌
　　副主任　孙丹润
教科文卫工委
　　主　任　付永新
　　副主任　张开阳
民工委
　　主　任　白　云（女，白族）
　　副主任　张明华（苗族）
财经工委
　　主　任　聂正荣（回族，～2011.05）
　　副主任　李祝宁（主持工作，彝族，2011.06～）
选联工委
　　主　任　郭孝益
　　副主任　吴燕来（2011.06～）
农业与环境资源工委
　　主　任　李学安
　　副主任　张志军（苗族）

楚雄彝族自治州人民政府

党组书记、州长　杨红卫（彝族，～2011.05）
　　　　　　　　李红民（代理州长，女，彝族，2011.05～）
党组副书记、常务副州长　董继理（白族，～2011.04）
　　　　　　　　　　　　杨亚林（2011.06～）
副州长　李红民（女，彝族）
　　　　任锦云（2011.08～）
　　　　杨元茂（彝族）
　　　　岑化虎（～2011.08）
　　　　左荣贵（彝族，～2011.08）
　　　　吕琳麟（～2011.05）
　　　　李家龙（～2011.06）
　　　　朱　非
　　　　赵祖莹（2011.06～）
　　　　岳修虎（挂职，2011.05～）
　　　　孙　赟（挂职，2011.10～）
秘书长　马国雄（回族，～2011.06）
　　　　李德胜（彝族，2011.10～）
副秘书长、主任　李　平
副秘书长　周　雷（2011.06～）
　　　　　陈明贵（正处）
　　　　　蒲　涌（正处）
　　　　　钟建辉
　　　　　阮建文
　　　　　张　健

州人民政府机构

政府办公室
　　主　任　李　平
　　副主任　王之福（彝族）
　　　　　　段福华

发展和改革委员会（能源局）
党组书记、主任　周兴国
党组副书记、副主任　侯家学（正处，兼州能源局局长）
副 主 任　普学芬（女，彝族，~2011.07）
生国强
尹　毅
王　旭（兼，正处）
罗志清（彝族）
彭寿才（2011.10~）
总经济师　彭寿才（副处，~2011.10）
工业和信息化委员会
党委书记、主任　何学明
副 主 任　程宗文（正处）
康　喜
李联平
何正祥
罗怀云
党委副书记、纪委书记　洪　志（~2011.05）
罗绍辉（2011.05~）
教育局（州政府教育督导室）
党委书记、局长　李　能
副 书 记　何正昌（~2011.05）
周志海（回族，2011.07~）
副 局 长　刘志杰（保留正处，兼教科所所长）
周志海（回族）
纪委书记　杨文忠（彝族）
督导室主任　琚华良
督导室副主任　王思有（副处）
教育工会主席　曹荣国
科学技术局（知识产权局）
党组书记、局长　张瑞鹏（~2011.06）
罗秀娟（女，2011.06~）
副 局 长　张洪云
吴启荣（2011.07~）
民族事务委员会
党组书记、主任　李德胜（彝族，~2011.10）
副 主 任　王　琼（女）
马炳尧（回族）
杨洪雨（2011.06~）
公安局
党委书记、局长　岑化虎
副书记、常务副局长　赵树礼
副 局 长　施怀祥
李发富（彝族）
周建忠
戚玉刚
政治部主任　尹丽华（女，彝族）
政治部副主任　谢云芳（女）
纪委书记　柳思平（正处）
纪委副书记　饶　兵（回族）
督察支队支队长　杨庆民（彝族）
警令部主任　董　兵
警卫处处长　邱晓东
刑侦支队支队长　盛显江
刑侦支队政委　杨汉霄
禁毒支队支队长　吴应辉
禁毒支队政委　（缺）
治安支队支队长　李忠华（彝族）
治安支队政委　杨智慧（女）
国家安全保卫支队支队长　张会云
国家安全保卫支队政委　（缺）
经济犯罪侦察支队支队长　马　勇（~2011.01）
陆荣贵（2011.01~）
经济犯罪侦察支队政委　陆荣贵（~2011.01）
陈云海（2011.01~）
行动技术侦察支队支队长　梁　文
行动技术侦察支队政委　施　云
公共信息网络安全监察支队支队长　王小军
公共信息网络安全监察支队政委　李亚杰（女，彝族）
法制处处长　冯　杰（兼直属分局局长）
直属分局政委　陈　英（女）
监所工作管理支队支队长　李　珉
监所工作管理支队政委　李存美（女）
装备财务处处长（缺）
机要通信处处长　赵　云
看守所所长　杨宏春
出入境管理处处长　何云平
反恐处处长（缺）
反恐处政委　张育生（彝族）
州公安局交警支队
支 队 长　靳　昌
政　　委　任　源
副支队长　闫　文
陆　跃（纳西族）
政治处主任　杜春云（女，彝族）
纪委书记（缺）
州公安局警察培训学校
校　　长　邱文华（彝族，2011.01~）
政　　委　王　丽（女）
副 校 长　李　彦（2011. 06~）
政治处主任　尹世勇
纪委书记　陈云海（~2011.01）
龙志斌（2011.01~）
司法局
党委书记、局长　苏光祖

副 局 长　段兴邦（保留正处）
杨玉泉（女，纳西族，正处）
蔡琼华（女）
纪委书记　李　鲲（彝族）
政治处主任　高明新

监察局
局　长　杨仕坤（彝族）
副局长　吴金辉（2011.10～）
速　勇（回族）
李　敏（女）

民政局（老龄办）
党组书记、局长、老龄办主任　王光荣
副 局 长　祁云鹏（保留正处）
邓永莲（女）
杨　发（2011.07～）
罗乔仙（女，～2011.07）

财政局（金融办、非税局、农开办）
党组书记、局长、主任　邓斯云
副 局 长　崔学政（兼国资委副主任）
李永祥
周有奇（彝族，～2011.07）
起国华（彝族，2011.06～）
周建琼（女，彝族）
陈绍能（兼非税局长，～2011.06）
杨新林（2011.10～）
总会计师　杨新林（副处，～2011.10）

国资委
党组书记　王耀秋
主　　任（缺）
副 主 任　崔学政（兼）
杨玉华
丁似莲（女）
甘　勇（2011.06～）

人力资源和社会保障局（编办）
党组书记、局长、主任　商雁鸿
副 局 长　苏铸红（白族）
李琼会（女）
杞王友（彝族）
张竣珲
高锡鹏
编办副主任　杨明玉（女，2011.06～）
医保中心主任　金利东
退管中心主任　李宗霖（2011.09～）

环境保护局
党组书记、局长　蔡永林
副 局 长　张绍文（彝族）
黄丕刚

住房和城乡建设局
党组书记　王　斌（～2011.05）
罗乔仙（女，2011.06～）
局　　长　王　斌（～2011.05）
杨　杰（白族，兼规划局局长，2011.08～）
党组副书记、副局长　杨　杰（白族，兼规划局局长，正处，～2011.08）
副 局 长　章　琦
张跃生
李维光
张咏梅（女）

交通运输局
党组书记、局长　李富才
副 局 长　陈　斌
卢晓林
王　祥
周良才（2011.06～）
运政管理处处长　沈新荣（副处）

农业局（畜牧兽医局）
党组书记、局长　杨树荣
副 局 长　杨　龙
赵光文
起云忠（彝族，～2011.06）
杨永生（彝族）
王志达（2011.06～）
何　平
农产品检测中心主任（副处）　曾友华（女）
畜牧兽医局党组书记、局长　杨　龙
副 局 长　汪光献（～2011.06）
陈文芳
李维峰（彝族，2011.06～）

林业局
党委书记、局长　卢显亮
副书记、纪委书记　普凤昌（彝族）
副 局 长　李　健（傈僳族）
罗世文（自然保护区管理局局长）
柏雨风（彝族）
黄大斌（保留正处，2011.09～）
森林公安局局长　李映山
森林公安局政委　唐清云（保留正处）

水务局
党组书记、局长　熊卫民（彝族）
副 局 长　汤　健（青山嘴水库建设管理局局长）
姜进荣（女，彝族，～2011.09）
王厚军（挂职，2011.06～）
田裕民
冯伟玲（女）

刘仕举（2011.06～）
杨柏繁（白族，2011.06～）

商务局
党组书记、局长　李兆友（傣族）
副 局 长　周晃哗
孔玉华

文化体育局（新闻出版局、版权局）
党组书记　董智昆
局　　长　施克沛
副 局 长　李飞云
杨宝生
张殿洪（彝族）
吴玉华（瑶族）

广播电视局
党组书记　朱丽华（女）
局　　长　夏　良
副 局 长　柳　明
陈　涛
州广播电台台长　李建华（彝族）
楚雄电视台台长　张翔华

卫生局
党委书记、局长　钟继红（女，傈僳族）
党委副书记、纪委书记　白惠能（彝族）
副 局 长　董应宽
普联珊（彝族）
爱卫办主任　白玉平（彝族）

人口和计划生育委员会
党组书记、主任　孟树仙（女，～2011.08）
普学芬（女，彝族，2011.08～）
副 主 任　申建林（彝族）
周保全

审计局
党组书记、局长　张万礼（～2011.04）
刘　平（2011.04～）
副 局 长　王之忠（彝族）
徐永金
陶光明
胡晓雯（女，2011.10～）
总审计师　胡晓雯（女，副处，～2011.10）

外事侨务办公室
党组书记　侯志荣（～2011.12）
邹志琼（2011.12～）
主　　任　夏　军
副 主 任　张子荣（2011.06～）

台湾事务办公室
主　　任　刘予敏（女，兼）

统计局
党组书记　杨金智
局　　长　戴凤玲（女，白族）
副 局 长　张　勇
严涛聪

旅游局
党组书记、局长　李玉林
副 局 长　包继文（女，～2011.06）
王兴林
普正祥（彝族，2011.06～）

安全生产监督管理局
党组书记、局长　李明祥
副 局 长　罗觉敏（保留正处）
符洪彩（保留正处）
宋兴洪

宗教事务局
党组书记、局长　杨发荣（傈僳族）
副 局 长　龙光明（苗族）
凤云松（彝族，2011.09～）

粮食局
党组书记、局长　刘　祥（彝族）
副 局 长　肖荣祥
叶忠海

扶贫开发办
党组书记、主任　罗文慧（彝族）
副 主 任　张战友（保留正处）
吴永祥
李学才

人民防空办
党组书记、主任　李彩林（彝族）
副 主 任　刘建华（保留正处，布依族）
李继新（彝族）

610办公室
党组书记、主任　毛兴福
副 主 任　王景兵

移民开发局
党组书记　刘祥武
局　　长　李　文
副 局 长　余加略（彝族，保留正处）
何明智

葡萄产业开发办公室
党组书记、主任　张瑞鹏（兼，～2011.06）
副 主 任　王苑文
管　玲（女）

州政府法制办
主　　任　陆绍林
副 主 任　徐　鹏

接待处
处　长　唐聆燕（女，～2011.10）
副处长　思显龙
张春平
州政府研究室、发展研究中心
主　　任　黄正山
副 主 任　符　群
李如宗（彝族）
州政府驻昆办（正处）
主　　任　王爱萍（女）
副 主 任　王海宏
州政府驻京联络处
主　　任　李　璇（女）
副 主 任　李志荣
机关事务管理局
局　　长　冉江明（土家族）
副 局 长　杨家明（保留正处）
鲁　军
高　耀
李丽君（2011.06～）
档案局（馆）（副处）
局（馆）长　高建祥
职业教育园区管委会
党委书记　李　能（兼）
党委副书记、管委会主任　刁晋光
党委副书记、纪委书记　杨建明（回族）
管委会副主任　席家永
张　翔
周　刚
蜻蛉河灌区管理局（副处）
局　　长　史　翎
食品药品监督管理局
局　　长　杨　柳（傈僳族）
副 局 长　沈彩兰（女）
李仕江
谭学超
招商局（经协办）
党组书记、局长、主任　朱梅品
副局长、副主任　张鹤雁
李素萍（女）
供销社
党组书记　起向聪（2011.05～）
副 主 任　朱国良（彝族）
马国良（彝族）
李枝权（彝族）
地方志办公室
党组书记、主任　郭孟贤
副 主 任　杜晋宏（彝族，正处）
白云鹏（彝族）
地震局
党组书记、局长　胡智文
副 局 长　宋志峰
毛焕聪（2011.06～）
彝族文化研究院
名誉院长　刘尧汉（彝族）
院　　长　肖惠华（彝族）
农科所
党总支书记、所长　黄光和
副 书 记　赵廷龙（彝族）
副 所 长　张发祥
博物馆
馆　长　钟仕民(彝族，兼州古生物化石研究中心主任）
副馆长　杨开林(兼州古生物化石研究中心副主任）
民族艺术剧院
总支书记　马开仁（回族，副处）
院　　长　邱卫东（副处）
青山嘴水库工程建设管理局
党组书记　许华荣
局　　长　陈朗新（～2011.05）
汤　健（2011.06～）
副 局 长　刘文忠
杨光林（～2011.05）
李洪亮（彝族，保留正处，2011.10～）
范云峰（彝族，2011.06～）
州政府政务服务中心
党组书记、主任　杨秀成（2011.06～）
副 主 任　杨玉江（白族，2011.07～）
州公共资源交易中心
党组书记、主任　周有奇（彝族，2011.06～）
住房公积金管理中心（副处）
主　　任　罗金林（彝族）
开发投资有限公司
董 事 长　董继理（白族，～2011.04）
杨亚林（兼，2011.06～）
总 经 理　王　旭
副总经理　马　麟（女，回族）
由　珂

政协楚雄彝族自治州委员会

党组书记、主席　延荣科
副书记、副主席　李振华（～2011.09）
副　主　席　马旷源（回族）
吴丽华（女）
王定梁

李天云
张万礼（2011.02～）
秘 书 长　李光彪
副秘书长　鲁文兴（彝族，2011.06～）

州政协内设机构

办公室
主　　任　鲁文兴（彝族，2011.06～）
副 主 任　彭光云（～2011.05）
鲁文兴（彝族，～2011.06）
张　梅（女，～2011.06）
邹志琼（女，～2011.12）
周家荣
苏文生（2011.06～）
邬光明（2011.06～）
经济委员会
主　　任　刘洪群
副 主 任　吴荣华（女，回族）
民族宗教联络委员会
主　　任　毕从秀（女，彝族）
副 主 任　张永智
教科文卫文史资料委员会
主　　任　周国兴（彝族）
副 主 任　王　蔚（女）
提案委员会
主　　任　张金华
副 主 任　吴启荣（～2011.06）
张　梅（女，2011.06～）
社会法制委员会
主　　任　李秀华
副 主 任　李静云（彝族，女，2011.06～）
研究室
主　　任　周文义（彝族）
副 主 任　余开顺

楚雄彝族自治州中级人民法院

党组书记、院长　普建辉（2011.02～）
副书记、副院长　杨　鹏（白族）
副院长　高明云（女）
起绍洪（彝族）
杨　虹（女）
纪检组长　起有生（彝族，正处）
政治部主任　朱崇芳（正处）
政治部副主任　杨　颖（副处）
执行局局长　邵光庆（正处）
执行局副局长　何立明（副处）
行政装备管理处处长　陈建华（副处）
审判监督庭庭长　李文先（副处）
立案庭庭长　张志强（副处）
研究室主任　李静平（彝族，副处）
民事审判一庭庭长　杨鸿旭（副处）
民事审判二庭庭长　刘亚玲（副处）
民事审判三庭庭长　景　华（副处）
行政审判庭庭长　刘　芳（副处）
监察室主任　姬云桥（副处）
司法警察支队支队长　白华敏（副处）
刑事审判一庭庭长　董　波（副处）
刑事审判二庭庭长　黄怒雄（副处）
办公室主任　余文乾（副处）
新闻信息中心主任　刘　琼（女，副处）
审判管理办公室主任　孙　明（2011.06～，副处）
专职审判委员会委员　张建民（副处）
刘文亮（2011.08～，副处）

楚雄彝族自治州人民检察院

党组书记、检察长　李　宏
副书记、副检察长　周道洪
副检察长　蔡永明
姚燕平（女）
李光俊（彝族）
马晓斗
纪检组长　李继光（彝族，正处）
政治部主任　罗云波（正处）
政治部副主任　王玉仙（女，彝族，副处）
反贪局长　刘存云（正处）
反贪局副局长　赵云生（副处）
职务犯罪预防处处长　马云华（副处）
反渎职侵权局局长　崔荣昆（正处）
检察技术处处长　罗大兴（彝族，副处）
人民监督员办公室主任　杜　程（副处）
专职检察委员会委员　张宝奎（副处）
控告申诉处处长　杨永文（彝族，副处）
监所检察处处长　刘继红（副处）
法警支队支队长　何　敏（副处）
法律政策研究室主任　杨正波（回族，副处）
侦查监督处处长　刘　萍（女，副处）
行政装备处处长　邓永平（～2011.06，副处）
鲁汉学（彝族，2011.06～）
公诉处处长　杜　勇（副处）
监察处处长　陈为忠（副处）
派驻楚雄监狱检察室主任　敖庆忠（彝族，副处）
民事行政监察处处长　陈　丽（女，副处）

中国人民解放军楚雄军分区

司令员　张武育（~2011.10）
　　　　范宏彬（2011.10~）
政　委　曹　军
参谋长　何晓帆
政治部主任　张峻峰
后勤部部长　罗建华

群团机构

总工会
　主　　席　杨　静（女，彝族，兼）
　党组书记、常务副主席　王　虎
　副 主 席　李兴国（傣族）
　　　　　　夜成芳（女，彝族）
团州委
　党组书记、书记　刘文跃
　副 书 记　宋文浩（~2011.05）
　　　　　　杨梦婷（女，回族）
妇女联合会
　党组书记、主席　何锡英（女，~2011.06）
　　　　　　　　　孟树仙（女，2011.06~）
　副 主 席　李　梅（女）
　　　　　　祝春燕（女，回族，2011.03~12）
州工商联（总商会）
　主　　席　吴丽华（女，兼）
　党组书记　邓瑞云
　副 主 席　叶松福
　　　　　　周云峰
科学技术协会
　党组书记　金　桦（女，彝族，2011.06~）
　主　　席　夭建国（彝族）
　副 主 席　金　桦（女，彝族，~2011.06）
　　　　　　陈春富
社会科学界联合会
　党组书记、主席　何锡英（女，2011.06~）
　副 主 席　张利伟（回族）
文学艺术界联合会
　党组书记　冯梅青（女，彝族）
　主　　席　张林敏
　副 主 席　朱明云
残疾人联合会
　党组书记、理事长　吴双华（女）
　副理事长　赵云波
　　　　　　周永洪
州红十字会（正处）
　会　　长　李红民（女，彝族，兼）
　党组书记　滕　洪
　常务副会长　代丽菊（女，正处）
　副 会 长　杨彩珍（女，彝族）
州侨联
　主　　席　何兆发

民主党派州级地方组织

农工民主党楚雄州委
　主　　委　王定梁（兼）
　副 主 委　聂天荣
　　　　　　周永惠（兼，女）
　　　　　　陈志坚（兼）
中国民主促进会楚雄州委
　主　　委　蒲　涌（兼）
　副 主 委　任瑾瑞（女）
　　　　　　高建平（兼）
中国民主建国会楚雄州委
　主　　委　杨玉泉（女，纳西族，兼）
　副 主 委　商　珊（女）
　　　　　　李　援（彝族，兼）

双管单位及中央、省驻楚单位

国土资源局（州政府工作部门）
　党组书记、局长　岩光学（~2011.06）
　　　　　　　　　柴万宏（2011.06~）
　党组成员、副局长　杜　鹏
　　　　　　　　　　胡有刚
　　　　　　　　　　雷　鸣
　　　　　　　　　　赵　江
国家统计局楚雄调查队
　队　　长　王　森
　副 队 长　余云波
　　　　　　窦才科
　　　　　　牟泉升
　纪检组长　叶　伟（女）
国家税务局
　党组书记、局长　张炳华（傈僳族）
　副 局 长　余昌值（彝族）
　　　　　　邹宗文（水族）
　　　　　　杨祖成（彝族）
　　　　　　王　磊
　纪检组长　张学明
　总经济师　朱云飞
　总会计师　李金梅（女，2011.08~）
　稽查局局长　虎　坤（傈僳族）
地方税务局
　党组书记、局长　贺　伟
　副 局 长　王海虹

自开友（～2011.07）
王廷飞（2011.11～）
副局长、纪检组长　刘庆生（彝族）
总经济师　杨建芬（女）
工商行政管理局
党组书记、局长　苏国胜
副 局 长　罗永高
余琼芬（女，兼纪检组长）
饶宝军（～2011.03）
质量技术监督局
党组书记、局长　张　勇
副 局 长　宋景全
翟开富
廖　平（2011.01～）
纪检组长　张咏梅（女）
气象局
党组书记、局长　杨永胜
副 局 长　杨海抒（白族）
张永平
纪检组长　和春星（女，纳西族）
邮政局
党委书记、局长　（缺）
副　局　长　思加学（主持工作）
杨在伟
周旭东（2011.11～）
中国电信楚雄州分公司
党组书记、总经理　赵利刚
副总经理　管玉荣（兼工委主任）
李鸿道（彝族）
李能功（兼纪检组长）
熊　彦（女，～2011.07）
楚雄移动通信楚雄州分公司
党委书记、总经理　王绍才（～2011.05）
谭秀元（2011.05～）
副总经理　李庆明
祁敏波（2011.10～）
中国联通楚雄分公司
党委书记、总经理　延晋昆
副总经理　陈晓松
杨　健（白族）
李加平（白族）
烟草专卖局（公司）
党委书记、局长、经理　段应泽（副巡视员）
党委副书记、副经理　李　俊
副局长、副经理　杨利民（正处）
副经理　冯柱安
董建国
谢　敏（2011.03～）
红塔集团楚雄卷烟厂
党委书记　王敏慧（女，副厂长）
副书记、厂长　李泽良
副厂长　高中华
彭黎明
张志勇
纪委书记兼工会主席　朱明言
太平洋人寿保险楚雄中心支公司
总 经 理　牛啸咏（2011.09～）
党委书记　罗正海（彝族）
太平洋财产保险股份有限公司楚雄中心支公司
总 经 理　曲建忠
副总经理　刘武江
中国人民财产保险公司楚雄分公司
党委书记、总经理　李永富（～2011.01）
党委副书记、副总经理(主持工作)　张　明（2011.01～）
副总经理（兼纪委书记、工会主席）　李振东
张丕思
中国人寿保险公司楚雄分公司
党委书记、总经理　周万铭
副总经理　高家生（兼纪委书记，～2011.04）
张　健（纳西族，兼纪委书记，2011.04～）
刘如鸿（女）
张喜中（彝族）
中国银行业监督管理委员会楚雄监管分局
党委书记、局长　杨　民
副 局 长　张　宏
段有明（工会主席）
纪委书记　尹学华
中国人民银行楚雄州中心支行
党委书记、行长　徐　滔
副 行 长　郭全厚（～2011.12）
杨　军
纪委书记　田迎春（女）
工会主任　王远昆
中国工商银行楚雄州分行
党委书记、行长　李德胜（彝族）
党委副书记、纪委书记　罗　勋
副 行 长　蒋　云（白族，～2011.01）
杨黔林（2011.03～）
中国建设银行楚雄州分行
党委书记、行长　吴秉勤（纳西族）
副书记、副行长　杨福勇（彝族）
副 行 长　姚　丽（女，回族，兼纪委书记、工会主席）
殷　磊
风险主管　许灿辉

中国农业银行楚雄州分行
　党委书记、行长　张利生
　副 行 长　张　斌（纪委书记）
　　李兰林
　　张沛峰（2011.09～）
　　丁树伟（2011.04～）
　　杨　峰（女，彝族，2011.04～）
中国农业发展银行楚雄分行
　党委书记、行长　韩仕新
　副 行 长　李顺高
　　陈宗文
　　何锦洪（女，～2011.10）
中国银行楚雄州分行
　党委书记、行长　马永华（～2011.02）
　　徐亮亮（2011.02～）
　副 行 长　罗山沧
　　张法富（黎族，纪委书记）
　　刘昌雄
中国交通银行楚雄支行
　党委书记、行长　李忠顺（彝族）
中国邮政储蓄银行楚雄州分行
　行　　长　王学军
　副 行 长　李建平
　　尹常云
富滇银行楚雄分行
　行　　长　聂正贵（～2011.12）
　　胡建云（女，2011.12～）
　风险总监　杜洪祥
　工会主席　何文高
省农村信用社联合社楚雄办事处
　主　　任　黄茂林
省电网公司楚雄供电局
　党委书记、副局长　张熙瑶
　副书记、局长　杨昌武
　副 局 长　周　丹
　　李绍荣
　　周剑斌
　工会主席、纪委书记　庞世良
楚雄公路路政管理支队
　支 队 长　杨　凯
　政　　委　杨　辉
　副支队长　汪　文
　　王汝红
　副 政 委　吴　刚
楚雄公路管理总段
　党委书记　朱春生
　总 段 长　张文林
　副总段长　蔡忠祥
　　林　昆
　　施　萍（女，2011.08～）
　纪委书记　李兴泰（彝族）
　工会主席　冯建平
中央储备粮楚雄直属库
　主　　任　魏　钢（～2011.07）
　　杨　松（彝族，2011.07～）
　副 主 任　彭　涛（2011.05～）
省水文水资源局楚雄分局
　书记、局长　王志勇
　副书记　黄海云（女）
　副局长　李　蔚
省有色地质局楚雄勘察院
　院　　长　杨世坤
　党委书记、副院长　曹　峰
　纪委书记、副院长　张　林（2011.12～）
　总工程师　鲁文举
楚雄监狱
　党委书记、监狱长　耿军华
　党委副书记、政委　白玉祥（哈尼族，2011.01～）
　副监狱长、监狱企业总经理　李正平
　副监狱长　周林强
　　杨洪昌
　　程亚雄
　　周树荣（2011.03～）
　副 政 委　高正兵（2011.10～）
　纪委书记　宋盛刚
　政治处主任　杨曙营
　工会主席　王庆平（2011.05～）
　监狱企业副总经理　冯　勇（2011.03～）

教育系统
楚雄师范学院
　党委书记　谭　丛（女）
　副 书 记　李　明
　　李云峰
　　李德勇
　纪委书记　李正武
　院　　长　李　明
　副 院 长　陆　华
　　谢志林
　　李　勇（回族）
　　陈　颖（女）
楚雄医药高等专科学校（副厅级）
　党委书记　杨宏仁
　副书记、校长　王晓明

副书记（正处） 姚天春（兼纪委书记）
副 校 长 叶茂绿（兼工会主席）
昝雪峰
党委办（纪委办）主任 陆润奎（彝族）
行政办主任 段玉林
组织人事处处长 杨光团
团委书记 邓永平
工会专职副主席 杨自祥（彝族）
女工委主任 杨和平
学生工作处处长 方 雷
后勤管理处处长 王炳林
教务处处长 熊金成
招生就业处处长 贺 彪
药学系主任 杨先振
检验系主任 林逢春
医学系主任 易敏春
基础医学系主任 钱兴勇
公共部主任 李维斌（彝族）
计划财务处处长 陆鸿奎
科技处处长 李光富
继续教育处处长 沈必成

昆明理工大学楚雄应用技术学院（工业学校）
党委书记 王 良
院 长 彭金辉（彝族，兼）
党委副书记、常务副院长 刁晋光
副院长、副校长 鲁延森
张绍喜
徐俊梅（女，2011.06～）
副书记、纪委书记 陈建华

楚雄民族中等专业学校
党委书记 普怀亭（彝族）
校 长 钱文卿（彝族）
副 校 长 杨建明（回族）
文有德
段联嵩

楚雄农业学校
党总支书记 陈 阳（女）
校 长 李绍宝（彝族）
副 校 长 张 翔（兼工会主席）
王 静

楚雄州技工学校
党总支书记 张孟培
校 长 刁晋光
副 校 长 席家永
闵 珏（女）
李万翔（2011.06～）

楚雄州体育运动学校
校 长 杨文津（兼工会主席，保留副处）
副 校 长 朱 斌（副处）

楚雄第一中学
党委书记、校长 王宇伟
党委副书记 尹宏贤
副 校 长 师崇良

楚雄州民族中学
党总支书记、校长 张廷昆（彝族）
副 校 长 张 宁（白族，兼工会主席）
郭志刚（白族）

楚雄师院附中
党总支书记、校长 杨永华

卫生系统

州人民医院
党委书记 柳思强
院 长 刘志刚（～2011.10）
副 院 长 王育昌
刘晓明
丁伟峰
工会主席 范建英（女）

州中医院（云南省彝医医院、云南省彝族医药研究所）
党委书记、院长 杨本雷
副 书 记 倪志坚
副 院 长 张其武
许嘉鹏（彝族）

精神病医院（第二人民医院）
党总支书记、院长 王建平（女）

妇幼保健院（副处）
党总支书记 秦永明
院 长 张 虹（女，～2011.05）
庞 玲（女，2011.05～）

卫生监督所（副处）
所 长 缪洪芳（女）

疾病预防控制中心
党委书记 汪楚平
主 任 宋先毅

中心血站（副处）
党支部书记 段国华
站 长 张 梅（女）

县（市）委

楚雄市
书 记 张之政（彝族，～2011.06）
袁 鹏（2011.08～）
副 书 记 袁 鹏（～2011.08）

杨中华（彝族，2011.03～10）
赵万祥（～2011.03，2011.10～）
黄俊峰（挂职，～2011.04）
张代儒（挂职，2011.07～）

双柏县
书　　记　任学全（～2011.01）
　　　　　张晓鸣（彝族，2011.03～）
副 书 记　高　翔
　　　　　王志达（～2011.05）
　　　　　李雪峰（彝族，2011.06～）
　　　　　姜玉海（女，挂职）

牟定县
书　　记　姜　扬（～2011.12）
　　　　　李绍文（彝族，2011.12～）
副 书 记　彭宪琪（白族）
　　　　　起国华（彝族，～2011.05）
　　　　　张俊国（彝族，2011.05～）
　　　　　王　琈（挂职）

南华县
书　　记　陆积峰（彝族）
副 书 记　冯　毅
　　　　　周云志（彝族，2011.05～）
　　　　　王建伟（蒙古族，挂职）

姚安县
书　　记　李自云（彝族）
副 书 记　李建波（彝族，～2011.01）
　　　　　刘建云（～2011.03）
　　　　　李长平
　　　　　张　佐（挂职，～2011.03）
　　　　　黄杰宁（挂职，2011.03～）

大姚县
书　　记　盛高举
副 书 记　张晓鸣（彝族，～2011.03）
　　　　　赵万祥（2011.03～10）
　　　　　唐聆燕（2011.10～）
　　　　　刘建云（～2011.03）
　　　　　何文明（2011.06～）
　　　　　马云峰（挂职，～2011.03）
　　　　　张良玉（挂职，2011.03～）

永仁县
书　　记　赵克义（白族，～2011.12）
　　　　　杨仕坤（彝族，2011.12～）
副 书 记　严云净（～2011.10）
　　　　　杨中华（彝族，正处，～2011.03）
　　　　　李明峰（2011.10～）
　　　　　金　鸿（2011.05～）
　　　　　张晋昆（挂职，～2011.03）
　　　　　朱思海（挂职，2011.03～）

元谋县
书　　记　袁丽娟（女）
副 书 记　李洪亮（彝族，～2011.09）
　　　　　杨中华（彝族，2011.10～）
　　　　　赖有常（彝族，2011.06～）
　　　　　高智生（挂职，～2011.03）
　　　　　谢灿坤（女，挂职，2011.03～）

武定县
书　　记　李　怡（女）
副 书 记　黄云雁
　　　　　周云志（彝族，～2011.05）
　　　　　起云忠（彝族，2011.05～）
　　　　　屈华曦（挂职）

禄丰县
书　　记　王玉玺
副 书 记　赵晓明（彝族）
　　　　　梁文林（～2011.09）
　　　　　李　昆（2011.09～）
　　　　　尤明三（挂职，2011.03～）
　　　　　范　涛（挂职，～2011.03）

县（市）委常委、纪委书记

楚雄市　杨雪斌（女）
双柏县　王丽平（彝族）
牟定县　金德能
南华县　彭长达
姚安县　毛兴明
大姚县　李郁光（～2011.05）
　　　　刘建伟（白族，2011.05～）
永仁县　周有方（傣族）
元谋县　杨洪雨（彝族，～2011.05）
　　　　周　海（2011.05～）
武定县　李克平（正处，～2011.12）
　　　　李永志（彝族，2011.12～）
禄丰县　罗绍辉（～2011.05）
　　　　郭永冰（彝族，2011.05～）

县（市）委政法委书记

楚雄市　李　彦（～2011.05）
　　　　刘汉勇（彝族，2011.05～）
双柏县　李雪峰（彝族，～2011.05）
　　　　毕剑华（彝族，2011.06～）
牟定县　徐惠兴
南华县　张志洪
姚安县　李长平（～2011.06）
　　　　邓永平（2011.06～）

大姚县　罗有理（彝族，～2011.06）
　　　　马跃云（2011.06～）
永仁县　马庭文（傣族）
元谋县　文萧翰（～2011.06）
　　　　段光显（2011.06～）
武定县　周云志（彝族，～2011.05）
禄丰县　梁文林（～2011.06）
　　　　毛世宾（彝族，2011.06～）

县（市）委常委、办公室主任

楚雄市　刘仕举（～2011.06）
双柏县　李兴文（彝族）
牟定县　席　云
南华县　张志洪（～2011.06）
　　　　罗富生（彝族，2011.06～）
姚安县　甘　勇（～2011.06）
　　　　李　勇（2011.06～）
大姚县　马跃云（～2011.06）
　　　　沈克敏（2011.06～）
永仁县　杨开寿（彝族，～2011.05）
　　　　起自敏（女，彝族，2011.05～）
元谋县　祖　俊（～2011.06）
　　　　文萧翰（2011.06～）
武定县　阳庆富（～2011.12）
　　　　周廷质（彝族，2011.12～）
禄丰县　张　东

县（市）委常委、组织部长

楚雄市　吴亚峰（～2011.05）
　　　　周　霏（2011.05～）
双柏县　普正祥（彝族，～2011.05）
　　　　唐建平（2011.05～）
牟定县　樊志栋（～2011.05）
　　　　杨芳亮（傈僳族，2011.05～）
南华县　杨　芳（女，～2011.12）
　　　　祝春燕（女，回族，2011.12～）
姚安县　肖应明（彝族）
大姚县　周　霏（～2011.05）
　　　　赵　良（彝族，2011.05～）
永仁县　李春全（傈僳族）
元谋县　周良才（～2011.05）
　　　　沙治成（2011.05～）
武定县　金　鸿（～2011.06）
　　　　马庆辉（回族，2011.05～）
禄丰县　李志岗

县（市）委常委、宣传部长

楚雄市　李丽君（女，～2011.05）
　　　　周志远（2011.05～）
双柏县　尹　睿（～2011.05）
　　　　岑云英（女，2011.05～）
牟定县　李和枝（女）
南华县　张子荣（～2011.06）
　　　　李德荣（彝族，2011.06～）
姚安县　李　勇（～2011.05）
　　　　席会丽（女，2011.05～）
大姚县　肖　燕（女）
永仁县　李永军
元谋县　范云峰（彝族，～2011.05）
　　　　宋文浩（～2011.05）
武定县　善承卫（～2011.06）
　　　　龙德武（2011.06～）
禄丰县　田　霞（女）

县（市）人大常委会

楚雄市
　主　　任　李丕良（彝族）
　副 主 任　刘发明
　　　　　　鲁　平（女）
　　　　　　杨廷凯
　　　　　　马子才（回族）
双柏县
　主　　任　郎天云
　副 主 任　苏纪生
　　　　　　苏秀华（女）
　　　　　　赖海荣（哈尼族）
　　　　　　段有光（～2011.06）
　　　　　　杨　铭（2011.06～）
牟定县
　主　　任　周　雷（～2011.05）
　副 主 任　董成松
　　　　　　夏桂琳（女）
　　　　　　李自德
　　　　　　黑茂贵（彝族，2011.02～）
南华县
　主　　任　叶忠华
　副 主 任　黄淑珍（女）
　　　　　　叶　敏（女，2011.02～）
　　　　　　罗智强（彝族）
　　　　　　钟世富（傈僳族）
姚安县
　主　　任　胡　雄
　副 主 任　杞开和（彝族）

贾春和（女）
昝丕政
李　勇（彝族）

大姚县
主　　任　杨继周（彝族）
副 主 任　杨　芸（女）
刘春德
沙朝安
李　虎（2011.04～）

永仁县
主　　任　吴玉斌
副 主 任　郑周伟
李本元
刘洪全
郑丽萍（女）

元谋县
主　　任　鲁维生（彝族）
副 主 任　杨茂喜
罗　春（彝族）
刘丛有
马江芝（女，回族）

武定县
主　　任　宋文权
副 主 任　张兴菊（女）
鲁志廉（彝族）
杨春城（苗族）
李建云

禄丰县
主　　任　杨　军
副 主 任　刘素芬（女）
李　伟（～2011.06）
普　平（彝族）
李春平

县（市）人民政府

楚雄市
市　　长　袁　鹏（～2011.10）
赵万祥（代理市长，2011.10～）
常务副市长　刘　华（彝族，～2011.06）
王浩忠（2011.06～）
市委常委、副市长　王厚军（挂职）
吴亚峰（2011.06～）
副 市 长　李万翔（～2011.06）
包继文（女，2011.06～）
杨　云
李　援（彝族）
顾永华
徐俊梅（女，～2011.06）

双柏县
县　　长　高　翔
常务副县长　杨建萍（女，彝族，～2011.01）
张永华（彝族，2011.06～）
县委常委、副县长　毕剑华（彝族，～2011.06）
陈绍能（2011.06～）
副 县 长　陈　林
李　坚（女，苗族，2011.01～）
方永红（彝族）
李秋洪

牟定县
县　　长　彭宪琪（白族）
常务副县长　李晓云
县委常委、副县长　李维峰（彝族，～2011.06）
樊志栋（2011.06～）
副 县 长　常　青（女）
高学龙（彝族）
张世武
刘文禹

南华县
县　　长　冯　毅
常务副县长　刘昌富（彝族）
县委常委、副县长　肖　志
副 县 长　杨泽平
陈启武
毛焕聪（～2001.06）
吴海芬（女）
毛发金（2011.06～）
洪耀星（挂职，2011.06～）

姚安县
县　　长　李建波（彝族，～2011.01）
刘建云（2011.04～）
常务副县长　杨柏繁（白族，～2011.06）
洪　志（2011.06～）
县委常委、副县长　王家俊（～2011.01）
李　勇（2011.06～）
副 县 长　夏会良
周黎红（彝族）
李静媛（女，彝族）
钟吉聪
徐祝龙（挂职，2011.06～）

大姚县
县　　长　张晓鸣（彝族，～2011.03）
赵万祥（2011.04～10）
唐聆燕（代理县长，女，2011.10～）
常务副县长　何文明（～2011.06）

李郁光（2011.06～）
县委常委、副县长　王文清（彝族）
副 县 长　李　滨
李红梅（女）
汪光献（2011.06～）
吴家凯
冀亚军（挂职）
祖文明（挂职）

永仁县
县　　长　严云净（～2011.08）
李明峰（代理县长，2011.10～）
常务副县长　张永华（彝族，～2011.06）
龙俊波（苗族，2011.06～）
县委常委、副县长　晁建伟（2011.06～）
副 县 长　李祝宁（彝族，～2011.06）
周　宏
龙俊波（苗族，～2011.06）
赖朝元（彝族，～2011.06）
霍　星（挂职，～2011.08）
杨开寿（彝族，2011.06～）
王文正（挂职，2011.08～）

元谋县
县　　长　李洪亮（彝族，～2011.08）
杨中华（代理县长，彝族，2011.10～）
常务副县长　赖有常（彝族，～2011.06）
雷　波（2011.06～）
县委常委、副县长　雷　波（～2011.06）
向　勇（傣族，2011.06～）
副 县 长　尹亚全
王　玮
张明海
杨建斌（彝族）

武定县
县　　长　黄云雁
常务副县长　胡友邦
县委常委、副县长　李茂学（彝族）
副 县 长　张爱东
周廷质（彝族）
李永志（彝族）
郑洪云
王　光（挂职，～2011.08）
徐　伟（挂职，回族）
徐建斌（挂职，2011.06～）
谭少骏（挂职，2011.08～）

禄丰县
县　　长　赵晓明（彝族）
常务副县长　杨俐昆
县委常委、副县长　杨建伟（彝族）
副 县 长　胡晓东（回族）
陈玉洁（兼）
邬家华
解正伟
李静云（女，彝族，～2011.06）
杨俊松（挂职）
李　伟（2011.06～）

楚雄经济开发区管委会

主　　任　袁　鹏（～2011.10）
赵万祥（2011.10～）
党委书记　马　军（回族）
副 书 记　周　明
常务副主任　刘　华（正处，彝族，2011.05～）
副 主 任　马　军（回族）
王浩忠（～2011.05）
孙春荣
荆庆华（白族）
杨　晋

禄丰工业园区管委会

主　任　陈玉洁（副处）

县（市）政协委员会

楚雄市
主　　席　段　云
副 主 席　马文辉（回族）
杞　昀（女，彝族）
赵天武（壮族）
胡乃林

双柏县
主　　席　杞光明（彝族）
副 主 席　郑汝华
王　斌
唐裕川（女）
汤永平（哈尼族）

牟定县
主　　席　普学煌（彝族）
副 主 席　果成凤（女，彝族）
杨　丽（女）
郑　荣
李源先

南华县
主　　席　阿明仙（女，彝族）
副 主 席　张　涛（彝族）
鲁明贵（彝族）

张　燕（女）
陈金禹

姚安县
主　　席　华　成
副 主 席　李景元（彝族）
刘金华（女）
刘嵩涛
潘建勋（彝族）

大姚县
主　　席　温连勇
副 主 席　金显和
张忠德（彝族）
任从明（彝族）
张　玲（女）

永仁县
主　　席　殷加林（彝族）
副 主 席　杨淑坤（彝族，～2011.04）
冯会珍（女，彝族）
李天荣
薛志芸（女）

元谋县
主　　席　兰　松
副 主 席　高发银（彝族）
甘金蓉（女）
张自忠
吕　忠

武定县
主　　席　李思恒
副 主 席　罗守恭
杨　德
李正芝（女）
杨红蔚（白族）

禄丰县
主　　席　李红芸（女，彝族，2011.03～）
副 主 席　乐德云
山学兵
白　桦（女）

县（市）人民法院、检察院、公安局

楚雄市
法院院长　刘汉勇（彝族，～2011.06）
常　云（代理院长，2011.06～）
检察院检察长　陈　剑
公安局长　杨　云（2011.01～）
公安局政委　杨　云（～2011.12）
谢绍光（2011.12～）

双柏县
法院院长　罗志宏（彝族）
检察院检察长　施应遵（彝族）
公安局长　陈　林
公安局政委　马爱军（回族）

牟定县
法院院长　甘兆林（～2011.07）
张　强（代理院长，2011.07～）
检察院检察长　刘建武
公安局长　刘文禹
公安局政委　谭锡顺

南华县
法院院长　李红云
检察院检察长　王德云（苗族）
公安局长　杨泽平
公安局政委　张文安

姚安县
法院院长　王景飚
检察院检察长　李昌荣
公安局长　夏会良
公安局政委　杜继勇

大姚县
法院院长　李家清
检察院检察长　徐　艳（女）
公安局长　李　滨
公安局政委　普永进

永仁县
法院院长　何加荣
检察院检察长　李全华（彝族）
公安局长　周　宏
公安局政委　毛德勇（彝族）

元谋县
法院院长　肖光亮（彝族）
检察院检察长　段正明
公安局长　王　玮
公安局政委　陆春华

武定县
法院院长　温自华（彝族）
检察院检察长　周　康（彝族）
公安局长　张爱东
公安局政委　闫开华

禄丰县
法院院长　常　云（～2011.06）
甘兆林（代理院长，2011.06～）
检察院检察长　李　云
公安局长　胡晓东（回族）

公安局政委　徐志华（彝族）

县（市）人民武装部

楚雄市
部　　长　唐光华
政治委员　崔振海

双柏县
部　　长　杨　烨
政治委员　夏乾中

牟定县
部　　长　李林波
政治委员　矣世雄

南华县
部　　长　张跃明
政治委员　张剑峰（彝族，~2011.04）
　　　　　李云虎（2011.04~）

姚安县
部　　长　王海东
政治委员　高　军

大姚县
部　　长　郭子华
政治委员　刘朝金

永仁县
部　　长　杨天明
政治委员　赵　雪（~2011.04）
　　　　　赵昭忠（土家族，2011.04~）

元谋县
部　　长　马光辉
政治委员　万　里

武定县
部　　长　巩佑华
政治委员　李云虎（~2011.04）
　　　　　赵　雪（2011.04~）

禄丰县
部　　长　黄连生
政治委员　王家胜（~2011.05）
　　　　　李　威（2011.05~）

县（市）中心镇党委书记

楚雄市鹿城镇　向　勇（傣族，~2011.05）
　　　　　　　习　雁（2011.05~）
双柏县妥甸镇　杨　铭（~2011.06）
　　　　　　　王景书（2011.06~）
牟定县共和镇　宋开洋
南华县龙川镇　张群嘉（彝族）
姚安县栋川镇　李　勇（~2011.05）
　　　　　　　周晓东（彝族，2011.06~）
大姚县金碧镇　王荣文
永仁县永定镇　熊新平（回族，~2011.12）
元谋县元马镇　彭金富（彝族）
武定县狮山镇　龙德武（~2011.06）
　　　　　　　余卫东（2011.06~）
禄丰县金山镇　毛世宾（彝族，~2011.06）
　　　　　　　石　刚（2011.06~）

［中共楚雄州委组织部供稿］

楚雄州第九批有突出贡献的优秀专业技术人才名单

一等奖

阮文忠　楚雄州农科所高级农艺师
唐　斌　云南省烟草公司楚雄州公司农艺师
张　伟　楚雄州公路桥梁勘测设计处工程师
闵　珏　楚雄高级技工学校高级讲师
宋先毅　楚雄州疾病预防控制中心主任医师

二等奖

任文辉　楚雄州种猪种鸡畜牧师
李建华　楚雄市农业技术推广中心高级农艺师
张家梅　楚雄市农业技术推广中心高级农艺师
施运科　楚雄州动物疫病预防控制中心高级畜牧师
杨彝华　楚雄州林业科学研究所高级工程师
陈顺珠　楚雄市动物卫生监督所高级兽医师
杨贵生　南华茂森综合利用有限责任公司工程师
布旭亮　红塔烟草（集团）有限责任公司楚雄卷烟厂助理工程师
何　勇　楚雄日报社社长
杨　勇　楚雄经济开发区永安小学高级教师
曹云春　楚雄龙江中学高级教师
卢丽萍　双柏县妥甸小学一级教师
王锡林　楚雄师范学院教授
欧阳俊雷　禄丰县青少年业余体育学校一级教练
盛汝芬　姚安县教师进修学校中学高级教师
肖惠华　楚雄彝族文化研究院三级导演
普艳喜　牟定县民族艺术团五级演员
寸明刚　楚雄电视台记者
郭　波　楚雄州人民医院主任医师
华明贵　禄丰县疾病预防控制中心副主任医师

苏联春　楚雄州中医院副主任医师

三等奖

胡之亮　楚雄州茶桑站高级农艺师

刘关江　元谋县植保植检站农艺师

李永秀　双柏县森林病虫防治检疫站高级工程师

白兆星　姚安县栋川农业技术推广服务中心农艺师

董　静　大姚县林业局营林工作站工程师

姚知本　双柏县白竹山茶厂农艺师

陈维亮　楚雄欣源水利电力勘察设计有限责任公司高级工程师

丁荣辉　武定县水利局规划计划建设管理站高级工程师

李贵林　禄丰县水利管理站工程师

王春皋　大姚亿利丰农产品有限公司董事长

毕会元　武定县教育局教研室小学高级教师

苏文锐　牟定县第一高级中学高级教师

杨海斌　楚雄师范学院附属小学高级教师

普保翠　双柏县教育委员会教研室小学高级教师

陈建富　禄丰县职业高级中学高级教师

卞育能　南华县第一中学一级教师

饶志伟　元谋县第一中学一级教师

孙　祥　永仁县第一中学高级教师

罗发祥　大姚县第一中学高级教师

普丽芬　楚雄州广播电台记者

王宝昌　楚雄州民族艺术剧院舞台技师

杨丽美　楚雄州博物馆副研究馆员

李赞阳　永仁县中和镇文化站助理馆员

陈国翔　楚雄北浦中学高级教师

王本信　牟定县疾病预防控制中心副主任医师

李志宏　楚雄州人民医院主任医师

方惠萍　楚雄市计划生育服务站副主任医师

任　斌　南华县中医院副主任医师

苏美兰　永仁县人民医院副主任医师

朱映丽　元谋县人民医院副主任医师

楚雄州2011年度高级专业技术职务任职资格人员名录

一级演员（认定时间：2011.6.30）

许亚华　楚雄州民族艺术剧院

主任医师（认定时间：2011.8.8）

鲍建忠　楚雄州疾病预防控制中心

田建芬　楚雄州疾病预防控制中心

王家明　楚雄州人民医院

任中华　楚雄州人民医院

苏联春　楚雄州中医院

吴红跃　楚雄州中医院

章丽萍　楚雄州中医院

王玉珏　楚雄州中医院

李洪燕　楚雄州中医院

和昀春　牟定县人民医院

李俊彬　南华县人民医院

罗汝明　南华县人民医院

李正勇　武定县人民医院

教　授（认定时间：2011.11.1）

沈必成　楚雄医药高等专科学校

李开金　楚雄医药高等专科学校

正高级工程师（认定时间：2011.11.25）

白永顺　楚雄州林业科学研究所

二级演员（认定时间：2011.6.29）

郭剑波　楚雄州民族艺术剧院

二级演奏员（认定时间：2011.6.29）

刘瑞华　楚雄州民族艺术剧院

龙贻武　楚雄州民族艺术剧院

安会文　楚雄州民族艺术剧院

副主任护师（认定时间：2011.8.8）

罗永会　楚雄州广通医院

张莉梅　楚雄州人民医院

王欣平　楚雄州中医院

马　梅　楚雄州中医院

沙毓清　大姚县人民医院

张菊兰　南华县人民医院

周晓红　南华县人民医院

周丽红　南华县人民医院

夏秀芬　南华县中医院

姜会芝　武定县妇幼保健院

李天兰　武定县人民医院

许祖琼　武定县人民医院

朱道琼　永仁县人民医院

徐秀琼　永仁县人民医院

刘玉萍　元谋县妇幼保健院

副主任技师（认定时间：2011.8.8）

曾泽华　楚雄市疾病预防控制中心

苏加云　楚雄州广通医院

徐梅琼　楚雄州疾病预防控制中心

田建春　大姚县人民医院

副主任药师（认定时间：2011.8.8）

段利生　楚雄州人民医院

何建萍　楚雄州中医院

杨发成　楚雄州中医院

副主任医师（认定时间：2011.8.8）

李美珍　楚雄市妇幼保健院

王建祥　楚雄市疾病预防控制中心

彭　昆　楚雄市疾病预防控制中心

王联德　楚雄市中医院

刘银海　楚雄州第二人民医院

段志荣　楚雄州第二人民医院

何金华　楚雄州第二人民医院

朱　强　楚雄州疾病预防控制中心

周朝阳　楚雄州人民医院

陈玉锦　楚雄州人民医院

何正宏　楚雄州人民医院

赵　洁　楚雄州人民医院

陈　静　楚雄州人民医院

刘春贵　楚雄州中医院

刘金才　楚雄州中医院

杨　芳　楚雄州中医院

李忠武　大姚县人民医院

金德存　大姚县人民医院

罗延忠　大姚县人民医院

起必云　禄丰县罗次中心卫生院

宦荣莲　禄丰县人民医院

杨　琼　禄丰县人民医院
李明华　牟定县人民医院
于从仙　南华县疾病预防控制中心
殷圣虹　南华县人民医院
徐琼华　双柏县人民医院
刘美芝　姚安县人民医院
谢丽芬　姚安县中医院
周　丽　永仁县疾病预防控制中心
周颖森　永仁县人民医院
王会岚　永仁县人民医院
秦凤和　禄丰县第二人民医院
刘家新　禄丰县罗次中心卫生院
董宏星　南华县沙桥中心卫生院
王　志　大姚县人民医院
董绍波　姚安县中医院
雷　海　楚雄州人民医院
王文法　楚雄州人民医院
赵　姝　楚雄州中医院
钱家文　楚雄州妇幼保健院
段从武　楚雄州广通医院
彭淑娥　姚安县人民医院
彭黎明　楚雄州疾病预防控制中心
肖喜萍　永仁县妇幼保健院
孙丽华　永仁县疾病预防控制中心

高级工程师（认定时间：2011.8.29）

曹　丹　楚雄经济开发区设计院
周曼秋　楚雄市城市建设绿化管理处
董存丽　楚雄州茶花协会办公室
朱晓云　楚雄州工程咨询中心
赵定金　楚雄州建设工程质量检测中心
文建琼　楚雄州林木种苗站
何　穗　楚雄欣源水利电力勘察设计有限责任公司
董　静　大姚县核桃产业发展领导小组办公室
蔡以明　禄丰县林业局营林工作站
李德昌　双柏县工程建设质量监督站
高培武　双柏县林业局天保办
李建菊　武定县房地产交易中心
李　岚　永仁县方山州级自然保护区管理所

高级工程师（认定时间：2011.9.6）

陈泽民　楚雄市水务局总工程师办
文　祥　楚雄欣源水利电力勘察设计有限责任公司
李　勇　楚雄欣源水利电力勘察设计有限责任公司
祖朝明　楚雄欣源水利电力勘察设计有限责任公司
陈　伟　楚雄欣源水利电力勘察设计有限责任公司
赵　胜　楚雄欣源水利电力勘察设计有限责任公司
刘春明　楚雄市水务局水利勘测设计队
夭永德　永仁县水务局水利勘测设计队
朱毓嵩　姚安县水务局水利勘测设计队
张　醒　永仁县水务局

高级工程师（认定时间：2011.9.8）

罗晓红　楚雄州人民医院

高级审计师（认定时间：2011.9.7）

邝庆萍　禄丰县审计局
叶冬翠　楚雄市审计局
杨瑾瑜　楚雄市审计局
蔡荣祥　楚雄市审计局
张荣华　楚雄市审计局
尹国富　楚雄市审计局
李素萍　大姚县审计局
尹　鹏　禄丰县审计局
冯　毅　禄丰县审计局
陈　泉　牟定县审计局
黄丽琼　南华县审计局
何光兴　楚雄州审计局
花玲雁　楚雄州审计局
王桃丽　楚雄州审计局
李青山　楚雄州审计局
张洪刚　楚雄州审计局
唐家贵　楚雄州审计局
虎进英　楚雄州审计局
陈丽华　楚雄州审计局
杨学明　楚雄州审计局
王永流　禄丰县审计局
佘丽芬　双柏县审计局

高级农艺师（认定时间：2011.9.22）

马淑英　楚雄市东瓜农技推广中心
拜胜亮　楚雄州农科所
张中平　楚雄州农科所
杨发明　楚雄州农科所
刘　刚　楚雄州农业行政综合执法支队
管春翠　楚雄州植保植检站
杨发忠　大姚县蚕桑站
邵连荣　禄丰县广通农技推广中心
缪慧英　禄丰县农技推广中心
毕　用　禄丰县农技推广中心
郭明祥　禄丰县一平浪农推中心
张　旺　禄丰县植保植检站
杨开泽　牟定县农业环保监测站
周正富　南华县龙川农技推广中心
赵文相　南华县农技推广中心
罗兴华　南华县植保植检站
李华荣　双柏县茶桑站
姚知本　双柏县白竹山茶厂
李淑兰　武定县农技推广中心
白秀琳　武定县水利局灌区管理站
殷吉虎　永仁县农技推广中心
陶朝琼　永仁县农技推广中心
陈光富　永仁县农技推广中心
罗应平　永仁县农技推广中心
蒋汉民　永仁县蚕桑站
白　莲　元谋县经济作物工作站
李炳英　元谋县农技推广中心

高级经济师（认定时间：2011.9.28）

马继才　姚安县经营管理站

高级兽医师（认定时间：2011.10.18）

胡建成　楚雄市动物卫生监督所
刘　华　楚雄市动物疫病预防控制中心
胡开华　大姚县金碧镇畜牧兽医站
刘浩恩　大姚县石羊镇畜牧兽医站
朱光明　禄丰县动物卫生监督所
窦必成　南华县动物疫病预防控制中心
赵玉香　南华县雨露乡畜牧兽医站
关顺福　双柏县动物卫生监督所
连宝诚　姚安县光禄镇畜牧兽医站
文天武　永仁县动物卫生监督所
苏联贵　永仁县动物疫病预防控制中心

高级畜牧师（认定时间：2011.10.18）

肖德华　楚雄市紫溪兽医站
李光富　楚雄州动物卫生监督所
邢志先　楚雄州动物疫病预防控制中心
杨冬月　楚雄州动物疫病预防控制中心
陈德江　楚雄州动物疫病预防控制中心
杨银辉　南华县动物疫病预防控制中心

二级文学创作（认定时间：2011. 10. 31）

张永祥　楚雄州文联

副教授（认定时间：2011. 11. 1）

代立云　楚雄医药高等专科学校
李庆兰　楚雄医药高等专科学校
赵继荣　楚雄医药高等专科学校
盛高建　楚雄医药高等专科学校
宋建平　楚雄医药高等专科学校

高级实验师（认定时间：2011. 11. 1）

张　瑜　楚雄医药高等专科学校
李　蓉　楚雄医药高等专科学校
耿济涛　楚雄医药高等专科学校

主任编辑（认定时间：2011. 12. 9）

李成林　楚雄日报社
周　红　禄丰县文广局

主任记者（认定时间：2011. 12. 9）

彭云川　楚雄电视台

主任舞台技师（认定时间：2011. 6. 29）

武慧林　楚雄市民族歌舞团
何贵平　楚雄州民族艺术剧院

高级讲师（认定时间：2011. 6. 24）

彭　波　楚雄州警察学校
余红芬　楚雄州农业学校
董映辉　楚雄州农业学校

高级讲师（认定时间：2011. 7. 18）

李玉珠　楚雄技师学院
唐红斌　楚雄技师学院
刘　斌　楚雄技师学院
宿铁冬　楚雄技师学院
张　玲　楚雄技师学院
李亚萍　楚雄技师学院
李云红　楚雄技师学院
罗　斌　楚雄州委党校
王锡云　双柏县委党校
罗美江　牟定县高平中学

高级讲师（认定时间：2011. 10. 28）

肖　伟　禄丰县委党校
代万华　牟定县委党校
李琪红　永仁县委党校
周　勇　大姚县委党校

中学高级教师（认定时间：2011. 7. 18）

杨　树　楚雄师院附中
李如会　楚雄师院附中
李金莲　楚雄师院附中
鲁艳萍　楚雄师院附中
方　东　楚雄师院附中
陈光军　楚雄市云龙中学
施正山　楚雄一中
谢存昌　楚雄市八角民族中学
张继海　楚雄市八角民族中学
成　昆　楚雄市北浦中学
施凤莲　楚雄市北浦中学
杨振华　楚雄市北浦中学
李云红　楚雄市北浦中学
陈雄明　楚雄市北浦中学
袁发文　楚雄市苍岭中学
张凤良　楚雄市苍岭中学
卢文金　楚雄市大地基乡中学
康有红　楚雄市东兴中学
曹晨光　楚雄市东兴中学
王庭辉　楚雄市东兴中学
黄　平　楚雄市东兴中学
黄志刚　楚雄市东兴中学
何　彪　楚雄市东兴中学
李光润　楚雄市东兴中学
谢文华　楚雄市东兴中学
朱彗明　楚雄市东兴中学
旃志梅　楚雄市东兴中学
张桂兰　楚雄市东兴中学
赵忠荣　楚雄市东兴中学
苏家银　楚雄市东兴中学
杨德友　楚雄市东兴中学
牟兴平　楚雄市东兴中学
何　勇　楚雄市东兴中学
王　波　楚雄市金鹿中学
施云飞　楚雄市金鹿中学
蒋伟华　楚雄市金鹿中学
李洪尧　楚雄市龙江中学
李国海　楚雄市龙江中学
熊国柱　楚雄市龙江中学
李祖林　楚雄市龙江中学
李平宏　楚雄市鹿城镇中学
马界武　楚雄市吕合镇中学
王启跃　楚雄市新街中学
鲁成寿　楚雄市三街镇中学
彭加宏　楚雄市树苴中学
董华文　楚雄市树苴中学
王增国　楚雄市西舍路中学
顾思才　楚雄市新村镇中学
何正洲　楚雄市新街初级中学
赵学武　楚雄市鹿城镇中学
杨贵平　楚雄市职业高级中学
黄朝斌　楚雄市职业高级中学
谢金开　楚雄市中山镇中学
李景兰　楚雄市子午中学
李德宏　楚雄市紫溪中学
俞文智　楚雄市紫溪中学
刘　峰　楚雄市紫溪中学
李本秀　楚雄市紫溪中学
宋志云　楚雄市紫溪中学
曾树欣　楚雄市紫溪中学
毛兴菊　楚雄市紫溪中学
蔡树红　楚雄市紫溪中学
王金平　楚雄市紫溪中学
刘翠华　楚雄市紫溪中学
李玉仙　楚雄市紫溪中学
谢正禹　大姚县第二中学
赵　宏　大姚县第一中学
王翠芝　大姚县第一中学
杨红华　大姚县第一中学
段志明　大姚县教育局教研室
呼乃祥　大姚县金碧中心学校
姚兰芳　大姚县金碧中心学校
鹿守上　大姚县金碧中心学校
符　俊　大姚县金碧中心学校
李春菊　大姚县六苴中学
赵　云　大姚县六苴中学
莫江林　大姚县龙街中学
郑家兴　大姚县龙街中学
李国军　大姚县三岔河中学
何子平　大姚县石羊镇中学
鲁建梅　大姚县石羊镇中学
赵映平　大姚县石羊镇中学
谢祖新　大姚县实验中学
张艳芬　大姚县实验中学
黄健康　大姚县新街中学
彭运春　大姚县职业教育中心
曹显昆　大姚县职业教育中心
张明荣　大姚县职业教育中心
黄建荣　大姚县职业教育中心
张义兴　大姚县职业教育中心
曹显和　大姚县职业教育中心

杨正梅　禄丰县彩云中学
毛可淑　禄丰县第三中学
汪世雄　禄丰县第三中学
尹正勇　禄丰县第三中学
龙楚军　禄丰县第三中学
汪志宏　禄丰县第三中学
杨荣春　禄丰县第三中学
杨永平　禄丰县第四中学
杨正江　禄丰县第四中学
王燕华　禄丰县第一中学
李　雪　禄丰县第一中学
杨美玉　禄丰县第一中学
钟　芳　禄丰县第一中学
朱建东　禄丰县第一中学
刘国强　禄丰县第一中学
宋明琼　禄丰县第一中学
马丽萍　禄丰县第一中学
徐锦萍　禄丰县第一中学
华兴富　禄丰县第一中学
杨乘良　禄丰县第一中学
董其平　禄丰县第一中学
段俊菊　禄丰县高峰中学
王绍平　禄丰县广通中学
何同峥　禄丰县广通中学
赵建桐　禄丰县广通中学
张晓华　禄丰县广通中学
施绍祥　禄丰县和平中学
赖贞寿　禄丰县恐龙山中学
陈则荣　禄丰县教师进修学校
崔　琳　禄丰县教师进修学校
刘爱琼　禄丰县龙城中学
苏泽凤　禄丰县龙城中学
李琼香　禄丰县猫街中学
周福林　禄丰县勤丰中学
饶　斌　禄丰县仁兴中学
王建波　禄丰县松国中学
黄春明　禄丰县土官中学
阮永林　禄丰县妥安中学
杨锦前　禄丰县妥安中学
李云平　禄丰县文星中学
刘　燕　禄丰县文星中学
杨益琼　禄丰县腰站中学
魏发宗　禄丰县一平浪中学
赵保贵　禄丰县职业高级中学
代建勇　禄丰县中村中学
董尚鹏　楚雄州民族中学
华　润　楚雄州民族中学

王光奇　牟定县安乐初级中学
李亮才　牟定县安乐初级中学
余光辉　牟定县第一高级中学
王家金　牟定县第一高级中学
周发林　牟定县第一高级中学
王开宏　牟定县凤屯初级中学
罗秀先　牟定县高平中学
张良卫　牟定县高平中学
普启跃　牟定县教研师训中心
杨再云　牟定县马厂初级中学
严普珍　牟定县马厂初级中学
卢建华　牟定县马厂初级中学
张承灵　牟定县茅阳初级中学
侯启燕　牟定县茅阳初级中学
杨国爱　牟定县青龙初级中学
朱光健　牟定县青龙初级中学
张自芳　牟定县天台中学
温德全　牟定县职业高级中学
陈绪清　牟定县职业高级中学
吴韶云　南华县海子山中学
李嘉诚　南华县海子山中学
品琼芳　南华县教研室
许世忠　南华县龙川中学
张美兰　南华县龙川中学
段世明　南华县龙川中学
张春海　南华县沙桥初级中学
聂永祥　南华县沙桥初级中学
罗文辉　南华县五街初级中学
吕永芬　南华县徐营中学
彭元跃　南华县一街中学
周叶光　南华县雨露中学
童文亮　南华县职业高级中学
翁德宏　南华县职业高级中学
高　玉　南华一中
田应祥　南华一中
沈如兰　南华一中
袁志萍　南华一中
胡　靖　双柏县大庄中学
段志强　双柏第一中学
苏家学　双柏第一中学
施家元　双柏县安龙堡中学
舒文荣　双柏县大庄中学
李天相　双柏县大庄中学
刘爱华　双柏县第一中学
钱秀华　双柏县第一中学
余德林　双柏县独田中学
周　燕　双柏县碍嘉中学

李　元　双柏县法脿雨龙中学
李明华　双柏县法脿雨龙中学
余兴云　双柏县法脿中学
谢和昌　双柏县法脿中学
杨照满　双柏县妥甸中学
李莹涛　双柏县妥甸中学
郭玉春　楚雄州特殊教育学校
赵春银　元谋县职业高级中学
陈高武　元谋县职业高级中学
吕　琳　武定第一中学
黄玉琼　武定第一中学
段海燕　武定第一中学
段华城　武定第一中学
李　森　武定民族中学
张克亚　武定民族中学
李　谦　武定民族中学
鲁　洁　武定民族中学
尹光明　武定民族中学
李成华　武定民族中学
张秀梅　武定民族中学
付开源　武定县白路中学
杨有荣　武定县白路中学
张正华　武定县插甸中学
杨官林　武定县插甸中学
范洪贵　武定县插甸中学
徐鸿贵　武定县东坡中学
张春雨　武定县东坡中学
李伟林　武定县发窝中学
强志明　武定县高桥中学
李莉华　武定县高桥中学
樊庆洪　武定县教育局教研室
凤玉鸣　武定县九厂中学
吴光莲　武定县猫街中学
杨从青　武定县石腊它中学
罗伟平　武定县石腊它中学
石义强　武定县田心中学
杜思甫　武定县万德中学
曾绍喜　武定县万德中学
孙正龙　武定县香水中学
李绍斌　武定县己衣中学
韩加文　武定县职业中学
李国祥　武定县职业中学
杜春华　武定县环州中学
腾丽芝　姚安县栋川中学
刘海梅　姚安县栋川中学
王美树　姚安县栋川中学
周志华　姚安县官屯中学

马德勇　姚安县官屯中学
余发勇　姚安县光禄中学
高丽珠　姚安县教师进修学校
李翠美　姚安县龙岗中学
杨树权　姚安县前场中学
周玉文　姚安县前场中学
李孔友　姚安县草海中学
向红岗　姚安县草海中学
蒋映辉　姚安县大成中学
徐　东　姚安县大成中学
张生恩　姚安县大成中学
李真宏　姚安县大成中学
徐中才　姚安县大成中学
陈祖云　姚安县大成中学
刘华祥　姚安县大成中学
苏成华　姚安县大成中学
高存银　姚安县大成中学
班自海　姚安县大成中学
向云波　姚安县大成中学
朱　强　姚安县大成中学
林玉梁　姚安县大河口中学
张明青　姚安县大河口中学
罗家才　姚安县大河口中学
张　洁　姚安县大河口中学
张芝花　姚安县仁和中学
李　庆　姚安县姚安二中
徐建友　姚安县姚安二中
王银安　姚安县姚安二中
罗莹华　姚安县姚安二中
宋继勇　姚安县姚安一中
唐国勇　姚安县左门中学
李自江　永仁县莲池中学
李贵星　永仁县莲池中学
李继明　永仁县民族中学
欧阳朝丽　永仁县民族中学
布梅红　永仁县民族中学
韩德洪　永仁县一中
罗永文　永仁县一中
李绍庭　永仁县职业高级中学
林学坤　元谋县元马中学
丁洪平　元谋县元马中学
李自江　元谋县黄瓜园中学
周国文　元谋县黄瓜园中学
白荣文　元谋县黄瓜园中学
杨培盛　元谋县江边中学
牟永才　元谋县姜驿中学
仲显光　元谋县姜驿中学
杨超声　元谋县教育局教研室
彭加云　元谋县老城中学
戴荣洪　元谋县清和中学
杨继光　元谋县物茂中学
白玉斌　元谋县新华中学
杨淑胄　元谋县星火中学
李绍金　元谋县羊街中学
张汝亮　元谋县羊街中学
李宗宏　元谋一中
柯页湘　元谋一中
彭翠红　元谋一中
文跃先　元谋一中
王化凤　元谋一中
李云翔　元谋一中
文剑云　元谋一中
缪成明　大姚县桂花中心学校
李桂华　云南省楚雄天人中学
罗建华　云南省楚雄天人中学
肖　俊　云南省楚雄天人中学

［楚雄州人力资源和社会保障局供稿］

（责任编辑：者宗菊）

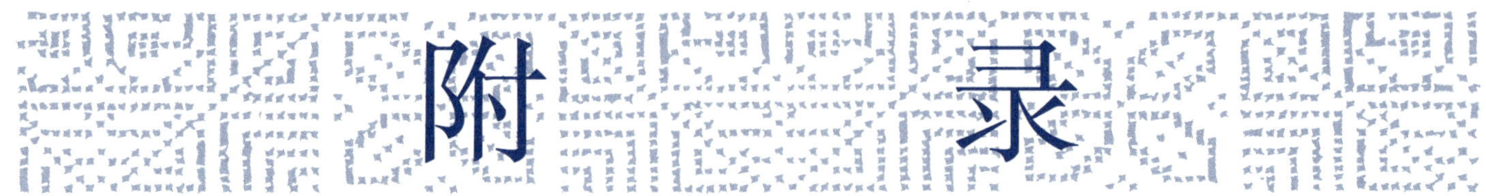

附 录

关于楚雄彝族自治州2011年国民经济和社会发展计划执行情况与2012年国民经济和社会发展计划草案的报告

——在楚雄彝族自治州第十一届人民代表大会第一次会议上

（2012年3月5日）

楚雄彝族自治州发展和改革委员会

各位代表：

受州人民政府委托，现将楚雄州2011年国民经济和社会发展计划执行情况与2012年国民经济和社会发展计划草案提请州第十一届人大第一次会议审议，并请政协委员提出意见。

一、2011年国民经济和社会发展计划执行情况

2011年是楚雄州经济社会发展困难较多、挑战较大的一年。按照省委、省政府的部署和要求，在州委的正确领导下，全州上下深入贯彻落实科学发展观，坚定信心，克难奋进，突出“抓项目、抗通胀、稳物价、保增长、保民生、保稳定”等工作重点，以抢抓重大发展机遇促进科学发展，以推进重点产业建设促进发展方式转变，以加大重点领域投入促进民生改善，奋力保持了全州经济平稳较快发展和各项社会事业全面进步，州十届人大六次会议确定的经济社会发展目标均完成或超额完成，实现了“十二五”的良好开局。

全州生产总值完成482.5亿元，按可比价计算，同比（下同）增长12.4%，比计划目标高0.4个百分点；全社会固定资产投资完成354.5亿元，增长26.3%，比计划目标高1.3个百分点；地方财政总收入和地方财政一般预算收入分别完成103.2亿元、37.6亿元，分别增长19.3%、22.4%，比计划目标高4.3和7.4个百分点；社会消费品零售总额完成158.3亿元，增长20%，比计划目标高2个百分点；外贸进出口总额完成1.5亿美元，增长39.2%，比计划目标高24.2个百分点；城镇居民人均可支配收入和农民人均纯收入分别达17785元、4627元，实际分别增长9.1%、13.8%，比计划目标高0.1和4.8个百分点；居民消费价格总指数上涨4.5%，低于全省平均涨幅0.4个百分点；城镇登记失业率控制在3.3%，比计划目标低1.3个百分点；人口自然增长率4.6‰，比计划目标低1.4个千分点；城镇化率提高1.6个百分点，完成计划目标；单位生产总值能耗下降4.17%，比省下达目标多下降1.17个百分点。

（一）农业经济持续发展，农业产业化迈出新步伐

全面贯彻中央和省的各项强农扶农政策，各级财政共投入支农资金56.6亿元，增长36%。全年粮食生产实现大旱之后的丰收，总产量达到105.5万吨，增长9.8%，创历史新高。烤烟生产提质增效显著。共生产收购烟叶192.3万担，完成计划的100%，烟叶收购总值达17.73亿元、均价18.44元/千克，分别较上年增加2.83亿元和3.4元/千克。农业产业化稳步推进。共建成以蔬菜、茶桑、啤酒大麦、优质稻、马铃薯、优质油菜为重点的特色农产品基地236.92万亩，产值100万元以上龙头企业174户，较上年增31户，农业龙头企业带动农户31万户，户均增收1450元。畜牧业发展势头强劲。实现总产值65.4亿元，增长7.6%，产值100万元以上的养殖大户达12户。扶贫开发成效显著。完成整村推进600个、扶贫搬迁2100人、安居房建设500户，巩固解决贫困人口温饱问题10万人。治理水土流失面积561平方千米，占计划面积的100.2%。全州农林牧渔业总产值达181亿元，增长8.5%。农民人均纯收入增加731元，实际增长13.8%。

（二）工业经济发展步伐加快，发展后劲进一步增强

全州实现工业增加值171.4亿元，增长16.5%。其中，规模以上工业增加值为126亿元，增长16.2%；实现利税总额83亿元，增长21.9%。企业技术创新成效显著，钛卷板轧制等一批生产设备和工艺技术达到国内领先水平，云南开关厂等5户企业被认证为省级企业技术中心。50个工业重点项目建设取得

新进展，楚雄昆钢奕标新型建材有限公司年产90万吨水泥粉磨站和120万立方米商品混凝土建设等6个项目竣工投产；云南新立公司禄丰钛业分公司年产6万吨氯化法钛白粉、1万吨海绵钛生产线等28个项目正抓紧推进；云南兴棱矿业有限公司年产10万吨钛铁系列耐磨材料技改扩建等4个项目实现开工建设。全州完成工业投资112.91亿元，增长33.6%。楚雄工业园区富民轻工片区等一批园区项目建设有效推进，共建成标准厂房面积25万平方米。全年共投入5亿元资金加快园区基础设施建设。节能减排任务全面完成，单位生产总值能耗下降4.17%，超额完成省下达目标。

（三）固定资产投资较快增长，重大建设项目顺利推进

全州上下积极抢抓重大发展机遇，千方百计争取国家和省的支持，努力破解融资、土地等难题，有力地促进了全州固定资产投资的较快增长。项目前期工作扎实推进。安排项目前期费7854万元，列入省“三个一百”和州重点前期的大姚红豆树水库、禄丰西河水库、楚广高速公路、云铜集团在楚建设项目等一批重点项目前期工作进展顺利，部分项目已获审批立项。向上争取项目资金取得实效。全年共上报各类项目5645个，实际争取项目3773个，争取项目资金62.7亿元，增长13.1%。重点在建项目进展顺利。按照“目标时间倒逼、责任主体明确、措施具体有力”的要求，对全州重点建设项目采取跟踪月报、定期不定期督查等工作方式，确保已下达计划项目按期开工和在建项目的顺利推进。全州共实施项目1589个，年内新开工项目1078个，红塔集团楚雄卷烟厂易地搬迁、姚安下口坝水库扩建等一批重点建设项目推进迅速，元双公路建成通车。全面完成了“十二五”项目库建设。按照省发改委的统一部署和要求，相关部门协同配合编制了《楚雄州“十二五”项目集群规划》，为全州“十二五”期间进一步做好固定资产投资工作奠定了基础。金融和招商引资对固定资产投资保持较快增长提供了强有力的支持。全州金融机构人民币贷款余额301.5亿元，比年初增长13.7%。

（四）消费市场需求有效扩大，物价水平保持基本稳定

继续抓好“万村千乡市场工程”，新增农家店200家、配送中心4个，农村流通网络建设得到加强，消费环境进一步改善。“家电下乡”和“家电以旧换新”活动广泛开展，销售“家电下乡”产品16.8万件，实现销售收入4.34亿元，增长100.4%；兑付补贴5345.6万元，增长97.8%，兑付率达99.4%，居全省第一。加大对旅游线路、旅游特色产品、州外旅游市场、重大旅游项目的开发力度，世界恐龙谷二期、彝人古镇八期、50个旅游特色村等重点旅游项目顺利推进，文化旅游业保持快速增长。全年接待国内游客1165万人次，增长20.8%，接待海外游客23837人次，增长19.8%，旅游业总收入40.3亿元，增长29.8%。文化旅游业实现增加值30.4亿元，增长9%。对外贸易快速增长，进出口总额达1.5亿美元，增长39.2%。全面贯彻落实国家和省各项稳价政策措施，扎实做好重要商品储备和流通环节的价格监测调控工作，保持了价格总水平的基本稳定。

（五）始终把民生放在首位，保障和改善民生取得新成效

进一步加大民生领域的投入力度，完成民生支出95.6亿元，占地方财政一般预算支出的75.4%，保障和改善民生成效显著。切实做好抗灾保民生各项工作。争取救灾资金3073万元，解决了冬春期间受灾群众的基本生活困难。争取中央和省投资5827万元，解决了11.07万农村居民、2.97万乡村师生饮水安全问题。扩大社会保险覆盖面有新突破。全州参加企业职工基本养老保险、基本医疗保险、失业保险、工伤保险、生育保险人数为12.57万人、41.91万人、11万人、16.09万人（其中企业9.25万人）、12.6万人（其中企业5.77万人），均完成目标任务的100%以上；新型农村社会养老保险试点深入推进，在原南华、大姚2个县试点的基础上，新增楚雄、双柏、牟定、姚安和永仁5个县（市）试点，覆盖面达70%，参保人数达82.7万人；顺利启动了7个县（市）的城镇居民社会养老保险试点工作，参保人数达1.3万人。积极贯彻落实各项就业政策。城镇新增就业2.1万人，共组织农业富余劳动力转移就业15.16万人，完成目标任务14.5万人的104.6%。姚安灾区震后恢复重建质量整改工作圆满结束并通过验收；城乡保障性住房建设全面推进，42个点5500套保障房全部开工建设，完成投资1.97亿元，进度达到省的要求，林区、工矿棚户区改造任务已完成计划总投资额的58.9%；农村危房改造及地震安居工程已经竣工14845户，占总任务户数的91%。食品安全监管工作全面加强。安全生产形势总体稳定，全年共发生安全生产事故440起、死亡119人，分别下降5.38%和7.69%。

（六）社会事业全面发展，“两型社会”建设积极推进

教育事业保持优先发展。学前教育普及程度得到提高，学前3年儿童入园率达60%，提高5.5个百分点；“两基”成果得到巩固扩大，中小学布局调整工作稳步推进，进一步加强寄宿制学校建设管理，义务教育水平整体有新提高；全州2011年高考专科以上上线率为98.7%，提高0.3个百分点，高出全省平均水平3.59个百分点；职业教育发展步伐明显加快，州职教园区建设累计完成投资9.85亿元，民办职业教育办学规模不断扩大。科技事业创新发展。科技对国民经济的贡献率从47.6%提高到48.7%，新增专利申请216件，新增专利授权96件。文化体育事业全面推进。覆盖城乡的乡（镇）文化站、村文化室、农家书屋、文化信息资源、“非遗”传承、农文网培训学校等重点文化惠民工程推进迅速，州县博物馆、文化馆、图书馆和乡（镇）文化站全部实行免费开放，公共文化服务体系得到完善；民间艺术创作进一步繁荣，一批优秀作品在省内外获得赞誉，文化遗产保护工作顺利推进，全面完成第三次全国文物普查后续工作。成功举办了州第十二届运动会，积极组队参加全国少数民族运动会等全国性体育赛事，共取得4金、2银、7铜的佳绩。群众性体育运动蓬勃开展，全民体质有明显增强。卫生事业改革发展深入推进。新农合参合率达96.5%，医疗卫生保障水平稳步提高；卫生基础设施进一步改

善，实施2010年下达的卫生基础设施建设项目61个，已投入使用57个，率先在全省完成医改卫生基础设施建设任务；基层卫生机构管理进一步加强，公立医院改革试点稳步推进，传染病、地方病防治工作扎实有效，艾滋病发病率上升的势头得到遏制。广播电视和信息服务水平全面提升。“村村通”建设快速推进，舆论引导、重大事件报道、新兴媒体管理等能力得到加强。统筹解决人口问题迈出新步伐。低生育水平保持稳定，全年人口自然增长率为4.6‰。“七彩云南保护行动”继续实施，生态治理和环境保护重点工程全面推进，按照国家和省的部署，明确了“十二五”低碳节能减排任务。

（七）重点改革稳步推进，对外开放取得新进展

农村综合改革扎实推进。土地经营权证书全面落实，集体林权确权率达98.9%，集体林地林木流转和林权抵押贷款工作规范有序；推进州县水务体制改革，实现了涉水事务的统一管理，牟定、南华、大姚、永仁、元谋、武定6县基本完成农村小型水利工程管理体制改革，落实了144件水利工程公益性人员经费和维修养护经费。以深化预算管理、完善国库集中支付、经营性资产管理改革等为重点的财税改革，以法人机构治理、全国性银行分支机构、农村和小微型企业金融服务为重点的金融体制改革，以清理政府融资平台、融资项目推荐、债券资金使用监管为重点的投融资体制改革稳步推进。以医药卫生、基础教育、文化体制和新农保试点为重点的基本公共服务均等化改革取得新进展。以成立州级政务服务中心和公共资源交易中心、加强行政许可审批后续监管为重点的行政管理体制改革不断深化。对外开放步伐不断加快，区域合作不断加强，对外贸易快速增长。招商引资成效显著，实际引进州外到位资金155.8亿元，增长40.4%。

在取得成绩的同时，楚雄州经济社会发展中也存在着不少困难和问题，主要体现在四个方面：一是发展基础仍然薄弱。农业、交通、市政、产业园区、社会事业等重点领域基础设施配套能力弱，难以适应科学发展、和谐发展、跨越发展的需要。二是工业经济发展后劲不足。产业投入比重小，园区建设和管理粗放，传统产业改造升级步伐缓慢，战略性新兴产业培育不足。三是发展要素供给仍然趋紧。以建设用地、项目融资配套为重点的发展要素供给“瓶颈”约束仍较为突出，煤电油运水等企业生产要素保障能力有限。四是控价工作压力较大。在食品和居住类价格高位运行、劳动工资等要素成本上升的共同推动下，稳价安民的任务仍然艰巨。

二、2012年国民经济和社会发展预期目标和主要任务

根据对楚雄州加快发展所面临的有利条件和不利因素的综合分析，2012年国民经济和社会发展主要宏观调控预期目标建议为：

——全州生产总值增长12%以上；

——规模以上固定资产投资增长25%以上；

——地方财政总收入和地方公共财政预算收入分别增长17%以上；

——社会消费品零售总额增长18%；

——外贸进出口总额增长18%；

——城镇居民人均可支配收入增长12%以上；

——农民人均纯收入增长13%以上；

——居民消费价格总水平涨幅控制在4%左右；

——城镇登记失业率控制在4.6%以内；

——人口自然增长率控制在6‰以内；

——城镇化率提高1.6个百分点；

——单位生产总值能耗完成省下达目标。

实现以上宏观调控目标，建议抓好以下10个方面的重点工作：

（一）加大项目工作力度，保持投资对经济增长的强劲拉动

以推进州委、州政府所确定的30个重点前期项目和30个重点在建项目为重点，通过更加扎实细致的工作，努力形成重点前期和重点在建项目加快推进的良好态势，促进全州固定资产投资持续快速增长，确保规模以上固定资产投资增长25%以上。一是加强项目谋划工作。按照国家西部大开发、桥头堡建设和省滇中城市经济圈以及建设桥头堡北大门的发展布局，围绕州“十二五”重大基础设施和重点产业发展规划，科学谋划一批既能进入上级规划本子、项目盘子、资金笼子，又有招商引资吸引力的大项目、好项目，切实解决全州后备优选项目不足的问题。二是做深项目前期工作。按照项目滚动推进机制，继续做好项目库的建设工作，从中筛选一批符合国家和省投资导向和产业政策，关联度大、辐射面广、带动力强的大项目，加快推进前期工作，适时上报，最大限度争取国家和省的倾斜和支持，力争有更多的项目尽早开工建设。三是加快推进项目建设。水利建设方面，扎实抓好以7件烟草水源工程为重点的骨干水源工程、病险水库除险加固、农田水利、中小河流治理、农村饮水安全等项目建设，力争完成水利固定资产投资20亿元，新增、恢复和改善灌溉面积45万亩，治理水土流失面积440平方千米，解决农村11万人口饮水安全问题。交通建设方面，突出抓好楚广高速公路、320国道楚雄至南华一级公路、108国道永仁至武定二级公路、双柏至新平二级公路、武定至禄丰高速公路等项目的推进工作，全面完成上级下达楚雄州的农村公路项目建设任务。城镇建设方面，突出抓好市政基础设施和公共基础设施建设，继续加大普通商品住房和保障房建设力度，完成房地产开发投资60亿元以上。能源建设方面，推进永仁维的并网光伏电站和牟定大尖峰、姚安梅家山、禄丰仙人洞、元谋黑马井等风电场建设，加快农网改造升级项目的建设进度。四是合力破解项目投资面临的土地、融资等“瓶颈”制约。在继续抓好违法用地整改后续完善工作和盘活存量用地的同时，尽早启动实施一批符合“城镇上山、工业上山”重大战略部署的低丘、缓坡土地综合开发利用试点项目，有效缓解州内重大基础设施和产业建设的用地需求矛盾。继续加大争取中央和省投资支持的力度，认真落实好国家鼓励引导民间投资“新36条”和省政府关于鼓励引导民间投资健康发展的

相关政策措施，拓宽融资渠道，进一步加强政企、银企合作，为固定资产投资快速增长创造良好环境。五是更加注重协调配合，形成合力。按照省的要求，全面推行并联并行审批、限时办结、审批通报等制度，优化审批流程，提高审批效率和服务水平，形成更加有效的整体联动工作机制。

（二）突出重点抓“三农”，促进农民持续稳定增收

全面贯彻落实中央一号文件和中央及全省农村工作会议精神，突出农业农村经济发展要更加依靠科技进步这一主题，按照强科技保发展、强生产保供给、强民生保稳定的工作思路，全力推动“三农”工作上新台阶。一是加快提升农业综合开发水平。以省政府确定的12类优势生物产业推进计划以及现代农业示范区、“吨粮田”和“万元田”、木本油料基地建设为抓手，大力发展高原特色生态农业，全年粮食总产量稳定在110万吨左右。加快培育壮大和引进一批起点高、规模大、带动力强、成长性好的重点龙头企业，着力打造一批特色品牌，促进农业增效、农民增收。二是加快林业产业发展步伐。突出特色林业资源优势，坚持保护与开发并重的原则，大力发展以核桃为主的特色经济林产业，以野生食用菌为主的非木质林产业，以松香、桉叶油等为主的林化工业，适度发展木材深加工业，加快林木种苗、花卉、木本油料等基地建设，力争全州林业总产值达到80亿元以上。三是把畜牧业发展放在更加重要的位置。发展2000户养殖示范大户和扶持一个规模化养殖加工示范园区，加快建设生猪、肉牛、肉羊、家禽养殖四大养殖基地，重点培育和扶持加工产值1亿元以上的猪牛羊禽加工企业各1~2户，力争全年肉类总产量达到40万吨以上，畜牧业总产值达到80亿元。四是继续推进现代烟草农业建设。抓住国家和省烟草公司将楚雄州指令性烤烟收购指标增加至200万担、收购价统一上调20%的发展机遇，加快烤烟生产各项科技措施的落实，使烤烟成为农民增收的重要增长点。五是加大农业基础设施建设力度。推进“五小水利”工程3万件和灌区节水改造、机耕路配套建设，完成中低产田地改造29万亩，增强农业发展后劲。六是打响新一轮扶贫开发攻坚战。按照国家和省的部署，精心编制好涉及州内7个县的乌蒙山区和滇西边境山区扶贫攻坚规划，完成600个整村推进、400个产业扶贫示范村、3000人扶贫移民搬迁，完成贫困地区劳动力转移培训3万人，发放到户扶贫贷款3亿元，扶持扶贫龙头企业20户，完成1000户贫困户安居房建设。

（三）多措并举抓工业，提升工业对全州经济的支撑力

围绕规模以上工业增加值比上年增长16%以上的目标，以园区为载体、科技为支撑、转变发展方式为主线、引入大企业大集团为驱动，推动工业经济快速发展。一是加快工业园区建设步伐。按照统一规划、分期建设、滚动发展的总体要求，抓住“工业上山”重大机遇，全面完成工业园区的总体规划调整和近期开发建设片区控制性详规修编任务。在全面启动10县（市）工业园区建设的同时，重点推进楚雄、禄丰、武定、永仁4个园区建设，将楚雄工业园区云甸片区、禄丰工业园区土官片区建成示范区。新建标准厂房30万平方米，园区基础设施建设投资增长保持在35%以上，确保全州新入园企业达到50户以上。二是加快重点项目建设。继续推进楚雄卷烟厂易地搬迁技改、云南钛业有限公司年产2万吨钛材加工生产线钛碇熔炼炉、云南新立有色金属有限公司年产6万吨氯化法钛白粉生产线和年产1万吨海绵钛生产线、昆钢力信钢结构有限公司年产20万吨民用钢结构及配套产品生产线等项目的实施，争取年内建成投产。继续抓好滇中有色金属有限责任公司年产10万吨粗铜、云冶集团新立公司武定钛业分公司年产8万吨高钛渣、云南澜沧江啤酒企业（集团）楚雄有限公司年产20万吨啤酒生产线等项目投产后的协调服务工作，确保企业生产达产达效。三是加大引进大企业和对中小企业扶持工作力度。围绕培强壮大六大工业产业目标，加强与州外大企业、大集团的战略合作，大力引进央企、省企、攀企等到楚雄州发展。以省级认定的州内55户成长型中小企业为重点，着力协调财税、土地、科技、人才、市场开拓等要素和政策支持，落实“成长型中小企业增信计划”，争取金融机构对中小企业的信贷支持，努力做强、做大、做优、做精一批中小企业。强化企业创业培育工作，通过开展创业宣传，创业项目服务，加强创业辅导，营造创业环境，催生中小型、微型企业，进一步增强非公经济发展活力和后劲。四是加强要素保障。千方百计储备一批工业项目用地，为重点项目建设创造条件；抓好企业融资服务协调工作，积极协调投资及担保公司提供贷款担保，缓解中小企业、小微企业资金不足难题；加强煤电油运水的跟踪监测协调工作，及时解决出现的问题，努力保障生产要素正常供给。五是狠抓节能减排。鼓励企业运用高新技术和先进适用技术改造提升传统产业，依法淘汰落后和耗能过高的用能产品、设备。积极争取国家和省对重点节能工程项目和技术开发、示范项目的资金补助、贷款贴息支持，落实节能激励政策。建立和完善更加严格的减排监测督查制度，加大重点减排项目的推进力度，确保完成省下达的各项节能减排目标任务。

（四）加大市场建设监管力度，助推现代服务业加快发展

以推进南华野生食用菌电子交易市场、广通白糖茶叶电子交易市场、元谋果蔬特色农产品电子交易市场建设为重点，加快全州电子商务发展步伐。积极发展现代物流业，加强物流园区（站、点）建设，提高商品配送率，逐步形成一批主营业务突出、核心竞争力强的大型物流配送企业，提高全州流通现代化水平。加快推进农产品批发市场和乡（镇）集贸市场建设、城镇标准化菜市场提升改造，以“万村千乡市场工程”为依托，把农村潜在的消费需求转化为现实购买力。围绕把楚雄州建设成为新兴旅游目的地的目标，继续开发文化旅游新产品、新线路和新市场，加快推进世界恐龙谷二期、彝人古镇八期、牟定彝和园、旅游特色村等重点项目建设，打造更多的旅游精品，增强旅游产业竞争力。以深化文化体制改革为抓手，加大文化产业培育扶持力度，提高文化产业增加值在文化旅游业中

的比重。

（五）统筹城乡发展，着力加快城镇化步伐

抓住省委、省政府实施“守住红线、统筹城乡、城镇上山、农民进城”的机遇，坚持新型工业化、城镇化、农业现代化“三化”互动，充分考虑城镇综合承载能力，因地制宜，遵循规律，稳步推进城镇化健康发展。一是加强规划统筹工作。围绕山水田园一幅画、城镇村落一体化的目标，做好城市总体规划修改和城市规划建设用地区控制性详细规划的全覆盖工作。坚持以人为本、节约土地、生态环保、安全实用、突出特色的原则，抓紧抓好城市公益性基础设施建设规划，加快推进一批水电路等基础设施项目前期工作。二是稳步推进农民进城。坚持统筹兼顾、分类指导、试点先行、有序推进原则，充分尊重农民意愿，放宽城镇落户条件，鼓励和引导农民自愿进城。落实“盖两床被子、穿十件衣服”的优惠政策，着力解决好进城农民的就业、教育、医疗、养老、住房等相关配套保障问题，切实保护好进城农民承包地、林地、宅基地等合法权益，真正使进城农民能够进得来、住得下、过得好。三是加快新农村建设。全面开展村镇规划工作，确保完成全州 14981 个村庄规划编制任务。结合扶贫整村推进、地震安居工程、危旧房改造和新农村省级重点村建设，打造一批特色民居、特色村庄。启动实施以水电路气房为重点的乡村改造工程，推动农村民居配套化、管理社区化。强化农村公共服务，推进农村环境综合整治。加强乡风文明建设，提高农民素质，培养新型农民。

（六）突出强基、兴业两个重点，壮大县域经济综合实力

加强分类指导，加大扶持力度，推动县域经济加快发展，提升综合竞争实力。一是进一步打牢县域发展基础。按照基础先行、产业支撑、社会共进、协调发展的总体要求，进一步加大县域基础设施建设投入，不断增强发展后劲。调整完善土地、林地、工业、城镇规划，加快启动实施一批产业园区和城镇上山项目，抢占发展先机，赢得发展主动。二是加大县域支柱产业培育力度。针对目前县域主导产业“弱、小、散”、产业层次低、竞争能力不强的实际，立足自身资源、环境、区位优势，围绕全州六大重点产业规划布局，明确县域产业在全州的发展定位，每县确定 2—3 个主导产业，有针对性地制定重点产业发展规划和政策措施，整合各类资金进行集中扶持，力争县域重点产业发展取得新突破。三是建立完善考核激励机制。按照一类县率先发展、二类县赶超发展、三类县跨越发展的目标要求，参照省的考核评价体系，以综合经济增长、社会民生、可持续发展三个方面的内容为重点，制定实施县域经济发展综合考核办法，科学设置权重，进行打分量化，实行按季监测公布、年终集中考评，对争先进位的县（市）给予表彰奖励，形成各县域之间竞相发展的新格局。

（七）继续推进重点领域改革，进一步扩大对外开放

推进农村综合改革。全面实施村级公益事业一事一议财政奖补政策。有序推进农村土地管理制度改革，继续推进林权制度改革，全面完成农村小型水利工程管理体制改革任务。深化预算管理制度改革，积极推进预算公开。继续深化金融体制改革，加快建立新型农村金融机制，大力发展金融市场，鼓励金融创新。深入推进社会事业和公共服务领域改革。全面贯彻党的十七届六中全会精神，不断深化文化体制改革，促进文化事业大繁荣，文化产业大发展。积极推进医药卫生体制、科技管理体制、教育体制改革，加快构建有利于基本公共服务均等化发展的体制机制。推进电力价格和资源性产品价格改革。积极争取国家、省支持开展电价改革试点，调整完善电价政策。加快推进污水和垃圾处理价格、居民阶梯式水价改革，完善煤炭等重要资源价格形成机制。深化行政管理体制改革，进一步健全完善决策责任制和问责制度。

围绕桥头堡建设战略，立足楚雄州处于云南省北入四川、西进藏缅、面向东南亚和南亚重要交通枢纽的区位优势，以大开放促进大合作、大合作促进大发展为目标，以搭建不同层次、不同领域的合作平台为载体，“引进来”、“走出去”并重，加快建立完善外经促外贸机制，尽快启动桥头堡北大门建设，进一步扩大周边多层次、宽领域的合作平台，加快央企入楚、省企入楚、民企入楚步伐，力争招商引资州外到位资金突破 200 亿元。

（八）加大社会事业建设投入，增强经济社会发展的协调性

围绕基本公共服务均等化的目标要求，进一步优化财政支出结构，加大对社会事业重点领域的投入，促进社会事业与经济的协调发展。一是优先发展教育。继续巩固“两基”成果，全面落实“两免一补”和农村义务教育学生营养改善计划等教育惠民政策。积极推进中小学布局调整、教育体制改革试点、寄宿制学校管理、高中教育水平提升、职业教育基础能力建设等方面的工作，全面加快教育现代化进程。二是提高科技对经济发展的贡献率。加大科技成果向现实生产力的转化力度，强化知识产权的保护、运用和管理工作。三是促进文化体育事业发展。全面落实州委《关于贯彻落实党的十七届六中全会精神加快推进民族文化强州建设的实施意见》，推进惠民工程建设，完善公共文化服务体系，加强精神文明建设，推动民族文化繁荣发展。做好文化遗产保护和“非遗”保护工作。推动群众性体育活动的广泛开展，重视梯队培养，提高竞技体育水平，培养一批在全国、全省大赛争金夺银的运动员。四是加快推进卫生事业发展。提高新农合参合率，扩大覆盖面，确保新农合参保率保持在 96% 以上。完善基层卫生医疗服务体系，加强基层卫生机构管理，提高基本公共卫生服务水平，稳步推进公立医院改革试点建设。支持中医药和彝医药事业发展。五是统筹做好人口计生工作。继续稳定低生育水平，全面推进优生促进工程，降低孕产妇死亡率。六是加强宣传阵地建设。加快广播电视“村村通”建设进度，加强对正确舆论导向的引导，提高对外宣传水平。七是加强生态文明建设。继续推进实施“保护七彩云南·构建和谐彝州”行动，认真抓好危险废物产生、贮存、利用等环节工作，加大环境监控和执法力度，加快对生态薄弱地区、工矿企业的治理进度，全面落实各项生态环保政策

措施，促进人口、资源、环境协调发展。

（九）高度重视物价监测调控，提高主要产品的保供能力

全面落实国家和省稳价安民的各项政策措施，确保物价总水平基本稳定。一是加大对物价的调控监管工作力度。继续加强对价格的趋势性、关联性和对策性的分析，重点加大对“米袋子”、“菜篮子”生产、供应、流通环节和教育、医药等行业的收费监管力度，全面落实国家和省的房地产市场宏观调控政策，切实提高控价能力。二是加强储备、保障市场供应。完善猪肉、粮油等重要商品储备制度，提高市场保供能力，确保价格总水平的基本稳定。三是加大对价格违法行为的查处力度。重点打击恶意囤积、哄抬价格、变相涨价以及合谋涨价、串通涨价等违法行为，严厉查处以恶性炒作扰乱市场秩序的案件。四是加强对稳价工作的舆论宣传和引导。及时报道国家确定的价格调控措施和价格形势，准确阐释价格政策，正确引导社会舆论，缓解广大群众对通货膨胀的预期。

（十）大力保障和改善民生，促进社会和谐稳定

进一步把政府管理的资源更多地向民生建设领域倾斜，实现好、维护好、发展好人民群众的根本利益，促进社会和谐稳定。一是积极促进就业。加快落实更加积极的就业政策，统筹做好重点群体就业工作，把高校毕业生就业工作摆在就业工作首位，全面落实各项扶持政策，全力推进以创业带动就业工作，充分发挥倍增效应，进一步加强公共服务体系和能力建设，完善覆盖城乡的公共就业和人才服务体系，推进公共就业和人才服务均等化、制度化、专业化和信息化。二是加快推进覆盖城乡的社会保障制度建设。认真贯彻执行《社会保险法》，不断完善各项政策，继续推进工伤预防、工伤康复和工伤补偿三位一体的制度建设，努力扩大以非公单位员工、灵活就业人员和农民工为重点的各项社会保险覆盖面。三是加大保障性住房建设力度。确保2011年结转的5500套续建保障房在上半年全面完成，新开工建设2万套保障性住房，发放租赁补贴5000户，加快林区、工矿棚户区改造，完成省下达的农村危房改造及地震安居工程建设任务。四是全力做好抗旱保民生、促发展工作。针对严重的旱灾形势，把保障城乡居民生活用水基本需求作为首要任务来抓，加强供用水调度，加快建设一批应急饮水工程。在确保饮水供给的前提下，抓好大春生产供水调度工作，最大限度地减少旱灾造成的损失。五是大力发展养老、慈善事业。高度重视老龄群体工作，加强离退休人员的管理服务，切实改善农村老年人的福利待遇，创新机构养老、居家养老、孤残儿童家庭寄养等方式，切实解决养老院数量少、投入不足等问题。加强残疾人康复托养设施建设，做好残疾人参加城镇居民社会养老保险和新农保工作，提高残疾人的社会保障和服务水平。六是加强和改进新形势下的群众工作。高度重视信访工作，加大矛盾纠纷排查调处力度，妥善处理土地征用、拆迁安置、企业改制、劳资纠纷等方面的矛盾和问题。全面落实安全生产责任制，降低安全事故总量，坚决遏制重特大事故发生。加大食品药品监管力度，确保人民群众切身利益和安全。加强禁毒、防艾工作。扎实推进“六五”普法和依法治理工作。继续加强社会治安综合治理，确保社会安定。

各位代表，实现2012年全州经济社会发展预期目标，任务艰巨、责任重大。我们坚信，在省委、省政府和州委的正确领导下，在州人大的工作监督、法律监督和州政协的民主监督下，通过全州上下的共同努力，楚雄州经济社会发展各项工作一定能够在科学发展、和谐发展、跨越发展的道路上迈出更加坚实的步伐。让我们进一步解放思想、把握机遇、真抓实干，为开创富民强州新局面作出新的更大贡献，以经济社会发展的优异成绩迎接党的十八大胜利召开！

关于楚雄彝族自治州2011年地方财政预算执行情况和2012年地方财政预算草案的报告

——在楚雄彝族自治州第十一届人民代表大会第一次会议上

（2012年3月5日）

楚雄彝族自治州财政局

各位代表：

受州人民政府委托，现将楚雄彝族自治州2011年地方财政预算执行情况和2012年地方财政预算草案提请州第十一届人民代表大会第一次会议审查，并请州政协委员提出意见。

一、2011年地方财政预算执行情况

2011年，在州委的正确领导和州人大及其常委会的依法监

督支持下，全州各级各部门坚持以邓小平理论和“三个代表”重要思想为指导，以科学发展观为统领，深入贯彻十七届六中全会、省第九次党代会和州第八次党代会精神，凝心聚力，攻坚克难，推动全州经济社会实现平稳较快发展，财政收支超额完成州十届人大六次会议批准的任务，全州地方财政总收入首次突破100亿元，达到1031490万元，为预算的103.7%，增长19.3%；完成地方财政一般预算收入375809万元，为预算的106.5%，增长22.4%；完成地方财政一般预算支出1267610万元，为预算的104.2%，增长16.7%。

（一）全州地方财政预算执行情况

2011年，全州地方财政一般预算收入完成375809万元，比年初预算数增加22931万元，增长6.5%，比上年决算数增加68830万元，增长22.4%。其中，税收收入完成296437万元，比上年决算数增长21.1%；非税收入完成79372万元，比上年决算数增长27.6%。地方财政一般预算支出完成1267610万元，比年初预算数增加51530万元，增长4.2%，比上年决算数增加181825万元，增长16.7%。

全州地方财政一般预算平衡情况是：地方财政一般预算收入375809万元，转移性收入891900万元，债券转贷收入4072万元，上年结余收入54476万元，调入资金3906万元，收入总计1330163万元。地方财政一般预算支出1267610万元，转移性支出13701万元，增设预算周转金2100万元。收支相抵，年终滚存结余46752万元，其中结转下年支出38961万元。结余资金的形成，主要是部分项目跨年度实施，当年不能形成支出，需结转下年按规定用途使用。

全州地方财政基金预算收入完成201669万元，比年初预算数增加68288万元，增长51.2%，比上年决算数增加53879万元，增长36.5%；地方财政基金预算支出完成223644万元，比年初预算数增加55198万元，增长32.8%，比上年决算数增加52687万元，增长30.8%。

全州地方财政基金预算平衡情况是：地方财政基金预算收入201669万元，转移性收入32863万元，上年结余收入16151万元，收入总计250683万元。地方财政基金预算支出223644万元。收支相抵，年终滚存结余27039万元。结余资金的形成，主要是列收列支的土地出让金收入尚未结算相应成本费用和提取跨年度使用的专项基金。

（二）州本级地方财政预算执行情况

2011年，州本级地方财政一般预算收入完成83107万元，比年初预算数增加2748万元，增长3.4%，比上年决算数增加10519万元，增长14.5%。州本级地方财政一般预算支出完成196969万元，比年初预算数增加17169万元，增长9.5%，比上年决算数增加30493万元，增长18.3%。

州本级地方财政一般预算平衡情况是：地方财政一般预算收入83107万元，转移性收入924748万元，债券转贷收入4072万元，上年结余收入31157万元，调入资金2382万元，收入总计1045466万元。地方财政一般预算支出196969万元，转移性支出820235万元，债券转贷支出1072万元，增设预算周转金1500万元。收支相抵，年终滚存结余25690万元，其中结转下年支出19660万元。结余资金的形成，主要是少数项目跨年度实施形成结余。

州本级地方财政基金预算收入完成12113万元，比年初预算数增加6198万元，增长104.8%，比上年决算数增加4915万元，增长68.3%。州本级地方财政基金预算支出完成5652万元，比年初预算数增加47万元，增长0.8%，比上年决算数增加2550万元，增长82.2%。

州本级地方财政基金预算平衡情况是：地方财政基金预算收入12113万元，转移性收入32863万元，上年结余收入10214万元，收入总计55190万元。地方财政基金预算支出5652万元，转移性支出34383万元。收支相抵，年终滚存结余15155万元。结余资金的形成，主要是列收列支的土地出让金收入尚未结算相应成本费用和提取跨年度使用的专项基金。

以上数据均为州内决算数，待省财政厅批复楚雄州年度财政决算后，部分数据会有所变化，届时再向州人大常委会报告。

二、2011年主要财政工作

2011年是十届州人民政府任期的最后一年。五年来，在州委、州人民政府的正确领导下，全州各级财税部门积极抢抓各种有利条件和机遇，努力克服各种不利因素和困难，推动全州财政收支保持持续较快增长，全州地方财政总收入由2006年的433846万元增加到1031490万元，年均增长18.9%；地方财政一般预算收入由2006年的143191万元增加到375809万元，年均增长21.3%；地方财政一般预算支出由2006年的434625万元增加到1267610万元，年均增长23.9%；累计完成各项民生支出3350481万元，发放各项惠农补贴410823万元，为全州经济发展、社会和谐提供了有力保障和支持。

2011年，各级财税部门紧紧围绕州委工作思路和州十届人大六次会议批准的目标任务，主要做了以下财政工作。

（一）强化收入组织，着力增强财政保障能力

一是在认真分析全州财政经济形势的基础上，科学制定收入预算，及时将批准的收入预算分解到各征收部门，做到目标明确，责任落实。二是密切关注税收收入尤其是主要税种收入变化，坚持财税运行联席分析制度，及时研究解决收入组织中出现的各种困难与问题；加强重点税源县（市）、行业和企业调研，掌握企业生产经营和纳税情况，严格依法治税，做到应收尽收。三是严格按照国务院和财政部的通知要求，切实将应纳入预算管理的预算外资金纳入部门预算编制和管理。四是认真编制并及时下达非税收入征收计划，完善征缴信息系统，全面推进财政票据电子化管理，实行重点非税收入按季督促监管制度，促使全州非税收入在项目和可处置资产不断减少的情况下，仍然实现较快增长。五是通过围绕省转移支付办法，认真填报相关数据，积极主动汇报对接，加强沟通协调，加大向上争取力度。全年争取到上级财政一般性转移支付补助357609

万元，比上年增加94206万元，增长35.8%，其中争取到均衡性转移支付补助、县级基本财力保障机制奖补资金、生态功能区和艰苦地区转移支付补助92130万元，比上年增加34439万元，增长59.7%，有力地增强了楚雄州财政保障能力。此外，通过州委和州政府领导积极向国家烟草专卖局和省财政厅等部门汇报，争取到2万大箱卷烟单列指标，每年可增加近2亿元的税收收入，并可随生产结构提升而不断增长，为今后财政收入持续增长奠定了基础。

（二）科学合理安排支出预算，着力保障和改善民生

坚持按照“保工资、保运转、保民生、保配套、保偿债、保重点”的原则和顺序，科学合理安排支出预算，努力控制一般性支出，加大民生投入。全年完成各项民生支出955893万元，占地方财政一般预算支出的75.4%，切实将各项民生政策落到实处。一是继续加大“三农”投入。完成农林水事务支出215791万元，增长32.8%。投入资金110200万元，大力支持实施农田水利基础设施建设，建成高稳产农田地24.14万亩；投入林业资金35734万元，确保各项生态建设工程顺利实施；投入扶贫开发资金18942.5万元，支持贫困地区加快脱贫致富步伐；筹集抗旱救灾资金17970.5万元，全力支持做好抗旱救灾工作；完成农业综合开发投资9669万元，其中财政资金5583万元，改造中低产田4.5万亩，实施农业产业化项目12个；完成一事一议财政奖补试点项目村826个，投资19901万元，其中财政奖补资金6461万元，硬化村内道路1050千米，受益农户4.8万户、19.1万人。及时足额兑付各项惠农补贴资金121443万元，农民人均获得补贴546元，比上年增加134元，有效促进了农民增收。二是认真落实教育优先发展战略。完成教育支出210391万元，增长19.7%。其中，按小学每生每学年500元、初中每生每学年700元标准，下达农村义务教育阶段学校公用经费补助经费16050.6万元；按小学每生每学年750元、初中每生每学年1000元标准，下达农村义务教育阶段寄宿制家庭经济困难学生生活费补助经费11017万元，受助学生14.2万人；共向31万名义务教育阶段学生免费提供了国家规定教科书。三是积极支持医药卫生事业发展。完成医疗卫生支出130662万元，增长19.8%。筹集基本公共卫生和重大公共卫生专项资金10832万元，为全州公民享有基本医疗服务和实施重大疾病防控提供了保障。筹措基本药物零差率“以奖代补”资金3323.8万元，配合完成了医改中期调查评估和基层医疗卫生机构收支测算，为推进医药卫生体制改革奠定了基础。提高了城镇医疗保险最高支付限额。筹集新型农村合作医疗基金48743.6万元，参合率达96.5%。四是全面落实各项社会保障和就业政策。完成社会保障和就业支出174389万元，增长16.5%，扣除地震等自然灾害补助不可比因素则增长29.8%。及时拨付建国初期参加革命工作的部分退休干部和优抚对象生活补助，按时完成了其他事业单位绩效工资改革兑付、艰苦地区补贴提标和8个县行政事业单位人员津补贴提标发放兑付。完成城市低保和农村低保资金支出36957万元，受益23.8万人；筹集新型农村和城镇居民社会养老保险基金14748万元，参保人数达86.77万人。下达拨付就业资金4375万元；发放小额担保贷款和“贷免扶补”创业贷款35033.5万元，支付贴息资金2917万元，带动就业1.48万人。五是全力促进文化繁荣发展。完成文化体育与传媒支出16383万元，增长28.3%。大力支持公共文化服务体系建设和文化惠民活动开展，积极促进文化体制改革和文化事业发展。六是大力支持保障性安居工程建设。完成保障性安居工程支出35264万元，着力推进廉租房、公租房建设和国有工矿及林业棚户区（危旧房）改造。

（三）多渠道筹集建设资金，着力推动经济平稳较快发展

一是加大经济建设投入。全年完成水利支出101465万元，增长93.3%；完成交通运输支出73626万元，增长37.6%，进一步夯实了全州经济发展基础。筹集安排资金25517万元，大力支持工业、信息产业和中小企业发展；筹集安排资金16250万元，着力支持商贸流通、特色旅游和服务业发展。认真落实“家电下乡”、“摩托车下乡”和“家电以旧换新”政策，兑付各项补贴资金7711.6万元，带动销售63522万元，家电下乡补贴累计兑付率达99.4%，位居全省第一，有效拉动了消费。二是积极争取上级项目资金支持。全年共筹集安排项目前期费7854万元，支持各级各部门做细做实项目前期工作，尤其是州委、州政府领导率队多次到省级部门和中央部委汇报对接，积极争取上级项目补助资金支持。通过各级各部门的多方努力，共争取到上级财政项目补助资金523310万元（含专户直汇资金57686万元），比上年增加42202万元，增长8.8%，大大缓解了楚雄州经济建设投入不足，促进了楚雄州经济发展。三是高度重视政府债务偿还和管理。在积极配合完成地方政府性债务审计的基础上，建立了政府性债务月报管理制度。州财政安排和多渠道筹集资金，全年支付和偿还州级政府性债务还本付息资金71700万元，其中偿还到期本金46891万元，维护了政府信誉，促进了全州金融业平稳健康发展。四是认真做好金融协调服务。积极支持村镇银行发展；年内支持新成立小额贷款公司7家，使全州小额贷款公司达到14家，累计发放贷款50800万元，其中涉农贷款39900万元，有效支持了“三农”和中小企业发展；亚行1.5亿美元贷款建设项目工作有序推进。楚雄州村镇银行、小额贷款公司和亚行贷款项目3项工作在全省位居前列。

（四）切实加快支出进度，着力提高财政资金使用效率

一是科学安排收支预算，打足收入支出，改革预算结余结转办法，为各项财政资金及时安排下达打好基础。二是加快项目支出预算下达。对于州级项目支出，年初安排各部门预算时便明确要求必须在6月底前下达50%以上，9月底前下达80%以上，10月底前下达完毕。对于上级专项资金，涉及救灾和中央预算内项目的坚持实行“文件不过夜”制度，当天收文当天下达；已明确具体项目和使用单位的，必须在5个工作日内下达；未明确具体项目和使用单位的，最迟不得超过15个工作

日下达。三是加快项目组织实施和资金支付。提前15天批复州级部门预算，提前调拨县（市）财政国库资金，对具备条件的项目，适当提前预拨资金，对工程已开工并已申请拨款的，提前拨付使用财政资金，保障项目实施资金需求；及时结算列报支出。四是明确支出进度目标，加强预算执行分析督促，定期通报各县（市）和州级单位预算支出进度等情况，对支出进度达不到要求的县（市）和单位进行约谈，督促部门和单位推进项目实施。通过以上措施，全州财政支出进度较之往年明显加快，上半年和前三季度支出占全年支出的比重分别比上年同期提高了5.7和3.6个百分点，12月支出比重比上年下降了8.2个百分点，均超额完成省财政厅考核要求，有效防止了年底“突击花钱”，提高了资金使用效率。

（五）继续深化改革，着力推进财政科学化精细化管理

一是大力推进预算管理改革。坚持实行预算编审委员会制度，州、县两级全面实行部门预算编制，州级161个部门预算报州人大常委会批准；深入推进预算信息公开，公开了全州和州本级2011年财政收支预算，州财政局率先公开了2011年部门预算；制定和修改完善了《楚雄州州级财政预算资金审批管理暂行办法》、《楚雄州州级财政支出预算指标管理办法》、《楚雄州州级财政结余资金管理暂行办法》、《楚雄州州级财政偿债准备金管理暂行办法》和《楚雄州州本级政府性基金预算管理暂行办法》。二是改进完善转移支付办法。以近5年实际财政收入增长为主，同时综合运用生产总值和固定资产投资增长、消化欠拨上级专款与暂付款情况等因素，计算州对县（市）一般性转移支付，努力实现“效率与公平”统一和提高县级财力保障水平。在近年来州对县（市）转移支付已有大幅增加和州级收支矛盾十分突出的情况下，共安排下达各县（市）转移支付补助资金813751万元，比上年增加105062万元，其中一般性财政转移支付补助345422万元，比上年增加91070万元，增长35.8%。三是深化国库管理改革。全州共有715个部门1779个预算单位实现财政国库集中支付和工资统发。实施国库改革资金812246万元，比上年增加152682万元，增长23%，占地方财政一般预算支出的64%；共有1050家单位实行公务卡结算制度，覆盖面达99%，累计办理公务卡3.7万张，通过公务卡报销金额15551万元，是上年的2.9倍。清理撤并财政银行专户，开展州县乡财政银行专户管理执行制度检查，确保资金安全。四是圆满完成了财政信息系统平台一体化管理试点工作。作为全省2个试点州（市）之一，州级和南华县成功实现了财政信息系统平台一体化管理，得到省财政楚雄现场会的肯定。上下级财政部门之间、财政部门与各预算单位之间、财政部门与各委托银行之间，业务往来实现在一体化平台上办理，有效降低了业务成本，提高了工作效率。五是继续推进非税收入管理改革。电子化票据管理改革深入推进，制定实施了《楚雄州州级行政事业单位非税收入政府统筹办法》、《楚雄州州属行政事业单位非税收入成本核定暂行办法》，进一步加强和规范了非税收入管理。六是稳步推进州级行政事业单位经营性国有资产管理改革。对有经营性国有资产的单位进行全面清查，针对改革中遇到的问题，下发实施了关于推进州级行政事业单位经营性国有资产管理改革有关问题的通知，确保改革稳步进行。

（六）全面加强财政监管，着力加快依法理财进程

一是加强财政监督检查。坚持实行州、县、乡三级对账制度，加强专项资金管理；开展会计信息质量、预算执行及会计制度专项检查78家单位，查处违纪违规资金913.8万元。二是切实加强政府采购监管。完成政府集中采购金额35059.98万元，较预算节约资金4572万元，节约率为11.54%。三是严格执行厉行节约和行政成本控制各项规定。完成一般公共服务支出146341万元，增长10.8%，低于地方财政一般预算支出增幅5.9个百分点，占地方财政一般预算支出的11.5%，比上年下降0.7个百分点。四是深入开展“小金库”专项治理。在全面复查的基础上，对568家行政事业单位、社会团体和国有及国有控股企业进行了重点抽查，查出违纪违规资金106万元，并作收缴国库处理。五是扎实推进法制财政建设。州财政局在上年被评为全国会计监督先进集体的基础上，又被评为了全国和全省财政系统“五五”法制宣传教育先进集体。六是加强财政绩效管理。以民生领域为重点，对农村和城市医疗救助经费等11个项目组织开展了绩效评价。同时，积极配合省财政厅完成了省级财政资金安排的33个项目的绩效评价工作。

回顾2011年的财税工作，虽然取得了明显的成绩，但全州财税运行中仍然存在一些不容忽视的困难和问题。主要包括：一是财源基础薄弱，财政增长后劲不足。经济是财政的基础，由于经济总量小，导致全州财政“蛋糕”难于做大；加之经济结构不合理，财源支柱单一，“非烟”工业培植缓慢，2011年“两烟”上交财政收入占地方财政总收入的58.2%，高于全省近20个百分点，短期之内仅靠“两烟”支撑财政增长的局面难以根本改变，而烟草产业受国家政策调控，且已连续多年保持较快增长，后续增长空间有限，财政增长后劲明显不足。二是收入结构不合理，财政自主能力弱。主要表现为“一低一高”，全州地方财政一般预算收入仅占地方财政总收入的36.4%，比重较低；纳入一般预算收入的非税收入占到地方财政一般预算收入的21%，比重较高，一次性收入和“列收列支”的收入较多，真正可自主支配的地方财政一般预算收入少。特别是州级，由于一般预算收入仅有烟草企业的部分税收和州级重点工程的建安营业税，2011年州级一般预算收入增幅仅为14.5%，致使州级财政能力与需要调控和承担较多的民生与建设项目配套资金不匹配。三是收支矛盾突出，资金使用效益有待提高。一方面，财政增长有限；另一方面，社会保障、医疗、教育、就业、津补贴等各项民生政策范围不断扩大和标准不断提高，基本公共服务等刚性支出迅猛增长，有限的财力与巨大的支出需求，导致财政收支矛盾十分突出。加之过去楚雄州出台建立专项资金的文件较多，一定程度上分散了财政资金投向，部分项目实施推进缓慢，影响了资金使用效益。四是

债务负担重，偿债压力大。“十五”以来，全州抢抓机遇，积极落实上级项目配套资金和支持重点项目建设，建成了一批基础设施和社会事业发展项目，同时政府性债务也随之增加。目前，政府债务已进入偿债高峰期，财政偿债压力较大。

三、2012 年地方财政预算草案

2012 年全州财政经济形势不确定因素较多，有利因素和不利因素并存。从有利因素看：一是国家继续实施积极的财政政策和新一轮西部大开发政策，继续加大民族贫困地区扶持力度，大力支持云南省加快桥头堡建设，省第九次党代会明确提出要进一步加快滇中城市经济圈建设，为楚雄州财税经济发展创造了良好的外部环境。二是州第八次党代会绘就了富民强州的宏伟蓝图，州委八届二次全会提出了加快发展的 2012 年各项经济增长目标，为财税增收奠定了基础。三是随着桥头堡建设的推进，全州固定资产投资项目将增多，继而将推动相关税收增长。四是红塔集团实施“5211”品牌发展规划，加大结构提升力度，红塔集团实现税利将进一步增加；烤烟生产计划增加、价格提高，“两烟”收入有望继续保持较快增长。从不利因素看：一是国家继续实施稳健的货币政策，经济结构调整和发展方式转变进一步加快，全州经济发展面临的不确定因素较多；国家继续实施房地产调控政策，来自房地产业的相关税收增长将进一步放缓；由于缺少重大固定资产投资项目，固定资产投资对税收增长拉动作用不明显。2011 年全州固定资产投资增长 26.3%，但建安营业税下降 5%。二是随着增值税转型改革政策的实施，楚雄州近年来建成投产或即将投产的几个为数不多的较大项目，设备购置进项税抵扣较大。全州“非烟”产业对财政增长的贡献很难有大的提高。三是增值税、营业税起征点提高，将导致全州个体工商户税收减少；个人所得税起征点提高和税率下调，将导致个人所得税减收。四是行政事业单位可处置资产减少，行政性收费项目不断取消，非税收入增长的难度较大。

根据国务院和省政府关于编制 2012 年中央预算和地方预算的通知，结合楚雄州财政经济形势，2012 年楚雄州财政预算编制的指导思想是：深入贯彻落实科学发展观，紧紧围绕科学发展主题和加快转变经济发展方式主线，认真落实积极财政政策，收入预算编制坚持实事求是、积极稳妥和与 2012 年全州国内生产总值等经济社会发展指标相适应的原则，同时充分考虑上级财政补助收入，提高预算编报的完整性；支出预算编制坚持统筹兼顾、突出重点、有保有压的原则，进一步优化财政支出结构，控制一般性支出，进一步增加民生领域投入，加大产业发展支持力度；坚持依法理财、增收节支的原则，继续深化财政改革，加强财政监管，扎实推进财政科学化精细化管理，进一步提高财政资金使用效益，努力为全州经济社会发展提供保障和支持。

（一）全州地方财政预算草案

2012 年，全州地方公共财政预算收入安排 439510 万元，比上年决算数增加 63701 万元，增长 17%。地方公共财政预算支出安排 1457600 万元，比上年决算数增加 189990 万元，增长 15%。

全州地方公共财政预算平衡情况是：地方公共财政预算收入 439510 万元，转移性收入 983440 万元，上年结余收入 46752 万元，调入资金 2610 万元，收入总计 1472312 万元。地方公共财政预算支出 1457600 万元，转移性支出 14712 万元。收支持平。

全州地方财政基金预算收入安排 189000 万元，比上年决算数减少 12669 万元，下降 6.3%。地方财政基金预算支出安排 229493 万元，比上年决算数增加 5849 万元，增长 2.6%。

全州地方财政基金预算平衡情况是：地方财政基金预算收入 189000 万元，转移性收入 13454 万元，上年结余收入 27039 万元，收入总计 229493 万元。地方财政基金预算支出 229493 万元。收支持平。

（二）州本级地方财政预算草案

2012 年，州本级地方公共财政预算收入安排 92423 万元，比上年决算数增加 9316 万元，增长 11.2%。地方公共财政预算支出安排 216670 万元，比上年决算数增加 19701 万元，增长 10%。

州本级地方公共财政预算平衡情况是：地方公共财政预算收入 92423 万元，转移性收入 1022362 万元，上年结余收入 25690 万元，调入资金 900 万元，收入总计 1141375 万元。地方公共财政预算支出 216670 万元，转移性支出 924705 万元。收支持平。

州本级地方财政基金预算收入安排 20530 万元，比上年决算数增加 8417 万元，增长 69.5 %。地方财政基金预算支出安排 17540 万元，比上年决算数增加 11888 万元，增长 210.3%。

州本级地方财政基金预算平衡情况是：地方财政基金预算收入 20530 万元，转移性收入 13454 万元，上年结余收入 15155 万元，收入总计 49139 万元。地方财政基金预算支出 17540 万元，转移性支出 31599 万元。收支持平。

2012 年，全州地方公共财政预算收入和地方公共财政预算支出分别按增长 17% 和 15% 安排，已充分考虑了影响财政收支的各种因素，是按照积极稳妥、全面完整、量入为出、确保平衡的原则来安排的，充分体现了统筹兼顾、有保有压、确保民生、力保重点、支持改革与发展和加快发展方式转变的方针。

四、2012 年主要财政工作及措施

2012 年全州财政工作的总体要求是：高举中国特色社会主义伟大旗帜，以邓小平理论和“三个代表”重要思想为指导，深入贯彻落实科学发展观，全面贯彻中央经济工作会、省第九次党代会、州第八次党代会和州委八届二次全会精神，全面落实积极财政政策，强化收入组织，增强财力保障；科学合理安排支出预算，进一步优化财政支出结构，控制一般性支出，加大民生领域投入，着力保障和改善民生；充分发挥财政杠杆职能，大力支持烟草、冶金化工、生物医药、绿色食品、文化旅游和新能源新材料六大重点产业发展，切实增强全州经济发展内生动力；继续支持水利、交通等基础设施建设，进一步夯实发展基础；继续深化财政改革，进一步提高财政科学化精细化管理水平，努力为推动全州科学发展、和谐发展、跨越发展和加快富民强州步伐提供更加有力的财力保障与支持，以优异成绩迎接党的十八大胜利召开。围绕上述思路和预算收支目标，2012 年全州各级财税部门将着力做好以下几个方面的工作。

（一）全面加强收入征管，切实壮大财力规模

一是进一步提高收入征管水平。完善税源控管体系，加强重点税源监管，认真清理到期税收优惠政策，严格执行税收减免政策，坚决制止和纠正越权减免税收，严厉打击偷骗税违法行为，切实做到依法治税，应收尽收，确保税收收入稳定增长。二是进一步规范非税收入管理。认真贯彻落实《云南省非税收入管理条例》，严格执行“收支两条线”，着力加强对土地出让、国有资产处置、矿产资源有偿使用费和国有资本收益等重点收入的征管；积极探索，加强城镇经营管理，盘活存量资产，实现无形资产货币化。三是继续努力争取上级支持。抓住建立县乡政府最低财力保障机制和“十二五”省对州（市）财政体制调整等机遇，打好“民族牌”，积极反映汇报，努力争取上级财政一般性转移支付补助，进一步提高财政保障能力和水平。

（二）支持经济发展，切实加快财源培植

一是千方百计筹措资金，加大对产业发展的支持力度。集中财力着力支持州第八次党代会确定的烟草、冶金化工、生物医药、绿色食品、文化旅游、新能源新材料六大重点产业建设。二是积极争取上级项目资金支持。全州财政支出中有 40% 左右靠上级项目补助资金支撑。上级项目补助资金的多少，决定着全州财政支出的规模和增长快慢，也决定着全州经济社会发展的速度。要继续加大投入力度，进一步完善项目前期经费使用管理办法，确保经费专项用于项目前期工作，支持各部门深入细致地做好项目前期工作，认真研究国家政策，捕捉上级信息，顺应国家支持政策，以产业发展和重大基础设施项目为重点，争取上级支持。三是改进财政扶持经济发展方式，增强扶持的针对性和有效性。探索组建工业园区投资公司或以现有的政府投资公司为主体，政府注入资本金，支持投资公司通过融资加快工业园区征地和基础设施建设，着力打造工业园区平台，形成设施完善、配套政策优惠的工业项目和招商引资项目载体，吸纳产业项目落户。在此基础上，按照“双赢”原则，大力支持招商引资，积极引进符合产业政策、税收贡献大、解决就业好、真心实意谋发展的企业入园发展。同时，增强财政扶持经济发展的针对性，对科技项目实行以奖代补，引导企业加大投入，促进发展方式转变；对中小企业发展主要给予贷款担保费用支持，着力帮助解决资金周转紧张、银行贷款难的问题；对产业发展项目主要给予贷款贴息补助，设定“门槛”条件，实行以奖代补，充分发挥财政资金引导作用，吸引银行和民间资本加大投入，形成推动产业发展合力。四是积极安排和配套上级财政项目资金，促进固定资产投资有效快速增长。变直接拨款为拨付项目资本金和投资奖补，发挥财政资金“四两拨千斤”的引导作用，吸引银行贷款和社会资金，解决投入不足。尤其要支持投资规模大的骨干项目，提高固定资产投资增长质量和对财政税收的贡献。五是抓住“城镇上山”、“工业上山”和“农民进城”机遇，积极筹措资金，支持城市土地开发和城市基础设施建设。

（三）加大“三农”投入，切实促进城乡统筹发展

一是进一步加大“三农”投入。按照中央关于加快推进农业科技创新持续增强农产品供给保障能力的若干意见要求，切实加大农业科技投入，确保农业总投入增长幅度高于财政经常性收入增长幅度。二是支持提高农业综合生产能力。加大投入，支持小型农田水利、农村饮水安全工程、小型水库除险加固建设，加大农业综合开发力度，加强中低产田改造和高标准农田项目建设；完善农业保险保费补贴政策，建立农业大灾风险分散机制。三是全面落实各项强农惠农政策。及时足额发放农资综合直补、粮食直补、良种补贴等各项惠农补贴；支持中低产林改造，大力发展以核桃为主的特色经济林产业，提升林业经济效益，加快山区综合开发，促进农民增收；继续加大新农村建设投入力度，着力支持实施扶贫整村推进、村容村貌整治、易地扶贫搬迁等工程，改善村容村貌和环境卫生。四是深化农村综合改革。继续支持推进乡（镇）机构、农村义务教育、县乡财政管理体制和集体林权制度改革，完善村级组织运转经费保障机制，继续深入扎实开展“一事一议”财政奖补工作，不断增强农村可持续发展能力。

（四）着力保障和改善民生，切实维护社会稳定和谐

一是坚持教育优先发展战略。进一步加大教育投入，确保教育支出占全州公共财政支出的 14%。提高农村义务教育阶段寄宿学生生活费补助标准并实现全覆盖，启动农村义务教育学生营养改善计划并实现全覆盖。完善家庭经济困难学生资助政策体系，加大对民办教育、高中教育、特殊教育和学前教育支持力度，努力促进教育公平。二是继续健全完善社会保障和就业体系。提高社会保险统筹层次和待遇水平，实现新型农村社会养老保险、城镇居民社会养老保险制度全覆盖；进一步完善城乡救助体系，建立健全社会救助和保障水平与物价上涨挂钩联动机制；认真落实各项促进就业政策，完善就业援助制度，支持做好高校毕业生、农村转移劳动力、城镇就业困难人员等重点群体的就业工作，推动建立创业带动就业机制，以创业促进就业。三是全面加强公共卫生服务体系建设。支持健全城乡基层医疗卫生服务网络，建立药品安全预警和应急处置机制。加快推进公立医院改革，完善扶持民营医院加快发展的政策措施，推进公立和民营医院共同发展。及时调整农村部分计划生育家庭奖励扶助标准和计划生育家庭特别扶助标准，进一步完善人口和计划生育保障机制。四是大力推进保障性安居工程建设。按规定将土地出让收益和住房公积金增值收益用于保障性安居工程。创新财政支持方式，通过投资补助、贷款贴息、资

本金注入等方式，吸引银行贷款、社会资金参与保障性安居工程建设；扩大农村危房改造范围。五是积极支持文化事业发展。建立健全财政文化投入稳定增长机制，进一步推进博物馆、文化馆、图书馆等公共文化活动场所免费开放，继续支持实施文化惠民工程。增加农村文化建设资金投入，促进乡村文化活动开展。增加文化产业发展专项资金，大力扶持文化产业发展，继续积极支持文化体制改革。六是建立与经济增长相适应的城乡居民收入增长机制，认真执行个人所得税起征点提高和税率下调政策，不断提高中低收入群体的收入，进一步规范提高城乡居民最低生活保障和机关事业单位人员津补贴标准。

（五）推进财政改革，切实构建有利于科学发展的财政体制机制

一是认真落实各项财税制度改革。结合楚雄实际，用足用好用活现有税收优惠政策，全面落实地方税收调控各项措施，培植新税源。加强地方税政管理，逐步健全地方税政管理体系。全面推进税收征管信息化建设。加强业务与技术融合，按照“金税工程”建设要求和规范，确保系统安全、稳定运行，为将规费征收工作纳入财税库银横向联网创造条件。在执行好现有制度的基础上，围绕进一步整合征管资源、加强协调配合、强化纳税服务理念，创造性地制定、完善一批适应经济社会发展和税收征管的制度，增强税收发展的内生动力。二是调整完善州对县（市）财政管理体制。根据省对州（市）财政管理体制的调整完善，按照事权与财权统一的原则，调整完善州对县（市）财政管理体制，建立健全有利于科学发展和充分调动各级发展积极性的财政体制和机制。三是继续深化预算管理制度改革。规范预算编制程序，细化预算编制内容，积极探索建立健全由公共财政预算、政府性基金预算、社会保障预算和国有资本经营预算组成，有机衔接和完整的政府预算制度体系，进一步提高预算编制的科学性、完整性和准确性；围绕全州经济社会发展重点，本着提高效率和财力可承受原则，清理、归并、取消各项财政专项资金，集中财力支持产业培植、改善民生和基础设施建设等项目，充分发挥财政资金作用；强化部门预算管理，严格执行追加预算审批制度，切实增强预算约束力；建立预算执行动态监控体系，不断提高预算支出执行的及时性、均衡性、有效性和安全性。稳步推进预算信息公开，公开经人代会审查批准的财政预决算，扩大部门预决算公开范围，做好“三公”经费、行政经费公开准备工作，推进专项民生支出公开。四是进一步完善国库管理制度。建立健全财政专户规范管理长效机制，全面深化国库集中收付制度改革。五是深化非税收入管理制度改革。全面深入推进电子化票据改革，积极探索部分非税收入项目财政直收试点。六是继续深化政府采购制度改革。严格政府采购需求标准管理，加大对集中采购目录以及公开招标执行情况的监督检查力度，进一步规范政府采购行为。

（六）以财政绩效管理为重点，切实提高财政监管水平

一是进一步严格财政监管。逐步建立科学有序的财政监管机制，重点加强对民生支出、转移支付资金的监督检查；进一步健全覆盖所有政府性资金和财政运行全过程的监督机制，建立财政监督成果与预算管理挂钩机制，将预算安排与资金使用效益挂钩。强化内部监督检查，完善财政内部控制制度，健全预算编制、执行和监督相互制约、相互协调的财政运行机制。二是切实加强政府性债务风险防范和管理。统筹考虑经济社会发展状况、财政收支形势和现有政府性债务规模，建立政府债务规模管理和风险预警机制；完善政府性债务报告制度，确保债务统计工作的真实、完整、及时。积极安排偿债准备金，维护政府信誉，争取金融支持，切实防范化解财政金融风险。积极配合做好地方政府二级公路债务化解工作。三是强化财政绩效管理。扩大预算支出绩效评价范围，建立健全以绩效目标为导向，以绩效评价为手段，以制度建设为保障，以财政部门和预算单位为主体，以改善管理、优化资源配置和提高财政资金使用效益为目标的财政绩效管理体系，实行财政资金安排分配与绩效评价结果挂钩的机制，探索财政项目资金竞争安排办法。四是加强会计管理。继续完善会计管理体系建设，加强会计法制和信息化建设，推动内部控制规范体系的有效贯彻实施，继续巩固提升村级会计委托代理服务工作成果。五是推进财政信息化建设。完善州级应用支撑平台，继续推广实施县（市）一体化，进一步推进财政预算、国库管理信息系统一体化和标准化建设，积极推动财税库银税收收入电子缴库横向联网，努力实现全覆盖。

各位代表，2012 年是楚雄州发展形势复杂、任务艰巨的一年，也是“十二五”承上启下的关键之年，做好 2012 年的财税工作，任务艰巨、意义重大。全州各级政府和财税部门将在州委的坚强领导下，在州人大、州政协、州纪委，以及社会各界的有力监督和支持下，按照州十一届人大一次会议确定的目标任务，振奋精神，坚定信心，开拓奋进，努力为推动全州科学发展、和谐发展、跨越发展和加快富民强州步伐提供更加坚强有力的财政保障，以优异的成绩迎接党的十八大胜利召开。

楚雄彝族自治州电子政务协同办公系统管理办法

（《楚雄彝族自治州电子政务协同办公系统管理办法》已经2010年11月21日十届州人民政府第31次常务会议通过，现予公布，自2011年1月16日起施行）

第一章　总　　则

第一条　为了规范电子政务协同办公系统的管理，保证系统安全运行，降低行政成本，提高工作效率，依据《中华人民共和国保守国家秘密法》、《中华人民共和国电子签名法》、《中华人民共和国计算机信息系统安全保护条例》等法律、法规和规章的有关规定，结合本州实际，制定本办法。

第二条　本办法所称电子政务协同办公系统（以下简称协同办公系统），是指为全州各有关单位提供公文收发、协同办公的非涉密办公专用服务平台。

本办法所称协同办公系统管理员，是指从事协同办公系统总体运行、维护和管理的技术人员。

本办法所称协同办公系统单位管理员，是指负责本单位内部协同办公系统的培训、管理和维护的人员。

本办法所称协同办公系统使用人员，是指使用协同办公系统的工作人员。

第三条　本办法适用于本州行政区域内使用和管理协同办公系统的单位和人员。

第二章　职能职责

第四条　州人民政府信息化行政主管部门是全州协同办公系统的行政主管部门，其主要职责是：

（一）编制协同办公系统应急管理预案；

（二）审查批准使用协同办公系统单位的申请；

（三）制定协同办公系统的具体工作规范；

（四）受理和制作各使用单位的电子印章；

（五）对中国电信楚雄分公司及下属县市公司提供的协同办公系统技术保障和服务情况进行监督检查；

（六）对使用协同办公系统的单位进行监督指导。

第五条　中国电信楚雄分公司及各县市公司承担协同办公系统的系统管理员职责，其主要职责是：

（一）负责为使用协同办公系统的单位提供网络维护、技术指导等服务；

（二）管理及维护协同办公系统的网络环境与安全；

（三）负责协同办公系统的数据初始化、系统配置和管理维护；

（四）对使用协同办公系统的单位和人员进行系统操作和技能培训；

（五）负责协同办公系统所涉及的相关软件的安装、调测、升级，二次开发以及系统使用中出现的故障排查、应急处理；

（六）征求使用单位对协同办公系统的意见和建议，完善系统功能；

（七）按照分级管理的原则，每月向州信息化行政主管部门和各县市电子政务管理机构报送协同办公系统使用、运行、维护等相关报表资料；

（八）做好协同办公系统数据备份、维护和管理工作。

第六条　拟使用协同办公系统的单位，应当向州人民政府信息化行政主管部门和县市电子政务管理机构提出书面申请，经批准后办理注册手续。

第七条　使用协同办公系统的单位履行下列职责：

（一）负责提供协同办公系统初始化所需基础数据；

（二）负责对协同办公系统相关安全保密的教育和管理；

（三）负责本单位在协同办公系统上运行的数据信息真实可靠，且不得涉及国家秘密；

（四）负责组织本单位职工对协同办公系统的使用培训。

第八条　使用协同办公系统的单位应当指定1名工作人员为单位管理员，负责本单位协同办公系统的培训、管理维护。其主要职责是：

（一）负责本单位协同办公系统的管理，人员、机构的设置和修改，协同办公系统流程和角色的设置等日常管理及维护工作；

（二）负责本单位内部网络、计算机维护与在协同办公系统上运行的数据信息安全管理工作；

（三）使用中发现问题及时进行处理，若无法处理，应当及时联系协同办公系统管理员进行处理；

（四）除协同办公系统单位管理员外，未经本单位分管领导同意，其他人员不得使用单位管理员的用户名和密码登录系统。

第九条　协同办公系统使用人员履行下列职责：

（一）按照“谁使用，谁负责”的原则，保证其在协同办公系统上运行的数据信息真实可靠，且不得涉及国家秘密；

（二）使用中发现的问题应当及时咨询本单位管理员，若其无法答复或者解决，应当通过本单位管理员联系协同办公系统管理员；

（三）不得在协同办公系统上发布和传送与工作无关的软件、多媒体文件及其他电子信息材料。

第三章　电子公文收发与协同管理

第十条　使用协同办公系统的单位应当根据单位公文处理流程和网络办公的特点，制定符合本单位办公实际的公文处理流程。

第十一条　使用协同办公系统发文单位应当遵守下列发文程序：

（一）对在协同办公系统中流转的电子公文，其文种、格式、内容等进行审核把关；

（二）公文带有不方便进行电子化处理的附件（如书籍、图纸等）的，可按纸质公文的方式送交，公文正文仍以电子公文形式交换；

（三）电子公文的发文时间为协同办公系统完成发送公文操作的时间，电子公文到达本单位的时间即为公文的接收时间；

（四）紧急通知、错过发文时间发送的紧急文件或者重要文件等，发文单位应当另行告知收文单位；

（五）发文单位发出的公文应当做好纸质文档的归档、备份工作。

第十二条　使用协同办公系统的单位收文时应当遵守下列规定：

（一）及时签收电子公文。使用协同办公系统的单位应当根据有关规定登录协同办公系统签收公文；

（二）签收电子公文时，应当认真核对，确认无误后方可进行打印或者进入本单位内部系统公文流转，并按常规收文进行登记。打印后的电子公文相当于纸质公文复印件，参照纸质公文的管理办法处理。

第十三条　协同办公系统的使用人员在发送公文、专送、传阅、个人通知等文件材料时应当明确发送范围，找准接收单位和人员，不得添加，不得越级发送（授权处理除外）。

第四章　电子印章管理

第十四条　电子印章等同于实物印章，使用协同办公系统的单位应当指定专人保管和使用，并保障电子印章安全。

电子公文上应当使用电子印章，经签名后的电子公文与纸质公文具有同等法律效力。

第十五条　使用协同办公系统的单位变更协同办公系统中相关资料的，应当按分级管理的原则分别向州信息化行政主管部门或者各县市电子政务管理机构提出书面申请，并按照下列规定办理：

（一）使用单位名称变更的，办理变更手续；

（二）使用单位被撤销的，办理注销手续；

（三）使用单位分设的，由分设后的使用单位提供新分设单位的机构设置和人员设置信息，并办理审批手续；

（四）使用单位合并的，合并后的使用单位名称如果沿用合并前其中一个使用单位名称的，则该名称作为合并后的使用单位名称在协同办公系统中保留，被合并的使用单位按本条第二项规定办理注销手续；合并后的使用单位如果使用新的单位名称的，则由使用单位提供新单位的机构设置和人员设置信息，并办理审批手续，合并前在协同办公系统中使用的单位名称按本条第二项规定办理注销手续。

第十六条　电子印章由州人民政府信息化行政主管部门统一制作。

第十七条　使用协同办公系统的单位变更本单位电子印章的，由单位提出书面申请，经单位主要负责人签批，按照原实物印章管理的规定报送相关部门办理审批后统一送州人民政府信息化行政主管部门制作。另有规定的除外。

第十八条　销毁电子印章，应当向原批准机关办理相关注销手续后送州人民政府信息化行政主管部门予以销毁。

第五章　安全与保密

第十九条　使用协同办公系统的计算机，应当安装杀毒软件。使用外来存储设备（硬盘、U 盘、光盘等）的，应当检测。

第二十条　协同办公系统使用人员取得用户名和初始密码后应当立即修改密码，密码应设 6 位以上字符（含字母、数字、符号等），并不定期修改密码。密码丢失的，应当向本单位管理员提出申请，恢复初始密码。协同办公系统使用人员的用户名和密码不得与人共用，也不得转借他人使用。

第二十一条　使用协同办公系统的单位应当定期对协同办公系统使用人员进行计算机及网络安全保密知识教育，遵守保密纪律与保密规定。

第二十二条　使用协同办公系统的单位和个人不得有下列行为：

（一）将协同办公系统上运行的相关信息随意复制、散发；

（二）将来历不明的数据和软件在装有协同办公系统的电脑上运行；

（三）发布和传送与本单位工作无关的数据信息；

（四）将涉密计算机、设备和网络接入协同办公系统；

（五）在协同办公系统传输和存放涉密信息。

第二十三条　使用协同办公系统的单位和人员不得利用协同办公系统从事危害国家安全、泄露国家秘密和个人隐私的违法犯罪活动；不得复制和传播妨碍社会治安或者淫秽色情信息；不得发布危害社会秩序和治安、社会公共道德和侵害他人合法权益的信息等。

第六章　应急处理

第二十四条　协同办公系统出现故障（如流程出错、公文显示不正常、公文无法打印下载等），导致电子公文与信息无法在系统中进行正常交换的，应当及时向当地电信部门反应，查明原因，排除故障。

第二十五条　协同办公系统故障未能及时排除，造成系统不能正常运行的，电信部门应当及时解决，并报同级人民政府信息化行政主管部门。

第二十六条　由于不可抗力、停电等情况，导致协同办公系统不能正常使用的，单位管理员应当及时进行解决，保证协同办公系统的文件信息能够及时处理。

第七章　责任追究

第二十七条　违反本办法规定，导致协同办公系统瘫痪或者不能正常运转，情节轻微的，由有关部门进行处理；情节严重，涉嫌犯罪的，移交司法机关依法追究刑事责任。

第二十八条　协同办公系统单位管理员不认真履行职责，违反本办法第八条规定的，由有关单位依照国家有关法律、法规和规章的规定进行处理。

第二十九条　协同办公系统使用人员对协同办公系统中来往文件不及时进行处理或者延误处理，造成工作延误的，依照有关规定对直接责任人员进行问责。

第三十条　协同办公系统使用人员违反本办法第十三条规定，通过协同办公系统滥发或者普发文件材料，或者不按照规定流程发送电子公文，情节轻微的，由本单位对其发文人员进行批评教育；情节严重，造成不良影响的，由有关部门依法进行处理。

第三十一条　违反本办法第二十二条、第二十三条规定，利用协同办公系统从事危害国家安全、泄露国家秘密的，依据《中华人民共和国保守国家秘密法》的规定，依法给予行政处分；情节严重，构成犯罪的，移交司法机关依法追究刑事责任。

第八章　附　　则

第三十二条　本办法自发布之日起施行。

楚雄彝族自治州木材经营加工管理办法

（《楚雄彝族自治州木材经营加工管理办法》已经2010年11月21日十届州人民政府第31次常务会议通过，现予公布，自2011年1月6日起施行）

第一章　总　　则

第一条　为了规范木材经营加工管理秩序，有效保护和合理利用森林资源，促进林业可持续发展，根据《中华人民共和国森林法》、《中华人民共和国森林法实施条例》和《云南省森林条例》等法律、法规的有关规定，结合本州实际，制定本办法。

第二条　在本州行政区域内从事木材经营加工活动的公民、法人和其他组织，应当遵守本办法。

第三条　本办法所称的木材，是指原木、锯材、木片及以木材为主要原料的制品或列入《濒危野生动植物种国际贸易公约》、国家和省保护名录，法律、法规确定由林业行政主管部门管理的野生植物及其制品。

本办法所称的木材经营，是指公民、法人及其他组织从事收购、销售木材的行为。

本办法所称的木材加工，是指以机械或者人工方法将木材制成成品或者半成品的行为。

本办法所称的木材市场，是指设立木材储运、交易、中转的场所。

第四条　州、县市人民政府林业行政主管部门，根据本行政区内森林资源状况、年森林采伐限额和木材供给能力及市场需求预测，编制木材经营加工业发展规划，科学合理规划木材经营加工业布局、规模和数量。

县市人民政府木材经营加工业发展规划报州人民政府林业行政主管部门审批。

发改、财政、工信委、建设、规划、商务、工商、税务等部门应当根据各自职能职责配合做好木材经营加工管理的相关工作。

第二章　木材经营加工管理

第五条　木材经营加工实行许可证管理制度：

（一）从事木材经营加工活动的公民、法人和其他组织，应当向所在地县级以上人民政府林业行政主管部门提出申请，经批准取得木材经营加工许可证后，持许可证向所在地工商行政管理机关申请办理有关登记，方可从事木材经营加工活动；

（二）木材经营加工许可证实行一厂一证（含一企一证或者一户一证），取得木材经营加工许可证的公民、法人和其他组织，应当严格按木材经营加工许可证规定的范围开展木材经营加工活动；

（三）木材经营加工许可证不得出租、出借和转让。

第六条　木材经营加工许可证实行分级审批制度：

（一）胶合板、刨花板、单板、纤维板等木材精深加工项目和年消耗木材3000立方米以上的初级加工项目（含单独申办的经营项目），由县市人民政府林业行政主管部门提出初步审查意见，报州人民政府林业行政主管部门审批或者按规定报省人民政府林业行政主管部门审批；

（二）木质家具与木制品加工项目和年消耗木材3000立方米以下初级木材加工项目（含单独申办的经营项目），按照全州木材经营加工业发展规划和布局，由县市人民政府林业行政主管部门审批，报州人民政府林业行政主管部门备案。

第七条　申请办理木材经营加工许可证应当具备下列条件：

（一）符合国家产业政策和本地木材经营加工产业规划；

（二）有与其经营加工规模相适应的固定场所和设施；

（三）有与其经营加工规模相适应的流动资金；

（四）有与其经营加工规模相适应的从业人员和木材检验员；

（五）法律、法规和规章规定的其他条件。

前款（二）至（四）项规定的量化标准，由州人民政府林业行政主管部门报州人民政府同意后根据不同时期行业发展水平制定和调整。

第八条　申请办理木材经营加工许可证应当向所在地县市人民政府林业行政主管部门提交下列材料：

（一）林业行政主管部门统一制作的木材经营加工许可证申请表；

（二）申请人基本账户所在的金融机构开具的资金证明；

（三）合法的经营场所证明；

（四）申请人或者法定代表人身份证明；

（五）木材检验人员（不少于两人）资格证明及劳动关系证明；

（六）工商行政管理部门出具的企业名称预先核准通知书；

（七）法律、法规和规章规定的其他材料。

木材精深加工项目和年消耗木材3000立方米以上的初级加工项目，还应当提交项目立项批准文件及有资质的单位作出的项目可行性研究报告。

第九条　木材经营加工许可证的有效期限为3年，期满继续经营的，应当申请换发新证。

木材经营加工许可证实行年度审验制度。木材经营加工单位和个人应当在每年2月底以前到原发证机关进行许可证审验。申请换发新证的，应当通过以往年度的审验；未经审验或者审验不合格的，不得继续经营，且不予换发新证。

第十条　木材经营加工许可证的审验应当提交下列材料：

（一）木材经营加工许可证正副本原件；

（二）上年度木材经营加工情况；

（三）木材原料收购、产品销售或者经营台账。

原发证机关为州人民政府林业行政主管部门的，还应当先报县市人民政府林业行政主管部门审查。

第十一条　一年内连续6个月未正常从事木材经营加工业务，或者一年内有违法经营、加工木材行为情节严重的，不予审验木材经营加工许可证。

第十二条　木材经营加工企业选址和建设应当符合城乡建设总体规划。不得在生态公益林区、森林旅游风景区、自然保护区境内设置木材经营加工企业。

限制发展以野生的国际、国家和云南省珍贵树木、重点保护植物为原料的经营加工企业。特殊情况在本州行政区域内经营加工从国外进口或者国内合法来源的上述野生珍贵树木和保护植物的，应当按照相关规定报省林业厅或者国家林业局办理相关经营加工许可证。

第十三条　年消耗木材在5000立方米以上的木材加工企业，应当建立与消耗木材相适应的原料林基地。

第十四条　从事木材经营加工的公民、法人和其他组织应当建立原料收购、产品销售或者经营台账，收购木材时应当向供货商索取合法来源证明，并保存备查，保存期限不得少于2年。

第十五条　木材经营加工单位变更单位名称、法定代表人、经营场所、经济性质、经营范围的，应当向原审核、批准机关申请变更登记。

第十六条　任何公民、法人和其他组织不得经营加工无合法来源证明的木材，不得非法经营加工从疫区调进属检疫对象的木材。

第三章　木材市场

第十七条　设立木材市场的公民、法人和其他组织，应当向县市人民政府林业行政主管部门提出设立木材市场申请，经县市人民政府林业行政主管部门审查并报同级人民政府同意后，报州人民政府林业行政主管部门备案。

第十八条 设立木材市场应当具备下列条件：

（一）选址符合城乡建设规划及专业规划；

（二）符合规定的市场名称；

（三）有可供使用的土地、资金和设施；

（四）有完善的安全、消防设施；

（五）法律、法规和规章规定的其他条件。

第十九条 申请设立木材市场应当提交下列材料：

（一）建立木材市场申请和可行性报告；

（二）房屋、土地权属证明；

（三）标明市场方位和功能分区的平面图；

（四）申请单位的组织机构代码证和法定代表人身份证明（或者申请人身份证明）；

（五）城乡规划部门的意见；

（六）法律、法规和规章规定应当提交的其他材料。

木材市场主办者应当接受林业行政主管部门的检查。

公民、法人和其他组织进驻市场从事经营活动应当取得木材经营加工许可证。

第二十条 市场迁移、合并、扩建、撤销及其他登记事项发生变更的，应当到原批准机关办理变更或者注销手续。

第四章　法律责任

第二十一条 公民、法人和其他组织违反本办法规定的，由州、县市人民政府林业行政主管部门或者有关机关依照法律、法规和规章的规定进行处理。

第二十二条 涂改、伪造、变造、转让、租借木材经营加工许可证构成犯罪的，依法追究刑事责任。

第二十三条 林业行政主管部门工作人员滥用职权、玩忽职守、徇私舞弊，构成犯罪的，依法追究刑事责任；情节轻微，尚不构成犯罪的，依法给予处分。

第五章　附　　则

第二十四条 本办法自发布之日起施行。

［州政府办供稿］

（责任编辑：白云鹏）

统计资料

楚雄州 2006～2011 年国民经济和社会发展主要指标

指　　标	单位	2006 年		2007 年		2008 年		2009 年		2010 年		"十一五"年均增长速度（%）	2011 年	
		绝对数	增速（%）	绝对数	增速（%）	绝对数	增速（%）	绝对数	增速（%）	绝对数	增速（%）		绝对数	增速（%）
一、年末总人口	万人	258.5	0.7	260.2	0.7	260.4	0.1	262	0.6	261.5	-0.19	0.37	262.5	0.4
#农业人口	万人	221.6	0.5	222.2	0.3	221.8	-0.2	222.1	0.1	222.6	0.2	0.18	223.3	0.3
#少数民族人口	万人	85	1.5	86.3	1.5	87.2	1	88.7	1.7	90.4	1.9	1.52	91.2	0.9
#彝族	万人	69	1.5	70	1.4	70.6	0.9	71.8	1.7	73.1	1.9	1.47	73.8	0.9
人口出生率	‰	11.7	—	10.5	—	10.3	—	10.7	—	10.9	—	10.8	11.4	—
人口死亡率	‰	5.4	—	6	—	6	—	6.6	—	6.6	—	6.1	6.8	—
人口自然增长率	‰	6.4	—	4.5		4.3	—	4.1	—	4.3	—	4.7	4.5	—
城市化率	%	27.2	—	28.4	—	29.6	—	31.0	—	32.2	—	提高 1.24 个百分点	33.8	—
二、年末从业人员	万人	155.7	0.9	161.5	3.7	162.5	0.6	165.8	2	168.9	1.9	1.8	169.5	0.4
第一产业	万人	113.6	-0.6	112.8	-0.6	111.4	-1.3	110.3	-1	109.4	-0.8	-0.9	107.5	-1.7
三、地区生产总值	亿元	217.4	10.6	253.6	12.3	306	11.5	342.4	12.2	404.4	11.3	11.6	482.5	12.4
第一产业	亿元	56.6	7.1	63.5	5.8	74.3	5.6	80.8	5.8	90.5	3	5.5	108.3	8.1
第二产业	亿元	86.3	10.6	103.2	16.4	127.8	13.4	142.5	14.1	171.8	15	13.9	208.4	15.6
其中：工　业	亿元	72.6	9.7	87	16.9	107.8	13.6	116.5	10.5	140.5	14.7	13	171.4	16.5
建筑业	亿元	13.7	15.3	16.2	13.7	20	12.6	26.0	33.7	31.3	16.2	18.1	37.1	11.6
第三产业	亿元	74.5	13.3	86.9	12.5	104	13.4	119.1	14.2	142.1	12.2	13.1	165.8	11.2
人均 GDP	元	8441	12	9777	15.8	11757	20.3	13069	11.2	15452	18.2	15.4	18416	19.2
非公经济增加值	亿元	98.5	26.3	117.3	19.1	135.7	1.6	152.9	0.3	168.4	10.7	11.1	208.0	15.1
非公经济增加值占 GDP 比重	%	45.3	—	46.3	—	44.4	—	44.7	—	42.1	—	—	43.1	—
五大产业增加值	亿元	114	11.3	137	15.8	164.6	20.1	166.2	8.9	192.9	9.8	13.1	223.2	9.1
1. 烟草产业	亿元	44.9	2.3	48.9	5.1	63.2	14.9	58.2	12.3	63.9	4	7.6	78.5	15.7
2. 天然药业	亿元	1.5	-0.2	1.8	10.7	2.3	20.7	2.7	13.8	3.2	13.1	11.4	4.0	4.9
3. 冶金化工业	亿元	21.2	17.13	29.4	23.5	32.1	6.1	30.5	8.3	37.5	13.2	13.5	37.2	13.2
4. 绿色食品业	亿元	33	7.1	41.3	19.1	47.4	14.1	53	7	61.9	6.8	10.7	73.2	10.6
5. 文化旅游业	亿元	13.4	-5.7	15.6	12.3	19.6	18.6	21.8	10.6	26.3	14.1	9.6	30.4	9
五大产业增加值占 GDP 比重	%	52.4	—	54	—	53.8	—	48.5	—	47.7	—	—	46.3	—
四、农业														
1. 农业总产值	亿元	85.1	7.8	101	6.4	123.4	7.5	138	7.2	152.5	3.6	6.5	181.3	8.5

续上表

指　　标	单位	2006年		2007年		2008年		2009年		2010年		"十一五"年均增长速度（%）	2011年	
		绝对数	增速（%）	绝对数	增速（%）	绝对数	增速（%）	绝对数	增速（%）	绝对数	增速（%）		绝对数	增速（%）
2. 农业增加值	亿元	56.7	7.1	63.5	5.8	74.3	5.6	80.8	5.8	90.5	3	5.5	108.3	8.1
3. 主要农产品产量														
粮食	万吨	96.4	2.2	97.9	1.6	100.2	2.3	102.2	2	96	-6	0.4	105.5	9.9
（1）谷物	万吨	83.5	2.3	84.8	1.6	86.9	2.5	89	2.4	83.6	-6.1	0.5	89.6	7.2
（2）豆类	万吨	10.2	4.3	10.3	0.7	10.4	1	10.2	-1.9	6.7	-34.5	-7.3	11.6	73.1
油料	万吨	3.5	4.7	3.6	2.6	4	11.3	4.6	13.2	2.1	-53.2	-9.2	4.9	130
烤烟	万吨	7.544	-5.8	7.54	-0.1	8.6	13.9	8.9	3.1	10.1	14.4	4.8	9.8	-3
蔬菜	万吨	103.5	0.02	112.3	8.5	117	4.1	119.7	2.4	125.4	4.7	3.9	132.3	5.5
水果	万吨	11.5	19.9	13.1	14	14.2	8	14.2	0.2	18.4	29.4	13.9	20.7	12.7
茶叶	吨	926	2	977	5.5	979.7	0.3	974	-0.6	998	2.5	1.9	1095	9.7
中药材	吨	2687	-26.6	2913	8.4	2969	1.9	3167	6.6	2122	-33	-10.3	2256	6.3
肉类总产量	万吨	25.4	5.3	26.8	5.5	28.4	5.7	30.6	8	33.3	8.7	6.6	35.9	7.9
#猪牛羊肉	万吨	23.1	4.6	24.2	4.7	25.6	5.8	27.7	8.2	30.1	8.7	6.5	32.4	7.6
水产品产量	吨	11759	24.2	14653	24.6	16004	9.2	17124	7	17047	-0.5	12.5	17026	-0.1
五、工业														
1. 规模以上工业产值	亿元	141.7	19.3	185.9	23.1	222.7	18.6	237.1	3.9	298.7	24.4	17.6	353.3	22.5
2. 规模以上工业增加值	亿元	56.9	11.5	68.6	19.8	84.3	14.1	90.8	10	106.3	14.4	13.9	126.0	16.2
3. 主要工业品产量														
卷烟	万箱	54.5	-2.7	54.7	0.4	55.2	0.9	56.1	1.6	57.8	3	0.6	60.6	4.8
粗钢	万吨	106.2	16.5	122.5	15.4	143.9	17.5	150.3	4.4	147.3	-2	10.1	140.0	-5
钢材	万吨	75.8	6	111.5	47	139.7	25.1	146.6	5.4	143.2	-2.3	14.9	137.8	-3.8
铜	万吨	1.3	-22.4	2.9	40.3	2.3	-23.1	3.2	34.4	5.3	68.5	25.5	5.6	7.2
铝	吨	6060	29.3	12861	112.2	7365	-42.7	5272	-28.4	8439	60.1	12.6	7534	-10.7
原煤	万吨	144.3	-15.3	147.8	2.4	254.1	4.5	171	12.7	169.6	-3.8	0.3	169.8	9.3
发电量	亿千瓦时	6.6	10.6	10.2	38	15.6	53.2	14.1	-9.6	12.9	-9.3	16.6	10.9	3.9
水泥	万吨	100.9	61.7	113.1	12.1	117.5	4	120.8	2.8	104.2	-13.7	11.1	106.2	-0.9
中成药	吨	779.6	-24.2	964.1	23.7	1158.6	17.5	1209.0	4.4	2237.8	85.1	16.9	3157	40.7
化肥（折纯量）	万吨	4.2	-7.3	7.9	42.8	5.6	-1.4	5.6	10.3	6.3	-17.7	8.4	6.3	12.7
六、交通运输邮电														
1. 公路通车里程	千米	16188	—	16197	0.1	16649	2.8	16903.1	1.5	16938.1	0.2	3.7	17251.2	1.8
2. 客运周转量	万人千米	104998	20.3	119667	14	130158	8.8	147320.2	13.4	164904	12.3	13.6	184926	12.1
3. 货运周转量	万吨千米	143488	70.9	140375	-2.2	174230	24.1	127776.3	-26.6	146107	14.5	11.7	171054	17.1
4. 邮电业务总量	亿元	5.7	5.4	6.6	16.2	6.9	5.1	8.1	16.3	9.8	21.3	12.6	11.5	17.9

续上表

指标	单位	2006年		2007年		2008年		2009年		2010年		“十一五”年均增长速度（%）	2011年	
		绝对数	增速（%）	绝对数	增速（%）	绝对数	增速（%）	绝对数	增速（%）	绝对数	增速（%）		绝对数	增速（%）
5. 固定电话	万部	34.1	19.6	34.3	0.6	33.5	-2.3	31.93	-5	29.2	-8.5	0.5	25.4	-13
6. 移动电话	万部	52.8	33	67.5	27.8	79.4	17.6	93.1	17.3	106.3	14.2	21.8	125.2	17.8
7. 固定电话普及率	部/百人	13.2	—	13.2	—	12.9	—	12.2	—	11.1	——	——	9.7	——
8. 移动电话普及率	部/百人	20.5	—	25.9	—	30.5	—	35.5	—	40.6	——	21.2	47.8	——
七、固定资产投资														
全社会固定资产投资	亿元	93.3	28.5	117.4	25.3	143.1	21.8	208	45.3	280.6	34.9	31.1	354.5	26.3
1. 按经济类型分														
国有经济投资	亿元	56.0	33.0	64.3	4.9	68	5.8	110.1	61.9	149.2	35.6	26.5	144	-3.5
集体经济投资	亿元	1.9	46.2	2.5	31.1	—	—	—	—	—	—	—	14	—
私人投资	亿元	35.4	21.6	50.6	42.9	—	—	—	—	—	—	—	196.5	—
2. 按城乡分														
城镇	亿元	83	31.1	101.3	21.7	119.2	17.6	164.9	38.4	223.6	35.7	28.8	264.8	18.4
农村	亿元	10.3	10.3	16.1	53.2	23.9	48.4	43.1	80.1	57	32.2	42.9	89.7	57.5
3. 按产业分														
第一产业	亿元	10.3	10.8	11	6.8	12.2	28.4	13.7	12.2	15.6	13.7	14.1	17.4	11.8
第二产业	亿元	18.5	10.1	23.4	35.4	33.4	29.5	72.0	115.6	98.3	36.5	42.4	125.4	27.6
第三产业	亿元	64.5	39	83	28.7	97.5	18.8	122.2	25.4	166.7	36.4	29.1	211.7	27
八、国内贸易														
社会消费品零售总额	亿元	63.6	15.5	74.2	16.9	90.4	21.8	109.7	21.4	131.9	20.2	19	158.3	20
1. 按经济类型分														
公有制经济	亿元	7	10.9	8.9	5.3	13	23.7	12.5	-3.2	19.5	18.8	10.7	36	22.4
#国有经济	亿元	4.8	5.6	5.9	5.8	8.1	20.3	9.3	14.4	15.8	19.9	13	30.8	23
非公经济	亿元	56.6	16.1	65.3	18.7	77.4	21.6	97.2	25.5	112.4	20.5	19.6	122.3	19.3
#个私经济	亿元	49.3	16.3	58.3	18.3	70.6	21.1	90.3	27.9	107.5	22.6	21.2	116.7	22.6
2. 按销售地区分														
市级	亿元	22.9	16.2	27	18.3	33.1	22.8	40.4	22.1	—	—	—	—	—
县级	亿元	19.2	14.4	22.5	17.1	27.7	23.3	33.5	20.9	—	—	—	—	—
县以下	亿元	21.5	15.8	24.7	15.2	29.6	19.4	35.8	21	—	—	—	—	—
九、对外贸易														
进出口总额	万美元	5247	58.5	4643	-11.5	5294	13.6	6933	31	10843	56.4	26.8	15089	39.2
其中：进口额	万美元	373	15.1	457	22.5	2798	512.3	891	-68.2	492	-44.8	8.9	1334	171.1
出口额	万美元	4874	62.8	4186	14.1	2496	-40.6	6042	140	10351	71.3	28.2	13755	32.9

续上表

指　　标	单位	2006年		2007年		2008年		2009年		2010年		“十一五”年均增长速度（%）	2011年	
		绝对数	增速（%）	绝对数	增速（%）	绝对数	增速（%）	绝对数	增速（%）	绝对数	增速（%）		绝对数	增速（%）
十、旅游														
1. 接待国内游客人数	万人次	335	19.8	374.9	11.7	618.6	65	812.2	31	964.4	18.7	28	1165.1	20.8
2. 旅游总收入	亿元	10.7	-21.3	12.3	15	16.4	33	21.6	31.5	31.1	44	17.9	40.3	29.8
十一、财政														
财政总收入	亿元	39.4	18.9	54.2	25	65.6	20.9	73.3	11.8	86.5	18	18.8	103.2	19.3
#地方财政收入	亿元	14.9	15.6	18	25.4	22.7	26.5	25.6	12.7	30.7	20	19.9	37.6	22.4
地方财政支出	亿元	44.5	19.4	57.1	31.4	70	22.7	90.8	29.7	108.6	19.2	23.8	126.8	16.7
十二、金融														
金融机构年末存款余额	亿元	220.1	19	242.4	10.1	296.8	22.4	373.1	25.7	438	17.4	18.8	504.8	15.3
#城乡居民储蓄存款余额	亿元	121.5	13.4	123.8	1.9	157.5	27.3	190	20.7	228.5	20.3	16.4	275.7	20.6
金融机构年末贷款余额	亿元	121.8	5.3	136.4	11.9	157.6	24.2	216.4	37.3	265.2	22.6	18	301.5	14.8
十三、物价指数（上年=100）														
商品零售价格总指数	%	101.7	—	104.5	—	105.2	—	99.9	—	103.7	—	2.8	104.2	—
居民消费价格总指数	%	102.2	—	105	—	105	—	100.5	—	103.7	—	3.3	104.3	—
#食品价格指数	%	101.6	—	113.7	—	114.3	—	102.5	—	109.0	—	8.1	110.3	—
农业生产资料价格总指数	%	101.7	—	104.4	—	117.8	—	98.3	—	102.8	—	4.8	111.6	—
十四、职工工资														
在岗职工人数	人	114334	1.7	142140	24.3	142068	-0.1	143898	1.3	148109	2.9	5.7	146302	-1.2
在岗职工工资总额	万元	205300	22.6	270308	31.7	329079	21.7	372323	13.1	423150	13.7	20.4	489523	15.7
在岗职工人均工资	元	18178	21.7	19607	7.9	23268	18.7	26414	13.5	29110	10.2	14.3	33543	15.2
十五、城乡居民生活														
农民人均纯收入	元/年	2385	7.3	2737	9.2	3110	8.2	3511	12	3896	11	7.5	4627	18.8
#农民人均可支配收入	元/年	2318	5.1	2665	9.5	3014.4	7.7	3368	10.8	3715.5	10.3	8.8		
城镇居民可支配收入	元/年	10611	15.4	11701	5.1	13031	6.1	14319	9.3	15624	9.1	11.2	17785	13.8
农村居民人均住房使用面积	平方米	33.8	2.8	33.5	-0.9	33.9	1.2	35.1	3.5	35.3	0.6	1.4	36	2
城镇居民人均住房总建筑面积	平方米	32.9	4.8	33.9	3	33.4	-1.5	34.4	3	35.2	2.3	2.3	35.6	1.1
人均粮食占有量	千克	374.1	1.7	377.6	0.9	385	2	390	1.3	366.7	-13.7	—	402.7	9.8
人均肉食占有量	千克	98.6	4.9	103.4	4.9	109	5.4	117	7.3	127.2	8.7	6.2	137	7.7
十六、教科文及体育														
高等院校在校生人数	人	6676	17.3	9215	38	10661	15.7	10873	2	12296	13.1	16.7	13669	11.2
中等学校在校生人数	人	19295	58	24310	26	27740	14.1	29059	4.8	31674	8.9	21	30079	-5
小学生在校生人数	万人	21.4	0.1	21.5	0.5	21.3	-1	21.1	-1	20.6	-2.4	-0.8	20	-2.9
在园幼儿数	人	42467	4.4	41733	-1.7	43275	3.7	44208	2.2	46533	5.3	2.7	50924	9.4
学龄儿童入学率	%	94.1	—	99.3	—	99.5	—	99.6	—	99.9	—	98.5	99.85	—

续上表

指标	单位	2006年		2007年		2008年		2009年		2010年		“十一五”年均增长速度（%）	2011年	
		绝对数	增速（%）	绝对数	增速（%）	绝对数	增速（%）	绝对数	增速（%）	绝对数	增速（%）		绝对数	增速（%）
艺术表演团体	个	10	—	10	—	10	—	10	—	10	—	—	10	—
文化馆	个	11	—	11	—	11	—	11	—	11	—	—	11	—
文化站（乡镇）	个	103	—	103	—	103	—	103	—	103	—	—	103	—
公共图书馆	个	11	—	11	—	11	—	11	—	11	—	—	11	—
广播覆盖率	%	95.5	—	95.5	—	96	—	96.5	—	97	—	96.1	97.2	—
电视覆盖率	%	96	—	96.5	—	96.5	—	96.9	—	97.3	—	96.6	97.5	—
获州以上科技进步奖	项	50	4.2	44	-12	41	-7	43	4.9	69	60.5	7.5	83	20.3
科技对国民经济增长贡献率	%	44.1	—	45.8	—	46.4	—	47.2	—	47.6	—	46.2	48.7	—
运动员获州以上奖牌数	枚	108.5	17.9	112	3.2	107	-4.5	124	15.9	84	-32.2	-1.8	91	8.3
#金牌	枚	28.5	50	42	47.4	37	-12	43	16.2	27	-37.2	1.4	34	25.9
十七、卫生														
卫生机构数	个	598	-5.1	544	-9	522	-4	557	6.7	569	2.2	-2.1	609	7
#医院	个	41	7.9	42	2.4	47	11.9	61	—	52		6.5	61	17.3
卫生技术人员	人	7433	2.7	7456	0.3	7812	4.8	8580	9.8	10805	25.9	8.4	9987	-7.6
#医生	人	3422	0.2	3406	-0.5	3610	6	3775	4.6	3832	1.5	2.3	3977	3.8
床位数	张	7292	5.7	6966	-4.5	7563	8.6	9218	21.9	9812	6.4	7.3	11437	16.6
十八、民政和社会保障														
敬老院	个	115	-11.5	93	-19.1	102	9.7	102	—	102	—	-4.7	102	—
救济困难人数	万人	11	—	16.4	—	17	—	17.5	—		—	—		—
城镇居民领取最低生活保障金人数	万人	5.7	16.3	5.8	1.8	6.6	13.8	7.1	7.6	7.6	7	9.2	8.2	7.9
参加基本养老保险的人数	人	99085	3.9	103965	4.9	108140	4	113511	5	116790	2.9	4.1	126710	8.5
参加失业保险的人数	人	115113	4.8	117781	2.3	123744	5.1	126348	2.1	128500	1.7	3.2	128500	持平
参加基本医疗保险的人数	人	191127	3.7	200253	4.8	205564	2.7	208381	1.4	399302	91.6	16.7	419286	5
参加新型农村合作医疗人数	万人		—	194.2		204.6	5.4	205.5	0.4	211.2	2.8	—	210.9	-0.1
参加农村社会养老保险的人数	万人	28.1	3.8	28.2	0.4	28.6	1.4	29.4	2.8	53.3	81.2	14.5	98.3	84.4
城镇登记失业率	%	3	—	3.1	—	3.2	—	3.2	—	3.3	—	3.2	3.3	—
十九、环境保护														
工业废水排放达标率	%	94.3	—	85.6	—	89.9	—	86.5	—	92.2	—	89.6	—	—
森林覆盖率	%	60.7	—	60.7	—	60.7	—	60.7	—	62.5	—	61.1	62.5	—

说明：1. 表中数据均为统计公报数。
2. 地区生产总值、各产业增加值绝对数按现价计算，增长速度按不变价计算。
3. 部分数据因四舍五入的原因，存在着与分项合计不等的情况。
4. 2008年非公有制增加值统计口径调整。
5. 2006年州内公路通车里程（包含村道）统计口径调整。
6. 2007年、2008年农民人均纯收入、农民人均可支配收入、城镇居民可支配收入增幅已扣除物价上涨因素。
7. 2009年医院包含妇幼保健院个数。

全省16州（市）及全州10县（市）2010～2011年国民经济主要指标

州（市）	总人口				生产总值				第一产业			
	2010年		2011年		2010年		2011年		2010年		2011年	
	绝对数（万人）	位次	绝对数（万人）	位次	绝对数（亿元）	位次	绝对数（亿元）	位次	绝对数（亿元）	位次	绝对数（亿元）	位次
昆明市	643.90	1	648.64	1	2120.3	1	2509.6	1	120.3	2	133.8	2
曲靖市	586.10	2	589.89	2	1005.5	2	1209.9	2	183.5	1	225.7	1
玉溪市	230.60	11	231.80	11	736.5	3	876.6	3	67.5	11	80.5	11
昭通市	521.90	3	525.85	3	379.6	7	465.0	7	74.1	7	91.6	7
红河州	450.60	4	453.46	4	650.4	4	780.6	4	104.4	4	124.6	3
文山州	352.20	6	354.23	5	329.9	8	401.4	8	73.1	9	91.5	8
普洱市	254.60	8	256.09	8	247.3	10	301.2	10	73.7	8	88.7	9
版纳州	113.50	14	114.20	14	160.3	12	197.6	12	43.8	12	57.0	12
大理州	346.00	5	347.80	6	474.1	5	568.5	5	109.0	3	123.4	4
保山市	250.90	9	252.52	9	260.9	9	319.7	9	79.0	6	99.1	6
德宏州	121.38	13	122.05	13	140.6	14	172.3	15	37.2	13	45.4	13
丽江市	124.60	12	125.41	12	143.6	13	178.5	14	26.0	14	30.5	14
怒江州	53.50	15	53.61	15	54.8	16	64.6	18	6.6	16	8.2	22
迪庆州	40.10	16	40.28	16	77.1	15	96.4	17	7.2	15	8.1	23
临沧市	243.20	10	244.77	10	218.3	11	269.9	11	72.8	10	85.3	10
楚雄州	268.73	7	270.43	7	404.7	6	482.5	6	90.8	5	108.3	5
楚雄市	58.99	1	59.07	1	164.3	1	194.4	1	16.4	2	19.3	2
双柏县	16.00	9	16.03	9	13.3	9	16.4	9	5.6	9	6.9	9
牟定县	20.98	7	21.07	7	21.3	7	25.8	7	6.2	8	7.4	8
南华县	23.63	5	23.84	5	22.2	5	26.7	5	7.8	6	9.2	6
姚安县	19.77	8	20.08	8	20.4	8	24.5	8	7.2	7	8.7	7
大姚县	27.32	3	27.52	4	28.9	3	34.2	3	8.8	3	10.8	3
永仁县	10.94	10	10.96	10	11.6	10	14.4	10	4.2	10	5.3	10
元谋县	21.60	6	21.62	6	22.1	6	26.3	6	8.7	5	10.2	5
武定县	27.21	4	27.53	3	24.1	4	29.4	4	8.8	3	10.8	3
禄丰县	42.29	2	42.71	2	85.3	2	100.0	2	16.9	1	19.9	1

续上表

州（市）	第二产业				第三产业				人均 GDP			
	2010 年		2011 年		2010 年		2011 年		2010 年		2011 年	
	绝对数（亿元）	位次	绝对数（亿元）	位次	绝对数（亿元）	位次	绝对数（亿元）	位次	绝对数（元）	位次	绝对数（元）	位次
昆明市	960.8	1	1161.2	1	1039.2	1	1214.6	1	33550	1	38832	1
曲靖市	526.6	2	647.2	2	295.4	2	337.0	2	17236	4	20577	4
玉溪市	448.2	3	564.4	3	220.8	3	231.7	4	32091	2	37915	2
昭通市	174.8	6	222.9	6	130.7	8	150.6	8	7075	16	8876	16
红河州	345.2	4	422.5	4	200.9	4	233.5	3	14547	7	17269	7
文山州	122.1	8	154.2	8	134.6	7	155.7	7	9456	14	11364	14
普洱市	82.9	9	109.0	10	90.7	10	103.4	10	9553	13	11796	13
版纳州	47.7	13	59.8	15	68.8	12	80.8	11	14503	6	17356	6
大理州	188.3	5	238.2	5	176.9	5	206.8	5	13498	8	16388	8
保山市	80.5	10	102.6	12	101.4	9	117.9	9	10495	11	12701	11
德宏州	47.6	14	59.9	14	55.8	14	67.1	14	11693	9	14160	10
丽江市	55.0	12	74.4	13	62.5	13	73.6	13	11688	10	14279	9
怒江州	19.7	16	24.0	18	28.4	16	32.4	18	10276	12	12061	12
迪庆州	29.7	15	40.2	16	40.3	15	48.1	16	20051	3	23986	3
临沧市	76.2	11	104.1	11	69.3	11	80.6	12	9075	15	11062	15
楚雄州	171.8	7	208.4	7	142.1	6	165.8	6	15463	5	17899	5
楚雄市	93.7	1	112.9	1	54.2	1	62.1	1	29456	1	32935	1
双柏县	3.2	9	3.9	9	4.5	10	5.6	9	8384	10	10249	10
牟定县	6.8	5	8.7	5	8.4	4	9.7	4	10339	4	12262	6
南华县	6.4	6	8.3	6	7.9	6	9.3	6	9330	8	11265	8
姚安县	6.2	7	7.8	7	6.9	8	8.0	8	9749	7	12300	5
大姚县	10.5	3	12.3	3	9.5	3	11.1	3	9950	6	12475	4
永仁县	2.8	10	3.7	10	4.6	9	5.5	10	10588	3	13159	3
元谋县	5.2	8	6.8	8	8.0	5	9.3	6	10297	5	12188	7
武定县	7.3	4	9.2	4	7.9	6	9.5	5	8606	9	10758	9
禄丰县	32	2	38.3	2	36.5	2	41.8	2	19377	2	23541	2

续上表

州（市）	粮食产量				固定资产投资				社会消费品零售总额			
	2010 年		2011 年		2010 年		2011 年		2010 年		2011 年	
	绝对数（万吨）	位次	绝对数（万吨）	位次	绝对数（亿元）	位次	绝对数（亿元）	位次	绝对数（亿元）	位次	绝对数（亿元）	位次
昆明市	108.8	7	110.2	7	2160.9	1	2701.0	1	1060.2	1	1271.7	1
曲靖市	254.7	1	264.5	1	701.5	2	877.7	2	232.8	2	280.8	2
玉溪市	45.1	12	52.2	12	324.6	5	422.5	5	141.5	6	168.4	6
昭通市	175.9	2	177.8	2	356.1	4	487.4	4	105.7	8	126.8	8
红河州	141.6	3	146.5	3	520.6	3	641.9	3	153.5	3	184.2	3
文山州	127.6	4	135.1	5	271.0	8	340.0	9	143.6	4	173.1	4
普洱市	90.5	9	95.5	9	230.1	10	305.2	10	72.7	10	86.2	11
版纳州	37.1	14	39.4	14	111.2	15	138.5	15	50.6	13	60.7	14
大理州	126.9	5	144.7	4	282.8	6	360.3	6	142.1	5	170.5	5
保山市	113.0	6	119.2	6	211.6	11	266.3	12	84.4	9	101.5	9
德宏州	60.3	11	65.0	11	131.3	14	171.1	13	54.4	12	65.3	12
丽江市	43.4	13	44.2	13	202.1	12	273.3	11	45.5	14	55.7	15
怒江州	17.7	15	18.5	15	60.0	16	75.0	17	14.9	16	17.7	18
迪庆州	14.7	16	15.0	16	134.0	13	167.7	14	21.0	15	25.3	17
临沧市	79.0	10	84.6	10	234.4	9	346.1	8	72.6	11	87.1	10
楚雄州	96.0	8	105.5	8	280.6	7	354.5	7	131.9	7	158.3	7
楚雄市	17.7	2	19.0	2	76.2	1	100.5	1	53.7	1	64.1	1
双柏县	4.2	9	5.9	9	14.5	8	20.4	8	2.2	9	2.8	9
牟定县	7.7	7	9.3	6	18.3	5	26.2	3	5.2	7	6.4	7
南华县	9.7	4	11.0	3	15.1	6	25.5	5	8.3	3	9.9	4
姚安县	8.2	6	8.4	7	13.6	9	18.4	9	6.1	5	7.3	6
大姚县	10.8	3	11.0	3	20.3	3	25.8	4	8.2	4	10.2	3
永仁县	4.1	10	4.5	10	12.4	10	17.1	10	2.1	10	2.5	10
元谋县	6.8	8	7.4	8	19.1	4	25.3	6	5.2	7	6.3	8
武定县	9.0	5	9.8	5	14.7	7	22.4	7	6.0	6	7.6	5
禄丰县	17.8	1	19.5	1	63.6	2	60.0	2	22.7	2	27.2	2

续上表

州（市）	农民人均纯收入				城镇居民可支配收入				城乡居民储蓄存款余额			
	2010 年		2011 年		2010 年		2011 年		2010 年		2011 年	
	绝对数（元）	位次	绝对数（元）	位次	绝对数（元）	位次	绝对数（元）	位次	绝对数（亿元）	位次	绝对数（亿元）	位次
昆明市	5810	1	6985	1	18876	1	21966	1	2341.6	1	2615.7	1
曲靖市	4130	4	5035	4	15938	4	18408	3	510.1	2	599.9	2
玉溪市	5747	2	6616	2	16471	2	18527	2	374.7	4	433.4	4
昭通市	2768	15	3294	15	12295	15	14073	15	234.8	6	293.5	6
红河州	3922	5	4650	6	13416	12	16789	7	460.7	3	536	3
文山州	2806	14	3864	14	14609	7	16651	8	204.1	8	251.9	8
普洱市	3456	9	4338	9	13471	11	14877	12	182.6	11	220.2	10
版纳州	4354	3	5327	3	13350	13	14815	13	149.7	12	188	12
大理州	3902	6	4733	5	15801	5	17713	6	322.2	5	379.6	5
保山市	3626	8	4439	8	14356	9	16228	9	191.7	9	238.6	9
德宏州	3368	11	4096	13	14540	8	15255	11	183.2	10	206.8	11
丽江市	3410	10	4270	11	13740	10	15812	10	147.4	13	182.1	13
怒江州	2003	16	2362	16	10479	16	12117	16	33.9	16	39.8	16
迪庆州	3347	12	4105	12	15996	3	17970	4	36.1	15	46.4	15
临沧市	3279	13	4318	10	12587	14	14159	14	123.3	14	148.5	14
楚雄州	3896	7	4627	7	15624	6	17785	5	228.5	7	275.7	7
楚雄市	4434	3	5145	3	17006	1	19417	1	85.7	1	100.1	1
双柏县	3083	10	3814	10	13732	10	15689	10	9.4	9	12.1	9
牟定县	3356	7	3986	7	15317	6	17056	7	12.1	8	15.3	8
南华县	3602	5	4228	5	15436	4	17514	4	13.3	6	17.0	6
姚安县	3722	4	4376	4	15146	7	17067	6	12.7	7	16.2	7
大姚县	3491	6	4117	6	15364	5	17358	5	17.1	4	20.8	4
永仁县	3240	8	3915	8	14406	9	16380	9	7.2	10	9.2	10
元谋县	4783	1	5602	1	16238	3	18406	3	13.6	5	17.4	5
武定县	3223	9	3856	9	15018	8	16886	8	17.2	3	21.4	3
禄丰县	4584	2	5293	2	16726	2	18980	2	40.2	2	46.2	2

续上表

州（市）	地方财政一般预算收入				地方财政一般预算支出			
	2010 年		2011 年		2010 年		2011 年	
	绝对数（亿元）	位次	绝对数（亿元）	位次	绝对数（亿元）	位次	绝对数（亿元）	位次
昆明市	253．8	1	317．7	1	346．3	1	441．6	1
曲靖市	72．4	2	88．3	2	181．6	2	222．2	2
玉溪市	64．7	3	77．3	3	115．4	6	139．7	8
昭通市	25．6	8	32．6	8	146．6	4	178．3	4
红河州	61．2	4	72．8	4	169．4	3	213．2	3
文山州	22．0	9	27．4	10	114．0	7	143．8	7
普洱市	38．9	5	39．3	6	113．9	8	145．4	6
版纳州	11．3	14	17．6	14	42．5	15	67．1	14
大理州	37．6	6	45．9	5	124．2	5	159．6	5
保山市	21．4	10	28．2	9	82．3	11	106．4	11
德宏州	13．2	13	18．9	13	58．1	13	92．3	12
丽江市	16．5	11	26．3	11	59．1	12	81．5	13
怒江州	5．8	16	6．7	17	34．0	16	43．7	16
迪庆州	6．0	15	8．6	16	43．1	14	66．0	15
临沧市	14．5	12	21．4	12	87．0	10	128．8	9
楚雄州	30．7	7	37．6	7	108．6	9	126．8	10
楚雄市	9．7	1	11．6	1	18．7	1	21．6	1
双柏县	1．0	6	1．1	7	6．8	7	7．4	9
牟定县	1．0	7	1．3	6	6．6	8	8．7	6
南华县	1．2	5	1．7	5	8．1	5	9．0	5
姚安县	0．8	10	1．0	9	6．1	9	7．6	8
大姚县	1．5	4	2．2	4	9．1	3	11．9	3
永仁县	0．9	8	1．1	8	5．4	10	6．7	10
元谋县	0．9	9	1．0	10	7．2	6	8．4	7
武定县	2．0	3	2．8	3	8．2	4	10．9	4
禄丰县	4．6	2	5．4	2	15．6	2	15．0	2

全国30个少数民族自治州2010～2011年国民经济主要指标

省份	自治州	年末总人口				生产总值				人均生产总值			
		2010年		2011年		2010年		2011年		2010年		2011年	
		绝对数（万人）	位次	绝对数（万人）	位次	绝对数（亿元）	位次	绝对数（亿元）	位次	绝对数（元）	位次	绝对数（元）	位次
吉林	延边	219.08	12	218.60	12	534.1	6	651.7	6	24448	5	29780	5
甘肃	甘南	68.98	20			67.7	24	81.4	24	9877	25		
	临夏	194.67	13	196.29	13	106.4	21	128.8	21	5449	30	6589	27
青海	玉树	37.34	27			31.9	29			8531	28		
	海南	44.17	24	44.60	23	69.9	23	82.6	23	15690	11	18617	11
	黄南	25.67	29	25.97	26	43.7	27	48.4	27	17888	9	18743	9
	海北	28.32	28			54.5	26	78.9	25	19358	8		
	果洛	18.17	30	18.20	27	20.4	30	26.1	29	12547	17	14353	16
	海西	39.07	26	36.59	25	365.5	9	481.4	9	78180	1	127248	1
新疆	巴音郭楞	132.30	15	136.60	15	640.1	4	799.9	3	46955	2	59494	2
	博尔塔拉	48.26	23	48.73	22	131.5	19	151.6	20	27374	4	31269	4
	克孜勒苏	53.98	21	55.43	20	38.9	28	47.8	28	7202	29	8737	25
	昌吉	159.43	14	159.43	14	558	5	701.9	5	35554	3	44028	3
	伊犁	450.79	3	459.80	1	885	1	1091.8	1	19479	7	23981	7
湖南	湘西	285.23	9	285.01	9	303.5	15	361.4	15	11949	18	12674	20
湖北	恩施	397.57	6	401.10	6	351.1	11	418.2	11	10327	23	10472	24
贵州	黔东南	453.50	1	458.00	2	312.6	13	383.6	13	9004	27	8418	26
	黔西南	281.02	10	280.00	10	307.1	14	375.3	14	10940	22	13379	19
	黔南	403.79	5	404.90	5	356.7	10	443.6	10	11059	21	10971	23
四川	甘孜	106.06	18	108.80	18	122.8	20	152.2	19	11660	20	14167	17
	阿坝	89.88	19	90.70	19	132.8	18	168.5	18	14662	13	18659	10
	凉山	453.30	2	454.10	3	784.2	2	1000.1	2	17564	10	22044	8
云南	西双版纳	113.50	17	114.20	17	160.3	16	197.6	16	14503	15	17356	13
	德宏	121.38	16	122.05	16	140.6	17	172.3	17	11681	19	14160	18
	怒江	53.50	22	53.61	21	54.8	25	64.6	26	10266	24	12061	21
	大理	346.00	8	347.80	8	474.1	7	568.5	7	13498	16	16388	15
	迪庆	40.10	25	40.28	24	77.1	22	96.4	22	20051	6	23986	6
	红河	450.60	4	453.46	4	650.4	3	780.6	4	14547	14	17269	14
	文山	352.20	7	354.23	7	329.9	12	401.4	12	9456	26	11364	22
	楚雄	268.73	11	270.43	11	404.7	8	482.5	8	15463	12	17899	12

续上表

省份	自治州	第一产业				第二产业				第三产业			
		2010年		2011年		2010年		2011年		2010年		2011年	
		绝对数（亿元）	位次	绝对数（亿元）	位次	绝对数（亿元）	位次	绝对数（亿元）	位次	绝对数（亿元）	位次	绝对数（亿元）	位次
吉林	延边	52.5	13	60.6	12	251.1	6	326.0	6	230.5	3	265.1	3
甘肃	甘南	15.9	23	19.0	22	16.0	27	20.5	26	35.8	23	41.9	23
	临夏	24.1	20	27.0	20	31.5	20	39.9	22	50.8	19	61.8	19
青海	玉树	18.0	22			7.3	30			6.6	30		
	海南	18.7	21	21.6	21	30.9	21	37.8	23	20.3	26	23.2	26
	黄南	12.8	24	14.4	23	17.6	26	17.7	27	13.3	28	16.2	28
	海北	10.4	25	12.8	25	27.5	23	46.0	20	16.6	27	20.1	27
	果洛	4.4	30	4.9	29	8.5	29	12.7	28	7.5	29	8.6	29
	海西	10.3	26	13.7	24	289.0	5	390.7	5	66.2	16	77.0	16
新疆	巴音郭楞	108.2	5	129.8	4	413.2	1	507.6	2	118.8	14	142.4	14
	博尔塔拉	49.5	14	52.8	16	25.8	24	32.8	24	56.2	17	66.0	18
	克孜勒苏	7.8	27	8.8	26	9.1	28	12.7	28	22.0	25	26.2	25
	昌吉	166.3	3	190.0	3	234.1	7	325.0	7	157.6	6	187.0	6
	伊犁	254.6	1	298.9	1	322.7	4	425.5	3	307.7	1	367.4	1
湖南	湘西	49.4	15	56.4	15	121.3	12	148.4	12	132.9	13	156.6	12
湖北	恩施	107.7	6	118.3	7	100.9	14	133.2	14	142.6	8	166.8	10
贵州	黔东南	76.7	9	80.8	10	94.1	15	123.7	15	141.7	10	179.1	8
	黔西南	55.8	12	59.9	13	110.9	13	145.8	13	140.4	11	169.5	9
	黔南	70.1	11	73.9	11	142.5	10	183.4	10	144.1	7	186.2	7
四川	甘孜	28.8	18	37.4	18	44.9	19	57.7	19	49.1	20	57.1	21
	阿坝	25.1	19	27.9	19	58.5	16	79.7	16	49.1	21	61.0	20
	凉山	172.1	2	194.6	2	371.0	2	523.6	1	241.1	2	282.0	2
云南	西双版纳	43.8	16	57.0	14	47.7	17	59.8	18	68.8	15	80.8	15
	德宏	37.2	17	45.4	17	47.6	18	59.85	17	55.8	18	67.1	17
	怒江	6.6	29	8.2	27	19.7	25	24.0	25	28.4	24	32.4	24
	大理	109.0	4	123.4	6	188.3	8	238.2	8	176.9	5	206.8	5
	迪庆	7.2	28	8.1	28	29.7	22	40.2	21	40.3	22	48.1	22
	红河	104.4	7	124.6	5	345.2	3	422.5	4	200.9	4	233.5	4
	文山	73.1	10	91.5	9	122.1	11	154.2	11	134.6	12	155.7	13
	楚雄	90.8	8	108.3	8	171.8	9	208.4	9	142.1	9	165.8	11

续上表

省份	自治州	粮食总产量				社会消费品零售总额				固定资产投资			
		2010 年		2011 年		2010 年		2011 年		2010 年		2011 年	
		绝对数（万吨）	位次	绝对数（万吨）	位次	绝对数（亿元）	位次	绝对数（亿元）	位次	绝对数（亿元）	位次	绝对数（亿元）	位次
吉林	延边	100.1	11	111.0	8	257.7	1	302.9	1	384.9	4	507.3	5
甘肃	甘南	8.6	26	8.4	26	19.6	22	22.7	22	90.5	22	123.7	22
	临夏	62.1	14	64.0	14	33.6	19	40.2	19	100.8	21	139.7	20
青海	玉树	1.7	29			3.4	29			50.1	26		
	海南	11.3	24	11.3	24	14.4	25	16.8	25	69.2	23	83.6	23
	黄南	2.9	28	2.9	28	4.4	28	5.1	28	22.5	29	31.9	28
	海北	4.2	27	4.5	27	9.5	26	11.2	26	39.5	27	53.3	26
	果洛	0.1	30	0.2	29	2.7	30	3.2	29	16.6	30	24.6	29
	海西	10.1	25	10.1	25	43.2	17	50.9	17	178.2	17	360.7	9
新疆	巴音郭楞	45.1	17	35.3	18	73.9	14	67.5	14	360.4	6	416.7	7
	博尔塔拉	53.7	16	51.2	16	18.3	23	21.2	23	52.3	25	57.3	25
	克孜勒苏	23.7	19	26.0	19	8.3	27	9.8	27	30.4	28	45.7	27
	昌吉	207.2	3	180.2	3	112.8	11	133.1	11	235.4	13	508.9	4
	伊犁	427.0	1	434.9	1	172.7	3	199.8	3	524.1	2	734.2	1
湖南	湘西	87.9	13	83.7	12	117	10	137.7	10	208.5	15	213.3	17
湖北	恩施	167.2	4	153.2	4	132	7	156.8	8	244.4	12	314.3	14
贵州	黔东南	147.8	6	91.0	11	120.9	9	144.8	9	271.8	10	419.0	6
	黔西南	100.4	10	63.3	15	88.3	13	105.3	13	204.2	16	301.2	15
	黔南	152.9	5	100.0	10	97.2	12	117.1	12	323.9	7	400.0	8
四川	甘孜	20.3	20	22.1	20	37.4	18	44.0	18	211.1	14	246.5	16
	阿坝	17.2	22	17.5	22	33.1	20	39.0	20	362.4	5	322.5	13
	凉山	219.0	2	224.4	2	244.9	2	287.9	2	660.5	1	719.8	2
云南	西双版纳	37.1	18	39.4	17	50.6	16	60.7	16	111.2	20	138.5	21
	德宏	60.3	15	65.0	13	54.4	15	65.3	15	131.3	19	171.1	18
	怒江	17.7	21	18.5	21	14.9	24	17.6	24	60	24	75.0	24
	大理	126.9	9	144.7	6	142.1	6	170.5	6	282.8	8	360.3	10
	迪庆	14.7	23	15.0	23	21	21	25.3	21	134	18	167.8	19
	红河	141.6	7	146.5	5	153.5	4	184.2	4	520.6	3	641.9	3
	文山	127.6	8	135.1	7	143.6	5	173.1	5	271	11	340.0	12
	楚雄	96.0	12	105.5	9	131.9	8	158.3	7	280.6	9	354.5	11

续上表

省份	自治州	城镇居民人均可支配收入				农民人均纯收入				地方财政一般预算收入			
		2010 年		2011 年		2010 年		2011 年		2010 年		2011 年	
		绝对数（元）	位次	绝对数（元）	位次	绝对数（元）	位次	绝对数（元）	位次	绝对数（亿元）	位次	绝对数（亿元）	位次
吉林	延边	14769	10	19558	1	5416	5			41.3	5	53.5	4
甘肃	甘南	10347	26	12063	28	2689	25	3106	24	3.8	24	5.4	25
	临夏	8260	28	9759	29	2375	27	2693	26	5.6	23	7.2	22
青海	玉树									0.8	29		
	海南	12555	22	14652	23	4490	9	5237	9	3	26	3.7	27
	黄南	14603	13	16754	13	3032	22	3649	22	1.2	28	1.5	28
	海北	15843	4	18150	4	4813	7	6150	6	2.2	27	3.8	26
	果洛	13758	17	15299	18	2629	26	2964	25	0.8	29	1.3	29
	海西	16759	1	19007	2	5434	4	6574	5	34.5	7	39.1	11
新疆	巴音郭楞	13809	16	15607	16	7432	2	9990	2	43.6	4	49.1	5
	博尔塔拉			14858	21	7131	3	8008	4	6.3	20	8.2	21
	克孜勒苏	8800	27	12090	27	1903	29	2426	27	3.7	25	5.5	24
	昌吉	12691	21	15301	17	8806	1	10166	1	32.7	8	48.2	6
	伊犁	13238	20	14228	24	5405	6	8030	3	64.8	1	90.4	1
湖南	湘西	12115	23	14143	25	3173	20	3674	21	17.8	15	25.2	15
湖北	恩施	11406	24	15033	20	3255	18	3939	18	22.2	13	31.9	13
贵州	黔东南	14059	15	16410	15	3163	21	3949	17	26.2	12	45.3	9
	黔西南	15001	7	17004	10	3246	19	3891	19	28.8	10	45.7	8
	黔南	14762	11	16983	11	3760	14	4633	13	27.2	11	39.2	10
四川	甘孜	14880	8	17038	9	2744	24	3570	23	16.3	17	20.2	17
	阿坝	15939	3	18403	3	3741	15	4663	11	16.7	16	21.0	16
	凉山	14879	9	17218	8	4565	8	5538	7	62.7	2	80.0	2
云南	西双版纳	13350	19	14815	22	4354	10	5327	8	11.3	19	17.6	19
	德宏	14540	14	15255	19	3368	16	4096	16	13.2	18	18.9	18
	怒江	10479	25	12117	26	2005	28	2362	28	5.8	22	6.7	23
	大理	15801	5	17713	7	3902	12	4733	10	37.6	6	45.9	7
	迪庆	15996	2	17970	5	3347	17	4105	15	6	21	8.6	20
	红河	13416	18	16789	12	3922	11	4650	12	61.2	3	72.8	3
	文山	14609	12	16651	14	2806	23	3864	20	22	14	27.4	14
	楚雄	15624	6	17785	6	3896	13	4627	14	30.7	9	37.6	12

续上表

省份	自治州	地方财政一般预算支出				城乡居民储蓄存款余额			
		2010 年		2011 年		2010 年		2011 年	
		绝对数（亿元）	位次	绝对数（亿元）	位次	绝对数（亿元）	位次	绝对数（亿元）	位次
吉林	延边	151.2	5	187.6	5	514.8	2	591.1	2
甘肃	甘南	86.3	17	89.5	20	57.4	22	72.4	22
	临夏	80.1	19	110.9	17	123.6	17	152.5	17
青海	玉树	114.1	11						
	海南	37.7	25	69.6	21	28.5	26	35.8	25
	黄南	25.2	29	40.8	28	15.3	28	19.0	28
	海北	29.2	28	45.2	25	19	27	23.9	27
	果洛	21.8	30	39.0	29	9.2	29	12.6	29
	海西	61.8	20	95.3	18	105.3	18	123.3	18
新疆	巴音郭楞	87.9	16	128.1	14	314.8	6	364.7	6
	博尔塔拉	31.5	27	44.2	26	75.4	20	92.1	21
	克孜勒苏	42	24	56.6	24	28.6	25	35.4	26
	昌吉	86.1	18	155.4	10	293.1	7	330.1	8
	伊犁	264.6	1	396.7	1	520.4	1	637.3	1
湖南	湘西	104.1	14	126.4	16	235.6	10	283.6	11
湖北	恩施	135.2	7	162.1	8	255.4	9	308.1	9
贵州	黔东南	144.7	6	194.7	4	275.6	8	352.8	7
	黔西南	103.8	15	137.6	13	184.1	14	225.5	14
	黔南	129.4	9	162.4	7	235.6	10	293.1	10
四川	甘孜	132	8	162.9	6	74.9	21	95.7	20
	阿坝	203.8	2	138.4	12	97.4	19	113.9	19
	凉山	190.7	3	249.9	2	351	4	435.0	4
云南	西双版纳	42.4	23	67.1	22	149.7	16	188.0	16
	德宏	58.1	21	92.3	19	183.2	15	206.8	15
	怒江	34	26	43.7	27	33.9	24	39.8	24
	大理	124.2	10	159.6	9	322.2	5	379.6	5
	迪庆	43.1	22	66.0	23	36.1	23	46.4	23
	红河	169.4	4	213.2	3	460.7	3	536.0	3
	文山	114	12	143.8	11	204.1	13	251.9	13
	楚雄	108.6	13	126.8	15	228.5	12	275.7	12

［楚雄州统计局供稿］

（责任编辑：者宗菊）

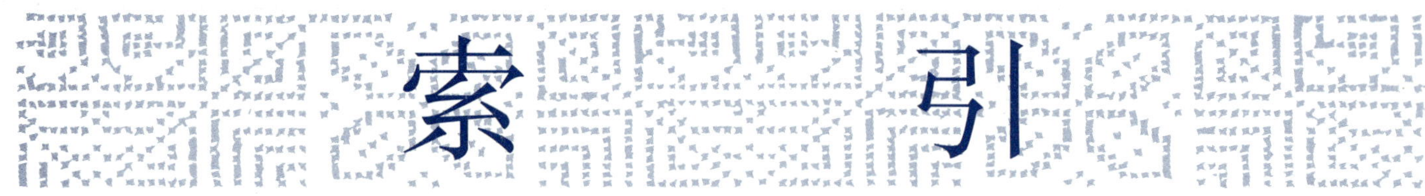

索引

1. 本索引采用主题分析方法，按汉语拼音音序排列。
2. 类目和分目标题用黑体字标示。
3. 特载、年鉴论坛、附录、统计资料内容及图片、表格不作索引。
4. 索引词后的数字表示内容所在页码，数字后的字母 a、b、c 分别表示左、中、右栏。
5. “附见”条放在索引词下面，索引词后自第二个页码起为“参见”条目页码。

T

保护自然　关爱家园

Conservation Care homes

推进民族文

"十一五"期间及"十二五"以来，中共楚雄州委、州人民政府高度重视文化工作，把文化建设纳入经济社会发展的重要内容统一部署和安排，全州文体系统紧紧围绕建设"民族文化强州"战略目标，全面贯彻落实党的十七届六中全会、省第九次党代会和州第八次党代会精神，按照"整合资源抓合力，突出农村抓特色，创新工作抓亮点，围绕项目抓落实、立足全局抓协调"的思路，全力推进文化体育事业繁荣发展。

州委、州人民政府制定出台了《关于贯彻落实党的十七届六中全会精神，加快推进民族文化强州建设的实施意见》，《意见》中明确提出了加快民族文化强州建设的指导思想、奋斗目标、方针原则、主要任务和重大举措。州级